זוהר לעם

ספר הזוהר עם פירוש "הסולם"

בעריכת הרב ד"ר מיכאל לייטמן

כרך ג

ב ר א ש י ת - ב

ויירא / חיי שרה / תולדות / וייצא /
וישלח / ויישב / מקץ / וייגש / ויחי

קבלה לעם
www.kab.co.il

Zohar for All

edited and compiled by Rav Michael Laitman, PhD

Copyright © 2014 by Laitman Kabbalah Publishers

1057 Steeles Avenue West, Suite 532
Toronto, ON M2R 3X1, Canada

All rights reserved

www.kab.co.il

צוות עורכים:
ב׳ גירץ, מ׳ כהן, א׳ צ׳רניאבסקי, י׳ וולפמן, ד׳ אהרוני, א׳ מולא, ל׳ שמע, ת׳ יפהר,
א׳ רוזנווסר, ל׳ פלס חן, א׳ פרג׳ון, ב׳ פרג׳ון, ח׳ רוזנווסר, ש׳ חבאני, ע׳ ניסים,
מ׳ יחיא, א׳ סמן-טוב פינחס, ד׳ פינחס, מ׳ פינחס, א׳ פינחס, ד׳ פינחס, נ׳ חסיד,
נ׳ דוייב, ד׳ אקרמן, ג׳ באומפלד, מ׳ סינקלר, ח׳ לוי, ג׳ יצחקוב, כ׳ גבאי, ט׳ רפאלי,
נ׳ לוי, י׳ גרובר, מ׳ בר, ס׳ רומנוב, ק׳ וובל, ו׳ דבש, ע׳ נקש

עריכה לשונית: ל׳ ויגדור, ש׳ בריגנטה

ניהול: מ׳ ברושטיין, א׳ שבתאי

עיצוב: פונטביט

עימוד: ג׳ זהבי

נדפס בישראל, תשע״ד

2014 © כל הזכויות שמורות למיכאל לייטמן

I.S.B.N: 9781651238325

בראשית - ב

תוכן העניינים

לוח ראשי תיבות וקיצורים

א

א״א	אריך אנפין
א״ב	אלף בית
אב״א	אחור באחור
אבי״ע	אצילות, בריאה, יצירה, עשיה
אדה״ר	אדם הראשון
אוה״ע	אומות העולם
או״א	אבא ואמא
או״ח	אור חוזר
או״י	אור ישר
או״מ	אור מקיף
או״פ	אור פנימי
אח״ז	אחר זה
אח״כ	אחר כך
אח״פ	אוזן חוטם פה
א״כ	אם כן
א״ס	אין סוף
אע״פ	אף על פי
אעפ״כ	אף על פי כן
א״ק	אדם קדמון
א״ת ב״ש	אחד מצירופי אותיות הא״ב (הראשונה עם האחרונה, השנייה עם זו שלפני האחרונה וכן הלאה)

ב

ב״ד	בית דין
ביהמ״ק	בית המקדש
בי״ע	בריאה, יצירה, עשיה
ב״ן	מספר (שם הוי״ה במילוי אותיות ה׳)
ב״ס	ב׳ ספירות
בשכמל״ו	ברוך שם כבוד מלכותו לעולם ועד

ג

גו״ע	גלגלתא ועיניים
ג״י	גימטרייה
ג״כ	גם כן
גמה״ת	גמר התיקון
ג״ס	ג׳ ספירות
ג״פ	ג׳ פעמים
ג״ר	ג׳ ראשונות
ג״ת	ג׳ תחתונות

ד

ד״ס	ד׳ ספירות
ד״פ	ד׳ פעמים
דצח״מ	דומם, צומח, חי, מדבר

ה

ה״ג	ה׳ גבורות
ה״ח	ה׳ חסדים
ה״ס	ה׳ ספירות
ה״פ	ה׳ פעמים
הקב״ה	הקדוש ברוך הוא
ה״ר	ה׳ ראשונה
ה״ת	ה׳ תחתונה

ו

ו״ס	ו׳ ספירות
ו״ק	ו׳ קצוות
ו״ת	ו׳ תחתונות

ז

ז״א	זעיר אנפין
זו״ן	זעיר ונוקבא
ז״ס	ז׳ ספירות
ז״פ	ז׳ פעמים
ז״ת	ז׳ תחתונות

ח

חב״ד	חכמה, בינה, דעת
חג״ת	חסדים, גבורות, תפארת
חגת״מ (גם: חגת״ם)	חסדים, גבורות, תפארת, מלכות
חו״ב	חכמה ובינה
חו״ב תו״מ	חכמה ובינה תפארת ומלכות
חו״ג	חסדים וגבורות
חו״ג תו״מ	חסדים וגבורות תפארת ומלכות
חו״ס	חכמה סתימאה
חוה״מ	חול המועד
ח״ח	חפץ חסד

ט

טו״ר	טוב ורע
טנת״א	טעמים נקודות תגין אותיות
ט״ר	ט׳ ראשונות
ט״ת	ט׳ תחתונות

י

יוה״כ	יום הכיפורים
יו״ט	יום טוב
יצה״ט	יצר הטוב
יצה״ר	יצר הרע
ישסו״ת	ישראל סבא ותבונה

כ

כ״ח	כתר, חכמה
כו״ח	כתר וחכמה
כח״ב	כתר, חכמה, בינה
כחב״ד	כתר, חכמה, בינה, דעת
כח״ב תו״מ	כתר, חכמה, בינה, תפארת ומלכות
כמ״ש	כמו שכתוב
כנ״י	כנסת ישראל
כש״כ	כל שכן

ל

לעת״ל	לעתיד לבוא

מ

מ״ב	שם מ״ב (42) אותיות
מ״ד	מיין דוכרין
מדה״ד	מידת הדין
מדה״ר	מידת הרחמים
מ״ה	מספר (שם הוי״ה במילוי אותיות א׳)
מו״ס	מוחא סתימאה
מט״ט (גם: מיט״ט)	מטטרו״ן (שם מלאך)
מכ״ש	מכל שכן
מ״מ	מכל מקום
מ״ן	מיין נוקבין
מע״ט	מעשים טובים
מצפ״ץ	שם הוי״ה באותיות א״ת ב״ש
משא״כ	מה שאין כן

נ

נ״ה	נצח, הוד
נה״י	נצח, הוד, יסוד
נהי״מ (גם: נהי״ם)	נצח, הוד, יסוד, מלכות
נו״ה	נצח והוד
נ״ע	נקבי עיניים
נ״ר	נפש רוח
נר״ן (גם: נר״נ)	נפש, רוח, נשמה
נרנח״י	נפש, רוח, נשמה, חיה, יחידה

ס

ס״א	סטרא אחרא
ס״ג	מספר (שם הוי״ה במילוי אותיות י׳ ואות א׳ ב-ואו)
ס״מ (גם: ס״ם)	סטרא מסאבותא (סמאל)

ע

ע״ב	מספר (שם הוי״ה במילוי אותיות י׳; שם ע״ב (72) אותיות)
עד״ז	על דרך זה
עה״ח	עץ החיים
עוה״ב	עולם הבא
עוה״ז	עולם הזה
ע״י	על ידי
ע״כ	על כן
עכ״ז	עם כל זה
עכו״ם	עבודת כוכבים
עכ״פ	על כל פנים
ע״מ	על מנת
ע״ס	עשר ספירות
ע״פ	על פי
עפ״ז	על פי זה
עצה״ד	עץ הדעת
עצה״ד טו״ר	עץ הדעת טוב ורע
ע״ש	על שם

פ

פב״א	פנים באחור
פב״פ	פנים בפנים
פרד״ס	פשט, רמז, דרוש, סוד

צ

צ״א	צמצום א׳
צ״ב	צמצום ב׳

ק

ק״ש	קריאת שמע

ר

רדל״א	רישא דלא אתידע
רה״ש	ראש השנה
ר״ח	ראש חודש
רת״ס	ראש, תוך, סוף

ש

שה״ש	שיר השירים
שנא״ן	שור, נשר, אריה, אדם (ד׳ חיות המרכבה)
שנ״א	שור, נשר, אריה (ג׳ חיות המרכבה)

ת

תו״מ	תפארת ומלכות
תושב״כ	תורה שבכתב
תנהי״מ (גם: תנהי״ם)	תפארת, נצח, הוד, יסוד, מלכות
תר״ת	תקיעה, תרועה, תקיעה
תשבע״פ	תורה שבעל פה
תשר״ת	תקיעה, שברים, תרועה, תקיעה
תש״ת	תקיעה, שברים, תקיעה
ת״ת	תפארת

פרשת ויירא

וַיֵּרָא אליו ה׳

1. כתוב, הניצנים נראו בארץ, עת הזמיר הגיע, וקול התור נשמע בארצנו. כאשר ברא הקב״ה את העולם, נתן בארץ כל הכוח הראוי לה, אבל לא הוציאה פירות בעולם עד שנברא האדם. כיוון שנברא האדם הכול נראה בעולם, שהארץ גילתה פירותיה וכוחותיה שנפקדו בה. ואז, הניצנים נראו בארץ.

2. כעין זה, לא נתנו השמיים כוחות לארץ עד שבא אדם. כמ״ש, וכל שיח השדה טרם יהיה בארץ, וכל עשב השדה טרם יצמח, כי לא המטיר ה׳ אלקים על הארץ. ונסתרו בה כל אלו התולדות ולא נגלו, והשמיים נעצרו ולא המטירו על הארץ. משום שאדם אין לעבוד את האדמה, שלא נמצא ועוד לא נברא, והכול נעכב מלהתגלות בסיבתו. כיוון שנראה אדם, מיד הניצנים נראו בארץ וכל הכוחות שנסתרו התגלו וניתנו בה.

3. עת הזמיר הגיע, שנתקן תיקון של שירות ותשבחות לזמר לפני הקב״ה, מה שלא היה מטרם שנברא האדם. וקול התור נשמע בארצנו, זהו הדיבור של הקב״ה שלא היה נמצא בעולם מטרם שנברא האדם, כיוון שנמצא האדם נמצא הכול.

4. אחר שחטא, הסתלק הכול מהעולם וקוללה הארץ, כמ״ש, ארורה האדמה בעבורך. וכתוב, כי תעבוד את האדמה. וכתוב, וקוץ ודרדר תצמיח לך.

5. בא נוח לעולם ותיקן קרדומות ופצירות בעולם, כלומר שתיקן כלים לעבודת האדמה. ע״כ כתוב עליו, זה ינחמנו ממעשנו ומעיצבון ידינו, מן האדמה אשר אֵרְרָהּ ה׳, כי ייתן לנו כלים ונפטור מעיצבון ידינו שהיה לנו עד עתה. ואח״כ כתוב, וַיֵּשְׁת מן היין, וישכר, ויתְגַל בתוך אוהלו. ואח״כ, באו בני העולם וחטאו לפני הקב״ה, והסתלקו כוחות הארץ כבתחילה. כלומר, שכל התיקונים של נוח התבטלו. והיה כך עד שבא אברהם.

6. כיוון שבא אברהם מיד הניצנים נראו בארץ, שנתקנו והתגלו כל כוחות הארץ. עת הזמיר הגיע, בשעה שאמר לו הקב״ה שיימול עצמו. זמיר פירושו כריתה, כריתת העורלה. כיוון שהגיע הזמן ההוא שהברית נמצא באברהם שנימול, אז התקיים בו הכתוב, הניצנים נראו בארץ, והתקיים העולם, והדיבור של הקב״ה היה בהתגלות אליו, וכמ״ש, וַיֵּרָא אליו ה׳, אחר שנימול.

7. כי מטרם שנימול אברהם לא היה הקב״ה מדבר עימו, אלא מתוך מדרגה תחתונה, הנקראת מַחזה, הנוקבא, בהיותה עוד בהארת השמאל. כמ״ש, דְּבַר ה׳ אל אברם במחזה. והמדרגות העליונות דז״א לא התחברו במדרגה דנוקבא. כיוון שנימול, מיד הניצנים, המדרגות התחתונות, נראו בארץ,

״וירא״. ספר הזהר עם פירוש הסולם. מהד׳ 21 כר׳. כרך ד. דף א; מהד׳ 10 כר׳. כרך ב. דף א.

שהמדרגה התחתונה, מחזה, הוציאה ותיקנה אותן, כדי שיתחברו בה המדרגות העליונות כולן.

כמו ב׳ הקווים ימין ושמאל בישסו״ת, שאינם מזדווגים ונכללים זה בזה, אלא ע״י קומת החסדים היוצאת על מ״ן דז״א, המכריע ביניהם וכולל אותם זה בזה. כן זו״ן, לאחר שעלו לישסו״ת לקבל מהם מוחין, נעשה שם ז״א לקו ימין, והנוקבא לקו שמאל. והם נפרדים זה מזה כדרך ב׳ הקווים ימין ושמאל, עד שעולה אליהם מ״ן ע״י נשמות הצדיקים, ויוצאת קומת חסדים על מ״ן הללו דצדיקים, ומזווג את זו״ן.

ובעת שזו״ן נפרדים זה מזה, נקראת הנוקבא בשם מחזה, כי תרגומה של ראייה הוא מחזה, ומילה של תרגום המובא בפסוק רומז על מוחין דאחוריים. ואלו המוחין דקו שמאל שבנוקבא, מטרם הזיווג עם ז״א, הם מוחין דאחוריים.

וטרם שאברהם העלה מ״ן לזו״ן במצוות המילה, שז״א לא היה בזיווג עם הנוקבא, אלא שהיו נפרדים זה מזה, היות שז״א בקו ימין והנוקבא בקו שמאל, והם במחלוקת זה עם זה. כיוון שהעלה מ״ן ע״י מצוות מילה, מיד הניצנים נראו בארץ, המסך שעליהם נעשה זיווג דהכאה, המוציא קומת החסדים בקו אמצעי, המכריע ומייחד ב׳ הקווים ימין ושמאל זה בזה.

בחינות המסך הללו מכונות הניצנים שהם נראו בארץ, בנוקבא, בכוח המ״ן, מצוות המילה. שכוחות המסך הללו יצאו ונגלו בנוקבא, והיא תיקנה את עצמה על ידיהם במסך מתוקן לזיווג. להוציא קומת החסדים, המזווג אותה עם הזו״ן.

8. עת הזמיר הגיע. עת כריתת הענפים הרעים הגיעה, הענפים של עורלה, כי קליפה זו שלטה מטרם שנימול. והייתה, כמ״ש, ונִרגן מפריד אַלוּף.

וקול התור נשמע בארצנו. זהו קול היוצא מתוך אותה הפנימית שבכולם. קול, ז״א. הפנימית שבכולם, אמא, שז״א נאצל ויוצא ממנה. ואותו הקול, ז״א, נשמע בארצנו, הנוקבא. שז״א הזדווג עם הנוקבא ע״י המ״ן ממצוות המילה. וזהו קול החותך המילה לדיבור, שיש בו חיתוך הדיבור, ועושה לה את השלמות.

ז״א נקרא קול, והנוקבא נקראת דיבור, וז״א מתקן את הנוקבא ועושה אותה בכל השלמות.

9. כל עוד שלא נימול אברהם היה עליו מדרגת הנוקבא. מכיוון שנימול, כתוב, וירא אליו ה׳.

10. וירא אליו ה׳, שנראה לאותה המדרגה שדיברה עימו. כלומר, ז״א, הוי״ה, נראה אליו, לנוקבא. מה שלא היה מטרם שנימול, שאז הייתה נפרדת מז״א. ועתה נגלה הקול, ז״א, והתחבר בדיבור, הנוקבא, בעת שדיבר עם אברהם. שאברהם מקבל עתה מזיווג זו״ן והיה מרכבה לשניהם. וע״כ כתוב כאן, וירא אליו הוי״ה, הרומז על זיווג זו״ן יחד.

11. והוא יושב פתח האוהל. והוא, הנוקבא, יושב פתח האוהל, נעשית לפתח לכל המדרגות. וירא אליו ה׳, זהו שהקול, ז״א, נשמע והתחבר בדיבור, מלכות, ונגלה בו.

12. והוא יושב פתח האוהל. והוא, זה עולם העליון, אמא, העומד להאיר עליו, על הנוקבא, הנקראת פתח האוהל, שנעשית פתח לאורות. כחום היום, שהאיר הימין, חסד, מדרגה שאברהם התחבר בה.

כחום היום, בשעה שהתקרבה מדרגה למדרגה בתשוקה, מז״א לנוקבא, נאמר עליהם כחום היום.

13. עד שלא נימול אברהם, היה סתום, שלא היה יכול לקבל אורות העליונים. כיוון שנימול, נגלה הכול, שכל האורות נגלו אליו. כי נפתח מסתימתו, והשכינה שרתה עליו בשלמות.

והוא יושב פתח האוהל כחום היום. והוא, עולם העליון, בינה, השורה על עולם התחתון, הנוקבא. כחום היום, בשעה שתשוקתו של צדיק אחד, יסוד דז״א, לשרות בעולם התחתון, הנוקבא. בשעה שיש זיווג זו״ן, אז המוחין של הבינה שורים בנוקבא.

14. מיד אחר שנעשה זיווג זו״ן, כתוב, ויישא עיניו, ויַרְא, והנה שלושה אנשים ניצבים עליו. אברהם יצחק ויעקב, חג״ת דז״א, העומדים על אותה המדרגה, הנוקבא, שמהם היא יונקת וניזונה.

15. אז, וירא וַיָרָץ לקראתם, כי תשוקתה של המדרגה התחתונה, הנוקבא, להתחבר בחג״ת, והחדווה שלה היא להימשך אחריהם. ולפי זה, וירא וירץ, חל על הנוקבא, שרצתה להתחבר בהם. וישתַחוּ ארצה, כדי להיעשות ולהיתקן לכיסא בעדם, שהנוקבא נעשית לכיסא לחג״ת דז״א שישרו עליה, כמו אדם היושב על כיסא.

16. עשה הקב״ה את דוד המלך, הנוקבא, לרגל אחד מכיסא העליון, כמו האבות. כיסא העליון, בינה. האבות, חג״ת, ג׳ רגלי הכיסא. ז״א תיקן את הנוקבא, דוד המלך, שתהיה לרגל רביעי לכיסא. ונמצאת הנוקבא במדרגה אחת עם האבות, חג״ת, כי נתקנה לרגל הכיסא כמוהם.

ואע״פ שהיא כיסא אל האבות, ואיך נתקנה במדרגה אחת עם האבות להשלים ד׳ רגלי הכיסא? הוא רק בזמן שהתחברה עימהם להיות רגל אחת להיתקן בכיסא העליון. ומשום זה קיבל דוד המלך מלכות על ישראל בחברון שבע שנים כדי להתחבר בחג״ת.

מתחילה נבנית הנוקבא, שני המאורות הגדולים, בקומה שווה עם ז״א מאחוריו, ואז שניהם משמשים בכתר אחד, בינה. ז״א מקבל ימין והנוקבא צד שמאל של בינה. ואז נחשבים זו״ן לד׳ רגליים שלה והיא נקראת כיסא העליון. חג״ת דז״א הם ג׳ רגלי הכיסא, והנוקבא היא רגל רביעי. באופן ששניהם שווים זה לזה.

אמנם אלו המוחין נחשבים לנוקבא רק למוחין דאחוריים, וכדי להיבנות במוחין דפָנים היא מתמעטת למאור הקטן, ואז יכולה לקבל מז״א מוחין דפנים. ומבחינה זו היא נעשית כיסא אל ז״א מתחתיו. באופן שיש שני זמנים לנוקבא: בתחילה בקומה שווה לז״א, ואח״כ מתמעטת ונעשית קטנה ממנו.

בזמן של מוחין דפנים, היא קטנה ממנו ונבחנת לכיסא אל החג״ת דז״א. אבל בזמן של מוחין דאחוריים, שהתחברה עם חג״ת דז״א בקומה שווה, הרי היא אז רגל אחת להיתקן בכיסא העליון, בשווה עם חג״ת דז״א. כי שניהם משמשים אז בשווה בכיסא העליון, בינה. ולולא קיבלה הנוקבא מקודם את המוחין דאחוריים בשני המאורות הגדולים, לא הייתה יכולה לקבל אח״כ מוחין דפנים.

מלכות דחברון היא מוחין דאחוריים ומלכות דכל ישראל היא מוחין דפנים. ואם לא קיבל דוד המלך את מלכות דחברון מקודם, המוחין דאחוריים, לא היה ראוי לקבל כלל את מלכות כל ישראל, המוחין דפנים. שצריכה להתחבר מקודם בקומה שווה עם החג״ת מאחוריים, ולולא זה לא היה יכול לקבל המלכות השלמה שהיא מוחין דפנים.

17. וירא אליו ה' באלוני ממרא. באלוני ממרא ולא במקום אחר, משום שממרא נתן לו עצה על ברית מילה. כי בשעה שאמר הקב"ה לאברהם שימול את עצמו, הלך אברהם להיוועץ עם חבריו. אמר לו עָנֵר, אתה כבר יותר מתשעים שנה ואתה תצער את עצמך.

18. אמר לו ממרא, זכור את היום שהשליכו אותך הכשׂדים בכבשן האש. ואותו הרעב שעבר על העולם, שכתוב, ויהי רעב בארץ וירד אברם מצריימה. ואת אלו המלכים שרדפו אנשיך אחריהם והכית אותם. והקב"ה הצילך מכולם ואיש לא יכול לעשות לך רעה. קום עשה מצוות ריבונך. אמר הקב"ה לממרא, אתה נתת לו עצה על המילה, חייך, איני מתגלה עליו אלא בהיכל שלך, באלוני ממרא.

הנשמה של האדם, עולה מהארץ לרקיע

[נשמתא דסלקא מארעא לרקיעא]

19. הנשמה של האדם, בשעה שהאדם ישן בלילה, עולה מהארץ לרקיע ועומדת באותו זוהר עליון, והקב"ה מבקר אותה.

20. כל נשמה של צדיק, כיוון שעומדת במקום שכינת כבודו, ראויה לקבל הארת חכמה, עמידה, וראויה לשבת אצלה, לקבל את לבוש החסדים, ישיבה.

הקב"ה, ז"א, קורא אל האבות, חג"ת, ג' קווים שלו, ואומר להם, לכו ובקרו את פלוני הצדיק שבא והקדימו אותו שלום משמי, שג' קווים ישפיעו לו הארת הזיווג הנקרא שלום. משמי, היא הנוקבא. והם אומרים, ריבון העולם, אינו ראוי לאב ללכת לראות את בנו, הבן צריך לראות ולחזות ולדרוש לאביו.

מתחילה האיר ז"א לנשמה הארת קו ימין, אברהם, החולם, ואח"כ האיר לה הארת קו שמאל, יצחק, שורוק. ונעשה מחלוקת בין ב' הקווים. ואז נסתמה הנשמה, והסתלקו הארת ב' הקווים מהנשמה וחזרו אל ז"א. ואמרו לו, ריבון העולם, אינו ראוי לאב ללכת לראות את בנו, כי נסתמה ואינה יכולה לקבל ממנו. אלא הבן צריך לראות ולחזות ולדרוש לאביו, כלומר, שהנשמה צריכה להעלות מ"ן ממסך דחיריק, ואז יתעורר קו אמצעי, יעקב, ואז תוכל הנשמה לקבל הארתנו.

21. והקב"ה קורא ליעקב ואומר לו, אתה, שהיה לך צער גידול בנים, לך וקבל פניו של פלוני הצדיק שבא כאן, ואני אלך עימך. וכמ"ש, מבקשי פניך יעקב סלה. מבקש על נשמות הצדיקים, שיעקב אבינו מקבל פניהם והם מבקשי פניו.

יעקב, קו אמצעי. בנים, לידת מוחין. צער של בנים, המסך דחיריק המקטין הקומה מג"ר לו"ק וגורם בזה צער. אבל, אי אפשר להוליד בנים, מוחין, אלא רק על המסך הזה.

אחר שהנשמה העלתה מ"ן, קורא ליעקב, כלומר, שהזמין המסך דחיריק שעליו יוצא קו אמצעי, יעקב. ואמר לו, דרכך להמשיך מוחין על מסך דחיריק, תעשה הזיווג הזה לצורך הנשמה. לך וקבל פניו של פלוני הצדיק שבא כאן. פנים זה חכמה. קבלת פנים זו התלבשות

חכמה בחסדים. ויוציא קומת חסדים וילביש החכמה בחסדים, שזה נקרא קבלת פנים.

22. יעקב אבינו הוא כיסא הכבוד. ברית כרת הקב"ה עם יעקב לבדו, יותר מכריתת ברית עם כל אבותיו, שעשה אותו כיסא הכבוד להשראתו לבד מהראשונים. והוא מטעם שהראשונים, אברהם ויצחק, אינם יכולים להאיר זולתו, לכן כולל בעצמו גם הארתם, ונעשה כיסא בפני עצמו.

23. כמ"ש, וכיסא כבוד ינחילֵם. זהו יעקב אבינו, שעשה אותו כיסא הכבוד בפני עצמו, לקבל תורה בעד נשמות הצדיקים. ופירוש הכתוב הוא, וכיסא כבוד, תורתו של יעקב, שנעשה לכיסא הכבוד, ינחילם לנשמות הצדיקים.

24. והקב"ה הולך עם יעקב בכל ר"ח. וכאשר הנשמה רואה את כבוד המראָה, השכינה של ריבונה, הנשמה מברכת ומשתחווה לפני הקב"ה. כמ"ש, ברכי נפשי את ה'.

25. הקב"ה עומד על הנשמה, והנשמה פותחת ואומרת, ה' אלקי גדלת מאוד. ומשבח להקב"ה גם על הגוף שנשאר בעוה"ז, ואומרת, ברכי נפשי את ה' וכל קרביי, המורה על הגוף. תחילה משבחת הנשמה להקב"ה על השגחתה עצמה. ואז אומרת, ברכי נפשי את ה', ה' אלקי גדלת מאוד. ואח"כ משבחת לו גם על הגוף, שזיו הנשמה נמשך למטה ומאיר אל הגוף. ואז אומרת, ברכי נפשי את ה' וכל קרביי את שם קודשו.

26. והקב"ה הולך עם יעקב, כמ"ש, וירא אליו ה' באלוני ממרא. יעקב נקרא ממרא. השם ממרא, משום שיעקב ירש מאתיים עולמות מעדן. והוא כיסא, שנעשה לכיסא הכבוד בפני עצמו. ממרא הוא בגי' רפ"א (281). 200 של עדן, שזכה בהם יעקב, כמ"ש, ומאתיים לנוטרים את פריו. ו-81 שבגי' כסא, הרי 281 שבגי' ממרא.

מאתיים עולמות מעדן הוא החכמה הנקרא עדן, וכיסא הם החסדים המלבישים את החכמה. וע"כ כתוב, וירא אליו ה' באלוני ממרא, כי משום זה נקרא יעקב ממרא, שכולל עדן וכיסא, שהם השם ממרא.

27. באלוני ממרא. אלוני פירושו אביר וכוח, וממרא זה יעקב, כמ"ש, אביר יעקב.

כתוב, והוא יושב פתח האוהל כחום היום, וכתוב, ה' מי יגור באוהלֶך. כלומר, פתח האוהל הוא הארת קו הימין, חסדים מכוסים, הארת נקודת החולם, מ"י דאלקים, המרומז במילה מי בכתוב, מי יגור באוהלך כחום היום. כמ"ש, וזרחה לכם יראי שמי שמש צדקה ומרפא בכנפיה. הארת קו השמאל, הארת נקודת השורוק, אל"ה דאלקים, הארת חכמה בלי חסדים, המכונה יציאת השמש מנרתיקה. כי אין אור החכמה מאיר אלא בנרתיק מחסדים. וכשמאירה בלי חסדים היא שורפת, כמ"ש, כחום היום.

ואז הרשעים נידונים בה, אבל הצדיקים מתרפאים בה. כי מגלים מ"ן וממשיכים חסדים להלביש החכמה. וזהו שמרמז הזוהר את פירושו של כחום היום, בכתוב, וזרחה לכם יראי שמי שמש צדקה ומרפא בכנפיה. ללמדנו, שאין אור השמש הזה מרפא אלא בכנפיה, בלבוש החסדים המכסים על כוחה של השמש כמו כנפיים. ומטרם ביאת הכנפיים מקו האמצעי, הוא כחום היום, ששורפת אז.

28. באותה שעה שהנשמה כחום היום, הולך הקב"ה, ז"א, כדי להשפיע לה ממקום למקום, שלושה מקומות. מפתח האוהל, החסדים הנעלמים במ"י, קו ימין, אל כחום היום, אל"ה, קו שמאל. ואח"כ אל יעקב, קו אמצעי.

משום שהאבות אברהם ויצחק שמעו שהקב"ה, ז"א, הולך אל הנשמה, שהרגישו שהנשמה במצב כחום היום, שצריכה למקום הלבשת החסדים. הם מבקשים מיעקב שילך עימהם להקדים לנשמה שלום, שימשיך על מסך דחיריק שלו קומת החסדים, המכריעה בין אברהם ויצחק, ואז מתלבשת החכמה בחסדים, שהוא שלום.

ונקראת שלום, כי מטרם הכרעת קומת החסדים, ב' הקווים נמצאים במחלוקת, אלא ע"י קומת החסדים, קו האמצעי, נעשה שלום ביניהם.

29. ואברהם ויצחק עומדים על הנשמה, כלומר, אחר שיעקב השפיע החסדים בקדימת השלום, מאירים אליה גם ב' הקווים אברהם ויצחק, כמ"ש, ויישא עיניו ויַרְא, כלומר, הנשמה. והנה שלושה אנשים ניצבים עליו. שלושה אנשים הם האבות, אברהם יצחק ויעקב, הניצבים עליו, ורואים מע"ט שעשתה הנשמה, שרואים המ"ן של הנשמה ומשפיעים לה מ"ד.

וירא, וירץ לקראתם מפתח האוהל וישתַחוּ ארצה, משום שראתה שכינת כבודו עימהם. כמ"ש, לריח שְׁמָנֶיךָ טובים, שמן תוּרַק שמך על כן עלָמות אהֵבוך. לריח, המ"ן שהנשמה מעלה, להמשיך הארת השלום של יעקב, קומת החסדים, שאז מתלבשת החכמה בחסדים. ועל כן שמניך טובים, שהמוחין מתקבלים בשמן הטוב.

שמן תורק, כחום היום, שאז מסתלקים ב' הקווים מהנשמה ואינם יכולים להאיר, ונבחן אז שהשמן, המוחין, מורק מהנשמה, הארת נקודת השורוק. אמנם אח"כ בביאת החסדים מיעקב מושגת הארת החכמה מנקודת השורוק הזאת. אשר שמן תורק שמך, שבשעת הארת נקודת השורוק, מושג שמך, גילוי השכינה, שמו של הקב"ה.

ועכ"ז כל חשקה של הנשמה היא להמשיך החסדים דקו ימין, מ"י. וזהו שמסיים הכתוב, על כן עלמות אהבוך, החסדים הנעלמים ממ"י, ג"ר דבינה, משם דווקא אוהבות הנשמות להמשיך. וזהו שמבואר בכתוב, וירא, גילוי השכינה ע"י הארת השורוק אחר שמתלבשת בחסדים. ואז, וירץ לקראתם, לקבל מפתח האוהל, מ"י. וכמ"ש, על כן עלמות אהבוך, החסדים המכוסים מחכמה, הנקראים עלמות שהנשמות אוהבים.

הנשמה בשעת הפטירה

30. ויירא אליו ה' באלוני ממרא. מדבר בשעת פטירתו של אדם. בשעת פטירתו של אדם, הוא יום הדין הגדול, שהנשמה נפרדת מן הגוף. ולא נפטר אדם מן העולם, עד שרואה את השכינה, כמ"ש, כי לא יראני האדם וחי. ובאים עם השכינה שלושה מלאכי השרת, לקבל נשמתו של צדיק.

"וירא". ספר הזהר עם פירוש הסולם. מהד' 21 כר'. כרך ד. דף יא; מהד' 10 כר'. כרך ב. דף יא.

וירא אליו ה׳, כחום היום. זה יום הדין הבוער כתנור, להפריד הנשמה מן הגוף.

31. ויישא עיניו, וירא, והנה שלושה אנשים, המבקרים מעשיו מה שעשה, והוא מודה עליהם בפיו. וכיוון שהנשמה רואה כך, יוצאת מן הגוף עד פתח בית הבליעה, ועומדת שם עד שמתוודה כל מה שעשה הגוף עימה בעוה״ז. ואז נשמת הצדיק שמחה במעשיה ושמחה על פיקדונה. נשמתו של צדיק מתאווה מתי תצא מן העוה״ז, שהוא הבל, כדי להתענג בעוה״ב.

כשחלה רבי אליעזר

32. כשחלה רבי אליעזר הגדול ונטה למות, אותו היום היה ערב שבת. והושיב לימינו את הוֹרְקְנוס בנו והיה מגלה אליו עמוקות ונסתרות, והורקנוס לא היה מקבל ממנו בתחילה בדעה מלאה, כי חשב שדעתו אינה מיושבת עליו. לאחר שראה שדעתו של אביו מיושבת עליו, קיבל ממנו 189 סודות עליונים.

33. כשהגיע לסוד של אבני שיש המתערבים במים עליונים, בכה רבי אליעזר והפסיק מלדבר. אמר, קום ולך שם בניי. אמר לו, למה? אמר לו, אני רואה שאמהר לעבור מהעולם. לך ואמור לאימך, שיסתלקו התפילין שלי למקום עליון, שרמז לה על הסתלקותו, ואחר שאסתלק מהעולם, ואבוא כאן לראות את בני המשפחה, לא יבכו, כי הם עימי קרובים עליונים ולא תחתונים, ודעת אנוש לא משיג בזה.

34. עוד שהם יושבים, נכנסו חכמי הדור לבקר אותו וקילל אותם על שלא באו אליו לשמש אותו, כמו שלומדים, שגדולה שימושה יותר מלימודה.

בינתיים בא רבי עקיבא. אמר לו, עקיבא עקיבא, למה לא באת לשמשני? אמר לו, רבי, לא היה לי זמן פנוי. כעס ואמר, תמה אני עליך, אם תמות מיתת עצמך. וקילל אותו שמיתתו תהיה קשה מכולם, כלומר, שקילל גם את שאר חכמים שלא באו לשמשו, שלא ימותו מיתת עצמם, ואמר, שמיתת רבי עקיבא תהיה קשה מכולם.

35. בכה רבי עקיבא ואמר לו, רבי, למדני תורה. פתח פיהו רבי אליעזר במעשה מרכבה, בא אש והקיף את שניהם. אמרו החכמים, משמע מזה, שאין אנו ראויים וכדאיים לשמוע עתה דברי תורתו, יצאו לפתח שבחוץ וישבו שם. היה מה שהיה והלך האש.

36. ולימד בסוד, בַּהֶרֶת עזה כשלג, 300 הלכות פסוקות, ולימד אותו 216 טעמים שבפסוקים שבשה״ש. ועיניו של רבי עקיבא היו מורידות מים. וחזר האש והקיף אותם כבתחילה. כשהגיע לפסוק, סַמְּכוני באשישות רַפְּדוני בתפוחים כי חולת אהבה אני, לא היה יכול עוד רבי עקיבא לסבול, ונשא קולו בבכי וגעה כמו שור ולא היה יכול לדבר מפחד השכינה שהייתה שם.

"וירא". ספר הזהר עם פירוש הסולם. מהד׳ 21 כר׳. כרך ד. דף יא; מהד׳ 10 כר׳. כרך ב. דף יא.

37. ולימד אותו כל עמוק וסודות עליונים שיש בשה"ש, והשביע אותו שבועה, שלא ישתמש בשום פסוק שבו, בשביל שלא יחריב הקב"ה את העולם בסיבתו, כי אין רצון לפניו שישתמשו בו הבריות מרוב קדושה שיש בו. אח"כ יצא רבי עקיבא וגעה, ועיניו נובעות מים. ואמר, אוי רבי אוי רבי, שהעולם יישאר יתום ממך, נכנסו אצלו כל שאר החכמים ושאלו אותו והשיב להם בדברי תורה.

38. נעשה צר לרבי אליעזר. הרים זרועותיו, שם אותן על ליבו, פתח ואמר, אוי עולם, עולם העליון חזר לסלק ולגנוז כל אור וכל הארה מן העולם התחתון, כמו שהיה מטרם ביאתו לעולם. אוי לכם שתי זרועות, אוי לכם שתי תורות, שתהיו נשכחות ביום הזה מן העולם.

והזוהר מסיים על זה ואומר, שאמר רבי יצחק, כל ימיו של רבי אליעזר הייתה ההלכה מאירה מפיו כיום שניתנה על הר סיני.

39. אמר רבי אליעזר, תורה למדתי וחכמה הבנתי ושימוש תלמידי חכמים עשיתי שאפילו כל בני העולם יהיו סופרים, לא יספיקו לכתוב אותם. ולא חסרו תלמידיי מחכמתי, אלא כמכחול בעין, כשיעור הטיפה שהעין מוציאה כנגד טיפת המכחול שנכנסה בה. ואני לא חסרתי מחכמת רבותיי, אלא כשיעור מי ששותה בים.

ומסיים הזוהר, ולא אמר זה, אלא כדי להחזיק טובה לרבותיו יותר מעצמו, כלומר, מה שאמר, שהוא החסיר מרבותיו כשותה בים, שהיא שיעור גדול ממכחול בשפופרת שאמר על תלמידיו, כדי להחזיק טובה לרבותיו יותר מעצמו.

40. והיו שואלים ממנו בדינו של סנדל הייבום, אם מקבל טומאה, עד שיצאה נשמתו, ואמר טהור. ולא היה שם רבי עקיבא בשעת פטירתו. במוצאי שבת מצא אותו רבי עקיבא שמת, קרע את מלבושיו וגירד את בשרו, ודם היה יורד ונמשך על זקנו, והיה צועק ובוכה. יצא לחוץ ואמר: שמיים שמיים, אִמרו אל השמש והלבנה, אשר האור שהיה מאיר יותר מהם הנה חשך.

41. בשעה שנשמת הצדיק רוצה לצאת מהגוף, היא שמחה, מפני שהצדיק בטוח עם מיתתו כי יקבל את שכרו. כמ"ש, וירא וירץ לקראתם, לקבל פניהם בשמחה של שלושת המלאכים שבאו עם השכינה לקבל נשמתו. מאיזה מקום מקבל פניהם? מפתח האוהל, כמ"ש, וישתחו ארצה, אל השכינה. כלומר, הנשמה משתחווה אל השכינה שבאה אצלה.

42. עד שיָפוּח היום ונסו הצללים, סֹב דְמה לךָ דודי לצבי או לעופר האיילים. עד שיפוח היום, זו אזהרה לאדם בעודו בעוה"ז, שהוא כהרף עין. כמ"ש, ואילו חיה אלף שנים פעמיים. ביום המיתה, כל מה שהיה, נחשב כיום אחד אצלו.

43. אמר רבי שמעון, נשמתו של אדם מתרה בו ואומרת, עד שיפוח היום. וידמה בעיניך כהרף עין, בעודך בעוה"ז. ונסו הצללים, כמ"ש, כי צל יָמֵינו עלֵי ארץ. בבקשה ממך, סוב דמה לך דודי לצבי.

44. עד שיפוח היום, זו אזהרה לאדם, בעודו בעוה"ז, שהוא כהרף עין. כמו שהצבי קל ברגליו, אף אתה היֵה קל כצבי או כעופר האיילים, לעשות רצון בוראך, כדי שתנחל העוה"ב, שהוא הרי בשמיים, הנקרא הר ה', הר התענוג, ההר הטוב.

והנה שלושה אנשים

45. הרשות והרצון של המלך, השכינה, נראה בשלושה גוונים: לבן, אדום, ירוק. והם שלושה גוונים שבעין: גוון אחד, מראֶה הנראה לעין מרחוק, והעין אינה יכולה לעמוד בבירור במה שרואה משום שהוא מרחוק, עד שהעין מקבלת ראייה מועטת ע״י קמיצה שלה. וע״כ כתוב, מרחוק ה׳ נראה לי, שהוא הארת קו האמצעי ע״י מסך דחיריק, שאין פתיחה לאורות זולתו.

46. גוון שני, ראיית העין בסתימה שלה. כי גוון זה אינו נראה לעין זולת ע״י מעט סתימה שמקבלת, ואינה ראייה ברורה. כי דרך ראייתו היא, שסותם העין ואח״כ פותח אותה מעט, ואז מקבלת מראָה הזאת. ומראָה זו צריכה פתרון, כדי לעמוד על מה שקיבלה העין, כי היא אינה ברורה. וע״כ כתוב, מה אתה רואה, שזהו הארת קו שמאל מנקודת השורוק, שהאורות אז בסתימה מטעם חיסרון של חסדים.

47. הגוון השלישי, זוהר מראָה, שאינו נראה בה כלל לבד מבעת גלגול העין, כי כשהעין נסתמת עם סתימה ומגלגלים אותה בגלגול, נראה בגלגול הזה המראָה המאירה, שזהו הארת קו ימין מנקודת החולם. אבל אי אפשר לעין לעמוד בגוון השלישי הזה זולת בראיית הארת הזוהר ע״י הסתימה שבעין, שהוא הגוון השני בהתכללות גוון הראשון.

48. ע״כ כתוב, הייתה עליי יד ה׳. יד ה׳ עליי חזקה, משום שהראייה היא בסתימת העין, שהוא גבורה וכוח.

ולנביאי האמת מושגים שני הגוונים הראשונים, מלבד משה, נאמן העליון, שזכה להסתכל בגוון שלישי, המראה המאירה.

כתוב, ואֵרָא אל אברהם אל יצחק ואל יעקב באֵל שד״י, ושמי הוי״ה לא נודעתי להם. והרי כאן כתוב באברהם, וירא אליו הוי״ה. הרי שנגלה בשם הוי״ה גם לאבות. הזוהר האריך לבאר ההפרש בין מראֶה הנבואה של האבות, ובין מראֶה הנבואה של משה, שאע״פ שכתוב, וירא אליו הוי״ה, זו השכינה, מראָה שאינה מאירה.

המוחין נמשכים בג׳ קווים הנמשכים מג׳ נקודות, חולם שורוק חיריק. החולם חסדים מכוסים, מ״י דאלקים. השורוק אל״ה דאלקים, אור סתום, להיותו אור חכמה בחיסרון של חסדים. עד שבא החיריק, קומת ו״ק, ומכריע ביניהם, שבכוחו נכללים ב׳ הקווים זה בזה. שחולם הוא או״א, שורוק ישסו״ת, חיריק ז״א.

השכינה, רצון המלך, מתגלה לנביאים בשלושה גוונים המכונים שלושה גווני עין. והוא מתחיל מלמטה למעלה, מקו אמצעי, נקודת החיריק. גוון אחד, מראֶה הנראה לעין מרחוק. שהעין אינה יכולה לעמוד בבירור במה שרואה, משום שהיא מרחוק, כי גוון של הקו האמצעי הוא קומת החסדים, היוצאת על המסך דז״א, בחינה א׳, שקומה זו ו״ק, חסדים בלי חכמה. וראייה פירושה חכמה, שאינה יכולה לראות בבירור, משום שגוון זה רחוק מחכמה, והחכמה היא הראייה.

עד שגוון זה של העין נכלל בקו השמאל, הארת נקודת השורוק, ושם

מקבלת העין ראייה מועטת בכוח הקמיצה שלה, משום שקו השמאל מקומץ מחסדים ואינו יכול להאיר החכמה שלו בלי חסדים.

לפיכך בכוח החסדים, שהסתימה דקו שמאל מקבלת מקו אמצעי כדי להיפתח מסתימתו, בשיעור הזה הוא מאיר החכמה שלו אל קו האמצעי, ונכנס בו החכמה אע״פ שתכונתו ו״ק ורחוק מחכמה. ונמצא שגוון של הקו האמצעי נוטל ראייה מועטת בקמיצה ובסתימה שלו. וראייה מועטת, כי ג״ר דחכמה אינם מאירים בה, אלא רק ו״ק דחכמה.

הו״ק כלפי הג״ר נבחן כראייה מועטת. כמ״ש, מרחוק ה׳ נראה לי, הכתוב על הקו האמצעי, שרחוק מחכמה להיותו ו״ק, אבל מהתכללותו בקו השמאל, כתוב, מרחוק ה׳ נראה לי, כי הראייה מתקבלת דווקא בקו האמצעי שהוא רחוק, ולולא הקו האמצעי לא הייתה מתגלה הראייה כלל.

וגוון שני, ראיית העין בסתימה שלה. הראייה, אור החכמה שבגוון זה, בסתימה שלו, כי הוא קו השמאל והארת השורוק, שמבחינת עצמו הוא סתום ואינו מאיר מפאת חוסר חסדים, ועי״כ גוון החכמה שבו הוא סתום. וגוון החכמה אינו נראה בעין, זולת במעט הסתימה שמקבל מהגוון הראשון, הקו האמצעי, ואינו מאיר ברור.

כלומר, כיוון שמחוסר חסדים, אינו יכול להאיר זולת בהתכללות קו האמצעי, ו״ק, כדי לקבל ממנו חסדים. נמצא בהכרח שאינו יכול להאיר זולת בסתימה מועטת מהגוון הראשון. ומשום זה אינו מאיר ברור בג״ר דחכמה, אלא בו״ק דחכמה, שאינה ברורה כל כך כמו הג״ר דחכמה.

ודרך הארתו של גוון זה, הארת השורוק וקו שמאל, היא שסותם העין ואח״כ פותח אותה מעט. תחילה ממשיכים בה הארת החכמה בלי חסדים, שהעין נסתם ממנה ואינה מאירה כלום, ואח״כ ע״י התכללות בגוון הראשון, הוא פותח אותה להאיר מעט, כלומר להאיר בו״ק דחכמה ולא בג״ר, אז מקבלת שיעור הראייה, ו״ק דחכמה.

וגוון שני הוא בחינת חלום ונצרך לפתרון, כי סתום מבחינת עצמו מפאת חיסרון של חסדים. ועי״כ נקרא הארתו אור אחוריים, הארת החלומות הכתובים בפסוק. ומחכה על פתרון להארת אור החסדים, שאז ע״י התלבשות בחסדים נמשך אור החלום להתקיים בהקיץ. שע״י הפתרון שפירושו התלבשות באור החסדים מגוון הראשון, נמצא מתקיים הארת החכמה שקיבל העין בהארת השורוק וקו שמאל.

ואם אינו משיג אור החסדים מהגוון הראשון, אין אור החלום הזה מתקיים כלל ואינו נודע, ודומה כמו שלא היה כלל. ומטעם זה מכונה הארת הגוון השני הזה בשם חלום, להיותו בלתי מתקיים כלל בלי פתרון, מטעם היותו בלתי מושג מטרם הפתרון.

הגוון השלישי, הארת נקודת החולם, חסדים מכוסים, האור של חג״ת דז״א הנקרא מראה המאירה, הרי אור זה אינו נמצא כלל בעין זולת בעת שהעין סתום ואינו מאיר, בשעה שרק הארת השורוק מאיר בה לבדו, על שלוש נקודות חולם שורוק חיריק, ונראה בגלגול הזה גם הארת החולם, בחינת האור של מראה המאירה, חסדים מכוסים מחכמה.

אבל אי אפשר לעין לעמוד בגוון השלישי הזה זולת בראיית הארת הזוהר ע״י הסתימה שבעין. העין אינה יכולה להישאר באותו הגוון של נקודת החולם, כי לחסדים מגולים בחכמה היא צריכה. והעין רואה הזוהר המאיר בתוך הסתימה של העין, רק כשמלבישה את הארת

החכמה אשר בגוון השני, שהוא הארת נקודת השורוק בתוך החסדים שהשיגה, ואז מאיר בה בעיקר אור החכמה.

ולפיכך היא נבחנת למראה שאינה מאירה, כי הארת נקודת החולם אינה נשארת בה. וע״כ כתוב, הייתה עליי יד ה׳. כי מתוך שמקבלת בעיקר משני הגוונים הראשונים, הארת חיריק ושורוק מצומצמים, ע״כ נקראת הנוקבא יד ה׳. מלשון כוח וגבורה, כמ״ש, ויד ה׳ עליי חזקה.

ולנביאי האמת מושגים שני הגוונים הראשונים, המאירים בעיקר במראָה אל נביאי האמת, במראה שאינה מאירה. חוץ ממשה שזכה להסתכל למעלה בהארת החולם, במה שאינה נראית כלל, המראה המאירה.

49. וירא אליו, פירושו שהשכינה נראית ונגלית אליו בתוך אלו המדרגות המתחברות בבחינותיה, מיכאל לימין, גבריאל לשמאל, רפאל לפנים, אוריאל לאחור.

וירא אליו הוי״ה, פירושו, גילוי השכינה בשלושת חגוונים של גלגול העין. השם הוי״ה מורה על מראה המאירה רק בדרך השפעה אל השכינה בעת הגלגול, כי אז נראית מראה המאירה, הוי״ה, בעת המשכת קו ימין, הארת החולם. אמנם אחר הגלגול היא נשארת בעיקר בב׳ הקווים שמאל ואמצע, כי ע״כ היא נקראת מראה שאינה מאירה.

וירא אליו, השכינה נראית ונגלית אליו, הנוקבא. והוי״ה, הוא בבחינת השפעה לנוקבא בעת הגלגול.

ב׳ כיסאות באצילות:

א. כיסא העליון, בינה, שנעשית כיסא לחכמה, שאין החכמה מתגלה אלא ע״י הבינה.

ב. כיסא התחתון, הנוקבא, שאין המוחין דז״א מתגלים אלא ע״י הנוקבא.

כיסא העליון עומד על ארבע הרגליים, חג״ת דז״א והנוקבא. חג״ת דז״א, ג׳ הקווים הנמשכים בג׳ הנקודות חולם שורוק חיריק, המאירים בבינה. והנוקבא רגל רביעית המקבלת מהם ועומדת מאחורי חג״ת דז״א.

ואח״כ כשהנוקבא חוזרת למוחין דפב״פ, ונעשית כיסא בפני עצמה לז״א, נמצאים ד׳ הרגליים שלה, ד׳ המלאכים, מיכאל גבריאל רפאל אוריאל. מיכאל גבריאל רפאל נמשכים מג׳ הקווים חג״ת, ג׳ רגלי הכיסא העליון. וע״כ הם בפנים, כמו חג״ת העומדים שם בפנים. ואוריאל נמשך מרגל ד׳ של כיסא העליון, שהיא הנוקבא, העומדת שם באחורי חג״ת, וע״כ גם המלאך אוריאל נמצא כאן באחורי הנוקבא.

ונאמר, שהשכינה נראית ונגלית אליו בתוך אלו המדרגות המתחברות בבחינותיה, בתוך ד׳ המדרגות, שהתחברו להיות ד׳ רגליים בכיסא העליון, שבנוקבא הן ד׳ מלאכים. מיכאל לימין, גבריאל לשמאל, רפאל לפנים, אוריאל לאחור, להיותו הרגל הרביעית כמו הרגל הרביעית של כיסא העליון, הנמצאת גם שם באחוריים.

אמנם זה אמור בד׳ המלאכים הנושאים את הכיסא לזיווג, בעת גלגול העין. אבל אח״כ נשארת הנוקבא בסדר אחר, אשר אוריאל בא בפָנים ורפאל באחור, אשר מבחינה זו נקראת הנוקבא מראה שאינה מאירה.

ומשום זה מתגלה עליו השכינה באלונים האלו, צללי העולם, כדי להראות לפניהם הברית הראשון, הרשימה הקדושה, שהייתה בכל העולם באמונה, כי יש ב׳ נקודות במלכות:

א. הנקודה דצ״א, הנקודה האמצעית שבכל העולם, הן ממקומות היישוב והן ממקומות המדבר.

ב. הנקודה דצ״ב, הנקודה האמצעית של מקומות היישוב בלבד ולא מכל העולם.

וכנגדם יש שתי בריתות כנגד חיתוך ופריעה:

ברית הא׳, כנגד הנקודה האמצעית מכל העולם, החיתוך של העורלה.

ברית הב׳, כנגד נקודת היישוב, הפריעה.

אלוני ממרא, הם דינים קשים הנמשכים מהנקודה האמצעית שבכל העולם. וע״כ מתגלה עליו השכינה באלוני ממרא, שהם הצללים של כל העולם, שהם כנגד הנקודה האמצעית של כל העולם, כדי להראות לפניהם הברית הראשון, חיתוך העורלה, כנגד הרשימה הקדושה שהיה בכל העולם בנוקבא, הנקראת אמונה. כלומר, כנגד הנקודה הראשונה שהייתה בצ״א האמצעית מכל העולם, שממנה נמשך הברית הראשון שהוא החיתוך של העורלה.

50. והוא יושב פתח האוהל. פתח האוהל, זהו המקום שנקרא ברית, האמונה, הנוקבא. כחום היום, בזה התדבק אברהם, שהוא כוחו של צד הימין, המדרגה שלו. כי יש ב׳ מיני דינים:

א. דינים דנוקבא, הנמשכים מכוח הצמצום שבה, והוא פתח האוהל.

ב. ודינים דזכר, הנמשכים מכוח הארת נקודת השורוק, והוא כחום היום, שהשמש, אור החכמה, מאיר בלי נרתיק החסדים, שאז מושפע ממנו חום גדול. כמ״ש, אל תִראוני שאני שְחַרחורת, ששְזָפַתני השמש. שזהו כוחו של צד הימין, גבורות הזכר, הנבחן לימין.

ואלו ב׳ מיני דינים נקראים צדיק וצדק.

51. פתח האוהל, שער הצדק, הפתח של האמונה, הנוקבא, הדינים דנוקבא. ונקראת פתח, כי אז נכנס אברהם באותה הרשימה הקדושה של ברית מילה. ולולא זה לא היה נכנס בברית מילה. משום זה נקרא פתח.

כחום היום הוא בחינת צדיק, מדרגת חיבור האחד, שנכנס בו מי שנימול ונרשמת בו הרשימה הקדושה, כי הוסר ממנו העורלה, ונכנס בהארת ב׳ מדרגות צדיק וצדק שהם האמונה.

צדיק וצדק הם יסוד ומלכות, אבל ב׳ שמות הללו מורים על הזיווג הגדול של זו״ן לגלות המוחין דחַיה. וכל זמן שיש אחיזה לקליפות ולדינים, אין הזיווג הזה יכול להתגלות. ולפי זה לא היה אפשר לגילוי המוחין הללו מטרם גמה״ת. והעצה לזה היא ברית מילה.

כי הדינים הם מבחינת הנוקבא ומבחינת הזכר, והם הפכים זה לזה, ואי אפשר ששניהם ישמשו במקום אחד, כי אין שני הפכים באים במקום אחד. לכן בהתעוררות התחתון ע״י מצוות המילה, מביאים שני מיני הדינים במקום אחד, ביסוד העליון, ואז מכחישים זה את זה כטבע ההפכים, ומתבטלים שניהם. וכיוון שהתבטלו, תכף מתגלה הזיווג דצדיק וצדק והמוחין הגדולים מתגלים.

וזה מעשה המילה, כי האִזמל החותך הוא נמשך מדינים דנוקבא. והעורלה היא דינים דזכר. ונמצא האִזמל מעביר את העורלה, שהדינים דנוקבא מבטלים את הדינים דזכר. ולפעמים הצורך הוא להיפך, שהדינים דזכר יבטלו את הדינים דנוקבא. ומובא ברש״י על הכתוב, ואשד הנחלים, שני הרים, באחד היו נקעים, דינים דנוקבא ובשני היו שדיים בולטות כנגד הנקעים, דינים דזכר. והאמוריים התחבאו בנקעים להמטיר משם חיצים על ישראל בעת שילכו בין ההרים.

ועשה הקב״ה נס, שהתקרבו שני ההרים ונעשו אחד, ונכנסו הבלוטות של זה, הדינים דדכורא, בנקעים של זה, בדינים דנוקבא, והאמוריים נמחצו

ביניהם. הרי שע״י ביאת שני ההפכים במקום אחד התבטלו הדינים דנוקבא, כי האמוריים שבתוך הנקעים נהרגו. אבל כאן במילה, עיקר הצורך הוא לבטל דינים דזכר, העורלה. אמנם באמת שניהם מתבטלים.

ופתח האוהל, שער הצדק. כי הדינים דנוקבא, אוהל, מבטלים ומעבירים את העורלה, הדינים דזכר, שנעשו שער לשלמות המלכות, בשם צדק. כי ע״י שהדינים דנוקבא העבירו את קליפת העורלה, נכנס אברהם לקבל אלו המוחין הקדושים המתגלים בזיווג צדיק וצדק, ע״כ נבחנים לשער.

כחום היום, זה צדיק. אחר שהדינים דנוקבא העבירו את העורלה שהייתה דבוקה ביסוד, כחום היום, נגלה בו השם צדיק, הפריעה, אותיות פרע י״ה, היא מדרגת החיבור הגדול צדיק וצדק, המגלה המוחין הגדולים, אחר שעברו כל הדינים והקליפות בחיתוך, מתגלים המוחין די״ה בפריעה, שהם צדיק וצדק.

52. והנה שלושה אנשים. אלו הם ג׳ מלאכים, שליחים, מתלבשים באוויר ויורדים לעוה״ז בצורה של אדם. והיו ג׳ כעין למעלה, חג״ת דז״א, משום שהקשת, הנוקבא, אינה נראית אלא בג׳ גוונים: לבן אדום וירוק, כמו הגוונים של חג״ת דז״א.

53. ואלו ג׳ אנשים הם ג׳ גוונים, לבן אדום ירוק. גוון לבן, מיכאל, ימין, נמשך מחסד דז״א. גוון אדום, גבריאל, שמאל, הנמשך מגבורה דז״א. גוון ירוק, רפאל, הנמשך מת״ת דז״א, ירוק. ואלו הם ג׳ גוונים של הקשת, הנוקבא, אשר אינה נראית זולתם.

ומשום זה כתוב, וירא אליו, כי גילוי השכינה הוא בג׳ גוונים הללו. כלומר, שהכתוב, והנה שלושה אנשים ניצבים עליו, הוא ביאור על הכתוב, וירא אליו ה׳. אשר, וירא אליו, פירושו, שמתגלה לו השכינה, והגילוי היה ע״י גילוי ג׳ גוונים, שעליהם מסיים הכתוב, והנה שלושה אנשים ניצבים עליו, מיכאל גבריאל רפאל, הנמשכים מג׳ הקווים דז״א, הנמשכים מג׳ נקודות, חולם שורוק חיריק דבינה.

54. וצריכים לכל ג׳ המלאכים. כי אחד היה לרפא אותו מהמילה. וזהו רפאל שהוא בעל הרפואות. ואחד היה לבשר לשרה שתלד בן. וזהו מיכאל, משום שהוא הממונה על צד הימין, וכל טוב והברכות שמצד ימין נמסרו בידיו.

55. ואחד היה להפוך את סדום. וזהו גבריאל, לשמאל, הממונה על הדינים שבעולם. כי מצד שמאל הוא הדין, והפעולה הוא ע״י מלאך המוות, שר הטבחים של המלך, המוציא לפועל את הדינים שנידונו ע״י גבריאל.

56. וכולם עושים את שליחותם, כל אחד ואחד כמו שראוי לו, המלאך גבריאל הולך בשליחות אל הנשמה הקדושה, ומלאך המוות הולך בשליחות אל הנפש מיצה״ר. ועכ״ז הנשמה אינה יוצאת מהגוף עד שרואה את השכינה.

57. כאשר אברהם ראה את ג׳ המלאכים מתחברים יחד, אז ראה את השכינה בגוונים שלה והשתחווה, כי הם ג׳ גוונים של ז״א, שהשכינה מתלבשת בהם. שכתוב, וישתחו ארצה. כמו ביעקב, שכתוב, וישתחו ישראל על ראש המיטה, לשכינה.

58. ואל השכינה אמר בשם אדנ״י, כמ״ש, אדנ״י, אל נא תעבור מעל עבדך. כמו אל הצדיק, יסוד דז״א, הנקרא אדון.

כי אז השכינה נקראת אדון כל הארץ, מאחר שהיא מאירה מהצדיק, אדון, ומאירה בגוונים שלה, הנמשכים מג' קווים דז"א, כי עימהם היא נשלמת למעלה.

59. מכאן נשמע, שהמראָה של מטה, השכינה, מושכת משיכה מלמעלה, מהבינה. כי גוונים הללו, ג' המלאכים, מושכים משיכת האורות מלמעלה מאלו המקורות העליונים, שהם ג' הקווים שבבינה עצמה.

60. ומשום שהם מתחברים עימה וסומכים אותה בכל, נאמר בה השם אדנ"י, כי השם הזה התגלה לאברהם לגמרי בסוד העליונים, באורות הבינה. והתגלה לו בגילוי, מה שלא היה כן מטרם שנימול. ומקודם שנימול לא רצה הקב"ה להוציא ממנו זרע קדוש. כיוון שנימול, מיד יצא ממנו זרע קדוש, יצחק.

61. ומשום שנימול, התגלתה עליו השכינה באלו המדרגות הקדושים, כמ"ש, והמשכילים יזהירו כזוהר הרקיע. שעם תיקון הרקיע, הפרסא, נבקעו והתחלקו כח"ב תו"מ דאצילות ונעשו מהם י"ב (12) פרצופים.

א. הכתר התחלק לד' פרצופים: עתיק ונוקבא, א"א ונוקבא.

ב. החכמה והבינה התחלקו לד' פרצופים: או"א עילאין וישסו"ת.

ג. ת"ת ומלכות התחלקו לד' פרצופים: זו"ן הגדולים וזו"ן הקטנים.

ולפיכך נקראים אלו י"ב פרצופים בשם זוהר הרקיע, כי בכוח הרקיע יצאו ונעשו.

זוהר א', זוהר המזהירים בהדלקה של הזוהר.

זוהר ב', זוהר המאיר המדליק ונוצץ לכמה צדדים.

זוהר א' הוא פרצוף עתיק וזוהר ב' הוא הנוקבא שלו. עתיק עצמו הוא מבחינת המלכות הבלתי ממותקת, למעלה מרקיע, שהוא עניין, לא בקע. אמנם מלכות זו היא השורש למלכות הממותקת, והיא מדליקה את אורות הבינה אחר שנכבה. ונאמר בחשיבות פרצוף עתיק, שזוהר שלו מזהיר בהדלקת הזוהר. שמדליק את הזוהר דבינה, שורש כל המוחין, ולולא הדלקה זו לא היו שום מוחין דגדלות באצילות.

ובחשיבות פרצוף נוקבא דעתיק נאמר, שהיא מדליקה ומאירה הן במלכות בלתי ממותקת והן במלכות הממותקת. כי היא כבר נתקנה עם הרקיע בעניין, בקע. וע"כ מאירה לכל הצדדים. אבל פרצוף עתיק הזכר אינו מאיר לכל הצדדים אלא רק לבחינת הדלקה בלבד, להיותו למעלה מרקיע והוא לא בקע.

ועד"ז הולך ומביא לפנינו מעלת כל י"ב הפרצופים דאצילות ואשר כולם כלולים בז"א, וז"א משפיע לנוקבא כל אלו המדרגות הקדושים. ונמצא אברהם, אע"פ שלא קיבל אלא מהנוקבא, מ"מ זכה בכל י"ב המדרגות העליונות כי כולן היו מחוברות בנוקבא בשם אדנ"י שבה. משא"כ מטרם שנימול לא זכה לקבל הדיבור, אלא מהנוקבא לבדה מטרם שהתחברו בה י"ב מדרגות הללו.

62. זוהר העולה ויורד הוא פרצוף א"א. כי הארת עתיק אינה יורדת לאצילות. זוהר נוצץ לכל הבחינות היא הנוקבא דא"א. כי א"א משפיע רק חכמה בלי חסדים, אבל הנוקבא דא"א, המלכות שלו, משפיעה גם חסדים. מראש א"א, מעדן, יצאה בינה והתלבשה בד' פרצופים: ג"ר שלה התלבש באו"א וז"ת שלה בישסו"ת.

זוהר שאינו נפסק לעולם, הוא ב' פרצופים או"א עילאין שהזיווג שלהם תמידי. ובהיות ג"ר דבינה מתלבשת בהם

ע״כ נמצאים בחסדים מכוסים מחכמה כטבע הבינה.

זוהר העושה תולדות, הוא ב׳ פרצופים ישסו״ת שהארתם אינה תמידית, אמנם הם מאירים בהארת החכמה, ואין זיווג להולדת נשמות בלי אור החכמה וע״כ מעלתם גדולה.

63. זוהר נעלם וגנוז התנוצצות מכל התנוצצות, שהתנוצצות שלו גדולה מכל התנוצצות שבעולמות, וכל המדרגות בו, כי הוא כולל כל י״ב המדרגות דאצילות. והוא ב׳ הפרצופים זו״ן הגדולים, ונקראים יחד בשם ז״א. יוצא ונעלם, סתום ומגולה, רואה ואינו רואה.

כשהוא יוצא ומאיר, הוא נעלם, כי הארתו של ז״א נמשך מאו״א עילאין, שהם בחסדים מכוסים מחכמה, וע״כ כשיוצא ומאיר הוא בהכרח נעלם כל אחד ואחד. וכשהוא סתום ואינו מאיר אז הוא בגילוי. כלומר, בזמן שמקבל הארת השורוק מאמא, חכמה, אז הוא בגילוי. אמנם אין החכמה מאירה בלי חסדים וע״כ הוא סתום ואינו מאיר.

אמנם לעצמו אינו מקבל חכמה להיותו בבחינת ג״ר דבינה, אלא בשביל הנוקבא הוא מקבל חכמה. לכן נאמר, רואה ואינו רואה. אור החכמה נקרא ראייה, ונבחן שהוא רואה להשפיע לנוקבא, אבל מבחינת עצמו אינו רואה, אלא תמיד בחסדים מכוסים.

ספר זה, שהוא הגבול שבפרצוף, הוא המקור של הבור, הנוקבא דז״א. גבול הוא המסך המתוקן בכלי מלכות שעליו נעשה הזיווג דהכאה. ופרצוף פני אדם הוא רק מחזה ולמעלה דזו״ן. ע״כ יש שם מקום זיווג, ולא מחזה ולמטה. ומחזה ולמעלה דזו״ן נקרא זו״ן הגדולים, ונקרא ז״א בלבד. ומחזה ולמטה דזו״ן נקראים זו״ן הקטנים, ונקרא פרצוף נוקבא לבד.

המסך שבפרצוף פני אדם, הוא המקור אל הבור, הנוקבא, כי היא מקבלת רק מהארת הזיווג שבמסך הזה. יוצא להאיר רק ביום ונעלם בלילה, אינו מאיר אז, ומשתעשע בחצות לילה עם נשמות הצדיקים בגן עדן שהם תולדותיו שהוציא.

64. זוהר המזהיר ומאיר לכל את כלל כל התורה, שהוא חכמה. שמקבל חכמה, וכל הגוונים חו״ב תו״מ נסתמים בו. כי הוא פרצוף נוקבא הכוללת ב׳ פרצופים שמחזה ולמטה הנקראים זו״ן הקטנים. ונודע שאין החכמה מתקבלת באצילות, אלא בנוקבא, והיא נקראת בשם אדנ״י.

ג׳ גוונים, נה״י, נראים למטה ממנה, וג׳ גוונים למעלה, חג״ת. כשהיא עולה למעלה מחזה לזיווג עם ז״א, נעשית אז רביעי לאבות, ונבחן שחג״ת דז״א הם למעלה ונה״י דז״א הם למטה ממנה. ורק ג׳ שלמטה ממנה נגלים ונראים בהארת חכמה ולא חג״ת שלמעלה ממנה.

מאלו ג׳ העליונים, חג״ת, נמשך הכול, כי אפילו הארת החכמה שבג׳ תחתונים, נה״י, נמשכת מחג״ת, עכ״ז אינם נראים, כי לעצמם אינם מקבלים חכמה. והוא מתנוצץ בי״ב ההתנוצצויות והאורות שנוצצים ממנו. שמקבלת מז״א כל מדרגות י״ב הפרצופים שז״א כולל אותם.

והם י״ג (13) בעניין האחד הכולל אותם בשם הוי״ה, ובתוך א״ס, שהם י״ב מדרגות באצילות ועם א״ס הכולל אותם הם י״ג. כן בי״ב מדרגות שבנוקבא הם י״ג עם השם הקדוש דז״א הכולל אותם בא״ס המלובש בו. הכולל אותם נקרא בשם הוי״ה, וי״ב המדרגות שבנוקבא נקרא בשם אדנ״י.

65. כאשר התחבר זוהר התחתון, זוהר הי״ב, אדנ״י, בזוהר העליון, ז״א, הוי״ה,

נעשה שֵׁם אחד, שבו משיגים נביאי האמת ומסתכלים לתוך זוהר העליון. וזהו השם יאהדונה״י, הוי״ה אדנ״י בשילוב. ומשיגים בו הראייה של הנסתרות, כמ״ש, כעין החשמל מתוך האש.

66. אליכם, העליונים הרמים והטובים שמצד ימין נאמר זה, ט׳ נקודות שבתורה, הבינה, שהיא ג׳ נקודות חולם שורוק חיריק, שכל אחת כלולה משלושתם, והן ט׳ נקודות. יוצאות מחוץ לראש דא״א ע״י עליית המלכות לבינה, ומתחלקים לכ״ח ובינה ותו״מ. ובינה ותו״מ מתלבשים באותיות, שהם זו״ן.

והאותיות נוסעות, ע״י בינה ותו״מ דבינה המלובשת בהם, מסעות קטנוּת, כלומר, שהאותיות מקבלות מהם מוחין דקטנות, ו״ק בלי ראש. ולעת גדלות בינה ותו״מ דבינה הכוללת ט׳ הנקודות, פולטת ממנה אלו האותיות שהתלבשה בה, והאותיות התפשטו מבינה ותו״מ דבינה המכונים ט׳ שליטים, ונשארו ט׳ נקודות בשלמותם להניע האותיות. להשפיע בהם מוחין, הנותנים תנועה וחיוּת באותיות, שהם זו״ן.

בתחילה התחלקו ט׳ הנקודות, בינה, לשני חצאים, אשר חֶצְיָם התחתון, בינה ותו״מ, ירדו והתלבשו באותיות זו״ן, ואז השפיעו הנקודות אל אותיות מסעות קטנות, שפירושם מוחין דקטנות. ואח״כ לעת גדלות, מחציתם התחתון דנקודות פלטה את האותיות, והאותיות התפשטו מהם, כי הבינה חזרה לראש א״א, ומחצית התחתון חזרה והתחברה עם מחצית העליון ונשלמה שוב בע״ס בכלים ואורות, ואז יכלו הנקודות להשפיע מוחין דגדלות לאותיות שהם זו״ן.

לא ייסעו, רק כאשר אלו יוצאות לבד מראש דא״א. למה לבינה לצאת מהראש ולהתמעט לו״ק, ואח״כ לחזור לראש כדי להשפיע מוחין דגדלות לאותיות? למה אינה משפיעה להם מוחין דגדלות מטרם שיצאה מראש א״א? האותיות לא יוכלו לנסוע, לקבל מוחין לתנועה, אלא רק כאשר אלו הנקודות יוצאות מראש א״א, שאז יורדת מחצית התחתון ומתלבשת באותיות.

67. אלו האותיות הן בא״ס, המלכות דמדה״ד שעליה היה צ״א, שלא תקבל לתוכה שום או״י. כל האותיות הן בצל א״ס. האותיות הן ז״א, והנוקבא היא מלכות, שצ״א דא״ס רובץ עליה. אבל ז״א, שעליו לא היה צ״א, אינו בצל א״ס. ונאמר, כל האותיות הן בצל א״ס, שאפילו ז״א בצל א״ס, כי שורש ז״א מטבור ולמטה דא״ק, ששם מלכות דצ״א. ולפי זה אין האותיות ראויות לקבל לתוכן שום מוחין, אלא כמו שהנקודות נוסעות, כן נוסעות גם אלו האותיות הסתומות.

מאחר שמסיבת יציאת בינה מראש א״א, נפלו בינה ותו״מ שלה והתלבשו באותיות, ע״כ נעשו האותיות כמו גוף אחד עם בינה ותו״מ הללו שבתוכם. ולעת גדלות, כמו שבינה ותו״מ הללו חוזרות ועולות ונוסעות אל הבינה, והבינה חזרה לראש א״א, כן נוסעות עימהן גם האותיות, המלבישות עליהן ועולות ג״כ ומתחברות אל הבינה ומקבלות אורותיה, כמו הבינה ותו״מ שלה.

באופן, שמצד עצמם אין האותיות ראויות לנסיעה, למוחין. אלא מתוך שמחצית כלים דבינה נפלו והתלבשו בהן, נעשו עימהן גוף אחד ומקבלים מוחין ע״י נסיעתם של הכלים דבינה. אלא כמו שהנקודות נוסעות, כן נוסעות גם אלו האותיות הסתומות. ואע״פ שמצד עצמם אינן ראויות לנסיעה, להיותם מלכות המצומצמת.

ונגלות ואינן נגלות אלו הצפוּנות, שעליהן שורות האותיות, מלכות

המצומצמת. אלו הכוחות דמדה״ד ממלכות המצומצמת הם צפונות ונסתרות באותיות, ורק בחינת מלכות הממותקת בבינה נגלות בהן מתוך ירידת מחצית הבינה בתוכם. ואין כוחות מלכות המצומצמת גנוזים וצפונים באופן שאינם מתגלים בהן לעולם, כי בשעה שצריכים לקבל מוחין הן גנוזות וצפונות, אבל לפעמים הן מתגלות, בעת שצריכים להוציא את הקו האמצעי.

68. תשעה שמות נחקקות בעשרה, כי מתוך שהמלכות המצומצמת נגנזה, הרי אין בהם אלא רק תשע ספירות, תשעה שמות, כי העשירית, המלכות, חסרה.

ותשעה השמות נחקקו ונעשו מהם עשרה. כי היסוד נחלק לשתי ספירות ושני שמות, אדון שד״י. הראשון אהי״ה, כתר. השני יו״ד ה״א, חכמה. אהי״ה אשר אהי״ה, בינה. הוי״ה בניקוד אלקים, ישסו״ת. אל, חסד. אלקים, גבורה. הוי״ה, ת״ת. צבאות, נו״ה. אדון שד״י, שניהם ביסוד. אדון, עטרת יסוד. ושד״י, יסוד עצמו.

69. אלו הם עשרה שמות חקוקות לפי בחינתם. וכל אלו השמות נחקקו ובאו בארון ברית אחד, שהוא השם אדנ״י. וזה שנגלה לאחר המילה אל אברהם, השם אדנ״י, הנוקבא אחר שקיבלה לתוכה כל עשרה השמות שהם כל המדרגות שבאצילות. אבל מקודם שנימול, לא השיג הראייה. אלא רק מן הנוקבא לבדה בלי חיבורה עם המדרגות העליונות.

70. מיכאל שם הימין, חסד, נאחז ומשמש לשם אדנ״י, יותר מהמלאכים האחרים. בכל מקום שהשם אדנ״י נמצא, גם מיכאל שם. מסתלק מיכאל, מסתלק אלקים, הנוקבא, עם שד״י, יסוד.

71. כתוב, והנה שלושה אנשים ניצבים עליו. בתחילה היו שלושה אנשים והתלבשו בציור של אוויר והיו אוכלים. אכלו ודאי, כי אש שלהם אכל והשחית הכול, ונעשה בזה נחת רוח לאברהם. הם עצמם אש בוודאי, והאש הזה התכסה בציור האוויר ולא היה נראה, ואותו המאכל שאכלו היה אש לוהט, ואכלו אותו, ואברהם היה מקבל נחת רוח מזה.

72. כיוון שהסתלקה השכינה, כתוב, ויַעל אלקים מעל אברהם. מיד מסתלק עימה גם מיכאל, כמ״ש, ויבואו שני המלאכים סדומה. בתחילה כתוב שלושה, ועתה שניים, מכאן שהמלאך מיכאל הסתלק יחד עם עליית השכינה, ונשארו רק שני מלאכים.

73. המלאך שנראה למָנוח, ירד והתלבש באוויר ונראה אליו, וזה המלאך אוֹריאל, שלא ירד באלו המלאכים שבאברהם. ירד כאן לבדו, לבשר שיהיה לו בן.

74. ומשום שמנוח אינו חשוב כמו אברהם, לא כתוב שאכל. כי כתוב, אם תעצרני לא אוכל בלחמך. וכתוב, ויהי בעלוֹת הלהב, ויעל מלאך ה׳. וכאן כתוב, ויעל אלקים מעל אברהם. אבל במלאכים לא כתוב שהסתלקו מעל אברהם, משום שעם אלקים הסתלק גם מיכאל, ונשארו רפאל וגבריאל.

75. ועליהם כתוב, שני המלאכים סדומה, בערב, בשעה שהדין תלוי על העולם. ואח״כ הסתלק אחד, ונשאר להפיכת סדום רק גבריאל. בזכותו של אברהם ניצל לוט, וע״כ גם הוא זכה בשני המלאכים, וע״כ באו אצלו.

מי יעלה בהר ה׳

76. כתוב, מי יעלה בהר ה׳ ומי יקום במקום קודשו. כל בני העולם אינם רואים על מה הם נמצאים בעולם, שאינם מסתכלים לדעת לאיזה מטרה הם חיים בעולם, והימים הולכים מבלי לשוב. וכל אלו הימים שבני אדם חיים בהם בעוה״ז, עולים ועומדים לפני הקב״ה, כי כולם נבראו ויש להם מציאות ממשית. ומאין לנו שנבראו? כי כתוב, ימים יוּצָרו.

77. וכשמגיעים הימים להסתלק מעוה״ז, כולם קרבים לפני מלך העליון, כמ״ש, ויקרבו ימי דוד למות, וכתוב, ויקרבו ימי ישראל למות.

78. כשהאדם בעוה״ז אינו משגיח ואינו מסתכל למה הוא חי, אלא כל יום ויום חשוב אצלו כאילו הולך בריקנות, וכאשר הנשמה יוצאת מעוה״ז, אינה יודעת לאיזה דרך מעלים אותה. כי הדרך לעלות למעלה, למקום שהארות נשמות העליונות מאירות, שהוא גן עדן, לא ניתן לכל הנשמות. כי כמו שהוא ממשיך על עצמו בעוה״ז, כך נמשכת הנשמה ללכת לאחר שיצאה ממנו.

79. אם האדם נמשך אחר הקב״ה והשתוקקותו אחריו בעוה״ז, אח״כ, כשנפטר מעוה״ז, הוא נמשך ג״כ אחר הקב״ה ונותנים לו דרך לעלות למעלה, למקום שהנשמות מאירות אחר אותה המשיכה, שרצונו נמשך אחריה בכל יום בעוה״ז.

80. אמר רבי אבא, יום אחד פגשתי עיר אחת, מאותן שהיו מבני קדם. ואמרו לי מאותה חכמה שהיו יודעים מימי קדם, ומצאו ספרי החכמה שלהם, והגישו לי ספר אחד.

81. והיה כתוב בו, כי כמו שהרצון של אדם מכוון בו בעוה״ז, כן ממשיך עליו רוח מלמעלה כעין אותו הרצון שמתדבק בו. אם רצונו כיוון בדבר עליון קדוש, הוא ממשיך עליו אותו הדבר מלמעלה למטה אליו.

82. ואם רצונו הוא להתדבק בס״א וכיוון בו, הוא ממשיך אותו הדבר מלמעלה למטה אליו. והיו אומרים שכדי להמשיך דבר מלמעלה, עיקר הדבר תלוי בדיבור ובמעשה, וברצון להתדבק. ובזה נמשך מלמעלה למטה אותו הצד שהתדבק בו.

83. ומצאתי בספר כל אלו המעשים והעבודות של כוכבים ומזלות והדברים שצריכים לעבודתם, ואיך צריך הרצון לכוון בהם כדי להמשיך אותם אצלם.

84. כעין זה מי שרוצה להתדבק למעלה ברוח הקודש, הנה במעשה ובדיבור ולכוון באותו הדבר, בכוונת הלב תלוי הדבר, שיוכל להמשיך אליו מלמעלה למטה ולהתדבק בדבר.

85. והיו אומרים במה שאדם נמשך בעוה״ז, כן מושכים אותו כשיוצא מהעוה״ז. ובמה שהתדבק ונמשך אחריו בעוה״ז, כן הוא מתדבק בו בעולם האמת, אם בקודש בקודש, אם בטומאה בטומאה.

״וירא״. ספר הזהר עם פירוש הסולם. מהד׳ 21 כר׳. כרך ד. דף כח; מהד׳ 10 כר׳. כרך ב. דף כח.

86. אם בקודש, מושכים אותו לצד הקדושה והתדבק בו למעלה ונעשה ממונה משמש לשמש לפני הקב"ה, בין כל המלאכים. כל כך הוא מתדבק למעלה ועומד בין אלו הקדושים, שכתוב, ונתתי לך מהלכים בין העומדים האלה.

87. כן כעין זה, אם בטומאה, התדבק בעוה"ז, מושכים אותו אל צד הטומאה, ונעשה כאחד מהם להתדבק בהם, והם נקראים מזיקי בני אדם. ובשעה שנפטר מעוה"ז, לוקחים אותו ושוקעים אותו בגיהינום, באותו מקום שדנים לבני הטומאה, שטימאו עצמם ורוחם ואח"כ התדבקו בהם. והוא נעשה מזיק כאחד מאלו מזיקי העולם.

88. אמרתי להם: בניי, הדברים שבספר קרובים לדברי תורה, אבל יש לכם להתרחק מספרים אלו, כדי שלא יטו ליבכם לאלו העבודות ולכל אלו הצדדים שאמר כאן, אולי תסורו מאחר עבודת הקב"ה.

89. כי כל הספרים האלו מתעים בני אדם. משום שבני קדם חכמים היו, וירושת החכמה הזו ירשו מאברהם שנתן לבני הפילגשים, כמ"ש, ולבני הפילגשים אשר לאברהם, נתן אברהם מתנות. ואח"כ נמשכו בחכמה זו לכמה צדדים.

90. אבל זרע יצחק חלקו של יעקב אינו כן, שכתוב, וייתן אברהם את כל אשר לו ליצחק. זהו חלק הקדוש של האמונה שהתדבק בו אברהם, ומהגורל הזה ומהצד הזה יצא יעקב. כתוב בו, והנה ה' ניצב עליו. וכתוב, ואתה יעקב עבדי. משום זה צריך האדם להימשך אחר הקב"ה ולהתדבק בו תמיד, כמ"ש, ובו תדבק.

91. כתוב, מי יעלה בהר ה'. וכתוב, נקי כפיים, שלא עשה בידיו פסל וידיו לא הותקפו במה שאינו צריך. שלא נטמאו ידיו ולא טימא עימהם את הגוף, כאותם המטמאים את עצמם בידיהם להיטמא. וכתוב, ובר לבב, שלא המשיך רצונו וליבו לס"א, אלא להימשך אחר עבודת הקב"ה.

92. אשר לא נשא לשווא נפשו. נפשו כתוב, נפשי קוראים. נפשי, זה נפש דוד צד האמונה, הנוקבא דז"א. נפשו, זה נפש בן אדם ממש. וזה ההפרש בין הכתוב לבין הנקרא. שהרי כשאדם נפטר מעוה"ז ונפשו תסתלק במעשים כשרים, על מה שתזכה על ידיהם ללכת בין כל אלו הקדושים, כמ"ש, אתהלך לפני ה' בארצות החיים. לפיכך אומר דוד, ומשום שלא נשא לשווא נפשי, יישא ברכה מאת ה'.

והנה שלושה אנשים

93. אחר שאברהם נימול, היה יושב וכואב, והקב"ה שלח אליו ג' מלאכים בגילוי להקדים לו שלום. איך היו בגילוי? מי יכול לראות מלאכים, הרי כתוב, עושה מלאכיו רוחות?

94. אלא ודאי שראה אותם, כי ירדו לארץ כצורת אנשים. כי ודאי הם רוחות

קדושים, ובשעה שיורדים לעולם הם מתלבשים באוויר וביסודות של כיסוי ועטיפה ונראים לבני אדם כעין צורתם ממש.

95. אברהם ראה אותם כמראה בני אדם, ואע״פ שהיה כואב מהמילה, יצא ורץ לקראתם, שהיה דרכו לקבל אורחים.

96. ודאי כמראה מלאכים ראה אותם. כמו שנשמע ממה שכתוב, ויאמר אדנ״י, שהוא השם אל״ף דל״ת של השכינה. א׳ ד׳, ראשי תיבות של השם אדנ״י, כי השכינה הייתה באה. ואלו המלאכים היו סמוכות שלה וכיסא אליה. משום שהם ג׳ גוונים, לבן אדום ירוק, שמתחת השכינה, מחזה ולמטה שלה הנבחן בכל מדרגה לבחינת מתחת המדרגה, כי המלאכים הללו הם בחינת חיצוניות שמחזה ולמטה של השכינה.

97. וראה עתה שהם מלאכים, משום שנימול, מה שלא ראה מקודם לכן מטרם שנימול. כי בתחילה היה יודע שהם בני אדם, ואח״כ ידע שהם מלאכים, ובאו אליו בשליחות מהקב״ה, בשעה שאמרו אליו, איה שרה אשתך, ובישרו לו בשורת יצחק.

98. אותיות מנוקדות במילה אליו שבכתוב, ויאמרו אליו, הן אַיּוֹ. והסימן איו רומז למה שלמעלה, כי רומז להקב״ה. ששאלו אותו עליו איו, ויאמר הנה באוהל, שדבוק בשכינה. כי כתוב כאן, הנה באוהל, וכתוב שם, אוהל בל יִצְעָן. כמו ששם פירושו השכינה, אף כאן פירושו השכינה.

כיוון שכבר מנוקד איו במילה אליו, למה כתוב אח״כ איה? משום שחיבורם של זו״נ ביחד הוא האמונה, וע״כ שאלו על הקב״ה איו, ושאלו על השכינה איה. כלומר, שעוררו אותו לייחוד הקב״ה ושכינתו. אז כתוב, ויאמר הנה באוהל, כי שם קשר הכול, הנוקבא, הנקראת אוהל, ושם נמצא הקב״ה.

99. האם לא ידעו המלאכים ששׂרה באוהל, ששאלו עליה איה? אלא המלאכים אינם יודעים בעוה״ז, אלא רק מה שנמסר להם לדעת.

כתוב, ועברתי בארץ מצרים בלילה הזה, והיכיתי כל בכור בארץ מצרים מאדם ועד בהמה, ובכל אלוהי מצרים אעשה שפטים אני ה׳. הלוא כמה שליחים ומלאכים יש לו להקב״ה, ולמה עבר בארץ מצרים בעצמו? משום שהמלאכים אינם יודעים להבחין בין טיפה של בכור לאותה שאינה בכור, אלא רק הקב״ה לבדו יודע זה.

100. וכתוב, והתווית תו על מצחות האנשים. ולמה צריכים המלאכים לסימן זה? אלא משום שהמלאכים אינם יודעים אלא רק מה שנמסר להם לדעת, כל אלו הדברים שעתיד הקב״ה להביא בעולם. ויודעים זה משום שהקב״ה מעביר כרוזים בכל הרקיעים, ומודיע אותו הדבר שעתיד להביא בעולם, והמלאכים שומעים הכרוזים ויודעים.

101. בשעה שמחבל נמצא בעולם, צריך בן אדם להסתיר עצמו בביתו ולא ייראה בשוק כדי שלא ייחבל. כמ״ש, ואתם לא תצאו איש מפתח ביתו עד בוקר, כי מן המלאכים שאפשר להיסתר מהם, צריכים להיסתר. אבל מלפני הקב״ה אינו צריך להיסתר. כמ״ש, אם ייסתר איש במסתרים ואני לא אראנו?

102. למה שאלו על שרה, הרי שגם אחר ששמעו שהיא באוהל, לא נכנסו שם לבשר לה, אלא שבישרו לאברהם

בהיותם בחוץ? לא רצו לומר הבשורה בפניה. ולפיכך, כיוון שאמר, הנה באוהל, מיד ויאמר שוב אשוב, כי התכוונו ששרה לא תשמע.

דרך ארץ הוא, שמטרם שהזמין אותם אברהם לאכול, לא אמרו לו כלום, שלא ייראה, שמשום הבשורה שבישרו לו הזמין אותם לאכול. וע״כ, אחר שכתוב, ויאכלו, אז אמרו לו הבשורה.

103. האם מלאכים עליונים אוכלים? אלא משום כבודו של אברהם, נראה כך שאכלו. שעשו את עצמם כאילו אכלו, או שאכלו ממש, משום שהם אש אוכלה אש. ולא שהיה נראה כאוכלים. וכל מה שנתן להם אברהם אכלו, משום שמצד אברהם אכלו למעלה. המשכת החסדים היא אכילה שלמעלה, ואברהם החסד. ע״כ כל מה שנתן להם ממידתו מידת החסד, אכלו, כי כך דרך אכילתם למעלה בשמיים.

104. כל מה שאכל אברהם, היה אוכל בטהרה. ומשום זה הקריב לפני המלאכים ואכלו. ושמר אברהם בביתו טהרה וטומאה. ואדם טמא לא היה אפילו משמש בביתו עד שעשה לו טבילה, אם היה בטומאה קלה, או עשה לו שישמור שבעה ימים בביתו כראוי, אם היה בטומאה חמורה. ואח״כ עשה לו טבילה.

105. כתוב, איש אשר לא יהיה טהור מקרה לילה. מה תיקונו? כמ״ש, והיה לפנות ערב ירחץ במים. אם קרה לו טומאה אחרת חמורה, זיבה או צרעת או נידה. שיש לו שתי טומאות, אינה מספיקה לו אותה טבילה שטבל לקרי שלו, באותו יום לפנות ערב, אלא שצריך לשמור שבעה ימים ואח״כ יטבול שנית. ואין הפרש בזה, בין שקרה לו הקרי טרם שקיבל הטומאה האחרת ובין שקרה לו אח״כ.

106. ואברהם ושרה היו מתקנים טבילה לכל אדם, הוא לאנשים והיא לנשים. הטעם שאברהם עסק לטהר בני אדם, משום שהוא טהור ונקרא טהור, כמ״ש, מי ייתן טהור מִטמא לא אחד, שטהור זה אברהם, שיצא מתרח הטמא.

107. ע״כ עסק אברהם בטבילה, כדי לתקן את המדרגה של אברהם. ומדרגתו מים, חסדים, ומשום זה התקין לטהר בני העולם במים. וכן בשעה שהזמין המלאכים, תחילת דבריו, כתוב, יוּקח נא מעט מים, כדי להתחזק במדרגת החסד שהמים שורים בה.

108. ומשום זה היה מטהר כל בני האדם מכל, שטיהר אותם מצד עבודה זרה, וטיהר אותם מצד הטומאה. וכמו שהוא היה מטהר את האנשים, כך שרה הייתה מטהרת את הנשים. ונמצאו כל אלו שבאו אליו שהם טהורים מכל, הן מעבודה זרה והן מטומאה.

109. בכל מקום שאברהם גר, נטע שם אילן. ולא היה עולה בכל מקום כראוי, אלא רק בשעה שגר בארץ כנען. ובאילן ההוא היה יודע מי שמתאחד בהקב״ה ומי שמתאחד בעבודה זרה.

110. מי שמתאחד בהקב״ה, האילן היה פורש ענפיו ומחפה על ראשו ועושה עליו צל נאה. ומי שהתאחד בעבודה זרה, האילן היה מתעלה ממנו וענפיו היו עולים למעלה. אז ידע אברהם שהוא עובד עבודה זרה, והזהיר אותו ולא הרפה ממנו עד שהתאחד באמונת הקב״ה.

111. מי שטהור מקבל אותו האילן, ומי שטמא האילן אינו מקבל אותו. ואז ידע אברהם שהוא טמא ומטהרו במים.

112. מעיין של מים היה תחת האילן. ומי שצריך טבילה, מיד היו המים עולים כנגדו, וענפיו של האילן מתעלים. אז ידע אברהם שהוא טמא וצריך טבילה מיד. כלומר, שטמא רק טומאה קלה, שאינו צריך לחכות שבעה ימים. ואם אינו צריך טבילה מיד, היו המים מתייבשים. אז ידע אברהם שהוא צריך עוד להיות טמא ולחכות שבעה ימים.

האילן הוא עה"ח, ז"א, קו אמצעי. המעיין שמתחתיו הוא המסך דחיריק, הנעשה כמעיין נובע, שמוציא קומת החסדים שעל ידו הכריע את קו השמאל ונכלל בימין. וכל האיסורים והס"א, כגון עבודה זרה וטומאה, באים מקו שמאל, מתוך שרוצים להשליט השמאל על הימין, ולהמשיך שפע השמאל מלמעלה למטה, שהוא המקור לכל האיסורים שבעולם.

ונמצא הטמא שנאחז בשמאל, שנוהג בו אותו התיקון כמו שהיה בעת יציאת קו השמאל, שהיה במחלוקת ובסתימת האורות, עד שנמשך קומת החסדים על המסך דחיריק שבקו אמצעי, שאז התגברו החסדים על קו השמאל ונכנע ונכלל בקו הימין.

כן בנכשל ע"י הס"א, והתדבק בקו שמאל להמשיך ממנו מלמעלה למטה, שאין לו תקנה, אלא לקבל את קומת החסדים מקו אמצעי, ואז הוא נכלל בימין וטָהר. ומה תיקונו? כמ"ש, והיה לפנות ערב ירחץ במים. כי הוא צריך לחזור ולהמשיך קו שמאל, ולהמשיך את הכרעת קו האמצעי ע"י ביאה במים, שהיא קומת החסדים היוצאת על מסך דחיריק שמתחת האילן.

לפנות ערב, חוזר וממשיך הארת השמאל, כי אין הארת השמאל לאור היום. ירחץ במים, חוזר וממשיך קומת חסדים שבקו אמצעי, המכריע את הארת השמאל וכולל אותו בימין.

ונודע שיש שתי נקודות בנוקבא, אחת ממותקת בבינה הנקראת מפתחא, ואחת דמדה"ד מצ"א, שהיא בלתי ממותקת בבינה הנקראת מנעולא. אשר הזוכה ודבק בקו אמצעי, נגנזת בשבילו הנקודה דמדה"ד, ונקודה דמדה"ר גלויה בהנהגה העליונה בעדו. זכה, הרי טוב.

ואם אינו זוכה, אלא שמתדבק בשליטת השמאל, אז מתגלה הנקודה דמדה"ד בנוקבא דצ"א שהיה על המלכות שאינה ראויה לקבל או"י, ואז כל האורות פורחים ממנה. לא זכה, הרי רע.

ולפיכך יש שני מיני טומאות, אחת טומאה קלה כגון בעל קרי, שנאחז בקו שמאל, אבל לא כל כך עד שמתגלה הנקודה דמנעולא, לא זכה, הרי רע. ולפיכך אינו חסר אלא רק הכרעת קו האמצעי ע"י קומת החסדים, ובא במים וטָהֵר.

והשנייה היא טומאה חמורה, שע"י התדבקותו בשמאל כבר מתגלה הנקודה דמנעולא, המסלקת כל האורות מהנוקבא. לא זכה, הרי רע. ואז צריך תחילה להמתיק המלכות בבינה בב' הבחינות, בקטנות ובגדלות, שהם ספירת שבעה ימים.

ולפיכך בטומאה קלה, להיותו עוד דבוק בקו שמאל שהיא טומאתו, לכן מעלה האילן את ענפיו, שאינו עושה צל עליו. כי קו אמצעי בעת שמכליל ב' הקווים ימין ושמאל זה בזה, הוא עושה צל, שמכסה על הג"ר דג"ר. ולפיכך כשדבק בקו שמאל אין לו צל כלל. והאילן מסלק ענפיו ממנו. אבל המעיין שמתחת האילן, קו אמצעי, מעלה אליו קומת חסדים הנמשך עליו, כדי שיבוא מיד במים וייכללו הקווים זה בזה, וטהר.

משא"כ בטומאה חמורה שנגלה עליו המנעולא, שאז המים שבמעיין

מתייבשים, שאין זיווג על המסך שבקו אמצעי להוציא קומת חסדים. כי מטעם גילוי המנעולא נפסק הזיווג, כי כל עוד שהמנעולא גלוי בזו״ן אינם ראויים לקבל אור העליון.

וע״כ מתייבש המעיין עד שסופר שבעת ימים, שחוזר וממתיק המלכות בבינה, שלישי ושביעי לקטנות ולגדלות. ואז חוזר הזיווג על המסך שבקו האמצעי והמעיין חוזר לאיתנו. ואז, ובא במים וטהר, כי אינו חסר עוד אלא לקבל הכרעת קו האמצעי הבאה עם הטבילה.

אכן זה אמור רק במסך דחיריק שבקו אמצעי דזו״ן. אבל במסך דחיריק דקו אמצעי שבבינה, אין המסך מחויב להתמתק במפתחא, אלא הזיווג לקומת חסדים יוצא על מנעולא. מפני שמסך המנעולא אינו פועל כלום לפגום למעלה ממקור הווייתו למעלה מזו״ן, כי צ״א לא היה אלא רק על המלכות לבדה, וכן על ז״א המשמש עימה, אבל לא כלום בבינה.

113. כי אפילו בשעה שהזמין אברהם המלאכים, אמר להם, והישענו תחת העץ, והוא כדי לראות ולבדוק אותם. ובאילן ההוא היה בודק את כל בני העולם. משום שהקב״ה אמר, שהוא עה״ח לכל. ומשום זה אמר להם, והישענו תחת העץ, שהוא הקב״ה, ולא תחת עבודה זרה.

114. כשחטא אדה״ר, חטא בעצה״ד טו״ר. והוא חטא בו וגרם מוות לכל העולם. כתוב, ועתה פן ישלח ידו ולקח גם מעץ החיים ואכל וחי לעולם. וכשבא אברהם, תיקן את העולם בעץ האחר, עה״ח, והודיע האמונה לכל בני העולם.

115. אם אנו מסתכלים בפרשה, צריכים להסתכל בחכמה. אם נפרש אותה בענייני נשמה, אין התחילה כמו הסוף ואין הסוף כמו התחילה. כי קשה לבאר גם סוף הפרשה בענייני נשמה. ונמצא, אין סופה כתחילתה ואין תחילתה כסופה. ואם נפרש אותה בעניין פטירת האדם מהעולם, נמשיך בכל הפרשה בדרך זו.

ובין שנעמיד הפרשה בפירוש זה או בזה, צריכים להמשיך, מהו הפירוש של הכתוב, יוקח נא מעט מים ורחצו רגליכם? מהו, ואקחה פת לחם? מהו, וימהר אברהם האוהלה אל שרה? מהו, ואל הבָקר רץ אברהם? מהו, וייקח חמאה וחלב?

116. לא מצאה הנשמה תועלת לגוף, אלמלא מה שרמז כאן רמז הקורבנות בפסוקים האלו, שכתוב, יוקח נא מעט מים ורחצו רגליכם. והגם שבטלו הקורבנות כי ביהמ״ק נחרב, לא בטלה התורה, ויוכל לעסוק בתורה ויועיל לו עוד יותר מקורבנות.

117. כשפירש הקב״ה הקורבנות, אמר משה, ריבונו של עולם, זה ייתכן בזמן שיהיו ישראל על אדמתם, כיוון שייגלו מעל אדמתם, מה יעשו? אמר לו, משה, יעסקו בתורה ואני מוחל להם בשבילה, יותר מכל הקורבנות שבעולם, כמ״ש, זאת התורה לעולה למנחה ולחטאת ולאשם. כלומר, זאת התורה, בשביל עולה, בשביל מנחה, בשביל חטאת, בשביל אשם.

118. כל מי שמזכיר בפיו בבתי כנסיות ובבתי מדרשות עניין קורבנות והקרבה, ומכוון בהם, ברית כרותה הוא. שאֵלו המלאכים המזכירים עוונותיו להרע לו, אינם יכולים לעשות לו אלא רק טוב.

119. ומי מוכיח זה? פרשה זו מוכיחה לנו זה. כי כיוון שאמר, והנה שלושה אנשים ניצבים עליו, מהו עליו? הוא לעיין בדינו, כיוון שנשמת הצדיק ראתה זה, כתוב, וימהר אברהם האוהלה. האוהלה הוא בית המדרש. ומהו אומר לשרה? מַהֲרִי שלוש סְאִים, הקורבנות, והנשמה מכוונת בהם. וכמ״ש, ואל הבָקר רץ אברהם. ואז יש להם נחת ואינם יכולים להרע לו.

120. כתוב, והנה החל הנֶגֶף בעם. וכתוב, ויאמר משה אל אהרון, קח את המַחְתָה. וכתוב, ותיעצר המגפה. וכמ״ש, והולך מהֵרה אל העדה, אותו דבר כתוב, מהרי שלוש סְאִים. כמו ששם הוא קורבן להינצל, אף כאן הוא קורבן להינצל.

121. אמר רבי פינחס, פעם פגשתי את אליהו, אמרתי, יאמר אדוני לי דבר המועיל לבריות. אמר לי, ברית כרת הקב״ה, כשנכנסים לפניו כל אלו המלאכים, הממונים להזכיר עוונותיו של אדם, בעת שיזכירו בני אדם את הקורבנות שציווה משה ושמים ליבם ורצונם בהם, שכל המלאכים יזכירו אותו לטוב.

122. ועוד אמר לי אליהו, בשעה שתקרה מגפה בבני אדם, ברית נכרת, וכרוז מעביר על כל צבאות השמיים, שאם בניו ייכנסו בבתי כנסיות ובבתי מדרשות שבארץ, ויאמרו ברצון הלב ונפש את העניין של קטורת הסמים שהיו לישראל, תתבטל המגפה מהם.

123. כתוב, ויאמר משה אל אהרון, קח את המחתה. אמר לו אהרון, למה זה? אמר משה, כי יצא הקצף מלפני ה׳. כמ״ש, וַיָרָץ אל תוך הקהל, ותיעצר המגפה, ומלאך המחבל לא יכול לשלוט ומתבטלת המגפה. הרי מפורש שהקטורת מבטלת את המגפה.

124. רבי אחא הלך לכפר טרשא ובא שם למלון. התלחשו עליו כל בני העיר, אמרו, אדם גדול בא לכאן נלך אליו. באו אליו. אמרו לו, האם אינו חס על המגפה. אמר להם, מהו? אמרו לו, שכבר יש שבעה ימים שמגפה שורה בעיר וכל יום היא מתחזקת ואינה מתבטלת.

125. אמר להם, נלך לבית הכנסת ונבקש רחמים מהקב״ה. עוד שהיו הולכים, באו אנשים ואמרו להם, פלוני ופלוני מתו, פלוני ופלוני נוטים למות. אמר להם רבי אחא, אין עתה העת לעמוד כך כי השעה דוחקת.

126. אלא הַפרישו מכם ארבעים אנשים מאלו הכשרים ביותר, ויתחלקו עשרה עשרה לד׳ חלקים ואני עימכם. עשרה לזווית זו של העיר, ועשרה לזווית זו של העיר, וכן לד׳ זוויות של העיר. ותאמרו ברצון נפשכם העניין של קטורת הסמים, אשר הקב״ה נתן למשה, ועניין הקורבנות תאמרו ג״כ עימו.

כי יש דבֶר ויש מגפה. דבר, פירושו, אם שלושה אנשים מתים בשלושה ימים זה אחר זה בעיר, הוא דבר. אבל מגפה היא מיתה בהמון, כמ״ש בפרשת קורח, ויהיו המתים במגפה ארבעה עשר אלף ושבע מאות. ויש ב׳ בחינות בכללות כל הדינים: דינים דנוקבא, הנקרא פתח האוהל, ודינים דזכר, הנקרא כחום היום.

דבר נמשך מן דינים דנוקבא, לא זכה הרי רע, שהתגלה מדה״ד שבה. וצריכים תפילה ותשובה לחזור ולהמתיק אותה במדה״ר, כמו שהייתה מטרם החטא.

ומגפה נמשכת מדינים דזכר, מכוח התגברות קו שמאל על הימין, שדינים אלו נמשכים מבינה, עולם דדכורא, מדה״ר. וא״כ אין צריכים כאן תפילה שענייגה להמתיק את הנוקבא במדה״ר, בינה.

כי אדרבה, הדינים הללו ממדה״ר באים, מבינה, ששם מקום מציאת ג׳ הקווים הללו, אלא שצריכים להעלות מ״ן במסך דחיריק ולהמשיך קו אמצעי, ולכלול הקווים ימין ושמאל זה בזה, בבינה עצמה ומשם אל זו״ן. וזהו נעשה בהקרבת הקטורת או ע״י אמירתה בכוונה.

תחילה חשב רבי אחא שיש דבר בעיר, וא״כ צריכים תפילה להחזיר הנוקבא למדה״ר, וע״כ אמר להם להתפלל. אבל כששמע שיש מיתה בהמון, שאמרו לו פלוני ופלוני מתו, פלוני ופלוני נטו למות, אז ראה שזו מגפה. ולמגפה אין תפילה מועילה, כי אינה חסרה אז ממיתוק במדה״ר, אלא שצריכים קטורת דווקא, לגלות בה קו אמצעי ולכלול הקווים זה בזה, שכל זה נעשה ע״י קטורת או ע״י אמירה בכוונה את פרשת הקטורת.

ד״פ עשרה אנשים, שלקח עימו וסידר אותם לומר פרשת הקטורת, לד׳ זוויות העיר, שעשו כן ג״פ, הוא להמשיך י״ג (13) מידות הקדושות מדיקנא דא״א. ע״כ סיבב העיר ג״פ, כי ג״פ ד׳ שבארבעים האנשים הוא י״ב (12), והוא היה כנגד האחד הכולל את הי״ב, והיו יחד י״ג.

127. עשו כן. אח״כ אמר להם, נלך לאלו שהגיעו למות, ותאמרו אלו הפסוקים: ויאמר משה אל אהרון, קח את המחתה, וייקח אהרון ויעמוד בין המתים. וכן עשו, והתבטלה המגפה מהם.

128. שמעו קול שאמר, ההסתרה הראשונה המתיקו למעלה, שהרי דין השמיים אינו שורה כאן כי הם יודעים לבטל אותו.

ב׳ דברים היו צריכים לתקן ע״י אמירת הקטורת:

א. להעלות מ״ן למסך דחיריק, שעליו יוצא קומת החסדים, קו האמצעי.

ב. להמשיך הזיווג על המסך דחיריק ולכלול הקווים ימין ושמאל זה בזה ולהמשיך הג״ר.

אמנם בסיבת החטאים של אנשי המקום, לא הספיקו אלא רק להעלות את המסך דחיריק, שהוא מחליש את כוחו של קו השמאל, והתבטלו על ידו הדינים דדכורא, המגפה. אבל משום זה באו בהסתרה שנייה, שנפלו לו״ק בלי ראש, כי עוד לא הספיקו לגלות הזיווג על המסך ולהמשיך הג״ר.

וזהו שעורר אותם, אותו הקול שאמר, רק ההסתרה הראשונה, המגפה, המתיקו למעלה, כלומר, דינים דדכורא, הנקרא שמיים אינם שורים יותר כאן. כי ע״י הקטורת העלו את המסך דחיריק, המבטל את הדינים דדכורא. אמנם משום זה באו להסתרה השנייה, ו״ק בלי ראש, וזהו שעורר אותם הקול.

חלש ליבו של רבי אחא, התנמנם, שמע שאמרו לו, כאשר עשית זאת עשה זאת, לך ואמור להם שיחזרו בתשובה כי חוטאים הם לפניי. קם והחזיר אותם בתשובה שלמה, וקיבלו על עצמם שלא יתבטלו מתורה לעולם, והחליפו שם העיר וקראו לה עיר מחסה, ע״ש שהקב״ה חס עליהם.

אחר שרבי אחא שמע הקול, חלש ליבו והתנמנם, שהרגיש גם הוא הסתלקות המוחין. והודיעו לו בזה שמוטל עליו להחזיר אותם בתשובה

שלמה, שימשיכו הג"ר ע"י המשכת הזיווג על המסך והתכללות הקווים זה בזה, שאז נמשך זיווג פב"פ אל זו"ן. שזה נקרא תשובה, תשוב אות ה' לגבי אות ו'. כיוון שהבאת אותם לו"ק בלי ראש, הרי עליך להורות להם שימשיכו גם הג"ר, שיתדבקו לעולם בקו אמצעי הנקרא תורה.

כי מקודם לכן הייתה נקראת כפר טרשא, מלשון שדה טְרשים, שדה מלא אבנים ואינו ראוי לזריעה, משום שיושביה היו נמשכים אחר קו שמאל. אבל עתה אחר שנאחזו בקו האמצעי והמשיכו ג"ר, נחלף המקום ונעשה עיר מחסה, למקום שהקב"ה חס עליו ומשפיע להם כל טוב.

129. לא די להם לצדיקים, שמבטלים את הגזרה, אלא שאח"כ מברכים להם. כך הוא, כיוון שהנשמה אומרת לגוף, מַהרי שלוש סְאִים. וכל אותו העניין, ומבטל את הדין, כמ"ש, ויאמר, שׁוֹב אשוב אליךָ כעת חיה. הרי ברכה.

130. כיוון שרואים אותה המלאכים, שזה לקח עצה לנפשו, מה עושים? הולכים אצל הרשעים, לעיין בדינם ולעשות בהם משפט. כמ"ש, ויקומו משם האנשים, וישקיפו על פני סדום למקום הרשעים, לעשות בהם משפט.

131. כך דרכו של צדיק, כיוון שרואה שמעיינים בדינו, אינו מתאחר לשוב ולהתפלל ולהקריב חֶלבּו ודמו לפני צוּרו, עד שמסתלקים בעלי הדין ממנו.

132. כיוון שכתוב, ויישא עיניו ויַרְא, והנה שלושה אנשים ניצבים עליו, מה כתוב בנשמה? וימהר אברהם האוהלה אל שרה, בחיפזון ובמהירות, בלא שום העכבה, מיד ממהרת הנשמה אצל הגוף, להחזירו למוטב, ולבקש במה שיתכפר לו, עד שמסתלקים ממנו בעלי הדין.

133. כתוב, ואברהם ושרה זקנים באים בימים, חדל להיות לשרה אורח כנשים. אלא, כיוון שהנשמה עומדת במעלתה, והגוף נשאר בארץ מכמה שנים, באים בימים שנים וימים הרבה, וחדל לצאת ולבוא ולעבור אורח כשאר כל אדם. נתבשר להחיות הגוף.

134. והוא אומר, אחרי בְלוֹתי הייתה לי עֶדנה? אחרי בלותי בעפר מהיום כמה שנים, הייתה לי עדנה וחידוש, ואדוני זקן, שהיום כמה שנים, שיצאת ממני ולא הפקידני.

135. והקב"ה אמר, הייפָּלֵא מה' דבר, למועד אשוב אליךָ. מהו למועד? אותו הידוע אצלי להחיות המתים. ולשרה בן. מלמד שיתחדש כבן שלוש שנים.

136. כיוון שהנשמה ניזונה מזיווה של מעלה, הקב"ה אומר לאותו המלאך, הנקרא דוּמה, לך ובשר לגוף פלוני, שאני עתיד להחיותו, למועד שאני אחייה את הצדיקים לעת"ל. והוא משיב, אחרי בלותי הייתה לי עדנה? אחרי בלותי בעפר, ושכנתי באדמה, ואכל בשרי רימה, וגוש עפר, יהיה לי חידוש?

137. הקב"ה אומר לנשמה, כמ"ש, ויאמר ה' אל אברהם, הייפלא מה' דבר? למועד הידוע אצלי, להחיות את המתים, אשוב אליך אותו הגוף, שהוא קדוש מחודש כבראשונה, להיותכם מלאכים קדושים. ואותו היום עתיד לפניי לשמוח בהם, כמ"ש, יהי כבוד ה' לעולם ישמח ה' במעשיו.

ויאמר, שוֹב אשוב

138. ויאמר, שוֹב אשוב אליך כָּעֵת חיה. שוב ישוב היה צריך לומר, שהרי המפתח הזה לפקוד עקרות הוא בידי הקב״ה ולא בידי שליח אחר?

139. שלושה מפתחות שלא נמסרו בידי שליח: של חיה, של תחיית המתים, של גשמים. וכיוון שלא נמסרו בידי שליח, למה כתוב, שוב אשוב, שמשמע שהמלאך ישוב לעת חיה ויפקוד אותה?

אלא הקב״ה שעומד עליהם אמר הדבר. ומשום זה כתוב, ויאמר שוב אשוב אליך.

140. בכל מקום שכתוב, ויאמר או ויקרא, ולא כתוב מי האומר או הקורא, הוא מלאך הברית, השכינה. והכול בהקב״ה נאמר, כי השכינה היא הקב״ה. ומשום זה כתוב, ויאמר שוב אשוב אליך. כי הקב״ה, שמפתח של עקרות בידו, יאמר שוב אשוב.

והנה בן לשרה

141. והנה בן לשרה אשתך. לא כתוב והנה בן לך. כדי שלא יחשוב שיהיה מן הגר כבתחילה.

כתוב, בן יכבד אב ועֶבד אדוניו. בן יכבד אב, זה יצחק לאברהם.

142. כיבד אותו בשעה שעקד אותו על המזבח ורצה להקריבו לקורבן. ויצחק היה אז בן 37 שנים, ואברהם היה זקן, שאילו היה בועט בו ברגל אחת, לא היה יכול לעמוד מפניו, והוא כיבד את אביו, ואביו עקד אותו כמו כבשה אחת, ולא עמד כנגדו כדי לעשות רצון אביו.

143. ועבד אדוניו, זהו אליעזר לאברהם. כאשר שלח את אליעזר לחרן, ועשה שם כל רצונו של אברהם וכיבד אותו, כמ״ש, וה׳ בירך את אדוני. וכתוב, ויאמר עבד אברהם אנוכי, כדי לכבד את אברהם.

144. שהרי בן אדם המביא כסף וזהב ואבנים יקרות וגמלים, ובעצמו הוא כראוי ויפה מראה, לא אמר שהוא אוהבו של אברהם או קרוב שלו, אלא אמר, עבד אברהם אנוכי, כדי להעלות שבחו של אברהם ולכבד אותו בעיניהם.

145. וע״כ כתוב, בן יכבד אב ועבד אדוניו. ואתם ישראל, בניי, חרפה היא בעיניכם לומר שאני אביכם או שאתם עבדיי. ואם אב אני, איה כבודי? משום זה כתוב, והנה בן, זהו בן ודאי, ולא ישמעאל, זהו בן המכבד לאביו כראוי.

146. והנה בן לשרה אשתך, בן לשרה, כי בשבילו מתה, מסיבה ששמעה על עקדתו. ובשבילו הייתה נפשה כואבת עד שהולידה אותו.

והנה בן לשרה, להתעלות בשבילו בעת שהקב״ה יושב בדין על העולם, כי

"וירא". ספר הזהר עם פירוש הסולם. מהד׳ 21 כר׳. כרך ד. דף מד; מהד׳ 10 כר׳. כרך ב. דף מד.
"וירא". ספר הזהר עם פירוש הסולם. מהד׳ 21 כר׳. כרך ד. דף מה; מהד׳ 10 כר׳. כרך ב. דף מה.

אז כתוב, וה' פקד את שרה, כי ברה"ש נולד יצחק. הרי שזכר את שרה בשביל יצחק וע"כ הוא בן לשרה. והנה בן לשרה, כי הנקבה לוקחת הבן מהזכר. ונמצא הבן אצל הנקבה וע"כ אומר, והנה בן לשרה.

147. ושרה שומעת פתח האוהל, והוא אחריו. ושרה שומעת מה שאמר פתח האוהל, שזהו מדרגה תחתונה, פתח האמונה, השכינה. והוא אחריו, המדרגה העליונה, הקב"ה, שהודה לו שמיום ששרה הייתה בעולם, לא שמעה דבר מהקב"ה זולת בשעה ההיא.

148. שרה הייתה יושבת פתח האוהל כדי לשמוע מה שמדברים, והיא שמעה דבר בשורה זו שהתבשר בה אברהם. וע"כ כתוב, ושרה שומעת פתח האוהל. והוא אחריו, שאברהם היה יושב מאחוריה של השכינה.

149. ואברהם ושרה זקנים באים בימים. באים בימים, שבאו בשיעור הימים שהיו ראויים להם אז, לאחד מאה שנים ולאחד תשעים שנה. באים בימים, כי בא היום, שהעריב היום לבוא, כי נשלם. אף כאן, באים בימים, שנשלמו ימיהם.

150. ובאותה שעה ראתה את עצמה שרה בעדנה אחרת, שחזר אליה אורַח כנשים. וע"כ אמרה, ואדוני זקן, כי הוא אינו ראוי להוליד משום שהוא זקן, ולא אמרה על עצמה, ואני זקנתי.

נודע בשערים בעלה

151. כתוב, נודע בשערים בעלה. הקב"ה מתעלה בכבודו, כי הוא גנוז וסתום בהעלאה גדולה. אין בעולם, ולא היה מיום שנברא העולם מי שיוכל לעמוד על החכמה שלו. וע"כ לא יוכל מי לעמוד על חכמתו.

152. משום שהוא גנוז וסתום ונעלה למעלה. וכל העליונים והתחתונים אינם יכולים להשיגו, עד שכולם אומרים, ברוך כבוד ה' ממקומו.

התחתונים אומרים שהשכינה היא למעלה, כמ"ש, על השמיים כבודו. והעליונים אומרים, שהשכינה היא למטה, כמ"ש, על כל הארץ כבודך. עד שכל העליונים והתחתונים אומרים, ברוך כבוד ה' ממקומו, משום שלא נודע ולא היה מי שיכול לעמוד בו. ואיך כתוב, נודע בשערים בעלה?

153. אלא נודע בשערים בעלה, זהו הקב"ה, שנודע ומושג לפי מה שכל אחד משער בליבו כפי שיוכל להשיג ברוח החכמה, ולפי מה שמשער בליבו כך נודע בליבו. ומשום זה כתוב, נודע בשערים, באלו השיעורים שכל אחד משער בליבו. אבל שיהיה נודע כראוי, אין מי שיוכל להשיג ולדעת אותו.

154. נודע בשערים בעלה. מהו שערים? כמ"ש, שאו שערים ראשיכם. ומכוח אלו השערים שהם מדרגות עליונות, בכוחם נודע הקב"ה, ואם לא היו אלו השערים לא היו יכולים להשיג בו.

155. אין מי שיוכל לדעת נשמתו של אדם, אלא מכוח אלו איברי הגוף ואלו המדרגות של איברי הגוף המגלות פעולות הנשמה. משום זה הנשמה נודעת ואינה נודעת, נודעת ע״י איברי הגוף, ואינה נודעת ממהותה עצמה. כך הקב״ה נודע ואינו נודע, משום שהוא נשמה לנשמה רוח לרוח, גנוז ונעלם מכל.

אבל לזוכה באלו השערים, המדרגות העליונות, שהם פתחים לנשמה, נודע לו הקב״ה. ונמצא שנודע ע״י המדרגות העליונות שהן פעולותיו, ואינו נודע מצד מהותו עצמו.

156. יש פתח לפתח ומדרגה למדרגה, ומהם נודע כבודו של הקב״ה. פתח האוהל זה פתח של צדק, המלכות, כמ״ש, פִּתחו לי שערי צדק. זהו הפתח הראשון להיכנס בו בהשגה. ובפתח הזה נראים כל שאר הפתחים העליונים. מי שזכה לפתח הזה, זכה להשיג אותו ואת כל שאר הפתחים עימו, משום שכולם שורים עליו.

157. ועתה שהפתח התחתון, פתח האוהל, פתח הצדק, לא נודע, משום שישראל בגלות, כל הפתחים הסתלקו ממנו ואינם יכולים לדעת ולהשיג. אבל בזמן שייצאו ישראל מהגלות, עתידים כל המדרגות העליונות לשרות על פתח הצדק כראוי.

158. ואז יידעו העולם חכמה עליונה היקרה מה שלא ידעו מקודם לכן. כמ״ש, ונחה עליו רוח ה׳, רוח חכמה ובינה. כולם עתידים לשרות על הפתח התחתון, שהוא פתח האוהל, המלכות. וכולם עתידים לשרות על מלך המשיח כדי לדון העולם, כמ״ש, ושפט בצדק דלים.

ויאמר, שׁוֹב אשוב

159. כאשר התבשר אברהם בלידת יצחק, פֶּתח האוהל, המלכות, הייתה אומרת לו, שוב אשוב אליך כעת חיה. כתוב, ויאמר, ולא כתוב מי היה האומר, זהו פתח האוהל. אשר ויאמר סתם, הוא השכינה. ושרה שומעת מדרגת פתח האוהל, שהייתה מדברת עם אברהם, מה שלא שמעה מקודם לכן, כמ״ש, ושרה שומעת את דברי פתח האוהל, שהיה מבשר ואומר, שׁוֹב אשוב אליךָ.

160. כמה חביבותו של הקב״ה לאברהם, כי לא יצא ממנו יצחק מקודם שנימול. ורק אחר שנימול התבשר ביצחק, משום שהוא אז זרע קודש. ומקודם שנימול, אין הוא זרע קודש, ואז הוא כמ״ש, אשר זַרעוֹ בו למינהו, למין קדוש כמו אברהם.

161. עד שלא נימול אברהם, הזרע שלו לא היה קדוש, משום שיצא בתוך העורלה. והתדבק בעורלה למטה. אחר שנימול, יצא הזרע בתוך קדוש והתדבק בקדושה שלמעלה, והוליד למעלה והתדבק אברהם במדרגתו, חסד.

כשהוליד אברהם ליצחק יצא קדוש,

והמים האלו, אברהם וחסד, הָרוּ וילדו אפֵלה. יצחק, קו שמאל, שמטרם התלבשותו בחסדים של אברהם הוא חושך. ע״י שיצא מאברהם, התלבש בחסדים שלו ונעשה אור.

162. למה קרא לו הקב״ה יצחק? ואין לומר משום שאמרה שרה צחוק עשה לי אלקים. כי נראה שעוד מטרם שיצא לעולם קרא לו הקב״ה יצחק, שעוד לא היה הטעם הזה.

163. אש, שמאל וגבורה, לקח מים, ימין וחסד. והרי מים באים מצד הגבורה, כלומר, השמאל והימין נכללו זה בזה. ואז נעשה צד השמאל בחינת יין המשמח אלקים ואנשים. ועוד, הלוויים, הנמשכים מקו שמאל, שהם משמחים לאותו שמאל בכלי זמר ותשבחות, שהם כנגד הצד הזה, שכלי זמר ותשבחות נמשכים ג״כ מצד שמאל. משום זה יצחק הוא חדווה וצחוק, משום שבא מצד שמאל והתדבק בו.

164. יצחק הוא שמחה וחדווה, כי החליף מים באש ואש במים, שמאל וימין כלולים, כי הוא שמאל, אש, הנכלל במים, ימין וחסד, שאז כל חדווה ושמחה משמאל נמשך. ומשום זה הקב״ה קרא לו יצחק עוד מטרם שיצא לעולם, והודיע לאברהם.

165. לכולם חוץ מיצחק הרשה הקב״ה לקרוא שמות. ואפילו נשים היו קוראות שמות לבניהן. אבל כאן לא נתן הקב״ה לאימו לקרוא לו שם, אלא לאברהם, כמ״ש, וקראת את שמו יצחק, אתה ולא אחר. כדי להחליף מים באש ואש במים, התכללות שמאל בימין וימין בשמאל, כדי לכלול את יצחק בצד ימין שלו.

כי אברהם השפיע לו ממידתו מידת החסד, מים וימין, וקיבל ממנו מהארת השמאל, אש, ונכללו זה בזה. וע״י ההתכללות הזו נתן לו השם יצחק. באופן שמה שאמר לו הקב״ה, וקראת את שמו יצחק, שיעשה עימו את ההתכללות, שבזה נעשה למקור השמחה והצחוק.

ויקומו משם האנשים

166. כיוון שהתבשר אברהם ביצחק, כתוב, ויקומו משם האנשים וישקיפו על פני סדום. כמה מנהיג הקב״ה את כל הבריות במידת טובו, וכש״כ לאותם ההולכים בדרכיו. שאפילו בזמן שמבקש לדון העולם, הוא מסבב למי שאוהבו, שיזכה באיזה דבר מטרם שיבוא אותו הדין לעולם.

167. בשעה שהקב״ה אוהב את האדם, שולח לו מתנה. ומהי המתנה? עני, כדי שיזכה על ידו. וכיוון שזכה על ידו, הקב״ה ממשיך עליו חוט אחד של חסד, הנמשך מצד ימין ופורשׂ על ראשו ורושם אותו. כדי שכאשר יבוא הדין לעולם, ייזהר בו אותו המחבל מלהזיק לו, שנושא עיניו ורואה אותה הרשימה, אז מסתלק

ממנו ונזהר בו. משום זה הקדים לו הקב״ה דבר במה שיזכה לזה.

168. כשרצה הקב״ה להביא דין על סדום, זיכה מקודם את אברהם ושלח לו מתנה, ג׳ המלאכים שיזכה על ידיהם, כדי להציל את לוט משם. כמ״ש, ויזכור אלקים את אברהם וישלח את לוט מתוך ההפיכה. ולא כתוב, ויזכור את לוט, כי בזכותו של אברהם ניצל. ויזכור, שזכר לו מה שזכה מקודם ע״י ג׳ מלאכים.

169. מי שזוכה בצדקה עם בני אדם בשעה שהדין שורה בעולם, הקב״ה זוכר לו אותה צדקה שעשה, משום שבכל שעה שאדם זוכה, נכתב לו כן למעלה. וע״כ, אפילו בשעה שהדין שורה בעולם, הקב״ה זוכר לו את הטוב שעשה, וזכה עם בני אדם, כמ״ש, וצדקה תציל ממוות. משום זה הקדים הקב״ה וסיבב לאברהם במה שיזכה על ידו, שיציל בזכותו את לוט.

170. ויקומו משם האנשים, מסעודה שהתקין להם אברהם, וזכה על ידם. אע״פ שמלאכים היו שאינם צריכים לסעודה, מ״מ זכה על ידיהם. ומכל אותו המאכל לא נשאר כלום, כדי שאברהם יזכה על ידו. שהרי כתוב, ויאכלו, כי באש שלהם נאכל ונשרף.

171. ג׳ מלאכים היו: גבריאל אש, ומיכאל מים, ורפאל רוח. א״כ רק גבריאל לבדו היה יכול לשרוף המאכל. אלא כל אחד כלול בחברו, שכל אחד היה בו אש מים רוח, ומשום זה כתב על כולם, ויאכלו, כי היה אש בכל אחד מהם, שהמאכל נשרף בו.

ויחזו את האלקים ויאכלו וישתו. אכילה שאכלו, שניזונו מזיו השכינה וגרמו באכילתם להיזון מאותו צד שאברהם התדבק בו, ימין, חסדים. ומשום זה לא השאירו כלום ממה שנתן להם אברהם, כדי להרבות בהמשכת החסדים כמה שאפשר.

172. צריך האדם לשתות מכוס של ברכה, כדי שע״י שתייתו יזכה אל הברכה של מעלה. אף המלאכים אכלו ממה שהתקין להם אברהם, כדי שיזכו ע״י אכילתם להיזון מצד אברהם, אור החסדים, כי מאותו צד נמשכים המזונות לכל המלאכים העליונים.

173. וישקיפו על פני סדום. התעוררות של רחמים להציל את לוט.

174. ואברהם הולך עימם לְשַׁלְּחָם, לעשות להם לוויה. אם אברהם ידע שהם מלאכים, למה עשה להם לוויה? אע״פ שהיה יודע שהם מלאכים, מה שהיה רגיל לעשות עם בני אדם, עשה גם בהם, וליווה אותם. כי כך צריך האדם לעשות לוויה לאורחים. שהרי כל המצווה של הכנסת אורחים תלויה בלוויה שהוא גמר הדבר, ואין המצווה נקראת אלא על מי שגמר אותה.

175. ובעוד שהוא היה הולך עימהם ללוותם, נגלה עליו הקב״ה. שכתוב, וה׳ אמר, המכסה אני מאברהם אשר אני עושה. והוי״ה, הוא ובית דינו, הנוקבא, משום שהקב״ה היה הולך עימהם.

176. כאשר האדם עושה לוויה לחברו, הוא ממשיך השכינה להתחבר עימו וללכת עימו בדרך להציל אותו. ומשום זה צריך האדם ללוות את אורחו, משום שמחבר אותו אל השכינה וממשיך עליו השכינה להתחבר עימו.

המכסה אני מאברהם

177. ומשום זה שעשה לוויה זכה, וה׳ אמר, המכסה אני מאברהם אשר אני עושה, כי לא יעשה ה׳ אלקים דבר. אשריהם צדיקי העולם שהקב״ה רצה בהם, וכל מה שהוא עשה בשמיים ועתיד לעשות בעולם, עושה ע״י הצדיקים, ואינו מעלים מהם כלום.

178. משום שהקב״ה רוצה לשתף עימו הצדיקים, כדי שיבואו ויזהירו את בני האדם שישובו מעוונותיהם ולא ייענשו מדין העליון, ולא יהיה להם פתחון פה אליו לומר שלא הוזהרו ולא ידעו. משום זה הקב״ה מודיע להם הסוד שיעשה בהם דין. ועוד, שלא יאמרו שמעניש אותם בלי משפט.

179. אוי להם לרשעים שאינם יודעים ואינם מסתכלים לדעת, ואינם יודעים להישמר מעוונותיהם. וכמו שהקב״ה, שכל מעשיו אמת ודרכיו משפט, אינו עושה כל מה שעושה בעולם, עד שמגלה אל הצדיקים, כדי שלא יהיה לבני אדם עצמם פתחון פה עליו. לא כש״כ, שיש להם לעשות דבריהם, באופן שלא ידברו בני אדם שִׂטנה עליהם. וכן כתוב, והייתם נקיים מה׳ ומישראל.

180. ויש לצדיקים, לעשות שלא יהיה פתחון פה לבני אדם על הקב״ה, ויזהירו אותם, אם חוטאים ואינם משגיחים על עצמם להישמר, שיהיה למדה״ד של הקב״ה פתחון פה לקטרג עליהם, ויינצלו ממדה״ד ע״י שיעשו תשובה ומע״ט.

181. הקב״ה נתן כל הארץ לאברהם, שיהיה לו נחלה וירושה לעולם. כמ״ש, כל הארץ אשר אתה רואה. וכתוב, שא נא עיניך ורְאה. ואח״כ, כשהקב״ה היה רוצה לעקור ולהחריב סדום ועמורה, אמר הקב״ה, כבר נתתי את הארץ לאברהם, והוא אב אל כולם, כמ״ש, כי אב המון גויים נתתיך, ולא יאה לי להכות הבנים ולא להודיע לאביהם, שקראתיו אברהם אוהבי. וע״כ אני צריך להודיעו, ומשום זה כתוב, וה׳ אמר, המכסה אני מאברהם אשר אני עושה.

182. בוא ראה את הענווה של אברהם, שאע״פ שאמר לו הקב״ה, זעקת סדום ועמורה כי רבה, ועכ״ז שהתמהמה עימו והודיע לו שרוצה לעשות דין בסדום, לא התפלל לפניו שיציל את לוט ולא יעשה עימו דין, כדי שלא לבקש שכר על מעשיו.

183. ואע״פ שלא ביקש, שלח הקב״ה ללוט והציל אותו בזכות אברהם, כמ״ש, ויזכור אלקים את אברהם, וישלח את לוט מתוך ההפיכה, בהפוך את הערים אשר ישב בהן לוט.

184. הערים אשר ישב בהן לוט. נקראו על שמו, משום שכולם היו רשעים ולא נמצא מי שיהיה לו זכות, חוץ מלוט. מכאן, שבכל מקום שיושבים שם רשעים הוא נחרב. כי משמע מהכתוב, אשר ישב בהן לוט, שבשביל כל השאר שישבו שם לא נחשב ליישוב, אלא כמו חָרֵב ושממה מֵאֵין יושב, שהוא מטעם היותם רשעים.

185. אשר ישב בהן לוט. האם בכולם היה יושב לוט? אלא משום שבזכותו היו יושבים בערים ולא נחרבו, ע״כ נקראו על שמו. והאם היה בזכותו של לוט? לא. אלא בזכותו של אברהם.

186. השירות שאדם עושה אל הצדיק מגן עליו בעולם, ואע״פ שהוא רשע, הוא לומד מדרכיו ועושה אותם.

187. כי בזכות שלוט התחבר עם אברהם, אע״פ שלא למד ממנו את כל מעשיו, למד ממנו לעשות טובה עם הבריות, כמו שעשה אברהם. אחר שלוט נכנס ביניהם, היה מיישב לכל אלו הערים כל אותו זמן שהיו מיושבים. וע״כ כתוב, אשר ישב בהן לוט.

188. השכינה לא סרה מאברהם, באותו הזמן שהקב״ה היה עימו. השכינה עצמה הייתה מדברת עימו, ולא הקב״ה לבדו. כי במדרגה הזו נגלה עליו הקב״ה, כמ״ש, ואֵרָא אל אברהם אל יצחק ואל יעקב באל שד״י, שהוא השכינה.

189. כתוב, ויאמר ה׳, זעקת סדום ועמורה כי רבה. תחילה כתוב, וה׳ אמר, שפירושו, הוא ובית דינו, השכינה. ולבסוף כתוב, ויאמר ה׳, שהוא המדרגה העליונה, שנגלה לו על המדרגה התחתונה, השכינה.

190. וה׳ אמר, המכסה אני מאברהם. מה כתוב למעלה? ויקומו משם האנשים, וישקיפו על פני סדום, לעשות דין ברשעים. מה כתוב אחריו? המכסה אני מאברהם.

191. אין הקב״ה עושה דין ברשעים, עד שמתייעץ בנשמות הצדיקים, כמ״ש, מנשמת אלוה יאבדו. וכתוב, המכסה אני מאברהם. אמר הקב״ה, כלום יש לי לעשות דין ברשעים, עד שאתייעץ בנשמות הצדיקים, ואומר להם, הרשעים חטאו לפניי, אעשה בהם דין, כמ״ש, ויאמר ה׳ זעקת סדום ועמורה כי רבה וחטאתָם כי כָבְדָה.

192. הנשמה עומדת במקומה, והיא יראה להתקרב אליו, ולומר לפניו כלום, עד שיאמר למט״ט, שיגיש אותה לפניו, ותאמר מה שרצתה. כמ״ש, ויגש אברהם ויאמר, האף תספה צדיק עם רשע חלילה לך.

193. כתוב, אולי יש חמישים צדיקים בעיר. הנשמה פותחת ואומרת, ריבונו של עולם, שמא עסקו בחמישים פרשיות של תורה, ואע״פ שלא עסקו לשמה, שכר יש להם לעוה״ב, ולא ייכנסו לגיהינום. וכתוב אחריו, ויאמר ה׳ אם אמצא בסדום חמישים צדיקים.

194. והרי יש יותר מחמישים פרשיות בתורה, כי הן 53 פרשיות? אלא שכל אחד מחמשת הספרים שבתורה כלול מעשרת דיברות, עשרה מאמרות שבהם נברא העולם, והם חמישים.

195. עוד פותחת הנשמה ואומרת, ריבונו של עולם, אע״פ שלא התעסקו בתורה, שמא קיבלו עונשם על מה שחטאו בב״ד, והתכפר להם. שנאמר, ארבעים יַכֶּנוּ לא יוסיף. וממה שהתביישו לפניהם, דיים להתכפר להם, שלא ייכנסו לגיהינום. מה כתוב אחריו? לא אעשה בעבור הארבעים.

196. עוד פותחת ואומרת, אולי יש שם שלושים. אולי יש ביניהם צדיקים, שהשיגו שלושים מעלות, הרמוזים בפסוק,

ויהי בשלושים שנה. והם כלולים בל״ב (32) נתיבות, שהם כ״ב (22) אותיות וע״ס. לפעמים הם כלולים לשמונה.

כאשר זו״ן, שהם כ״ב אותיות, עולים למ״ן לבינה, שהיא ע״ס, נעשים בבינה ל״ב בחינות, ל״ב נתיבות החכמה. כ״ב מזו״ן ועשרה מבינה עצמה, כי בינה מעצמה חפצה רק בחסדים, אלא כשזו״ן עולים אליה למ״ן, היא עולה לראש א״א ונעשית שם לחכמה. ונקראת אז ל״ב נתיבות החכמה.

לפעמים הם כלולים בשמונה, בבינה, שבה רק שמונה ספירות מבחינתה עצמה ולמטה, שחסרה כו״ח, ג״ר שלה. ואז אינה נבחנת לל״ב נתיבות החכמה, אלא רק לשלושים מעלות, מטעם שחסרה מחכמה. והם רמוזים בדברי אברהם, אולי יש שם שלושים.

197. עוד פותחת ואומרת, אולי יִמָּצְאוּן שם עשרים, שמא יגדלו בנים לתלמוד תורה, ויש להם שכר, לעשרת הדברות, פעמיים בכל יום, שכל המגדל בנו לתלמוד תורה, ומוליכו לבית רבו, בבוקר ובערב, מעלה עליו הכתוב, כאילו קיים התורה פעמיים בכל יום. מה כתוב? ויאמר, לא אשחית בעבור העשרים.

198. עוד פותחת ואומרת, אולי יימצאון שם עשרה. אומרת, ריבונו של עולם, שמא היו מאותם העשרה הראשונים של בית הכנסת, שנוטל שכר כנגד כולם, שבאים אחריהם. מה כתוב? ויאמר, לא אשחית בעבור העשרה.

199. כל זה יש לנשמת הצדיק לומר על הרשעים. כיוון שלא נמצא בידם כלום, כתוב, וילך ה׳ כאשר כילה לדבר אל אברהם. ואברהם שב למקומו, למקום מעלתו הידועה.

200. מצווה לו לאדם להתפלל על הרשעים, כדי שיחזרו למוטב. ולא ייכנסו לגיהינום. כמ״ש, ואני בחלותם לבושִׁי שק. אסור לו לאדם להתפלל על הרשעים, שיסתלקו מן העולם.

כי אלמלא סילק הקב״ה את תֶרח מן העולם, כשהיה עובד עבודה זרה, לא בא אברהם אבינו לעולם, ושבטי ישראל לא היו, והמלך דוד, ומלך המשיח, והתורה לא ניתנה, וכל אותם הצדיקים והחסידים והנביאים לא היו בעולם. כיוון שרואה הקב״ה, שלא נמצא ברשעים כלום מכל אותם העניינים, כתוב, ויבואו שני המלאכים סדומה.

אֵרְדָה נא ואראה

201. אֵרְדָה נא ואראה הכצעקתה הבאה אליי עשו כלה. למי אמר הקב״ה עשו כלה? האם למלאכים? שדיבר עם אברהם, ומצווה למלאכים? אלא שאמר לאברהם, עשו כלה, כי אלו המקומות ברשותו היו עומדים.

202. אם לאברהם, למה אמר, עשו, בלשון רבים? שזה אמר לאברהם ולשכינה שלא סרה ממנו, וע״כ אמר עשו.

ואם למלאכים אמר, עשו כלה, מי ראה כזאת, לדבר עם זה ולצוות לאחר?

משום שהמלאכים היו נמצאים שם כדי לעשות דין, וע״כ אמר להם עשו.

203. האם לא היה יודע הקב״ה, עד שהיה צריך לומר, ארדה נא ואראה, והרי הכול גלוי לפניו? אלא ארדה נא פירושו, ממדרגת הרחמים אל מדרגת הדין, הירידה. ואראה, ראייה זו, היא להשגיח עליהם באיזה דין ידון אותם.

204. מצאנו ראייה שהוא לטוב ומצאנו ראייה שהוא לרע. ראייה לטוב, כמ״ש, וַיַּרְא אלקים את בני ישראל, וידע אלקים. ראייה לרע, כמ״ש, ארדה נא ואראה, להשגיח עליהם בדין. ועל זה אמר הקב״ה, המכסה אני מאברהם.

ואברהם היו׳ יהיה לגוי גדול

205. ואברהם היו׳ יהיה לגוי גדול ועצום. מהו הטעם של ברכה זו כאן? להשמיענו, שגם בשעה שהקב״ה יושב בדין על העולם, אינו משתנה, כי יושב בדין על זה וברחמים על זה, והכול ברגע אחד ובשעה אחת. כי לסדום היה בדין, ולאברהם היה באותה שעה ברחמים, ובירך אותו.

206. כתוב, ואני תפילתי לך ה׳ עת רצון. משמע, שלפעמים הוא עת רצון ולפעמים שאין אז עת רצון, לפעמים שומע התפילה ולפעמים אינו שומע התפילה, לפעמים שנמצא ולפעמים שאינו נמצא, כמ״ש, דרשו ה׳ בהימצאו.

207. כאן ליחיד וכאן לציבור. ליחיד יש שינוי זמנים, ולציבור הוא תמיד ברחמים, אפילו כשיושב בדין. כאן למקום אחד יש שינוי זמנים, וכאן לכל העולם הוא תמיד ברחמים ואינו משתנה.

וע״כ בירך לאברהם בשעה שהיה בדין על סדום, כי הוא שקול כנגד העולם כולו, כמ״ש, אלה תולדות השמיים והארץ בְּהִבָּראם, אשר בהבראם אותיות באברהם, שבזכותו נברא העולם, הרי שהוא שקול ככל העולם.

208. יהיה בגי׳ שלושים. שלושים צדיקים הזמין הקב״ה לעולם, להיות בכל דור ודור, כמו שהזמין את אברהם. כמ״ש, בהבראם, אותיות באברהם, שבזכותו נברא העולם. שבכל דור יש שלושים צדיקים שבשבילם נברא העולם, כמו שנברא בשביל אברהם.

209. מן השלושים נכבד, ואל השלושה לא בא. אלו הם שלושים הצדיקים שהזמין הקב״ה לעולם, שלא יהיו חסרים מהעולם בכל דור. בְּניהו בן יְהוֹיָדע אחד מהם.

210. יש שלושה אחרים שהעולם עומד עליהם והוא אינו שקול כמוהם. כמ״ש, ואל השלושה לא בא, להיות במניינם כאחד מהם. באלו שלושים הצדיקים זכה להיכנס בחשבונם, אבל ואל השלושה לא בא, שלא זכה להתחבר בהם ולהיות עימהם בחלק אחד.

יהיה בגי׳ שלושים, ומשום זה הקב״ה בירך אותו, שיהיה שקול כאלו שלושים הצדיקים.

הכצעקתה עשו

211. אמר הקב״ה לאברהם, זעקת סדום ועמורה כי רבה, כי עלה לפניי מה שהם עושים לכל העולם. כי כל העולם מונעים את רגליהם מלהיכנס בסדום ועמורה, כמ״ש, פָּרַץ נחל מֵעִם גָר הנשכחים מִני רגל.

פרץ נחל מעם גר, פירושו, פירצה היה פורץ הנחל, שהוא סדום, לאלו בני העולם שנכנסו שם. שכולם, אם ראו מי שהיה נותן לאכול ולשתות לאדם אחר, השליכו אותו בעומק הנהר, וכן השליכו את האדם שקיבל ממנו את האכילה ואת השתייה.

212. וע״כ כל בני העולם מנעו את רגליהם מלהיכנס שם. ונכנסו שם, שהיו דולים את כוחות הגוף ברעב, שלא נתנו לו לאכול ולשתות, והשתנה צורתו משאר בני העולם, כמ״ש, דַלוּ מאנוש נָעוּ. שהיו נוטים מעגלות ואורחות שלא להיכנס שם. ואפילו עוף השמיים מנעו את עצמם מלהיכנס שם. ומשום זה כל העולם היו צועקים על סדום ועמורה, ועל כל הערים, כי כולם היו שווים.

213. זעקת סדום ועמורה כי רבה. אמר אברהם להקב״ה, למה? אמר לו, וחטאתם כי כבדה מאוד, משום זה אֵרְדה נא ואראה הכצעקתה.

214. בצד שמתחת קול הברד, עולים כל הסבכים בכתף. מתאספים בטיפה אחת, ובאים בנקבים של תהום הגדול, ונעשו חמישה באחד. אחד הוא כשיש קולות צלולים, שכולם נעשו אחד, כי הקול של מטה נכנס ביניהם ונמשך עימהם כאחד. והקול ההוא עולה ויורד ותובע דין.

הדינים שבעולם מתחלקים לב׳ בחינות:

א. מהמלכות עצמה, והקול העולה מדינים הללו נקרא קול של מטה, של המלכות.

ב. מהמלכות הממותקת בבינה, והקול העולה מדינים הללו נקרא קול של מעלה, של הבינה, ונקרא קול הברד.

בצד שמתחת הקול של הברד, הקול של מעלה מבינה, עולים כל הסבכים, נפתחים ומושגים, בכתף, מוחין דג״ר דאחורי הגוף, כי קול הברד כולו טוב בלי רע. וע״כ כל סבכי הדינים מקבלים בו את תיקונם.

כל האורות מתאספים בטיפה אחת מג׳ הטיפות, חולם שורוק חיריק. בטיפה דשורוק, שכל הדינים נמשכים ממנה כל עוד שלא התחברה בטיפה דחולם. ובאים בנקבים של תהום הגדול, שמכוח הדינים דשורוק הם נכנסים בנקבים של תהום הגדול, כלומר שבאים בדינים דבינה, קול של מעלה.

ואז כל חמש הספירות כח״ב תו״מ נכללו בקול אחד, אפילו המלכות שהיא קול של מטה, נכללה ג״כ בקול הזה של מעלה, הנקרא קול הברד. וקול המלכות עצמה לא יישמע, כי לולא נגלה קולה, היו המוחין מסתלקים. וע״כ יש כאן קול אחד. כל החמישה אחד.

כאשר יש קולות צלולים, שקול העב של מטה אינו נשמע בהם. שכולם נעשו קול אחד, וקול של מטה אינו מעורב בהם. כי קול של מלכות עצמה בא בין הקולות של מעלה ונמשך עימהם יחד, שנבלע בהם ואינו נשמע.

״וירא״. ספר הזהר עם פירוש הסולם. מהד׳ 21 כר׳. כרך ד. דף סב; מהד׳ 10 כר׳. כרך ב. דף סב.

215. והקול הנשמע ההוא של מעלה, עולה בנקודת החולם, ויורד בנקודת השורוק, ותובע דין, בדינים הנמשכים מהשורוק מטרם שנכללה בחולם. כדי שתוכל להמשיך ולהאיר למטה. באותה שעה שהקול עולה לתבוע דין, בשעת שליטת נקודת השורוק, אז התגלה הקב"ה להשגיח בדין.

כי התגלות הקב"ה היא אור החכמה. ואחר התכללות הקווים זה בזה, היא נמשכת משליטת נקודת השורוק, שאין אור החכמה בשום קו אלא בה. אמנם בעת ההיא הוא משגיח בדין, אבל לאחר התכללות הקווים זה בזה הוא מאיר ברחמים.

ארדה נא, מנקודת החולם, חסד, אל נקודת השורוק, דין, נבחן לירידה. ואראה, בנקודת השורוק יש ראייה, אור החכמה. הכצעקתה הבאה אליי, צעקת הקול האחד לתבוע דין, שבזמן שליטת השורוק, כי גילוי החכמה הוא במיוחד בעת הצעקה הזו. כי אין גילוי חכמה בנקודה אחרת זולת נקודת השורוק.

216. ממי הכצעקתה הזה? זוהי גזרת הדין שתובעת שיתגלה הדין בכל יום. הרבה שנים עמדה גזרת הדין, ותבעה מאת הקב"ה על מה שאחיו של יוסף מכרו אותו ליוסף, כי גזרת הדין צועקת שיתגלה הדין. וע"כ כתוב, הכצעקתה הבאה אליי, צעקתה של גזרת הדין.

גזרת הדין היא הארת נקודת השורוק שבנוקבא מטרם התכללותה בחסדים, שאינה מתגלה אלא עם גילוי דינים. יוסף הוא הארת ג"ר, וע"י שאחיו של יוסף מכרו אותו למצרים, הסתלקו הג"ר מהם.

ולכן הרבה שנים עמדה גזרת הדין, ותבעה מאת הקב"ה על שהתבטלה הארתה מחמת מכירת יוסף, כי רצתה לצעוק ולגלות הדין, שרצתה להחזיר הג"ר המתבטלים ע"י מכירת יוסף. ומתוך שאין הארתה אלא עם גילוי הדין, ע"כ מרומזת הארתה, גילוי החכמה, ע"י צעקתה של גזרת הדין.

217. הכצעקתה הבאה אליי. כמ"ש, בערב היא באה ובבוקר היא שבה. הכצעקתה, גילוי הארת החכמה ע"י צעקה של גזרת דין.

הבאה אליי, לשון הווה, שבאה בעת הזיווג. כמ"ש, בערב היא באה, הרומז על זמן הזיווג המקבל מהארת השורוק, שנקרא ערב, להיותו בשליטת הדינים של השורוק, כמ"ש, וַתָּקָם בעוד לילה. וע"כ כתוב, הבאה אליי, לשון הווה, שנוהג תדיר, כי בתחילת כל זיווג נוהג שליטת השורוק בהארת קו השמאל.

האף תִספֶּה צדיק עם רשע

218. ויגש אברהם ויאמר, האף תִספֶּה צדיק עם רשע. מי ראה אב רחמן כמו אברהם. בנוח כתוב, ויאמר אלקים לנוח, קץ כל בשר בא לפניי. ושתק ולא אמר כלום ולא ביקש רחמים. אבל אברהם, בשעה שאמר לו הקב"ה, זעקת סדום ועמורה, מיד כתוב, ויגש אברהם ויאמר, האף תספה צדיק עם רשע.

219. אף אברהם לא עשה בשלמות

כראוי. נוח לא עשה כלום, לא ביקש על צדיקים כאברהם, ולא ביקש אף על הרשעים כמשה. אברהם תבע משפט כראוי, שלא ימות צדיק עם רשע, והתחיל מחמישים צדיקים עד עשרה. עשה ולא השלים, כי לא ביקש רחמים בין אם יש צדיקים ובין אם אין צדיקים. כי אמר אברהם, איני רוצה לתבוע שכר על מעשיי, שלא האמין בעצמו שיש לו שכר, עד לבקש בזכותו לפטור את הרשעים מהדין.

220. אבל מי שעשה בשלמות כראוי, זה משה. כיוון שאמר לו הקב"ה, סָרו מהר מן הדרך, מיד כתוב, וַיְחַל משה את פני ה' אלקיו, עד שאמר, ועתה אם תישא חטאתם, ואם אין מְחֵני נא מספרך אשר כתבת. ואע"פ שכולם חטאו לא מש משם, עד שאמר לו, סלחתי כדבריך.

221. אבל אברהם לא התחשב, אלא אם נמצא בהם צדיקים. ואם אין בהם צדיקים, לא התפלל. וע"כ לא היה עוד איש בעולם שיגן על דורו כמו משה, שהוא רועה הנאמן.

222. וייגש אברהם ויאמר, האף תספה צדיק עם רשע. אולי יש חמישים צדיקים בתוך העיר. שאברהם התקין את עצמו לבקש את זה, אולי יש שם חמישים. התחיל מחמישים שהוא התחלה לדעת, עד עשרה שהוא סוף כל המדרגות. כי חמש קומות יש בכל מדרגה זה למטה מזה, היוצאות על חמש בחינות המסך.

ונמצא בקומת כתר חמישים ספירות, שהם חמש ספירות כח"ב תו"מ, שבכל אחת ע"ס. ובקומת חכמה רק ארבעים ספירות, כי חסרה ע"ס דכתר. ובקומת בינה שלושים ספירות, כי חסרים ג"כ ע"ס דחכמה. ובקומת ת"ת עשרים ספירות, כי חסרים גם ע"ס דבינה. ובקומת מלכות רק ע"ס, והיא סוף כל המדרגות.

223. עד עשרה שהתפלל עליהם אברהם. אלו הם עשרת הימים שבין רה"ש ויוה"כ, שבהם מיתקנות ע"ס המלכות לעלות אל הבינה. משום זה התחיל להתפלל מחמישים עד עשרה, שהם ע"ס המלכות בתיקון עשרת ימי תשובה. וכיוון שהגיע לעשרה, אמר, מכאן ולמטה, ששם המלכות שאינה נמתקת בבינה, אינו מקום העומד בתשובה, אינו נמתק בבינה הנקראת תשובה, משום זה לא ירד לבקש על למטה מעשרה.

ויבואו שני המלאכים סדומה

224. כתוב, וילך ה' כאשר כילה לדבר אל אברהם. מאחר שהשכינה פרשה מאברהם, ואברהם שב למקומו, אז, ויבואו שני המלאכים סדומה בערב, כי מלאך אחד הסתלק עם השכינה ונשארו שניים אלו.

225. כיוון שראה אותם לוט, רץ אחריהם. והאם כל אלו שהיו באים לעירו היה מכניס אותם לביתו ונותן להם לאכול ולשתות, ובני עירו לא הרגו אותו?

226. והלוא בתו של לוט, שנתנה פת

לחם לעני אחד ונודע להם זה, משחו אותה דבש, והושיבו אותה בראש הגג עד שהדבורים אכלו אותה?

227. אלא משום שהיה בלילה, חשב שבני עירו לא יראו אותו, ועכ״ז, כיוון שנכנסו לבית, נאספו כולם וסבבו את הבית.

228. למה רץ לוט אחרי המלאכים? רץ לקראתם, שראה עימהם צורתו של אברהם. וַיַּרְא לוט וַיָּרָץ לקראתם, משום שראה השכינה שורה עליהם.

229. וירא לוט וירץ לקראתם, ויאמר, הנה נא אדנ״י, באל״ף דל״ת נו״ן יו״ד, שם השכינה. ובספרים שלנו לא כתוב, וירץ לקראתם, אלא, וַיָּקָם לקראתם. ונראה דעת הזוהר, אשר ויקם לקראתם, המובן הוא שקם ורץ לקראתם, ואם לא כן, היה צריך לומר, ויקם מפניהם.

כתוב, סורו נא. הלוא, גשו נא, היה צריך לכתוב? אלא רצה להסב אותם מסביב הבית, שלא ייכנסו לבית בדרך הרגילה, כדי שבני העיר לא יראו אותם. ומשום זה אמר, סורו נא.

230. כתוב, כי הוא לקצות הארץ יביט, תחת כל השמיים יראה. כמה יש להם לבני אדם להסתכל במעשיו של הקב״ה ולעסוק בתורה יום ולילה. כי כל מי שעוסק בתורה, הקב״ה משתבח בו למעלה ומשתבח בו למטה. כי התורה היא עה״ח לכל אלו העוסקים בה, לתת להם חיים בעוה״ז ולתת להם חיים בעוה״ב.

231. כתוב, כי הוא לקצות הארץ יביט. כלומר, כדי לתת להם מזונות ולכלכל אותם בכל מה שהם צריכים. ארץ היא המלכות. קצות הארץ, כל הנמשכים ממנה, משום שהוא משגיח בה תמיד. שכתוב, עיני ה׳ אלקיך בה מראשית השנה ועד אחרית שנה.

232. משום שארץ זו, המלכות, כתוב בה, ממרחק תביא לחמה. ואח״כ היא נותנת טרף ומזון לכל חיות השדה, שהם המלאכים דבי״ע, כמ״ש, ותקם בעוד לילה ותיתן טרף לביתה וחוק לנערותיה.

233. ע״כ כתוב, כי הוא לקצות הארץ יביט, תחת כל השמיים יראה. כלומר, לכל בני העולם, לתת להם מזונות וכלכלה לפי צורכו של כל אחד, כמ״ש, פותח את ידיך ומשׂביע לכל חי רצון.

234. כי הוא לקצות הארץ יביט. כלומר, להסתכל במעשה בני אדם, ולהשגיח בכל מה שבני אדם עושים בעולם. תחת כל השמיים יראה, שמסתכל ורואה כל אחד.

235. כיוון שראה הקב״ה מעשה סדום ועמורה, שלח אותם המלאכים להשחית את סדום. כתוב, וירא לוט, שראה את השכינה. ומי יכול לראות את השכינה? אלא ראה אור אחד מאיר ועולה על ראשיהם. ואז אמר, הנה נא אדנ״י, באל״ף דל״ת, שם השכינה. ובשביל השכינה, אותה הארה שהיה מאיר על ראשיהם, אמר, סורו נא אל בית עבדכם.

236. וְלִינוּ ורחצו רגליכם. אברהם לא עשה כך, אלא בתחילה אמר, ורחצו רגליכם, ואח״כ, ואקחה פת לחם. אבל לוט אמר, סורו נא, ולינו, ואחר, ורחצו רגליכם. כדי שלא יכירו בהם בני אדם, שאם ירגישו בהם, יאמרו שעתה באו אליו, שהרי עוד לא רחצו רגליהם מהדרך.

237. משום שכך היו עושים האורחים שנכנסו שם, שלנו ברחוב, כי לא היה

אדם שיאסוף אותם הביתה, וע״כ אמרו, לא כי ברחוב נלין. כתוב, וַיִּפְצַר בם מאוד.

238. כאשר הקב״ה עושה דין בעולם, שליח אחד עושה אותו, ועתה בהפיכת סדום אנו רואים שני שליחים, כמ״ש, ויבואו שני המלאכים סדומה. האם לא די מלאך אחד? אלא אחד היה. וכמ״ש, שני המלאכים, אחד היה להוציא את לוט ולהציל אותו, ואחד היה להפוך העיר ולהשחית הארץ. ומשום זה היה רק אחד בהפיכת סדום.

גן עדן וגיהינום

239. ואלה הגויים, אשר הניח ה׳ לנסות בם את ישראל. אמר רבי, מסתכל הייתי באותו העולם הנצחי, ואין העולם עומד אלא על אלו הצדיקים, המושלים על רצון ליבם כמ״ש, עדוּת בִּיהוֹסֵף שָׂמוֹ. למה זכה יוסף לאותה המעלה והמלכות? משום שכבש יצרו. כי כל הכובש את יצרו, מלכות שמיים ממתינה עליו.

240. לא ברא הקב״ה את יצה״ר, אלא לנסות בו בני אדם. כמ״ש, כי יקום בקרבך נביא ונתן אליך אות או מופת. ובא האות והמופת, אשר דיבר אליך לאמור, נלכה אחרי אלוהים אחרים. לא תשמע אל דברי הנביא ההוא, כי מנסה ה׳ אלקיכם אֶתכם.

241. ולמה צריך ניסיון, הרי כל מעשי בני אדם גלויים לפניו? אלא שלא לתת פתחון פה לבני אדם, רְאה מה שכתוב, ולוט יושב בשער סדום, שהיה יושב לנסות את הבריות. כמ״ש, והרשעים כַּיָּם נִגְרָשׁ. אפילו בשעת דינו של רשע הוא מעיז פניו, ואזי הוא ברשעתו קיים, כמ״ש, טרם ישכבו.

242. כשם שברא הקב״ה גן עדן בארץ, כך ברא גיהינום בארץ. וכשם שברא גן עדן למעלה, כך ברא גיהינום למעלה. גן עדן בארץ, כמ״ש, וייטע ה׳ אלקים גן בעדן מקדם. גיהינום בארץ, כמ״ש, ארץ עֵפָתָה כמו אופל.

243. גן עדן למעלה, כמ״ש, והייתה נפש אדוני צרורה בצרור החיים את ה׳ אלקיך. וכתוב, והרוח תשוב אל האלקים אשר נְתָנָהּ. גיהינום למעלה, כמ״ש, ואת נפש אויביך יְקַלְּעֶנָּה בתוך כף הקָלַע.

244. גן עדן למעלה לנשמות צדיקים גמורים, להיות ניזונים מהאור הגדול של מעלה. גיהינום למטה לאותם הרשעים שלא קיבלו ברית מילה, ולא האמינו בהקב״ה ובדתו, ולא שמרו שבת. ואלו הם עכו״ם, שנידונים באש, כמ״ש, מהאש יצאו והאש תאכלֵם.

245. גיהינום למעלה, לאותם פושעי ישראל, שעברו על מצוות התורה ולא חזרו בתשובה, שדוחים אותם לחוץ עד שיקבלו עונשם. והולכים וסובבים כל העולם, כמ״ש, סביב רשעים יתהלכון.

246. ושם נידונים 12 חודש אח״כ. מְדוֹרם עם אותם שקיבלו עונשם במותם,

כל אחד כפי המקום הראוי לו. והרשעים של עכו"ם נידונים תמיד באש ובמים, ושוב אינם עולים, כמ"ש, ואִשָּׁם לא תכבה.

247. משפט הרשעים בגיהינום, כמ"ש, וה' המטיר על סדום ועל עמורה גופרית ואש. ושוב אינם עולים ולא יקומו ליום הדין, כמ"ש, אשר הפך ה' באפו ובחמתו. באפו בעוה"ז ובחמתו בעוה"ב.

248. הרשעים שקלקלו ברית מילה שבהם, וחיללו שבת בפרהסיה, וחיללו את המועדות, ושכפרו בתורה, ושכפרו בתחיית המתים, וכדומה להם יורדים לגיהינום שלמטה, ונידונים שם ושוב אינם עולים.

249. אבל יקומו ליום הדין, ויקומו לתחיית המתים. ועליהם כתוב, ורבים מישֵׁני אדמת עפר יקיצו, אלה לחיי עולם ואלה לחרפות לדִראון עולם. דראון, שהכול יאמרו די בראייתם. ועל הצדיקים שבישראל כתוב, ועמֵּך כולם צדיקים.

וה' המטיר על סדום

250. כתוב, הנה יום הוי"ה בא אכזרי. הנה יום הוי"ה, זה ב"ד של מטה, הדינים הנמשכים מהמלכות בעת שהיא בהארת השמאל, נקודת השורוק, מטרם שנכלל ע"י קו אמצעי, ומכונה גזרת דין. בא, פירושו, בא תמיד לכל התחלת הזיווג. וכמ"ש, הבאה אליי, משום שאיני עושה דין עד שנכנס ומקבל רשות.

ב' פעולות נוהגות בכל זיווג:

א. נטילת רשות. שאין הנוקבא מתפייסת לזיווג עם ז"א מטרם שממשיך לה הארת השמאל, הארת נקודת השורוק. וע"כ נבחן המשכת הארת השמאל לבחינת נטילת רשות לזיווג.

ב. גזרת דין. ובעת שז"א מקבל רשות מהנוקבא, בעת שממשיך לה הארת השמאל, באותו רגע כל בעלי הדין מקבלים רשות מז"א לפעול הדינים, כי אין הארת שמאל בלי גילוי הדינים, כי ע"כ נקראת גזרת דין. וכמ"ש, קץ כל בשר בא לפניי, בא ליטול רשות, כי בא בתחילת כל זיווג.

251. הנה יום ה' בא אכזרי, זהו המחבל של מטה, מלאך המוות. כשהוא נוטל את הנשמה, נקרא אכזרי. וכתוב, ועֶברה וחרון אף לשׂוּם הארץ לשַׁמָּה, זהו סדום ועמורה שנהפכו והיו לשמה. וכתוב, וחטאיה ישמיד ממנה, אלו יושבי הארץ ההיא.

252. כתוב אחריו, כי כוכבי השמיים וכסיליהם. כי מן השמיים המטיר עליהם אש והעבירם מן העולם. ואח"כ כתוב, אוקיר אנוש מפז. זהו אברהם, שהקב"ה העלה אותו למעלה מכל בני העולם.

253. הפסוקים האלו הם על יום שנחרב ביהמ"ק. שביום ההוא חשכו העליונים והתחתונים וחשכו הכוכבים והמזלות. או שהם על יום שהקב"ה יקים את כנ"י מן העפר לעת הגאולה, והיום ההוא יהיה ידוע למעלה ולמטה. כמ"ש, והיה יום אחד הוא ייוודע לה'. והיום ההוא יום של נקמות, שעתיד הקב"ה לנקום משאר עובדי עבודה זרה.

"וירא". ספר הזהר עם פירוש הסולם. מהד' 21 כר'. כרך ד. דף עב; מהד' 10 כר'. כרך ב. דף עב.

254. וכאשר הקב״ה יעשה נקמות בשאר העמים עכו״ם, אז כתוב, אוקיר אנוש מפז. זהו מלך המשיח שיתעלה ויתכבד על כל בני העולם, וכל בני העולם יעבדו וישתחוו לפניו. כמ״ש, לפניו יכרעו ציים. מלכי תרשיש ואיים, מנחה ישיבו.

255. אע״פ שנבואה זו נאמרה על בבל, עכ״ז על הכול נאמרה. כי כתוב בפרשה זו, כי ירחם ה׳ את יעקב. וכתוב, ולקחום עמים והביאום אל מקומם. הרי שאין הנבואה הזו מיוחדת דווקא לבבל.

256. והוי״ה המטיר על סדום. זוהי מדרגה של ב״ד של מטה שמקבל רשות מלמעלה. והוי״ה, מורה, הוא ובית דינו. הוא, ז״א. ובית דינו, הנוקבא, ב״ד של מטה. ומדרגה של ב״ד שלמטה, גזרת דין. שע״כ כתוב, והוי״ה, שגם ז״א נזכר בפעולה זו, כי גזרת דין לא פעלה הדין של סדום עד שקיבלה רשות מלמעלה, מז״א, המרומז בשם והוי״ה.

פעל הדין ברחמים, כמ״ש, מאת הוי״ה מן השמיים. הוי״ה, הרחמים, כדי שימצא הדין ברחמים. הרחמים כאן, שכתוב, ויהי בשחֵת אלקים את ערי הכיכר, ויזכור אלקים את אברהם. ואח״כ יצאו מלוט שתי אומות שלמות, וזכה שיצאו ממנו דוד ושלמה המלך.

257. ויהי כהוציאם אותם החוצה, ויאמר הימלט על נפשך. בשעה שהדין שורה בעולם, שאז אדם אינו צריך להימצא בשוק, כי מאחר שהדין שורה, אינו משגיח להבדיל בין צדיק לרשע. וע״כ אדם אינו צריך להימצא שם. משום זה הסתתר נוח בתיבה, כדי שלא יביט בעולם בשעה שהדין נעשה. וכן כתוב, ואתם לא תצאו איש מפתח ביתו עד בוקר, עד שהדין כבר נעשה. ומשום זה כתוב, ויאמר הימלט על נפשך, אל תביט אחריך.

258. הדין שעשה הקב״ה במבול והדין שבסדום, שניהם היו דינים של גיהינום, כי הרשעים שבגיהינום נידונים במים ובאש.

259. סדום נידונה בדינו של גיהינום, כמ״ש, וה׳ המטיר על סדום ועל עמורה גופרית ואש מאת ה׳ מן השמיים. זה נידון מבחינת מים, וזה נידון מבחינת אש, וזה וזה הוא דינו של גיהינום. והרשעים שבגיהינום בב׳ בחינות דינים אלו נידונים, כי יש גיהינום של שלג שהוא מים, ויש גיהינום של אש.

260. הדין של הרשעים בגיהינום הוא 12 חודשים, ושם הם מתלבנים, מיטהרים. ואח״כ הקב״ה מעלה אותם מגיהינום, ויושבים על פתחו, ורואים את הרשעים הנכנסים שם ודנים אותם. והם מבקשים רחמים עליהם. ואח״כ הקב״ה מרחם עליהם, ומעלה אותם גם מפתחו של גיהינום, ומביא אותם אל המקום הנצרך להם. מהיום ההוא ואילך הגוף שוכך בעפר, והנשמה יורשת מקומה כראוי לה.

261. אפילו בני המבול לא נידונו אלא באש ובמים. מים קרים ירדו מלמעלה, ומים רותחים מלמטה, מהתהום. ונידונו בב׳ דינים, מים ואש, משום שכך הוא הדין של מעלה. משום זה היה בסדום גופרית ואש, שגופרית היא ממים כנודע.

262. האם לעתיד יקומו אנשי סדום ליום הדין? אלו של סדום ועמורה לא יקומו לדין, לעתיד בעת תחיית המתים. כתוב, גופרית ומלח שריפה כל ארצה, אשר הפך ה׳ באפו ובחמתו. אשר הפך ה׳,

בעוה״ז. באפו, בעוה״ב. ובחמתו, בזמן שעתיד הקב״ה להחיות המתים.

263. כמו שארצם נאבדה לעולם ולעולמי עולמים, כן נאבדו גם הם לעולם ולעולמי עולמים. הדין של הקב״ה הוא דין כנגד דין, מידה כנגד מידה. הם לא היו מחזירים נפש העני במאכל ובמשקה, כן גם הקב״ה אינו מחזיר להם נפשם לעוה״ב.

ומה שהזוהר אומר לעוה״ב, הוא בדיוק משום שלומד מארצם. וארצם נאבדה רק במשך זמן 6000 שנה, שאז היא נקראת לעולם ולעולמי עולמים. אבל בגמה״ת תחזור סדום לקדמותה, כמ״ש, ואחותך סדום ובנותיה תשובנה לקדמותן. וע״כ גם בנפשם אינו אומר בזמן התחייה, אלא אומר רק לעוה״ב, הנוהג רק במשך 6000 שנה.

264. הם נמנעו מלתת צדקה שנקראת חיים, אף הקב״ה מנע מהם חיים בעוה״ז ובעוה״ב. וכמו שהם מנעו מבני העולם אורחות ושבילים שלהם, כן מנע הקב״ה מהם אורחות ושבילים של הרחמים מלרחם עליהם בעוה״ז ובעוה״ב.

265. כל בני העולם יקומו לתחיית המתים ויקומו לדין. ועל אנשי סדום כתוב, ואלה לחרפות ולדראון עולם. והקב״ה בעל הרחמים, כיוון שדן אותם בעוה״ז, וקיבלו הדין, אינם נידונים לעתיד בכל הדינים, אלא במקצתם.

266. כתוב, וישלח את לוט מתוך ההפיכה, בַּהֲפֹךְ את הערים, אשר ישב בהן לוט. מהו בהפוך את הערים אשר ישב בהן לוט, והלוא ישב רק באחת מהן? אלא בכולם התיישב לוט, כמ״ש, ולוט ישב בערי הכיכר, ויֶאהל עד סדום, אלא שלא קיבלו אותו, חוץ ממלך סדום שקיבל אותו בסדום, בזכות אברהם שהחזיר לו הנפש והרכוש, שאיבד במלחמת ארבעה המלכים.

267. הראש הלבן, א״א, תיקן הכיסא, הבינה, על עמודים של אבנים טובות ומרגליות, חג״ת דז״א והנוקבא, שהם ד׳ רגלי הכיסא, שהוא בינה.

268. בין אבנים יש מרגלית אחת, הנוקבא דז״א, טובת מראה ויפת תואר. מקום קיבוץ העשן והאש הלוהט בשבעים פנים. הארת השמאל שבנוקבא מטרם התכללותה בימין, שאז היא מקום הדינים, אש לוהט וקיטור הכבשן. על מלתחה, מקום קיבוץ בגדים, שבעים פנים לוהטות לד׳ רוחות העולם, חו״ב תו״מ.

269. אלו שבעים פנים מתבארים מג׳ גוונים, לבן אדום ירוק. גוון המלכות, שחור, אין שם. אלו זיקים נכללים בזיקים שמנוצצים לד׳ רוחות העולם חו״ב תו״מ. כלומר, אע״פ שאלו שבעים פנים אין בהם אלא ג׳ פנים, אריה שור נשר, חג״ת, וחסרים פני אדם, הנוקבא, עכ״ז כשנכללים זה מזה, נכללת הנוקבא ג״כ עם החג״ת, ויש ג׳ פנים בכל אחד ואפילו בנוקבא.

באופן שיש ג׳ פנים בפני אריה, וג׳ פנים בפני שור, וג׳ פנים בפני נשר, וג׳ פנים בפני אדם, שהם י״ב (12) פנים. שג׳ פנים יש בכל אחד מחו״ג תו״מ, ופני אדם חסר בכל אחד מחו״ג תו״מ, וחסר גוון הנוקבא. והם ע״כ י״ב, חו״ב תו״מ שיש בכל אחד ג׳ גוונים. וכאן יש ניצוץ חזק מצד שמאל הנאחז בשמיים, ז״א. שמכוח הארת הניצוץ הזה כל בחינה מי״ב הבחינות מקבלת מז״א ו״ק, חג״ת נה״י.

והתבארו ג׳ בחינות בשבעים פנים הללו:

א. שעיקרם הם רק ג׳ גוונים חו״ב ות״ת, וחסר שם הנוקבא.

ב. שמבחינת התכללותם זה בזה יש גם בנוקבא אלו ג׳ בחינות, ומכאן נעשו אלו ג׳ גוונים לי״ב בחינות.

ג. התאחדותם בז״א, וכל בחינה מי״ב בחינות מקבלת ו״ס חג״ת נה״י.

ומכאן נעשו למספר ע׳ (70) בחינות, כי שש פעמים י״ב הם ע״ב (72). ועיקרם רק ע׳, ע׳ סנהדרין וב׳ עדים. ומאלו שבעים פנים נמשכים שבעים מלאכים. שהם בית דינה של המלכות. ואלו שבעים בחינות, הדין שבהם נשקט והספרים פתוחים, כלומר, אע״פ שהספרים שבהם כתוב הדין פתוחים ונראים לכל, עכ״ז הדין נשקט ואינו פועל כלום, והוא מלכות דמדה״ד הגנוזה בהם בעניין, זכה הרי טוב.

270. מכאן יוצאים חיצים וחרבות ורמחים ואש של המגדל. כי ג׳ הגוונים הנמשכים מג׳ נקודות, חולם שורוק חיריק, נכללו בכל הארבעה, ואפילו בנוקבא.

וע״כ כשהיא בדינים דהארת שמאל, נמשכים מכוח החולם שבה בחינת חיצים שהורגים מרחוק. וכן מעליית המלכות לבינה, נחצתה הבינה ונפל ממנה חֶציה התחתון, ואור הג״ר התרחק ממנה. ובכוונה עשתה כך הבינה, בסוד הנשר שהוא רחמני על בניו, ואומר, מוטב שייכנס החץ בי ואל ייכנס בבניי.

מכוח נקודת השורוק שבה נמשכים חרבות, שהורגים מקרוב, וכן כל הדינים שבשורוק נמשכים מכוח קִרבת אור הג״ר דחכמה. ומכוח נקודת החיריק שבה נמשכים רמחים שכוללים שניהם, שהורגים מקרוב כמו חרב, וכן זורקים אותו ומכה מרחוק כמו חץ, כי הוא כולל את שניהם.

וכללות ג׳ דינים הללו עושה בנוקבא בחינת אש לוהטת שהיא נקראת האש שבמגדל, הנוקבא. ונאחזת בנוקבא אש חזקה היוצאת משמיים, מז״א. וכשנאחזת אש עליונה, הדינים שבז״א, באלו שלמטה, בשבעים דינים של הנוקבא, אין עוד מי שיוכל לשבור את הכעס ואת הדין של הדינים שבנוקבא.

271. העיניים לוהטות כלשונות אש. ז״א יורד עימהם לעולם, בעיניים לוהטות. אוי למי שיפגוש בו כשהוא חגור בחרבות. כלומר, בדינים הנמשכים מנקודת השורוק הנקראים חרבות. בידו חרב חדה ואינו מרחם על טוב ועל רע, כי פסק הדין של אותם שבעים גוונים יורד ביד שמאל, ברשות הייחוד שהתאחד בו צד השמיים.

272. בכמה דינים הוא מתהפך, בכל יום מתהפך לכמה גוונים, שמקבלים כל פעם צורה אחרת. כל מיני הדינים הנמצאים בכלי זעמו של הקב״ה נראים בו, ואלו הדינים יושבים ברומו של עולם, ובני אדם מחמת סכלותם אינם מסתכלים בהם.

273. גופרית ואש, הפסולת של מים והפסולת של אש, שהותכו מן השמיים והתאחדו זה בזה וירדו על סדום. כי שמיים, אש ומים, ימין ושמאל, שהתחברו בז״א, ושמיים אותיות אש ומים. וע״י עוונות התחתונים נפרדו ונעשו כמחלוקת בין אש ומים, שהם ב׳ הקווים ימין ושמאל, ונבחן שהם הותכו. ופסולת הימין גופרית ופסולת השמאל אש. ואלו ב׳ מיני הדינים שהתחברו, הפכו את סדום.

274. עשרה שמות תיקונים ברשות המלך, ע״ס. עשר ולא תשע, עשר ולא אחד עשר. ועכ״ז עולים לחשבון גדול,

לחשבון ע"ב (72) שמות. שבעים גוונים הלוהטים לכל צד יוצאים מן ע"ב שמות. שבעים גוונים נחקקו ונעשו לשבעים שמות של המלאכים, שהם השמיים, יוצאים מע"ב שמות של השמיים, שהוא ז"א, ויש בהם ג' בחינות כנגד ג' קווים דז"א.

וע"כ הנמשכים מקו ימין מסודרים בראשי תיבות של א"ב בסדר ישר. והנמשכים מקו שמאל מסודרים בראשי תיבות של תשר"ק צפע"ס, שהם א"ב למפרע, המורים על דין. והנמשכים מקו אמצעי מסודרים בראשי תיבות של תשע נקודות: קמץ, פתח, צירי, סגול, שווא, חולם, חיריק, קובוץ ושורוק, שמכנים אותו, מְלָאפוּם.

275. והם: מיכאל גבריאל רפאל נוריאל. קמץ: קדומיאל מלכיאל צדקיאל. פתח: פדאל תומיאל חסדיאל. צֵרי: צוריאל רזיאל יופיאל. סגול: סטוטריה גזריאל ותריאל למאל. חִרֶק: חזקיאל רהטיאל קדשיאל. שְׁבָא: שמעאל ברכיאל אהיאל. חֹלם: חניאל להדיאל מחניאל. שֻׁרֻק: שמשיאל רהביאל קמשיאל. שֻׁרֶק: שמראל רהטיאל קרשיאל.

276. אהניאל. ברקיאל. גדיאל. דומיאל. הדריאל. ודרגזיה. זהריאל. חניאל. טהריאל. יעזריאל. כרעיאל. למדיאל. מלכיאל. נהריאל. סניה. ענאל. פתחיאל. צוריאל. קנאל. רמיאל. שעריאל. תבכיאל.

277. תפוריא. שכניאל. רנאל. קמריה. צוריה. פסיסיה. עיריאל. סמכיאל. נריאל. מדוניה. לסניה. כמסריה. יריאל. טסמסיה. חניאל. זכריאל. ודריאל. הינאל. דנבאל. גדיאל. בדאל. אדירירון. אדנ"י על כולם.

278. כאשר מתחברים כולם כאחד, בכוחו של העליון, ז"א, אז נקרא, והוי"ה, שפירושו הכול בכלל אחד, ז"א ונוקבא ושבעים המלאכים שמתחתיה. וכתוב, מֵאֵת הוי"ה מן השמיים, שם הקדוש שנחקק בשבעים שמות אחרים, השמיים, ז"א, שם ע"ב שבמוחין דז"א, ועיקרו הוא שבעים. ואלו הם שבעים דז"א השולטים על שבעים דינים דנוקבא, והוי"ה. ואלו שבעים שמות שבקדושה, שבמוחין דז"א, הוי"ה בלי ו', שמיים.

279. שבעים דינים שבנוקבא מקבלים משבעים שמות דז"א. והוי"ה, הכולל שבעים דינים, מקבל מן הוי"ה, שבעים שמות דז"א. התחתונים, שבעים דינים, תלויים בעליונים, שבעים שמות דז"א. והכול קשר אחד, שמתקשרים זה בזה ומאירים בבת אחת. ובזה מתגלה הקב"ה בכבודו. ששמיים, שבעים, הוי"ה בלי ו', ע"ב שמות היוצאים מג' הפסוקים: וַיִּסַּע, ויבוא, ויֵט.

280. וה"ו, יל"י, סי"ט, על"ם, מה"ש, לל"ה, אכ"א, כה"ת, הז"י, אל"ד, לא"ו, הה"ע. חלק ראשון.

יז"ל, מב"ה, הר"י, הק"ם, לא"ו, כל"י, לו"ו, פה"ל, נל"ך, יי"י, מל"ה, חה"ו. חלק שני.

נת"ה, הא"א, יר"ת, שא"ה, רי"י, או"ם, לכ"ב, וש"ר, יח"ו, לה"ח, כו"ק, מנ"ד. חלק שלישי.

אנ"י חע"ם, רה"ע, יי"ז, הה"ה, מי"ך, וו"ל, יל"ה, סא"ל, ער"י, עש"ל, מי"ה. חלק רביעי.

וה"ו, דנ"י, הח"ש, עמ"ם, ננ"א, ני"ת, מב"ה, פו"י, נמ"מ, יי"ל, הר"ח, מצ"ר. חלק חמישי.

ומ"ב יה"ה, ענ"ו, מח"י, דמ"ב, מנ"ק, אי"ע, חב"ו, רא"ה, יב"מ, הי"י, מו"ם. חלק שישי. בשכמל"ו.

281. ואלו הם שבעים שמות השולטים

על שבעים מדרגות תחתונות, שהן והוי״ה עם ו׳. ואלו הם שבעים שמות שהם הוי״ה בלי ו׳ שנקרא שמיים, ז״א. שבעה רקיעים, שבע ספירות דז״א, שכל אחד כלול מעשר, שעולים לשבעים שמות של השם הקדוש, הוי״ה. וכמ״ש, והוי״ה המטיר, שהם שבעים דינים דנוקבא. וכתוב, מאת הוי״ה מן השמיים, שהם שבעים השמות של השם הקדוש הוי״ה.

282. סתר שבסתרים נמסר לחכמים, אשר שם זה שנקרא שמיים, ממנו נברא סוד הנסתר שנקרא אדם, שחשבון איברי גופו הוא רמ״ח (248) איברים. משמיים, מז״א במוחין דע״ב שמות, נמשך האדם, וע״כ נברא באדם רמ״ח איברים, שהם כנגד רי״ו (216) האותיות שבע״ב שמות ול״ב (32) נתיבות החכמה.

283. חשבון אותיותיו של ע״ב שמות הוא רי״ו. כי בכל שם יש ג׳ אותיות, וג״פ ע״ב הוא רי״ו. ע״ב הוא הסוד והנסתר, כלל כל התורה, ונכלל בכ״ב (22) אותיות ועשרה מאמרות שבגי׳ ל״ב (32), שהוא ל״ב שבילים של החכמה. שֵׁם הוא רי״ו אותיות ועם ל״ב שבילים שנכללו בו עולים יחד רמ״ח, והם רמ״ח איברים של הגוף.

זו״ן נקראים כ״ב אותיות, ועשרה מאמרות, ע״ס דבינה. המוחין דע״ב מתגלים ע״י עליית זו״ן למ״ן לבינה, שהתחברו כ״ב אותיות דזו״ן עם ע״ס דבינה, לפיכך מכונה עליית מ״ן זו בשם ל״ב שבילים דחכמה או ל״ב נתיבות החכמה, ללמד שכל החכמה המתגלה באצילות, מתגלה רק בשבילים הללו.

וכיוון שז״א הוא הגורם לאלו המוחין, ע״כ נחקקו בו רמ״ח בחינות, שמורה על ל״ב שבילים, ורי״ו אותיות המתגלים ע״י ל״ב שבילים, והם רמ״ח איברים שבגוף. ומטעם זה מכונה ז״א עצמו ג״כ בשם אדם, שמורה על התפשטות מוחין הללו בו.

284. ולכן ז״א נקרא אדם, השולט על הכיסא, שהוא שבעים דינים ושבעים מלאכים הנמשכים מהם, שהם מכונים כיסא. וכמ״ש, ועל דמות הכיסא דמות כמראה אדם עליו מלמעלה. ז״א, אדם, ממעל הכיסא, הנוקבא ושבעים דינים שבה. וכמ״ש, והוי״ה המטיר על סדום, שהוא הנוקבא ושבעים דינים שלה, כיסא, וכתוב, מאת הוי״ה מן השמיים, ז״א שממעל הכיסא.

285. סדום, גזר דין שלהם היה על שמנעו את עצמם מלעשות צדקה. כמ״ש, ויד עני ואביון לא החזיקה. ומשום זה הדין שלהם היה מהשמיים, כי צדקה ושמיים הם אחד. וכתוב, כי גדול מעל שמיים חסדך. הרי שצדקה וחסד נמשכים מעל השמיים. ומשום שצדקה תלויה בשמיים, נמשך גם דינם מן השמיים, כמ״ש, מאת ה׳ מן השמיים.

יש דינים דנוקבא ודינים דדכורא. דינים דסדום הם דינים דדכורא, מן השמיים, ז״א. מטעם שגזר דינם יצא על מניעת הצדקה, שהפגם הזה נוגע בז״א, שמנעו אותו להשפיע צדקה וחסד לנוקבא. וע״כ גם דינם דין דדכורא.

286. הדין של ישראל גם מן השמיים, כמ״ש, ויגדל עוון בת עמי מחטאת סדום. וירושלים נקראת אחות אל סדום, כמ״ש, הנה זה היה עוון סדום אחותך. ע״כ דינם מן השמיים, דין אחד עם סדום, על שמנעו את עצמם מלעשות צדקה. רק ההפרש שסדום התהפכה ואין לה תקומה, וירושלים נחרבה ויש לה תקומה.

ערי סדום היו ממשיכים ג״ר דהארת שמאל וזה היה בחינתם עצמם. ובחינת

ירושלים היא רק ו״ק דהארת שמאל. ומטרם חטאת סדום היו המוחין של הארת השמאל מסודרים למעלה כראוי להיות, ג״ר למעלה ואחריהן ו״ק, ואחריהן דין.

וכשחטא ויצא גזר דינם, אז הפך המדרגות מלמטה למעלה, במוחין דהארת השמאל, שהעלה גזר דין למעלה, שרק היא נעשתה ראויה לזיווג, כמ״ש, בערב היא באה. ואחריה נמשכו הו״ק דמוחין, ואחריהן למטה מכולם נפלו הכלים דג״ר דמוחין. וכיוון שהפך ה׳ המדרגות למעלה, כן התהפכו ערי סדום למטה, להיותם הג״ר שנפלו למטה מכולם.

כי תיקון זה שנעשה בהארת השמאל נשאר עד גמה״ת. כמ״ש, ואחותך סדום ובנותיה תשובנה לקדמותם. שאז יחזרו המדרגות למעלה לקדמותם, ג״ר למעלה ואחריהם ז״ת ולבסוף גזר דין. כי אע״פ שדין ירושלים וסדום אחד הוא, מ״מ יש הפרש רב.

סדום, להיותם מבחינת ג״ר, הרי התהפכו והתבטלו עד גמה״ת. משא״כ ירושלים, להיותה מבחינת ו״ק, לא נהפכה, כי ו״ק דמוחין דשמאל נשארו מהארת השמאל על מקומם, באמצע, ולא יארע בהם שינוי לעולם. אלא לסיבת עוונם נחרבו, כי נפרד הזיווג העליון לשעתו עד שיעשו תשובה.

לכן נאמר, ירושלים יש לה תקומה, אם יעשו ישראל תשובה, ואפילו לפני גמה״ת. וסדום אין לה תקומה, כי המהפכה לא תתבטל מטרם גמה״ת.

ותבט אשתו מאחריו

287. ותבט אשתו מאחריו של לוט. שהמחבל היה הולך מאחוריו. בכל מקום שלוט היה הולך, נעכב המחבל מלחבל, והמקום שכבר הלך משם ועזב אותו לאחריו, היה המחבל מהפך אותו.

288. ומשום זה אמר לו המחבל, אל תבט אחריך, כי אני אחבל אחריך. וע״כ כתוב, ותבט אשתו מאחריו, וראתה המחבל, אז נעשתה נציב מלח. כי כל זמן שהמחבל אינו רואה פניו של האדם, אינו מחבל אותו. וכיוון שאשת לוט החזירה פניה להסתכל אחריו, מיד, ותהי נציב מלח.

ארץ אשר לא במִסכנות

289. כתוב, ארץ אשר לא במסכנות תאכל בה לחם, לא תחסר כל בה. למה כתוב פעמיים, בה? אלא הקב״ה חילק את כל העמים והארצות לממונים שליחים. וארץ ישראל, אין מלאך שולט בה ולא ממונה אחר, אלא הקב״ה לבדו. ומשום זה הביא את העם, שאין אחר שולט עליו חוץ מהקב״ה,

״וירא״. ספר הזהר עם פירוש הסולם. מהד׳ 21 כר׳. כרך ד. דף פד; מהד׳ 10 כר׳. כרך ב. דף פד.
״וירא״. ספר הזהר עם פירוש הסולם. מהד׳ 21 כר׳. כרך ד. דף פד; מהד׳ 10 כר׳. כרך ב. דף פד.

אל הארץ, שאין אחר שולט עליה חוץ מהקב״ה.

290. הקב״ה נותן תחילה מזונות לארץ ישראל ואח״כ לכל העולם. ונמצאים כל שאר העמים עכו״ם, מקבלים במסכנות. וארץ ישראל אינו כך, אלא ארץ ישראל ניזון מתחילה ואח״כ כל העולם ניזונים משיירים.

291. ומשום זה כתוב, ארץ אשר לא במסכנות תאכל בה לחם, אלא בעשירות בכל המלוא. תאכל בה, ולא במקום אחר. בה, מורה בקדושת הארץ, בה שורה האמונה העליונה, בה שורה הברכה העליונה, ולא במקום אחר. וע״כ כתוב בפסוק פעמיים בה, לרמז על כל הנזכר.

292. כתוב, כְּגַן ה׳ כארץ מצרים, בואכָה צוֹעַר. ועד כאן עוד לא נודע מהכתוב אם ארץ מצרים הוא כגן ה׳, ואם ארץ סדום הוא כגן ה׳, ואם גן ה׳ הוא גן עדן. אלא כגן ה׳, הוא גן עדן, שיש בו מלוא ועידון לכל. כן היה סדום וכן היה מצרים. כמו שגן ה׳, אין אדם צריך להשקותו, כן מצרים, אין אחר צריך להשקותה, משום שנהר נילוס עולה ומשקה את כל ארץ מצרים.

293. כתוב, והיה אשר לא יעלה מאת משפחות הארץ אל ירושלים, להשתחוות למלך ה׳ צבאות, ולא עליהם יהיה הגשם. זהו העונש שלהם, שנמנע מהם הגשם.

וכתוב, ואם משפחת מצרים לא תעלה ולא באה, ולא עליהם. לא כתוב כאן, ולא עליהם יהיה הגשם, כי לא ירד גשם במצרים ואינם צריכים לו, אלא עונש שלהם, כמ״ש, וזאת תהיה המגפה, אשר ייגוף ה׳ את הגויים, שהוא משום שהמצרים אינם צריכים גשם. אף סדום הייתה כגן ה׳, כל מעדני עולם היו בה, וע״כ לא רצו שאנשים אחרים יתעדנו בה ולא קיבלו אורחים.

294. אנשי סדום היו רשעים מעצמם ומרכושם ולא מסיבת ארצם הטובה, כי לא רצו לתת צדקה. כי כל אדם שהוא צר עין כלפי עני, ראוי לו שלא יתקיים בעולם. ולא עוד, אלא שאין לו חיים לעוה״ב. וכל מי שהוא טוב לב לעני, ראוי לו שיתקיים בעולם, והעולם יתקיים בזכותו, ויש לו חיים ואריכות ימים לעוה״ב.

ויעל לוט מצוער

295. ויעל לוט מצוער ויישב בהר, הוא ושתי בנותיו עימו. עלה מצוער, משום שראה שצוער קרוב לסדום, וע״כ עלה משם.

296. הקב״ה מסבב סיבות בעולם, ומביא אורות משחיתים שיעשו מעשיו, ואח״כ מהפך אותם ועושה אותם באופן אחר. כמ״ש, והוא מסיבות מתהפך בתחבולותיו לפועלם. מדרך הקב״ה להביא תחילה אורות משחיתים, העושים מעשים של חורבן, ואח״כ מהפך אותם ומתקן אותם.

״וירא״. ספר הזהר עם פירוש הסולם. מהד׳ 21 כר׳. כרך ד. דף פו; מהד׳ 10 כר׳. כרך ב. דף פו.

297. במה מהפך אותם? הקב״ה עושה תחבולות ומסבב סיבות להפוך אותם עד שאינם כמו הקודמים. לפי פועלם של בני אדם, לפי המעשים שהם עושים, כך מהפך אותם המעשים של אורות משחיתים. שמעשי בני אדם גורמים להפוך אותם המעשים בכל מה שהקב״ה מצווה אותם על פני תבל, שמקבלים כל מיני צורות שבעולם לפי ערך מעשיהם של בני אדם. עמון ומואב יצאו ע״י מעשה מקולקל כזה, ולבסוף יצאו מהם כל מלכי יהודה ומלך המשיח.

298. והוא מסיבות מתהפך בתחבולותיו לפועלם. הוא, שהקב״ה מסבב סיבות ומביא מעשים להתקיים בעולם. ואחר שבני אדם חושבים שהמעשים יתקיימו, הקב״ה מהפך אותם המעשים ממה שהיו בתחילה. מתחילה יצאו המעשים בקלקול ע״י אורות משחיתים, ואח״כ הפך אותם הקב״ה ותיקן אותם. ויש שמתחילה יצאו טובים וראויים לקיום, אלא שהתקלקלו בסיבת מעשי בני אדם, ואח״כ מהפך אותם הקב״ה אם עושים תשובה.

299. בתחבולותָו, כתוב בלי י׳, בלשון יחיד. והוא, כאומן הזה, העושה כלים של חרס. כל עוד שאותם האבנים מסתובבים לפניו, אם חושב לעשות באופן זה עושה, ואם חושב לעשות באופן אחר עושה, כשהוא רוצה מהפך כלי זו לכלי אחרת. וכל זה הוא, משום שאותם האבנים מסתובבים לפניו.

300. הקב״ה מהפך מעשיו שעושה בתחבולתו. התחבולה הוא ב״ד של מטה, הנוקבא דז״א, והיא האבנים המסתובבים לפניו. לפי שהמוחין באים לנוקבא ומושפעים ממנה בג׳ נקודות הנבחנים לשלושה מקומות, ע״כ דומה אז הנוקבא שמסתובבת בג׳ מקומות. ועל זה הוא מהפך הכלים, מכלי זו אל כלי אחרת.

301. וכל זה הוא כפי פועלם של בני אדם. אם בני אדם מטיבים מעשיהם, אותם האבנים המסתובבים מסובבים אותם לימין, חסד. ואז המעשים שנעשו בעולם הם להטיב לבני העולם כראוי, כי נמשכים חסדים וכל טוב אל העולם. והאבנים מסתובבים תמיד לצד ימין, ואינם דוממים, והעולם מתגלגל בו ומקבל מעשים מקו ימין, חסדים.

302. ואם בני אדם באים לחטוא, אז תחבולתו, הנוקבא המסתובבת תמיד, והייתה עומדת לצד ימין, עתה הקב״ה מסובב אותה לצד שמאל, והסיבות והכלים שהיו מתחילה בצד ימין, מהפך אותם לצד שמאל.

303. ואז האבנים מסתובבים ונעשו מעשים בעולם להרע לבני אדם. והאבנים מסתובבים לצד שמאל, עד שבני אדם חוזרים להטיב מעשיהם, והאבנים תלויים לפי מעשה בני אדם. וע״כ כתוב, בתחבולותָו לפועלם. כי התחבולה, האבנים, תלויה בפעולת בני אדם, ותמיד אינה עומדת, אלא שמסתובבת או לימין או לשמאל.

304. הקב״ה גרם סיבות ומעשים בעולם כדי לעשות הכול כראוי, והכול יוצא ונמשך למטה בעולם מהעיקר והשורש שלמעלה. הקב״ה קרב את אברהם אליו, יצא ממנו ישמעאל, שעוד לא היה נימול בעת שיצא ממנו, וע״כ הוא יצא למטה, ולא נשלם באות ברית קודש.

305. אח״כ סיבב הקב״ה סיבות בתחבולותיו, ואברהם נימול ובא בברית ונשלם בשמו. ונקרא אברהם עם אות ה׳,

וה' עליונה דהוי"ה שניתנה בשמו, בינה, עיטרה לו, מים מרוח.

306. כיוון שהסוד נשלם ונימול, יצא ממנו יצחק, והיה זרע קודש ונקשר למעלה, אש ממים. כמ"ש, ואנוכי נטעתיך שׂורק כולו זרע אמת, שלא נקשר בצד שמאל לבד, אלא נכלל בימין.

כי מטרם שנימול היה תחת שליטת אורות משחיתים. ובעת ההיא הוליד את ישמעאל, והוליד אותו למטה בחיצוניות, כי הוא פסולת הימין. ואח"כ כתוב, מסיבות מתהפך בתחבולותיו, שהקב"ה סיבב עליו סיבות, עד שנימול וזכה לקו ימין של הבינה, מים.

אמנם לא קיבל המים ישר מבינה, אלא מז"א, רוח, שנאמר, וה' עליונה דהוי"ה שניתנה בשמו, בינה, עיטרה לו, מים מרוח. בינה עיטרה לו קו ימין שלה, חסד, מים, והוא קיבל אותו מז"א, רוח, בבחינת העברה. ואז יצא ממנו יצחק, שנקשר למעלה בבינה, שקיבל קו שמאל מבינה. אבל לא קיבל אותו ישר מבינה, אלא אש ממים, שקיבל אותו מאברהם, שנקרא מים, וע"כ נכלל בו, כמ"ש, אברהם הוליד את יצחק.

307. לוט, יצאו ממנו ומבנותיו, שתי אומות נפרדות והתקשרו בס"א. וע"כ הקב"ה מסבב סיבות ומגלגל גלגולים בעולם, כדי שהכול יהיה כראוי להיות ויהיה נקשר הכול במקומו בקדושה. שיהיה ראוי לצאת משם מלכי יהודה ומלך המשיח.

308. ראוי היה לוט שהקב"ה יוציא ממנו ומאשתו שתי אומות הללו, אלא כדי לקשר אותם במקום הראוי להם, לכן הוציא אותם מבנותיו. ולידתם נעשה מתוך יין, כמ"ש, ותשְׁקינה את אביהן יין. והיין הזה נועד להם באותו לילה במערה, ולולא היין לא באו האומות הללו לעולם.

תחילה צריכים להבין שני הביאורים בכתוב, והוא מסיבות מתהפך בתחבולותיו, כי יש ב' מיני מהפכות בתיקוני העולמות:

א. מהפכת סדום ועמורה. כי אלו ג"ר דהארת השמאל, היו אורות משחיתים.

ב. מהפכת האבנים. והיא מהפך כלי זו לכלי אחרת. המהפכה של מואב ועמון, שמצד לידתם היו קליפות טמאות יותר מכל העמים, עד שנאסרו לבוא בקהל ה'. וכמ"ש, והוא מסיבות מתהפך בתחבולותיו, יצאו מהם כל המלכים ומלך המשיח, כי שתי האומות הללו נמשכו ע"י יין המשכר, ע"י נחש הקדמוני שהיה בדומה לחטא דעצה"ד.

וע"כ המשיך ג"ר דהארת שמאל בגילוי, כלומר אורות מגולים בחכמה. ובבחינת ג"ר, כדי שהאורות יימשכו מלמעלה למטה כמו בעצה"ד. והמשכה זו עשתה הבכירה, שממנה נולד מואב, שעבודה זרה שלו פְּעוֹר, הוא בגילוי. והרמז שהשם מואב הוא בגילוי לכל, שנולד מאביו.

ונודע שע"י המשכת ג"ר דשמאל מתגלה המלכות דמדה"ד. וע"כ הצעירה המשיכה רק בחינת ו"ק שהייתה כבר מגולה בה המלכות דמדה"ד. ועכ"ז היו קשורות ב' הקליפות ג"ר וו"ק זו בזו, והיו מקבלות זו מזו, ולפי שהמשכת הצעירה הייתה מעורבת עם מלכות דמדה"ד הדוחה כל המוחין, ע"כ היו כל מעשיה בנסתר.

ולפיכך נאסרו עמון ומואב לבוא בקהל ה'. כי טומאתם הייתה גדולה. כי מואב נאסר משום שהיה מבחינת ג"ר דהארת השמאל, שאז מלבד שנמשכות בדינים קשים, הנה גם מגלות המלכות דמדה"ד. ועמון נאסר משום שמלכות דמדה"ד הייתה בו.

אמנם כנגד זה נתקנה הנוקבא דקדושה

בעת שהתחתונים מטיבים מעשיהם, שהאורות המגולים בחכמה מאירים בה מלמטה מחזה, ובבחינת מלמטה למעלה, ובזה מתבטלת קליפת מואב.

וכן בדרך זה מתכללים הקווים של חכמה ושל חסדים זה בזה, והארת החכמה מתקיימת בכל השלמות. והאורות המכוסים מאירים בה מלמעלה מחזה, במקום ג"ר. וכן בחינת המלכות דמדה"ד נתקנה ונגנזה שם מחזה ולמעלה, ואינה פועלת שום דין, ובזה מתבטלת קליפת עמון.

והמלכות הממותקת במדה"ר, המכונה מפתחא, נתקנה מחזה ולמטה של הנוקבא. ונאמר, אם זכה הרי טוב, ואם לא זכה הרי רע, כי אז מתקלקל תיקון שבנוקבא, והאורות מאירים בדינים דשמאל, וחוזרות קליפת מואב ועמון לשליטתן, ומביאות דינים קשים בעולם.

הקב"ה מסבב סיבות ועשה מעשים בעולם, בנוקבא, המכונה עולם, שתיקן אותה באורות מכוסים מחזה ולמעלה, ובאורות מגולים מחזה ולמטה. ועשה זה בבניין הנוקבא כדי שהארת החכמה תתקיים בה. שבדרך זה נכללים הקווים זה בזה, והחכמה מתלבשת בחסדים ואז מתקיימת.

ואחר שבני אדם מובטחים שהמוחין יתקיימו ואינם שומרים עוד דרכיהם, וחוטאים להמשיך אורות המגולים במקום שלמעלה מחזה, אז הקב"ה מהפך זה, וחוזרות קליפות מואב ועמון למקומן, ואורות השמאל מביאים דינים קשים בעולם.

אם בני אדם מטיבים מעשיהם, אותם האבנים המסתובבים מסובבים אותם לימין, חסד. הקב"ה מתקן אז את האבנים המסתובבים, הנוקבא, שאורות המגולים יאירו למטה מחזה, ואז החכמה מתלבשת בחסדים והימין שולט.

ואם בני אדם באים לחטוא, אז תחבולותו, הנוקבא המסתובבת תמיד, עתה הקב"ה מסובב אותה לצד שמאל. אז חוזרות קליפות מואב ועמון למקומן והשמאל שולט. כי מהפך הסיבות והכלים, שהיו מתוקנים מתחילה לימין, האורות המכוסים למעלה והאורות המגולים למטה. ועתה התהפכו, שאורות המגולים למעלה ואורות המכוסים למטה. שדרך זה הוא שליטת השמאל בדינים הקשים.

ולוט, יצאו ממנו ומבנותיו, שתי אומות נפרדות והתקשרו בס"א, שנקשרו במקום הראוי להם. כלומר, האורות מגולים למעלה מחזה, קליפת מואב, ואורות מכוסים למטה מחזה, קליפת עמון. וע"כ הקב"ה מסבב סיבות ומגלגל גלגולים בעולם, כדי שהכול יהיה כראוי להיות, להפוך הסדר בנוקבא הנקראת עולם, שאורות המכוסים יאירו בה למעלה והמגולים למטה.

309. הן עצמן קראו להם בשמות מואב ועמון. מואב קראה לו על שהוא מאב. הבכירה אמרה בעזות מואב, מאבא הוא. והצעירה גם היא ילדה בן, ותקרא שמו בן עמי, בצניעות אמרה בן עמי, ולא אמרה ממי היה.

310. בתחילה כתוב, ולא ידע בשִׁכבהּ ובקומהּ, עם ו'. וגם נקודה על הו', מורה שעזרה מלמעלה הייתה נמצאת באותו מעשה, אשר מלך המשיח עתיד לצאת ממנו. ומשום זה המילה, ובקומה, התמלאה עם ו'. ואצל הצעירה כתוב, ובקֻמה חסר ו', משום שלא יצא ממנה חלק להקב"ה כמו מהבכירה.

וע"כ רק בבכירה כתוב, ובקומה, מלא עם ו' ונקודה עליה. ואע"פ שגם מהצעירה יצאו מלכים, כי נעמה העמונית הייתה אשת שלמה ואם רחבעם, אמנם דוד המלך הוא העיקר והוא מלך המשיח.

311. לא ידע בשכבה ובקומה. לא ידע, שעתיד הקב״ה להקים ממנו דוד המלך ושלמה המלך וכל שאר המלכים ומלך המשיח. כתוב ברות, וַתָּקָם בטרם יכיר איש את רעהו, ובאותו היום הייתה לה קימה ודאי, כי התחבר עימה בועז, להקים שֵׁם המת על נחלתו, והוקם ממנה כל אלו המלכים וכל איש נעלה שבישראל.

312. בוא וראה הענווה של אברהם, כי אפילו מתחילה כשרצה הקב״ה לעשות דין בסדום, שביקש אז רחמים עליהם, עכ״ז לא ביקש ממנו רחמים על לוט. ואח״כ שכתוב, וַיַּרְא, והנה עלה קיטור הארץ כקיטור הכבשן, לא דרש על לוט, ולא אמר להקב״ה עליו כלום. אף הקב״ה לא אמר לו כלום, כדי שלא יחשוב אברהם שהקב״ה יגרע משהו מזכותו מחמת זה.

313. והאם אברהם לא החשיב את לוט בליבו כלום, הרי אנו רואים שמסר נפשו לעשות מלחמה עם ארבעה מלכים חזקים? אבל מתוך שאהב אברהם את הקב״ה וראה את המעשים של לוט שאינם ישרים כראוי, לכן לא רצה אברהם, שבשבילו יעזוב משהו הקב״ה משלו, משום זה לא ביקש עליו רחמים, לא בתחילה ולא בסוף.

314. ויעל לוט מצוער. כתוב ביצה״ר, שהוא אינו מתבטל לעולם מבני אדם עד אותו זמן, כמ״ש, והסירותי את לב האבן. שאע״פ שרואה בני אדם נידונים בגיהינום, הוא בא וחוזר לו אצל בני אדם, כמ״ש, ויעל לוט מצוער, מצערה של גיהינום, משם עולה לפתות בני אדם.

315. שלוש הנהגות יש באדם:

א. הנהגת השכל והחכמה, שזהו כוח הנשמה הקדושה.

ב. הנהגת התאווה, שהיא מתאווה בכל התאוות הרעות, וזהו כוח התאווה.

ג. ההנהגה, המנהיגה לבני אדם ומחזיקה את הגוף, והיא נקראת נפש הגוף, זהו כוח המחזיק.

316. לעולם אין יצה״ר שולט, אלא באלו ב׳ כוחות: נפש המתאווה היא הרודפת אחר יצה״ר לעולם, משמע, כמ״ש, ותאמר הבכירה אל הצעירה אבינו זקן. נפש המתאווה היא מעוררת את האחרת, ומפתה אותה עם הגוף, להידבק ביצה״ר.

והיא אומרת, לְכָה נשקה את אבינו יין ונשכבה עימו. מה יש לנו בעוה״ב? נלך ונרדוף אחר יצה״ר, ואחר תשוקת חמדת העוה״ז. ומה עושות? שתיהן מסכימות להידבק בו, כמ״ש, ותַשְׁקֶינָה את אביהן יין, מתפטמות, להתעורר ליצה״ר באכילה ובשתייה.

317. וַתָּקָם הבכירה ותשכב את אביה. כשאדם שוכב על מיטתו בלילה, נפש המתאווה היא המעוררת ליצה״ר, ומהרהרת בו, והוא דבק בכל הרהור רע, עד שמתעבּרת מעט. שמביא בלב האדם אותה המחשבה הרעה, ודבקה בו, ועדיין יש בליבו, ולא נגמר לעשותה, עד שזאת התאווה, מעוררת לכוח הגוף כמתחילה, להידבק ביצה״ר, ואז הוא תשלום הרעה, כמ״ש, וַתַּהֲרֶינָה שתי בנות לוט מאביהן.

318. מעולם אין יצה״ר מתפתה, אלא באכילה ובשתייה, ומתוך שמחת היין, אז שולט באדם. בצדיק כתוב, צדיק אוכל לשובע נפשו, ואינו משתכר לעולם. אותו תלמיד חכם ששותה, אומרים עליו, נזם זהב באף חזיר. ולא עוד, אלא שמחלל שם שמיים.

מנהג הרשעים מהו? הנה ששון ושמחה, היין אז שולט באדם, הרוֹג בקר ושָׁחוֹט צאן. עליהם כתוב, הוי מַשְׁכִּימִי בבוקר שֵׁיכר ירדופו. כדי לעורר ליצה״ר, שאין יצה״ר מתעורר אלא מתוך היין, כמ״ש, ותשקינה את אביהן יין.

319. כתוב, ולא ידע בשִׁכְבָה ובקוּמה. כלומר, יצה״ר אינו משגיח בה, בשכבה בעוה״ז, ובקוּמה לעוה״ב, אלא מתעורר עם כוח הגוף, לעבוד תאוותו בעוה״ז.

בשעה שנכנסים הרשעים בגיהינום, מכניסים ליצה״ר, לראות בהן, כמ״ש, ולוט בא צוערה, לצערה של גיהינום, ויצא משם לנסות את הבריות, כמ״ש, ויעל לוט מצוער, מצערה של גיהינום.

320. ויישב בהר. הכתוב, בהר, מלמד שהוא שָׁם מושבו במקום הר. גוף, שהוא חָרֵב כהר, שאין בו טובה. וב׳ בנותיו עימו, אלו ב׳ כוחות.

כי יָרֵא לשבת בצוער. יראה וחרדה נופלות עליו, בשעה שרואה צער גיהינום, שמצערים לרשעים, וחושב ששם יידון, כיוון שרואה שאינו נדון שם, יוצא והולך לפתות בני אדם אחריו.

321. רב הוּנא כשהיה דורש להזהיר את בני האדם, היה אומר להם, בניי, הישמרו משליח של גיהינום. ומי הוא? זהו יצה״ר, שהוא שליח של גיהינום.

322. מהו שכתוב, לעלוקה שתי בנות הב הב? אלו שתי בנות לוט, שהן נפש המתאווה ונפש המשתתפת בגוף, הרודפת אחר יצה״ר לעולם. כתוב בלוט, כי ירא לשבת בצוער. וכתוב, לעלוקה שתי בנות הב הב. יר״א בגי׳ עלוק״ה.

אם ירא הוא, למה הוא בא להטעות את הבריות? אלא כך דרך כל עושה עוולה, כשרואה הרע, מתיירא לפי שעה, מיד חוזר לרשעתו, ואינו חושש לכלום. כי יצה״ר, בשעה שרואה דין ברשעים, ירא. כיוון שיוצא לחוץ, אינו חושש כלום.

323. כתוב, ותאמר הבכירה אל הצעירה, אבינו זקן. מהו, אבינו זקן? זהו יצה״ר, שנקרא זקן. כמ״ש, מלך זקן וכסיל. שהוא זקן, שנולד עם האדם.

אותה נפש המתאווה, אומרת לאחרת, אבינו זקן, נרדוף אחריו, ונדבק בו, כשאר כל הרשעים שבעולם. ואיש אין בארץ לבוא עלינו. אין איש צדיק בארץ, ואין איש שליט על יצרו, הרבה רשעים בארץ, אין אנחנו לבדנו רשעים, נעשה כדרך כל הארץ, שהם רשעים, שעד היום דרך כל הארץ הוא. לכה נשקה את אבינו יין, נשמח בעוה״ז, נאכל ונשתה, ונרווה יין, ונדבק באבינו, ביצה״ר, ונשכבה עימו. ורוח הקודש צווחת ואומרת, גם אלה ביין שגו ובשֵׁכר תעו.

324. כתוב, ותשקינה את אביהן יין. דרך הרשעים, לטעות אחרי היין, לפנק ליצה״ר ולעוררו. ועד שהוא שמח בשכרותו, שוכב על מיטתו, מיד, וַתָּקָם הבכירה, ותשכב את אביה. היא מזומנת עימו, ומתאווה ומהרהרת בכל ההרהורים הרעים, ויצה״ר מתחבר עימה, ונדבק בה, ואינו משגיח בה מה הוא ממנה. כמ״ש, ולא ידע בשִׁכְבָה ובקוּמה.

בשכבה, בעוה״ז. ובקומה, לעת״ל. בשכבה, בעוה״ב, כשתיתן דין וחשבון. ובקומה, ליום הדין, כמ״ש, ורבים מִיְּשֵׁנֵי אדמת עפר יקיצו. בשום עניין מאלו, אין משגיח בה יצה״ר, אלא דבק בה, והיא נדבקת בו. ואח״כ מעוררת לאחרת. לאחר שההרהור הגדול נדבק ביצה״ר, באה האחרת ונדבקת בו.

325. ותשקינה את אביהן יין, לעורר ליצה"ר, ונדבקת בו. ואז תשלום הָרעות לעשות, ומתעברות שתיהן מיצה"ר, כמ"ש, ותהרינה שתי בנות לוט מאביהן, עד שיצא לפועל מעשיהן. זו יולדת רשעות וזו יולדת רשעות. וכן דרכם של רשעים בעניין יצה"ר, עד שהורג לאדם ומוליכו לגיהינום, ומכניסו שם. ואח"כ עולה משם לפתות לבני אדם. ומי שמכיר בו ניצל ממנו ואינו מתחבר עימו.

326. בדומה לכת ליסטים, שהיו אורבים בדרכים לגזול ולהרוג לבני אדם, ומפרישים מהם אחד, שיודע להסית לבני אדם, ולשונו רך. הוא מקדים והולך לקבלם, ונעשה כעבד לפניהם, עד שמאמינים הטיפשים בו ובוטחים באהבתו ובשיחתו, ושמחים עימו.

ומוליכם בחֵלק דבריו באותה הדרך שהליסטים שם. כיוון שמגיע עימהם לשם הוא הראשון שהורג בם, לאחר שנותן אותם ביד הליסטים להורגם ולקחת ממונם. והם צועקים ואומרים, אוי ששמענו ליצה"ר ולרכות לשונו. לאחר שהרגו אלה, עולה משם ויוצא לפתות לבני אדם כבתחילה. הפיקחים כשרואים שיוצא לקראתם ומפתה להם, מכירים בו, שהוא צד את נפשם והורגים אותו, והולכים בדרך אחרת.

כך הוא יצה"ר, יוצא מכת הליסטים, עולה מגיהינום, לקבל בני אדם ולפתות להם בחלק מתוך דבריו, כמ"ש, ויעל לוט מצוער ויישב בהר. כמו ליסטים, לארוב לבני אדם. הוא עובר לפניהם, והטיפשים מאמינים בו ובאהבתו, כי הוא הולך לפתותם, ועובד להם כעבד, שנותן להם נשים יפות אסורות, נותן להם בני אדם להרע, מפרק מהם עול תורה, ועול מלכות שמיים.

הטיפשים רואים כך, בוטחים באהבתו עד שהולך עימהם, ומוליכם באותה דרך שהליסטים שם בדרך גיהינום, אשר אין דרך לנטות ימין ושמאל. כיוון שמגיע עימהם לשם הוא הראשון שהורג אותם, ונעשה להם מלאך המוות, ומכניס אותם לגיהינום, ומורידים להם מלאכי חבלה. והם צועקים ואומרים, אוי ששמענו ליצה"ר, כלומר, שמתחרטים. ואינו מועיל להם, כי חרטה ותשובה מועיל רק בחיים ולא לאחר מיתה.

אח"כ עולה משם ויוצא לפתות לבני אדם. הפיקחים כשרואים אותו מכירים אותו ומתגברים עליו, עד ששולטים עליו, וסוטים מזה הדרך, ולוקחים דרך אחרת להינצל ממנו.

327. רב יוסף, כשירד לבבל, ראה בחורים פנויים מאישה שהיו נכנסים ויוצאים בין נשים יפות ואינם חוטאים. אמר להם, אינכם מפחדים מפני יצה"ר? אמרו לו, אין אנו באים מתערובת רע, מקודש הקודשים נחצבנו. כלומר, שאמרו לו, שלהוריהם לא היו מחשבות זרות בעת שנחצבו מדם, אלא מחשבות קדושות ומקודשות, וע"כ אינם מפחדים מפני היצה"ר.

328. כל מי שנכנס לעיר ורואה נשים יפות, ישפיל עיניו ויאמר, נחצב נחצבתי מהורים חשובים. מכשול הקשה, הקליפה המביאה הרהורי נשים, צא צא ממני, כי פרי קדוש של שבת הוא, כלומר שנולד מזיווג של שבת, שאין לקליפות אחיזה בנולד מזיווג של שבת. הנכנס לעיר מחייב לומר הלחש הזה, משום שחמימות יגיעת הדרך שולטת בו וע"כ יכול היצה"ר לשלוט עליו.

עמון ומואב

329. ויעל לוט מצוער. מתוך רצון המלך, נפרד מצד ימין פסולת אחת של צורת חקיקה, ומתדבקת בתוך פסולת הזהב שמצד שמאל, ובתוך הטומאה הייתה דירתו, ונעשה לצורה אחת של האילן.

קו ימין, חסדים מכוסים, שאין בו הארת חכמה, ובמקומו בבינה הוא בחינת ג"ר, משום שאינה מקבלת חכמה, להיותה כמ"ש, כי חפץ חסד הוא. אמנם כשהחסדים מתפשטים למטה לתחתונים הצריכים להארת חכמה, מתגלה בהם פסולת.

הצורך להארת חכמה עושה בהם חיסרון, ובכל מקום שיש חיסרון מתדבקות הקליפות, וע"כ נבחן החיסרון לפסולת, וזהו פסולת ימין. ומבחינת הקדושה אין זה חיסרון, אלא צורת חקיקה לבית קיבול, שאם לא היה החיסרון והחלל, לא היה שם לעולם בית קיבול לאורות. אבל הקליפות מחשיבים זה לפסולת.

וכדי להשתלם, הלכה הפסולת והתדבקה בתוך פסולת הזהב שמצד שמאל, כי שם מאירה החכמה בלי חסדים, והחיסרון של החסדים נחשב פסולת דקו שמאל. אמנם הפסולת דימין קיבלה שם השתלמות, כי אינה חסרה יותר מחכמה. ונעשה לצורה שלמה של אילן המדרגות, הנוקבא, אמנם שדירתו הייתה בטומאה. כי הארת השמאל בלי ימין מאיר למקום הטומאה, וכן פסולת הזהב הוא טומאה.

330. כשרצה יצחק, קו שמאל דקדושה, להתעורר בעולם בכוחו של דין הקשה, התגבר והפריד מדרגות השמאל מקיומן, שהפך שורשים של חמש ערי סדום למעלה. ג"ר דמדרגות דשמאל הפיל למטה, ואת גזר הדין העלה למעלה.

ואז נחרבו מדרגות השמאל של הקליפות, והשמאל דקדושה התחבר ונכלל עם הימין. וע"כ התחזק קו הימין, אברהם, כי נכלל משמאל וקיבל ממנו ג"ר, אשר עם זה נתקנה ג"כ הפסולת שלו, שאינו צריך יותר להתדבק בפסולת הזהב. ונמצא שהפריד אותה הצורה מתוך הטומאה.

331. נחש הקדמוני נכנס בפירותיו של אילן, והוא יין ששתה, והוליד שתי מדרגות קשורות זו בזו. ואלו המדרגות סובבות בצד הטומאה. אחת נקראת מִלְכּוֹם ואחת נקראת פְּעוֹר.

אותה פסולת הימין, שע"י התדבקותה בפסולת הזהב, קיבלה צורה אחת של האילן, הנוקבא דז"א, ואחר מהפכת סדום חזרה לקדושה תנחשבת עתה לפירות של האילן. והיא שתתה יין המשכר, שהוא נחש הקדמוני שנכנס בה, המסית להמשיך הג"ר דחכמה כמו במעשה דעצה"ד. ואז הפרי הוליד ע"י מעשה ב' קליפות, מלכום ופעור, ב' עבודות זרות.

332. זו עצה נסתרת, וזו עצה נגלית. פעור מן הנגלה כל מעשיו, כלומר עבודתו בנגלה. מלכום בנסתר ומכוסה, כל מעשיו, כלומר, עבודתו, בסתר. מאלו השניים נפרדו מיני טומאות הרבה למינן, וסובבים את הים הגדול, הנוקבא, ואת כל בחינות הטומאה.

כי נמשכו בהסתת הנחש ב׳ קליפות, ג״ר וו״ק דהארת השמאל. שבטומאה, פעור הוא ג״ר ומלכום הוא ו״ק. והיו מסודרות בהיפוך מהנוקבא דקדושה, כדרך הטומאה שהיא הפוכה לקדושה.

כי בנוקבא דקדושה ג״ר מחזה ולמעלה מכוסה מהארת חכמה. ומחזה ולמטה במגולה, שהארת חכמה מתגלה שם. ויש בה ב׳ נקודות, מפתחא ומנעולא. מנעולא גנוז בג״ר שבה, והמפתחא שולט בה בגילוי בו״ק שמחזה ולמטה.

ואלו ב׳ הקליפות הם בהיפך. כי הקליפה דפעור בחינת ג״ר שמחזה ולמעלה, המגולה. והקליפה דמלכום בחינת ו״ק שמחזה ולמטה, המכוסה. וכן בקליפת פעור שמחזה ולמעלה מושל המפתחא, ובקליפת מלכום שמחזה ולמטה מושלת המלכות דמדה״ד הבלתי ממותקת.

333. ומה שנעשה בעולמות, נעשה ג״כ בנשמות למטה. לוט, פסולת הימין, נפרד מאברהם ושם משכנו באנשי סדום, שהם פסולת הזהב מצד השמאל, וקיבל מהם שלמותו בעולמות. כאשר התעורר הדין עליהם ונהפכו, זכר הקב״ה את אברהם ושלח משם את לוט, ואז נפרד מהטומאה של סדום ושב לקדושה.

334. השקוהו בנותיו יין, שהוא נחש הקדמוני שנכנס בו, והולידו שתי אומות, עמון במכוסה ומואב בנגלה. עמון, המדרגה שלו עבודה זרה. מלכום, עצה של העלם. מואב, מדרגתו פעור, כולו בנגלה.

335. כעין זה היו בנותיו. זו אמרה, בן עמי, בן יש לי מעמי. לא אמרה ממי הוא, משום שהיה בבחינת העלם. וזו אמרה, מואב, מאב הוא זה, מאבי הולדתיו. כי המדרגה שלו הוא פעור, התגלות.

336. ובשניים אלו, עמון ומואב, נאחז דוד המלך. כי אח״כ באה רות ממואב ויצא ממנה דוד המלך. ומעמון התעטר דוד המלך באותה העטרה, שהיא עדות לזרעו של דוד, כמ״ש, וייתן עליו את הנזר ואת העדות. ונזר ממלכום, מדרגת בני עמון, כמ״ש, וייקח את עטרת מַלכם.

337. מלכום הוא מדרגת בני עמון. וכתוב, וייקח את עטרת מלכם מעל ראשו ומשקלה כיכר זהב ואבן יקרה, ותהי על ראש דוד. ומשם היה עדות לבניו לעולם, ובה ניכר מי שהוא מבניו של דוד הראוי למלוכה.

אם היה יכול לשאת הכתר על ראשו, ודאי אמרו שהוא מזרע דוד, שאפילו באותו יום שנולד היה יכול לסבול את הכתר על ראשו, אע״פ שמשקל כיכר זהב ואבן יקרה הייתה. ואדם אחר חוץ מזרעו לא היה יכול לסבול אותו. וזהו שכתוב ביואש, וייתן עליו את הנזר ואת העדות.

338. ובשתי מדרגות הללו נאחז דוד המלך, והם כוחה של מלכותו להתגבר על כל שאר האומות, שאם לא היה נכלל בצד שלהם לא היה יכול להתגבר עליהם. וכל המדרגות של שאר אוה״ע היו כלולות בדוד, כדי להתגבר ולהתחזק עליהן.

339. ויעל לוט מצוער ויישב בהר, ושתי בנותיו עימו. כתוב, לעלוקה שתי בנות הב הב. אלו הן שתי בנות של יצה״ר, שהן מעוררות את היצה״ר לשלוט בגוף. אחת היא נפש שמגודלת תמיד בגוף, ואחת היא נפש המתאווה לכל התאוות הרעות שבעוה״ז. זוהי בכירה. והראשונה היא צעירה.

340. ויצה״ר תמיד מתחבר בשתי נפשות הללו, כדי לפתות לבני אדם,

וכדי שיאמינו בו, ויוכל להוביל אותם למקום שזורקים בהם חיצי מוות ויבקיעו אותם, כמ״ש, עד יְפַלח חץ כְּבֵדוֹ.

341. וזה דומה לשודדים החומסים בהרים, ומסתירים עצמם במקום איום שבהרים. ויודעים שבני אדם מונעים את עצמם ללכת במקומות אלו. מה עשו? בחרו מהם אותו אשר יש לו לשון חדה יותר מכולם, אותו היודע לפתות אנשים, שייצא מהם ויישב בדרך הישר במקום שכל בני העולם עוברים שם.

כיוון שהגיע לבני העולם, מתחיל להתחבר שם עימהם, עד שמושך אותם לרשתו ומביא אותם למקום האיום, שהשודדים שם והורגים אותם. כך דרך היצה״ר, שמפתה את בני העולם עד שמאמינים בו, ואז מביא אותם למקום חיצי מוות.

ויאמר, אחותי היא

342. וייסע משם אברהם ארצה הנגב. כל מסעותיו היו לצד דרום, חסד, יותר מלצד אחר. כי בחכמה עשה זה, כדי להתדבק בדרום, חסד.

343. ויאמר אברהם אל שרה אשתו, אחותי היא. אין לאדם לסמוך על נס, ואם הקב״ה עושה פעם נס לאדם, אין לו לסמוך על הנס בפעם אחרת, משום שלא בכל שעה יקרה נס.

344. ואם אדם מכניס עצמו במקום שהנזק גלוי לעין, הנה מתבטלות בזה כל זכויותיו שעשה מקודם לכן. כמ״ש, קטונתי מכל החסדים ומכל האמת. ואברהם, אחר שעלה ממצרים וניצל פעם אחת, למה הכניס עצמו עתה בצער כבתחילה, ושוב אמר, אחותי היא?

345. אלא אברהם לא סמך על עצמו כלום. כי ראה את השכינה תמיד במשכנה של שרה, שלא סרה משם. ומשום שהשכינה הייתה שם, סמך אברהם עליה ואמר, אחותי היא. כמ״ש, אמור לחכמה אחותי את, שפירושה, לשכינה שנקראת חכמה, וע״כ אמר, אחותי היא.

346. כתוב, ויבוא אלקים אל אבימלך. הייתכן שהקב״ה יבוא אל רשעים, כמ״ש, ויבוא אלקים אל בלעם, ויבוא אלקים אל לבן? הלוא רשעים היו? אלא הוא הממונה, השליח שהתמנה עליהם היה. כי לכל אומה יש לה שר בשמיים, משום שכל המלאכים, בעת שעושים שליחות מה׳, מקבלים שם אלקים, כי מצד הדין הם באים, והשם אלקים מורה דינים. וע״כ כתוב, ויבוא אלקים אל אבימלך בחלום הלילה. כלומר, רק מלאך הממונה על עמו ולא הקב״ה.

347. כתוב, שפת אמת תיכון לעד, זהו אברהם. שכל דבריו בתחילה ובסוף היו אמת. וכתוב, ועד ארגיעה לשון שקר, זהו אבימלך.

348. באברהם כתוב, ויאמר אברהם אל שרה אשתו, אחותי היא. וזהו כמו במצרים, שאמר על השכינה שהייתה עם

שרה, אחותי היא. אף כאן אמר על השכינה, אחותי היא. ואברהם בחכמה עשה הכול.

349. מהו הטעם שהשכינה נקראת אחות? לפי שאברהם מצד הימין אמר, אחותי היא. כמ״ש, אחותי רעייתי יונתי תמתי, וע״כ קרא לה אברהם תמיד אחותי, משום שהתדבק בה, ולא ימושו זה מזה לעולם.

לפי שאברהם בחינת חסד, אשר בגדלות עולה ונעשה חכמה, או״א עילאין שזיווגם תמידי. וכשהשכינה עולה שם, היא נמצאת גם עם אברהם בזיווג שלא נפסק, ואז נקראת השכינה בשם אחותי, ולא בשם אשתי. כי אחות היא מצד ימין, ואִשה מצד שמאל, אש ה׳.

350. בסוף כתוב, וגם אומְנָה אחותי בת אבי היא, אך לא בת אימי. האם היה כך באמת, הלוא בת הרן הייתה? אלא הכול על השכינה אמר: אחותי היא, שבתחילה הוא כמ״ש, אמור לחכמה אחותי את, ואח״כ כתוב, וגם אומנה. מהו וגם? הוא להוסיף ביאור על מה שאמר בתחילה. אחותי בת אבי, פירושו, שהשכינה היא בת לחכמה העליונה, או״א עילאין, הנקראים אבא. ומשום זה נקראת השכינה אחותו ונקראת חכמה.

אך לא בת אימי. אימי נמשכת ממקום התחלת הכול, סתום מכל, א״א, שממנו נמשך הבינה החוזרת להיות חכמה, שמתלבשת בישסו״ת, הנקראים אמא. והשכינה אינה בת, אלא שהיא כאמא עצמה כי מלבישה עליה. ולהיותה שמאל, מצד אמא, אמר, ותהי לי לאישה. באחווה ובחביבות, כמ״ש, וימינו תחבקני, כי חושקת לחסדים שבימין, כדי שהחכמה שבה תתלבש בחסדים, והכול הוא החכמה.

וזהו שהזוהר הוסיף ביאור, שמה שאמר עליה אחותי הוא מצד או״א, שמצידם היא בת והיא אחות, ואינה ראויה לאישה, להיותה מימין. אבל מצד ישסו״ת, שהם אמא, אינה בת ואינה אחות, אלא אִשה, אש ה׳, וראויה לזיווג.

351. בתחילה כשירדו למצרים אמר, אחותי היא, כדי להתדבק עם האמונה. וקרא לה אחותי, כדי שלא יטעו באלו המדרגות שמחוץ לקדושה. אף באבימלך אמר, אחותי היא, כדי שלא יסורו מהאמונה כראוי.

352. כי אבימלך וכל יושבי הארץ היו הולכים אחר עבודה זרה, ואברהם מתדבק באמונה, ומשום זה נכנס שם ואמר על השכינה, אחותי היא. כמו שאחות אינה נפרדת מהאח לעולם, אף כאן כך, שאברהם היה דבוק עם השכינה, באופן שלא ייפרד ממנה לעולם. כי אישה יכולה להיפרד מבעלה, אבל אחות אינה נפרדת מהאח, כי שני אחים לא יוכלו להיפרד זה מזה לעולם.

כיוון שאח ואחות נמשכים מאו״א עילאין, שהזיווג שלהם אינו נפסק לעולם, ע״כ גם אח ואחות אינם נפרדים לעולם. אבל איש ואישה נמשכים מישסו״ת, שזיווגם נפסק ואינו תמידי, לכן איש ואישה יכולים להיפרד גם הם.

353. ומשום זה אמר אברהם, אחותי היא, כי כולם היו להוטים אחרי האורות של כוכבים ומזלות ועבדו להם, ואברהם היה מתדבק עם האמונה, ואמר על השכינה, אחותי, שלא נפרד לעולם. כמ״ש, ולאחותו הבתולה, הנאמר לכוהן, שהוא מקום שאברהם, ימין וחסד, שורה בו. וע״כ נקראת השכינה אליו, ולאחותו הבתולה, כי מצד ימין נקראת השכינה אחות וכן בת.

354. כתוב, את ה' אלקיך תירא, אותו תעבוד, ובו תדבק ובשמו תישבע. אֶת, היא מדרגה הראשונה מע"ס מלמטה למעלה, הנוקבא, מקום היראה של הקב"ה. וע"כ כתוב, תירא. כי בנוקבא צריך האדם לירוא מפני ריבונו, משום שהיא דין.

355. ואותו תעבוד. אותו, זהו מדרגה עליונה, יסוד דז"א, העומדת על הנוקבא. ואינן נפרדות זו מזו לעולם. את ואותו, דבקים זה בזה ואינם נפרדים. ואותו, מקום ברית, אות הוא לעולם, יסוד. כי עבודה אינה שורה במדרגת אֶת, שאינה עניין לעבוד אלא לירוא. אבל עבודה היא למעלה ביסוד דז"א, הנקרא אותו. ומשום זה כתוב, ואותו תעבוד.

356. ובו תדבק. במקום שנוהג דבקות להידבק, שהוא הגוף השורה באמצע, קו אמצעי, ת"ת, העומד באמצע ב' הידיים, חו"ג, ב' הקווים ימין ושמאל.

ובשמו תישבע, הוא מקום שביעי של המדרגות, כשהנוקבא היא שבת. הנוקבא נקראת אֶת בייחוד של את ואותו, שהייחוד הוא מקו ימין המקבל מאו"א עילאין. ונקראת, ובשמו תישבע, כשמקבלת מקו אמצעי המוחין דשבת, שאז נקראת שביעי.

357. משום זה התדבק אברהם באמונה, בשכינה, במדרגת אחות, כאשר ירד למצרים וכאשר הלך לארץ פלשתים.

בדומה לאדם הרוצה לרדת לתוך בור עמוק, והוא מתיירא שלא יוכל לחזור ולעלות מתוך הבור. מה עשה? קשר חבל אחד למעלה מן הבור. אמר, מאחר שקשרתי הקשר הזה, אכנס שם מכאן והלאה. כן אברהם, בשעה שרצה לרדת למצרים, מטרם שירד שם, קשר מתחילה קשר של אמונה להתחזק בו ואח"כ ירד שם.

358. וכן עשה ג"כ כשנכנס לארץ פלשתים. וע"כ כתוב, שפת אמת תיכּון לעד, ועד ארגיעה לשון שקר. זהו אבימלך, שאמר, בתום לבבי ובניקיון כפיי. וכשהשיב לו אלקים כתוב, גם אנוכי ידעתי כי בתום לבבך עשית זאת. ולא כתוב, ניקיון כפיים, כמו שאמר אבימלך. הרי שאבימלך היה משקר במה שאמר, ובניקיון כפיים, וע"כ כתוב עליו, ועד ארגיעה לשון שקר.

359. כתוב, רגלי חסידָו ישמור ורשעים בחושך יידָמו. חסידו כתוב בלי אות י', שהמשמעות חסיד אחד, אברהם, שלא הסיר שמירתו ממנו לעולם. רגלי, זוהי אשתו של אברהם, שהקב"ה שלח שכינתו עימה ושמר אותה תמיד.

360. רגלי חסידָו ישמור. כתוב חסידו בלי י', שהמשמעות אחד, אברהם, שהקב"ה הלך עימו תמיד כדי שלא יוכלו להזיק לו. ורשעים בחושך יידמו, אלו הם המלאכים, שהרג הקב"ה באותו הלילה שאברהם רדף אחריהם.

361. כתוב, בחושך יידמו. לילה, הנוקבא, שנקשר בחושך והרג אותם. אברהם רדף והלילה הרג אותם. כמ"ש, וייחלק עליהם לילה הוא ועבדיו, ויכֵּם.

וייחלק עליהם לילה, זהו הקב"ה, שחלק הרחמים מן הדין, כדי לנקום נקמת אברהם. ומשום זה כתוב, ורשעים בחושך יידמו. ויכם, ויכום היה צריך לומר, בלשון רבים, כי אברהם ועבדיו היכו אותם. אלא זהו הקב"ה, שהוא היכה אותם.

וכתוב, כי לא בכוח יגבר איש, כי הוא ואליעזר היו לבדם, כי אליעזר בגי' שי"ח (318), כלומר, שי"ח ילידי ביתו.

362. במקום שהנזק מצוי, לא יסמוך אדם על הנס. ואין לך מקום שהנזק מצוי בו, כמו זה שאברהם הלך אחר ארבעה מלכים, לרדוף אחריהם ולעשות עימהם מלחמה.

ולמה סמך עצמו על נס? כשהלך לזה אברהם, לא הלך לעשות מלחמה ולא סמך על הנס, אלא צערו של לוט הוציא אותו מביתו ולקח עימו כסף לפדות אותו. ואם לא יוכל לפדות אותו, ימות עימו יחד בשבי. אלא כיוון שיצא, ראה את השכינה מאירה לפניו וכמה צבאות מלאכים מסביב לה. בשעה ההיא רדף אחריהם והקב״ה הרג אותם. כמ״ש, ורשעים בחושך יידמו.

363. כתוב, רגלי חסידיו ישמור. זהו אברהם, וכשיצא ללחום עם המלכים, התחבר יצחק עימו ונפלו לפניו. ואם יצחק לא היה מתחבר עם אברהם, לא היה יכול לכלותם. וכמ״ש, ורשעים בחושך יידמו, כי לא בכוח יגבר איש. אע״פ שהכוח נמצא תמיד בימין, אברהם, עכ״ז אם הימין לא היה נכלל בשמאל, יצחק, לא היו המלכים נדחים לפניו.

364. רגלי חסידיו ישמור. בשעה שאדם אוהב את הקב״ה, הקב״ה אוהב אותו בכל מה שהוא עושה ושומר דרכיו, כמ״ש, ה׳ ישמור צאתך ובואך מעתה ועד עולם.

365. כמה היה חביבותו של אברהם אל הקב״ה, כי בכל מקום שהיה הולך, לא היה חושב על שלו כלום, אלא רק להידבק בהקב״ה בלבד. ומשום זה כתוב, ורגלי חסידיו ישמור. וזוהי אשתו, כי, רגלי, רומז על אשתו, כמ״ש, ואבימלך לא קרב אליה, וכתוב, כי על כן לא נתתיך לנגוע אליה.

366. בפרעה כתוב, וינגע ה׳ את פרעה. שרה אמרה להקב״ה הכה, והקב״ה היה מכה. וע״כ כתוב, רגלי חסידיו ישמור ורשעים בחושך יידמו. אלו הם פרעה ואבימלך, שהקב״ה עשה בהם דינים בלילה, בחושך. כי לא בכוח יגבר איש. איש, זה אברהם, כמ״ש, ועתה השב אשת האיש.

עומד על ימינו לשִׂטנו

367. ויראני את יהושוע הכוהן הגדול עומד לפני מלאך ה׳. זהו יהושוע בן יהוצדק. מלאך ה׳, זהו מקום שנקרא צרור, שנשמת הצדיק קשורה בו. וכל נשמות הצדיקים נמצאים שם וזהו מלאך ה׳.

368. והשטן עומד על ימינו לשִׂטנו. זהו יצה״ר, שהולך ומשוטט בעולם ליטול נשמות ולהוציא רוחות מבני העולם, ולהשׂטין על הבריות למעלה ולמטה. וזה היה בעת שהטיל נבוכדנצר את יהושוע הכוהן הגדול לאש, ביחד עם נביאי השקר. ואז היה השטן משׂטין עליו למעלה כדי שיישרף עימהם.

369. כך דרכו של השטן, שאינו מקטרג אלא בשעת הסכנה. ובשעה שהצער שורה בעולם, יש לו רשות להשׂטין ולעשות דין, אפילו בלי דין, כמ״ש, ויש נספה בלא משפט. לשִׂטנו, מה שהיה משׂטין, או כולם

יהיו ניצולים, או כולם יהיו נשרפים. כי בשעה שניתן רשות למשחית להשחית, אין הצדיק ניצל ממנו יותר מהרשע.

370. משום זה, בשעה שהדין שורה בעיר, צריך אדם לברוח מטרם שנלכד שם בידי המשחית, כי כיוון שהמחבל שורה במקום, עושה לצדיק כמו לרשע. וכש"כ שהיו שלושתם ביחד, יהושוע כוהן גדול עם שני נביאי השקר אחאב בן קוליה וצדקיהו בן מעשיהו. והיה השטן תובע, או שישרפו כולם או שיינצלו כולם. כי כשנעשה נס, אינו נעשה חציו נס וחציו דין, אלא כולו בשווה, או נס או דין.

371. והרי בזמן שבקע הקב"ה את הים לישראל, היה קורע את הים לישראל והלכו ביבשה, והמים היו חוזרים מצד אחר, וטיבעו את המצרים ומתו. ואיך נמצא נס מכאן ודין מכאן, אע"פ שהיו הכול ביחד?

372. וזהו שקריעת ים סוף הייתה קשה לפניו. כי כאשר הקב"ה עושה נס ודין ביחד, אינו במקום אחד ולא בבית אחד, ואם נעשה במקום אחד, כמו בקריעת ים סוף, הוא קשה לפניו. כי הכול למעלה נעשה בשלמות, כולו כאחד, ובמקום אחד נעשה, או נס או דין, ולא לחצאים, שיהיה חציו נס וחציו דין.

373. לפיכך, אין הקב"ה עושה דין ברשעים עד שנשלמו בעוונם. כדי שלא יצטרך להציל חלק מהם מהדין. וכמ"ש, כי לא שלם עוון האמורי עד הנה. וע"כ היה השטן משׂטין על יהושוע שיישרף ביניהם, כדי שלא יהיה חציו דין וחציו נס, עד שאמר לו, יגער ה' בך השטן. מי אמר לו, יגער ה'? זה מלאך ה', שאמר לשטן, יגער ה' בך השטן.

374. כתוב, ויאמר ה' אל השטן, יגער ה' בך השטן. הרי שהקב"ה הוא האומר ולא מלאך? גם במשה בסנה פעם כתוב מלאך ה', ופעם מלאך, ופעם ה'. כמ"ש, ויֵרא מלאך ה' אליו בלַבת אש. וכתוב, ויַרְא ה' כי סר לראות. אף כאן, אע"פ שכתוב מקודם, ויאמר ה' אל השטן, ייתכן שיהיה מלאך כמו במשה.

ומשום זה אמר לו, יגער ה' בך השטן, ולא אמר, הנני גוער בך, כי אם ה' היה האומר, היה צריך לומר לו, הנני גוער בך השטן, אלא שהאומר היה מלאך.

375. כעין זה, ביום שנמצא דין בעולם, והקב"ה יושב על כיסא דין, אז נמצא שם השטן הזה, המשׂטין למעלה ולמטה, והוא נמצא כדי להשחית העולם וליטול נשמות בני אדם, כי הוא השטן, הוא מלאך המוות.

ועֵרפו שם את העֶגלה בנחל

376. כתוב, והיה העיר הקרובה אל החלל, ולקחו זקני העיר ההיא עגלת בקר, ועֵרפו שם את העגלה בנחל. והדין הוא לערוף אותה בגרזן.

377. אוי לעולם הנמשך אחר העגלה, שמשום זה צריכים לעורפה. כי מאותו יום שהנחש, שאדה"ר התפתה בו, שלט על אדם ושלט על בני העולם, הוא

עומד להשׂטין על העולם. והעולם אינו יכול לצאת מעונש מיתה עד שיבוא מלך המשיח.

כי חרבו של מלאך המוות זה גילוי נקודת המנעולא בגוף האדם, שאינה ראויה לקבל אור, כי לא זכה הרי רע. ונקודה זו לא תיתקן עד תחיית המתים, וע״כ אין העולם יכול לצאת מעונשו. והקב״ה יקים ישני עפר לתחייה. כמ״ש, בילע המוות לנצח. וכתוב, ואת רוח הטומאה אעביר מן הארץ. ועד אז הוא עומד ליטול נשמות מכל בני אדם שבעוה״ז.

378. כל בני העולם נשמתם יוצאת ע״י מלאך המוות, בגילוי נקודת המנעולא. והאם גם אדם זה שנמצא חלל, יצאה נשמתו ע״י מלאך המוות? אינו כן, אלא מי שהרג אותו, הוציא נשמתו קודם שהגיע זמן שליטתו של מלאך המוות, כלומר קודם שהגיע הזמן שתתגלה בו נקודת המנעולא, שמלאך המוות אינו יכול עוד לשלוט עליו ולהמית אותו.

הרוצח עם רציחתו מעלה כוח הצמצום שבמנעולא לכלים דמפתחא שבמלכות, כלים דבינה. וחוזרת המלכות לנקודה בלי אורות החיים. ועם הפגם הזה שבמלכות הרוצח נוטל נשמת אדם הנרצח. ונמצא שעוון רציחה, מוסיף כוח הטומאה גם בכלים הטהורים שמבינה.

379. משום זה כתוב, ולארץ לא יכופר. ולא די לרוצחים, שהנחש הרע עומד להשׂטין על העולם בחינם, ומקטרג תמיד אע״פ שלא חטאו. כש״כ בעת שגוזלים ממנו מה שיש לו ליטול, אשר עם הגזלה הזו שגוזל ממלאך המוות, מוסיף טומאה ופוגם גם בכלים הטהורים של המלכות הבאים מבינה, ומסלק האורות מכל פרצוף המלכות.

וע״כ כתוב, ולארץ לא יכופר, לדם אשר שֻׁפַּךְ בה, כי אם בדם שופכו. שצריכים לכפר על הארץ, המלכות, להחזיר לה ג״ר דאורותיה, שהסתלקו ממנה בעוון הרוצח.

והקב״ה מרחם על בניו. וע״כ מקריבים עגלה כדי לתקן על ידו ב׳ דברים:

א. מה שניטלה נשמת האדם מן הנרצח, שע״י זה פרחו אורות ג״ר מהמלכות וצריכים להחזיר לה הג״ר.

ב. שלא יקטרג על העולם. כי אחר שנמשכו לה הג״ר בתיקון א׳, יש כוח לנחש לקטרג על העולם, וסותם אורות העולם, ע״י זה שנאחז בג״ר הללו הנמשכים מקו שמאל. וע״כ כדי להעביר הקטרוג צריכים לתיקון ב׳.

380. שור, פרה, עגל, עגלה. כולם נמצאים בסוד עליון, ולפיכך בעגלה מתקנים אותו. וכמ״ש, ידינו לא שפכה את הדם הזה ועינינו לא ראו. לא שפכה, וגם לא גרמנו את מיתתו. ובזה לא נמצא מקטרג עליהם, ועל הכול נותן הקב״ה עצה לעולם, כי אמר שצריכים ב׳ תיקונים לעוון הרציחה:

א. לחזור ולהמשיך הג״ר אל המלכות,

ב. להעביר הקטרוג מג״ר של המלכות.

והתיקון הראשון נעשה ע״י הבאת העגלה והורדתה לנחל איתן. כי הארת השמאל נקרא פני שור. ויש בה ד׳ מדרגות חו״ב תו״מ, והן שור פרה עגל עגלה. וכל בחינה מתקנת את הבחינה שכנגדה. וכיוון שצריכים לתקן כאן את המלכות, ע״כ מביאים עגלה, שהיא כנגד המלכות, כדי לעורר למעלה המשכת מוחין דג״ר דשמאל אל המלכות.

אמנם כיוון שנמשכים הג״ר דשמאל למלכות, יש פחד מפני קטרוג השטן, שאחיזתו בשמאל. ע״כ צריכים לתיקון השני, להעביר את הקטרוג, שהוא לערוף את העגלה בנחל, שע״י עריפה זו

מבטלים ג״ר דג״ר דהארת השמאל ונשארים רק ו״ק דג״ר, שאז אין יותר אחיזה אל השטן במוחין הללו.

ונודע שלכל תיקון עליון צריכים לעורר מלמטה מעשה ודיבור. וע״כ צריכים ג״כ שיאמרו הזקנים, ידינו לא שפכה הדם הזה, שחוזרים וממשיכים ג״ר למלכות, שהסתלקו ממנה בעוון שפיכת דמים. והוא כנגד המעשה של הבאת העגלה לנחל איתן, שזה תיקון ראשון. ועינינו לא ראו, הסתרת הג״ר המכונים ראייה. שבזה מעבירים את קטרוג הנחש מהארת השמאל, שזה התיקון השני, כנגד המעשה של עריפת העגלה.

התיקון הראשון להמשכת הג״ר דשמאל, התיקון השני להעביר קטרוגו של השטן.

רה״ש ויוה״כ

381. ביום רה״ש ויוה״כ, שהדין בעולם והשטן עומד לקטרג, ישראל צריכים אז להתעורר בשופר ולעורר קול הכלול ממים אש ורוח, חג״ת, שנעשו בו אחד, ולהשמיע אותו הקול מתוך השופר.

12 חודשי השנה הם תיקון המלכות מתחילתה עד סופה. וכיוון שסופה אינו נשלם לגמרי עד גמה״ת, ע״כ צריכים בכל שנה לחזור ולתקן אותה. וע״כ בכל רה״ש אנו מתחילים מבראשית תיקון המלכות, כמו שנאצלה ביום ד׳ דמעשה בראשית, כמ״ש, ויעש אלקים את שני מאורות הגדולים, שאז הייתה בשלמות ג״ר דהארת השמאל, שהוא הארת השורוק, חכמה בלי חסדים.

וע״כ קטרגה הלבנה: אין שני מלכים משתמשים בכתר אחד, שלא הייתה יכולה לסבול חיסרון של החסדים. וזהו קטרוג השטן ג״כ, שקטרוגו נאחז במלכות להמשיך דינים כל זמן שמאירים ג״ר דשמאל. וצריכים להעביר אחיזת השטן וקטרוגו מהמלכות בעת ההיא.

כיוון שנגלו ברה״ש ג״ר דשמאל, עומד אז השטן לקטרג על המלכות. וכדי להעביר קטרוג השטן, צריכים לעשות פעולה לבטל ג״ר דג״ר של הארת השמאל, כמו שנעשה ע״י עריפת העגלה, וע״י אמירת הזקנים, ועינינו לא ראו, בתיקון השני. ופעולה זו היא הקול שמעלים ע״י השופר. ונודע שיש ב׳ מיני קולות:

א. קול המלכות הבלתי נמתקת בבינה,

ב. קול הבינה או המלכות הנמתקת בבינה, שאז קולה כקול הבינה, שקול הבינה מעלים, כדי למעט הג״ר דג״ר.

בינה מכונה שופר, המסך דחיריק, שעליו יוצא קו אמצעי, המייחד ב׳ הקווים ימין ושמאל זה בזה. קול כלול בג׳ קווים, המכונים מים אש רוח. וע״י המסך הזה נעשו ג׳ קווים אחד, וע״י זה מתמעט ג״ר דג״ר מהשמאל. ואז מסתלק קטרוג השטן מהמלכות.

382. והקול ההוא עולה עד המקום שכיסא הדין יושב, לג״ר דשמאל, שהקטרוג נאחז שם. ומכה בה, כלומר, שממעט ג״ר דג״ר אשר שם, ועולה המלכות מכיסא דין לכיסא רחמים. ואחר שמגיע הקול הזה מלמטה, הנה קול יעקב נתקן למעלה, שהוא קומת

״וירא״. <u>ספר הזהר עם פירוש הסולם</u>. מהד׳ 21 כר׳. כרך ד. דף קיב; מהד׳ 10 כר׳. כרך ב. דף קיב.

החסדים, היוצאת על המסך דקו אמצעי, ת״ת, יעקב, רחמים. ואז מתעורר הקב״ה ברחמים.

כי כמו שישראל מעוררים קול אחד למטה, שהוא כלול מאש מים רוח, היוצאים מתוך השופר, כן מתעורר כנגדם למעלה בשופר העליון, בבינה. כי הכוח לתקוע הוא אש, והקול נעשה ע״י רוח, ועם הרוח יוצא ג״כ זיעה והבל שהוא מים. והם מעוררים ג׳ קווים עליונים שבבינה, שממנה נמשכים המוחין לז״א ולמלכות. וקול, הכולל אש מים ורוח, שעלה מלמטה, המסך, נתקן ויוצא מלמטה, ומלמעלה יוצאת על המסך קומת החסדים, ונתקן העולם, המלכות, והרחמים נמצאים.

383. והמקטרג נבוך, שחשב לשלוט בדין ולקטרג בעולם. שלא עלה על דעתו שג״ר דשמאל יתמעטו פעם, ותיעלם שליטתו וקטרוגו, ורואה שהרחמים מתעוררים. והוא נבוך, וכוחו רפה, ואינו יכול לעשות מאומה, והקב״ה דן את העולם ברחמים. ודין לא נעשה במה שהתמעטו הג״ר דקו שמאל ע״י קול שופר, אלא שהתחברו רחמים בדין והעולם נידון ברחמים.

כי בעליית קול שופר מלמטה, בהעלאת מ״ן דמסך דחיריק, יצאה קומת חסדים, קו אמצעי, על המסך שנקרא יעקב, רחמים, והעולם מקבל הרחמים מקו אמצעי. ולפיכך אין התמעטות ג״ר דשמאל נחשב לדין, כי זולת זה, לא היו מתגלים הרחמים בעולם.

384. כתוב, תִקעו בחודש שופר בכֵּסֶה ליום חגנו. בכסה, שמתכסה הלבנה, המלכות. כי אז מחמת הארת השמאל שולט אותו נחש הרע, ויכול להזיק העולם. וכאשר מתעוררים הרחמים ע״י תקיעת שופר, עולה הלבנה ועוברת משם, מהארת השמאל, מטעם שהתמעטו הג״ר ע״י קול שופר. והשטן נבוך ואינו יכול לשלוט והוא עובר מן הלבנה ואינו קרב עוד שם.

כי אחר התמעטות הג״ר דשמאל, אין לו עוד מה לינוק ממנה או לקטרג. וע״כ ביום רה״ש צריכים להמם את השטן, בדומה למצב הנֵעוֹר משנתו ואינו יודע מאומה.

385. ביוה״כ צריכים לנהוג עם השטן בנחת, ולעשות לו נחת רוח עם השעיר לעזאזל שמקריבים לו, ששולחים אל המדבר ששם מקומו. ואז נהפך להיות מליץ טוב על ישראל. אבל ביום רה״ש נעשה נבוך, ואינו יודע ואינו יכול לעשות מאומה. כי רואה התעוררות רחמים עולה מלמטה, ורחמים מושפעים מלמעלה, והלבנה, המלכות, מתעלה ביניהם. אז הוא נבוך, ואינו יודע כלום ואינו יכול לשלוט.

386. והקב״ה דן את ישראל ברחמים, ומרחם עליהם ונותן להם זמן כל אלו עשרת הימים שבין רה״ש ליוה״כ, לקבל כל אלו השבים לפניו, לכפר להם עוונותיהם, ומעלה אותם לקדושת יוה״כ.

387. וע״כ לתיקון כל ציווה הקב״ה לישראל, לעשות המצווה של תקיעת שופר:

א. שלא ישלוט עליהם מי שאינו צריך. כלומר, להעביר שליטת השטן וקטרוגו.

ב. שלא ישלוט עליהם הדין, אלא שישרה עליהם הרחמים. ויהיו זוכים כולם לרחמיו בארץ, כמ״ש, כרחם אב על בנים. והכול תלוי בהתעוררות התחתונים, במעשה ובדיבור.

וה' פקד את שרה

388. ראשךְ עלייך ככרמל, ודַלַּת ראשך כארגמן, מלך אסור בָּרְהָטים. עשה הקב"ה שליטים למעלה ושליטים למטה. כשנותן הקב"ה מַעֲלה לשרים של מעלה, נוטלים מעלה המלכים של מטה. נתן מעלה לשרו של בבל, נטל מעלה נבוכדנצר הרשע, כמ"ש בדניאל, אתה הוא ראש הזהב. והיו כל העולם משועבדים תחת ידו, ובנו ובן בנו.

ראשך עלייך ככרמל, זהו נבוכדנצר, כמ"ש בדניאל, תחתיו תמצא צל חיית השדה. ודלת ראשך כארגמן, זהו בֵּלשצר, כמ"ש בדניאל, ילבש ארגמן. מלך אסור ברהטים, זהו אוויל מְרודך, שהיה אסור, עד שמת אביו נבוכדנצר, ומלך תחתיו.

389. שבעה דברים נבראו קודם שנברא העולם. הראשון מהם, כיסא הכבוד, כמ"ש, נכון כיסאֲךָ מאז, מעולם אתה. וכתוב, כיסא כבוד מָרוֹם מֵראשון, שהיה ראש, הקודם לכל.

ונטל הקב"ה את הנשמה הטהורה מכיסא הכבוד, להיות מאירה לגוף. כמ"ש, ראשך עלייך ככרמל, זהו כיסא הכבוד, ראש על הכול. ודלת ראשך כארגמן, זוהי הנשמה, הניטלת ממנו. מלך אסור ברהטים, זהו הגוף שאסור בקבר וכלה בעפר, ולא נשאר ממנו אלא כמלוא כף רקב, וממנו ייבנה כל הגוף. וכשפוקד הקב"ה את הגוף, הוא אומר לארץ, שתפלוט אותו לחוץ, כמ"ש, וארץ רפאים תפיל.

390. המתים שבארץ הם חיים תחילה, כמ"ש, יחיו מֵתיךָ. נְבֵלָתי יְקוּמוּן, אלו שבחוץ לארץ. הקיצו ורננו שוכני עפר, אלו המתים שבמדבר.

למה מת משה בחוץ לארץ? להראות לכל באי עולם, כשם שעתיד הקב"ה להחיות למשה, כך עתיד להחיות לדורו, שקיבלו התורה. ועליהם אמר, זכרתי לָךְ חסד נעורייך, אהבת כלולותייך, לכתךְ אחריי במדבר בארץ לא זרועה.

391. הקיצו ורננו שוכני עפר, אלו הם האבות. והמתים בחוץ לארץ, ייבנה גופם ומתגלגלים תחת הארץ עד ארץ ישראל. ושם יקבלו נשמתם ולא בחוץ לארץ, כמ"ש, לכן הינבא ואמרת אליהם, הנה אני פותח את קברותיכם והעליתי אתכם מקברותיכם עַמי והבאתי אתכם אל אדמת ישראל, ונתתי רוחי בכם וחייתם.

392. הנשמה ניטלה מכיסא הכבוד, שהוא הראש, כמ"ש, ראשך עלייך ככרמל. ודלת ראשך כארגמן, זוהי הנשמה, שהיא דלת הראש. מלך אסור ברהטים, חגוף, שאסור בקברים. זהו הגוף, וזהו שָׂרה, וזהו המלך. והקב"ה פוקד אותה למועד אשר דיבר אליו, כמ"ש, וה' פקד את שרה כאשר אמר. פוקד את הגוף לזמן הידוע, שבו יפקוד הצדיקים.

393. עתיד הקב"ה לייפות לגוף הצדיקים לעת"ל, כיופי של אדה"ר כשנכנס לגן עדן, כמ"ש, וְנָחֲךָ ה' תמיד, והיית כגן רווה.

הנשמה בעודה במעלתה, ניזונה באור של מעלה ומתלבשת בו. וכשתיכנס לגוף לעת"ל, באותו האור ממש תיכנס. ואז הגוף יאיר כזוהר הרקיע, כמ"ש,

והמשכילים יזהירו כזוהר הרקיע. וישיגו בני אדם דעה שלמה, כמ״ש, כי מָלְאָה הארץ דעה את ה׳.

ונחך ה׳ תמיד והשׂביע בצַחְצָחות נפשךָ. זה אור של מעלה. ועצמותיך יַחֲלִיץ. זו פקידת הגוף. והיית כגן רווה וכמוצא מים אשר לא יְכַזבוּ מימיו. זהו דעת הבורא. ואז יידעו הבריות, שהנשמה הנכנסת בהם, שהיא נשמת החיים, נשמת התענוגים, שהיא קיבלה תענוגים מלמעלה ומעדנות לגוף. והכול תמהים בה, ואומרים, מה יפית ומה נעמת אהבה בתענוגים. זוהי הנשמה לעת״ל.

394. וזה כמ״ש, מלך אסור ברהטים. כי כתוב אחריו, מה יפית ומה נעמת. באותו זמן, עתיד הקב״ה לשמח עולמו ולשמוח בבריותיו, כמ״ש, ישמח ה׳ במעשיו.

ואז יהיה שׂחוק בעולם, מה שאין עכשיו, כמ״ש, אז יימלא שחוק פינו. כמ״ש, ותאמר שרה, צחוק עשה לי אלקים. שאז עתידים בני אדם לומר שירה, שהיא עת שחוק.

היום שישמח הקב״ה עם בריותיו, לא הייתה שמחה כמותה, מיום שנברא העולם. והצדיקים הנשארים בירושלים, לא ישובו עוד לעפרם, כמ״ש, והיה הנשאר בציון והנותר בירושלים קדוש ייאמר לו. הנותר בציון ובירושלים דווקא.

395. א״כ מעטים הם. אלא כל אותם שנשארו בארץ ישראל הקדושה, דינם כירושלים וכציון לכל דבר. כלומר, שכל ארץ ישראל בכלל ירושלים היא, ממשמע שכתוב, וכי תבואו אל הארץ. הכול בכלל.

396. מתים שעתיד הקב״ה להחיותם, למה לא נתן נשמתם במקום שנקברו שם, ויבואו להחיות בארץ ישראל? נשבע הקב״ה לבנות ירושלים, ושלא תיהרס לעולמים. לכן עתיד הקב״ה לחדש עולמו, ולבנות ירושלים, ולהורידה בנויה מלמעלה, כדי שלא תיהרס.

ונשבע שלא תִגָלה עוד כנ״י, ונשבע שלא ייהרס בניין ירושלים, כמ״ש, לא ייאמר לָךְ עוד עזובה ולארצך לא ייאמר עוד שממה. ובכל מקום שכתוב, לא לא, היא שבועה, כמ״ש, ולא ייכרת כל בשר עוד ממי המבול ולא יהיה עוד מבול. וכתוב, אשר נשבעתי מֵעֲבור מי נוח.

ועתיד הקב״ה לקיים עולמו, קיום שלא תגלה כנ״י, ולא ייהרס בניין ביהמ״ק. לפיכך, אין מקבלים נשמתם, אלא במקום קיים לעולמים, כדי שתהיה הנשמה קיימת בגוף לעולמים, וזהו שכתוב, הנשאר בציון והנותר בירושלים קדוש ייאמר לו.

397. מכאן, הוא קדוש, ירושלים קדוש, הנותר בה קדוש. הוא קדוש, כמ״ש, קדוש ה׳ צבאות. וכתוב, בקרבךָ קדוש. ירושלים קדוש, כמ״ש, וממקום קדוש יהַלֵכו. הנותר בה קדוש, כמ״ש, והיה הנשאר בציון והנותר בירושלים קדוש ייאמר לו. כמו שהקדוש הראשון קיים, אף השאר קדוש קיים.

398. מהו שכתוב, עוד יישבו זקנים וזקנות ברחובות ירושלים, ואיש משענתו בידו מרוב ימים? מה טובה היא זו ללכת אז, כמ״ש, ואיש משענתו בידו? אלא עתידים הצדיקים לעת״ל להחיות מתים כאלישע הנביא, כמ״ש, וקח משענתי בידך ולך.

וכתוב, ושַׂמת משענתי על פני הנער. אמר לו הקב״ה, דבר שעתידים לעשות הצדיקים לעת״ל, אתה רוצה עכשיו לעשות? וכתוב, וישם את המשענת על

פני הנער, ואין קול ואין עונה ואין קשב. אבל הצדיקים לעת״ל, עלה בידם ההבטחה הזו, שכתוב, ואיש משענתו בידו, כדי להחיות בו את המתים, מהגרים שהתגיירו מאוה״ע, שכתוב בהם, כי הנער בן מאה שנה ימות, והחוטא בן מאה שנה יקולל. סוף הפסוק מוכיח, שכתוב, מרוב ימים.

399. ותאמר שרה, צחוק עשה לי אלקים. כתוב, שמחו את ירושלים וגילו בה כל אוהביה, שישו איתה משוש כל המתאבלים עליה. לא הייתה שמחה לפני הקב״ה מיום שנברא העולם, כאותה שמחה שעתיד לשמוח עם הצדיקים לעת״ל. וכל אחד מראה באצבע ואומר, הנה אלקינו זה קיווינו לו ויושיענו, זה ה׳ קיווינו לו, נגילה ונשמחה בישועתו. וכתוב, זַמְּרוּ ה׳, כי גֵאוּת עשה מוּדעת זאת בכל הארץ.

400. דוד המלך פירש הדבר הזה, כמ״ש, תסתיר פניך ייבהֵלוּן, תוסֵף רוחם יגוועוּן. מכאן, שאין הקב״ה עושה רעה לשום אדם, אלא כשאינו משגיח בו, הוא כלה מאליו, כמ״ש, תסתיר פניך ייבהלון, תוסף רוחם יגוועון. ואח״כ, תשלח רוחך ייבראון, יהי כבוד ה׳ לעולם, ישמח ה׳ במעשיו. ואז השחוק בעולם, כמ״ש, אז יימלא שחוק פינו ולשוננו רינה. וכתוב, ותאמר שרה, צחוק עשה לי אלקים, לשמוח בישועתו.

401. כל עוד שהגוף עומד בעוה״ז, הוא חסר מהתשלום. לאחר שהוא צדיק, והולך בדרכי יושר ומת ביושרו, נקרא שָׂרָה בתשלומו. הגיע לתחיית המתים הוא שָׂרָה, כדי שלא יאמרו שאחר הוא שהחייה הקב״ה. לאחר שהוא חי ושמח עם השכינה, ומעביר הקב״ה היגון מן העולם, כמ״ש, בילע המוות לנצח ומחה ה׳ אלקים דמעה מעל כל פנים. אז נקרא יצחק, בגלל הצחוק והשמחה, שיהיה לצדיקים לעת״ל.

403. וה׳ פקד את שרה, כאשר אמר. היה לו לומר, וה׳ זכר את שרה, כמ״ש, ויזכור אלקים את רחל. שאין פקידה, אלא על מה שהיה בתחילה. אלא בתחילה היה, כמ״ש, שׁוֹב אשוב אליךָ כעת חיה. ועל אותו עניין פקד עכשיו, משמע שכתוב, כאשר אמר, שאילו לא היה כתוב, כאשר אמר, שיאמר זכירה. אבל פקד אותו דבר שאמר, למועד אשוב אליךָ.

404. צדיק שזכה לעלות לאותו כבוד העליון, צורתו נחקקה בכיסא הכבוד. וכך כל צדיק נמצאת צורתו למעלה בגן עדן, כמו שהייתה למטה בעוה״ז. כדי להבטיח את הנשמה הקדושה, בתחיית הגוף שבעוה״ז.

405. כתוב, שמש ירח עמד זבוּלָה. ללמדנו, שהגוף והנשמה עומדים בחדר הקדוש העליון של מעלה, ומאירים באותה הצורה שהיו עומדים בארץ, בעוה״ז. ומזונה של עוה״ז מהנאת הנשמה. והיא עתידה להתלבש בעצם לוז, הנשאר קיים בארץ עד לתחיית המתים, שהארץ מתעברת ממנו ופולטת פסולת שלו החוצה, וזו הצורה שנקראת קדושה.

406. וכאשר אותה הצורה של עוה״ז, נמצאת למעלה, היא באה בכל ר״ח להשתחוות לפני המלך הקדוש. כמ״ש, והיה מדי חודש בחודשו. והמלך הקדוש מבשר לה ואמר, למועד אשוב אליך, לאותו הזמן שהוא עתיד להחיות המתים, עד שהיא נפקדת לזמן ההוא כמו שהתבשרה. וכמ״ש, וה׳ פקד את שרה כאשר אמר. והוא היום שהקב״ה שמח במעשיו, כמ״ש, ישמח ה׳ במעשיו.

407. ויהי אחר הדברים האלה והאלקים ניסה את אברהם, ויאמר, קח נא את בנך. דומה לאומן המוציא כסף ממקורות הארץ. תחילה מכניס את החומר באש שורפת, עד שיוצאת ממנו כל זוהמת הארץ ונשאר הכסף. אבל אינו עוד כסף שלם. חוזר ומכניס אותו באש כבתחילה, ומוציא ממנו הסיגים, ואז הוא כסף שלם בלי תערובת דבר אחר.

408. כך הקב"ה, מכניס את הגוף הזה תחת הארץ, עד שנרקב כולו ויוצאת ממנו כל הזוהמה הרעה. ונשאר ממנו מלוא כף רקב. והגוף חוזר ונבנה ממנו. ועדיין הוא גוף בלתי שלם.

409. לאחר אותו יום הגדול, כמ"ש, והיה יום אחד, הוא ייוודע לה', לא יום ולא לילה, שמסתתרים כולם בעפר כבתחילה. כמו בקבר מטרם התחייה, מפני הפחד והעוז של הקב"ה, כמ"ש, ובאו במערות צורים ובמחילות עפר מפני פחד ה' ומהֲדַר גאונו. ויוצא נשמתם, ונעכלת שם אותה כף רקב, ונשאר הגוף הנבנה שם כאור השמש וזוהר הרקיע, כמ"ש, והמשכילים יזהירו כזוהר הרקיע. ואז הכסף שלם, גוף שלם בלי תערובת דבר אחר.

410. גוף מאיר יטיל הקב"ה מלמעלה, כמ"ש, כי טל אורות טלֶךָ. וכתוב, הנה ה' מטלטלךָ. ואז יקראו קדושים עליונים, כמ"ש, קדוש יאמר לו. וזהו שנקרא תחיית המתים האחרונה. ולא יטעמו עוד טעם של מוות, כמ"ש, בי נשבעתי נאום ה', כי בָרֵךְ אֲבָרֶכְךָ. ובזמן ההוא מתפללים הצדיקים שלא יתנסו בזה יותר.

411. כתוב, ויישא אברהם את עיניו וירא, והנה אַיִל. רשעי עולם נקראים אילים. וכתוב, וילך אברהם וייקח את האיל, שהרשעים מזומנים עוד להתנסות בכל ניסיון רע. והצדיקים יישארו לעת"ל, כמלאכים עליונים קדושים, לייחד את שמו. וע"כ כתוב, ביום ההוא יהיה ה' אחד ושמו אחד.

412. ג' מפתחות בידו של הקב"ה. ולא מסרם לא ביד מלאך ולא ביד שרף. מפתח של חיה, ושל גשמים, ושל תחיית המתים.

414. כל מה שעושה הקב"ה, אינו צריך לעשות אלא בדיבור. כיוון שאמר ממקום קדושתו יהא כך, מיד נעשה. כוח גבורתו של הקב"ה, כמ"ש, בדבר ה' שמיים נעשו. וכתוב, ועברתי בארץ מצרים אני ולא מלאך.

415. א"כ, כבוד גדול הוא זה למצרים, שאינו דומה מי שתפס אותו מלך למי שתפס אותו איש פשוט. ועוד אין לך אומה מזוהמת בכל טומאה כמו המצרים, כמ"ש, אשר בשר חמורים בשרם. שהם חשודים על משכב זָכוּר, והם באים מחָם, שעשה מה שעשה לאביו, וקילל אותו ולכנען בנו.

והאם לא היה להקב"ה מלאך או שליח לשגר, לעשות נקמה במצרים כמו שעשה באשור, שהיה בנו של שם, כמ"ש, ובני שם עילם ואשור? שם היה כוהן גדול והתברך, כמ"ש, ברוך ה' אלקֵי שֵׁם. והיה לשם הגדולה והברכה על אחיו. וכתוב, וייצא מלאך ה' ויכה במחנה אשור, שעל ידי שליח נעשה. וכש"כ המצרים, שהם מזוהמים יותר מכל אומה, למה אמר, אני ולא מלאך?

416. מכאן למדנו כוח גבורתו של הקב"ה ומעלתו, שהוא גבוה על הכול. אמר הקב"ה, אומה זו של מצרים מזוהמת ומטונפת ואין ראוי לשגר מלאך ולא

שרף, דבר קדוש, בין רשעים ארורים מטונפים, אלא אני עושה מה שאין יכול לעשות מלאך ולא שרף ולא שליח. שאני אומר ממקום קדושתי יהא כך, ומיד נעשה, מה שאין המלאך יכול לעשותו.

אבל הקב״ה ממקום קדושתו אומר יהא כך, ומיד נעשה מה שהוא רוצה לעשות. ולפיכך לא נעשית נקמה זו ע״י מלאך ושליח בגלל קלון המצרים, ולהראות גדולתו של מקום, שלא רצה שייכנס ביניהם דבר קדוש, ועד״ז אמר, אני ולא מלאך, אני יכול לעשותו ולא מלאך.

418. אמר רבי שמעון, מפתח של חיה בידו של הקב״ה היא. ובעוד שהיא יושבת על המשבר, הקב״ה מעיין באותו הוולד. אם ראוי הוא לצאת לעולם, פותח דלתות בטנה ויוצא. ואם לא, סוגר דלתותיה, ומתו שניהם. א״כ, לא ייצא רשע לעולם? אלא על שלוש עבירות נשים מתות.

למה אישה מפילה פרי בטנה? אלא הקב״ה רואה אותו העובר, שאינו ראוי לצאת לעולם, ומקדים להמיתו במעי אימו, כמ״ש, הנְפִלים היו בארץ בימים ההם. הנפלים כתוב בלא יו״ד ראשונה. ולמה? כי כמ״ש, אחרי כן אשר יבואו בני האלקים אל בנות האדם וילדו להם, בזנות וירבו ממזרים בעולם.

419. כמ״ש, הֵמה הגיבורים אשר מעולם אנשי השם. שאין גיבור ופריץ ועריץ כמו הממזר. אנשי השם, שהכול יכירו לקרוא אותו השם הידוע ממזר. כיוון שרואים מעשיו, שהוא פריץ ועריץ וגיבור, הכול יקראו לו אותו שם.

ומה שאמר רבי שמעון, שהקב״ה מעיין באותו הוולד. אין רשע בעולם, מאותם הרשעים היוצאים לעולם, שאין הקב״ה מעיין בו, ורואה אם אותו הגוף יניח בן צדיק וכשר, או שיציל לאדם מישראל ממיתה משונה, או שיעשה טובה אחת, ובשביל כך הקב״ה מוציאו לעולם.

420. בימיו של רבי יוסי היו פריצים, שהיו שודדים בהרים ביחד עם פריצי אוה״ע. וכשהיו מוצאים איש ותפסו אותו להרוג אותו, היו אומרים לו, מה שמך? ואם היה יהודי, היו הולכים עימו ומוציאים אותו מבין ההרים. ואם היה אדם אחר שאינו יהודי, הרגו אותו. והיה אומר רבי יוסי, ובכל זאת ראויים הם לבוא לחיי עוה״ב.

421. ג׳ דברים הללו אינם באים לעולם אלא בקולות:

א. קול חיה, כמ״ש, בעצב תלדי בנים. וכתוב, וישמע אליה אלקים.

ב. קול גשמים, כמ״ש, קול ה׳ על המים. וכתוב, כי קול המון הגשם.

ג. קול תחיית המתים, כמ״ש, קול קורא במדבר. אלו הם קולות לעורר מתי מדבר, ומכאן שהוא הדין לכל העולם.

כשנכנס אדם לקבר, נכנס בקולות. וכשיקומו בתחיית המתים, האם אין דינם שיקומו בקולי קולות?

422. עתידה בת קול להיות מתפוצצת בבתי קברות ואומרת, הקיצו ורננו שוכני עפר. ועתידים לחיות בטל של אור גדול של מעלה, כמ״ש, כי טל אורות טלך וארץ רפאים תפיל.

423. והוי״ה פקד את שרה כאשר אמר. פקידה נוהג בנוקבא. זכירה בזכר. והוי״ה, הוא הנוקבא, כלומר, הוא ובית דינו. כאשר אמר, הוא כמ״ש, ויאמר שׁוֹב אשוב אליך כעת חיה. כתוב, ויאמר, סתם, כי הוא היה, הנוקבא, ולא שליח אחר.

ויעש ה׳ לשרה

424. ויעש ה׳ לשרה. כיוון שאמר, וה׳ פקד את שרה, למה ויעש ה׳ לשרה? פרי מעשיו של הקב״ה הוא מאותו הנהר, הנמשך ויוצא מעדן, ז״א. והוא נשמות הצדיקים, כלומר, שהעשיה שלו היא נשמות הצדיקים. והוא המזל, שכל הברכות הטובות וגשמי ברכה נוזלים ממנו ומשם יוצאים. כמ״ש, להשקות את הגן, שהוא מזיל ומשקה מלמעלה למטה, משום שבנים תלויים במזל הזה ולא במקום אחר. מזל הוא דיקנא דא״א, וכשז״א מקבל ממנו המוחין, נקרא גם הוא מזל.

425. וע״כ כתוב, והוי״ה פקד את שרה, שכתוב רק פקידה, הנוקבא. וכתוב, ויעש הוי״ה לשרה. עשיה, בנים. ונשמות הצדיקים, פרי מעשיו. והיא למעלה ממדרגה זו של הפקידה, כי תלויה במזל. וע״כ כתוב כאן פקידה, הנמשכת מהנוקבא, וכאן עשיה, הנמשכת מז״א. ומשום זה כתוב, הוי״ה והוי״ה. הכול אחד, בפקידה כתוב, והוי״ה פקד, הוא ובית דינו, הנוקבא. ובעשיה כתוב, ויעש הוי״ה, ז״א.

426. הנה נחלת ה׳ בנים שכר פרי הבטן. הנה נחלת ה׳, פירושו, נחלה להתאחד בה׳, שלא יסור ממנו לעולם. כי אדם הזוכה לבנים בעוה״ז, זוכה בהם להיכנס למחיצתו של הקב״ה בעוה״ב. משום שאותו הבן שהניח האדם, שזכה בו בעוה״ז, הוא יזכה אותו לעוה״ב, וזוכה על ידו להיכנס בנחלת ה׳.

427. מהי נחלת ה׳? זוהי ארץ החיים, הנוקבא. וכן קרא דוד המלך לארץ ישראל, ארץ החיים, נחלת ה׳. כמ״ש, כי גרשוני היום מהִסתפח בנחלת ה׳. ומשום זה כתוב, הנה נחלת ה׳ בנים.

מי מזכה את האדם בנחלת ה׳? בנים מזכים אותו. אם זכה לבנים בעוה״ז, הם שכר פרי הבטן, שכר וחלק טוב בעולם הנצחי, כי ע״י פרי בטן ההוא זוכה האדם לעולם הנצחי.

428. הנה נחלת ה׳ בנים. פירושו, ירושה ונחלה מפרי מעשיו של הקב״ה, מעה״ח, כי הקב״ה נקרא עה״ח. כי משם זוכה האדם לבנים, כמ״ש, ממני פריְךָ נמצא. כתוב, אשרי הגבר אשר מילא את אשפתו מהם, אשרי הוא בעוה״ז, אשרי הוא בעוה״ב.

429. וכתוב, לא יֵבֹשוּ כי ידברו את אויבים בשער. מיהם האויבים בשער? בעלי הדין. כי כשהנשמה יוצאת מעוה״ז, כמה בעלי הדין מועדים לפניו מטרם שייכנס למקומו.

בשער, פירושו, באותו השער שנכנס דרכו למקומו, שם הם עומדים. והוא ניצל מהם, משום שהניח משכונות בעוה״ז, הבנים. ובשבילם יזכה בעולם הנצחי. וע״כ, לא יבושו כי ידברו את אויבים בשער.

430. כל זמן שעוסקים בתורה, השכינה באה ומתחברת. וכש״כ כשהולכים בדרך, שהשכינה מקדימה עצמה ובאה, והולכת לפני בני אדם, שזכו באמונתו של הקב״ה.

אֶשתךָ כגפן פורייה

431. אֶשתךָ כגפן פורייה בְּיַרכתי ביתך. שכל זמן שהאישה היא בְּיַרכתי הבית ואינה יוצאת לחוץ, היא צנועה וראויה להוליד בנים כשרים. כמו שגפן ניטעת רק במינה, ולא במין אחר, כך אישה כשרה לא תעשה נטיעות, בנים, מאדם אחר. כמו שגפן אין בה הרכבה מאילן אחר, אף אישה כשרה כך, אפילו זיווג לבד לא קיבלה מאחר.

432. רְאֵה מה שְֹכָרה. כתוב, בניךָ כשתילי זיתים סביב לשולחנך. כמו זיתים שאין עליהם נופלים כל ימות השנה, וכולם קשורים תמיד באילן. כך בניך כשתילי זיתים סביב לשולחנך קשורים תמיד בך.

433. כתוב אחריו, הנה כי כן יבורך גבר ירא ה'. שכל זמן שהשכינה הייתה צנועה במקומה כראוי לה, כביכול, בניך כשתילי זיתים. אלו הם ישראל כששורים בארץ ישראל. סביב לשולחנך, שאוכלים ושותים ומקריבים קורבנות ושמחים לפני הקב"ה, ומתברכים בשבילים עליונים ותחתונים.

434. אחר שיצאה השכינה ממקומה, נגלו ישראל משולחן אביהם. ובאו בין העמים, וזועקים כל היום. ואין מי שישגיח עליהם, חוץ מהקב"ה, כמ"ש, ואף גם זאת בהיותם בארץ אויביהם. ואנו רואים, כמה קדושים עליונים שמתו בגזרות קשות. וכל זה בגלל עונש התורה, שלא קיימו ישראל בהיותם שורים בארץ הקודש.

435. תחת אשר לא עבדת את ה' אלקיך בשמחה, ובטוב לבב מרוב כל. בזמן שהכוהנים היו מקריבים קורבנות ועולות, וזהו בשמחה. ובטוב לבב, אלו הם לוויים. מרוב כל, אלו הם ישראל, שהיו אמצעיים בין כוהנים ולוויים, ומקבלים ברכות מכל הצדדים, מימין ומשמאל.

436. כתוב, הרבית הגוי לו הגדלת השמחה, שָֹמחו לפניך כשִׂמחת בַּקציר, כאשר יגילו בחַלקם שלל. הרבית הגוי לו הגדלת השמחה, אלו הם הכוהנים. שמחו לפניך כשמחת בקציר, אלו הם ישראל, שהקב"ה בירך להם תבואת השדה ונתנו מעשר מכל. כאשר יגילו בחלקם שלל, אלו הם לוויים, שמקבלים מעשר מן הגורן.

437. הרבית הגוי, אלו הם ישראל, שאמונתו של הקב"ה עליהם כראוי, קו אמצעי הכולל לב' הקווים ימין ושמאל. לו הגדלת השמחה, זהו מדרגת ראש העליון, חסד שנעשה לחכמה, שאברהם מתדבק בה, שנקרא גדול, ושמחה נמצאת בו, קו ימין, חסד.

438. שמחו לפניך, בשעה שעלו להתדבק בך בב' הבחינות:

א. כשמחת בקציר, כנ"י, הנוקבא, שהייתה שמחה בקציר שלו, קו שמאל, כי קצירת השדה מהארת שמאל היא. קציר, פירושו תכלית הנרצה מעבודת השדה. ובקציר שלו, פירושו, שבעלה מתעטר בה והיא לא מתעטרת בבעלה.

ב. כאשר יגילו בחלקם שלל. כאשר יגילו שאר צבאות ומרכבות

"וירא". ספר הזהר עם פירוש הסולם. מהד' 21 כר'. כרך ד. דף קכז; מהד' 10 כר'. כרך ב. דף קכז.

שלמטה מהנוקבא, בזמן שמחלקים שלל וטורפים טרף בראש הכול, ראש עליון דאברהם מתדבק בו, קו ימין, חסד. ולכן כתוב, הרבית הגוי, שהרבה והגדיל את ישראל. לו הגדלת השמחה, קו ימין בראש עליון.

וישראל שמחו לפניך בב׳ בחינות, בימין ובשמאל, להיותם קו אמצעי, הכולל ב׳ הקווים:

א. כשמחת בקציר, קו שמאל,

ב. ישראל שמחים, כאשר יגילו צבאות המלאכים שבבי״ע, בעת שראש העליון מחלק שלל וטרף, שאז מקבלים כל התחתונים שבבי״ע.

חשבון קץ המשיח

[חושבן קץ משיחא]

439. כתוב, עת לעשות לה׳, הֵפֵרו תורתך. עת, זהו כנ״י, הנוקבא, שנקראת עת, כמ״ש, ואַל יבוא בכל עת אל הקודש. כמ״ש, לשמורך מאישה זרה, וכתוב, ויקריבו לפני ה׳ אש זרה. שגם הנוקבא דקליפות נקראת עת, שהיא אישה זרה, אש זרה. וע״כ אומר, ואל יבוא בכל עת אל הקודש, אלא בעת דקדושה.

הנוקבא נקראת עת, משום שיש לה עת וזמן לכל, כדי להתקרב לאור ולהתחבר עם ז״א כראוי, כמ״ש, ואני תפילתי לך ה׳ עת רצון.

440. לעשות לה׳. כמ״ש, ויעש דוד שֵׁם. שתיקן הנוקבא, הנקראת שם. אף כך כל מי שעוסק בתורה, הוא כאילו עשה ותיקן את העת הזו, הנוקבא, לחבר אותה בהקב״ה. וצריכים לעבוד לתקן את הנוקבא, משום שהפרו תורתך. כי אילו לא הפרו תורתך, לא היה נמצא לעולם פירוד הקב״ה מישראל. כי ייחוד הקב״ה ושכינתו לא היה נפסק לעולם.

441. כעין זה כתוב, אני ה׳ בעִתָּהּ אחישֶׁנה. בעתה, אותיות בעת ה׳, שפירושו בעת שה׳, הנוקבא, תקום מעפר שלה, אז אחישנה. שמכוחי תקום מעפר הגלות, ולא מכוחה עצמה. ועכ״ז, יום אחד נמצאת כנ״י בעפר הגלות, ולא יותר. כלומר, יומו של הקב״ה, שהוא אלף שנה, כמ״ש, כי אלף שנים בעיניך כיום אתמול. והכוונה היא על אלף החמישי, כי אלף הרביעי לא היה שלם, שהיה חסר 172 שנה. כי החורבן היה בשנת 3828.

442. בשעה שכנ״י הוגלתה ממקומה, אז האותיות של השם הקדוש, כביכול נפרדו. שנפרדה ה״ת מן וא״ו מהשם הוי״ה. ובגלל שנפרדו, כתוב, נאלמתי דומייה. משום שהסתלק וא״ו מן ה״א והקול לא נמצא, ואז הדיבור מתאלם.

ז״א, ו׳ של הוי״ה, ונקרא קול. הנוקבא ה״ת דהוי״ה, ונקראת דיבור. וכיוון שהנוקבא, ה״ת, נפרדה מהו׳, הרי היא נשארת כדיבור בלי קול. וע״כ כתוב על זמן הגלות, נאלמתי דומייה.

443. ומשום זה היא שוכבת בעפר הגלות כל אותו היום של ה״ת, האלף החמישי. ואע״פ שהקדימה לצאת לגלות מטרם שבא האלף החמישי, כי באלף

״וירא״. ספר הזהר עם פירוש הסולם. מהד׳ 21 כר׳. כרך ד. דף קל; מהד׳ 10 כר׳. כרך ב. דף קל.

הרביעי נחרב הבית, מ"מ כיון שאינו אלף שלם אין אנו מחשיבים אותו.

444. וכאשר יבוא האלף השישי, וא"ו, היסוד, מילוי האות ו', ז"א, אז ו' יקים את ה"ת, הנוקבא, בזמן שש פעמים עשר. והאות ו' עולה באות י', מִשֵּׁם הוי"ה, שהיא חכמה, ואז ו' יורדת ומשפיעה בה"ת.

כשז"א יקבל מוחין שלמים מהחכמה בקביעות, וישפיע אותם לנוקבא אז תהיה הגאולה. וז"א הוא הו' דהוי"ה, ע"ש ו"ס שלו, חג"ת נה"י, כי חסר ג"ר, שהם כח"ב. ואפילו כשיש לו מוחין דג"ר, עדיין הוא חסר כח"ב. אלא רק חג"ת שלו עולים ומלבישים לכח"ב, ונעשו חב"ד, ואינם עוד ג"ר אמיתיים.

ואפילו בעת שיש לו ג"ר, אין לו יותר מו"ק. אמנם נבחן, שכל קצה וקצה מו"ק שלו השיג ג"ר. וזהו המספר 60 שנבחן ג"ר בכל קצה שלו.

יש ד' בחינות מוחין, רוח נשמה חיה יחידה. מוחין דקומת ז"א נקראים רוח. ומוחין מבינה נקראים נשמה. ומוחין דחכמה נקראים חיה. ומוחין דכתר נקראים יחידה. וכן בכל אחד מאלו הד' יש ד' בחינות מוחין הללו.

ומבחינת המספר נבחנים מוחין דרוח לעשרות, שהם 60, כי ז"א ספירותיו עשרות. ומוחין דנשמה למאות, שהם 600, כי בינה ספירותיה הן מאות. ומוחין דחיה לאלפים, שהם 6000.

ז"א שנקרא ו', יקים את ה"ת, הנוקבא, בזמן שיהיה לו מוחין דג"ר בקביעות, הנבחנים לשש פעמים עשר, כלומר שכל קצה שלו משיג ג"ר, ונעשה עשר. ומבחינת עצם הספירות אינם אלא חג"ת נה"י, החסרים ג"ר. והוא רק בעת אשר הו', ז"א, יקבל מוחין מן הי' דהוי"ה, מחכמה, שספירותיה אלפים, ויהיה במספר 6000. שכל קצה מו"ק שלו השיג בחינת החכמה, שהוא אלף. ואז ו' ישפיע אלו המוחין דחכמה אל ה"ת, הנוקבא, ויקים אותה מעפר הגלות.

אמנם אין צריכים 6000 שלמים, מפני שהחכמה עצמה מתפרשת ג"כ לנרנח"י, וכשמשיג נשמה מחכמה, מספר 600 מאלף השישי, מיד ייפתחו שערי החכמה.

445. כשנשלם הו', ז"א, שש פעמים עשר, שהוא ג"ר דרוח, שמשיג כל קצה מו"ק, ועתה באלף השישי, שהוא חכמה, הם רוח החכמה. אז הם במספר 60, להקים הנוקבא מעפר. ובכל 60 שבאלף השישי, מתחזקת ה"ת ומתעלה במדרגותיה להתחזק.

וב-600 שנה לאלף השישי, בעת שכל קצה ישיג מוחין מבינה שספירותיה במאות, שהם 600, שעתה הם נשמה דחכמה, בינה דחכמה, ייפתחו שערי החכמה למעלה, ומעיינות החכמה למטה. הג"ר דבינה נבחנות לשערי החכמה, וז"ת דבינה נבחנות למעייני החכמה. וייתקן העולם אז להיכנס לאלף השביעי, שהוא שלמות המלכות עצמה, שבת. כאדם המתקן עצמו ביום השישי, בבוא השמש, כדי להיכנס בשבת.

446. הרי זה יותר אריכות הזמן ממה שנאמר, שהגלות של כנ"י היא רק יום אחד ולא יותר, כמ"ש, נתנני שוממה כל היום דווה, כלומר, יומו של הקב"ה, שהוא אלף שנה. האותיות של השם הקדוש הוי"ה, ובימי שנות העולם ובימי בראשית, והכול אחד הוא.

447. ואז תיראה הקשת בעננים בצבעים מאירים, כמו אישה המפארת את עצמה לבעלה. כי קשת, הנוקבא, כמ"ש, וראיתיה לזכור ברית עולם.

וראיתיה, פירושו, בצבעים מאירים. כי מטרם הגאולה אין בקשת אלא ג'

צבעים: לבן, אדום, ירוק, יה״ו, ובחינת עצמה חסרה שם. אבל בעת הגאולה יאירו כל ד׳ הצבעים בקשת, כי גם בחינתה עצמה תאיר בשווה עם ג׳ גוונים דז״א, כמ״ש, והיה אור הלבנה כאור החמה.

448. ואז כתוב, לזכור ברית עולם. ברית עולם זה כנ״י, הנוקבא, שהיא ברית.

449. כאשר הו׳, ז״א, יתעורר אל ה״ת, הנוקבא, אז אותות עליונים יבואו בעולם, ובני ראובן עתידים לעשות מלחמות בכל העולם. וכנ״י, הקב״ה יקים אותה מעפר הגלות ויזכור אותה.

450. והקב״ה יימָצא אצלה בגלות באלף השישי, כחשבון וי״ו, שכופל עם ו׳ על המילוי שלו י׳, ואח״כ כופל עם המילוי י׳ את ו׳. שש פעמים המילוי י׳, נעשה הו׳ 60. עשר פעמים ו׳ שהיא 60, נעשה הו׳ 600. כלומר, 600 באלף השישי. ואז יקום ויפקוד העולם, הנוקבא, לעשות נקמות. ומי שהוא שפל, יתרומם.

451. כך מבואר בסוד האותיות של שם הוי״ה, ואין להעיר חשבונות וקיצים אחרים, שאינם בסוד האותיות. כי כמ״ש, אז תִרצה הארץ את שַבְּתותיה, והוא הו׳, שלא יגולה רצון זה אל הארץ, הנוקבא, אלא השלמות של הו׳, כמ״ש, וזכרתי את בריתי יעקוב, עם ו׳. וזהו וו.

כי כשאומרים ו׳, נשמע עוד ו׳ בתוכו, אשר ו׳ ראשונה רומזת על יעקב, ת״ת, וו׳ השנייה רומזת על יסוד דז״א, הו׳ שביעקוב. כלומר, שביעקוב עם ו׳ נמצא ת״ת ויסוד, שהם אחד. וע״כ כתוב, אזכור והארץ אזכור, כנ״י, הנוקבא.

כתוב, וזכרתי את בריתי יעקוב, ואף את בריתי יצחק ואף את בריתי אברהם, אזכור והארץ אזכור. והיה די שיסיים, והארץ אזכור. ולמה כתוב, אזכור והארץ אזכור? כי תחילה צריך ז״א לקבל שלמותו בעצמו, שהוא הו׳, אברהם יצחק ויעקב. וע״כ כתוב עליו במיוחד, אזכור. ואח״כ כתוב, והארץ אזכור. כי הו׳ יקים את ה״ת. וגם ה״ת תשיג את שלמותה.

אז תִרצה הארץ את שבתותיה. תרצה, פירושו, שהארץ תתרצה אל הקב״ה, והוא יקים אותה. כמו שהייתה האות ת׳ של תֵרָצה צרויה והר׳ קמוצה. כי אין לפרש את הרצון בנוקבא עצמה, כי אין הדבר תלוי ברצונה אלא ברצון ז״א.

452. אבל יום אחד, שנאמר על זמן הגלות, ודאי הוא, כי הכול טמון ומסתתר לפני הקב״ה, והכול נמצא ומתגלה באותיות של השם הקדוש, שהרי הגלות, ההסתר, מתגלה באלו האותיות. ומתגלה באלו האותיות הגאולה, שתלויה בשלמות הו׳ של השם הוי״ה.

453. אפילו כשנפקדה שרה, לא נפקדה ממדרגה זו של הפקידה, הנוקבא, ה״ת דהוי״ה, אלא הו׳, כמ״ש, והוי״ה פקד את שרה. כי והוי״ה, מורה, הוא ובית דינו. הוא ז״א, הו׳, ובית דינו, הנוקבא. הרי שאפילו פקידת שרה הייתה בו׳ דהוי״ה. משום שהכול הוא הו׳.

ובזה כלול הכול, שהכול נסתר בו׳, ובו מתגלה הכול, שהכול נגלה ע״י שלמות הו׳. משום שכל דבר שהוא סתום, הוא מגלה כל סתום, ולא יבוא מי שהוא מגולה ויגלה מה שהוא סתום.

האדם נברא בכל רע ושפלות. כמ״ש, עַיר פרא אדם ייוולד. וכל כליו שבגופו, החושים והמידות ומכ״ש המחשבה, משמשים לו רק רע ואפסיות כל היום. והזוכה להידבק בו יתברך, אין ה׳ בורא לו כלים אחרים במקומם, שיהיו ראויים לקבל בתוכם שפע הרוחני הנצחי

המיועד לו, אלא אותם הכלים השפלים, שתשמישם עד עתה היה רע ומתועב, מתהפכים ונעשים לו כלי קבלה לכל נועם ורוך הנצחי.

ולא עוד, אלא כל כלי שחסרונותיו היו גדולים ביותר, נעשו עתה לחשובים ביותר. כלומר שמידת גילוים גדולה ביותר. עד שאם היה לו איזה כלי בגופו בלי שום חיסרון, נעשה לו עתה כמו דבר מיותר שאינו משמש לו כלום. ודומה לכלי עץ וחרס, שככל שחסרונו, חקיקתו, גדול יותר, כן מידת קיבולו וחשיבותו גדולה יותר.

וכזה נוהג ג"כ בעולמות העליונים, שאין שום גילוי מושפע לעולם, אלא ע"י בחינות סתומות. ולפי שיעור הסתימות שבמדרגה, כך שיעור הגילויים שבה, שמשפיעה לעולם. ואם אין בה סתימה, לא תוכל להשפיע כלום.

משום שכל דבר שהוא סתום, הוא מגלה כל סתום. וזה הו' של שם הוי"ה, ז"א, שהמוחין שלו הם תמיד בחסדים מכוסים ונעלמים מהארת חכמה. וע"כ הוא מיועד לגלות הגאולה השלמה, כי ו' יקים את ה"ת. כי לפי שיעור הסתימה והכיסוי שבו, כן יהיה לעתיד מידת גילויו.

וה"ת דהוי"ה, הנוקבא, שבה החסדים מתגלים, וכל בחינת גילוי חכמה שבעולמות, רק ממנה באה. ולפי שאין בה סתימה, ע"כ לא תוכל לגלות מה שהוא סתום, הגאולה. ואע"פ שיש סתימות גם בנוקבא חוץ מזה, עכ"ז אינן מספיקות לגילוי הגדול הזה של הגאולה השלמה, כי לפי גודל הגילוי כן מוכרחה להיות מידת הסתימה.

454. כמה יש לנו להימשך בגלות עד אותו הזמן? ועל הכול תלה הקב"ה את הגאולה, אם ישובו בתשובה, בין אם יזכו לגאולה ובין אם לא יזכו לגאולה, ע"י שיעשו תשובה או שלא יעשו תשובה. כמ"ש, אני ה' בעיתה אחישנה. זכו, אם יעשו תשובה, אחישנה. לא זכו, שלא יעשו תשובה, בעיתה.

455. בעוד שהיו הולכים רבי יוסי ורבי יהודה, אמר רבי יוסי, נזכרתי עתה, אשר במקום הזה, ישבתי פעם עם אבי, ואמר לי, בני, כשימיך יגיעו לשישים שנה, עתיד אתה למצוא במקום הזה, אוצר של חכמה עליונה. וכבר זכיתי לימים אלו, ועוד לא מצאתי כלום, ואיני יודע, אם אפשר אלו החידושים שאמרנו, הם אותה החכמה, שאמר לי שאמצא.

456. אמר לי, כאשר יגיעו הכאות של אש בכפות ידיך, תהיה החכמה אבודה ממך. אמרתי לו, אבי, במה ידעת זה? אמר לי, באלו ב' ציפורים שעברו על ראשך, אני יודע את זה.

457. בינתיים נפרש רבי יוסי מרבי יהודה, ונכנס בתוך מערה אחת, ומצא ספר אחד, שהיה תקוע בתוך נקב שבאבן, בסוף המערה. לקח אותו ויצא עימו.

458. כיוון שפתח את הספר, ראה, ע"ב חקיקות אותיות, שנמסרו לאדה"ר, ועימהם היה יודע כל החכמה של העליונים הקדושים, וכל אלו הקליפות שלאחר הרחיים, שמתגלגלים אחר הפרוכת, המכסה על אורות העליונים. וכל הדברים העתידים לבוא לעולם, עד היום שיקום ענן שבצד מערב, ויחשיך העולם.

נו"ה מכונים רחיים ורכב, שהם שוחקות מן לצדיקים, ליסוד ולמלכות, הנקראים צדיק וצדק. ויש קליפות כנגד שניהם. אבל עיקר הקליפות הן כנגד הוד, שנקרא רחיים. אמנם מקום עמידתם אינו באצילות, כי שם כתוב, לא יגורך

רע. אלא שעומדים אחר הפרוכת, הפרסא שמתחת האצילות, המפסיקה בין אצילות לבי״ע, שהם נמצאים בבי״ע.

459. התחילו ללמוד באותו הספר. לא הספיקו ללמוד שניים או שלושה עמודים בספר, וכבר היו מסתכלים בחכמה עליונה. כיוון שהגיעו ללמוד בנסתרות שבספר, ודיברו זה עם זה, יצאה להבת אש ורוח סערה, היכה בידיהם ונאבד הספר מהם. בכה רבי יוסי ואמר, אולי יש בנו עוון, או שאין אנו ראויים לדעת אותו.

460. כשבאו לפני רבי שמעון וסיפרו לו המעשה, אמר להם, אולי בקץ משיח שבאלו האותיות הייתם עוסקים. אמרו לו, אין אנו יודעים, כי הכול נשכח ממנו.

אמר להם רבי שמעון, אין רצונו של הקב״ה בזה, שיתגלה יותר מדי לעולם. וכשיהיה קרוב לימות המשיח, אפילו תינוקות שבעולם עתידים למצוא סודות החכמה, ולדעת בהם קיצים וחשבונות של הגאולה. ובאותו הזמן תתגלה לכל. בזמן שכנ״י תקום מעפר, ויקים אותה הקב״ה, אז כמ״ש, אהפוך אל עמים שפה ברורה לקרוא כולם בשם ה׳.

461. אע״פ שכתוב באברהם, ויסע אברם הלוך ונָסוֹעַ הנגבה. וכל נסיעותיו היו לצד דרום, ימין, חסד. ונקשר בו. עכ״ז לא התעלה למקומו כראוי, עד שנולד יצחק. כיוון שנולד יצחק, התעלה למקומו, לצפון, לצד שמאל. ואברהם השתתף עימו והתקשרו זה בזה. שמתוך השתתפותם והתכללותם זה בזה, נשלמו שניהם.

462. משום זה אברהם קרא לו יצחק, כדי לשתף בזה מים באש. מידתו של אברהם, מים, במידתו של יצחק, אש. כמ״ש, ויקרא אברהם את שם בנו הנולד לו, אשר ילדה לו שרה, יצחק. למה מדייק לומר, הנולד לו? ללמדנו שיצחק, אש, נולד מאברהם, מים, וע״כ נכללו זה בזה.

בן הגר המצרית

463. ותרא שרה את בן הגר המצרית. מיום שנולד יצחק, וישמעאל היה בביתו של אברהם, לא נזכר ישמעאל בשמו, כי במקום ששורה זהב לא נזכר לפניו פסולת. ומשום זה כתוב, את בן הגר המצרית, ולא כתוב, ישמעאל בן הגר, איש שאינו כדאי להזכיר שמו לפני יצחק.

464. ותרא שרה, עם עין לקלון, שחפצה לראות רק קלון, ראתה אותו שרה, כי לא ראתה אותו עם העין, שהוא בנו של אברהם, אלא שהוא בנו של הגר המצרית. משום זה כתוב, ותרא שרה, כי רק שרה ראתה אותו עם עין כזו, ולא אברהם, כי באברהם לא כתוב, את בן הגר, אלא, את בנו.

465. אח״כ כתוב, ויֵרע הדבר מאוד בעיני אברהם על אודות בנו. ולא כתוב, על אודות בן הגר המצרית. וכנגד זה כתוב, ותרא שרה את בן הגר המצרית, ולא ראתה שהוא בנו של אברהם.

466. פסוק זה שבחה של שרה, משום שראתה אותו שמצחק לעבודה זרה. אמרה, ודאי אין בן זה בנו של אברהם, לעשות מעשיו של אברהם, אלא בן הגר המצרית הוא, כי חזר לחלק אימו. ומשום זה כתוב, ותאמר לאברהם, גרש האמה הזאת ואת בנה, כי לא יירש בן האמה הזאת עם בני, עם יצחק.

467. והייתכן ששרה קינאה אותה או את בנה, וע״כ אמרה, גרש? אם היה כן, לא היה הקב״ה מודה לדבריה, כמ״ש, כל אשר תאמר אליך שרה, שמע בקולה. אלא משום שראתה אותו בעבודה זרה, ואימו לימדה אותו חוקי עבודה זרה, משום זה אמרה שרה, כי לא יירש בן האמה הזאת. אני יודעת, שלא יירש לעולם חלק של האמונה, ולא יהיה לו חלק עם בני, לא בעוה״ז ולא בעוה״ב. וע״כ הודה לה הקב״ה.

468. והקב״ה רצה להבדיל הזרע הקדוש לבדם כראוי, שמשום זה ברא העולם. כי ישראל עלה ברצונו של הקב״ה מטרם שברא העולם. ומשום זה יצא אברהם לעולם, והעולם התקיים בזכותו. ואברהם ויצחק עמדו ולא התיישבו במקומם, עד שיצא יעקב לעולם.

469. כיוון שיצא יעקב לעולם, התקיימו אברהם ויצחק, והתקיים כל העולם. ומיעקב יצא העם הקדוש לעולם, והתקיים הכול בצד הקדושה כראוי. וע״כ אמר לו הקב״ה, כל אשר תאמר אליך שרה, שמע בקולה, כי ביצחק ייקרא לך זרע, ולא בישמעאל.

470. כתוב אח״כ, ותלך ותֵתַע במדבר באר שבע. ותתע, עבודה זרה. והקב״ה, בזכות אברהם, לא עזב אותה ואת בנה, והציל אותם מצמא, אע״פ שעבדה עבודה זרה.

471. בתחילה כאשר ברחה מפני שרה, כתוב, כי שמע ה׳ אל עונייך. ועתה, שהיא זנה אחר עבודה זרה, אע״פ שכתוב, ותישא את קולה ותֵבך, כתוב, כי שמע אלקים אל קול הנער באשר הוא שם, ולא כתוב, כי שמע אלקים אל קולך.

472. באשר הוא שם. ישמעאל לא היה בן עונשים אצל ב״ד של מעלה. כי ב״ד של מטה מענישים מ-13 שנים ומעלה, וב״ד של מעלה מענישים מ-20 שנה ומעלה. לפיכך, אע״פ שהיה רשע לא היה בן עונשים. וכמ״ש, באשר הוא שם, משום שהיה פחות מ-20 שנים, וע״כ הציל אותו הקב״ה.

473. א״כ, מי שנפטר מעולם מטרם שמגיע ימיו ל-20 שנים, מאיזה מקום הוא נענש למיתה? כי למטה מ-13 שנים, אע״פ שאינו בן עונשים, הוא נענש ומת על חטאיו של אביו, להיותו עוד ברשותו. אבל מ-13 שנים ומעלה, הרי כבר יצא מרשות אביו, ומשום מה נענש ומת, בעוד שאינו בן עונשים? הקב״ה מרחם עליו שימות צדיק, ונותן לו שכר טוב בעולם הנצחי. ולא ימות רשע, שנענש באותו עולם.

474. אם הוא רשע ולא הגיעו ימיו ל-20 שנה, אם הסתלק מהעולם, מאין בא עונשו, כי לא תוכל לומר, כדי שימות צדיק, כי הוא רשע ולא צדיק? נענש בלי משפט.

כי כאשר העונש ירד לעולם, הוא הפחות מ-20 שנה, פוגע במחבל המעניש בלי כוונה מב״ד של מעלה ובלי כוונה מב״ד של מטה, ונענש רק משום שלא השגיחו עליו למעלה, לשומרו שלא יפגע

המחבל. וכיוון שנפגש עם המחבל, וכבר אינו מבחין בין טוב לרע.

475. ועליו כתוב, עוונותיו ילכדונו את הרשע, ובחבלי חטאתו ייתָמך. את, הוא לרבות מי שעוד לא הגיע זמנו להיענש. עוונותיו ילכדונו, ולא ב"ד של מעלה. ובחבלי חטאתו ייתמך, ולא ב"ד של מטה. משום זה כתוב, כי שמע אלקים אל קול הנער באשר הוא שם, שעוד לא היה ראוי להיענש על חטאיו. וע"כ שמע אלקים את קולו, אע"פ שהיה רשע.

אותות המשיח

476. וזכרתי את בריתי יעקוב. למה יעקב עם ו'? ו', מדרגת החכמה במקום שיעקוב שורה בו, ת"ת דאצילות, קו אמצעי. והמילוי ו' שביעקוב מורה על החכמה שבפרצוף. ת"ת ויסוד כאחד הם וו. ע"כ כתוב יעקוב עם ו', לרמז על חיבורו עם היסוד, שהוא שלמותו. פסוק זה נאמר על גלות ישראל, שיהיו נפקדים מהגלות, בו', באלף השישי, כלומר, שיעקב, בני ישראל, ייגאלו בו'.

477. הפקידה בעניין הו' היא שישה רגעים וחצי עת. ו', ת"ת, בריח התיכון, המכונה בריח הדלת, המבריח בתוך הקרשים מקצה אל הקצה. ובזמן שישים שנה לבְריח הדלת באלף השישי, יקים אלקֵי השמיים פקידה לבת יעקב. ומזמן ההוא עד שיהיה לה זכירה, יימשך שש שנים וחצי, זמן המשכת הפקידה. ומזמן ההוא יימשך שש שנים אחרים, זמן המשכת הזכירה. והם 72 שנים ומחצה.

כי כל הארה מתגלה בקטנות ובגדלות. תחילה בקטנות, ו"ק, המאיר רק מלמטה למעלה, אור נקבה. גילוי זה נקרא פקידה. ואח"כ נגלה הגדלות, אור הג"ר, המאיר מלמעלה למטה. וגילוי זה נקרא זכירה, אור זכר. שהנקבה פניה למעלה, והזכר פניו למטה.

ולפיכך בלידת יצחק כתוב תחילה, וה' פקד את שרה, שזה אור נקבה, הנקרא פקידה, שעוד אינה ראויה להוליד. עד שנמשך לה הזכירה. וע"כ כתוב פעם שנייה, ויעש ה' לשרה כאשר דיבר, שהוא זכירה. כי כתוב כאן עשיה, ועשיה בחינת זכר. כי אור נקבה אין בה עשיה, כי אישה קרקע עולם היא.

וכן בגאולה העתידה, שהו' יקים את ה"ת באור הגדול השלם, כמ"ש, והיה אור הלבנה כאור החמה. מתחילה תתגלה הפקידה של אור גדול זה, ואח"כ הזכירה.

הפקידה הנמשכת בעניין הו', תאיר רק שש רגעים, חג"ת נה"י, המאירים בה מהתכללות הזכר. ומבחינתה עצמה אין לה רק חצי עת, חצי המלכות, רק מחזה ולמעלה שבה, ולא מחזה ולמטה, מטעם היותה עוד בבחינת הפקידה, אור נקבה, שאינו מאיר מלמעלה למטה. וע"כ חסר בה חצי עת מחזה ולמטה.

ומשום זה תימשכנה שנות הפקידה, שש שנים וחצי מ-60 שנה עד 66 וחצי, ואז תתגלה מו' אור הזכירה, אור זכר, ואז יתגלה מלך המשיח, שהוא זכר, ו', והארתו תימשך שש שנים אחרות.

478. ב-66 שנים יתגלה מלך המשיח בארץ הגליל, והוא משיח בן יוסף. וע"כ

מקום גילוי שלו ארץ הגליל, נחלת יוסף.

וכאשר כוכב שבצד מזרח יבלע שבעה כוכבים שמצד צפון, ושלהבת אש שחור תהיה תלויה ברקיע שישים ימים, ומלחמות יתעוררו בעולם על צד צפון, וב' מלכים ייפלו באלו המלחמות.

479. ויתחברו כל העמים על בת יעקב, לדחותה מן העולם, שעל אותו הזמן כתוב, ועת צרה היא ליעקב וממנה ייושע. הנה אז יִכלו כל הנפשות מגוף, וצריכים לחזור ולהתחדש. וכמ"ש, כל הנפש הבאה ליעקב מצריימה, כל נפש שישים ושש.

כי מטרם הגאולה השלמה העתידה, היו גאולות ממצרים ומבבל מכוח אורות וכלים דאמא. אבל המלכות עצמה מצד עצמה לא הייתה לה עוד שום גאולה. שזה עניין הקשת שמאירים בה רק ג' גוונים, לבן אדום ירוק, חג"ת, וגוון שלה שחור אינו מאיר, שהמלכות אין לה מעצמה ולא כלום. אלא שצריכה לקבל מז"א בעלה, שהוא משפיע לה מאורות ומכלים דאמא.

אבל הגאולה השלמה, פירושה, שהמלכות עצמה תיבנה בכלים ובאורות של עצמה, ולא תהיה צריכה עוד לקבל מז"א אורות וכלים דאמא, כמ"ש, והיה אור הלבנה כאור החמה.

כמו שבגאולות הקודמות של המלכות, נבנתה המלכות בג' קווים, ואח"כ נבנית בחינתה, כלי הקבלה של ג' קווים, כן בגאולה הכוללת העתידה, צריך אור הגאולה לתקן את המלכות בזה אחר זה בג' קווים, ואח"כ בחינתה עצמה, המקבלת מג' קווים. ואח"ז תהיה לה כל השלמות הראויה לזיווג השלם, שהם חמש בחינות תיקון.

מכאן סדר זמנים:

תיקון א', מ-60 עד 66 וחצי, יתוקן קו ימין שבה באור הפקידה.

תיקון ב', מ-66 עד 73 שנים באור הזכירה יתוקן קו שמאל שבה, וע"כ יתגלה אז משיח בן יוסף בארץ הגליל. וכל האותות באותו הזמן באים מכוח הדינים, הנוהגים בהארת השמאל.

תיקון ג', מ-73 שנים עד 100 שנים, יתוקן קו אמצעי שבה, וע"כ יתגלה משיח בן דוד.

תיקון ד', בחינתה עצמה, לקבל כל מה שיש בג' הקווים, ממאה שנים עד סוף האלף השישי, בזיווג של הו' בה"ת. וכל הנשמות הישָנות, שיצאו מימות בריאת העולם עד סוף האלף השישי, יקבלו אז התחדשות בשלמות.

תיקון ה', האלף השביעי, שנשלמה המלכות בתכלית שלמותה, ויהיה יום אחד להקב"ה לזיווג אחד להולדת נשמות חדשות, שעוד לא היו כלל מיום בריאת העולם עד האלף השביעי.

ב-66 שנים יתגלה מלך המשיח בארץ הגליל, והוא משיח בן יוסף, המתגלה בנחלתו. וזמנו 7 שנים עד 73 שנים. כי הוא בא לתקן באור הזכירה את מחצית המלכות שעוד חסרה באור הפקידה, שזמנה שש שנים וחצי, מטעם היותו אור ו"ק. ועתה שהגיע אור הזכירה, ג"ר, נגלה משיח בן יוסף תחילה, כדי לתקן את כל קו השמאל, 7 שנים, שמורה שהמלכות תיתקן כולה, אפילו מחזה ולמטה.

כי בגאולות הקודמות נתקן קו השמאל שלה רק מכוח עלייתה לאמא, שקיבלה קו שמאל דאמא. אבל עתה יתוקן קו השמאל שבה עצמה במקומה למטה, ואינה צריכה עוד לקו שמאל דאמא.

ולכן נאמר, כאשר כוכב שבצד מזרח יבלע שבעה כוכבים שמצד צפון. כי מד' רוחות חו"ב תו"מ, נמצאת בינה מצד צפון ות"ת מצד מזרח. עניין הזכירה הוא, שאור הו', ת"ת, כוכב שבצד המזרח,

יתקן את המלכות בקו שמאל מבחינתה עצמה. שמבטל בזה את צד שמאל דאמא, צד צפון, שהיה בבניין המלכות עד הנה. והוא מובן כמו שבולע לתוכו את שבעה כוכבים דבינה, שהם שבע ספירות חג״ת נהי״מ הכלולים בקו שמאל.

ושלהבת אש שחור תהיה תלויה ברקיע שישים ימים. דינים, הבאים לעולם בהארת השמאל, מכונים שלהבת אש. עד עתה הייתה שלהבת האש בגוון אדום, מבינה ולא ממלכות. כי ד׳ הגוונים, לבן אדום ירוק שחור, הם חו״ב תו״מ, שאדום הוא בינה.

אבל עתה, שהמלכות השיגה אורות וכלים מבחינתה עצמה, וקו השמאל נמשך לה בכלים שלה, שהוא גוון שחור, נמצא ששלהבת האש הבאה בהארת השמאל היא בגוון שחור. ולכן נאמר, ששלהבת אש שחור תהיה תלויה ברקיע.

ומספר שישים ימים, זה שישים גיבורים, שכך מכונה הארת השמאל. שאע״פ שהוא אור ג״ר, מ״מ אינו אלא ג״ר שבו״ק, שכל קצה כלול מעשר, והם במספר שישים, וימים הם ספירות.

ומלחמות יתעוררו בעולם על צד צפון. כי מכוח הדינים שבהארת השמאל יימשכו מלחמות בעולם. ומשום שהמזרח יבלע אז את הצפון, יימשכו גם הדינים כן, ממזרח לצפון. וב׳ מלכים ייפלו באלו המלחמות, אחד מאוה״ע ואחד מישראל, משיח בן יוסף.

ויתחברו כל העמים על בת יעקב, לדחותה מן העולם. כי אחר נפילת משיח בן יוסף, יתגברו האומות מאוד וירצו לדחות את ישראל מעולם. ועל הזמן הזה כתוב, ועת צרה היא ליעקב וממנה ייוושע.

כלומר, שאלו הדינים והצרות לא יבואו בתורת עונשים, אלא כדי שיהיו אח״כ כלים לישועה השלמה. כמ״ש, וממנה ייוושע. שמחמת הדינים והצרות שיהיו אז, יתרוקנו כוחות הנפשות שהיו פעם בגוף, כלומר לא לבד הנפשות מאותו הדור, אלא הנפשות מכל הדורות שמיום בריאת העולם עד אז, שהיו פעם בגוף כולן, ייחלשו ויִכְלֶה כוחם, שצריכות ומוכרחות להתחדש.

480. ב-73 שנים, אחר שבע שנים לגילוי משיח בן יוסף, כל מלכי העולם יתאספו לעיר הגדולה רומי, והקב״ה יעיר עליהם אש וברד ואבני אֶלגביש, ויאבדו מהעולם. ורק אותם המלכים שלא באו לרומי, יישארו בעולם, שיחזרו אח״כ לעשות מלחמות אחרות. ובזמן ההוא יעיר מלך המשיח בכל העולם, ויתאספו אליו כמה עמים וכמה צבאות מכל קצווי העולם. וכל בני ישראל יתאספו במקומותיהם.

כי כאן נתקן קו אמצעי, שעניינו הוא להכניע השמאל. באופן, שייכלל בקו ימין, וכן ימין בשמאל, ואז נשלמת המדרגה מכל הצדדים. וב-73 שנים, אחר שבע שנים לגילוי משיח בן יוסף, כל מלכי העולם, כל אלו שכוחם הוא משמאל, יתאספו לעיר הגדולה רומי, שהוא הראש לכל כוחות השמאל. והקב״ה יעיר עליהם אש וברד ואבני אֶלגביש, ויאבדו מהעולם, ע״י הארת קו אמצעי התבטלו כל הדינים, וכוחות השמאל אבדו מהעולם.

ורק אותם המלכים שלא באו לרומי, יישארו בעולם. אותם הנמשכים מקליפות הימין, שלא באו לרומי, שהיא שמאל, יחזרו אח״כ לעשות מלחמות אחרות. כי בעת התיקון הרביעי יגיע זמן של כוחות הימין להילחם בישראל.

ובזמן ההוא יעיר מלך המשיח, משיח בן דוד, הנמשך מקו אמצעי, וע״כ מגיע זמנו להתגלות עם תיקונו. ואז מתחיל קיבוץ גלויות, והם מתקבצים

במקומותיהם ללכת לירושלים. אבל עוד אינם הולכים מטרם ביאת התיקון הרביעי, תיקון המלכות, שתקבל הארת ג׳ הקווים בתוכה, ואז מתקבצים כל ישראל ובאים לירושלים.

481. עד שנשלמו השנים והגיעו למאה שנים לאלף השישי. אז יתחבר הו׳ בה״ת, שישפיעו תיקוני ג׳ הקווים אל ה״ת, המלכות, התיקון הרביעי. ואז כתוב, והביאו את כל אחיכם מכל הגויים מנחה לה׳. ואז יהיה קיבוץ גלויות.

ועתידים בני ישמעאל, שהם הראש לכל כוחות הקליפות מימין, כמו רומי לכוחות השמאל, בזמן ההוא להתעורר יחד עם כל עמי העולם שלא באו לרומי, לבוא על ירושלים למלחמה, כמ״ש, ואספתי את כל הגויים אל ירושלים למלחמה. וכתוב, יתייצבו מלכי אֶרץ ורוזנים נוסדו יחד על ה׳ ועל משיחו. וכתוב, יושב בשמיים ישְׂחק.

482. אחר שכל כוחות הס״א הימין והשמאל יאבדו מהעולם, יתעורר ו׳ הקטנה, יסוד דז״א, להתחבר עם ה״ת ולחדש הנשמות הישָנות, כל אותם שהיו בגוף מעת בריאת העולם עד אז, כדי לחדש העולם, המלכות, כמ״ש, ישמח ה׳ במעשיו. וכתוב, יהי כבוד ה׳ לעולם, כדי שתתחבר ה״ת עם ו׳ כראוי.

ישמח ה׳ במעשיו, להוריד מעשיו, שהם הנשמות שהתחדשו לעולם, שתהיינה כולם בריות חדשות. ויתחברו כל העולמות כולם כאחד.

483. אשריהם כל אלו, שיישארו בעולם בסוף האלף השישי, להיכנס בשבת, האלף השביעי. כי אז הוא יום אחד לה׳ לבדו, להזדווג עם ה״ת כראוי, וללקוט נשמות חדשות להשפיע לעולם. כלומר, נשמות שלא היו עוד בעולם, שיהיו בעולם, ביחד עם הנשמות הישנות, שנשארו מתחילה, שהתחדשו, כמ״ש, והיה הנשאר בציון והנותר בירושלים, קדוש ייאמר לו כל הכתוב, לחיים בירושלים.

והאלקים ניסה את אברהם

484. כתוב, אתה הוא מלכי אלקים. זהו שלמות כל המדרגות כאחד, קשורות זו בזו. כי בפסוק, אתה הוא מלכי אלקים, יש כללות כל המדרגות, חג״ת ומלכות. אתה, פירושו, חסד. אלקים, גבורה. הוא, ת״ת. מלכי, מלכות.

485. וכתוב, צווה ישועות יעקב. שכל אלו השליחים העושים שליחות בעולם, יהיו כולם מצד הרחמים, ולא יהיו מצד הדין, משום שיש בעלי השליחות מצד הרחמים ומצד דין הקשה. ואלו השליחים הבאים מצד הרחמים, אינם עושים בעולם שליחות של דין כלל.

486. הרי המלאך שנגלה לבלעם, היה שליח של רחמים ונהפך לדין? לעולם לא השתנה לעשות דין, אלא שליח של רחמים היה, להגן על ישראל, ולהיות מליץ טוב עליהם. ולעומתו לבלעם היה דין. כך דרכיו של הקב״ה, כאשר מטיב לזה, נמצאת הטבה זו שהיא דין לזה. כך

שליח של רחמים היה לישראל, ולבלעם נהפך לדין. וע"כ ביקש דוד, צווה ישועות יעקב, צווה על העולם, כאשר ישלחו שליח, יהיה מצד הרחמים.

487. צווה ישועות יעקב, שהתפלל על יעקב, שהם בגלות, שיהיה להם ישועה בעת הגלות. תפארת האבות היה יעקב, ואלמלא יצחק, לא היה בא יעקב לעולם. ומשום זה אמר, צווה ישועות יעקב, שזהו יצחק, ישועתו של יעקב. כי כיוון שניצל יצחק בעקידה, ישועת יעקב היה.

488. כתוב, ויהי אחר הדברים האלה, והאלקים ניסה את אברהם. על צער נאמר, ויהי אחר הדברים האלה, אחר המדרגה התחתונה של המדרגות העליונות דאצילות. והיא, דברים, מלכות.

489. ואחר מדרגה זו, המלכות, והאלקים ניסה את אברהם, שבא משם היצה"ר לקטרג לפני הקב"ה, וע"כ ניסה את אברהם. ויהי אחר הדברים, ויהי קטרוג יצה"ר, שמקומו הוא אחר המלכות, הנקראת דברים. וע"כ, והאלקים ניסה את אברהם.

כתוב, והאלקים ניסה את אברהם, הלוא את יצחק היה צריך לומר, שהרי יצחק כבר היה בן 37 שנה, ואביו כבר לא היה בן עונשים עליו שייענש בשבילו? ואלמלא אמר יצחק, איני רוצה, לא היה אביו נענש עליו. וא"כ, מה הטעם שכתוב, והאלקים ניסה את אברהם, ולא כתוב, ניסה את יצחק?

490. ודאי צריך לומר, את אברהם, שהוא היה צריך להיכלל בדין, כי לא היה שום דין באברהם מקודם לכן, אלא כולו חסד, ועתה נכלל מים באש, חסד בדין. ואברהם לא היה שלם עד עתה, שהתעטר לעשות דין ולתקן הדין במקומו. כי אין הארת החכמה אלא בקו שמאל.

וע"כ מטרם שאברהם נכלל ביצחק, קו שמאל, לא היה שלם, שהיה מחוסר הארת החכמה, וע"י מעשה העקידה נכלל ביצחק, והתעטר על ידו בהארת החכמה, והשתלם. שנאמר, שהתעטר לעשות דין בעקידה, וע"י זה נתקן הדין, הארת שמאל, במקומו, שנכלל במקומו של אברהם, בחסד.

491. וכל ימיו לא היה שלם עד עתה, שנכלל מים באש, ימין בשמאל, ואש במים, שמאל בימין. ומשום זה כתוב, והאלקים ניסה את אברהם, ולא את יצחק. כי הקב"ה הזמין את אברהם שיהיה נכלל בדין, בשמאל. וכאשר עשה מעשה העקידה, נכנס האש במים, שהדין נכנס בחסד, ונשלם זה עם זה.

וזהו עשה הדין של העקידה, שיכלול זה בזה. וע"כ בא יצה"ר לקטרג על אברהם, שלא נשלם כראוי, עד שיעשה הדין של העקידה ביצחק. כי היצה"ר נמצא מקומו אחר הדברים, אחר המלכות, כמ"ש, לפֶתח חטאת רובץ, ובא לקטרג.

492. אע"פ שכתוב אברהם ולא יצחק, יצחק ג"כ נכלל בכתוב, והאלקים ניסה את אברהם. כתוב, את אברהם, את רומז על יצחק. כי בשעה ההיא היה יצחק שורה בגבורה תחתונה, בנוקבא.

כיוון שנעקד ונועד בדין ע"י אברהם כראוי, אז התעטר יצחק במקומו עם אברהם, ונכללו אש במים, ועלו למעלה, אברהם בחסד שעלה לחכמה, ויצחק בגבורה שעלה לבינה. ואז התיישבה המחלוקת כראוי. כי עשו שלום ביניהם, שנכללו אש ומים זה מזה.

493. מי ראה אב רחמן, שייעשה אכזר

על בנו? אלא כדי ליישב את המחלוקת, להכליל מים באש, חסד של אברהם באש של יצחק, ויתעטרו במקומם. והיה זה עד שבא יעקב, קו האמצעי, ונתקן הכול כראוי, ונעשו שלושה אבות שלמים, שנעשו מרכבה לג' קווים העליונים, ונתקנו העליונים והתחתונים.

494. ויאמר, קח נא את בנך את יחידך אשר אהבת את יצחק, ולך לך אל ארץ המוריה. איך יכול אברהם לקחת את יצחק בנו, הלוא היה זקן? קח, פירושו, להמשיך עם דברים.

ולך לך אל ארץ המוריה, כמ"ש, אלך לי אל הר המור, כדי לתקן במקום הראוי לתקן. מור ומוריה אחד הוא, והוא מקום המקדש. ושם מקום ראוי לתיקון. ועל זה מביא הזוהר ראָיה מהכתוב, אלך לי אל הר המור, הנאמר בהקב"ה, שגם הקב"ה עצמו הולך שם לתקן את הנוקבא. וע"כ אמר הקב"ה גם לאברהם, שילך שם לתקן את עצמו ואת יצחק בנו.

וַיַּרְא את המקום מרחוק

495. כתוב, ביום השלישי, ויישא אברהם את עיניו, וירא את המקום מרחוק. וכתוב, כי ביצחק ייקרֵא לך זרע, משום שיעקב ייצא ממנו. כי יצחק קו שמאל, שקיומו רק ע"י קו אמצעי, יעקב. והוא נקרא ביום השלישי. כי אברהם יצחק יעקב, חג"ת, ג' ימים. ויעקב, ת"ת, יום השלישי. וע"כ הסתכל ביעקב, שהוא קיומו של יצחק.

496. וירא את המקום מרחוק. כמ"ש, מרחוק ה' נראה לי, שזה מסך דחיריק שבקו אמצעי. וירא את המקום, זה יעקב. הסתכל אברהם ביום השלישי, במדרגה השלישית, ת"ת, וראה שם את יעקב, שעתיד לצאת ממנו. אבל מרחוק ולא בזמן קרוב. שראה רק את המסך, אבל עוד לא ראה אז את התיקון של קו אמצעי, שנקרא יעקב, קומת החסדים היוצאת על מסך דחיריק, וראה כי התיקון הזה יהיה בזמן רחוק.

497. איזה שבח לאברהם לראות שיעקב עתיד לצאת ממנו, בעוד שהולך לעקוד את יצחק, שזה מביא אותו להרהר אחר דבריו של הקב"ה, כי אם יעלה אותו לעוֹלָה, איך ייצא ממנו יעקב?

498. ודאי שראה את יעקב, שהרי עוד מקודם העקידה היו לו מוחין העליונים היוצאים על ג' קווים, אשר קו אמצעי הוא יעקב. ועתה הסתכל ביום השלישי, מדרגה ג', ת"ת, כדי להביא ממנו את השלמות, להשלים המוחין שלו, שאין שלמות אלא מקו אמצעי.

ואז ראה את יעקב, כמ"ש, וירא את המקום, קו האמצעי, אבל מרחוק, ללא השגה, משום שהלך לעקוד את יצחק, ולא רצה להרהר אחר הקב"ה, שאמר לו להעלות אותו עולה, וע"כ לא השיג היטב את קו אמצעי, יעקב.

499. מרחוק. ראה אותו במראה שאינה מאירה, ראה את המסך דחיריק בלי קומת החסדים, שיוצאת על המסך הזה. ומשום זה ראה אותו ולא נגלה לו בשלמות.

אילו מראה המאירה, קומת אור החסדים, הייתה נמצאת על המראה שאינה מאירה, המסך, היה אברהם משיג אותו כראוי. אמנם לא כך היה, אלא מרחוק בלבד היה, שראה רק מסך שלו המעכב על האור, ולא ראה את הזיווג דהכאה שעליו, המוציא קומת אור החסדים.

500. המראה המאירה הסתלקה מהמסך, משום שהיא מדרגת יעקב, ומשום שעוד לא נולד יעקב, לא נמצא עתה קומת החסדים במסך.

ועוד, כדי שילך לעקוד את בנו ויקבל שכר. כי אם הייתה המראה המאירה נמצאת על המסך, הרי היה משיג בבירור שייצא ממנו יעקב, ולא היה מקיים מצוות הקב"ה לעקוד את בנו. וירא את המקום מרחוק, שראה את יעקב מרחוק, שלא זכה בו כי לא השיג אותו.

501. ויבואו אל המקום. אע"פ שבא לאותה ראייה, וראה את יעקב, אמר אברהם, ודאי הקב"ה שאמר לו לעקוד את יצחק, יודע זה באופן אחר כראוי. מיד כמ"ש, וייבן שם אברהם את המזבח. שאע"פ שראה שיצחק יוליד את יעקב, עכ"ז לא הרהר, וביטל דעתו מפני הקב"ה, ובנה את המזבח.

502. ויאמר יצחק אל אברהם אביו, ויאמר, אבי, ויאמר, הנני בני. משום שלא השיב לו, אמר פעם שנייה, אבי. ואז השיב לו, הנני בני. ולא השיב לו על האמירה הראשונה, משום שאברהם הסתלק מרחמי אב על בנו, ובא למדה"ד, ע"כ לא ענה לו על האמירה הראשונה. ומשום זה אמר, הנני בני. הנני, שהסתלקו רחמים ונהפך לדין. אני, רומז על מדה"ד, והנני, כמו הנה אני, שֶׁיָרד לדין.

503. ויאמר אברהם, אלקים יִראה לו השֶׂה לעולה. ואינו כתוב, ויאמר אביו. משום שלא היה עימו כאָב, אלא היה בעל מחלוקת שלו. וכתוב, אלקים יִראה לו השה לעולה. יראה לו, לעצמו, בעת שיצטרך לזה. אבל עתה בני לעולה, ולא שה. מיד כתוב, וילכו שניהם יחדיו, שיצחק הלך כרצון אביו.

504. הן אֶרְאֶלָּם צעקו חוּצה, מלאכי שלום מר יִבְכָּיוּן. הן אראלם, מלאכים העליונים, שצעקו, שנעקד יצחק, ורצו שיתקיים הכתוב, ויוצא אותו החוצה, בברכת הזרע.

505. מלאכי שלום, אלו הם מלאכים אחרים, שהיו עתידים ללכת לפני יעקב. ובשביל יעקב הבטיח להם הקב"ה את השלמות. כמ"ש, ויעקב הלך לדרכו, ויפגעו בו מלאכי אלקים. ואלו נקראים מלאכי שלום. כולם בכו כשראו את אברהם, שעקד את יצחק, והזדעזעו עליונים ותחתונים, וכולם על יצחק.

אברהם אברהם

506. ויקרא אליו מלאך ה', אברהם אברהם. אברהם האחרון אינו כאברהם הראשון, כי האחרון אחר העקידה הוא שלם, שכבר נכלל ביצחק. ואברהם

הראשון אינו שלם, משום שעוד לא היה נכלל ביצחק.

כעין זה שמואל, שהאחרון שלם והראשון אינו שלם, כי האחרון כבר היה נביא והראשון עוד לא היה נביא. אבל משה משה, אינו מפסיק טעם ביניהם, משום שמיום שנולד לא סרה ממנו השכינה, ואין הפרש מהראשון אל האחרון.

אברהם אברהם, הזכיר שמו פעמיים, כדי לעורר אותו ברוח אחר, במעשה אחר ובלב אחר. כי עד עתה היה מתלבש בדין, כדי לקיים מצוות הקב״ה. ע״כ היה המלאך צריך להחזירו למידת החסד. וזה עשה בכפילת שם אברהם אברהם, שעוררו ברוח אחר, שלא ישלח ידו אל הנער, ובמעשה אחר, שיעלה האיִל לעולה תחת בנו, ובלב אחר, לאהבה את יצחק בנו כבראשונה.

507. יצחק התברר והתעלה לרצון לפני הקב״ה בעקידתו על המזבח, כריח של קטורת הסמים, שהיו מקריבים לפניו הכוהנים פעמיים ביום. והקורבן נשלם, כמו שהיה נקרב ונשרף לריח ניחוח לפני ה׳.

כי אברהם היה מצטער בשעה שנאמר לו, אל תשלח ידך אל הנער ואל תעש לו מאומה, שחשב, שקורבנו לא נשלם, ולחינם עשה וסידר הכול ובנה מזבח. מיד, ויישא אברהם את עיניו וירא, והנה איל אחר, והקריבו תחת יצחק, ובזה נשלם.

508. הוא היה איל שנברא בין השמשות. והרי בן שנה היה. וכן הוא צריך להיות כמו עולת תמיד. ואיך ייתכן שהאיל נולד בין השמשות? אלא שהתמנה אז בערב שבת בין השמשות, הכוח של אותו האיל, שיהיה נועד לבוא בפועל אל אברהם, בשעה שיצטרך לו.

וע״כ נולד באמת בזמנו, וכשהיה בן שנה הזדמן לאברהם. כמו כל הדברים שנבראו בערב שבת בין השמשות, שהתמנה אז רק הכוח שיזדמן הדבר בפועל לעת הצורך. וכן הוא אותו האיל שנקרב תחת יצחק.

בכל צרתם לא צָר

509. בכל צרתם לא צָר. בכל צרתם של ישראל, כשהזדמנו להם הצרות, כתוב עליהן, לא צר. כתוב, לא, באות אלף, וקוראים, לו, באות ו׳, משום שהקב״ה עימהם בצרה.

לא עם א׳, שפירושו, שאינו מצטער, הוא במקום יותר עליון. ואע״פ שאין במקום ההוא כעס וצרה, כמ״ש, עוז וחדווה במקומו, עכ״ז מגיע שם למענה צרות ישראל. לא באות א׳ דומה כמ״ש, הוא עשָׂנוּ ולא אנחנו, שכתוב בא׳ וקוראים בו׳.

510. ומלאך פניו הושיעם. הרי הוא נמצא עימהם בצרה, כי מתחילה כתוב, בכל צרתם לו צר. וכתוב, הושיעם, הלוא אם נמצא עימהם בצרה, עוד לא הושיעם? אלא לא כתוב שמושיעם, אלא רק שהושיעם בלשון עבר. הושיעם בזה, שנמצא עימהם באותה הצרה וסובל עימהם.

כשישראל בגלות גם השכינה עימהם בגלות, כמ״ש, ושב ה׳ אלקיך את שבותך ורחמיך. שהיה לו לומר, והשיב את שבותך. ושב, ללמדך שהשכינה עימהם בגלות. ושב, שסובב על עצמו.

511. ומלאך פניו הושיעם. זוהי השכינה שעימהם בגלות. הושיעם, ואם נמצא עימהם בגלות, הרי עוד לא הושיעם? אלא אלו הצרות של ישראל הם משכנותיו של הקב״ה בגלות, שהקב״ה נמצא בכל צרה וצרה שלהם, ומשום שהשכינה עימהם, הקב״ה זוכר להטיב להם ולהוציא אותם מהגלות. כמ״ש, ואזכור את בריתי, השכינה.

הרי שהושיעם ממש, בזה שנמצא עימהם בצרה. כמ״ש, ואזכור את בריתי, שבזה שנמצא עימהם בצרה, הרי הוא הושיעם, כי הוא סובל עימהם ומקל את צערם. וכאן כתוב שהושיעם, עם מציאותו בצרה, שהבטיח להם בזה את גאולתם.

512. כתוב, הנה צעקת בני ישראל באה אליי, וגם ראיתי את הלחץ אשר מצרים לוחצים אותם. לרבות ראייה אחרת, הראשונה לכולם, כמ״ש, ויזכור אלקים את בריתו, השכינה.

כתוב, ויזכור אלקים את בריתו, את אברהם, את יצחק ואת יעקוב. הלוא היה צריך לומר, ויזכור את בריתו לאברהם? אלא, את אברהם, זהו החיבור והזיווג של השכינה עם האבות, כי אֶת היא שם השכינה.

את אברהם, מערבית דרומית, חיבוק הימין. כי דרום הוא ימין, חסד, אברהם. מערב הוא השכינה, את. ואברהם מחבק אותה עם חסדים.

את יצחק, צפונית מערבית, חיבוק השמאל, כי צפון הוא שמאל, גבורה, יצחק. מערב הוא השכינה, את. יצחק מחבק אותה עם הגבורות.

ואת יעקב, הוא זיווג אחד, כלל אחד, זיווג שלם. כי מורה על זיווג ז״א, יעקב, עם השכינה, את. ואין זיווג אלא בקו אמצעי, יעקב. אבל באברהם ויצחק נוהג רק חיבוק. לכן נאמר ביעקב, שהוא זיווג אחד. וכתוב, ואת יעקב, שכולל אותם יחד, שזה כלל אחד. והו׳ הנוספת בכתוב, ואת יעקב, מורה על שלמות הזיווג.

513. כמ״ש, את השמיים, התכללות מידת לילה, הנוקבא, ביום, ז״א. ואת הארץ, מידת יום, הנכלל במידת לילה ביחד, התכללות ז״א בנוקבא. כי הו׳ של ואת, מורה על הזכר הנכלל בנוקבא.

כתוב, את אברהם, את יצחק, אבל ביעקב כתוב, ואת, שזה מורה על זיווג אחד, שהזכר והנקבה אינם נפרדים לעולם. ועתיד הקב״ה להכריז בכל העולם ולהשמיע קולו, כמ״ש, ויאמר אך עַמי המה בנים לא ישקֵרו, ויהי להם למושיע.

פרשת חיי שרה

ויישאו את יונה ויטילוהו אל הים

1. ויישאו את יונה, ויטילוהו אל הים, ויעמוד הים מזעפו. מהו הטעם, שהים הרעיש על יונה ולא הארץ, הנוקבא, הרעישה עליו? כיוון שהולך לחוץ לארץ, כדי שלא תשרה עליו השכינה, נמצא, שברח מארץ ישראל, הנוקבא. ע״כ למה הים נאחז בו כשהלך, ולא הארץ, שממנה ברח?

2. ים דומה לרקיע, ורקיע לכיסא הכבוד. ז׳ רקיעים, חג״ת נה״י דז״א. רקיע עליון נקרא מ״י, ישסו״ת. רקיע תחתון, מלכות דז״א, שממנה נבנית הנוקבא, מקבל ב׳ האותיות מ״י מהרקיע העליון, שנעשים אצלה אותיות ים. רקיע עליון משפיע החכמה שבו רק לנוקבא. וע״כ קיבלה הנוקבא אותיות מ״י שבו, ונעשו בה ים, שמורה על חכמה שבנוקבא.

הים, הנוקבא, דומה לרקיע תחתון דז״א, כי מהרקיע הזה כל בניינה. ורקיע זה דומה לכיסא הכבוד, ישסו״ת, שהם כיסא לאו״א עילאין, שע״כ קיבל הרקיע התחתון אותיות מ״י שבכיסא הכבוד, ונעשה ים. וההפרש בין השם ארץ לבין השם ים, שהשם ארץ של הנוקבא אינו מיוחד על הארת חכמה שבה, אלא רק על הברכה שבה, אבל השם ים של הנוקבא מיוחד רק על הארת חכמה שבה, שמשם נמשכת הנבואה.

ומשום זה, הים נאחז בו וקיבל אותו לתוכו, משום שהיה בורח מפני הים, שהיה בורח מפני הנבואה, הנמשכת מהמוחין דנוקבא, שהם בבחינת ים. וע״כ הרעיש עליו הים ולא הארץ. וכן השליכוהו אל הים, שזה היה, כדי להשיבו אל הנבואה שממנה ברח.

3. ויישאו את יונה ויטילוהו אל הים. כשהיו מטילים אותו אל הים, והטביעו אותו עד ברכיו, היה הים שוכֵך. הרימו אותו, זעף הים. כל כמה שהטביעוהו, כן שכך הים. עד שהוא אמר בעצמו, שָׂאוני והטילוני אל הים. מיד, ויישאו את יונה ויטילוהו אל הים.

4. כיוון שנשלך אל הים, פרחה ממנו נשמתו, ועלתה עד כיסא המלך ונידונה לפניו. והוחזרה לו הנשמה, ונכנס בפיו של אותו הדג, והדג מת. ואח״כ חזר הדג לתחייה.

5. בשעה שאדם עולה על המיטה וישן, כל לילה ולילה יוצאת נשמתו ממנו, ונידונה לפני בית דינו של המלך. אם זוכה להישאר בחיים, הוחזרה הנשמה לעוה״ז.

6. הדין הוא בשתי דרכים. כי לא דנים האדם על הרע, שהוא עתיד ונועד לעשות. כמ״ש, כי שמע אלקים אל קול הנער באשר הוא שם. ולא על העתיד. ואין לומר, שדנים האדם רק על הטוב שכבר עשה בלבד.

אלא שמטיבים לאדם על הטוב של עתה, ודנים אותו על הזכויות שהוא עתיד

״חיי שרה״. ספר הזהר עם פירוש הסולם. מהד׳ 21 כר׳. כרך ה. דף א; מהד׳ 10 כר׳. כרך ג. דף א.

לעשות, שהוא ניצל בשבילם, אע״פ שהוא עתה רשע. משום שהקב״ה עושה טוב עם כל הבריות, וכל דבריו שעושה הוא רק להטיב לכל. וע״כ אינו דן האדם על הרע שעתיד לעשות. וע״כ נידון האדם לפני הקב״ה, שיודע העתידות.

הזוהר מביא את המאמר הזה, אשר האדם נידון בכל לילה, כדי לבאר מה שאמר לעיל על יונה, שיצאה נשמתו ונידון לפני הקב״ה.

7. כיוון שהטילו את יונה אל הים, כתוב, ויעמוד הים מזעפו. ים העליון, הנוקבא. כשהכעס שוקט הוא בעמידה. בשעה שהדין שורה בעולם, ב״ד, הנוקבא, כאישה מעוברת המתקשה ללדת. וכאשר ילדה, הבהלה שָׁככה. כן כשהדין שורה בעולם, אינו שוקט ואינו נח, עד שנעשה הדין ברשעים. ואז המנוחה שלו לעמוד במקומו בשלמות ולהימצא בקיומו, כמ״ש, וּבַאֲבוֹד רשעים רינה.

8. ובאבוד רשעים רינה. וכתוב, החפוץ אחפוץ מות רשע. הרי שאין נחת לפני הקב״ה כשנעשה דין ברשעים? אלא כאן, קודם שנשלמה הסאה, אז אינו חפץ במות רשע. ולאחר שנשלמה הסאה, אז, באבוד רשעים רינה.

ודוּמה קם ומקבל בחשבון

[ודומה קאים ונטיל בחושבנא]

9. בעלי המשנה קרובים היו לפנימיות המדרגה, שמעו קול, מתהפך להשפיע מלמעלה למטה ומתפשט בעולם. מאחר שז״א, שהוא קול, עלה והכריע והשלים ב׳ קווים ימין ושמאל דבינה, בהארתו שם מלמטה למעלה, הוא מתהפך ומתפשט משם לעולם, ומאיר מלמעלה למטה.

הקול עוקר הרים, ושובר סלעים חזקים. כלומר, שהארתו עוקרת ושוברת כל הקליפות. רוחות גדולות עולות, האוזניים פתוחות. מאַין כוח השפעתו של הקול, ז״א? רוחות גדולות, ספירות הז״א, שנקרא רוח, עולות לאוזניים, בינה, כמ״ן, ונעשה שם קול. והוא מכריע שם בין ב׳ קווים דבינה, ומתלבש החכמה שבשמאל בחסדים שבימין, ואז נפתחו האוזניים להאיר. ובשיעור שהקול פתח האוזניים להאיר, כן מתפשט ומאיר גם הוא.

10. הקול היה אומר בנסיעותיו, בהשפעתו, משום שהולך בשלושה מקומות, קַצֵּץ חֵלֶק. והַיְּשֵׁנים הדוממים, שהשינה בחוֹרי עיניהם, חוזרים ועומדים על מעמדם.

אין קו אמצעי יכול להכריע בין ב׳ הקווים ולכלול אותם זה בזה, מטרם שממעט את קו השמאל מג״ר לו״ק דג״ר. שבעת הארת השמאל בלי התכללות בחסדי הימין, נסתמים כל האורות, ומחשיך הלילה ובני אדם ישנים. כלומר, שהסתלקו מהם המוחין.

והקול, קו אמצעי, אומר קצץ חלק, שמצַווה בכוחו למעט חלק הג״ר דג״ר מהארת קו השמאל. ואז הישנים הדוממים, שהשינה בחורי עיניהם, מחמת הארת השמאל בלי התכללות בימין, שסתם להם האורות, עתה הם חוזרים ועומדים על מעמדם. כי עתה,

אחר שהתמעטו הג"ר דשמאל, נכללו השמאל והימין זה בזה, והאורות נפתחים. וע"כ התעוררו הישנים והשיגו המוחין שלהם, שהם קיומם.

המלך, הנוקבא, שמקבלת מז"א, נקרא קול, שאומר, שִׁמרו השערים. השליט על צבאות רבות, עמד על מעמדו. אחר שהמלך, הנוקבא, קיבלה המוחין מקול, קו אמצעי, אמרה, שמרו השערים. משום שמיעט הג"ר, המשפיעים מלמעלה למטה. לפיכך אמרה גם הנוקבא, שמרו השערים, שלא ימשיכו מלמעלה למטה. ואז השליט על צבאות רבות, שהוא מט"ט, עמד על מעמדו, כלומר שקיבל המוחין מנוקבא.

11. כולם אינם מרגישים ואינם יודעים, שהספר פתוח, ובשֵׁם כתוב, ודוּמה קם ומקבל בחשבון. ג' הללו, ספר שֵׁם וחשבון, הם בנוקבא. כי הנוקבא עצמה נקראת ספר, שבה כל הנשמות, וממנה יוצאות. וכל נשמה ונשמה יש לה בספר, בנוקבא, שיעור קומה, והוא נקרא שֵׁם. ושיעור הקומה ההוא יוצא בזיווג על מסך. והמסך הזה נקרא חשבון, משום שקומת הזיווג מחושב ומשוער בעוביות המסך.

וע"כ נאמר, שהספר פתוח, שהנוקבא פתוחה לקבל נשמות מז"א. ובשֵׁם כתוב, שכל נשמה יש לה שיעור קומה מיוחדת בספר. שהיא יוצאת על חשבון, שהוא המסך. ודוּמה, המלאך הממונה על המתים, לדון אותם בקברותיהם, ולהכשיר אותם לתחיית המתים, ועל נפשות הרשעים, לדון אותם בגיהינום. קם בהתמנות שלו ומקבל כוח לדון הגופות בחשבון, שהוא המסך דקו אמצעי.

יש ב' מיני דינים ועונשים:

א. הנמשכים משליטת קו שמאל מטרם שבא קו אמצעי.

ב. הנמשכים מקו אמצעי עצמו אחר שהכליל ב' הקווים ימין ושמאל זה בזה.

והוא מחמת שקו אמצעי ממעט הג"ר דקו שמאל, המשפיע מלמעלה למטה. ומכוח זה, כל אלו הכלים שבלעו פעם הארה זו מלמעלה למטה, מחויבים להתבטל ולהתחדש פעם שנייה.

ונודע, שעניין אכילת עצה"ד הוא המשכת השפע מלמעלה למטה, שמטעם זה נגזרה מיתה על הגופות. ומכוח הארת קו האמצעי, מחויבות הגופות להתבטל לגמרי, להירקב בקבר, עד שלא יישאר מהם כי אם מלוא כף רקב. כי לא תצא מהם הזוהמה שקיבלו בפחות מזה. ואח"ז, בזמן התחייה, חוזרים ומתחדשים. והממונה על הדין הזה, המלאך דוּמה, שהוא קם להתמנות שלו, לדון הגופות בקברותיהם, שמקבל מכוח החשבון, מהמסך דחיריק שבקו אמצעי, הנקרא חשבון, כלומר, מין הב' של דינים ועונשים, הנמשכים מקו אמצעי, מהמסך שלו.

ולפיכך, רק אלו שזכו בחייהם לקבל המוחין מקו אמצעי, הנה אחר מיתתם, יידונו גופותיהם ביד דוּמה, מכוח קו אמצעי. אבל אלו שבחייהם לא זכו לקבל המוחין דקו אמצעי, אלא שהיו דבוקים בקו שמאל, הרי הדינים ועונשים הבאים עליהם, הם ממין הא' ולא מקו אמצעי. וע"כ אחר מיתתם לא יקבל דוּמה את הגופות שלהם, מכוח שדיניו רק מקו אמצעי. ואלו שלא זכו בו בחייהם, איך יזכו בו לאחר מיתה?

וההפרש, אם הגופות יידונו תחת יד דוּמה או לא, הוא גדול מאוד. כי עניין תחיית המתים נמשך מזיווג הכולל הגדול שיהיה בגמה"ת, שעניינו, שכל הזיווגים והקומות, שיצאו מהם בזה אחר זה במשך 6000 שנה, יתקבצו כולם בזיווג הכולל בבת אחת. שסיבת קיבוצם בבת אחת, מביא אור גדול מאוד, המביא את גמה"ת.

ולפיכך אלו הגופות שנידונו תחת יד דוּמה, מבחינת הזיווגים שבקו אמצעי, מכוח החשבון שבכל זיווג, נעשו בזה

מוכנים לקבל ג"כ קיבוץ כל הזיווגים בבת אחת שבגמה"ת, ויעמדו לתחיית המתים. שזהו שהמלאך דומה מקבל המתים בחשבון, כלומר במידת הזיווג. ואח"כ, לעת תחיית המתים, מוציא אותם בחשבון. כי אז יתקבצו כל החשבונות לחשבון אחד, ויחיו המתים.

אבל הנידונים ממין הא' של העונשים, מקו השמאל, אשר גופותיהם לא נכללו בחשבון שמקו אמצעי, שמחמת זה דומה אינו מקבל אותם בחשבון, הם לא יקומו לתחיית המתים, כי אין להם חלק באור הגדול הזה, שהתקבץ מכל הזיווגים שבקו אמצעי.

ושוכני עפר, הרשעים, אינם בכלל הזיווג של קול ודיבור, אלא שחוזרים לחוץ. כלומר, אע"פ שכבר באו בפנימיות, כדי לקבל מקו אמצעי, יחזרו לחוץ ולא ירצו לקבל ממנו. כי קֶרֶב טוב, קו האמצעי, יסוד הנקרא טוב, להיות מחושב בהם, כלומר להשפיע להם בחשבון. אבל הם אינם רוצים בגלגול ובהיפוך.

המוחין הנמשכים בחשבון מקו אמצעי, נמשכים בגלגול, שמתגלגלים ובאים בזה אחר זה, בסדר ג' נקודות, חולם שורוק חיריק. וכך נתקן היפוך המדרגות בהארת השמאל, שמה שהיה בו מקודם לכן ג"ר למעלה ואחריהן ו"ק, ואחריהן גזר דינו, התהפכו. וגזרת דינו נעשה עליון, ואחריה ו"ק, ולבסוף כולם הג"ר.

ואלו הרשעים הדבקים בקו שמאל, אינם רוצים במוחין מקו האמצעי, משום שהמוחין דקו האמצעי באים בגלגול על ג' נקודות, ובהיפוך המדרגות בקו שמאל. והם אינם רוצים בגלגול ובהיפוך, להיותם חפצים רק בג"ר דשמאל, הנמשכים להם מלמעלה למטה.

12. משום שאינם חפצים במוחין הבאים בגלגול ובהיפוך, נופלים ואינם עומדים לתחייה. וע"כ הרשעים נמחים מספרו של דומה, כי הוא מקבל רק בחשבון מקו אמצעי, שהרשעים אינם כלולים ממנו. ומי ידרוש אותם בעת תחיית המתים? כי בעת תחיית המתים, יקבל המלאך מט"ט חשבון בכתב מבית הקברות מיד דומה. אבל אותם הרשעים שאינם בחשבון של דומה, מי ידרוש אותם לתחיית המתים? ומי יושב בחשבון שלהם? רומז בזה לקליפה הקשה, הנקראת סיחון, היושב בחשבון, שהוא הלעומת כנגד דומה.

דומה פירושו דממה, וסיחון הוא שיחה ודיבור. ואוי להם ואוי לחייהם ואוי למכאוביהם. עליהם כתוב, יימחו מספר חיים, כי אינם עומדים לתחיית המתים.

מלך לשדה נֶעֱבָד

13. ויהיו חיי שרה. מה השינוי, שנאמר מיתתה בתורה, יותר מכל נשי העולם. הרי כמה נשים כתובה מיתתן בתורה, כמ"ש, ותמות רחל, ותמות שם מרים, וכדומה.

14. בכולן לא כתוב כמ"ש בשרה, ויהיו חיי שרה מאה שנה ועשרים שנה ושבע שנים שְׁנֵי חיי שרה. שהרי בכולן לא נמנו ימים ושנים כמו לשרה. בכולן לא כתוב פרשה מיוחדת, כמו לשרה. משום שהיא המדרגה, שכל הימים והשנים של אדם בה תלויים, מאלו המוחין, שהם חיי שרה, המרומזים במספרים, מאה שנה

ועשרים שנה ושבע שנים, נמשכים החיים של האדם.

15. ויתרון אֶרֶץ בכל הוא מלך לשדה נֶעֱבָד. ויתרון ארץ, הנוקבא, בכל, יסוד דז״א, כי מיסוד יוצאים רוחות, ונשמות, ותועלת העולם.

מלך לשדה נֶעֱבָד. המלך הוא הקב״ה. לשדה נעבד, כשהוא נתקן כראוי. מלך עליון, ז״א, שהתחבר לשדה, כשהוא נעבד. שדה, הנוקבא, כמ״ש, כריח שדה, אשר בירכו ה׳. כי כשנעבד ומיתקן בכל הצורך כראוי, אז מלך העליון, ז״א, מתחבר עימו.

16. מלך זה השכינה, ששורה בביתו של אדם, להיתקן בה, כשהאדם נשוי ומזדווג באשתו, כדי להוליד ולעשות פירות. והשכינה מוציאה נשמות לשכן אותן בה. ומשום זה היא מתחברת רק לשדה נעבד.

17. מלך, זוהי אישה יראת ה׳, כמ״ש, אישה יראת ה׳ היא תתהלל. כלומר השכינה. לשדה נעבד, זוהי אישה זרה, הס״א, כמ״ש, לשמורך מאישה זרה. משום שיש שדה ויש שדה. יש שדה שכל הברכות והקדושות שורות בו, כמ״ש, כריח שדה, אשר בירכו ה׳. שהיא השכינה. ויש שדה, שכל החורבן, והטומאה, והכליה, וההריגות, והמלחמות שורות בו, שהוא הס״א.

והמלך הזה, השכינה, לפעמים נעבד לשדה ההוא, לס״א. כמ״ש, תחת שלוש רגזה ארץ, ושִׁפחה כי תירש גבירתה. שהשדה של ס״א תירש השכינה. ואז המלך הזה, השכינה, מתכסה האור שלה ונחשכה, עד שתיטהר ותתחבר למעלה לז״א.

18. משום זה בא השעיר של ר״ח, שאז נפרד השדה ההוא, הס״א, מהמלך הקדוש, השכינה, וברכות אינן שורות בשדה ההוא, בס״א. אבל כשהוא נֶעֱבָד לשדה ההוא, לס״א, אז כתוב, כי בשדה מְצָאָהּ, את השכינה, צעקה הנערה המאורשה ואין מושיע לה. כי בשדה, זהו הס״א.

19. באה חוה לעולם, נדבקה באותו הנחש, והטיל בה זוהמה, וגרמה מוות לעולם ולבעלה. באה שרה וירדה למקום הס״א, ועלתה, ולא נדבקו בה הקליפות, כמ״ש, ויעל אברם ממצרים, הוא ואשתו וכל אשר לו. בא נוח לעולם, מה כתוב? ויֵשְׁת מן היין ויִשְׁכר ויתגַל.

20. ומשום שאברהם ושרה לא התדבקו בס״א, זכתה שרה לחייח עליונים, לה ולבעלה ולבניה אחריה. וכמ״ש, הַביטו אל צוּר חוּצַבתם, אברהם, ואל מַקֶבֶת בור נוּקַרתם, שרה. וע״כ כתוב, ויהיו חיי שרה, שזכתה בהן בכולן, בכל השנים. שלא כתוב כן בכל הנשים. שלא כתוב, ויהיו חיי חוה. וכן בכולן. כי היא נדבקה בחיים. וע״כ החיים שלה הם.

מי שממעט את עצמו הוא גדול

[מאן דאיהו זעיר איהו רב]

21. אשרי הוא מי שממעט את עצמו בעוה״ז, כמה הוא גדול ועליון בעולם הנצחי. מי שהוא קטן בעוה״ז, הוא גדול בעולם הנצחי. ומי שהוא גדול

בעוה״ז, הוא קטן בעולם הנצחי. שכתוב, ויהיו חיי שרה מאה שנה ועשרים שנה ושבע שנים. מאה, שהוא חשבון גדול. כתוב בו שנה, למיעוט של שנה אחת המעיט אותו. שבע, שהוא חשבון קטן, הגדיל אותו והִרבה אותו, שכתוב בו שנים.

אין הקב״ה מגדיל, אלא למקטין את עצמו. ואינו מקטין, אלא למגדיל את עצמו. אשרי הוא מי שמקטין את עצמו בעוה״ז, כמה הוא גדול במעלה לעולם הנצחי.

ויהיו חיי שרה

23. ויהיו חיי שרה, מאה שנה ועשרים שנה ושבע שנים. אלו החיים הם כולם למעלה, בבינה. מאה שנה, שהוא כתר, למעלה. ועשרים שנה, שהם חו״ב, למעלה. ושבע שנים, שהם ז״ת, למעלה. שהם ג״ר וז״ת דבינה, שמשם קיבלה שרה החיים, המוחין. למה בכולן כתוב שנה, ובשבע כתוב שנים, כמ״ש, מאה שנה ועשרים שנה ושבע שנים?

24. אלא מאה שנה שָם כלל הכול, כלומר כתר, הכולל כל עשר הספירות, שכל אחת כלולה מעשר, והן מאה. כי נכלל שם המקום העליון הסתום מכל סתום, שהוא א״א, המשפיע מאה ברכות אל המלכות, בכל יום ממאה ספירות שבו. וא״א הוא הכתר דאצילות. וכן עשרים שנה, חו״ב, נכלל בהם א״א, שהוא סתום מכל סתום. ומשום כך כתוב בהם שנה, בלשון יחיד, שהוא סוד הייחוד. כי מחשבה ויובֵל, שהם חו״ב, אינם נפרדים זה מזה לעולם. כי ג״ר מקושרים זה בזה כאחת.

25. אבל שבע שנים, שהן ז״ת דבינה, הן נפרדות זו מזו. ויוצאות מכלל הסתום שלמעלה, שהוא א״א, כי הן עומדות למטה מפרסא דא״א שבחזה שלו. והפרסא מפסיקה ביניהן לא״א. ואע״פ שהכול הוא ייחוד אחד בשווה, אבל הז״ת נבחנים בדין וברחמים לכמה צדדים ודרכים. משא״כ למעלה, בג״ר דבינה, שא״א מתלבש בהם למעלה מחזה, ואין שם דין כלל.

ומשום זה באלו שבע שנים כתוב בהם שנים ולא שנה, כמו בג״ר. וכל ע״ס ג״ר וז״ת נקראים חיים. וע״כ כתוב, ויהיו חיי שרה, שהיו ממש, שנבראו ועמדו למעלה בע״ס דבינה.

26. למה כתוב מיתת שרה יותר משאר נשים? כי כשנעקד יצחק, היה בן ל״ז (37) שנה. וכיוון שנעקד, מתה שרה, שכתוב, ויבוא אברהם לספוד לשרה ולבכותה. בא מהר המוריה, מעקדת יצחק. ואלו ל״ז שנה, מיום שנולד יצחק עד הזמן שנעקד, הם היו ודאי חיי שרה, כחשבון, ויהיו, שהוא בגי׳ ל״ז שנים, שהם מיום שנולד יצחק עד שנעקד. וכדי להשמיענו זה, כתוב מיתת שרה בתורה.

״חיי שרה״. ספר הזהר עם פירוש הסולם. מהד׳ 21 כר׳. כרך ה. דף ט; מהד׳ 10 כר׳. כרך ג. דף ט.

ויישַׁרנה הפָּרות

27. מזמור שירו לה' שיר חדש כי נפלאות עשה, הושיעה לו ימינו וזרוע קודשו. פסוק זה, פרות אמרו אותו. כמ"ש, ויישַׁרנה הפָּרות בדרך. מהו, ויישרנה? שהיו אומרים שירה חדשה. ואיזה שירה אמרו? מזמור שירו לה' שיר חדש.

28. כל מה שברא הקב"ה בעולם, כולם אומרים תשבחות ושירים לפניו, בין למעלה ובין למטה. לפי זה הפרות מעצמן אמרו שירה זו. אבל אלו הפרות הארון היה עליהן, וכיוון שהארון נלקח מהן, היו גועות, כדרך שאר פרות העולם. ולא אמרו שירה. ודאי הארון שעליהן עשה אותן לזַמר.

29. כתוב, מזמור. ובכל המקומות כתוב, מזמור לדוד, או, לדוד מזמור. וכאן לא כתוב, דוד לגמרי, אלא, מזמור, בלבד. והוא משום שרוח הקודש עתיד לזמר אותו, בזמן שיקים הקב"ה את ישראל מעפר. וע"כ לא נאמר כאן, לדוד. ואז, שירו לה' שיר חדש. כי שיר כזה לא נאמר עוד מיום שנברא העולם.

30. כתוב, אין כל חדש תחת השמש. וכאן, השיר הזה הוא חדש, והוא תחת השמש, כי תחת השמש יהיה. ומיהו השיר החדש? זוהי הלבנה, שהיא הנוקבא. כי אז תהיה הלבנה חדשה תחת השמש. שתתחדש אורה להיות כאור החמה, שהוא ז"א.

מהו הטעם, שיהיה חדש תחת השמש? כמ"ש, כי נפלאות עשה. ומהם הנפלאות? שכתוב, הושיעה לו ימינו וזרוע קודשו, שהם ימינו ושמאלו, חו"ג. הושיעה לו. למי? לאותה המדרגה שאמרה השיר הזה, שהיא רוח הקודש, הנוקבא. משום שנסמכה בהם הנוקבא, בימין ובשמאל, כמ"ש, הושיעה לו ימינו, וזרוע קודשו, הוא שמאלו.

וע"כ הושיעה לו ימינו, ודאי פירושו לאותה המדרגה שהיא נקראת מזמור, רוח הקודש, הנוקבא. שתהיה אורה כאור החמה. בזמן שיקומו מֵתי עולם ויתעוררו מעפר. אז יהיה חדש, מה שעוד לא נעשה בעוה"ז.

31. בזמן שיעשה הקב"ה נקמות בעולם בשביל ישראל, אז ייאמר שיר חדש, כלומר, בביאת המשיח. שאינו בזמן אחד עם תחיית המתים. כי לאחר ביאת המשיח יתעוררו מתי העולם מעפר, והעולם יתחדש בקיום שלם. שלא יהיה כבתחילה, כשהמוות שלט בעולם, משום שהנחש גרם מוות בעולם לכל, ונטמא העולם וחשכו פניהם של הבריות.

ואיבה אָשִׁית בינךָ ובין האישה

32. חלפו עם אוניות אֵבֶה. כי כמה אוניות שטות תוך הים הגדול, ויש ביניהם אוניות וספינות נבדלות זו מזו, ואלו אוניות של הנחש השטות ביניהן,

"חיי שרה". ספר הזהר עם פירוש הסולם. מהד' 21 כר'. כרך ה. דף י; מהד' 10 כר'. כרך ג. דף י.
"חיי שרה". ספר הזהר עם פירוש הסולם. מהד' 21 כר'. כרך ה. דף יב; מהד' 10 כר'. כרך ג. דף יב.

נקראות אוניות אבה. ים הגדול הוא הנוקבא. אוניות השטות בים הן מדרגות הארתה לתחתונים.

אוניות הנחש הן אחיזות הנחש לינוק ממנה, ואחיזות אלו מכונות אֵבֶה. כמ״ש, ואיבה אָשִית בינך ובין האישה, ובין זרעך ובין זרעה. כלומר שייתן לו אחיזה לינוק מהנוקבא. שאחיזה זו נקראת איבה.

33. בינך ובין האישה. כמ״ש, אישה יראת ה׳, המלכות. בין זרעך, אלו הם שאר כל העמים עובדי עבודה זרה, שהם זרעו של הנחש. ובין זרעה, ישראל, שהם זרעה של המלכות. וכתוב, הוא ישופך ראש, זה הקב״ה, שעתיד לבער את הנחש מן העולם. כמ״ש, בילע המוות לנצח. וכתוב, ואת רוח הטומאה אעביר מן הארץ.

34. ראש. זהו לעת״ל, שיחיו המתים. כי אז יהיה העולם ראש, משום שיתקיים בראש, שיאירו בו ג״ר, שהם עולם העליון.

וכתוב, ואתה תשופנו עקב. זהו בעוה״ז עתה, לפני גמה״ת, שהעולם הוא עקב, ואינו בקיום שלם, ונחש ההוא נושך את העולם ומחשיך פני הבריות.

35. ימיו של אדם נבראו ועמדו במדרגות העליונות, בשבע ספירות חג״ת נהי״מ. כיוון שגמרו להתקיים באלו המדרגות, כמ״ש, ימי שנותינו בהם שבעים שנה, כנגד שבע ספירות, שכל אחת מהן עשר, אין עוד מדרגה להתקיים בה. ומשום זה, כתוב, ורוהבם עמל ואוון, והם כלא היו. ורוהבם, פירושו יותר מזה, כלומר, אם חי יותר משבעים שנה הם רק עמל ואוון, כי אין עוד ספירה להמשיך החיים ממנה. וע״כ שנים הללו הם כלא היו כלל, שאין בהם חפץ.

36. אבל ימיהם של הצדיקים הווים ומתקיימים. כלומר, אפילו אם הם חיים יותר משבעים שנה. כי הם מקבלים מהמזל העליון, שהוא מוסיף חיים על שבעים שנה, כמה שרוצה. כמ״ש, ויהיו חיי שרה. וכן כתוב, ואלה ימי שְנֵי חיי אברהם. ולמה גם בישמעאל כתוב, ואלה שני חיי ישמעאל, אע״פ שלא היה צדיק? משום שעשה תשובה. וע״כ כתוב, אלה, בימיו, כמו באברהם.

גולמי ראו עיניך

37. היוצא לדרך יתפלל ג׳ תפילות: תפילה שהיא חובה של יום. ותפילת הדרך, על הדרך שהוא עושה. ותפילה, שיחזור לביתו לשלום. אלו השלוש, אינו צריך ג׳ ברכות נפרדות, אלא אפילו בברכה אחת יכול לעשות אותו. כי כל שאלותיו של אדם יכול לכלול אותם בברכת, שומע תפילה.

38. כל מעשיו של אדם כתובים בספר, בעולם העליון, הן טוב והן רע. ועל כולם הוא עתיד לתת את הדין. כי כתוב, גולמי ראו עיניך. שאותם הדברים שעשה הגולם, הגוף, שאינו מתחשב במה שיהיה בעוה״ב, כולם ראו עיניך, כי עיינת בהם.

וכתוב, ועל ספרך כולם ייכתבו. לתת עליהם דין וחשבון לעוה״ב. לפיכך יקדים

״חיי שרה״. ספר הזהר עם פירוש הסולם. מהד׳ 21 כר׳. כרך ה. דף יג; מהד׳ 10 כר׳. כרך ג. דף יג.

אדם תפילתו תמיד קודם למעשהו, ויועיל לו.

39. אין אדם עושה עבירות, אלא מי שהוא גולם ולא אדם. אותו אדם שאינו מסתכל בצרכיה של הנשמה הקדושה, אלא כל מעשיו כבהמה, שאינה מתחשבת ואינה יודעת. והאם נקרא דוד גולם, שאינו מסתכל בנשמה, שהוא אמר אותו הכתוב?

אדה״ר אמר אותו הפסוק, גולמי ראו עיניך. כי גולם פירושו חומר, מטרם שנשלם צורתו. ואמר, קודם שזרקת בי נשמה, שהייתי גולם, ראו עיניך לעשות בצורתי אנשים שיהיו דומים לי. ועל ספרך כולם ייכתבו. שייכתבו בשמותיהם, מי הם. וכתוב, ימים יוּצָרוּ ולא אחד בהם. ימים יוצרו, שיוצרו כצורה זו שלו. ולא אחד בהם, שלא נשאר אחד מהם.

40. למה לא נשאר מאותם הדומים לצורת אדה״ר אף אחד? כל אלו שהיו דומים לאדה״ר, או אפילו דומים לו רק ברמז ולא בבירור, לא מתו מיתת עצמם. וכולם הוכו באותו עניין ממש, שהיו דומים לאדה״ר.

צורתו של אדה״ר ויופיו, הייתה כזוהר הרקיע העליון על כל הרקיעים, וכאותו האור שגנז הקב״ה לצדיקים לעוה״ב. ולפיכך, כל אלו שהיה בהם רמז משהו מצורתו של אדה״ר, הוכו בו ומתו.

41. כי כך דרכיו של הקב״ה. אם נותן עושר לאדם, הוא לזוּן את העולם, ולעשות מצוותיו. לא עשה זה, אלא שמתגאה בעושרו, בו יוכה, כמ״ש, עושר שמור לבעליו לרעתו.

אם נותן לו בנים, הוא כדי ללמד אותם דרכיו של הקב״ה ולשמור מצוותיו. כאמור באברהם, כי ידעתיו למען אשר יצווה את בניו. לא עשה זה, אלא שמתגאה בהם, בהם הוא מוכה.

וכך בדרך זה, כאשר נתן הקב״ה להם מיופי הטוב העליון של אדה״ר, נתן להם לשמור מצוותיו ולעשות רצונו. לא עשו זה, אלא שהתגאו. באותו היופי שהתברכו בו, בו הוכו.

42. כשברא הקב״ה את אדה״ר בעוד שהיה גולם, מטרם שזרק בו הנשמה, קרא לאותו המלאך, הממונה על צורות בני אדם, ואמר לו, עיין וצור בצורתו של זה, שישה אנשים: שמשון, שאול, עשהאל, יאשיהו, צדקיהו, אבשלום. כמ״ש, ויולֶד בדמותו כצלמו, ויקרא את שמו שֵׁת. כלומר שישה, שישה אנשים.

43. מאותו העפר ממש שנברא אדה״ר, לקח הקב״ה לברוא אלו שישה אנשים. וקרא לו שת, שפירושו שישה. כלומר, שקרא והזמין שישה אנשים. כמ״ש, ויולד בדמותו כצלמו. כלומר, מאותו הבצק שנברא הגולם שלו. וע״כ כתוב, גולמי ראו עיניך. שפירושו, שעיינת לעשות דומים אליו.

ועל ספרך כולם ייכתבו. כולם, שלא שמרו מה שנתן להם הקב״ה, וגורשו מהעולם.

44. מצאנו שלשלוש אשמורות מתחלק הלילה, כלומר לשלוש פעמים ארבע שעות. וכל אשמורת, יש לו להקב״ה עניין מיוחד עם האדם. והוא כאשר הנשמה יצאה ממנו, ואותו הגולם, הגוף, נשאר ישן על מיטתו, ואז נשמתו עולה בכל לילה לפני הקב״ה. ויש לו עניין מיוחד עימה בכל אשמורת. אם היא זוכה, שמחים עימה למעלה. ואם לא, דוחים אותה לחוץ.

לספוד לשרה ולבכותה

45. כתוב, השבעתי אתכם בנות ירושלים, אם תמצאו את דודי, מה תגידו לו, שחולת אהבה אני. הנשמה אומרת לאותם הנשמות, הזוכות להיכנס לירושלים של מעלה, השבעתי אתכם בנות ירושלים. אם תמצאו את דודי, הקב״ה, זיו מראָה של מעלה, מה תגידו לו? שחולת אהבה אני, ליהנות מזיו שלו ולהסתופף בצילו. חולת אהבה אני, אותה התשוקה והכיסוף שכספתי בעולם על הכול, לפיכך אני חולה.

46. זו אהבה, שאוהבת הנשמה לגוף, מכיוון שנשלם קיצו של גוף, אותם הימים שנגזרו עליו, כמ״ש, ותמת שרה, וַיָּקָם אברהם מעל פני מתו.

48. כל שבעת הימים נפשו של אדם פוקדת לגופו ומתאבלת עליו, כמ״ש, אך בשרו עליו יכאב ונפשו עליו תֶּאֱבָל. וכתוב, ויבוא אברהם לספוד לשרה ולבכותה. ויבוא אברהם, זוהי הנשמה. לספוד לשרה, זה הגוף.

49. בשעה שהנשמה זוכה ועולה למקום מעלתה, הגוף שוכב בשלום וינוח על משכבו, כמ״ש, יבוא שלום ינוחו על משכבותם, הולך נכוחֹה. הולך נכוחֹה, הנשמה הולך נכוחֹה, למקום העדן, הגנוז לה. שכתוב, נכוחֹה, באות ה׳. ובשעה שאינה זוכה, והיא ראויה לקבל עונשה, הולכת שוֹמֵמָה ומבקרת בכל יום לגוף ולקבר.

50. העצם הקולית הקשה, עצם הירך, הוכה ומש ממקומו ומוסרח לכאן ולכאן, הוא הולך ומבקר את מקומו 12 חודש. כך אותה הנשמה הראויה לקבל עונש, הולכת בחוץ בעולם ופוקדת את מקומה, בעולם ובבית הקברות 12 חודש.

51. ויקם אברהם מעל פני מתו. כאשר הנשמה בשלמות העליון, מהבינה, מתווספת בה האות ה׳ ונקרא אברהם. וכאן כתוב, ויקם אברהם מעל פני מתו, כמו שאינו צדיק כל כך. ואיך ייתכן שמי שיושב בכיסא גדול, ירד לשבת בתוך כיסא קטן תחתון? כי עניין האות ה׳ של אברהם שהתווספה לו, רומז שעלה והשיג המוחין הגדולים מבינה. והכתוב, ויקם אברהם מעל פני מתו, מורה על המוחין דקטנות, המאירים לגוף.

ויקם, פירושו קבלת מוחין, המעמידים אותו על רגליו. מעל פני מתו, מהפנים השייכים לגוף המת, שנקרא שרה, שהם מוחין דקטנות. וכיוון שהנשמה נקראת בשם אברהם, הרי זה מורה שכבר יש לה מוחין דגדלות מבינה עילאה. וא״כ איך כתוב, ויקם אברהם מעל פני מתו, שמורה על מוחין דקטנות?

52. ויקם אברהם מעל פני מתו. כשהנשמה ראויה לעלות למקום העדן שלה, היא מגִנה קודם על הגוף הקדוש שיצאה משם, ואח״כ היא עולה למקום מעלתה. ויקם אברהם מעל פני מתו. שמקודם שהנשמה מסתלקת מהגוף, לעלות לגן עדן, היא ממשיכה בשביל הגוף מוחין הראויים לו, כדי שיוכל להתחבר במניין עם שאר גופות הצדיקים. ואלו המוחין מרומזים בכתוב, ויקם אברהם.

53. ויקם אברהם מעל פני מתו, וידבר אל בני חֵת. בני חת, שאר גופות הצדיקים, הנפחדים ומוכים בעולם למען יראת קונם. ומפחדים וחַתים על שהם שוכני עפר. וע"כ נקראים בני חת. ולמה צריכה הנשמה את גופות הצדיקים? כולם כתובים במניין, שמכניס אותם בחשבון ומוציא אותם לתחיית המתים בחשבון. וע"כ דיברה עימהם הנשמה, כדי שהגוף יהיה במניין עימהם. וע"כ כתוב, וידבר אל בני חת.

54. ומה אמרה להם הנשמה, שנקראת אברהם? אמרה בדרך פיוס ובדרך כבוד, גר ותושב אנוכי עימכם. שאמר להם, הגוף הזה יהיה עימכם במניין אחד בחיבור הזה. והם ענו לו כמו כן בדרך כבוד ובדרך פיוס, כמ"ש, ויענו בני חת את אברהם, שמעֵנו אדונִי, נשיא אלקים אתה בתוכנו.

דוּמה נְטָלָם בחשבון ומוציאם בחשבון

55. מה זה, נשיא אלקים אתה? קודם שיצא הצדיק מן העולם, בת קול יוצאת בכל יום, על אותם הצדיקים בגן עדן, הכינו מקום לפלוני שיבוא לכאן. וע"כ הם אומרים, מאת אלקים מלמעלה, אתה נשיא. בכל יום בתוכנו, במבחר קברינו, במבחר הצדיקים, בחבורת הצדיקים המובחרים, מְנה אותו. הכניסהו בחשבון עימנו, ואיש ממנו לא ימנע את המניין, כי כולנו שמחים בו ומקדימים לו שלום.

56. כיוון שהנשמה פוגעת בהם ותידון, אח"כ פוגעת לאותו המלאך הממונה עליהם, שהוא המלאך הממונה על בתי הקברות ודוּמה שמו, והוא מכריז ביניהם בכל יום על הצדיקים העתידים להיכנס ביניהם. ומיד פוגעת בו, כדי לשכן הגוף בהשקט ובבטחה, ובמנוחה ובהנאה. זהו שכתוב, וידבר אל עֶפרון.

57. זה המלאך הנקרא דומה, ולמה מכונה שמו עפרון? על שהוא ממונה על שוכני עפר, והופקדו בידו כל פנקסי הצדיקים וחבורות החסידים, השוכנים בעפר, והוא עתיד להוציאם בחשבון.

58. לעת"ל, כשיפקוד הקב"ה להחיות המתים, יקרא למלאך הממונה על הקברות ודומה שמו. ויתבע ממנו מניין כל המתים, הצדיקים והחסידים, ואותם גרי הצדק, ושנהרגו על שמו. והוא מוציאם בחשבון, כמו שנטלם בחשבון, כמ"ש, המוציא במספר צבאם, איש לא נעדר.

59. נפשות הרשעים נתונות בידו של מלאך זה, ששמו דומה, להכניסם בגיהינום ולדון שם. וכיוון שנמסרות בידו, שוב אינן חוזרות, עד שייכנסו לגיהינום. וזו יראת דוד, שהתיירא, כשעשה אותו עוון, שאמר, לולי ה' עֶזְרָתָה לי כמעט שָׁכנה דוּמה נפשי.

הנשמה פוגעת בו, להכניס אותו גוף עם שאר גופות הצדיקים בחשבונם, כמ"ש, וידבר אל עפרון.

60. אלא שהמלאך קודם ואומר לו. כמ"ש, ועפרון יושב בתוך בני חת, שֶׁחָתוּ לשכון בעפר. והוא מקדים ואומר לו,

להכניס אותו הגוף בחשבון הצדיקים. כמ״ש, ויען עפרון החיתי את אברהם באוזני בני חת לכל באי שער עירו לאמור.

מהו, לכל באי שער עירו? אותם שנכנסו בכתיבה בחשבון הפנקס. וכך נגזר, בחשבון ע״י דומה נכנסים בבתי קברות, ובחשבון בכתב עתיד להוציאם, והוא ממונה על שוכני העפר.

61. השדה נתתי לך והמערה אשר בו. זהו אוצר של שלווה ומנוחה רבה. אין כל צדיק מאותם העוסקים בתורה, שאין לו מאתיים עולמות והשתוקקות בשביל התורה, כמ״ש, ומאתיים לנוטרים את פריו. ומאתיים על שמוסרים עצמם בכל יום, כאילו נהרגו על קדושת שמו.

כמ״ש, ואהבת את ה׳ אלקיך בכל לבבך ובכל נפשך ובכל מאודך. כל המוסר נפשו בפסוק הזה, נוחל 400 עולמות לעוה״ב. מאתיים על התורה, ומאתיים על שמסר עצמו בכל יום על קדושת שמו.

ותמת שרה בקריית ארבע

62. ותמת שרה בקריית ארבע. כעין זה לא היה בכל נשי העולם. כי נאמר חשבון ימיה ושנותיה וחיים שלה בעולם, ומקום ההוא שנקברה בו, כדי להראות, שלא היה בכל נשי העולם כמו שרה.

63. והרי במרים כתוב, ותמת שם מרים ותיקבר שם, כמו בשרה? הוא נכתב רק כדי להראות חטאם של ישראל, כמ״ש, ולא היה מים לעדה וייקהלו על משה. כי המים לא הלכו בישראל, אלא בזכותה של מרים. אבל לא נאמר במיתתה מספר ימים ושנים, כמו שנאמר בשרה.

64. כתוב, אשריךְ אֶרץ שמלכך בן חורין. אשריהם ישראל שהקב״ה נתן להם התורה, לדעת כל הדרכים הסתומים, ולגלות להם סודות העליונים.

65. אשריך ארץ, זוהי ארץ החיים. הנוקבא, המלבישה לאלקים חיים, שהיא אמא, משום שהמלך שלה, ז״א, הכין לה כל הברכות שהתברך מהאבות העליונים, או״א עילאין, שהמלך הזה הוא הו׳, שעומד להשפיע עליה תמיד ברכות. והוא נקרא בן חורין, להיותו בן יובֵל, בינה, ישסו״ת, שהמוחין שלה מוציאים עבדים לחירות, שהם המוחין דהארת חכמה. והוא בן לעולם העליון, או״א עילאין, שמשפיע תמיד מזיווגם התמידי, כל חיים, וכל אור, וכל שמן של גדולה וכבוד.

כי המלך, ז״א, בן ליובֵל, שמשם מושפע מוחין דחירות, שהוא הארת חכמה. והוא גם בן לאו״א, שזיווגם תמידי ולא נפסק לעולם, שמהם כל המוחין. וע״כ נקרא בן חורין ולא בן חירות. וכל המוחין של יובל ושל או״א עילאין משפיע בן הבכור, ז״א, לארץ הזו, לנוקבא, כמ״ש, בני בכורי ישראל. ישראל, ז״א. ונקרא בן בכור, בעת שיש לו כל אלו המוחין. וע״כ כתוב עליה, אשריך ארץ.

66. וכתוב, אִי לך ארץ שמלכך נער. שהארץ התחתונה ועולם התחתון יונק אז מממשלת העורלה. והכול נמשך למטה

רק ממלך שנקרא נער, מט״ט. אוי לעולם הצריך לינוק כך.

67. הנער הזה, מט״ט, אין לו מעצמו מאומה, אלא רק מה שמקבל ברכות מהנוקבא לזמנים ידועים. וכל פעם שנמנעו הברכות ממנו, כי נפגמה הלבנה, הנוקבא, וחשכה, אוי באותה שעה לעולם הצריך לינוק ממנו את קיומו. ועוד נידון העולם בהרבה דינים, מטרם שיונק ממנו, אלא מהקליפות, כי הכול מתקיים ונעשה אז בדין.

68. ותמת שרה בקריית ארבע היא חברון. כי לא היה מיתתה ע״י אותו נחש העקלתון, מלאך המוות, ולא שלט עליה, כמו שהוא שולט על כל בני העולם, שכל בני העולם מתים על ידו, מיום שאדם גרם להם המיתה. חוץ ממשה אהרון ומרים, שלא מתו ע״י מלאך המוות, אלא בנשיקה, שכתוב בהם, על פי ה׳. ומשום כבוד השכינה לא כתוב במרים על פי ה׳, אע״פ שגם היא מתה בנשיקה.

69. אבל בשרה כתוב, שמתה בקריית ארבע בסוד עליון, ולא ע״י אחר. בקריית ארבע ולא בנחש. בקריית ארבע היא חברון, שהתחבר דוד באבות. וע״כ לא הייתה מיתתה ע״י אחר, אלא בקריית ארבע.

יש ב׳ בחינות מלכות, רביעית ושביעית. שמבחינת למעלה מפרסא, מחזה ולמעלה דז״א, נקראת רביעית לאבות, חג״ת, ונקראת מלכות דוד, וכן קריית ארבע. והיא המתוקנת נקראת ארץ החיים, שעליה כתוב, אשריך ארץ שמלכך בן חורין. ומבחינת למטה מפרסא, מחזה ולמטה דז״א, נבחנת שביעית לבנים, נה״י, ונקראת מלכות יוסף.

בשרה כתוב, שמתה בקריית ארבע בסוד עליון, כלומר מלכות דוד, שהיא העליונה, שלמעלה מפרסא דז״א. ולא ע״י האחרת, שהיא המלכות התחתונה, שלמטה מפרסא, שנקראת שביעית. וכמו כן נאמר, בקריית ארבע, ולא בנחש. וע״כ נשמע, שלא מתה מבחינת הנחש, שהוא מלאך המוות, כי אין לו שליטה ואחיזה במלכות שמבחינת למעלה מפרסא, הנקראת קריית ארבע.

בקריית ארבע היא חברון, שהתחבר דוד המלך באבות, חג״ת, שלמעלה מפרסא דז״א, וע״כ לא היה מותה ע״י מלאך המוות, הנמשך ממלכות תחתונה, אלא בקריית ארבע.

70. כאשר ימי האדם מתקיימים במדרגות עליונות, חג״ת נהי״מ, מתקיים האדם בעולם. כיוון שלא מתקיים עוד במדרגות עליונות, שגמר חיי שבעים שנה, הנמשכים משבע ספירות חג״ת נהי״מ, ימיו יוצאים מהספירות ויורדים למטה מהספירות, עד שקרבים לאותה מדרגה שהמוות שורה בה, מלאך המוות, שהוא מתחת ספירת המלכות, ששם כתוב, לַפֶּתח חטאת רובץ.

ואז מקבל רשות להוציא הנשמה. והוא עף כל העולם בעפיפה אחת, ונוטל הנשמה, ומטמא את הגוף, ונשאר הגוף טמא. אשריהם הצדיקים שלא נטמאו בו, ולא נשאר בגופם טומאה.

וזה לראָיה, שלא שלט בשרה מלאך המוות. כי התבאר כאן, שעניין המיתה בא לאדם אחר שיוצא משבע ספירות ובא למתחת המלכות התחתונה, ששם מקומו של מלאך המוות, שאז נוטל רשות ומוציא נשמתו. ונמצא ששרה שמעולם לא ירדה מתחת המלכות התחתונה, אלא שמתה בקריית ארבע, שהיא המלכות העליונה שלמעלה מפרסא, שבמקום החזה דז״א, ודאי שלא מתה ע״י מלאך המוות.

נחש הרקיע

[חויא דרקיעא]

71. באמצעו של הרקיע נקשר אורַח מבהיק. והוא נחש הרקיע, שנקרא בפי התוֹכְנים [אסטרונומים], קו החלב, שכל הכוכבים הדקים כולם קשורים בו, ועומדים בו תְלֵי תְלים. שהם מקובצים ועומדים בו, כמו הרים על הרים בלי מספר. והם ממונים על מעשים של בני העולם שבסתר.

72. כעין זה, כמה אגודות של אורות הקליפות יצאו לעולם, מאותו נחש העליון הראשון שהתפתה בו אדם. וכולם ממונים על מעשי העולם שבסתר. ומשום זה כשבא האדם להיטהר, עוזרים לו מלמעלה, ועזרת ריבונו סובב אותו ונשמר, ונקרא קדוש.

73. בא האדם להיטמא, כמה אגודות אורות של הקליפות נועדו לו, וכולם שורים בו ומסובבים אותו. ומטמאים אותו ונקרא טמא. וכולם הולכים ומכריזים לפניו, טמא טמא. כמ"ש, וטמא טמא יקרא, וכולם קשורים בנחש הראשון ההוא, ונסתרים בכמה מעשים של בני העולם.

74. כל מעשיו של בלעם הרשע היו מצד הטומאה. כל מיני נחש וכשפים שבעולם, כולם מתקשרים ויוצאים מנחש הקדמוני, שהוא רוח הטומאה המזוהם. וע"כ כל הכשפים שבעולם נקראים נחשים, ע"ש נחש הקדמוני. וכולם מהצד ההוא יוצאים וכל הנמשך אחר כשפים הוא נטמא.

75. ולא עוד אלא שצריך להיטמא מקודם, אם רוצה לעשות כישוף, כדי להמשיך על עצמו הצד ההוא של רוח הטומאה. כי כמו שאדם מתעורר מלמטה, כן הוא ממשיך עליו מלמעלה. אם הוא מתעורר מלמטה בצד הקדושה, ממשיך עליו קדושה מלמעלה, והוא מקודש. ואם הוא מתעורר מלמטה בצד הטומאה, כך הוא ממשיך עליו רוח הטומאה ונטמא. כמו שלומדים, הבא להיטמא מטמאים אותו.

76. משום זה, בלעם הרשע בשביל להמשיך על עצמו רוח הטומאה מהנחש העליון, היה מטמא את עצמו בכל לילה באתונו, והיה עושה עימה מעשה אישות, בשביל להיטמא, ולהמשיך עליו רוח הטומאה. ואחרי זה עשה כשפיו ומעשיו.

77. ותחילת מעשיו היו, לקח נחש מתוך הנחשים, וקשר אותו לפניו, ובקע את ראשו, והוציא את לשונו. ולקח עשבים ידועים ושרף כולם, ועשה מהם קטורת אחת. ואח"כ לקח הראש של אותו הנחש, ובקע אותו לארבע צדדים, ועשה ממנו קטורת אחרת.

78. ועשה סביבותיו עיגול אחד, והיה אומר דברים, ועשה מעשים אחרים, עד שהמשיך עליו רוחות הטומאה, והודיעו לו מה שצריך. ועשה על פיהם מעשיו, כפי מה שידעו מצד הנחש ההוא של הרקיע.

79. ומכאן היה יודע ידיעות וכשפים

"חיי שרה". ספר הזהר עם פירוש הסולם. מהד' 21 כר'. כרך ה. דף כג; מהד' 10 כר'. כרך ג. דף כג.

וקסמים. ומשום זה כתוב, ולא הלך כפעם בפעם לקראת נחשים, נחשים ממש. כי העיקר והשורש בטומאה ותחילת הכול אינו אלא בנחש.

מיני כשפים בנשים

[זייני חרשין בנשייא]

80. למה כל מיני כשפים וקסמים אינם נמצאים אלא רק בנשים? משום שכשבא נחש על חוה, הטיל בה זוהמה. רק בה הטיל ולא בבעלה. והכשפים נמשכים מזוהמת הנחש. לפיכך נמצאים הכשפים בנשים.

81. כל אלו מעשי הכשפים שעשה בלעם, למד אותם מאביו. אבל באלו הררי קדם, שהם ארץ קדם, למד בעיקר כל הכשפים וכל מיני קסמים. משום שבהרים האלו נמצאים המלאכים עֲזָא ועֲזָאל, שהפיל אותם הקב"ה מן השמיים, משום שקטרגו על בריאת אדם. והם קשורים שם בשלשלאות של ברזל, ומודיעים כשפים לבני אדם. ומשם ידע בלעם, כמ"ש, מן ארם ינחני בלק מלך מואב מהררי קדם, ששם עזא ועזאל.

82. כתוב בבלעם, ולא הלך כפעם בפעם לקראת נחשים, ויָשֶׁת אל המדבר פניו. הרי שלא תמיד הלך לקראת נחשים? הצד התחתון הבא מרוח הטומאה שלמעלה, הוא רוח הטומאה ששלט במדבר, בעת שעשו בני ישראל את העגל, כדי להיטמא ממנו, שהוא תחתון. וע"כ, וישת אל המדבר פניו. ומכל הצדדים עשה כשפיו, כדי שיוכל לעקור את ישראל, ולא יכול לעוקרם.

83. כשעמדו ישראל על הר סיני, נפסקה מהם הזוהמה. וישראל שקיבלו את התורה, נפסקה מהם הזוהמה. ועכו"ם שלא קיבלו התורה, לא נפסקה מהם הזוהמה. הרי שכבר נפסקה הזוהמה מנשים. וא"כ למה הכשפים הם בנשים בעיקר?

84. התורה לא ניתנה אלא לזכרים, כמ"ש, וזאת התורה אשר שׂם משה לפני בני ישראל. שהרי הנשים פטורות ממצוות התורה, כלומר מצוות עשה שהזמן גרמן. וע"כ לא פסקה זוהמתן בעת מתן תורה. ומשום זה הכשפים, שהם נמשכים מזוהמת הנחש, נמצאים בעיקר בנשים.

85. ועוד, שאחר העגל, חזרו כולם לזוהמתם. ואפילו הזכרים. ונשים, קשה להן להפריד את עצמן מן הזוהמה יותר מאנשים. ומשום זה נמצאות נשים בכשפים ובזוהמה הזו יותר מאנשים. שקשה להן להיפרד מן הזוהמה, משום שנשים באות מצד שמאל, והתדבקו בדין קשה שבשמאל. וצד זה התדבק בהן יותר מאשר באנשים, משום שבאות מצד דין הקשה. והכול מתדבק והולך אחר מינו.

86. הכשפים נמשכים מזוהמת הנחש, כי בלעם היה מטמא עצמו תחילה, כדי להמשיך עליו רוח הטומאה. ואח"כ עשה כשפיו. כעין זה אישה בימי טומאתה, יש לאדם להישמר ממנה, שלא יגע בה,

משום שהיא מתדבקת ברוח הטומאה. ובזמן ההוא, אם תעשה כשפים, יצליחו בידיה יותר מבזמן אחר. וע"כ בכל מה שהיא נוגעת, יטמא. וכש"כ מי שקרב אליה. אשריהם ישראל, שהקב"ה נתן להם התורה. ואמר להם, ואל אשה בנידת טומאתה לא תקרב.

87. מי שמסתכל בצפצופם של עופות, כדי לדעת עתידות, למה נקרא נחש וכישוף? משום שנמשך מהצד הזה של טומאה. כי רוח הטומאה שורה על אותו העוף, ומודיע דברים בעולם. וכל רוח טומאה, מתדבק ובא לעולם מן הנחש. ואין מי שיינצל ממנו בעולם. כי הוא נמצא בכל דבר. עד הזמן, שעתיד הקב"ה להעביר אותו מן העולם, כמ"ש, בילע המוות לנצח.

מערת המכפלה

88. אברהם היה יודע סימן באותה מערת המכפלה. וליבו ורצונו שם היה, משום כי מקודם לכן נכנס לשם וראה את אדם וחוה צְפוּנים שם. ומאין היה יודע, שהם היו, שהרי לא הכירם קודם? אלא ראה צורתו של אדם, והסתכל בה, ונפתח לו שם פתח אחד של גן עדן, והבין, כי הצורה ההיא של אדם עומדת אצלו. כי הבין, שמתוך שהיה בחייו בגן עדן, זכה להיקבר לאחר פטירתו בפתחו של גן עדן.

89. כל מי שמסתכל בצורתו של אדם, לא יימלט לעולם ממיתה, אלא מוכרח למות תכף. כי בשעה שאדם מסתלק מן העולם, הוא רואה את אדה"ר, ובאותו זמן מת. אבל אברהם הסתכל בו, וראה צורתו, והתקיים. וראה אור מאיר בתוך המערה ונר אחד דולק. אז חמד אברהם המקום ההוא למשכנו, וליבו ורצונו היו תמיד במערה.

90. בחכמה עשה אברהם, בשעה שביקש קבר לשרה. כי כשביקש, לא ביקש מיד באותה שעה המערה, ולא אמר שרוצה להיפרד מהם, אלא שאמר, תנו לי אחוזת קבר עימכם, ואֶקְבְּרָה מֵתִי מלפניי. ולא הזכיר לא את עֶפרון ולא את המערה. ועפרון היה שם, כמ"ש, ועפרון יושב בתוך בני חת. ואעפ"כ, לא אמר לו אברהם באותה שעה מאומה.

91. אלא אמר להם, כמ"ש, וידבר אל בני חת. והייתכן שאברהם רצה להיקבר ביניהם, בין הטמאים, או שרצונו היה להתחבר עימהם, עד שאמר להם, תנו לי אחוזת קבר עימכם? אלא בחכמה עשה.

92. ואנו לומדים דרך ארץ, ממה שעשה אברהם. כי משום שתשוקתו ורצונו היו באותה המערה, אע"פ שעפרון היה שם, לא רצה לבקש ממנו מיד, לגלות לו את הרצון שהיה לו במערה. ושאל תחילה מה שלא צריך לו. ולאחרים, ולא לעפרון. אלא שאמר לבני חת, תנו לי אחוזת קבר עימכם.

93. ובני חת אמרו לו בפני עפרון, שְׁמָעֵנו אדוני, נשיא אלקים אתה בתוכנו. כתוב, ועפרון יֹשב בתוך בני חת. יָשַׁב,

כתוב ביוד קמוצה, כי לא כתוב עם נקודות. ואפשר לנקד אותו עם קמץ, שזה מורה, שעוד בתחילת הדיבורים, שאמר אברהם, כבר היה שם עפרון.

אז אמר, שמעוני, ופִגעו לי בעפרון בן צוחר. וייתן לי את מערת המכפלה אשר לו, בכסף מלא ייתננה לי בתוככם לאחוזת קבר. ואם תאמרו משום שכבודי מרובה מכבודכם, אני עושה זה, לבקש מערת המכפלה מעפרון, כי איני חפץ בכם. לא כן, אלא בתוככם. שאמר, ייתננה לי בתוככם, כדי להיקבר בתוככם, כוונתי. כי אני חפץ בכם. ואני עושה זאת, כדי שלא להיפרד מכם.

ארבע מאות שקל

94. אברהם הוא הנשמה, ושרה הגוף. אשרי חלקם של הצדיקים בעוה״ב, שכך הוא התורה בליבם כמו מעיין גדול, שאע״פ שסותמים אותו, מרוב המים יפרצו וייפתחו מעיינות הנובעים לכל עבר.

95. לעולם אין גוף האדם נכנס אַחַר פטירתו בחשבון הצדיקים ע״י דוּמה, עד שתראה לו הנשמה מכתב לסימן, שהכרובים נותנים לה בגן עדן.

כי הנשמה אחר שנכנסה לגן עדן, היא הולכת לעלות למקומה למעלה, לבינה, ולא לרדת למטה, למלכות. אבל קודם שתעלה ותיכנס למקומה, נעשית אפוטרופוס הגוף ע״י דוּמה. ומראה לדוּמה שהגוף ראוי לקבל שכר 400 עולמות.

96. דוּמה יודע, שהגוף ראוי לשכר 400 עולמות, קודם שהגוף מראה לו. משום שמכריזים על זה בגן עדן. אבל בעת שנותנים לנשמה המכתב לסימן, מחפשת את הגוף להכניס אותו בחשבון הצדיקים ע״י דוּמה. וכמ״ש, אך אם אתה לוּ שמעני, נתתי כסף השדה, קח ממני. כסף השדה, הוא הכיסוף והחמדה ל-400 עולמות, שנותנים לגוף לרשת.

הצדיקים שזכו לקבל בחייהם המוחין, המושפעים על המסך שבקו אמצעי, מקבל דוּמה את המסך הזה, הנקרא חשבון, ומטהר עימו את גופו של צדיק אחר פטירתו, ומכשירו לתחייה. ובזה ב׳ דרכים:

א. שקומת האור היא העיקר המטהר את הגוף, שהגוף זכה בחייו לקבל אלו המוחין הנמשכים מקו אמצעי, הנקרא 400 עולמות של כיסופים. ואז מקבל דוּמה את הגוף, ומכשיר אותו לתחייה.

ב. שהמסך, הנקרא חשבון, גם נקרא פנקס, הוא העיקר המטהר את הגוף. וע״כ כיוון שהנשמה זכתה בו, כבר היא מתחילה לשאת ולתת עם דוּמה בשביל הגוף.

בעת שנותנים לנשמה המכתב לסימן, מחפשת את הגוף להכניס אותו בחשבון הצדיקים ע״י דוּמה. וכמ״ש, אך אם אתה לוּ שמעני, נתתי כסף השדה, קח ממני. כי נתתי, פירושו שהכסף כבר מוכן. ורומז על המסך.

כי כשיש לו מסך, כבר הקומה מוכנה לצאת עליו מאליו. והקומה היוצאת על המסך, היא 400 עולמות של כיסופים. אבל אין צורך לדבר עם עפרון מעניין הקומה עצמה, כי כיוון שהשיג המסך,

כבר מכריזים עליו בגן עדן שהוא צדיק, וראוי לקבל את הקומה, שהיא 400 עולמות של כיסופים.

97. מי שהוא עפר, יוכל לזכות לכל זה, ל-400 עולמות של כיסופים? מי יזכה ומי יקום? כמ״ש, מי יעלה בהר ה׳, ומי יקום במקום קודשו.

98. כתוב, וישמע אברהם אל עפרון, וישקול אברהם לעפרון את הכסף, ארבע מאות שקל כסף, עובר לסוחר. הכסף, זהו הכיסוף הגדול אחר אלו העולמות החמודים. ארבע מאות שקל כסף, 400 עולמות של הנאות ותשוקות.

עובר לסוחר, יעבור כל שערי שמיים וירושלים של מעלה. ואין מוחה בידו. כלומר, שהזוכה לאלו המוחין של 400 עולמות של כיסופים, נמצא שלם בכל המדרגות של שערי שמיים וירושלים של מעלה. ואין מי שיקטרג עליו שם.

ומה שלא אמר גם בירושלים של מטה, הוא משום, ש-400 הללו הם חו״ב תו״מ דאורות, שהם מלובשים בכח״ב ות״ת דכלים. וחסר לו כתר דאורות משום שחסר לו מלכות מהכלים, כנודע מערך ההופכי שבין האורות לכלים. והמלכות דכלים היא ירושלים של מטה. כי ירושלים של מעלה היא בינה, וירושלים של מטה היא מלכות, שלא תתוקן אלא בגמה״ת.

ולפיכך מטרם זה אין יותר מארבע מאות שקל כסף. להורות שחסר שם כתר, מאורות, ומלכות, מכלים. וע״כ אומר, בירושלים של מעלה, ואינו אומר, בירושלים של מטה.

אבל עכ״ז הארתם של אלו 400 עוברת ומאירה בחלקה גם אל המלכות. וע״כ כתוב, עובר לסוחר. כי המלכות נקראת סוחר, כמ״ש, הייתה כאוניות סוחר. וע״י הארה זו העוברת אליה, נעשית מוכשרת לאט לאט לקבל שלמותה בגמה״ת.

99. ואחרי כן קבר אברהם את שרה אשתו, את הגוף. ונמנה בכתב הממונה עם שאר הצדיקים בחברתם ע״י דומה, שהוא עניין החשבון. כל אלו הגופים, הכתובים בידיו של דומה ונפקדים על ידו, יקומו לתחייה בזמן שעתיד הקב״ה להחיות שוכני העפר. אוי להם לרשעים, שאינם כתובים על ידו בכתב, שהם יאבדו בגיהינום לעולם.

מערת המכפלה

100. מה הייתה הסיבה שנכנס אברהם אל המערה? כי היה רץ אחר אותו העגל, שכתוב בו, ואל הבקר רץ אברהם, וייקח בן בקר. ובן הבקר ההוא ברח עד אותה המערה. ואברהם נכנס אחריו למערה, וראה מה שראה.

101. עוד סיבה הייתה, כי הוא היה מתפלל בכל יום, והיה יוצא עד אותו השדה שהיה מעלה ריחות עליונים, וראה אור יוצא מתוך המערה, והתפלל שם, ושם דיבר עימו הקב״ה. וע״כ חפץ במערה, ותשוקתו הייתה באותו מקום תמיד.

102. למה לא ביקש לקנות אותה עד עתה? כיוון שלא היה צריך אותה, היה

מפחד שיסתכלו אחריו, ויבינו את השתוקקותו וחשיבותה של המערה. ואז היו מרבים את המחיר, או שהיו ממאנים למכור לו אותה לגמרי. עתה, שהיה נצרך אליה, אמר, כבר הגיעה השעה לבקש אותה.

103. אם עפרון היה רואה במערה, מה שהיה רואה בה אברהם, לא היה מוכר אותה לעולם. אלא ודאי שעפרון לא ראה בה מאומה, כי אין דבר מתגלה זולת לבעליו. ומשום זה רק לאברהם התגלה ולא לעפרון. לאברהם התגלה כי שלו הייתה. ולעפרון לא התגלה, משום שלא היה לו חלק בה. וע"כ לא נגלה לעפרון מאומה במערה, ולא היה רואה בה אלא חושך. וע"כ מכר אותה.

104. וגם מה שלא ביקש אברהם מתחילה, שימכור לו, מכר לו. כי אברהם לא אמר, אלא, וייתן לי את מערת המכפלה. והשדה לא הזכיר. ועפרון אמר, השדה נתתי לך והמערה אשר בו לך נתתיה. והוא משום שהכול היה מאוס על עפרון, כי לא ידע מהו. ואפילו השדה, שבו הייתה המערה, היה מאוס עליו. וע"כ מכר גם את השדה, אע"פ שלא ביקש אותו אברהם.

105. כשנכנס אברהם לתוך המערה בראשונה, ראה שם אור, והושלך לפניו העפר, והתגלו לו שני קברים. בין כה וכה עמד אדם מקברו, בצורתו. וראה את אברהם, ושׂחק. ובו ידע אברהם, שעתיד להיקבר שם.

106. אמר לו אברהם, בבקשה ממך, האם טירה בלתי מקורה כאן? כלומר, שהיה תמֵה, כי במערת מכפלה, שפירושו מערה לִפנים ממערה, מחויב להיות חושך גמור. והוא ראה שם אור, כמו בבית פתוח מלמעלה בלי גג.

אמר לו אדם, הקב"ה הסתיר אותי כאן. ומאותו זמן עד עתה מסתתר אני. עד שבא אברהם היה אדם והעולם מחוסרי השלמות. וע"כ היה צריך להסתיר את עצמו, שלא ייאחזו בו הקליפות. אבל כשבא אברהם לעולם, תיקן אותו ואת העולם, ואינו צריך עוד להסתיר את עצמו.

107. וַיָּקָם השדה והמערה אשר בו לאברהם לאחוזת קבר. קימה ממש הייתה לשדה, מה שלא היה לו עד עתה. קימה הוא לשון חשיבות, כי בזה שעבר לרשות אברהם, קנה השדה חשיבות, וע"כ כתוב בו, ויקם.

השדה קם והתעלה ביד אברהם, כי עד עתה לא נראה שם מאומה. ועתה, ביד אברהם, מה שהיה נסתר, קם והתעלה. ואז קם הכול כמשפטו, כמו שצריך להיות.

108. בשעה שאברהם נכנס במערה, והביא את שרה שם, קמו אדם וחוה, ולא רצו להיות קבורים שם. אמרו, המעט לנו, שאנו בבושה באותו העולם לפני הקב"ה, מחמת אותו העוון שגרמנו. ועתה יהיה נוסף לנו בושה שנייה, שנתבייש מפני המע"ט שלכם.

109. אמר אברהם, הנה אני מוכן להתפלל לפני הקב"ה עליך, שלא תבוש לפניו לעולם, שיימחל לו העוון לגמרי. ואחרי כן קבר אברהם את שרה אשתו. אחר שקיבל עליו אברהם להתפלל על אדם.

110. אדם חזר ונכנס למקומו. חוה לא חזרה ונכנסה, משום שהיא גרמה לאדם לחטוא, והייתה מפחדת שאדם לא יקבל אותה. עד שקרב אברהם, והכניס אותה אל אדם, וקיבל אותה בשביל אברהם. כמ"ש, ואחרי כן קבר אברהם את שרה

אשתו. לשרה, לא כתוב, אלא, את שרה. והוא לרבות חוה, שאברהם החזיר אותה אל הקבר.

אז התיישבו אדם וחוה במקומם כראוי. כמ״ש, אלה תולדות השמיים והארץ בְּהִבָּרְאָם. ולמדנו, באברהם, כי בהבראם אותיות באברהם. תולדות השמיים והארץ, הם אדם וחוה. כי אלה השמיים והארץ לא כתוב, אלא תולדות השמיים והארץ, להורות על אדם וחוה, שאינם תולדות של אנשים. ועליהם כתוב, שהתקיימו בשביל אברהם. כי כתוב, ויקם השדה והמערה אשר בו לאברהם. ועד שבא אברהם, לא התקיימו אדם וחוה באותו העולם.

ויקם, הוא קיום. השדה והמערה אשר בו, מורה על אדם וחוה אשר שם. לאברהם, בשביל אברהם. הרי שאדם וחוה התקיימו בשביל אברהם.

111. המערה הזו איננה מכפלה. וכתוב, מערת שדה המכפלה. הרי שהשדה נקרא מכפלה, ולא המערה.

112. קוראים לה מערת המכפלה, כמ״ש, וייתן לי את מערת המכפלה. אבל לא המערה היא מכפלה, ואין השדה נקרא מכפלה, אלא השדה והמערה, נקראים יחד בשם מכפלה. אבל, שדה המכפלה ודאי, ולא המערה, שרק השדה נושא את השם מכפלה, ולא המערה. כי המערה בשדה היא, והשדה הוא בדבר אחר.

113. ירושלים, כל ארץ ישראל מקופלת תחתיה, שהיא המלכות. והיא נמצאת למעלה ולמטה. באופן זה: יש ירושלים למעלה, שהיא בינה, ויש ירושלים למטה, שהיא מלכות, כי נאחזת למעלה ונאחזת למטה. ונמצאת ירושלים של מעלה אחוזה בשני צדדים, למעלה ולמטה. וירושלים של מטה אחוזה בשני צדדים, למעלה ולמטה. וע״כ היא כפולה.

ירושלים של מעלה היא בינה, וירושלים של מטה היא מלכות. ונודע שעניין שיתוף מדה״ר בדין נכללו זה בזה. ומתוך ההתכללות הזו נעשו ד׳ בחינות, שיש בינה ומלכות בבינה, ויש בינה ומלכות במלכות. ונמצא שמידת המלכות היא כפולה, כי יש מלכות בבינה ויש מלכות במלכות.

114. וע״כ השדה הזה הוא מהמכפלה ההיא, שהיא מלכות, ששם הוא שורה. כמ״ש, רְאֵה ריח בני כריח שדה אשר בירכו ה׳, המלכות. והיא כפולה למעלה ולמטה. ומשום זה כתוב, שדה המכפלה, ולא שדה כפול. כי סובב על מלכות הכפולה, שנקראת שדה.

ד׳ מלכויות הן. ב׳ מלכויות למעלה מחזה, מבחינת בינה ומלכות דבינה. וב׳ למטה מחזה, מבחינת בינה ומלכות דמלכות. וב׳ המלכויות שלמעלה מחזה, שתיהן ממותקות ונכללות זו בזו. אבל למטה מחזה רק המלכות השלישית ממותקת. והמלכות הרביעית אינה ממותקת מבינה כלום. והמערה שנקבר בה אדה״ר, היא מהמלכות הרביעית הבלתי ממותקת, כמ״ש, כי עפר אתה ואל עפר תשוב. אלא כיוון שעשה תשובה, נכללה המערה בשדה, שהיא המלכות השלישית הממותקת. ושם נקבר.

וע״כ נאמר, לא המערה היא מכפלה, ואין השדה נקרא מכפלה, כי המערה היא המלכות הרביעית, שאינה ממותקת בבינה. וע״כ אינה מכפלה בבינה. השדה, המלכות השלישית, הממותקת, אינה מכפלה, כי במקומה למטה מחזה אין ב׳ מלכויות. רק למעלה מחזה נקראת המלכות מכפלה, ששם ב׳ מלכויות ממש הנכללות זו בזו, אחת מבינה ואחת ממלכות.

ירושלים למעלה, למעלה מחזה דנוקבא, אוחזת בב׳ צדדים למעלה

ולמטה, ב׳ מלכויות שמבחינת בינה ומלכות דבינה.

ירושלים למטה, למטה מחזה דנוקבא, אוחזת בב׳ צדדים למעלה ולמטה, שהם ב׳ מלכויות שמבחינת בינה ומלכות דמלכות.

ומשום זה ירושלים של מעלה היא מכפלה, שיש שם ב׳ מלכויות ממותקות. וע״כ השדה הזה שכאן, שהיא בחינת מלכות השלישית, נבחנת ג״כ למכפלה, משום שהמכפלה היא המיתוק דבינה. ולכן שדה המכפלה ודאי, ולא שדה כפול. כי אם השדה עצמו היה כפול, היה צריך לומר שדה כפול, לשון זכר. אלא כיוון שהוא עצמו אינו מכפלה, אלא שממשיך המכפלה מב׳ המלכויות שלמעלה מחזה, ע״כ כתוב, מכפלה, ע״ש המלכות שלמעלה מחזה.

115. שדה המכפלה ודאי. מכפלה היא אות ה׳ שבשם הקדוש. שיש ב׳ אותיות ה׳ בשם הוי״ה, ושתיהן נמצאות בו כאחת, שנכללות זו בזו, בשיתוף של מדה״ר בדין. ובשבילה כתוב בדרך הֶעלֵם, ה׳ מכפלה, שאין בשם הקדוש הוי״ה אות אחרת כפולה חוץ ממנה. כלומר, המילה המכפלה עם ה׳ הידיעה, רומז לה׳ מכפלה, לה״ת דהוי״ה, המלכות הממותקת בבינה, שהיא ה״ר דהוי״ה.

116. ואע״פ שמערה כפולה הייתה ודאי, שהיא מערה לפנים ממערה, אבל נקראת מערת שדה המכפלה, ע״ש המיתוק של מלכות בבינה, ולא על מה שהמערה הייתה כפולה. ואברהם ידע זה. וכשאמר לבני חת, הֶעלים הדבר, ואמר, וייתן לי מערת המכפלה, ע״ש שהמערה הייתה כפולה. ולא אמר, שדה המכפלה, ע״ש המיתוק דבינה. אבל התורה אינה קוראת לה, אלא מערת שדה המכפלה, כראוי להיות, ע״ש המיתוק של המלכות בבינה, שהיא שורה רק בשדה, ולא במערה.

117. והקב״ה עושה הכול, שיהיה נמצא בעוה״ז, מלכות, כעין שנמצא למעלה, בבינה. ושיתדבקו זה בזה, שיהיה כבודו למעלה ולמטה. אשרי חלקם של הצדיקים, שהקב״ה חפץ בהם בעולם, בעוה״ז ובעוה״ב.

ואברהם זקן בא בימים

118. אמר דוד, אשרי תבחר ותקרֵב, ישכון חצריך. אשרי האיש שדרכיו רצויים לפני הקב״ה, והוא חפץ בו לקרבו אליו.

119. אברהם התקרב אל הקב״ה. וכל ימיו הייתה תשוקתו בזה, שיתקרב אליו. ולא התקרב אברהם ביום אחד או בפעם אחת, אלא מעשיו הטובים קירבו אותו בכל יום ויום ממדרגה למדרגה, עד שהתעלה במדרגתו.

120. כשהיה זקן ונכנס במדרגות עליונות כראוי, כמ״ש, ואברהם זקן, אז בא בימים, בימים העליונים, בימים הידועים בעניין האמונה. וה׳ בירך את אברהם בכל. יסוד דאו״א עילאין הנקרא כל, שמשם יוצאות כל הברכות וכל טוב. כי שפעו אינו נפסק לעולם.

121. אשריהם בעלי תשובה שבשעה אחת, ביום אחד, ברגע אחד, הם קרבים אל

הקב״ה. מה שלא היה כן אפילו לצדיקים גמורים, שהם התקרבו אל הקב״ה בכמה שנים. אברהם לא נכנס באלו הימים העליונים, עד שהיה זקן. וכן דוד, כמ״ש, והמלך דוד זקן בא בימים. אבל בעל תשובה, מיד נכנס ומתדבק בהקב״ה.

122. במקום שבעלי תשובה עומדים בו, באותו העולם, אין לצדיקים גמורים רשות לעמוד בו. משום שהם קרובים אל המלך יותר מכולם. והם מושכים השפע מלמעלה עם יותר כוונת הלב, ועם כוח גדול ביותר להתקרב אל המלך.

כמה מקומות יש לצדיקים

[כמה אתרין לצדיקים]

123. כמה מקומות מתוקנים יש לו להקב״ה בעולם ההוא. ובכולם יש בתי דירה לצדיקים, לכל אחד לפי מדרגתו כראוי לו.

124. אשרי תבחר ותקָרֵב, ישכון חצריךָ. אותם, אשר הקב״ה קירב אליו, שהנשמות האלו עולות מלמטה למעלה, להתאחד בנחלתם שנתקן להם. ישכון חצריך, מקומות ומדרגות שהם לחוץ מהיכל. ומיהם? כמ״ש, ונתתי לך מַהלכים בין העומדים האלה. וזוהי מדרגה ידועה בין הקדושים העליונים.

125. וכל הזוכים למדרגה זו, הם שליחי ריבון העולם, כמו המלאכים. כי מהלכים פירושו שליחים, ועושים שליחות תמיד, בחפץ ריבונם, משום שאלו הם תמיד בקדושה, ולא נטמאו.

126. מי שנטמא בעוה״ז, מושך על עצמו רוח הטומאה. וכשנשמתו יוצאת ממנו, מטמאים אותו, הס״א, ודירתו בין אלו הטמאים. ואלו הם מזיקי העולם. כי כמו שאדם ממשיך על עצמו בעוה״ז, כך היא דירתו, וכך נמשך בעולם הנצחי.

127. כל המקדש עצמו, ושומר עצמו בעוה״ז שלא ייטמא, דירתו בעולם ההוא בין קדושים עליונים, ועושים שליחות של הקב״ה תמיד. והם עומדים בחצר, כמ״ש, את חצר המשכן. ועליהם אמר דוד, אשרי ישכון חצריך.

128. ויש אחרים, שהם יותר בפנימיות, שאינם בחצר אלא בבית, כמו שאמר דוד, נשׂבעה בטוּב ביתךָ. וכיוון שאמר, ישכון חצריך, למה אמר, נשבעה בטוב ביתך? הלוא ישבע בטוב ביתך, צריך לומר, כמו שאמר, ישכון חצריך? אלא שאין ישיבה בַּעֲזָרָה אלא למלכי בית דוד בלבד. וע״כ אמר, כמְדבר בעדו, נשבעה בטוב ביתך, שכוונתו היה על עצמו ועל שאר המלכים, שיש להם ישיבה בעזרה, שנקראת ביתך, כלומר ביהמ״ק.

129. ויש מקום לחסידים העליונים, הנכנסים עוד יותר בפנימיות, להיכל. ועליהם כתוב, קדוש היכלך. וכמה מדורים על מדורים ואורות על אורות נבדלים זה מזה בעולם ההוא. וכל אחד ואחד מתבייש מאורו של חברו. כי כמו שהמע״ט נבדלים בין איש לחברו

בעוה"ז, כן מקומות הדירה והאורות שלהם נבדלים בעולם ההוא.

130. אפילו בעוה"ז, כשהאדם ישן על מיטתו, והנשמות יוצאות מהגוף, וצריכות לשוטט בעולם, לא כל נשמה משוטטת ועולה לראות בכבוד סבר פנים של עתיק יומין. אלא כפי מה שנמשך תמיד וכפי מעשיו, כן נשמתו עולה.

131. כשהוא ישן והנשמה יצאה ממנו, כל רוחות הטומאה אוחזים בה, והיא מתדבקת באלו המדרגות התחתונות המשוטטות בעולם. והם מודיעים לה דברים הקרובים לבוא בעולם, ממה ששמעו מאחורי הפרגוד. ולפעמים הם מודיעים לה דברי שקר, ומצחקים בה.

132. ואם האדם זכה, כשהוא ישן ונשמתו עולה, הולכת ומשוטטת ובוקעת לה דרך בין רוחות הטומאה. וכולם מכריזים ואומרים, פנו מקום. פנו, אין זה מן הצד שלנו. והיא עולה ובאה בין אלו הקדושים, והם מודיעים לה דבר אמת אחד.

133. וכשיורדת הנשמה, כל אלו המחנות המעורבבות, שהם המלאכים, כאלו שקדושה וחול וטומאה משמשים בהם בערבוביה, רוצים להתקרב אל הנשמה, לדעת אותו דְבַר אמת ששמעה, והם מודיעים לה דברים אחרים. ואותו הדבר שלקחה מן הקדושים, בין הדברים שלקחה ממחנות המעורבבות, דומה לתבואה המעורבת תוך קש ותבן. וזהו הזוכה ביותר בעוד שהוא בחיים, והנשמה עוד נמצאת בעוה"ז.

134. כעין זה, כשהנשמות יוצאות מהגוף מעוה"ז אחר הפטירה, הן מבקשות לעלות. וכמה שומרי הפתח ומחנות המזיקים נמצאים. אם הן מהצד שלהם, כולם אוחזים באלו הנפשות, ומוסרים אותן ביד דומה להכניס אותן בגיהינום.

135. ואח"כ עולות מגיהינום ואוחזות בהם, והם לוקחים אותן ומכריזים עליהן. אלו הן שעברו על מצוות ריבונן, וכן משוטטים עימהן בכל העולם. ואח"כ מחזירים אותן לגיהינום. וכך עושים עימהן, שמוציאים אותן מגיהינום ומכריזים, ואח"כ שוב מחזירים אותן, וחוזר חלילה. עד 12 חודשים. לאחר 12 חודש הן שוככות ובאות במקום הראוי להן. אבל אלו הנשמות הזוכות, עולות למעלה וזוכות במקומותיהן.

136. אשריהם הצדיקים, שצפוּן להם הרבה טוב לעולם ההוא. ואין מקום פנימי כל כך לכל אלו הצדיקים, כמו אותם היודעים סוד ריבונם, ויודעים להידבק בו בכל יום. על אלו כתוב, עין לא ראתה אלקים זולתך, יעשה לְמְחַכֵּה לו.

137. למחכה לו, מה פירושו? הדוחקים להבין דבר חכמה, ומחכים לה להבין בירורו של הדבר, ולדעת את ריבונם, אלו הם שריבונם משתבח בהם בכל יום, אלו הם הבאים בין העליונים הקדושים, ואלו נכנסים בכל השערים העליונים, ואין מי שימחה בידיהם. אשרי חלקם בעוה"ז ובעוה"ב.

138. אברהם נכנס לדעת ולהתדבק בריבונו כראוי, אחר שהקדים מע"ט מתחילה. וזכה באלו הימים העליונים, והתברך מן המקום שכל הברכות יוצאות משם, כמ"ש, וה' בירך את אברהם בכל. מהו בכל? הוא מקום הנהר, שמימיו אינם פוסקים לעולם, יסוד דאו"א עילאין, שזיווגם לא נפסק לעולם.

139. אברהם לא רצה להתערב בנשות העולם, ולהתדבק בעמים האחרים עובדי עבודה זרה. משום שנשיהם של העמים האחרים עובדי עבודה זרה, הן מטמאות לבעליהן ולאלו המתדבקים בהן. כי כשאברהם ידע חכמה, ידע העיקר והשורש, ומאיזה מקום יוצאים ומשוטטים רוחות הטומאה בעולם. וע״כ השביע את עבדו, שלא ייקח אישה לבנו מעמים האחרים.

עדן מנטף על הגן

140. כתוב, והנה אופַן אחד בארץ אצל החיות לארבעת פניו. אופן אחד נעשה נשמה. אע״פ שאופן בכל מקום הוא שֵם הנפש, מ״מ השם אופן שבכתוב זה, חזר ונעשה נשמה.

141. כתוב בשה״ש, אחת היא יונתי תמתי, אחת היא הנשמה. מהי שבשה״ש, אנו קוראים הנשמה בלשון נקבה, יונתי תמתי, ובתורה, קוראים לה בלשון זכר, אברהם?

142. בתורה נקרא הנשמה בלשון זכר, כלפי הגוף. מפני שהגוף בערך הנשמה, הוא כערך אישה כלפי זכר. וכן הנשמה כלפי מדרגה עליונה ממנה, היא כנקבה בפני הזכר. וכל אחד יורש מעלתו לפי העניין. וע״כ בשה״ש, כשהמלך שהשלום שלו, מדבר על הנשמה, שהוא מדרגה עליונה ממנה, ע״כ נחשבת לו כמו נקבה, וקורא לה בלשון נקבה, יונתי תמתי. אבל בתורה מדובר בנשמה לפי עצמה, ע״כ קורא לה בלשון זכר, אברהם.

143. בארבע פעמים בשעה, בכל יום, עדן מנטף על הגן. ויוצא מאותן הטיפות נהר גדול, המתחלק לארבעה ראשים, ו-48 טיפות מנטף בכל יום, ומשם שׂבעים אילני הגן, כמ״ש, ישׂבעו עצי ה׳. כתוב, משקה הרים מעליותיו. עלייה, עדן. ועדן למעלה מערבות הוא. בערבות הוא, כמו שלומדים, שם גנזי חיים, וגנזי שלום, וגנזי ברכה, ונשמתן של צדיקים. והגנוז העליון. עדן למטה, מכוון כנגדו גן בארץ, ונוטל ממנו שפע בכל יום.

144. 48 נביאים עמדו לישראל, וכל אחד נטל בחלקו תמצית טיפה אחת מאותן טיפות של עדן, שהם 48 טיפות. ואם כל נביא, שנטל טיפה אחת מהן, הייתה מעלתו ברוח הקודש על כל השאר, כש״כ אדה״ר, שהיה מקבל מ-48. מכאן לומדים, כמה הייתה חכמתו.

145. ומאין היה לנביאים מאותן הטיפות? אלא בכל טיפה היוצאת מעדן, רוח חכמה יוצא עימו, וע״כ יש מים המגדלים חכמים, ויש מים המגדלים טיפשים, ואלו מים המגדלים חכמים, הם מטיפות של עדן.

146. המים שבו הטיפות יושבות, הראשון מכל ארבע הנהרות הוא, כמ״ש, שם האחד פישון. המיוחד מכולם הוא פישון, והוא הנופל בארץ מצרים, ולפיכך הייתה חכמת מצרים יותר מכל העולם.

147. ומשנגזרה גזרה, שאבדה חכמת מצרים, היה זה מטעם, כי נטל הקב״ה אותן טיפות. ומשניטלו אלו הטיפות, שלא יצאו מהגן, אבדה החכמה ממצרים.

148. ומאותו הרוח, שהיה יוצא מעדן, יִמָּצוּ כל נביא ונביא, כמ״ש, מתהלך בגן לרוח היום. וגנוז זה בגן עדן לעת״ל. וזהו הנהר, שראה יחזקאל בנבואתו. וע״כ כתוב, כי מלאה הארץ דעה את ה׳ כמים לים מכסים. שאותם מים תמיד מגדלים הידיעה בעולם.

149. כל הנשמות של הצדיקים למעלה בעדן הן. וכמו ממה שיורד מעדן, יִשְׂגֶּה החכמה בעולם, על אחת כמה וכמה לעומדים בו ונהנים מהנאותיו וכיסופיו.

150. כיוון שהנשמה זוכה להיכנס בשערי ירושלים של מעלה, מיכאל השר הגדול הולך עימה, ומקדים לה שלום. מלאכי השרת תמהים בו, ושואלים עליה, מי זאת עולה מן המדבר? מי זאת עולה בין העליונים מהגוף החרב, שדומה להרל, רמ״ש, אדם להבל דָּמָה? הוא משיב ואומר, אחת היא יונתי תמתי. אחת היא, מיוחדת היא. אחת היא לאִימָּהּ. לאימה, זוהי כיסא הכבוד, שהיא אֵם לנשמה, ויולדת לה, שנגזרה ממנה.

151. רָאוּהָ בנות וַיְאַשְּׁרוּהָ. אלו שאר הנשמות, שהן במעלתן למעלה, והן הנקראות בנות ירושלים. אלו נקראות בנות ירושלים, והאחרות נקראות בנות לוט. ראוה בנות ויאשרוה, שאר הנשמות משבחות לה ואומרות, שלום בואך.

מְלָכוֹת ופילגשים ויהללוה. מלכות, האבות. ופילגשים, גרי הצדק. כולם משבחות ומקלסות אותה עד שנכנסת למעלה, ואז הנשמה במעלתה, ומתקיימת אריכות הימים, כמ״ש, ואברהם זקן בא בימים. נכנס באריכות הימים, לעוה״ב.

152. כיוון שהנשמה היא בשלמותה במקום העליון, אינה מחפשת עוד את הגוף, אלא שנשמות אחרות נבראות ויוצאות ממנה, והיא נשארת במצבה. ואם בעוה״ז, שהוא הבל, נכנסת הנשמה בגוף, שהוא טיפה סרוחה, לעת״ל, שייצרפו כולם, ויהיה הגוף מובחר בקיום והשלמה יתרה, ודאי שתיכנס אותה הנשמה בו, בכל ההשלמות והעילויים שבה.

153. אותה הנשמה ממש, ואותו הגוף ממש, עתיד הקב״ה להעמיד אותם בקיומם לעת״ל, אבל שניהם יהיו שלמים בהשלמת הדעת, להשיג מה שלא השיגו בעוה״ז.

עניני תחיית המתים

154. ואברהם זקן בא בימים. באותו העולם, שהוא ימים, כלומר אור, ולא בעוה״ז, שהוא לילה. בא בימים, ספירות העליונות שבעולם העליון, שהן אורות, ונקראים ימים. בא בימים, שבא באותם העולמות שהם נבחנים לימים, מטעם אותם ההנאות והכיסופים שהוא נוחל. וה׳ בירך את אברהם בכל, באותה המְשֹׂרה, השררה, שנתן לו הקב״ה משמו, שהוא האות ה׳, שבו נברא העולם.

155. מט״ט שר הפנים, שהוא נער,

״חיי שרה״. ספר הזהר עם פירוש הסולם. מהד׳ 21 כר׳. כרך ה. דף מה; מהד׳ 10 כר׳. כרך ג. דף מה.

עֶבד מֵרַבו, האדון המושל עליו. הוא ממונה על הנשמה, להשפיע לה בכל יום, מאותו אור שהצטווה להשפיע לה. והוא עתיד לקבל חשבון בכתב מבית הקברות, מיד דומה, מכל גוף וגוף, ולהראותו לפני אדונו. והוא עתיד לעשות אותו עצם לוז, שאור לבניין הגוף, תחת הארץ, ולתקן את הגוף, ולהחיותו בשלמות הראוי אל גוף בלא נשמה. והקב"ה ישלח אח"כ הנשמה למקומה בגוף, אחר שבא לארץ ישראל.

וצריכים להבין היטב עניין העצם, הנשאר בקבר ואינו נרקב. אשר נאמר כאן, שהמלאך מט"ט עושה אותו שׂאור לבניין הגוף. העצם הזה נקרא לוז, ואינו נהנה ממאכל וממשקה, שהאדם אוכל ושותה. וע"כ אינו נרקב בקבר כשאר עצמות. וממנו חוזר ונבנה גוף האדם כשעומד לתחיית המתים. ויש להבין, למה נקרא לוז, ולמה אינו אוכל ושותה, ואינו נרקב בקבר, ומה ייחוסו, שרק ממנו ייבנה הגוף לעת התחייה.

וכבר התבאר, שאלו המוחין שהגוף מקבל בחייו, בקו אמצעי, הם הגורמים לו להירקב בקבר. כי קו אמצעי הוא יעקב, וקו שמאל הוא עשיו, שאינו כלול מימין. וכתוב, וַיָּזֶד יעקב נזיד, כלומר, המוחין, הנמשכים מקו אמצעי, שנקרא יעקב. וכתוב, ויבוא עשיו מן השדה והוא עייף, ויאמר, הַלעיטני נא מן האדום האדום הזה. שרצה שקו האמצעי ישפיע לו המוחין שלו, אשר קו שמאל כלול בהם בימין, שמשם החיים.

אבל יעקב אמר לו, מִכְרָה כיום את בכורתך לי. כי נודע שהמוחין דחכמה נמשכים בקו שמאל, שהוא בכורה וגדלות, וע"כ אינו רוצה להיכלל בימין, שהוא אור חסדים, הקטן הרבה ממנו. אבל התחתונים אינם יכולים לקבל הארת השמאל, מטרם התלבשותו בחסדים מקו ימין.

וע"כ עשיו היה עייף ואמר, הנה אנוכי הולך למות, ולמה זה לי בכורה. וע"כ מכר לו הבכורה. וכמ"ש, וִיבֶז עשיו את הבכורה, מחמת שהיה מוכרח לקבל מיעקב המוחין מהתכללות הימין. ונמצא, שעם קבלת עשיו את המוחין דקו אמצעי, ביטל את הבכורה שלו, שהוא הארת החכמה משמאל בלי ימין. ולא עוד, אלא שביזה אותה, כי גילה דעתו שמהארת השמאל בא רק מוות, כמ"ש, הנה אנוכי הולך למות. ומהארת קו אמצעי באים החיים.

וכעין זה גוף האדם. כי כל גוף נפל תחת שליטת ס"מ, שרו של עשיו, בעת החטא של עצה"ד, שמשם נגזרת המיתה על הגוף. ושליטה זו היא זוהמת הנחש, שאינה סרה מהגוף מטרם שנרקב בקבר. וע"כ הצדיקים מטהרים את גופם, הבא מכוח השמאל, עד שראוי לקבל את המוחין מקו האמצעי. ועם קבלת המוחין, נמצא הגוף שמבזה את הבכורה שלו, כמו עשיו. ורושם מהביזוי הזה נשאר בגוף גם לאחר המיתה, עד שגורם לו ריקבון, שפירושו, ביטול גמור של כל כוח הקבלה שלו, עד שלא נשאר זכר ממנו.

אמנם לפי זה השאלה, איך אפשר עוד שיקום לתחיית המתים, כיוון שכבר נרקב? והעניין הוא, כמו שיש בקו שמאל ג"ר וו"ק, כן בגוף, שהוא המקבל ממנו, יש ג"כ ג"ר וו"ק. וכן בעשיו היה ג"ר וו"ק, כלי לקבלת ג"ר וכלי לקבלת ו"ק. והתבאר, שהמוחין דקו אמצעי שקיבל עשיו, גרם לו לבזות את הבכורה, וכן גורמים לכל גוף שיירקב בעפר.

אמנם המוחין הבאים מקו אמצעי, אינם אלא ו"ק דג"ר, ואין בהם כלום מג"ר דג"ר. ונמצא שרק הו"ק של עשיו ביזו את הבכורה. כי התגלה על ידם, שמקו שמאל בא המוות, ומקו אמצעי החיים. אבל הג"ר של עשיו, שלא קיבלו

כלום מהמוחין דיעקב, להיותם רק ו״ק דג״ר, א״כ נשארו תחת שליטת השמאל, ולא ביזו כלל את הבכורה. כי בין כך ובין כך מתו, כי קו אמצעי לא היה לו מה לתת להם.

ועד״ז הגופים של כל אדם, אשר מסיבת המוחין שמקבלים בחיים, הם נרקבים בקבר. זהו דווקא לבחינת הכלים דו״ק של הגוף, שהם הנהנים מקו אמצעי. משא״כ הכלים דג״ר של הגוף, שלא נהנו מעולם מאלו המוחין דקו אמצעי, הם אינם נרקבים בקבר, כמו שנאמר בג״ר דעשיו. וכיוון שלא נהנו, ע״כ לא ביזו.

ולכן נאמר, שיש עצם שאינו נרקב בקבר, חלק הגוף המיוחס לקבלת ג״ר דג״ר, שהוא אינו נהנה ממאכל וממשתה, שהם המוחין הבאים מקו אמצעי, וע״כ אינו נרקב, וע״כ ייבנה הגוף ממנו לתחיית המתים.

והטעם שנקרא לוז, הוא כמ״ש, ויקרא את שם המקום ההוא בית אל, ואולם לוז שם העיר לראשונה. כי כל דבר יש להבחין בג׳ הבחנות: עולם שנה ונפש. ועניין הארת השמאל בלי ימין בבחינת עולם, הייתה העיר לוז. וע״כ הייתה נקראת לוז, שהוא מלשון הכתוב, תועבת ה׳ נָלוֹז. וכן, ונלוזים במַעְגְלותם. ויעקב, שהוא קו אמצעי, תיקן את העיר, והשרה בה האלקיות. וע״כ קרא שמה, בית אל. אשר לפני זה היה שמה לוז.

אמנם קו האמצעי יכול לתקן רק הו״ק דג״ר, ולא הג״ר דג״ר. נמצא שלא כל העיר לוז קיבלה את תיקונה, להיקרא בית אל, אלא רק בחינת הו״ק של העיר הזאת קיבלה תיקונה ונעשית בית אל. אבל הג״ר דג״ר מבחינת העיר, נשאר בה השם הראשון לוז. כי יעקב לא היה יכול לתקן אותה. וזהו מבחינת עולם.

וכן מבחינת נפש, נבחן כל גוף כמו העיר לוז, אשר הצדיקים זוכים לקבל המוחין דקו אמצעי, וגופם זוכה להשראת השכינה. אז נקרא גופם בית אל, תחת השם הקודם לוז. אמנם ג״ר של הגוף שלהם, שאין להם מה לקבל מקו אמצעי, לא נתקנו כלום ואינם נקראים בית אל. אלא נשארו בשם הקודם לוז. הרי שהעצם הזה, המיוחס לג״ר דג״ר, נקרא לוז, שנשאר בזוהמתו ואינו ראוי לשום תיקון במשך 6000 שנה, כי המוחין דקו אמצעי אינם מפרנסים אותו.

וכמו שנאמר, עתיד הקב״ה להחיות המתים במומם, שלא יאמרו אחר הוא. עצם לוז הוא המום שבגוף, שאינו יכול להירפא ב-6000 שנה. וממנו יעמוד הגוף לתחיית המתים, כדי שלא יאמרו אחר הוא, מצורתו שבא״ס.

156. באותה שעה כתוב, ויאמר אברהם אל עבדו. אם בחכמה זו נסתכל, כלומר בנוגע לתחיית המתים, מהו הפירוש, אל עבדו? כי אברהם הוא הנשמה, וא״כ, ויאמר אברהם אל עבדו, היא העבד של הנשמה. והאם יש עבד לנשמה? נסתכל שאמר, עבדו, ולא נייחס אותו אל אברהם. כמשמעות הכתוב, אלא הפירוש הוא, עבדו של מקום, הקרוב לעבודתו. והוא מט״ט, שהוא עתיד ליַפּוֹת הגוף בקבר.

157. ויאמר אברהם אל עבדו זְקן ביתו, המושל בכל אשר לו. עבדו, זהו מט״ט, עבדו של מקום. זקן ביתו, להיותו תחילת בריותיו של מקום. המושל בכל אשר לו, שנתן לו הקב״ה ממשלה על כל צבאותיו, על כל מלאכי מעלה.

158. כל צבאותיו של אותו עבד, נוטלים אור ונהנים מזיו הנשמה, שאור הנשמה גדול מאור כיסא הכבוד. והמלאכים נוטלים אורם מהכיסא. שאור הנשמה גדול מאור הכיסא. והרי מהכיסא

ניטלה הנשמה? ובהכרח שהמקבל הוא קטן מהמשפיע.

אלא שורשם של אדם, היושב על הכיסא, והכיסא, הוא או״א וישסו״ת. אשר ישסו״ת הוא הכיסא, שמאל. ואו״א הם האדם היושב על הכיסא, הימין. ומהם נמשכים זו״ן, שז״א הוא אדם היושב על הכיסא, והנוקבא היא הכיסא. ומהם נמשכים הנשמות, ומט״ט וסיעתו. שהנשמות באות מאדם היושב על הכיסא. ומט״ט וסיעתו באים מהכיסא.

ונודע, שהתחתונים צריכים להארת חכמה. וכל זמן שאין להם הארת חכמה, אע״פ שמקבלים אור החסדים מז״א ומאו״א עילאין, עדיין הם בו״ק בלי ראש, עד שמקבלים ג״כ הארת החכמה, הנמשכת מהכיסא ומהנוקבא ומישסו״ת, שאז קונים ג״ר.

ונמצא, שהנשמה, מטרם שמקבלת אור הכיסא, היא בו״ק בלי ראש, ו״ק דו״ק. והיא קטנה מאור הכיסא, שהוא ג״ר דו״ק. אבל אחר שמקבלת הארת החכמה מאור הכיסא, נעשית גדולה הרבה מאור הכיסא. כי אור הכיסא נמשך מהנוקבא ומישסו״ת, שהוא ג״ר דו״ק. ואור הנשמה נמשך מז״א ואו״א. והוא בחינת ג״ר ממש.

ואיך אור הנשמה גדול מהכיסא, והרי מהכיסא ניטלה הנשמה, שהיא קטנה מהכיסא? הנשמה, מטרם שמקבלת מהכיסא, היא ו״ק דו״ק, והכיסא הוא ג״ר דו״ק, וע״כ היא מקבלת מהכיסא. אלא זה לפי הראוי לו, וזה לפי הראוי לו. שהם שני אורות שונים זה מזה. כי הנשמה היא אור חסדים בעצם, והכיסא הוא הארת החכמה בעצם.

וע״כ כשהנשמה צריכה להארת חכמה, מחויבת לקבל מהכיסא, אע״פ שמשורשה הנשמה גדולה מאור הכיסא. גדולה מאור חכמה ממש. כמ״ש, דמות כמראה אדם עליו מלמעלה. עליו, ברוחניות, שאינו תופס זמן ומקום, הוא בהכרח רק בחינת מעלה בלבד. הרי שאור הנשמה גדול מאור הכיסא, להיותה משורשה, מהאדם היושב על הכיסא.

159. וכשהולך לעשות שליחותו של הקב״ה, כל צבאותיו והמרכבה שלו ניזונים מאותו הזוהר של הנשמה, מאור החסדים, מהאדם היושב על הכיסא, הנמשך מז״א, המקבל מאו״א עילאין. וזהו שהנשמה אומרת לו, שים נא ידך תחת ירכי. ידך, כלומר סיעתך, הצבאות של מט״ט. תחת ירכי, זהו אור המושפע מן הנשמה, כי ירכי פירושו נה״י, שזהו מעלת הנשמה עליהם, שיש לה נה״י דכלים וג״ר דאורות. וע״כ אמרה לו, שים נא ידך תחת ירכי, שיקבל אור הג״ר הנכלל בנה״י שלה. שאור זה הוא השבועה שהשביעה אותו.

160. בשעה שזה הולך בשליחותו של מקום, הקב״ה מניע כל צבאותיו של מעלה באות אחת משמו, באות י׳ של הוי״ה, שהיא או״א, שורש אור הנשמה. ירכ״י בגי׳, רם. כלומר, הנשמה אומרת, שים נא ידך, סיעתך, תחת מעלתו של רם ונישא, המושל על הכול. שזה רומז לעתיק, המאיר באו״א, שהם אות י׳. ולאחר שהנשמה ציוותה סיעת עליונים, אור או״א עילאין, תחת ידו, אמרה לו, אני משביעך שבועה גדולה בו. כמ״ש, ואַשְׁבִּיעֲךָ בה׳ אלקי השמיים ואלקי הארץ.

161. כתוב, אלקי השמיים ואלקי הארץ. כיוון שכבר אמר בה׳, אשביעך בה׳, למה נאמר עוד, אלקי השמיים? שבשעה שהולך, מניע כל צבאותיו באות אחת משמו, באות י׳, באור החסדים דאו״א עילאין. למה אמר בלשון השבועה, אלקי השמיים ואלקי הארץ, ששמיים הם

ז״א, הנמשך מאו״א עילאין, והארץ, הנוקבא, הממשיכה מישסו״ת, שהיה מספיק להשביע אותו באות ה׳ לבדה?

אמר, אלקי השמיים ואלקי הארץ, להורות, שהוא אדון על הכול בבת אחת, וברגע אחד הוא מניע לכל, וכולם כאַין נגדו. שהזכיר שמיים וארץ בלשון השבועה, שהם האור של אות י׳, להורות, שאור זה מושל על כל המדרגות, וכולם כאין נגדו. על ב׳ אותיות משמו מניע כל צבאותיו, בעת שמט״ט הולך בשליחותו. להורות, שהוא הכול ואין אחר בִּלְתוֹ.

כמ״ש, אלקי השמיים, שאורו הוא או״א, ימין, ואלקי הארץ, שאורו ישסו״ת, שמאל. ומוכיח הכתוב מזה, שבשעה שמט״ט הולך בשליחות הקב״ה, מניע כל צבאותיו בב׳ אותיות משמו, שהם י״ה מהוי״ה. אשר י׳ היא אור או״א עילאין, וה׳ היא אור ישסו״ת. כלומר, גם בהארת החכמה הנמשכת מישסו״ת. אשר הארת החכמה מְבַער הקליפות, והכול רואים, שהוא הכול ואין אחר בלתו.

162. ואשביעךָ בה׳ אלקי השמיים ואלקי הארץ, אשר לא תיקח אישה לבני. שבועת הברית הזאת, משביעה הנשמה. כי אברהם רומז על הנשמה.

163. מכאן נשמע, שהנשמה אמרה למט״ט, כיוון שאתה הולך בשליחות הזו להחיות המתים, לא תיקח אישה לבני, שלא תיקח גוף לבני, כי הגוף בערך הנשמה נקרא אישה. ולהיכנס בגוף אחר, זר, שאינו ראוי לו, אלא בגוף ההוא ממש שהוא שלי, בההוא ממש, שיצאתי ממנו.

וע״כ כתוב, כי אל ארצי ואל מולדתי תלך. כמו שנאמר, עתידים המתים להחיות במומם, שלא יאמרו אחר הוא. שיהיה באותה הצורה כמו בהתכללות בא״ס. לכן משביעה הנשמה למט״ט, אל ארצי ואל מולדתי תלך, כלומר לגוף שלי, שנשאר בעצם לוז, שהוא הגוף שיצאתי ממנו, והוא הראוי לתחיית המתים. ואחר שיתרפא ממומו, ראוי להתלבשות הנשמה לנצחיות.

164. מהו, ולקחת אישה לבני ליצחק? הרי אם הכוונה להתלבשות הנשמה, היה צריך לומר, לאברהם? אלא אותו הגוף שהצטער עימי באותו העולם, ולא היה לו הנאה וכיסוף בו, מפני יראת קונו, שהוא עצם הלוז, שאינו נהנה ממאכל וממשתה בעוה״ז, אותו הגוף ממש תיקח לצַחק עימו, בשמחה הזו של הצדיקים, לצחק עימו בשמחת הקב״ה. לצחק עימו, משום שעתה, בזמן תחיית המתים, עת שׂחוק בעולם, כמ״ש, אז יימלא שחוק פינו.

165. אין מלאך אחד עושה אלא רק שליחות אחת ולא ב׳ שליחויות בבת אחת.

ויש כאן ב׳ שליחויות:

א. להחיות הגוף בקברו,

ב. להעלותו לארץ ישראל, ששם מתלבשת בו הנשמה.

והרי אין מלאך אחד עושה ב׳ שליחויות? מלאך אחד, אשר קֶסת הסופר במותניו, שהוא גבריאל, עתיד להרשים כל אחד על מצחו, שיתקן את הגוף. ואח״כ השר הגדול, מט״ט, הולך לתקן כל אחד, ולהעמידו לקבל נשמתו. וכתוב, הוא ישלח מלאכו לפניך ולקחת אישה. לפניך, לפני שליחותך. שהקב״ה ישלח מלאך מקודם לתקן את הגוף, ואח״כ יביא אותו מט״ט להתלבשות הנשמה, מטעם שאין מלאך אחד עושה ב׳ שליחויות.

166. באר אשר לרואים, וממלאים אותו במים שאובים, ונובע ממקורו עצמו עוד יותר מהם. באר נובע מעצמו, משום שעיקר נשמתו היה מאור החסדים דאו״א

עילאין, שזיווגם לא נפסק לעולם. ומשום שממשיך הארת החכמה מישסו״ת, מכנים אותו באר של רואים, ע״ש החכמה שמקבל מישסו״ת. ונבחן זה, שממלאים אותו בשאובים ממקום אחר. כי שורשו עצמו אינו נמשך מישסו״ת, אלא רק מאו״א עילאין.

ומשום זה החסדים שלו משורשו עצמו, הנמשכים מאו״א, בבחינת מעיין לא פוסק, חשובים הרבה יותר מהארת החכמה, שממלאים אותו מישסו״ת. כי ערך או״א אל ישסו״ת, כערך ג״ר אל ו״ק. וע״כ כתוב, באר לַחַי רואי. ראייה, פירושו הארת חכמה.

167. חייב אדם להקביל פני רבו בר״ח.

168. אותו אור הראשון, ששימש בימי בראשית, ואח״כ נגנז לצדיקים לעת״ל, מסעיו עשרה. ובעשרה נוסע, ובעשרה מנהיג הכול, ובעשרה אותות עושה מעשיו. עשרה כתבים, עשרה מפתחות של בית החולים בידיו, ועשרה כתבים לוקח בגן עדן, לתקן הארץ בשביל גופים של הצדיקים.

מספר עשרה רומז על אור החסדים. ואור הראשון שנגנז לצדיקים הוא אור החכמה, כי ע״כ היה אדה״ר מסתכל בו מסוף העולם עד סופו, כי אור העיניים והראייה הוא אור החכמה. אור הראשון מסעיו עשרה, שאור החכמה מתגלה בהתלבשות עשרה, שהוא אור החסדים. ובא להתלבשות הזו, משום שבא בג׳ קווים, שכל קו מלובש בעשרה.

ובעשרה נוסע, שנוסע ומשפיע בעשרה, והוא קו ימין, שעצם השפעתו הוא אור החסדים.

ובעשרה מנהיג הכול. הוא קו שמאל, שאע״פ שעצם השפעתו הוא חכמה, שהיא נקודת השורוק, עכ״ז אינו מנהיג ומשפיע, זולת ע״י התלבשות בחסדים.

ובעשרה אותות עושה מעשיו. זהו קו אמצעי, המכריע בין ב׳ הקווים הללו, שממנו נמשכים כל האותות והמופתים שמצד הקדושה.

ומעשיו הם עשרה כתבים, עשרה מפתחות של בית החולים בידיו. כתבים, מסכים, ומפתחות, קומות אורות החסדים, היוצאות על הכתבים. ובקומות האור האלו הוא רופא החולים. כי כל המחלות נמשכים מקו שמאל, בהיותו בלי התכללות הימין. וכשבא קו האמצעי עם המסך דחיריק, שעליו יוצא קומת אור החסדים, שבזה מכריע בין הקווים, עד שנכללים זה בזה, מתרפאים אז כל החולים.

וע״כ נקראות קומות אור שלו מפתחות לרפואות החולים. והם בעשרה, להיותם אור החסדים. עשרה כתבים הוא המסך דקו אמצעי, שעל ידו נכנס בחשבון הצדיקים, ע״י המלאך דומה. ומובטחים בזה לעמוד בתחיית המתים, כמ״ש, וכיפר אדמתו עַמו. לתקן הקבר, שיהיו ראויים לכָתוב, הנה אני פותח את קברותיכם.

169. כיוון שהזוהר ביאר העשרה רק בג׳ קווים עליונים חב״ד, הולך ומבאר העשרה גם בז״ת. ואומר, שאור הנשמה גדול מאור המלאכים. העולם, המלכות, נבראה בעשרה, ומונהגת בעשרה, שהוא יסוד שמנהיג את המלכות, הנקראת עולם.

הכיסא הקדוש, נו״ה, הנקראים כיסא תחתון, הוא בעשרה. התורה, ת״ת, הוא בעשרה. נסיעותיו, גבורה, הוא בעשרה. עולמות עליונים, חסד, שהוא העליון מז״ת, הוא בעשרה. ואחד העליון על כל, כתר, שממנו נמשך הכול, הן אור החסדים, המרומז בעשרה, והן אור החכמה.

170. כתוב, וייקח העבד עשרה

גמלים, וכל טוב אדוניו בידו. מהו, וכל טוב אדוניו בידו? איך אפשר, שכל רכושו של אברהם יהיה נישא בידו? זהו שמו של ריבונו, השכינה, שנקראת שֵׁם, שהלכה עימו להביא אותו למקום הנרצה ולהגן עליו, שלא יאונה לו מכשול. זה ודאי הוא כמ״ש, כי שמי בקרבו.

171. כל מי שיודע שמו לאמיתו, יודע שהוא ושמו אחד. הוא, הקב״ה, ושמו אחד, השכינה. כמ״ש, ה׳ אחד ושמו אחד. כלומר, השם, השכינה, והוא, ז״א, אחד.

172. וַיַּבְרֵךְ הגמלים מחוץ לעיר אל באר המים, לעת ערב, לעת צאת השואבות. מחוץ לעיר, בבית הקברות. אל באר המים, הקודמים לתחיית המתים בבית הקברות. הם אותם שנשאו ונתנו בתורה, שהרי, כשנכנס אדם לקבר, מה ששואלים אותו מתחילה, אם קבע עיתים לתורה, כמ״ש, והיה אמונת עיתיך. ומכ״ש כשייצא, אין שאלה, להחיות אותם מתחילה.

173. לעת ערב, יום חשישי, שהוא ערב השבת, שאז הזמן להחיות המתים. 6000 שנים עומד העולם. וערב שבת, הוא האלף השישי, שהוא סיום הכול. לעת ערב, שפירושו זמן סיום הכול. לעת צאת השואבות, אלו הם תלמידי חכמים, השואבים מימיה של תורה, שהוא עת לצאת ולהתנער מן העפר, כלומר, לקום לתחייה.

174. אותם המתעסקים לדעת את ריבונם בעוה״ז, ונשמתם בשלמותה לעוה״ב, זכו לצאת מהקבר משבועת הנשמה שהשביעה למט״ט. כי מט״ט הולך לדעת, מי הוא גופה ממש. כמו שהנשמה השביעה אותו. ומה הוא. כמ״ש, הנה אנוכי ניצב על עין המים. אע״פ שגוף תלמיד חכם הוא, הולך מט״ט לבחון אחר השלמות, כמ״ש, והיה העלמה היוצאת לשאוב, ואמרתי אליה, השקיני נא מעט מים מכדך, שפירושו, אמור לי רמז ידיעת השם ממה שהשגת.

175. ואמרה אליי, גם אתה שתה. שנותנת לו לדעת ג׳ ידיעות:

א. אף אתה עבד כמוני, שחסר ג״ר,

ב. ולא התחלף לי ידיעתך, בידיעתו של מקום. שלא טעתה שיש שלמות אחרונה במוחין שלו, שמשפיע לנשמות, כמו שלמותו של הקב״ה,

ג. וצריך אתה להשיג שאתה נברא כמוני. אע״פ שאתה מלאך, מ״מ אתה כמו נברא, כלומר, בעל חיסרון כמוני.

176. וגם לגמליך אשאב. שגם לצבאותיו תיתן לדעת ממה שהשיגה ושאבה. כלומר, ידיעת השגתה הוא:

א. שלא השיגו סיעתך. שהם מחוסרי השגה,

ב. וידעתי כי מעלה יש לי עליך, שהיא התכללות מנקודה דעוה״ז, שחסרה למלאכי מעלה.

ג. ואיך נברא אתה מזיו הנתון אצלך. כלומר, שהשיגה גם סוד בריאתו.

אם הגוף אומר כל השגותיו, סימן זה, שעשית לי, יהיה מסור בידי על כל הדברים האלו, שהגוף יאמר לי, אף אחד מהם לא יחסר. אז, ואדע שהיא האישה, הגוף מאותה הנשמה, כפי השבועה שהשביע אותי.

177. ויהי הוא טרם כילה לדבר, בעוד שהוא רוצה לנסות על הגוף כל העניינים. והנה רבקה יוצאת, זהו הגוף הקדוש, שהתעסק בדברי תורה, וכיתֵת גופו להשיג ולדעת את קונו. אשר יולדה לבתואל, בתו של אל. בן מלכה, בן מלכה של עולם. אשת נחור אחי אברהם, חברת השכל,

גוף שנדבק בשכל, והיא את הנשמה. וכַדָה על שִכמה, משא החכמה עליה.

178. וַיָרָץ העבד לקראתה, זה מט"ט. ויאמר, הגמיאיני נא מעט מים מכדך, אמור לי רמז החכמה, בידיעת בוראך, ממה שעסקת בעולם שיצאת ממנו. ואמר, ואשים הנזם על אפה והצמידים על ידיה. אותם העצמות שהתפזרו לכאן ולכאן, הוא צומד אותם, ושוקל אותם זה על זה.

179. באותה שעה, אותו הגוף עומד בארץ ישראל, ושם נכנסת בו נשמתו. מי מוליך הגוף לארץ ישראל? הקב"ה עושה מחילות תחת הארץ, והם מתגלגלים והולכים לארץ ישראל, כמ"ש, וארץ רפאים תפיל.

180. גבריאל מוליך אותם לארץ ישראל, כמ"ש, התלכי עם האיש הזה, וכתוב, והאיש גבריאל.

ומהו שכתוב, ולרבקה אח ושמו לבן? אין יצה"ר בטל מן העולם, אע"פ שכולו לא נמצא, קצתו נמצא.

181. בתחילה, כשהיה יצה"ר מוטל בעוה"ז, נקרא לוט. לעוה"ב יתבטל מן העולם, אבל לא כולו. ונקרא לבן, לא מנוול כבראשונה, אלא כמי שרחץ מניוולו. לבן למה נצרך? לעשות פרייה ורבייה. כי אם אין יצה"ר נמצא, פרייה ורבייה אינו מצוי.

182. כיוון שהגוף נבנה ועומד בקיומו, כתוב, וישלחו את רבקה אחותם ואת מינִקְתָה. מינקתה, זה כוח התנועה, כוח הגוף.

183. כיוון שהגוף נבנה על קיומו, ומביאים אותו לקבל נשמתו, לארץ ישראל, הנשמה ממתינה אליו ויוצאת לקראתו, כמ"ש, ויצא יצחק לשׂוּח בשדה. וכתוב, איתי מלבנון כלה. כלה, זוהי הנשמה. תשורי מראש אמנה, כמ"ש, ויישא עיניו ויַרְא.

184. עכשיו הנשמה נקראת יצחק, ע"ש השמחה הגדולה שבעולם.

185. בתחילה נקראת הנשמה אברהם, והגוף שרה. עכשיו נקראת הנשמה יצחק, והגוף רבקה. ארבעים שנה קודם קיום הגוף, ממתינה הנשמה לגוף בארץ ישראל, במקום המקדש.

186. וייקח את רבקה ותהי לו לאישה ויאהבֶהָ, ויינחם יצחק אחרי אימו. אוהב לאותו הגוף, ומתנחם עימו, והוא עת לשחוק והחדווה בעולם.

187. ומהו, וַיוסף אברהם וייקח אישה ושמה קטוּרה? פרשה זו בסתירה לביאור בדבר הנשמה והגוף, שבזמן התחייה.

188. בעת שחכמי האמת מבארים סודות הכתובים, הנה אותן המדרגות, שהכתובים מדברים מהן, באות בעצמן לאותם החכמים בעת ההיא, וממציאות את עצמן שיביאו אותן לגילוי. וזולת הסיוע שלהן, לא היה להם כוח לגלות שום סוד.

189. אשרי האדם המניח תפילין ויודע הטעם שלהן.

190. הקב"ה, ברוב אהבתו שהיה לו לישראל, אמר להם, לעשות לו משכן, כעין המרכבה העליונה של מעלה, ויבוא לשכון עימהם, כמ"ש, ועשו לי משכן ושכנתי בתוכם. בפסוק הזה נסתם טעם התפילין.

191. המקדש נעשה כעין העליון, בצורות מרכבותיו הקדושות. ואחרי כן, השרה הקב״ה את שכינתו עימהם. כעניין הזה בטעם התפילין, שאותו האדם המניח אותם, יהיה דוגמה למרכבות העליונות: למרכבה התחתונה ולמרכבה העליונה, כדי שתבוא המלכות שלו וישרה שכינתו עליו.

ב׳ המרכבות ולשתיהן צריכים. יש מעלה במרכבה עליונה, שלמעלה מחזה, שאינה במרכבה תחתונה, שלמטה מחזה. כי אין זיווג נוהג אלא מחזה ולמעלה, ששם פני אדם, ולא מחזה ולמטה, שחסר שם פני אדם.

וכן יש מעלה במרכבה תחתונה, שמחזה ולמטה, שאינה במרכבה עליונה, שמחזה ולמעלה. כי מקום גילוי החכמה הוא במרכבה שמחזה ולמטה, ולא במרכבה שמחזה ולמעלה.

לפיכך, אין גילוי השלמות, זולת בשתי המרכבות ביחד. כי המרכבה התחתונה עולה ונכללת בזיווג שיש מחזה ולמעלה במרכבה עליונה. ואז מתגלה החכמה במרכבה תחתונה.

המשכן נעשה כעין העליון בצורת המרכבות הקדושות, שהמשכן וכליו הסתדרו בדוגמה לב׳ המרכבות. כי אז עלתה מרכבה תחתונה למקום מרכבה עליונה, ונכללה בזיווג אשר שם. ואז התגלה החכמה במרכבה תחתונה, שזהו השראת השכינה בתחתונים.

כן צריך האדם המניח תפילין, לכוון באלו ב׳ המרכבות והסדרים שבהם, כי אז תבוא המלכות של הקב״ה, ויַשרה הקב״ה שכינתו עליו. כי אין גילוי החכמה אלא במלכות, שהיא מחזה ולמטה, ונקראת שכינה. אבל אין זיווג להמשכת החכמה אלא מחזה ולמעלה. ועי״כ ע״י שתי המרכבות ביחד מתגלה השלמות.

192. יש בתפילין סודות עליונים ודוגמאות שלהם. ויש בו במחזה ולמטה, ששם המלכות, שלוש מרכבות, בדומה לעליונים הקדושים, שהן סודות שלוש האותיות של שמו הקדוש יה״ו. כי ג׳ מרכבות הן ג׳ אותיות יה״ו.

ארבע פרשיות שולטות על ארבע אותיות שמו הקדוש. ועל כך הוא עניין האות ש׳ של ג׳ כתרים, וש׳ של ד׳ כתרים. ג׳ מלכים שולטים בגוף, מחזה ולמטה, כנגד ש׳ של ג׳ ראשים. ותפילין שעל הקב״ה למעלה, שהם תפילין של ראש. ותפילין של יד. והם ד׳ פרשיות, שהם כנגד ש׳ של ד׳ ראשים.

ההפרש בין מרכבה עליונה שלמעלה מחזה, למרכבה תחתונה שלמטה מחזה, שבמרכבה תחתונה חסר פני אדם, שהיא ה״ת של שם הוי״ה. ונמצא שאין במרכבה תחתונה אלא רק ג׳ אותיות יה״ו, וחסר ה״ת. ורק במרכבה למעלה מחזה יש ד׳ אותיות כולם.

ויש רק ג׳ מרכבות, שהן ג׳ אותיות של שמו הקדוש הוי״ה, יה״ו, שהם חכמה בינה ת״ת. והמלכות חסרה, שהיא ה״ת. והן כלולות זו מזו, ונבחנות לג״פ יה״ו, ג׳ מרכבות, אחר שתעלינה לזיווג שבמרכבה עליונה.

ארבע פרשיות שולטות על ארבע אותיות שמו הקדוש. ארבע פרשיות שבתפילין הן חו״ב תו״מ. והם שולטים על ארבע אותיות הוי״ה. כי ארבע אותיות הוי״ה הם חו״ב תו״מ.

וזהו עניין ש׳ של ג׳ כתרים ושל ד׳ כתרים. אשר הש׳ מג׳ כתרים רומזת על המרכבה התחתונה, שאין לה מעצמה אלא ג׳ אותיות יה״ו, וחסרה ה״ת. והם ג׳ מלכים, השולטים בגוף מחזה ולמטה, שהם נה״י. ונקראים מלכים, משום שמחזה ולמטה שייך הכול אל המלכות. וש׳ של ד׳ כתרים רומזת על בחינת המרכבה העליונה, שיש לה ד׳ אותיות הוי״ה בשלמות והן ד׳ פרשיות של התפילין.

193. הלב רוכב, בדומה כמו על המרכבה התחתונה, והתחתון, הנוקבא, רוכב. המרכבה של הזרוע, למטה, היא הנוקבא, התפילין של יד, הנקראת זרוע. והלב, שהוא בחינת מחזה ולמעלה, רוכב, בדוגמה שהוא למטה מחזה. ונמסרו בידו להכניס כל צבאות השמיים. וכך הלב רוכב למטה ונמסרו בידו כל איברי הגוף.

התגלות הארת החכמה נקרא רוכב על המרכבה. ולפיכך רק המלכות היא הרוכב, שבה נוהג גילוי. והתבאר, שהמרכבה העליונה שמחזה ולמעלה היא בחינת חסדים מכוסים. אבל שם הוא מקום הזיווג, ולא במרכבה תחתונה.

ונמצא שעיקר גילוי החכמה הוא בהכרח במרכבה עליונה, אלא לא לעצמו, אלא כדי להשפיע למרכבה תחתונה. והמלכות של מרכבה עליונה שלמעלה מחזה, נקראת משום זה לב, ע"ש ל"ב (32) נתיבות החכמה שמתגלות בה.

וע"כ יש ב' בחינות גילוי חכמה בלב:

א. כשהוא למעלה מחזה במקומו, שאז אינה מתגלה החכמה לעצמו, אלא כדי להשפיע למרכבה תחתונה,

ב. כשמרכבה תחתונה עולה ונכלל בו, מקבל ממנו החכמה, ונבחן אשר מלכות זו, הלב, יורד עימהם למטה מחזה, ומגלה שם הארת החכמה למטה.

הלב רוכב, בדומה כמו על מרכבה התחתונה. בחינה א' של גילוי החכמה, אינה לצורך עצמו, וע"כ נבחן שמאיר בדומה למרכבה תחתונה, כלומר רק להשפיע ולא הארה ממשית לעצמו. משום שרק במרכבה תחתונה שלמטה מחזה שייך רכיבה ממש. ורכיבה זו של הזרוע, שהיא תפילין של יד, המלכות, נוהג רק למטה מחזה. ולב רוכב בחכמה למעלה מחזה, בדומה כמו למטה, כי צריך להשפיע חכמה למטה, למרכבה תחתונה. ומשום שאינה מאירה לעצמו, אינה נבחנת בו להארה ממשית.

בשעה שהחכמה מתגלה בו, נמסר בידו כל צבאות השמיים. כי הארת החכמה כוללת ומכניסה תחתיה כל המדרגות. וזהו גילוי החכמה מבחינה ב', שהלב נכלל במרכבה תחתונה ונמשך עימהם, ובא ומאיר למטה מחזה. ונמסרו בידיו כל מדרגות הגוף שמחזה ולמטה.

מחזה ולמעלה דז"א נבחן לבחינת ז"א, שנקרא שמיים. וע"כ כל המדרגות התלויות שם, מכונות צבאות השמיים. ומחזה ולמטה דז"א נבחן לבחינת הנוקבא, הנקראת גוף, והמדרגות התלויות שם מכונות איברי הגוף.

194. ולמעלה מן הלב הן ארבע פרשיות על מוח הראש. אבל הקב"ה שליט עליון עליהן, מלך הכול.

תפילין של יד נבחן לבחינת הלב, מלכות, שבה נוהג גילוי חכמה. אבל תפילין של ראש נבחן לבחינת מוח, ז"א, שהוא מלך שליט בחסדים מכוסים, שמקבל מאו"א עילאין, כמ"ש, כי חפץ חסד הוא, ואין הארת חכמה יכולה להתגלות במקומו. וע"כ נאמר, שהקב"ה שליט עליון עליהם, כי בארבע פרשיות של ראש, הקב"ה, ז"א, השולט, ואין גילוי הארת חכמה נוהג שם.

ועניין החכמה זה הוא כמו בביהמ"ק, כמ"ש, ועשֵה כרוב אחד מִקצה מזה, וכרוב אחד מִקצה מזה. ועליהם שכינת המלך בארבע אותיות הוי"ה. י"ה על כרוב הימני, ו"ה על כרוב השמאלי. ובשתי מרכבות, מרכבה עליונה על כרוב הימני, ומרכבה תחתונה על כרוב השמאלי.

195. וכעיין זה הוא הלב והמוח, שהם תפילין של יד ותפילין של ראש. הלב מכאן, והמוח מכאן. ועליהם שכינת המלך, בד' פרשיות. מכאן ואילך הם סודות של כתרי האותיות: הפרשות

בגופיהן, שהם הבתים, והרצועות שלהן הם הלכה למשה מסיני. והרמז שלהם כבר נגלה בי״ג (13) מידות הרחמים.

196. מהו פירוש הפסוק, ויוסף אברהם וייקח אישה ושמה קטורה?

197. הפירוש של הפסוק הזה הוא, שבעת שהנשמה תבוא באותו הגוף הקדוש שלה, אז אלו הדברים, כמ״ש, ויוסף אברהם וייקח, יהיו נאמרים על הרשעים, שיקומו לתחייה, ויטיבו מעשיהם, והנשמה תיתן להם מזיו כבוד שלה, כדי שיידעו וישובו ויזכו זכות שלמה.

198. וכששלמה ראה את זה, היה תוהה מאוד, ואמר, ובכן ראיתי רשעים קבורים ובאו, וממקום קדוש יהלכו, שיבואו ויחיו ממקום קדוש, שיקומו בתחיית המתים.

כתוב, היהפוך כושי עורו ונמר חברבורותיו. כך הרשעים, שלא זכו לשוב בעוה״ז, ולהקטיר מע״ט, לעולם לא יקטירו לעוה״ב. כלומר, גם כשיקומו לתחיית המתים, מ״מ לא יוכלו לעשות מע״ט, משום שלא זכו בחייהם.

199. ותלד לו את זִמרן ואת יוֹקשן. הרבה מעשים רעים, עד שמגורשים מן העולם, כמ״ש, וישַלחֵם מעל יצחק בנו. ועליהם כתוב, ורבים מישֵני אדמת עפר יקיצו. ועל האחרים כתוב, והמשכילים יזהירו כזוהר הרקיע.

200. באותו זמן נקרא אברהם, ובמקומו נקראת יצחק, כמ״ש, ויהי אחרי מות אברהם ויברך אלקים את יצחק בנו, ויישב יצחק עם באר לחי רואי. עם ידיעת החי, שהוא חי העולמים, לדעת ולהשיג מה שלא השיג בעוה״ז, כמ״ש, כי מָלְאָה הארץ דעה את ה׳.

201. וישוב העפר על הארץ, כשהיה, והרוח תשוב אל האלקים, אשר נְתנה. כאשר ברא הקב״ה את האדם, לקח עפרו ממקום המקדש, ובנה גופו מד׳ רוחות העולם, שכל אחד נתן לו כוח. ואח״כ השפיע עליו רוח החיים, כמ״ש, וייפח באפיו נשמת חיים. אח״כ קם, וידע שהוא כלול מלמעלה ומלמטה. ואז התדבק בה׳, וידע חכמה עליונה.

202. כעין זה, כל אנשי העולם כלולים מלמעלה ומלמטה. וכל אלו היודעים לקדש את עצמם בעוה״ז כראוי, כשהם מולידים בן, ממשיכים עליו רוח קדוש, מן המקום שכל הקדושות יוצאות ממנו. ואלו נקראים בנים למקום, משום שהגוף שלהם נעשה בקדושה כראוי. וכן נותנים לו רוח ממקום קדוש עליון כראוי.

203. בשעה שאדם עתיד לתת חשבון על מעשיו, מטרם שיצא מן העולם, יום זה הוא יום של חשבון, אשר הגוף והנשמה נותנים חשבון. אח״ז הנשמה יוצאת מן הגוף ונפרדת ממנו, והגוף שנברא מעפר, שב לעפר. והכול חוזר אל המקום שנלקח משם. ועד הזמן שהקב״ה עתיד להחיות המתים, יהיה הכול גנוז לפניו.

204. ואותו הגוף ממש, ואותה הנשמה ממש, עתיד הקב״ה להחזיר לעולם כבתחילה, ולחדש פני העולם. כמ״ש, יחיו מֵתיךָ, נְבֵלָתִי יְקוּמוּן. ואותה הנשמה ממש גנוזה לפני הקב״ה, שחוזרת למקומה אחר פטירת האדם, לפי מעשיה, כמ״ש, והרוח תשוב אל האלקים, אשר נתנה. ובזמן שהוא עתיד להחיות המתים, הוא עתיד לשפוך טל מראשו עליהם. ובטל הזה יקומו כל הגופים מעפר.

205. כי טל אורות טַלֶּךָ. טל אורות הוא אורות ממש, מאלו האורות של

מעלה, שבהם עתיד להשפיע חיים לעולם, אשר עה"ח, ז"א, ישפיע אז חיים שאינם נפסקים לעולם. כי עתה החיים נפסקים, משום כי בעת שהנחש הרע שולט, הלבנה מתכסה, שנפסק הזיווג של החמה והלבנה העליונים, זו"ן. ומשום זה נפסקים כביכול מימיו של ז"א, שהוא עה"ח. וע"כ החיים אינם שולטים כראוי בעולם.

206. ובעת ההיא אותו יצה"ר, שהוא נחש הרע, יסתלק מן העולם, ויעביר אותו הקב"ה, כמ"ש, ואת רוח הטומאה אעביר מן הארץ. ואחר שהוא יעבור מן העולם, הלבנה אינה מתכסה עוד, והנהר הנמשך ויוצא מן העדן, שהוא ז"א, לא ייפסקו מעייניו. ואז כתוב, והיה אור הלבנה כאור החמה, ואור החמה יהיה שבעתיים.

207. אם כל הגופים שבעולם יקומו לתחייה ויתעוררו מעפר, יש לשאול, אלו הגופים שניטעו בנשמה אחת, שנשמה אחת התגלגלה בכמה גופים, בזה אחר זה, מה יהיה מהם, אם יקומו כולם לתחיית המתים או האחרון בלבד?

אלו הגופים שלא זכו במע"ט, ולא הצליחו להשלים הנשמה, הרי הם כמו שלא היו, כמו שהם עץ יבש בעולם ההוא. כן הם יהיו לעת תחיית המתים. ורק גוף אחרון, שניטע והצליח וקיבל שורשיו הרוחניים כראוי, הוא יקום לתחיית המתים.

208. ועליו כתוב, והיה כעץ שתול על מים. כי עשה פירות, כלומר מע"ט, ונטע שורשים כראוי, למעלה בעולם העליון, שמכל מצווה מתגלה כנגדה שורש רוחני למעלה. והגוף הקודם, שלא עשה פירות ולא נטע שורשים, עליו כתוב, והיה כערער בערבה ולא יִרְאה כי יבוא טוב. כי יבוא טוב, זהו תחיית המתים.

209. ויאיר אותו האור העתיד להאיר לצדיקים, שהיה גנוז לפניו מיום שנברא העולם, כמ"ש, וַיַּרְא אלקים את האור כי טוב. ואז עתיד הקב"ה להחיות המתים. וכתוב, וזרחה לכם יראי שמי שמש צדקה. כי אז יתגבר הטוב בעולם. ואותו שנקרא רע, יועבר מן העולם. ואז אלו הגופים הקודמים לאחרון, יהיו כמו שלא היו.

210. עתיד הקב"ה להשפיע על אלו הגופים הקודמים לאחרון, רוחות אחרים. ואם הם זוכים בהם, שיוכלו ללכת בדרך הישר, יקומו בעולם כראוי. ואם לא, יהיו אפר תחת רגלי הצדיקים, כמ"ש, ורבים מישֵׁני אדמת עפר יקיצו. והכול הוקם ונועד לפני הקב"ה. וכולם הם במניין לעת התחייה, כמ"ש, המוציא במספר צבאם.

211. כל המתים שבארץ ישראל יקומו לתחייה בתחילה. כי הקב"ה יעיר עליהם רוח, ויקים אלו שבארץ ישראל. אלו שבארצות אחרות, לא כתוב בהם תחייה אלא קימה, כי רוח החיים אינו שורה, אלא בארץ הקודש של ישראל. ומשום זה כתוב רק בהם, יחיו מתיך. ואלו שמחוץ לארץ יהיה נברא הגוף שלהם, ויקומו לתחייה גוף בלא רוח. ואח"כ יתגלגלו תחת עפר הארץ, עד שיגיעו לארץ ישראל, ושם יקבלו הנשמה. ולא ברשות אחר, בשביל שיתקיימו בעולם כראוי.

212. בשעה שעתיד הקב"ה להחיות המתים, כל אלו הנשמות שיתעוררו לפניו, תהיינה עומדות כולן לפניו צורות צורות, באותה הצורה ממש שהיו בעוה"ז. ויוריד אותן הקב"ה אל הגופים שלהם, ויקרא להן בשמות, כמ"ש, לכולם בשם יקרא. וכל נשמה תיכנס למקומה בגוף, ויקומו לתחייה בעולם כראוי. ואז

יהיה העולם שלם. ועל אותו זמן כתוב, וחרפת עמו יסיר. זהו יצה"ר, שיסיר מן העולם, המחשיך פניהם של הבריות ושולט בהם.

213. הרי אנו רואים, כל זמן שהאדם נמצא ברוח זה, אינו טמא. יצא נשמתו ממנו, הוא טמא. כי היצה"ר ההוא, כשנוטל רוחו של אדם, כי הוא יצה"ר והוא מלאך המוות, מטמא אותו, ונשאר אחריו הגוף טמא. כי עם כוח הזוהמה של עצה"ד נוטל נשמתו של אדם. והזוהמה הזו היא שורש כל הטומאה.

והעמים האחרים עכו"ם, להיפך, כשהם בחיים, הם טמאים. כי מצד הטומאה נמשכות להם נשמותיהם. וכשגופם מתרוקן מטומאה, שמתים והנשמה יוצאת מהם, נשאר הגוף בלי שום טומאה. ועכ"כ אינם מטמאים, כמו שלומדים, קברי עכו"ם אינם מטמאים באוהל.

214. משום זה מי שהתדבק באישה מעמים אחרים עכו"ם, הוא נטמא. והבן הנולד לו ממנה מקבל עליו רוח הטומאה. והלוא מצד אביו בא מישראל, ולמה יקבל עליו רוח הטומאה?

כי בתחילה נטמא אביו, בשעה שהתדבק באישה ההיא הטמאה. וכיוון שהאב נטמא באישה ההיא שהיא טמאה, מכ"ש שהבן הנולד ממנה, יקבל עליו רוח הטומאה. ולא עוד, אלא שעבר על התורה, כמ"ש, כי לא תשתחווה לאל אחר, כי ה' קַנא שמו. כלומר, שהוא מקנא על הבּרית ההוא, שלא יחלל אותו באישה מעמים אחרים.

לא תיקח אישה מבנות הכנעני

215. מכיוון שידע אברהם חכמה, רצה להיפרד מכל העמים האחרים ולא להתדבק בהם. ע"כ כתוב, ואַשְׁביעךָ בה' אלקי השמיים ואלקי הארץ, אשר לא תיקח אישה מבנות הכנעני אשר אנוכי יושב בקרבו. לא תיקח, ודאי, כמ"ש, ובעל בת אל נכר. אשר אנוכי יושב בקרבו. אנוכי, בדיוק, שאנוכי הוא השכינה. כי הייתה בגלות. והשביע אותו כדי שלא להיטמא בהם.

216. כל מי שמכניס ברית קדוש זה, באישה מעמים אחרים עכו"ם, גורם למקום אחר להיטמא, שפוגם ברית העליון, וגורם שישפיע לשפחה. ועכ"כ כתוב, תחת שלוש רגזה ארץ. ואע"פ שהשביע אותו בברית, עוד לא בטח בו אברהם, אלא שהתפלל תפילתו לפני הקב"ה, ואמר, ה' אלקי השמיים, הוא ישלח מלאכו. מלאכו, פירושו ודאי, מלאך הברית. שישלח אותו, כדי שיהיה נשמר הברית הזה, ולא יתחלל בין העמים.

217. רק את בני לא תָשֵׁב שמה. משום שידע אברהם, אשר חוץ ממנו לבדו, לא היה בכל משפחתו מי שיכיר את הקב"ה, ולא רצה שתהיה דירתו של יצחק ביניהם. אלא שתהיה דירתו עימו. ויצחק ילמד תמיד ממנו דרכיו של הקב"ה, שלא יטה

לא לימין ולא לשמאל, אלא בקו אמצעי. וע"כ לא רצה אברהם, שתהיה דירתו של יצחק ביניהם.

218. זכותו של אברהם הייתה עם העבד, שבו ביום יצא, ובו ביום הגיע לעין המים, כמ"ש, ואבוא היום אל העין.

בתורה כל החיים

[באורייתא כל חיין]

219. גל עיניי ואביטה נפלאות מתורתךָ. כמה הם שוטים בני אדם, שאינם יודעים ואינם מסתכלים לעסוק בתורה. שהרי התורה הוא כל החיים, וכל החירות, וכל הטוב בעוה"ז ובעוה"ב. חיים הוא בעוה"ז, שיזכו לימים שלמים בעוה"ז, כמ"ש, את מספר ימיך אמלא. ויזכה לימים ארוכים בעוה"ב, בשביל שהם חיים שלמים, הם חיים של שמחה, חיים בלי עצבות, חיים שהם חיים, חירות בעוה"ז, חירות מכל. כי כל מי שעוסק בתורה, לא יוכלו לשלוט עליו כל עמי העולם.

220. ומה הם אלו בני השְׁמָד, הרוגי מלכות, מחמת שעסקו בתורה, בזמן שגזרו שלא לעסוק בתורה? הוא גזרה מלמעלה. כמו רבי עקיבא וחבריו, שנהרגו משום שעסקו בתורה. וכך עלה במחשבה של מעלה, בעת שנברא העולם. אבל בדרך כלל, התורה הוא חירות ממלאך המוות, שאינו יכול לשלוט עליו.

בוודאי שאם אדם היה מתדבק בעה"ח, בתורה, לא היה גורם מוות לו ולכל העולם. אלא משום שעזב את עה"ח, התורה, ואכל מעצה"ד, גרם מיתה לו ולעולם.

ומשום זה כשנתן הקב"ה התורה לישראל, כתוב, חרות על הלוחות. אל תקרא חרות, אלא חירות. כי נעשו אז חירות ממלאך המוות. ואלמלא לא חטאו ישראל בעגל, ולא עזבו את עה"ח, תורה, לא היו גורמים, שיחזור המוות לעולם כמתחילה.

והקב"ה אמר, אני אמרתי אלקים אתם, ובנֵי עליון כולכם. אכן כאדם תמותון. כלומר, בקבלת התורה, כיוון שחיבלתם בעצמכם, שחטאתם, אכן כאדם תמותון. וע"כ כל מי שעוסק בתורה, אינו יכול לשלוט עליו אותו נחש הרע שהחשיך העולם.

221. אם מי שלא חטא לא ימות, למה מת משה? ודאי מת, אבל רק שאין מלאך המוות שולט בו. והוא לא מת על ידו ולא נטמא בו. וע"כ נבחן שלא מת, אלא שהתדבק בשכינה והלך לחיי העולם.

222. וכזה, נקרא חי. ומי שהתקרב לה' נקרא חי. וע"כ כל מי שעוסק בתורה, יש לו חירות מכל, חירות בעוה"ז משעבוד אוה"ע עכו"ם. וחירות בעוה"ב, כי לא ידרשו ממנו דין וחשבון כלל בעולם ההוא.

223. כמה סודות עליונים סתומים יש בתורה. כמה אוצרות נסתרים יש בה.

וע״כ, כשהסתכל דוד בתורה ברוח החכמה, וידע כמה פליאות יוצאות מהתורה, פתח ואמר, גל עיניי ואביטה נפלאות מתורתך.

והנה רבקה יוצאת

224. ויהי הוא, טרם כילה לדבר, והנה רבקה יוצאת. למה כתוב, יוצאת? הלוא היה צריך לומר, באה, כמ״ש, והנה רחל בתו באה. אלא מורה, שהקב״ה הוציא אותה מכל אנשי העיר, שכולם היו רשעים. ורבקה יוצאת, ונפרדת מכלל בני העיר, שהייתה צדקת.

ותרד העַיְנָה, כתוב עם האות ה׳. והוא, כי נקרה לה שָׁם הבאר של מרים, הנוקבא דז״א בעת שמאירה בהארת חכמה. ומשום זה כתוב העינה עם ה׳, הרומזת על הנוקבא, ה״ת של הוי״ה. גם העינה הוא מלשון עיניים, שהוא שֵׁם החכמה. והמים היו עולים לקראת רבקה.

225. והנה רבקה יוצאת. כמ״ש, ובנות העיר יוצאות לשאוב מים. ולמה כתוב יוצאות, ולא כתוב הולכות, ולא באות? משום שהיו נסתרות כל היום, ובשעה ההיא לעת ערב, יצאו לשאוב מים. והעבד עשה לו זה לסימן.

כי אין הארת החכמה של הנוקבא מתגלה אלא בלילה, כמ״ש, וַתָּקָם בעוד לילה. וע״כ היא נבחנת מבחינת הארה הזאת, שהיא מסתתרת ביום ונגלית בלילה. כי יום הוא ז״א, המאיר בחסדים מכוסים מחכמה, כמו או״א עילאין, והארת החכמה מתגלה רק בנוקבא לבדה בלי ז״א. וכשהנוקבא היא לבדה בלי ז״א, הוא חושך ולא אור, כלומר לילה. וע״כ הנוקבא מגלה הארתה רק בלילה ולא ביום.

וכמ״ש, לעת ערב לעת צאת השואבות. כי העינה, כתוב עם האות ה׳, שהוא שם הנוקבא בעת שמאירה בהארת חכמה. ע״כ אין השואבות יוצאות לשאוב ממנה מימי החכמה, אלא לעת ערב, בשעה שפנה היום. כי מקודם לכן היא מסתתרת ואינה מאירה.

וכתוב, כי להיות השואבות דבוקות במדרגת הנוקבא, הן מסתתרות ג״כ ביום כמוה, ואינן נגלות לשאוב ממנה מימי החכמה אלא בלילה. והעבד עשה לו זה לסימן, שאמר, ובנות העיר יוצאות לשאוב מים. כלומר, שאינן יוצאות ומתגלות, אלא רק לעת ערב, כמו הנוקבא העליונה, שאז ידע שכשרות הן, וימצא ביניהן בת זוגו של יצחק.

226. כשהגיע העבד לחרן, ומצא את רבקה לעת ערב, היה אז זמן תפילת המנחה. באותה שעה, שבא יצחק להתפלל תפילת המנחה, באותה שעה הגיע העבד אל רבקה. וכן באותה שעה ששב הגיע יצחק לתפילת המנחה כמקודם לכן, הגיעה רבקה אליו. כמ״ש, ויצא יצחק לשוח בשדה לפנות ערב. והיה זה כדי שימצא הכול במקום הצריך לו, כראוי להיות, שהכול נמשך בעניין החכמה.

וע״כ בא העבד לבאר המים. כי יצחק הוא קו שמאל דז״א, שתיקונו מתחיל לעת ערב בזמן תפילת המנחה. ולפיכך הן מציאת רבקה, והן ביאת רבקה אליו,

היה באותו הזמן שמתחיל שליטתו, לעת תפילת המנחה. וגם מטעם זה, בא אז העבד אל באר המים, שהיא הנוקבא, בעת שמאירה מקו שמאל דז״א.

תפילה, שוועה, דמעה

230. שְׁמעה תפילתי ה׳. מה הטעם שכתוב, שמעה, ולא שְׁמע? ולמה במקום אחד כתוב, שמע ה׳ וחָנֵני, ובמקום אחר, שְׁמעה? אלא בכל מקום, שכתוב פעם שמע, הוא לזכר, לז״א, וכשכתוב פעם שמעה, הוא לנקבה דז״א. שמעה, כמ״ש, שמעה ה׳ צדק, וצדק הוא הנוקבא דז״א. שמע, הוא כמ״ש, שמע הוי״ה וחנני. שהוי״ה הוא ז״א. וכן, שמע בני. וכן, הַסְכֵּת וּשְׁמַע. שכל אלו הם לזכר.

231. וכאן אומר, שמעה תפילתי ה׳, שנאמר על הנוקבא. משום שהיא מדרגה, המקבלת כל התפילות שבעולם. שנוקבא עושה עטרה מהתפילות, ושׂמה אותה בראש הצדיק חי העולמים, שהוא יסוד. כמ״ש, ברכות לראש צדיק. ועל זה כתוב, שמעה תפילתי ה׳.

232. שְׁמעה תפילתי ה׳, וְשַׁוְעתי הַאֲזינה. שמעה תפילתי ה׳, זהו תפילה בלחש. כלומר, תפילת שמונה עשרה, שאנו מתפללים בלחש. ושוועתי האזינה, זהו תפילה בהרמת קול, שאדם מרים קולו, וצועק אל ה׳ בצרתו. כמ״ש, ותעל שוועתם אל האלקים. ומהו שוועתם? שמרים קולו בתפילתו ונושא עיניו למעלה, כמ״ש, וְשׁוֹעַ אל ההר.

ותפילה זו שוברת שערים, שדופק עליהם להכניס תפילתו לפני ה׳. כמ״ש, אֶל דמעתי אַל תֶּחֱרַשׁ. זוהי התפילה הנכנסת לפני המלך. ואין שער עומד לפניה, שלא ייפתח. ולעולם אין תפילה בדמעות חוזרת ריקם.

מג׳ שורשים נמשכים כל הדינים והייסורים שבעולם:

א. דינים, הבאים משליטת השמאל, בעת שאינו נכלל מימין, שהארתו הוא חכמה בלי חסדים. ונקראים דינים דדכורא.

ב. דינים, הבאים ממלכות דמדה״ד הבלתי נמתקת.

ג. דינים, הבאים ממלכות הנמתקת במדה״ר, שהיא בינה, בעליית המלכות בנ״ע.

וב׳ מיני דינים אלו הם דינים דנוקבא. והתפילות שמתפללים על ג׳ מיני דינים הללו נקראים, תפילה, שוועה, דמעה.

תפילה, על הדינים דמין הא׳, נקראת תפילה בלחש. כי ז״א הוא קול, קומת החסדים היוצא על מסך דחיריק, המכריע בין ב׳ הקווים ימין ושמאל. והנוקבא מבחינת ג״ר שבה נקראת דיבור. ובעת שהחכמה שבה היא בלי חסדים, נבחנת כדיבור בלי קול, כלומר, תפילה בלחש. וע״י התפילה אנו מייחדים אותה עם ז״א, שהוא חסדים, ונקרא קול. ואז נעשה הזיווג של קול ודיבור, והחכמה שבה מתלבשת בחסדים, שאז מאירה לתחתונים.

שוועה, על הדינים דמין הב׳. ומהו שוועתם? מאין באים דינים אלו, שהתפילה עליהם נקראת שוועה? משום שהרים קולו בתפילתו, מסיבה, שנשא עיניו למעלה. כי המתפלל ישים עיניו

למטה וליבו למעלה, כמו שלומדים, העין רואה והלב חומד, שהעיניים חכמה והלב חסדים. והמתפלל צריך להיזהר, שלא ימשיך החכמה מלמעלה למטה. שזה נבחן ששׂם עיניו למעלה, וזה היה החטא דעצה"ד.

ומשום זה נקראת הנוקבא עצה"ד טו"ר. כי יש בבניינה ב' נקודות, ב' מלכויות:

א. נקודה דמדה"ד,

ב. נקודה הממותקת במדה"ר.

אם זכה, הרי טוב. שנקודה דמדה"ד נגנזה בה, ורק הנקודה הממותקת במדה"ר שולטת בה. ואז מקבלת המוחין דבינה בשביל התחתונים, שהם טוב.

ואם לא זכה, כלומר שממשיך החכמה מלמעלה למטה, הרי רע. כי תכף נגלה עליו נקודה דמדה"ד שבה, שממנה נמשכים כל הדינים הקשים. ולפיכך מחויב המתפלל לשים עיניו למטה, שלא ימשוך החכמה מלמעלה למטה, כדי שלא תתגלה עליו הנקודה דמדה"ד.

ונאמר, שבתפילתו נשא עיניו למעלה, וע"כ נמשכו עליו הדינים דמין הב', ממלכות דמדה"ד, הנקראים שוועה. כי ע"י תפילתו זוכה להמשיך מסך על המלכות הזו. ואז הוא מעלה מ"ן לז"א, הנקרא קול, שנעשה מזה מסך דחיריק לז"א. ובכוחו מכריע בין ב' הקווים ימין ושמאל.

ואז נשברו השערים הסתומים, כי היו סתומים מכוח הארת השמאל, שלא רצה להיכלל בימין. ועתה בכוח עליית המסך דחיריק, נכלל השמאל בימין, ונפתחו השערים. כלומר, שהוסרו הסתימות. אבל עוד אינם ראויים לקבלת התפילה, כלומר להשפעת מוחין דג"ר בקול ובדיבור. כי המוחין מתגלים רק על מסך של מלכות הממותקת במדה"ר.

דמעה, היא על הדינים דמין הג', הנמשכים ממסך שעל מלכות הנמתקת בבינה, בעליית ה"ת לנ"ע, המולידה שם דמעות. והוא מלשון, המְדַמֵעַ והמנסך. כי הבינה והמלכות התערבו ע"י העלייה הזו.

זוהי התפילה הנכנסת לפני המלך. כי ע"י הדמעות היא מעלה מ"ן וממשיך מסך על המלכות הממותקת במדה"ר, שאז נעשית מוכשרת לקבל כל המוחין דבינה. וזוהי קבלת התפילה. ולעולם אין תפילה בדמעות חוזרת ריקם.

ולכן שמעה תפילתי ה', נאמר על הנוקבא. משום שהיא מדרגה, המקבלת כל התפילות שבעולם. כי הנוקבא מקבלת כל התפילות שבעולם, הנכללות באלו השלוש: תפילה, שוועה, דמעה. והיא נבנית על ידיהן, שתהיה ראויה להזדווג עם ז"א, לקבל ממנו המוחין ולהשפיע אל התחתונים.

כי ע"י קבלת השוועה, נבנה המסך דחיריק לייחוד ב' הקווים.

וע"י קבלת הדמעה נעשית ראויה לקבלת המוחין, שאח"כ יורדת ה"ת מעיניים לפה ומתגלה הג"ר, ומקבלת תחילה המוחין דחכמה בלי חסדים, שהיא תפילה בלחש. ובזה באה לזיווג עם ז"א לקבלת חסדים, ונעשה הייחוד של קול ודיבור, ומשפיעה כל טוב אל התחתונים, שגרמו לה כל זה.

נוקבא עושה עטרה מהתפילות, ושָׂמה אותה בראש הצדיק חי העולמים. כי מתפילות הללו היא מקבלת המוחין דחכמה, הנקראים עטרה, כמ"ש, צאנה וראינה בנות ציון במלך שלמה, בעטרה. והיא מעטרת את ראש הצדיק חי עולמים, יסוד דז"א, שמזדווגת עימו.

כי בז"א חסדים מכוסים מחכמה. ורק בעת הזיווג עם הנוקבא הוא מקבל על ידיה הארת החכמה. ונמצא שהנוקבא מעטרת את ז"א בעלה, כמ"ש, אשת חיל עטרת בעלה. וע"כ, בעלה מתעטר בה, והיא אינה מתעטרת בבעלה.

233. שִׁמְעָה תפילתי ה' ושוועתי האזינה, אֶל דמעתי אַל תחרש. כתוב כאן ג' מדרגות: תפילה, שוועה, דמעה. וכנגד אלו מסיים הכתוב ג' מדרגות אחרות: כי גֵר אנוכי עִימָּךְ. ואח"כ אומר, תושב. ואח"כ אומר, ככל אבותיי, שהם עיקר העולם.

א. גר, כנגד תפילה,

ב. תושב, כנגד שוועה,

ג. ככל אבותיי, כנגד דמעה.

תפילה באה על דינים דמין הא', שהם חכמה בלי חסדים. וכיוון שהתחתונים עיקר בניינם הוא מחסדים. לפיכך בעת שמאירה החכמה בלי חסדים, הם נמצאים כמו גֵר בארץ נוכרייה. כי היות שעיקר בניינם מחסדים, מרגישים את החיסרון של החסדים, כמו שהיו אז בארץ נוכרייה. וע"כ כתוב, כי גר אנוכי עימך, כנגד מדרגת תפילה.

שוועה, באה על דינים דמין הב', שעל ידם מיתקן המסך דחיריק, ונמשכת קומת חסדים. ואז נפסק הגֵרוּת, ומרגישים עצמם כמו תושב בארצו, מחמת שהשיגו החסדים. וע"כ תושב הוא כנגד שוועה.

דמעה, באה על דינים דמין הג', שעל ידה מיתקן על בחינת מלכות ממותקת ברחמים. ונעשית המלכות מוכשרת לקבל ולהשפיע המוחין דחב"ד אל התחתונים, מהחג"ת שנעשו לחב"ד, הנקראים אבות העולם. וע"כ, ככל אבותיי, הוא כנגד דמעה.

234. תפילתו של האדם היא בעמידה. כי שני מיני תפילות הן, אחת היא בישיבה, ואחת היא בעמידה. והן אחד, להיותן כנגד שתי מדרגות, שהן תפילה של יד ותפילה של ראש, או יום ולילה. והן אחד, כנגד מדרגת ז"א, המכונה תפילה של ראש או יום, וכנגד מדרגת הנוקבא, המכונה תפילה של יד או לילה. והן אחד בזיווג.

אף כאן, תפילה בישיבה, כלומר תפילת יוצר, שלפני תפילת שמונה עשרה, היא אל התפילה של יד, אל הנוקבא, לתקן אותה כמו שמתקנים את הכלה ומקשטים אותה להכניס אותה לחופה. כן מקשטים את הנוקבא בעניין המרכבות והמחנות המרומזים במילים, יוצר משרתים ואשר משרתיו עומדים והאופנים וחיות הקודש. ששבחים אלו הם לקשט את הנוקבא, להמשיך לה ג"ר משמאל ולהביא אותה לזיווג בשמונה עשרה.

235. וע"כ תפילה בישיבה, שהיא הנוקבא בקישוטיה, כיוון שנכנסה אל מלך העליון, ז"א, בתפילת שמונה עשרה, והוא בא לקבל אותה, אז אנחנו עומדים לפני מלך העליון. כי אז ז"א מתחבר בנוקבא. ומשום זה לא יפסיק בין גאולה ותפילה. כי תפילה בישיבה ותפילת עמידה, צריכות להיות מחוברות. כי תפילה בישיבה היא השכינה, הנקראת קיר, בעת שמאירה בג"ר דשמאל, מטעם שמחיסרון של החסדים היא קופאת אז ונעשית כּכותל. וע"כ אסור להפסיק, אלא לחבר אותה עם החסדים של ז"א.

236. ומשום שהאדם עומד לפני מלך העליון, הוא לוקח ארבע אמות לתפילתו, בשיעור חבל של יוצר כל. חבל, כמו שלומדים, לא יקשור סרט של צמר בשל פשתן.

ז"א מכונה יוצר כל, להיותו בחינת יצירה דאצילות. ושיעור חבל שלו, כלומר שיעור מידתו, הוא ארבע אמות, הרומזות על ד' המוחין חו"ב תו"מ. ואדם, המתפלל תפילת שמונה עשרה, צריך שיהיה אז מרכבה ליוצר כל, וימשיך ד' אמות חו"ב תו"מ, ולהשפיע אל השכינה.

ומשום שהאדם עומד לפני מלך

העליון, כלומר, נעשה מרכבה אליו, הוא לוקח ארבע אמות, ד' המוחין חו"ב תו"מ לתפילתו, לנוקבא.

אלו ד' המוחין חו"ב תו"מ נכללים זה בזה. ויש בכל אחד מהם חו"ב תו"מ. ועם זה אינם ט"ז (16) מוחין, אלא רק י"ב (12) מוחין, ג' מכל צד. חוץ מלפניו, משום חיסרון של המלכות דמלכות, שהוא עצמוּת המלכות. וע"כ חסרים ד' המוחין שמלפניו. ואין לשאול, שלפי זה היו צריכים להיות חסרים ד' המוחין שמאחוריו, שהם בחינת מלכות, כי יש ערך הופכי בין האורות והכלים.

וכל שהוא מצד הזכר, צריך אדם לעמוד על עומדו בקומה זקופה. כעין זה נאמר, כל הכורע, כורע בברוך, שהיא הנוקבא. וכל הזוקף, זוקף בשֵם, זכר. כדי להראות שבחו של הזכר על הנוקבא.

קומה זקופה מורה ג"ר, המאירים מלמעלה למטה. וזהו רק בזכר, שהוא חסדים מכוסים. אבל בנוקבא, שהיא חסדים מגולים, החכמה שלה מאירה מלמטה למעלה, שהיא ו"ק דג"ר. וע"כ אינה בבחינת קומה זקופה, אלא בכריעה. וע"כ צריכים לכרוע בברוך, ולזקוף בשם, כדי להראות שבחו של הזכר על הנוקבא, אשר המוחין דזכר מאירים מלמעלה למטה.

237. לא יתפלל אדם אחורי רבו, כמ"ש, את ה' אלקיך תירא. אֶת, הוא לרבות ולכלול, שצריך לירוא מרבו כמורא השכינה, ויראת התלמיד הוא רבו. ולפיכך, בעת התפילה לא ישים לפניו אותו המורא, אלא מורא מהקב"ה לבדו, ולא מורא מדבר אחר.

כי המלכות נקראת מורא שמיים. מלכות של הקב"ה, שנקרא שמיים, מלכות הממותקת במידת הבינה, רחמים. ואם יש לאדם מורא מפני דבר אחר חוץ מהקב"ה, הוא מעורר עליו מלכות דמדה"ד הבלתי ממותקת בבינה.

וע"כ אסור להתפלל אחורי רבו. כי היות שמורא רבו כמורא שמיים, לא יוכל להיזהר, שיהיה בבחינת מורא שמיים בלבד. ויש חשש שיתעורר עליו המלכות דמדה"ד. ואז יהיה דבר מפסיק בינו לבין הקיר. אשר הקיר, המלכות, לא תהיה ראויה לקבל המוחין.

238. תפילת המנחה תיקן יצחק. כמו שתיקן אברהם תפילת שחרית, כלפי אותה המדרגה שהיה דבוק בה, החסד וקו ימין. כך יצחק תיקן תפילת המנחה, כלפי אותה המדרגה שהתדבק בה, שהיא מדרגת הגבורה וקו שמאל. וע"כ תפילת המנחה זמנה הוא, כשנוטה השמש לרדת במדרגותיה לצד מערב, תכף אחר חצות היום.

239. כי כל עוד שהשמש אינה נוטה לצד מערב, הוא יום, מבוקר עד הצהריים, שכתוב עליו, חסד אל כל היום. והלוא עד חשכה נקרא יום? אלא כמ"ש, אוי נא לנו כי פנה היום, כי יינָטו צִלְלֵי ערב. כי פנה היום, הוא כנגד תפילת שחרית, שכתוב עליה, חסד אל כל היום. כי אז השמש היא לצד מזרח. כיוון שהשמש נוטה ויורדת לצד מערב, הרי אז זמן תפילת המנחה, כי כבר פנה היום, ויינטו צללי ערב. ומתעורר דין קשה בעולם.

240. ופנה היום, מדרגת החסד. ונטו צללי ערב, מדרגות הדין הקשה. ואז נחרב ביהמ"ק ונשרף ההיכל. וע"כ אדם יהיה נזהר בתפילת המנחה, כי הוא זמן שדין קשה שורה בעולם.

241. יעקב תיקן תפילת ערבית, כי הוא מתקן את הנוקבא וזן אותה בכל מה שהיא צריכה. כי הו' דהוי"ה, שהוא ת"ת והוא יעקב, מתקן את הה' דהוי"ה, שהיא

הנוקבא. וה״ה׳ ניזונה מן הו׳, כי אין לנוקבא מעצמה כלום, אלא שמקבלת הכול מת״ת, ו׳ מהוי״ה, יעקב.

כי יעקב הוא קו אמצעי, הממשיך קומת החסדים על המסך דחיריק, ומכריע ומייחד זה בזה ב׳ הקווים ימין ושמאל, אברהם ויצחק. ואחר דין הקשה שבא בהארת שמאל של יצחק, בא יעקב ומתקן את המסך דחיריק, שתיקון זה הוא תפילת ערבית.

התיקון הראשון הוא המסך על המלכות מטרם שנמתקת ברחמים, בתפילה, הנקראת שוועה. והוא התיקון של תפילת ערבית. ואח״ז בא התיקון השני בדמעה, שהוא המסך על המלכות הממותקת במדה״ר, והוא חצות לילה.

242. ומשום זה תפילת ערבית היא רשות. כי היא נכללת בתפילת היום, כדי שתהיה מאירה. שאז נעשה זיווג על המסך הזה המוציא קומת החסדים, שהוא יום. ועתה בלילה אין הזמן לזה. שאור היום, חסדים, לא נגלה עתה להאיר אל הנוקבא, והיא שולטת בחשכה עד הזמן של חצות הלילה, שאז הקב״ה משתעשע עם הצדיקים בגן עדן. ואז הוא הזמן שאדם ישתעשע בתורה.

243. דוד אמר אלו ג׳ זמני תפילה, כמ״ש, ערב ובוקר וצהריים, אָשִׂיחָה ואֶהֱמֶה וישְׁמע קולי. הרי שלושה. והוא לא התפלל אלא שניים מהם, כי כתוב, אשיחה ואהמה. ולא יותר. זה לתפילת הבוקר, וזה לתפילת המנחה. וע״כ אמר, אשיחה ואהמה. כי דווקא בבוקר, שהוא זמן החסד, מספיק, אשיחה, שהוא חסד. ובמנחה, שהוא זמן של דין קשה, צריכים, הֱמיה. ומשום זה אמר, ואהמה. אבל תפילת ערבית לא התפלל.

ואחרי כן כשנחלק הלילה, היה קם ואמר שירות ותשבחות, כמ״ש, ובלילה שירֹו עימי. כי דוד הוא המלכות וחצות לילה, אחר שהתמתקה המלכות בבינה, שאז היא דמעה, שאז נעשתה המלכות בית קיבול לאורות העליונים כולם. וע״כ קם אז בשירות ותשבחות.

באופן, שתפילת שחרית היא כנגד תפילה, לתיקון קו ימין שבנוקבא. ותפילת המנחה היא ג״כ כנגד תפילה, אלא לתיקון קו שמאל שבה, שנקראת כותל או קיר. ואז צריך האדם להמשיך השלמות של הקיר, שלא יהיה ביניהם חציצה ופגם.

ותפילת ערבית היא שוועה, וע״כ היא רשות. וחצות לילה דמעה, התיקונים של מלכות הממותקת, שתהיה בית קיבול לאורות העליונים. ומשום תיקון זה שיהיה בשלמות, לא יתפלל אדם אחורי רבו, כדי שלא יחזור ויעורר את המלכות הבלתי ממותקת, ויקלקל תיקון של חצות לילה.

244. תפילות כנגד תמידים תיקנו חכמים מאנשי הכנסת הגדולה. ומשום שמצאו שני תמידים, כמ״ש, את הכבש אחד תעשה בבוקר ואת הכבש השני תעשה בין הערביים, והם נקרבים באותם ב׳ הזמנים שביום, שהם זמני תפילה. ע״כ תיקנו בעיקר ב׳ תפילות, שהן שחרית ומנחה, אבל תפילת ערבית היא רשות.

245. האבות תיקנו התפילות האלו מקודם שתיקנו אנשי הכנסת הגדולה, ולא תיקנו אותן כנגד התמידים. ולמה מה שתיקנו אברהם ויצחק הוא עיקר, ומה שתיקן יעקב, שהוא בחיר האבות, הוא רשות ולא עיקר כמו אלו?

246. אלו שני זמנים של שתי התפילות שחרית וערבית, אינן אלא לחבר את יעקב, ז״א, בגורלו, הנוקבא.

כיוון שהתחברו זה בזה, אין אנו צריכים יותר, כי כיוון שניתנה הנוקבא בין שני זרועות, אברהם ויצחק, קו ימין וקו שמאל, כבר התחברה בגוף, כי הגוף הוא כלל של ב׳ הזרועות, ואין צריך לתקן יותר.

וע״כ אנו צריכים לעורר את תיקון שתי הזרועות ע״י ב׳ התפילות שחרית וערבית, משום שהנוקבא ניתנה ביניהם. כלומר, שצריכים להמשיך הארתם לתוך הנוקבא, ואחר שכבר ניתנה ביניהם, הגוף, שהוא קו אמצעי, הנקרא יעקב, והנוקבא, דבריהם בלחש, שלא להזכיר מדה״ד שבה.

אע״פ שיעקב הוא בחיר שבאבות, כי העיקר הוא קו האמצעי, המייחד ב׳ הקווים זה בזה, וזולת הכרעת קו האמצעי אינם יכולים להאיר, עכ״ז אין בקו אמצעי תוספת אור על ב׳ הקווים. כי שורשם של ב׳ הקווים הם מ״י אל״ה, אשר בבינה, שהם כוללים כל המוחין שבה. אלא משום שקו האמצעי עולה ומכריע ב׳ הקווים שבבינה ומשלים אותם, זוכה גם הוא בהם, שנאמר, שלושה יצאו מאחד, אחד זוכה בשלושתם.

הרי שכל המוחין דבינה הם בב׳ הקווים ימין ושמאל, שהם אברהם ויצחק. אשר יעקב משלים אותם להיותו קו אמצעי. וע״כ זוכה גם הוא בב׳ הקווים ומשפיע אותם לנוקבא. כי הם כללות כל המוחין כולם. ואלו תיקונים הנוספים השייכים לזיווג קו אמצעי עם הנוקבא, צריך להיות בלחש, כמ״ש, וקולה לא יישמע. שיש בדרך כלל ב׳ מיני קולות:

א. קול הבינה, ממלכות הממותקת בבינה,

ב. קול המלכות עצמה, הבלתי נמתקת בבינה.

ואין זיווג זו״ן אלא בקול הבינה. וקול המלכות עצמה לא יישמע. כי אם היה נשמע קולה, ממדה״ד הבלתי נמתק, לא הייתה ראויה להזדווג עם ז״א, ולקבל מוחין עליונים.

247. ומשום שדבריהם בלחש ולא נשמע קולה, יעקב מְשַׁמש במרום. כמ״ש, ואתה מרום לעולם ה׳, בינה. ומלכות הממותקת בבינה, נקראת ג״כ מרום. וכיוון שיעקב משמש במרום, במלכות הממותקת, צריך להיות קולה לא יישמע, כי אז ייפרד הזיווג. והכול הוא סוד ליודעי דין ומשפט, כלומר ליודעי סודות התורה.

ויביאֶהָ יצחק האוהֱלָה

248. ויביאֶהָ יצחק האוהֱלָה שרה אימו. כתוב, האוהלה, כי חזרה שם השכינה, הנקראת אוהל. משום כי כל זמן ששרה הייתה נמצאת בעולם, לא הסתלקה ממנה השכינה, ונר היה דולק מערב שבת לערב שבת, והיה מאיר כל ימות השבוע. ואחרי שמתה, כבה הנר. וכיוון שבאה רבקה, חזרה שם השכינה, והנר חזר ונדלק. כתוב, שרה אימו, שדמתה לשרה בכל מעשיה.

249. שרה אימו. כי כמו שצורתו של יצחק הייתה כצורתו של אברהם, וכל מי שראה את יצחק, אמר, שזה

אברהם. וידעו בוודאי שאברהם הוליד את יצחק. כן רבקה הייתה צורתה ממש כמו צורתה של שרה. ומשום זה כתוב, שרה אימו, כי אמרו ששרה היא אימה של רבקה בוודאי. באופן, שיצחק ורבקה היו צורתם כמו אברהם ושרה. והיה ניכר, שאברהם הוליד את יצחק, ושרה את רבקה.

250. אע״פ ששרה מתה, צורתה לא הסתלקה מהבית. אבל לא נראתה שם מיום שמתה עד שבאה רבקה. כיוון שבאה רבקה, נראתה צורת שרה, כמ״ש, ויביאה יצחק האוהלה שרה אימו. מיד נראתה שם שרה אימו. והיה רואה אותה רק יצחק לבדו, בעת שנכנס שם. וע״כ כתוב, ויינחם יצחק אחרי אימו. כי אימו נראית ומזדמנת לו בבית. וע״כ לא כתוב, אחרי מיתת אימו, אלא, אחרי אימו. כי לא מתה כלל בעד יצחק.

251. וייקח את רבקה ותהי לו לאישה, ויאהבה. הרי כל בני העולם אוהבים נשותיהם. מהו השינוי, שדווקא ביצחק כתוב, ויאהבה?

252. התעוררות האהבה של הזכר אל הנוקבא, אינה אלא מקו השמאל, כמ״ש, שמאלו תחת לראשי. חושך, קו השמאל, לילה, הנוקבא, כאחד הם. כי השמאל מעורר תמיד האהבה אל הנוקבא ואוחז בה. וע״כ, אע״פ שאברהם אהב את שרה, לא כתוב בו, ויאהבה, אלא ביצחק בלבד, להיותו קו השמאל דז״א.

והרי כתוב, ויאהב יעקב את רחל, אע״פ שאינו קו שמאל? הוא משום שצד יצחק, שהיה כלול בו, עשה את זה. כי יעקב קו אמצעי דז״א, הכולל בתוכו ב׳ הקווים ימין ושמאל, אברהם ויצחק. ומשום התכללותו של יצחק שהיה בו, ייתכן לומר עליו, ויאהב, כמו ביצחק.

253. אברהם, קו ימין דז״א, כשראה את שרה, הנוקבא דז״א, היה מחבק אותה ולא יותר, כמ״ש, וימינו תחבקני. אבל יצחק, קו שמאל דז״א, בעלה, אחז בה, ושם זרועו תחת ראשה, כמ״ש, שמאלו תחת לראשי. ואח״כ בא יעקב, קו אמצעי דז״א, ושימש מיטתו והוליד י״ב שבטים.

אברהם יצחק ויעקב רומזים לג׳ קווים דז״א. וכן שרה רבקה לאה ורחל רומזות לנוקבא דז״א, לד׳ בחינות חו״ב תו״מ שבה. ז״א מקו ימין שלו מחבק לנוקבא, כמ״ש, וימינו תחבקני, שהוא השפעת החסדים. ומקו שמאל שלו ממשיך לה ג״ר, כמ״ש, שמאלו תחת לראשי, שהנוקבא אומרת שמשמאלו של ז״א נמשך לה בחינת הראש, שהם ג״ר. ומשום זה נחשב לה השמאל דז״א לעיקר המשפיע שלה.

וע״כ יצחק הוא בעלה, משום שממנו מקבלת ג״ר. ועכ״ז אין הולדה אלא מקו אמצעי בלבד, שהוא יעקב. ורק ממנו הולדת נשמות השבטים.

254. האבות הם כולם באחד הולכים, ז״א בלבד. וע״כ כולם שימשו בארבע נשים, שכל אחד מהם היה לו ארבע נשים, שהן שרה רבקה לאה ורחל. כי גם הן אחד, שהוא חו״ב תו״מ של הנוקבא דז״א.

אברהם בארבע נשים, שהן שרה והגר וב׳ פילגשים, כמ״ש, ולבני הפילגשים אשר לאברהם. וכתוב, פילגשים, שפירושו שתיים. ועם שרה והגר, הרי הן ארבע.

255. ליצחק היו ארבע נשים מצד רבקה, כלומר שהיו כלולות ברבקה. כמ״ש, וייקח את רבקה. היא אחת. ותהי לו לאישה, הרי שתיים. ויאהבה, הרי שלוש. ויינחם יצחק אחרי אימו, הרי ארבע. כנגד זה היה ליעקב ד׳ נשים.

וכולן, כל י״ב הנשים, הן אחת,

הנוקבא דז״א בלבד, שיש בה אלו י״ב בחינות.

256. אברהם ויצחק שימשו כל אחד מהם באישה אחת בקדושה, כי הגר והפילגשים לא היו מקדושה. אברהם בשרה. יצחק ברבקה. וכנגד שניהם היו ד׳ נשים ליעקב, בשני החלקים, שהם קודש וחול, שלאה ורחל היו בחלק הקדושה, ובלהה וזלפה היו בחלק חול שהחזיר אל הקדושה.

ואפילו הגר והפילגשים והשפחות כולן הן בקדושה, שכל י״ב הנשים הן רק י״ב בחינות של הנוקבא. כי הכול נעשה בקדושה, והכול הוא אחד, שכולן נכללות בנוקבא דז״א בלבד.

וַיוסף אברהם וייקח אישה

257. וַיוסף אברהם, וייקח אישה, ושמה קטוּרה. קטורה זו היא הגר. כי אחר שנפרדה הגר מאברהם, וזנתה אחר גילוליו של אביה, אח״כ חזרה בתשובה, והתקשרה במע״ט. ומשום זה השתנה שמה, ונקראה קטורה, שרומז, שנעשית קטורה במע״ט. כי קטורה פירושו קשורה. ואז שלח אברהם ולקח אותה לאישה. מכאן נשמע, ששינוי השם מכפר על עבירות, כי ע״כ השתנה שמה לקטורה, כדי לכפר על עוונותיה.

258. ויוסף אברהם. בימיה של שרה הזדווג עם הגר פעם אחת, ואח״כ גירש אותה, מחמת מעשיו של ישמעאל, שצחק על יצחק. ואח״כ נאמר, ויוסף, שפירושו, ויוסף לקחת אותה כבתחילה. כי לקח אותה פעם שנייה על מה שלקח אותה מתחילה. וכפי מה ששינתה מעשיה, כן השתנה שמה. ונקראת עתה קטורה.

259. ויביאה יצחק האוהלה שרה אימו. שהתגלתה צורתה של שרה עם רבקה. ויצחק התנחם אחרי שהתגלתה אימו, והיה רואה צורתה בכל יום. ואברהם, אע״פ שנשא אישה, לא נכנס בבית ההוא של שרה, ולא הכניס אישה ההיא שם, משום ששפחה לא תירש גבירתה. ובאוהל של שרה, לא נראתה אישה אחרת, אלא רבקה לבדה.

260. ואברהם, אע״פ שהיה יודע, שצורתה של שרה התגלתה שם, עזב ליצחק את האוהל, לראות צורת אימו שם בכל יום. יצחק ראה צורתה ולא אברהם. וכמ״ש, וייתן אברהם את כל אשר לו ליצחק. את כל אשר לו, בדיוק, כי סובב על צורה ההיא של שרה, שהייתה באותו האוהל, שנתן אותה ליצחק, להסתכל בה.

261. וייתן אברהם את כל אשר לו ליצחק. נתן לו האמונה העליונה, בינה, כדי שיצחק יתדבק במדרגות חלקו כראוי. כי לולא נתן לו הבינה, לא היה יכול להתדבק בקו שמאל.

כאן נכלל אש, שמאל, במים, ימין. ודאי שהאש לקח את המים, שהשמאל כולל בתוכו את הימין. זה משמע מהכתוב, וייתן אברהם את כל אשר לו ליצחק, זהו מים שנכלל באש. שאברהם, מים, נתן כל בחינתו ליצחק, אש. ובתחילה נכללו יחד אש במים, בשעה שאברהם עקד את

יצחק לעשות בו דין, להעלות אותו לעולָה. אז נכללה אש במים.

ועתה נכללו מים באש. כדי שיהיה הכול באמונה העליונה, שהיא בינה. כי ב' קווים ימין ושמאל שבבינה נכללו זה בזה. ואז השיגו שלמותם. ולפיכך גם אברהם ויצחק הנמשכים מב' הקווים ההם שבבינה, צריכים ג"כ להיכלל זה בזה. ע"כ תחילה נכלל שמאל בימין, שזה היה בשעת העקדה. ועתה נתן אברהם את כל אשר לו ליצחק, שבזה נכלל הימין בתוך השמאל.

ולבני הפילגשים נתן אברהם מתנות

262. ולבני הפילגשים אשר לאברהם, נתן אברהם מתנות. המתנות הן מיני מדרגות תחתונות של הקדושה בלתי מתוקנות, שהן שמות של מיני רוח הטומאה. ונתן אותם להם, כדי להשלים המדרגות. כלומר, שיטהרו אותם וישלימו את המדרגות של הקדושה. ויצחק התעלה על כולם באמונה העליונה, בינה.

263. בני הפילגשים, בני קטורה. ונקראת פילגשים ע"ש שהייתה פילגש מטרם שגירש אותה. ופילגש עתה, שחזר ולקח אותה.

וישַלחֵם מעל יצחק בנו, כדי שלא ישלטו אצל יצחק. בעודנו חי, בעוד שהיה אברהם חי וקיים בעולם, כדי שלא יריבו עימו אח"כ. וכדי שיצחק ייתקן בצד דין הקשה העליון, להתגבר על כולם. וכולם נכנעו לפניו.

קֵדמה, אל ארץ קדם. כי שם הם מיני כשפים של הטומאה.

264. כתוב, ותֵרֶב חכמת שלמה מחכמת כל בני קדם. אלו הם, שהיו מבני הפילגשים של אברהם. ובאלו הררי קדם, נמצאים אותם המלמדים כישוף לבני אדם. ומאותה ארץ קדם, יצאו לבן, ובעור, ובלעם בנו, וכל המכשפים.

מי נתן למשיסה יעקב

265. מזמן שחרב ביהמ"ק, אין ברכות שורות בעולם ונעצרו, כביכול, שנמנעו מלמעלה, מעולמות העליונים, ומלמטה, מהתחתונים. וכל אלו המדרגות התחתונות מתגברות והולכות, ושולטות על ישראל, משום שישראל גרמו את זה בעוונותיהם. ועניין החיסרון של הברכות בעולמות העליונים, הוא משום שהתחתונים אינם ראויים לקבל מהם. וכל השפע שהם צריכים להשפיע לתחתונים, נמנע מהם. כי אין להם למי להשפיע.

266. מי נתן למשיסה יעקב וישראל לבוזזים. הלוא ה' זו, חטאנו לו, ולא אָבוּ בדרכיו הלוך. כיוון שכתוב, מי נתן

"חיי שרה". ספר הזהר עם פירוש הסולם. מהד' 21 כר'. כרך ה. דף פג; מהד' 10 כר'. כרך ג. דף פג.
"חיי שרה". ספר הזהר עם פירוש הסולם. מהד' 21 כר'. כרך ה. דף פד; מהד' 10 כר'. כרך ג. דף פד.

למשיסה יעקב וישראל, מהו שכתוב, חטאנו לו? הרי היה צריך לומר, חטאו לו, לשון נסתר ולא כמדברים בעדם. ואם כבר כתוב, חטאנו לו, כלומר מדברים בעדם, מהו שכתוב שוב, ולא אבו? כלומר, שוב כתוב בלשון נסתר, ולא אבו. והרי היה צריך לומר, ולא אבינו, כמדברים בעדם.

267. אלא בשעה שנחרב ביהמ״ק ונשרף ההיכל, והעם הלך לגלות, רצתה השכינה להיעקר ממקומה וללכת לגלות עימהם. אמרה השכינה, אלך תחילה לראות ביתי והיכלי, ואפקוד את המקומות של הכוהנים והלוויים, שהיו עובדים בביתי.

268. באותה שעה הסתכלה למעלה כנ״י, השכינה, וראתה שבעלה, ז״א, הסתלק ממנה, ועלה למעלה למעלה. ירדה למטה ונכנסה בביהמ״ק, והסתכלה בכל המקומות, ובכתה. ונשמע הקול למעלה למעלה בשמיים, ונשמע הקול למטה בארץ. וזהו שכתוב, קול ברמה נשמע, נהי בכי תמרורים, רחל מבכה על בניה.

269. כיוון שבאה בגלות, הסתכלה בעם, וראתה, איך שדוחקים אותם ורומסים אותם בין רגליהם של שאר העמים, בגלות, אז אמרה, מי נתן למשיסה יעקב. וישראל אמרו, הלוא ה׳ זו, חטאנו לו. ומיושב בזה מה שכתוב כאן כמדבר בעדו. והשכינה אמרה, ולא אבו בדרכיו הלוך ולא שמעו בתורתו.

270. ולשעה שעתיד הקב״ה לפקוד את עמו, להוציאם מגלות, כנ״י, השכינה, תשוב תחילה מהגלות, ותלך לביהמ״ק, מטעם שביהמ״ק תבנה תחילה לקיבוץ גלויות, ששם השראת השכינה. וע״כ גם השכינה מקדימה לצאת מהגלות.

ויאמר לה הקב״ה, קומי מעפר. והשכינה חזרה ואמרה, לאיזה מקום אלך, הרי ביתי חרב, היכלי נשרף באש? עד שהקב״ה יבנה ביהמ״ק מתחילה, ויתקן ההיכל, ויבנה עיר ירושלים. ואח״ז יקים את השכינה מעפר.

וכמ״ש, בונה ירושלים ה׳, נִדְחי ישראל יְכַנֵס. מתחילה בונה ירושלים. ואח״כ, נדחי ישראל יכנס. ויאמר לה, התנערי מעפר, קומי שְבִי ירושלים. ואח״כ יקבץ גלויות ישראל. וכמ״ש, מתחילה, בונה ירושלים ה׳, ואח״כ, נדחי ישראל יכנס. ואז, הרופא לשבורי לב ומְחַבֵּש לעצבותם. שזהו תחיית המתים. וכתוב, ואת רוחי אתן בקרבכם, ועשיתי את אשר בחוקיי תֵלֵכו.

פרשת תולדות

ואלה תולדות יצחק

1. כשביקש הקב"ה, ועלה ברצון לפניו, לברוא העולם, היה מסתכל בתורה וברא אותו. ובכל פעולה, שברא הקב"ה בעולם, היה מסתכל בתורה וברא אותו, וכמ"ש, ואהיה אצלו אָמוֹן ואהיה שעשועים יום יום. אל תקרא אָמוֹן אלא אומן, שהייתה כלי אומנותו.

2. כשרצה לברוא את האדם, אמרה התורה לפניו, אם יהיה נברא האדם ואח"כ יחטא, ואתה תדון אותו, למה יהיו מעשי ידיך לשווא, הרי לא יוכל לסבול את דינך. אמר לה הקב"ה, הרי בראתי תשובה מטרם שבראתי העולם. ואם יחטא, יוכל לעשות תשובה, ואמחל לו.

אמר הקב"ה לעולם, בשעה שברא אותו, וברא את האדם: עולם, אתה וטִבעך אינם עומדים אלא על התורה, ומשום זה בראתי בך אדם, כדי שיעסוק בתורה. ואם לא יעסוק בתורה, הרי אני מחזירך לתוהו ובוהו. והכול הוא בשביל האדם. והתורה עומדת ומכריזה לפני בני אדם, כדי שיעסקו וישתדלו בתורה, ואין מי שיטה אוזניו.

3. כל מי שעוסק בתורה, הוא מקיים העולם ומקיים כל פעולה שבעולם על תיקונו כראוי. ואין לך איבר הנמצא באדם, שלא תהיה כנגדו ברייה בעולם.

כי כמו שגוף האדם מתחלק לאיברים, וכולם עומדים מדרגות על מדרגות, המיתקנות אלו על אלו, וכולן הן גוף אחד, כן העולם, כל אלו הבריות שבעולם, כולן הן איברים איברים, ועומדים אלו על אלו. וכאשר כולן ייתקנו, יהיו לגוף אחד ממש. והכול, הן האדם והן העולם, הוא כדמיון התורה, כי התורה כולה היא איברים ופרקים, ועומדים אלו על אלו. וכאשר ייתקנו כולם, ייעשו לגוף אחד.

4. בתורה כל הסודות העליונים החתומים, שאין היכולת להשיג אותם. בתורה כל הדברים העליונים המגולים ואינם מגולים. כלומר, שלרוב העמקות שבהם, הם נגלים למעיין בהם, ותכף נעלמים. ושוב נגלים כרגע, וחוזרים ונעלמים. וכן חוזר חלילה תמיד לפני המעיינים בהם. בתורה הם כל הדברים של מעלה שבעולמות העליונים ושל מטה. כל הדברים שבעוה"ז וכל הדברים שבעוה"ב הם בתורה. ואין מי שיסתכל ויידע אותם.

5. כשבא שלמה ורצה לעמוד על דברי תורה ועל דקדוקי תורה, ולא יכול, אמר, אֶחְכָּמָה והיא רחוקה ממני. דוד אמר, גל עיניי ואביטה נפלאות מתורתךָ.

6. ואלה תולדות ישמעאל, שהם 12 נשיאים. ואח"כ אמר, אלה תולדות יצחק. וכיוון שכתוב בישמעאל, שהוליד 12 נשיאים ויצחק הוליד שניים, הייתכן שמשום שזה נעלה בצדקתו, ולכן

"תולדות". ספר הזהר עם פירוש הסולם. מהד' 21 כר'. כרך ה. דף א; מהד' 10 כר'. כרך ג. דף א.

הוליד 12, וזה לא נעלה, וע״כ הוליד רק שניים?

לפיכך כתוב, מי ימלל גבורות ה׳. זהו יצחק, כי יצחק הוא גבורה דז״א, כי יצחק הוליד את יעקב, שהוא לבדו היה חשוב יותר מכולם, שהוליד י״ב שבטים, והיה הקיום של מעלה ושל מטה. אבל יצחק היה רק הקיום של מעלה, בקדושה עילאה. וישמעאל היה רק למטה. וע״כ כתוב, מי ימלל גבורות ה׳, זה יצחק, וכתוב, ישמיע כל תהילתו, זהו יעקב. כי יעקב הוא כל תהילתו, להיותו הקיום של מעלה ושל מטה. כשמתדבק השמש, ז״א, בלבנה, הנוקבא, כמה כוכבים מאירים מהם, שהם י״ב שבטי יה, המשולים בחלום יוסף לכוכבים.

והנה ג׳ חילוקים:

א. שיעקב היה הקיום של מעלה ושל מטה,

ב. ויצחק רק למעלה בקדושה עליונה,

ג. וישמעאל רק למטה.

ויש להבין החילוקים האלו. והעניין הוא, כי פרצוף ז״א נחלק על החזה, מפאת הפרסא אשר שם, שמחזה ולמעלה הוא ג״ר, ומחזה ולמטה הוא ו״ק. והתחתונים אין להם אחיזה אלא רק מחזה ולמטה דז״א, ולא כלום מחזה ולמעלה, להיותם תולדות הנוקבא דז״א, שמקורה מתחיל בז״א רק מחזה ולמטה. אבל האבות היו מרכבה לחג״ת דז״א, אברהם ויצחק לשתי זרועות ז״א, חו״ג. ויעקב אל הגוף של ז״א, ת״ת.

ונמצאים אברהם ויצחק אחוזים למעלה מחזה דז״א, בזרועות, ולא כלום מחזה ולמטה. אבל יעקב, להיותו מרכבה לת״ת, שהוא גוף, שהחזה נמצא באמצעו, הרי הוא נאחז למעלה מחזה ולמטה מחזה. שמצד מחצית הת״ת שלמעלה מחזה, הוא נאחז למעלה בג״ר. ומצד מחצית הת״ת שלמטה מחזה, הוא נאחז למטה בו״ק. שמשם כל התחתונים.

ונאמר, שיצחק הוציא את יעקב, שהוא לבדו היה חשוב יותר מכולם, כי היה בחיר שבאבות. כי הוא הוליד י״ב שבטים, שהם מחזה ולמטה של הת״ת, שהיה הקיום והמרכבה של למעלה מחזה דז״א ושל למטה מחזה דז״א, להיותו מרכבה לת״ת, והת״ת כולל את שניהם.

אבל יצחק היה מרכבה לגבורה דז״א, שכולו למעלה מחזה, ואינו נאחז למטה כלום. וישמעאל היה ככל התחתונים, שאין להם אחיזה, אלא למטה מחזה, ולא כלום למעלה מחזה. ולפיכך יעקב חשוב יותר מכולם, כי הוא בלבדו כולל כל הבחינות.

7. כתוב, ויברך אלקים את יצחק בנו, עתה שמת אברהם. שבירך והגדיל מדרגת יצחק, גבורה, אחר מיתת אברהם. עכ״ז צורתו של אברהם נשארה ביצחק. שגם צורתו של אברהם, חסד, נשארה כלולה ביצחק. עד שכל מי שראה את יצחק, היה אומר זה אברהם ודאי. והיה מעיד ואומר, אברהם הוליד את יצחק. כי היה כלול ומלובש בצורתו של אברהם, חסד. ולפיכך מדייק הכתוב לומר, ואלה תולדות יצחק בן אברהם. וכן, אברהם הוליד את יצחק.

8. ויהי אחר מות אברהם, ויברך אלקים את יצחק בנו. פסוק זה אין תחילתו כסופו ואין סופו כתחילתו, שמתחיל במיתת אברהם ומסיים בברכת יצחק, שאין שום קשר ביניהם. ועוד, מהו השינוי שהקב״ה היה צריך לברך את יצחק, ולא בירך אותו אברהם? זאת משום שאברהם לא בירך את יצחק, ע״כ בירך אותו ה׳ לאחר מותו. וזהו הקשר שבכתוב, ויהי אחר מות.

ומהו הטעם שלא בירך אותו אברהם? כדי שלא יתברך עימו עשיו בנו. כלומר, שלא ימשיך הארת השמאל מלמעלה

למטה, כדרכו בטומאה. וע״כ עברו אלו הברכות אל הקב״ה, והקב״ה בירך את יצחק. הקב״ה הוא קו אמצעי, המייחד ב׳ הקווים זה בזה, ע״י שמגביל את קו השמאל, שלא יאיר אלא רק מלמטה למעלה בלבד. ועתה לא יתברך עשיו, כי לא יוכל להמשיך מלמעלה למטה.

ויישב יצחק עם באר לַחַי רואי. מהו לחי רואי? אלא שהתחבר עם השכינה, באר, שמלאך הברית, היסוד, נראה עליה. וע״כ בירך אותו. ובזה מובן הקשר בין ג׳ חלקי הפסוק הזה: ויהי אחרי מות אברהם, שלא בירך את יצחק. ויברך אלקים את יצחק. ולמה בירך אותו? משום שהתחבר עם השכינה, כמ״ש, ויישב יצחק עם באר לחי רואי.

9. מעיין גנים באר מים חיים, ונוזלים מן לבנון. מעיין גנים, זה אברהם. באר מים חיים, זה יצחק. ונוזלים מן לבנון, זה יעקב. הרי שבאר מים חיים הוא יצחק, כמ״ש, ויישב יצחק עם באר לחי רואי. באר היא השכינה. לחי, זה חי העולמים, צדיק, יסוד. ואין להפריד אותם. הוא חי בשני עולמות. חי למעלה, עולם העליון, בינה. חי בעולם התחתון, מלכות. ועולם התחתון מתקיים ומאיר מכוחו.

10. הלבנה, הנוקבא, אינה מאירה אלא כשרואה את השמש, ז״א. וכיוון שרואה אותו, היא מאירה, כלומר שמקבלת מז״א מוחין דהארת חכמה, שהם ראייה. וע״כ נקראת, באר לחי רואי. ואז היא מאירה ועומדת במים חיים. לחי רואי, כדי להתמלא ולהאיר מאותו החי, יסוד דז״א.

11. כתוב, בְּנָיָהוּ בן יְהוֹיָדָע בן איש חי, שהיה צדיק ומאיר לדורו, כמו החי של מעלה, יסוד דז״א, מאיר לעולם, שהוא הנוקבא. ובכל שעה באר זו, הנוקבא, מסתכלת לחי, היסוד, ורואה, כדי להאיר.

ויישב יצחק עם באר לחי רואי, בקחתו את רבקה. כי באר היא רבקה, נוקבא דז״א. והוא יושב עימה, ומתאחד עימה בבחינת חושך בלילה, כמ״ש, שמאלו תחת לראשי.

קו שמאל דז״א, יצחק, מכונה חושך, להיותו מושג רק בחושך. כי בשעת שליטתו נחשכים המאורות, להיותו חכמה בלי חסדים. והנוקבא מכונה לילה. לפיכך הארת השמאל אל הנוקבא מכונה חושך בלילה. ומתאחד עימה בבחינת חושך בלילה. כי זיווג יצחק, קו שמאל, עם הבאר, הנוקבא, המקבלת ממנו, נבחן לחושך בלילה.

יצחק היה בקריית ארבע אחר שמת אברהם. ויישב יצחק עם באר לחי רואי. בהכרח שאין זה מקום מגוריו, אלא הוא שֵׁם הנוקבא, שהזדווג בה והתאחד בה באותה הבאר. לעורר האהבה.

12. וזרח השמש ובא השמש, ז״א. המאיר אל הלבנה, הנוקבא. כי כשהשמש נראה עימה, אז היא מאירה. והשמש מאיר וזורח ממקום עליון העומד עליו, שהוא בינה, משם מקבל הארתו, וזורח תמיד.

ובא השמש להזדווג עם הלבנה, הנוקבא. הולך אל דרום, קו ימין דז״א. ושׂם בו כוחו, שעיקר הארתו שם בימין, חסדים. ומשום שכוחו הוא בימין, נמצא כל כוח הגוף של האדם בימינו של הגוף, ובו תלוי כוח הגוף.

ואח״כ סובב אל צפון, שמאיר לדרום ומאיר לצפון. כי סובב משמעותו שהארתו סובב פעם לצד זה ופעם לצד זה. ללמדך, שאין עיקר כוחו בצפון, צד שמאל של ז״א, ואינו מאיר שם בקביעות, אלא סובב לכאן ולכאן.

כתוב, סובב סובב הולך הרוח. ז״א הוא אור הרוח, והוא מכונה שמש. מה שסובב סובב הולך הרוח, כדי שהלבנה

תאיר ממנו ויתחברו שניהם. כי עיקר הארת הלבנה הוא הארת החכמה, שמקבלת משמאל. אמנם אינה יכולה לקבל החכמה בלי חסדים. וע"כ ז"א הולך וסובב, פעם לצד צפון להארת החכמה, ופעם לצד דרום להארת החסדים, כדי להלביש החכמה בחסדים. ורק בדרך זו מקבלת הלבנה הארתו ומתחברת עימו בזיווג.

13. כשבא אברהם לעולם, חיבק את הלבנה וקירב אותה. כיוון שבא יצחק, נאחז בה והחזיק בה כראוי, ומשך אותה באהבה, כמ"ש, שמאלו תחת לראשי. כיוון שבא יעקב, אז התחבר השמש, ז"א, בלבנה, בנוקבא, והנוקבא האירה. הארת החכמה קיבלה מיצחק. ועוד לא האירה בה, מחמת חוסר התלבשות באור חסדים. וכשבא יעקב, קו אמצעי, שהשפיע לה החכמה מלובשת בחסדים, אז האירה הנוקבא.

ואז נמצא יעקב שלם מכל הצדדים, מחסדים שבצד ימין ומחכמה שבצד שמאל. והלבנה האירה, כי עתה ע"י יעקב התלבשו החכמה והחסדים זה בזה, ויכולה להאיר. ונתקנה בי"ב השבטים.

14. כתוב, בָּרכו את ה' כל עבדי ה', העומדים בבית ה' בלילות. מי הם הראויים לברך את הקב"ה? כל עבדי ה'. כי אע"פ שכל אדם בעולם מישראל, כולם ראויים לברך את הקב"ה. אבל ברכות, שבשבילם יתברכו עליונים ותחתונים, מי הם המברכים אותו? עבדי ה'. ומי הם שבִּרכתם ברכה? העומדים בבית ה' בלילות. אלו הם הקמים בחצות לילה, ומתעוררים לקרוא בתורה. הם העומדים בבית ה' בלילות. ושניהם צריכים: שיהיו עבדי ה', ושיקומו בחצות לילה. כי אז הקב"ה בא להשתעשע עם הצדיקים בגן עדן.

ויהי יצחק בן ארבעים שנה

15. ויהי יצחק בן ארבעים בקחתו את רבקה, כשנשא את רבקה. יצחק נכלל בצפון ובדרום, באש ובמים. ואז היה יצחק בן ארבעים שנה בקחתו את רבקה. כי ודאי שיצחק היה נכלל בימין, בחסדים, המכונים מים ומכונים דרום. וא"כ יש בו ב"ס חו"ג, צפון ודרום. צפון מכוח עצמו, שמאל. ודרום מכוח שהוא בן אברהם. גם היה לו התכללות צפון ודרום יחד זה בזה, ת"ת. כי אין ת"ת אלא התכללות חו"ג, דרום וצפון.

ונמצא שהיה לו ג"ס חג"ת. ובקחתו את רבקה, המלכות, השיג גם את המלכות. והיה לו ד"ס חו"ג תו"מ. ובגדלות הם חו"ב תו"מ. שכל אחת מהן כוללת ע"ס, והם ארבעים ספירות, שהם ארבעים שנה.

הנוקבא יכולה לקבל המוחין של יצחק, קו שמאל, כאשר היא נעשית רביעי לחג"ת, ואז לוקח אותה יצחק ומשפיע לה המוחין שלו. אבל אז היא עקרה, להיותה מחוסרת חסדים. כמ"ש, ויֶעְתַּר יצחק לה' לנוכח אשתו כי עקרה, כי אינה ראויה להוליד עד שתתמעט ותהיה שביעי, שתקבל מחג"ת נה"י. וע"כ כתוב, ויצחק בן שישים שנה בְּלֶדֶת אותם, כלומר חג"ת נה"י.

"תולדות". ספר הזהר עם פירוש הסולם. מהד' 21 כר'. כרך ה. דף ח; מהד' 10 כר'. כרך ג. דף ח.

רבקה הייתה כמראה הקשת, ירוק לבן אדום, שהם חג״ת של הנוקבא. ובת שלוש שנים הייתה כאשר נאחז ברבקה. כלומר, כאשר נשא אותה. כי יצחק היה כלול מד״ס בקחתו את רבקה, חו״ב תו״מ. אבל רבקה, אע״פ שנכללה עימו, מ״מ לא היה לה אלא ג״ס חג״ת, ג׳ גוונים כמראה הקשת. והגוון מספירתה עצמה, המלכות, חסרה לה. והן שלוש שנים, ולא ארבע. וספירותיו של יצחק הן בעשרות, ז״א. ושל רבקה הן רק יחידות, הנוקבא. ולפיכך ד״ס של יצחק הן ארבעים. וג״ס של רבקה הן רק שלוש שנים.

וכשהוליד היה בן שישים, שהשיג ו״ס חג״ת נה״י, כדי להוליד כראוי. כדי שייצא יעקב שלם, בכלל ו״ס נאחז יעקב, ונעשה איש שלם.

16. רבקה בת בתואל הארמי מִפַּדַּן ארם, אחות לבן הארמי. אע״פ שהייתה בין תועים, לא עשתה כמעשיהם. וע״כ כתוב, שהייתה בת בתואל, ומפדן ארם, ואחות לבן, שכולם היו רשעים, והיא עשתה מע״ט.

17. אם הייתה רבקה בת עשרים שנה או יותר, או לכל הפחות בת 13, אז היה נחשב לה לשבח, שלא עשתה כמעשיהם. אבל עד עתה הייתה רק בת שלוש שנים. מהו השבח שלה, שלא עשתה כמעשיהם?

בת שלוש שנים הייתה, ועם זה עשתה אל העבד כל אותו המעשה. משמע בהכרח שהיה לה שכל כבת עשרים, ולפיכך שבח הוא לה שלא למדה ממעשיהם.

18. כתוב, כשושנה בין החוחים כן רעייתי בין הבנות. שושנה, כנ״י, הנוקבא דז״א, שהיא בין הצבאות, כמו שושנה בין החוחים.

יצחק בא מצד אברהם, שהוא חסד עליון, ועושה חסד עם כל הבריות. ואע״פ שהוא דין הקשה, מ״מ נמשך מחסד, מאברהם. רבקה באה מצד דין קשה, מבתואל ומלבן. ואע״פ שהיא עצמה דין הרפה, האודם של השושנה, וחוט של חסד היה תלוי עליה, הלובן של השושנה, מ״מ נמשכה מדין הקשה. והיה יצחק דין הקשה והיא דין הרפה.

וע״כ כשושנה בין החוחים הייתה. חוחים, דינים קשים. כי רבקה הייתה מוקפת בדינים קשים מצד הוריה ואנשי מקומה. אבל היא עצמה הייתה דין הרפה וממותק, וחוט של חסד, כצורת השושנה. הרי שמעשיה כשרים, שלא למדה ממעשיהם, שלא היה בה דין קשה. שזה נשמע להיותה משולה לשושנה, שיש בה אודם ולובן.

ואם לא הייתה הנוקבא דין רפה, לא היה יכול העולם לסבול דין הקשה של יצחק. כי הארת יצחק הוא אור זכר, שמדרכו להשפיע מלמעלה למטה, שבבחינת הארת השמאל נמשך מזה דין קשה מאוד. אבל רבקה, שהארתה היא אור נקבה, שמדרכה להאיר רק מלמטה למעלה, אין בזה דינים קשים, אלא דין רפה לבד.

ולפי שהארת יצחק מגיעה לתחתונים ע״י הנוקבא, שהיא דין רפה, ע״כ יכולים התחתונים לקבל הארה ממוחין הללו. אבל מבחינת יצחק לבד, לא היו יכולים לקבל, כי לא היו יכולים לסבול דינים הקשים, הנמשכים עם הארתו.

כעין זה הקב״ה מזווג זיווגים בעולם, שאחד חזק ואחד רפה. שנאמר, שיצחק היה דין קשה ורבקה דין רפה. כדי שהכול ייתקן, שיוכלו לקבל גם הארת חכמה. והעולם יהיה נמתק, שלא יזיקו להם דינים הקשים, הנמשכים עם ההארה הזאת. משום שמקבלים אותה ע״י הנוקבא, שע״י זה נמתקים הדינים.

ויֶעְתַר יצחק

19. ויֶעְתַר יצחק לה' לנוכח אשתו. שהקריב קורבן והתפלל עליה. כתוב, ויעתר יצחק. וכתוב, ויעתר לו ה'. ויעתר, הוא קורבן, ויעתר לו ה', הוא ג"כ קורבן, כלומר, שיָצא אש של מעלה כנגד האש של מטה. כי צריכים שתי אִשות לאכילת הקורבן, אש של גבוה, ואש של הדיוט. וע"כ, ויעתר יצחק, הוא על אש של מטה. ויעתר לו ה', הוא על אש של מעלה.

20. ויעתר יצחק, שהתפלל תפילתו וחתר חתירה למעלה אל המזל המשפיע בנים. כי במקום ההוא, במזל, דיקנא דא"א, תלויים לידות בנים. כמ"ש, ותתפלל על ה', הוי"ה, ז"א. על ה', הוא דיקנא דא"א, המקיף לז"א, שנקרא מזל. ואז, ויעתר לו ה'. אל תקרא, ויעתר לו, אלא, ויחתור לו. כי הע' מתחלפת בח', להיותן ממוצא אחד מאותיות אחה"ע. כי חתירה חתר לו הקב"ה וקיבל אותו. ואז, ותהר רבקה אשתו. שמצד המערכת לא הייתה ראויה להריון, כי הייתה עקרה מלידה, אלא בסיבת תפילתו, חתר לו חתירה, ששינה את סדר המערכת. ואז, ותהר רבקה אשתו.

21. עשרים שנה השתהה יצחק עם אשתו ולא ילדה. עד שהתפלל תפילתו. והוא משום שהקב"ה חפץ בתפילתם של צדיקים, בשעה שמבקשים מלפניו התפילה על מה שהם צריכים. מהו הטעם? כדי שיתגדל ויתווסף משחת קודש ע"י תפילת הצדיקים לכל מי שצריך. כי הצדיקים בתפילתם פותחים את הצינור העליון, ואז, אפילו אותם שאינם ראויים להיענות, נענים.

22. אברהם לא התפלל לפני הקב"ה, שייתן לו בנים, אע"פ ששרה הייתה עקרה.

אבל יצחק התפלל על אשתו, משום שהיה יודע, שהוא אינו עקר אלא אשתו. ויצחק היה יודע בחכמה, שיעקב עתיד לצאת ממנו עם י"ב שבטים. אבל לא היה יודע, אם מאישה זו או מאחרת. וע"כ כתוב, לנוכח אשתו, ולא כתוב, לנוכח רבקה.

23. למה לא אהב יצחק את יעקב כל כך כמו את עשיו, כיוון שהיה יודע שעתיד לצאת ממנו י"ב שבטים? עכ"ז, אהב יותר את עשיו, משום שכל מין אוהב את מינו, ומין אחר מינו נמשך והולך.

24. עשיו נולד ויצא אדמוני. והוא מינו של יצחק, שהוא דין קשה של מעלה, של הקדושה. ויצא ממנו עשיו, שהוא דין קשה של מטה, שהיה ראשו בקדושה וגופו לא בקדושה, ודומה ע"כ למינו של יצחק. וכל מין הולך אחר מינו. וע"כ אהב את עשיו יותר מיעקב, כמ"ש, כי צַיִד בפיו, שהוא ראשו שהיה בקדושה.

כתוב, כי ציד בפיו. וכתוב, על כן ייאמר כנמרוד גיבור ציד לפני ה', שפירושו של ציד הוא דין קשה. אף ציד שכאן הוא דין קשה. ומשמיענו הכתוב, שאהב אותו מטעם היותו דין קשה כמוהו.

ויתרוצצו הבנים

25. ויתרוצצו הבנים בְּקִרְבָּהּ, ותאמר אם כן, למה זה אנוכי, ותלך לדרוש את ה'. הלכה לדרוש את ה' לבית המדרש של שֵׁם ועֵבר. ויתרוצצו הבנים בקרבה, מפני ששם היה אותו רשע עשיו, שעשה מלחמה עם יעקב.

ויתרוצצו, כלומר נשברו ונחלקו. עשיו היה מצד הרוכב על הנחש, ס"מ. יעקב היה מצד הרוכב על כיסא השלם הקדוש, מצד השמש, ז"א. להזדווג עם הלבנה, הנוקבא. כיסא הוא הנוקבא, הלבנה.

26. משום שעשיו נמשך אחר אותו הנחש, הלך יעקב עימו במרמה, כמו נחש, שהוא עָרום והוא הולך במרמה.

כך היה צריך להיות, כדי להמשיך את עשיו אחר אותו הנחש, וייפרד מיעקב. ולא יהיה לו חלק עימו, לא בעוה"ז ולא בעוה"ב. ולמדנו, הבא להורגך, השכם אתה ותהרגוֹ.

בבטן עָקַב את אחיו. שהִשרה אותו למטה, בעקב, הפריד אותו מהקדושה והוריד אותו לצד הטומאה, הנקראת עקב, בסיום הקדושה. כמ"ש, וידו אוחזת בעקב עשיו, ששׂם ידיו על אותו העקב, כדי להכניע אותו תחת הקדושה.

27. וידו אוחזת בעקב עשיו. שלא יכול יעקב לצאת ולהיפרד ממנו מכל וכל, אלא, וידו נשארה אוחזת בעקב עשיו. וידו, הלבנה, הנוקבא, הנקראת ידו של ת"ת, יעקב, שהתכסה אורה משום עקב של עשיו. וע"כ נצרך לו ליעקב ללכת עימו בחכמה, כדי לדחותו למטה. ויתדבק במקומו, בס"א. וייפרד לגמרי מהקדושה.

28. ויקרא שמו יעקב. הקב"ה קרא ודאי את שמו יעקב. ראה הקב"ה, כי אותו נחש הקדמוני חכם הוא להרע. כיוון שבא יעקב, אמר הקב"ה, זהו ודאי חכם לעומת הנחש. וע"כ קרא לו הקב"ה, יעקב, ע"ש חכמתו, שידע לעקב את הנחש, ולהפרידו מהקדושה.

30. יעקב היה יודע, שעשיו היה לו להתדבק באותו נחש העקלתון, וע"כ בכל מעשיו היה נמשך עליו, כנחש עקלתון אחר לעומתו, בפיקחות ובמרמה.

כתוב, ויברא אלקים את התנינים הגדולים. זהו יעקב ועשיו. וכתוב, ואת כל נפש החיה הרומשׂת, שהם שאר המדרגות שביניהם. הרי שיעקב ועשיו נקראים תנינים, כלומר נחשים. שעשיו היה נחש עקלתון, ויעקב נמשך עליו כמו נחש עקלתון אחר לעומתו. ובהכרח, שיעקב עשה עצמו חכם, לעמוד כנגד הנחש האחר ההוא.

31. משום זה בכל חודש מקריבים שעיר אחד, כדי להמשיך אותו למקומו, וייפרד מהלבנה, הנוקבא דז"א, שאורה התכסה מפני העקב של עשיו. וכן ביוה"כ צריכים להקריב השעיר ההוא. וזהו נעשה בחכמה, כדי לשלוט עליו ולא יוכל להרע. כלומר, שעשיו הוא שעיר.

ועניין החכמה שבשעיר ר"ח ורה"ש ויוה"כ. והכול נעשה בחכמה ובמרמה אליו, משום שהוא הנחש הרע, חכם להרע, משׂטין למעלה ומדיח מלמטה.

32. ומשום זה מקדימים עצמם ישראל, ומתחכמים אליו בחכמה ובמרמה, כדי

"תולדות". ספר הזהר עם פירוש הסולם. מהד' 21 כר'. כרך ה. דף יג; מהד' 10 כר'. כרך ג. דף יג.

שלא יוכל להרע ולשלוט. וע״כ יעקב, אמונה, כל מעשיו כלפי עשיו היו, כדי שלא לתת מקום לנחש ההוא לטמא המקדש, ושלא יקרב אליו, ושלא ישלוט בעולם.

וע״כ לא היה נצרך אברהם להתנהג במרמה, ולא יצחק. משום שעשיו, שהוא הצד של אותו הנחש, עוד לא בא לעולם. אבל יעקב, שהוא בעל הבית, בעלה של השכינה, היה צריך לעמוד כנגד אותו הנחש, שלא לתת לו שליטה כלל לטמא ביהמ״ק של יעקב, הנוקבא. ולפיכך נצרך יעקב, להילחם עימו במרמה, יותר מכל בני העולם. ומשום שיעקב לחם עימו במרמה, וקנה ממנו הבכורה והברכות, ישראל הקדושים, נבררו להיות חלק גורלו של הקב״ה.

סעודת הצדיקים לעת״ל

33. ואלה תולדות יצחק בן אברהם, אברהם הוליד את יצחק. לעת״ל הקב״ה מחיה את המתים, וינער אותם מעפרם, שלא יהיו בניין עפר, כמו שהיו בתחילה, שנבראו מעפר ממש, דבר שאינו מתקיים. כמ״ש, וַיִּיצֶר ה׳ אלקים את האדם עפר מן האדמה.

34. ובאותה שעה יתנערו מעפר, מאותו הבניין, ויעמדו בבניין מקוים, להיות להם קיום. כמ״ש, התנערי מֵעָפָר קומי שבי ירושלים. יתקיימו בקיום ויעלו מתחת לארץ, ויקבלו נשמתם בארץ ישראל. באותה שעה יציף הקב״ה כל מיני ריחות שבגן עדן עליהם, כמ״ש, הדודאים נתנו ריח.

35. אל תקרא הדוּדאים, אלא הדוֹדים. זהו הגוף והנשמה, שהם דודים ורעים זה עם זה. והם דודאים ממש. כמו הדודאים מולידים אהבה בעולם, אף הם מולידים אהבה בעולם. ומהו, נתנו ריח? כישרון מעשיהם, לדעת ולהכיר לבוראם.

36. ועל פתחינו כל מגדים, חדשים גם ישנים, דודי צפנתי לָךְ. ועל פתחינו, אלו פתחי שמיים, שהם פתוחים להוריד נשמות לפגרים. כל מגדים, אלו הנשמות. חדשים גם ישנים, אותם שיצאה נשמתם מהיום כמה שנים, ואותם שיצאה נשמתם מימים מועטים, וזכו בכישרון מעשיהם להיכנס בעוה״ב. כולם עתידים לרדת בבת אחת, להיכנס בגופות המוכנים להם.

37. בת קול יוצאת ואומרת, חדשים גם ישנים דודי צפנתי לך. צפנתי אותם, באותם העולמות. לך, בשבילך, בשביל שאתה גוף קדוש ונקי.

הדודאים, אלו מלאכי שלום. נתנו ריח, אלו הנשמות, שהם ריח העולם. נתנו, כמ״ש, ולא נתן סיחון את ישראל.

38. שלוש כיתות של מלאכי השרת הולכים, בכל חודש ובכל שבת, ללוות לנשמה עד מקום מעלתה. על פתחינו כל מגדים, אלו הן הגופות, שהן עומדות בפתחי קברות לקבל נשמתן. ודומה נותן פנקס החשבון, והוא מכריז ואומר, ריבונו של עולם, חדשים גם ישנים, אותם שנקברו מכמה ימים, ואותם שנקברו

מזמן מועט, כולם צפנתי לך, להוציא אותם בחשבון.

39. עתיד הקב״ה לשמוח באותו זמן עם הצדיקים, להשרות שכינתו עימהם, והכול ישמחו באותה שמחה, כמ״ש, ישמח ה׳ במעשיו. עתידים הצדיקים באותו זמן לברוא עולמות ולהחיות מתים.

והרי כתוב, שאין כל חדש תחת השמש? אלא בעוד שהרשעים בעולם וירבו, כל העולם אינו בקיום. וכשהצדיקים בעולם, אז העולם מתקיים. ועתידים להחיות מתים, כמ״ש, עוד יישבו זקנים וזקנות ברחובות ירושלים ואיש משענתו בידו מרוב ימים.

40. באותו זמן ישיגו הצדיקים דעת שלמה. ביום שישמח ה׳ במעשיו, עתידים הצדיקים להשיג את הקב״ה בליבם, ותתרבה אז החכמה בליבם, כמו שהיו רואים אותו בעין.

41. עתיד הקב״ה לעשות סעודה לצדיקים לעת״ל, כמ״ש, ויחזו את האלקים ויאכלו וישתו. וזהו ניזונים. וזהו נהנים. הצדיקים שלא זכו כל כך, נהנים מאותו זיו, שלא ישיגו כל כך. אבל הצדיקים שזכו, ניזונים, עד שישיגו השגה שלמה. ואין אכילה ושתייה אלא זו. וזוהי הסעודה והאכילה.

כמ״ש במשה, ויהי שם עם ה׳ ארבעים יום וארבעים לילה, לחם לא אכל ומים לא שתה. לחם לא אכל ומים לא שתה, מפני שהיה ניזון מסעודה אחרת, מאותו זיו של מעלה. וכמו כן סעודתם של צדיקים לעת״ל.

42. סעודת הצדיקים לעת״ל, לשמוח בשמחתו, כמ״ש, ישמעו ענווים וישמחו. מכאן, וישמחו כל חוסי בָך לעולם ירננו. זה וזה ישנו לעת״ל.

יין המשומר בענביו משֵשת ימי בראשית, אלו דברים עתיקים, שלא נגלו לאדם מיום שנברא העולם, ועתידים להתגלות לצדיקים לעת״ל. וזוהי השתייה והאכילה.

43. א״כ מהו לווייתן ומהו השור, שכתוב, כי בול הרים ישאו לו וכל חיית השדה ישחקו שם? כתוב, ביום ההוא יפקוד ה׳ בחרבו הקשה והגדולה והחזקה על לווייתן נחש בריח ועל לווייתן נחש עקלתון והרג את התנין אשר בים. הנה כאן שלושה. אלא רמז הוא על המלכויות.

44. סעודה של הצדיקים לעת״ל תהיה מלווייתן ומשור הבר, האם כך היא? הרי נאמר, שסעודת הצדיקים לעת״ל היא כמ״ש, ויחזו את האלקים ויאכלו וישתו?

45. אמונה זו, שאמרו חכמים לרוב העולם, שהם מוזמנים לסעודה זו של הלווייתן ושל אותו שור הבר, ולשתות יין טוב המשומר מעת בריאת העולם. פסוק מצאו ודרשו, שכתוב, ואכלתם לחמכם לשובע. כל מיני פיתוי פיתה הקב״ה לישראל, להחזירם למוטב, וזהו יותר מכולם, שאמר להם, ואכלתם לחמכם לשובע. ובקללות, ואכלתם ולא תשבעו, וזה קשה להם מהכול.

כתוב, ויאמרו אליהם בני ישראל, מי ייתן מותנו ביד ה׳ בארץ מצרים, בשבתנו על סיר הבשר, באוכלנו לחם לשובע. מלמד, שמשום האכילה מסרו נפשם למות בידם. כיוון שראה הקב״ה תאוותם, אמר להם, אם תשמעו לקול המצוות, ואכלתם לשובע, כדי להניח דעתם.

כמו כן, ראו חכמנו שגלות נמשכת, הסתמכו על פסוקי תורה, ואמרו, עתידים לאכול ולשמוח בסעודה גדולה, שעתיד

הקב"ה לעשות להם. וע"כ רוב העולם סובלים הגלות בשביל אותה הסעודה.

46. אין לנו לסתור את האמונה אלא לקיים אותה. כלומר, שהסעודה היא אכילה ושתייה, כי התורה מעידה עליה, בכתוב, ואכלתם לחמכם לשובע. כי כבר יודעים אנו אמונת הצדיקים והשתוקקותם מה היא, כי כתוב נגילה ונשמחה בך. ולא באכילה. וכמו כן, נזכירה דודיך מיין, שפירושו, יינה של תורה.

ואותה הסעודה שרוב העולם עתידים בה, שהיא אכילה ושתייה, יהיה גם לנו חלק ליהנות ממנה, וזהו חלק השמחה והשחוק. ואלה תולדות יצחק, שיצחקו הצדיקים לעת"ל. אברהם הוליד את יצחק, זכות הנשמה מולידה השחוק הזה והשמחה בעולם.

שיתוף מדה"ר בדין

47. כל מה שברא הקב"ה בעולמות, היו בשיתוף מלכות, מדה"ד, עם הבינה, מדה"ר, שמשיתוף הזה נמצאים הרבה מעלות בעולם. אם שיתוף טו"ר, הנוהג בנבראים, ע"כ הוא ירבה מחלוקת בעולם.

48. אמת שזה ירבה מחלוקת בעולם. כי לפי האמיתיות ששיתוף מורה על שיתוף מלכות בבינה, הרי כל המדרגות שבעולמות התחלקו על ידיה לכח"ב ותו"מ. וכן לפנים ואחוריים ולפנימיות וחיצוניות. ונמצא, שנעשה מחמתו מחלוקת בעולם.

וכל מה שעשה הקב"ה, עשה כעין גוף ונשמה. הגוף ממלכות, והנשמה מבינה. וכל מה שעשה הקב"ה, שיתף זה בזה, שיתף מדה"ר בדין. והרי אין גוף למלאכים? כך הוא. אבל אינם יכולים לפעול פעולה, עד שישתתף אור הבינה, שהוא סיוע מלמעלה ממנו. המלאכים הם חיצוניות המלכות. ואין בהם שום כוח, מטרם שמקבלים הסיוע והשיתוף מהבינה. כי מטרם זה אינם ראויים למוחין. כי המלכות, מטרם שנמתקה בבינה, אינה ראויה לקבל מוחין.

49. באותה שעה, שעתיד הקב"ה להחיות המתים, הנה סוף כל הצרות יהיה בשנת הארבעים אחר קיבוץ גלויות. וחרץ חוק, כמ"ש, ארבעים יַכֶּנּוּ לא יוסיף. והליכתם של ישראל במדבר נגמרה בשנת הארבעים. וארבעים שנה קודם תחיית הגוף, ממתינה לו הנשמה בארץ ישראל.

נמצא, שבשנת הארבעים להמתנת הנשמה בארץ ישראל, יקומו הגופות מעפר. בארבעים נפסק הגשם בזמן המבול, כמ"ש, ויהי מקץ ארבעים יום ויפתח נוח. וכן זמן גאולתם של ישראל בשנת הארבעים. ובחמישים יבוא יישוב העולם, שהוא היובֵל.

החזרת הנשמה לגוף היא בשנת הארבעים, שהמתינה לו בארץ ישראל. כמ"ש, ויהי יצחק בן ארבעים שנה, שהמתין לגוף. וכתוב, בקחתו את רבקה, בהכנסתה בגוף המזומן לו.

מכוח השיתוף של מלכות בבינה, נתקנה המלכות בשנת הארבעים.

"תולדות". ספר הזהר עם פירוש הסולם. מהד' 21 כר'. כרך ה. דף כא; מהד' 10 כר'. כרך ג. דף כא.

כי חמש ספירות כח"ב תו"מ, שכל אחד מהם כלול מעשר, והם חמישים ספירות. ומבחינה זו צריכה המלכות להיות שנת החמישים, להיותה בחינה אחרונה שבהם. אבל מחמת שיתוף המלכות בבינה, נגנזה בחינת עצמה, ונתקן בעדה הכלי דת"ת במקום כלי מלכות.

כי מאחר שנגנזה המלכות ואין שם אלא ד' כלים, כח"ב ות"ת, עלה אור החכמה והתלבש בכלי דכתר, ואור הבינה בכלי דחכמה, ואור הת"ת בכלי דבינה, ואור המלכות בכלי דת"ת. ואז נבחנת המלכות לשנת הארבעים. והיא מקבלת במצב הזה את האורות דבינה, כמו ז"א, להיותה מלובשת בכלי שלו. ובעת ההיא הגוף, הנמשך מהמלכות, עולה ג"כ ומקבל אור הבינה, כמו המלכות, שזה התלבשות הנשמה בגוף. כי אור הבינה נקרא נשמה.

וזהו שכל הגאולות והישועות מתקבלות בשנת הארבעים, בעת שהמלכות משתתפת ומקבלת אור הבינה. ואפילו גמה"ת יהיה בשנת הארבעים. שזהו שעתיד הב"ן, מלכות, להיות ס"ג, בינה. אלא שיש הפרש גדול, כי מקודם גמה"ת, אין המלכות ראויה להיות שנת הארבעים מבחינתה עצמה, אלא ע"י שיתוף מדה"ר בדין, וגניזת בחינתה עצמה. אבל בגמה"ת תתוקן המלכות דצ"א עצמה, באופן שלא תצטרך עוד לשיתוף של מדה"ר, אלא מבחינתה עצמה תקבל את אור הבינה.

ויש דינים וצרות, הנמשכים ממלכות מבחינת שנת הארבעים, כל עוד שהחכמה שבה לא התלבשה בחסדים. ויש דינים וצרות, הנמשכים מהמלכות הבלתי נמתקת שנגנזה. ואם לא זכה הרי רע. אם הוא ממשיך מלמעלה למטה, כמו החטא דעצה"ד, התגלתה עליו נקודת המלכות שנגנזה, וכל האורות שבה מסתלקים משום שצ"א רוכב עליה, ואינה ראויה לקבל אור.

מטרם גמה"ת ותחיית המתים, הדינים והצרות הנמשכים משנת הארבעים, אינם סוף כל הצרות. כי יש גם צרות מהמלכות של בחינתה עצמה הבלתי ממותקת, שזה, לא זכה הרי רע. אבל בגמה"ת, שתתוקן המלכות של בחינתה עצמה, ולא תצטרך עוד לשיתוף בבינה, הרי לא יהיו עוד שום צרות מהמלכות הזו, אלא הדינים והצרות הנמשכים משנת הארבעים, כבר יהיו סוף כל הצרות.

ונאמר, וחרץ חוק, כמ"ש, ארבעים יכנו לא יוסיף. שלא יוסיף מכה מבחינתה עצמה שלאחר הארבעים, כי בחינתה עצמה כבר תהיה אז מתוקנת לגמרי.

ואח"כ מביא הזוהר התיקונים הגדולים שהתגלו ועתידים להתגלות בשנת הארבעים: הליכת ישראל במדבר, והמתנת הנשמה לגוף בארץ ישראל ותחיית המתים, והפסק מי המבול, ופתיחת נוח את התיבה, וגאולתם של ישראל, והתלבשות הנשמה בגוף.

כתוב, ויהי יצחק בן ארבעים שנה. יצחק הוא הנשמה. והמתין ארבעים שנה בארץ ישראל בקחתו את רבקה, כלומר להתלבש בגוף, הנקרא רבקה. כי בעת גילוי המלכות בשנת הארבעים, שמקבלת אז אור הבינה, גם הגוף, הנמשך מהמלכות, רבקה, נעשה מוכשר וראוי לקבל אור הבינה, הנשמה, הנקראת יצחק, המתלבש בו. ולפיכך המתין יצחק עד שנת הארבעים.

50. בת בתואל. בת בתו של אל. כי בתואל אותיות בת אל, מלכות. והגוף נמשך מהמלכות ונבחן לבתו של המלכות, בת בתו של אל.

ולא כך הוא. בתואל, אינו שם המלכות. קוראים לאותו העצם של

השדרה, הנשאר מכל הגוף בקבר ואינו נרקב, בשם בתואל הרמאי. צורתו הוא כמו הראש של הנחש, שהוא רמאי יותר מכל שאר העצמות של הגוף.

51. למה נשאר ומתקיים אותו העצם יותר מכל שאר העצמות? משום שהוא רמאי ואינו סובל טעם המזונות של בני אדם כמו שאר העצמות. ומשום זה הוא חזק יותר מכל העצמות. והוא יהיה השורש שהגוף ייבנה ממנו בעת תחיית המתים. כמ"ש, בת בתואל הארמי.

ויש להתבונן:

א. במה הוא משונה משאר העצמות?

ב. למה דומה לראש הנחש?

ג. למה הראש של הנחש הוא רמאי?

ד. למה אינו סובל טעם מזונות?

ה. למה אינו נרקב משום זה בקבר?

ו. מהו המעלה שאינו אוכל?

ז. למה הוא נעשה עיקר בתחיית המתים?

מלכות המשותפת במדה"ר נבחנת לשנת הארבעים, אור המלכות המתלבשת בכלי דז"א, בעטרת יסוד שלו. וכלי מלכות עצמה, שנת החמישים, חסרה, שאינה ראויה להתלבשות האור. וע"כ גם הגוף, הנמשך ממלכות, חסר לו ג"כ בחינת מלכות עצמה, שנשארה בו ריקה בלי התלבשות האור. והיא העצם, שמכונה בשם העצם של השדרה, ונקרא בתואל רמאי.

והטעם שנקרא רמאי, כי להיותו מבחינת המלכות של מדה"ד הבלתי נמתקת במדה"ר, אינו יכול ליהנות מהמוחין הנמשכים מבינה. ונמצא שאינו סובל טעם מזונות. אבל הוא מעלים מציאותו ממדה"ד, ואומר, שהוא נהנה בשווה עם שאר עצמות הגוף. אבל הוא רמאי. כי האמת הוא, שאינו נהנה. ומה שהוא מעלים מציאותו, הוא מטעם שלא יפגום בשאר הגוף. כי אם הייתה מורגשת מציאותו, היה נפגם כל הגוף, והיו המוחין מסתלקים מכל הגוף בסיבתו.

צורתו הוא כמו הראש של הנחש, שהוא רמאי יותר מכל שאר העצמות של הגוף. כי הנחש, שהסית את חוה לאכול עצה"ד, היה משקר, ואמר, לא מות תמותון, שהעלים המלכות דמדה"ד, שממנו המיתה. הרי שהן הנחש והן העצם של השדרה, שניהם רמאים בדבר אחד, שמעלימים מציאות המלכות דמדה"ד. ומה שאומר הזוהר, כמו הראש של הנחש, ואינו אומר, כנחש, הוא בדיוק. כי פעולת השקר והעלמת מציאות מלכות דמדה"ד, הוא רק בראש הנחש. כי אחר שהסית לאכילת עצה"ד, אמרו, הוא השטן, והוא היצה"ר, והוא מלאך המוות.

באופן, שנחש המסית עצמו, נעשה אחר החטא למלאך המוות, שיורד ומגלה על האדם את המלכות דמדה"ד. ואורות החיים מסתלקים ממנו, והוא מת. ופעולה זו של הנחש הוא בזנבו, שהזוהר אומר עליו, כופף את ראשו ומכה בזנבו. ונמצא שכוח העלמת מדה"ד הוא בראש הנחש. וכוח הגילוי של מדה"ד הוא בזנב הנחש. ולפיכך נאמר כאן, הראש של הנחש. והנה התבאר עניין העצם של השדרה מהו. ולמה אינו טועם טעם מזונות. ולמה הוא רמאי. ולמה הוא דומה לראש של הנחש.

ומשום שאינו סובל טעם מזונות, ע"כ אינו נרקב בקבר. אשר קבלת המוחין מקו אמצעי, גורמים לגוף שיירקב בעפר. וכיוון שעצם זה אינו סובל המוחין, ואינו נהנה מהם, כי הוא לא ייהנה זולת מהמוחין של ג"ר דג"ר, שיאירו בגמה"ת, לפיכך אינו נרקב בקבר.

52. העצם של השדרה רמאי, ובא מעולם רמאי, מפדן ארם. ויצה"ר רמאי, שהוא ראש הנחש, היצה"ר ומלאך המוות.

כמ"ש, בת בתואל הארמי, העצם של השדרה הרמאי, מפדן ארם, שבא מעולם רמאי, מצמד רמאים. אחות לבן, אחות יצה"ר הרמאי. פדן ארם, המקום שמשם ניזון ויונק הגוף, שהוא כלול מב' המלכויות.

אשר בעת שהגוף הולך בדרך הישר, נגנזה שם בעדו המלכות דמדה"ד, ורק מלכות דמדה"ר מגולה עליו. וזה נראה כרמאות, שהמקום מחפה על מדה"ד, והגוף מקבל מוחין כמו שלא היה כלול ממלכות דמדה"ד.

ובשעה שאין הגוף הולך בדרך הישר, אז המקום מגלה עליו המלכות של מדה"ד וכל המוחין מסתלקים ממנו. וגם זה נראה כרמאות, משום שהמוחין המלובשים בכלי הבינה של הגוף, היו צריכים להישאר בו. כי רק כלי המלכות נפגם, ולא כלי הבינה.

אלא משום השיתוף של מדה"ר בדין, שהיה מקודם לכן, המעֻרב בינה ומלכות יחדיו זו בזו, ע"כ הסתלקו המוחין גם מכלי הבינה. ונמצא שיש כאן צמד רמאים: רמאות א' מהמלכות הממותקת, ורמאות ב' מגילוי המלכות של מדה"ד.

כמו שלמדנו, בתחילה שהיה מנוול בחטאים, בְּזה העולם, נקרא לוט. לעת"ל, כשלא יהיה מנוול כבתחילה, שיהיה דומה כמי שרחץ וטבל מטומאתו, קוראים לו לבן. עכ"פ, אין יצה"ר בטל מן העולם.

53. שתי בנות לוט, שני כוחות הגוף, המעוררים ליצה"ר, עכשיו, שאינו מנוול כל כך ונטבל מלכלוכו, נקרא לבן, ואותן שתי בנות אינן בטלות ממש. כמ"ש, וללבן שתי בנות. שכאן כתוב, בכירה וצעירה. ושם כתוב, גדולה וקטנה.

54. אבל אינן בכוח לעשות רע, ולהתעורר ליצה"ר כמתחילה. משמע שכתוב, שֵׁם הגדולה לאה, שלאה מְכוחה ומֵרִשעתה. ושֵׁם הקטנה רחל, שאין בה כוח המתעורר, כמ"ש, וכרחל לפני גוֹזְזֶיהָ נֶאֱלָמָה.

זה יצה"ר, ושתי בנותיו מתחלפות מכמו שהיו בראשונה. בתחילה לוט מקולל מנוול. עכשיו לבן, מלובן, שאינו מקולל ומנוול בניוולו כבראשונה. בתחילה שתי בנותיו חזקות, כל אחת בכוחה. ועכשיו שם הגדולה לאה. לאה בלא כוח, לאה בלא חיזוק. לאה ממעשיה הראשונים. ושם הקטנה רחל, ולא כמו שהיו בראשונה.

55. כתוב, ויעתר יצחק להי' לנוכח אשתו כי עקרה היא. מפני מה היא עקרה? מפני שיצה"ר אינו נמצא בכוחו בעולם, ועל כך אין פרייה ורבייה, אלא רק בתפילה. מה כתוב? ויעתר לו ה', ותהר רבקה אשתו. כיוון שמתעורר יצה"ר, נמצאות פרייה ורבייה.

56. מה ההפרש בין עוה"ז לאותו הזמן, אם גם אז יהיה היצה"ר? ועוד, הרי כתוב, וייעתר לו ה' ותהר, שהקב"ה בעצמו מעורר באותו הזמן את היצה"ר? הקב"ה מעורר היצה"ר כפי שצריך לזיווג בלבד, אבל לא לכל שעה, שיהיה תמיד עם האדם, כמו עתה, שהוא נמצא תמיד עם האדם, ובני אדם חוטאים על ידו. והתעוררות של היצה"ר רק לשעת הזיווג, תהיה התעוררות של הקב"ה.

וכמ"ש, והסירותי את לב האבן ונתתי לכם לב בשר. לב בשר, לב, להוציא בשר ולא לדבר אחר. ללידת בנים בלבד. ונתתי לכם, הרי שהקב"ה בעצמו יעורר את יצה"ר לשעת הזיווג.

57. היצה"ר נצרך לעולם, כמו הגשם שנצרך לעולם. כי אלמלא יצה"ר, לא הייתה חדוות הלימוד בעולם. אבל לא יהיה אז מנוול כמקודם לכן, לחטוא

על ידו. כמ"ש, לא יָרֵעו ולא ישחיתו בכל הר קודשי. הר קודשי הוא הלב, שבו משכנו של יצה"ר.

לב טוב, הוא בניין של הגוף ושל הנשמה. וע"כ כתוב, ואהבת את ה' אלקיך בכל לבבך. כי הלב הוא עיקר הכול.

58. שני בנייני הגוף, הכבד והלב. שהם מנהיגי הגוף בכל מיני איבריו. מנהיג הראש הוא המוח. אבל של הגוף הם שניים, הכבד והלב. כמ"ש, ויתרוצצו הבנים בקרבה, שהם המוח והלב, בנייני הגוף.

ויתרוצצו הבנים בקרבה

59. הלב והכבד התרוצצו, משום שהתבטל היצה"ר מהלב. ויתרוצצו, פירושו, שנשבר כוחם של מנהיגי הגוף, מטעם שהתבטל היצה"ר. הגוף אומר אז, א"כ למה זה אנוכי, ולמה נבראתי. מיד כתוב, ותלך לדרוש את ה'.

60. ויאמר ה' לה שני גויים בבטנך, אלו הם שני גֵאים, הכבד והלב. ושני לאומים ממעייך ייפרדו, ורב יעבוד צעיר, זהו הכבד, רב וגדול, והוא משמש לפני הלב. הכבד קולט הדם, ומשמש בו לפני הלב.

61. וייצא הראשון אדמוני. הכבד הוא הראשון והוא אדמוני. למה הוא אדמוני? על שבולע את הדם תחילה. למה נקרא שמו ראשון? על שהוא ראשון לבלוע הדם מכל מאכל. והוא ראשון לדם אבל לא ליצירה. ורב יעבוד צעיר, על שהוא רב וגדול בשיעורו מהלב, והוא עובד ללב.

הפרשה הזו באה להראות לבני העולם, שאע"פ שהשלמות ההיא תהיה בארץ, אורחו וטבעו של העולם לא ישתנו. הכבד הוא צָד צַיִד, כמ"ש, ציד בפיו. והלב הוא החושב, והוא יושב אוהלים, כמ"ש, ויָזֶד יעקב נזיד, חושב מחשבות, נושא ונותן בתורה.

62. לעולם טבעו של העולם אינו משתנה. כתוב, ויזד יעקב נזיד, כמ"ש, אשר זָדו עליהם, ותרגומו: שחשבו. כלומר, הלב חושב ומהרהר בתורה, בידיעת בוראו. וכתוב, ויבוא עשיו מן השדה והוא עייף. הכבד, שדרך טבעו לצאת ולצוד ציד בפיו לבלוע, ואינו מוצא, נקרא עייף.

והוא אומר ללב, עד שאתה מהרהר בדברי תורה, הרהר באכילה ובשתייה, לקיים גופך. כמ"ש, ויאמר עשיו אל יעקב, הלעיטני נא מן האדום האדום הזה. כי כך דרכי לבלוע הדם, ולשגר לשאר האיברים. כי עייף אנוכי, בלא אכילה ושתייה.

והלב אומר, תן לי הראשון והמובחר מכל מה שתבלע, תן לי בכורתך. כמ"ש, ויאמר יעקב, מִכְרָה כיום את בכורתך לי, ראשית התאווה. עד שהלב מהרהר וחושב במאכל, בולע הכבד. שאלמלא אותם ההשתוקקות וההרהור של הלב במאכל, לא יוכלו הכבד והאיברים לבלוע. כן דרך העבדים, שאינם אוכלים עד שהאדון אוכל.

קיבוץ גלויות ותחיית המתים

63. כתוב, ויעקב נתן לעשיו, לחם ונזיד עדשים, ויאכל וישת. מהו עדשים? עדשים עגולים כעיגול, כמו גלגל מקיף העולם, שאינו יוצא ממסלולו. כך הוא האדם, אע״פ שיהיה אז כל הטוב והשלמות, מ״מ לא ישתנה דרך העולם מלאכול ולשתות.

64. ד׳ רוחות העולם מנשבים, ועתיד הקב״ה להתעורר רוח אחד, לקיים הגוף, שיהיה כלול מד׳ רוחות, כמ״ש, מארבע רוחות בואי הרוח. בארבע לא כתוב, אלא מארבע רוחות העולם, שיהיה כלול מארבעתם. ואותו הרוח, הוא רוח המוליד, הוא הרוח האוכל והשותה ואין בין העוה״ז לימות המשיח, אלא שעבוד מלכויות בלבד, ואין בין עוה״ז לתחיית המתים, אלא נקיות והשגת הידיעה, ואריכות ימים.

65. והאם ימות המשיח ותחיית המתים אינם אחד? אלא ביהמ״ק קודם לקיבוץ גלויות, קיבוץ גלויות קודם לתחיית המתים, ותחיית המתים הוא אחרון שבכולם. כמ״ש, בונה ירושלים ה׳ נִדְחֵי ישראל יְכַנֵּס הרופא לשבורי לב ומְחַבֵּשׁ לעצבותם. תחיית המתים היא הרפואה לשבורי לב, על מתיהם. בונה ירושלים תחילה, ואחריו נדחי ישראל יכנס, והרופא לשבורי לב אחרון על הכול.

66. ארבעים שנה קוֹדם קיבוץ גלויות, לתחיית המתים, כמ״ש, ויהי יצחק בן ארבעים שנה. מקיבוץ גלויות עד תחיית המתים כמה צרות, כמה מלחמות יתעוררו על ישראל, ואשרי הנמלט מהם, כמ״ש בדניאל, בעת ההיא יימלט עַמך כל הנמצא כתוב בספר.

מכאן יתבררו ויתלבנו וייצרפו רבים. כמ״ש, וּצְרַפְתִּים כִּצְרוֹף את הכסף ובחנתים כִּבְחוֹן את הזהב. ובאותם הימים יהיו ימים, אשר יאמרו, אין לי בהם חפץ. ומשעה שיעברו הצרות עד תחיית המתים ארבעים שנה.

67. כי ארבעים שנה הלכו בני ישראל במדבר, אשר לא שמעו בקול ה׳. כמו כן כאן. כי כל אלו דבר אחד אמרו. ולסוף ארבעים שנה, שהצרות יעברו והרשעים יִכְלוּ, יחיו המתים שוכני עפר. משום שכתוב, לא תקום פעמיים צרה, ודי להם במה שעברו. ומזמן תחיית המתים, יתיישב עולם ביישובו, כמ״ש, ביום ההוא יהיה ה׳ אחד ושמו אחד.

68. באלף השישי תהיה הגאולה. אבל זו אריכות יתרה לשוכני העפר הללו, אשר לזמן 408 שנים מהאלף השישי, יעמדו לתחייה כל שוכני עפר בקיומם.

שוכני העפר בני חת, כי חת רומז שיתעוררו לתחייה לת״ח (408) שנה. וכמ״ש, בשנת היובל הזאת, תשובו איש אל אחוזתו, כשיושלם הזאת, שהוא ה׳ אלף ות״ח (5408). כי אות ה׳ של הזאת רומזת על ה׳ אלפים (5000). זאת, בגי׳ ת״ח. תשובו איש אל אחוזתו, שהגוף ישוב אל נשמתו, שהיא אחוזתו ונחלתו.

69. ג׳ כיתות: של צדיקים גמורים, ושל רשעים גמורים, ושל בינוניים. צדיקים גמורים יקומו בתחייה של מֵתי ארץ ישראל, שהם קודמים בתחילה, כמה

שנים מהיום של 408, בשנת ארבעים אחר קיבוץ גלויות. והאחרונים, יקומו כולם, לזמן 408 שנה לאלף השישי. מי יזכה לאריכות הזה? מי יישאר בשמירת דתו בזמן ההוא?

70. יהי אור. אור הוא הגאולה. והמילה אור בגי׳ ר״ז (207), שפירושו סוד. כשכתוב, יהי אור, רומז בזה, שזמן הגאולה יהיה סוד. ולא ידוע לשום אדם.

בתשובה יתקדמו כולם לקום לתחייה. אם לא נאמר כך, לא הנחנו פתחון פה למצפים על הגאולה בכל יום. כמ״ש, חוסן ישועות. רומז על אלו המצפים ישועות בכל יום. ואם הגאולה קשורה בזמן קצוב, איך אפשר לצפות בכל יום? אלא ודאי שתלוי בתשובה.

ובזמן שיעשו תשובה, ייגאלו. וארבעים שנה אחר הגאולה תהיה תחיית המתים.

71. תלוי בתשובה. שכתוב, ורבים מִיְשֵׁני אדמת עפר יקיצו. מישני, שרק חלק יקומו, הצדיקים, ששבו בתשובה בחייהם, שהם קודמים בתחייתם מקודם לכן. הרי שע״י תשובה מתקדמים.

כמה שנים קודמים הצדיקים לשאר בני אדם? כמ״ש, ויֵרד מיעקב, יר״ד (214) שנה קודמים הצדיקים לשאר כל אדם.

שיעור הַקדימה תלוי לפי השיעור שבָּלה בעפר. שכל גוף הקודם לִבְלות בעפר קודם לתחייה. יש הרבה תחיות. כי לכל גוף תחייה מיוחדת, לפי שיעור מהירותו לבלות בעפר. אלא כל התחיות תהיינה באותו הזמן.

ויגדלו הנערים

73. ויגדלו הנערים. הצד של אברהם, צד ימין, חסדים, גרם להם להתגדל. וזכותו עזרה להם, כי הוא היה מחנך אותם במצוות, כמ״ש, כי ידעתיו למען אשר יצווה את בניו. אֶת, בא לרבות יעקב ועשיו, שגם הם בכלל בניו. ולפי זה, ויגדלו הנערים, שהתגדלו בקדושה, אלא שאח״כ סרח עשיו.

ויגדלו הנערים, ויהי עשיו איש יודע ציד, ויעקב איש תם. כל אחד נפרד לדרכו, זה לצד האמונה, וזה לצד עבודה זרה.

74. וכן היה עוד במעיה של רבקה, שכל אחד הלך לצד שלו. כי כשהייתה עוסקת במע״ט או הייתה עוברת סמוך מקום שטוב לעשות שם מצוות התורה, היה יעקב שמח ומתרוצץ לצאת. וכשהייתה הולכת סמוך מקום עבודה זרה, אותו רשע היה מתרוצץ לצאת. ומשום זה, כשנבראו ויצאו לעולם, כל אחד נפרד והלך ונמשך למקומו שהיה ראוי לו. וע״כ כתוב, ויגדלו הנערים, ויהי עשיו איש יודע ציד. יודע ציד, שהיה מטעה אנשים למרוד בה׳.

כי ציד בפיו

75. ויאהב יצחק את עשיו כי ציד בפיו. כתוב, איש יודע ציד איש שדה, וכתוב, הוא היה גיבור ציד, שהיה צד דעתן של הבריות ומטעה אותם למרוד

”תולדות”. <u>ספר הזהר עם פירוש הסולם</u>. מהד׳ 21 כר׳. כרך ה. דף לב; מהד׳ 10 כר׳. כרך ג. דף לב.
”תולדות”. <u>ספר הזהר עם פירוש הסולם</u>. מהד׳ 21 כר׳. כרך ה. דף לג; מהד׳ 10 כר׳. כרך ג. דף לג.

בה׳. איש שדה, כדי לגזול בני אדם ולהרוג אותם. ועשיו אמר, שהוא נמצא בשדה, כדי להתפלל. כמו יצחק, שכתוב, וייצא יצחק לשוח בשדה. וצד ורימה את יצחק בפיו. איש שדה, משום שחלק נחלתו אינו במקום יישוב, אלא במקום חרוב, במדבר, בשדה.

76. איך לא היה יודע יצחק כל מעשיו הרעים של עשיו, הרי השכינה הייתה עימו, והיה צריך לדעת זאת ברוח הקודש, כי אם לא הייתה עימו השכינה, איך היה יכול לברך את יעקב בשעה שבירך אותו? אלא ודאי השכינה הייתה שוכנת עימו תמיד, אבל השכינה לא הודיעה לו, כדי שיתברך יעקב שלא מדעתו, אלא מדעת הקב״ה. כי באותה שעה שבא יעקב לפני אביו, באה עימו השכינה, ואז ראה יצחק, בשִׂכלו, שהוא ראוי להתברך, ושהוא יתברך מדעת השכינה.

כי יעקב בחינת חסדים מכוסים, ונוטה תמיד אל קו הימין. ועשיו נמשך כולו מקו שמאל. ראשו היה נמשך מקו שמאל דקדושה, אלא גופו היה נמשך ממדרגות הטומאה. ולפיכך, אם היה יצחק יודע מעשיו הרעים של עשיו, היה מבטל אותו לגמרי, והיה מברך את יעקב במקומו.

ונמצא בזה, שהיה מקיים את הארת קו הימין בלבד, והיה מבטל את הארת קו השמאל. ורצונו של הקב״ה, שימשיך אל יעקב כל הארת השמאל, שהייתה ראויה אל עשיו, כי אז יהיה יעקב שלם מכל הצדדים.

ע״כ השכינה לא הודיעה לו מעשיו הרעים של עשיו, כדי שיתברך יעקב בלי כוונתו, כמ״ש, ולא הכירוֹ. כי חשב, שהוא מברך את עשיו, ומתוך כך המשיך ליעקב ברכת עשיו. כמ״ש, בא אחיך במרמה וייקח את ברכתך. אלא כמו שרצה הקב״ה, שיהיה שלם גם מהארת הקו שמאל. כי אז, מכוח שהתחברה עימו השכינה, הכיר יצחק, שהוא ראוי לברכת הארת השמאל, ויקבל הברכות מדעת השכינה. אשר הארת השכינה מקו השמאל היא, שז״א קו ימין והנוקבא קו שמאל.

וַיָּזֶד יעקב נזיד

77. איך לא רצה יעקֹב לתת לעשיו נזיד עדשים, עד שמכר לו הבכורה שלו? איך זה אפשרי שיעקב ירמה את עשיו?

78. הרי הכתוב, ויעקב איש תם, מעיד עליו שאינו יודע לרמות. וכתוב, תיתן אמת ליעקב. אלא עוד מקודם לכן היה עשיו שונא את הבכורה, והיה מבקש מיעקב, שייקח אותה אפילו בלי כסף. כמ״ש, ויאכל ויישת וַיָּקָם וילך וייבֶז עשיו את הבכורה.

הבכורה, המוחין דאור החכמה, הנמשכים מהארת השמאל. ובהיות אור החכמה בלי לבוש החסדים, אין התחתונים יכולים לקבל אותו, וגורם להם דינים קשים.

ויבוא עשיו מן השדה והוא עייף. הנה אנוכי הולך למות ולמה זה לי בכורה. כי

השדה הוא מקום הארת השמאל, שהמשיך שם את המוחין של הבכורה, ונעשה מחמתם עייף עד למיתה, מטעם היותם בלי חסדים.

נזיד עדשים הוא המוחין, הנמשכים מקו אמצעי, יעקב, שהם אור החכמה המלובש בחסדים, ומאירים בכל השלמות. אלא שהם חסרים הג"ר דג"ר, הבכורה. כי מחמת המשכת קו אמצעי על מסך דחיריק, כדי להלביש החכמה בחסדים, מתמעטות הג"ר דג"ר מהמוחין.

ויבוא עשיו מן השדה והוא עייף, מחמת שהמשיך שם המוחין של הבכורה, החסרים לבוש החסדים. ונעשה עייף עד למיתה, שזה היה עוד מקודם שבא אל יעקב, לבקש ממנו את נזיד העדשים, מפני הדינים הקשים, שנמשכו אליו על ידיהם. ונמצא, שלא בשביל נזיד העדשים מסר לו את הבכורה, אלא בשביל פחד המיתה.

ואחר שכבר ביזה את הבכורה, ורצה שייקח אותה אפילו בלי כסף, אז החיה אותו יעקב בנזיד עדשים, ורצה ממנו שיישבע לו על מכירת הבכורה, כדי להכניע את השמאל פעם ולתמיד תחת הימין.

79. ויזד יעקב נזיד. בשביל אבלות של אברהם. שאותו יום מת אברהם. ובישל יעקב עדשים, שהם עגולים ואין להם פה. הרומז על האבלים, שאין להם פה. אבל האם לא היה צריך לומר, ויזד יצחק נזיד, כי הוא היה אבל ולא יעקב? משום שיעקב היה יודע השורש של עשיו באותו הצד שהתדבק בו, וע"כ עשה תבשילים אדומים, משום שתבשיל זה שובר כוחו של דם האדום, ויוכל לשבור בהם כוחו של עשיו, שהוא דם האדום, כמ"ש, וייצא הראשון אדמוני. פה הוא ג"ר, כמ"ש, כי ציד בפיו. אבל נזיד העדשים אין להם פה, כי חסרים בחינת הג"ר. ועכ"ז היו אדומים, כי גוון אדום רומז לבינה, קו שמאל, הנמשך ממנה. שמשם ינק עשיו המוחין של הבכורה.

אם לא היו אדומים, לא היה מקבל אותם עשיו, כי אינו יכול לקבל, אלא מהארת השמאל, גוון אדום. ואז לא היה יכול להכניע אותו. אבל משום שהיו אדומים, מבחינת חכמה מהארת השמאל, אע"פ שהיו רק בחינת ו"ק דג"ר, קיבל אותם עשיו. וע"י קבלתו ביזה את הבכורה, ונכנע תחת יעקב.

80. ובשביל אותו התבשיל מכר עשיו את עצמו לעבד, ומכר את בכורתו ליעקב. ובאותה שעה ידע יעקב, שבשביל שעיר אחד שיקריבו ישראל ביוה"כ, למדרגתו, לעזאזל אל המדבר, שהוא ס"מ, שרו של עשיו, הוא יתהפך לעבד לבניו, שייעשה סנגור להם, ולא יקטרג עליהם. ובשביל אותה מדרגת חכמה של עשיו, הלך יעקב עם עשיו בכל מקום בחכמה. וע"כ לא יכול עשיו לשלוט ונכנע. ויעקב לא נטמא בו, והוא יגן עליו.

82. כן היה צריך להיות גם בלבן, משום שהוא היה מכשף. לפיכך נהג יעקב גם עימו ברמאות. ואע"פ שיעקב היה איש תם ושלם, היה הולך ברחמים, עם מי שהיה צריך ללכת ברחמים, והיה הולך בדין קשה ובמרמה, עם מי שהיה צריך. משום ששני חלקים היו בו, חסד ודין. כי יעקב הוא עמוד אמצעי, הכולל שני הקווים חו"ג. עליו כתוב, עם חסיד תתחסד ועם עיקש תתפתל, בדין הקשה.

ויהי רעב בארץ

83. ה' צדיק יבחן, ורשע ואוהב חמס שָׂנאה נפשו. כמה הם מתוקנים וישרים מעשיו של הקב"ה, וכל מה שהוא עושה הכול הוא בדין ובאמת, כמ"ש, הצוּר תמים פועלו כי כל דרכיו משפט.

84. הקב"ה לא דן את אדה"ר, מטרם שציווה אותו בשביל טובתו, שלא יטה ליבו ורצונו לדרך אחר, שלא יאכל מעצה"ד, כדי שלא ייטמא. והוא לא נשמר, ועבר על מצוות ריבונו, שאכל מעצה"ד, ואח"ז דן אותו הקב"ה בדין.

85. ועכ"ז, לא דן אותו הקב"ה כראוי לו, כמ"ש, ביום אוכלך ממנו מות תמות. אלא שהאריך לו אפו, ונשאר בחיים יום אחד, שיומו של הקב"ה הוא אלף שנים, כמ"ש, כי אלף שנים בעיניך כיום אתמול כי יעבור. פחות שבעים שנה הללו, אשר נתן אותם לדוד המלך, שמעצמו לא היה לו חיים כלל. וע"כ חי 930 שנה, אלף שנה פחות שבעים.

86. הקב"ה אינו דן את האדם כפי מעשיו הרעים, שהוא עושה תמיד. כי אם היה עושה כך, לא היה העולם יכול להתקיים. אלא הקב"ה מאריך אפו עם הצדיקים ועם הרשעים. ועם הרשעים מאריך אפו עוד יותר מצדיקים, כדי שישובו בתשובה שלמה, שיתקיימו בעוה"ז ובעוה"ב. כמ"ש, כי אם בשוב רשע מדרכו, וחיה בעוה"ז ובעוה"ב. משום זה מאריך אפו להם תמיד. או מטעם, שייצא מהם בעולם גזע טוב, כמו שיצא אברהם מתרח, שהוציא גזע ושורש טוב בעולם.

87. אבל הקב"ה מדקדק תמיד עם הצדיקים בכל מעשיהם שעושים, משום שיודע, שלא יטו לימין או לשמאל. וע"כ הוא מנסה אותם. ולא בשביל עצמו הקב"ה מנסה אותם, שהרי יודע יצרם וכוח אמונתם, ואינו צריך לנסות אותם. אלא שמנסה אותם, כדי להרים ראשם בזכות הניסיונות.

88. כעין זה עשה הקב"ה לאברהם. שכתוב, והאלקים ניסה את אברהם. ניסה הוא הרמת נס. הרים הדגל שלו בכל העולם. ובשביל הניסיון במעשה העקידה, הקב"ה הרים דגלו של אברהם לעיני כל. וכמ"ש, ניסה את אברהם. אף כדי להרים דגל הצדיקים, הוא בוחן אותם, כדי להרים ראשם בכל העולם.

89. ה' צדיק יבחן. מהו הטעם? משום שכאשר הקב"ה חפץ בצדיקים, רוצה בנשמה ולא בגוף. כי הנשמה דומה לנשמה העליונה, השכינה. והגוף אינו ראוי להתאחד למעלה עם השכינה. ואע"פ שצורת הגוף היא בסוד העליון, שנמשך מהשכינה, מלכות, מ"מ אינו ראוי להתאחד עימה.

90. בשעה שהקב"ה חפץ בנשמתו של אדם להאיר אותה, הוא מכה את הגוף, כדי שתשלוט הנשמה. כי כל עוד שהנשמה עם הגוף הם שווים, אין הנשמה יכולה לשלוט. וכשהגוף נשבר, הנשמה שולטת. ה' צדיק יבחן, פירושו, שמחזק אותו.

91. ורשע ואוהב חמס שנאה נפשו.

המדרגה, שכל הנשמות תלויות בה, המלכות, שנאה נפשו של אותו רשע, כי אינו רוצה אותה להתדבק בה, בעוה״ז, ואינו רוצה אותה בעוה״ב. נפש ה׳ שנאה רשע ואוהב חמס. ומשום זה כתוב, ה׳ צדיק יבחן, כי אהב אותו.

92. כאשר ברא הקב״ה את אדם, ציווה אותו, שלא יאכל מעצה״ד, כדי להטיב לו. נתן לו חכמה והתעלה במדרגותיו למעלה, להקב״ה. כאשר ירד למטה, ראה תאוות יצה״ר, והתדבק בו, ושכח כל מה שהסתכל בכבוד העליון של ריבונו.

93. בא נוח. מתחילה כתוב עליו, נוח איש צדיק תמים. ואח״כ, ירד למטה וראה יין חזק מיום אחד שאינו צלול, שמלא שמרים, שתה ממנו והשתכר והתגלה.

94. בא אברהם. התעלה בחכמה והסתכל בכבוד ריבונו. אח״כ כתוב, ויהי רעב בארץ וירד אברם מצריימה, ואח״כ כתוב, ויעל אברם ממצרים, והתעלה למדרגתו הראשונה, שהיה בה בתחילה. נכנס בשלום ויצא בשלום.

95. בא יצחק. כתוב, ויהי רעב בארץ. והלך יצחק לגרר, והתעלה משם בשלום. וכן כל הצדיקים, כולם בוחן אותם הקב״ה, כדי להרים ראשם בעוה״ז ובעוה״ב.

אחותי היא

96. וישאלו אנשי המקום לאשתו ויאמר אחותי היא. כמו שאמר אברהם, אחותי, על השכינה. משום שהשכינה הייתה עם יצחק ועם אשתו, התחזק יצחק בשכינה ואמר, אחותי היא. רמ״ש, אמור לחכמה, אחותי את. היה ראוי לאברהם וליצחק לומר, אחותי, רעייתי, יונתי, תמתי, כי אברהם ויצחק היו מרכבה לז״א. ועל זה התחזקו הצדיקים בהקב״ה, שנעשו מרכבה אליו.

97. ויהי כי ארכו לו שם הימים, וישקף אבימלך מלך פלשתים בעד החלון וירְא, והנה יצחק מצחק, את רבקה אשתו. אֶת, רומז על השכינה, שהייתה עם רבקה. כי את הוא שם השכינה. למדנו, שישראל קדושים, ואינם משמשים מיטתם ביום, ויצחק שהיה קדוש, איך אפשר שהיה משמש מיטתו ביום?

98. אלא ודאי אבימלך חכם היה, והיה מסתכל בחכמת הכוכבים שלו, שהוא נקרא חלון. וראה שם, כי לא היה כמו שאמר יצחק, אלא בוודאי שהוא מצחק עימה והיא אשתו. ואז, כמ״ש, ויקרא אבימלך ליצחק ויאמר, אך הנה אשתך היא, ואיך אמרת, אחותי היא.

ראוי היה אבימלך לקחת את אשתו, כמו שעשה לאברהם, אם לא היה הקב״ה מוכיח אותו מקודם לכן, במעשה אברהם, שאמר לו, הינך מת על האישה.

99. ע״כ אמר יצחק, אחותי היא, כדי להתדבק בשכינה. משום שלא היה בהם אמונה, אמר, אחותי היא. ומשום זה אמר אברהם, כי אמרתי, רק אין יראת אלקים במקום הזה. אין יראת אלקים, זוהי אמונה.

100. משום שאין השכינה שורה בחוץ לארץ הקדושה, ע״כ אין יראת אלקים במקום הזה. ויצחק התחזק באמונה, השכינה, שראה שהשכינה שורה באשתו.

ויצַו אבימלך

101. ויצַו אבימלך את כל העם לאמור, הנוגע באיש הזה ובאשתו, מות יומת. כמה המתין הקב״ה להיפרע מרשעים? כי משום אותו הטוב, שעשה אבימלך עם האבות הראשונים, הרי משום זה לא שלטו ישראל בפלשתים, עד לאחר זמן בדורות האחרונים. יפה עשה אבימלך, שעשה טוב עם יצחק, כמו שאמר לאברהם, הנה ארצי לפניך בטוב בעיניך שב. כי אמירה זו סובבת ודאי גם על תולדותיו של אברהם. לכן קיים דבריו גם ביצחק.

102. אוי להם לרשעים, שטובתם אינה שלמה. עֶפרון בתחילה אמר לאברהם, אדוני שמעני השׂדה נתתי לך. ואח״כ אמר, ארץ ארבע מאות שקל כסף עובר לסוחר. אף כאן בתחילה אמר לאברהם, הנה ארצי לפניך, שגם יצחק בכלל זה. ואח״כ אמר ליצחק, לך מעימנו כי עָצַמתָ ממנו מאוד. זהו הטוב, שעשה עם יצחק, שאבימלך לא לקח ממנו משהו, ושלח אותו עם כל כספו ורכושו, ואח״כ הלך אחריו לכרות עימו ברית.

103. יפה עשה יצחק, כי משום שידע סוד החכמה, השתדל וחפר באר מים, שתיקן הנוקבא, הנקראת באר מים, כדי להתחזק באמונה, הנוקבא, כראוי. וכן אברהם השתדל וחפר באר מים. יעקב כבר מצא אותה מתוקנת, וישב עליה. וכולם הלכו אחר הבאר, והשתדלו בה, כדי להתחזק באמונה שלמה כראוי.

104. ועתה ישראל מתחזקים בה, בבאר המים, הנוקבא. שמקיימים מצוות התורה. שבכל יום מתחזק האדם בציצית, שהיא מצווה, והאדם מתעטף בה. וג״כ בתפילין, שמניח על ראשו וזרועו כראוי, שהם סוד עליון. כי הקב״ה שורה עם האדם, המתעטר בתפילין ומתעטף בציצית. והכול הוא עניין האמונה העליונה, הנוקבא, שנעשית מתוקנת ע״י המצוות שהאדם עושה.

105. וע״כ, מי שאינו מתעטף בציצית, ואינו מתעטר להתחזק בתפילין בכל יום, האמונה אינה שורה עליו, והוסר ממנו יראת ריבונו, ותפילתו אינה תפילה כראוי. ומשום זה היו מתחזקים האבות באמונה העליונה, משום שבּוֹר העליון, האמונה השלמה, שורה בה. כלומר, תיקון הנוקבא.

ויקרא שמה רחובות

106. ונָחֲךָ ה׳ תמיד, והשׂביע בצחצחות נפשךָ ועצמותיך יַחליץ. והיית כגן רווה וכמוצא מים, אשר לא יכזבו מימיו. בפסוק הזה התחזקו

״תולדות״. ספר הזהר עם פירוש הסולם. מהד׳ 21 כר׳. כרך ה. דף מב; מהד׳ 10 כר׳. כרך ג. דף מב.
״תולדות״. ספר הזהר עם פירוש הסולם. מהד׳ 21 כר׳. כרך ה. דף מד; מהד׳ 10 כר׳. כרך ג. דף מד.

בעלי האמונה, שמבטיח אותם בעוה״ב.

שאמר, ונחך ה׳, למה לו עוד לומר, תמיד? אלא זהו רומז על תמיד של בין הערביים, שהוא מקבל חיזוקו מתחת זרועו של יצחק, כנגד תפילת המנחה, שתיקן יצחק, הארת השמאל. וזהו חלק לעוה״ב, הנוקבא, שמקבלת חלק חכמה מישסו״ת, הנקראים עוה״ב.

מאין לנו שפירוש, ונחך ה׳ תמיד, זה בהארת השמאל? מדוד, שכתוב, ינחני במעגלי צדק למען שמו. ינחני, הארת השמאל, שהרי כתוב, במעגלי צדק, שֵם הנוקבא בעת שמאירה משמאל.

107. והשׂביע בצחצחות נפשך. זהו מנורה המאירה, ז״א, הארת הימין, חסדים, שכל הנשמות נהנות להסתכל ולהתענג בתוכה.

אם נשמתו של הצדיק שׂבעה, כמ״ש, והשׂביע בצחצחות נפשך, מהו ועצמותיך יחליץ, שמדבר מעצמות הגוף? אלא שהוא תחיית המתים, שעתיד הקב״ה להחיות המתים ולתקן עצמותיו של האדם, שיהיו כבתחילה ובגוף שלם. ויהיה נוסף אור מתוך המנורה המאירה בשביל הנשמה, שתאיר ביחד עם הגוף, לקיום שלם כראוי. באופן, שגם עתה מדבר מנשמת הצדיק, שהקב״ה ייתן לה גוף שלם, להתלבש בו לנצחיות.

108. גן רווה. שמימיו העליונים, שפע הבינה, אינם נפסקים ממנו לעולם ולעולמי עולמים. והגן הזה, המלכות, שותה מהם ורווה מהם תמיד. וכמוצא מים. זהו אותו הנהר, הנמשך ויוצא מעדן, ומימיו אינם נפסקים לעולם.

כשהנוקבא יונקת מצד שמאל בלבד, מטרם שנמשך לה קו האמצעי, מסך דחיריק, המייחד ימין ושמאל זה בזה, שאז הארת החכמה סותמת אותה, בהיותה מחוסרת חסדים, היא נקראת אז בשם בור, כמ״ש, והבור ריק אין בו מים.

ואחר שנמשך לה קו אמצעי, קומת חסדים היוצאת על מסך דנקודת החיריק, המייחד שני הקווים ימין ושמאל שבה זה בזה, והחכמה שבשמאלה מתלבשת בחסדים שבימינה, ושניהם מאירים בה בכל השלמות, היא נקראת אז בשם באר. כי המסך דחיריק, שעליו יוצאת קומת החסדים, נבחן משום זה למוצא מים. מרומז באות א׳ שבבאר.

באופן, שהנוקבא עצמה, בהיותה משמאל בלבד, בור ריק. וכשנמשך בה המסך דחיריק, שהוא א׳, מוצא המים שבה, היא נקראת באר מים חיים. כי מים הם החסדים. חיים הם החכמה, אור החיה, המלובשת בחסדים.

בתחילה נגלה המסך דחיריק מהמלכות הבלתי ממותקת, הנקראת מנעולא. ואח״כ עולה המסך ונמתק בבינה, ונתקן המסך מבחינת הבינה, הנקרא אז מפתחא.

109. באר מים חיים, זהו שהעליון, הבינה, בתוך האמונה, במלכות. ואז היא, בור שיש בו מוצא מים. והיא בור, המתמלא מאותו מוצא מים. והם שתי מדרגות, זכר ונקבה, כאחד.

כשהעליון, בינה, בתוך המלכות, אמונה, המסך דחיריק, מוצא מים, הנמשך אל המלכות, נתקן בה מבחינת בינה כמפתחא. ואז אחר שהמסך נמתק מבינה, הוא נעשה בה מוצא מים, שמוציא בה קומת החסדים, הנקראים מים. ואז מתמלאת הבאר, המלכות, בכל אורותיה, ע״י אותו מוצא מים, הן מאור החכמה הן מאור החסדים.

אבל כל עוד שהמסך אינו נמתק בבינה, אינו ראוי למלא את המלכות בכל האורות. כי המסך של המנעולא, צ״א רוכב עליו, ואינו ראוי לאור החכמה. כי

אחר שהמסך דחיריק, מוצא מים שבבור, נתקן מבינה, נבחנים שניהם כאחד, הבור ומוצא מים שבו, ששניהם הם מהמפתחא, והם זכר ונקבה. כי המסך דחיריק הוא זכר המשפיע, והבור הוא נקבה, המקבלת ומתמלאת ממנו.

ובזה מתבאר ההפרש והיחס, בין גן רווה לבין מוצא מים, אשר לא יכזבו מימיו. כי גן רווה הוא עצם המלכות, הבור, המתמלא ממוצא מים. ומוצא מים, הוא נהר היוצא מעדן, המסך דחיריק, שכבר נתקן להיות יסוד דבינה, שנקרא נהר יוצא מעדן, כלומר בבחינת מפתחא. וכמ״ש, אשר לא יכזבו מימיו.

אבל מטרם שנתקן לגמרי במפתחא, אפשר שיכזבו מימיו, שבשעה שנגלה עליו מנעולא, מסתלקים תכף האורות, שאם לא זכה הרי רע.

110. מוצא מים ובור הם אחד. ונקראים ביחד באר. כי מוצא מים מרומז בא׳, והמלכות בבור, וביחד באר. כי אותו המקור נכנס במלכות, ואינו נפסק ממנה לעולם. וכל המסתכל בבור הזה, במלכות, מסתכל בסוד העליון של האמונה, בבינה. מטעם, שהמלכות נתקנה במפתחא.

וזהו הסימן של עבודת האבות, שהשתדלו לחפור באר המים בתוך העליון, בינה, בסוד המפתחא. ואין להפריש בין המקור, מוצא מים, ובין הבור עצמו, כי הכול אחד.

111. ואז כתוב, ויקרא שמה רחובות. ומשום זה יתפשטו מעייניו לכל הצדדים, לצד ימין ולצד שמאל, שהם החכמה והחסדים. כמ״ש, ויפוצו מעיינותיךָ חוּצה ברחובות פַּלגי מים.

למה קרא יצחק את שם הבאר בשם רחובות, שהוא שם הבינה, בעת שהבאר הוא קו אמצעי, היוצא על המסך דחיריק, שהוא מסך דזו״ן, שכבר נפרד מבינה? ג׳ הבארות שחפר יצחק, הן המשכת ג׳ קווים, מג׳ הנקודות, חולם שורוק חיריק, ליסוד דנוקבא, הנקרא באר, שהן ג׳ זריעות, המכונות ג׳ חפירות.

בחולם נעלמות הג״ר ואותיות אל״ה נופלות לזו״ן, ומזו״ן לבי״ע. וזוהי חפירת הבאר הראשונה. וע״כ קרא שמה עֵשֶׂק, מחמת שהתעשׂקו עימו, כי הס״א נאחזת במקום חיסרון.

ומכאן נמשך קו הימין, חסדים, חפירת הבאר השנייה, הזריעה השנייה, נקודת השורוק. שאע״פ שאור החכמה חזר ונשלם, מ״מ אינו מאיר, להיותו מחוסר חסדים. וכמ״ש, ויריבו גם עליה. כי גם בה נאחז הס״א. וע״כ קרא שמה שִׂטנה. ומכאן נמשך קו השמאל, חכמה בלי חסדים.

וחפירת הבאר השלישית, הזריעה השלישית, חיריק, שהיא מהמסך דזו״ן ולא מבינה. אלא כוחו יפה להכריע את ב׳ הקווים ימין ושמאל דבינה, ומתלבשים החכמה והחסדים זה בזה, והארתם נשלמת מכל הצדדים.

וכתוב, וַיַּעְתֵּק משם, שנעתק מבינה ובא למדרגת זו״ן, ששם הוא המסך דנקודת החיריק. ואז כתוב, ויחפור באר אחרת ולא רבו עליה. כי על המסך הזה נמשך קו האמצעי, המייחד ב׳ הקווים זה בזה, ומשלים את שניהם. וע״כ נפרד הס״א ולא יכלו לקטרג עליו עוד. וע״כ, ויקרא שמה רחובות.

ומאחר, ויעתק משם, שנעתק מב׳ קווים, מבינה, ובא למדרגת זו״ן, א״כ למה קרא לה בשם הבינה, כלומר רחובות?

כי מוצָא מים, הוא המסך דחיריק, שעליו יוצא קו אמצעי. וכל עוד שהמסך הזה הוא כמנעולא, אינו נחשב למוצא מים, משום שצ״א רוכב עליו ואינו יכול לקבל חכמה. אלא רק אחר שנתקן

מאותיות אל״ה דבינה, הנקראות נהר יוצא מעדן, ונקרא מפתחא, אז הוא מיתקן בקו אמצעי, ונמשך אל הנוקבא, לייחד בה ב׳ הקווים, ימין ושמאל שבה, ומשלים בה האורות מכל הצדדים.

כי אם המקור, מוצא מים שבה, יהיה ממנעולא, נעשה אז פירוד בינו לבין הבור. כי הנוקבא נקראת בור רק בעת שיונקת חכמה בלי חסדים מקו שמאל. ואז היא מתוקנת בהכרח בכלים דבינה, מפתחא, שזולתם לא יכלה לקבל אור השמאל דבינה. ולפיכך אם מוצא המים שבה יהיה ממנעולא, שאינו ראוי לחכמה, הוא יפגום הבור שבה, ולא יהיה ראוי עוד לקבלת ג״ר. ומוצא המים מוכרח להיתקן מקודם כמפתחא, כמו הבור. ואז הם שתי מדרגות, זכר ונקבה, כאחד, ומוצא המים משלים אותה, שיאירו בה חכמה וחסדים ביחד.

והיות שהבאר השלישית, מסך דחיריק, וקו אמצעי, מוצא מים שבנוקבא, ע״כ קרא שמה רחובות, שהמתיק אותה והמשיך לה המפתחא, הנמשך מיסוד דבינה, הנקרא רחובות. ויקרא שמה רחובות, רדי להמשיך בה מוצא מים הממותק מנהר יוצא מעדן, הנקרא רחובות. כי אז נעשה מוצא המים ראוי לייחד ימין ושמאל זה בזה.

והס״א, לא יקטרג עוד, ולא רבו עוד עליה. אבל אם לא קרא לה רחובות, שלא היה ממשיך לה המפתחא, אלא שהיה עוד המנעולא, אז לא היה ראוי לייחד ב׳ הקווים שבה. ויותר מכך, שהיה נעשה פירוד בין המקור לבור. ואז היה הס״א מקטרג עליו, עוד יותר מאשר בשתי הבארות הראשונות.

112. חכְמות בחוץ תָרונה, ברחובות תיתן קולה. מהו בלשון רבים חכמות ולא חכמה? הן חכמה העליונה, חכמה דא״א. וחכמה הקטנה, חכמה תחתונה, נוקבא, הנכללת בעליונה ושורה בה. ועל אלו שתי חכמות כתוב, חכמות.

113. חכמה העליונה דא״א, סתומה מכל סתום ולא נודעת, ואינה בנגלה. כשהתפשטה להאיר, האירה בעוה״ב, ישסו״ת, להוציא או״א עילאין, הנקראים לעת״ל, שבהם אין החכמה דא״א מתפשטת להאיר, להיותם אוירא דכיא.

ואיך התפשטה החכמה דא״א להאיר בישסו״ת? עוה״ב נברא מא״א, באות י׳ והתכסתה שם החכמה הזו. בעת שעתיקא קדישא, א״א, רצה להתגלות לעולמות, העלה המלכות תחת חו״ס דראש א״א, ובינה ותו״מ יצאו מחוץ לראש א״א, ונעשו ו״ק בלי ראש. ועוה״ב, בינה, ישסו״ת, נברא מא״א, ויצאה לחוץ מראש דא״א, ונעשתה ו״ק בלי ראש. לכן נאמר, שעוה״ב נברא מא״א, באות י׳ של שם הוי״ה, הרומזת על א״א ואו״א. שישסו״ת יצאו לחוץ מא״א ואו״א, שהם ראש ואות י׳, ונעשו ו״ק בלי ראש. והחכמה, שהיא ראש, התכסתה ונעלמה מישסו״ת.

והם נעשו אחד עם הראש דא״א, בעת שהתעטר הכול בעוה״ב. כלומר, בעת שהחכמה דא״א חזרה ועיטרה את עוה״ב, ישסו״ת, בעטרת ג״ר. אז היא מאירה בחדווה, והכול בלחש, שאינו נשמע לחוץ לעולם.

חכמה עליונה דא״א התפשטה להאיר בישסו״ת, בעוה״ב, ע״י התמעטות והתפשטות. שמחמת עליית המלכות לראש דא״א, יצאה הבינה לחוץ מראש דא״א, והתמעטה מג״ר. כי לא נשארה אז אלא רק בשתי אותיות מ״י דאלקים. ואותיות אל״ה שלה יצאו לחוץ ממנה ונפלו לזו״ן.

ואח״ז חזרה והתפשטה, שהשיגה ג״ר, ע״י אור חדש מזיווג ע״ב ס״ג, החוזר ומוריד את המלכות מראש דא״א, ומעלה

אותיות אל"ה בחזרה לבינה. וכן בינה חזרה לראש דא"א, ושוב התפשטה בה החכמה דא"א.

ובזמן שהתעטר הכול בעוה"ב, שהשיגו ג"ר, הנקראות עטרה, חזרה הבינה ונעשתה אחד עם ראש דא"א. שאותיות אל"ה דבינה חזרו אל הבינה, והבינה חזרה לראש דא"א. שאז היא מאירה בשמחה, כלומר דווקא ג"ר שבה ולא ז"ת שבה. כי כשהבינה חוזרת לראש דא"א, מקבלת שם חכמה בלי חסדים, כי הראש דא"א, כולו חכמה. וע"כ רק הג"ר דישסו"ת, שאינם צריכים חסדים, יכולים להאיר.

משא"כ הז"ת, שעיקר בניינם מאור החסדים, אינם יכולים לקבל חכמה בלי חסדים, והם עוד נשארים סתומים. שנאמר, והכול בלחש, שאינו נשמע לחוץ לעולם. דיבור בלי קול. כי קול, אור החסדים, ודיבור, אור החכמה. וכשהחכמה בלי חסדים היא נבחנת כדיבור בלי קול.

114. עוד רצה להתפשט, להאיר גם לז"ת, הצריכים להתלבשות החכמה בחסדים. ויצא מישסו"ת אש מים ורוח. ונעשו קול אחד, שיצא לחוץ, ונשמע. ואז משם ואילך נעשה חוץ מישסו"ת, לגוף, ו"ק. כי בפנימיות הוא בלחש בלי קול, שלא נשמע לעולם. ועתה שנשמע הסוד, נקרא חוץ. מכאן ואילך צריך האדם להיתקן במעשיו, ולשאול, להתפלל ולהעלות מ"ן להמשיך חכמה. והוא מלשון, שואלים על הגשמים.

כי כדי שיאירו גם ז"ת דבינה בהארת החכמה, עולה ז"א למ"ן לבינה, במסך דחיריק הדבוק בו, שהוא מסך דבחינה א', הממעט את קו שמאל מג"ר דג"ר. ואז הוא נכנע לקו ימין ונכללים זה בזה. והחכמה מתלבשת בחסדים. ואז היא מאירה גם בז"ת דבינה, ויוצאים שם ג' קווים חב"ד. ומתוך שז"א גרם יציאת ג' קווים חב"ד בבינה, ע"כ זוכה גם הוא באותם ג' הקווים, המכונים אצלו מים אש רוח.

כשרצה להתפשט ולהאיר חכמה גם בז"ת, ז"א עלה למ"ן במסך דחיריק שבו, וגרם יציאת ג' קווים חב"ד בבינה, והאירה בה החכמה גם בז"ת. ומכוח זה יצאו ג' קווים, מים אש רוח, בז"א. וג' קווים אלו נעשו פרצוף אחד, ז"א, הנקרא קול, שהוא יצא לחוץ ונשמע. שיצא מבחינת ג"ר, פנימיות, אל בחינת ו"ק, חיצוניות. כי המסך דחיריק עושה אותו לו"ק, חיצוניות. ונבחן שיצא לחוץ.

ואז הוא נשמע, שמשפיע הארת חכמה. אבל בהיותו בפנימיות, מטרם שהכריע ז"א במסך דחיריק שבו, שהוא בחינת חוץ, היה אז בלחש, דיבור בלי קול, חכמה בלי חסדים. וע"כ לא היה נשמע, שלא נגלה ממנו שום השפעה.

וחכמות בחוץ תרונה. שתי חכמות, חכמה עליונה וחכמה תחתונה, המאירות ביחד. בחוץ תרונה, ע"י עליית ז"א למ"ן, שהוא חוץ, אז הם מושפעים ונשמעים.

ומה שנאמר, שבעת שהתעטר הכול בעוה"ב, אז היא מאירה בחדווה, והכול בלחש, שאינו נשמע לחוץ לעולם. אע"פ שז"א עלה, ומוציא ג' קווים חב"ד, וז"א נבחן לחיצוניות. כי כל מסך לא יוכל למעט למעלה ממקום מציאותו. וע"כ נבחן שז"א הנעשה לקו האמצעי בבינה, הוא בחינת קול פנימי שלא נשמע, משום שמסך שלו אינו ממעט כלום שם. ולא נשמע, משום שמקום גילוי החכמה, הוא רק בזיווג זו"ן בקול ובדיבור, ולא למעלה מהם.

115. ברחובות תיתן קולה. זהו הרקיע, שבו כל הכוכבים המאירים, יסוד דבינה, שבו תלויים כל המוחין

דזו"ן והנשמות, הנקראים כוכבים. והוא מעיין שלא יכזבו מימיו, כמ"ש, ונהר יוצא מעדן להשקות את הגן. ושם תיתן קולה העליונה, בינה, והתחתונה, מלכות.

ברחובות תיתן קולה. הנוקבא דז"א תיתן קולה, המסך, ברחובות, ביסוד דבינה. וקולה עצמה לא יישמע, שהנוקבא תיתן קולה ביסוד דבינה, שבינה ונוקבא נעשו לאחת. ובזה מיושב למה קרא לבאר השלישית רחובות, אע"פ שנעתק מחוץ לבינה, כי יצחק תיקן את המסך דחיריק, שיהיה נמתק בבחינת רחובות.

ונמצא, שכתוב, ויעתק משם, הוא כמ"ש, חכמות בחוץ תרונה, שנעתקו מפנים לחוץ. ויקרא שמה רחובות, הוא כמ"ש, ברחובות תיתן קולה. שקול הנוקבא נעשה אחד עם קול הבינה, שנקראת רחובות.

116. בחוץ תרונה, שאין החכמה מתגלה אלא אחר שנעתקה מפנים לחוץ ע"י מסך דחיריק שבז"א. כי מז"א, שנקרא חוץ, המלאכה, הנוקבא, עומדת להיתקן. והדבר עומד לשאלה, להעלות מ"ן לגלות הארת החכמה, כמ"ש, כי שאל נא לימים הראשונים. הרי שרק בז"א, הנקרא שמיים, נוהג שאלה, כמ"ש, ולמקצה השמיים עד קצה השמיים.

117. ועַתְּדָה בשדה לךְ, אַחַר ובנִיתָ ביתֶךָ. הנוקבא נקראת, כמ"ש, שדה אשר בירכו ה'. שימשיך הארת החכמה לנוקבא. ואחר שיידע החכמה, ויתקן את עצמו בה, כתוב, ובנית ביתך. בית, זהו הנשמה של האדם, שיתקן אותה אז בגופו, ויהיה נעשה אדם שלם.

ע"כ כאשר חפר יצחק ועשה את הבאר בשלום, המתיק אותה בבינה, שאין לקליפות אחיזה בה, וע"כ לא רבו עליה. לשלום ההוא, מיתוק הבינה, קרא רחובות. והכול נתקן כראוי. אשריהם הצדיקים, שמעשיהם לפני הקב"ה לקיים העולם, לבנות ולקיים הנוקבא, הנקראת עולם.

ותִכְהֶינָה עיניו מֵראות

[ותכהין עיניו מראות]

118. ויקרא אלקים לאור יום ולחושך קרא לילה. כל מעשיו של הקב"ה הם דברי אמת, והכול בסוד עולם העליון, שכולם הם מוחין הנמשכים מבינה. וכל דברי תורה הם דברי אמונה, הנוקבא, וסודות העליונים המאירים בה.

119. יצחק לא זכה כאברהם, שלא התעוררו עיניו ולא כהו. אבל יש כאן עניין האמונה. כמ"ש, ויקרא אלקים לאור יום, זהו אברהם, אור היום, קו ימין, ואור שלו, אור החסדים, הולך ומתחזק בתיקון היום. וע"כ כתוב, ואברהם זקן בא בימים, באורות החסדים המאירים. והוא זקן, כמ"ש, הולך וָאוֹר עד נכון היום. ומשום זה כתוב עליו, ויקרא אלקים לאור יום.

120. ולחושך קרא לילה. זהו יצחק, שהוא חושך, והולך ומחשיך, כדי לקבל הלילה בתוכו. ע"כ, כשנעשה זקן, כתוב, ויהי כי זקן יצחק ותכהינה עיניו מראות, כי חשך לגמרי. כך הוא ודאי, שהוא

צריך להיות חושך לגמרי, ולהתדבק במדרגתו כראוי.

יום הוא ז"א, ולילה היא הנוקבא. ומשורשם נבחן ז"א שכולו מקו ימין, והנוקבא נבחנת כולה מקו שמאל. ונודע, שקו שמאל הוא חכמה בלי חסדים, שאינה יכולה להאיר בלי התכללות מחסדים. וע"כ נבחן אז לחושך. גם קו שמאל הוא במחלוקת עם קו הימין, ואינו רוצה בשום פנים להיכלל מחסדים, עד שבא קו אמצעי, קומת החסדים היוצאת על מסך דחיריק, הממעט לקו שמאל. ואז הוא מכריע ביניהם. והחכמה מתלבשת בחסדים. ואז היא מאירה בשלמות. ונבחן ז"א, שנכלל מקו ימין הכלול משמאל, והנוקבא, מקו שמאל הנכלל מימין, ומתייחדים זה בזה. כמ"ש, ויהי ערב ויהי בוקר יום אחד.

ולחושך קרא לילה. זהו יצחק. כי להיותו קו שמאל, חכמה בלי חסדים, נבחן לחושך. כי החכמה לא תאיר בלי התכללות מחסדים. והוא הולך ומחשיך, עד שיקבל לתוכו את הנוקבא. ויתקן אותה במדרגת לילה, עד שתהיה ראויה לזיווג עם ז"א, שהוא יום. כי מטרם שחשך לגמרי, אין קו השמאל רוצה להתדבק בקו ימין, חסדים. וע"כ הולך עד שמחשיך לגמרי לעת זקנתו, כי אז מתדבק בחסדים, ומקבל שלמותו, ויכול להאיר.

121. אברהם מאיר מצד המדרגה שלו. יצחק נחשך מצד המדרגה שלו. ויעקב נחשך, כמ"ש, ועיני ישראל כָּבדו מזוקֶן. כבדו ולא כהו, כמו ביצחק. מזוקן ולא מזקנתו. מזוקן פירושו, מזוקן של יצחק, להיותו כלול הן מאברהם והן מיצחק. ולכן מאותו הצד של יצחק כבדו עיניו. וכתוב, לא יוכל לראות, אבל לא כהו עיניו לגמרי. אבל יצחק, ודאי שכהו עיניו מכל וכל, ונעשה חושך, כי אז נאחז בו לילה, הנוקבא, והתקיים, ולחושך קרא לילה.

ויקרא את עשיו ויאמר, לא ידעתי יום מותי

122. ויקרא את עשיו. כלומר, שנכלל מדין הקשה, בחינת עשיו. ויאמר, הנה נא זקנתי לא ידעתי יום מותי. כתוב, אשרי אדם עוז לו בךָ. אשרי האדם שמתחזק בהקב"ה, ושׂם מבטחו בו.

123. אפשר לפרש את הביטחון על דרך שאמרו, חנניה מישאל ועזריה, שבטחו, שהקב"ה יצילם מכבשן האש. אלא אם לא יצילם ולא יתייחד עליהם הקב"ה, נמצא שלא יתקדש שמו בעיני כל. אלא אחר שידעו, שלא אמרו כראוי, חזרו ואמרו, בין שיציל ובין שלא יציל, יהיה ידוע לך שלא נשתחווה לצלם.

הודיע להם יחזקאל, ושמעו והאמינו לו, אשר הקב"ה לא יתייחד עליהם, ולא יצילם. ואמר להם זאת, כדי שימסרו נפשם ויקבלו שכר.

124. אלא לא יבטח אדם ויאמר, הקב"ה יצילנו, או הקב"ה יעשה לי כך וכך. אלא ישים מבטחו בהקב"ה, שיעזור לו כמו שצריך, כאשר ישתדל במצוות התורה, וישתדל ללכת בדרך האמת. וכיוון שאדם בא להיטהר, עוזרים לו בוודאי. ובזה יבטח בהקב"ה, שהוא יעזור

אותו. ויבטח בו, ולא ישים מבטחו באחר זולתו.

ויעשה את ליבו כראוי, שלא יבוא בו הרהור זר. אלא כאותה מסילה, המתוקנת לעבור בה לכל מקום שצריכים, הן לימין והן לשמאל. וכך יהיה ליבו. כלומר, שבין אם הקב"ה יעשה עימו טובה או להיפך, יהיה ליבו מוכן ומתוקן, שלא יהרהר אחר הקב"ה בשום פנים שבעולם.

125. כתוב, אשרי אדם עוז לו בך, מסילות בלבבם. וכתוב, ה' עוז לעמו ייתן, שפירושו תורה. עוז לו בך, פירושו, שהאדם צריך לעסוק בתורה לשמו של הקב"ה. השכינה נקראת שם, כי כל מי שעוסק בתורה ואינו משתדל לשמה, טוב לו שלא היה נברא.

מסילות בלבבם, כמ"ש, סולּו לרוכב בערבוֹת בְּיה שמו. לרומם לרוכב בערבות. שאותה התורה שעוסק בה, תהיה כוונתו לרומם את הקב"ה, ולעשות אותו מכובד וחשוב בעולם.

משמיענו פירושו של תורה לשמה, שהוא מסילות בלבבם, שיכוון בליבו, שבעסק תורתו ימשיך שפע הדעת לו ולכל העולם, כדי ששמו של הקב"ה יתגדל בעולם, כמ"ש, כי מלאה הארץ דעה את ה'. ואז יקוּיָם, והיה ה' למלך על כל הארץ.

126. יעקב, כל מעשיו היו לשם הקב"ה. ומשום זה היה הקב"ה עימו תמיד, שלא סרה ממנו השכינה. כי בשעה שקרא יצחק לעשיו בנו, לא היה שם יעקב, והשכינה הודיעה לרבקה, ורבקה הודיעה ליעקב.

127. אם היה עשיו מתברך באותו זמן, לא היה שולט עוד יעקב לעולם, והיה נשאר תמיד בגלות. אלא מהקב"ה היה שיתברך יעקב. והכול בא על מקומו כראוי. כתוב, ורבקה אוהבת את יעקב.

וע"כ שלחה אחר יעקב ואמרה לו, הנה שמעתי את אביך מדבר אל עשיו אחיך.

128. אותו זמן ערב פסח היה, ויצה"ר היה צריך להתבער מהעולם, והלבנה, האמונה, הנוקבא, הייתה צריכה לשלוט. וע"כ עשתה שני תבשילים.

129. מרמז, שבניו של יעקב עתידים להקריב ביוה"כ שני שעירים, אחד לה' ואחד לעזאזל. וע"כ הקריבה רבקה שני גדיי עיזים, אחד בשביל המדרגה של מעלה, ואחד בשביל להכניע מדרגת עשיו, שלא ישלוט על יעקב. ומשניהם טעם יצחק ואכל.

כי שלמות המוחין הם התכללות הימין והשמאל ע"י קו אמצעי. שאז החסדים שבימין כלולים מהארת החכמה שבשמאל, והארת החכמה שבשמאל כלולה מהחסדים שבימין. והם שני תבשילים, חכמה וחסדים. וההפרש בין השניים שבימין לשניים שבשמאל הוא רב. כי בימין נמצאים שניהם בקדושה, והם פסח וחגיגה, הנקרבים בפסח, שהוא קו הימין. שאפילו הארת השמאל, הפסח, הוא ג"כ בקדושה. אבל בשמאל רק החסדים שבימין הם בקדושה.

אבל הארת השמאל ניתן לס"א, שבזה מכניעים את הס"א. והם שני השעירים, חטאת ועזאזל. שביוה"כ, אשר רק החסדים שבימין, שעיר החטאת, הוא בקדושה, אבל הארת השמאל, השעיר לעזאזל, אינו בקדושה.

שני גדיי עיזים, שעשתה רבקה, הם שני תבשילים ימין ושמאל שבקו ימין. שנאמר, אותו זמן ערב פסח היה, שאז מתקנים את שני התבשילים ימין ושמאל שניהם בקדושה.

אחד, שיצה"ר היה צריך להתבער מהעולם, בכוח הארת חכמה שבשמאל, כנגד קורבן פסח, כי הארת החכמה

מכלה ומשביתה הס"א מהעולם.

ואחד, שהלבנה, האמונה, הייתה צריכה לשלוט, בכוח הארת החסדים שבימין, כנגד קורבן חגיגה. שאחר שהשכינה, שנקראת לבנה ואמונה, משיגה החסדים מימין, יש לה כוח לשלוט בעולם.

ושני גדיי עיזים, שעשתה רבקה, היו בבחינת ימין ושמאל שבקו שמאל. שבניו של יעקב עתידים להקריב ביוה"כ שני שעירים, אחד לה' ואחד לעזאזל. ימין ושמאל שבשמאל, שהשמאל נשלח לס"א, לעזאזל, ובזה מכניעים אותו.

אחד בשביל המדרגה של מעלה, להמשיך החסדים של מעלה שבבינה, שהוא כנגד השעיר לחטאת. ואחד בשביל להכניע מדרגת עשיו, שלא ישלוט על יעקב, כנגד השעיר לעזאזל, להכניע הס"א.

אבל עכ"ז לא היה הארת השמאל שכאן נשלח לס"א כמו העזאזל, אלא, ומשניהם טעם יצחק ואכל, אפילו מגדיי העיזים של הארת השמאל, שקדושת יצחק שָׂגְבָה מאוד, והחזיר גם השמאל שבשמאל למדרגת הקדושה.

130. ויבֵא לו יין ויישת. הארת השמאל מכונה יין. רמז מרמז בזה, שממקום רחוק הגיש לו היין. ומטרם הכרעת קו אמצעי, כשהארתו נמשך מלמעלה למטה, נבחן ליין המשכר, שממנו נמשכים כל הדינים. אלא אחר יציאת קו האמצעי, המייחד ימין ושמאל זה בזה, אז נבחן ליין המשמח אלקים ואנשים.

קו אמצעי מכונה רחוק, להיותו הנושא למסך דחיריק, המוציא קומת ו"ק, והוא רחוק מג"ר. כלומר, שהביא היין אחר יציאת קו אמצעי על מסך דחיריק, הנבחן למקום רחוק, שאז נתקן על ידו ליין המשמח אלקים ואנשים. ואין פחד מאחיזת הדינים.

יין המשמח אלקים ואנשים, כדי לשמח את יצחק, שהוא צריך שמחה, כמו שצריכים שמחה לשמח את הצד של הלוויים, צד השמאל. כי היות שהדינים נאחזים בצד שמאל, ע"כ שורה בו עצב. וצריכים לשמח כל הנמשכים ממנו, שהם הלוויים וכן יצחק. וע"כ, כמ"ש, ויבא לו יין ויישת.

בגדי עשיו החמודות

131. ותיקח רבקה את בגדי עשיו. אלו הם הלבושים שעשיו הרוויח אותם מנמרוד. ואלו היו לבושי כבוד מאדה"ר, ובאו לידו של נמרוד, ובהם היה נמרוד צד ציד. כמ"ש, הוא היה גיבור ציד לפני ה'. כי בשעה שלבש אותם, היו מתקבצים לו כל בהמות חיות ועופות, ונופלים לפניו. ועשיו יצא השדה, ועשה מלחמה עם נמרוד, והרג אותו, ולקח אלו הלבושים ממנו. וכמ"ש, ויבוא עשיו מן השדה והוא עייף.

132. ועשיו היה מסתיר אותם הלבושים אצל רבקה, ובהם היה יוצא וצד ציד. ואותו היום, ששלח אותו יצחק, כדי שיקבל הברכות, לא לקח אותם, ויצא השדה וע"כ התאחר שם. כי מאחר שלא התלבש בלבושים, לא התקבצו אליו החיות, והיה צריך לרדוף אחריהן, וע"כ התאחר, והיה זמן ליעקב ליטול הברכות.

וכשלבש אותם עשיו, לא היו מעלים ריח כלל. אלא כשלבש אותם יעקב, אז חזרה האבידה למקומה, שחזרו לבחינת

אדה"ר, כי יופיו של יעקב, יופיו של אדה"ר היה, וע"כ חזרו באותה שעה למקומם והעלו ריחות.

133. איך זה אפשרי, שיופיו של יעקב הוא כיופיו של אדה"ר? תפוח עֲקֵבוֹ של אדה"ר מַכְהֵה גלגל חמה, הייתכן שגם יעקב היה כך?

ודאי שכך היה בתחילה, מטרם שחטא אדה"ר, ששום ברייה לא יכלה אז להסתכל ביופיו. אבל אחר שחטא, השתנה יופיו, והתמעטה קומתו, ונעשה בקומת מאה אמה. אבל מקודם החטא, הייתה קומתו מן הארץ עד לרקיע. ויופיו של יעקב היה כיופיו של אדה"ר שלאחר החטא.

יופיו של אדה"ר, הוא עניין שהאמונה העליונה, בינה, תלויה באותו יופי. כלומר, שזכה באור הבינה, ומשם השיג היופי. וע"כ כתוב, ויהי נועם ה' אלקינו עלינו. כי אור הבינה מכונה נועם. וכתוב, לחזות בנועם ה'. וזהו יופיו של יעקב, שגם הוא זכה לאור הבינה כאדה"ר.

134. וירח את ריח בגדיו ויברכהו. זה נאמר על ז"א, קו אמצעי, המגביל את הארת החכמה, שתאיר בסוד ריח, מלמטה למעלה. וע"כ כתוב, ריח בגדיו, אחר שלבש אותם יעקב, קו אמצעי. אבל מטרם שלבש אותם, לא העלו ריח.

כיוון שלבש אותם יעקב, העלו ריחות באותה שעה. וכל עוד שיצחק לא הריח את ריח הלבושים, לא בירך אותו. כי אז, כשהעלו ריח, ידע שהוא ראוי להתברך. כי אם לא היה ראוי להתברך, לא עלו כל אלו ריחות הקדושים עימו. כמ"ש, וירח את ריח בגדיו, ויברכהו.

135. כריח שדה אשר בירכו ה'. איזה שדה? שדה של תפוחים. הנוקבא, הנקראת שדה תפוחים קדושים. אשר אבות העליונים, חג"ת דז"א, סומכים אותו ומתקנים אותו.

הנוקבא, בעת שמקבלת מחג"ת דז"א, שהם מכונים שלושה גוונים של התפוח, לבן אדום ירוק, נקראת אז שדה של תפוחים. כי אז היא בהארת החכמה. והיות שהארת החכמה שבה מאירה רק מלמטה למעלה, היא מכונה בשם ריח. כי הריח מקובל מלמטה למעלה, מהחוטם אל המוחין. ואינו מושפע מלמעלה למטה. כמ"ש, כריח שדה אשר בירכו ה'. כהארת החכמה שבנוקבא המאירה בבחינת ריח.

בְּצָרָתָה לי, קראתי ויענני

136. כמה שירות ותשבחות אמר דוד המלך לפני הקב"ה. והכול כדי לתקן מדרגתו, הנוקבא. ולעשות לו שם, להמשיך לה מוחין. כשראה, שיעקב נענה וקיבל הברכות, אמר דוד שירה, בצרתה לי, קראתי ויענני. ולולא קיבל יעקב הברכות, שהן המוחין השלמים, לבניין הנוקבא, לא היה דוד יכול לעשות לה שם.

137. יעקב אמר שירה זו, בשעה שאמר לו אביו, גְשָה נא ואמוּשך בני, האתה זה בני עשיו אם לא. היה אז יעקב בצרה גדולה, שהיה מתיירא, שאביו

יידע אותו, ויהיה ניכר לפניו. וכתוב, ולא הכירוֹ. אז אמר אל ה׳, בצרתה לי, קראתי ויענני.

138. ה׳ הַצילה נפשי משפת שקר מלשון רמייה. זוהי מדרגה שעשיו נמצא בה, הנחש, שהוא שפת שקר. כי בשעה שהנחש הביא הקללות, שקולל בהם העולם, בהסתה לחטא עצה״ד, במרמה ובעיקשות הביא הקללות שקולל העולם.

הברכות

139. בשעה שאמר יצחק לעשיו, וצא השדה וצוּדה לי צידה, עם אות ה׳, כי היה צריך לומר, ציד בלא אות ה׳, ויצא עשיו לצוד ציד, כדי שיתברך מיצחק, שאמר לו, ואֲבָרככה לפני ה׳. ואילו אמר, ואברככה ולא יותר, היה טוב. כיוון שאמר לו, לפני ה׳, באותה שעה הזדעזע כיסא הכבוד של הקב״ה, שיצא נחש מאלו הקללות ויישאר יעקב בהם.

עניין הלבושים. בצ״ב, אחר שעלתה ה״ת לבינה, וקיבלה הבינה את הצמצום לתוכה, אז נפרדו זו״ן מכל פרצוף, ונעשה מהם שני כלים מקיפים, לבוש והיכל, שהם מקיף חיה ומקיף יחידה. ז״א, הנפרד מכל מדרגה אחר צ״ב, נעשה ללבושים הממשיכים הארת אור החיה. והזוהר מכנה אותם, לבושי מלכות, הנמשכים מעצם המלכות, מטרם שנמתקה בבינה, מע״ס דצ״א, שהוא ז״א, שהיה במדרגה מקודם צ״ב.

עניין הצֵידה. דצח״מ הגשמיים נמשכים מדצח״מ הרוחניים שבעולמות העליונים. והם ד׳ מדרגות שבמוחין זה למעלה מזה. מוחין דו״ק נקראים דומם וצומח, נ״ר. מוחין דג״ר נקראים חי, הכוללים בהמה חיה ועוף, שהם ג׳ בחינות של מוחין דג״ר שהאדם ממשיך, השונות זו מזו. והמשכת אלו המוחין של בעלי החיים הרוחניים, שהם ג״ר, מכונה צידה. ויש צידה דקדושה, שעליה כתוב, צידָהּ בָרך אברך. ויש צידה דס״א, שעליה כתוב, גיבור ציד לפני ה׳.

וכדי להמשיך ג״ר, צריכים להוריד ה״ת מנ״ע לפה, שאז חוזרים אח״פ דכלים למדרגה, ונמשכים הג״ר דאורות. והורדה זו נעשית ע״י שמתלבש עצמו בלבושים, שהם מקיף חיה מצ״א. אשר שם נמצאת ה״ת במקומה בפה. וע״כ בכוח הארת הלבושים הללו, מוריד את ה״ת מנ״ע לפה וממשיך הג״ר, שהוא צידה. הרי שהצידה נעשית ע״י הלבושים. ונאמר בנמרוד, ובהם היה צד ציד. וכן נאמר, ובהם היה יוצא וצד ציד. כי ע״י הארת חיה דצ״א שבלבושים ממשיך הג״ר.

ובעת שממשיך הג״ר, מחזיר תכף את הג״ר דג״ר לשורשם, שהוא שחיטת בעל חיים, שאור החיים מסתלק ממנו. והוא נהנה רק בבשר הנשאר אחר השחיטה, ו״ק דג״ר, המקובל ונשאר בתחתון. וזהו צידה דקדושה, שעליה כתוב, צידה ברך אברך.

משא״כ בס״א, שהם אוכלים איבר מן החי, שרוצים להמשיך ולקבל גם את אור החיים של הבעל חי, ג״ר דג״ר, עליו כתוב, גיבור ציד לפני ה׳. לפני, אור הפנים, ג״ר דג״ר, שרוצים לצוד ולהמשיך אליהם. שזה היה מעשה נמרוד ועשיו.

״תולדות״. ספר הזהר עם פירוש הסולם. מהד׳ 21 כר׳. כרך ה. דף ס; מהד׳ 10 כר׳. כרך ג. דף ס.

עניין הברכות הוא נתינת כוח ושליטה לגמה"ת, שהוא תיקון המלכות דצ"א. אם בדרכו של יעקב, צידה דקדושה, או בדרכו של עשיו, צידה דס"א. ולהנציח אותו הדרך לנצחיות. הזיווג הגדול, המביא את גמה"ת, כולל בתוכו לכל הזיווגים והקומות, שיצאו בזו אחר זו במשך כל 6000 שנה. שערכם על ערך הזיווג הזה, הוא ממש כערך הפרטים על כל הסכום שלהם. גם בחינות המ"ן, העולים לזיווג הכללי הזה, הנה כלל של כל המעשים והייסורים, שהיו בעולם בזה אחר זה, בכל היחידים ובכל הדורות במשך 6000 שנה.

וכמ"ש, וייתן לךָ האלקים מטל השמיים, ז"א, ומִשְׁמַני הארץ, הנוקבא. בירך אותו, שיזכה לכל הקומות של זיווגי זו"ן ב-6000 שנה. שייכללו לך בזיווג הכללי, שתזכה אליו בגמה"ת.

ורוב דגן ותירוש. שכל המוחין, המכונים לחם ויין, יתקבצו אליך.

יעבדוך עמים. שכל מיני העבודות שיעשו כל העמים, יהיו כל אלה בשבילך, שתקבל אותם, וישלימו אותך בזיווג הכללי, שתזכה על ידיהם בגמה"ת.

וישתחוו לך לאומים. כל הייסורים שבעולם, יקבלו אז צורות השתחוות אליך, וייכללו לך במ"ן של הזיווג הכללי הזה.

הֱוֵה גְּביר לאחֶיךָ. שהדרך שלך תישאר לנצחיות, והדרך של אחיך תהיה לך למסייע, כמו עבד המסייע לאדונו. וכל מה שקנה עבד קנה רבו.

וישתחוו לך בני אימך. הייסורים שייכללו במ"ן של אחיך, יקבלו צורות השתחוות אליך.

אורריך ארור. כל מי שיחלוק על הדרך שלך, יקולל.

ומברכיך ברוך. כל מי שיודה ויקבל את הדרך שלך, יהיה מבורך.

והיה דעתו של יצחק לברך את עשיו בהם. כי כל המע"ט של יעקב וכל הייסורים שסבל, לא היו אז, אלא לתועלתו של עשיו, בכדי שעשיו יזכה לזיווג הגדול של גמה"ת, וכדי שדרכו תישאר לנצחיות דרך הצידה של ס"א.

ואמר יצחק לעשיו, וצא השדה וצודה לי צידה, עם אות ה'. ה' הוא עצמות המלכות דצ"א, שיצוד אותה, שימשיך לה הג"ר, המכונה צידה, שזה נעשה רק בגמה"ת בזיווג הכללי. צידה, עם אות ה', שימשיך הג"ר דצ"א.

א"כ מה הועילו לו הלבושים הללו, שהם מועילים רק לג"ר דצ"ב? כי, לפני ה', מורה על ג"ר דג"ר, אור הפנים, שהיא צידה של הס"א, וצידה של נמרוד, שכתוב עליו, גיבור ציד לפני ה'. ולפיכך הזדעזע כיסא הכבוד, כי צידה זו היא הסתת הנחש את חווה לעצה"ד, שהביא קללות לעולם. ולא עוד, אלא שיישאר גם יעקב בהם. כי הברכות קובעות דרכו של עשיו לנצחיות. ויעקב יהיה כפוף לו, כעבד לפני רבו. וקללותיו של עשיו תרבצנה עליו, ולא תהיה לו שום עצה.

ובזה תבין תשובת יצחק לעשיו, כמ"ש. הן גביר שַׂמתיו לך ואת כל אחיו נתתי לו לעבדים, כי אחר שקבע את יעקב לאדון, אין לו עוד שום ברכה בעד עשיו.

ואיך רצה יצחק לברך את עשיו ולקבוע דרך צידה של הס"א לנצחיות? השכינה רצתה שיצחק ימשיך הברכות השייכות לעשיו, הג"ר דג"ר, שיִכְלול אותו בתוך דרכו של יעקב. כמ"ש, הקול קול יעקב והידיים ידי עשיו.

140. באותה שעה מיכאל בא לפני יעקב עם השכינה. ויצחק ידע זאת. וראה את גן העדן עם יעקב. ובירך אותו. וכשנכנס עשיו, נכנס עימו הגיהינום. ע"כ, ויחרד יצחק חרדה גדולה עד מאוד, כי חשב מקודם לכן, שעשיו אינו מאותו

הצד, וע״כ פתח ואמר, ואברכהו גם ברוך יהיה.

141. משום זה הלך יעקב במרמה ועיקשות, והביא ברכות על יעקב, שהוא כמו אדה״ר. ונלקחו מהנחש, שהוא שפת שקר, שהרבה שקר אמר, והרבה דברי שקר עשה, כדי לפתות לאכילת עצה״ד, ולהביא קללות על העולם. משום זה בא יעקב במרמה, והטעה את אביו, כדי להביא ברכות על העולם, ולקחת מן הנחש הברכות שמנע מן העולם. ומידה כנגד מידה היה. עליו כתוב, ארור אתה מכל הבהמה.

142. ונשאר הנחש בקללות, ולא יצא מהם לעולם. ודוד אמר ברוח הקודש, מה ייתן לךָ ומה יוסיף לךָ לשון רמייה, חיצֵי גיבור שנונים.

143. לשון רמייה, שנחש רימה את אדם ואשתו, והביא רע עליו ועל העולם. ואח״כ בא יעקב, ולקח מִשלו את כל אלו הברכות. כי הוא היה בחינת אדה״ר, שהנחש מנע ממנו הברכות. ועתה בא יעקב והחזיר אותם, כמו מטרם החטא של עצה״ד. ונמצא, שלקח משלו.

חיצי גיבור שנונים. זה עשיו, שנטר שנאה ליעקב על אלו הברכות, כמ״ש, ויִשׂטום עשיו את יעקב על הברכה.

144. וייתן לך האלקים מטל השמיים ומשמני הארץ. מלמעלה ומלמטה, שהם זו״ן, בחיבור אחד. כי השמיים ז״א, והארץ הנוקבא. ורוב דגן ותירוש, שרו של העולם, המלאך מט״ט. מוחין עליונים מכונים לחם. רוב דגן ותירוש, מוחין עליונים, לחם ויין.

145. יעבדוך עמים. התקיים בזמן ששלט שלמה המלך בירושלים.

וישתחוו לך לאומים. יתקיים בזמן שיבוא מלך המשיח. הכול יהיה בזמן, שיבוא מלך המשיח, כמ״ש, וישתחוו לו כל מלכים, כל גויים יעבדוהו.

146. הֱוֵה גביר לאחיך. האותיות הו״ה הן סודות האמונה. ה׳ למעלה, בינה. ו׳ באמצע, ת״ת. ה׳ לבסוף מלכות. נודע שמלכות מצידה אינה ראויה למוחין, כי הצמצום רוכב עליה, שלא לקבל לתוכה או״י. אלא בעלייתה והתמתקות שלה בבינה, היא מרוויחה ב״ס, בינה ות״ת, הראויות לקבל לתוכן המוחין הגדולים.

סוד עליון של האמונה, מלכות, שמרומז באותיות הו״ה, סוד עליית המלכות לעליון, לבינה. אותיות הו״ה, סודות האמונה, המלכות, הן הכלים, אשר האמונה, מלכות, מרוויחה ע״י עלייתה אל הבינה. ה׳ למעלה, בינה. ו׳ באמצע, ת״ת. ה׳ לבסוף, מלכות. כלומר, שאלו האותיות הו״ה מרמזים על ג״ס בינה ת״ת ומלכות, הנכללות באמונה, המלכות, שאז משיגה ב״ס ת״ת ובינה, שהן אותיות ה׳ ו׳, לקבל בתוכן המוחין הגדולים.

וע״י שמקבלת המוחין הגדולים בתוך האותיות הו״ה, שולטת על שבעים שרים ומוסרת אותם, שמרחיקה אותם מלינוק ממנה, שזה יתקיים בזמן שיבוא דוד המלך. כי דוד המלך זכה למיתוק בבינה, והשיג אלו האותיות הו״ה, ועל ידיהם הכניע כל שונאיו.

כל הברכות נאמרו על גמה״ת, אחר שיבוא מלך המשיח, ולא מטרם. משום, שכל זמן שישראל עוברים על דברי התורה, לא יוכלו הברכות להתקיים. רק אחר ביאת המשיח, שיעשו תשובה ולא יחטאו יותר.

147. וייתן לך האלקים. כל אלו הברכות, מצד חלקו של יעקב היו,

ומשלו לקח. ואלו הברכות, שהיו באמת חלקו של יעקב, היה רוצה יצחק לתת אותם לעשיו. ולפיכך עשה הקב״ה וסיבב אל יעקב, שייקח את שלו.

עניין הברכות הוא נתינת כוח לגמה״ת, כמ״ש, וצודה לי צידה, עם אות ה׳, הרומזת לתיקון המלכות דצ״א, אם בדרכו של עשיו, אם בדרכו של יעקב, כדי להנציח את הדרך ההיא לנצחיות.

ונודע, שבסיבת שבירת הכלים, נפלו ש״ך (320) ניצוצין מהקדושה אל הקליפות, שאח״כ תיקן המאציל חלק מהם. ובסיבת החטא דעצה״ד חזרו ונפלו לקליפות. וכל עבודתנו בתורה ובמצוות היא להוציא אלו ש״ך ניצוצין מהקליפות ולהחזיר אותם אל הקדושה. והם המ״ן, שאנו מעלים, הממשיכים כל המוחין שבמשך 6000 שנות קיום העולם. וכשיתבררו כל ש״ך ניצוצין, ע״י המוחין הנמשכים מהם, אז יהיה גמה״ת.

וביאורם של אלו ש״ך ניצוצין הוא, כי שמונה ספירות, שבכל אחת היו ד׳ בחינות חו״ב תו״מ, נשברו מע״ס דנקודים, הנקראים דעת חג״ת נהי״מ. ונמצא שהם ל״ב (32) בחינות שנפלו לקליפות. ד״פ שמונה. אמנם מתוך שע״ס דנקודים היו כלולים זה מזה, באופן שבכל אחת מהן היו ע״ס, נמצא של״ב בחינות נשברו מע״ס ההם, הכלולים בכל ספירה, שהם עשר פעמים ל״ב, שהן בגי׳ ש״ך. והנך מוצא, שמפאת שבירת הכלים וחטא עצה״ד, נפל מספר ש״ך בחינות לקליפות.

ולא כל ש״ך בחינות ניתנו לעבודה ובירורים, אלא רפ״ח (288) בחינות מהם בלבד, שהם תשע פעמים ל״ב בחינות מט״ר. אבל ל״ב בחינות של המלכות שבהם לא ניתנה לבירור. ואין צורך לברר אותה, אלא שעם השלמת בירורי רפ״ח ניצוצין, נבררו ל״ב ניצוצין הללו מאליהם. שכללות כל הזיווגים של 6000 שנה, הם הזיווג הכללי שבגמה״ת.

כי אחר שנשלמו הבירורים של כל רפ״ח ניצוצין, להיותם נעשים למ״ן לזיווגי זו״ן, שעל ידיהם יוצאים כל המוחין בזה אחר זה ב-6000 שנה, בא אז הזיווג הגדול, המקבץ כל הפרטים הללו לכלל אחד. ומגודלה של ההארה הזאת, נבררו ונתקנו ל״ב ניצוצי המלכות. ואלו ל״ב ניצוצי המלכות מכונים ל״ב האבן.

וע״כ כתוב אז, והסירותי את ל״ב האבן מבשרכם. ובזה תבין, שמה שיצחק אמר לעשיו, וצודה לי צידה, עם אות ה׳, הייתה כוונתו לל״ב ניצוצי המלכות הללו, שהם נבררים רק ע״י רפ״ח הניצוצין, המתקבצים יחד לסוד הזיווג הכללי. אשר הקיבוץ הזה מתבאר בכתוב, וייתן לך האלקים.

ונאמר, שכל אלו הברכות, מצד חלקו של יעקב היו, ומשלו לקח. כי הברכות לגמה״ת הן הכללות של כל פרטי רפ״ח ניצוצין, שנבררו ע״י הזיווגים שבזה אחר זה במשך 6000 שנה, שבקיבוצם נגמר התיקון. ואלו הזיווגים והמוחין יצאו רק בחלקו של יעקב, להיותו קו אמצעי, המייחד ב׳ הקווים ימין ושמאל זה בזה בעת עלייתו לבינה. שאז, כיוון ששלושה יצאו מאחד, האחד זוכה בשלושתם, שבסדר הזה מתגלים כל המוחין דזו״ן ונשמות הצדיקים.

ועשיו, אין לו חלק באלו המוחין כלל, ואינו חפץ בהם. הרי שכל אלו הברכות היו חלקו של יעקב.

ואלו הברכות, שהיו באמת חלקו של יעקב, היה רוצה יצחק לתת אותם לעשיו. שאחר שיתקן ל״ב האבן ע״י יעקב, אשר אז לא יהיה עוד הפחד, שהיה בעניין שלא זכה הרי רע, כיוון שמיתקן הכול, מאז ואילך יוכל עשיו להמשיך מלמעלה למטה כחפצו, בלי שום פחד.

ונמצא לפי זה, שיכין צדיק וילבש רשע, כי ע״י רפ״ח ניצוצין שבירר יעקב, שנברר עימהם ל״ב האבן מהקליפות,

והוסר הרע מהעולם, נמצא שהכין בזה, שיוכל עשיו להמשיך דרכו בטומאה מלמעלה למטה. ונמצא עשיו יורש כל יגיעתו של יעקב, שאחיך יעבוד ואתה תקבל כל הרווח. משום שכל מה שקנה עבד קנה רבו. ויצחק רצה לומר זה לעשיו.

ויעקב קיבל הברכות האלו, כי שלו הן. והוא נעשה גביר לאחיו עשיו, כמ״ש, יכין רשע, וצדיק ילבש. וכל מה שקנה עשיו, קנה יעקב.

148. בשעה שאותו הנחש הביא הקללות על העולם, והארץ קוללה, כתוב, ארורה האדמה בעבורך, שלא תעשה פירות כראוי. כנגד זה התברך יעקב אחר ביאת המשיח, אחר שיתוקן החטא של עצה״ד, כמ״ש, ומשמני הארץ, שתחזור לשלמותה.

ועל הקללה, בעיצבון תאכלֶנה, התברך כנגד זה, מטל השמיים. ועל הקללה, וקוץ ודרדר תצמיח לך, התברך כנגד זה, ורוב דגן ותירוש. ועל הקללה, בזיעת אפך תאכל לחם, התברך כנגד זה, יעבדוך עמים וישתחוו לך לאומים, שהם יעבדו הארץ ויעסקו בעבודת השדה. כמ״ש, ובני נֵכר איכָּריכם וכוֹרְמֵיכם. והכול לקח יעקב, זה כנגד זה, שכל ברכה הייתה כנגד קללה אחת שבעצה״ד, ומשלו לקח.

והקב״ה סיבב ליעקב, שייקח אלו הברכות ויתדבק במקומו ובחלקו. ועשיו יתדבק במקומו ובחלקו. והברכות נאמרו על גמה״ת, כי אז יתוקן החטא של עצה״ד, וייתכן לזכות ברכה כנגד קללה. משא״כ מקודם, שיתוקן החטא של עצה״ד.

150. אין ברכה של עשיו כברכה של יעקב. ביעקב כתוב, וייתן לך האלקים. ובעשיו כתוב, יהיה מושבך. ולא נזכר האלקים בברכה, שלא היה בה מהקדושה. ביעקב כתוב, מטל השמיים ומשמני הארץ. ובעשיו כתוב, משמני הארץ ומטל השמיים, שהארץ קודם לשמיים.

151. והמדרגות נבדלות בהרבה, שהרי בזו של יעקב כתוב, וייתן לך האלקים מטל השמיים, טל העליון, השפע, הנמשך מעתיק יומין, שנקרא טל השמיים, טל של השמיים של מעלה.

הטל הנמשך במדרגה שמיים, ז״א, ומשם מושפע לשדה תפוחים הקדושים, מלכות. ואז כתוב עליה, ומשמני הארץ, ארץ החיים של מעלה, המלכות, בעת שמלבישה הבינה, הנקראת אלקים חיים. וע״כ נקראת אז המלכות ארץ החיים. וירש יעקב הברכה בארץ של מעלה, המלכות, ובשמיים של מעלה, ז״א.

והברכה של עשיו הייתה בארץ שלמטה ובשמיים שלמטה, בעוה״ז. יעקב התברך למעלה למעלה, בשמיים וארץ של אצילות. ועשיו למטה, בשמיים וארץ שבעוה״ז.

152. יעקב התברך למעלה ולמטה, בשמיים וארץ של מעלה, ובעוה״ז, בביאת המשיח. ועשיו רק למטה, בשמיים וארץ של עוה״ז. ואע״פ שכתוב, והיה כאשר תָריד ופרקתָ עולו מעל צווארךָ, שאם יחטאו ישראל יתבטלו הברכות, זה נאמר על השמיים והארץ שכאן בעוה״ז. אבל למעלה אינו מתבטל כלום, שכתוב, כי חֵלק ה׳ עַמו, יעקב חבל נחלתו. בשעה שהתחילו יעקב ועשיו לקחת הברכות, יעקב לקח חלקו למעלה, ועשיו לקח חלקו למטה.

כי זו״ן נקראים ביחד עולם. ז״א שמיים והנוקבא ארץ. והם נחלקים על החזה:

א. מחזה ולמעלה שלהם נקראים זו״ן הגדולים, ונקראים עולם העליון, וכן העולם המכוסה, משום שמקבלים מאו״א עילאין חסדים מכוסים מחכמה

באוירא דכיא, והם הנקראים שמיים וארץ העליונים.

ב. מחזה ולמטה שלהם נקראים זו״ן הקטנים, ונקראים עולם התחתון או עוה״ז, וכן העולם המגולה, משום שמקבלים מישסו״ת חסדים המגולים בהארת החכמה, והם הנקראים שמיים וארץ התחתונים.

וברכותיו של יעקב הן בשמיים וארץ העליונים, הנקראים עולם העליון, העולם המכוסה, שכולו חסדים מכוסים מחכמה. וגם בשמיים וארץ התחתונים, העולם המגולה, המגולים בהארת החכמה. אבל ברכותיו של עשיו הן רק בשמיים וארץ התחתונים, העוה״ז.

כי ברכותיו של עשיו נמשכות מקו שמאל, חכמה בלי חסדים, שזהו רק בשמיים וארץ התחתונים המגולים בחכמה. אבל בשמיים וארץ עליונים, אין שם מהארת החכמה כלום, רק כולו ימין, חסדים בלבד. ואין לעשיו משם כלום.

ואע״פ שנאמר, שאם יחטאו ישראל יתבטלו הברכות, משמע שיש לעשיו חלק בכל הברכות, וגם בברכות שבשמיים וארץ העליונים, זה נאמר רק בחלק הברכות שבשמיים וארץ התחתונים, ששם יש לעשיו יניקה. אבל בשמיים וארץ העליונים לא יתבטל כלום מהברכות, כי אין לעשיו חלק שם.

וחילוק זה שאומר הזוהר נשמע מלשון הכתוב עצמו, שאומר, ופרקת עולו מעל צווארך, שזה הלשון ייתכן בשמיים וארץ התחתונים, שעשיו סייע ליעקב שם, שעבד והמשיך את קו השמאל שם בשביל יעקב, כמ״ש, ורב יעבוד צעיר. וכן, יכין רשע וצדיק ילבש.

כלומר, אם יחטאו ישראל יפרוק עשיו עולו זה של יעקב מעליו, ולא יעבוד ולא יכין עוד בשבילו. משא״כ בשמיים וארץ עליונים, שעשיו אינו יכול לסייע שם כלום, ולא היה לו עול לעבוד שם בשביל יעקב, אין לומר שם, ופרקת עולו מעל צווארך. הרי שהכתוב מדבר רק בשמיים וארץ התחתונים.

ודע, שהמדרגה השלמה מקבלת משתי ההארות: חסדים מכוסים משמיים וארץ של מעלה, והארת החכמה משמיים וארץ של מטה.

תחילה היא מקבלת הארת החסדים המכוסים שלמעלה, ונבחנת אז לבחינת ו״ק בלי ראש, כל עוד שחסר לה הארת החכמה שלמטה. וכשמקבלת גם הארת החכמה שלמטה, אז היא נשלמת בג״ר.

ומה שנאמר, שיעקב התברך למעלה ולמטה, אין הפירוש שלקח שתי ההארות בבת אחת, אלא בזו אחר זו. תחילה לקח למעלה, ו״ק של הברכות. ואח״כ לקח גם למטה, הג״ר של הברכות. כי בתחילה השיג הקטנות של הברכות, ו״ק בלי ראש, שזה מקובל משמיים וארץ של מעלה. ואח״כ, כשהגיע זמן הגדלות, לקח גם מלמטה.

אבל עשיו, אפילו בתחילה לא קיבל משהו מהארת החסדים משמיים וארץ העליונים, כי להיותו מקו שמאל, אין לו חלק בחסדים מכוסים כלום, שהם כולם ימין. ועי״כ לקח בהכרח משמיים וארץ התחתונים אפילו בתחילה.

153. למה לא התקיימו הברכות שבירך יצחק את יעקב, והברכות שבירך יצחק את עשיו התקיימו כולן?

154. כל הברכות האלו התקיימו, וכן ברכות האחרות שהקב״ה בירך את יעקב התקיימו. אבל בתחילה לקח יעקב את כל הברכות רק למעלה, משמיים וארץ העליונים. ועי״כ הם אצלו מחוסרי השלמות, כל עוד שלא לקח מלמטה. ועשיו לקח למטה. וכשיקום מלך המשיח, ייקח יעקב מלמעלה ומלמטה, גם משמיים

וארץ התחתונים, ויאבד עשיו מכל, ולא יהיה לו חלק ונחלה וזיכרון בעולם.

כמ״ש, והיה בית יעקב אש, ובית יוסף להבה, ובית עשיו לְקש. מפני שיאבד עשיו מכל, ויירש יעקב שני עולמות, עוה״ז, שמיים וארץ התחתונים, ועוה״ב, שמיים וארץ העליונים.

ואין לשאול, הלוא גם מטרם ביאת המשיח מקבל יעקב משמיים וארץ התחתונים, כלומר, בזמן ביהמ״ק, ובשבתות ויו״ט, וע״י תפילות? העניין הוא, כיוון שאינם בקביעות, אינם נחשבים לקבלה. אבל לעתיד יהיה זה בקביעות.

155. בעת ההיא כתוב, ועלו מושיעים בהר ציון, לשפוט את הר עשיו, והייתה לה׳ המלוכה. המלוכה ההיא שלקח עשיו בעוה״ז, תהיה להקב״ה בלבדו. האם עתה אין המלוכה של הקב״ה? אלא אע״פ שהקב״ה שולט למעלה ולמטה, הרי נתן השליטה לעמים האחרים, לכל אחד נתן חלק ונחלה בעוה״ז, להשתמש בו. ובעת ההיא ייקח מכולם את המלוכה, ותהיה כולה שלו, כמ״ש, והייתה לה׳ המלוכה, לו בלבדו. וכתוב, והיה ה׳ למלך.

156. ויהי אך יצוא יצא יעקב. שתי יציאות הללו, אחת היא של השכינה, ואחת היא של יעקב. כי כשנכנס יעקב, נכנסה עימו השכינה, והתברך לפני השכינה. כי יצחק היה אומר הברכות, והשכינה הסכימה עליהם. וע״כ, כשיצא יעקב, יצאה עימו השכינה. וכמ״ש, אך יצוא יצא יעקב. שתי יציאות כאחד.

157. ועשיו אחיו בא מצֵידו. להורות שהוא צידה של עשיו, שאין בו ברכה. ורוח הקודש צווחה ואמרה, אל תלחַם את לחם רע עין.

158. ויעש גם הוא מטעמים ויבוא לאביו. ויאמר לאביו, יקום אבי ויאכל מציד בנו. דיבורו היה בעזות, ברוח עזה. יקום אבי. היא מילה שאין בה טעם. יעקב אמר בבושה לפני אביו, בענווה. כמ״ש, ויבוא אל אביו ויאמר, אבי. מהו ההפרש בין לשון עשיו ללשון יעקב? יעקב, שלא רצה להפחיד אותו, דיבר בלשון תחתונים, כמ״ש, קום נא שְבָה ואוכלה מצֵידי. ועשיו אמר, יקום אבי, כמו שאינו מדבר עימו, אלא מדבר לתוך עצמו.

159. כשנכנס עשיו, נכנס עימו הגיהינום. הזדעזע יצחק ופחד, כמ״ש, ויחרד יצחק חרדה גדולה עד מאוד. למה כתוב, עד מאוד? שלא היו עוד פחד ואימה גדולים כמוהו, שנפלו על יצחק מיום שנברא. ואפילו באותה שעה שנעקד על המזבח, וראה את המאכלת עליו, לא הזדעזע כבאותה שעה שנכנס אליו עשיו. וראה את הגיהינום שבא עימו. אז אמר, בטרם תבוא ואברכהו גם ברוך יהיה, מפני שראיתי השכינה שהודתה על אלו הברכות.

160. יצחק אמר, ואברכהו, יצא קול ואמר גם, ברוך יהיה. רצה יצחק לקלל את יעקב, אמר לו הקב״ה, יצחק, עצמך אתה מקלל. כי כבר אמרת לו, אורריך ארור ומברכיך ברוך.

161. הכול הודו על אלו הברכות, העליונים והתחתונים, ואפילו ס״מ, שרו של עשיו, חֵלק גורלו של עשיו, הודה עליהן. והוא בירך אותו, והודה על הברכות, והעלה אותו על ראשו למעלה. כלומר, שנכנע לפניו.

162. כי כתוב, ויאמר, שלחני, כי עלה השחר. ויאמר, לא אשלחך, כי אם בירכתני. ויאמר שלחני, הוא מפני

שהחזיק בו יעקב. ואיך אדם, בשר ודם, יוכל להחזיק במלאך, שהוא רוח ממש?

163. אלא נשמע מכאן, אשר המלאכים, שליחי הקב״ה, כשיורדים לעוה״ז, הם מעוטפים ומתעטפים ומתלבשים בגוף, בדומה לעוה״ז, משום שכך ראוי להיות, שלא לשנות ממנהג המקום שהלך שם.

164. וכן משה כשעלה למעלה, כתוב, ויהי שם עם ה׳ ארבעים יום וארבעים לילה, לחם לא אכל ומים לא שתה, כדי שלא לשנות ממנהג המקום שהלך שם. ובאלו מלאכים שבאברהם, כשירדו למטה, כתוב, והוא עומד עליהם תחת העץ ויאכלו. וכן כאן, זה המלאך כשירד למטה לא היה מתאבק עם יעקב, אלא מתוך שהיה מלובש בגוף, בדומה לעוה״ז. וע״כ התאבק עימו יעקב כל אותו הלילה. אבל אם לא היה מתלבש, לא היה יכול יעקב להתאבק עימו.

165. משום שהשליטה של הס״א אינה אלא בלילה, משום זה השליטה של עשיו אינה אלא בגלות, שהוא לילה. כלומר, שאז חושך לנו כמו בלילה. וע״כ בלילה נלחם המלאך עם יעקב והתאבק עימו. וכשהבוקר בא, נחלש חילו של המלאך ולא יכול לו. ואז התגבר יעקב, משום ששליטתו של יעקב ביום.

166. ומשום זה כתוב, משׂא דומה אליי קורא משעיר, שומר מה מלילה שומר מה מִלֵּיל. כי השליטה של עשיו, הנקרא שעיר, הוא בלילה. ומשום זה, נחלש המלאך כשבא הבוקר. ואז ויאמר, שלחני כי עלה השחר.

167. ויאמר לא אשלחך, כי אם בירכתני. תברכני, היה צריך לכתוב, בלשון עתיד. כי בירכתני, לשון עבר. כלומר, אם תודה לי על אלו הברכות שבירכני אבי, ולא תקטרג עליי בשבילם, אז אשלחך. ע״כ כתוב, כי אם בירכתני, בלשון עבר. כי המדובר הוא בברכותיו של יצחק.

ויאמר, לא יעקב ייאמר עוד שמך, כי אם ישראל, כי שָׂרית עם אלקים ועם אנשים. למה קרא לו ישראל? כי אמר לו, בעל כורחנו יש לנו לשרת אותך, כי ברוב כוחך התעטרת למעלה, במדרגה עליונה. וע״כ ישראל יהיה שמך. פרצוף ז״א נחלק על החזה, שמחזה ולמטה נקרא יעקב, ומחזה ולמעלה נקרא ישראל. וכיוון שראה המלאך, שיעקב נעשה מרכבה למדרגה העליונה, למחזה ולמעלה דז״א, לפיכך השתעבד לשרת אותו כמו שמשועבד אל ה׳, וקרא לו בשמו, ישראל.

168. כי שרית עם אלקים. להתחבר ולהזדווג עם אלקים, השכינה, בחיבור ובזיווג של השמש והלבנה, זו״ן. כי להיותו מרכבה לז״א שמחזה ולמעלה, הנקרא ישראל, נמצא נכלל עם ז״א בזיווגו עם השכינה, והתחבר גם הוא בשכינה ביחד עם ז״א.

169. ויאמר, אם שמוע תשמע לקול ה׳ אלקיך. כתוב, ויאמר, להתעוררות להתאמץ לשמוע בקול ה׳. אף כאן כתוב, ויאמר, לא יעקב ייאמר עוד שמך כי אם ישראל. פירושו, שיתאמץ ויעלה ממדרגת השם יעקב, שהוא מחזה ולמטה דז״א, למדרגת השם ישראל, שהוא מחזה ולמעלה דז״א, מוחין דג״ר. כי ישראל אותיות לי ראש, כדי להיות הכלל של האבות, להיות קו אמצעי, הכולל ב׳ הקווים ימין ושמאל, שהם האבות אברהם ויצחק.

ויברך אותו שם. שהודה לו על כל

הברכות שבירך אותו אביו. והטעם שאינו רוצה לפרש הכתוב, ויאמר, לא יעקב ייאמר עוד שמך, ששינה את שמו מיעקב לישראל, משום ששינוי השם שייך להקב"ה, ואין המלאך יכול לשנות שם.

170. כתוב, בִּרְצוֹת ה' דרכי איש, גם אויביו ישלים איתו. שני מלאכים יש לאדם, שליחים מלמעלה להתחבר עימו. אחד לימין ואחד לשמאל. והם עדים על האדם. ובכל מה שהוא עושה, הם נמצאים שם. וקוראים להם יצה"ט ויצה"ר.

171. בא האדם להיטהר ולהשתדל במצוות התורה, אותו יצה"ט שמתחבר בו, כבר מתגבר על יצה"ר, והשלים עימו, והיצה"ר נהפך לעבד ליצה"ט. וכשבא האדם להיטמא, אותו יצה"ר מתחזק ומתגבר על יצה"ט.

כשאותו האדם בא להיטהר, כמה התגברויות הוא צריך להתגבר, וכאשר מתגבר יצה"ט, אז, גם אויביו ישלים איתו. כי היצה"ר, שהוא אויביו, נכנע לפני יצה"ט. כשהולך האדם במצוות התורה, אז, אויביו ישלים איתו. זהו היצה"ר וכל הבאים מצידו, ישלימו איתו.

172. משום שיעקב בטח בהקב"ה, וכל דרכיו היו לשמו, ע"כ אויביו ישלים איתו. וס"מ, חילו וכוחו של עשיו, השלים עם יעקב. ומשום שהשלים עם יעקב, והודה לו על הברכות, אז גם עשיו השלים עימו. וכל עוד שלא השלים יעקב עם אותו הממונה שהתמנה עליו, ס"מ, לא השלים עימו עשיו.

משום שבכל מקום כוח של מטה תלוי בכוח של מעלה. וכל עוד שאין מחלישים הכוח של מעלה, כלומר, השרים הממונים עליהם למעלה, אי אפשר להחליש הכוח של מטה בעוה"ז.

173. ויחרד יצחק חרדה גדולה עד מאוד ויאמר מי איפוא. כשבירך יצחק את יעקב, שהשכינה עמדה שם, וע"כ אמר, מי איפוא, שפירושו, איה הוא מי שעמד כאן. והודה על הברכות שבירכתי אותו, ודאי, גם ברוך יהיה. שהרי הקב"ה הסכים על הברכות האלו.

174. בגלל אותה החרדה, שהחריד יעקב ליצחק אביו, נענש יעקב בעונש של מכירת יוסף, שחרד אז חרדה כזו, בשעה שאמרו לו, זאת מצאנו, הַכֶּר נא, הכְּתונת בנך היא אם לא.

יצחק אמר, מי איפוא, באיפה נענש יעקב, כמ"ש, איפה הם רועים? ושם נאבד יוסף ויעקב נענש. ואע"פ שהקב"ה הסכים עימו באלו הברכות, מ"מ נענש באיפה, כמ"ש, איפה הם רועים, ששם נאבד ממנו יוסף, ונענש בכל אותו העונש.

175. ויחרד יצחק חרדה גדולה עד מאוד. כתוב כאן, גדולה, כמ"ש, את האש הגדולה הזאת. כלומר, האש הגדולה, שנכנס עימו הגיהינום. מהו, עד מאוד? כמ"ש על מלאך המוות, טוב מאוד. אף כאן רומז על מלאך המוות, שנכנס עם עשיו, אז אמר, מי איפוא. גם ברוך יהיה, שהבין שהברכות שייכות ליעקב ולא לעשיו.

176. כתוב, כשמוע עשיו את דברי אביו, ויצעק צעקה גדולה. כמה רעות עשו אלו הדמעות לישראל, שבכה עשיו והוציא אותן לפני אביו, כדי שיתברך ממנו, משום שדברי אביו היו חשובים אצלו ביותר. שמחמת זה היה קטרוג על ישראל, שאינם שומרים כבוד אב כמוהו.

וכתוב, הכי קרא שמו יעקב. הכי קרא שמו, אותו שקרא לו, כלומר, הקב"ה. השמיע קול דרך רקיקה, לבזות את מי

שקרא לו יעקב. לא כתוב, נקרא שמו, אלא, קרא שמו, שהתכוון בזה לא לבזות את יעקב, אלא למי שקרא אותו יעקב.

177. ויעקבני זה פעמיים את בכֹרתי לקח, והנה עתה לקח בִרכתי. בכֹרתי, בִרכתי, אותיותיהם שוות. הברכה שייכת לבכור. וכיוון שלקח ממנו הבכורה, כבר קנה גם הברכה.

ונמצא, שאלו שתי המִרמות הן אחת. כיוון שכבר ביזה בעצמו את הבכורה שלו, כי אמר, אנוכי הולך למות ולמה זה לי בכורה, שביזה את הדרך שלו, שהיא הארת השמאל בלי התכללות בימין, ונתן את הבכורה לדרכו של יעקב, קו אמצעי, וקבע את דרכו לנצחיות, הרי הודה בזה שהברכות שייכות ליעקב. כי עניין הברכות הוא קביעת הדרך לנצחיות. וכבר קבע דרכו של יעקב לנצחיות. הרי שבביזוי הבכורה הודה לו על הברכות. וזהו, שבכֹרתי ובִרכתי, אותיותיהם שוות.

179. ולך איפוא מה אעשה בני. ולך איפוא, פירושו, אין עומד פה מי שיסכים עליך שתיטול את הברכות. לכן אמר, מה אעשה בני. ואז בירך אותו בעוה״ז. והסתכל במדרגתו ואמר לו, על חרבך תחיה, כי כן ראוי לך לשפוך דמים ולעשות מלחמות, להיותו דבוק בשמאל, דינים. ועל זה אמר, מה אעשה בני, שמדרגתך אינה ראויה לברכה.

180. אמר לו, ולך איפוא מה אעשה. כי אתה בדינים בחרב ובדם ראיתיך. ואת אחיך ראיתי שהולך בדרך שלם.

אמר לו, אני גרמתי לך את זה, משום שאתה בני. כי גם יצחק היה בחינת קו שמאל, אלא כלול בימין, כמ״ש, אברהם הוליד את יצחק. אני גרמתי לך שתהיה בקו שמאל, שממנו דינים וחרב ודם, משום שאתה בני, ואני מקו שמאל.

וע״כ, על חרבך תחיה ואת אחיך תעבוד. ועדיין לא התקיים זה, שהרי עוד לא עבד עשיו ליעקב. והוא משום, שיעקב אינו צריך לו עתה. והוא חזר וקרא את עשיו, אדוני, כמה פעמים. משום שיעקב הסתכל למרחוק, והניח אותו לאחרית הימים.

181. כתוב, פיה פתחה בחכמה ותורת חסד על לשונה. פיה פתחה בחכמה, כנ״י, השכינה. ותורת חסד על לשונה, ישראל, שהם לשונה של התורה, כי מדברים בה יום ולילה.

182. פיה פתחה בחכמה. זהו אות ב׳ של בראשית, הנוקבא, המכונה בית. תורת חסד על לשונה, אברהם, קו החסד, שבו ברא העולם, ובו מדבר תמיד, שמדבר תמיד בתורה, שהיא כולה המשכת החסד.

צורת אות ב׳ היא סתומה מצד אחד ופתוחה מצד אחד. סתומה מצד אחד, כמ״ש, וראיתָ את אחוריי. ראייה היא חכמה, וכאשר הנוקבא מקבלת חכמה היא נסתמת, מטעם חיסרון של חסדים, וע״כ נקראת אחוריים. והכתוב אומר אז עליה, וראית את אחוריי.

ומהצד השני ב׳ פתוחה, כדי להאיר פניה כלפי מעלה, ז״א. וכן היא פתוחה כדי לקבל מלמעלה, מז״א, והיא פרוצה כמו מסדרון, לקבל אור מרובה. כי המסדרון מקבל אור השמש יותר מהבית. ומשום זה, ב׳ של בראשית עומדת בראש התורה, כמ״ש, פיה פתחה בחכמה. ואח״כ התמלאה אור בכל דברי התורה, כמ״ש, ותורת חסד על לשונה.

יש בכתוב ב׳ פתיחות של הנוקבא:

א. פיה פתחה בחכמה,

ב. ותורת חסד על לשונה.

בעת שהב׳, הנוקבא, נפתחת, בעת שמזדווגת עם ז״א, יש בה השפעה וקבלה. כי ז״א תמיד בחסדים מכוסים, להיותו

בבחינת ג"ר דבינה, כמ"ש, כי חפץ חסד הוא. זולת בעת זיווגו עם הנוקבא, הוא נכלל ממנה באור החכמה שלה.

והנוקבא מאירה הארת חכמה כלפי מעלה, לז"א בעלה, כמ"ש, אשת חיל עטרת בעלה, כי מעטרת אותו בהארת החכמה. הרי שהנוקבא נפתחת בהשפעה, כמ"ש, פיה פתחה בחכמה, להשפיע חכמה לז"א. וכן היא נפתחת בקבלה, שמקבלת אז שפע חסדים מז"א, הנקרא תורה. כמ"ש, ותורת חסד על לשונה.

183. פיה פתחה בחכמה. סובב על התורה. שפתחה בחכמה בוודאי. כמ"ש, בראשית ברא אלקים, שבראשית פירושו חכמה. תורת חסד על לשונה, כי אח"כ מספרת התורה ואומרת, ויאמר אלקים יהי אור ויהי אור. שפירושו אור החסד.

פיה פתחה בחכמה. ה"ר של שם הקדוש הוי"ה, בינה, שהכול בה, שכל המוחין דזו"ן והתחתונים נמשכים ממנה. והיא סתומה וגלויה, שנוהג בה קטנות וגדלות. שבעת קטנות היא כללות שלמעלה ושלמטה. שהמלכות שלמטה נכללת בבינה שהיא למעלה, שאז נעשית הבינה סתומה.

ולעת גדלות היא המוחין שלמעלה, של הבינה עצמה. ושלמטה, של המלכות. שאז היא עצמה נעשית גלויה, בג"ר. וגם משפיעה מוחותיה אל המלכות.

לפיכך, פיה פתחה בחכמה, משום שבג"ר דבינה, היא סתומה ולא נודעת כלל. כמ"ש, ונעלמה מעיני כל חי ומעוף השמיים נסתרה.

וכשהתחילה הבינה להתפשט עם החכמה שהתדבקה בה, ושהתלבשה בתוכה כשבע ספירות תחתונות שבה, כמ"ש, פיה פתחה בחכמה, לא יכלה להתפשט, עד שהוציאה קול, ז"א, הקו האמצעי, תורת חסד. ועליו כתוב, ותורת חסד על לשונה. כי ז"א נקרא תורה, והוא מאיר באור החסד, וע"כ נקרא תורת חסד. והטעם שהבינה לא יכלה להתפשט בחכמה, עד שיצא אור החסד, ז"א, הוא מפני שאין החכמה יכולה להאיר מטרם שהתלבשה באור החסד.

184. פיה פתחה בחכמה. ה"ת של שם הוי"ה, הנוקבא, שהיא נקראת דיבור, התלוי בחכמה. שאין דיבור בלי חכמה ושכל. וע"כ כתוב על הנוקבא, פיה פתחה בחכמה. ותורת חסד על לשונה, זהו קול, ז"א, העומד על הדיבור, הנוקבא, להנהיג אותה.

ותורת חסד, זהו יעקב, ז"א שנקרא תורה והוא חסד. שהוא על לשונה, על הדיבור שלה, להנהיג הדבר ולהתייחד עימה, כי אין דיבור בלי קול. כלומר, הנוקבא הנקראת דיבור, אין לה מעצמה כלום, אלא מה שז"א, קול, משפיע אליה. וע"כ אין הדיבור נשמע בלי קול. שמורה על ייחוד זו"ן.

פיה פתחה בחכמה, כשהנוקבא פותחת פיה לדבר, להשפיע חכמה לתחתונים, אז, ותורת חסד על לשונה. אז מחויבת להתייחד עם ז"א, קול ותורת חסד, והוא נשמע דרך הדיבורים שלה שעל לשונה. וגם זה מטעם, שאין החכמה שבנוקבא יכולה להאיר בלי אור החסד של ז"א.

185. כתוב, אני חכמה, שָׁכַנְתִּי עורמה ודעת מזימות אמצא. אני חכמה, כנ"י, הנוקבא, הנקראת חכמה תחתונה. שכנתי עורמה, זהו יעקב, שהוא ערום, כי לקח הברכות בעורמה. ודעת מזימות אמצא, זהו יצחק, שהיה לו דעת מזימות לברך את עשיו.

ומשום שחכמה, השכינה, השתתפה עם יעקב, שבא בעורמה, ע"כ, ודעת מזימות אמצא, שהתברך יעקב מאביו, שהיה לו דעת מזימות לברך את עשיו,

ונחו עליו כל אלו הברכות, והתקיימו בו ובבניו לעולם ולעולמי עולמים.

186. התקיימו בעוה״ז, וכולם יתקיימו בזמן מלך המשיח, שאז יהיו ישראל גוי אחד בארץ ועם אחד אל הקב״ה. וכמ״ש, ועשיתי אותם לגוי אחד בארץ. וימשלו למעלה ולמטה, כמ״ש, והנה עִם ענני השמיים כבן אנוש היה בא. כלומר, מלך המשיח. וע״כ רצה יעקב, שברכותיו יהיו נדחות לעת״ל, ולא לקח אותן מיד.

187. כתוב, ואתה אל תירא עבדי יעקב נאום ה׳, ואל תֵּחַת ישראל כי הנני מושיעך מרחוק, ואת זרעך מארץ שִׁבְיָם. ושָׁב יעקב ושקט ושאנן ואין מחריד, כי איתך אני נאום ה׳, להושיעך.

באותה שעה, שיצא יעקב עם הברכות מלפני אביו, הסתכל בעצמו ואמר, הנה אלו הברכות אני רוצה לדחות אותן לאחר זמן, ויהיו לאורך ימים. והיה מפחד ומתיירא, שלא ינוחו עליו הברכות מיד, פן יהיה להן הפסק, אם יחטאו ישראל. יצא קול ואמר, ועתה אל תירא עבדי יעקב נאום ה׳. כי איתך אני, שלא אעזוב אותך בעוה״ז. כי הנני מושיעך מרחוק, לאותו הזמן שאתה דוחה את קיום הברכות.

188. ואת זרעך מארץ שִׁבְיָם, שאע״פ שעתה לקח עשיו את הברכות ובניו יעבידו את בניך, אני אוציא אותם מידיו, ואז בניך יעבידו אותו. ושב יעקב, שישוב לאלו הברכות. ושב יעקב אל השכינה, שתהיה שוב עם יעקב. ושב יעקב, ודאי ושקט ושאנן, שישקוט מאלו הממלכות, מבבל, ממָדַי, מיוון ומאדום, שהיו מעבידים את ישראל. ואין מחריד לעולם ולעולמי עולמים.

189. כל מה שהקב״ה עושה בארץ, הכול הוא בחכמה, והכול הוא כדי להורות חכמה עליונה לבני אדם, כדי שילמדו מאותם המעשים סודות החכמה. והכול הוא כראוי להיות. ומעשיו כולם הם דרכי התורה, משום שדרכי התורה הם דרכיו של הקב״ה. ואין לך דבר קטן, שלא יהיו בו כמה דרכים ושבילים וסודות חכמה העליונה.

190. 300 הלכות פסוקות בחכמה העליונה, בפסוק, ושם אשתו מְהֵיטַבְאֵל בת מַטְרֵד בת מֵי זהב. כמה סודות התורה נמצאים בכל פעולה שכתוב בתורה, ובכל מילה יש בה חכמה ותורת אמת. וע״כ מילות התורה מילים קדושות הן, להראות מהן נפלאות. כמ״ש, גל עיניי ואביטה נפלאות מתורתך.

191. בשעה שהנחש רימה את אדם ואשתו, שקרב לאשתו והטיל בה זוהמה, והתפתה בה אדם, אז נטמא העולם, וקוללה הארץ בשבילו, וגרם מיתה לכל העולם, והעולם היה עומד להיפרע ממנו. עד שבא עה״ח, וכיפר על אדם, והכניע את הנחש, שלא ישלוט על זרעו של יעקב לעולם.

192. בזמן שישראל הקריבו שעיר, היה נכנע אותו הנחש, והתהפך לעבד אל ישראל. וע״כ הגיש יעקב לאביו שני שעירים. אחד להכניע לעשיו, שעיר. ואחד בשביל המדרגה, שעשיו היה תלוי בה והתדבק בה, שהוא ס״מ, שרו של עשיו.

193. וע״כ נמצא העולם בקללה, עד שתבוא אישה בדומה לחוה, ואיש בדומה לאדם, וירמו ויערימו על אותו הנחש, ואותו שהיה רוכב עליו, ס״מ.

יעקב היה דומה לאדם, ורבקה הייתה דומה לחוה, ועשיו היה בחינת הנחש,

ששרו של עשיו, ס״מ, היה רוכב עליו. וע״כ באו רבקה ויעקב במרמה, והערימו על עשיו וס״מ. ובכוח שני השעירים, שהגישו רבקה ויעקב, התגברו עליהם.

194. ויעקב איש תם יושב אוהלים. איש תם, פירושו אדם שלם. למה הוא תם? בגלל שהוא יושב אוהלים, שנאחז בשני הצדדים, ימין ושמאל, אברהם ויצחק. ונמצא שהוא שלם מימין, אור החסדים, ומשמאל, הארת החכמה.

אוהל פירושו אורה. ולהיותו כלול משני אורות, מהארת הימין והארת השמאל, כתוב עליו, יושב אוהלים, בלשון רבים.

ומשום שכלול משני הצדדים, בא יעקב אל עשיו מצידו של יצחק הכלול בו. שהם שני השעירים שהגיש ליצחק, שהיו מהארת השמאל מבחינת יצחק. והערים עליו, כמ״ש, עם חסיד תתחסד, ועם עיקש תתפתל. וכשבא לקבל הברכות, בא בתמיכה של מעלה, בתמיכת אברהם ויצחק, משני הצדדים ימין ושמאל ביחד.

195. כאשר יעקב התעורר אל ס״מ, מדרגת עשיו, וס״מ רב והתאבק עם יעקב, ויעקב ניצח אותו בכמה אופנים, נוצח הנחש בעורמה ובמרמה, ולא נוצח רק בשעיר, כלומר שני השעירים שהגיש ליצחק אביו, שבהם ניצח את עשיו, דרגת הנחש. ואע״פ שהכול אחד, הנחש וס״מ, מ״מ ניצח כמו כן גם את ס״מ בניצחון אחר. כמ״ש, ויאבק איש עימו עד עלות השחר, ויַּרְא כי לא יכול לו.

196. ס״מ בא ורצה להעביר את יעקב מהעולם. ואותו לילה היה הלילה שנבראה בו הלבנה, ליל יום ד׳, הלילה שנבראו בו המאורות, שהוא זמן סכנה. ויעקב נשאר לבדו, שלא היה עימו אחר.

הלילה של יום ד׳, כי אז הלבנה היא חסרה, שכתוב בו, יהי מאֹרֹת, חסר אות ו׳, מלשון קללה. ואותו הלילה נשאר יעקב לבדו, וע״כ היה בסכנה גדולה. כי כשהלבנה חסרה, מתחזק הנחש הרע ומושל. ואז בא ס״מ וקטרג על יעקב, ורצה לאבד אותו מהעולם.

197. ויעקב היה חזק בכל הצדדים, בצד יצחק ובצד אברהם, שהם היו מעוזיו של יעקב. בא ס״מ לימין, ראה את אברהם חזק בכוחו של יום, בצד הימין שהוא חסד. בא לשמאל, ראה את יצחק חזק בדין קשה. בא לגוף, לקו אמצעי, ראה את יעקב חזק משני הצדדים, אברהם ויצחק, שסובבים אותו.

אז, כמ״ש, וירא כי לא יכול לו, ויגע בכף ירכו, מקום מחוץ לגוף, והוא עמוד אחד של הגוף, שכל הגוף נשען עליו, ספירת הנצח, עמוד הת״ת, הנקרא גוף. אז, כמ״ש, וַתֵּקַע כף ירך יעקב בהיאבקו עימו.

198. כיוון שהאיר הבוקר והלילה עבר, התחזק יעקב ונחלש כוחו של ס״מ. אז אמר, שלחני, שהגיע הזמן לומר שירת הבוקר, ואני צריך ללכת. והודה לו על הברכות, והוסיף לו ברכה אחת משלו. כמ״ש, ויברך אותו שם.

199. כמה ברכות התברך יעקב? אחת של אביו, ע״י מרמה, שהרוויח כל אלו הברכות. ואחת של השכינה, שבירך אותו הקב״ה, כשחזר מלבן, כמ״ש, ויברך אלקים, את יעקב. ואחת שבירך אותו המלאך הממונה של עשיו. ואחת, שבירך אותו אביו כשהלך לפַדַּן ארם, כמ״ש, ואל שד״י יברך אותך.

200. בעת ההיא, שראה יעקב את עצמו בכל אלו הברכות, אמר, באיזה מהן

אשתמש עתה. אמר, בברכה החלשה שבהן. והיא האחרונה שבירך אותו אביו. ואע״פ שגם היא ברכה חזקה, אמר, אינה חזקה בשליטת עוה״ז כראשונות.

201. אמר יעקב, אקח עתה ברכה זו ואשתמש בה, ואדחה כל האחרות לזמן שיהיה נצרך לי ולבניי אחריי. מתי יהיה זאת? הוא יהיה בזמן, שיתקבצו כל האומות לאבד בניי מהעולם. כמ״ש, כל גויים סְבָבוני בשם ה׳ כי אֲמִילַם. סַבּוּני גם סבבוני בשם ה׳ כי אמילם. סַבּוּני כדבורים. הרי כאן שלושה פסוקים, כנגד שלוש ברכות שנשארו, שעוד לא השתמש בהן. אחת היא ברכה ראשונה שבירך אותו אביו. השנייה היא הברכות שבירך אותו הקב״ה. השלישית היא הברכות שבירך אותו המלאך.

202. אמר יעקב, שם אני צריך כל הברכות, שיגנו עליי מפני המלכים וכל האומות שבכל העולם שיסבבוני. וע״כ אדחה אותן שם. ועתה, לעשיו, די לו בברכה השנייה שבירך אותו אביו.

בדומה למלך, שהיו לו כמה גדודים גיבורים, כמה שרים עושי מלחמה, היודעים לערוך מלחמות, שהיו מוכנים נגד מלכים גיבורים לערוך עימהם מלחמה. בינתיים שמע המלך על שודד ענק אחד. אמר, אלו שומרי השערים ילכו שם ויילחמו עימו. אמרו לו עבדיו, מכל הגדודים שלך אינך שולח שם אלא אלו? אמר המלך, נגד שודד הזה מספיקים גם אלו, כי כל גדודי ושרי המלחמה אדחה, שיילחמו נגד המלכים הגיבורים ליום מלחמה, שיהיו נחוצים לי, יהיו מוכנים.

203. אף יעקב, כך אמר לנגד עשיו, מספיקות לו עתה גם אלו הברכות, שבירך אותו אביו כשהלך לפדן ארם. אבל שאר כל הברכות, אדחה אותן לאותה העת, שיהיו נחוצים לבניי, לנגד כל המלכים והשליטים שבכל העולם, שיקומו עליהם.

204. כשאותה העת תגיע, יתעוררו אלו הברכות מכל הצדדים על ישראל, ויתקיים העולם על קיומו כראוי להיות. ומאותו יום ואילך תקום המלכות העליונה, נוקבא דז״א, על כל שאר הממלכות האחרות. ואותה האבן שנחצבה מן ההר שלא בידי אדם, כמ״ש, משם רועה אבן ישראל. אבן היא כנ״י, נוקבא דז״א.

205. מכאן נשמע, ששאר הברכות של יעקב נשארו לישראל לעת״ל, כמ״ש, שאר ישוב, שאר יעקב, אלו הן ברכות אחרות שנשארו. ועליהן כתוב, שאר ישוב, שישובו לישראל. וכתוב, והיה שארית יעקב בגויים בקרב עמים רבים, בכל הגויים ולא רק בעשיו לבדו. שאז יתעורר עליהם שאר הברכות. שכתוב, והיה שארית בקרב עמים רבים כטל מאת ה׳.

206. כתוב, בן יכבד אב ועבד אדוניו. בן זה עשיו, שלא היה אדם בעולם שיכבד לאביו, כמו שכיבד עשיו את אביו. וכיבוד ההוא שכיבד אותו, השליט אותו בעוה״ז.

207. ועבד אדוניו. זה אליעזר עבד אברהם. כי אדם שבא לחרן בהרבה עשירות, וכמה מתנות ופיזרונות וגמלים טעונים, ולא אמר לבתואל וללבן, שהוא אוהבו של אברהם, או אדם אחר, שבא ע״י בקשתו של אברהם, אלא עוד מטרם שהתחיל לדבר דבריו, אמר, עבד אברהם אנוכי. וכן אח״כ אמר כמה פעמים עליו, אדוני.

משום שכיבד את אברהם בכיבוד ההוא ובטוב ההוא, המתינו לו לכמה

זמן. כי אליעזר עבד אברהם הוא עוג
מלך הבשן. וע״כ אמר הקב״ה למשה, אל
תירא אותו, לא תעמוד לו זכותו של
אברהם. ומה שהיה חי עד הזמן ההוא,
היה בזכות שכיבד את אדונו.

208. כך עשיו. בזכות כיבוד שכיבד

את אביו, המתין לו הקב״ה כל אותו
הזמן ששלט בעוה״ז. ואלו הדמעות
הורידו את ישראל תחת השעבוד שלו,
עד שישובו ישראל אל הקב״ה בבכייה
ובדמעות, כמ״ש, בבכי יבואו. ואז כתוב,
ועלו מושיעים בהר ציון לשפוט את
הר עשיו.

פרשת ויצא

ויצא יעקב מבאר שבע

1. ויצא יעקב מבאר שבע וילך חָרָנָה. רבי חייא אמר, ויצא יעקב, לשון זריחה, כמו השמש יצא. באר שבע, בינה, שמשם מקבל ז"א אורו. חרן, נוקבא המקבלת אור השמש, ז"א. ואומר, וזרח השמש ובא השמש ואל מקומו שואף זורח הוא שָׁם. וזרח השמש, זה יעקב, ז"א, כשהיה בבאר שבע, בינה. ובא השמש, כאשר הלך לחרן, נוקבא דז"א. שכתוב, ויפגע במקום ויָלֶן שם, כי בא השמש. ואל מקומו שואף זורח, כמ"ש, וישכב במקום ההוא. הנוקבא נקראת מקום, ושם הוא שואף ומאיר.

2. השמש, אע"פ שמאיר לכל העולם, נסיעותיו הן רק בב' צדדים, הולך אל דרום וסובב אל צפון, משום שדרום הוא קו ימין וצפון הוא קו שמאל. ונמשך ויוצא השמש בכל יום מצד מזרח, שהוא בחינתו עצמו, ת"ת, והולך לצד דרום, לקו ימין, חסד. ואח"כ סובב לצד צפון, לקו שמאל, גבורה, שנכלל מהארת ב' הקווים, ומצד צפון הולך לצד מערב, הנוקבא, שכתוב, וילך חרנה. ההארה המרומזת בכתוב, ויצא יעקב, הארה שלמה, שכלולה מב' הקווים ימין ושמאל, חכמה וחסדים יחדיו.

3. אלא, שהוא יצא מכלל ארץ ישראל, כמ"ש, ויצא יעקב מבאר שבע, הנוקבא בשלמותה, הנקראת ארץ ישראל. והלך לרשות אחר, שכתוב, וילך חרנה, הוא חוץ לארץ ישראל, ששם רשות הס"א. יצא ממזרח, קו אמצעי, הכולל ב' הקווים ימין ושמאל, כמ"ש, ויצא יעקב מבאר שבע, שמיטה, הנוקבא, שלקח מהעומק העליון, בינה, את האור המאיר והולך למערב. כלומר, שלקח אותו אור שהולך ושוקע במערב, שהוא קו שמאל בלי הימין, כמ"ש, וילך חרנה, כלומר מקום שדין וחרון אף שם, רשות הס"א. כי הארת שמאל בלי ימין היא בחינת הס"א. והולך ושוקע עד שנסתם כולו, מטעם חיסרון של אור החסדים של קו הימין, שאין החכמה יכולה להאיר בלי חסדים.

ונמצא שרבי שמעון אמר:

א. ויצא יעקב, אינו זריחה, אלא יציאה מרשות לרשות,

ב. שלא היה כלול בעת היציאה מדרום ומצפון, אלא שהיה בהארת השמאל בלי הימין,

ג. באר שבע אינו בינה, אלא הנוקבא בשלמותה כשהיא דבוקה במזרח,

ד. חרן אינו הנוקבא דז"א, אלא רשות דס"א.

4. בתחילה היה יורד אור מהעומק העליון, בינה, ויעקב, ז"א, לקח אותו והלך, והשפיע לבאר שבע, הנוקבא הנבנית מאו"א. יעקב היה מאיר מאו"א, והשלים אותה הבאר בכל שלמותה. ובימי הגלות נוסע מבאר שבע והולך לחרן, כלומר חרון אף של הקב"ה, המדרגה הרעה, מלכות דקליפות.

"ויצא". ספר הזהר עם פירוש הסולם. מהד' 21 כר'. כרך ה. דף א; מהד' 10 כר'. כרך ג. דף א.

5. אלא כשהשמש, ז"א, הולך למערב, הנוקבא, נקרא מערב מקום של השמש, הכיסא שלו, המקום שהשמש שורה עליו. כמ"ש, ואל מקומו שואף זורח הוא שם. שהולך אל המקום להאיר עליו, והוא לוקח כל האורות, מקו ימין ומקו שמאל, ומאספם אליו, שמשפיע אותם אל הנוקבא.

6. הקב"ה, ז"א, המניח תפילין, לוקח כל הכתרים העליונים, שהם אבא עילאה ואמא עילאה, המוחין דחו"ב, שהם ב' פרשיות:

א. קַדֶּשׁ לי כל בכור, הוא המוחין דאבא עילאה, חכמה.

ב. והיה כי יביאךָ, הוא המוחין דאמא עילאה, בינה.

והם תפילין של ראש, ג"ר דתפילין, י"ה, המכונים ראש, ג"ר.

ואחר שלקח המוחין דאו"א, י"ה, לוקח ימין ושמאל של מוח הדעת, שהם ב' פרשיות: שמע ישראל, והיה אם שָׁמוֹעַ, שהם ו"ה. ונמצא שז"א לקח בזה כל המוחין חו"ב חו"ג, שהם ד' הפרשיות, המכונים תפילין דהקב"ה.

והוכיח רבי חייא בזה לרבי שמעון, שאין לומר, שוייצא יעקב מבאר שבע, פירושו שלקח רק הארת השמאל בלי ימין, כדברי רבי שמעון, כי השכינה נקראת מקום, בעת שמשפיע לה מכל האורות. וכאן כתוב, ויפגע במקום, שיעקב האיר לה כל האורות, ולא רק הארת שמאל בלבד. וסתר בזה כל דברי רבי שמעון, כי לפי זה נמצא, אשר, ויצא יעקב, אין פירושו, שיצא מרשות הקדושה לרשות הס"א, כדברי רבי שמעון, אלא שהיא זריחה שלמה, שהרי האיר מכל האורות יחד, שהיא קדושה.

וכן באר שבע, בינה, המקור של צד מזרח, הכולל לכל האורות יחד. וחרן הנוקבא דקדושה, המקבלת אותה השלמות, ולא ס"א, כדברי רבי שמעון. ונמצא שדחה בזה כל דברי רבי שמעון.

אמנם רבי שמעון משיב לו בהמשך, אשר חרן היא העורלה. אלא אח"כ חזר יעקב לנוקבא דקדושה, שעליה כתוב, ויפגע במקום. ומיושב הכול.

7. ועוד, תפארת ישראל, ז"א, לוקח כל ד' המוחין חו"ב תו"מ. וכשנמשכה כנ"י למעלה אל הבינה, לוקחת גם היא את כולם, כמו ז"א, וכוללת את עולם הזכר של הקב"ה, בינה, וכן עולם הנקבה של הקב"ה, בחינתה עצמה. וכמו שכל האורות יוצאים מעולם של הבינה, כן לוקח אותם כולם עולם של הנוקבא.

כי הבינה שווה עתה אל הנוקבא, מטעם שעלתה אליה והלבישה אותה, והתחתון העולה לעליון נעשה כמוהו. ומשום זה באר שבע היא יובֵל, בינה, באר שבע היא שמיטה, הנוקבא. משום שאורותיהן של הבינה והנוקבא שווים, לכן נקראות שתיהן באר שבע.

והשמש הזה אינו מאיר אלא מיובל. וע"כ כתוב, ויצא יעקב מבאר שבע, בינה, וילך חרנה, מערב, שמיטה, הנוקבא. אשר באר שבע היא בינה, וחרן היא נוקבא.

8. רבי שמעון אמר, ויצא יעקב מבאר שבע, הוא מערב, שנת השמיטה, הנוקבא. וילך חרנה, הוא שנת עורלה, משום שיצא מרשות הקדושה לרשות אחר, כי ברח מפני אחיו. וכאשר הגיע לבית אל, רשות קדוש, כתוב, ויפגע במקום. מתחילה יצא יעקב מרשות הקדושה, משום שלקח הארת שמאל בלי ימין, ולבסוף חזר לקדושה, ונכלל מכל האורות. ואז נאמר, ויפגע במקום.

9. מאיזה מקום? מקומו של ז״א, הנוקבא.

10. וייקח מאבני המקום, שבחר אבנים יקרות, מרגליות טובות, שהן י״ב (12) אבנים עליונות, ותחתיהן 12,000 ורבבות אבנים מחוטבות. וכולן נקראות אבנים. משום זה כתוב, מאבני המקום, ולא אבני המקום, הנוקבא.

הנוקבא נקראת אבן, והמדרגות שבה מכוּנות אבנים טובות. ומשום שמקבלת מנה״י דז״א, הנקראים רגליים, היא מכונה ג״כ מרגליות, מלשון מַרגלותיו. ומספר י״ב רומז על חכמה, ועשרה על חסדים, ומורה על הארת חכמה. כי מורה שממותקת כולה בבינה וראויה לקבלת החכמה, וע״כ יש בארבע ספירות חו״ב תו״מ שלה, אחר התכללותם זה בזה, רק י״ב ספירות, חכמה בינה ות״ת בכל אחת מהן, ובחינת עצמה חסרה, מחמת שנמתקה בבינה.

וע״כ הם ד״פ שלוש, שהם י״ב, ולא ד״פ ארבע, שהם ט״ז (16). וזה הים של שלמה, העומד על שני עשר בָּקָר. כי הנוקבא, בעת שמקבלת הארת חכמה, נקראת ים, ואז עומדת רק על י״ב ספירות, הנקראות בָּקָר, כלומר שלוש לכל רוח, ולא ארבע.

והארותיה העוברות לעולמות מאצילות ולמטה נבחנות ג״כ למספר י״ב, ולהיותן מבחינת חכמה הן אלפים. וע״כ הן 12,000 אבנים. ומבחינת הארת החסדים המלבישה החכמה, נבחנות לרבבות, כי 10,000 הוא ריבוא, המורה על הארת חסדים שבתוכן חכמה.

וכשעוברות דרך המסך שמתחת האצילות, הן נחצבות ונפרדות מאור אצילות, מפאת המסך המסיים את עולם האצילות. ותחתיהן, תחת י״ב אבנים שבנוקבא דאצילות, 12,000 ורבבות אבנים מחוטבות, שהארות החכמה היא 12,000 והארות החסדים הן רבבות. והן מחוצבות, מחמת שעברו דרך המסך דאצילות, החוצב ומפריד אותן מאצילות. וכולן נקראות אבנים, הן י״ב מדרגות שבה עצמה, והן הארותיה הנמשכות ממנה 12,000 ורבבות, כולן נקראות אבנים. משום זה כתוב, מאבני המקום, להורות שלקח רק אותן י״ב אבנים שבה עצמה.

11. וישׂם מראשותיו, של אותו המקום, הנוקבא. מראשותיו, לארבע ראשים של העולם, לד׳ רוחות, דרום צפון מזרח מערב, חו״ב תו״מ. וכתוב, ומשם ייפרד והיה לארבע ראשים. שלושה אבנים נתן לרוח צפון, ושלושה לרוח מערב, ושלושה לרוח דרום, ושלושה לרוח מזרח, ואותו המקום עומד עליהן להיתקן בהן. כמ״ש, ועומד על שני עשר בָּקָר.

12. ויִשכב במקום ההוא. וישכב, אותיות, וי״ש כ״ב. שהן י״ב מרגליות שלמטה, שהנוקבא עומדת עליהם, המורה על חכמה שבה. וכל אלו המדרגות, שהן על המקום הזה, הם ע״ס, שמספר הזה מורה על הארת חסדים שבה. הרי הם כ״ב (22), הרומז על שלמותה, הן מחכמה והן מחסדים.

כיוון שנתקנה המיטה בכ״ב, שכב בה. מי שכב בה? השמש, ז״א. וע״כ כתוב ביעקב, ז״א, ויישב על המיטה, כי לו היא ראויה, ולא לזולתו, משום שהיא הנוקבא דז״א. וע״כ, וישכב במקום ההוא. ועל זה כתוב, וזרח השמש ובא השמש.

ז׳ הֲבָלִים

13. וזרח השמש ובא השמש. מה ראה שלמה המלך, אשר ההתחלה של ספר החכמה שלו הוא מזריחת וביאת השמש? שלמה המלך העמיד את ספרו על ז׳ הבלים, שהעולם עומד עליהם, והם עמודים ואדָנים, המהווים קיומו של העולם. ומשום זה הם נקראים הבלים. כי כמו הגוף שאינו מתקיים בלי הבל, אף העולם אינו מתקיים זולת על ההבלים, והם שבעה, כמ״ש, הבל הבלים, אמר קוהלת, הבל הבלים, הכול הבל. הרי ז׳ הבלים.

הדיבור, שהוא הנוקבא, כולל בתוכו קול והבל, אשר ההבל הוא שורש אל הקול, והקול הוא שורש אל הדיבור. וע״כ הם נבחנים לנר״ן. הבל, הנשמה, שורש הרוח. קול, רוח, שורש אל הנפש, המכונה דיבור. ז׳ הבלים, ז״ת דבינה, הנקראת נשמה. מלובשות בז״ת דז״א, הנקרא רוח, ובתוך ז״ת דנוקבא, הנקראת נפש, וכן נקראת עולם.

ז׳ הבלים הם שבע נשמות בתוך שבע ספירות חג״ת נהי״מ של העולם, שהוא הנוקבא. חג״ת מכונים עמודים ונהי״מ מכונים אדנים.

14. האם הם המרגליות הטובות שהעולם עומד עליהן? הרי במקום אחר כתוב, שהם חורבן העולם, כמ״ש, זה הבל וחולי רע וּרעוּת רוח? אלא אע״פ שאלו ז׳ הבלים קדושים הם קיום העולם, יש כנגדם ז׳ הבלים שכל הדינים שבעולם יוצאים מהם ומתפשטים מהם, להעניש בני אדם ולתקן אותם, שילכו בדרך הישר. ונקראים, הבל, שחולי רע שורה בו, הבל שהוא רעות רוח. והם קיום העולם, כי בגללם הולכים בני אדם בדרך הישר וביראה מפני הקב״ה. וע״כ הרבה הבלים רעים מתפשטים משבעה הבלים דקדושה, להיותם גם הם קיום העולם.

15. מה שהתחיל הספר בכתוב, וזרח השמש ובא השמש, הוא מפני שהוא הבל המקיים העולם, להביא את האדם בתוך האמונה העליונה של הקב״ה, שיזכה למוחין העליונים דבינה, האמונה העליונה של הקב״ה. וע״כ כל מה שהוא מתחת המדרגה הזו, מתחת השמש, אינו האמונה, אינו מהקדושה. וע״כ כתוב, ואין יתרון לאדם בכל עמלו שיעמול תחת השמש. כי מתחת זו אין צריכים להידבק.

ז׳ הבלים הקדושים וז׳ הבלים הרעים, שורשם קו שמאל דישסו״ת, שבמחלוקת עם קו ימין שבו, שאז נסתמים האורות שבו ונעשים, כמ״ש, הבל ורעות רוח. ומתוך שישסו״ת, ז״ת דבינה, חג״ת נהי״מ, יש כאן ז׳ אורות שנחרבו ונעשו ז׳ הבלים. ותיקונם ע״י עליית הקול, ז״א, לישסו״ת, שהכריע בין ב׳ הקווים, והבדיל ביניהם, שהשמאל יאיר מלמטה למעלה, והימין מלמעלה למטה. ובזה קיים את שניהם, וז׳ הבלים חזרו ונעשו לז׳ אורות.

ביציאת קו שמאל להאיר בלי ימין, נעשה הכול הבל. ואח״כ בעליית הקול, הקו האמצעי שקִיים את שניהם, חזרו ז׳ הבלים ונעשו לז׳ אורות, אשר ז׳ אורות הללו הם כל המוחין דחכמה, המכונים ראייה, המתגלים לתחתונים. וע״כ אמר שלמה עליהם, את הכול ראיתי בימי

הבלי, שבהבלים נגלו לו כל המוחין דראייה. כי אלו ז׳ הבלים מתלבשים בשבע ספירות דקול, ושניהם בשבע ספירות של דיבור, שהוא הנוקבא, הנקראת עולם, שבה מקום הגילוי של אלו הבלים, שנעשו לז׳ אורות דראייה. ובהם מתקיים העולם.

ג׳ ספרים עשה שלמה כנגד ג׳ קווים:

א. שה״ש, ביאור לקו ימין, חסד,

ב. קוהלת, ביאור לקו שמאל, גבורה,

ג. משלי, ביאור לקו האמצעי, ת״ת.

כל האורות קו השמאל הן בז׳ הבלים, כמ״ש, את הכול ראיתי בימי הבלי. נמצא שכל ספר קוהלת מבאר את ז׳ הבלים הללו, הטובים והרעים, להיותו ביאור לקו השמאל.

כל התיקונים של ז׳ הבלים הם, ע״י קו האמצעי, ז״א, הנקרא קול, שמש, שע״י שמבדיל בין הארת קו ימין וקו שמאל, שהארת החכמה שבשמאל לא תאיר מלמעלה למטה אלא מלמטה למעלה, מתקיים הארת שני הקווים. אז חוזרים ז׳ הבלים ונעשים אורות ונשמות לנוקבא, והעולם מתקיים, שמקבלת המוחין הגדולים, הנקראים קיום.

כל מה שנעשה תחת השמש, כל מי שממשיך את הארת החכמה אל מתחת השמש, מלמעלה למטה, שאין זה עבודת הקב״ה, ע״י ההמשכה הזו נעשה האור להבל, שבירת הרוח, כמ״ש, הבל ורעות רוח. אבל עבודת ה׳ מעלה את האור למעלה מהשמש, שממשיך האור מלמטה למעלה, מהשמש ולמעלה ולא מהשמש ולמטה. ואז נעשה ממנו הבל קדוש, שמתהפך לאור, ונעשה נשמה לנוקבא, ומתקיים העולם.

שמש הוא הבל המקיים את העולם, שנעשה נשמה לנוקבא, הנקראת עולם, הוא התיקון של כל ז׳ הבלים. כי אחר שהשמש, ז״א, הכריע בין הקווים ימין ושמאל שבישסו״ת, בשלושה היוצאים מאחד, וקיבל אותם גם הוא באחד הזוכה בשלושה, אז ממשיך השמש ג׳ קווים שבבינה בזה אחר זה.

ותחילה, וזרח השמש, מבינה, ישסו״ת, קו ימין, אור החסדים. ואח״כ ממשיך משם קו שמאל, ובא השמש, שנעשה חושך, כמ״ש, כי הכול הבל. ואח״כ מגלה בחינתו עצמו, קו אמצעי, לייחד הימין והשמאל זה בזה ולהבדיל ביניהם, שהימין יאיר מלמעלה למטה והשמאל רק מלמטה למעלה, כמ״ש, ואל מקומו שואף, שואף ומאיר אל מקום יציאתו מלמטה למעלה, אשר אז חוזר ההבל ונעשה אור ונשמה אל הנוקבא, העולם. והשמש הוא הבל המקיים את העולם, וזהו שמבאר הכתוב, זורח הוא שָׁם. שבדרך זו חוזר וזורח, כי ההבל חזר להיות אור.

משום זה, כל שנמשך מהשמש ולמטה, לא באמונה ולא בקדושה. וכתוב, אין יתרון לאדם בכל עמלו שיעמול תחת השמש. כי מתחת מדרגה זו לא צריכים להמשיך ולהידבק, כי אז יחזור האור וייעשה הבל ורעות רוח. ופירוש הכתוב, שלא נשאר יתרון לממשיך מתחת השמש, וזה רע בכל אשר ממשיך למִתחת השמש, כי הכול ייחרב וייעשה הבל.

16. השמש בלבנה, ז״א בזיווג עם הנוקבא, הם אחד בלי פירוד. והלבנה, אע״פ שתחת השמש, כי הנוקבא למטה ממדרגת ז״א, עכ״ז בעת הזיווג, הכול שמש בלי פירוד, שגם הלבנה נחשבת אז חלק מהשמש, כי הדבקות הרוחנית היא, השוואת הצורה. וע״כ היא יכולה לקבל החכמה מהשמש, ז״א, ואינה נחשבת למטה משמש. אבל אם ממשיך החכמה למטה מהשמש, ז״א והנוקבא שלו, נעשה הכול הבל ורעות רוח, קליפה ומזיק, ואסור להידבק בו.

זוהר המראה המאירה

[זהר אספקלריאה דנהרא]

17. ויצא יעקב: בתוך סבַך הסתום, ומתוך סֵתר הסתום, יוצא זוהר המראה המאירה, כלול משני צבעים המתחברים יחד. כיון שאלו נכללו זה בזה, נראים בו כל הצבעים. והוא נקרא ארגמן, שכל מראות המאורות כלולים בו. כלומר, כמו צבע ארגמן, שהוא התכללות מכל מיני צבעים, כן זוהר המראה המאירה נכללים בו כל האורות.

כל המוחין יוצאים על סדר ג' נקודות חולם שורוק חיריק. שבתחילה עולה מלכות המסיימת לבינה, ונופלים ג' כלים התחתונים, שהן ג' אותיות אל"ה דאלקים, ומסתלקים ממנה ג' אורות עליונים, שהם נשמה חיה יחידה, ונשארה בקומת רוח, בב' כלים מ"י דאלקים.

וקומת רוח זו שנשארה, י' שנכנס באור ונעשה אויר, רוח. ואור זה הנשאר מכונה הארת חולם. וי' זו שנכנסה באור הבינה ועשתה אותה לאויר, נבחן לסבך, המורה שאור הבינה נעשה מסובך בקשרים שצריכים לפתוח אותם, שצריכים לחזור ולהוריד הי' מאויר, ולהחזירה לאור כמקודם. שמורידים המלכות מהבינה למקומה, וג' אותיות אל"ה, שנפלו ממנה, חוזרות ועולות ומתחברות למדרגת הבינה, וחוזרות ונשלמות עשרת הכלים וג"ר דאורות.

וחזרה של ג' אותיות אל"ה אל הבינה, וירידת הי' מאויר, מכונה הארת השורוק. שעם יציאת הארה זו של השורוק, נעשית סתימת המאורות, משום שאין החכמה יכולה להאיר בלי חסדים, עד שבא קו אמצעי, ז"א, ומכריע ומייחד ב' הקווים, מ"י אל"ה, ונכלל אור החכמה מחסדים ואור החסדים מחכמה, ונשלמת הארתם.

ומטרם ביאת קו אמצעי לייחד אותם זה בזה, נבחנים ב' הקווים סתומים, כי קו הימין, מ"י, יש בו י' שנכנסה לאור והוא עוד אויר, והוא נבחן משום זה לסבך סתום, שהסבך שלו עוד לא נפתח. וקו השמאל, אל"ה, שבהם כבר ירדה הי' מאויר והסבך נפתח, אמנם הוא נמצא בהסתרת האור, כי הוא חושך ואינו מאיר מחמת חיסרון של חסדים, ונבחן בשם סתר סתום.

ונמצא שעם ביאת קו אמצעי, המייחד אותם זה בזה ומשלים אותם, הקו האמצעי מסיר סבך הסתום מקו ימין, כי עתה הוא נכלל בהארת השמאל, והי' יורדת מאויר גם מקו ימין, ונעשה אור, כמו השמאל. וגם קו האמצעי מסיר סתר הסתום מקו שמאל, כי עתה קו השמאל נכלל בחסדים שבהארת הימין, וכשהחכמה מלובשת בחסדים היא מאירה בכל השלמות.

אמנם זה אינו נעשה בבת אחת, אלא מתחילה הוא משלים קו ימין מבחינתו עצמו, בלי התכללות השמאל, המוריד י' מהאויר שלו, שדוחה הארת השמאל ומשליט את החסדים שבהארת הימין. ומתוך שמעדיף החסדים שבימין על הארת החכמה שבשמאל, הרי החסדים נכללים בזה מכל השבח שנמצא בהארת השמאל.

ונמצא, שמצד אחד לא הוריד כלל הי' מהאויר שבקו ימין, ועדיין הוא אויר, חסדים בלי חכמה. ומצד שני נבחנים

"ויצא". ספר הזהר עם פירוש הסולם. מהד' 21 כר'. כרך ה. דף ט; מהד' 10 כר'. כרך ג. דף ט.

החסדים עתה לבחינת ראש וג״ר, מתוך שהם עדיפים וחשובים לו יותר מהארת הג״ר שבשמאל.

אמנם ראש זה אינו ראש ממש, משום שהי׳ עוד לא ירדה מאויר שלו, וע״כ הוא מכונה ראש האמונה, כי אור החסדים נקרא אמונה. וכיוון שהוא ראש מבחינת החסדים בלבד, נקרא ראש האמונה.

אלא אח״כ, שנעשית התכללות הב׳ של ימין ושמאל, שהימין נכלל משמאל ממש, והי׳ יורדת מאויר של קו ימין, והשמאל נכלל מימין, וגם הוא מאיר עתה כמו הימין, אלא מלמטה למעלה, אז נבחנת ההתכללות הזו לראש ממש, כיוון שכבר נפתח הסבך שלו. ואלו ב׳ המדרגות, הראשונה יעקב והשנייה ישראל, אותיות ל״י רא״ש. ויש ג׳ מיני התכללות של ימין ושמאל, שהתכללות הראשונה יעקב, והשנייה והשלישית ישראל.

18. בזוהר ההוא שורה השם הוי״ה, ג״ר. השם שורה רק על הארת הימין, שעוד לא נפתח הסבך שלו ואינו ידוע כלל, ואינו שורה על השמאל, אע״פ שכבר נפתח הסבך שלו, שכבר יצאה הי׳ מאויר שלו, והוא ידוע. הזוהר הזה נקרא קול יעקב, ואינו נקרא קול גדול. בזוהר הזה נראה אור דג״ר דבינה, הנקראת אמונת הכול, כי החסדים הללו הם ג״ר, כמו החסדים דג״ר דבינה.

אותו הסתום שאינו ידוע כלל, הסבך הסתום שבהארת הימין, בו שורה השם הוי״ה, שלם מכל הצדדים. כי העליון והתחתון, בינה ונוקבא, נמצאים כאן ונכללים בזוהר הזה. וע״כ נבחן יעקב בחיר שבאבות, כי הוא כלול מכל הצדדים.

כי הארת השמאל אע״פ שהוא ידוע, כי הורדה הי׳ מאויר הבינה, שהורדה המלכות מהבינה, והבינה חזרה להיות אור ג״ר. נתקנה בזה רק העליונה, בינה, אבל התחתונה, המלכות, אינה מקבלת מזה שום תיקון.

משא״כ זוהר הארת הימין, שהחסדים שלו נעשו ג״ר, ושֵם הוי״ה שורה בו, אע״פ שהוא לא ידוע כלל, אע״פ שהמלכות נמצאת עוד בבינה, נמצא שנתקנה בזה גם התחתונה, המלכות הנמצאת בבינה, בשווה כמו העליונה עצמה, ועל שניהם שורה שם הוי״ה בשווה.

המדרגה הזו הם המוחין דיעקב. ולפיכך נבחן יעקב בחיר שבאבות. כי אברהם ויצחק אינם מגיעים למלכות לתקן אותה, כי הם ב׳ קווים ימין ושמאל, ושניהם שולטים ושניהם בחינת ידוע, שהי׳ יצא מאויר הבינה ונשאר אור, ותיקון זה אינו מגיע לעצמוּת המלכות. משא״כ מדרגת יעקב, שג״ר שלו הם ג״ר דחסדים, והם בבחינת לא ידוע כלל, שתיקון זה מגיע למלכות בשווה כמו לבינה. וע״כ נבחן יעקב לבחיר שבאבות.

זוהר זה של מדרגת יעקב, על בירור השם הזה, שתיקונו מגיע גם למלכות, נקרא בחיר שבאבות, כמ״ש, יעקב אשר בחַרתִיךָ. ונקרא בשני שמות, יעקב וישראל. שבתחילה נקרא בשם יעקב, בשעה שמשליט רק את הימין, ואח״כ כשמקיים הארת שניהם, שגם החכמה מאירה אחר שנכללת בחסדים, אז נקרא בשם ישראל.

19. כשהיה בתחילה, מטרם שיצא לחרן, היה בסוף המחשבה הזו, הפירוש לתושב״כ הנקרא תשבע״פ, הנוקבא. מחשבה, פירושה בינה. סוף המחשבה, הנוקבא בעת שנמתקת בבינה. וע״כ נקראת באֵר, ביאור לשבע, בינה, שמבארת ומגלה החכמה שבה, כמ״ש, ויבנֵהוּ שבע שנים. וביהמ״ק ראשון הוא

בינה. כשהנוקבא מקבלת חכמה מבינה, והיא בבחינת קול גדול, ולא קול יעקב, שהוא חסדים.

20. סוף המחשבה הזו הוא באר שבע. ויעקב, שהיה בבאר שבע הזו, השיג בזה ראש האמונה, ג"ר דחסדים. כיוון שיעקב נדבק באמונה הזו, בג"ר דחסדים, היה נצרך להתנסות באותו המקום שהתנסו שם אבותיו, שנכנסו שם בשלום ויצאו בשלום.

המדרגה הראשונה של מוחין דחיה אינה מתקבלת אלא בדרך ניסיון, כאברהם, שה' לא ציווה אותו לרדת מצריימה אלא הרעב דחף אותו. כיוון שנדבק באמונה הזו, בג"ר דחסדים, מדרגת הנשמה, עתה הוצרך עוד להשיג מדרגת חיה, היה נצרך להתנסות באותו המקום שהתנסו שם אבותיו שנכנסו בשלום ויצאו בשלום, כי אין מדרגת חיה מתקבלת אלא ע"י ניסיון.

21. אדה"ר נכנס בניסיון, שהנחש התגרה בו, ולא נשמר והתפתה וחטא באשת זנונים, שהוא הנחש הקדמוני. נוח נכנס בניסיון, ולא נשמר והתפתה אחר אשת זנונים, וחטא. אברהם נכנס שם ויצא, שכתוב, וירד אברם מצריימה, וכתוב, ויעַל אברם ממצרים. יצחק נכנס שם ויצא, שכתוב, וילך יצחק אל אבימלך, וכתוב, ויעל משם באר שבע.

22. יעקב, כיוון שנכנס במדרגת האמונה, אור הנשמה, הכרעת הארת הימין, הוצרך להביא מתנה לצד ההוא, גם להשליט את הארת השמאל, מדרגת חיה, שזהו רק ע"י ניסיון, כי כל מי שניצל משם, שעמד בניסיון, הוא אהובו ובחירו של הקב"ה. כמ"ש, ויצא יעקב מבאר שבע, שהוא האמונה, קו הימין, וילך חרנה, צד שמאל, ששם נאחזת אשת זנונים, אישה מְנָאֶפֶת.

ואמנם יש הרבה חילוקים באלו חמישה הניסיונות: עצה"ד, יין המשכר, מצרים, פלשתים, חרן, שהתנסו בהם אדה"ר, נוח, אברהם, יצחק, יעקב, מ"מ שורשם אחד הוא, המשכת החכמה מלמעלה למטה, הנקרא אשת זנונים.

ס"מ ואשת זנונים

23. מתוך כוח האור דיצחק, הקדושה, ומתוך שְׁמָרֵי היין, הקליפות, משניהם יצאה צורה אחת, מורכבת מטו"ר, הכלולה זכר ונקבה כאחד. היא אדומה כמו ורד, ומתפרשׂת לכמה צדדים ודרכים, שיש בה הרבה בחינות.

כי הארת יצחק, היין המשמח אלקים ואנשים, הוא הארת החכמה המאירה רק מלמטה למעלה. ואם מרבה בשתיית היין, ממשיך מלמעלה למטה, אז, לא זכה הרי רע, כי מתגלה המלכות דצ"א וכל האורות מסתלקים.

ומלכות זו מכונה שמרי היין. וכמ"ש, ויישת מן היין ויִשכָּר, כי שתה יותר מכשיעור, ואז, ויתגַל בתוך אוהלו. כי נגלו שמרי היין. וכתוב, שמאורו של יצחק, מיין המשמח, ומשמרי היין, מגילוי המלכות דצ"א, שכל האורות מסתלקים בסיבתה, מהרכבתם יחד, כמו יין המלא שמרים, יצאו זכר ונוקבא דטומאה.

"ויצא". ספר הזהר עם פירוש הסולם. מהד' 21 כר'. כרך ה. דף יג; מהד' 10 כר'. כרך ג. דף יג.

הזכר נקרא ס״מ, והנקבה שלו כלולה בו תמיד. כמו שבצד הקדושה בקטנות, שזו״ן כלולים זה בזה, כן הוא בס״א זכר ונקבה כלולים זה בזה. הנקבה של ס״מ נקראת נחש, אשת זנונים, קֵץ כל בשר, קץ הימים.

24. שתי רוחות רעות נדבקות ביחד. הארת הרוח של הזכר דקָה, כלומר ו״ק בלי ראש. הרוח של הנקבה מתבארת בהרבה דרכים ושבילים, כי היא פרצוף שלם ראש וגוף, כי בקליפה הנקבה גדולה מהזכר. והיא נדבקת ברוח של הזכר, והיא מתקשטת בהרבה עדָיים, כמו זונה מתועבת, העומדת בראש דרכים ושבילים לפתות בני אדם.

וזה מלמדנו, שהיא זקוקה רק למתחילים ללכת בדרך ה׳, שהם עלולים ליפול בפח שלה. וזה נבחן כעומדת בראש הדרכים של עבודת ה׳. אמנם אלו הרגילים בדרכי ה׳, כבר אותה הזונה נפרדת מהם, ואין לה שליטה עליהם.

25. השוטה הקָרֵב אליה, היא מחזיקה בו ומנשקת אותו, ומוזגת לו יין מלא שמרים של מרוֹרַת פתָנים. כיוון ששתה כבר הוא זונֶה אחריה. לאחר שרואה שהוא זונה אחריה וסר מדרך האמת, היא מתפשטת מכל אלו התיקונים, שהייתה מיתקנת כלפי אותו השוטה.

26. התיקונים שלה לפתות את בני אדם, הן: שערותיה מתוקנות, אדומות כשושנה. פניה לבנות ואדומות. באוזניה תלויים שישה תיקונים של אֵטוּן מצרָים. על עורפה תלויים כל הכוחות שבארץ הקדם. פיה מיתקן בפתיחה קטנה וצרה יפה בתיקוניה. הלשון, כחרב חדה. הוחלקו דבריה כשמן. שִׂפתותיה יפות אדומות כשושנה, מתוקה מכל מתוק שבעולם. מלובשת ארגמן ומתוקנת בארבעים תיקונים חסר אחד.

27. השוטה, הולך אחריה ושותה מכוס יינה, ומנאף עימה וזונה אחריה. מה היא עושה? מניחה אותו ישן במיטתו, ועולה למעלה ומשׂטינה עליו, ומקבלת שָׁם רשות להורגו, ויורדת אליו. והיא כבר הסירה את התיקונים מעליה, ונעשתה גיבור עריץ עומד לנגדו, לובש לבוש של אש לוהט, מטיל פחד עצום המחריד גוף ונפש. מלא עיניים איומות, חרב חדה בידיו, טיפות מרות תלויות על החרב ההיא, הורג את השוטה ההוא ומטילו לגיהינום.

עצה״ד ויין המשכר ואשת זנונים הם דבר אחד, המשכת הארת השמאל מלמעלה למטה. נוקבא היא עצה״ד טו״ר, כי יש בה ב׳ נקודות מפתחא ומנעולא. ואם זכה הרי טוב, שהולך בדרך קו אמצעי, שממשיך הארת החכמה שבשמאל רק מלמטה למעלה. ואז נגנזה נקודה דמנעולא שבנוקבא דז״א, מדה״ד, ונקודה דמדה״ר גלויה, ואז משפיעה כל טוב לתחתונים. וזה נבחן שהאדם דבוק בזו״ן דקדושה, והיין שהוא שותה, המוחין דשמאל, שותה במידה, משמח אלקים ואנשים.

אבל אם לא זכה הרי רע, שאם מגביר את קו השמאל וממשיך הארתו מלמעלה למטה, אז נגלה בנוקבא דז״א נקודה דמנעולא, מדה״ד, וכל אורות החיים מסתלקים ממנו, כמ״ש, מעפר אתה ואל עפר תשוב. וזה נבחן שהאדם נדבק באשת זנונים ושתה יין המשכר, ששתה יותר מהמידה, כי המשיך הארת השמאל מלמעלה למטה. ואז התגלו שמרים בתוך היין, שהיא נקודה דמדה״ד, והיין נעשה בשבילו כוס התַרעֵלָה. כי השמרים ממיתים אותו.

ורצה הקב״ה להביא את הצדיקים

לידי ניסיון, כדי שיזכו במוחין הגדולים, ע"כ כתוב, זה לעומת זה עשה אלקים, שנתן למרכבת הטומאה כמעט כל מה שיש בקדושה, כדי שיהיה להם כוח לפתות בני אדם אחריהם. וע"י זה עשה י"א (11) התיקונים לאשת זנונים, שיהיה לה כוח לפתות בני אדם. וכמ"ש בעצה"ד, ותֵּרֶא האישה כי טוב העץ למאכל, וכי תאווה הוא לעיניים, ונחמד העץ להשכיל, ותיקח מפריו, ותאכל. שאם לא היו אלו התיקונים בעצה"ד, המושכים את הלב, לא הייתה אוכלת.

י"א התיקונים הם כמ"ש, עַשְׁתֵּי עֶשְׂרֵה (11) יריעות עיזים, שהם: שערות, פנים, אוזניים, עורף, פה, לשון, דיבורים, שפתיים, מתיקות, לבוש, ומ' (40) תיקונים חסר אחד. שכל אלו הגיעו אליה מהנוקבא דקדושה, כמ"ש, אִמָּלְאָה הָחֳרָבָה, שלא נבנה צוֹר אלא מחורבנה של ירושלים.

תיקון א'. שערותיה מתוקנות, אדומות כשושנה. צבע אדום שעל השערות, להורות על הארת חכמה משמאל, המכונה אדום. כי החכמה נקראת ראייה, והצבעים מושגים ע"י חוש הראייה, חכמה. וצבע אדום החשוב שבצבעים, ע"כ נראה מרחוק.

תיקון ב'. פניה לבנות ואדומות. צבע לבן מורה על הארת חסדים. וצבע אדום, על הארת החכמה. ונודע שכל השלמות שבחכמה היא בחיבורו עם הארת החסדים. לפיכך נעשה בפָנים שלה תיקון של מזיגת חכמה בחסדים, שזהו כל היופי שבנוקבא, המושכת את הלב.

תיקון ג'. באוזניה תלויים שישה תיקונים של אטון מצרים. אוזניים, בינה. אטון מצרים, חכמה, כמו שנאמר, והאבדתי את חכמת מצרים. אמנם שורש חכמה זו מבינה שחזרה לחכמה, ולא חכמה דאו"י. כי שורשה הוא נהר פישון, ונמשך מנהר היוצא מעדן, שהוא בינה החוזרת לחכמה ולא חכמה ממש. וע"כ הם תלויים על אוזניה, שהן בינה. שישה תיקונים נעשו לה מאטון מצרים הזו, נגד חג"ת נה"י, וחסר התיקון השביעי כנגד המלכות, מטעם גניזת המלכות דצ"א בנוקבא דקדושה, הנקראת מנעולא, בעניין שאם זכה הרי טוב.

תיקון ד'. על עורפה תלויים כל הכוחות שבארץ הקדם. כוחות ארץ הקדם הם חכמה קדומה, ע"כ נקראים קדם, חכמה דאו"י. חכמת מצרים נמשכה מבינה שנהפכה לחכמה, וחכמת בני קדם נמשכה מחכמה קדומה. העורף הוא מקום החושך שבפרצוף, בניגוד לפנים מקום המאיר ביותר בפרצוף, מטעם כי חכמה קדומה נמשכת מחו"ס דא"א, אשר חכמה זו נסתמה ואינה מאירה כלל, וכל הארת החכמה המאירה בעולמות, היא רק מהבינה שחזרה לחכמה. ולפיכך מקום זה הוא בחושך. ולפיכך תיקון כוחות של ארץ הקדם הוא במקום עורף שלה.

תיקון ה'. פיה מיתקן בפתיחה קטנה וצרה יפה בתיקוניה. פה הוא מלכות דראש. ויש פתיחה רחבה, כשהמלכות בלתי נמתקת, ואז אין הפתיחה בחכמה. ואם הפתיחה דקה, ממלכות הממותקת בבינה, הפתיחה היא בחכמה. וע"כ נעשה בה התיקון של פתיחה דקה, שהיא פתיחה בחכמה. כדי שתהיה בהארת החכמה.

תיקון ו'. הלשון, כחרב חדה. להסית בני אדם.

תיקון ז'. הוחלקו דבריה כשמן. דבריה חלקים כשמן. וע"כ רב כוחה לפתות אחריה בני אדם.

תיקון ח'. שפתותיה יפות אדומות כשושנה. צבע סומק מראה על כוחו של הארת השמאל.

תיקון ט'. מתוקה מכל מתוק שבעולם. אור הראייה, הארת החכמה, הוא מתוק, כמ"ש, מה מתוק האור לעין.

תיקון י'. מלובשת ארגמן. צבע ארגמן כלול מכל ד' הגוונים, לבן אדום ירוק שחור.

תיקון י"א. ומתוקנת בארבעים תיקונים חסר אחד. בד' גוונים חו"ב תו"מ שבכל אחד ע"ס, אמנם בע"ס דמלכות חסרה מלכות דמלכות, כי אינה ראויה לקבלת אור, כמו במלכות דקדושה, לפיכך ארבעים חסר אחת.

כל אלו י"א התיקונים של אשת זנונים דומים לגמרי לתיקוני הנוקבא דקדושה, כי לקוחים הם ממנה, כמ"ש, אִימָּלְאָה החוּרָבָה, שאין צוֹר, מלכות דקליפה, אשת זנונים, נבנית, אלא מחורבנה של ירושלים, מלכות דקדושה. וכן להיפך. ואין ביניהם אלא באחריתם, כי הדבוק בנוקבא דקדושה הולך ועולה מדרגה אחר מדרגה עד, ואחריתך יִשְׂגֶּה מאוד, והנופל בפח אשת זנונים נמצא, ואחריתה דרכי מוות.

אין צור נבנה אלא מחורבנה של ירושלים. וזה נוהג בדרך כלל ובדרך פרט בכל אדם. שבעת שעוזב את הקדושה ומתדבק בס"א, כל השפע והמדרגות שהיו לו בשורשו בבניין הקדושה, עוברות לבניין מדרגות הס"א, והיא מתמלאת מחורבן הקדושה. גם תדע, שהאדם דבוק או בקדושה או בס"א, ואין אחת נוגעת בחברתה כחוט השערה. כשאדם פונה לרצות בדרכי הס"א, עוד בטרם שעושה מעשה, תכף מסתלקת הקדושה, והס"א נוטלת מקומה, ויורשת כל השפע והמדרגות שהיה לו בקדושה. כמ"ש, איזהו שוטה זה, המאבד מה שנותנים לו.

והרי, אין אדם עובר עבירה, אלא א"כ נכנס בו רוח שטות. ואיך אפשר שייכנס בו רוח שטות כל עוד שלא חטא, והוא דבוק בקדושה? הלוא אין אחת נוגעת בחברתה כחוט השערה? אלא, כיוון שפונה ליבו לחטוא, עוד בטרם שחטא, כבר הסתלקה ממנו הקדושה, ואיבד כל המדרגות שהיה לו בקדושה, ורוח שטות של הס"א התלבשה בו, ואח"ז הוא חוטא בפועל. אמנם מטרם שהתלבשה בו רוח שטות, אינו יכול לחטוא בפועל.

הַדָּבוק באשת זנונים, הוא שוטה. ושהשוטה הולך אחריה, פירושו, שבעת שהוא הולך, שעוד לא חטא, תכף הסתלקה ממנו הקדושה. וכל המדרגות שזכה בקדושה עברו לאשת זנונים, שמהן נעשו כל י"א התיקונים. ורוח שטות התלבשה בו, ונעשה שוטה, שאח"ז אפשר לו לחטוא בפועל. ע"כ הזוהר קובע שמו שוטה.

וכל אלו הפעולות שהזוהר מביא לפנינו, הן נמשכות זו מזו בחיוב של קודם ונמשך, סיבה ומסובב. כי אחר שחשק בס"א, שהיא הפסיעה הראשונה, שלא הייתה אלא חמדה ורצון בלבד, ולא פעולה ממש, שרק הולך אחריה. הוא בא לידי פעולה ב', שכבר יכול לחטוא מכוח התלבשות של רוח שטות. אמנם מתחילה הוא שותה מכוס יינה, והוא עוד שותה יין במידה, בדומה לקדושה.

אבל מזה נמשכת פעולה ג', ומנאף עימה וזונה אחריה, שמושך משמאל בלי ימין, יין המשכר, הנמשך יותר מהמידה, שנבחן לניאוף עם אשת זנונים.

ומכאן לפעולה ד'. מניחה אותו ישן במיטתו, כי מחמת הארת השמאל בלי ימין, נסתמו לו כל האורות ונפל לשינה.

ומכאן לפעולה ה'. ועולה למעלה ומשׂטינה עליו, ומקבלת שָׁם רשות להורגו, ויורדת אליו. כלומר, שעולה למעלה ומגלה עוונו, שע"י זה מקבלת רשות להורגו, שמגלה עליו המלכות דמדה"ד, שכל אורות החיים מסתלקים ממנו בסיבתו.

ומכאן לפעולה ו'. מתעורר אותו שוטה, וחושב לצחק איתה כמקודם לכן, כי גילוי מדה"ד מעירו משנתו, ומטרם שיודע מה קרה, הוא חושב לצחק עימה כמקודם לכן.

ומכאן לפעולה ז׳, והיא כבר הסירה את התיקונים מעליה, כי אחר שהתגלתה המלכות דמדה״ד, תכף הסתלקו ממנה כל האורות והתיקונים, שהיו לה ממלכות דמדה״ר.

ומכאן לפעולה ח׳, ונעשתה גיבור עריץ עומד לנגדו, כי כל עוד שהיו עליה תיקוניה, הייתה מקליפות הימין, כי ניאוף מקליפת ימין, ועתה שהתנצלה מכל התיקונים מחמת שנגלה בה המלכות דמדה״ד, היא התהפכה מקליפת הימין ונעשתה לקליפת השמאל, למידת הרציחה.

וצריך שתדע, שהמלכות דמדה״ד, אין בה עוד השיעור להמית האדם בתחילת גילויה, אלא שצריכה להתגלות על האדם הרבה פעמים, עד שקיבוצם יחד מצטרף לשיעור הממית את האדם. וזה הדין, שדנים את החולה בעת המיתה, קיבוץ כל הגורמים, המביאים את המלכות דמדה״ד על שיעורה עד כדי להמית, שבעיקרם הם ב׳ גורמים:

א. הפסיעה הראשונה, שהשוטה הולך אחריה, שחשק לדרכי הס״א, ונבחן זה לעין רעה, משום שהחמדה תלויה בעין, כי העין רואה והלב חומד. וע״כ נאמר כאן, מלא עיניים איומות, קיבוץ כל החמדות של ס״א מכל ימי חייו. מלאך המוות מלא עיניים. כמ״ש, תשעים ותשעה מתים מעין הרע.

ב. כל שאר הפעולות, המגלים את פעולת ה׳, ונכללים תחת השם חרב חדה, כי חרב לשון חורבן, שמחריב בניין הקדושה, ומגדיל בניין הקליפות. וע״כ נאמר, חרב חדה בידיו, מקיבוץ שאר הפעולות. ועל הצטרפות לשיעור של מדה״ד כדי להמית, נאמר, טיפות מרות תלויות על החרב ההיא, הורג את השוטה ההוא ומטילו לגיהינום, שאותה החרב גורמת הצטרפות לשיעור דמדה״ד המכונה טיפות מרות, שאלו הטיפות ממיתות אותו השוטה, ומטילות אותו לגיהינום.

28. יעקב ירד לאשת זנונים והלך למקומה, כמ״ש, וילך חרנה, חרון אף ודינים. וראה שם כל תיקון ביתה, וניצל ממנה, וחזר לארץ ישראל. הזכר שלה, ס״מ, הֵרע לו הדבר, מה שניצל ממנה, וירד להילחם עימו ולא יכול לו, כמ״ש, ויאבק איש עימו. אז ניצל מכולם, ונשלם בשלמות, והתעלה במדרגה שלמה, מדרגת חיה, ונקרא ישראל, אותיות ל״י רא״ש. אז עלה במדרגה העליונה ונשלם בכל, ונעשה עמוד האמצעי.

ועליו כתוב, והַבריח התיכון בתוך הקרשים מבריח מן הקצה אל הקצה. כי מקודם לכן, בעת שהיה במדרגת יעקב, היה נוטה לימין, ולא היה לו ראש ממש, אלא רק בחינת ראש האמונה. אבל עתה, אחר שהתנסה בחרן ובס״מ, וניצל מהם, זכה למדרגת חיה, שקו אמצעי מקיים הארת שני הקווים ואינו נוטה לא לימין ולא לשמאל. ואז יש לו ראש ממש, ונקרא ישראל, ונבחן לעמוד האמצעי, המקיים הארת שני הקווים.

ויצא יעקב מבאר שבע

30. בני העולם אהוּבי עליון, בחירי הממשלה. הזוהר מזמין לאלו שזכו להארת ג׳ קווים, שמצד הארת קו אמצעי מכונים בני העולם, כי ז״א, קו אמצעי, מכונה

"ויצא". ספר הזהר עם פירוש הסולם. מהד׳ 21 כר׳. כרך ה. דף יח; מהד׳ 10 כר׳. כרך ג. דף יח.

עולם. ומצד הארת קו הימין, מכונים, אהובי עליון. ומצד הארת קו השמאל, מכונים, בחירי הממשלה, שנבחרו לשלוט בעולם. כי כוח השליטה הוא מקו שמאל.

קִרבו שְמעו, מי חכם ביניכם בעלי עיניים שבתבונה. כלומר, בעלי חכמה שבתבונה. כי עיניים כינוי החכמה, ולא חכמה דאו״י. יבוא ויידע: שהראש הלבן, עתיקא קדישא, לקח ג׳ אותיות, וחקק אותן בחקיקות, א׳ י׳ ן׳, ונחקק אי״ן:

א׳, הראש העליון על כל, נסתר מכל נסתר, ראש דא״א.

י׳, עליית הרצון שהשתכלל מראש דא״א למעלה, וירד עם שכלולו למטה לזו״ן. שיצא מראש דא״א והוציא ל״ב (32) שבילים, בעת שחזר ונכנס לראש א״א, עד שנחקקו בין אבני יְקר הלוהטות, המסך דחיריק. המסַכים מכונים אבנים.

והתקשרו באות ן׳, התכללות של זכר ונקבה, ב׳ אוהבים, קשר חזק השתכלל בהם, והשם הקדוש י״ה ו״ה התקשר בהם. מהם נמשך מזונות לכל, והשתכללו העולמות, שהם זו״ן.

כל המוחין נמשכים בג׳ זריעות, חולם שורוק חיריק, הנבחנות לחקיקות. לכן נאמר, שהראש הלבן, עתיקא קדישא, לקח ג׳ אותיות, וחקק אותן בחקיקות, א׳ י׳ ן׳. ג׳ זריעות נבחנות לחקיקות.

א׳, הראש העליון על כל. א״א נבחן לראש העליון על כל המדרגות של אבי״ע, כי עתיקא קדישא נחשב לראש לא״א לבדו, ולא למדרגות שמתחת לא״א, מטעם היותו מצ״א. ורק א״א הוא הראשון שקיבל לתוכו את הצ״ב, עליית המלכות לבינה שלו.

ועכ״ז הוא נסתר מכל נסתר, כי ממנו עצמו לא יכלו העולמות לקבל, שהוא חכמה קדומה שנסתמה. והתחתונים מקבלים רק מבינה שלו, ע״י יציאתה מראש א״א וחזרתה אליו. ובינה זו היא אות י׳, שכוללת בתוכה ארבעה פרצופים או״א וישסו״ת.

י׳ היא עליית הרצון, עליית המלכות לבינה, שהייתה בי׳. היא קיבלה שכלול שלה מהראש שלמעלה, מראש א״א, וירדה עם שכלול זה שקיבלה, ומשפיעה אותו לזו״ן שלמטה. ואיך בינה קיבלה למעלה והשפיעה למטה? בינה יצאה לחוץ מראש דא״א, והוציאה ל״ב שבילים. שע״י עליית המלכות לראש א״א, יצאו הבינה ותו״מ מראש דא״א לגוף, ו״ק בלי ראש, ונשאר בראש א״א רק כו״ח. וכן בינה ותו״מ דע״ס דבינה ירדו לזו״ן, ונשארה הבינה בכו״ח דכלים וו״ק דאורות.

ואח״ז לעת גדלות, החזיר א״א את הבינה לראשו. וכן הבינה החזירה למדרגתה את בינה ותו״מ שלה, שנפלו לזו״ן. וגם זו״ן באו אז עם הבינה ותו״מ ביחד למדרגת בינה, להיותם דבוקים בהם. ונמצאת אז הבינה בל״ב שבילים: ע״ס של עצמה וכ״ב (22) אותיות, שהם הכלים דזו״ן, שעלו אליה.

ונמצא, שע״י יציאתה לחוץ מראש א״א, הורידה את בינה ותו״מ מע״ס שלה, והתדבקו בזו״ן, שמסיבה זו אח״כ בעת גדלות, עלו זו״ן עם בינה ותו״מ הללו לבינה, ונעשתה לל״ב שבילים. שביציאתה מראש דא״א, הוציאה בתוכה ל״ב בחינות, ל״ב שבילים: עשרה מעצמה וכ״ב מזו״ן.

כו״ח, שנשארו בבינה, בעת יציאתה לחוץ, הם אותיות מ״י של אלקים, נקודת החולם, קו ימין. בינה ותו״מ של בינה, שהחזירה בעת גדלות עם זו״ן, הם אותיות אל״ה, נקודת השורוק, קו שמאל, שחזרו והשלימו את השם אלקים.

ומפאת חיסרון של לבוש כבוד אל החכמה, נעשה השם אלקים סתום, שהחכמה אינה יכולה להאיר, עד שתתלבש בלבוש כבוד שמאיר, לבוש

דחסדים, ואז מאירה. עד שנחקקו בין אבני יקר הלוהטות, שאבנים הם מסך שנמצא בזו"ן שעלו בבינה, ואחר שהבינה מוציאה קומת חסדים על מסך זה שבזו"ן, מתחברים ב' הקווים ימין ושמאל שלה, והחכמה מתלבשת בחסדים אלו שיצאו ממסך דזו"ן, ונעשה לה ללבוש כבוד המאיר. וע"כ מכונה המסך בשם אבני יקר. ונקראות, הלוהטות, כי בערך הבינה, יש במסך זה דינים, להיותו מסך דבחינה א'.

ונאמר, שהתקשרו באות ן', התכללות של זכר ונקבה, ב' אוהבים, שהם זו"ן, כי מתוך שב' הקווים דבינה היו סתומים, מקודם שהזדווגה על מסך דזו"ן, וע"י המסך דזו"ן נפתחו להאיר, ע"כ התקשרו בזו"ן. קשר חזק השתכלל בזו"ן הכלולים באות ן', כי אין החכמה שבבינה יכולה להאיר זולתם, זולת לבוש כבוד שמקבלת מהזיווג שעל המסך שלהם.

והשם הקדוש י"ה ו"ה התקשר על ידם. כי י"ה בינה, שאות י' ג"ר דבינה, המלובשים בתוך או"א עילאין, ואות ה' ז"ת דבינה, המלובשים בתוך ישסו"ת. הם התקשרו באותיות ו"ה, שהם זו"ן, כי י"ה אינם יכולים להאיר זולתם. מהם נמשך מזונות לכל, שע"י התקשרות י"ה בו"ה, נמצא שפע מזונות לכל, בין חכמה ובין חסדים. וע"י זה השתכללו זו"ן, הנקראים עולמות, כי תחתון הגורם תוספת אור לעליון, זוכה גם הוא בכל אותו השיעור שגרם אל העליון. וע"כ השתכללו זו"ן, ן', במוחין דבינה.

31. ועל זה נחקק ן' פשוטה, הכלל של זכר ונקבה, זו"ן, כי נ' כפופה היא נוקבא לבדה בלי זכר. י' הרצון, הבינה, שהוציא ל"ב שבילים, היכה בכ"ב אותיות, שהם זו"ן, עד שנחקקו בין אבני יקר הלוהטות, ועשה את הרקיע, יעקב, קו אמצעי, בין ב' רוחות דרום וצפון, קו ימין וקו שמאל, והטיל חיבור בין הגזרים, מ"י אל"ה שבותרו בתווך, ונעשו לימין ולשמאל המכחישים זה את זה. ועתה ע"י זיווג דהכאה על מסך דחיריק, שהוציא את קו האמצעי, חזרו והתחברו יחד.

ויצאו בזה ג' קווים בקו אמצעי עצמו. עד שירד יעקב אל הנ' הכפופה, הנוקבא, וב' הקווים שלו התחברו כאחד, שבזה נבנית הנוקבא, ונעשית ראויה לזיווג. אח"ז התקשרו יעקב ונוקבא כאחד, ונעשו ן' פשוטה, הכוללת יעקב ונוקבא.

נ' כפופה, הנוקבא, הכלולה בן' פשוטה, נקראת באר שבע. והיא מתמלאת מיעקב, להשקות כל עדרי הצאן, להשפיע לתחתונים. כתוב, ויצא יעקב מבאר שבע וילך חרנה. שיעקב היה דבוק בנ' כפופה ביחד בן' הפשוטה, שבחיבור הזה נקראת הנ' הכפופה באר שבע. כלומר, שיצא מחיבורו זה עם באר שבע, וילך חרנה, שהיא שמאל וחרון אף.

מבאר שבע, למעלה, בינה, כי ממנה יוצא ומקבל שִׁפעו, ואח"כ הולך להשקות את חרן, הבאר של מטה, הנוקבא, שבה הדינים המכונים חרון אף ה', וכן, חרב ה', שבה הדין של ב"ד, הנקרא אלקים. וע"כ כתוב על שֵׁם אלקים, אלקים באו גויים בנחלתךָ. כי מהשם הזה נמשכים הדינים. ויצא יעקב, שיצא עם שפע, מבאר שבע, מבינה. וילך לחרן, להשפיע את השפע לנוקבא הנקרא חרן, בעת שהיא מחוסרת שפע.

32. כוחו של השמש, ז"א, מצד דרום, ימין, חסדים. והעולם, הנוקבא, מתקיים רק על הרוח, קו אמצעי, משום שהרוח הוא הקיום והשלמות מכל הצדדים, כי קו אמצעי, רוח, כולל ב' הצדדים דרום וצפון, ימין ושמאל, חכמה וחסדים, ואלמלא שנמצא בשלמות, לא היה העולם, הנוקבא, יכול להתקיים.

33. אלמלא יעקב לא התקיים העולם. בשעה שייחדו בניו ייחוד העליון, ואמרו, שמע ישראל ה׳ אלקינו ה׳ אחד, שזה שלמות העליון מאו״א, להתייחד בייחוד אחד, אז התחבר יעקב אביהם, קו אמצעי, ת״ת, ולקח בֵּיתו, הנוקבא, וייחוד התחתון, ויישב בו בחיבור אחד עם האבות, שהם ב׳ הקווים ימין ושמאל, כדי להתחבר זכר ונוקבא כאחד. כי אין זיווג זכר ונוקבא מטרם שקו אמצעי, יעקב, מכריע ומתחבר בב׳ הקווים ימין ושמאל, אברהם ויצחק.

קוּמה ה׳

34. קוּמה ה׳ למנוחתך, אתה וארון עוזך. קוּמה ה׳ למנוחתך, כמ״ש, יקום המלך לבית המנוחה, למשכנו.

35. משה ודוד אמרו, קוּמה ה׳. משה אמר, קוּמה ה׳ ויָפוּצו אויביך. ודוד אמר, קוּמה ה׳ למנוחתך. משה, בעלה של מטרוניתא, ציווה לה לעשות מלחמה עם שונאיו. דוד הזמין אותו למנוחה, הזמין את המלך והגבירה עימו. כמ״ש, קוּמה ה׳ למנוחתך, אתה, המלך, וארון עוזך, הנוקבא, בשביל שלא להפריד ביניהם.

קוּמה, המשכת חכמה וג״ר. ב׳ מיני קימה:

א. ממשיך הארת השורוק, הארת חכמה בלי חסדים, כדי להכניע האויבים, הס״א. שנכנעת ע״י הארת החכמה. ובעת הזאת אין זיווג לזו״ן, כי אז השליטה לקו השמאל, ולא לימין, ז״א.

ב. ממשיך הארת החכמה, בקו השמאל, נקודת השורוק, כדי להשלים עימה את החסדים בג״ר, ע״י התכללות ב׳ הקווים, אשר אז באים החסדים, המנוחה, שלמות הסופי, שאין אחריה עוד מה להוסיף. ונמצא המשכה זו היא הזמנה לזיווג זו״ן, שז״א, קו ימין, לאחר שנשלם בעת הזיווג מהארת החכמה שבנוקבא, משפיע אור שלם דחסדים אל הנוקבא, שהוא בג״ר, המנוחה.

וזהו ההפרש בין משה לדוד. כי משה, להיותו מרכבה לז״א, בעלה של מטרוניתא, היה בכוחו להמשיך אל הנוקבא, גם את הקימה מהמין הראשון, הארת השמאל בלי ימין. ואע״פ שמפריד אותה אז מבעלה, אין בכך כלום, כי אחר שמגלה הארתה והאויבים נכנעים, הוא מחזיר אותה תכף אצלו, ומשפיע לה חסדים ונשלמת מחכמה וחסדים יחדיו.

לכן תחילה אמר, קוּמה ה׳ ויפוצו אויביך, שהמשיך לה הארת החכמה משמאל בלי ימין, כדי להפיץ האויבים. ותכף, שובה ה׳, החזירה לזיווג, רבבות אלפי ישראל. והשיגה עתה חסדים וחכמה, כי רבבות הם חסדים, ואלפי חכמה.

כי להיותו מרכבה לז״א בעלה, יכול לצוות עליה כרצונו, ואפילו להפרידו ממנה כרגע. וע״כ היה מצווה עליה להכניע השונאים, שזה הקימה מהמין הראשון, אע״פ שנפרדה ממנו. כי תכף היה מחזיר אותה לזיווג, שאמר, שובה ה׳ רבבות אלפי ישראל.

אבל דוד הזמין והמשיך אל הנוקבא את הקימה של המין השני, בשביל המנוחה, כדי להגדיל את החסדים בג״ר, השלמות הסופית. נמצא, שהמשיך הקימה

אל הנוקבא, רק כדי להגדיל החסדים שבז"א, כאיש המזמין לביתו את אדונו, שאע"פ שהזמין הקימה אל הנוקבא, לא היה זה אלא בשביל אדונו, ז"א.

הזמין את המלך והגבירה עימו, כלומר, שהגבירה, הנוקבא, שקיבלה את הקימה, תיכלל בזיווג עם המלך, החסדים, שע"י ההתכללות הזו ישיגו החסדים דז"א את הג"ר שלהם במנוחה. כמ"ש, קומה ה' למנוחתך, שהזמין את הקימה בשביל המנוחה, להגדיל את החסדים בג"ר. אתה וארון עוזך, הנוקבא, בשביל שלא להפריד ביניהם. כדי שהזיווג המרומז בכתוב, אתה, ז"א, וארון עוזך, הנוקבא, לא ייפסק.

כי אם היה ממשיך הקימה של המין הראשון, היה נעשה פירוד בין זו"ן, כמו אצל משה. ודוד, להיותו רק מרכבה אל הנוקבא, לא היה רוצה לגרום את זה אפילו לרגע.

36. כוהניך ילבשו צדק וחסידיך ירננו. מי שמזמין את המלך, ישנה את מעשיו, כדי לגרום שמחה אל המלך, אם דרכו של המלך היא שמשמחים אותו בדחנים מפשוטי עם, יסדר לפניו בדחנים מכובדים ושׂרים גדולים. ואם לא יעשה כן, לא השלים שמחת המלך.

37. דוד הזמין את המלך והגבירה למנוחה. כשאמר, קומה ה' למנוחתך, שינה את הבדחנים של המלך, שיהיו שׂרים מכובדים, כמ"ש, כוהניך ילבשו צדק וחסידיך ירננו.

ואמר, וחסידיך ירננו. לווייך ירננו, היה צריך לומר, כי הלוויים הם הבדחנים של המלך. ועתה, שדוד הזמין את המלך למנוחה, עשה, שהכוהנים והחסידים יהיו הבדחנים של המלך, ולא הלוויים.

כי שמחת המלך, ז"א, באה מהמשכת המוחין דהארת החכמה שבקו שמאל, שהוא יין המשמח אלקים ואנשים. ולפיכך הלוויים, להיותם מקו שמאל, ממשיכים הארה זו ונחשבים למשמחים את המלך. והיה צריך לומר, לווייך ירננו, כי הם הממשיכים מוחין של רינה ושל שמחה, להיותם בחינת שמאל. ולמה כתוב, וחסידיך ירננו, שהם ימין, הממשיכים חסדים בלבד?

דוד הזמין את המלך והגבירה למנוחה, שאמר, קומה ה' למנוחתך, שהזמין את הקימה מהמין הראשון, המשכת הארת החכמה שבשמאל, להגדלת ג"ר דחסדים, המביא אותם אל המנוחה, לשלמותם הסופית. נמצא בזה, ששינה את בדחני המלך. ובעלי הימין, הממשיכים תמיד חסדים, שהם הכוהנים והחסידים, נעשו עתה מרכבה להארת החכמה שבשמאל, הנקרא יין המשמח אלקים ואנשים, ונעשו הם הבדחנים של המלך ולא הלוויים. שעשה, שהכוהנים והחסידים יהיו הבדחנים של המלך, וע"כ אמר, וחסידיך ירננו, ולא, ולווייך ירננו.

38. אמר הקב"ה לדוד: איני רוצה להטריח את הכוהנים והחסידים, שימשיכו את הארת השמאל, כי הם, כמ"ש, כי חפץ חסד הוא. אמר לו דוד, ריבוני, כאשר אתה בהיכלך, אתה עושה כרצונך, כמשה, ז"א, שאמר, קומה ה' ויפוצו אויביך, שזו הארת השמאל. כשהוא בפני עצמו, שאז רק הלוויים הם בדחני המלך, ולא הכוהנים והחסידים. עתה, שהזמנתי אותך, הרי הדבר תלוי ברצוני, שהוא, להקריב אליך את אלו החשובים יותר, הכוהנים והחסידים, שיהיו לבדחנים לפניך, אע"פ שאין דרכם בזה, כי הם, כי חפץ חסד הוא.

39. מכאן למדנו, שמי שבביתו, יוכל לסדר דרכיו ומעשיו כרצונו, ואם מזמינים אותו, יעשה רצונו של מארחו,

כמו שמסדר לפניו. שהרי דוד החליף הלוויים, ונתן הכוהנים במקומם, והקב"ה קיים הדבר כרצונו.

40. אמר דוד, בעבור דוד עבדך אל תָשֵב פני משיחך. הסדר, שסידרתי, לא ישוב עוד לאחור. לא יתבטל. אמר לו הקב"ה, חייךָ, אפילו בכלים שלי לא אשתמש, אלא בכלים שלך. ולא זז משם הקב"ה, עד שנתן לו פיזרונות ומתנות, כמ"ש, נשבע ה' לדוד אמת לא ישוב ממנה, מפרי בטנך אָשִית לכיסא לָך.

וייצא יעקב מבאר שבע

41. וייצא יעקב מבאר שבע וילך חרנה. ע"כ יעזוב איש את אביו ואת אימו ודבק באשתו. כי יעקב יצא מבאר שבע ועזב את אביו ואת אימו. וילך חרנה לשאת אישה.

ועוד, וייצא יעקב, רומז, כשיצאו ישראל מביהמ"ק ונגלו בין העמים, כמ"ש, וייצא מן בת ציון כל הדרה. וכתוב, גָלְתָה יהודה מעוני.

42. ויפגע במקום ויָלֶן שם. ויפגע במקום, זה דומה למלך ההולך לבית הגבירה, שצריך לפייסה ולשַׂמחה בדברים, כדי שלא תהיה נחשבת אצלו כדבר הפקר. ואפילו אם יש לו מיטת זהב, וכסתות רקומות מעשה רוקם, ללון בהן, והיא עורכת לו מיטתו מאבנים על הארץ ובחדר של תבן, יעזוב את שלו וילון בהם, כדי לעשות לה נחת רוח, וכדי שיהיו רצונם אחד בלי כפייה. כיוון שהלך אצלה יעקב, כתוב, וייקח מאבני המקום וישם מראשותיו וישכב במקום ההוא, הנוקבא, כדי לעשות לה נחת רוח, שאפילו אבני בית חביבים לו ללון בהם.

נבואה, מראֶה וחלום

45. יש הפרש מנבואה לחלום:

א. נבואה היא בעולם של הזכר, ז"א, וחלום בעולם של הנקבה, הנוקבא דז"א. מזה לזה יורדות שש מדרגות. כי הנבואה בנו"ה דז"א, והחלום בהוד דנוקבא. ביניהם יסוד דז"א וחג"ת נו"ה דנוקבא, שהם שש מדרגות.

ב. נבואה היא בימין ובשמאל, נו"ה. החלום בשמאל, בהוד.

ג. החלום מתפשט לכמה מדרגות, עד המלאך גבריאל, שעל ידו מקבלים הארת החלום. וע"כ החלום הוא בכל העולם, אפילו בחוץ לארץ. אבל ע"פ מדרגתו רואה האדם, ולפי האדם כך מדרגתו. כלומר, שלא כל אדם שווה בזה.

אבל נבואה אינה מתפשטת למטה ממלכות דאצילות, אלא מאירה בנוקבא, מקומו דז"א, ארץ ישראל, והנביאים מקבלים ממנה. באופן ששורש הנבואה הוא בנו"ה דז"א, שמתפשט עד הנוקבא,

"ויצא". ספר הזהר עם פירוש הסולם. מהד' 21 כר'. כרך ה. דף כד; מהד' 10 כר'. כרך ג. דף כד.
"ויצא". ספר הזהר עם פירוש הסולם. מהד' 21 כר'. כרך ה. דף כו; מהד' 10 כר'. כרך ג. דף כו.

שעל ידה מקבלים הנביאים. ושורש החלום הוא בהוד דנוקבא, ומתפשט עד המלאך גבריאל, שעל ידו מקבלים בני האדם.

46. ויחלום, והנה סולם מוצב ארצה וראשו מגיע השמיימה. הוא כמ״ש, הָיֹה היה דְבר ה׳ אל יחזקאל, בארץ כשדים על נהר כְּבָר.

הָיֹה היה, מורה, שנבואה לשעתה הייתה, כי הייתה נצרכת לחיזוק בני הגלות, להודיעם שהשכינה ירדה עימהם בגלות. ע״כ ראה יחזקאל רק לפי שעתו, ואע״פ שאותו המקום לא היה ראוי לכך. כי אין חוץ לארץ ראוי לנבואה. משום זה כתוב, הָיֹה היה. כלומר, שהיה כאן חידוש, ששרתה הנבואה בחוץ לארץ.

כתוב הָיֹה היה, כי הָיֹה למעלה בז״א, הָיָה למטה בנוקבא. כמ״ש, סולם מוצב ארצה וראשו מגיע השמיימה, שלוקח אור החסדים למעלה בשמיים, ז״א, ולוקח למטה בנוקבא, ארץ, אור החכמה. הָיֹה, הוויות החסדים מלמעלה, והָיָה, הוויות החכמה מלמטה. שהחסדים מקובלים מז״א, והחכמה מנוקבא. ע״כ נקראת הנוקבא חכמה תתאה. ואין שלמות לחכמה בלי חסדים. וע״כ לא נמשך אור שלם, אלא רק ע״י זיווג ז״א ונוקבא.

47. סולם זה התחזק למעלה בז״א, והתחזק למטה בנוקבא. כמ״ש, בארץ כשדים על נהר כבר. בארץ כשדים, בחוץ לארץ. ועכ״ז, על נהר כבר, שהיה כבר, שהשכינה שרתה עליו עוד מקודם לכן, כמ״ש, ונהר יוצא מעדן להשקות את הגן. הנהר, בינה. ונהר כבר הוא אחד מארבעה נהרות הנמשכים מנהר היוצא מעדן, מנהר פרת שבבבל. ומשום ששרה עליו מקודם, והיה עליו כבר, לכן שרה עליו גם עתה ונגלה ליחזקאל.

כלומר, אע״פ שהנבואה הייתה צריכה לחזק את ישראל בגלות בבל, שלא יבואו לידי ייאוש, עכ״ז, אם לא היה נמשך הנהר הזה מנהר היוצא מעדן, שכבר שרתה עליו השכינה, לא הייתה מתגלה עליו הנבואה בבבל.

48. והייתכן שיעקב הקדוש, בחיר שבאבות, נגלה עליו ה׳ בחלום ובמקום קדוש הזה, בית אל, שהוא בארץ ישראל, שראוי להשראת השכינה, לא ראה את ה׳ אלא בחלום? אלא יעקב לא היה נשוי באותו זמן, והיה חצי גוף, ויצחק היה חי, ועוד לא הגיע זמן שליטתו, וע״כ כתוב בו, חלום ולא מראֶה בהקיץ. ולמה לאחר שיעקב נשא אישה כתוב, ואֵרָא בחלום? הנה שם המקום גרם, שהיה בחוץ לארץ, בפַּדַן ארם, ויצחק היה חי, וע״כ כתוב בו חלום.

49. ולאחר שבא לארץ הקודש עם השבטים, ועקרת הבית נשלמה עימהם, ואֵם הבנים שמֵחה, שהיה שלם עם בת זוגו, והיה בארץ ישראל, כתוב, ויֵרא אלקים אל יעקב. וכתוב, ויאמר אלקים לישראל במראות הלילה. לא כתוב חלום, כי כבר היה במדרגה עליונה וראוי למראה בהקיץ.

50. החלום הוא ע״י גבריאל. החלום הוא, למטה במדרגה השישית מנבואה, כי גבריאל מקבל החלום מהוד דנוקבא. וע״י גבריאל מקבלים בני אדם.

מראֶה מקובלת ע״י מדרגה של החיה השולטת בלילה, כי מראֶה היא הנוקבא דז״א במקומה עצמה. ועליה נאמר, וַתָּקָם בעוד לילה. וע״כ היא מראֶה בהקיץ ולא בחלום.

הרי כתוב, גבריאל הָבֵן להַלָּז את המראֶה. הרי שגם המראֶה מתקבלת ע״י גבריאל. מראֶה, דבריה סתומים, ובחלום יותר מפורשים, והחלום מפרש דברים הסתומים אשר במראֶה. גבריאל, הממונה

על החלום, התמנה לפרש דבריה של המראֶה הסתומים.

51. וע״כ כתוב, ויֵירא ואֵרָא, במראֶה. כי מראָה, כמראָה של זכוכית מלוטשת, שכל הצורות שממולה, נראות בתוכה. משום זה כתוב בה, ואֵרָא אל אברהם באל שד״י. כי המראֶה, הנוקבא, אמרה, הראיתי צורתו של ה׳ באל שד״י. להיותה מראָה, שצורת האחר נראית בתוכה. וכל הצורות של מדרגות העליונות נראות בתוכה.

כי צורת הנוקבא, חכמה, וצורת ז״א, חסדים. ע״כ אין אור שלם, אלא ע״י זיווג שניהם. ומקבלים החסדים חכמה מהנוקבא, והחכמה של הנוקבא מתלבשת בחסדים, ונשלמים שניהם. ועכ״ז אין הארת חכמה שבנוקבא מושפעת ממנה ולמטה, אלא ממנה ולמעלה, אל החסדים שבז״א, שהם משתלמים בג״ר ומושפעים מלמעלה למטה. כמ״ש, אשת חיל עטרת בעלה, אשר בעלה מתעטר בה. שהחסדים דז״א מתעטרים בג״ר על ידה ומושפעים למטה. אבל הנוקבא אינה מתעטרת בבעלה, כי צורתה, שהיא הארת החכמה, אינה מושפעת ממנה ולמטה.

מראָה, צורת האחר נראית בתוכה, צורת ז״א, חסדים, נראית לתחתונים על ידה, שמושפעים ממנה ולמטה. אבל צורתה עצמה אינה נראית לתחתונים, כי אינה משפיעה החכמה ממנה ולמטה. ונמצא שהיא דומה למראָה מלוטשת, שאין עניינה להראות צורתה עצמה, אלא רק צורתם של אחרים, המסתכלים בה, או העומדים למולה.

ועוד היא דומה למראָה, כי כמו שכל סגולתה של מראָה הזכוכית, היא בסיבת צבע העכור שבעֲברה השני, המחזיר קרני האור לאחוריהם. ואם הייתה שקופה, שום צורה לא הייתה נראית בה, כך הנוקבא, כל כוחה הוא במסך שבה, המעכב על האור להאיר ממנה ולמטה, ולולא המסך הזה, לא היה בה שום אור.

52. משום זה, יעקב, מטרם שנשא אישה, כתוב, ויחלום, והנה סולם מוצב ארצה. סולם הוא הנוקבא, שכל שאר המדרגות תלויות בה. וראשו מגיע השמיימה, כדי להתקשר עם השמיים. ראשו, הוא הראש של הסולם, יסוד, ראש הנוקבא, הנקראת מיטה, ונקרא היסוד ראש המיטה, משום שהוא ראש הנוקבא, והיא מאירה ממנו.

וע״כ נבחן שהוא, הראש שלה, מגיע השמיימה. משום שהוא סיום הגוף, ת״ת, שמיים, כי היסוד דבוק תחת הת״ת. ועומד בין העליון, ז״א, ובין התחתון, הנוקבא. בדומה לברית, שהוא סיום הגוף ונמצא בין הירכיים והגוף.

53. והנה מלאכי אלקים עולים ויורדים בו. אלו הם הממונים של כל העמים, העולים והיורדים בסולם הזה. וכאשר ישראל חוטאים, נשפל הסולם, ואלו הממונים עולים. וכשישראל מטיבים מעשיהם, מתעלה הסולם, וכל הממונים יורדים למטה, והממשלה שלהם מתבטלת. הכול תלוי בסולם הזה. כאן ראה יעקב בחלומו, הממשלה של עשיו, והממשלה של שאר כל העמים.

54. והנה מלאכי אלקים עולים ויורדים בו. במה הם עולים ויורדים? בראש של הסולם. כי כשמסתלק ממנו ראשו, יסוד, הסולם נכנע, וכל הממונים עולים בשליטתם. וכאשר מתחבר הראש באותו הסולם, הוא מתעלה, וכל הממונים יורדים משליטתם. הכול עניין אחד. ב׳ הפירושים אחד הם, ואין ביניהם אלא אופן הביאור בלבד:

פירוש א׳. כי ממשלת האומות נמשך מקו שמאל בלי ימין. וכשישראל חוטאים, מוסיפים, במעשיהם הרעים כוח לקו

שמאל, ואז מושפל הסולם, הנוקבא, מחמת חוסר חסדים, והממונים של האומות עולים ורודים את ישראל. ובמעשיהם הטובים הם מגבירים קו האמצעי, המשפיע חכמה וחסדים ביחד, ונחלש כוח השמאל. וע״כ מתעלה הסולם ברוב שלמות, ומתבטל כוח ממשלתם של הממונים על האומות.

פירוש ב׳. אינו תולה בחטאים של ישראל, אלא שמדבר ממציאות ראש הסולם, יסוד דז״א, המשפיע חסדים, כמ״ש, וראשו מגיע השמיימה. כשמסתלק הראש מהסולם, ונשאר הסולם בחכמה בלי חסדים, אז נופל הסולם, משום שכל שליטתם תלויה בהארת השמאל בלי ימין, חכמה בלי חסדים. וכשהחסדים מתחברים בחכמה, מתעלה הסולם וכל הממונים יורדים. הרי ששני הפירושים אחד הם.

55. כתוב, נִרְאָה ה׳ אל שלמה בחלום הלילה, ויאמר אלקים, שְׁאַל, מה אתן לך. אם זה היה בחלום ע״י גבריאל, איזה רשות יש למדרגת החלום לומר לו, שאל מה אתן לך, הרי גבריאל אינו אלא מלאך? אלא כאן נכללת מדרגה במדרגה, שהמדרגה העליונה, הנוקבא דז״א, שורש החלום, נכללה והתלבשה במדרגה התחתונה, גבריאל. והנוקבא אמרה לו, שאל מה אתן לך. כי כתוב, ויאמר אלקים, שאל, שהוא שם הנוקבא.

ע״כ נגלה לו רק בחלום, משום שעד עתה עוד לא היה שלמה שלם. כיוון שנשלם, כתוב, וה׳ נתן חכמה לשלמה. וכתוב, ותֵּרֶב חכמת שלמה. שהלבנה, הנוקבא, עמדה במילואה, וביהמ״ק נבנה, ואז ראה שלמה חכמה עין בעין, ולא היה נצרך עוד לחלום.

56. אחר שחטא, חזר ונצרך אל החלום כבתחילה. ע״כ כתוב, הנראה אליו, פעמיים. האם רק פעמיים היה נראה אליו ולא יותר? אלא שמצד מדרגת החלום נראה לו רק פעמיים.

57. ועכ״ז, מדרגת החלום של שלמה, הייתה גדולה יותר ממדרגת החלום של שאר בני אדם. משום שנכללה לו מדרגה במדרגה, מראֶה בהקיץ, הנוקבא, נכללה לו במראה בחלום, מדרגת גבריאל. עתה בסוף ימיו, חשכה לו מדרגת החלום ביותר, וע״כ מזכיר לו הכתוב ב׳ החלומות, שהיו מאירים לו, כמ״ש, לאל הנראה אליו, פעמיים.

וזה היה לו משום שחטא, והלבנה, הנוקבא, עמדה להתחסר, משום שלא שמר ברית קודש, וחיזר על נשים נוכריות. וזהו תנאי שעשה הקב״ה עם דוד, כמ״ש, אם ישמרו בניך בריתי, גם בניהם עדי עד יישבו לכיסא לָךְ.

58. וזה כמ״ש, כימי השמיים על הארץ. ומשום ששלמה לא שמר ברית, התחילה הלבנה להתחסר. ע״כ היה נצרך לחלום בסופו. וכן יעקב, מחמת שלא היה שלם, היה נצרך לחלום.

והנה ה׳ ניצב עליו

59. והנה ה׳ ניצב עליו. כאן בסולם ראה יעקב קשר האמונה, הנוקבא, המקשרת כל הספירות כאחד. ניצב עליו, כמ״ש, נציב מלח, תל, כי כל

המדרגות כולן כאחת נמצאות על אותו הסולם, הנוקבא, להתקשר הכול בקשר אחד, משום שאותו הסולם ניתן בין שני הצדדים. כמ״ש, אני הוי״ה אלקי אברהם אביך, ואלקי יצחק. אלו הם שני הצדדים ימין ושמאל. אברהם ימין, יצחק שמאל.

ע״כ אין לומר, שהמילה ניצב מיותרת, שהיה די לומר, והנה ה׳ עליו. כי ניצב, פירושו תל, מלשון נציב מלח. ומשמיענו הכתוב, אשר כל המדרגות נגלו לו על הסולם הזה, בקשר אחד, בדומה לתל. לכן כתוב, והנה הוי״ה ניצב עליו. כי כל המדרגות נרמזות בכתוב הזה.

כי הוי״ה ת״ת, הכולל שש מדרגות חג״ת נה״י. אברהם חכמה. יצחק בינה. הארץ מלכות. וד״ס הללו חו״ב תו״מ כוללות כל ע״ס. כי הסולם, הנוקבא, עיקרה משמאל. אבל השמאל אינו מתקיים בלי ימין. לפיכך ניתנה הנוקבא בקו האמצעי, הכולל לימין ולשמאל. ומקבלת חסדים מימין וחכמה משמאל. וע״כ, כבר יש כאן בקשר הזה כל הספירות: ימין ושמאל, שהם אברהם ויצחק, וקו האמצעי, שהוא הוי״ה, והסולם עצמו, שהוא המלכות.

60. פירוש אחר, שניצב לא על הסולם, אלא על יעקב, כדי שייעשו כולם מרכבה קדושה: ימין ושמאל, וביניהם יעקב, חג״ת, וכנ״י, הנוקבא, להתקשר ביניהם. וכמ״ש, אני ה׳ אלקי אברהם אביך, ואלקי יצחק. מאין לנו שיעקב באמצע? זהו משמע שכתוב, אלקי אברהם אביך ואלקי יצחק, ולא כתוב, אלקי יצחק אביך. שאז היה נבחן אל השלישי שבאבות, בן יצחק. הוא ללמדנו, שכיוון שהתקשר באברהם, שהתייחס להיות בנו, נמצא שהוא קודם ליצחק, והוא באמצע אברהם ויצחק.

כי כך הוא במרכבה, שאברהם ויצחק הם ימין ושמאל, ויעקב הוא באמצע. כתוב, הארץ, הנוקבא, אשר אתה שוכב עליה, הרי שכולם יחד הם מרכבה קדושה אחת, ג׳ הקווים עם הנוקבא. וכאן ראה יעקב, שיהיה בחיר שבאבות.

61. מכיוון שאמר, אברהם אביך, ודאי שהוא באמצע. ואלקי יצחק, נרמז בזה, שיעקב קשור לב׳ הצדדים ימין ושמאל, וכולל אותם. כתוב, ואלקי יצחק, שיש ו׳ אצל יצחק. ו׳ רומז על ת״ת, יעקב, המחובר עם אלקי יצחק, השמאל.

62. וכל עוד שלא היה יעקב נשוי אישה, לא נאמר בו יותר בגילוי משנאמר כאן, שלא כתוב בו במפורש, אלקי יעקב, כמו באברהם וביצחק. ונאמר בגילוי רק למי שיודע דרכי התורה, כלומר, שיהיה מרכבה בב׳ הדרכים בימין ובשמאל. וכל עוד שלא נשא אישה, הוא יכול להיות מרכבה לז״א בלבד, ימין, ולא לנוקבא, שמאל.

לאחר שנשא אישה והוליד בנים, נאמר לו בגילוי, כמ״ש, וַיַּצֶּב שם מזבח ויקרא לו אל אלקי ישראל. בגילוי, כי התייחד שמו עליו. מכאן למדנו, שכל מי שלא נשלם למטה, בזכר ובנוקבא, שלא נשא אישה, אינו נשלם למעלה. ויעקב אינו דומה, כי הוא נשלם למעלה ולמטה עוד מטרם שנשא אישה. אבל לא בגילוי, כי לא ייחד שמו עליו.

63. האם נשלם לגמרי, אע״פ שלא נשא אישה? אינו כן, אלא רק ראה שישתלם לאחר זמן. והרי כתוב, והנה אנוכי עימך ושמרתיך בכל אשר תלך, שמשמע שנשלם לגמרי. אלא, שהשגחתו של הקב״ה והשמירה שלו לא תעזוב את יעקב לעולם, בכל מה שהוא צריך בעוה״ז. אבל בעולם העליון לא יוכל להשיג עד שיהיה נשלם, שיישא אישה.

ויקַץ יעקב, ויאמר, מה נורא המקום הזה

64. וייקַץ יעקב ויאמר, אכן יש ה׳ במקום הזה, ואנוכי לא ידעתי. לא ידעתי, לשון חיבור ודבקות. אמר יעקב, ואיך כל זה התגלה לי ולא הסתכלתי לדעת את השם הקדוש, אנוכי, השכינה, ולהיכנס תחת כנפי השכינה להיות אדם שלם?

65. כל יום ויום ראתה רבקה אור השכינה, הנקראת אנוכי, כי השכינה הייתה באוהלה והתפללה שם. כיוון שראתה הצרה שלה במעיה, כתוב, ותאמֶר, אם כן למה זה אנוכי, ותלך לדרוש את הוי״ה, כי יצאה ממדרגה זו של אנוכי אל מדרגה שהיא הוי״ה. אנוכי שֵם השכינה. משום זה אמר יעקב, וכי כל כך ראיתי, ואנוכי לא ידעתי. כי היה לבדו ולא נכנס תחת כנפי השכינה.

66. מיד, ויִירא ויאמר, מה נורא המקום הזה. נאמר על השכינה, ועל אות ברית קודש.

67. ואע״פ שהם יסוד ומלכות, אחת הן. אמר, אין זה כי אם בית אלקים. זה, היסוד, הראוי להיות בטל. אין זה, אינו, כי אם בית אלקים, הנוקבא, להשתמש בה ולעשות בה פירות, להשפיע לה ברכות מכל איברי הגוף, כי יסוד הוא השער לכל הגוף, ת״ת.

וכתוב, וזה שער השמיים, ת״ת, גוף, ונקרא שמיים. זה, שער הגוף, שער להשפיע ברכות למטה, לנוקבא, נאחז למעלה, בשמיים, ת״ת, ונאחז למטה, בנוקבא, הנקראת מקום, וכן בית אלקים.

נאחז למעלה, כי כתוב, וזה שער השמיים, שהיסוד שער הת״ת, הנקרא שמיים. נאחז למטה, כמ״ש, אין זה כי אם בית אלקים. אין זה, יסוד. נמצא, כי אם בבית אלקים, הנוקבא. וע״כ, ויירא ויאמר, מה נורא המקום הזה. שהמקום הוא הנוקבא, וזה היסוד. ובני אדם אין משגיחים בכבודו של היסוד, להיות שלם בו.

והנה סולם מוצב ארצה

70. ויחלום, והנה סולם מוצב ארצה וראשו מגיע השמיימה. החלום מדרגה שישית מב׳ המדרגות של הנבואה, שהם נו״ה דז״א. כי מכאן עד המדרגה ההיא של החלום, הוד דנוקבא, שש מדרגות: יסוד דז״א, חסד, גבורה, ת״ת, נצח, הוד דנוקבא. וע״כ החלום הוא אחד משישים מנבואה. כי כל ספירה מאלו השש כלולה מע״ס, ועשר פעם שש הן שישים. והחלום, שהוא התחתון מהן, נמצא שהוא אחד משישים.

סולם רומז, שראה בניו, שעתידים לקבל התורה בהר סיני. כי סולם הוא סיני, משום, שהר סיני הוא, כמ״ש, מוצב בארץ, וראשו, מעלתו, מגיע השמיימה. וכל המרכבות ומחנות המלאכים העליונים כולם ירדו שם ביחד עם הקב״ה, בעת

״ויצא״. ספר הזהר עם פירוש הסולם. מהד׳ 21 כר׳. כרך ה. דף לג; מהד׳ 10 כר׳. כרך ג. דף לג.
״ויצא״. ספר הזהר עם פירוש הסולם. מהד׳ 21 כר׳. כרך ה. דף לה; מהד׳ 10 כר׳. כרך ג. דף לה.

שנתן להם התורה, כמ״ש, ומלאכי אלקים עולים ויורדים בו.

71. והכול ראה יעקב בחלומו. ראה את המלאך מט״ט, זְקַן ביתו של הקב״ה, המושל בכל, העומד בשליטה על העולם בשם שד״י, ועולה למעלה בשם הוי״ה. הוא המקום שיעקב נשלם בו. אח״כ, והראש של השם שד״י, שהוא י׳, זה מגיע השמיימה. כיוון שהאות הזו עולה ומגיעה לאותו המקום, לשמיים, המלאך מט״ט נשלם ונקרא בשם ריבונו, הוי״ה.

מט״ט מהו? כמ״ש, והחיות רָצוֹא וָשׁוֹב, רצוא נוריאל ושוב מט״ט. בעת שהחיות מקבלות מהארת הזיווג של זו״ן דאצילות, אז הכולל שלהם הוא רצוא ושוב. הימין, ו״ק, חסדים, רצוא אל השמאל, לקבל ראש וחכמה. ואחר שקיבל ממנו החכמה, וָשׁוֹב, שב למקומו לימין לחסדים. ולפיכך נבחן וָשׁוֹב לב׳ בחינות:

א. ההתכללות בשמאל וג״ר שמקבל שם,

ב. ששב למקומו לימין וחוזר לחסדים, שאז הוא בכל השלמות.

רצוא בחיות המלאך נוריאל, ו״ק, רץ לשמאל לקבל ראש. וָשׁוֹב בחיות המלאך מט״ט, שבו ב׳ הבחינות של ושוב. וע״כ נקרא מלאך הפָּנים, להיותו הנושא ג״ר. וע״כ הוא שר העולם, כי בו השלמות, להשלים התחתונים שבעולמות בי״ע.

ונאמר, שראה את המלאך מט״ט, זְקַן ביתו של הקב״ה, המושל בכל. כי יש ב׳ בחינות במט״ט:

א. נקרא זקן ביתו, שנכלל בשמאל וקנה מחכמה. כי כמ״ש, אין זקן, אלא מי שקנה חכמה.

ב. וָשׁוֹב, למקומו לחסדים, שאז יש לו חכמה וחסדים, ונבחן אז למושל בכל אשר לו, כי כל, מורה על השלמות מכל הצדדים, החכמה והחסדים. ורָב מורה על השלמות מחכמה לבד, כמו שאמר עשיו ליעקב, יש לי רב. ויעקב אמר לו, יש לי כל.

ונאמר, שעומד בשליטה על העולם בשם שד״י, כי כוח השליטה של מט״ט על העולם, להיות שר העולם, בשליטה של השם שד״י, בבחינה א׳ של ושוב. כי אין שליטה אלא באור החכמה. ואז הוא כלול בשמאל, השם שד״י. ועולה למעלה, לבחינה ב׳ של ושוב, שהיא חזרתו לימין לחסדים, בעלייה לשם הוי״ה, ז״א, חסדים. הוא המקום שיעקב נשלם בו, המקום, שיעקב נעשה מרכבה לז״א.

הי׳ דשד״י הוא סיום הנוקבא, הנקראת עולם, גבול הים. בשעה שגלי הים, הארת החכמה שבשמאל, רצים ורוצים להחריב העולם להחזירו לתוהו ובוהו, להאיר מלמעלה למטה, הם מסתכלים בשכינה, שהיא גבול הים, ואז הם שבים למקומם, לחסדים.

וגבול הים, הי׳ של השם שד״י, הוא כמו שמפורש השם שד״י, שאמר לעולמו די שלא יתפשטו יותר. והגבול הזה י׳, כי י׳ ראש בלי גוף, מורה על כוח סיום שבו, שאינו מתפשט מלמעלה למטה. כשגלי הים שבשם שד״י מגיעים לי׳, מפסיקים להאיר עוד ושבים לחסדים. הכוח שבי׳ זאת, מחזיר האורות השמיימה, ז״א, חסדים. כיוון שהי׳ מחזירה האורות השמיימה, שׁוֹב לבחינת חסדים, לז״א, נשלם המלאך מט״ט, המושל בכל אשר לו, ונקרא בשם ריבונו ז״א, הוי״ה, כי נעשה מרכבה אליו, כמו יעקב.

72. והנה מלאכי אלקים עולים ויורדים בו. אלו מלאכים הקדושים הקרובים למלכות, עולים ע״י מט״ט. והאחרים שאינם קרובים למלכות, מס״א, יורדים ואין להם תקומה.

73. מט״ט שעולה או יורד, עולים או

יורדים עימו מלאכי אלקים. שהם י״ב (12) מרגליות טובות: מיכאל, קדמיאל, פדאל, גבריאל, צדקיאל, חסדיאל, רפאל, רזיאל, סטוריה, נוריאל, יפיאל, ענאל. והם אַלְפֵי שִׁנְא״ן, ראשי תיבות: שור, נשר, אריה. ן׳ דשנא״ן זה אדם, שכלול זכר ונוקבא. והם עולים כשמט״ט עולה, והם יורדים כשהוא יורד.

74. כל אלו השולטים בשליטה בעוה״ז ע״י מט״ט, עולים לשלוט. וכל אלו היורדים על ידו, יורדים משליטתם. כולם תלויים בסולם, שהוא מט״ט. הוי״ה שולט על כולם, כמ״ש, והנה ה׳ ניצב עליו.

כשהֱקיץ יעקב, אמר, אין זה כי אם בית אלקים וזה שער השמיים. מט״ט הוא בית אלקים, שער להיכנס לְפנים, שכתוב, פִּתחו לי שערי צדק אבוא בָם אודה יה. זה השער להוי״ה, זה שער השמיים. שערי צדק, ושער הוי״ה, ושער השמיים הם אחד, שהוא מט״ט.

ב׳ בחינות במט״ט:

א. ממה שנכלל בחכמה מבחינה א׳ של ושוב, נקרא בית אלקים,

ב. ממה שנכלל בחסדים מבחינה ב׳ של ושוב, נקרא שער.

וידַר יעקב נדר

75. הקב״ה הבטיח לו, והנה אנוכי עימך ושמרתיך. למה לא האמין, אלא אמר, אם יהיה אלקים עימָדי? אלא אמר יעקב, חלום חלמתי, והחלומות מהם שהם אמיתיים ומהם שאינם אמיתיים. ואם יתקיים, אז אדע שחלום אמיתי הוא. וע״כ אמר, אם יהיה אלקים עימדי, כמו שחלמתי, והיה ה׳ לי לאלקים. אני אהיה מושך ברכות ממעיין הנחל של הכול, בינה, למקום הזה שנקרא, אלקים.

76. ישראל שבאמצע הכול, בקו האמצעי, מקבל השפע תחילה ממקור הכול, מבינה, ולאחר שהשפע יגיע אליו, מעביר וממשיך אותו למקום, הנוקבא. שכתוב מתחילה, והיה ה׳ לי, שיקבל תחילה. ואח״כ כתוב, לאלקים, הנוקבא, שישפיע אח״כ לנוקבא.

כמו שאלקים ישמרני ויעשה לי כל הטובות האלו, כן אני אמשיך לו ממקומי, מז״א, כל אלו הברכות, ויתחבר בו קשר הכול, היסוד. מתי? כשאהיה שלם במדרגה שלי, ת״ת, ואהיה שלם במדרגת שלום, יסוד, לתקן בית אבי, הנוקבא, כמ״ש, ושַבתי בשלום אל בית אבי. ושבתי בשלום, היסוד, אז, והיה ה׳ לי לאלקים.

77. ושבתי בשלום. כי שָם, בבית אבי, בארץ הקדושה, אשתלם, והיה ה׳ לי לאלקים, במקום הזה אעלה ממדרגה זו למדרגה אחרת כראוי, ושם אעבוד עבודתו.

78. כתוב, דברי עוונות גברו מֶני פשעינו אתה תְכַפְּרֵם. דוד ביקש תחילה על עצמו, ואח״כ ביקש על הכול. דברי עוונות גברו מני, אמר דוד, אני יודע בעצמי שחטאתי, אבל כמה רשעים הם בעולם, שהתגברו עליהם חטאים עוד יותר ממני. הואיל וכך, אני מפחד ומבקש לי ולהם, פשעינו אתה תכפרם,

שהיה מתיירא מריבוי החטאים של רשעי עולם.

79. בשעה שיש הרבה רשעים בעולם, הם עולים עד המקום שספרי רשעים נפתחים, הנוקבא דז״א, הנקראת ספר, הדין עומד עליו, שנפגמת בסיבת הדינים. וע״כ היה דוד מפחד, שעוונותינו לא יפגמו את הנוקבא, וביקש עליהם כפרה. ואמר, לי ולהם אתה תכפרם.

80. יעקב ג״כ מפחד, אולי יחטא, ובסיבת ריבוי הרשעים בעולם יגיע הפגם עד הנוקבא. ומשום זה לא האמין בהבטחת ה׳ שניתנה לו. ואין לומר, שלא האמין בה׳, אלא שלא האמין בעצמו, ופחד, אולי יחטא, ובצירוף החטאים שבעולם יגרום החטא, שלא ישוב לביתו בשלום, והשמירה תסור ממנו. וע״כ לא האמין בעצמו.

והיה ה׳ לי לאלקים: כאשר אשוב בשלום, אפילו רחמים אָשִית לפניי לדין, כדי שאהיה עובד לפניו תמיד. הוי״ה רחמים, ז״א שבאור החסדים, ונוטה לימין. והשם אלקים דין, הנוקבא, שבאור החכמה, ונוטה לשמאל. יעקב נוטה לימין יותר משמאל. ואח״כ כשחזר לארץ, השיג מדרגת ישראל, שהימין נכלל משמאל, והשיג ראש.

81. יעקב אמר, עתה איני צריך לדין, אלא רק לחסד, כמו מדרגת יעקב. כשאשוב לבית אבי, אתכלל אז בדין, שהימין יכלול בשמאל, ואתקשר בשמאל כמו בימין, במדרגת ישראל, בעמוד האמצעי.

עתה, אם יהיה אלקים עימדי, כי עתה דין אני צריך, לשמור אותי עד שאשוב בשלום לבית אבי, כי כדי להכניע הקליפות צריכים להארת השמאל, דין. אלא אחר שאשוב בשלום, אתכלל מרחמים בדין, שימין יהיה כלול משמאל והשמאל מימין, ואתקשר בקשר הנאמן, להכליל כל הספירות כאחד.

ואז, האבן הזאת אשר שמתי מצֵבה, יהיה בית אלקים. כי אחר שהימין והשמאל ייכללו זה בזה, יהיה הכול קשר אחד, ואבן, הנוקבא, תתברך מימין ומשמאל, שהם חו״ב, ומלמעלה ומלמטה, שהם תו״מ. ומשום זה אתן מעשֵׂר מכל. המעשר, הנוקבא, אחת מעֲשר, תהיה כלולה מכל ע״ס: מדרום ומצפון ומלמעלה ומלמטה, שהם חו״ב תו״מ.

82. והרי כתוב, וייקח מאבני המקום. שהם י״ב (12) אבנים שמתחת הנוקבא, ולא הנוקבא עצמה. ולא כתוב, אבן שלקח העליונה על כל האבנים, שלקח למקום מושבו, לשרות עליהן, שהוא הנוקבא, שממעל לי״ב האבנים. אלא הרים אותה מצבה עליונה, משום שתלה כל השבח של היסוד באבן העליונה, כמ״ש, אין זה כי אם בית אלקים. אין זה, עשוי לקיים, להשפיע מוחין, כי אם בית אלקים, לאבן העליונה, בית אלקים, הנוקבא. וע״כ כתוב, אשר שמתי מצבה, ולא כתוב, עליונה.

83. יהיה בית אלקים לעולם, שלא ייפסק השפע אליה מהיסוד לעולם. אמר, בית אלקים. האם לא היה צריך לומר, בית הוי״ה? אלא הנוקבא מקום לב״ד, לדינים, משני צדדים העליונים:

מצד יובֵל, ישסו״ת, אלקים חיים. כי ז״ת דבינה, ישסו״ת, נקראים ג״כ אלקים. וע״ש חכמה שמשפיעה, נקראת חיים.

ומצד יצחק, גבורה דז״א, נקראת ג״כ אלקים. וע״כ כתוב על הנוקבא, בית אלקים, שהוא דין, ולא בית ה׳, שהוא רחמים.

84. יובל, ישסו״ת, בינה, אע״פ שדינים מתעוררים ממנה, כולה רחמים, כל חדווה ממנה יוצאת, והיא חדוות כל. ולפיכך אין לומר, שנוקבא נקראת בית אלקים, משום שמקבלת דינים מיובל. אלא שנקראת בית אלקים, מורה, שצד הדין הקשה, גבורה דז״א, השמאל שלו.

אם לטוב, הרי מצד השמאל התעוררה האהבה לזיווג, כמ״ש, שמאלו תחת לראשי. אם לרע, הרי מצד שמאל מתעורר דין הקשה, כמ״ש, מִצפון תיפתח הרעה. ע״כ נקראת ודאי בית אלקים.

בית אלקים, כמ״ש, קריית מלך רב, שהנוקבא היא קריה לבינה, הנקראת מלך רב. אף כאן הנוקבא היא בית לאלקים, שהוא בינה. כי יש מלך סתם, הנוקבא, ויש מלך רב. ודאי עולם העליון, בינה, נקרא מלך רב. והנוקבא, המלך סתם, היא קריית מלך רב, בינה.

אמר רבי חייא לאליהו

[ר״ח חמא ליה לאליהו]

85. רבי חייא ורבי חזקיה היו יושבים תחת האילנות של שדה אוֹנוֹ. נמנם רבי חייא וראה את אליהו, אמר רבי חייא לאליהו, מהוכחת הדרך של אדוני, השדה מאיר, שהוא הנוקבא.

אמר אליהו, עתה באתי אליך להודיע, שירושלים קרובה היא להיחרב, וכל ערי החכמים עימה, משום שירושלים הנוקבא, דין, ועומדת על דין, ונחרבת על הדין שבה. וכבר ניתן רשות לס״מ עליה ועל גיבורי העולם, ובאתי להודיע לחכמים, אולי יאריכו השנים של ירושלים, שלא תיחרב, שהרי כל זמן שהתורה נמצאת בה, היא עומדת, משום שהתורה היא עה״ח העומד עליה.

כל זמן שהתורה מתעוררת מלמטה, שבני אדם עוסקים בה, עה״ח אינו מסתלק מירושלים של מעלה. פסקה התורה למטה, שבני אדם הפסיקו מלעסוק בה, עה״ח, ז״א, מסתלק מהעולם, מהנוקבא. שהיא נקראת עולם, וכן נקראת ירושלים. ואין הכוונה לירושלים של מטה, כי אלו החכמים כבר היו שנים רבות אחר חורבן ירושלים.

86. וע״כ כל זמן שהחכמים שמחים בעסק התורה, לא יוכל להם ס״מ, כי כתוב, הקול קול יעקב והידיים ידי עשיו. זהו התורה העליונה, ז״א, הנקרא קול יעקב, בעוד שהקול ההוא אינו נפסק, הדיבור שולט ומנצח. וע״כ אין צריכים להפסיק מתורה.

87. הנוטה לשמאל מחריב את הנוקבא. כי כתוב, אם ה׳ לא ישמור עיר, שָׁוְא שָׁקַד שומר. אלו שעוסקים בתורה, הדבקים בקו אמצעי, הנקרא תורה, עומד עליהם העיר הקדושה, הנוקבא, ואז הוי״ה, שהוא עמוד האמצעי, שומר העיר, ולא על אנשים חזקים של העולם, הדבקים בשמאל. וכתוב, אם הוי״ה, קו אמצעי, לא ישמור עיר, שווא שקד שומר, כי סופה להיחרב.

וַיַּרְא והנה באר בשדה

88. כתוב, מזמור לדוד, בבורחוֹ. אמר שירה בבורחו, כי מקודם לכן חשב, שהקב״ה יענישו על חטאיו בעוה״ב. וכיוון שראה שכאן בעוה״ז רוצה להיפרע ממנו, היה שמח ואמר שירה.

89. כי דוד ראה, שחשובים ממנו שהיו בעולם, היו בורחים, וכולם לבדם. יעקב ברח, כמ״ש, ויברח יעקב שדה ארם. משה ברח, כמ״ש, ויברח משה מפני פרעה. ודוד, כשברח, כל אלו שליטי הארץ וכל אלו גיבורי הארץ וראשי ישראל, כולם היו בורחים עימו, וסובבים אותו מימינו ומשמאלו, לשומרו מכל הצדדים. כיוון שראה עצמו בשבח הזה, אמר שירה.

90. כולם בשעת הבריחה פגשו בבאר הזו, הנוקבא. ודוד לא פגש בה בעת שברח, היה נחשב אז כשונא לנגדה, כי היא הייתה נפרעת ממנו אז, בעד החטא של בת שבע. וע״כ לא פגש בה.

אבל יעקב ומשה הבאר קיבלה בשמחה, ורצתה להתקרב אליהם. כיוון שראתה אותם הבאר, עלו המים לנגדם, כאישה השמחה עם בעלה.

91. אליהו ברח ולא פגש בבאר, כי אליהו הוא למטה מהבאר, המרכבה לנוקבא, באר. ולא למעלה מהבאר, כמו שהיו משה ויעקב. כי אליהו מלאך ועושה שליחות הנוקבא. ומשום שיעקב ומשה היו למעלה מהבאר, שהם מרכבה לז״א, הבאר הייתה שמחה אליהם, והמים עלו לקראתם לקבל אותם, שזה עליית מ״ן לקראת מ״ד, כמו אישה השמחה לבעלה ומקבלת אותו.

92. כתוב, וַיַּרְא והנה באר בשדה. שראה את הבאר של מעלה, הנוקבא, ובאר של מטה הייתה מכוונת כנגד הבאר של מעלה. וכתוב, והנה שלושה עדרי צאן רובצים עליה. משמע ששלושה עדרי צאן הם בקביעות על פי באר. למה כתוב אח״כ, ונאספו שם כל העדרים, שמשמע שיש עוד עדרים? אלא הם שלושה ולא יותר, דרום מזרח צפון, חסד ת״ת גבורה, דרום בימין, צפון בשמאל, מזרח קו אמצעי. עומדים על באר, מתאחדים בה וממלאים אותה.

משקים אותה, כמ״ש, כי מן הבאר ההוא יַשקו העדרים, נשמות התחתונים שבבי״ע, שכתוב, יַשקו כל חַיְתוֹ שָׂדיי. ונאספו שם כל העדרים, כוונתו על כל הנשמות שבבי״ע. אבל המשקים את הבאר רק שלושה, ג׳ הקווים, חג״ת.

93. ונאספו שם כל העדרים, כמ״ש, כל הנחלים הולכים אל הים. הנחלים הם הנשמות, כן כל העדרים הם הנשמות.

וגללו את האבן מעל פי הבאר, שמעבירים מהבאר דין הקשה, שהמים אינם יוצאים לחוץ. וכאשר אלו הנחלים באים אל הים, הנוקבא, מתחזק הדרום ימין חסד, והצפון גבורה, אינו יכול עוד להקפיא המים.

הצפון, קו שמאל בלי ימין, חכמה מחוסרת חסדים, וע״כ קופאים האורות של הנוקבא, ים. ואין הארתה יוצאת לתחתונים, אלא ביציאת קומת חסדים על מסך דחיריק, שהוא קו אמצעי, אז מחמת ריבוי החסדים הוא מכריע כוח הימין על השמאל, ונכללים זה בזה, והחכמה מתלבשת בחסדים של

הדרום, ואז נמס הקיפאון והשפע נוזל לתחתונים.

וכמו שכדי להכריע בין ב׳ קווים שבבינה, עולה ז״א למ״ן, ונעשה שם קו אמצעי, מכריע, כך כדי להכריע בין ז״א לנוקבא, שהם ימין ושמאל, עולים נשמות הצדיקים, ונעשים קו מכריע ביניהם, שמכריעים כוח הדרום, חסדים, על הצפון, והקיפאון של הים נפתח ונמס. וכמ״ש, כל הנחלים הולכים אל הים. כי הנשמות נקראות נחלים, והן הולכות אל הים ונפתח מקיפאונו.

ונאספו שם כל העדרים, הנחלים, נשמות הצדיקים, ההולכים אל הים. וגללו את האבן מעל פי הבאר, שמעבירים מהבאר דין הקשה, שהמים אינם יוצאים לחוץ. כי בעת שליטת הצפון על הנוקבא, המים קופאים ואינם מושפעים לתחתונים, ונבחן כמו שמונח אבן גדולה על פי הבאר. וע״כ אין לדלות מים ממנה.

וכאשר אלו הנחלים באים, שהם נשמות הצדיקים, העולות למ״ן, ויוצא קומת חסדים על המסך שלהן, ומכריעים את הימין על השמאל, הנה ע״י ריבוי החסדים שגרמו הנשמות, מתחזק הדרום על הצפון, ואינו קופא עוד, בדומה לנהר, שמימיו מרובים, שאינו קופא משום זה.

94. וע״כ כאשר אלו הנחלים באים, מתחזק הדרום, קו ימין, והמים נפתחים מקיפאונם ונוזלים ומשקים את העדרים, הנשמות, שכתוב, יַשקו כל חַיְתוֹ שָׂדָי. והשיבו את האבן על פי הבאר למקומה, משום שהעולם צריך אל הדינים של הנוקבא, וע״כ צריכה להימצא בדין, להוכיח עימו את הרשעים. ולפיכך מחזירים את האבן למקומה, באופן שאין הנוקבא מאירה, אלא בעת הזיווג שהנשמות עולות אליה למ״ן. ואחר הזיווג חוזרת ונסתמת.

95. יעקב, כשישב על הבאר, כיוון שראה שהמים עולים אליו, ידע שאשתו תזדמן לו שם. וכן משה, כשישב על הבאר, כיוון שראה המים עולים אליו, ידע שאשתו תזדמן לו שם.

וכך היה, שאשתו הזדמנה שם ליעקב, כמ״ש, עודנו מדבר עימם, ורחל באה עם הצאן, ויהי כאשר ראה. וכן היה במשה, כמ״ש, ויבואו הרועים ויגרשום, ושם הזדמנה לו ציפורה אשתו. כי הבאר גרמה להם את זה. כי הבאר הנוקבא העליונה. וכמו שנפגשו בנוקבא עליונה, כן נפגשו עם הנוקבא שבעוה״ז.

96. באר כתובה בפרשה זו שבע פעמים, רמז לשבע, לנוקבא דז״א, שביעי, וכוללת שבע ספירות. וכן היא נקראת באר שבע.

97. במשה כתוב באר פעם אחת. שכתוב, ויישב בארץ מדיָן ויישב על הבאר. משום שמשה נפרש מכל וכל מהבית שלמטה, הנוקבא שמחזה ולמטה דז״א, רחל, הנקראת שבע, והיה דבוק בעולם הנסתר, הנוקבא שמחזה ולמעלה. ויעקב לא נפרש כלל מהנוקבא שמחזה ולמטה, רחל, עולם הנגלה, הנקראת שבע. וע״כ במשה כתוב, באר, פעם אחת, כמ״ש, אחת היא יונתי תמתי, אחת היא לאימהּ.

כי עולם הנסתר נמשכת מאמא, והיא אחת לאמא. ומשום זה היה משה בעל הבית, שהיה שורשו למעלה מן הנוקבא של מטה, הנקראת בית. והתעלה למעלה ממנה. וע״כ כתוב במשה, ויישב על הבאר, למעלה מבאר. וביעקב כתוב, וירא, והנה באר בשדה. ולא כתוב, ויישב על הבאר.

98. וירא, והנה באר בשדה. באר, מדרגה שנקראת אדון כל הארץ, הנוקבא,

בעת שמקבלת חכמה, אשר אז בדכורא מסתיימת, ונקראת בשם זכר, אדון. בשדה תפוחים קדושים, הנוקבא שמחזה ולמטה.

שלושה עדרי צאן, ג' מדרגות עליונות, קדושות, המיתקנים על אותה הבאר, נה"י, מושכים מים, שפע, מלמעלה מז"א, וממלאים את הבאר.

99. משום שמקור, יסוד העולם, כשהוא שורה בתוך באר, עושה שם פירות ונובע תמיד, והבאר מתמלאת ממנו. שהיסוד משפיע אל הבאר, הנוקבא, ב' מיני שפע:

א. להולדות נשמות, שהם פירות,

ב. לזון את התחתונים.

כיוון שהבאר התמלאה עם השפע, מן הבאר ישקו העדרים, כל המוני הנשמות והצבאות הקדושים, שכולם שותים מאותה הבאר, כל אחד כפי הראוי לו.

100. והאבן גדולה על פי הבאר. אבן שממנה נכשלים בני העולם, אבן נֶגֶף וצוּר מכשול, הס"א, העומדת תמיד על פי הבאר, על פי פקודתה, לתבוע דין של כל העולם, שלא יירד מזון וטוב לעולם. שבעֵת שהנוקבא מקבלת משמאל בלי ימין, אז היא מענישה ותובעת דין.

101. ונאספו שם כל העדרים. כל העדרים: המחנות הקדושות למעלה, המלאכים, והמחנות הקדושות למטה, הצדיקים. אלו בשירות ובתשבחות למעלה. ואלו בתפילות ובבקשות למטה. אלו ואלו ביחד, מיד, וגללו את האבן מעל פי הבאר, מגללים אותה ומעבירים אותה מן הקודש. והבאר מסתלקת מן הדין, המכונה אבן.

102. על פי הציווי של הבאר, משיבים האבן למקומה, שתהיה מזומנת לפניה לתבוע דין על העולם, כדי שיתנהג העולם בדין. כי אין העולם יכול להתקיים אלא על דין, שיהיה הכול באמת ובצדקה.

103. כיוון שנשלם יעקב, כי מצא את בת זוגו רחל, לא היה צריך עזרה אחרת לאבן ההוא.

104. ויעקב לבדו גלל את האבן ולא נצרך לעזרה מאחר. כי יעקב היה בחיר האבות, קו האמצעי, וע"כ ע"י המשכת החסדים על מסך דחיריק, גלל האבן מעל פי הבאר, שהשמאל נכלל בימין. וכיוון שהיה יכול אל עשיו בעוה"ז, היה יכול לו למעלה. ובכל דבר צריכים מקודם פעולה למטה. כיוון שיעקב עשה מקודם פעולה למטה, בעוה"ז, לנצח את עשיו, זכה ג"כ לנצח אותו למעלה, בגלילת האבן שעל פי הבאר, שהוא הביטול של כוחו של עשיו למעלה, המקטרג על ישראל.

105. שני עולמות ירש יעקב: עולם הנגלה ועולם הנסתר, ב' נוקבאות דז"א, למעלה מחזה לאה, ולמטה מחזה רחל. כי להיותו קו אמצעי, היה לו להכריע בייחוד עליון ובייחוד תחתון, כמו ז"א.

מלאה, שהיא עולם הנסתר, שמחזה ולמעלה דז"א, יצאו שישה שבטים, ו"ק, ממה שיונקת מחב"ד חג"ת דכלים, וחג"ת נה"י דאורות. וב' שבטים יצאו מרחל, עולם הנגלה, הנוקבא דז"א שמחזה ולמטה, ממה שיונקת מנה"י דז"א. שהם יסוד, הכולל נו"ה, והמלכות. והם ב' כרובים מט"ט וסנדלפון.

מט"ט נמשך מיניקה מיסוד דז"א, וסנדלפון נמשך ממה שיונקת ממלכות דז"א, שהם כנגד יוסף ובנימין, בני רחל אשת יעקב. ויעקב היה נמצא בין שני העולמות הנגלה והנסתר בצורת ייחוד עליון וייחוד תחתון, הנוהג בז"א, בעניין

שמע ישראל, ובשכמל"ו. ומשום זה, כל דבריה של לאה היו במכוסה ובהעלם, וכל דבריה של רחל היו בהתגלות.

106. כתוב, שִמעו אליי רודפי צדק. הרודפים לתקן את הנוקבא, הנקראת צדק. הם התובעים אמונה, התובעים דין לתיקון הנוקבא, המכונה אמונה, קו שמאל. הם שהתדבקו בקשר האמונה, הקשר בקו ימין, היודעים דרכיו של המלך העליון, קו אמצעי. אותם שזכו לג' קווים, ורודפים לתקן הנוקבא, שהם ישמעו. ע"כ כתוב, שמעו אליי.

107. בעת שעולים ב' הקווים, ויוצאים לקראת האחד, קו אמצעי, הם מקבלים אותו בין שתי הזרועות, ב' הקווים יורדים למטה, שניים הם ואחד ביניהם. אלו שניים הם המושב של הנביאים, המקום שיונקים שם. אחד ביניהם, שהוא מתחבר בכולם, והוא לוקח וכולל את כולם.

הזוהר בא לבאר, מהי באר ולמה כתוב ג' עדרי צאן רובצים עליה, שהם נה"י בלבד, ולא יותר.

נודע שמהכרעת הת"ת, אין השמאל יכול להאיר עוד מלמעלה למטה, כמו הימין, אלא מלמטה למעלה בלבד. ומדובר כאן מיציאת ג' הקווים בשורשם, בבינה. אשר קו הימין, החכמה שבה, וקו שמאל הבינה שבה. ובעת ששני הקווים מאירים בדרך עלייה, בהארת החכמה, המאירה רק מלמטה למעלה, כשיוצאים לקראת קו האמצעי, שממעט הארת השמאל לבחינת מלמטה למעלה, ו"ק, נבחן אז, שב' הקווים מקבלים הכרעת קו האמצעי, בהיותם ב' זרועות חו"ג, שירדו מחכמה ובינה ונעשו לחו"ג, מג"ר לו"ק, כי אינם יכולים יותר להאיר מלמעלה למטה.

ועוד נבחן, שאלו שני הקווים שנעשו לחו"ג, ירדו עוד למטה, שנעשו לנו"ה, שלמטה מטבור, מטעם תיקון התהפכות העליונים למטה, שנעשה בהארת השמאל, שהעלה גזרת דין למעלה, שהוא נה"י, ואחריה חג"ת, ולבסוף הג"ר, למטה מכולם. ומטעם זה שוב ירדו ב' הקווים ירידה שנייה, שנעשו לנו"ה שלמטה מטבור, ששם נמצאת גזר הדין.

ולפי שחו"ג ירדו לנו"ה, ירד גם קו אמצעי עימהם, והת"ת נעשה ליסוד. ושנאמר, שניים הם ואחד ביניהם, שגם האחד, קו אמצעי, ירד עימהם. וכדי שלא נטעה, ונדע שכוונתו לנו"ה, מציין אותם ואומר, ששניים אלו שאומר, הם מושב הנביאים, המקום שיונקים משם, שהוא נו"ה. וע"כ ירד גם קו אמצעי ביניהם, משום שהוא מתחבר בכולם, והוא לוקח וכולל את כולם. כי שני הקווים אינם יכולים להאיר זולת חיבורו עימהם, והוא כולל הארת שניהם. ולפיכך הכרח הוא שיירד גם קו אמצעי עימהם, היסוד.

כשג' הקווים מאירים בשליטת קו השמאל, במוחין דחכמה, מאירים רק בנה"י שבהם. כי החב"ד ירדו לחג"ת ושניהם לנה"י. אבל בעת שג' הקווים מאירים בשליטת קו הימין, במוחין דחסדים, הכלולים מהארת חכמה, מאירים אז כל הט"ס שבהם, כי החב"ד שבהם לא ירדו לחג"ת לבחינת ו"ק, אלא שמאירים מלמעלה למטה כדרכם. וחג"ת לא ירדו לנה"י, כי תיקון ההתהפכות לא נעשה אלא בקו שמאל.

108. הבאר הקדושה ההיא, הנוקבא, בעת שמאירה בחכמה שבג' קווים, עומדת תחת נה"י, שחב"ד חג"ת ירדו ונכללו בהם. ההיא נקראת אז, שדה של תפוחים הקדושים, כמ"ש, מן הבאר ההוא ישקו העדרים, שהם כל המרכבות של המלאכים, וכל המלאכים בעלי הכנפיים.

שלושה רובצים על באר, נה"י. ולא יותר, כי כל הט"ס נכללות בג' הללו. והבאר הזו מתמלאת מהם.

וכתוב, כי מן הבאר ההוא ישקו העדרים. והיא נקראת בשם אדנ"י, כמ"ש, אדנ"י אלקים אתה החילותָ. וכתוב, והאר פניך על מקדשך הַשָּׁמֵם למען אדנ"י. והיא נקראת אדון כל הארץ. וכמ"ש, הנה ארון הברית אדון כל הארץ.

וייצא יעקב מבאר שבע

109. כתוב, אשרי שומרי משפט עושה צדקה בכל עת. אשרי שומרי משפט, אשרי הם ישראל, שהקב"ה נתן להם תורת אמת, לעסוק בה יום ולילה, כי כל מי שעוסק בתורה, יש לו חירות מכל דבר, חירות מהמוות, שאינו יכול לשלוט עליו. כי כל מי שעוסק בתורה ונאחז בה, נאחז בעה"ח. ואם מרפה את עצמו מעה"ח, הרי עץ המוות שורה עליו ונאחז בו. כמ"ש, התרפיתָ ביום צרה צר כוחכָה. התרפית, פירושו, אם הרפה ידיו מתורה.

110. ביום צרה צר כוחכה. צר כוחכה, צר כוח כֹּה. כי המתרפה מתורה אז צר כוח השכינה, הנקראת כה. ואינה מגנה עליו. כי השכינה תמיד בימין, ושומרת את האדם תמיד, כשהולך בדרכי התורה. ואז היא דוחה את הרע לחוץ, שלא יתקרב אל האדם, ולא יוכל לקטרג עליו. וכשהאדם נוטה מדרכי התורה, ומתרפה ממנה, אז צר כוח כה, השכינה, משום שאותו הרע, שמאל, שולט על האדם, ודוחה את כה, השכינה, לחוץ, עד שנעשה צר לו המקום במצור ובמצוק.

111. כשהאדם אוחז בדרכי התורה, הוא אהוב למעלה ואהוב למטה, ונעשה אהובו של הקב"ה, שהיה אהובו של הקב"ה ואהב אותו, וכאשר האדם נוטה מדרכי התורה, אז צר כוח כה, השכינה, שנעשתה צר ואויב שלו, והוא נעשה שונא שלה. והרע ההוא, יצה"ר, שולט עליו, עד שהוא מקטרג עליו בעוה"ז ובעוה"ב.

112. הרע הזה, יצה"ר, שולט על העולם בהרבה אופנים, והרבה ממשלה יש לו בעולם, והוא נחש העריץ שחטא בו אדה"ר, ובני העולם נכשלים בו, וממשיכים אותו עליהם עד שמוציא נשמתם מהם.

113. כאשר היצה"ר שולט על הגוף, וכיוון ששולט על הגוף יוצאת ממנו הנשמה, כי מכיוון שהגוף נטמא הנשמה עולה ממנו. ואינו שולט להוציא נשמתו של אדם, עד שמקבל רשות. והרבה הם הבאים מצד היצה"ר ושולטים בעולם. וכל המעשים שנעשו בעולם הם שולטים בהם, שע"י פיתויים נעשו. ויש לו ממונים ומשרתים, כולם משרתים במעשי העולם. כלומר, שמפתים בני אדם לעשות מעשים רעים.

114. וע"כ הוא קֵץ של השמאל, כמ"ש, קֵץ כל בשר. ואינו נקרא קץ כל רוח. כי יש ב' קיצים:

א. קץ על בשר, הממונה על הגוף. חיצון, טמא,

"ויצא". ספר הזהר עם פירוש הסולם. מהד' 21 כר'. כרך ה. דף נב; מהד' 10 כר'. כרך ג. דף נב.

ב. וקץ על רוח, הממונה על רוח האדם, משום זה פנימי, קדוש.

115. בצד ימין, דרום, בו סוד העליון הקדוש של האמונה, עולם הזכר, ז"א, ועולם הנקבה, הנוקבא דז"א. וכל קודש הקודשים, וכל סודות האמונה, הנוקבא, מכאן הם יוצאים. וכל החיים, וכל החירות, וכל הטוב, וכל האורות מכאן הם. וכל הברכות, וטלי נדבה, וכל האהבה שבאהבות, הכול מהצד הזה, ימין, דרום.

116. מצד צפון מתפשטות המדרגות עד שפסולת הזהב מגיעה למטה, לבי"ע. בצד הטמא, טינופת הטמאה, אוחזת למעלה, הזכר, ואוחזת למטה, הנקבה, וכאן מזדווגים זכר ונקבה. והם רוכב על נחש, ונחש זכר ונוקבא. וזה עזאזל, הכולל זכר ונוקבא דטומאה.

117. ומכאן המדרגות מתחלקות, וכמה בחינות יוצאות לעולם, המתפשטות מכאן ושולטות על העולם, והן כולן טומאה, ושרים הממונים על העולם. כמבואר, עשיו כשיצא לעולם, היה כולו אדום כמו ורד, הרומז על השמאל, ובשערות כמו שעיר, שהוא מטומאה. ומשם אלופים ממונים התקיפים, השולטים בעולם.

118. אשרי שומרי משפט, השומרים אמונתו של הקב"ה. כי הקב"ה נקרא משפט, וצריך האדם לשמור עצמו, שלא יסור לדרך אחר, אלא שיהיה שומר משפט. משום שהקב"ה הוא משפט, שכל דרכיו משפט.

השם משפט מורה על הכרעת דברים, הבאה אחר שמיעת ב' צדדים, ההפוכים זה לזה. כמו שופט, אחר ששמע היטב כל הטענות של שני הצדדים הרבים, הוא נותן את הכרעתו, ואומר, פלוני, אתה זכאי, ופלוני, אתה חייב. והכרעה זו נקראת משפט. וזה קו האמצעי, שמכריע בין שני הקווים ימין ושמאל ההופכיים זה לזה, באופן, שיאירו שניהם לצד הקדושה. וע"ש הכרעתו זו, הוא נקרא משפט.

כדי לבאר הכתוב, אשרי שומרי משפט, הזוהר מביא הדרכים והתוצאות מב' הצדדים ההופכיים זה לזה, שהם צד הימין וצד השמאל, ומעלת העוסק בתורה מבחינת עה"ח שבה, שכולו ימין. ולעומתו המתרפה בתורה ונופל לעץ המוות, שכולו שמאל. וכן עניין קץ לימין ולעומתו קץ לשמאל, והתוצאות מצד הדרום ולעומתן מצד הצפון.

אשרי שומרי משפט, השומרים אמונתו של הקב"ה. הנוקבא נקראת אמונה. אמונתו של הקב"ה, פירושו, ייחוד הקב"ה ושכינתו, שבשעת הייחוד נקרא הקב"ה משפט. כי הקב"ה ימין, והשכינה שמאל, וזיווגם משפט.

וללא הייחוד, אע"פ שהוא עה"ח, עכ"ז אינו בשלמות הנרצה, ואינו נקרא אז משפט, להיותו נוטה לימין. שע"כ גורש אדם מגן עדן, כמ"ש, פן ישלח ידו ולקח מעץ החיים ואכל וחי לעולם. והרצון היה שיעלה מ"ן לייחד הקב"ה ושכינתו, כמו שומר משפט, שהוא הכרעה ותוצאה מב' הקווים ביחד, ואינו נוטה לא לימין ולא לשמאל.

כלומר, שהקב"ה בזיווג עם השכינה נקרא משפט, כי אז כל דרכיו משפט, בדרך אמצעי, הכולל בתוכו את הימין והשמאל ביחד, ואינו נוטה לא לימין ולא לשמאל.

119. כתוב, עושה צדקה בכל עת. והאם בכל עת יכול האדם לעשות צדקה? מי שהולך בדרכי התורה, ועושה צדקה עם אלו הצריכים צדקה, נבחן לעושה צדקה בכל עת, כי כל מי שעושה צדקה

עם העני, הוא מרבה צדקה, הנוקבא, למעלה ולמטה. שגורם זיווג זו"ן למעלה, ושפע ברכות למטה.

120. מי שמשתדל בצדקה, אותה צדקה שעושה, עולה למעלה, ומגיעה למעלה למקום של יעקב, למרכבה עליונה, לנוקבא. וממשיך ברכות למקום ההוא מהמעיין של כל המעיינות, מהבינה, שכל המוחין ממנה. ומהצדקה, מהנוקבא, אחר שקיבלה ברכות מבינה, ממשיך ומרבה הברכות לכל התחתונים, ולכל המרכבות של המלאכים, ולכל הצבאות העליונים. וכולם מתברכים, והאורות מתווספים.

ומשום שכל התחתונים והמלאכים נקראים עת, להיותם נמשכים מהנוקבא, שנקראת עת, ע"כ כתוב, עושה צדקה בכל עת. שמרבה השפע בכל דרי עולמות בי"ע, המתפשטים מהנוקבא, ונקראים עת, כמו הנוקבא.

121. בזמן שהיו ישראל בארץ הקדושה, היו מושכים ברכות מלמעלה למטה. וכשיצאו ישראל מארץ הקדושה, באו תחת רשות אחר, ונמנעו הברכות מן העולם.

122. יעקב היה תחת רשות הקדושה בארץ ישראל. כיוון שיצא מן הארץ, בא ברשות אחר שאינו קדוש. ומטרם שבא תחת רשות אחר, נגלה עליו הקב"ה בחלום. וראה כל מה שראה, והלכו עימו המלאכים הקדושים עד שישב על הבאר. וכיוון שישב על הבאר, עלו המים לקראתו. וכן היה אצל משה, כי משם הזדמנה לו אשתו.

הבאר אינה עולה, אלא בעת שרואה את הקשר שלה, בן זוג, להתחבר עימו. הבאר רומזת על הנוקבא דז"א, ומשה וכן יעקב היו מרכבה לז"א, וע"כ עלו המים לקראתם, כמו נוקבא לקראת בן זוגה.

123. בתחילה כתוב, ויצא יעקב מבאר שבע וילך חרנה, ולבן בחרן היה יושב. ומאין לנו, שמושבו של לבן בחרן היה? כי כתוב, ויאמר להם יעקב, אחיי, מאין אתם. ויאמרו, מחרן אנחנו. ויאמר, הידעתם את לבן בן נחור. ויאמרו, ידענו. ומשמע, שמושבו של לבן היה בחרן. וא"כ, למה נסע משם, כמ"ש, וישא יעקב רגליו, וילך ארצה בני קדם?

124. אלא יעקב אמר, אני רוצה להתחבר עם השכינה, הבאר, משום שאני רוצה לשאת אישה. אבי, כשעמד לשאת אישה, ושלח את העבד, מצא העבד מעיין המים, ואז הזדמנה אישה לאבי. והרי במקום הזה, בחרן, לא מצאתי לא מעיין, לא בור, לא מים. ומיד, וישא יעקב רגליו וילך ארצה בני קדם, ושם הזדמן לו הבאר, והזדמנה לו אישה.

125. חרן, הוא ארץ הקדם, ובאר בשדה של חרן הייתה. ואם אינו כן, למה כתוב, וַתָּרָץ וַתַּגֵּד לאביה? אלא, משום שהיה סמוך לעיר.

126. למה על הבאר לא הזדמנה לו לאה, הרי היא העמידה ליעקב כל אלו השבטים? לא רצה הקב"ה לזווג אותה עם יעקב בגילוי. כמ"ש, ויהי בבוקר, והנה היא לאה. אבל מקודם לכן לא נגלה, שזה היה רצון הקב"ה.

127. משום זה לא נגלה לאה, אלא רחל, כדי להמשיך עינו וליבו של יעקב ביופייה של רחל, ויקבע דירתו שם, ובשבילה הזדווגה לו גם לאה, והעמידה כל אלו השבטים. במה ידע יעקב מי היא רחל, הלוא לא הכיר אותה? הרועים אמרו לו, כמ"ש, והנה רחל בתו באה עם הצאן.

אֶעֱבודך שבע שנים

128. ויאמר, אֶעֱבודך שבע שנים ברחל בתך הקטנה. כדי שלא יאמרו הבריות, שבשביל התשוקה ביופייה של רחל עשה זה, אלא שיידעו שעשה בחכמה. כי הלבנה, הנוקבא דז״א, בת שבע שנים, שצריכה להיבנות בשבע ספירות חג״ת נהי״מ. וכל שבע שנים עליונות, חג״ת נהי״מ מבינה, נחו על יעקב מטרם שנשא את רחל, כדי להשפיע לה שבע ספירות דבינה לשבע ספירות שלה. כי יעקב לקח כולם מבינה, ואח״כ בא אליה, כדי להימצא בבחינת ז״א, שמיים, בבחינת נוקבא דז״א, ארץ.

129. ויהיו בעיניו כימים אחדים באהבתו אותה. כל שבע השנים היו שקולים בעיניו, כמו שבע שנים עליונות מבינה, שהן אחדות בייחוד אחד, ואינן נפרדות, וכולן אחד, שהן מתקשרות זו בזו. באהבתו אותה, שאהב אותה. להיותה נמצאת לו, כעין הייחוד העליון שבבינה.

130. אפילו לבן רמז לו באלו שבע ספירות, ועצמו לא ידע מה שאומר, כי אמר טוב, כמ״ש, טוב תִתי אותה לך. שעבד שבע שנים, שבע ספירות, כדי להשפיע אותן שבע ספירות לנוקבא תתאה, רחל, שנקראת שמיטה. טו״ב, שבע ספירות עליונות, הנמשכות מבינה, להיותן מנקודה דמפתחא: ט׳ הוא יסוד, ו׳ הוא ת״ת, הכולל ו״ס, ב׳ הוא ב׳ אותיות ה׳.

יובֵל, בינה, אינו מתגלה, חסדים מכוסים ונעלמים מחכמה, ושמיטה מתגלה, שהחסדים שבה מתגלים בהארת החכמה. וכן לאה ורחל הן כנגד יובל ושמיטה. כי לאה, הנוקבא דז״א שמחזה ולמעלה, כנגד בינה, יובל, עולם הנסתר. ורחל, הנוקבא דז״א שמחזה ולמטה, שמיטה, עולם הנגלה.

131. בשעה שיעקב עבד שבע שנים ראשונות, יצא קול ואמר, מן העולם ועד העולם, שממשיכים מעולם הנסתר, לאה, עד עולם הנגלה, רחל. עולם הסתום שלמעלה, יובל, לאה, משם ההתחלה, ולא מעולם הנגלה, רחל. ואלו המדרגות סתומות ואינן מתגלות לנו, הן מיובל. ומשום זה נסתמו מיעקב, שלא ידע אפילו, שהן בשביל לאה, שהיא יובל, אלא שחשב אשר מהשמיטה הן, שבשביל רחל.

ועוד טעם, כדי שיעשה התחלה מעולם העליון, שהוא לאה, ע״כ התכסו ממנו ששייכים ללאה, משום שיובל הוא סתום. ולהיותו סתום ומכוסה מחכמה, לא היה רוצה להתחיל ולהמשיך ממנו, אם לא היה חושב, ששייכים לעולם הנגלה. ואחר שעברו שבע שנות יובל המכוסים, עבד שבע שנות שמיטה הנגלים בשביל רחל, והתעטר יעקב בשני עולמות, בעולם הנסתר ובעולם הנגלה. והתאחד בהם.

צדיק עליון צדיק תחתון

132. לאה ילדה שישה בנים ובת אחת. כי ו״ק עומדים עליה, יעקב, ת״ת, הכולל חג״ת נה״י, ובת אחת כנגד המלכות.

״ויצא״. ספר הזהר עם פירוש הסולם. מהד׳ 21 כר׳. כרך ה. דף נז; מהד׳ 10 כר׳. כרך ג. דף נז.
״ויצא״. ספר הזהר עם פירוש הסולם. מהד׳ 21 כר׳. כרך ה. דף נט; מהד׳ 10 כר׳. כרך ג. דף נט.

133. רחל הולידה שני צדיקים. כי רחל היא שמיטה, היושבת לעולם בין שני צדיקים. שכתוב, צדיקים יירשו אָרץ. והם צדיק למעלה, בז"א, וצדיק למטה, בנוקבא. צדיק למעלה, ממנו נמשכים מים עליונים, או"י שמלמעלה למטה. צדיק למטה, ממנו הנוקבא נובעת מים אל הזכר, או"ח שמלמטה למעלה, בתשוקה שלמה.

נמצא, שיש לה צדיק מצד זה וצדיק מצד זה. כמו שהזכר העליון, ז"א, יושב בין שתי נוקבאות, בינה ונוקבא, כן הנוקבא של מטה, הנוקבא שמחזה ולמטה דז"א, יושבת בין שני צדיקים, יוסף ובנימין.

כי הרקיע והפרסא שבאמצע כל פרצוף, בחזה, היא המלכות המסיימת, העולה לת"ת של כל פרצוף, לבינה דגוף, ומורידה חצי בינה ותו"מ דגוף, הנקראים נה"י, למדרגה תחתונה ממנו. וכיוון שנה"י הללו מתחברים בתחתון בעת קטנות, הנה אח"כ לעת גדלות, שהעליון מחזיר אל מדרגתו את נה"י שלו ממקום התחתון, עולה עימהם למקום העליון, גם התחתון הדבוק בהם, וע"י זה מקבל התחתון את האורות שבעליון.

ונמצא עתה שהפרסא שואבת מעליון ומשפיעה לתחתון. כי לולא הפרסא, שהורידה והדביקה נה"י דעליון בתחתון, לא היה יכול שום תחתון לעלות ולקבל משהו מן העליון שלו, להיותם בב' מקומות נפרדים. באופן, שנה"י דבינה, שהתדבקו בז"א, משפיעים לז"א אחַר שיחזרו לבינה, את האורות דבינה. ונה"י דז"א שהתדבקו בנוקבא, משפיעים לנוקבא, אחר שחזרו לז"א, את האורות דז"א. ונה"י דנוקבא שהתדבקו לנשמות הצדיקים, משפיעים להם, אחר שחזרו לנוקבא, את האורות דנוקבא.

ולפיכך נבחן שז"א יושב בין שתי נוקבאות, כי נה"י דבינה שירדו לז"א, מדביקים ומעלים אותו לבינה, שהיא נוקבא עילאה, ונה"י של עצמו שירדו לנוקבא תתאה, מדביקים ומעלים אליו את הנוקבא תתאה. וכן נבחנת הנוקבא תתאה, שיושבת בין שני צדיקים. כי נה"י דז"א, שעיקרם קו אמצעי שבהם, יסוד, ירדו והתדבקו בנוקבא. וזה צדיק העליון, כי נה"י דז"א הם, והוא יוסף. ונה"י של עצמה, שעיקרם הוא יסוד, ירדו והתדבקו בנשמות הצדיקים, וזה צדיק תחתון, כי נה"י דנוקבא תתאה הם, והוא בנימין.

ונאמר, שהזכר העליון, ז"א, יושב בין שתי נוקבאות, משום שיש ב' בחינות נה"י:

א. נה"י דעליון מדביקים אותו לנוקבא עילאה בינה, כדי לקבל אורותיה,

ב. נה"י דעצמו מדביקים אותו לנוקבא תתאה, להשפיע לה אורותיו.

גם הנוקבא של מטה, הנוקבא שמחזה ולמטה דז"א, יושבת בין שני צדיקים, כי יש לה ג"כ ב' בחינות נה"י בהכרח, שעיקרם הוא יסוד, המכונה צדיק:

א. נה"י דעליון שלה, דז"א, שמקבלת אורותיה מנה"י הללו, מצדיק עליון יוסף,

ב. נה"י דעצמה, המדביקים אותה לנשמות הצדיקים להשפיע אליהם, שעיקרה יסוד, צדיק תחתון, בנימין.

134. ע"כ יוסף ובנימין שני צדיקים. יוסף זכה להיות צדיק למעלה, בז"א, משום ששמר אות ברית. בנימין, צדיק למטה, בנוקבא, כדי שהשמיטה, הנוקבא, תתעטר בין שני צדיקים, יוסף הצדיק ובנימין הצדיק.

135. בנימין היה צדיק, משום שלא חטא כל ימיו באות הברית. ואע"פ שלא קרה לו ניסיון של מעשה כמו ליוסף, נקרא צדיק. כל הימים שיעקב היה באֶבלו של יוסף, לא שימש מיטתו.

137. האם כשבאו למצרים, לא היה כבר לבנימין בנים? אלא כי כל זמן שיעקב התאבל על יוסף, לא שימש בנימין מיטתו ולא הוליד בנים. אמר בנימין, הרי אחי יוסף אות ברית של אבי היה, כי יעקב, ת"ת, הכולל חג"ת נה"י, ויוסף, יסוד של יעקב, כי ברית, יסוד, סיומו של הגוף, ת"ת. וכיוון שאבד, אני אהיה שומר מקומו של אחי, להיות יסוד צדיק וסיום הת"ת, כמו יוסף.

138. כתוב, ויהי כאשר ילדה רחל את יוסף ויאמר יעקב אל לבָן, שַלחֵני. כי עתה שנולד יוסף, יסוד, ודאי נשלם הגוף, ת"ת. וכיוון שהגוף נשלם, אני רוצה ללכת למקומי ולארצי. יעקב היה יודע ברוח הקודש, שיוסף יסוד. וממנו ידעו כולם. וע"כ ידע בנימין ושמר דרכו של אחיו, שנעשה יסוד צדיק לאביו במקום יוסף, אחר שאבד.

139. אחר שבא אל יוסף, והתוודע אל אחיו, חזר לביתו ושימש מיטתו והוליד בנים. וע"כ עשה אותו הקב"ה צדיק למטה, בנוקבא. ויוסף היה צדיק למעלה, בז"א. ומשום זה הולידה רחל שני בנים, ולאה, שישה בנים ובת.

ואין להקשות איך אפשר שבזמן קצר כזה, מעת שחזרו השבטים עם עגלות פרעה לאביהם, עד חזרתם למצרים, יוליד עשרה בנים. כי אין הזוהר מדבר במקרים גשמיים כלל, אלא בעולמות עליונים, שאין שם סדר זמנים כמו בגשמיות. וזמנים הרוחניים מתבארים בשינוי צורות ומדרגות, שהם למעלה ממקום ומזמן.

140. וע"כ אלו שבע שנים ראשונות התכסו, שיעקב לא ידע שהן בשביל לאה, משום שהיו מיובל, מבינה, עולם הנסתר. ואלו שבע שנים של שמיטה, עולם הנגלה, היו מגולים, שידע, שעובד בשביל רחל.

ובשביל שמיטה, עולם הנגלה, עבד באמת בשביל יובל, עולם הנסתר, שחשב שעובד בשביל רחל, שמיטה, ולבסוף הם היו בשביל לאה, יובל, כמ"ש, ויעבוד יעקב ברחל שבע שנים. מבחינת עולם הסתום, לאה, עבד ברחל, ועבד שבע שנים עליונים, שבע ספירות של לאה. ונמצא נאחז על ידיהן בשני העולמות, שחשב בשביל עולם הנגלה, והמשיך בשביל עולם הנסתר. מכאן למדנו שמתוך נגלה, בא האדם לנסתר.

141. הרי ביובל כתוב, שבע שנים שבע פעמים. ואם השנים הראשונות שעבד, היו בשביל יובל, לאה, האם לא היה לו לעבוד 49 שנים, כמספר שנות יובל? אלא אלו שבעת הימים ששמר במשתה של לאה, השלימו המספר 49. כי כל יום נקרא שבע, כמ"ש, שבע ביום הילּלתיךָ, וכל אחד משבעת ימי המשתה נשלם ונכלל מכל שבעת הימים, ונמצא שבע בכל יום, שנקראים פעם אחת. והם שבעה פעם שבעה, העולים 49, כמספר שנות היובל.

142. וברחל לא שמר בה שבע ימי המשתה, אלא שבע שנים בלבד, בשבילה אחר נישואיה. הלוא שנות שמיטה היה צריך לעבוד מקודם, ואח"כ להזדווג בשמיטה, שהיא רחל? כי היה צריך מקודם להמשיך בשבילה שבע ספירות, כמו שעשה בשביל יובל, שהיא לאה. אלא כיוון שקיבל על עצמו לעבוד, נחשב לו כאילו כבר עבד, ונמשכו לו תיכף שבע ספירות בשביל רחל.

מחזה ולמטה דז"א, עולם הנגלה, רחל, כתוב, ה' חָפֵץ למען צִדקו יגדיל תורה ויאדיר. שתתגלה ותתאדר גדלות התורה, כי ע"י עולם הנגלה, רחל, מתגלים

החסדים דז"א, הנקרא תורה. ולפיכך נקראת רחל תשבע"פ, להיותה מגלה הסודות של תושב"כ, ז"א.

אמנם המקום שמחזה ולמעלה דז"א, עולם הנסתר, לאה, אין שם גילוי התורה, ז"א, אלא היא מכוסה ועטופה בסודות התורה. וע"כ היא נקראת עולם הנסתר.

ארבעה קשרים

[ארבע קשרין]

143. לאה הולידה שישה בנים ובת אחת, שהם חג"ת נהי"מ. רחל הולידה שני בנים, שני צדיקים, עליון ותחתון. אבל ארבעה בני השפחות, התיקון שלהם איפה נמצא, הרי בבני רחל ולאה כבר יש כל הספירות? הם ארבע קשרים הנקראים אחוריים.

144. כי בזרוע ימין, חסד, יש שלושה קשרים. כי היד נחלקת לג' פרקים: הקיבורת, הזרוע והכף, שמתחברים ע"י שלושה קשרים. ויש קשר אחד באמצע, הגדול מכולם, ונבחן לאחור, להיותו בולט לחוץ מן הגוף. וכמוהו יש קשר אחד אמצעי, בשלושה קשרים שבזרוע השמאלי. וכמוהו אחד בשלושה קשרים שבירֶך הימני. וכן אחד בשלושה קשרים שבירך השמאלי. ובשעה שהכול מתוקן, ארבעה הקשרים האחוריים נכנסים בפנימיות הגוף, כמ"ש, וכל אחוריהם בָּיְתָה, בפנימיות.

145. כל שאר הקשרים, חוץ מארבעה, כולם נראים במישור עם איברי הגוף. ואלו הארבעה בולטים לחוץ מהזרועות ומהירכיים, להראות על בני השפחות, כי אע"פ שהם במניין י"ב השבטים, מ"מ אינם חשובים כמו בני לאה ובני רחל.

ומשום זה בולטים לחוץ מהזרועות ומהירכיים.

מספר י"ב הוא המרכבה להמשיך הארת החכמה, הארת ג' קווים, שבכל אחד חו"ב תו"מ, שבז"א הם חו"ג נו"ה, וד"פ שלוש הם י"ב. וע"כ נבחן, שיש ג' פרקים בכל אחד מהזרועות, שהם חו"ג, ובכל אחד מהירכיים, שהם נו"ה. ג' קווים משורשם נמשכים משלושה, חולם שורוק וחיריק, שיש בכל אחד מיעוט מיוחד, המכונה זריעה, ונבחנים לשלוש זריעות:

חולם, עליית המלכות לבינה, ה"ת לנ"ע, שהמדרגה נשארת במ"י דאלקים ואותיות אל"ה נופלות למדרגה שמתחתיה. וי' נכנסה באור המדרגה ונעשה אויר, שהוא קו ימין.

שורוק, ירידת ה"ת מנ"ע, ואותיות אל"ה חוזרות לאותיות מ"י, ונגלה השם אלקים. אמנם נמצא אור החכמה בלי חסד ואינו יכול להאיר, שהוא קו שמאל.

חיריק, המסך דבחינה א', המוציא ו"ק בלי ראש, בחינת ז"א של אותה המדרגה, שהוא קו אמצעי.

אמנם כשמתחברים זה בזה, ע"י קו אמצעי, חיריק, המייחד השורוק והחולם, ימין ושמאל, כולם נשלמים ומאירים

כאחד. ואז נבחנים שלושה מיעוטים שבהם לקשרים, שעל ידיהם מתקשרים ג׳ הקווים זה בזה.

כי לולא השורוק לא יצאה הי׳ מאויר, מנקודת החולם, קו ימין, והיה נשאר בחסדים בלי חכמה. ולולא החיריק, המייחד השורוק והחולם זה בזה, לא היה יכול השורוק להאיר מחוסר חסדים. וע״י הכרעת המסך דחיריק את הייחוד של החולם והשורוק זה בזה, השיג גם הוא בחינת ראש, בכל אותו השיעור שגרם להאיר את החולם והשורוק. הרי שכולם נקשרים זה בזה, ואם היה נפרד איזה קשר, היה מסתלק הארת כולם. ולפיכך נבחנים לג׳ קשרים.

באופן ששלושת הקומות של האור שבהם נבחנות לשלושה פרקים, שבכל אחד מהזרועות ומהירכיים, ושלושה מסכים שבהם, שמקשרים האורות ומשלימים אותם להאיר כאחד. והן נבחנות לשלושה קשרים: חולם, שורוק, חיריק.

בזרוע ימין יש שלושה קשרים, אבל יש קשר אחד באמצע, הגדול מכולם, הוא משום שקשר האמצעי השורוק, יש בו הארת חכמה, הנקרא רב, גדול. אמנם הוא נבחן לאחור, שאינו מאיר כלום, כי כל עוד שהוא בלי חסדים, אינו יכול להאיר.

בשעה שכל ג׳ הנקודות, חולם שורוק חיריק, מתחברים יחד, שע״י הקומה היוצאת על מסך דחיריק מתחברים החולם והשורוק יחדיו, כל השלושה מאירים כאחד. כי גם השורוק, קשר האמצעי, שהיה באחור, ולא היה מאיר, נמצא עתה שבשב להיות בחינת פָּנים, כלומר שחוזר להאיר, מחמת שנכלל בחסדים שבחולם. וכמ״ש, וכל אחוריהם בָּיְתָה, שסובב על קשר האמצעי, שבכל אחד מהזרועות ומהירכיים שהיו בבחינת אחוריים, בלתי מאירים, חזרו ע״י ייחוד קו אמצעי להיות פנים, להאיר.

ב׳ הקשרים חולם וחיריק, שמהם נמשכים בני רחל ולאה, אפילו בטרם ייחודם זה בזה היו מאירים, אלא בו״ק. ולפיכך אחר ייחודם זה בזה, הם שווים עם איברי הגוף. אבל הקשרים האמצעיים, מטרם הייחוד היו חשוכים לגמרי בלי אור. לכן גם אחר ייחודם זה בזה, שחזרו לבחינת פנים, מ״מ נשארו בולטים לחוץ מאיברי הגוף, שעוד ניכר בהם שהם אחוריים, להורות, שהם בחינת בני השפחות.

אע״פ שהם במניין י״ב, שזולתם לא היה ג״ר בב׳ הקווים, הנמשכים מחולם ומחיריק, עכ״ז אינם כל כך חשובים, כמו החולם והחיריק שבזרועות ובירכיים, שהם בני רחל ולאה, מטעם שהם היו מטרם הייחוד חשוכים לגמרי, והדין היה רובץ עליהם.

146. אלו בני השפחות, הם ארבעה קשרים, שכל שאר הקשרים נוסעים מכוחם, ואלו הארבעה נושאים אותם. וזולתם לא היה ג״ר בב׳ הקשרים חולם ושורוק, שבכל אחד מהזרועות ומהירכיים.

הרי שכל שאר הקשרים נוסעים ומאירים בכוח אלו הארבעה קשרי האחוריים. שארבעה קשרי האחוריים נושאים את שאר הקשרים, שמאירים בהם ג״ר, וזולתם היו כולם נופלים לו״ק. הרי שנושאים את כולם.

וַיַרְא ה' כי שנואה לאה

147. כתוב, ויַרְא ה' כי שנואה לאה, ויפתח את רחמה, ורחל עקָרה. וכתוב, מוֹשיבי עקרת הבית אֵם הבנים שְׂמחה הללויה. מושיבי עקרת הבית, רחל, העיקר שבבית. אם הבנים שמחה, לאה, שהולידה שישה בנים ובת אחת.

148. מושיבי עקרת הבית. שמיטה, נוקבא דז"א, העיקר, כי עוה"ז מתנהג על ידה. אם הבנים שמחה, יובֵל, בינה, שכל שמחה וחדווה שבעולמות בי"ע בה תלויה, כי הנוקבא דז"א אין לה מעצמה כלום, אלא מה שז"א מקבל מבינה ומשפיע אליה. ואז היא משפיעה לכל העולמות. הרי כל שמחה שבעולמות בי"ע מבינה באה.

פסוק זה הוא כלל הכול, שכולל עולם הנסתר ועולם הנגלה. וע"כ סיומו של הכתוב, הללויה, שהוא למעלה מכל השבחים שבתהילים.

149. וירא ה' כי שנואה לאה. הרי בני שנואה אינם בנים הגונים, וכל חבנים הטובים מְלאה יצאו. אלא יובל הוא עולם הנסתר, ומשום זה נסתרו כל מעשיו מיעקב, שהייתה אליו באהבה נסתרת, שבגילוי הייתה נראית כשנואה, מטעם שלאה, מחזה ולמעלה דז"א, בחינת אמא, יובל, עולם הנסתר, ע"כ כל ענייניו בסתר.

150. עולם התחתון, רחל, נוקבא דז"א, בגילוי, התחלת הכול לעלות במדרגות, כמו שחכמה עילאה, חכמה דא"א, התחלת הכול מלמעלה למטה, כן עולם התחתון חכמה, התחלת הכול מלמטה למעלה. קוראים לה, אתה, משום שהיא שמיטה, והיא בגילוי. החסדים שבה מתגלים בהארת החכמה, הי' היוצא מאויר ונשאר אור. ואז נקראת הנוקבא דז"א בשם שמיטה.

151. עולם העליון, יובל, לאה הנמשכת מאמא, אנו קוראים, הוא, שכל דבריו בהסתר. כי המילה, הוא, רומזת על עולם הנסתר. כי בלאה כתוב, וישכב עימה בלילה הוא. ועָבד הלוי הוא את עבודת אוהל מועד. שהלוי עובד כדי להמשיך ברכות ממנו, מן הוא, לכל העולמות.

הוא, זה עולם העליון הנעלם, ויעקב התדבק ברצון המגולה. כמ"ש, ודבק באשתו. שכתוב, ע"כ יעזוב איש את אביו ואת אימו, שהם עולם הנסתר, ודבק באשתו, עולם הנגלה.

152. וירא ה' כי שנואה לאה, מטעם שנמשכת מאמא. שהאדם שונא את העריות מצד אימו, משום שאימו עולם הנסתר. שע"כ כתוב, יעזוב איש את אביו ואת אימו. ומתייחד האדם עם אימו בכל מקום, ואינו חושש לאיסור הייחוד. וע"כ הכול נעלם מיעקב, כי עולם העליון, לאה, הנמשך מאמא, לא נגלה כלל.

השבטים

153. בזכות יעקב התקיים העולם. האם לא בזכות אברהם התקיים העולם, כמ"ש, אלה תולדות השמיים והארץ בהִבָּראם, בזכות אברהם? אלא בזכות

"ויצא". ספר הזהר עם פירוש הסולם. מהד' 21 כר'. כרך ה. דף סה; מהד' 10 כר'. כרך ג. דף סה.
"ויצא". ספר הזהר עם פירוש הסולם. מהד' 21 כר'. כרך ה. דף סז; מהד' 10 כר'. כרך ג. דף סז.

יעקב התקיים אברהם, כמ״ש, כה אמר ה׳ אל בית יעקב, אשר פדה את אברהם. כי מקודם לכן, היה הקב״ה בונה עולמות ומחריב אותם. כיוון שבא יעקב, השתכללו ממנו העולמות ולא נחרבו כמקודם. כמ״ש, כה אמר ה׳, בוראך יעקב ויוצרך ישראל.

אברהם, קו ימין דז״א, חסד. וע״כ כתוב, שבזכות אברהם נברא העולם, בזכות החסד, כמ״ש, עולם חסד ייבנה. אמנם בעת יציאת קו השמאל, נעשה מחלוקת בין ב׳ הקווים. שעל זה כתוב, שהקב״ה היה בורא עולמות ומחריבן, כי מחמת רוב הדינים שבשמאל, כל מה שנבנה מצד הימין, חזר ונחרב מכוח השמאל. עד שבא קו אמצעי, יעקב, והכריע בין ימין לשמאל, ועשה שלום ביניהם.

ואז התקיים העולם ולא נחרב יותר. וכמ״ש, יעקב פדה את אברהם. כי האמת שעולם חסד ייבנה, אברהם, אבל לולא קו אמצעי, יעקב, לא היה קיום לקו ימין, אברהם.

154. כתוב, בני בכורי ישראל. וכתוב, שלח את בני ויעבדני. כי ישראל נקרא בן אל הקב״ה, משום שהתדבק בו. כמ״ש, מה שמו ומה שם בנו כי תדע.

כי הספירות נמשכות זו מזו בדרך השתלשלות, בסיבה ומסובב. ומבחינה זו אינן נקראות אב ובן. כי בן פירושו אור של תולדה, אשר מהשתלשלות יש בו אור מבחינת חידוש. וע״כ חו״ב מכונים או״א, וז״א מכונה בן אליהם.

בדרך השתלשלות הספירות נמצא ז״א בו״ק, ומבחינה זו אינו נקרא בן. אמנם בעליית מ״ן, להכריע בין ב׳ הקווים ימין ושמאל של הבינה, שנעשה שם קו אמצעי ומייחד ב׳ הקווים זה בזה, הוא משיג ממנה ג״ר, כיוון ששלושה יוצאים מאחד, אחד זוכה בשלושתם, מטעם שכל שיעור האור שהתחתון גורם לצאת בעליון, זוכה בו גם התחתון. הנה ג״ר שז״א זכה בהן נבחנות לאור של תולדה.

כלומר, שמבחינת השתלשלות הספירות אין בו משהו מאור ג״ר, אלא הוא ו״ק. ונמצא שאור ג״ר חידוש, שזכה מטעם שגרם הארת ג״ר בימין ובשמאל שבבינה. ומבחינה זו נבחנים ב׳ הקווים דבינה בשם או״א, וז״א בן. ונקראים או״א מטעם שחידשו האור הזה אע״פ שאינו נמצא כלל בהשתלשלות סיבה ומסובב. וז״א נקרא בן, להיותו אור שהתחדש ע״י ימין ושמאל דבינה המולידים.

ועל זה כתוב, מה שמו ומה שם בנו כי תדע. שסובב על בינה וז״א, אשר ב׳ קווי הבינה, שהיו נקראים חו״ב, השיגו השם או״א. וז״א השיג השם בן אליהם, שהתחדש ויצא מהם. הכתוב, מה שמו, סובב על אמא עילאה, בינה, וקו ימין, שבה חכמה. ושניהם השיגו השם או״א, המולידים. וז״א בן הנולד מהם.

נשמות הצדיקים מתדבקים בהקב״ה, ע״י שעולים למ״ן לזיווג הקב״ה ושכינתו, ונעשים שם לקו אמצעי בין הקב״ה ימין, ובין השכינה שמאל, כמו שז״א עלה למ״ן לבינה, ונעשה קו אמצעי בין ימין ושמאל דבינה. ואז כל אותו השיעור שנשמות הצדיקים גרמו לצאת בהקב״ה ושכינתו ע״י זיווגם יחד, זוכות בו גם הן. ומבחינת אור הזה, שהשיגו מזיווג זו״ן, הם נבחנים לבנים אל זו״ן, כי הוא אור של תולדה, שהתחדש מן המולידים, שהם זו״ן.

כתוב, מה שמו ומה שם בנו כי תדע. ללמדנו, כמו ז״א, שנבחן בן לאו״א, מטעם היותו קו אמצעי המכריע בין ב׳ קווים שבבינה, מאותו הטעם ממש נבחנים נשמות הצדיקים בנים אל זו״ן. כי גם הם קו אמצעי בזיווג זו״ן.

155. לאה כשהולידה את ראובן, כתוב, ותקרא את שמו ראובן, ראו בן. וכיוון שהוא בחינת חסד, למה לא קראה לו בן ימין? משום שנכלל בג׳ קווים המתחברים כאחד, עם שמעון ולוי, קווים שמאל ואמצעי.

כי נשמות השבטים יצאו מזו״ן, אשר מז״א ולאה יצאו שישה בנים ובת אחת, ומז״א ורחל ב׳ צדיקים. בן, אור של תולדה, שזוכה בו קו האמצעי, להיותו המכריע והמייחד הימין והשמאל. ולפיכך קראה לאה לבנה הראשון ראו בן סתם, ולא בן ימין, משום שהשם בן, מורה על קו האמצעי, הזוכה בשיעור שגרם בעליון, כי שלושה יוצאים מאחד, אחד זוכה בשלושתם. ולפיכך רמזה את זה בבנה הראשון.

כי השם בן, מורה על אור הנולד מכוח התכללות ג׳ קווים שגרם בעליון, שמשום זה זכה בהם גם התחתון בשלושה. וע״כ רמזה זה בבנה הראשון.

קראה לבן השלישי בשם לוי. כיוון שראובן נקרא בן, ע״ש היותו קו אמצעי הכולל ג׳ הקווים. ואע״פ שהוא בעצמו קו ימין, נקרא בן ע״ש ההתכללות. לפי זה מכש״כ לוי, קו אמצעי בעצמו מבחינת הנשמות, היה צריך לקרוא לו בן, ולמה נקרא לוי?

השם לוי פירושו, לוויות, המורה על קו אמצעי שמחבר ימין ושמאל. ולפי זה בן, מורה שאורו מחודש בקו אמצעי, וכולל ג׳ הקווים. אמנם להורות על קו אמצעי של הבן, מורה רק השם לוי.

156. מכאן, שכולל ג׳ הקווים, כמ״ש, ראובן בכורי אתה, כוחי וראשית אוני, יתר שְׂאֵת ויתר עָז. ותרגומו הוא, בכורה קו אמצעי, כהונה קו ימין, מלכות קו שמאל. כי מלכות בצד גבורה. וע״כ קראה לו ראו בן סתם, להורות שכולל ג׳ קווים באור של תולדה.

157. ע״כ אמרה ראו בן סתם, ולא בן ימין, משום שנכלל בשמעון ובלוי, כי כן היה דעת לאה, לכלול אותו בב׳ הבנים האחרים, כמ״ש, הפעם יִלָּוֶה אישי אליי כי ילדתי לו שלושה בנים, שזה מורה שהם שלושה המתחברים כאחד, שכל אחד מהם כלול מכל השלושה. וע״כ לא יכלה לקרוא לו בן ימין, כי כלול ג״כ משמאל.

158. המרכבה העליונה, האבות ודוד המלך המתחבר בהם. וכל הארבעה הללו הם השם הקדוש הוי״ה, יה״ו האבות, ג׳ הקווים, וה״ת דוד המלך, הנוקבא. ראובן, שמעון, לוי הם ג׳ קווים יה״ו, ואח״כ יהודה, שורש המלכות, ה״ת של שם הוי״ה. וע״כ כולם הם במקום המרכבה. וכמו שבמרכבה כלולים כל אחד מג׳ הקווים, כן בשבטים כלול כל אחד מג׳ הקווים.

159. וכתוב, ותלד בן ותאמר הפעם אודה את ה׳, על כן קראה שמו, יהודה, ותעמוד מִלֶּדֶת. משום שביהודה השתכללו ארבעה עמודים של הכיסא, שהם חו״ג ות״ת ומלכות, אשר ראובן חסד, שמעון גבורה, לוי ת״ת, יהודה מלכות.

הפעם אודה את ה׳, בבן הזה ולא בכל הבנים. שכל זמן שכנ״י, מלכות, בגלות, השם הקדוש אינו שלם. אע״פ שג׳ בנים, חג״ת, היו מטרם שהולידה ליהודה, לא נשלם הכיסא, אלא עם יהודה, המלכות. ומשום זה אמרה, הפעם אודה את ה׳, ביהודה. וע״כ, ותעמוד מלדת. ותעמוד, שהכיסא עמד על עמודיו. כי עם יהודה נשלמו ד׳ עמודי הכיסא, חגת״מ.

160. עד יהודה, שהוא מלכות, תעמוד בייחוד אחד. ממלכות דאצילות ולמטה, עולם הפירוד, ג׳ עולמות בי״ע דפרודא.

א"כ ב' בנים שילדה אחר יהודה, יששכר וזבולון, האם הם פירוד, כי נולדו אחר המלכות? לא, כי יששכר וזבולון התחברו בראובן שמעון לוי, כי ו"ק כאחד הם.

יששכר זבולון נו"ה, והם אחד עם הגוף, חג"ת, כי ו"ק של הגוף הם חג"ת נה"י, ולפי זה נמצא שיששכר וזבולון הם קודם המלכות, יהודה, כי הם דבוקים בחג"ת, וע"כ אינם בחינת פירוד. ויהודה, מלכות, כולל בתוכו גם יסוד.

161. כל י"ב השבטים הם תיקונים של כנ"י, שהיא פנימיות הנוקבא שמחזה ולמעלה דז"א, הנמשכת מבינה בעוה"ז, שהיא הנוקבא שמחזה ולמטה דז"א, להמשיך י"ב התיקונים מעולם העליון, בינה, לעולם התחתון, הנוקבא. ובכללם הם ב' תיקונים:

א. לתקן אור העליון השחור, תיקון השמאל, שבהיות החכמה בלי חסדים, היא אור שחור, חושך דאמא,

ב. להשיב הכול למקומו, תיקון הימין, להשליט את החסדים, שזולתם אין שום הארה בעולמות, כי אפילו הארת השמאל הוא חושך ושחור זולתו.

162. יששכר וזבולון נו"ה. כאן השתכללו שישה בנים, ו"ק העולם: ראובן שמעון לוי יהודה חגת"מ, ויששכר זבולון נו"ה. והוא תיקון הימין, ו"ק דחסדים. כעין זה ארבעה בני השפחות, התחברו בשישה, ו"ק, והם ארבעה קשרים המתחברים בהם, ב' קשרים בחו"ג, וב' קשרים בנו"ה. והם תיקון השמאל. וכיוון שהתחברו בימין, כתוב, וכל אחוריהם בָּיְתָה, שהאחוריים נעשה פנימיות. שאע"פ שהם בני השפחות, חושך ואחוריים, מ"מ הם בָּיְתָה, פנימיות.

עשרת השבטים התבארו בתיקון י"ב, תיקון הימין ותיקון השמאל, כמ"ש, ושׂמתָ אותם שתיים מערכות. שישה בני לאה תיקון הימין, וארבעה בני השפחות תיקון השמאל. ושני בני רחל יתבארו לפנינו.

163. כל מה שעולם התחתון, הנוקבא שבסיום האצילות, מוליד, הוא בפירוד, כי כתוב, ומשם ייפרד. ומה ביוסף ובבנימין? הם אינם עולם אחד, אינם ייחוד מעולם האצילות, הרי לא יצאו מעולם העליון, מנוקבא שמחזה ולמעלה, לאה, אלא שנולדו מעולם התחתון, רחל, שלמטה מחזה דז"א, הנמצאת בסיום עולם האצילות. ולידה, פירושה, שהנשמה נמשכת מלמעלה למטה. ונמצא, שעולם התחתון מה שמוליד, הוא מוליד למטה, שתולדותיה הם למטה מסיום אצילות, ולא למעלה. וא"כ הם בפירוד, בעולם הבריאה דפרודא.

164. אע"פ שכבר נתקנו ב' מיני התיקונים, הימין והשמאל, בבני לאה ובבני השפחות, שזה תיקון י"ב, אמנם, הוא סתום, כלומר, שנמצאים תחת שליטת חסדים מכוסים. וכדי לגלות החסדים בהארת החכמה, צריכים לתיקון ב' עיקרים, ב' צדיקים, בעולם התחתון, רחל, חכמה תתאה. מטעם שמחכמה דא"א עד רחל נמצאת החכמה בהעלם.

אבל בכל פעם צדיק יוצא מעולם התחתון ונכנס, בו נכנס וממנו יוצא, ומשום זה הוא נבנה במקום הזה. ועיקר הוא למעלה ועיקר הוא למטה. ובעולם התחתון הוא תמיד.

ב' עיקרים, רָצוֹא וָשׁוֹב, באור הזיווג. רצוא, גילוי החכמה, עיקר העליון, המתגלה ע"י נה"י דעליון שבנוקבא, יוסף. ושוב, השפעת החסדים, עיקר התחתון, המתגלה ע"י נה"י דנוקבא עצמה, בנימין.

וע״כ, בכל פעם צדיק יוצא מעולם התחתון ונכנס, זהו ב׳ עניינים בזיווג, רצוא ושוב. בו נכנס וממנו יוצא, ב׳ פעולות שעושה הצדיק בנוקבא, שבה נכנס לגלות החכמה, וממנה יוצא ומגלה החסדים. ומשום זה נבנה בנוקבא ב׳ עיקרים:

א. ועיקר הוא למעלה, נה״י מהעליון, יוסף,

ב. ועיקר הוא למטה, נה״י מעצמוּת הנוקבא, בנימין.

עיקר התחתון, בנימין, נמצא תמיד בעולם התחתון, כמ״ש, ויהי בצאת נפשה כי מתה. כי בנימין הצדיק הוא נפשה עצמה של הנוקבא, נה״י דעצמותה, וע״כ הוא תמיד בה. משא״כ יוסף הצדיק, שהוא נה״י דעליון, המגלה בה החכמה, אינו בה תמיד, אלא הוא ושוֹב תכף.

165. בעולם התחתון, הנוקבא, הצדיק בו נכנס וממנו יוצא. כשנכנס הוא יוסף הצדיק, כשיוצא הוא בנימין הצדיק. כמ״ש, ויהי בצאת נפשה כי מתה. נפשה, זהו הצדיק שיוצא ממנה.

166. וע״כ נקרא בנימין בן אוֹני, משום שחשבה, שהולידה אותו למטה מאצילות, בעולם הפירוד, ונשארו י״א באלו השבטים של מעלה, (11) שבאצילות. מה כתוב? ואביו קרא לו בנימין, בן ימין, כי הסתלק למעלה בעולם העליון. כי כשאבד יוסף, בנימין מילא את מקומו.

כיון שיוסף ובנימין נולדו מנוקבא המסיימת את האצילות, וכל לידה בהכרח מלמעלה למטה, והתולדה הוא למטה מהמולידים, ונמצא בהכרח שיוסף ובנימין נמצאים למטה מנוקבא, למטה מסיום אצילות, בעולם הפירוד. ב׳ צדיקים, עליון ותחתון, נמצאים בנוקבא, ב׳ בחינות נה״י:

א. נה״י דעליון דז״א, שהתדבקו בנוקבא, יוסף הצדיק,

ב. נה״י דנוקבא עצמה, בנימין הצדיק.

יוסף הצדיק, אע״פ שנולד מנוקבא, מ״מ הוא מנה״י דז״א שהתדבקו בנוקבא, ולא מנה״י דנוקבא המסיימים האצילות. וע״כ נמצא בעולם אצילות. אבל בנימין נמשך מנה״י של עצמוּת הנוקבא, המסיימים האצילות. משום שנמשך מנה״י דנוקבא המסיימים האצילות, קראה לו אימו בן אוֹני, כי חשבה שהוא בעולם הפירוד.

ואביו קרא לו בן ימין, כי הסתלק למעלה בעולם העליון. כי אחר לידתו מנה״י דנוקבא, עלה ונמתק למעלה בעולם העליון, בינה, שעלה ונכלל בנה״י דעליון. ונעשה נה״י דעליון, דז״א, כמו יוסף, שנעשה יסוד דז״א. לכן נאמר, כשאבד יוסף, בנימין מילא את מקומו.

כי מסיבת מכירת יוסף, אבד צדיק העליון, שנעלמו המוחין דגדלות, המושפעים ע״י הצדיק העליון, יוסף. ואז לא השפיע ז״א אל הנוקבא, אלא רק מוחין דחסדים, ו״ק, להחיות העולמות, שהם מושפעים ע״י בנימין. וע״כ קרא לו אביו בן ימין, חסדים הבאים מימין. הרי גם בנימין חזר ונקשר בנה״י דעליון דז״א, וע״כ נמצא גם הוא בעולם האצילות ולא בפירוד.

וע״כ בעולם התחתון, הצדיק נכנס ויוצא. וע״כ יוסף ובנימין וכל י״ב השבטים הם כמו י״ב של מעלה, בייחוד אחד. אשר שישה בני לאה חג״ת נה״י. וארבעה בני השפחות ארבעה קשרים, קשר האמצעי השורוק שבכל אחד מחו״ג ונו״ה. ושני בני רחל ב׳ צדיקים, המשפיעים במוחין דגדלות בזיווג ישראל ורחל.

הפעם אודה את ה׳, ותקרא שמו, יהודה

167. הפעם אודה את ה׳, על כן קראה שמו, יהודה, הוא כמ״ש, אודה ה׳ בכל לבב בסוד ישרים ועֵדה. דוד, בסוד העליון של השם הקדוש הוי״ה, רצה להודות אל הקב״ה. אודה ה׳ בכל לבב, ביצה״ט וביצה״ר, שהם ב׳ לבבות, בב׳ היצרים השוכנים בלב, בב׳ צדדים ימין ושמאל.

168. בסוד ישרים ועדה. אלו הם שאר הצדדים שבעוה״ז, הנוקבא, כי לבב כמו דרום וצפון, חו״ג. בסוד ישרים, שאר הצדדים שבעולם, ו״ק, חג״ת נה״י. ונמצא, בסוד ישרים, תנה״י. ועֵדה, המקום של יהודה, מלכות.

169. וכתוב, ויהודה עוד רָד עִם אֵל. יהודה, המלכות המחוברת בהוי״ה, ירד משֵם הוי״ה אל שֵם אל, המלכות. כמ״ש, ואל זועם בכל יום. וכתוב, אודךָ בכל ליבי נגד אלקים אזַמרךָ. נגד אלקים אזמרך, לשם אלקים ולא לשם הוי״ה, כי אמר שירה למלכות, הנקראת אלקים, כדי לחבר אותה בצד ימין בחסדים. ולפיכך כתוב כאן, אודך בכל ליבי. ולא, בכל לבבי. כי רק במקום אחד אמר שירה, בעת שהמלכות בשמאל, ואינה דבוקה בשם הוי״ה.

170. השם יהודה אוחז בכל הצדדים, בדרום ובמזרח. כי ביהודה יש השם הוי״ה, ופירושו הודאה, כמ״ש, אודה הוי״ה בכל לבב. ששֵם הוי״ה כולל לכל הצדדים. כי יהודה בא מצד שמאל, כי יהודה נוקבא, הנבנית מצד שמאל. ונמצא התחלתו בצפון, ואוחז בדרום, משום שהולך לימין, חסד, ונאחז בגוף, ת״ת. הרי שאוחז בכל הצדדים. משום זה כתוב, הפעם אודה את הוי״ה, שזה מורה שכולל לכל הצדדים.

ואז כתוב, ותעמוד מִלֶדת. כשהולידה ד׳ בנים, ראובן שמעון לוי ויהודה, שהם חגת״מ, נתקנה כל המרכבה הקדושה, חגת״מ.

172. וה׳ אמר אל אברם, אחר היפרד לוט מעימו, שׂא נא עיניך וראה. והאם לפי שיעור הראייה שלו, אברהם ירש הארץ? הרי רואה האדם עד שלוש או חמש פרסאות, ולמה כתוב, כי את כל הארץ אשר אתה רואה?

173. אלא כיוון שראה ד׳ רוחות העולם, צפון ודרום ומזרח ומערב, ראה את כל הארץ. כי ד׳ רוחות העולם הן כלל כל העולם. כי זקף אותו הקב״ה על ארץ ישראל, הנוקבא, והראה לו, שהיא קשורה ברוחות העולם, חו״ב תו״מ דז״א, שהם המרכבה. ואז ראה הכול.

174. הארץ אשר אתה שוכב עליה, לך אֶתנֶנה ולזַרעך. והאם אותו המקום בלבד הבטיח לו הקב״ה, שהיה רק ארבע או חמש אמות ולא יותר? אלא בעת ההיא קיפל הקב״ה תחתיו את כל ארץ ישראל. ונמצא אז אותו המקום, שכלל את כל הארץ. והכלל של כל הארץ רבי שמעון, שהוא המאור של כל הארץ, שָקוּל ככל העולם.

175. הפעם אודה את ה׳. יהודה בן רביעי אל הכיסא, המלכות, רגל

״ויצא״. ספר הזהר עם פירוש הסולם. מהד׳ 21 כר׳. כרך ה. דף עג; מהד׳ 10 כר׳. כרך ג. דף עג.

רביעי. והוא השלים את הכיסא. וע״כ יהודה לבדו תיקון הכיסא. והוא עמוד, שכל העמודים נסמכים עליו, להיותו המשלים את הכיסא. רבי שמעון, המאיר בכל העולם בתורה, וכמה מאורות מאירים על ידו, על אחת כמה וכמה, שהוא עמוד כל העמודים.

ההרהור שלו היה ברחל

[הרהורא דיליה ברחל הות]

176. בְּנֵי עליון, קדושים עליונים, ברוכי העולם בעלי מוח האגוז, הֵיאספו לדעת, כי ציפור יורדת בכל יום, מתעוררת בגן, שלהבת אש בכנפיה. בידה ג׳ מניפות, יָעִים, חדות כחרב, מַפתחות האוצרות ביד ימינה.

זוהר מזמין רק אותם האנשים, שזכו אל המדרגות חו״ב תו״מ: בני עליון, בינה. קדושים עליונים, חכמה. ברוכים דעולם, ת״ת. מוח האגוז, מלכות. ואומר להם, היאספו לדעת ולהשכיל בכרוז של הציפור, שמכריזה בכל יום בגן עדן. כי הם ראויים להבין דבריה, ולא אחרים, שעוד לא זכו לאלו המדרגות.

ציפור, הנוקבא דז״א. גן, גן העדן, מקום הנוקבא, שהשיגה צורת אמא, בלי שום היכר מצורתה עצמה. שציפור, הנוקבא, יורדת ממקום אמא, אחרי שקיבלה צורתה, ומתעוררת בכל יום בגן עדן, להכריז משם, להיותה שם שווה לאמא. והשוואה לצורת אמא בג׳ צורות:

א. קטנות, ו״ק, המכונה כנפיים, שצריכה להיות דומה לכנפי אמא,

ב. הארת החכמה בעודה סתומה, שמקומה ביד שמאל, והיא ג״ר דו״ק.

ג. חסדים המלבישים חכמה, ופותחים אותה להאיר בכל השלמות, ומכונים משום זה מפתחות האוצרות. שזולתם, כל אוצרות החכמה נשארים סתומים.

הנוקבא ירדה לגן עדן מאמא וקיבלה ממנה שלהבת אש בכנפיה, שהורידה עימה מאמא את הדינים, המכונים שלהבת אש. מקומם מכונה כנפיים, הקטנות מאמא. כמו כן הורידה עימה, בידה ג׳ מניפות, חדות כחרב. שביד שמאל הורידה הארת החכמה, ואע״פ שעדיין סתומה, מ״מ היא מבריחה כל הקליפות, שהם הלכלוך וטינופת, הסותמות את צינורות השפע מלהשפיע לתחתונים. ולפיכך מכונה בשם מניפה חדה כחרב, שמנקה כל לכלוך, עד שלא ניכר עוד מקומו. ולפי שע״י התכללות יש י״ב בחינות, ג׳ פרקים בכל אחת מחו״ג ונו״ה, המכונים זרועות וירכיים, לפיכך נחשב ג׳ מניפות ביד שמאל שלה, ג׳ פרקי היד. וזו הבחינה השנייה שקיבלה מאמא.

מפתחות האוצרות ביד ימינה, הם הבחינה השלישית, שהורידה עימה מאמא לגן עדן, אור החסדים, שמקומם ביד ימין, המלבישים את החכמה, המכונים מפתחות האוצרות, להיותם פותחים אוצרות החכמה. וזולתם נשארים כל אוצרות החכמה סתומים, כמו במנעול ובבריח.

177. קוראת בכוח לצדיקים שבגן עדן, מי מכם שפניו מאירים, שזכה לחכמה, כמ״ש, חכמת אדם תאיר פניו,

שנכנס ויצא והתחזק בעה״ח, שזכה לג׳ קווים: נכנס בקו ימין, ויצא בקו שמאל, והתחזק בעה״ח, קו אמצעי. הגיע בענפיו, חג״ת נה״י דז״א, ונאחז בשורשיו, ג״ר דז״א. אוכל מפירותיו המתוקים מדבש, הארת החכמה שבנוקבא דז״א, שזה פרי מתוק שלו. הנותן חיים לנפש ורפואה לעצמו, הגוף שלו. ומכריזה ואומרת, מי הוא הזוכה לכל זה?

178. מי שנשמר מהרהור רע, מהרהור המשקר בעה״ח, מהרהור המטַמא את הנהר והנחל, מקורו של ישראל, מהרהור הנותן מוות לנפש ושבירה לעצמו, אין לו קיום כלל.

נוקבא מצד עצמותה אינה ראויה לקבל שום מוחין, כי צ״א רוכב עליה. וכל המוחין שמקבלת, הם מכוח עלייתה והתכללותה בכלים דאמא. ולפיכך נקודת עצמותה צריכה להיות גנוזה בה בהעלם גמור. ואם היא מתגלה, תכף מסתלקים ממנה כל האורות, כי נגלה, שאינה בחינת אמא, אלא בחינת המלכות, שהצמצום רוכב עליה, ואינה ראויה לקבל אורות דאמא.

ומשום זה הוא עצה״ד טו״ר. אם נזהר האדם להידבק בקו אמצעי, המכריע בין הקווים, שקו ימין יאיר מלמעלה למטה, וקו שמאל מלמטה למעלה, וגם האדם אינו ממשיך הארת חכמה שבקו שמאל מלמעלה למטה, אז נבחן שזכה, והרי טוב, שנקודת עצמותה של הנוקבא נגנזת ואינה נודעת.

אמנם אם ממשיך הארת השמאל מלמעלה למטה, ופוגם בקו אמצעי, נבחן שלא זכה, והרי רע. ותכף נגלה עליו נקודת עצמותה של הנוקבא, ואורות החיים פורחים ומסתלקים תכף ממנו.

ועניין, לא זכה, אינו צריך מעשה ממש, שימשיך בפועל מלמעלה למטה, אלא בהרהור לחטוא, אע״פ שעוד לא חטא בפועל, כבר הוא נבחן שלא זכה והרי רע, ואורות מסתלקים ממנו, ורוח שטות, שהוא המוות והרע, מתלבש בו, שהוא המחטיא בפועל, כי אין אדם חוטא, אלא אם כן נכנס בו רוח שטות.

זוכה לאורות העליונים מי שנשמר מהרהור רע, מההרהור לחטוא ולהמשיך הארת השמאל מלמעלה למטה, מאותו הרהור המשקר ופוגם בעה״ח. כי עה״ח קו אמצעי, המכריע, שקו ימין לבדו יאיר מלמעלה למטה, וקו השמאל רק מלמטה למעלה. וכיוון שהאדם הרהר להמשיך מלמעלה למטה, נמצא משקר ופוגם בתיקון עה״ח. ולא עוד, אלא שהוא מטמא הנהר, אמא, והנחל, יסוד דאמא, המקור של ז״א, הנקרא ישראל.

כי אחר שהאורות מסתלקים מן הנוקבא, משום שנגלה בה כוח הצמצום, מגיע הפגם הזה גם לאמא, מטעם שהנוקבא כבר נכללה באמא. וזה נבחן כמו שהיא נטמאת ממגעה באחרים. כי אמא מצד עצמותה, אין בה שום פגם מצ״א. אלא מכוח שהתכללה עם הנוקבא, נפגמה על ידה. ואמא נקראת, נהר יוצא מעדן. ומצד יסודה נקראת נחל, כמ״ש, מנחל בדרך ישתה, על כן ירים ראש. שז״א משיג ג״ר וראש מן הנחל, יסוד אמא.

והרהור נותן מוות לנפש ושבירה לעצמו, כי אחר שמסתלקים האורות מנוקבא, מסתלק גם אור האדם, הנקרא נפש, והכלי שלו, שנקרא גוף, נשבר, כי אין לו ממי לקבל אורות החיים, וע״כ נשבר ומת.

179. ההרהור שטימא את המקור של עה״ח, ז״א, כי העלה הפגם דנוקבא לאמא, עושה אילן השקר, כי הפגם והחורבן דאורות המקור של עה״ח, הולך ובונה את אילן השקר של הס״א. כי לא נבנתה צור

אלא מחורבנה של ירושלים. משום שאותו ההרהור עולה ומחליף נפש תחת נפש. נפש מאורות דס״א תחת נפש מאורות הקדושה. כי מחמת ההרהור עה״ח מסתלק, ועץ המוות מתדבק בו, שממנו מושך את הנפש.

כי תכף כשמהרהר בעבירה מסתלקים ממנו אורות דקדושה, שהם עה״ח, כי לא זכה והרי רע. ומתלבשים בו אורות דס״א, עץ המוות. ונמצא בהכרח, שנפשו נמשכת עתה מעץ המוות, ומתחלף לו נפש דס״א, במקום הנפש דקדושה שהייתה לו.

180. אוי לו, שבסיבת אותו ההרהור נעקר מעה״ח, והתדבק בעץ המוות, שאורו נפסק ואינו מתפשט, והדָבֵק בו אינו רואה טוב לעולם. הוא יבש בלי שום לחלוחית של אור, פירותיו מרים כלַענה. ועליו נאמר, והיה כערער בערבה ולא יִראה כי יבוא טוב.

181. הרהור טוב העולה למעלה, נאחז בעה״ח, קו אמצעי, ומחזיק בענפיו ואוכל מפירותיו. כל הקדושות וכל הברכות יוצאות ממנו, ונוחל חיים לנפשו ורפואה לעצמו. עליו כתוב, והיה כעץ שתול על מים ועל יובַל ישלח שורשיו.

182. כל דברי העולם הולכים אחר המחשבה וההרהור. כמ״ש, והתקדשתם והייתם קדושים. משום שכל הקדושות שבעולם הוא מוציא וממשיך עם הרהור טוב.

183. מי שנטמא בהרהור רע, כשבא להזדווג באשתו, כי רצונו והרהורו באישה אחרת, והזריע זרע בהרהור זה, החליף המדרגות העליונות של מעלה, מדרגת הקודש על מדרגת הטומאה. כמו שהרהורו עושה חליפין למטה, שמחליף אשתו באחרת, כן עושה חליפין למעלה. וכמו הגוף של הבן שמוליד נקרא בן תמורה, כך מבחינת נפש שלו נקרא בן תמורה, כי לא משך המשכה קדושה באותו ההרהור, והנפש שלו התחלף במדרגת ס״א.

הפגם הגדול שעושה אם דבק בקדושה, בעה״ח, ומהרהר להמשיך השמאל מלמעלה למטה, שתכף עם הרהורו הרע מסתלקים ממנו כל אורות החיים וכל הטוב, ומתחלף לו נפש דטומאה במקום נפש דקדושה, כי לא זכה והרי רע. כך המזדווג באשתו וחושב באחרת.

כי המזדווגים בקדושה הם מרכבה לזו״ן העליונים, וכשמהרהר באחרת, מעורר נוקבא דס״א, אשת זנונים, שלעומת הנוקבא דז״א. וגורם, שהארת השמאל מנוקבא תימשך מלמעלה למטה לקליפות, שנבחנת לעצה״ד טו״ר, כי אם לא זכה, הרי רע.

כי נגלה עליה הנקודה דצ״א, שכל האורות דקדושה מסתלקים, ותחתיהם באים האורות דס״א. ונמצא, שהמזדווגים נעשו אז מרכבה לזו״ן דקליפות. ולפיכך בן הנולד מזיווג זה נמשך מס״א ונעשה בן תמורה, שיש בו נפש רעה מס״א, מכוחות צ״א, ואינו ראוי עוד לקבל אור החיים דקדושה.

לכן נאמר, והזריע זרע בהרהור זה, החליף המדרגות העליונות של מעלה, מדרגת הקודש על מדרגת הטומאה. כי אז, לא זכה הרי רע, נגלה נקודת הצ״א, והתחלפו אורות החיים על אורות אילן המוות. וכמו שנגלה הרע למטה, בנוקבא, במקום הטוב שהיה בה, כך נעשה חליפין למעלה באמא, שהפגם עלה גם לז״ת דאמא, שמחמת שהיו מחוברים זה בזה בעת התיקון, נפגמים זה מזה בעת הפגם.

184. לפיכך כמו הגוף של הבן שמוליד נקרא בן תמורה, כך מבחינת הנפש שלו

נקרא ג"כ בן תמורה. כי לא משך המשכה קדושה באותו הרהור, והנפש שלו התחלף במדרגה אחרת.

הגוף נמשך מנוקבא, והנפש נמשך מאורות דאמא. ולפי שגם אמא נפגמה, נמצא שלא לבד, שהגוף נעשה פגום, אלא גם הנפש מאמא נפגמה ונבחנת לתמורה, שהתחלפה ונעשתה לנפש טמאה.

185. יעקב השלם, וגלוי להקב"ה, שכל דרכיו של יעקב היו באמת, והרהורי אמת היה מהרהר תמיד בכל דבר. באותו הלילה ששימש בלאה, ההרהור שלו ברחל היה, היה משמש בלאה וחושב ברחל, והמקור שלו הלך בהרהור שלו.

לאה בינה, ורחל מלכות, נוקבא שמחזה ולמטה דז"א. הנוקבא דז"א מצד עצמה אינה יכולה לקבל אור, להיותה בצ"א, אלא שממשיכה מקודם כלים מאמא, מלכות הממותקת במדה"ר, ואז ראויה לקבל האורות. ונמצא שרחל מצד עצמה אינה ראויה לשום אור, אלא אחר שמקבלת הכלים מלאה, מאמא.

ויעקב בשבע שנים ראשונות רצה להמשיך שבעה אורות חג"ת נהי"מ לרחל, שצריכים להמשיך מקודם כלים מתוקנים מעולם העליון, בינה, לאה, לעולם התחתון, הנוקבא רחל. נמצא כשבא אל לאה וחשב ברחל, להמשיך האורות אל רחל, שלא ידע שהיא לאה, הנה אז חשב להמשיך האורות בכלים דצ"א מטרם שנמתקו, שהם נקראים רע, לא זכה והרי רע.

כי מטרם שנשא את לאה, לא היה יכול להמשיך כלים מתוקנים לרחל. לפיכך התחלפו לו כלים דלאה לכלים דרחל, שכוח הצמצום שהיה ברחל, נדבק בכלים דלאה, ולא יכול להמשיך בזיווגו אלא ו"ק בלי ראש.

186. ולא ידע שהיא לאה. משום זה לא עלה ראובן בשם, שהיה לו ו"ק חסר ראש, כי שֵם פירושו השגה. אלא הקב"ה, שהיה יודע שהיא לאה, בינה, ואינה צריכה להיפגם מכוח הצמצום של רחל, הראה לו, שהשפיע לו ראש וג"ר. ואמר, ראו בן, שנולד בעולם. ומשום שנגלה להקב"ה, שבדרך אמת הרהר יעקב ברצונו, לא נפסל ראובן מתוך השבטים הקדושים, שלא היה נחשב לבן תמורה, כי אם לא היה כך, היה נפסל.

187. משום שההרהור העיקר ועושה מעשה, הקב"ה, שהיה יודע המקום, שאותו ההרהור היה דבוק בעת זריעת הטיפה הראשונה, שמר לו לאותו המקום, את הבכורה, כמ"ש, כי הוא הבכור ובְחַלְלוֹ יצועֵי אביו ניתנה בכורתו לבני יוסף. כי במקום שההרהור הלך ונדבק בזריעת הטיפה, שם נדבקה ונמסרה הבכורה. ונלקחה הבכורה מראובן, ונמסרה אל המקום שההרהור נדבק בו. ברחל הרהר ונדבק בה הרצון. ע"כ ברחל נדבקה הבכורה. והושב הכול אחר ההרהור והמחשבה.

188. ההרהור והמחשבה עושים מעשה, ונמשכת המשכה, מכל מה שהאדם נדבק בסתר, כמ"ש, לא תהיה אשת המת החוצה לאיש זר. וכאן צריך ההרהור והרצון להידבק בנשמת אחיו המת, ובאותו הרצון והמחשבה מושך המשכה, ועושה המעשה שצריך, ולא יימחה שם המת מן העולם.

189. אם ישים אליו ליבו, רוחו ונשמתו אליו יאסוף. כי הרצון והמחשבה מושכים המשכה ועושים מעשה בכל מה שצריך. וע"כ בתפילה צריכים רצון והרהור לכוון בה. וכן בכל העבודות של הקב"ה, ההרהור והמחשבה עושים מעשה ומושכים המשכה לכל מה שצריך.

וימצא דודאים בשדה

190. מה רבו מעשיך ה׳ כולם בחכמה עשית. מה רבו מעשיך ה׳, מורה שאין להם מספר, מוחין דחסדים. כולם בחכמה עשית, מורה מוחין דמספר, דחכמה. ואע״פ ששונים זה מזה, יצאו כולם בזמן אחד, בבת אחת. כפטיש המכה על אבן, שמוציא ניצוצות לכל צד בבת אחת, כך הקב״ה הוציא כמה מינים שונים זה מזה, וכולם בבת אחת.

191. בדיבור וברוח ביחד, שהם זו״ן, נעשה העולם. כמ״ש, בִּדְבַר ה׳ שמיים נעשו, וברוח פיו כל צבאם. בדבר ה׳, זהו דיבור, הנוקבא, המאירה בחכמה. וברוח פיו, רוח, ז״א, המאיר בחסדים. זה בלי זה אינו הולך, ונכללו זה מזה, ויצאו מהם כמה צבאות ומחנות, השונים זה מזה בהארתם בחכמה ובחסדים, וכולם בזמן אחד.

192. כשרצה הקב״ה לברוא העולמות, הוציא אור סתום אחד, אור הבינה, כי הכניס י׳ באור הבינה ונעשה אויר, שמהאור ההוא יוצאים ומאירים כל האורות הנגלים, ע״י הוצאת הי׳ מהאויר, שחזר ונעשה אור. ומאותו האור יצאו והתפשטו ונעשו שאר האורות, והוא עולם העליון, בינה.

193. עוד התפשט אור העליון, בינה, והאוּמָן, המאציל, עשה אור שאינו מאיר. ועשה את עולם התחתון, הנוקבא. ומשום שהוא אור שאינו מאיר, הוא צריך להתקשר למעלה ולהתקשר למטה, וע״י קשר של מטה מתקשר להאיר בקשר של מעלה.

מה רבו מעשיך ה׳, ובדבר ה׳ שמיים נעשו. אע״פ שנאמר על הארות שונות זו מזו, חסדים וחכמה, מ״מ יצאו בבת אחת, מטעם כי חכמה וחסדים שורשם מעולם העליון, בינה, שהתפשטה הבינה בקו שמאל שלה, שהוא אור שאינו מאיר, מטעם שהוא חכמה בלי חסדים, ועשה אז את עולם התחתון, הנוקבא.

כיוון שהשמאל אינו מאיר בלי חסדים, ע״כ הזדווג על המסך דחיריק דזו״ן שעלו שם למ״ן, והוציא עליו קומת קו אמצעי, המייחד ימין ושמאל, והחכמה התלבשה בחסדים, ונשלמה הארתה בג׳ קווים חב״ד. ומשום ששלושה יוצאים מאחד ואחד עומד בכולם, שגם זו״ן השיגו הארת ג׳ קווים ההם, ונמצא שבסיבת השמאל של הבינה, שאינו מאיר, הבינה הזדווגה על מסך דזו״ן, ומשום זה השיגו הזו״ן המוחין ממנה.

וע״כ נאמר, שהאומן, המאציל, עשה אור שאינו מאיר, ועשה את עולם התחתון, הנוקבא, שמשום שהמאציל עשה בשמאל, הבינה, את האור שאינו מאיר, בסיבה זו עשה ותיקן את העולם התחתון בכל המוחין שלו.

ומשום שהוא אור שאינו מאיר, הוא צריך להתקשר למעלה וצריך להתקשר למטה, משום שקו השמאל דבינה אינו מאיר, ע״כ הוא צריך שיתקשר בקשר של ג׳ קווים, בב׳ העולמות. כי בעולם העליון לבד אינו מאיר מחיסרון בחסדים, ובעולם התחתון בלבד, הנוקבא, אינו מאיר, משום ששורשו מבינה. ע״כ הוא מחויב להתקשר בבינה, ששם שורשו, ומחויב להתקשר בנוקבא, כדי לקבל

ממנה את המסך דחיריק, שעליו יוצא קומת קו אמצעי, המשלים את השמאל.

ואע״פ שמסך דחיריק הוא בז״א, אמנם כל מסך הוא בחינת הנוקבא, כי הזכר הוא בחינת האור של המדרגה. ולפיכך נבחן מסך דז״א שהוא בנוקבא, וע״י קשר של מטה, שהוא המסך דחיריק שבעולם התחתון, מתקשר קו השמאל להאיר בקשר הבינה למעלה, כי ע״י המסך דחיריק שבנוקבא, המוציא קו אמצעי, מתקשר השמאל דבינה בימין שלה, ומאיר.

194. ואותו האור שאינו מאיר, קו השמאל בקשר ג׳ הקווים של מעלה שבבינה, הוא מוציא כל הצבאות והמחנות למינים הרבה, השונים זה מזה, שזה בחכמה וזה בחסדים. כמ״ש, מה רבו מעשיך ה׳.

כי מה רבו מעשיך, פירושו הארות החסדים, מוחין שאין להם מספר. וכולם בחכמה עשית, מוחין דמספר. ועכ״ז יצאו בבת אחת, משום שהארת השמאל קשורה בב׳ העולמות ביחד, ועיקר הארתו בעולם העליון, ששם שולטת הארת החסדים המכוסים מחכמה, שאין להם מספר. ולפיכך ב׳ מיני מוחין האמורים, אע״פ ששונים זה מזה, מ״מ כל הארה כלולה משניהם, כי יוצאים בבת אחת.

195. וכל מה שיש בארץ יש ג״כ למעלה, ואין לך דבר קטן בעוה״ז, בנוקבא, שאינו תלוי בדבר אחר, עליון, הממונה עליו מלמעלה, בבינה, כי כל מה שבנוקבא אינו אלא ממה שמקבלת מבינה. וע״כ אין לך דבר בנוקבא, שאין לו שורש בבינה. וע״כ כשמתעורר דבר למטה, בנוקבא, מתעורר מקודם השורש שלו הממונה עליו למעלה, בבינה, כי הכול מיוחד זה בזה.

196. ותאמר רחל אל לאה, תני נא לי מדודאֵי בנך. אין הפירוש, שהדודאים הולידו את רחל, אלא שהקב״ה סיבב הדבר, ע״י הדודאים, שייוולד יששכר. שהחזיק בתורה יותר מכל השבטים. כי רחל הייתה מחזיקה ביעקב, ולא נתנה לו ללכת ללאה, כמ״ש, הַמְעַט קַחְתֵּךְ את אישי. וכתוב, לכן ישכב עימך הלילה תחת דודאי בנך.

האור שאינו מאיר, הארת חכמה שבקו שמאל, יוכל להאיר רק בב׳ עולמות, בינה ונוקבא, כי שורשו מבינה, אבל צריך למסך דחיריק, שהוא בזו״ן, כדי להוציא עליו קו אמצעי, המכריע.

ע״כ כתוב, וילך ראובן וימצא דודאים בשדה, וַיָּבֵא אותם אל לאה אימו. כי דודאים הם הארת השמאל, אור שאינו מאיר, ונקרא דודאים להיותו השורש לאהבת דודים. ומשמיענו הכתוב, שבן לאה מצא אותם והביאם לאימו, ללמדנו ששורש האור הזה הוא בלאה, בינה, ולא ברחל. אבל רחל מקבלת אותו מלאה. וזהו שאמרה ללאה, תני נא לי מדודאי בנך, שרצתה לזכות באור הזה.

ותאמר לה לאה, המעט קחתך את אישי. כי ז״א, בעל המסך דחיריק, המשלים להארת הדודאים בהכרעתו, נמצא קבוע עם המסך ברחל, כי היא נושאת המסך דחיריק בעת שז״א אצלה. וזהו שטענה לאה לרחל: את רוצה בשניהם, להחזיק את המסך דחיריק, שאני צריכה לו, כדי להוציא קו אמצעי. וגם את רוצה בדודאים שלי, אשר בלי יעקב, קו אמצעי, הם אינם מאירים אפילו אצלי.

ולפיכך רחל השיבה לה, לכן ישכב עימך הלילה. ואז, וישכב עימה בלילה הוא. הוא, סובב על המסך דחיריק שבו, כדי שמזיווגו תימשך קומת קו אמצעי המייחדת ב׳ הקווים בלאה. ואז הדודאים נשלמים בה. ואח״כ נתנה אותם גם

לרחל, ע״פ הכלל שלושה יוצאים מאחד ואחד עומד בשלושה.

197. הם גרמו שייצא יששכר לעולם, כדי שיעלה ריח תורה לפני הקב״ה. כמ״ש, הדודאים נתנו ריח. כי יששכר הוא נאחז בתורה יותר מכל השבטים.

כתוב, וישכב עימה בלילה הוא. עולם העליון נקרא הוא, משום שסתום ואינו מגולה. ומשום שהתורה יצאה מעולם העליון, ע״כ נרמז זה בזיווג שבשביל יששכר. וישכב עימה בלילה הוא, מטעם שיששכר הוא מרכבה לתורה.

198. ובכל מקום עולם העליון נקרא הוא, כי אינו מגולה. וכן כתוב, ועָבַד הלוי הוא, שעובד לעולם העליון, הנקרא הוא, כדי להמשיך משם ברכות לכל העולמות. ויששכר נאחז בעולם העליון. וע״כ אנו קוראים לז״א, עה״ח, להיותו אילן הנמשך מהחיים העליונים, שבעולם העליון הנסתר, הנקרא הוא, ולא אתה. כי המילה אתה מורה על נגלה, והמילה הוא מורה על נסתר.

199. האם אלו הדודאים פתחו רחמה של רחל? לא. שהרי שהקב״ה פתח את רחמה ולא דבר אחר, כמ״ש, וישמע אליה אלקים ויפתח את רחמה. כי אלו הדודאים, אע״פ שיש להם כוח לפעול למעלה, מ״מ לא ניתן בכוח שלהם פקידה של בנים, כי בנים תלויים במזל, דיקנא דא״א, ולא בדבר אחר.

200. האם הדודאים נבראו בחינם, שאינם פועלים לשום דבר? אלא יש להם פעולה מיוחדת, ואפילו לבָנים הם עוזרים את אלו המתעכבות מלהוליד ואינן עקרות. אמנם לא נגזר עליהם להוליד, אלא במזל. שאם כבר נגזר עליהם להוליד במזל, אלא שמתעכבים משום איזה סיבה, אז מועילים הדודאים.

201. הנוקבא מהארת חכמה שבה, שמאירה, יין המשמח אלקים ואנשים, אינה מתברכת אלא רק בצד ימין, חסדים, כי חכמה בלי חסדים חושך. ומשום זה, בעוד שהימין יתעורר להשפיע אל כוס של ברכה, לנוקבא, השמאל לא יתמוך שם, כי הימין מצא סיבה בכוס, שבגללה יתעורר אל העולם העליון, שהוא חסדים מכוסים מחכמה.

הנוקבא, בעת שהיא קו שמאל, חכמה בלי חסדים, נקראת כוס, ואז אינה מאירה, וצריכה לברכה, המשכת החסדים מקו ימין, הנקראת ברכה. ומשום זה, בעוד שהימין יתעורר להשפיע אל כוס של ברכה, לנוקבא, השמאל לא יתמוך שם. שבעת שהימין משפיע לה חסדים, תפסיק אז לגמרי הארת השמאל, חכמה.

כי הימין מצא סיבה בכוס, במה שחשך ואינו מאיר. שבגלל סיבה זו עזב הארת החכמה שמשמאל, והתעורר להמשיך חסדים מעולם העליון, מלאה, חסדים מכוסים מחכמה. ואם תהיה אז איזו תמיכה משמאל, לא יוכל הימין להידבק בעולם העליון המכוסה מחכמה, ולהמשיך משם חסדים. כי דבקות, פירושו, השוואת הצורה.

202. וילך ראובן, צד דרום, קו ימין, חסדים, שמשום זה הדגל שלו בדרום, ראש ותחילה לי״ב (12) גבולים, שי״ב גבולים הם ד׳ רוחות, חו״ג תו״מ, שבכל אחד ג׳ קוִוים, שחסד התחלה לי״ב גבולים, ותשוקתו של צד דרום למצוא סיבה ומתנה לנוקבא, לברך אותה.

203. וימצא דודאים בשדה. הלך לחפש בכל האוצרות של הנוקבא, ומצא

בשדה, הנוקבא, את הדודאים. ועליהם כתוב, הדודאים נתנו ריח. והם שני הכרובים, תיקונה של הנוקבא, להתעוררות למעלה לבינה, כי בכל התיקונים של השדה הזו, אין תיקון שיתעורר למעלה לבינה, מלבד הכרובים.

דודאים הם הארת חכמה שבקו שמאל. וכל עוד שמחוסרת חסדים, אינה מאירה, ונחשב כאילו אינה. ראובן אור החסד, הלך לחפש ולגלות את הדודאים בשדה, שאינם נמצאים בלעדיו, שע״י שמלביש אותם באור החסד, הם מתגלים ומאירים. וע״כ נחשב שמצא אותם, שגילה אותם.

והם שני הכרובים, שבאים מהארת השמאל, תיקונה של הנוקבא, להתעוררות למעלה לבינה, כי כל התיקונים והמוחין, נוקבא מקבלת מז״א, ולא מבינה. רק אלו המוחין דהארת השמאל, הדודאים, היא מקבלת אותם מבינה עצמה, בשווה עם ז״א, שאז היא במצב ב׳ מאורות הגדולים. כי בכל התיקונים של השדה הזו, אין תיקון שיתעורר למעלה לבינה, מלבד הכרובים.

204. צד דרום, החסד, מתעורר אליה, למצוא סיבה כדי לברך אותה, להמשיך לה חסדים, בימי קציר חיטים, בעת שמחלק שלל לצבאותיה, למלאכים, כמ״ש, וַתָּקָם בעוד לילה ותיתן טרף לביתה. ולכל קוצרי השדה, לאותם הנשמות שזוכים לקבל פירותיה של הנוקבא, הנקראת שדה. ומיד, ויָבֵא אותם אל לאה אימו, שהעלה הריח וההתעוררות שלהם לעולם העליון שהתכסה, לאה, כדי שישפיע ברכות לעולם התחתון, רחל.

205. וכאשר התברכו הדודאים, שהתלבשו בחסדים, מקבלים ונותנים לכל העולמות, כמ״ש, הדודאים נתנו ריח. כשהם נותנים ריח, כשמאירים בחכמה מלמטה למעלה, אותו הריח מקבל צד דרום, החסד, לעוררו אל עולם העליון, שיאיר מלמטה למעלה, כמ״ש, ועל פתָחֵינו כל מְגָדִים, וכל טוב אינו חסר מן העולם.

206. עולם התחתון אינו מתעורר לעולם העליון, לקבל ממנו מוחין, אלא כשהדודאים נותנים ריח לימין. כיוון שנותנים ריח לימין, והימין מתעורר לעולם העליון, מיד מתעורר עולם התחתון לבקש מה שצריך. כתוב, ותאמר רחל אל לאה, תני נא לי מדודאי בנך. תני לי ברכות מאותה התעוררות הדודאים, שהתעוררו להיכלל בצד ימין, להתלבש בחסדים שבימין.

207. אז עולם העליון משיב לה בחדווה ובשעשועים, ולאה אומרת, המעט קחתך את אישי. כמו אמא המשעשעת עצמה עם בתה, ולא בתרעומת. א״כ, משמע, שבעלה של עולם העליון, בינה, הוא יעקב. כי אמרה על יעקב, המעט קחתך את אישי. והלוא חכמה הוא בעלה של הבינה? לא. אלא תשוקתו של אבא, חכמה, תמיד, אל הבת הזאת, נוקבא דז״א, כי אהבתו אליה תמיד, משום שהיא בת יחידה בין שישה בנים חג״ת נה״י, ולכל אלו שישה בנים, חילק להם מנות ותענוגים ומתנות, שיש בהם ב׳ מיני שפע:

א. מנות, מוחין דו״ק, שלא יחסרו מהם,

ב. תענוגים ומתנות, מוחין דג״ר, שלפעמים חסרים מהם.

ולה לא חילק ואין לה ירושה כלום. כי הנוקבא אין לה מעצמה כלום, חוץ ממה שנותן לה ז״א בעלה, חג״ת נה״י, שישה בנים. ומשום כל זה הוא מסתכל בה בתשוקה ובאהבה יותר מאשר בכולם.

208. באהבתו קרא לה בת. לא הספיק

לו זה עד שקרא לה אחות. לא הספיק לו זה וקרא לה אֵם, בשם אימו. לא הספיק לו זה, וקרא לה בשמו, שכתוב בה, והחכמה מאין תימָצא. חכמה קרא לה.

כלומר, שהשפיע לה ד' אותיות הוי"ה: תחילה מה"ת, שנקראת בת. ואח"כ מו' דהוי"ה, שנקרא אח, והנוקבא נקראת מבחינתו אחות. ואח"כ מה"ר דהוי"ה, שנקראת אמא. ואח"כ מי' דהוי"ה, שנקראת חכמה.

ועי"כ, אמר לה עולם העליון, בינה, אמא, המעט קחתך את אישי, חכמה, אבא, כי כל אהבתו נמשכה לך. ועי"כ בשעשוע ובאהבה אמרה אמא אל הבת.

209. לא אמרה בתרעומת, המעט קחתך את אישי, א"כ, למה השיבה רחל, לכן ישכב עימך הלילה? אלא בכל מקום שנאמר לכן, הוא שבועה. לכן, שאמרה, אינו תשובה על המעט קחתך את אישי, אלא לשון שבועה והֶחלט, כי אמרה לה, אם תיתן לי הדודאים, יהיה מחויב בהחלט לשכב עימך הלילה.

ישכב, זה תיקון הנוקבא אצל הזכר, שיכניס בה הציור של כל האותיות. ישכב: י"ש כ"ב. י"ש, עולם העליון, בינה, שחזרה להיות חכמה. כ"ב, התורה, ז"א, נקודה נסתרת, שמתעוררים אצלה כ"ב (22) אותיות, נקודה דחיריק, שעליה יוצא קו האמצעי, המוציא ג' קווים בבינה, שמשום זה מקבל גם הוא ג' קווים, שהם כ"ב אותיות.

ישכב: י"ש, עוה"ב. כ"ב, נקודה העליונה, חיריק, המביאה כל כ"ב האותיות, כל התורה, כל הכלים דז"א, הנקרא תורה.

210. הכתוב, ישכב עימך, מורה על הנסתר, אבא עילאה, הראוי להתחבר עימך. כי יעקב אינו הזכר של הבינה, אלא עולה למ"ן לבינה וחכמה עילאה, הנקרא אבא, שהוא הזכר של הבינה, הוא מזדווג עימה. ולאה רומזת כאן אל הבינה עילאה עצמה.

211. ויבוא יעקב מן השדה בערב. יעקב, ת"ת, ז"א, בא משדה שתופס כל הברכות, כמ"ש, אשר בירכוֹ ה', הנוקבא דז"א. בערב, בעת שהנוקבא מקבלת מהארת שמאל בלי ימין, חכמה בלי חסדים, שגורם בה חושך. ונקראת ערב, הזמן, שיצחק אביו התעורר לשדה הזה ואוחז בו. כי יצחק אינו מתעורר לשדה הזה, כיוון שהוא שייך ליעקב, ז"א, אלא אחר שהסתלק יעקב משם בערב, מחמת שפנה היום, חסדים, ונעשה חושך. הניח אז את השדה הזה ליצחק אביו, לקו השמאל, ויעקב עולה באותו הזמן למעלה, לבינה, למ"ן.

212. ותצא לאה לקראתו. אמא עילאה, בינה, יצאה אל הבן היחיד, ז"א. ותאמר, אליי תבוא תחת כנפיי, לברך אותך ולהרוותך בתפנוקים ומעדנים עליונים. עתה הוא עת רצון יִעונג לתת לך תענוג רוח העליון, חסדים, בשביל השדה, הנוקבא, מטרם שנשרף בכוח הדין של יצחק, קו השמאל, שמאיר אז בלי חסדים מימין, והוא אז אש שורף.

213. כיוון שקיבלה את יעקב תחת כנפיה, שעלה אליה למ"ן, אז, וישכב עימה בלילה הוא. הוא, מורה על נסתר, שכל הברכות יוצאות ממנו, אבא עילאה. לא כתוב, וישכב יעקב, אלא הוא, שמורה על מי שראוי להתחבר עימה, אבא עילאה, שהוא המשפיע לבינה.

214. ומטרם שהזדמן תחת כנפיה של הבינה, מקבל אלו הברכות, יעקב. שמטרם שעלה יעקב למ"ן תחת כנפי אמא, לקבל ברכות בשביל רחל, לא

התמלא עולם העליון, בינה, בברכות מנקודה הנסתרת. שלא נעשה התחדשות הזיווג של חכמה ובינה על המסך דחיריק, כי נקודה זו עולה עם יעקב. וע״כ דודאים מעוררים הכול. כי בסיבתם עלה יעקב לבינה למ״ן, כדי להלבישם בחסדים, ואח״כ השפיע אותם אל רחל.

מהו ראובן? כמ״ש, הקב״ה שׂם שמות בארץ. הקב״ה קרא לו ראובן, ראו בן.

וילך ראובן, החסד, וימצא דודאים בשדה, שהלביש הדודאים, אור שאינו מאיר, עם אור החסד, ואז האירו. וזה נחשב לו שמצא אותם, שגילה הארתם.

ויָבֵא אותם אל לאה אימו, שהעלה הארתם לבינה, לאה. אשר שם הם מתכסים. ומקום הגילוי שלהם הוא רק ברחל, הנוקבא שמחזה ולמטה דז״א. ולפיכך, ותאמר רחל אל לאה, תני נא לי מדודאי בנך. כי מקום הארתם אינו אלא בי.

ותאמר לה, המעט קחתך את אישי, שאמרה, בדרך שעשועים. המעט לך, שכל אהבת אישי, חכמה, אינו אלא אליך, ובָנה אותך בחו״ב תו״מ, שזה בת, אחות, אמא וחכמה.

ואז, ותאמר רחל, לכן ישכב עימך הלילה. לכן, פירושו שהבטיחה שיעלה יעקב למ״ן אליה, אם תיתן לה הדודאים, כי יהיה מוכרח להמשיך חסדים ולהלביש את הדודאים בשביל רחל, כלומר, תחת דודאי בנך, כדי להשלימם לי.

ואחר שרחל קיבלה הדודאים מלאה, שהם חכמה בלי חסדים, שאז מסתלקים האורות ונעשה חושך. שנאמר, ויבוא יעקב מן השדה, מהנוקבא, רחל, שבעת הדינים נקראת שדה, בערב, שנעשה בה חושך מחמת הדודאים שקיבלה. וע״כ, ותצא לאה לקראתו ותאמר, אליי תבוא. שיבוא אליה ויעלה לה מ״ן, ע״י נקודה דחיריק, כדי להכריע ולהלביש הדודאים בחסדים.

כי שָׂכור שְׂכַרתיךָ בדודאי בני. אמרה לו, נתתי הדודאים לרחל ונעשה בה חושך, ע״כ מוכרח אתה לעלות אצלי למ״ן להמשיך לה חסדים, כדי שלא תישרף בדינים דשמאל. וזה נבחן כמו ששְׂכרה אותו.

וישכב עימה בלילה, הוא. הזדווגה עם אבא עילאה, הוא, שממנו נמשכות לה כל הברכות, ונתנה אותו ליעקב. ויעקב השפיע אותם לרחל. הארת השמאל, חכמה בלי חסדים, מקבלת הנוקבא מבינה עצמה בשווה עם ז״א. וע״כ היא אז במדרגה אחת עם ז״א וקומתם שווה.

אלא הארת הימין, החסדים המלבישים החכמה, היא מוכרחה לקבל מז״א בעלה. וגם כאן, קיבלה רחל הדודאים מבינה עצמה, מלאה, אלא הארת החסדים קיבלה מיעקב, אחר שעלה למ״ן לבינה, וגרם זיווג לחו״ב, כמ״ש, וישכב עימה בלילה, הוא.

215. ותצא לאה לקראתו ותאמר, אליי תבוא. אליי תבוא, הלוא זו חוצפה? להיפך, מכאן למדנו הענווה של לאה, שלא אמרה כלום בפני אחותה, והקדימה אל הדרך, ואמרה לו בלחש והודיעה לו. כי ברשות רחל היא, כמ״ש, כי שכור שכרתיך מרחל, שקיבלתי רשות, וכדי שלא יֵרַע הדבר בעיני רחל, אמרה לו בחוץ ולא בבית.

216. ולא עוד, אלא שפֶּתח האוהל של לאה היה בחוץ, והכניסה את יעקב בפתח שמבחוץ, מטרם שנכנס באוהל רחל, כדי שלא תאמר הדבר בפני רחל, ולא תעיז לפני אחותה. ולא עוד אלא אמרה לאה, אם ייכנס יעקב באוהלה של רחל, אין זה צדק להוציאו משם, לפיכך הקדימה אותו בחוץ.

217. וכל זה, כי רוח הקודש מתעוררת

בלאה, וידעה שכל השבטים העליונים שכולם קדושים ייצאו ממנה, ודחקה את השעה מרוב אהבה אל הקב״ה. ומשום שזכתה לרוח הקודש, ידעה לקרוא להם שמות בחכמה.

219. כתוב, בראשון בארבעה עשר יום לחודש בערב תאכלו מצות. וכתוב, שבעַת ימים תאכלו עליו מצות לחם ענִי. לחם ענִי בלי ו׳ כתוב. כשהיו ישראל במצרים, היו ברשות אחר. וכשרצה הקב״ה לקרבם אליו, נתן להם מדרגת לחם ענִי. לחם ענִי, זהו דוד המלך, שכתוב בו, כי עָני ואביון אני.

דוד המלך, הנוקבא, בעת שמקבלת הארת השמאל מבינה, שאז היא בקומה שווה עם ז״א, רגל רביעי של הכיסא, בינה, ואז הנוקבא דבוקה בבינה ואינה מזדווגת עם ז״א בעלה. וע״כ היא ענייה בלי אור, ונקראת לחם עוני, מחמת שהחכמה אינה מאירה בלי חסדים. ואז כתוב, כי עני ואביון אנוכי.

ומדרגה זו של הנוקבא היא מדרגה ראשונה שלה. כי כשהוציאם ממצרים מרשות הס״א, ורצה לקרבם אל הקדושה, נתן להם מדרגת לחם עוני שבנוקבא, כי היא המדרגה הראשונה של הנוקבא.

220. ולחם ענִי זה נקרא מצה, בלי ו׳, ז״א. כי נוקבא בלי זכר ענייה, מחוסרת חסדים. והתקרבו ישראל בתחילה לבחינת מצה, להיותה המדרגה הראשונה. ואחר שקירב אותם יותר, הביא אותם הקב״ה במדרגות אחרות, והתחבר הזכר בנוקבא, שהזדווגה עם ז״א ומקבלת חסדים ממנו. ואז, מצה, אחר שהתחברה עם הזכר, נקראת מצוה, בתוספות ו׳, כי ו׳ רומזת על ז״א. כמ״ש, כי המצוה הזאת. וע״כ במדרגתה הראשונה נקראת מצה, ואח״כ במדרגות האחרות נקראת מצוה.

224. נתן הקב״ה לישראל לחם זה, מוחין, מארץ החיים, מנוקבא, הנקראת מצה. ואח״כ היה לחם זה לחם מִן השמיים, מז״א.

225. כשיצאו ישראל ממצרים, לא היו יודעים מאומה, עד שהטעים להם הקב״ה לחם מהארץ הזו, הנוקבא, הנקראת מצה. שכתוב, ארץ ממנה ייצא לחם. ואז באו ישראל לדעת ולהשיג את הקב״ה, כתינוק שאינו יודע ואינו משיג עד שטועם לחם מעוה״ז.

כלומר, שלחם זה שקיבלו ישראל בפסח מנוקבא לבדה, הנקרא מצה, היא מדרגה ראשונה בהשגה, כמו התינוק המתחיל לטעום טעם לחם.

226. ישראל לא ידעו ולא השיגו במדרגות יותר עליונות, עד שאכלו לחם העליון, הנמשך מז״א, מהשמיים. ומטרם שאכלו לחם העליון, ידעו והשיגו רק במקום בנוקבא. ורצה הקב״ה שיידעו ישראל יותר, מדרגות יותר עליונות, המאירות מז״א לנוקבא. ולא יכלו, עד שטעמו לחם ממקום העליון, מהשמיים, ז״א, כמ״ש, הנני ממטיר לכם לחם מִן השמיים. ואז ידעו והסתכלו במקום ההוא העליון.

227. ההתחלה שהתחילו ישראל לדעת, היה לחם עוני. אלא אין דבר בעולם שלא יהיה בו זכר ונקבה. וכל מה שיש בארץ, יש ג״כ בים.

228. ויבוא יעקב, ותצא לאה לקראתו. מאין ידעה שהוא בא? שחמורו געה, וידעה לאה ויצאה לקראתו. וגרם החמור, שיצא יששכר מלאה, כמ״ש, יששכר חמור גָרֶם, שהחמור גרם ביאתו לעולם. אמרה לאה, יודעת אני ודאי, שאם יבוא יעקב באוהל של רחל, אין לי

להוציאו משם, לכן אחכה לו כאן ויבוא לאוהל שלי.

229. כי שכור שכרתיך בדודאי בני. למה אמרה בדודאי בני, היה מספיק שתאמר בדודאים? כדי שיהיה ליעקב נחת, ממה שהם עוזרים להוליד בנים. אבל יעקב היה יודע, שהדבר אינו תלוי בדודאים, אלא למעלה, במזל. כי דודאי בני, הם דודאים המולידים בנים. והזכירה זה ליעקב, כדי שיהיה לו נחת מהסגולה, שניתנה לרחל להוליד בנים.

230. כתוב, מושיבִי עקרת הבית אֵם הבנים שְׂמחה הללויה. מושיבי עקרת הבית, עולם התחתון, הנוקבא דז״א, רחל. אֵם הבנים שְׂמחה, עולם העליון, בינה, לאה. ומשום זה הללויה, אותיות הללו י״ה, כי עולם העליון נברא באות י׳, ועולם התחתון נברא באות ה׳.

231. כל אלו השבטים הם תיקונים שלמטה, של הנוקבא, וכולם נתקנו כעין שלמעלה, בינה. כמ״ש, כי שכור שכרתיך, לקחת ממנו גוף. הגוף הוא תורה. שכור שכרתיך, את גופך ממש. שכור שכרתיך, להוליד צורתך.

לאה בינה, והזיווג היה עם חכמה, שע״כ כתוב, וישכב עימה בלילה הוא, ולא כתוב יעקב. ואליי תבוא, לעלות למ״ן. כמ״ש כי שכור שכרתיך, שכירויות הרבֵּה:

א. לקחת מחכמה גוף, תורה. יששכר, שהוא מרכבה לתורה יותר מכל השבטים, ונופלת השכירות על הזיווג עם החכמה בסיבתו.

ב. שכור שכרתיך, לך לגופך ממש. שהשכירות היא על גופו של יעקב, שיעלה למ״ן לזיווג חכמה ובינה.

ג. שכור שכרתיך, להוליד צורתך. שהשכירות על לידת הצורה, להוליד בן.

וכל אלו ג׳ שכירויות נכללות בכפל המילים, שכור שכרתיך.

232. מכאן נשמע, שמי שעוסק בתורה, יורש עוה״ב, המוחין דבינה, ויורש נחלת יעקב, המוחין דאו״א עילאין, כמ״ש, יששכר, אותיות יש שכר, לפעולתך, עסק התורה. והשכר הוא כמ״ש, להנחיל אוהביי יש, שהוא בינה שחזרה לחכמה. ואוצרותיהם אמלֵא, המוחין דאו״א עילאין. נחלת יעקב, שנחל מהם נחלה בלי מְצָרים. אלו ב׳ מוחין הם שכרו של העוסק בתורה.

233. ותאמר לאה, כי ילדתי לו שישה בנים. למעלה ולמטה, נו״ה, וד׳ רוחות העולם, חסד גבורה ת״ת יסוד. למי שמאריך במילה אחד של ק״ש, צריך להמליך את הקב״ה למעלה ולמטה ולד׳ רוחות העולם, וזהו אחד, שאחדותו מתגלה בו״ק הללו.

234. הָרי בשָׁמים, שישה בנים של לאה, כוללים שישה אחרים, יוסף ובנימין, ובני השפחות, והם י״ב, והם שישה. אפשר לומר שהם י״ב, ואפשר לומר שהם שישה, משום שכל אחד כלול בחברו. שישה העיקריים הם שישה, ועם הנכללים בהם, הם י״ב. ולאה עומדת עליהם, אז י״ג (13). לקיים הכתוב, אֵם הבנים שְׂמחה הללויה.

235. וע״כ כתוב, לא תיקח האֵם על הבנים, משום שהיא עולם הנסתר ולא מתגלה, שאין לתחתונים השגה בה. וע״כ כתוב, שַׁלֵּח תְּשַׁלַּח את האֵם, ואת הבנים תיקח לָך, משום שהאם היא עולם הנסתר ואינה מתגלה כלל. תיקח לָך, שתמשיך בהם הארת חכמה ותגלה אותם. והוא חיוב, משום שהאם, לאה, נסתרת, בלי השגה. לכן תשיג את הבנים.

236. ואת הבנים תיקח לָך. כתוב, כי שאל נא לימים ראשונים, ולמקצה השמיים, חסד, קצה הראשון דז״א, שמיים, ועד קצה השמיים, יסוד, קצה האחרון דז״א. ו״ק, חג״ת נה״י דז״א, המכונים שישה בני לאה. ומשמיענו הכתוב, שבהם נוהג שאלה, העלאת מ״ן להמשכת חכמה. וכל אלו נקראים הָרֵי בשָׂמים.

מכאן ולמטה, אחר המלכות דאצילות, נקראים הָרֵי בָתֶר, כמ״ש, ומשם ייפרד והיה לארבעה ראשים, שהם הרי פירוד. עד המלכות דאצילות הוא עולם הייחוד, שישראל אורייתא והקב״ה אחד, ולמטה ממנו הם ג׳ עולמות הפירוד, בי״ע.

237. בני השפחות קשרו קשרים, ארבעה הקשרים שצריכים לתיקון. משום זה אלו הקשרים יוצאים ובולטים לחוץ מן הגוף, אע״פ שכולם אחד. כלומר, אע״פ שכבר נתקנו, כמ״ש, וכל אחוריהם בָּיְתָה, מ״מ נשארו בולטים מחוץ לגוף, להיותם מתחילה מטרם הייחוד, ריקים בלי אור כלל.

ומכאן והלאה, שאר הקשרים, הם כולם אחד בדרך מישור, שאינם בולטים מגוף. וע״כ כל השבטים עולים בעדוּת של מעלה, שהם המוחין דבינה, כמ״ש, ונהר יוצא מעדן. וע״כ כתוב, ששם עלו שבטים שבטי יה עדוּת לישראל להודות לשם ה׳.

ויהי כאשר ילדה רחל את יוסף

238. ויהי, כאשר ילדה רחל את יוסף, ויאמר יעקב אל לבן, שַׁלְחֵני ואֵלְכה. מה ראה יעקב, שביקש ללכת לדרכו כשנולד יוסף? ולמה מטרם שנולד יוסף לא ביקש כלל ללכת לדרכו? ראה שנולד שׂטנו של עשיו. כי יוסף הוא שטן של עשיו, שנאמר, והיה בית יעקב לאש, ובית יוסף להבה, ובית עשיו לקַש.

239. יוסף השלים מקומו של יעקב אחריו. כי הוא ספירת היסוד, הספירה האחרונה של יעקב. ויוסף זכה שנקרא צדיק, יסוד, סיום הגוף, ספירה אחרונה. כיוון שראה יעקב שנשלם הגוף עם לידת יוסף, ביקש הגוף ללכת לדרכו. וסיום הגוף הוא ברית, יוסף. ועכ״ז, בנימין השלים החשבון, כי עימו נשלם מספר י״ב.

240. והאם יעקב לא היה יודע, שעד עתה עוד לא נשלמו השבטים, אע״פ שנולד יוסף? מהו הטעם, שלא חיכה עד שייוולד בנימין, ויושלמו השבטים? אלא יעקב עשה בחכמה, וידע הדבר, שעוד לא נשלמו השבטים. אמר, ודאי אם יושלמו כאן כל השבטים, הרי אני יודע שהתיקון העליון ישרה עליהם כראוי, ובארץ הזו איני רוצה שיושלמו, אלא בארץ הקדושה.

241. כל י״ב השבטים הם תיקון של עולם התחתון, הנוקבא דז״א שמחזה ולמטה. וכיוון שנולד בנימין, ונשלמו י״ב, מתה רחל, ועולם התחתון, נוקבא דז״א, לקחה מקום להיתקן בהם.

כי אין הנוקבא מיתקנת פחות מי״ב, וכשהיא מיתקנת בי״ב השבטים, במוחין השלמים דהארת החכמה, אז נעשו ב׳ הנוקבאות דז״א, רחל ולאה, פרצוף אחד, אשר לאה בפנימיות ורחל בחיצוניות.

כשנולד בנימין ונשלמו י"ב השבטים, אז נתקנה בהם נוקבא דז"א שמחזה ולמטה שלו, שעלתה והתאחדה עם הנוקבא שמחזה ולמעלה, לאה, כי נעשו לפרצוף אחד.

אמנם מטרם שהושלמו י"ב השבטים, מתחלקת נוקבא דז"א לב' פרצופים, שלשתיהן אין שלמות, כי לעליונה, לאה, חסרים תנה"י דז"א, ולתחתונה, רחל, חסרים הג"ר שמחזה ולמעלה דז"א. וזהו, שמתה אז רחל, שהתבטלה הנוקבא שמחזה ולמטה דז"א, כי שתי הנוקבאות נעשו לאחת.

וכיוון שנולד בנימין, שהושלמו י"ב השבטים, מתה רחל, ועולם התחתון, נוקבא דז"א, לקחה מקום להיתקן בהם. שהתבטלה הנוקבא שמחזה ולמטה דז"א, כי עולם התחתון נתקן בי"ב השבטים, ונעשה משום זה פרצוף אחד עם עולם העליון.

וע"כ בנימין נולד בארץ הקדושה. וכמ"ש, ואני בבואי מפַּדן, מתה עליי רחל בארץ כנען. שם מתה רחל. ועולם התחתון, נוקבא דז"א שמחזה ולמטה, קיבל מקום להתיישב בבית שלם, בכל קומת ז"א, כי נעשה אחד עם עולם העליון, שלמעלה מחזה. וכל זמן שרחל הייתה קיימת, שהיה לו ב' נוקבאות, הרי עולם התחתון עוד לא נתקן בי"ב השבטים. כשמתה רחל, כי נעשתה אחת עם הנוקבא העליונה, קיבלה בית בשלמות כנגד כל קומתו דז"א.

242. למה לא מתה לאה באותו הזמן שנשלמו י"ב השבטים, וב' הנוקבאות דז"א נעשו לאחת? אם גם בחינת לאה התבטלה אז, כמו בחינת רחל, האם לאה לא הייתה צריכה למות כמו רחל? אלא הבית הוא בעולם התחתון, בנוקבא שמחזה ולמטה, הנקראת רחל, והכול צריכים להיתקן ממנו, שבשלמותו תלוי שלמות כל התחתונים שבבי"ע, ולא מעולם העליון.

ע"כ אין עולם העליון, לאה, מתבטל במשהו, אפילו אחר שנשלמו י"ב השבטים, שגם אז היא בחסדים מכוסים כמו מטרם השלמות. ומשום זה לא מתה לאה באותו הזמן, כי לא התבטלה.

243. עולם העליון, לאה, כל דבריו בהסתר, ועולם התחתון כל דבריו בגילוי. ומשום זה הוסתרה לאה ונקברה במערת המכפלה, ורחל נקברה בדרך הגלויה. וכן הצטיין עולם העליון בהסתר, כמ"ש, ותאמר לאה, באושרי כי אישרוני בנות, ומשום זה קראה שמו אָשֵׁר.

כי השם אשר, מורה על חסדים מכוסים, בינה, שיצאה מראש א"א, הנקרא ראשית, שנעשתה מכוסה ונעלמת מראש, שהוא חכמה. כי אותיות אשר, הן אותיות ראש למפרע, ההיפך מראש. מצד הנוקבא, אמא, נקראת אשר. ומצד הדכורא נקראת ראש, ראש כל הראשים, א"א, חכמה.

ותקרא שמו אשר, שקראה לו בשמה עצמה, ע"ש החסדים המכוסים שבה. הרי שלאה הצטיינה בחסדים המכוסים שבה, ומתפארת עימהם. שאפילו כשב' הנוקבאות נעשו פרצוף אחד, ויכולה לקבל חכמה, מ"מ אינה חפצה בחכמה, אלא נשארה בחסדים מכוסים. וע"כ לא מתה אז לאה.

244. ומשום זה נעשה הכול אחד. וב' הנוקבאות נעשו פרצוף אחד, משום שהכול הוא מעולם העליון. ומטעם שנוקבא תחתונה שמחזה ולמטה הושלמה ונעשתה לגמרי כמו נוקבא עליונה, ובמצב זה רק הנוקבא התחתונה רחל התבטלה, שנעשתה כמו העליונה, לאה, אבל העליונה עצמה לא התבטלה. וע"כ לא מתה לאה.

וכן בכל מקום, בשלמות ושלא בשלמות הם שני עולמות, זה בנגלה וזה בנסתר. שאפילו בעת שלמות, שרחל תופסת כל קומתו דז"א ואפילו מחזה ולמטה, יש ג"כ ב' עולמות. אלא זה בפנימיות, בהסתר, וזה בחיצוניות, בגילוי. שמלבישים אישה על אחותה.

ואין אנו מברכים להקב"ה, אלא בשני עולמות, כמ"ש, ברוך ה' מן העולם ועד העולם. ומשום זה אנו קוראים לעולם העליון בשם הוא, מלשון נסתר. ואנו קוראים לעולם התחתון בשם אתה, מלשון נוכח ונגלה, משום שהוא ברוך מעולם העליון ע"י הצדיק.

וכתוב, ברוך ה' מציון שוכן ירושלים. משום שעולם התחתון מתברך בחסדים מעולם העליון, ע"כ הוא נגלה לנו, כי מציון, יסוד דעולם העליון, הוא ברוך. וע"כ מחויב עולם העליון להתקיים בבחינתו תמיד.

245. כעין זה כתוב, ויעבור הוי"ה על פניו ויקרא, הוי"ה, הוי"ה. שהוי"ה הוי"ה שבתחילת י"ג מידות, הם ב' עולמות, זה בנגלה וזה בנסתר, ב' פאתי הראש, הימנית חסדים מכוסים, השמאלית הארת חכמה המגולה. ע"כ יש פסיק בין ב' הוי"ה. ומעולם זה עד עולם זה הכול אחד, כי עולם הנגלה אין לו משלו כלום, וכל מה שיש בו הוא מקבל מעולם הנסתר.

246. ויהי כאשר ילדה רחל את יוסף. שלמותו של יעקב, שלא רצה ללכת, אלא ברשותו של לבן. כמ"ש, ויאמר יעקב אל לבן, שלחני ואלכה. ולמה פעם האחרת ברח ממנו? משום שיעקב היה מתיירא, שלא ירשה לו ללכת ממנו, ויושלמו י"ב השבטים בארץ נוכרייה. וע"כ, כיוון שראה יעקב, שהגיעה השעה ללידת בנימין, ברח.

247. כיוון שנולד בנימין, התקשרה השכינה, הנוקבא התחתונה, בכל השבטים, משום שנעשתה פרצוף אחד עם הנוקבא העליונה, לאה, ונאחזה הנוקבא התחתונה גם בשישה בני לאה, וקיבלה הבית בכל השבטים. בית, המוחין דהארת חכמה, כמ"ש, בחכמה ייבנה בית. ויעקב היה יודע בחכמה, כשיושלמו י"ב השבטים, השכינה תתקשט ותתקשר בהם, כלומר שתתקשט על ידיהם במוחין דגדלות, ותתקשר בהם לפרצוף אחד עם הנוקבא העליונה שלמעלה מחזה. ורחל תמות, כי התבטלה, והשכינה תקבל הבית.

248. עולם התחתון, השכינה, היה ראוי שתתחבר עם יעקב, כמו שהיה ראוי אל משה, אלא שלא יכלה מטרם שהיו י"ב שבטים בבית להתקשר בהם. כיוון שנשלמו י"ב, אז נדחתה רחל, והשכינה קיבלה הבית בכל י"ב השבטים, ונעשתה עקרת הבית. ואז נאמר, מושיבִי עקרת הבית.

249. אמר יעקב, כבר הגיעה השעה שייוולד בנימין ויושלמו י"ב השבטים. ודאי העולם שלמעלה, נוקבא שלמעלה מחזה, יירד כאן אל הבית להתקשר בהם, שיתקשרו ב' הנוקבאות להיות פרצוף אחד. וענייה זו, רחל, תהיה נדחית לפניו. לכן אמר יעקב, אם תמות כאן, לא אצא עוד מכאן לעולם. ולא עוד, אלא בארץ הזו, אינו ראוי להשלים את הבית, אלא בארץ הקדושה. משום זה, ויהי כאשר ילדה את יוסף, כלומר, מטרם שנשלמו השבטים.

250. ולא הלך לדרכו מיד, אלא שהתעכב ועבד שש שנים בצאן לבן, משום שכל עוד שרחל לא התעברה עם בנימין, התעכב שם, כיוון שהגיעה השעה

שהתעברה עם בנימין, ברח ולא ביקש רשות מלבן, כדי שלא יתעכב שם, ויתחבר יעקב בכל השבטים במקום הצריך, בארץ הקדושה.

251. כתוב, וילך משה וישוב אל יֶתֶר חותנו. משה היה רועה צאן יתרו חותנו, ומעונו היה אצלו, וכשרצה ללכת, לא הלך אלא ברשותו. ויעקב, שהיה איש תם ומעונו היה תמיד אצל לבן, למה לא ביקש רשות ממנו, כמו משה? מפחד, שלא יגלגל עליו גלגולים עד שיישאר שם. כי מקודם לכן כבר אמר לו, שרוצה ללכת לביתו, ומיד גלגל עליו גלגולים, ונשאר שם. וע״כ עתה היה מתיירא ממנו, ולא ביקש ממנו רשות.

252. אבל יתרו לא היה כך לנגד משה, כי לבן היה מכשף, ובכישוף עשה כל מעשיו כנגד יעקב. ומשום שעתה לא רצה יעקב להתעכב שם, שהרי הקב״ה אמר לו, שוב אל ארץ אבותיך, ולכן לא רצה להתעכב ולעזוב מצוות ריבונו, וע״כ לא ביקש רשות ממנו.

עלָמות שיר

253. למנצח לבְנֵי קורח על עלָמות שיר. כל אלו שירות ותשבחות שבני קורח היו אומרים, כולם אינם חדשים, אלא חידשו שירות ותשבחות ישנות, שכבר היו מקודם לכן. וכן כל אלו שירות ותשבחות שאמר דוד, וכל אלו שהיו עימו, ששמותיהם נזכרים בראשי המזמורים שבתהילים, כולם היו בסוד העליון, בינה, בחכמה.

המוחין נמשכים ומתפשטים בשירה. כי הטנת״א שבשירה הם סדרי הייחודים, שבדרכיהם מתפשטים המוחין. והשירים שבתהילים הם סדרי ייחודי המוחין שבעולם התחתון, הנוקבא דז״א. שורשי המוחין בכל צורותיהם הם בעולם העליון, בבינה, ומעולם העליון נמשכים אל עולם התחתון.

ויש הפרש בין קו שמאל לשאר הקווים, כי קו השמאל מקבלת הנוקבא מבינה עצמה, ולא מז״א בעלה, בעת ב׳ מאורות הגדולים. משא״כ שאר הקווים היא מקבלת מז״א בעלה ולא מבינה. ונמצא, שבקו שמאל של הנוקבא, לא נעשה שום שינוי בעוברו מהבינה אל הנוקבא, משא״כ שאר הקווים משתנים בהעברתם לז״א, שדרכו בחסדים מכוסים, שנוקבא מוכרחה לקבל ממנו.

כל אלו שירות ותשבחות שבני קורח היו אומרים, כולם אינם חדשים, אלא חידשו שירות ותשבחות ישנות, שכבר היו מקודם לכן. כי שירת בני קורח היא התפשטות קו השמאל בנוקבא, אשר אין בו שום שינוי מסדר הארתו בבינה, אלא רק התחדשות שירת הבינה במקום הנוקבא. ע״כ נבחנת שירתם כשירה ישנה המחודשת. משא״כ שאר הקווים, הגם שנמשכים ג״כ מבינה, מ״מ יש בהם שינויים מפאת העברתם בז״א.

וכן כל אלו שירות ותשבחות שאמר דוד, וכל אלו שהיו עימו, ששמותיהם נזכרים בראשי המזמורים שבתהילים, כולם היו בסוד העליון, בינה, בסוד החכמה. אין הכוונה שרק שירת בני קורח מבינה ולא שירת דוד ושאר

הזקנים שעימו. אלא כל אלו שירות ותשבחות הם מבינה. אלא שהם רק בסוד עליון, בסוד הבינה, אבל אינם שירת הבינה ממש, כי משתנים בעוברם בז״א. אבל שירת בני קורח לא משתנה כלום.

254. עשה הקב״ה את עולם התחתון, הנוקבא, כעין עולם העליון, בינה, להיותו מקבל ממנו. וכל אלו הדברים שסידרו דוד ושלמה בנו, וכל אלו נביאי אמת, כולם סידרו בעולם התחתון, כעין של מעלה, בבינה.

255. כמו שיש משמרות בארץ, ש-12 שעות הלילה מתחלקות על ג״פ ארבע, יש ג״כ ברקיע, שג׳ כיתות מלאכים מזמרים בהם לריבונם, ואומרים בהם שירה תמיד. וכולם עומדים אלו מעל אלו, לפי סדר מדרגתם, כמ״ש, גבוה מעל גבוה שומר עליהם. וכולם הם במערכות של שירים ותשבחות, שכל כיתה משוררת לפי מדרגתה.

256. עלמות שיר, כמ״ש, שישים המה מְלָכוֹת ושמונים פילגשים ועלמות אין מספר. מספר, המוחין דהארת חכמה, כמ״ש, השמיים מְסַפרים. ומוחין דחסדים נבחנים לבלי מספר. ע״כ כתוב, ועלמות אין מספר, כי השֵם עלמות, מורה מלשון העלם, שהמוחין הם חסדים מכוסים ואין בהם הארת החכמה. ולכן כתוב בהם, אין מספר, להורות על מוחין דאור החסדים שבהם. וכן, עלמות שיר, מורה על מוחין של אור החסדים שבהם.

257. וכולם, שורות שורות מסתדרים במערכות אלה לעומת אלה, לזמר ולשבח לריבונם. ואלה הם עלמות שיר. ומשום שיש עלמות שאינם מזמרים כמו אלה, לכן נקראים אלה, עלמות שיר. כי שירה וזימרה נוהגות בעיקר במדרגות הנמשכות מהארת חכמה מקו שמאל.

אמנם אין הארת חכמה מאירה בלי התלבשות בחסדים. ומשום זה נוהגת שירה גם באור החסדים, הנכללים מהארת חכמה. ולפיכך יש ב׳ מיני עלמות, אור החסדים:

א. הנכללות מחכמה, והן העלמות שיר של בני קורח.

ב. שאינן נכללות בחכמה, ובהן אינה נוהגת שירה, ונקראות עלמות סתם.

כל מערכת אינה אלא בשלוש

[כל סדרא לאו איהו אלא בתלת]

258. שלוש מערכות מתחלקות לכל רוח, מד׳ רוחות העולם. ובכל מערכת שבכל רוח יש שלוש מערכות אחרות. באופן, אשר למערכת הראשונה שברוח מזרח יש שלוש מערכות, והן תשע, משום שבכל מערכת מאלו השלוש, יש שלוש מערכות, ונמצא שהן תשע. וכן בשאר ג׳ רוחות העולם יש תשע בכל אחד, וכמה אלף ורבבות תחתיהם.

והמשכן הוא בשלושה שלושה במתכות האלו, זהב, כסף ונחושת. ובשאר דברים היה ארבעה, כגון, תכלת וארגמן, ותולעת שָני ושֵש. ומהם בשלושה, מהם בארבעה, מהם בשניים ומהם באחד. אבל כל מערכת אינה אלא בשלוש.

ד׳ רוחות העולם חו״ב תו״מ. ואע״פ שנכללים זה מזה, והיה צריך להיות בכל אחד מהם חו״ב תו״מ, מ״מ אין שם אלא

״ויצא״. ספר הזהר עם פירוש הסולם. מהד׳ 21 כר׳. כרך ה. דף קד; מהד׳ 10 כר׳. כרך ג. דף קד.

רק חו"ב ות"ת בכל אחד, ומלכות חסרה. ואפילו ברוח מערב, מלכות, אין שם אלא חו"ב ות"ת. ובחינתה עצמה, מלכות, חסרה בה. כי מלכות נמתקה בבינה, ונחשבת משום זה כמלכות דבינה, שהיא עטרת יסוד. ומלכות עצמה נעלמה מכוח המיתוק הזה.

ולפיכך, הגם שיש ד' רוחות חו"ב תו"מ, מ"מ רוח מערב, מלכות, עטרת יסוד, ת"ת ולא מלכות. וכשנכללים זה מזה, אין בכל אחד אלא שלוש, שהם חו"ב ות"ת. ואפילו ברוח מערב אין שם אלא שלוש, שהם חו"ב ות"ת.

וג' מערכות מתחלקות לכל רוח, מד' רוחות העולם, ואפילו לרוח מערב, מלכות, יש ד' סדרים. אבל בכל מערכת שבכל רוח, יש שלוש מערכות אחרות, ולא ארבעה, כי עצם המלכות חסרה, ורוח המערב הוא רק מלכות הממותקת בבינה, ולא מלכות עצמה. ולפיכך נבחנות ב' מיני התכללות הספירות זה בזה:

התכללות א' היא, שחו"ב תו"מ נכללים זה בזה, והם י"ב (12) ולא ט"ז (16). ואינה התכללות גמורה, כי צריך להיות כאן ט"ז. וע"כ צריכים להתכללות ב'.

התכללות ב', אשר השלוש שבכל רוח יתכללו ג"כ זה בזה, ונעשה שלוש בכל אחד, שהם תשע בכל רוח. התכללות ב' היא התכללות גמורה וכולה רחמים, שאין שם אפילו התכללות מרוח מערב.

ועכ"ז מכוח התיקונים והמוחין של מספר י"ב, שמלכות חסרה מבחינתה עצמה, מ"מ מקבלת תיקונה מהם. וזה, כמה אלף ורבבות תחתיהם, כי הארות החכמה, הנמשכות מישסו"ת, נבחנות לאלף, כי י' ספירותיהם במספר אלף. והארות החסדים, הנמשכות מאו"א עילאין, נבחנות לרבבות. כי י' ספירותיהם הן במספר רבבה.

וכנגדם יש קליפות, לעומת בחינת אלף. והן נאחזות במלכות הממותקת, עטרת יסוד, הראויה למוחין דאלף. כמ"ש, ייפול מצידך אלף. ע"י המוחין דהארת חכמה, הנמשכים מישסו"ת, שהם בבחינת אלף, הנמשכים מקו שמאל בעיקר. כמ"ש, מצידך, מצד שמאל.

ויש קליפות לעומת בחינת רבבה, שהן נאחזות במלכות הבלתי ממותקת, בעצם המלכות. וכתוב, וּרְבבה מימינֶךָ, אליך לא ייגש. שע"י המוחין דחסדים, הנמשכים מאו"א עילאין, שהם בבחינת רבבה, ניצלים מן הקליפות, שהן בבחינת רבבה, ולא מניחים להן להתקרב אל האדם. והם נמשכים מקו ימין. וע"כ כתוב, מימינֶךָ. הקליפות דרבבה הן חזקות, ואי אפשר להפילן כמו הקליפות שבבחינת אלף. וע"כ כתוב עליהן, אליך לא ייגש. כי אי אפשר להפילן מטרם גמה"ת.

וכמה אלף ורבבות תחתיהם, ב' בחינות הארות המפילים הקליפות דאלף ומרחיקים הקליפות דרבבה. ונמצא שמגיע תיקון גם לעצם המלכות, החסרה במספר י"ב, בשיעור שמרחיקים הקליפות דבחינת רבבה.

259. אלו תשעה סדרים מונהגים כולם באותיות רשומות מסוימות. וכל סדר מסתכל, כדי לקבל שפע, לאלו אותיות רשומות המתייחסות אליו. וכאשר אלו האותיות פורחות באוויר של רוח הממונה על הכול, הן נוסעות.

ואות אחת מלמטה מקבלת הכאה, והאות עולה ויורדת, ושתי אותיות פורחות עליה. והאות הזו שלמטה מעלה את הסדר מלמטה למעלה ומתחברת בב' אותיות הפורחות, ונעשו שלוש אותיות, שכולן הן ע"פ האותיות יה"ו, שהן שלוש בתוך המראה המאירה, ז"א. מאלו יה"ו מתחלקים

שלושה סדרים, שהן שתי אותיות והאות העולה ומתחברת עימהן, שהן שלוש.

תשעה סדרים בכל רוח, הם חו״ב ות״ת שבכל אחד מהם חו״ב ות״ת, שמונהגים באותיות מסוימות, ע״פ תיקון קווים. כי נקודות הן בבינה, ואותיות הן בזו״ן. וע״כ ג׳ הקווים שבבינה נקראים ג׳ נקודות, חולם שורוק חיריק, ובזו״ן הם ג׳ אותיות.

ואלו תשעה סדרים, חו״ב ות״ת, שבכל אחד מהם חו״ב ות״ת, מונהגים כולם באותיות רשומות מסוימות. ג׳ אותיות בימין בשמאל ובאמצע, הנמשכות מג׳ נקודות שבבינה, חולם שורוק חיריק. וכל סדר שבתשעה סדרים מסתכל לאלו אותיות רשומות, מקבל מאות אחת שבג׳ אותיות הללו, ימין שמאל אמצע, המיוחסת אליו. אם מימין שבימין, אם משמאל שבימין, אם מאמצע שבימין, או מימין שבשמאל וכדומה.

הזוהר מבאר ג׳ האותיות מה טיבן. ואומר, כאשר אלו האותיות פורחות באוויר של רוח הממונה על הכול, הן נוסעות, שאות הימין ואות השמאל נמשכות מד׳ נקודות שבבינה, חולם שורוק. כי בעת שהי׳ נכנסת באור הבינה, והאור נעשה לאויר, נפלו ממנה אותיות אל״ה דאלקים לזו״ן. והי״א נשארה באותיות מ״י דאלקים, שזה נקודת החולם, וחסדים, ושורש הימין.

ואח״כ כשיצאה הי׳ מאויר הבינה, ואותיות אל״ה חזרו אליה, נעשו אותיות אל״ה אז לשורש השמאל, חכמה בלי חסדים, נקודת השורוק. ואז נמצאים ב׳ הקווים מ״י אל״ה, במחלוקת, זה כולו חסדים וזה כולו חכמה, וכל אחד רוצה לבטל את הארת חברו, ונמצאים מחמת זה מטולטלים מדין לרחמים ומרחמים לדין, כי בהתגבר קו השמאל, אל״ה, מתחזק הדין לשלוט. ובהתגבר קו הימין, מ״י, מתחזקים הרחמים, החסדים שבימין, לשלוט. ולפיכך אע״פ שכבר יצאה הי׳ מאויר, נבחנים עוד ב׳ הקווים שנמצאים באויר, בו״ק, בקומת רוח, להיותם מטולטלים ואינם מאירים.

ואלו האותיות, אות הימין הנמשכת ממ״י, ואות השמאל הנמשכת מאל״ה, מטרם ביאת קו אמצעי, פורחות באוויר של רוח הממונה על הכול, באויר דבינה, הממונה על כל המוחין שבעולמות, שכל המוחין נמשכים ממנה. כי שורש הפריחה באויר הוא מחלוקת הימין והשמאל שם בבינה, שכאשר מתגבר השמאל יוצאת הי׳ מאויר, וכשמתגבר הימין חוזרת ונכנסת הי׳ באור ונעשה אויר. שאז הן נוסעות מטולטלות, פעם לימין ורחמים, ופעם לשמאל ודין.

וכדי להכריע בין ימין ושמאל ולייחדם זה בזה, נעשה ז״א למ״ן בבינה, כי עלה אליה עם אותיות אל״ה, שדבוק בהן. ואז נעשה זיווג דהכאה מאור העליון על המסך דז״א, ויוצאת קומת חסדים, המכריע ומייחד ב׳ הקווים מ״י אל״ה זה בזה, והשתלם אז השם אלקים בשלמות. וזה נקודת החיריק, קו אמצעי.

ואות אחת מלמטה, אות הנמשכת מנקודת החיריק שבבינה, מקבלת הכאה, שנעשה בה זיווג דהכאה, והוא מלמטה, מז״א שעלה אל הבינה למ״ן. וכך בכל המדרגות נבחן קו אמצעי, שבא מהמדרגה התחתונה למ״ן, שהתחתון עולה תמיד עם אח״פ דעליון הדבוק בהם, ונעשה שם לקו אמצעי.

והאות עולה ויורדת, ושתי אותיות פורחות עליה, שאותה אות האמצעית עולה מלמטה, ומכריעה ב׳ הקווים שבעליון, וב׳ אותיות שבעליון פורחות עליה, שעושה שלום ביניהן. כי מקיימת הארת שניהם, שהשמאל יאיר מלמטה למעלה, והימין מלמעלה למטה.

והאות, הבאה מלמטה, מעלה את הסדר, הארת השמאל, שיאיר מלמטה

למעלה. ומתחברת בב׳ אותיות הפורחות, ונעשו שלוש אותיות. שהאות, הבאה מלמטה למ״ן, מתחברת בב׳ אותיות עליונות, באות הימין ובאות השמאל, ונעשו שלוש אותיות: ימין, שמאל, אמצע, שכולן הן ע״פ האותיות יה״ו, שהן שלוש בתוך המראה המאירה, ז״א.

אותיות יה״ו, שבתוך המראה המאירה, הם חג״ת דז״א, והם ג׳ קווים שבו. ואלו ג׳ אותיות שבמשכן, בנוקבא, נמשכות ומונהגות לפי ג׳ הקווים יה״ו דז״א. מאלו יה״ו נמשכים ג׳ סדרים, ג׳ קווים, שהם שתי אותיות, אות הימין, ואות השמאל, והאות העולה והמתחברת עימהן, אות אמצעית, מתחברת עם השתיים, והן שלוש, יה״ו דז״א.

סדרי מלאכת המשכן מתחלקים:

מהם בשלושה, כנגד חו״ב ות״ת, הכלול בכל רוח.

מהם בארבעה, כנגד ד׳ רוחות חו״ב תו״מ, שהם י״ב (12). כי ד׳ רוחות הם חו״ב תו״מ, הנכללים זה בזה, ובכל אחד מהם רק ג׳ לבד, חו״ב ות״ת, וחסר מלכות.

מהם בשניים, כנגד ב׳ אותיות, ימין ושמאל שבנוקבא, הנמשכות מחולם שורוק.

מהם באחד, כנגד אות האמצעית, הבאה מלמטה מנוקבא, שנמשכת בחיריק, ונעשה בה מ״ן, שעליו יוצא זיווג דהכאה, המוציא קומת רוח, ומכריע ומייחד הימין והשמאל זה בזה.

260. אלו ב׳ האותיות העליונות העולים באוויר, אות הימין ואות השמאל, הם כלולים זה בזה, רחמים בדין. כי אות הימין חסדים ורחמים, ואות השמאל חכמה בלי חסדים ודין. ומשום הופכיות שלהם הם נבחנים לשניים. והם מעולם העליון, הזכר.

והאות הזו העולה ומתחברת עימהם, אות האמצעית, היא נוקבא, כי על המסך שבה נעשה הזיווג דהכאה. והיא נכללת בשניהם, שב׳ האותיות ימין ושמאל מתחברים באות האמצעית, ונעשה בה עצמה ג׳ אותיות ימין ושמאל ואמצע.

כי כמו שהנוקבא בכללה נכללת מב׳ צדדים ימין ושמאל, שמקבלת מז״א, כמ״ש, שמאלו תחת לראשי וימינו תחבקני, ומתחברת בהם, כך אות האמצעית, נוקבא, מתחברת בב׳ אותיות האחרות, והם נעשו באות האמצעית לב׳ צדדים, ימין ושמאל. ב׳ האותיות שבה נעשו לעליונות, והיא עצמה למטה מהן.

וכל ג׳ האותיות נעשו אחד: זכר ונקבה, שנעשו אחד בזיווג כמו זכר ונקבה. שב׳ אותיות העליונות זכר, ואות האמצעית נקבה. כי כשנברא העולם, כשיצאו ג׳ קווים בבינה, כדי לברוא העולם, שהוא זו״ן, היו אלו ב׳ אותיות, הימנית והשמאלית, מעולם העליון, מבינה. והן הולידו כל הפעולות שלמטה בצורה שלהן. ולא קו האמצעי שבבינה. ולפיכך נבחנות ב׳ אותיות הללו לזכרים. ומשום זה, כל מי שמשיג אותם ונזהר בהם, אהוב הוא למעלה ואהוב הוא למטה.

כי בריאת העולם, שהוא זו״ן, נעשה ע״י עליית זו״ן למ״ן, לב׳ קווים ימין ושמאל שבבינה, ונעשה שם לקו אמצעי. ואז קיבל כל המוחין שבבינה, כי שלושה יוצאים מאחד ואחד זוכה בשלושה. ונמצא, שרק ב׳ הקווים ימין ושמאל שבבינה הם המשפיעים המוחין כולם אל זו״ן, כי קו אמצעי דבינה היא בחינת זו״ן עצמם. הרי שבריאת העולם הייתה ע״י ב׳ אותיות ימין ושמאל בלבד, וע״כ נבחנות לזכרים. והאמצעית לנקבה.

261. כל כ״ז (27) אותיות שבא״ב, הם זכר ונקבה, להתכלל זה בזה כאחד. שהאותיות השייכות לימין ולשמאל הן זכרים, והשייכות לקו אמצעי הן נקבות.

אותיות הזכרים משפיעות מים עליונים, ואותיות הנקבות מעלות מ"ן, ומתחבר הכול ונעשה אחד. וזהו הייחוד השלם. וע"כ מי שיודע את הייחודים ההם, ונזהר לכוון אותם, אשרי חלקו בעוה"ז ובעוה"ב. כי הוא עיקר הייחוד השלם כראוי.

האותיות מתחלקות לקבוצות של שלוש שלוש: ב' זכרים למעלה ונוקבא אחת למטה. מצד זה ומצד זה בייחוד אחד. שהימין והשמאל יתייחדו כאחד, באמצעי, שהוא שלמות הכול. כל הקבוצות של שלוש שבא"ב הם בסדר העליון, כעין שלמעלה, בבינה, שהסדר ההוא הוא שלוש שלוש כאחד. כי בעת שיצאו ג' קווים השורשיים בבינה, נכללו זה מזה, ונעשו בה ג' קבוצות של ג' קווים. ולפיכך גם כ"ז האותיות שבנוקבא, מתחלקות אחריהם לקבוצות של ג' אותיות.

262. אחר שהתבארו תשעה סדרים שבמערכת הראשונה לרוח מזרח, ת"ת, מבוארת המערכת השנייה של רוח דרום, חסד. שלושה סדרים לרוח ההוא, שבכל סדר שלוש, תשעה סדרים. וכולם יוצאים מסדר האבות, ג' הקווים. שלמעלה, שבבינה, אברהם יצחק יעקב, כסדר שנתקנו האותיות יה"ו שבשם הקדוש.

אלו תשעה סדרים כולם מונהגים באלו ג' קבוצות של ג' אותיות ימין שמאל אמצע, ונוסעות בהם. וכמה צבאות ורבבות מלאכים, שהם למטה בבי"ע, נוסעים ומונהגים בסדר הזה, שלרוח דרום.

263. מערכת שלישית לרוח צפון, גבורה. שלושה סדרים לרוח ההוא, שהם תשעה. כי בשלושה סדרים יש שלוש לכל צד, והם תשעה. ואלו תשעה סדרים הם מג' צדדים ימין שמאל אמצע.

264. כ"ז סדרים הם כ"ז האותיות, שהם כ"ב אותיות עם מנצפ"ך הכפולות. כ"ז סדרים אלו מתחלקים לשלושה סדרים לכל רוח: ג' לרוח מזרח, ג' לרוח דרום, וג' לרוח צפון. ובהיות שלושה שבכל רוח נכללים זה מזה, נמצא שהשלושה מהרוח הזה הם תשעה, והשלושה מהרוח הזה הם תשעה, והשלושה שמהרוח הזה הם תשעה, ונמצאים כולם יחד, שהם כ"ז אותיות.

265. אלו כ"ז הם תשע אותיות נקבות, להתחבר עם י"ח (18) סדרים אחרים זכרים, והכול הוא כראוי להיות. כי כל ג' אותיות הם ג' קווים, הנמשכות מג' קווים שבבינה, אשר ב' אותיות העליונות, אות הימין ואות השמאל הם זכרים, ואות השלישית שמתחתיהן היא נקבה. ותשע האותיות הנמצאים בכל רוח הם שלוש קבוצות של שלוש.

ונמצא לפי זה שיש בכל רוח שישה אותיות זכרים, שהם ג"פ שתי האותיות הימניות והשמאליות שבכל קבוצה, ושלוש אותיות נקבות, שהן שלושת האותיות האמצעיות שבכל קבוצה. ונמצא, שיש שישה זכרים ושלוש נקבות ברוח מזרח, וכן שישה זכרים ושלוש נקבות ברוח דרום, וכן שישה זכרים ושלוש נקבות ברוח צפון, שביחד הם י"ח זכרים ותשע נקבות.

כי שלוש אותיות נקבות הן בכל רוח, וג"פ שלוש הן תשע. שישה אותיות זכרים הם בכל רוח, וג"פ שישה הם י"ח. הרי שכ"ז האותיות נחלקות לי"ח זכרים ותשע נקבות.

266. כעין אלו האותיות, שיש בעולם העליון, בבינה, כן יש אותיות אחרות למטה, בנוקבא. האותיות העליונות שבבינה הן גדולות, והאותיות התחתונות שבנוקבא הן קטנות. והכול הוא זה כמו זה, שכל הנוהג באותיות שבבינה נוהג

ג"כ באותיות שבנוקבא, וכן נוהג בהם כל אלו זכר ונוקבא שבאותיות. והכול אחד בשלמות, שכל שנוהג בעולם העליון, נוהג בעולם התחתון.

זכירה ופקידה

267. ויזכור אלקים את רחל ויפתח את רחמה. כי בנים תלויים במזל, שהוא הנהר היוצא מעדן, המֵזיל ומשקה את הגן, ז"א. ומשום זה כתוב בה זכירה, כי זכירה מזָכור, ז"א, ופקידה מנוקבא.

כתוב, וה' פקד את שרה, שלא ממזל, כי לא כתוב בה זכירה. ואם בנים תלויים במזל ולא למטה בנוקבא, הרי כאן בשָׂרה, לא היה במזל? אלא כתוב, והוי"ה פקד, שכולל הכול כאחד. כי, והוי"ה, הוא ובית דינו, ז"א עם הנוקבא ביחד. הרי יש כאן בשרה גם זכירה מז"א, שהוא מזל.

268. אם והוי"ה כולל ז"א ונוקבא ביחד, זכירה ופקידה, למה כתוב פקידה, הרי והוי"ה כולל כבר גם פקידה? אלא זכירה כבר הייתה מקודם לכן, וכבר נמסר המפתח הזה של בנים למטה, כמ"ש, ואת בריתי אקים את יצחק, אשר תלד לך שרה. וכמ"ש, ויאמר הוי"ה, למועד אשוב אליך כעת חיה ולשרה בן. וכיוון שכבר הייתה זכירה במעלה של ז"א, כיוון שכתוב, ואת בריתי, יסוד דז"א, נאמר אח"כ פקידה, הנוקבא, כדי שתהיה כללות הכול ביחד, שתהיה בה זכירה ופקידה ביחד.

269. ויזכור אלקים את רחל. זכירה היא למעלה, בז"א, כי מזל זה, שהוא למעלה בזכר, בא על פקידה, שהיא הנוקבא למטה, שהיא בגלות, לגאול אותה. וכעין זה כתוב, ויזכור אלקים את רחל. שהכתוב, ויזכור, הוא זכירה, ז"א. את רחל, הנוקבא, פקידה. הזכירה המרומז במילה, ויזכור, בא על רחל, שהיא פקידה, והשפיע לה שפע הבנים. והשם אלקים, שכתוב, ויזכור אלקים, הוא בינה.

270. כתוב, פָקוד פקדתי אתכם. והייתכן פקידה בנוקבא, בזמן שהיא עצמה בגלות? כיוון שהיא בגלות, איך היא התגלתה כאן למשה? ואיך אמרה, פקוד פקדתי?

271. אלא, כשהשמש מאיר, הוא בשמיים, וגבורתו וכוחו מושל בכל מקום על הארץ. כעין זה נאמר בה', מלוא כל הארץ כבודו. בזמן שביהמ"ק היה קיים, מלוא כל הארץ כבודו. זהו ארץ הקדושה, הנוקבא. ואז נוהג גילוי שכינה. ועתה שישראל בגלות, השכינה למעלה מחזה דז"א, ששם בחינת שמיים, חסדים מכוסים, ואינה מתגלה בארץ. אלא כוחה נמשך לארץ, כמו השמש המסתתרת בשמיים, וכוחה וגבורתה מלוא הארץ. וסובבת את ישראל להגן עליהם, ואע"פ שנמצאים בארץ אחרת, בגלות.

272. יש שכינה למטה מחזה דז"א, ויש שכינה למעלה מחזה דז"א. השכינה

שלמעלה, היא בי"ב גבולי מרכבות קדושות, וי"ב חיות עליונות. ד"ס חו"ב תו"מ, שבכל אחת חו"ב ות"ת, שהם במספר י"ב, שהם י"ב גבולים, וכן י"ב חיות גדולות, להיותם מחזה ולמעלה. השכינה שלמטה היא בי"ב שבטים הקדושים. ואז, כששתיהן בי"ב, נכללת השכינה למעלה ולמטה, ששתיהן נעשו פרצוף אחד, והכול מאיר בזמן אחד בבת אחת. ואז נאמר, מלוא כל הארץ כבודו, ויש גילוי שכינה למטה בעוה"ז.

ואע"פ שבזמן שישראל בגלות, לא נתקנה השכינה למטה מחזה, אלא שעלתה למעלה מחזה, הנה למעלה ג"כ לא נתקנה, שנבחנת כחסרה ג"ר, משום שלא נתקנה למטה מחזה, שנבחנת משום זה כחסרה נהי"מ שלמטה מחזה. וע"כ נאמר, שהשכינה היא בגלות עִם ישראל, כי היא בגלות עימהם. כי משום עלייתה למעלה, נחסרה בג"ר דאורות ונהי"י דכלים, וזה נבחן לגלות.

273. במה מיתקנת הנוקבא בזמן הגלות, שתוכל להתגלות למטה? בדומה למלך, שמת בנו. הפך מיטתו בשביל האבל על בנו, ולא התקין אותה, אלא שלקח קוצים ודרדרים והטילם תחת מיטתו, ושכב עליהם.

כך הקב"ה, כיוון שגלו ישראל ונחרב ביהמ"ק, לקח קוצים ודרדרים ונתן תחתיו, וכמ"ש, ויֵרָא מלאך ה' אליו בְּלַבַּת אש מתוך הסנה. ועשה זה, משום שישראל היו בגלות. ומיושב בזה השאלה הראשונה, כיוון שהשכינה בגלות, איך התגלתה למשה? התגלתה אליו מתוך הסנה, שהוא בלתי שלמות ודינים, שבאופן זה היא יכולה להתגלות גם בזמן הגלות.

274. מי שהוא עצמו אינו ברשותו, אלא בגלות, מה הוא יכול לפקוד, ומה הוא יכול לעשות? ואיך אמרה השכינה, פקוד פקדתי, בזמן שהיא בגלות? אלא, פקוד מלמעלה, מז"א, זכירה. פקדתי למטה, בנוקבא. שאמרה פקוד, פירושו זכירה. ולא אמרה זכור במפורש, משום שזכירה זו כבר הייתה עליה מקודם לכן, כמ"ש, ואזכור את בריתי.

כיוון שכתוב, ואזכור, הרי כבר ניתנה בה זכירה, ומשום זה אמרה אח"כ, פקוד פקדתי, שהמילה פקוד, רומזת על הזכירה שניתנה בה מכבר. סימן זה מסור מיעקב ומיוסף, שיעקב אמר, פקוד יפקוד אתכם, וכן יוסף אמר, פקוד יפקוד אלקים אתכם. משום שצריכים זכירה ופקידה לגאולה. ופקוד, רומז על זכירה שמכבר. פקדתי, על פקידה.

276. בברכות, אחד מזכיר שמו של הקב"ה, ושניים משיבים לו, כמ"ש, כי שֵׁם ה' אקרא הבו גודל לאלקינו. כי שם ה' אקרא, הוא אחד, המזכיר את השם. הבו גודל לאלקינו, הוא שניים האחרים המשיבים. אבל בתורה, אפילו שניים יושבים ועוסקים בתורה, נותנים גדולה ועוז ותפארת התורה אל הקב"ה.

277. בברכות למה צריכים לשלושה? אלא כל הברכות הוא כך, שאחד לברך ושניים להשיב, כדי להעלות שבח הקב"ה בג' קווים: אחד מברך, קו אמצעי, הפועל לגלות האור, ושניים שיודו ויקיימו ברכותיו, ב' הקווים המקבלים פעולת קו אמצעי, ומאירים בכוחו. וזהו הקיום של הברכות, שיהיו בעליון כראוי ובשלושה.

278. יש זכירה לטוב ויש זכירה לרע, יש פקידה לטוב ויש פקידה לרע.

זכירה לטוב, כמ"ש, וזכרתי להם ברית ראשונים. ויזכור אלקים את נוח. ויזכור אלקים את בריתו. זכירה לרע,

כמ״ש, ויזכור כי בשׂר המה, רוח הולך ולא ישוב.

פקידה לטוב, כמ״ש, פקוד פקדתי אתכם. פקידה לרע, כמ״ש, ופקדתי בשבט פִשְעָם ובנגעים עוונם.

279. כל אלו זכירה ופקידה לטוב, אלו הם מדרגות ידועות, אמונה. זכר ונקבה אחד, זכירה ופקידה. זכירה זכר, ופקידה הנקבה. ואלו הם לטוב. זכירה ופקידה לרע הם הצד האחר, אלוהים אחרים, זכר ונקבה כאחד, זכירה בזכר, ופקידה בנקבה העומדים תמיד לרע. והם זה לעומת זה, הזכר ונקבה דס״א לעומת זכר ונקבה דקדושה.

מִזכירה ומפקידה דקדושה יוצאים כל סודות האמונה וכל מדרגות קדושות העליונות.

ומזכירה ומפקידה דס״א יוצאים כל המינים הרעים, וכל המוות, וכל הצדדים של המינים הרעים שבעולם.

280. אשרי מי שחלקו נמצא בצד הטוב, ואינו מטה עצמו לס״א, וניצל מהם. אשרי מי שיכול להינצל מאותו הצד, ואשרי הם הצדיקים שיכולים להינצל מהם, ולעשות מלחמה באותו הצד. האדם צריך לעשות עימו מלחמה, ולמשול עליו, ולהינצל ממנו.

281. יעקב היה עושה כל כך כלפי עשיו, בשביל להכניע אותו הצד שלו, להערים עליו, וללכת עימו בעורמה בכל כמה שצריך, כדי למשול עליו בתחילה ובסוף, שיהיה הכול כראוי. והתחילה והסוף היו כאחד, כמ״ש בתחילה, את בכֹרתי לקח, ולבסוף כתוב, והנה עתה לקח בִרְכָתִי, שאותיותיהן שוות. הרי שהתחילה והסוף היו אחד. וכל זה היה כדי למשול עליו בדרך הישר. וע״כ אשרי הוא מי שניצל מס״א, ויכול למשול עליהם.

282. זכירה ופקידה לטוב, בעת שהם כאחד באמונה, בנוקבא. כשז״א, זכירה, והנוקבא, פקידה, בזיווג. אשרי מי שמשתדל אחר האמונה, לזכות בה, כמ״ש, אחרי ה׳ ילכו כאריה ישאג.

283. כשאדם מתפלל תפילתו, לא יאמר על עצמו זָכְרֵני וּפָקְדֵני. משום שיש זכירה ופקידה לטוב, וזכירה ופקידה לרע. ועתידים המקטרגים לקבל מפיו דבר, זכרני ופקדני. ויבואו להזכיר חטאיו של האדם ולענוש אותו, שיביאו עליו זכירה ופקידה לרע. זולת אם הוא צדיק גמור, שאם אותם זכירה ופקידה לרע, זו״ן דקליפה, יבדקו אחר חטאיו ולא ימצאו אותן, אז מותר לו לומר, זכרני ופקדני.

284. כי בכל מקום שאדם מתפלל תפילתו, יכלול את עצמו בין הרבים בתוך כלל הרבים. כמ״ש בשונמית, כשאמר לה אלישע, הֲיֵש לדבר לָך אל המלך או אל שר הצבא. האם יש לדבר לך אל המלך? כי אותו יום היה יו״ט של רה״ש, ואותו יום שמלכות הרקיע שולט לדון את העולם. והקב״ה נקרא באותו זמן מלך המשפט. ומשום זה אמר לה, היש לדבר לך אל המלך, שקרא את הקב״ה בשם מלך.

285. ותאמר, בתוך עַמי אנוכי יושבת. שאמרה, איני רוצה להיות מצוינת למעלה, אלא להכניס את ראשי בין הרבים, ולא לצאת מן הכלל. וכן צריך האדם להיכלל בכלל הרבים, ולא להתייחד בפני עצמו, כדי שלא יביטו עליו המקטרגים, להזכיר את חטאיו.

מוות וצַלמוות

286. הנִגלו לךָ שערי מוות ושערי צַלמוות תִראה. אמר הקב״ה לאיוב, כשהיה מצער את עצמו על דיניו של הקב״ה. איוב אמר, הן יקטלֵני לו אייחל. שאמר ג״כ, אם יקטול אותו, לא יְיחל לו.

287. אמר לו הקב״ה, והאם אני הורג בני אדם? הנגלו לך שערי מוות ושערי צלמוות תראה? כמה שערים הם פתוחים באותו הצד, שאפשר להינצל מהמוות על ידיהם, ומ״מ המוות שולט עליהם. אלא כולם סתומים מבני אדם, ואינם יודעים משערים אלו. ולעת״ל, כאשר יקוּים הכתוב, ומָלאה הארץ דעה, ואמר באמת, בילַע המוות לנצח. ונמצא, שהם מתים מחמת שאינם יודעים להיזהר, ולא שהקב״ה הורג אותם.

288. ושערי צלמוות תראה. מוות וצלמוות כאחד הם, זכר ונקבה בזיווג כאחד. מוות הוא מלאך המוות, הנחש, נקבה. צלמוות אותיות צל מוות, מי שרוכב על המוות, ס״מ הרוכב על הנחש, הוא הצל שלו והכוח שלו, להזדווג ביחד בקשר אחד, והם אחד.

289. וכל המדרגות יוצאות מהם ומתקשרות בזו״ן דקליפה הללו, הן השערים שלהם, כמו למעלה בקדושה, כמ״ש, שאוּ שערים ראשיכם. שאֵלו הם הנקראים נהרות ונחלים, יסודות דו״ק העולם, שהם זו״ן דקדושה. אף כאן, שערי מוות ושערי צלמוות מס״א, הם מדרגות שלהם השולטות בעולם. שערי מוות ושערי צלמוות, זה נקבה וזה זכר, ושניהם דבוקים זה בזה כאחד.

290. וע״כ על מה שאמר איוב, כָּלָה ענן וילך, כן יורד שְׁאוֹל לא יעלה, אמר לו הקב״ה, הנגלו לך שערי מוות, לדעת שכולם הם ברשותי, וכולם עתידים להיבלע מן העולם, כמ״ש, בילע המוות לנצח.

ויזכור אלקים את רחל

291. ויזכור אלקים את רחל וישמע אליה אלקים ויפתח את רחמה. למה כתוב כאן פעמיים אלקים, שדי לומר, וישמע אליה ויפתח את רחמה? אלא אחד מעולם הזכר, בינה, הנקראת אלקים. ואחד מעולם הנקבה, הנוקבא דז״א, הנקראת ג״כ אלקים. משום שהדבר תלוי במזל, שהיא מעולם הזכר, כמ״ש, בנים במזל תלויים.

292. וכאשר התעוררה רחל בשם הזה של בנימין, כמ״ש, יוסף ה׳ לי בן אחֵר, בנימין. ידע יעקב, שיהיה כן, כי היא ראויה להשלים כל השבטים במספר י״ב. וידע, שאח״ז לא תתקיים עוד בעולם. משום זה רצה אז ללכת לארץ ישראל, כדי שיושלמו השבטים בארץ ישראל, וכדי שלא תמות רחל בחוץ לארץ. ולא יכול ללכת, כי לבן עיכב אותו. וכשהגיע

״ויצא״. ספר הזהר עם פירוש הסולם. מהד׳ 21 כר׳. כרך ה. דף קטז; מהד׳ 10 כר׳. כרך ג. דף קטז.
״ויצא״. ספר הזהר עם פירוש הסולם. מהד׳ 21 כר׳. כרך ה. דף קיז; מהד׳ 10 כר׳. כרך ג. דף קיז.

הזמן של בנימין, אחר שהתעברה עימו, ברח והלך לו, כדי שלא ישתלם הבית בי"ב שבטים, ועולם הקדוש, הנוקבא דז"א, יתקשר בו בארץ אחרת.

293. כתוב, ויאמר ה' אל יעקב שוב אל ארץ אבותיך, ואהיה עימך. אמר לו הקב"ה, עד עתה הייתה רחל עקרת הבית עימך. מכאן ואילך אני אהיה עימך ואקח הבית, השכינה, עימך, בי"ב השבטים. שכתוב, ואני בבואי מפדן, מתה עליי רחל. עליי היה, ובשבילי היה הדבר, שרחל נדחית, ושוכן אחֵר בא, השכינה, ולקח הבית בשבילי לשכון עימי.

נוֹקבָה שְׂכרך

294. ויאמר, נוֹקבָה שְׂכרך עליי, ואֶתֵנה. מהו נוקבה? אותו הרשע אמר, אני רואה, שיעקב אינו מסתכל אלא רק בנקבות. ומשום זה יעבוד לי. ע"כ אמר, נוקבה שכרך. הנה נקֵבה תהיה שכרך, כמו בתחילה. ואתנה, אמור, באיזו נקבה הסתכלת בה, ואתנה אותה לך, ותעבוד לי בשבילה.

295. ויאמר יעקב, לא תיתן לי מאומה. אמר יעקב, חלילה, כי אני, כל מה שעשיתי, בשביל כבוד המלך הקדוש עשיתי, ולא בשביל תאוותי. וע"כ לא תיתן לי מאומה, כי לא הייתה כוונתי לזה מעולם.

296. ויָסַר ביום ההוא את התיישים. כמ"ש, ה', מי יגור באוהלך, הולך תמים ופועל צדק ודובר אמת. הולך תמים אברהם, כי כשנימול נקרא תמים. פועל צדק, יצחק. דובר אמת, יעקב. ודאי יעקב התדבק במידת האמת. אז למה עשה עם לבן פיצול המקלות, כמ"ש, וייקח לו יעקב מקל ויפצל בהן?

297. אלא יעקב היה בוחן שעת המזל, בכל אלו המעשים שעשה, כי מותר לו לאדם לבחון שעתו, טרם שחוזר לארצו. שאם מזלו עומד לו במה שעושה, טוב, ואם לא, לא ירים רגלו ללכת עד שישחק לו המזל.

כי מזונות לא תלויים בזכות, בכלים זכים, אלא במזל, עוביות המלכות, שעליה יוצא קו אמצעי, ששורשו דיקנא דא"א. וארץ ישראל היא המלכות כשמלבישה לאמא, שהכלים שלה זכים מאוד, כי אין מזל לישראל. וע"כ היה צריך להמשיך מזל בעודו בחוץ לארץ, בטרם שישוב לארץ ישראל. והמשיך זה במקלות שעשה.

298. הרי שהוא לא עשה, כדי שייקח מלבן משהו בחינם, אלא הכול עשה באמת ובשלמות הרצון. ולא עוד אלא שקיבל רשות על כל זה מלבן. ועל זה כתוב, השיב לו, ניחשתי ויברכני ה' בגללך. כי כמה מיני כשפים עשה לבן, ובחן את מזלו, אם הוא מצליח בשביל יעקב, והיה מוצא בכל חודש מאה צאן ומאה כבשים ומאה עיזים יותר על צאנו, בגלל יעקב. ולפיכך נתן לו רשות.

299. אלף צאן, אלף כבשים, ואלף עיזים היה מביא לו יעקב יותר בכל חודש וחודש. וכמ"ש, כי מעט אשר היה לך לפניי

ויפרוץ לרוב, ויברך ה׳ אותך לרגלִי. והברכה של מעלה אינה פחות מאלף מכל מין. מצאן נמצא אלף, ומכבשים נמצא אלף, ומעיזים נמצא אלף. על כל מה שהברכה של מעלה שורה, אינה פחות מאלף, עד שבגלל יעקב התעלה לבן להרבה עושר.

שורש לבן הוא קו שמאל דבינה, שמטרם שבא יעקב להעלות מ״ן להמשיך קו אמצעי, הוא חושך. וכמ״ש בלבן, ניחשתי ויברכני ה׳ בגללך. וכן כתוב, כי מעט אשר היה לך לפניי. כי מטרם שבא יעקב, היה לו מעט, כי היה חושך מחמת חיסרון של חסדים. וכשבא יעקב, שהוא ז״א, והמשיך לו קו אמצעי, אז, ויפרוץ לרוב ויברך ה׳ אותך לרגלִי.

כי ע״י יעקב יצאו ג׳ קווים בבינה. כי שלושה יוצאים מאחד. ואז הרוויח לבן הספירות מבינה, שהם במספר מאה, או מאבא, שהם במספר אלף. אבל יעקב, שהוא קו אמצעי ולא בינה, לא לקח אלא קומת ז״א, שספירותיו עשרה.

300. וכשביקש יעקב לקבל שכרו, לא מצא אלא עשרה מכל מין, להיותו קו אמצעי, ז״א, שספירותיו עשרה. ויעקב חשב את זה לעשירות גדולה. מטעם שקיבל הדעת שבראש, ראה ההפרש, כמה לקח משל לבן, ממה שהיה נותן הוא בזכותו ללבן.

וכל זה שהגיע ליעקב, לא היה אלא בכוח אלו המקלות, ששָׂם אצל הצאן. כי המקלות הן העוביות דמלכות, שממנו מיתקן המסך דחיריק, שבכוח שממעט קו השמאל מג״ר לו״ק, בכוח זה הוא מייחד אותו בקו ימין. ומיעוט זה מג״ר לו״ק מכונה זרוע.

וכל זה שהגיע ליעקב, היה בכוח אלו המקלות, שמתוך שהמשיך קו אמצעי על המסך דמקלות, ויצאו ג׳ קווים בבינה, כשלושה היוצאים מאחד, זכה גם יעקב בג׳ הקווים, כאחד הזוכה בשלושה.

301. כמה טרח יעקב השלם אחר לבן. כתוב, ויָשֶׂם דרך שלושת ימים, והיה מביא לו כל העושר הזה. ועכ״ז לא רצה לבן, שיהיה שכרו של יעקב כך, כמו שהִתנה עימו, אלא שלקח עשרה מהמין הזה ועשרה מהמין הזה, ונתן לו. ואמר לו, קח את אלו. ואם יולידו, כמ״ש, עקודים נקודים, באופן זה יהיה שכרך, שייקח עשרה מכל מין.

וכמ״ש, ותַחֲלֵף את משכורתי עשרת מונים, עשרה ממין זה ועשרה ממין זה. מונים מלשון מין, כמ״ש, ואביכן הֵתֶל בי והחליף את משכורתי עשרת מונים. ובאלו עשרה היה משתדל אחר הקב״ה ובירך אותו. ומכל מה שהִתנה לבן עם יעקב, חזר בדיבורו ולקח מיעקב הכול, עד שהקב״ה ריחם עליו ולקח מִשל לבן בזרוע, בכוח המסך דחיריק, שהוא המקלות, הממעט קו השמאל מג״ר לו״ק.

המקלות

302. כל אלו המקראות ללמד חכמה באות. דברים העליונים יש מהם, שתלויים במעשים, כמו תפילין וציצית. ומהם בדיבורים, כמו ק״ש ותפילה. ומהם בכוונת הלב, כמו אהבה ויראה. ומי שרוצה להמשיך ברכות, הוא ע״י

תפילה בדיבור ובכוונה, ומהם שאינם נמשכים ע״י תפילה, אלא שתלויים במעשים.

303. יעקב השלם, כל מה שעשה בחכמה עשה. כתוב, ויצג את המקלות אשר פיצל בָּרְהָטִים, הכול עשה בחכמה להמשיך ברכות ממקור כל, לכל המדרגות העליונות, שהם חלקו וגורלו.

304. מקלות הן מדרגות הדין, הנכללות מעוביות המלכות. אשר פיצל, שהעביר מהן הדין, ע״י שהמשיך עליהן קומת חסדים. ברהטים, הוא כמ״ש, מלך אסור ברהטים. כי ממלך העליון, בינה, באות הברכות לכל העולמות. כי הרהטים הם הכלים דקו השמאל שבבינה, שבסיבת הייחוד דקו אמצעי אינם מאירים אלא מלמטה למעלה. וזה מלך אסור ברהטים.

כי בינה, מלך עליון, אסור ברהטים הללו, שלא יתפשט משם ולמטה. וזה נעשה מסיבה שיעקב הציג המקלות, שעליהם יצא קו אמצעי בתוך הרהטים, ואינם יכולים עוד להאיר מלמעלה למטה.

305. מלך אסור ברהטים, ז״א, אסור ומקושר ברהטים העליונים, שהם הכלים דקו שמאל שבבינה, שמהם מושקים הכול ממלך העליון. מלך, ז״א, אסור, שאינו מאיר מלמעלה למטה, מסיבת הרהטים, שהם הכלים דבינה שבו.

ברהטים, בשִׁקֲתות המים, הם הנחלים הנמשכים ומתקבצים בנוקבא דז״א, אשר רהטים דבינה נמשכים אליה ונעשו בה שקתות המים.

אשר תבואנה הצאן לשתות, ששם מתקבצים המים, בנוקבא, כולם, כל דרי בי״ע באים לשתות ממנו.

306. וַיֵּחַמְנָה. בשעה שרוח צפון, הארת השמאל, חכמה בלי חסדים, נושב על הנוקבא, המים, השפע, קופאים ואינם נוזלים לחוץ, לג׳ עולמות בי״ע. וכאשר מתעורר רוח דרום, הארת הימין, חסדים, המים מתחממים, והקיפאון שלהם עובר ונמשכים לעולמות.

אז שותים כולם, כי חמימות הדרום פותחת קיפאון המים, וכולם מתחממים ושמחים לשתות, מתוך שעוברת מהם אותה הקרירות מהצפון, שהייתה להם מקודם לכן. וע״כ כתוב, וייחמנה. כתוב, וייחמנה, ולא, ויֶחמוּ, כי למרות שצאן לשון זכר, אבל משום שבאים לשתות, ממדרגות הנוקבא, נבחנים כולם לנקבות כמוה.

וייקח לו יעקב מַקל לִבנֶה

307. ועל זה התכוון יעקב לעשות מעשה בחכמה, לכוון מעשיו ע״פ המדרגות העליונות, כמ״ש, וייקח לו יעקב מַקל לִבנֶה לח ולוּז וערמון. וכתוב, כי יעקב בחר לו יה, ישראל לסגולתו. מי בחר למי: הקב״ה ביעקב, או יעקב בחר בהקב״ה? אלא הקב״ה לקח לו את יעקב לחלקו, כמ״ש, כי חֵלֶק ה׳ עַמו יעקב חֶבֶל נחלתו.

308. יעקב ג״כ בחר נחלתו וגורלו לחלקו, ועלה למעלה מכל המדרגות, ולקח לו לחלקו, מקל לבנה לח, מדרגת

הלבן שמצד ימין, אור החסדים. ולוז וערמון, מדרגת האדום שמצד שמאל, דינים של הבינה, אחר שחזרה לחכמה, כי ב' בחינות הדינים מימין ומשמאל, היו כלולים במקלות.

309. ויפצל בהם פְּצָלוֹת לבנות מחשוף הלבן. העביר הדין מלוז ומערמון, שמאל, וחיבר אותו בקו ימין. והוא עצמו, קו אמצעי, נכנס ביניהם ולקח אותם כאחד, ונעשה הכול אחד בב' צבעים. שהוציא קומת חסדים על המסך שבעוביות המקלות, בקומת קו אמצעי, הכולל לבן ואדום, ימין ושמאל, חסדים והארת חכמה.

ועכ"ז מחשוף הלבן, כלומר, שיתגלה הלבן על האדום, שתתלבש הארת החכמה, אדום, בחסדים, לבן, כדי להמשיך ברכות למדרגה שלו, קו אמצעי, ממקור הכול, מבינה, שהיא מקורם של ג' הקווים, ולתקן מדרגה זו בתיקון קווים, שלושה קווים כאחד.

310. וע"י פעולה זו של חכמה, תיקון ג' הקווים, כמ"ש, ברהטים בשקתות המים, נמשכות הברכות למטה, וכל העולמות מושקים, והברכות שורות עליהם, כמ"ש, בבוקר יאכל עַד, ולערב יחלק שלל, שיתברכו כל העולמות בי"ע למטה.

ויעקב לקח חלקו מאלו הברכות, השורות עליו למטה, משום שהוא חלקו וגורלו של הקב"ה. יעקב קו אמצעי, וקו אמצעי חלקו של הקב"ה. וכל אותם האורות שקו אמצעי גרם בהכרעתו למעלה, מקבל אותם קו אמצעי למטה. ויעקב לקח חלקו מאלו הברכות השורות עליו למטה.

311. וייקח לו יעקב מקל לבנה, עשה מעשה לקִשרי האמונה, להמשיך ג' קשרים לנוקבא, שנקראת אמונה, ג' קווים. קול הקול של הקולות התעורר מלמעלה למטה, ונעשינו פתוחי עיניים. הגלגל המסתובב לכמה צדדים, וקול הנעימות התעורר.

גלגל, הסתובבות ההארה בג' מקומות חולם שורוק חיריק, בג' קווים. סובב לכמה צדדים, כי ההארות נכללות זו בזו, ויוצאים ג' קווים, שבכל אחד מהם יש ג' קווים: ג' קווים חב"ד, ימין, מוח חכמה. ג' קווים חב"ד, שמאל, מוח בינה. ג' קווים חב"ד, אמצעי, מוח דעת.

וכל שיעור ההארה שקו האמצעי גרם שייצא בב' הקווים העליונים, זוכה בעצמו. וע"כ נבחן, שמוח הדעת, קו האמצעי, כלול בפני עצמו בג' קווים, שכל אחד מהם כלול מג' קווים. באופן שיש: חב"ד בחכמה דמוח הדעת, וחב"ד בבינה דמוח הדעת, וחב"ד בדעת דמוח הדעת. הגלגל המסתובב לכמה צדדים, שהם ג' צדדים במוח החכמה, וג' צדדים במוח הבינה, וט' צדדים במוח הדעת.

ונודע, שב' הקווים ימין ושמאל, שייכים תמיד לעליון עצמו. ומתפשט למטה רק קו האמצעי, מוח הדעת. נמצא, שג' צדדים שבמוח החכמה וג' צדדים שבמוח הבינה אינם מתפשטים למטה. אלא מוח הדעת לבדו מתפשט למטה. לא כל ט' צדדים שבמוח הדעת מתפשטים מלמעלה למטה, אלא צד אחד מהם בלבד, צד אמצעי שבג' קווים דדעת שבמוח הדעת. כי חב"ד דחכמה דמוח הדעת, וחב"ד דבינה דמוח הדעת, וחו"ב דדעת דמוח הדעת, נחשבים לב' קווים העליונים, ואינו מתפשט למטה, אלא הדעת דדעת שבדעת, רק אחד מט' שבמוח הדעת.

קול הקול של הקולות התעורר מלמעלה למטה. הדעת, ז"א, העולה למ"ן ונעשה קו אמצעי בין חו"ב, מכונה קול. וע"כ מוח הדעת בכללו מכונה קול. וכיוון שיש תשעה צדדים במוח הדעת, ג"פ חב"ד, נמצא שחב"ד

דדעת דמוח הדעת נבחן לקול האמצעי, של ב' קולות, שהם חב"ד דחכמה דדעת וחב"ד דבינה דדעת. ובחינת הדעת שבקול הקול הזה נבחן לקול הקול של הקולות, אשר רק הוא לבדו התעורר מלמעלה למטה, ולא שאר שמונה צדדים. ועל הקול הזה המתפשט למטה, נאמר, קול הנעימות התעורר.

הזוהר מבאר עתה סיבוב הגלגל לכמה צדדים: ג' דחכמה, וג' דבינה, וט' דדעת, מבחינת השלילה וההפסד. הדבקים בשמאל המכונים ישנים ונרדמים, מפסידים אותם. ואומר הזוהר, התעוררו, מנמנמים וישנים שהשינה בנקבי עיניהם, הדבקים בקו שמאל. ואינם יודעים, ואינם מסתכלים, ואינם רואים, שהם אטומי אוזניים, כבדי הלב, ישנים ואינם יודעים. התורה עומדת לפניהם, ואינם משגיחים ואינם יודעים במה שמסתכלים. רואים ואינם רואים. התורה מרימה קולות, הסתכלו טיפשים, פיתחו עיניים, ותדעו. אין מי שישגיח, ואין מי שיַטֶה אוזנו, עד מתי תהיו בתוך החושך מחמת רצונכם הרע, הסתכלו לדעת ויתגלה לכם אור המאיר.

(15 הזוהר מפרט הפסדם מכל ט"ו צדדים, היוצאים עם קו אמצעי. כנגד הפסדם דחב"ד שבימין, מוח החכמה, אומר, ואינם יודעים, דעת. ואינם מסתכלים, בינה. ואינם רואים, חכמה.

כנגד הפסדם דחב"ד שבשמאל, מוח בינה, אומר, אטומי אוזניים, חכמה. כבדי הלב, בינה. ישנים ואינם יודעים, דעת.

כנגד הפסדם דחב"ד שבימין מוח הדעת, אומר, התורה עומדת לפניהם, דעת. ואינם משגיחים ואינם יודעים במה שמסתכלים, בינה. רואים ואינם רואים, חכמה.

וכנגד הפסדם דחב"ד שבשמאל מוח הדעת, אומר, התורה מרימה קולות, הסתכלו טיפשים, בינה. פיתחו עיניים, חכמה. ותדעו, דעת.

וכנגד הפסדם דחב"ד שבקו אמצעי דמוח הדעת, אומר, אין מי שישגיח, חכמה. ואין מי שיַטֶה אוזנו, בינה. עד מתי תהיו בתוך החושך מחמת רצונכם הרע, דעת. הסתכלו לדעת ע"י קו אמצעי, ויתגלה לכם אור המאיר, שהוא אור ז"א, קו אמצעי, המכונה מראה המאירה.

312. בשעה שיעקב השלם, מתוך הצרה, שהיה בארץ ורשות אחרת, ולא בארץ הקדושה, ובתוך מדרגות נוכריות, דחה את כולם, ובחר חֵלֶק גורלו ונחלתו בקו אמצעי. אור מתוך החושך, קו ימין. חכמה מתוך טיפשות, קו שמאל. כיבד את ריבונו בעודו נמצא ברשות זר בפדן ארם, קו אמצעי. הנה אז נאמר עליו, לא עתה יֵבוש יעקב.

313. ויקח לו יעקב מקל לבנה, קו אמצעי, העוביות דמסך דחיריק, שנעשה קשר טהור לקשור בו בטהרה את ג' הקווים זה בזה. עלה לפנַי וְלִפְנִים, בינה, בעליית מ"ן, ושם יצא עליו קו אמצעי. ומשם נמשך לנוקבא, ונעשתה למקום יישוב לבני אדם, להשפיע להם כל השלמות.

מטרם שמצא מקום יישוב בנוקבא ע"י עליית מ"ן, אותו המקום השמאל שבנוקבא לא היה מקום. ונאבד מכל אור ושפע, אבדון היה מכל התחתונים, שלא היה להם מה לקבל משם.

אבדון זה הוא זכר, ס"מ, שיצא מפסולת הגבורה של יצחק. כי שמאל זה מטרם שיצא קו אמצעי, נבחן לפסולת, והוא חלקו של ס"מ. ומוות היא הנוקבא שלו, והיא נחש הקדמוני, הנקרא אשת זנונים, שכתוב עליה, רגליה יורדות מוות.

ואלו השניים, אבדון ומוות, שמעו תוקף פקודת המלך, שהוא קו אמצעי, ז"א, שע"י המשכת החסדים הוא מבטל

הדינים של האבדון ושל המוות. ונבחן זה, כמו שנתן להם פקודה, שלא להחריב העולם, ושמעו לו.

314. סוד נסתר, הסתום העליון, הנעלם מכל רעיון והרהור, שהוא א״א, המרומז בקוץ העליון של הי׳ דהוי״ה, ממנו יצאה אות י׳ משם הוי״ה, שהיא הנקודה העליונה, או״א, הנקראים ביחד אבא.

מהנקודה העליונה הזו יוצא הכול, הן חכמה והן חסדים. הי׳ המשיכה והוציאה אות ה׳ משם הוי״ה, שהיא אמא עילאה, ישסו״ת, המכונים אמא, שהיא משקה את הכול. מוחין דחכמה המכונים שתייה, שמיוחדים לאמא. מה׳ זו יוצאת אות ו׳ משם הוי״ה, ו״ס חג״ת נה״י, ז״א, קו האמצעי, המייחד צד ימין וצד שמאל זה בזה. הוא נקרא מקל לבנה לח, ולוז, וערמון. רומז על ג׳ הקווים הכלולים בקו אמצעי. אשר מקל לבנה לח קו ימין שבו. לוז קו שמאל שבו. ערמון קו אמצעי עצמו.

315. בז״א, קו אמצעי, נכללים ב׳ הקווים העליונים, ימין ושמאל, המכונים זרועות. אלו הזרועות יוצאות ונכללות בה״ת שבשם הוי״ה, הנוקבא דז״א, שאז מתלבשת החכמה שבזרוע שמאל בחסדים שבזרוע ימין, לחבר את המשכן, שהיא הנוקבא, עם ז״א, כאחד, ולהיות אחד.

אז י״ג (13) מידות הרחמים נעשו אחד. כי אחד בגי׳ י״ג. והלבן, החסדים, נחקק על הגוונים חו״ב תו״מ שבמקלות, ועולה, שולט על כל הגוונים שבהם. כמ״ש, מחשוף הלבן. אז נאמר, ה׳ אחד ושמו אחד, ששניהם אחד. כמ״ש, ה׳ רועי לא אחסר, קו ימין. בנאוֹת דשא ירביצני, קו שמאל. על מי מנוחות ינהלני, נפשי ישובב, קו אמצעי.

316. וייקח לו יעקב, בחר לחלקו ולגורלו. מקל לבנה, קו ימין. לח, מים, חסדים. לוז, קו שמאל, אדום, כמו ורד. ערמון, קו אמצעי הכולל אותם זה בזה. וכולם אוחז הימין בצבע שלו, לבן. ושולט עליהם, כמ״ש, מחשוף הלבן. שאע״פ שז״א קו אמצעי, אוחז בשני הקווים ימין ושמאל, מ״מ חלקו לקו ימין. וחקק הארת הימין בכולם, ואז נקרא איש תם, שלם בכל.

317. בתוך מחנות המלאכים העליונים יש מדרגות עליונות, אלו על אלו. אלו פנימיים ואלו לחוץ. הפנימיים מתקשרים במלך הקדוש, ז״א. ומתקשרים בישראל, בנים קדושים להקב״ה, ונקראים הצאן המקושרות, כמ״ש, והיה בכל יַחֵם הצאן המקושרות, מחנות מלאכים המקושרים למעלה, בקו ימין, ולמטה, בקו אמצעי.

בנים, אור של תולדה, שאינו בא בדרך השתלשלות המדרגות זו מזו, אלא ע״י עליית מ״ן מתחתון לעליון, המסך דחיריק, שהתחתון נעשה על ידו קו אמצעי בימין ובשמאל דעליון, וגורם בו התחדשות אור, שזה שלושה יוצאים מאחד. וכשיעור הזה זוכה בו גם התחתון, שזה אחד זוכה בשלושתם. ושיעור זה, שזכה בו התחתון, מכונה בן לעליון. וב׳ הקווים שבעליון, שקיבלו קו האמצעי מן התחתון, מכונים או״א אל התחתון.

וע״כ נשמות ישראל מכונים בנים להקב״ה, כמ״ש, בנים אתם לה׳ אלקיכם. כי ז״א ונוקבא מטרם הזיווג הם ב׳ קווים ימין ושמאל, שאינם מאירים זולת ע״י העלאת מ״ן של ישראל לזו״ן, המסך דחיריק, שעליו יוצא קו אמצעי המכריע, והוא מזיווג ז״א ונוקבא. ומתחדש ויוצא בהם האור, שנאמר, שלושה יוצאים מאחד. שע״י התחתון, שעלה למ״ן, התחדש בעליון ג׳ קווים.

וכשיעור הזה זוכים ישראל, שהעלו מ״ן וגרמו לחידוש האור הזה, גם הם בג׳ מוחין, המכונים נשמות, בעניין אחד עומד בשלושתם. מוחין הללו מכונים בנים לזו״ן, וזו״ן נבחנים לאו״א אליהם. כמ״ש, בנים אתם לה׳ אלקיכם.

יחד עם הנשמות נולדים מזו״ן גם מלאכים קדושים. ויש בהם ב׳ בחינות, פנימיים וחיצוניים. כי היוצאים מכללות ג׳ קווים נחשבים לפנימיים, והיוצאים משעת שליטת קו השמאל שבעת הזיווג, מטרם שנכלל בקו אמצעי, הם מלאכים חיצוניים.

הנמשכים מתיקון ג׳ קווים הם פנימיים, והנמשכים משמאל הם חיצוניים. הפנימיים מתקשרים במלך הקדוש, ז״א. ומתקשרים בישראל, בנים קדושים להקב״ה, מלך הקדוש, ז״א, קו ימין. ישראל הם קו אמצעי, שגרמו הזיווג. הקשר, מסך דחיריק, שעליו יוצא קומת החסדים, שנקרא קו אמצעי, שעל ידו גם קו השמאל נקשר בחסד ומאיר.

ונמצא שיש כאן ב׳ קשרים, הממשיכים חסדים: קו ימין וקו אמצעי. וע״כ נאמר, מתקשרים במלך הקדוש, קו ימין, ומתקשרים בישראל, קו אמצעי. וישראל בנים קדושים להקב״ה, מטעם שנמשכים מהתחדשות האור, שגרמו לז״א ונוקבא, המכונה בן, כמ״ש, בנים אתם לה׳ אלקיכם.

318. בשעה שתשוקתם היא לזוהר העליון, אז עמוד האמצעי, יעקב השלם, לוקח אלו המקלות, שהם ד׳ פרשיות התפילין של ראש, ד׳ מוחין חו״ב תו״מ.

מַקל, מסך, שעליו נעשה הזיווג לִבנה לח, קו ימין, ופרשת, קַדֶש לי כל בכור.

לוז, קו שמאל, ופרשת, והיה כי יביאך.

ערמון, קו אמצעי, הכולל ז״א ונוקבא, שהם פרשיות, שמע ישראל, והיה אם שמוֹעַ.

ושם אותם ברהטים, שהם מקום ובית קיבול להשכנת התפילין. ומכאן מקבלים אור וזיו כל הצבאות והמחנות העליונים האלו, המתקשרים למעלה בקו ימין, ומתקשרים למטה בקו אמצעי, צאן המקוּשרות, כיוון שהם מקבלים מתוך הרהטים ושקתות המים. אז נעשו מקורות ומעיינות לרדת למטה לבי״ע, ולתת שפע לכל.

319. ומשום זה הפריד יעקב בין המדרגות העליונות הקדושות, למדרגות אחרות של שאר העמים, כמ״ש, וַיָשֶׁת לו עדרים לבדו, הפריד עדרים לעצמו, ולא יהיה חלקו כשאר העמים.

כמו שיעקב הפריד לו את מדרגות האמונה למעלה, הצאן המקוּשרות, הנולדים מנוקבא, אמונה, שהפרידם מהמחנות החיצוניים, הנמשכות משמאל. כן הוצרך להפריד המדרגות של המחנות הקדושים למטה, הַכְּשָׂבִים שנולדו מצאן המקוּשרות, שהפרידם מהעטופים, שהם הנולדים מהמחנות החיצוניים, ולקשרם עימו בהיכלות הריבונית, הנוקבא, שעליהם כתוב, וְהַכְּשָׂבִים הפריד יעקב.

320. וכולם רשומים ברשימו של מלך העליון, ז״א, קו האמצעי. כי כמו שישראל רשומים ומצוינים בין כל שאר העמים, כך המדרגות של מחנות המלאכים העליונים הקדושים, רשומים לחלקו של הקב״ה בין שאר הצבאות ומחנות המלאכים, שאינם מקו אמצעי. וע״כ בחר יעקב לחלקו וגורלו האמונה, הנוקבא. וגם הקב״ה בחר ביעקב מכל שאר הצבאות והמחנות שבעולם.

321. המחנות העליונים נפרדים זה מזה, כי בשעה שזוהר האש, שבהארת השכינה, מתגלה, כל המדרגות האחרות, הנמשכים משמאל, מתביישים, ומתעטפים.

מתעלפים מחמת התשוקה, מאותו הזוהר שאינם יכולים להתקרב אליו. וכל אלו המדרגות הקדושות, שהם בתיקון שלו, של קו האמצעי, יעקב, בשעה שזוהר מתגלה, שמחים ועולים מיד להתקרב אליו ולהתקשר, והזוהר מיתקן בהם. וכמ״ש, והיו העטופים ללבן, הנמשכים משמאל, שמתעטפים בעת התגלות הזוהר. והקשורים ליעקב, שהם המתוקנים להתקשר עימו.

322. והוצרך יעקב לבחור ולהפריד את המדרגות הקדושות שלחֶלקו, הקשורות, מאֵלו המדרגות של שאר העמים, העטופים. וכל זה הוצרך יעקב לעשות. וע״כ כתב הקב״ה בתורה את נאמנותו וצדקתו של יעקב. אשרי חלקו.

ברכות לראש צדיק

323. כתוב, ברכות לראש צדיק. הלוא היה צריך לומר, לצדיק? אלא ראש צדיק הוא עטרה הקדושה, עטרת יסוד. ראש צדיק זה יעקב, ת״ת, וגוף. ונקרא ראש צדיק, משום שמקבל הברכות ומשפיע אותן לצדיק, אל היסוד, שנקרא צדיק. ומשם נזרקים לכל צד, לימין ולשמאל שבמלכות, וכל העולמות מתברכים.

324. ברכות לראש צדיק. מקום חברית נקרא צדיק, שממנו יוציאיח מעיינות לחוץ. כמו הנקב של הכד, שדרכו שופכים היין. כמו ראש הכד, כך ראש הצדיק, מקום בעת שזורק מעיינות לנוקבא. הצדיק הוא ראש, משום שכל הברכות שורות בו ומושפעות ממנו.

325. אדם שזכה לשמור אות ברית קודש ומקיים מצוות התורה, נקרא צדיק, ומראשו ועד רגליו צדיק. ועליו כתוב, ברכות לראש צדיק. כי כאשר הברכות נמשכות לעולם, הן שורות על ראשו, וממנו נמצאות הברכות בעולם, בבנים קדושים וצדיקים שהוא מעמיד.

ולא ראיתי צדיק נעזב

326. כתוב, נער הייתי גם זקַנתי ולא ראיתי צדיק נעזב. על הייחוד הקדוש נאמר.

327. ולא ראיתי צדיק נעזב. שבחו של ייחוד ז״א ונוקבא, שאינו נמצא יום, ז״א, בלי לילה, הנוקבא. כי הלילה נמצא דבוק ביום תמיד, ז״א בנוקבא. והצדיק, יסוד, נאחז למעלה, בז״א, יום. ונאחז למטה, בנוקבא, לילה. שזה ייחוד השלם, בזיווג תמידי שאינו נפסק.

328. וזַרעוֹ מבקש לָחם. אלא בשעה שמשפיע הזרע והוא נמשך, אינו תובע

״ויצא״. ספר הזהר עם פירוש הסולם. מהד׳ 21 כר׳. כרך ה. דף קכט; מהד׳ 10 כר׳. כרך ג. דף קכט.
״ויצא״. ספר הזהר עם פירוש הסולם. מהד׳ 21 כר׳. כרך ה. דף קל; מהד׳ 10 כר׳. כרך ג. דף קל.

ומבקש הנוקבא, כי היא נמצאת אז עימו, כי הם בזיווג שאינו נפסק לעולם, והיא מוכנה לו, כי הזרע אינו נמשך אלא רק בשעה שהנוקבא כבר מוכנה לו, ותשוקת שניהם כאחד, בדבקות אחת שאינה נפסקת. וע״כ אינו צריך לתבוע ולבקש אותה.

כי ב׳ חכמות בעולם האצילות:

א. חכמה עילאה שבא״א,

ב. חכמה תתאה שבנוקבא.

ובכל המדרגות שבינתיים, אין בהן חכמה. וזו השתוקקות ז״א אל הנוקבא, כדי שישתלם על ידה בהארת החכמה. והנוקבא משתוקקת לז״א, כדי לקבל ממנו זרעו, חסדים, כי חכמה בלי חסדים היא חושך וקיפאון. הזרע, שהיסוד דז״א, צדיק, משפיע לנוקבא, הוא חסדים. ובשעה שהצדיק משפיע זרע, חסדים, אינו תובע לקבל את הארת הנוקבא, חכמה, מב׳ טעמים:

א. כי הנוקבא נמצאת עימו בזיווג שאינו נפסק, שזו״ן מלבישים אז או״א עילאין שזיווגם לא נפסק והם תמיד בחסדים מכוסים מחכמה. ע״כ גם זיווגם אינו נפסק, וגם הם בחסדים לבד כמו או״א עילאין. ולפיכך אין הצדיק רוצה אז לקבל הארת חכמה מהנוקבא.

ב. כי כבר נכלל בהארת הנוקבא. כי אין זרעו נמשך אלא בשעה שהנוקבא מוכנה לו, וכבר נכלל בהארתה, ותשוקת שניהם כאחד. וע״כ עתה השתוקקות שניהם אחת, ששניהם משתוקקים עתה אחר חסדים לבד.

כי מקודם הזיווג השתוקק הז״א להיכלל מחכמה, והנוקבא אחר חסדים. ועתה, אחר שז״א כבר נכלל בחכמה, אינו משתוקק יותר לחכמה אלא בחסדים לבד. בדבקות אחת שאינה נפסקת. שזהו עצמו הטעם, שהם בזיווג שאינו נפסק, כי אין אחיזה לקליפות בשפע החסדים, שיוצרך הזיווג להיפסק. אמנם אם היה חכמה בהארת הזיווג, לא היו בזיווג שאינו נפסק, כי בעת שהתחתונים פוגמים מעשיהם יש אחיזת הקליפה בזיווג זו״ן והזיווג נפסק.

329. והלוא בזמן הגלות אין זו״ן בזיווג שאינו נפסק, אלא רק בעת שישראל בארצם וביהמ״ק קיים? אלא, כמ״ש, וזרעו מבקש לָחם, הזרע יוצא רק כשהנוקבא בזיווג עם הזכר. כלומר, הכתוב מדבר לא בצדיק עצמו אלא בזרעו, שהוא בהכרח בעת הזיווג, ולא בעת הגלות. כתוב, ולא ראיתי צדיק נעזב, הלוא מדובר בצדיק עצמו, שבזמן הגלות הצדיק נעזב, ואין לו זיווג עם הנוקבא?

330. אלא, גם בזמן הגלות הוא נאחז למעלה בז״א. ולעולם לא נעזב מז״א, וע״כ כתוב, ולא ראיתי צדיק נעזב, אפילו בזמן הגלות. ובזמן אחר, בעת שביהמ״ק קיים, הצדיק אינו נעזב גם מנוקבא, שאז הוא נאחז למעלה, בז״א, ונאחז למטה בנוקבא. ונמצא, שבזמן הגלות הוא נאחז למעלה, בז״א, ובזמן אחר, הוא נאחז בב׳ הצדדים, למעלה ולמטה, בז״א ובנוקבא, ובין כך ובין כך לעולם אינו נעזב.

ויתן אותם אלקים ברקיע השמים

331. ויתן אותם אלקים ברקיע השמים. זהו צדיק, יסוד. ואע״פ שכתוב, ברקיע השמים, והשמים ז״א ולא יסוד, אמנם, ברקיע השמים, הוא

סיום הגוף. שהשמיים ז״א, ת״ת, גוף של הספירות חג״ת נה״י. ויסוד, ספירה אחרונה שבו. ונבחן, כמו שעומד בסיום הגוף, שע״כ מכנה אותו הכתוב, ברקיע השמיים. היסוד, העומד בסיום השמיים, בסיום ז״א.

ב׳ רקיעים, התחלה וסיום

[תרין רקיעין, שירותא וסיומא]

332. ב׳ רקיעים, התחלה וסיום, זה שווה לזה.

ההתחלה, הרקיע השמיני, בו תקועים כל הכוכבים הקטנים והגדולים, רקיע עליון סתום, המקיים את הכול וממנו יוצא הכול. הוא השמיני שמלמטה למעלה, והוא ההתחלה להוציא ממנו את הכול.

333. כך הוא הרקיע השמיני מלמעלה למטה, שבו תקועים כל הכוכבים, כל האורות והנרות. הוא מקבל הכול וזהו סיום הכול.

רקיע הוא הפרסא, סיום חדש מצ״ב, המוציא בינה ותו״מ מכל מדרגה ומוריד אותם למדרגה שמתחתיה. ובעת גדלות חוזרת הפרסא, הרקיע, לסיום דצ״א, ומחזיר הספירות בינה ותו״מ אל המדרגה.

בדרך כלל יש ג׳ פרסאות בעולם האצילות:

א. הרקיע הראשון, בפה דא״א, מוציא בינה ותו״מ מראש דא״א למדרגת או״א, ונשאר בראש דא״א כו״ח בלבד. הרקיע הראשון, כי בפרצוף עתיק אין צ״ב, אלא בקע ולא בקע.

ב. הרקיע האמצעי בחזה דא״א, מוציא בינה ותו״מ דחג״ת דא״א למקום ישסו״ת וזו״ן שלמטה מחזה.

ג. הרקיע התחתון בסיום האצילות, מוציא בינה ותו״מ דזו״ן דאצילות לבי״ע.

וכאן הזוהר מדבר מהרקיע הראשון והאחרון בלבד. ואומר, ב׳ רקיעים, התחלה וסיום, זה שווה לזה, שהרקיע שבפה דא״א, התחלת כל, והרקיע שבמקום עטרת יסוד דז״א, מסיים כל עולם האצילות.

וההתחלה, הרקיע השמיני, בו תקועים כל הכוכבים הקטנים והגדולים. כוכבים הם המוחין, והן קטנות והן גדלות, תלויים ויוצאים מהרקיע הראשון. כי בזמן שמוציא בינה ותו״מ דראש א״א לחוץ, מושפעים מוחין דקטנות לכל הפרצופים. ובעת שהרקיע חוזר לסיום שבצ״א, מוחזרים בינה ותו״מ דראש א״א, והגדלות מושפעת בכל המדרגות.

וזהו רקיע עליון סתום, שנקרא סתום, משום שהוא מתחת חו״ס דא״א. המקיים את הכול, כל מיני הגדלות. וממנו יוצא הכול, כל מיני הקטנות, והוא השמיני שמלמטה למעלה.

כי א״א חכמה דמ״ה, ומן עטרת יסוד עד החכמה שמונה ספירות חו״ב וחג״ת נה״י. וע״כ נבחן לשמיני. והוא ההתחלה להוציא ממנו את הכול, כי מפרצוף עתיק שמלפניו אינו נמשך מוחין לאבי״ע.

כך הוא הרקיע השמיני מלמעלה למטה, הרקיע שבמקום עטרת יסוד דז״א, השמיני מלמעלה למטה, כשמתחילים לספור מא״א, מחכמה עד היסוד, שמונה ספירות. שבו תקועים כל

הכוכבים, כל האורות והנרות, שממנו באים כל מיני המוחין לנוקבא ולכל התחתונים דרי בי״ע.

כי בעת שמוציא בינה ותו״מ דזו״ן לחוץ מאצילות, נמצאים הנוקבא וכל התחתונים בקטנות. ובעת שמתבטל צ״ב ומחזיר את בינה ותו״מ דזו״ן לאצילות, מקבלים כל התחתונים מוחין דגדלות. הוא מקבל הכול, שלוקח מהעליונים כל המוחין בשביל התחתונים, וזהו סיום הכול, שמסיים כל האצילות. ואין לשאול, הרי המלכות מסיימת האצילות ולא היסוד? כי מעטרת יסוד נבנה כל פרצוף המלכות, וע״כ נחשב הסיום על עטרת יסוד.

כמו שהרקיע השמיני העליון התחלה לכל, ובו תלויים כל האורות שמקבל אותם מעליונים, וממנו יוצאים לכל פרצופי האצילות, כך ברקיע השמיני התחתון תלויים כל האורות, שמקבל אותם מהעליונים ממנו, וממנו הם יוצאים לכל העולמות, לנוקבא ולבי״ע.

334. ההתחלה והסיום, ב׳ רקיעים, באופן אחד נמצאים. וע״כ הרקיע התחתון, נהר, הנמשך ויוצא ומימיו אינם נפסקים לעולם, הכול הוא שישתווה הסיום אל ההתחלה. ע״כ כתוב, וייתן אותם אלקים ברקיע השמיים, התחתון. הם שם בשביל להאיר על הארץ, הנוקבא ובי״ע.

335. ואע״פ שהרקיע העליון והרקיע התחתון באופן אחד, ההפרש ביניהם, שהרקיע העליון מקיים וזן לעולם העליון ולכל אלו הבחינות העליונות, והרקיע התחתון מקיים וזן לעולם התחתון, הנוקבא, ולכל הבחינות התחתונות שבבי״ע.

336. הלוא אותו הרקיע השמיני העליון הסתום, הוא עצמו עולם העליון? הייתכן שהוא זן לעולם העליון, שמשמע, שהוא בחינה אחרת מעולם העליון? אלא רקיע עליון עצמו הוא עולם עליון, וכל אלו המדרגות היוצאות ממנו נקראות על שמו, עולם העליון. והרקיע העליון והתחתון הכול אחד.

הרקיע העליון בפה דא״א, ולמה כאן נאמר, שהוא עולם העליון, והרי עולם העליון הוא בינה? נאמר, ששני עולמות הם. כי אין יותר בכל פרצוף משני עולמות, אשר למעלה מחזה נבחן לעולם העליון, ולמטה מחזה לעולם התחתון. ולפיכך גם למעלה מחזה דא״א נבחן כולו לעולם העליון. וגם הוא נבחן לבינה, כי הרקיע, שהוא צ״ב, לא נעשה אלא על בינה דא״א, שהוציא אותה לחוץ מראש.

ישׂבעוּ עצי ה׳

337. ישׂבעוּ עצי ה׳ ארזי לבנון אשר נטע. לבנון, בינה שחזרה לחכמה. כי לבנון: ל״ב נו״ן, אותיות ל״ב (32) נתיבות החכמה, ונו״ן (50) שערי בינה. אשר שם ציפורים יקננו חסידה ברושים בֵּיתָהּ. באיזה מקום? בלבנון, בינה עילאה דא״א שחזרה לחכמה. וציפורים הן ב׳ נוקבאות דז״א, לאה ורחל. ומאלו מתפרדות כמה ציפורים אחרות בבי״ע. אבל אלו ב׳ ציפורים הן עליונות

באצילות, והן יוצאות מלבנון, מלמעלה. כמ"ש, וללבן שתי בנות, ב' ציפורים לאה ורחל. לבן הוא לבנון, כי לבן הוא זכר, ולבנון זכר עם נוקבא.

338. חסידה ברושים ביתה. באֵלו שישה בנים עליונים חג"ת נה"י, שיוצאים מעולם העליון, בינה, ונבחנים לביתה של בינה. בינה נקראה חסידה, כי עולם העליון, אע"פ שהוא נקבה, בינה, קוראים לה זכר, כי מתפשט כל טוב וכל אור ממנה. והמשפיע מכונה זכר.

339. ומשום שבינה חסידה, יצא ממנה אור החסד, שהוא אור הראשון, שעליו כתוב, ויאמר אלקים יהי אור. וע"כ כתוב, ברושים ביתה. אל תקרא ברושים, אלא בראשים, כי בינה ג"ר, וביתה חג"ת נה"י שלה, הן בראשים, ראש וג"ר, כי עולם התחתון, הנוקבא, בתחתונים ביתה ולא בראשים, שהיא ו"ק ולא ראש וג"ר. והיא ב"ד של העולם. ולפעמים נקרא עולם התחתון, הנוקבא, כמו שנקרא עולם העליון, בינה, בכל השמות שלו, בעת שהנוקבא עולה ומלבישה את הבינה.

340. ועל הנוקבא כתוב, ויינָּחֶם ה' ויתעצב. כי במקום זה תלויים הדינים והעיצבון. אבל בכל מה שלמעלה, בבינה, הכול הוא באור, וחיים לכל הצדדים. ואין עצבות לפני המקום, שמורה על הפנימית, בינה, שרק בה אין עצבות, אבל החיצונית, הנוקבא, בה יש עצבות. וע"כ כתוב, עִבדו את ה' בשמחה, בואו לפניו ברננה. עבדו את ה' בשמחה, כנגד עולם העליון. בואו לפניו ברננה, כנגד עולם התחתון.

המקלות

341. אוי לרשעי עולם, שאינם יודעים ואינם מסתכלים בדברי תורה, וכשהם מסתכלים בה, הנה משום שאין בהם תבונה, דברי תורה דומים בעיניהם, כאילו הכול היה דברים ריקים ואין בהם תועלת. והכול הוא משום שהם ריקים מדעת ומתבונה, כי כל הדברים שבתורה כולם הם דברים עליונים ומכובדים. ובכל דבר שכתוב בה, יקרה היא מפנינים. וכל חפצים לא ישתוו לה.

342. וכל הטיפשים אטומי הלב, כשרואים דברי תורה, לא די להם שאינם יודעים, אלא עוד שאומרים, שהדברים נשחתים, דברים שאין בהם תועלת. אוי להם, כאשר ידרוש מהם הקב"ה על כלימתה של התורה, וייענשו בעונש הראוי למורד בריבונו.

343. כתוב בתורה, כי לא דבר ריק הוא. ואם הוא ריק, אך מכם הוא ריק. כי התורה כולה מלאה מכל האבנים הטובות, והמרגליות היקרות, מכל טוב שבעולם.

344. שלמה המלך אמר, אם חָכַמתָ, חָכַמתָ לָךְ. כי כשיתחכם האדם בתורה, התועלת שלו היא, ולא של התורה, כי בתורה אינו יכול להוסיף אפילו אות אחת. ולַצְתָ לבדך תישא, כי לא ייגרע

כלום, משום זה, מהשבח של תורה. והליצנות שלו לבדו היא, ונשאר בה, לאבדו מעוה"ז ומעוה"ב.

345. כאשר אותיות עליונות, מדרגות הבינה, מתחברות כולן במדרגה הזו, שהיא סוף כל המדרגות הקדושות העליונות, הנוקבא, ומתמלאת מהן, ומתברכת מעולם העליון, בינה, אז עומדת המדרגה הזו להשקות לכל העדרים, לכל אחד כראוי לו, וכל אחד מושקה מדין ומרחמים.

346. כתוב, וַיַּצֵּג את המקלות. כי יעקב בא לתקן תפילת ערבית, הנוקבא מבחינת השמאל והחושך, ולהאיר אל הלבנה, נוקבא בממשלת הלילה, ולהשקותה ולברך אותה מכל הצדדים, מימין ומשמאל. שכתוב, ויצג את המקלות, הם דינים מהמלכות, המסך שבה, וגבורות היוצאים מהגבורה העליונה, מקו שמאל דבינה. שהמקלות כוללים ב' מיני דינים, דמלכות ודבינה.

347. ויעקב, כשרצה לתקן הנוקבא, הסיר כל אלו הדינים והגבורות מהמקלות, שכנגד הדינים שבהם. כמ"ש, ויפצל בהם פְּצָלות לבנות, שהמשיך חסדים על המסך ועל הגבורות, מחשוף הלבן. והעמיד המקלות בְּרְהָטִים, בארבעה רהטים, ד' כלים חו"ב תו"מ, הנמצאים תחת הבאר, שחפרו אותה שׂרים, הנוקבא, המתוקנת בחג"ת דבינה, הנקראים שרים. והיא כלולה מד' כלים חו"ב תו"מ, המכונים רהטים, שהיא מתמלאת מהנחלים ומהמעיינות העליונים, מספירות הבינה. כי כשיוצאים המים מאותה באר הקדושה, אלו הארבעה חו"ב תו"מ לוקחים הכול. וע"כ הם נקראים רהטים. ומשם באים לשתות המלאכים והנשמות.

348. ואלו דינים וגבורות שהסיר מהמקלות, כולם עומדים ברהטים, כדי שכל אחד יקבל משם כראוי לו. כמ"ש, אשר תבואנה הצאן לשתות לנוכח הצאן. כתוב פעמיים צאן, אלו כנגד אלו, המדרגות הראויות לקבל חסדים עמדו לנוכח המדרגות הראויות לקבל דינים וגבורות.

וַיֵּחַמְנָה בבואן לשתות, כאשר המלאכים, המכונים צאן, מתעטרים בחסדים ומקבלים הדין, הם מתחממים בדין ההוא, כי קבלת הדין בתוכם מכונה חימום, והולכים ומשוטטים בעולם, להשגיח בדרכי בני אדם, הן להטיב הן להרע, להשכיר ולהעניש, כי הם כלולים מחסדים ומדינים.

349. וַיֶּחֱמוּ הצאן אל המקלות, משום שאלו המקלות הם דינים וגבורות, היו מתחממים ומשגיחים בדינים שבעולם, וממונים עליהם, ובני אדם נידונים בהם.

350. דוד המלך היה מתדבק עצמו תמיד בהקב"ה, ולא דאג לדברים אחרים שבעולם, אלא להידבק בו בנפשו וברצונו. כמ"ש, דָבקה נפשי אחריךָ. וכיוון שהיה מתדבק בהקב"ה, היה תומך בו ולא עזב אותו. כמ"ש, בי תמכה ימינךָ. מכאן נשמע, כשבא אדם להידבק בהקב"ה, הקב"ה אוחז בו ואינו עוזב אותו.

351. דבקה נפשי אחריך. בשביל שתתעטר מדרגתו למעלה, כי כשמדרגתו מתדבקת במדרגות העליונות לעלות אחריהן, אז אוחז בו הימין, חסדים, להעלותו ולחברו עם הימין בחיבור אחד כראוי, כמ"ש, ותֹאחזני ימינך. וכתוב, וימינו תחבקני. וע"כ, בי תמכה ימינך.

352. וכשהוא אוחז בהקב"ה, כתוב, שמאלו תחת לראשי וימינו תחבקני. והוא ייחוד אחד וחיבור אחד עם הקב"ה.

וכשהוא חיבור אחד עימו, אז מתמלאת המדרגה שלו ומתברכת.

353. וכשמתמלאים כל אלו הרהטים, הם מתמלאים לד' רוחות העולם חו"ב תו"מ. וכל העדרים מושקים, כל אחד ואחד לפי בחינתו, באותם ד' הבחינות חו"ב תו"מ. וכשבא יעקב לתקן הנוקבא, בחר לו צד הימין הראוי לו. וצד האחר, שאינו ראוי לו, נפרדה ממנו, כמ"ש, וַיָשֶת לו עדרים לבדו, ולא שָתָם על צאן לבן. לבדו היה בפני עצמו, שלא ישתמש באלוהים אחרים, שבצדדים האחרים. אשרי חלקם של ישראל, שעליהם כתוב, כי עַם קדוש אתה.

354. יעקב בחיר שבאבות, כלל של כולם, כי קו האמצעי, יעקב, כולל בתוכו ב' הקווים, ימין ושמאל, אברהם ויצחק. ובגלל שהוא כלל כולם, הוא עומד בגלל זה להאיר אל הלבנה, הנוקבא. כי יעקב עומד לתקן את תפילת ערבית, הנוקבא.

355. וכל החיקון ההוא עשה כראוי לו, כל אלו בחינות הקדושות כולן התקין בתיקון בבחינתו, בקו אמצעי, והפריד חלקו מחלק שאר העמים, שהם בשמאל. אלו היו בחינות עליונות קדושות בקדושה עליונה. ואלו היו בחינות טמאות בזוהמות הטומאה.

356. כתוב, וישת לו עדרים לבדו. וישת לו, שהתקין תיקונים בשביל האמונה, הנוקבא, בלבד, כמ"ש, ובך בחר ה' להיות לו לעם סגולה מכל העמים. ולא שָתָם על צאן לבן, שלא שָׂם חלקו וגורלו עימהם.

357. ע"כ יעקב בחיר שבאבות, התקין סוד האמונה, והפריד חלקו וגורלו מהחלק והגורל של שאר העמים, כמ"ש, ואתם הדבקים בה' אלקיכם חיים כולכם היום.

358. אשרי חלקם של ישראל, שהם עליונים על עמים העכו"ם, משום שהמדרגה שלהם היא למעלה, שמקבלים הארת השמאל מלמטה למעלה. והמדרגות של העמים עכו"ם הן למטה, שממשיכים אור השמאל מלמעלה למטה. אלו הם בצד הקדושה, ואלו הם בצד הטומאה. אלו לימין, ואלו לשמאל.

359. כיוון שנחרב ביהמ"ק, כתוב, השיב אחור ימינו מפני אויב. ומשום זה כתוב, הושיעה ימינך ועֲנֵני, שהשמאל התגבר אז והטומאה התגברה. עד שיבנה הקב"ה את ביהמ"ק, ויתקן העולם על תיקונו, וישובו הדברים לשלמותם כראוי, וצד הטומאה יעבור מהעולם. כמ"ש, ואת רוח הטומאה אעביר מן הארץ. וכתוב, בילע המוות לנצח.

360. ויישאר הקב"ה לבדו, כמ"ש, והאלילים כליל יחלוף. וכתוב, ונשגב ה' לבדו ביום ההוא. כמ"ש, ואין עימו אל נכר. משום שיִכְלֶה כוח הטומאה מן העולם, ולא יישאר למעלה ולמטה אלא הקב"ה לבדו. וישראל עם קדוש לעבודתו, וקדוש יקראו, כמ"ש, והיה הנשאר בציון והנותר בירושלים, קדוש, ייאמר לו כל הכתוב לחיים בירושלים. ואז יהיה מלך אחד למעלה ולמטה, ועַם אחד לעבודתו, כמ"ש, ומי כעמך ישראל גוי אחד בארץ.

361. השכינה מתקשרת עם הולכי דרכים לשמור אותם. כל מי שעוסק בדברי תורה ומתאמץ בה, זוכה להמשיך אותה, ז"א, שהוא תורה. ואז יתקשרו בהם ז"א ונוקבא, השכינה, בייחוד אחד.

חי ה' וברוך צוּרי

362. חי ה' וברוך צוּרי, ויָרוּם אלקֵי יִשְׁעִי. כתוב, חי ה'. והאם איני יודע שהקב"ה הוא חי? אלא אפילו צדיק, יסוד, נקרא חי, כי צדיק ממשיך הארת החכמה, אור החיה, וע"כ נקרא חי. כי חי הוא צדיק למעלה וצדיק למטה, ז"א שלמעלה ויסוד שלו למטה נקראים חי. למעלה נקרא הקב"ה, שהוא ז"א חי, כמ"ש חי הוי"ה. ולמטה נקרא הצדיק חי, יסוד דז"א, כמ"ש, ובְנָיָהוּ בן יְהוֹיָדָע בן איש חי, שמורה על יסוד.

ולמה נקרא הקב"ה חי? משום שהוא צדיק, שכולל גם יסוד צדיק, כי צדיק נקרא חי, חי העולמים, להיותו ממשיך הארת החכמה, שנקרא אור החיה. ואין הקב"ה משפיע חכמה, אלא אחר שנשלמים נה"י דכלים, שעיקרו הוא יסוד צדיק. ואז נאמר, חי הוי"ה, ע"ש המשכת החכמה.

חי ה' וברוך צורי. הכול אחד הוא, חי וברוך, כי אינם נפרדים זה מזה. כי חי, פירושו, הארת חכמה, וברוך, פירושו, הארת החסדים. ומחויבים להתלבש זה בזה, כי חכמה בלי חסדים חושך הוא. וזה, חי הוי"ה וברוך, חכמה וחסדים יחדיו.

צורי, הנוקבא דז"א. כאשר מתחברים, חי הוי"ה וצור, כאחד, נקרא הצור, באר מים חיים, נובע מבפנים של הבאר, שהוא חי הוי"ה וברוך. והצור, הבאר, מתמלאת ממנו. נקראת, באר מים חיים, כי מים, חסדים, שמקבלת מברוך. חיים, הארת חכמה, שמקבלת מחי. וע"ש המעיין הנובע בה, ב' הארות הללו, היא נקראת באר. והתבאר שהכתוב, חי הוי"ה וברוך צורי, מורה על שלמות הזיווג ז"א ונוקבא, בשעה שמקבלת ממנו מוחין השלמים המרומזים במילים, חי וברוך.

363. וירום אלקי ישעי. זהו עולם העליון, בינה. רם ונישא. רם על כל, כי ממנו, מבינה, יוצא כל המוחין שבזו"ן ובבי"ע. וכל נביעה שנובע למלא הבאר ממנו. ומשם מתברכת הנוקבא, להאיר לכל שלמטה מאצילות. וכשכולם מתמלאים ממנה בשפע, אז, וירום אלקי ישעי, כי העליון מתרומם ומתנשא ע"י ריבוי השפע שמשפיע לתחתונים.

לא יגרַע מצדיק עיניו

364. כשהרשעים אינם שולטים בעולם, ואבדו מהעולם, אז צדיק שולט בעולם, כמ"ש, לא יחיה רשע ומשפט עניים ייתן, שהרשעים יאבדו מהעולם. כתוב אחריו, לא יגרַע מצדיק עיניו. עיניו, כמ"ש, עיני ה' אל הצדיקים, שזוכים אז במוחין דהארת חכמה, המכונים עיניים, שאז שולט הצדיק בעולם, שהוא קו אמצעי, כי אין שליטה אלא באור החכמה.

365. ואת מלכים לכיסא, אלו הם המלכים האוחזים בכיסא, ששולטים, כלומר, שיש בהם הארת חכמה, השליטה. ויושיבם לנצח, שמתקיימים בכיסא בקיום

"ויצא". ספר הזהר עם פירוש הסולם. מהד' 21 כר'. כרך ה. דף קמא; מהד' 10 כר'. כרך ג. דף קמא.
"ויצא". ספר הזהר עם פירוש הסולם. מהד' 21 כר'. כרך ה. דף קמב ; מהד' 10 כר'. כרך ג. דף קמב.

שלם. ויִגְבַּהוּ, שגבהו כדי לשלוט בעולם, והכיסא יתקיים על עמודיו.

כאשר קו שמאל שולט בלי התכללות בימין, שהארתו נמשכת אז מלמעלה למטה, מקבלים הרשעים מהארתו חיות וכוח לשלוט בעולם, ומשחיתים ומחריבים בכל שימצאו, כמ״ש, ארץ ניתנה ביד רשע.

וכשהתחתונים מעלים מ״ן לזו״ן, עולה ז״א למ״ן לבינה עם מסך דחיריק שלו, ויוצא עליו קומת חסדים מבחינה א׳, וממעט בזה את הג״ר דקו שמאל, ואין הארתו נמשכת יותר מלמעלה למטה, אלא מלמטה למעלה בלבד. ואז מתבטלת חיותם של הרשעים ונאבדים, כמ״ש, לא יחיה רשע.

ואע״פ שהתבטלו הג״ר דקו שמאל, שהוא הארת החכמה, משמיענו הכתוב, לא יגרע מצדיק עיניו, שלא נגרע מחמת זה העיניים, החכמה, לצדיק, קו אמצעי, כי הוא מקבל ו״ק דג״ר דשמאל, הנכללים בימין, שזהו כל שלמותה של הארת החכמה. כשהרשעים אינם שולטים בעולם, ואבדו מהעולם, בשעה שז״א מעלה את המסך דחיריק למ״ן אל הבינה, שאז נאבדים הרשעים, אז צדיק שולט בעולם, שמקבל אז הצדיק הארת החכמה, שהיא השליטה.

וע״כ כתוב, ואת מלכים לכיסא, אלו הם המלכים האוחזים בכיסא, ששולטים, כלומר, שיש בהם הארת חכמה, השליטה. שאלו המלכים השולטים בארץ, מקבלים השליטה מהמלכות, הכיסא. שהם בחינת מוחין דישיבה.

כי כשאדם יושב על הכיסא, מתמעט קומתו בסיבת הישיבה, שנוחה לו. כן אלו המוחין מתמעטים מג״ר לו״ק דג״ר, כדי לבער הרשעים מהעולם. וכמ״ש, ויושיבם לנצח, שמתקיימים בכיסא בקיום שלם, ולא יפסוק שליטתם לנצח, מחמת שהתבערו הרשעים ולא יוכלו עוד להיאחז באלו המוחין.

כי, ויגבהו, שגבהו כדי לשלוט בעולם, והכיסא יתקיים על עמודיו, שמקבלים המוחין מלמטה למעלה. וצריכים משום זה לעלות במקום גבורה, נוקבא דז״א, לקבל שם המוחין. ומדוע גבהו? הם עושים זאת, כדי לשלוט בעולם, לקבל המוחין דחכמה, ולקיים תיקון הכיסא על עמודיו, שהוא תיקון הקווים של הכיסא, הנוקבא, באופן שיתקיימו לנצח.

פירוש אחר, שלוקחים הכיסא, הנוקבא, ומעמידים אותו למעלה במקום בינה, לייחדה במקומה כראוי. כי אין המוחין דנוקבא בכל שלמותה, אלא אחר שעולה אל הבינה ומלבישה אותה.

אֶת קורבני לַחמי

368. אֶת קורבני לַחמי. הקורבן של הקב״ה בכל יום לזון העולם, לתת כלכלה למעלה ולמטה, כי בהתעוררות שלמטה עם הקרבת קורבן תמיד, מתעורר למעלה השפעת השפע, שבזה מתכלכלים כל אחד כראוי. מזון הוא שפע אור החסדים. כלכלה היא חכמה מלובשת בחסדים, שכלול מב׳ הצדדים.

369. את קורבני לחמי. כמ״ש, אכלתי יַערי עם דִבשי, שתיתי ייני עם חֲלבי. שזה מורה על כלכלה. הקב״ה מצווה לעורר

מזונות למעלה, כדי להשפיע מזונות למטה, מאותו המזון של מעלה. מי שנותן מזונות לעני לקיים הנפש, על אחת כמה וכמה, שהקב״ה מברך אותו ומשפיע לו מזונות של מעלה, והעולם מתברך בשבילו.

370. על זה נאמר, לא יזלזל אדם בשום איש שבעולם. כי בתחילה החשיבו אותו לעם הארץ, וכמעט שהיו מזלזלים בו. אלא שבשני אופנים אפשר לזכות ע״י האדם הזה: לזכות על ידו בעוה״ב ע״י נתינת צדקה. ולזכות לשמוע ממנו חידוש תורה.

371. את קורבני לחמי לאִשַׁיי ריח ניחוחי. אֶת, כנ״י, הנוקבא. קורבני, להתקרב ולקשר הנוקבא בז״א. לחמי, המזונות, שפע המוחין, הבא למעלה בסיבת ההתעוררות של מטה, שבהקרבת התמיד. לאִשַׁיי, לכלול שאר המלאכים האחרים, שצריכים להיות ניזונים מכאן כל אחד כראוי לבחינתו. ריח ניחוחי, הרצון והייחוד שהכול מתייחד בעולם העליון, בינה, גילוי הארת החכמה מעולם העליון, המאיר מלמטה למעלה, שהוא הריח.

372. תשמרו להקריב לי במועדו. בזמן שאברהם התעורר לעשות רצונו יתברך, שכתוב, וישכם אברהם בבוקר, הזמן של קורבן תמיד של שחרית. ובזמן שנעקד יצחק על המזבח בין הערביים, הזמן של קורבן תמיד של בין הערביים. א״כ, למה כתוב במועדו, לשון יחיד, במועדם היה צריך לומר, בלשון רבים, כי יש ב׳ מועדים? בשעה של הקרבת התמיד, מידת אברהם, מים, נכלל במידת יצחק, אש, וכן להיפך. ומשום זה כתוב, במועדו, בלשון יחיד. כי נכללו להיות אחד.

373. בכל הקורבנות לא כתוב, תשמרו, כמ״ש, תשמרו להקריב, כי שָׁמוֹר, הנוקבא, שצריכה להתקרב למעלה, לז״א, כמ״ש, תשמרו להקריב לי, להקריב את הנוקבא במועדו, בימין ובשמאל דז״א, שהם אברהם ויצחק.

התְרָפים

375. ולבן הלך לגזוז את צאנו ותגנוב רחל את התְרָפים אשר לאביה. התרפים, עבודה זרה היו. נקראו תרפים לביזיון, מלשון בית התורפה. היו עבודה זרה, כי כתוב, למה גנבת את אלקיי. וכתוב, עִם אשר תמצא את אלקיך. ולבן מכשף מכל מכשפי העולם היה, ובאלו התרפים היה יודע, כל מה שהיה צריך לדעת.

376. בקסמים נעשו התרפים. בנחש נעשו. נעשו בשעות ידועות, ונקראים תרפים, כי דופקים עליהם בשעה זו, ומרפים ידם מהם בשעה זו. ועל החיוב להרפות בשעות ידועות, נקראים תרפים.

377. האומן כשעושה אותו, מי שיודע הרגעים והשעות, מתי לפעול ומתי להרפות הידיים. עומד עליו, ואומר, עתה הרפֵה. ועתה עשֵׂה. ולא תמצא עוד פעולה, שצריכים בשעה ידועה להרפות ידיים ממנה, חוץ מתרפים. והוא מדבר תמיד ונותן עצות רעות, להזיק נפשו של אדם.

378. ורחל יראה, שלא ייתנו התרפים עצה להרע ליעקב. ומשום ביזיון עבודה זרה, נתנה אותם תחתיה, עד שלא יכלו לדבר, כי כשמתקנים אותם לדבֵּר, מטאטאים ומרביצים לפניו, שצריכים לכבדם. ותשב עליהם, שביזתה אותם, ולא יכלו לדבר. התרפים היו זכר ונקבה. ועבודות רבות עבדו להם, עד שהתחילו לדבר. משום שלא היו התרפים, נעצר לבן ג׳ ימים, שלא היה יודע שברח יעקב, כמ״ש, ויוגד ללבן ביום השלישי כי ברח יעקב.

379. הכין עצמו בב׳ דברים: נאזר בכל הכשפים שהיה לו, ונאזר בכלי זין, כדי לאבד את יעקב מהעולם, כמ״ש, ארמי אובד אבי. כיוון שראה הקב״ה, שרוצה לאבד את יעקב, כתוב, הישמר לך פן תדבר עם יעקב מטוב עד רע. וכתוב, יש לאל ידי לעשות עימכם רע. בטח כל כך בכשפים שבידו.

380. לבן הלך ביום אחד הדרך שהלך יעקב בשבעה ימים, כדי לעקור אותו מהעולם: משום שהלך ממנו. ובגלל התרפים שגנבו ממנו. ואע״פ שרחל עשתה זאת, כדי לעקור את אביה מעבודה זרה, מכל מקום נענשה, שלא גידלה את בנימין, ולא הייתה עימו אפילו שעה אחת בעולם, משום הצער של אביה, ואע״פ שהתכוונה לטוב.

381. כל התוכחה שהייתה ליעקב עם לבן, החזירה את לבן בתשובה, להודות להקב״ה, כמ״ש, רְאֵה אלקים עֵד ביני ובינך, שהזכיר השם אלקים. כתוב, אלקי אברהם ואלוהי נחור ישפטו בינינו, שחזר אותו רשע לסורו. כיוון שאמר אלקי אברהם, שהוא קדוש, חזר והזכיר אלוהי נחור, שהוא עבודה זרה.

382. ויישבע יעקב בפחד אביו יצחק. מה הטעם שנשבע בפחד יצחק, ולא באלקי אברהם? שלא רצה להכביד על הימין, אברהם. להמשיך אותו בשביל לבן. ולפיכך לא נשבע באלקי אברהם, הימין. אדם אינו צריך להישבע במקום העליון על כל, אע״פ שנשבע באמת. לא נשבע באלקי אברהם, משום שהוא החסד, העליון משבע ספירות חג״ת נהי״מ. ואין אדם צריך להישבע במקום גבוה כל כך.

383. ודאי שלקיום כראוי נשבע יעקב כך, שהתכוון בפחד אביו יצחק, כדי לתת יותר חיזוק לשבועתו, שכך צריך להיות. ויעקב הסתכל בדבר, אמר, הרי לבן כבר אמר אלקי אברהם, ועזב את אבי יצחק, אני אשלים את הכול, מיד כתוב, ויישבע יעקב בפחד אביו יצחק.

פירוש אחר, להיכלל בדין כדי לעמוד בפני לבן.

ויפגעו בו מלאכי אלקים

384. כתוב, זכר ונקבה בְּרָאָם. כמה יש לנו להסתכל בדברי תורה, ז״א, קו האמצעי. אוי להם, לאלו עַרלֵי לב וסתומי עיניים, הדבקים בקו שמאל, שנסתמו מחכמה, עיניים, ומבינה, לב. הרי התורה, שהיא מקו אמצעי, קוראת

לפניהם, לכו לַחֲמוּ בְלַחֲמִי, שהוא נמשך מקו ימין של התורה, ושתו ביין מָסָכְתִי, הנמשך מקו שמאל של התורה. מי פתי, כל הדבוק בשמאל, יסור הנה, חסר לב אמרה לו. ואין מי שישגיח בה.

385. הפסוק, זכר ונקבה בראם, נוהג בפנימיות ובחיצוניות. יש חיבור זכר ונקבה בפנימיות, בגדלות, ויש חיבור זכר ונקבה בחיצוניות, בקטנות. נשמע באופן זה בפנימיות, ונשמע באופן אחר בחיצוניות. כי נשמע, שהשמש והלבנה, זו"ן, בחיבור אחד, שכתוב עליהם בראם, זכר ונקבה בפנימיות. ונשמע מהפסוק, שאדם וחווה נבראו ויצאו מזיווג אחד מזו"ן העליונים, שיצאו תחילה בחיצוניות. וכיוון שנמצאו בזיווג כאחד, מיד כתוב, ויברך אותם אלקים. כי אין הברכה שורה אלא במקום שנמצא זכר ונקבה. ואח"ז נעשו זכר ונקבה בפנימיות.

386. כאשר יצא יעקב ללכת לחרן, היה אז לבדו, שעוד לא נשא אישה. כתוב, ויפגע במקום. ולא ענו לו אלא בחלום. ועתה שכבר נשא אישה, ובא בכל השבטים, כביכול, המחנות העליונים פגעו בו, והתחננו אליו, כמ"ש, ויפגעו בו מלאכי אלקים, שחזרו הם לפגוע בו, להתחנן אליו.

בתחילה התחנן הוא, כמ"ש, ויפגע במקום. עתה התחננו הם, כמ"ש, ויפגעו בו. משום שבזכות יעקב והשבטים הם מושקים ממימי ים הגדול, שפע של הנוקבא בגדלות. וע"כ התחננו אליו שימשיך להם שפע זה. מתחילה ראה אותם בלילה ובחלום, כמ"ש, והנה מלאכי אלקים עולים ויורדים בו. ועתה ראה אותם בראות העין וביום, כמ"ש, ויאמר יעקב כאשר רָאָם, מחנה אלקים זה.

למעלה כתוב, ויפגע במקום, וכאן כתוב, ויפגעו בו. למה בשניהם כתוב פגיעה? פגיעה פירושו פיוס, המשכת הארת השמאל בתחילת הזיווג. א"כ מהו ההפרש ביניהם, ששם היה יעקב, ז"א, המפייס את הנוקבא, וכאן היו מלאכי הנוקבא מפייסים אותו.

וכדי לבאר מביא הכתוב, זכר ונקבה בראם, שיש זיווג פנימי וחיצוני. אשר, ויפגע במקום, הוא הארת השמאל מחיצוניות, ע"כ נאמר, היה אז לבדו, שעוד לא נשא אישה, שהנוקבא עוד לא הייתה מתוקנת לו פב"פ. ויפגע במקום, שהיה צריך לפייס הנוקבא, להמשיך לה בזיווג מהארת קו השמאל, חיצוניות. ע"כ נאמר, ולא ענו לו אלא בחלום, כי חלום חיצוניות.

ועתה שכבר נשא אישה, שהנוקבא נתקנה לו פב"פ, כתוב, ויפגעו בו, שחזרו הם לפגוע בו. כי אחר שהנוקבא בגדלות, אינו צריך עוד להמשיך לה מקו שמאל, אלא שמשפיע לה חסדים מימין בלבד. ובהארת השמאל להיפך, כי להיות שהנוקבא כבר מתוקנת בחכמה תתאה, אז המלאכים שלה משפיעים עליו מהארת השמאל, שהוא, ויפגעו בו מלאכי אלקים.

387. בכוח שיעקב כבר היה נשוי אישה ומתוקן בי"ב שבטים, שהיה פב"פ, הם מושקים ממימי ים הגדול, שכבר היו שתויים מהארת החכמה שבשמאל, המכונה ים הגדול, וע"כ, ויפגעו בו, השפיעו אליו מהארת השמאל. אלא בתחילה ראה אותם בלילה ובחלום.

כי בתחילה, כשיעקב היה צריך לפייסה ולהמשיך לה מהארת קו שמאל, אפשר זה רק בלילה, כי בעת הארת השמאל בלי ימין נעשה חושך ולילה. ועתה ראה אותם בראות העין וביום, כי עתה אין צריך להשפיע לה עוד משמאל אלא מימין, הארת החסדים, שזמן השפעתו הוא ביום.

388. ויאמר יעקב כאשר ראם, מחנה אלקים זה, ויקרא שֵׁם המקום ההוא

מחניים. הכיר אותם שהם מלאכי אלקים, כי ראה שהם אותם מלאכים שראה בחלום. ומשום זה קרא להם מחניים, כמ״ש, והנה מלאכי אלקים עולים ויורדים בו. שראה אותם בחלומו, שנראו למעלה ונראו למטה, שהם ב׳ מחנות.

389. למה נגלו עתה המלאכים לפגוע בו, לפייסו בהארת החכמה? אלא השכינה הלכה אל יעקב, לקחת את בֵיתו, להתכלל עם הנוקבא העליונה לאה, להיות פרצוף אחד, שאז יהיה לה כל בית יעקב, כל י״ב השבטים, גם שישה בני לאה, והשכינה הייתה מחכה לבנימין, לקחת הבית עם יעקב בכל י״ב השבטים.

ולפיכך נגלו אליו המלאכים בפיוס, הארת השמאל, להשלימו לגמרי, כמ״ש, ושב יעקב ושָקַט ושַאנַן ואין מחריד. כי עם הארת החכמה מכניעים כל הקליפות שבעולם, ואין מחריד.

390. ויעקב הלך לדרכו ויפגעו בו מלאכי אלקים. מגני השרים זקופים מלמעלה, ולהט החרב הלוהטת ממונה על כל הצבאות והמחנות. שרים הם או״א. המוחין שבקו שמאל דאו״א הם מגני השרים. זקופים הם ג״ר, שזוקף את מוחין דו״ק, הנבחנים לכפופים.

מגני השרים זקופים מלמעלה, שהג״ר מאירים בקו שמאל דאו״א, הנקראים שרים, אז הם זקופים. והנוקבא המקבלת אז מאו״א, נעשית ללהט החרב המתהפכת, ושולטת בכוח הדין הזה על כל הצבאות ומחנות המלאכים הנמשכים ממנה מימין ומשמאל, וכולם פועלים בדין. כמ״ש, באר חפָרוּהָ שָׂרים. באר הנוקבא, שרים או״א, חפרוה בכוח הדינים.

391. חרב לוהטת היא אדומה, משום שדינים אלו נמשכים בה מקו שמאל דבינה, שהיא אדום. שכתוב עליה, חרב להי מלאה דם. בחרב ההיא תלויה ההתהפכות, שאֵלו המלאכים המתהפכים לכמה אופנים, פעם הם נשים פעם הם גברים. ובבחינה זו נפרדים בחינות אחרות לכמה מדרגות. כי יש עוד ב׳ בחינות, המכונים מלאכים ורוחות בנשים ובגברים.

שאלות בפירוש הכתוב:

א. איך יעקב הלך לדרכו, אם אינו יודע לאיזה דרך?

ב. האם, כאשר רָאָם, אינו מיותר, כיוון שפגעו בו, ודאי ראה אותם?

ג. למה בפגיעה נאמר מלאכי אלקים, ובקריאת שם מחנה אלקים?

כתוב, ויעקב הלך לדרכו, להמשכת מוחין מאו״א אל הנוקבא. ובתחילה, כשהמשיך קו השמאל באו״א, התגלו מלאכי הדין בנוקבא, כמ״ש, ויפגעו בו מלאכי אלקים. ויעקב התעורר לשמור הנוקבא מדינים האלו, כמ״ש, ויאמר יעקב כאשר רָאָם, שגילה בהם הראייה ע״י המשכת קו אמצעי, המייחד ב׳ הקווים. אמר אז, מחנה אלקים זה.

מחנה, שקשר ד׳ הבחינות שבמלאכים למחנה אחד. ואח״כ נעשו רגליים לנוקבא בד׳ זוויות שלה. ואז, ויקרא שֵם המקום ההוא, הנוקבא נקראת מקום. קרא לה עתה מחניים, כי מחנה אלקים התפשטה לד׳ מחנות, בד׳ זוויות שלה.

ולפיכך הוצרך לבאר תחילה מקום יציאת המוחין, שהם מאו״א, ושמאו״א מקבלת הנוקבא, ומהנוקבא מתפשטים המלאכים. והוצרך לבאר אלו ג׳ בחינות בשליטת השמאל:

א. עניין מגני השרים זקופים מלמעלה, מוחין דשמאל שבאו״א.

ב. שמהם נמשך לַלַהט החרב, נוקבא במוחין דשמאל.

ג. בחרב ההיא תלויה ההתהפכות, אלו המלאכים המתהפכים לכמה אופנים, המלאכים הנמשכים מנוקבא, פעם הם גברים ופעם הם נשים.

392. מצד עה״ח, קו אמצעי, יוצאים באו״א ג׳ קווים המתייחדים בייחוד אחד, ע״י הקשר דמסך דחיריק, שהעלה שם יעקב בעניין מ״ן.

ג׳ קווים קדושים אלו מתמלאים תמיד מטל השמיים, כלומר, אע״פ שיש שם כל ג׳ קווים כאחד, מכל מקום אינו שולט בהם השמאל כלום, ורק הימין שולט על כולם, חסדים מכוסים, המכונים טל השמיים, משום שאין גילוי לשמאל אלא רק בנוקבא לבדה. וזה בחינה א׳ דקו אמצעי.

השם אלקים, הנוקבא, מיתקן במוחין דאו״א, וזהו בחינה ב׳ דקו אמצעי.

בד׳ רוחות העולם, הנוקבא, נעשו המוחין לעמודים של הכיסא, שהיא הנוקבא. כלומר, לד׳ רגליים של הכיסא, שהם ד׳ המלאכים, מיכאל גבריאל אוריאל רפאל. וזוהי בחינה ג׳ דקו אמצעי. והתבארו ג׳ הבחינות, שהם או״א, ונוקבא, ומלאכים גם מבחינת קו אמצעי.

כל ג׳ הבחינות, מרגליות, איברים עמודים, אינם נפרדים לעולם משם אלקים, הנוקבא. והם הקשורים של יעקב, שבחר לחלקו, והתקשרו בשם הזה, הנוקבא. וכולם יצאו ביעקב.

כל ג׳ הבחינות: מקור יציאתן באו״א, וביאתן אל הנוקבא, והתפשטותן במלאכים, מתחברות בנוקבא, ומכונות אצלה, מרגליות, איברים ועמודים. כי נה״י דאו״א מתלבשים בנוקבא עם המוחין שלהם, שנה״י הללו הם עניין אמא משאילה בגדיה לבִתה. והם מכונים מרגלית, מלשון, ותְגַל מרגלותיו. כי נה״י מכונים רגליים.

ואז כשמתפשטים בה המוחין הללו, היא מכונה כיסא. והמלאכים המתפשטים ממנה, נעשו ד׳ רגלי הכיסא. והמוחין המתפשטים בנוקבא עצמה, נקראים איברים, כלומר, איברים וחלקים של הכיסא עצמו. והמתפשטים אל המלאכים מכונים עמודים, שהם סומכים את הכיסא ואינם כיסא עצמו.

והתבאר חיבור ג׳ הבחינות ביחד בתוך הנוקבא. ואע״פ שנוקבא מקבלת ג׳ בחינות הללו מאו״א, אינה מקבלת אותם ישר מאו״א, אלא הם יוצאים מקודם ביעקב, ז״א, והנוקבא מקבלת אותם מיעקב.

393. כשיעקב הלך לדרכו, כשהלך לקבל ג׳ בחינות מאו״א בשביל הנוקבא, הקיפו אותו לארבעה צדדים, חו״ב תו״מ, כלומר, שעלה למ״ן לאו״א, ובקו אמצעי גילה שם ד׳ אורות חו״ב תו״מ באו״מ. לארבע זוויות העולם, הנוקבא, שמרו אותו, שהמשיך חו״ב תו״מ מאו״א לנוקבא בכל השלמות.

ורק בזמן מועט התרגש ממקום העליון, משליטת השמאל שבאו״א, שמשם מתפשטים מלאכים המתהפכים לכמה גוונים. ועליהם נאמר, ויפגעו בו מלאכי אלקים, שנפגע והתרגש מהדין שבהם. והיה זה, כדי לשמור האילן שלמטה, כדי שיעלה מ״ן לאו״א, ויגלה שם קו אמצעי, לשמירת האילן שמלמטה, הנוקבא, מן הדינים.

ואחר שהמשיך קו האמצעי, ויאמר יעקב כאשר רָאָם, כשגילה בהם הראייה, המוחין דחו״ב תו״מ, היוצאים על קו אמצעי, אמר מחנה אלקים זה, שייחד את מלאכי אלקים למחנה אחת, ונעשו עמודים אל הנוקבא, לד׳ זוויות שלה. ואז, ויקרא שם המקום ההוא מחניים, שנעשו ד׳ מחנות לד׳ זוויות של הנוקבא, ד׳ רגלי הכיסא.

פרשת וישלח

וישלח יעקב מלאכים

1. בשעה שהאדם בא לעולם, מיד היצה״ר בא עימו, ומקטרג עליו תמיד, כמ״ש, לַפֶּתח חטָאת רובץ. חטאת רובץ, הוא היצה״ר. לפתח, לפתח בית הרחם, כלומר, תכף עם היוולדו של האדם.

2. דוד קרא את היצה״ר בשם חטאת. כמ״ש, וחַטאתי נגדי תמיד. משום שבכל יום עושה את האדם להחטיא לפני ריבונו. והיצה״ר הזה, אינו סר מהאדם מיום היוולדו עד עולם. והיצה״ט בא אל האדם מיום שבא להיטהר.

3. ומתי האדם בא להיטהר? כשהוא בן 13 שנה. אז מתחבר האדם בשניהם, היצה״ט בימין והיצה״ר בשמאל. ואלו הם שני מלאכים ממונים ממש, והם נמצאים עם האדם תמיד.

4. בא האדם להיטהר, נכנע היצה״ר לפניו, והימין שולט על השמאל, ושניהם, היצה״ט והיצה״ר, מתחברים לשמור את האדם בכל דרכיו שהוא הולך. כמ״ש, כי מלאכיו יצווה לָךְ לשמורךָ בכל דרכיך.

5. הקב״ה הזמין עם יעקב מלאכים מחנות ממונים, משום שהיה בא שלם עם השבטים העליונים, שהיו כולם שלמים כראוי. כמ״ש, ויעקב הלך לדרכו ויפגעו בו מלאכי אלקים. ואחר שניצל מלבן, ונפרד ממנו, התחברה עימו השכינה, ומחנות מלאכים קדושים באו לסובב אותו. ומאלו המלאכים שלח לעשיו. כמ״ש, וישלח יעקב מלאכים, מלאכים ממש בוודאי היו.

6. כתוב, חונה מלאך ה׳ סביב ליראיו וַיְחַלְּצֵם, וכתוב, כי מלאכיו יצווה לך, כלומר הרבה מלאכים. אלא, כי מלאכיו יצווה לך, הם מלאכים כרגיל, ומלאך ה׳ סביב, זו השכינה. כמ״ש, ויֵּרא מלאך ה׳ אליו בלַבַּת אש מתוך הסנה, שפירושו השכינה. וע״כ, חונה מלאך ה׳ סביב ליראיו, לסובב אותם מכל הצדדים, כדי להציל אותם. וכשהשכינה שורה בתוך האדם, כל הצבאות הקדושים מזדמנים שם.

7. בשעה שדוד המלך ניצל מאָכִיש מלך גת, אז כתוב, חונה מלאך ה׳, משום שהשכינה הקיפה אותו וניצל מאכיש, ומעמו, ומכל אלו שהתקיפו אותו. כמ״ש, ויתהולֵל בידם. למה כתוב, ויתהולל, הלוא היה צריך לומר, וישתגע בידם?

8. אלא זה סובב על הכתוב, כי קינאתי בהוללים. אמר לו הקב״ה, עדיין תהיה צריך לזה. כיוון שבא לבית אכיש, והתקיפו אותו, כתוב, ויתהולל בידם, ואז באה השכינה ושרתה מסביב לדוד.

9. הרי השכינה אינה שורה אלא בנחלתה, ארץ הקדושה. ולמה השכינה שרתה עליו בגת, שבחוץ לארץ? ודאי

שאינה שורה בחוץ לארץ, שלא יוכלו לינוק ממנה שפע, אבל להציל היא שורה גם בחוץ לארץ. וכאן כשבא יעקב מבית לבן, כל המחנות הקדושים סבבו אותו, ולא נשאר לבדו.

10. א״כ, למה כתוב, ויִוותר יעקב לבדו ויֵאבק איש עימו? ואיפה היו כל מחנות המלאכים שסבבו אותו ובאו עימו? משום שהביא את עצמו לסכנה, שנשאר יחידי בלילה, והיה רואה בעין את הסכנה, ולפי שלא באו לשמור אותו, אלא מסַכָּנה שאינה נראית לעין, לכן נפרדו ממנו.

ואז, מטרם שהכניס עצמו לסכנה, אמר, קטונתי מכל החסדים ומכל האמת, אשר עשית עם עבדך, אֲשר אלו הם מחנות המלאכים הקדושים שסבבו אותו. ועתה נפרדו ממנו, מטעם שהכניס עצמו לסכנה נראית לעין.

11. לכן נפרדו ממנו המלאכים, כדי לעזוב אותו לבדו עם הממונה של עשיו, שברשות העליון בא אליו. ואלו המלאכים הלכו לומר שירה, שבאותה שעה הגיע זמנם לומר שירה לפני הקב״ה.

מב׳ טעמים נפרדו ממנו המלאכים:

א. כדי לעזוב אותו עם המלאך לבדו שייאבק עימו,

ב. שהגיע אז זמנם לומר שירה, ואח״כ חזרו אליו.

ואמר יעקב, קטונתי מכל החסדים ומכל האמת, ועתה הייתי לשני מחנות. מחנה שכינה וכל ביתו היו מחנה אחד, כמ״ש, מחנה אלקים זה. ולמה אמר, לשני מחנות? להורות שהיה שלם מכל הבחינות, משני החלקים, לבן ואדום, חסדים וחכמה, ימין ושמאל.

12. הלילה ההוא היה שליטתו של צד עשיו, שמאל בלי ימין. באותה שעה, כתוב, יהי מְאֹרֹת, חסר ו׳, שהוא ליל רביעי, שלא יכול להאיר, מפאת היותו בלי חסדים. ומשום זה כתוב, ויִוותר יעקב לבדו. שיעקב, השמש, ז״א, נשאר לבדו בלי הלבנה, הנוקבא, כי התכסתה מהשמש. הגם ששמירתו של הקב״ה לא הוסרה לגמרי מיעקב, כי ע״כ לא יכול לו. שכתוב, ויַרְא כי לא יכול לו.

13. למה לא יכול לו? כי הסתכל המלאך לימין של יעקב, וראה את אברהם, השלמות של קו ימין, הסתכל לשמאלו של יעקב, וראה את יצחק, השלמות מקו שמאל, הסתכל בגוף של יעקב, וראה שנכלל מימין ומשמאל, השלמות של הקו האמצעי, ואין אחיזה לס״א במקום השלמות אלא במקום החיסרון. ע״כ לא יכול לו.

אז כמ״ש, וייגע בכף ירֵכו, עמוד אחד הסמוך לגוף, שהוא מחוץ לגוף. שיש שם בחינת חיסרון. וע״כ נאחז בו המלאך, וכמ״ש, ותֵקַע כף ירך יעקב.

14. חונה מלאך ה׳ סביב ליראיו ויחלצם. הקיף אותו מכל צדדיו, כדי להציל אותו משָׂרו של עשיו. וכשהשכינה שרתה בתוכו, כמה צבאות ומחנות מלאכים באו עימו. ומאלו המלאכים שלח אל עשיו.

15. למה התעורר יעקב לשלוח מלאכים אל עשיו, הלוא מוטב היה לשתוק ממנו? אלא אמר יעקב, יודע אני שעשיו חרֵד על כבוד האב, ולא הרגיז אותו לעולם. ויודע אני, הואיל ואבי חי איני מפחד ממנו. לכן עתה, כל עוד שאבי חי, אני רוצה להתרצות עימו. מיד הזדרז, וישלח יעקב מלאכים לפניו.

16. טוב נִקלֶה ועֶבד לו, ממתכבד וחסר לחם. פסוק זה נאמר על היצה״ר,

משום שהוא מקטרג תמיד על בני אדם. והיצה״ר מגביה ליבו ורצונו של אדם בגאווה. והאדם הולך אחריו מסלסל בשערו ובראשו, עד שהיצה״ר מתגאה עליו ומושך אותו לגיהנום.

‏17. מי שאינו הולך אחר היצה״ר, ואינו מתגאה כלל, ומשפיל רוחו וליבו ורצונו אל הקב״ה, אז היצה״ר מתהפך להיות עבד לו. שאינו יכול לשלוט עליו. ולהיפך, אותו האדם שולט עליו, כמ״ש, ואתה תמשול בו.

‏18. ממתכבד, שמכבד את עצמו, מסלסל בשערו, ומתגאה ברוחו. והוא חסר לחם, חסר אמונה, כמ״ש, לחם אלקיו הוא מקריב, לחם אלקיהם הם מקריבים. שלחם, היא השכינה. אף כאן, חסר לחם, כלומר חסר אמונה, השכינה.

‏19. טוב נקלה, זה יעקב, שהשפיל את רוחו לפני עשיו, כדי שאח״כ יהיה עשיו עבד לו, וישלוט עליו, ויתקיים בו הכתוב, יעבדוך עמים וישתחוו לך לאומים. ועתה עוד לא היה זמנו כלל, שיעקב ישלוט עליו.

ומשום שיעקב הניח אותו אל אחרית הימים, ע״כ היה עתה נקלה. ובאחרית הימים, אותו שהיה מתכבד, יהיה אז עבד לו. אותו שהיה אז חסר לחם, עשיו, יהיה עבד ליעקב, אותו שנתנו לו, רוב דגן ותירוש.

‏20. משום שידע יעקב, שצריך לו עתה, הפך לפניו לנקלה. ועשה בזה יותר חכמה וערמה, מכל מה שעשה מעולם נגד עשיו. ואילו הרגיש עשיו בחכמה זו, היה הורג את עצמו שלא יבוא לזה. אבל יעקב עשה את הכול בחכמה.

עם לבן גרתי

‏21. כה תאמרון לאדוני לעשיו, כה אמר עבדך יעקב, עם לבן גרתי. מיד פתח יעקב, להתהפך לפניו לעבד, כדי שעשיו לא יסתכל בברכות שבירך אותו אביו. כי יעקב הניח אותם לאחרית הימים.

‏22. מה ראה יעקב, ששלח אל עשיו, ואמר, עם לבן גרתי? האם פעל דבר זה בשליחותו של עשיו? אלא לבן הארמי, קול הלך בעולם, שעוד לא היה אדם שיינצל מידיו, כי הוא היה מכשף שבמכשפים וגדול הקוסמים, ואביו של בעור, ובעור היה אביו של בלעם, כמ״ש, בלעם בן בעור הקוסם.

ולבן היה חכם בכשפים ובקסמים יותר מהם, ועכ״ז, לא יכול ליעקב. ורצה לאבד את יעקב בכמה דרכים, כמ״ש, ארמי אובד אבי. וע״כ שלח לו ואמר, עם לבן גרתי, להודיע לו את כוחו.

‏23. כל העולם היו יודעים, שלבן היה גדול החכמים והמכשפים והקוסמים. ומי שלבן רצה לאבד בכשפיו, לא ניצל ממנו. וכל מה שידע בלעם, מלבן היה. ובבלעם כתוב, כי ידעתי את אשר תברך מבורך. וכש״כ לבן, וכל העולם היו יראים מלבן ומכשפיו. ולפיכך, מילה ראשונה ששלח יעקב לעשיו, אמר, עם

לבן גרתי, ולא זמן מועט, אלא עשרים שנה התאחרתי עימו.

24. ועוד אמר לו, ויהי לי שור וחמור, צאן ועבד ושפחה. שור וחמור, אלו הם שני גזרי דינים, מזיקים, שבשעה ששניהם מתחברים יחד, אינם מתחברים אלא להרע לעולם. כלומר, שאין דרכם להזיק, זולת כשהם מתחברים. ומשום זה כתוב, לא תחרוש בשור ובחמור יחדיו. כי גורם במעשיו, שאלו שני המזיקים, שור וחמור, יתחברו יחד, ויזיקו לעולם.

25. צאן ועבד ושפחה, אלו הם הכתרים התחתונים של הקליפות, שהרג הקב"ה במצרים, הנקראים בכור בהמה, בכור השבי, בכור השפחה. כמ"ש, צאן ועבד ושפחה. מיד היה מתיירא עשיו, ויצא לקראתו, והיה מתיירא מיעקב, כמו שיעקב היה מתיירא מעשיו.

26. בדומה לאדם שהיה הולך בדרך, ובעוד שהיה הולך, שמע על שודד אחד שהיה אורב בדרך. פגע בו אדם אחר, אמר לו, מִשֶׁל מי אתה? אמר לו, מגדוד צבא פלוני אני. אמר לו, נְטֵה ממני, כי כל המתקרב אליי, נחש אחד אני מביא והורג אותו. הלך אותו האדם לשר הגדוד, ואמר לו, אדם אחד בא, וכל מי שמתקרב אליו, מביא עליו נחש אחד, שנושך אותו ומת.

27. שמע שר הגדוד, ופחד. אמר, מוטב ללכת לקראתו ולהתרצות עימו. כשראה האדם ההוא את השר, פחד. אמר, אוי לי, השר יהרוג אותי עתה, התחיל להשתחוות ולכרוע לפניו. אמר השר, אם בידו היה נחש שיכול להרוג, לא היה משתחווה לפניי כל כך. התחיל השר להתגאות. אמר, כיוון שהוא כרע לפניי כל כך, לא אהרוג אותו.

28. כך אמר יעקב, עם לבן גרתי, ועשרים שנה התמהמהתי עימו, ואני מביא נחש להרוג בני אדם. שמע עשיו, אמר אוי, מי יקום לפניו, כי עתה יהרוג אותי יעקב בפיו. כי חשב, מכיוון שניצח את לבן, זקֵנו של בלעם, כוחו ודאי גדול ככוחו של בלעם, שכתוב עליו, אשר תברך מבורך ואשר תָאוֹר יוּאָר, ויכול להרוג בפיו. התחיל לצאת לקראתו להתרצות עימו.

29. וכשראה אותו יעקב, כתוב, ויִירא יעקב מאוד, ויֵיצֶר לו, וכשקרב אליו, התחיל יעקב לכרוע ולהשתחוות לפניו. כמ"ש, וישתַחוּ ארצה שבע פעמים. אמר עשיו, אם היה לו כל כך הרבה כוח, לא היה משתחווה לפניי, התחיל להתגאות.

30. כתוב בבלעם, ויבוא אלקים אל בלעם לילה. בלבן כתוב, ויבוא אלקים אל לבן הארמי בחלום הלילה. הרי שלבן היה גדול כמו בלעם. כתוב, ויאמר לו הישמר לך פן תדבר עם יעקב. לבן לא רדף אחר יעקב בכוח אנשים לעשות עימו מלחמה, כי כוחם של יעקב ובניו היה גדול מהם. אלא רדף אחריו להרוג אותו בפיו ולכלות הכול, כמ"ש, ארמי אובד אבי. ומשום זה כתוב, פן תדבר, ולא כתוב, פן תעשה.

31. וזוהי העדות שציווה הקב"ה להעיד. שכתוב, וענית ואמרת לפני ה' אלקיך, ארמי אובד אבי. וענית, פירושו, כמ"ש, לא תענה ברעך עֵד שקר. וכן ענה באחיו.

32. כתוב בבלעם, ולא הלך כפעם בפעם לקראת נחשים, כי כך היא דרכו. כי היה מְנחש. וכן בלבן כתוב, ניחשתי, שהסתכל בכשפיו ובקסמיו, כדי לדעת את עסקיו של יעקב, וכשרצה לאבד את

יעקב בנחשים ובכשפים, הקב"ה לא עזב את יעקב, כי אמר לו, פן תדבר.

33. כמו שאמר בלעם בן בנו של לבן, כי לא נחש ביעקב. כלומר, מי יכול להם, כי זְקֵני רצה לאבד את אביהם בנחשים ובקסמים שלו ולא עלה בידו, שהקב"ה לא הרשה לו לקלל. וזהו כמ"ש, כי לא נחש ביעקב ולא קסם בישראל.

34. ובכל עשרת מיני כשפים וקסמים מהארת הכתרים התחתונים, עשה לבן כנגד יעקב, ולא יכול לו. כי כולם עשה לבן לנגדו. ולא עלה בידו להרע לו, כמ"ש, וַהֶחֱלִף את משכורתי עשרת מונים ולא נְתָנוֹ אלקים להרע עימדי. וכתוב, לשעירים אשר הם זונים אחריהם. מונים, הם מינים, ועשרה מינים הם של הכשפים והקסמים בכתרים התחתונים דקליפות, וכולם עשה לבן לנגדו.

35. עשרה מינים הם, כמ"ש: קוסם, קסמים, מעונן, ומנחש, ומכשף, וחובר חָבֶר, ושואל אוב, ויידעוני, ודורש אל המתים. הרי עשרה. ונראה שהמילה, קסמים, הזוהר מחשיב לשני מינים, להיותה בלשון רבים.

36. נחש וקסם שני מינים הם, ובמדרגה אחת עולים. וכשבא בלעם כנגד ישראל, עשה בקסם, כמ"ש, וקסמים בידם. וכנגד יעקב בא לבן בנחש, ולא עלה בידיהם. כמ"ש, כי לא נחש ביעקב ולא קסם בישראל.

37. אמר בלעם לבלק, מי יוכל להם, כי כל הקסמים והכשפים שבכתרים שלנו, מהארת המלכות של מעלה מתעטרים, והוא, ז"א, התקשר בהם, בישראל, כמ"ש, ה' אלקיו עימו ותרועת מלך בו. וע"כ לא נוכל להם בכשפים שלנו.

38. בלעם לא היה יודע משהו בקדושה שלמעלה. כי הקב"ה לא רצה בשום עם ולשון שישתמשו בכבודו, אלא הבנים הקדושים שלו לבדם, ישראל.

39. ואותם שהם טמאים, טומאה נועדה להם להיטמא. עליהם כתוב, טמא הוא בדד יישב מחוץ למחנה מושבו, מחוץ לקדושה. והטמא קורא אל הטמא, כמ"ש, וטמא טמא יִקְרא. שמי שהוא טמא קורא לטמא, כל דבר הולך אל מינו.

40. האם נאה ליעקב, קדוש, שיאמר, שנטמא בלבן ובכשפיו? האם אפשר שלשבח ייחשב לו זה שאמר, עם לבן גרתי? כתוב, אנוכי עשיו בכוֹרך, והאם נאה הוא לצדיק כיעקב, שיחליף שמו בשם של טמא? אלא, באנוכי טעם מפסיק, כי תחת אנוכי כתוב, פַּשְׁטָא, ותחת עשיו בכורך כתוב זָקֵף קטון, שניגונם מפריד את המילה אנוכי, מעשיו בכורך. ופירושו, שאמר, אנוכי, מי שאני, אבל עשיו הוא בכורך.

41. ויהי לי שור וחמור. כלומר, אל תשים ליבך ורצונך לברכה ההיא שבירך אותי אבי, לחשוב שהתקיימה בי. הוא בירך אותי, כמ"ש, הֱוֵה גְביר לאַחֶיךָ וישתחוו לך בני אימך. משום זה אומר לך, עבדך יעקב, לאדוני לעשיו.

הוא בירך אותי, ברוב דגן ותירוש, הרי לא התקיים בי, כי לא אצרתי אותם. אלא, כמ"ש, ויהי לי שור וחמור צאן ועבד, רועה צאן בשדה. הוא בירך אותי, מטל השמיים ומשמני הארץ. הרי לא התקיים בי, רק עם לבן גרתי, כגֵר, שלא היה לי שום בית. כש"כ, משמני הארץ, שלא התקיימה בי, שלא הייתה לי שום ארץ, רק עם לבן גרתי. וכל זה נאמר, כדי שלא יסתכל ביעקב לקנא בו על הברכות, ולא יקטרג עליו.

שע"כ אמר לו, עם לבן גרתי, ולא

מטעם שהשתבח בזה לפני עשיו. ואדרבה, שהזכיר אותו לגנאי, כדי להוכיח לו שהיה גר, בלי ארץ ובלי בית. ומה שמביא ראָיה מהכתוב, אנוכי עשיו בכורך, הוא להוכיח לו, כי הכול הולך אחר הכוונה, ואינו נחשב לו לעבירה, שקרא עצמו בשם של טמא. אף כאן, לא התכוון אלא לביזיון. ואינו נחשב לו לעבירה, מה שנראה מהדברים, שהיה מתפאר מחיבורו עם איש טמא.

42. כתוב ביעקב, איש תם יושב אוהלים. ונקרא איש תם, משום שהוא יושב בשני משכנות עליונים, בינה ומלכות, אוהל רחל ואוהל לאה. והוא משלים לצד זה ולצד זה, שמכריע בין הקווים ימין ושמאל ומשלים אותם.

וכשאמר, עם לבן גרתי, הוא לא אמר שנטמא בכשפיו של לבן. אלא, עם לבן גרתי, להראות שליבו שלם, בהודאה על החסד והאמת שעשה לו הקב״ה. שכל העולם היו יודעים מעשיו של לבן, ואין מי שיכול להינצל מקטרוגו, שרצה לאבד אותי, והקב״ה הציל אותי מידו. ולכוונה זו אמר, עם לבן גרתי.

הכול היה כדי שלא יקנא בו עשיו על הברכות, שלא יחשוב שהתקיימו בו, ולא יהיה נוטר לו שנאה. ועל זה כתוב, כי ישרים דרכי ה׳. וכתוב, תמים תהיה עם ה׳ אלקיך.

תפילותיהם של הצדיקים

[צלותהון דצדיקייא]

43. באנו אל אחיך, אל עשיו. האם איננו יודעים שהוא עשיו, האם היו אחים אחרים ליעקב? אלא, באנו אל עשיו, פירושו, שלא חזר בתשובה, ולא הולך בדרך מתוקנת, אלא עשיו הרשע כמקודם לכן. וכתוב, וגם הולך לקראתך. האם הולך לבדו? לא, אלא כמ״ש, ארבע מאות איש עימו.

44. ולמה אמרו לו כל זאת? משום שהקב״ה רוצה תמיד בתפילת הצדיקים, ומתעטר בתפילתם. שאותו המלאך סנדלפון, הממונה על תפילת ישראל, לוקח כל התפילות ועושה מהן עטרה לחי העולמים. ומכ״ש תפילותיהם של הצדיקים, שהקב״ה רוצה בהן, ונעשות עטרה, שיתעטר הקב״ה באלו התפילות. הלוא מחנות המלאכים הקדושים היו באים עימו, ולמה התיירא? אלא, הצדיקים אינם סומכים על זכותם, אלא על תפילות ובקשות אל ריבונם.

45. תפילה של רבים עולה לפני הקב״ה, והקב״ה מתעטר באותה התפילה. משום שהיא עולה בכמה אופנים, כי אחד שואל חסדים, והשני גבורות, והשלישי רחמים. ונכללת מכמה צדדים, מצד ימין משמאל ומאמצע. כי חסדים נמשכים מצד ימין, וגבורות מצד שמאל, ורחמים מהצד האמצעי. ומשום שנכללת מכמה אופנים וצדדים, נעשית עטרה ומונחת על ראש צדיק חי העולמים, יסוד, המשפיע כל הישועות אל הנוקבא, וממנה לכל הציבור.

אבל תפילת יחיד אינה כלולה מכל הצדדים, והיא אינה אלא באופן אחד, או

שמבקש חסדים, או גבורות, או רחמים. וע"כ תפילת יחיד אינה מתוקנת להתקבל כמו תפילת הרבים. כי אינה נכללת בכל ג' הקווים, כמו תפילת הרבים.

יעקב היה כלול מכל ג' הקווים, בהיותו מרכבה לקו האמצעי, הכולל שניהם. ולפיכך חשק הקב"ה בתפילתו, בהיותה בכל השלמות מכל ג' הקווים, כמו תפילת הרבים. וע"כ כתוב, ויִירא יעקב מאוד וייצר לו, כי הקב"ה סיבב לו את זה, כדי שיתפלל, מטעם שחשק בתפילתו.

46. אשרי אדם מפחד תמיד, ומקשה ליבו ייפול ברעה. אשריהם ישראל, שהקב"ה רצה בהם, ונתן להם תורת אמת, כדי לזכות בה לחיי עולם. כי כל מי שעוסק בתורה, הקב"ה מושך עליו חיים עליונים, ומביא אותו לחיי העוה"ב, כמ"ש, כי הוא חייךָ ואורך ימיך. וכתוב, ובדבר הזה תאריכו ימים, כי היא חיים בעוה"ז, חיים בעוה"ב.

47. כל מי שעוסק בתורה לשמה, אין מיתתו ע"י יצה"ר, מלאך המוות, משום שנאחז רצה"ח ולא הרפה ממנו. ומשום זה, צדיקים, העוסקים בתורה, אין גופם טמא לאחר מיתתם, כי אין רוח הטומאה שורה עליהם.

48. יעקב, שהיה עה"ח, למה פחד מפני עשיו, הרי הס"א אינו יכול לשלוט עליו? ועוד שהקב"ה אמר לו, והנה אנוכי עימך, ולמה היה מתיירא? וכתוב, ויפגעו בו מלאכי אלקים. אם מחנות המלאכים הקדושים היו עימו, למה פחד?

49. אלא הכול אמת, שלא היה צריך לפחד, אלא יעקב לא רצה לסמוך על הנס של הקב"ה, שחשב, שאינו ראוי שהקב"ה יעשה לו נס, משום שלא עבד את אביו ואימו כראוי, שלא עסק בתורה ב-22 השנים שהיה עם לבן ולקח שתי אחיות. ואע"פ שהכול התיישב, שיעקב לא חטא כלל בזה. עכ"ז, צריך האדם לפחד תמיד, ולבקש בתפילה לפני הקב"ה, כמ"ש, אשרי אדם מפחד תמיד.

50. תפילת האבות קיימה את העולם, וכל באי העולם מתקיימים עליהם וסומכים על זכותם. לעולם ולעולמי עולמים לא נשכחת זכות אבות, משום שזכות אבות היא קיום של מעלה ושל מטה. וקיום של יעקב שלם יותר מכולם. ומשום זה, כשבאה עת צרה לבניו של יעקב, הקב"ה רואה את צורתו של יעקב לפניו ומרחם על העולם, כמ"ש, וזכרתי את בריתי יעקוב. שכתוב יעקוב עם ו', משום שהו' היא צורתו של יעקב, כי יעקב מרכבה לז"א, שהוא הו' של השם הוי"ה.

51. כל מי שראה את יעקב, הוא כמי שהסתכל במראה המאירה, ז"א, שיופיו של יעקב כיופיו של אדה"ר. כל מי שהסתכל בחלומו וראה את יעקב עטוף בלבושיו, חיים התווספו לו.

52. דוד המלך מטרם שבא לעולם, לא היו לו חיים כלל, מלבד שאדה"ר נתן לו משלו שבעים שנים. וכך היו חייו של דוד המלך שבעים שנים. וחייו של אדה"ר, היו אלף שנים חסר שבעים. ונמצאים אדה"ר ודוד באלף השנים הראשונות של בריאת העולם.

53. חיים שָאל ממך, נתת לו אורך ימים, עולם ועד. חיים שאל ממך, זהו דוד המלך. כי כשברא הקב"ה את גן העדן, והטיל בו הנשמה של דוד המלך, הסתכל בה וראה, שאין לה חיים משלה כלום, וכך עמדה לפניו כל היום. כיוון שברא את אדה"ר, אמר, זהו ודאי חייו של דוד,

ומאדה"ר היו אלו שבעים שנים שדוד המלך חי בעולם.

54. האבות הניחו לו מחייהם, כל אחד ואחד. אברהם הניח לו מחייו, וכן יעקב ויוסף. יצחק לא הניח לו כלום, משום שדוד המלך בא מצידו. כי דוד המלך הוא הנוקבא מצד שמאל, שאז היא חושך ולא אור. וע"כ לא היו לו חיים, כי אין חיים אלא מצד ימין, ז"א, הנקרא עה"ח.

וגם יצחק היה מצד שמאל, אלא שנכלל באברהם, כמ"ש, אברהם הוליד את יצחק. וכן בכוח העקידה, וע"כ היו לו חיים. וכל זה רק לעצמו, אבל לא היה יכול לתת חיים לדוד, מטעם שעיקרו מקו שמאל היה, ולא היו לו חיים מצד עצמו, אלא מכוח התכללות. ונאמר, משום שדוד המלך בא מצידו, כלומר שגם יצחק מקו שמאל כמו דוד, וע"כ לא היה יכול לתת לו חיים משלו.

55. אברהם הניח לו חמש שנים, כי היה לו לחיות 180 שנה, כמו יצחק. והוא חי רק 175 שנים. וחמש שנים חסרות.

יעקב היה לו לחיות בעולם כימי אברהם 175 שנים. ולא חי אלא 147 שנים, חסרות לו 28 שנים. נמצא שאברהם ויעקב הניחו לו מחייהם 33 שנים.

יוסף חי 110 שנים, היה לו לחיות 147 שנה, כימי יעקב. חסרות 37 שנים, ועם 33 של אברהם ויעקב, הם שבעים שנה, שהניחו לדוד המלך להתקיים בהם. ודוד חי בכל אלו השנים, שהניחו לו האבות.

56. ולמה יצחק לא הניח לו כלום מחייו, כמו אברהם, יעקב ויוסף? משום שיצחק היה חושך, מקו שמאל מטרם התכללותו עם הימין. ודוד מצד החושך בא, מצד שמאל.

מי שבחושך, אין לו אור כלל, אין לו חיים. ע"כ לא היו חיים לדוד כלל. אבל אברהם, יעקב ויוסף, היה להם אור, כי מצד ימין הם האירו לדוד המלך. ומהם הוא צריך להאיר, ושיהיה לו חיים. כלומר, שמוכרח להתכלל בימין, כי מצד החושך, משמאל, אין שם חיים כלל. וע"כ לא בא יצחק בחשבון.

57. למה יוסף הניח לו חיים יותר מכולם, כלומר, 37 שנים, והם רק 33 שנים? אלא יוסף לבדו שקול ככולם, משום שנקרא צדיק, יסוד, הכולל את כל הספירות. וזהו שמאיר ללבנה, לנוקבא, יותר מכולם, ומשום זה, הוא הניח לדוד המלך חיים יותר מכולם.

כמ"ש, וייתן אותם אלקים ברקיע השמיים להאיר על הארץ. הרקיע הוא בחינת יסוד צדיק, יוסף. והארץ היא הנוקבא, דוד המלך. הרי שמאיר לנוקבא יסוד, יוסף, וע"כ נתן לו חיים יותר מכולם.

58. תפילתו של יעקב הגנה עליו מפני עשיו, ולא זכותו, משום שרצה להניח את זכותו לבניו אחריו, ולא להוציא אותה לצורך עצמו, עתה מפני עשיו. וע"כ התפלל תפילתו אל הקב"ה, ולא סמך עצמו על זכותו, שיינצל בשבילה.

59. וַיַּחַץ את העם אשר איתו, ואת הצאן ואת הבקר והגמלים לשני מחנות. למה חצה אותם לשני מחנות? כמ"ש, אם יבוא עשיו אל המחנה האחת והיכהו, והיה המחנה הנשאר לפליטה. האם לא יכול להיות שעשיו יכה את שני המחנות?

60. השכינה לא סרה מאוהל לאה ומאוהל רחל. אמר יעקב, יודע אני, שיש להם שמירה מהקב"ה. וע"כ, וישֶׂם את השפחות ואת ילדיהן ראשונה, שאם יכה

עשיו, יכה את אלו. אבל בעד בני הגבירות איני מפחד, משום שהשכינה עימהם. ולפי זה יהיה הפירוש של ראשונה, ראשון לסכנה. וע״כ כתוב, והיה המחנה הנשאר לפליטה, משום שהשכינה עימהם. כיוון שעשה זאת, ערך תפילתו על השפחות ועל ילדיהן.

61. תפילה לעני כי יעטוף ולפני ה׳ ישפוך שׂיחו. את זה אמר דוד המלך, כאשר הסתכל וראה בהליכות העני. והסתכל בו, בשעה שהיה הולך ובורח מפני חָמִיו, שאול המלך. זוהי תפילה, שהעני מתפלל לפני הקב״ה, המקדימה להתקבל לפני כל תפילות העולם.

62. כתוב, תפילה לעני. וכתוב, תפילה למשה איש האלקים. תפילה לעני היא תפילה של יד, הנוקבא, שנקראת עני, משום שאין לה מעצמה כלום והכול צריכה לקבל מז״א. התפילה למשה היא תפילה של ראש, ז״א. ואין להפריד בין תפילה לעני ובין תפילה למשה, בין הנוקבא לז״א. כי צריכים להיות תמיד בזיווג. ושניהם שקולים כאחד.

63. וע״כ תפילת העני מקדימה להתקבל לפני הקב״ה מכל תפילות העולם. תפילה לעני הדבוק בעוניו, כמי שאין לו מעצמו מאומה.

64. תפילה, רומז על משה, ז״א. לעני, על דוד, הנוקבא. כי יעטוף, בשעה שמתכסה הלבנה, הנוקבא, נעלם ממנה השמש, ז״א. ולפני ה׳, ז״א, ישפוך שׂיחו, כדי להתחבר עם השמש.

65. תפילת כל אדם היא תפילה. אבל תפילת העני, היא תפילה העומדת לפני הקב״ה, שהיא שוברת שערים ופתחים, ונכנסת להתקבל לפניו. כמ״ש, ולפני ה׳ שיחו, כמי שמתרעם על דיניו של הקב״ה.

66. תפילת הצדיקים היא שמחה לכנ״י, הנוקבא, להתעטר עם התפילה לפני הקב״ה. ומשום זה היא אהובה יותר על הקב״ה מתפילת העני. ומשום זה הקב״ה משתוקק לתפילת הצדיקים, בשעה שצריכים להתפלל, משום שיודעים איך לרצות את ריבונם.

67. כתוב בתפילתו של יעקב, אלקי אבי אברהם ואלקי אבי יצחק, ה׳ האומר אליי שוב לארצך ולמולדתך, ואֵיטיבה עימָךְ. העטיר, וקָשר קשר בהתקשרות אחת כראוי. שאמר אלקי אבי אברהם, לימין, ואלקי אבי יצחק, לשמאל. האומר אליי, לו עצמו, שהוא קו אמצעי המכריע. שבקו האמצעי, תלוי הדבר, לעטר את מקומו ביניהם, בין אברהם ויצחק, ימין ושמאל. וע״כ אמר לו, שוב לארצך ולמולדתך, ואיטיבה עימך.

68. קטונתי מכל החסדים. אמר יעקב, אתה הבטחת להטיב עימי, ואני יודע שכל מעשיך הם על תנאי, אם יעשו רצונך. ואין בי שום זכות, כי קטונתי מכל החסדים ומכל האמת אשר עשית את עבדך, וע״כ אינך צריך לקיים לי הבטחתך.

וכל מה שעשית לי עד היום, לא היה משום זכויותיי, אלא בגלל טובך, שעשית לי. וכל אותו החסד והאמת היה בגלל טובך. כי כאשר עברתי את הירדן בתחילה, בעת שהייתי בורח מפני עשיו, יחידי עברתי את הנהר ההוא, ואתה עשית עימי חסד ואמת. והרי עתה אני עובר את הנהר עם שני מחנות.

69. עד כאן אמר סדר שִׁבחו של ריבונו, מכאן והלאה ביקש מה שצריך לו, להורות לכל בני העולם, שאדם צריך

לסדר שבחו של ריבונו בתחילה, ואח״כ יתפלל תפילתו.

70. לאחר שסידר השבח התפלל תפילתו, כמ״ש, הצילני נא מיד אחי, מיד עשיו. נמצא, שמי שמתפלל תפילתו צריך לפרש דבריו כראוי. שאמר, הצילני נא, שלכאורה היה בזה די, כי אינו צריך יותר מהצלה. עכ״ז אמר יעקב להקב״ה, הרי כבר הצלת אותי מלבן, לכן פירש, מיד אחי. והרי גם קרובים אחרים נקראים אחים, לכן פירש, מיד עשיו. וצריכים לפרש הדבר כראוי. ועוד, אני צריך להצלה, כי ירא אנוכי אותו פן יבוא והיכני. וכל זה כדי להסביר הדבר למעלה.

71. ואתה אמרת, היטב אֵיטיב עִימָךְ, ושמתי את זרעך כחול הים אשר לא ייספר מרוב. מהו, ואתה? הנוקבא. כמ״ש, ואתה מחייה את כולם.

72. דוד המלך אמר, יהיו לרצון אִמְרֵי פי והֶגיון ליבי לפניך. אמרי פי, דברים מפורשים. והֶגיון ליבי, דברים סתומים, שאין אדם יכול לפרש אותם בפיו. היגיון שהוא בלב, שאינו יכול לפרש אותו.

73. וע״כ צריך להיות דבר שמפורש בפה, אִמְרֵי פי. ודבר שהוא תלוי בלב ואינו מפורש בפה, הגיון ליבי, כי הכול סוד. אחד הוא כנגד המדרגה התחתונה, הנוקבא, ואחד כנגד המדרגה העליונה, בינה. דבר המפורש בפה כנגד המדרגה התחתונה, הצריכה להתפרש, שהוא העולם המגולה. הדבר ההוא התלוי בלב, הוא כנגד מדרגה יותר פנימית, בינה, העולם המכוסה. והכול כאחד, ששניהם צריכים. וע״כ אמר, יהיו לרצון אמרי פי והגיון ליבי לפניך.

74. ושמתי את זרעך כחול הים אשר לא ייספר מרוב. יש מוחין דמספר, המפורש בפה, הארת החכמה המתגלה ע״י הנוקבא, הנקראת פה. ויש מוחין בלי מספר, חסדים מכוסים, ונמשכים מבינה, ונקראים הגיון ליבי.

בתחילה אמר יעקב, ואתה אמרת, היטב איטיב עימך, מוחין דמספר. וע״כ הקדים השם, ואתה, העולם המגולה. ואח״כ אמר, אשר לא ייספר, המוחין בלי מספר, הנמשכים מהעולם המכוסה, חסדים מכוסים. ושניהם צריכים.

אשריהם הצדיקים שיודעים לסדר שבחיו של ריבונם כראוי, ואח״כ להתפלל תפילתם. ומשום זה כתוב, ויאמר לי, עַבדי אתה ישראל אשר בךָ אתפָאָר.

ויוותר יעקב לבדו

75. כאשר ברא הקב״ה את העולם, עשה בכל יום ויום המלאכה הראויה לו. ביום רביעי עשה את המאורות, ואז נבראה הלבנה חסרה, שהיא אור שמיעט את עצמו. ומשום שהיא מאֹרֹת חסר ו׳, ניתן מקום לשליטה לכל הרוחות, והשדים, ולרוחות הסערה, והמזיקים, ולכל רוחות הטומאה.

76. כולם עולים ומשוטטים בעולם

להסית בני אדם. והתמנו במקומות שנחרבו מיישוב, ובשדות קשים, שאינם ראויים לזריעה, ובמדבריות חרבים. וכולם מצד רוח הטומאה. כי רוח הטומאה הבא מנחש עקלתון, לילית, הוא רוח הטומאה ממש, והוא התמנה בעולם, להסית אנשים אליו. וע"כ היצה"ר שולט בעולם.

77. והוא התמנה אצל בני אדם ונמצא עימהם. ובעורמה ובעלילות הוא בא אליהם, להסית אותם מדרכי הקב"ה. כמו שהסית את אדה"ר וגרם מוות לכל העולם, כך הוא מסית בני אדם וגורם להם להיטמא.

78. ומי שבא להיטמא, מושך עליו את רוח הטומאה ההוא, ומתדבק עימו. וכמה הם, רוחות הטומאה, הנועדים לטמא אותו, ומטמאים אותו והוא נטמא. ומטמאים אותו בעוה"ז ובעולם ההוא.

79. ובשעה שאדם בא להיטהר, אותו רוח הטומאה נכנע מפניו, ואינו יכול לשלוט עליו. ואז כתוב, לא תאוּנֶה אליך רעָה, זוהי לילית. וכתוב, ונֶגַע לא יקרב באוהלֶךָ, אלו הם שאר מזיקים.

80. לא ייצא אדם יחידי בלילה, וכש"כ בזמן שהלבנה נבראה, והיא חסרה, שאינה מאירה במילואה. כי אז רוח הטומאה שולט, וזהו רוח רעה, הנחש הרע. ונגע, זהו מי שרוכב על הנחש, ס"מ. רעה ונגע הם כאחד.

81. נִגְעֵי בני אדם, שנולדו מאדם. כי אלו השָנים, שלא קרב אדם אל אשתו, רוחות הטומאה היו באות והתחממו ממנו והולידו ממנו, ואלו נקראים נגעי בני אדם. נגעים הם שדים שנולדו מאדם, ונגע הוא ס"מ הרוכב על הנחש, כי שתי בחינות הם.

82. כשהאדם בחלומו, ואינו שולט בגופו, והגוף נדם, רוח הטומאה בא ושורה עליו. ויש לפעמים, שרוחות נקבות טמאות באות וקרבות אליו, ומושכות אותו עימהן, ומתחממות ממנו, ומולידות רוחות ומזיקים, ולפעמים נראים כבני אדם, אלא שאין להם שערות בראש.

83. ומכל וכל יש לו לאדם להישמר מפניהם, כדי ללכת בדרכי התורה, ולא ייטמא עימהם. כי אין לך מי שישן בלילה על מיטתו, שלא יטעם טעם מיתה, ונשמתו יוצאת ממנו. וכיוון שנשאר הגוף בלי הנשמה הקדושה, רוח הטומאה נועד ושורה עליו, והוא נטמא. ואין לו לאדם להעביר ידיו על עיניו בבוקר, משום שרוח הטומאה שורה עליו.

84. יעקב, אע"פ שהיה אהוב לפני הקב"ה, מ"מ, כיוון שנשאר לבדו, רוח אחר היה נועד להתחבר עימו.

85. כתוב באותו רשע בלעם, וילך שֶפִי. מהו שפי? יחידי, כמ"ש, שפיפון עלי אורַח. כאותו הנחש ההולך יחידי, ואורב על הדרכים והשבילים, כן בלעם היה הולך יחידי, כדי להמשיך על עצמו רוח הטומאה, שכל מי שהולך יחידי בזמנים ידועים, אפילו במקומות ידועים בעיר, הוא מושך על עצמו את רוח הטומאה.

86. משום זה לא ילך אדם יחידי בדרך, ובעיר. אלא במקום שבני אדם הולכים ושבים ונמצאים שם. וע"כ לא ילך אדם יחידי בלילה. משום שלא נמצאים אז בני אדם. והוא הטעם, כמ"ש, לא תָלין נִבְלתו על העץ, כדי שלא להחזיק בארץ גוף מת בלי רוח, בלילה.

וייאבק איש עימו

87. וייאבק איש עימו. מהו וייאבק? אבק טפל אל עפר. מה בין עפר לאבק? אבק, הוא מה שנשאר מדבר הנשרף באש, ואינו עושה פירות לעולם. עפר, הוא שכל הפירות יוצאים ממנו, והוא כלל הכול, הן למעלה והן למטה.

נוקבא דז"א נקראת עפר, והיא כלל כל העולמות, וכל מה שבבי"ע תולדותיה. נוקבא של ס"מ נקראת אבק, שהוא אל אחר, שאינו עושה פירות.

88. אם עפר הוא חשוב כל כך, מה פירושו של הכתוב, מקים מעפר דָל? כמשמעו, שפלות. אבל באופן זה, מקים מעפר דל, משום שהנוקבא, המכונה עפר, אין לה מעצמה ולא כלום, אלא שמקבלת הכול מז"א. ומאותו העפר, שאין לו כלום, בזמן שאינה בזיווג עם ז"א, יוצא הדל,

שאין לו כלום. ומאותו העפר, בזמן שהוא בזיווג עם ז"א, כל הפירות וכל הטוב שבעולם יוצאים ממנו, ובו נעשו כל המעשים שבעולם.

כמ"ש, הכול היה מן העפר, והכול שב אל העפר. והכול היה מן העפר, ואפילו גלגל חמה. אבל אבק אינו עושה פירות לעולם. וע"כ, וייאבק איש, ס"מ, שבא באותו אבק, הנוקבא שלו, ורוכב עליו, כדי לקטרג על יעקב.

89. עד עלות השחר. שאז ממשלתו עברה וחלפה. וכך הוא לעת"ל. כי הגלות דומה עתה ללילה, חושך. ואותו אבק שולט על ישראל, והם מושלכים לעפר, עד שיתעלה האור ויאיר היום. ואז ישלטו ישראל ותינתן להם המלכות, כי יהיו קדושי עליון.

שַׁלְחֵנִי כִּי עָלָה הַשַּׁחַר

90. בזמן שהקב"ה יקים ישראל ויוציא אותם מהגלות, אז יפתח להם פתח אור דק וקטן מאוד, ואח"כ יפתח להם פתח אחר, מעט גדול ממנו. עד שהקב"ה יפתח להם את השערים העליונים הפתוחים לד' רוחות העולם. כלומר, שישועתם לא תתגלה בבת אחת. אלא בדומה אל שחר, שהולך וָאור עד נכון היום.

91. וכל מה שעושה הקב"ה לישראל ולצדיקים שבהם, משמיע אותם לאט לאט ולא בפעם אחת. בדומה לאדם

הנתון בחושך. ותמיד בחושך היה משכנו. בעת שרוצים להאיר לו, צריכים לפתוח לו תחילה אור קטן, כפתחו של מחט. ואח"כ מעט גדול ממנו. וכן בכל פעם יותר, עד שמאירים לו כל האור כראוי.

92. כך הם ישראל. וכן למי שבאה רפואה, אינה באה בשעה אחת, אלא שבאה מעט מעט עד שמתרפא. אבל לעשיו האיר בבת אחת, ונאבד ממנו מעט מעט, עד שיתחזקו ישראל, ויכריתו אותו מכל העוה"ז ומהעוה"ב.

ומשום שהאיר לו בתחילה בפעם אחת, היה לו כיליון מכל. אבל ישראל, האור שלהם הולך וָאוֹר מעט מעט, עד שיתחזקו, ויאיר להם הקב״ה לעולם.

93. מי זאת הנשקפה כמו שחר, יפה כלבנה, בָּרָה כחמה, איומה כנִדגָלוֹת. שחר, הוא שחרית הבוקר, החשיכה המתחזקת שמטרם אור הבוקר. וזהו אור הדק הנזכר.

ואח״כ, יפה כלבנה. כי הלבנה, אורה מרובה יותר משחר. ואח״כ, ברה כחמה, אשר אורה חזק ומאיר יותר מלבנה. ואח״כ, איומה כנדגלות, כלומר, חזקה באור חזק כראוי. כנדגלות, ד׳ דגלים הכוללים י״ב שבטים, שהם תכלית מילואה של הנוקבא.

94. בעוד שחשך היום, והאור מכוסה, והבוקר בא להאיר, יאיר מתחילה מעט מעט עד שמתרבה האור כראוי. כן כאשר הקב״ה יתעורר להאיר לכנ״י, יאיר מתחילה כמו שחר, שהוא שחור, ואח״כ יפה כלבנה, ואח״כ ברה כחמה, ואח״כ איומה כנדגלות.

95. כיוון שעלה השחר, לא כתוב, בא השחר, אלא, עלה השחר. כי בזמן שבא השחר, אז מתגבר אותו הממונה של עשיו, והכּיש את יעקב, כדי לתת אומץ לעשיו להתגבר.

96. אבל, כאשר אותה שחרית של השחר עולה, אז בא האור. ויעקב מתגבר. כי אז מגיע זמנו להאיר, כמ״ש, ויזרח לו השמש, והוא צולע על ירכו. ויזרח לו השמש, כי אז הזמן להאיר.

97. והוא צולע על ירכו. בעוד שישראל בגלות וסובלים כאבים וצער וכמה רעות, כאשר יאיר להם היום, ותהיה להם מנוחה, יסתכלו אז ויכאב ליבם, מכל אלו הרעות והצער שסבלו, ויתמהו עליהם. וע״כ כתוב, ויזרח לו השמש, השמש של זמן המנוחה. ואז, והוא צולע על ירכו, הכואב ומצטער בעצמו על מה שעבר עליו.

98. כאשר עלתה שחרית הבוקר, אז יעקב התגבר ונאחז בו, כי נחלש כוחו של המלאך, כי אין לו שליטה אלא בלילה, ויעקב שולט ביום. וע״כ כתוב, ויאמר, שַׁלְּחֵני כי עלה השחר. כי אני נמצא ברשותך.

גיד הנָשה

99. על כן לא יאכלו בני ישראל את גיד הנשה. ואפילו בהנאה אסור, ואפילו לתת לכלב אסור. ולמה נקרא גיד הנשה? משום שהוא מְנשה, שמדיח בני אדם מעבודת בוראם. ושם רובץ היצה״ר.

100. וכיוון שהמלאך התאבק עם יעקב, לא מצא מקום בגופו, שיוכל להתגבר על יעקב, כי כל איברי גופו עזרו ליעקב. כי כולם היו חזקים ולא הייתה בהם חולשה. ואין הקליפה נאחזת אלא במקום חיסרון וחולשה.

וייגע בכף ירֵכו, בגיד הנשה, במינו, ביצה״ר. ושם מקומו של היצה״ר, ומשם

בא היצה״ר אל בני אדם. כיוון שגיד הנשה מקומו של היצה״ר, מינו של המלאך ס״מ, ע״כ היה יפה כוחו להיאחז שם.

101. ומשום זה אמרה תורה, לא יאכלו בני ישראל את גיד הנשה. וע״כ כל איבר שאוכלים מבעלי חיים, מחזק איבר שכנגדו באדם האוכל. ודאי שגיד הנשה מחזק את היצה״ר, שהוא מינו. ובני ישראל לא יאכלו אותו, שהם אינם מצידו וממינו. אבל העמים עובדי עבודה זרה יאכלו אותו, שהם מצידו וממינו של המלאך שלהם, ס״מ, ויחזק את ליבם.

102. משום שיש באדם רמ״ח (248) איברים, כנגד רמ״ח מצוות שבתורה, שהם ניתנו להיעשות, וכנגד רמ״ח מלאכים, שהתלבשה בהם השכינה, ושמם כשם ריבונם.

103. ויש באדם, שס״ה (365) גידים. וכנגדם שס״ה מצוות, שהם לא ניתנו להיעשות. שגיד הנשה הוא אחד מהם.

וכנגד שס״ה ימות השנה, בתוספת עשרת ימי תשובה. ותשעה באב הוא אחד מהם, כנגד המלאך ס״מ, שהוא אחד משס״ה מלאכים, השולטים על שס״ה ימות השנה.

ונמצא תשעה באב בשס״ה ימות השנה, וגיד הנשה בשס״ה גידים, הם בחינה אחת. וע״כ אמרה תורה, לא יאכלו בני ישראל את גיד הנשה. אֶת, הוא לרבות תשעה באב, שאין אוכלים בו ואין שותים. להיותו בחינה אחת עם גיד הנשה.

104. ומשום זה ראה הקב״ה הכול, ונרמז בכתוב רמז ליעקב. ויאבק איש עימו, בכל ימות השנה, ובכל איבריו של יעקב. ולא מצא מקום לאחיזה, אלא בגיד הנשה ההוא, ומיד תשש כוחו של יעקב. ובימות השנה מצא את יום תשעה באב, שבו התגבר ס״מ, ונגזר הדין עלינו, ונחרב ביהמ״ק. וכל מי שאוכל בתשעה באב, כאילו אוכל גיד הנשה.

ואילו לא נחלש כוח זה של ירך יעקב, היה יכול לו יעקב, והיה נשבר כוחו של עשיו, למעלה ולמטה.

105. כתוב, ולא קם נביא עוד בישראל כמשה. מה בין משה לבין שאר נביאי העולם? משה הסתכל במראה המאירה, ז״א, ושאר הנביאים לא היו מסתכלים אלא במראה שאינה מאירה, הנוקבא.

משה היה שומע הנבואה, ועומד על רגליו, וכוחו מתגבר, והיה יודע דבר על בוריו, כמ״ש, ומראֶה ולא בחידות. שאר הנביאים היו נופלים על פניהם בשעת הנבואה, ונחלש כוחם, ולא היו יכולים לעמוד על בירורו של הדבר. כי כמ״ש, כי נגע בכף ירך יעקב, והוא צולע על ירכו. כי הנבואה, היא מנו״ה דז״א, ב׳ ירכיים. וכיוון שנפגם הירך, ע״כ אין נבואתם צלולה כראוי.

106. וכל אלו הנביאים לא יכלו לעמוד על מה שעתיד הקב״ה לעשות לעשיו, חוץ מעובדיה הנביא, שהיה גֵר שבא מצד עשיו, הוא עמד על בוריו בעניין עשיו, ולא נחלש כוחו, כמ״ש בספר עובדיה.

107. וכל שאר הנביאים, נחלש כוחם ולא יכלו לעמוד ולקבל דבר על בוריו כראוי. כי נגע בכף ירך יעקב בגיד הנשה, שלקח ושאב כל הכוח של הירך, וע״כ נשבר כוחו של הירך, ונשאר צולע על ירכו. כי כל נביאי העולם לא יכלו להשיג אותו ולעמוד בו.

108. ומי שלומד בתורה, ואין מי שיתמוך בו, ולא נמצא מי שיטיל כסף לסחורה לתוך כיסו, לחזק אותו, על זה נשכחה התורה בכל דור ודור, ונחלש כוחה של התורה בכל יום ויום, כי אין לעוסקים בתורה על מה שיסמוכו. כמ״ש, והוא צולע על ירכו. שאינם נותנים תמיכה וחיזוק לתלמידי חכמים, שיוכלו לעסוק בתורה. וע״כ המלכות הרשעה מתגברת בכל יום ויום.

כמה גרם החטא הזה, משום שאין מי שיסמוך את התורה, ז״א, כראוי. נעשו הסומכים, נו״ה דז״א, חלשים. וגורמים שיתגבר הנחש הקדמוני, שאין לו שוקיים ורגליים לעמוד עליהם.

109. ויאמר ה׳ אלקים אל הנחש, על גחונך תלך. כי נשברו הסומכים שלו ונקצצו רגליו, ואין לו על מה שיעמוד. כך ישראל, אם אינם רוצים לסמוך את התורה, לפרנס תלמידי חכמים העוסקים בתורה, הם נותנים לנחש סומכים ושוקיים לעמוד ולהתחזק בהם. כי מחסרונות שבקדושה נבנה הס״א.

110. כמה מרמה ועורמה התחכם באותו הלילה, אותו רוכב על הנחש, ס״מ, כנגד יעקב. כי הוא היה יודע, כמ״ש, הקול קול יעקב והידיים ידי עשיו. שאם נפסק קולו של יעקב, קול התורה, אז ניתן כוח אל הידיים, ידי עשיו. משום זה הסתכל לכל הצדדים, להרע ליעקב ולהפסיק קול תורתו.

111. וראה אותו חזק בכל הבחינות. ראה הזרועות, חו״ג, הנקראים אברהם ויצחק, שהם חזקים. ראה הגוף, יעקב המייחד ב׳ הזרועות, שמתחזק ביניהם. וראה כוח התורה שלו, ושהוא חזק מכל הבחינות. אז, וַיַּרְא כי לא יכול לו. מה עשה? מיד, וייגע בכף ירכו. כלומר, בתומכי התורה, שהתחכם כנגדו.

אמר, כיוון שנשברו תומכי התורה, מיד לא תוכל התורה להתחזק עוד, ואז יתקיים מה שאמר אביהם, הקול קול יעקב והידיים ידי עשיו. וכמ״ש, והיה כאשר תָריד ופָרקת עולו מעל צווארך.

112. ובזה התחכם כנגד יעקב. כי כדי לשבור כוח התורה שלו, הלך והתחזק עשיו. וכשראה שלא יכול לפגוע בתורתו, אז החליש כוחם של אלו התומכים בלומדי התורה. כי כשלא יימצא מי שיתמוך בלומדי התורה, אז לא יהיה, קול קול יעקב, ויהיו, הידיים ידי עשיו.

113. וכאשר ראה יעקב את זה, כשעלה השחר התקיף אותו והתגבר עליו, עד שהוא בירך אותו והודה לו על הברכות, ואמר לו, לא יעקב ייאמר עוד שמך כי אם ישראל. לא יעקב, שמורה על מִרמה, כמ״ש, ויעקבני זה פעמיים. כי אם ישראל, בגאווה ובגבורה, שאין מי שיוכל לך. כי השח ישראל מורה על שררה וגאווה, כמ״ש, כי שרית עם אלקים ועם אנשים, ותוכל.

114. מנחש זה כמה חֵילות מתפרשׂים לכל צד, ונמצאים בעולם אצל האנשים. וצריכים לקיים את גיד הנשה ההוא, כי אע״פ שקרב אליו אותו הרוכב על הנחש, ס״מ, הוא קיים ומתקיים בגוון, ולא נשבר.

ונודע כי ש״ך (320) ניצוצין נפלו בשבירת הכלים בעולם הנקודים, שהם ע״ס, שבכל אחת מהן נשברו ל״ב (32) בחינות. שמונה מלכים, דעת, חג״ת, נהי״מ. ובכל אחד מהם ד׳ בחינות חו״ב תו״מ. הרי ל״ב. ועשר פעמים ל״ב הם בגי׳ ש״ך.

וט"ר שבהם מתבררות ומיתקנות ע"י המאציל, שתיקן מהם ד' עולמות אבי"ע, וע"י הצדיקים בקיום תורה ומצוות, שהם תשע פעמים ל"ב, שבגי' רפ"ח (288). אבל ספירה אחרונה מהם, המלכות, הכוללת גם היא ל"ב בחינות, נשארה בלתי מבוררת בתוך הקליפות. ואי אפשר לברר ולתקן אותה ב-6000 שנים. וע"כ נקראת ל"ב האבן.

מטעם, שאסור לברר ממנה, אלא אם נשמרים היטב, שלא לברר אלא רפ"ח הניצוצין. הרי במשך 6000 שנים, היא מתבררת מאליה, בלי שום מעשה מלמטה. ואז נאמר עליה, והסירותי את ל"ב האבן מבשרכם. שהוא ל"ב בחינות שבכלי המלכות, שנשברה והתלבשה בקליפות. שהתיקון הוא בידי המאציל בלבד, ולא בידי אדם.

ונודע, שבכל דבר יש עולם, שנה, נפש. גם בל"ב האבן יש עולם, שנה, נפש. עולם, הוא הנחש הקדמוני, שס"מ רוכב עליו. שנה, תשעה באב. ונפש, גיד הנשה.

וכתוב, ויַרְא כי לא יכול לו. כי יעקב היה שלם מכל רפ"ח ניצוצין, שכבר תיקן אותם לגמרי. אז, וייגע בכף ירכו, בגיד הנשה, כי הוא עוד לא נברר. וע"כ, ותֵקַע כף ירך יעקב, כי כמו שס"מ יש לו כוח לרכוב על הנחש, כן יש לו כוח על גיד הנשה, כי בחינה אחת הם, זה בעולם וזה בנפש.

ונאמר, ויאבק איש עימו, בכל ימות השנה, ובכל איבריו של יעקב. כלומר, שנה ונפש. ולא מצא מקום לאחיזה, אלא בגיד הנשה ההוא, ומיד תשש כוחו של יעקב. ובימות השנה מצא את יום תשעה באב. גיד הנשה, הוא ל"ב האבן שבנפש. ותשעה באב, ל"ב האבן שבשנה. והם עוד לא נבררו מהקליפות, וע"כ נאחז בהם. ולכן נאמר, שכל מי שאוכל בתשעה באב, כאילו אוכל גיד הנשה.

כי אכילה, היא בירורים מהקליפות. וכיוון שגיד הנשה הוא בחינת ל"ב האבן, ע"כ אסור לברר אותו בידי אדם. ומזה הטעם אסור לאכול בתשעה באב, כי ביום זה, שהוא בחינת ל"ב האבן, אסור הבירור. הרי שאיסור גיד הנשה ואיסור אכילה בתשעה באב הם דבר אחד.

וצריכים לקיים את גיד הנשה ההוא, כלומר, אע"פ שאסור לברר אותו ולאכול אותו, משום שהקליפות נאחזות בו, מ"מ אנו מצווים לקיים אותו, עד לעת"ל, עד שיתוקן ע"י המאציל. כי אע"פ שס"מ נאחז בו, לא ביטל אותו בזה, והוא קיים ומתקיים בגוון, ולא נשבר. כי אע"פ שאין לו תיקון בעצם מהותו, מ"מ יש לו תיקון בגוון שלו. כי הגוון שלו, שחור, נכלל בג' גוונים דקדושה שבט"ר, ומקבל מהם הארה ותיקון, שיתקיים באופן שיהיה ראוי לבירור לעת"ל.

115. וצריכים להרבות כוח הקדושה בעולם, ולהראות. כמ"ש, כי שרית עם אלקים ועם אנשים, ותוכל. וכשהוא רואה, שגיד הנשה לא נשבר, כי ממשיכים לו הארה לקיום, ולא נֶאכל אותו מקום, שנשמרו מלאכול אותו, שפירושו בירור. אז נשבר כוחו של ס"מ, ואינו יכול להרע לבני יעקב. וע"כ אין אנו צריכים לתת מקום לבריות העולם לאכול אותו וליהנות ממנו.

116. כי נָגע בכף ירך יעקב. וזו טומאה, כי ס"מ טימא את גיד הנשה. וממקום טמא אין לנו ליהנות ממנו כלום. ומכ"ש במקום, שצד הטומאה, ס"מ, קרב אליו. והתורה אינה אומרת יותר אלא, כי נגע. כמ"ש, וייגע בכף ירכו. וכמ"ש, וכל אשר ייגע בו הטמא יטמא. ללמד, שס"מ טימא אותו מקום בנגיעתו.

וישתַחוּ ארצה

117. והוא עבר לפניהם, וישתַחוּ ארצה שבע פעמים, עד גִשְתו עד אחיו. וכתוב, כי לא תשתחווה לאל אחר. איך יעקב, הבחיר שבאבות, שנבחר חלק שלם להקב"ה והתקרב אליו ביותר, השתחווה לאותו רשע עשיו, שהוא בצד אל אחר? הלוא מי שמשתחווה לו, משתחווה לאל אחר? והאם הוא השתחווה לו כמו לאותו השועל שהגיעה שעתו?

משל הוא, שיש זמן שהשועל מוֹלֵך על כל החיות. ואז אע"פ שהוא הקטן שבחיות, כולם משתחווים לו. והאם גם יעקב השתחווה לעשיו, מפני שהשעה הייתה משחקת לו? אינו כן. כי עשיו הוא כאל אחר, ויעקב לעולם לא ישתחווה לאותו הצד ולאותו החלק.

118. לומדים, שאסור להקדים שלום לרשעים. ואם אסור, איך דוד אמר לנבל הרשע, ואמרתם כה לֶחָי? פירושו, לחי העולמים, אל הקב"ה. ולא לנבל אמר, ונבל יחשוב שאומר עליו.

119. כעין זה, וישתחו ישראל על ראש המיטה. האם לבנו השתחווה? אלא למקום השכינה היה כורע ומשתחווה, שהייתה בראש המיטה. כי השכינה נמצאת למראשותיו של חולה.

אף כאן כתוב, והוא עבר לפניהם, וישתחו ארצה. והוא, זו השכינה העליונה, שהייתה הולכת לפניו. שהיא השמירה העליונה, שהייתה שומרת אותו. כיוון שראה אותה יעקב, אמר, עתה הגיעה השעה להשתחוות אל הקב"ה, שהיה הולך לפניו.

120. כרע והשתחווה שבע פעמים עד גשתו עד אחיו, ולא כתוב, וישתחו לעשיו. אלא כיוון שראה, שהקב"ה הולך לפניו, אז השתחווה לנגדו. כדי שלא לתת כבוד להשתחוות לאחֵר זולתו. אשריהם הצדיקים שכל מעשיהם שעושים הם בשביל כבודו של ריבונם, וכדי שלא יטו ימין ושמאל מדרך הישר והאמצעי.

ויחבקהו וייפול על צוואריו

121. וירץ עשיו לקראתו ויחבקהו, וייפול על צוואריו ויישקהו, ויבכו. יש בדברי תורה סודות עליונים, השונים זה מזה, והכול הוא אחד.

122. והרשעים כים נִגְרש, כי הַשְקֵט לא יוכל. זהו עשיו, שכל מעשיו הם ברשעות ובחטא. וכשבא ליעקב, לא היו מעשיו בשלמות. וייפול על צוואָרָו, צוואר אחד, כי חסרה י', ירושלים, שהיא הצוואר של כל העולם.

וייפול על צוואָרָו. ולא על צוואריו, עם י', משום שפעמיים נחרב ביהמ"ק. פעם אחת מבבל, ואחת מזרעו של עשיו. ונמצא, שהפיל עשיו את עצמו על ירושלים והחריב אותה רק פעם אחת.

"וישלח". ספר הזהר עם פירוש הסולם. מהד' 21 כר'. כרך ו. דף לה; מהד' 10 כר'. כרך ג. דף לה.
"וישלח". ספר הזהר עם פירוש הסולם. מהד' 21 כר'. כרך ו. דף לו; מהד' 10 כר'. כרך ג. דף לו.

וע״כ כתוב, וייפול על צווארו. אחד, בלי י׳, שמשמעותו, שהחריב אותה רק פעם אחת.

123. ויישקהו, מנוקד מלמעלה על האותיות, שזה מרמז, שלא נישק אותו ברצון. כמ״ש, ונַעְתָּרוֹת נשיקות שונא, זהו בלעם. כשבירך את ישראל, כי לא בירך אותם ברצון הלב. אף כאן, נעתרות נשיקות שונא, זהו עשיו.

124. כתוב, קוּמה ה׳ הושיעני אלקיי, כי הכית את כל אויביי לחי שיני רשעים שיברת. אל תקרא שיברת, אלא שִׁרְבַּבְתָּ, שכתוב על עשיו, שהשתרבבו שיניו, שחשב לנשוך אותו.

125. וע״כ, ויבכו. כמה היה ליבו ורצונו של עשיו להרע ליעקב, כי אפילו באותה שעה שנישק אותו, חשב, לכשיארכו הימים, יעשה לו רע ויָצוֹר אותו. וע״כ, ויבכו. זה היה בוכה, שלא חשב שיינצל ממנו. וזה היה בוכה, בשביל שאביו היה חי, ואינו יכול להרוג אותו.

126. ודאי הוא שנחלש כעסו של עשיו בשעה שראה את יעקב, משום שהסכים עימו הממונה של עשיו, כלומר, שהשלים עימו והסכים על הברכות. וע״כ לא יכול עשיו למשול בכעסו, כי כל הדברים שבעוה״ז תלויים למעלה. וכשמסתכמים למעלה תחילה, מסתכמים ג״כ למטה. וכן אין ממשלה למטה, עד שניתנה הממשלה מלמעלה. וכן הכול תלוי זה בזה. שכל הנעשה בעוה״ז, תלוי במה שנעשה מלמעלה.

יעבור נא אדוֹני לפני עבדו

127. יעבור נא אדוֹני לפני עבדו, ואני אתנהלה לאיטי לרגל המלאכה אשר לפניי ולרגל הילדים, עד אשר אבוא אל אדוני שֵׂעירה. יעקב לא רצה עתה לקבל אלו הברכות הראשונות שבירך אותו אביו. ועוד לא התקיימה בו אפילו אחת מהן, משום שדחה אותן לאחרית הימים, שתוצרכנה אז לבניו, להשתמש בהן כנגד כל אוה״ע.

128. ומשום זה, בשעה שאמר עשיו, נִסעה ונֵלכה, נחלק את העוה״ז בינינו, ונשלוט בו יחד. אמר יעקב, יעבור נא אדוני לפני עבדו. שפירושו, יקדים עשיו שליטתו עתה בעוה״ז. יעבור נא, הוא לשון קְדימה, כמ״ש, ויעבור מלכם לפניהם וה׳ בראשם, שיעקב אמר לו, הקדם אתה את שליטתך בתחילה בעוה״ז, ואני אתנהלה לאיטי, ואני אעלה את עצמי לעוה״ב, ולאחרית הימים, לאלו הימים ההולכים לאט.

129. לרגל המלאכה. איזו מלאכה? זוהי המראה שאינה מאירה, הנוקבא דז״א, שעל ידה נעשית כל מלאכת העולם.

אשר לפניי, זו הנוקבא. היא בכל מקום, מלפני הוי״ה, ז״א. ולרגל הילדים, הם הכרובים, פנים קטנות, להראות האמונה, הנוקבא. שיעקב התדבק בה. כי על מוחין אלו מתקיימת הנוקבא.

״וישלח״. ספר הזהר עם פירוש הסולם. מהד׳ 21 כר׳. כרך ו. דף לח; מהד׳ 10 כר׳. כרך ג. דף לח.

130. עד אשר אבוא. יעקב אמר לו, אני אסבול את הגלות שלך, עד שיבוא ויגיע הזמן שלי לשלוט על הר עשיו. כמ״ש, ועלו מושיעים בהר ציון לשפוט את הר עשיו. ואז, כמ״ש, והייתה לה׳ המלוכה.

וייבן לו בית

131. ויעקב נסע סוכותה וייבן לו בית, ולמקנהו עשה סוכות, על כן קרא שם המקום סוכות. בשעה שעלה ברצונו של הקב״ה, ז״א, לברוא העולם, לבנות את פרצוף הנוקבא, הנקראת עולם, הוציא מניצוץ הקשה, שהוא המסך, קשר אחד.

כלומר, שז״א עלה למ״ן לאמא, ויצאה שם קומת חסדים על המסך דחיריק שלו. שקומה זו הוא קו אמצעי, המקשר ב׳ הקווים ימין ושמאל דבינה זה בזה. וע״כ נקרא קשר. ונדלק מתוך החושך, שנכלל בקו שמאל, חושך, והארתו נבחנת להדלקה, בעניין מאורי האש.

והארה זו, הארת החכמה, נשארת בעלייה, שמאירה מלמטה למעלה. והארת עצמו, חסדים, יורדת למטה, שמאירה מלמעלה למטה. כי בשעה שהקו האמצעי מקשר ב׳ הקווים ימין ושמאל זה בזה, באופן שיאירו שניהם, הוא מקיים אז הארת השמאל, שתאיר מלמטה למעלה, והארת הימין מלמעלה למטה.

אחר שהזוהר ביאר אופן יציאת הקשר, קו האמצעי, ואיך שתיקן הארת שניהם כהלכתם, מבאר עתה איך שקו השמאל, החושך, נכלל בעצמו מכל ג׳ הקווים, והאציל את הנוקבא. החושך ההוא, קו השמאל, לוהט ומאיר במאה שבילים, באורחות דקים מן הדקים, ובאורחות גדולים, ונעשו בית העולם, שמהם נבנית הנוקבא, הנקראת בית.

יסודות דאו״א מכונים שבילים. ויסודות ישסו״ת מכונים אורחות. ונודע שקו ימין הוא או״א, המאירים באוירא דכיא, חסדים מכוסים. וקו שמאל הוא ישסו״ת, המאירים בהארת חכמה, הי׳ שיצא מאויר ונשאר אור. ולפיכך התכללות השמאל בקו ימין מכונה, מאה שבילים, משום שמקבל מיסודות או״א המכונים שבילים. ומספר מאה הוא מישסו״ת, שספירותיהם במספר מאות.

והארת החכמה שבשמאל הנמשכת מיסודות ישסו״ת, המכונים אורחות, מתחלקת לב׳ בחינות:

א. מטרם שנכלל בקו אמצעי, נקרא אורחות דקים, מטעם היותם אז סתומים וקפואים,

ב. אחר התכללותו בקו אמצעי, נקרא אורחות גדולים, כי אז מאיר בהרחבה רבה.

אורחות דקים, מקו שמאל עצמו. גדולים, מקו אמצעי. ואחר שהחושך, השמאל, נכלל בג׳ הקווים הללו, נבנית ממנו הנוקבא, הנקראת בית של העולם.

132. הבית ההוא באמצע הכול, בקו האמצעי של כל השבילים והאורחות. באותם הנבחנים לאורחות גדולים. כמה פתחים וחדרים יש לנוקבא, סביב המקומות העליונים הקדושים, שם מקננות ציפורי השמיים, מלאכי מעלה, כל אחד למינו. בתוכו יוצא אילן אחד גדול ועצום, ענפיו ופירותיו רבים, ומֵזין

לכל. האילן ההוא עולה עד ענני השמיים, ומתכסה בין שלושה הרים. ומתחת שלושת ההרים האלו, יוצא, עולה למעלה ויורד למטה.

נה"י של הנוקבא מכונים פתחים, וחג"ת שלה מכונים חדרים. שהם מקבלים מג' הקווים, הנכללים משמאל דאמא, המכונים במקורם שלושה מקומות. הפתחים והחדרים מקבלים משלושת המקומות דאמא, שהם המקומות העליונים הקדושים.

אחר שהתבאר בניין הנוקבא, הזוהר מבאר סדר השפעת ז"א לנוקבא. ואומר, בתוכו יוצא אילן אחד גדול ועצום, ז"א, המשפיע לתוך הבית, ענפיו ופירותיו רבים, ומזין לכל. שיש בו הן השפעת חסדים, והן השפעת חכמה, וכל אחד מקבל ממנו את בחינתו.

האילן ההוא עולה עד ענני השמיים, להארת החסדים, המכונים עננים, ומתכסה בין שלושה הרים, שאין הרים אלא אבות, חג"ת, שבהם החסדים מתכסים שלא לקבל הארת החכמה.

ומתחת שלושת ההרים האלו, בנה"י שמתחת חג"ת, יוצא, עולה למעלה ויורד למטה. שמתחת חג"ת יוצאים ומתגלים החסדים בהארת החכמה, ע"י הקו האמצעי, המקיים הימין והשמאל. הקו האמצעי יוצא מהכיסוי של חג"ת, ומקיים הארת ימין ושמאל. באופן, שהארת השמאל עולה למעלה, מאיר מלמטה למעלה. והארת הימין יורד למטה, מאיר מלמעלה למטה.

133. הבית הזה, הנוקבא, מקבל מז"א ב' מיני הארות:

א. שהיא מושקית ממנו, הארת החכמה המכונה שתייה,

ב. שז"א גונז בתוך הבית הרבה אוצרות עליונים שלא נודעו. הארת חסדים מאו"א, המכונים גנוזים, ולא נודעו. ובזה נבנה הבית והשתכלל.

האילן ההוא, ז"א, מתגלה ביום ומתכסה בלילה. ובית ההוא, הנוקבא, שולט בלילה ומתכסה ביום.

גם בלילה, שהיא הארת השמאל, החושך, מחמת שהחכמה היא בלי חסדים ואינה יכולה להאיר, נוהג עניין יציאת קו אמצעי, ועניין התכללות שמאל בימין, וכן זיווג זו"ן. הכול כמו ביום. וכל ההפרש הוא רק בשליטה.

כי גם בלילה מאירים כל ג' הקווים, וכן ז"א הוא בזיווג עם הנוקבא כמו ביום. אלא שהשליטה היא לנוקבא, וז"א וכן קו ימין טפלים אליה, והם כמו מתכסים, כדי לתת מקום לשליטתה. וזהו שהקב"ה נכנס אז לגן עדן, הנוקבא, כדי להשתעשע עם הארת החכמה שבה. ולפיכך אין הארת החסדים ניכרת, והיא חושך ולא אור.

והיפוכו ביום, שאז הנוקבא טפלה לז"א, והארת הנוקבא מתכסה וז"א שולט, ואינו ניכר אלא הארת החסדים, מידת ז"א. אמנם בסדר הבניין ובסדר הזיווג, אין הפרש בין יום ללילה.

134. בשעה שבא החושך והנוקבא נקשרה בו, היא שולטת ומאירה בחכמה, שהיא שליטתה. וכיוון שחסרה חסדים, ע"כ כל הפתחים שבה סתומים מכל הצדדים. שכל האורות קופאים בתוכה ואין בה פתח, שדרכו יתגלה אור כלשהו.

ג' קווים הללו שבשמאל הם ג' אשמורות הלילה, ג"פ ארבע שעות.

אשמורת ראשונה היא שבילים, מדה"ד של המלכות הבלתי ממותקת. התכללות קו ימין שבו.

אשמורת שנייה היא ארבע שעות הלילה האמצעיות, והן בבחינת אורחות, המלכות הממותקת. אבל שעתיים הראשונות עד חצות לילה, הן אורחות דקים, שהם הארת קו השמאל מבחינתו עצמו, מטרם שנכלל מקו אמצעי. ונקודת

החצות, ביאת קו אמצעי והתכללותו בשמאל, שאז מקבל בחינת אורחות גדולים. ובחינה זו נמשכת כל הלילה, ומיוחסת בעיקר לאשמורת השלישית, אלא זמן הגילוי שלה הוא בחצות לילה.

השעה שבא החושך, היא בתחילת הלילה, אשמורת ראשונה, שאז מכונה שבילים. והנוקבא נקשרה בו, אח״כ בתחילת האשמורת השנייה, שאז נקשרה הנוקבא בחושך, קו שמאל דאמא ושליטתה. ואז נבחנת באורחות דקים, כי בחינה זו היא מטרם שנגלה הקו האמצעי. וע״כ כל הפתחים שבה סתומים מכל הצדדים, כלומר, לא בלבד שפתחי החסדים אינם מאירים, אלא אפילו פתחי החכמה אינם מאירים בה. כי אין החכמה יכולה להאיר בלי התלבשות בחסדים. וזה נמשך שעתיים עד נקודת החצות.

אז, בשעתיים ההן, הרבה רוחות של הצדיקים פורחות באוויר ומתאוות לדעת, לקבל חכמה ולהיכנס בתוך הנוקבא. והן נכנסות בין אותן הציפורים ולוקחות שם עדות, שמקבלות מוחין דעדן, חכמה, ומשוטטות ורואות מה שרואות. ראייה, היא מוחין דחכמה.

אע״פ שהפתחים שבנוקבא סתומים בעת ההיא מכל הצדדים, ששום אור לא נגלה ממנה, עכ״ז זמן קבלת אור החכמה הוא דווקא בעת ההיא. וע״כ מדייק הזוהר לומר, שכל הפתחים שבה סתומים, שהיא מלאה מאור. אלא הפתחים סתומים באופן שאח״כ, כשיתעורר בו קו אמצעי, ויפתח הפתחים, יקבלו ממנה הארת החכמה, שהייתה סתומה בה בעת ההיא.

כי אח״כ מתמעטת מג״ר לו״ק, בסיבת קו אמצעי, והארתה שפלה בהרבה ממה שהייתה בעת ההיא, שעוד לא נכללה בקו אמצעי. ולכן נאמר, הרבה רוחות של הצדיקים פורחות באוויר ומתאוות לדעת, לקבל חכמה. שהן משתוקקות להיכנס בנוקבא, דווקא בעת שהיא באורחות דקים ובפתחים סתומים. כי רק אז יש בה החכמה בשלמותה. והן נכנסות בין אותן הציפורים ולוקחות שם עדות, שבאים בין בחינת הציפורים שבנוקבא, ומקבלים מוחין דעדן, דחכמה.

ציפורים הן בחינת נפש דנוקבא. השכינה מצד הכיסא, הנשמה, נקראת נשר. ומצד הנער, הרוח, היא יונה. ומצד האופן, הנפש, היא ציפור. ואפילו אז אין רוחות הצדיקים יכולות לקבל ממנה מבחינת הרוח שבנוקבא, אלא מבחינת הנפש שבה בלבד. לכן נאמר, והן נכנסות בין אותן הציפורים ולוקחות שם עדות, ולא למעלה מבחינת הציפורים.

135. וסתימת הפתחים נמשכת עד שמתעורר אותו החושך, קו שמאל דאמא, שהנוקבא נקשרה בו, והוציא שלהבת אחת. שהחושך שבנוקבא עורר את ז״א לעלות למ״ן לאמא, במסך דחיריק שבו, הנבחן לשלהבת. ויוצא שם עליו קו אמצעי, המכה בכל הפטישים החזקים, הקליפות, ופותח הפתחים הסתומים ובוקע הסלעים.

ב׳ פעולות יש כאן:

א. הפעולה הנמשכת מעצם השלהבת, שהיא המסך דחיריק, שממעט ע״ס דקו שמאל מג״ר לו״ק. ועליה נאמר, ובוקע הסלעים, כי הספירות דקו שמאל משולות לסלעים קשים, מרוב הדינים שבהן. והמסך בוקע אותן. ואת הג״ר שבהן הוא מרחיק מהקו השמאלי, ומניח בו רק ז״ת שבהן.

ב. הפעולה הנמשכת מקומת החסדים, היוצאת על המסך הזה, שפותח הפתחים, כי החכמה מתלבשת עתה בחסדים האלו, ומאירה בכל השלמות. ונבחן שכל הפתחים שהיו סתומים, נפתחו עתה להאיר בהרחבה.

וב׳ הפעולות הללו נעשות באמצע האשמורת השנייה, נקודת החצות.

השלהבת הזאת, המסך דחיריק, עולה ויורדת. עולה לאמא ע"י ז"א, ואח"כ יורדת משם לז"א עצמו. והוא מכה ומשפיע בעולם, שמוציא על ידה, ע"י זיווג דהכאה, קומת חסדים גם בנוקבא, הנקראת עולם. והתעוררו קולות, למעלה ולמטה. קולות הן קומות החסדים, היוצאות על מסך דחיריק, למעלה בבינה ולמטה בנוקבא.

136. אז עולה כרוז אחד ומתקשר באוויר וקורא. האוויר ההוא יוצא מתוך עמוד הענן של המזבח הפנימי. וכאשר יוצא, הוא מתפשט בד' רוחות העולם. אלף אלפים נמצאים בו מצד שמאל, וריבוא רבבות נמצאים בו מצד ימין. ואז הכרוז עומד על קיומו, וקורא בכוח ומכריז. אז רבים הם המתקנים שירה ועובדים עבודה. ושני פתחים פתוחים בה, אחד לצד דרום, להארת החסדים, ואחד לצד צפון, להארת החכמה.

הארת החכמה מטרם שנשלמה, נקראת כרוז. כי אחר שנשלמה בהתלבשות החסדים שבזיווג של יום נקראת דיבור, שמגלה הארת החכמה שבמוחין. אבל בלילה היא נקראת כרוז, כי עוד אינה בשלמות להיקרא דיבור, כי כמ"ש, דברי חכמים בנחת נשמעים. וכרוז נשמע בהרמת קול חזק, שמורה על הדינים המעורבים בו. אמנם גם כרוז וגם דיבור, אינם נשמעים אלא בהתלבשותם בחסדים, הנקראים קול.

בחצות לילה, עולה כרוז אחד, הארת החכמה, ומתקשר באוויר, שמתלבש בחסדים, ואז אפשר לו לקרוא ולהכריז. משא"כ מטרם שהתלבש בחסדים, אין לו קול, ואי אפשר לו להכריז.

יש ב' מיני חסדים:

א. הנמשכים מאו"א עילאין, ג"ר, אע"פ שמכוסים מחכמה, ונקראים אוירא דכיא,

ב. הנמשכים מישסו"ת, חסרי ג"ר, וע"כ מכונים אוויר סתם, שאינם טהורים, כי מורגש בהם חיסרון של החכמה.

ולפיכך, כל עוד שאין בזו"ן הארת החכמה, נבחנים החסדים שממשיכים מישסו"ת, חסרי ג"ר. אבל אחר שיש בזו"ן הארת החכמה, נבחנים החסדים שממשיכים מאו"א עילאין, ג"ר ואוירא דכיא.

האוויר ההוא, אור החסדים שהתלבש בו הכרוז, יוצא מתוך עמוד הענן של המזבח הפנימי. אמא עילאה מכונה מזבח פנימי. אור החסדים מכונה עמוד הענן. החסדים שהתלבש בהם הכרוז, הארת החכמה, נמשכים מאו"א עילאין, המכונה המזבח הפנימי, שהם אוירא דכיא. כלומר, שכבר יש כאן הארת החכמה בכרוז עצמו, שאז נמשכים החסדים בבחינת אוירא דכיא מאו"א. וכאשר יוצא, הוא מתפשט בד' רוחות העולם, בחו"ב תו"מ שבנוקבא.

וע"ס דישסו"ת, שמשם יוצא הקו השמאלי בהארת החכמה, אחר שהי' יוצאת מאויר שלהם ונשאר אור, נבחנות לאלפים. וע"ס דאו"א עילאין, שמשם נמשכים החסדים, נבחנות לריבוא. ונאמר, אלף אלפים נמצאים בו מצד שמאל, כי מבחינה זו היא נמשכת מישסו"ת, שע"ס שלה הן אלף. וריבוא רבבות נמצאים בו מצד ימין, כי מבחינת החסדים שבימין נמשכת מאו"א עילאין, שע"ס שלהם הם ריבוא.

ואז הכרוז עומד על קיומו, מאחר שכלול מחסדים דאו"א. וקורא בכוח ומכריז, כי אחר שנכלל הכרוז בחסדים, המכונה קול, הוא יכול לקרוא בכוח ולהכריז.

137. אחר שכבר נבנתה הנוקבא לצורכה עצמה מג' הקווים הנכללים בשמאל, היא עולה לזיווג לז"א לקבל

בשביל אחרים. ובית זה, הנוקבא, עולה וניתן ומתקשר בין ב׳ צדדים, ימין ושמאל דז״א. ושרים שירים, ותשבחות עולים מתחתונים, שמעלים מ״ן לזיווג זו״ן.

אז נכנס ז״א, בלחש, שהנוקבא נמצאת בחוסר קול, חסדים. ואע״פ שקיבלה כבר חסדים לצורך בניינה עצמה, נחשבת עוד לשמאל בלי ימין, כדי להשפיע לאחרים. לכן הזיווג הוא בלחש. וכן בלילה בלי אור. כי אז ז״א משפיע לה אור החסדים, קול. והבית, הנוקבא, מתלהט בשישה אורות החסדים, חג״ת נה״י, המאירים זיו לכל צד, שהם חסדים הנכללים מחכמה.

ונהרות בושם יוצאים ממנה, הארת החכמה הנכללת מחסדים. ומושקים כל חיות השדה, כמ״ש, יַשקו כל חַיְתו שָׂדָי. ומזמרים עד שעלה הבוקר. וכשעלה אור הבוקר, אז הכוכבים והמזלות, שמיים וצבאם, כולם משבחים ואומרים שירה, כמ״ש, בְּרון יחד כוכבי בוקר ויריעו כל בני אלקים.

כי הארת הזיווג היא מהלילה, אע״פ שיש בו חסדים, מ״מ השליטה היא להארת החכמה. וע״כ מקבלים אז רק חיות השדה, הנמשכים מאחוריים של הנוקבא, וע״כ הם מזמרים. אבל הנמשכים מבחינת פנים של הנוקבא, מקבלים ממנה רק בבוקר, ואז כל המדרגות שבבי״ע מזמרות. הן הנמשכות מפנים, והן הנמשכות מאחוריים. כמ״ש, ויריעו כל בני אלקים, שכולם מזמרים.

138. כתוב, אם ה׳ לא יבנה בית, שָׁווא עמלו בוניו בו. אם ה׳, המלך העליון, ז״א, שהוא בונה תמיד, בזיווג שאינו נפסק, את הבית, הנוקבא, ומתקן אותו. ומשפיע לה מזיווג שאינו נפסק, בעת שעולים כוונות העבודה מלמטה כראוי. בעת שהתחתונים מעלים מ״ן לזיווג הזה, אז עולים זו״ן לאו״א, והם בזיווג שאינו נפסק כמוהם.

139. אם ה׳ לא ישמור עיר, שָׁווא שקד שומר. בשעה שחשך הלילה ובחינות מזוינות של הס״א, שורות ומשוטטות בעולם, והפתחים סתומים, אז הוי״ה, קו אמצעי, מעלה מ״ן ממסך דחיריק, וממשיך קו אמצעי, ונפתחים הפתחים, שע״י זה נשמר מכל הצדדים, שעָרֵל וטמא לא יתקרב אל הקדוש, כמ״ש, לא יוסיף יבוא בָך עוד ערל וטמא, כי עתיד הקב״ה להעביר אותם מן העולם.

ב׳ פעולות הן בקו אמצעי, עד שמייחד ב׳ הקווים ימין ושמאל זה בזה:

א. שממשיך קומת חסדים על המסך,

ב. שממעט את ג״ר דקו שמאל, שאין השמאל נכנע עד שיבוא ויתחבר עם הימין, זולת ע״י ב׳ הפעולות הללו.

אם ה׳ לא יבנה בית, שווא עמלו בוניו בו. זוהי פעולה א׳. כי הוי״ה, ז״א. ואם לא היה ממשיך ריבוי החסדים ע״י הקו האמצעי לבנות הנוקבא, בית, לא היה נכנע קו השמאל להתייחד עם הימין, ושווא עמלו בוניו בו.

ואם ה׳ לא ישמור עיר. סובב על פעולה ב׳, שהיא התמעטות ג״ר דקו שמאל, שבזה שממעט ג״ר דקו שמאל מעבירים אחיזת הס״א מקו השמאל שבנוקבא. ונמצא, שהעיר, הנוקבא, נשמרת מהערל והטמא, ע״י זה שז״א מעלה את המסך דחיריק, וממעט הג״ר דקו שמאל, שאז אין להם מה לינוק עוד מהשמאל שלה, ועוברים ונפרדים ממנה. כמ״ש, אם ה׳ לא ישמור עיר, שווא שקד שומר.

140. מיהו ערל ומיהו טמא? ערל וטמא הכול אחד. וזהו שהתפתו בו, והלכו אחריו אדם ואשתו, וגרמו מוות לכל העולם, הנחש הקדמוני. והוא המטמא

אותו הבית, הנוקבא, עד הזמן שיעביר אותו הקב״ה מן העולם, מהנוקבא. ומשום זה, אם ה׳ לא ישמור עיר, שווא בוודאי שקד שומר.

141. ויעקב נסע סוכותה, אל בינה. שהעלה מ״ן ממסך דחיריק, לקבל חלקה של האמונה, הנוקבא.

כתוב, וַיָשָׁב ביום ההוא עשיו לדרכו שֵׂעירה. וכתוב, ויעקב נסע סוכותה. כי כל אחד נפרד אל הצד שלו. עשיו לצד של השעיר, זהו אישה זרה אל נכר. ויעקב נסע סוכותה, זוהי האמונה העליונה, בינה, שהעלה מ״ן ממסך דחיריק אל הבינה, כדי להמשיך משם קו אמצעי, בשביל לבנות הנוקבא.

142. וייבן לו בית. בית יעקב, הנוקבא. שתיקן תפילת ערבית, הנוקבא, כראוי לה. שהמשיך לה חסדים מאו״א עילאין. ולמִקנהו עשה סוכות. כלומר, סוכות אחרות, כדי לשמור אותם.

ב׳ הפעולות מבוארות בכתוב:

א. ריבוי החסדים מבוארת בכתוב, וייבן לו בית, שתיקונו ובניינו הם בהמשכת החסדים. כמ״ש, אם ה׳ לא יבנה בית.

ב. מיעוט הג״ר מקו שמאל לשמור אותו מערל וטמא. כמ״ש, ולמקנהו עשה סוכות. כי סוכה היא מלשון מסך, שהמשיך המסך דחיריק למעט הג״ר דקו שמאל. כמ״ש, אם ה׳ לא ישמור עיר. לכן כתוב, ולמקנהו עשה סוכות, סוכות אחרות, כדי לשמור אותם, מערל וטמא.

143. ויבוא יעקב שלם. שהיה שלם מכל, הן מחכמה והן מחסדים. וכתוב, ויהי בשָׁלם סוּכּו. והכול אחד, השגת השלמות ע״י קו אמצעי. הן לז״א, הנקרא יעקב, והן לסוכה שלו, הנוקבא. כי אז, כשהוא שלם, התחברה עימו האמונה, הנוקבא. וכשהוא מתעטר במקום הראוי לו, בקו אמצעי, אז גם הסוכה, הנוקבא, מתעטרת עימו. וכתוב גם עליה, ויהי בשָׁלֵם סוּכּוֹ.

כי היה שלם מאבות, היה שלם מבניו, וזהו נחשב לשלם, שאז הוא שלם למעלה ושלם למטה, שלם בשמיים ושלם בארץ.

שלם למעלה, בז״א, להיותו הכולל של האבות, ת״ת ישראל, הכולל לאברהם וליצחק, חו״ג. שלם למטה, בנוקבא, בבניו הקדושים, י״ב השבטים, שהם המרכבה של הנוקבא. נמצא, שהוא שלם בשמיים, ז״א, וע״כ כתוב עליו, ויבוא יעקב שלם. ושלם בארץ, הנוקבא. אז כתוב עליה, ויהי בשלם סוכו.

לא תחרוש בשור ובחמור

144. ותצא דינה בת לאה אשר ילדה ליעקב, לראות בבנות הארץ. הרבה מדרגות ובחינות מתפרדות למעלה, אלו לקדושה ואלו לס״א, כמ״ש, זה לעומת זה עשה אלקים. וכולן הן שונות אלו מאלו, מהן לחסד ומהן לדינים. חיות שונות אלו מאלו. אלו מְצֵרים לשלוט על אלו, ולטרוף טרף, כל אחד למינו.

145. מצד רוח הטומאה מתפרדות

הרבה מדרגות. וכולן אורבות לצרור על הקדושה, אלו לעומת אלו, כמ״ש, לא תחרוש בשור ובחמור יחדיו, כי כשמתחברים הם מחריבים העולם.

146. תאוותם של מדרגות הטומאה אינה אלא לצרור את המדרגות הקדושות. יעקב שהיה קדוש, כמ״ש, ויבוא יעקב שלם עיר שכם, כולן ארבו עליו וצררו לו. בתחילה נשך אותו נחש, כמ״ש, וייגע בכף ירכו. שנאמר על שרו של עשיו, שהוא רוכב על נחש. עתה נשך אותו חמור, כמ״ש, וַיַּרְא אותה שכם בן חמור, שהוא ימין דקליפה.

147. כשהנחש נשך אותו, עמד הוא עצמו לנגד הנחש. עתה כשנשך אותו החמור, שמעון ולוי, שבאים מצד הדין הקשה, עמדו לנגד החמור, ושלטו עליו מכל הצדדים, ונכנע לפניהם. כמ״ש, ואת חמור ואת שכם בנו הרגו לפי חרב. ושמעון, שמזלו היה שור, גבורה ושמאל דקדושה, בא על חמור, ימין דקליפה, וצרר אותו, כדי שלא יתחברו שור וחמור דקליפה יחד. ונמצא, ששמעון הוא הכנגד שלו, ולא יעקב.

148. וכולם באו לצרור את יעקב, וניצל מהם. ואח״כ שלט עליהם. ואח״ז בא שור, יוסף, ונשלם בחמורים, המצרים שמָלך עליהם, שהיו כולם מצד קליפת החמור. יוסף הוא שור, ומצרים הם חמורים, כמ״ש, אשר בשר חמורים בשרם.

149. וע״כ, אח״כ נפלו בני יעקב בין אלו החמורים, המצרים, משום שהתחבר עימהם שור, יוסף, והיו בהם שור וחמור יחדיו. ונשכו לישראל עצם ובשר, כטבע החמור שנושך ושובר עצם, עד שהתעורר לוי כמקודם לכן, ופיזר את החמורים האלו.

כלומר, שהפריד בין שור וחמור, כדי להכניע אותם, ושבר כוחם מן העולם, והוציא השור משם. כמ״ש, וייקח משה את עצמות יוסף עימו. משה הוא לוי, ויוסף הוא השור שהתחבר עימהם.

150. מקודם לכן, כשבא שמעון על החמור להילחם עימו, העיר עליהם דם, שנימולו, ואח״כ כתוב, ויהרגו כל זכר. כעין זה עשה הקב״ה ע״י לוי, משה, בחמורים האלו, שהם המצרים. בתחילה הביא עליהם מכת דם. ואח״כ כתוב, ויהרוג ה׳ כל בכור בארץ מצרים, מבכור אדם ועד בכור בהמה.

בחמור הזה, אבי שכם, כתוב, ואת כל חֵילם ואת כל טַפָּם ואת נשיהם, שָׁבוּ ויבוֹזוּ. וכתוב, את צאנם ואת בְּקָרָם ואת חמוריהם, ואת אשר בעיר, ואת אשר בשדה, לקחו.

ובאלו החמורים, המצרים, כתוב, כלי כסף וכלי זהב ושמלות. שהם כנגד, ואת כל חילם. וכתוב, וגם ערב רב עלה איתם. שהם כנגד, ואת כל טפם. וצאן ובקר, שהם כנגד, את צאנם ואת בקרם.

151. שמעון קם כנגד חמור זה, אבי שכם שלא היה מחובר עם שור. ולוי קם כנגד כל החמורים כולם, אפילו כנגד החמורים המחוברים בשור, כמו המצרים.

כי שמעון, גבורה ושור, וע״כ היה כנגד חמור דקליפת ימין, והיה יכול להכניע אותו. אבל את קליפת החמור שבמצרים לא היה יכול להכניע, משום שהם היו מחוברים בשור, שקיבלו כוח מיוסף, שהיה מולך עליהם. וע״כ רק לוי, משה, הבא משבט לוי, בחינת ת״ת, הכלול ימין ושמאל ביחד, היה כוחו יפה להכניע אותם החמורים שבמצרים. ולא שמעון, שהיה בו שמאל בלבד.

כולם רצו להזדקק אל יעקב ותיקנו עצמם לנשוך אותו, והוא עמד כנגדם בבניו, והכניע אותם תחתיו.

152. עתה, בגלות האחרונה, שעשיו נושך אותו ואת בניו, מי יקום כנגדו? יעקב ויוסף יעמדו כנגדו. יעקב מצד ימין ויוסף מצד שמאל. כמ״ש, והיה בית יעקב אש, ובית יוסף להבה, ובית עשיו לקַש.

153. וייסעו ויהי חִיתַת אלקים על הערים אשר סביבותיהם, ולא רדפו אחרי בני יעקב. כולם היו מתאספים להילחם, וכאשר חגרו כלי הקרב, היו מרתתים ועזבו אותם. וע״כ כתוב, ולא רדפו אחר בני יעקב.

הָסירו את אלוהי הנכר

154. הָסירו את אלוהי הנכר. אלו הם מה שלקחו משכם, כלי כסף וזהב, שהיה חקוק עליהם אלוהי הנכר שלהם. אלוהים אחרים היו עושים מכסף ומזהב, ולא כלים שחקוקה עליהם צורת גילולים. ויעקב הטמין אותם שם, כדי שלא ייהנו מצד עבודה זרה. שאסור לאדם ליהנות ממנו לעולם.

155. כתוב, וייקח את עטרת מַלכם מעל ראשו, ותהי על ראש דוד. השיקוץ של בני עמון זהו מִלכּוֹם, כמ״ש, עטרת מלכם. ומה הטעם, ותהי על ראש דוד? ומה הטעם שכתוב בו שיקוץ? שהרי בשאר אלוהי העמים עובדי עבודה זרה, כתוב, אלוהי העמים, אלוהים אחרים, אל נכר, אל אחר. ובמלכום כתוב שיקוץ.

156. כל אלוהי העמים עובדי עבודה זרה, קורא להם הקב״ה כך. כמ״ש, ותראו את שיקוציהם ואת גילוליהם. ולאו דווקא מלכום.

ומה שכתוב, וייקח את עטרת מלכם, שהוא העבודה זרה מלכום, ואיך התעטר בה דוד? כן הוא ודאי, שהייתה עבודה זרה, אלא איתַיי הגיתי, בעוד שהיה עכו״ם, מטרם שהתגייר, שבר מאותה העטרת, העבודה הזרה מלכום, את הצורה שהייתה חקוקה עליהם, וביטל אותה, ובזה עשה אותה היתר, שיהיה מותר ליהנות ממנה. וע״כ שם אותה דוד על ראשו.

יש כוח לעובד עבודה זרה לפסול את העבודה הזרה שלו. ואז מותרת בהנאה לישראל. אמנם לאחר שהתגייר, אם פוגם ופוסל העבודה הזרה שעבד מכבר, אינו מתיר אותה בהנאה, כי אז דינו כישראל. ולפיכך אומר הזוהר, שאיתיי הגיתי ביטל אותה מטרם שהתגייר, ויצאה מכלל עבודה זרה. וע״כ מותר היה לדוד לשים אותה על ראשו.

שיקוץ בני עמון היה נחש אחד, חקוק בחקיקה עמוקה על אותה העטרת. ומשום זה נקרא בשם שיקוץ, שפירושו זוהמה.

157. הסירו את אלוהי הנכר, אלו הן נשים אחרות, שלקחו בשבי, שהיו מביאות עימהן כל עֲדָיֵיהן. ועל זה כתוב, וייתנו אל יעקב את כל אלוהי הנכר, הנשים, וכל עדייהן, וכל אלוהי זהב וכסף. ויטמון יעקב את הכסף והזהב, כדי שלא ייהנו מצד עבודה זרה כלום.

158. יעקב אדם שלם היה בכל, והיה מתדבק בהקב״ה. כתוב, ונקומה ונעלה

בית אל. מיד כתוב, וייתנו אל יעקב את כל אלוהי הנכר. מכאן, שאדם צריך לשבח את הקב"ה, ולהודות לו על הניסים ועל הטוב שעשה עימו. כמ"ש, ויהי עימדי בדרך אשר הלכתי.

159. בתחילה כתוב, ונקומה ונעלה בית אל. בלשון רבים, שהכליל בניו עימו. ואח"כ כתוב, ואעשה שם מזבח. בלשון יחיד, ולא כתוב, ונעשה, שהוציא אותם מכלל זה, משום שעל עצמו בלבד היה הדבר.

יעקב ודאי התקין תפילת ערבית, תיקון הנוקבא, והוא עשה את המזבח, תיקון הנוקבא. ועליו היה הדבר, ולא על בניו. ומשום שהוא עבר כל אלו הצרות מיום שברח מפני אחיו, שכתוב, ויהי עימדי בדרך אשר הלכתי, אבל הם באו אח"כ לעולם, שכבר נפטר מצרות אלו. לפיכך לא הכניס אותם עימו בתיקון המזבח, אלא אמר, ואעשה שם מזבח.

160. מכאן, שמי שנעשה לו הנס, צריך להודות. מי שאכל לחם על השולחן, צריך לברך. הוא, ולא אחר, שלא אכל מאומה. כי ע"כ אמר יעקב, ואעשה שם מזבח. ולא אמר, ונעשה.

וייבן שם מזבח

161. וייבן שם מזבח לה' הנראֶה אליו. וייבן שם מזבח, שתיקן את המדרגה הראויה להיתקן. מזבח לה', הוא לתקן את המדרגה התחתונה, הנוקבא, ולחבר אותה עם המדרגה העליונה, ז"א. ויקרא למקום, אֵל בית אל. השם הזה שנתן לנוקבא, הוא כשם של העליונה, בינה, משום שכאשר האירה הנוקבא מז"א, נעשתה אז הבת, הנוקבא, כאימה, בינה. וע"כ קרא לה יעקב בשם אל, שם אמא.

162. כי שם נגלו אליו האלקים. שפירושו, המלאכים, כי אמר נגלו ולא נגלה. כי שבעים מלאכים נמצאים תמיד עם השכינה, ושבעים כיסאות הם סביב השכינה. וע"כ, כשיש גילוי המלאכים, יש גילוי השכינה. וע"כ כתוב, כי שם נגלו אליו האלקים, במקום זה הנגלה, בנוקבא.

כי כתוב, והנה ה' ניצב עליו, על הסולם שהוא הנוקבא, שמקודם לכן כתוב, והנה מלאכי אלקים עולים ויורדים בו. הרי שגילוי המלאכים בא עם גילוי השכינה. ולפיכך קרא יעקב שם המזבח, אל בית אל, על גילוי השכינה, ותלה זה בגילוי המלאכים.

ויעל מעליו אלקים

163. ויעל מעליו אלקים. ביחד עם האבות, יעקב נעשה מרכבה קדושה להי, לז"א. העומד להאיר אל הלבנה, הנוקבא. והוא מרכבה לבדו, משום

"וישלח". ספר הזהר עם פירוש הסולם. מהד' 21 כר'. כרך ו. דף נ; מהד' 10 כר'. כרך ג. דף נ.
"וישלח". ספר הזהר עם פירוש הסולם. מהד' 21 כר'. כרך ו. דף נא; מהד' 10 כר'. כרך ג. דף נא.

שהוא כולל בעצמו את האבות, חו"ג, כי ת"ת כולל חו"ג.

164. כמה חביבים ישראל לפני הקב"ה, שאין אומה ולשון בכל אוה"ע עובדי עבודה זרה, שיהיו להם אלקים שיקבלו תפילתם, כמו שעתיד הקב"ה לקבל תפילתם ובקשתם של ישראל, בכל שעה שצריכים לקבלת התפילה, שהם מתפללים רק בשביל המדרגה שלהם, השכינה. כלומר, בכל שעה שתפילתם היא לתיקון השכינה.

165. הקב"ה קרא ליעקב ישראל. כלומר, השכינה. כמ"ש, ויקרא אל משה, שכתוב, ויקרא עם א' קטנה, שהיא השכינה.

166. השם ישראל נשלם בכל כראוי, ואז התעלה במדרגתו ונשלם בשם הזה, וע"כ כתוב, ויקרא את שמו ישראל.

יעקב ישראל

167. יעקב הבחיר שבאבות והוא כולל כל הצדדים, ימין ושמאל. וע"כ קרא שמו ישראל, כמ"ש, לא ייקרֵא שמך עוד יעקב כי אם ישראל יהיה שמך. וכתוב, ויקרא את שמו ישראל. ולמה חזר הקב"ה, וקרא לו יעקב הרבה פעמים? והכול קוראים לו יעקב, כמו בתחילה, ומהו שכתוב, ולא ייקרא שמך עוד יעקב?

168. הוי"ה כגיבור ייצא, כאיש מלחמות. אבל למה כתוב, כגיבור, וכתוב, כאיש? הלוא היה צריך לומר, גיבור ואיש?

169. הוי"ה בכל מקום הוא רחמים. הוי"ה הוא שמו של הקב"ה, כמ"ש, אני הוי"ה הוא שמי. ולפעמים נקרא שמו אלקים, שהוא דין. אלא בשעה שמתרבים צדיקים בעולם, שמו הוי"ה, ונקרא בשם הרחמים. ובשעה שרשעים מתרבים בעולם, שמו אלקים. כך, בזמן שיעקב לא היה בין שונאים או בחוץ לארץ, קוראים לו ישראל. וכשהיה בין שונאים או בחוץ לארץ, קוראים לו יעקב.

170. אבל כתוב, ויישב יעקב בארץ מגורי אביו בארץ כנען. שלא היה בחוץ לארץ, ומ"מ כתוב השם יעקב.

171. כמו שהקב"ה לפעמים נקרא הוי"ה ולפעמים נקרא אלקים, לפי המדרגה, כך לפעמים נקרא ישראל, ולפעמים נקרא יעקב. כשיש לו מדרגות ג"ר וראש, נקרא ישראל. וכשהוא ו"ק בלי ראש, נקרא יעקב. ומה שכתוב, לא ייקרא שמך עוד יעקב, שלא יישאר בשם יעקב, אלא שיהיו לו שני שמות, יעקב וישראל, לפי המדרגה.

172. ולא ייקרא עוד את שמך אברם, והיה שמך אברהם. וע"כ נשאר בשם הזה. אבל ביעקב לא כתוב, והיה, אלא כתוב, כי אם ישראל יהיה שמך, שנקרא לפעמים יעקב ולפעמים ישראל. וכאשר התעטרו בניו בכוהנים ובלוויים, והתעלו במדרגות עליונות, אז התעטר בשם ישראל תמיד.

כל התחלה קשה

[כל שירותא תקיף]

173. כשמתה רחל, מי שהייתה צריכה להיתקן בי"ב שבטים, לקחה את הבית, השכינה, כדי שתהיה השכינה מתעטרת כראוי, שתשיג מוחין דג"ר, ותהיה, כמ"ש, אֵם הבנים שמחה. כלומר, רחל מתה כדי ששכינה תחתונה, רחל, ושכינה עליונה, לאה, תהיינה לפרצוף אחד. שאז שכינה תחתונה משיגה ג"ר. ושכינה עליונה, אם הבנים, שמחה בתיקון י"ב השבטים, ומכאן, שלאה לא מתה.

ובבנימין התחילה השכינה לקחת הבית ולהיתקן, כי היא בחינת יסוד מי"ב השבטים, וע"כ היא הראשונה לתיקון השכינה. וע"כ בנימין הוא תמיד במערב, בדגלים. כי יסוד הוא בחינת מערב.

174. בבנימין מתחילה השכינה להיתקן בי"ב השבטים, ובו מתחילה מלכות שמיים להתוודע בארץ, כי המלך הראשון בישראל, שאול, שהוא מבניו, וכל התחלה הבאה להתוודע, בשאלות היא באה, וע"כ יש בה דין של מוות. ואח"ז היא מתיישבת ומתקיימת.

175. כשרצתה השכינה להיתקן ולקחת הבית, בתיקון י"ב השבטים, נעשה הדין ברחל, כי מתה, ואח"ז נתקנה להתיישב. כך כשרצתה המלכות להתוודע בארץ, התחילה בדין ולא התיישבה במקומה כראוי. עד שהתעורר הדין בשאול לפי מעשיו, שנהרג בהרי הגלבוע. ואח"כ התיישבה המלכות בדוד ונתקנה.

176. כל התחלה קשה, ואח"כ באה הרווחה. ברה"ש ההתחלה קשה, שכל העולם נידון, כל אחד לפי מעשיו, ואח"כ הרווחה, סליחה וכפרה ביוה"כ ובסוכות. משום שההתחלה היא בשמאל, ע"כ דיניו קשים. ואח"ז מתעורר הימין, כמ"ש, שמאלו תחת לראשי. ואח"כ כתוב, וימינו תחבקני, וע"כ נעשתה הרווחה.

177. ובאוה"ע הוא להיפך, כי לעת"ל, עתיד הקב"ה להתעורר בשלווה בתחילה על האומות האחרות עכו"ם, ואח"כ יתגבר עליהם בדין קשה. כמ"ש, הוי"ה כגיבור ייצא, כאיש מלחמות יעיר קנאה. בתחילה הוי"ה, רחמים, ואח"כ כגיבור, ולא גיבור ממש. ואח"כ כאיש מלחמות, ולא איש מלחמות ממש. ואח"כ מתגלה הגבורה עליהם, ויתגבר לְכַלות אותם, כמ"ש, יריע אף יַצְריח על אויביו יתגבר. וכתוב, ויָצָא ה' ונלחם. וכתוב, מי זה בא מֵאֱדום.

178. כמ"ש, טוב ה' למעוז ביום צרה. אשרי חלקו של אדם המתגבר בהקב"ה, משום שמעוזו של הקב"ה הוא מעוז. טוב ה', כמ"ש, טוב ה' לכל. למעוז, זהו מעוז שיש בו ישועות, כמ"ש, ומעוז ישועות משיחו הוא. ביום צרה, ביום של צרה, שהאומות האחרות מציקות לישראל.

"וישלח". ספר הזהר עם פירוש הסולם. מהד' 21 כר'. כרך ו. דף נג; מהד' 10 כר'. כרך ג. דף נג.

התרפיתָ, ביום צרה

179. התרפיתָ, ביום צרה צר כוחֶכָה. התרפית, מי שידיו מתרפות מן הקב"ה, שלא להתגבר בו. ואיך יתגבר האדם בהקב"ה? שיתגבר בתורה. כי כל מי שמתגבר בתורה, הוא מתגבר בעה"ח, הוא נותן כוח לכנ"י, השכינה, להתחזק.

180. ואם הוא מתרפה מתורה, כתוב, ביום צרה צר כוחכה, ביום שתבוא לו הצרה, כביכול הוא דוחק את השכינה, שהיא כוחו של העולם. כוחכה, אותיות כוח כֹּה, אשר כה הוא שם השכינה. צר כוח כה, שמֵצר כוח השכינה, הנקראת כה.

181. בשעה שאדם מתרפה מתורה והולך בדרך שאינה כשרה, כמה אויבים עתידים להיות מְצֵרים לו ביום צרה. ואפילו נשמתו של האדם, כוחו ותוקפו, נעשית אויבת לנגדו, כמ"ש, צר כוחכה, כי נעשית צר ואויב לו. צר כוחכה, רומז על הנשמה, כוחו של האדם.

182. בשעה שהאדם הולך בדרכי התורה וכל דרכיו מתוקנים כראוי, כמה מְליצֵי יושר עומדים לו להזכיר אותו לטוב, כמ"ש, אם יש עליו מלאך מֵליץ. האם לא הכול גלוי לפני הקב"ה, והוא צריך למלאך, שיאמר לפניו טוב או רע?

183. אלא ודאי שהוא נצרך למלאך, אע"פ שיודע הכול, והוא כדי לעורר רחמים. כי כשיש לאדם מליצים טובים, להזכיר לפני הקב"ה את זכויותיו, ואין לו מלמד חובה, אז כמ"ש, ויחוּנֶנו ויאמר, פְּדעהו מֵרֶדת שָׁחת מצאתי כופר.

184. כתוב, אם יש עליו מלאך. אם לא היה כתוב יותר, היה טוב, אבל כתוב, מלאך מליץ אחד מני אלף. וא"כ, מי הוא? זהו המלאך, הממונה להיות עם האדם לצד שמאלו. כמ"ש, ייפול מצידך אלף, וזהו צד שמאל. כי כתוב אחריו, ורבבה מימינך. משמע שמצידך שכתוב מקודם לכן, הוא צד שמאל.

185. אבל, אחד מני אלף, זהו היצה"ר, אחד מאותם אלף המזיקים, שהם לצד שמאל. כי הוא עולה למעלה ונוטל רשות. ואח"כ יורד וממית. וע"כ, אם האדם הולך בדרך אמת, אותו היצה"ר נעשה לו לעבד, שכתוב, טוב נִקלֶה ועֶבד לו. אז הוא עולה ונעשה מליץ יושר, ואומר לפני הקב"ה זכות על האדם. אז אומר הקב"ה, פדעהו מרדת שחת.

186. ועכ"ז, אין היצה"ר חוזר ריק, כי ניתן לו אדם אחר במקומו לשלוט עליו, ולקחת נשמתו ממנו, משום שהקדימו עוונותיו של האדם ההוא. ונתפס עליהם. והוא נעשה כופר על האדם שניצל. כמ"ש, מצאתי כופר, לפדות אותו.

187. ועוד, הקב"ה אמר אל המלאך, מצאתי כופר, אותה הזכות שאמרת על האדם, היא תהיה עליו לכופר, לפדות אותו, שלא ירד לגיהינום ולא ימות. וע"כ צריך האדם ללכת בדרך אמת, כדי שמלמד החובה, יתהפך להיות לו למלמד זכות.

188. כעין זה ישראל ביוה"כ,

שנותנים ליצה"ר, שהוא ס"מ, שעיר לעזאזל, ומתעסקים עימו עד שנעשה להם עבד, ועולה ואומר עדות לפני הקב"ה, ונעשה להם למליץ טוב. ועל היצה"ר הזה אמר שלמה, אם רעב שונאֲךָ האכילהו לחם.

189. משום זה, ביום צרה, כשהאדם מתרפה מתורה, כביכול דוחף את הקב"ה אל היצה"ר, הנעשה מקטרג על האדם, לשמוע קטרוגו. וא"כ הוא יום צרה, ואז כתוב, צר כוחכה, אותיות צר כוח כה. שמצר כוח השכינה, שנקראת כה. משום שהיצה"ר מתקרב לפני הקב"ה לקטרג, ונחלש כוחה של השכינה, מחמת הקטרוג.

190. טוב ה' למעוז ביום צרה, ויודע חוסֵי בו. מהו ביום צרה? זהו יעקב, בעת שבא עשיו לקטרג עליו. ויודע חוסי בו, כשבאה עליו צרת הדין של מיתת רחל.

191. אין המקטרג על האדם נמצא, אלא בשעת סכנה. משום שיעקב איחר לשלם את נדרו, שנדר לפני הקב"ה, התגבר הדין על יעקב, ע"י המקטרג, שתבע עליו דין בשעת הסכנה, שרחל הייתה בה. אמר לפני הקב"ה, והרי יעקב נדר נדר ולא שילם, והרי הוא גדול מכל בעושר ובבנים ובכל מה שצריך, ולא שילם הנדר שנדר לפניך, ולא קיבלת עונש ממנו. מיד, ותלד רחל ותְקַש בלידתה, כי התקשה עליו הדין למעלה, אצל מלאך המוות.

192. כתוב, ואם אין לך לשלם, לָמה ייקח מִשְׁכָּבְךָ מתחתיך. וע"כ מתה רחל, ונעשה הדין ע"י מלאך המוות.

193. בשעה שבא עשיו, ויָשֶׂם יעקב את השפחות ואת ילדיהן ראשונה, משום שהיה מפחד על רחל, שלא יסתכל אותו רשע ביופייה, ולא יצר אותו עליה.

194. ותיגַשנה השפחות הנה וילדיהן. הנשים היו לפני האנשים, אבל ברחל כתוב, ואחר ניגש יוסף ורחל, שיוסף היה לפני אימו, והוא חיפה והסתיר אותה. וע"כ כתוב, בן פורת יוסף, שהגדיל גופו וחיפה על אימו. וכתוב, בן פורת עלֵי עין, על עינו של אותו רשע, שלא יסתכל בה.

195. כאן נענשה רחל ע"י היצה"ר, שקטרג בשעת הסכנה. ונענש יעקב על נדרו שלא שילם. וזה היה קשה ליעקב יותר מכל הצרות שעברו עליו. ומאין לנו שבגלל יעקב הייתה מיתת רחל? כי כתוב, מתה עליי רחל. עליי ודאי, משום שאיחרתי לשלם את נדרי.

196. קללת חינם לא תבוא. ונאמר, לו, עם ו', קללת חינם לו תבוא. שאם קללת צדיק הוא, אפילו שלא התכוון כלל לקלל, כיוון שיצאה הקללה מפיו, מקבל אותה היצה"ר, ומקטרג עימה בשעת הסכנה.

197. יעקב אמר, עִם אשר תמצא את אלוהיך, לא יִחיה. ואע"פ שהוא לא ידע שרחל גנבה אותם, קיבל הדבר אותו השטן, הנמצא תמיד אצל בני אדם, ובשעת הסכנה קטרג עליו. וע"כ למדנו, לעולם לא יפתח אדם פה לשטן, משום שלוקח אותה המילה ומקטרג עימה למעלה ולמטה. וכש"כ, אם המילה יצאה מפה של חכם או צדיק. ועל שני אלו נענשה רחל:

א. משום שאיחר לשלם את נדרו,
ב. משום הקללה שהוציא מפיו.

ויהי בצאת נפשה

198. ויהי בצאת נפשה, כי מתה. ולמה עוד כתוב, כי מתה? אלא להורות שהנפש לא חזרה יותר אל הגוף, ומתה רחל מיתת הגוף. כי יציאת הנפש אינה מורה עדיין על מיתת הגוף, משום שיש בני אדם, שיצאה נשמתם וחזרה אח״כ למקומה. אבל רחל, יצאה נשמתה ולא חזרה למקומה, ומתה.

199. ותקרא שמו בן אוֹני. ע״ש קושי הדין שנגזר עליה. ויעקב חזר וקשר אותו בימין, בחסדים, משום שצריכים לקשור את המערב, הנוקבא, בימין. ואע״פ שהוא בן אוני של הנוקבא, צד הדין הקשה שבה, מ״מ בן ימין הוא, כי הנוקבא נקשרה בימין. וע״כ קרא לו בנימין, בן ימין, כי קשר את רחל בימין, בחסדים.

200. ורחל נקברה בדרך, שהוא מקום גילוי. אבל לאה, לא התגלו מיתתה וקבורתה.

ויַצֵב יעקב מצבה

201. ויַצֵב יעקב מצבה על קבורתה, היא מצבת קבורת רחל עד היום. עד היום, משום שלא יתכסה מקום קבורתה עד אותו היום, שעתיד הקב״ה להחיות המתים.

202. עד היום, עד היום שתחזיר השכינה מהגלות את ישראל. במקום ההוא של קבורת רחל, כמ״ש, ויש תקווה לאחריתך נאום ה׳, ושָבוּ בנים לגבולם. והיא שבועה, שנשבע הקב״ה לשכינה.

ועתידים ישראל, בעת שיחזרו מהגלות, לעמוד על קבורת רחל ולבכות שם, כמו שהיא בכתה על גלות ישראל. כמ״ש, בבכי יבואו ובתחנונים אובילֵם. וכתוב, כי יש שכר לפעולתך. ובאותה שעה עתידה רחל, שהיא בדרך, לשמוח עם ישראל ועם השכינה.

וילך ראובן וישכב את בלהה,
ויהיו בני יעקב שנים עשר

203. ויהי בְּשְׁכּוֹן ישראל בארץ ההיא, בשכינה, הנקראת ארץ. כי לאה ורחל מתו, והשכינה קיבלה הבית.

204. וילך ראובן וישכב את בלהה. הייתכן שראובן הלך ושכב עם בלהה? אלא כל זמן שלאה ורחל היו חיות, השכינה שרתה עליהן, ועתה שמתו, לא נפרדה השכינה מהבית, ושרתה בבית משכנה של בלהה.

"וישלח". <u>ספר הזהר עם פירוש הסולם</u>. מהד׳ 21 כר׳. כרך ו. דף נט; מהד׳ 10 כר׳. כרך ג. דף נט.
"וישלח". <u>ספר הזהר עם פירוש הסולם</u>. מהד׳ 21 כר׳. כרך ו. דף ס; מהד׳ 10 כר׳. כרך ג. דף ס.
"וישלח". <u>ספר הזהר עם פירוש הסולם</u>. מהד׳ 21 כר׳. כרך ו. דף ס; מהד׳ 10 כר׳. כרך ג. דף ס.

ואע״פ שהשכינה הייתה צריכה לקבל הבית, להתחבר עם יעקב כראוי, אחר מיתת רחל, איך נאמר שהשכינה שרתה במשכנה של בלהה? כי אם לא היה יעקב בזיווג זכר ונוקבא, לא הייתה השכינה שורה בגילוי בבית. ולפיכך עמדה השכינה במשכנה של בלהה, שהיה שם בזיווג זכר ונוקבא.

205. בא ראובן, ואחר שראה שבלהה ירשה מקום אימו, הלך ובלבל המיטה, שלקח מיטתו של יעקב משם. ומשום שהשכינה הייתה עליה, כתוב בו, וישכב את בלהה, שישן על אותה המיטה, ולא חרד לכבוד השכינה. וע״כ אומר עליו הכתוב כאילו שכב עימה.

ומשום זה שלא חטא, לא נגרע ראובן מחשבון י״ב השבטים. וע״כ מיד בא הכתוב ועשה חשבון, כמ״ש, ויהיו בני יעקב שנים עשר. ומשום זה כתוב מיד, בכור יעקב ראובן, שעשה אותו הכתוב ראש לכל השבטים.

206. כי ישרים דרכי ה׳, וצדיקים ילכו בם ופושעים ייכשלו בם. כל דרכיו של הקב״ה כולם ישרים, ודרכיו אמת. ובני העולם אינם יודעים ואינם משגיחים על מה הם עומדים. וע״כ כתוב, צדיקים ילכו בם, משום שיודעים דרכיו של הקב״ה ועוסקים בתורה. שכל מי שעוסק בתורה, הוא יודע והולך בדרכי התורה, ואינו סר לימין ולשמאל.

207. ופושעים ייכשלו בם. אלו הם הרשעים, שאינם עוסקים בתורה, ואינם מסתכלים בדרכיו של הקב״ה, ואינם יודעים לאן הדרכים הולכות. ומשום שאינם יודעים להסתכל, ואינם עוסקים בתורה, הם נכשלים בה, בעוה״ז ובעוה״ב.

208. כל אדם העוסק בתורה, כשנפטר מהעוה״ז, נשמתו עולה באורחות ובשבילים של התורה. ואלו האורחות והשבילים של התורה הם ידועים, ואותם היודעים דרכי התורה בעוה״ז, הולכים בהם בעולם ההוא אחר שייפטרו מהעוה״ז.

209. ואם אינם עוסקים בתורה בעוה״ז, ואינם יודעים האורחות והשבילים של התורה, כשייצאו מהעוה״ז, לא יידעו ללכת באלו האורחות והשבילים, והם נכשלים בהם. ואז ילך בדרכים אחרות, שאינן דרכי התורה, ויתעוררו עליו הרבה דינים, והוא נענש בהם.

210. ומי שעוסק בתורה, כמ״ש, בשוכבך תשמור עליך והקיצות היא תשיחך. בשוכבך, בקבר, התורה תשמור עליך מהדין של העולם ההוא. והקיצות, כאשר הקב״ה יעורר רוחות ונשמות להחיות המתים, אז, היא תשיחך. היא תהיה מְליצה טובה על הגוף, כדי שאלו הגופים, שעסקו בתורה, יקומו כראוי. ואלו הם שיקומו בתחילה לחיי עולם, כמ״ש, ורבים מִיְשֵׁני אדמת עפר יקיצו, אלה לחיי עולם ואלה לחרפות לדראון עולם. ואלו הם לחיי עולם, משום שעסקו בחיי עולם, בתורה.

211. כל אלו שעסקו בתורה, הגוף שלהם יתקיים והתורה תגן עליו. משום שבאותה שעה, יעורר הקב״ה רוח אחד, שכלול מד׳ רוחות, חו״ב תו״מ. ואותו הרוח, הכלול מד׳ רוחות, מזדמן לכל אלו שעסקו בתורה, להחיות אותם ברוח הזה, כדי שיתקיימו לעולם.

212. הרי כתוב במתים שהחייה יחזקאל, מארבע רוחות בואי הרוח. למה לא התקיימו? והרי כולם מתו כבתחילה, ולא הועיל להם הרוח הזה, הכלול מד׳ הרוחות, שיתקיימו לעולם?

אלא שבאותה השעה שהחייה הקב"ה המתים ע"י יחזקאל, אותו הרוח, אע"פ שהיה כלול מד' רוחות, מלכתחילה לא ירד להחיות אותם שיתקיימו לעולם, אלא להראות שעתיד הקב"ה להחיות מתים באותה הדרך, ולהחיות אותם ברוח הנכלל באופן הזה, מד' רוחות.

ואע"פ שהעצמות חזרו בשעה ההיא למה שהיו, הקב"ה רצה רק להראות לכל העולם שהוא עתיד להחיות המתים, אשר עתיד הקב"ה להחיות אותם אז, בקיום שלם בעולם, כראוי. ואלו העוסקים בתורה בעוה"ז, התורה עומדת להם, ונעשית מליצה טובה לפני הקב"ה.

213. כל אלו המילים שבתורה וכל התורה, כלומר, השכל שבה, שעסק בה האדם בעוה"ז, אותן המילים ואותה התורה עומדת תמיד לפני הקב"ה, ואומרת לפניו, ומרימה קולות ואינה שוככת. ולעת ההיא בתחיית המתים, היא תָשִׂיחַ ותאמר, כפי שהתדבק בה האדם ועסק בה בעוה"ז. וע"כ הם יקומו בקיום שלם לחיי עולם. כמ"ש, כי ישרים דרכי ה', וצדיקים ילכו בם ופושעים ייכשלו בם.

214. ועֵלי זקן מאוד ושמע את אשר יעשון בניו לכל ישראל ואת אשר ישכבון את הנשים הצובאות פֶּתח אוהל מועד. הייתכן שכוהני ה' יעשו מעשה זה? הרי התורה מפרשת החטא שלהם, שנענשו, על שהיה הקורבן קל בעיניהם. שמשמע שהיו צדיקים, שמדקדקים עימהם מאוד. וכאן נאמר, את אשר ישכבון את הנשים הצובאות, שעשו עבירה חמורה כל כך.

215. אלא לא היו עושים עבירה זו, ומכ"ש במקום הקדוש ההוא, שלא יקומו ישראל ויהרגו אותם. אלא משום שהיו מעכבים את הנשים מלהיכנס למקדש, והיו מוחים בידיהן, שלא להיכנס להתפלל תפילה, מטרם שהקורבנות נעשו.

כי משום שהן לא הביאו הקורבנות, לקחת חלק מהם, ע"כ היו מעכבים אותן. ומשום זה שהנשים ביקשו להיכנס אל המקדש והם עיכבו אותן, ע"כ כתוב, את אשר ישכבון את הנשים, שעיכבו אותן מלהיכנס לביהמ"ק.

216. וישכב את בלהה, שעיכב אותה מלשמש עם אביו שימוש של מצווה. וזהו בלבול המיטה. וכנגד השכינה עשה המעשה הזה. כי בכל מקום, שנמצא שימוש של מצווה, שורה השכינה על המקום ההוא ונמצאת שם. ומי שגורם לעכב שימוש של מצווה, גורם להסתלקות השכינה מן העולם. וע"כ כתוב, כי עלִיתָ מִשְׁכְּבֵי אביך, אז חיללת יְצוּעִי עָלָה.

וכתוב, וישכב את בלהה, וישמע ישראל, ויהיו בני יעקב שנים עשר. ללמדנו, שכולם היו במניין, ולא נגרע מזכותם מאומה.

217. למה בתחילה כתוב, וישמע ישראל, ואח"כ כתוב, ויהיו בני יעקב שנים עשר? אלא כשבא ראובן ובלבל את המיטה, אמר, ומה זה, הרי י"ב שבטים היו לו לאבי לקיים בעולם ולא יותר, ועתה הוא רוצה עוד להוליד בנים, האם פגומים אנחנו, שהוא רוצה להוליד אחרים במקומנו כבתחילה?

מיד בלבל המיטה, ונעכב אותו השימוש. ונחשב, כאילו עשה ביזיון כלפי השכינה, ששרתה על אותה המיטה. וע"כ כתוב, וישמע ישראל. כי בשם הזה התעלה תוך י"ב (12) מדרגות שהתכסו, י"ב נהרות אפרסמון טהור.

שם ישראל הוא למעלה מחזה דז"א, ששם ד"ס חו"ב תו"מ, שבכל אחת ג' קווים, י"ב נהרי אפרסמון הטהור. והם התכסו, כי מחזה ולמעלה חסדים

מכוסים. ויעקב היה רוצה להוליד עוד י״ב בנים מבחינת י״ב שבשם ישראל, שהם חסדים מכוסים. ונמצא, ראובן, שבלבל יצועי אביו, פגם בבחינת י״ב שבשם ישראל, ולא כלום בי״ב דיעקב, שכבר היו ונשלמו. וע״כ כתוב, וישמע ישראל. אבל בני יעקב היו י״ב שלמים.

218. ויהיו בני יעקב שנים עשר. אלו הם י״ב השבטים, שהשכינה נתקנה בהם. הם אלו שהתורה חזרה ועשתה להם חשבון כבתחילה, מקודם חטאו של ראובן. כולם קדושים, כולם ראויים אל השכינה להסתכל בקדושת ריבונם. כי אילו עשה ראובן אותו מעשה, לא היה בא במספר השבטים.

219. ועכ״ז נענש ראובן, שנלקחה ממנו הבכורה וניתנה ליוסף. כמ״ש, ובני ראובן בכור ישראל, כי הוא הבכור, ובחַללו יצועי אביו, ניתנה בכורתו לבני יוסף בן ישראל. יהי שמו של האלקים מבורך מן העולם ועד העולם, שכל פעולותיו אמת, ודרכיו דין, וכל מה שהוא עושה הכול הוא בחכמה העליונה.

220. כמה גורם מעשה בני אדם, כי כל מה שאדם עושה, הכול נרשם ועומד לפני הקב״ה. כי יעקב, בשעה שבא אל לאה, כל אותו הלילה רצונו וליבו היו ברחל, כי חשב שהיא רחל. ומהשימוש הזה, מטיפה ראשונה ומאותו הרצון, התעברה לאה.

אילו לא היה כך, שלא היה יודע יעקב שהיא לאה, אלא שכן היה יודע שהיא לאה, והיה חושב ברחל, לא היה עולה ראובן בחשבון השבטים, כי היה בן תמורה. אלא בשוגג היה. וע״כ לא התעלה בשם ידוע, אלא שמו סתם ראובן, אותיות ראו בן סתם, בלי שם.

221. ועכ״ז חזר המעשה למקומו. שכמו שהרצון הראשון נפעל ברחל, הרצון הזה חזר אליה, כי בכורתו חזרה ליוסף בכור רחל, למקום שהרצון היה שם, לרחל. והכול בא למקומו, כי כל מעשיו של הקב״ה כולם אמת וצדק.

מי זאת עולה מן המדבר

222. תימרות העשן היו מתאבכות ועולות למעלה. אילו תימרות העשן מהקורבן, שהיו עולות על המזבח, היו עולות תמיד כעשן הזה, לא היה רוגז על העולם, וישראל לא היו גולים מארצם.

223. מי זאת עולה מן המדבר כתימרות עשן. בזמן שישראל היו הולכים במדבר, השכינה הייתה הולכת לפניהם, והם היו הולכים אחריה, כמ״ש, וה׳ הולך לפניהם יומָם בעמוד ענן. וכתוב, לכתךְ אחריי במדבר. הרי שהשכינה הלכה לפניהם והם הלכו אחריה. שהיו מקבלים מאחוריים שלה.

224. והשכינה הייתה הולכת וכל ענני כבוד עימה. וכשהשכינה נסעה, היו נוסעים ישראל, כמ״ש, ובהיעָלות הענן מעל המשכן, ייסעו בני ישראל בכל מסעיהם. וכשהיא עלתה, עלה הענן עד

למעלה. וכל בני העולם רואים, ושואלים, ואומרים, מי זאת עולה מן המדבר כתימרות עשן.

225. הענן, שהשכינה נראתה בו, היה עשן, משום שהאש שהדליקו אברהם ויצחק בנו, הייתה אוחזת בה ולא הרפתה ממנה. וכשהאש ההיא הייתה נאחזת בה, הייתה מעלה עשן.

כשקו השמאל דבינה מאיר בלי ימין, הארתו כאש אוכלת. וכשהשכינה בבניין אחוריים, היא עולה ומלבישה את קו שמאל דבינה. ואז היא נדלקת באש הזו. שנאמר, שהאש שהדליקו אברהם ויצחק בנו, הייתה אוחזת בה. כי יצחק הוא קו שמאל דבינה, שאברהם המשיך אותו, ומטרם שנכלל בימין, היה כאש אוכלת.

והשכינה נדלקה באש הזו בזמן היותה בבניין אחוריים. ובעת תיקון השכינה, כשהיא מקבלת מוחין השלמים דפב״פ, כשמשפיעה הארת החכמה, היא משפיעה בכלים הללו, שהם כאש אוכלת, שקיבלה מקו שמאל דבינה בעת היותה במוחין דאחוריים.

אש זו אינה סרה מהנוקבא גם בהיותה במוחין דפנים. וכשהאש ההיא הייתה נאחזת בה, שמשפיעה על ידם הארת החכמה, הייתה מעלה עשן, כי מעוררת אז כלים דאחוריים, שהם כאש אוכלת ומעלים עשן.

226. מקוטרת מור ולבונה מִכֹּל אבקת רוֹכל. מקוטרת, מתקשרת בב׳ הצדדים האחרים, הממותקים והנכללים זה בזה, שהם ענן של אברהם, לימין, וענן של יצחק, לשמאל. מכל אבקת רוכל, זה יעקב. כלומר שהייתה מתקשרת בג׳ הקווים: מור, קו ימין, אברהם. לבונה, קו שמאל, יצחק. מכל אבקת רוכל, זהו קו אמצעי הכולל שניהם, ע״כ מכונה רוכל, שבידו מור ולבונה.

227. ועוד, אבקת רוכל, זה יוסף הצדיק. משום שארונו של יוסף, יסוד, היה הולך אצלה. ונקרא רוכל, משום שאמר רכילות על אחיו לפני אביו.

228. ושכינה מתקשרת באברהם, ביצחק, ביעקב וביוסף, שהם כאחד וצורה אחת להם. כמ״ש, אלה תולדות יעקב יוסף. ולכן כתוב, מכל אבקת רוכל. כי מהמקום שהנהר נמשך ויוצא, יסוד, יוסף, מושקים כולם ופני הכול מאירים.

229. כשישראל היו בארץ, והיו מקריבים קורבנות, היו נקרבים כולם להקב״ה כראוי. וכשהקורבן נעשה והעשן עלה בדרך ישר, אז היו יודעים שעשן המזבח הדליק הנר הראוי להדליק, ופני הכול מאירים והנרות דולקים. נרות, הספירות של הנוקבא, מאורי האש.

230. ומיום שנחרב ביהמ״ק, אין יום שאין בו זעם ורוגז, כמ״ש, ואל זועם בכל יום. והוסרה השמחה מלמעלה ומלמטה, וישראל הולכים בגלות, והם ברשות אלוהים אחרים. ואז מתקיים הכתוב, ועבדת שם אלוהים אחרים.

231. וכל זה למה הגיע לישראל? כמ״ש, תחת אשר לא עבדת את ה׳ אלקיך בשמחה ובטוב לבב מרוב כל. מהו מרוב כל? היסוד נקרא כל, כמ״ש, כי כל בשמיים ובארץ. וכשישראל היו בארץ, היה היסוד מאיר להם, וכתוב, מרוב כל. ובחוץ לארץ, בגלות, כתוב, בחוסר כל, שאין היסוד מאיר שם. וע״כ כתוב, ועבדת את אויביך, אשר ישַׁלחנוּ ה׳ בָּך ברעב ובצמא ובעירום ובחוסר כל.

232. עד שיתעורר הקב״ה, ויגאל אותנו מבין העמים, כמ״ש, ושב ה׳ אלקיך את שְׁבוּתךָ וריחמֶךָ.

ואלה תולדות עשיו

233. ואלה תולדות עשיו. בחיי יצחק לא נמנו בניו של עשיו, כמו שנמנו בניו של יעקב. כתוב, ויגווע יצחק, ואחריו כתוב, ואלה תולדות עשיו הוא אֱדום. ולא נמנו בחיי יצחק, משום שבחלקו ובנחלתו ובגורלו של יצחק רק יעקב ובניו. ומשום זה יעקב ובניו, חלקו של הקב"ה, נכנסו בחשבון. אבל עשיו, שאינו בצד האמונה, עשה הכתוב חשבונו לאחר שמת יצחק, שאז נפרד חלקו מקדושה למקום אחר.

234. אחר שמת יצחק, ועשיו נפרד אל הצד שלו, כתוב, וייקח עשיו את נשיו ואת בניו ואת בנותיו ואת כל נפשות ביתו, ואת מקנהו ואת כל בהמתו ואת כל קניינו אשר רכש בארץ כנען, ויילך אל ארץ מפני יעקב אחיו. כי הניח ליעקב את הקרן ואת הרווח. הניח לו את שעבוד מצרים, הקרן, וגם את הרווח משעבוד מצרים, ירושת הארץ, ומכר לו חלקו שבמערת המכפלה, והלך לו מהארץ ומהאמונה, ומחלקו, שהלך לו והסתלק מכל.

235. כמה היה חלקו של יעקב טוב בכל, אשר עשיו לא נשאר עימו, ונפרד ממנו והלך לו לחלקו ולגורלו. ונשאר יעקב אוחז בנחלת אביו ונחלת אבותיו. וע"כ כתוב, וילך אל ארץ מפני יעקב אחיו. שלא רצה חלקו ונחלתו וגורל האמונה של יעקב. אשרי חלקו של יעקב, כמ"ש, כי חֵלק ה' עַמו, יעקב חֶבל נחלתו.

ואלה המלכים

236. ואלה המלכים אשר מלכו בארץ אדום, לפני מלוך מלך לבני ישראל. כשעשה הקב"ה את העולם, וחילק את הארץ לשבעה גבולות, מחולקים כנגד שבעים השרים, הממונים על אוה"ע, שהם חיצוניות, חג"ת נהי"מ, שכל אחת כלולה מעשר, והם שבעים. והקב"ה חילק אותם שבעים ממונים לשבעים אומות, כל אחד כראוי לו, כמ"ש, בהַנחֵל עליון גויים בהפרידו בני אדם יצֵב גבולות עמים למספר בני ישראל.

237. ומכל השרים הממונים, שנמסרו לכל האומות, אין בזוי לפני הקב"ה כממונה של עשיו. משום שהצד של עשיו הוא צד הטומאה, שהוא ביזיון לפני הקב"ה. ומאלו המדרגות הקטנות שלאחר הרחיים, ומהריקנות שבמידות האדומות, בא שרו של עשיו. כמ"ש, על גחונך תלך, וכתוב, ארור אתה מכל הבהמה.

רחיים ורכב, נו"ה, המכונים שְחָקִים, שטוֹחנים מ"ן לצדיקים. נצח מכונה רכב, והוד רחיים. ומכונים כך, משום שיש בהוד הדין הקשה, שמשם נתקן מסך המנעולא. וע"כ הכול נטחן עליו, ומשם הצדיקים מעלים מ"ן. ונודע שהדין אינו פועל למעלה ממקום מציאותו, אלא רק למטה ממקום מציאותו. ולפיכך המדרגות, שהן

"וישלח". ספר הזהר עם פירוש הסולם. מהד' 21 כר'. כרך ו. דף סט; מהד' 10 כר'. כרך ג. דף סט.
"וישלח". ספר הזהר עם פירוש הסולם. מהד' 21 כר'. כרך ו. דף ע; מהד' 10 כר'. כרך ג. דף ע.

אחר הרחיים, הוד דז"א, נפעלות מהדין הקשה שברחיים, ואינן יכולות לקבל גדלות, והן בקטנות.

גם נודע, שהמדרגות הנמשכות מקו שמאל, בשעה שמאיר מלמעלה למטה, הן בריקנות מכל אור, משום שהנוקבא נבחנת אז לים הקפוא. ואלו שני החסרונות נמצאים בשרו של עשיו. ומאלו המדרגות הקטנות שלאחר הרחיים, מבחינות הקטנות, הנוהגות במדרגות שלאחר הרחיים, מפאת הדין הקשה שנמצא שם, בא שרו של עשיו וע"כ הוא קטן.

ומהריקנות שבמידות האדומות, בא שרו של עשיו. כי הוא בא מקו שמאל, בעת שמאיר מלמעלה למטה, חכמה בלי חסדים, שאז כל המדרגות הנמשכות משם הן בריקנות. וב' דברים כתוב עליו:

א. הנה קטון נתתיך בגויים,

ב. בזוי אתה מאוד, להיותו נמשך מקו שמאל, הנמשך מבינה, שנבחנת לגוון אדום. ולהיותו בריקנות, נבחן לבזוי. והוא גם בחינת הנחש הקדמוני, שכתוב עליו, על גחונך תלך ועפר תאכל. כי להיותו מאחר הרחיים, נקצצו לו הרגליים, מכוח הדין הקשה אשר שם, וקולל, על גחונך תלך. ולהיותו משמאל הוא בריקנות, וקולל, ועפר תאכל כל ימי חייך. וכתוב בעשיו, בזוי אתה מאוד, בדומה לנחש שקולל, ארור אתה מכל הבהמה ומכל חיית השדה.

למה מלכו מלכי אדום לפני שמָלך מֶלך לבני ישראל? ונודע, שהקטן נתקן תחילה ואח"כ הגדול. ולפי זה היה צריך שיעקב ייתקן תחילה ואח"כ עשיו. כי כתוב, ויקרא את עשיו בנו הגדול. ויעקב הוא הקטן. והזוהר בא לבאר לפנינו, שמבחינת השורשים נבחן עשיו לקטן ויעקב גדול ממנו. וע"כ כתוב, הנה קטון נתתיך בגויים.

238. במדרגות התחתונות שמחזה ולמטה דזו"ן, ששם החסדים מתגלים בחכמה, יש מדרגות על מדרגות. וכולן שונות זו מזו. וכל המדרגות הן פרודות. וגם מקושרות אלו באלו. באופן, שהמלכויות מכל המדרגות נפרדות זו מזו, וגם מלכות מתקשרת במלכות. משום שהסדר הוא, שזה נכנס וזה עולה. ונמצאים מאוחדים בקשר אחד.

אור החסדים נכנס ע"י מסך דחיריק שבקו אמצעי. ואז אור החכמה שבשמאל עולה ומאיר מלמטה למעלה. וע"כ מאוחדים כל שלושת הקווים בקשר אחד של הקו האמצעי. כי לולא אור החסדים שבקו ימין, לא האירה החכמה שבשמאל. ולולא הקו האמצעי, לא היו מתלבשים הימין והשמאל זה בזה. ונמצאים שלושתם מקושרים זה בזה.

239. הקשר, מסך דחיריק, יש לו קומה אחת, קומת קו אמצעי. ושלושה קשרים יש באותה הקומה. כי קו אמצעי כולל בתוכו כל שלושת הקווים. ובכל קשר יש עטרה אחת, ג"ר, כמ"ש, בעטרה שעיטרה לו אימו. ובכל עטרה כוח שליטה אחד דמסך דמנעולא, המלכות דצ"א, המשמש בג"ר של כל מדרגה.

240. והתמנה כוח השליטה של המנעולא בעיטור שלמעלה, בג"ר המדרגה, ששם נקבע מקומו. וגם התמנה לרדת למטה, לו"ק המדרגה, עד שנקשרו בו הכוכבים והמזלות. וכל אחד, כל כוח השליטה שיש בכל אחת מג' העטרות, יש בו כוכב אחד ומזל אחד. וכל הכוכבים מתייחסים למדרגות שלמעלה, וכל המזלות למדרגות שלמטה. וע"כ כל מדרגה מתעטרת במקומות כראוי לכל אחת.

מזל, קיבוץ כוכבים המקושרים זה בזה, ומהלך אחד משותף לכולם.

כוכבים, מורה, שאינם מקושרים זה בזה, וכל אחד פונה לדרכו.

הקשר של הספירות הוא, שאין החכמה מאירה בלי חסדים שבימין, ואין החכמה מקבלת החסדים שבימין, אלא ע"י הכרעת הקו האמצעי. ונמצאים שלושתם צריכים זה לזה ומקושרים זה בזה. ולפי זה כל סיבת הקשר הוא, משום אור החכמה, שאינו יכול להאיר בלי חסדים. וע"כ נוהג זה רק בו"ק של כל מדרגה, ששם מאיר המפתחא, עטרת יסוד. והי' יוצאת מאויר, והתגלה שם אור החכמה.

משא"כ בג"ר של כל מדרגה, ששם שולט כוח המנעולא, מלכות דצ"א, אין הי' יוצאת מאויר שלהן, והחסדים מכוסים ונעלמים מחכמה. א"כ אין שום סיבה לקו האמצעי, שיצטרך לקשר הספירות זו בזו. ולפיכך הן נבחנות לפרודות. ומטעם זה הספירות שבו"ק המדרגה, שהן מקושרות זו בזו, מכונות מזל, שהכוכבים שבו מקושרים זה בזה. והספירות שבג"ר המדרגה מכונות כוכבים, שנפרדות זו מזו, כמו כוכבים נפרדים.

כמ"ש, ופניהם וכנפיהם פרודות מלמעלה, כי מחוברות למטה בו"ק, ופרודות מלמעלה בג"ר. ואין הפירוש, שאין תיקון קווים בג"ר, כי אין משהו בו"ק, שלא יהיה מקובל מג"ר. אלא מדובר הוא בעניין השליטה בלבד. כלומר, שאין שום שליטה לכוח הקישור אשר שם, ודומה כמו שאינו. וע"כ נקראות כוכבים.

כוח השליטה של המנעולא הוא בג"ר של המדרגה, אבל הארתו מתפשטת ויורדת בו"ק של המדרגה. כוח השליטה של המנעולא התמנה בג"ר המדרגה, והוא עיקר מציאותו. שמבחינת הארתו יורד ומאיר למטה בו"ק המדרגה. כי נכללו בו ג"ר, כוכבים, וו"ק, מזלות. אלא מציאותו בכוכבים והארתו במזלות.

כלומר, שלאו דווקא כוח השליטה שבשמאל נוהגים בו כוכב ומזל. אלא אפילו כוח השליטה שבימין שכולו חסדים, מ"מ נוהגים גם בו כוכב ומזל. שמבחינת כוכב אין בו התכללות חכמה, ומבחינת מזל יש בו התכללות מחכמה. שהכוכבים מתייחסים לג"ר המדרגה, והמזלות מתייחסים לו"ק של המדרגה.

ע"כ יש ב' מינים של ג"ר:

א. מבחינת חסדים, המתקבלים מג"ר המדרגה, אוירא דכיא,

ב. מבחינת חכמה, המתקבלות מו"ק של המדרגה.

והרי יש ב' מיני עיטור. וכל מדרגה מתעטרת לפי בחינתה הראויה לה.

241. וכשהמדרגות נפרדות בג"ר, נמצא בהן קשר המפסיק, כלומר, שליטת המנעולא, המפסיקה הארת החכמה, עד שמתקשר במקום הראוי לו, עד שהארתו יורדת לו"ק. ובחינות מדרגות הטומאה, שהן בצד שמאל, כולן מתחלקות לכמה אורחות, בחינות מפתחא, ולשבילים, בחינות מנעולא, מבחינות הגבורות האדומות, הנמשכות מבינה, אדום. ומשום זה, נבחנות הגבורות שלמטה לאלף אלפים וריבוא רבבות.

אע"פ שהצד השמאלי נמשך ממקום ו"ק, ששם מקום שליטת המפתחא, מ"מ גם הארת המנעולא מתפשטת שם, וע"כ צד הטומאה, הנמשך מצד שמאל, כלול בהכרח גם משליטת המנעולא. ולפיכך מגיעה לו משם הקטנות.

וכשהמדרגות נפרדות בג"ר, נמצא בהן קשר המפסיק, שליטת המנעולא במקום ג"ר, המפסיקה הארת החכמה. עד שמתקשר במקום הראוי לו, שהארתו מתפשטת גם לו"ק, אע"פ ששם מקום שליטת המפתחא. ולפיכך בחינות מדרגות הטומאה, שנמשכות מצד שמאל, שב' השליטות, מנעולא ומפתחא, מראות שם כוחם, כולן מתחלקות לכמה אורחות ושבילים.

מהמפתחא מתפשטים אורחות, וממנעולא מתפשטים שבילים. הארת המפתחא, שיש בה הארת חכמה, תלויים בה אלף אלפים, כי אלפים הם בחכמה. והארת המנעולא המשמשת בג״ר ובחסדים מכוסים, תלויים בה רבבות, כי רבבות נמשכות מג״ר ומבחינת החסדים. מכוח הארת המנעולא נמשכת הקטנות לעשיו, ומכוח הארת המפתחא הוא מקבל הארת השמאל מלמעלה למטה, שמזה מגיע לו הריקנות ונעשה בזוי מאוד.

242. ואלה המלכים אשר מלכו בארץ אדום, לפני מלוך מלך לבני ישראל. בארץ, בצד עשיו שבמדרגה, כמ״ש, עשיו הוא אדום. וכל אלו המלכים באים מצד רוח הטומאה. לפני מלוך מלך לבני ישראל. משום שאלו המדרגות של עשיו העומדות בבתי שער למטה, הן קודמות להשתלם. ומשום זה אמר יעקב, יעבור נא אדוני לפני עבדו, משום שמדרגותיו של עשיו הן קודמות להיכנס ולהשתלם. כי בתחילה מיתקנות המדרגות הנמוכות ואח״כ המדרגות הגבוהות.

ומשום זה כתוב, לפני מלוך מלך לבני ישראל. כי עד עתה עוד לא הגיע הזמן של מלכות שמיים לשלוט ולהתאחד בבני ישראל. ומשום זה אמר, יעבור נא אדוֹני לפני עבדו.

243. וכשיושלמו תחילה אלו המדרגות, תתעורר אח״כ מלכות שמיים לשלוט על התחתונים. וכשהתחילה לשלוט, התחילה בקטן מכל השבטים, בנימין, כלומר, בשאול המלך שבא מבנימין. ובבנימין התחילה המלכות להתעורר. ואח״כ באה המלכות במקומה, לדוד המלך, והתקיימה בו, שלא תסור ממנו לעולם.

יעקב ישראל וישורון

244. כמה הבטיח הקב״ה לישראל בכמה מקומות, שינחיל להם העוה״ב. כי לא רצה לקבל לחלק שלו שום עם ולשון, אלא רק את ישראל לבדם. ומשום זה ניתנה להם תורת אמת, לזכות על ידה ולדעת דרכיו של הקב״ה, כדי שינחלו את ארץ הקודש. כי כל מי שזכה בארץ הקודש הזאת, יש לו חלק לעוה״ב. כמ״ש, ועַמך כולם צדיקים לעולם יירשו אָרץ.

245. שלוש מדרגות, יעקב, וישראל, וישורון. יעקב הוא מדרגת ו״ק בלי ראש. וישראל הוא מדרגת ג״ר. אע״פ שהן מדרגות, הן אחת, ז״א.

246. למה נקראים ישראל בשם ישורון? אלא ישראל וישורון הכול אחד. ישורון כמ״ש, יָשׁור על אנשים, משום שלוקח שורה מצד זה ושורה מצד זה, ומשום אלו שתי השורות נקרא, ישורון, בלשון רבים. ישראל ג״כ לשון שורה, אותיות ישר אל.

247. ישראל נקרא עם שין שמאלית, שהיא שׂרה, על שלוקח גדלות ועוז מכל. ישורון נקרא ע״ש אלו החלקים, שני הצדדים, ימין ושמאל, שהם ב׳ שורות, והכול אחד.

שורות פירושו קווים. והשם ישורון, בלשון רבים, מורה על ב׳ שורות. וע״כ

כולל בהכרח ב׳ הקווים העליונים, חו״ב. והשם ישראל, אותיות ישר אל, הוא ג״כ לשון שורה, כמו ישור על אנשים. והוא לשון יחיד. וע״כ מורה על קו אמצעי, דעת, הכולל ב׳ הקווים העליונים, חו״ב.

ישראל וישורון הם אחד, ששניהם ג״ר דז״א, מחזה ולמעלה דז״א. ישורון, משום שלוקח שורה מצד זה ושורה מצד זה, ב׳ הקווים העליונים ימין ושמאל, חו״ב דז״א. וכן הוא השם ישראל, מלשון שורה, אותיות ישר אל, קו אמצעי, דעת, ו״ק דראש ז״א.

ישראל נקרא עם שין שמאלית, לשון שרה, על שלוקח גדלות ועוז מכל, להיותו כולל שניהם, ע״כ נוטל גדלותו מקו ימין, ועוזו מקו שמאל. ישורון נקרא ע״ש אלו החלקים, שני הצדדים, ימין ושמאל, שהם ב׳ שורות, ב׳ הקווים, חו״ב דראש ז״א. וכל אלו ג׳ השמות הם אחד, שכולם הם בז״א.

248. ואלו השמות כולם עולים לאחד, שהם ג׳ פרצופים: חב״ד, חג״ת, נה״י דז״א, המכונים בי״ע דז״א. ישורון חב״ד, ישראל חג״ת, יעקב תנה״י. וע״כ כתוב, יעקב עבדי. כי לפעמים הוא עבד, כמו עבד שיש לו מצוות ריבונו, ועושה רצונו. שזה מורה שאין לו מוחין, משום שהוא פרצוף תנה״י ובחינת עשיה דז״א. וכתוב, ישראל בחרתי בו, לשרות בו, במוחין דג״ר. והכול הוא בסוד העליון. שכל ג׳ המדרגות הן כולן בראש.

אלו המדרגות עולות לאחד, שהן ג׳ פרצופי ז״א: ישורון, ישראל ויעקב, חב״ד חג״ת נה״י, בי״ע. ולכן נאמר עליהם, בורא, יוצר, עושה, וכולם הם מדרגות אלו על אלו, וכולם אחד.

כתוב, בוראך יעקב ויוצרך ישראל. וכתוב, כה אמר ה׳ עושך ויוצרך. נמצא, שהיה צריך לומר, עושך יעקב ולא בוראך יעקב. והעניין הוא, שיש ערך הפוך בין האורות לכלים. שבפרצוף כלים דבריאה, בחינת יעקב בו. וכשהתווספו כלים דיצירה בפרצוף, יש גם בחינת ישראל. וכשהתווספו כלים דעשיה בפרצוף, יש גם בחינת ישורון.

וע״כ כתוב, בוראך יעקב ויוצרך ישראל. ומה שנאמר שישראל הוא יצירה וחג״ת, אין הכוונה שהוא ו״ק בלי ראש, כי כל המדובר כאן הוא רק בבחינת מוחין וראש, בג׳ פרצופים חב״ד חג״ת נה״י שבראש דז״א.

249. אשרי חלקם של ישראל, שהקב״ה רצה בהם מכל העמים עכו״ם. כי כולם, כמ״ש, הֶבל הֵמה מעשה תעתועים, בעת פקודתם יאבֵדו. בשעה שעתיד הקב״ה לבער אותם מן העולם, ויישאר הוא לבדו. כמ״ש, ונשגב ה׳ לבדו ביום ההוא.

אל תיראי תולעת יעקב

250. כל עמי העולם עכו״ם, נתן אותם הקב״ה תחת שרים ממונים ידועים. וכולם הולכים אחר אלוהיהם. וכולם שופכי דמים ועושי מלחמה, גוזלים ומכים ומנאפים, ומעורבים בכל העושים מעשים להרע, ומתגברים תמיד בכוחם להרע.

״וישלח״. ספר הזהר עם פירוש הסולם. מהד׳ 21 כר׳. כרך ו. דף עו; מהד׳ 10 כר׳. כרך ג. דף עו.

251. וישראל, אין להם גבורה וכוח לנצח אותם, אלא רק בפיהם, בתפילה. כמו תולעת, שאין לה גבורה וכוח, אלא בפה. ובפה היא שוברת הכול, וע״כ נקראים ישראל תולעת.

252. אל תיראי תולעת יעקב. אין שום ברייה בעולם, כמו התולעת הזו של טוויית המשי, שממנה יוצאים כל לבושי כבוד, תלבושת המלכים. ולאחר טווייתה זורעת זרע ומתה. ואח״כ, מאותו זרע שנשאר ממנה, קמה לתחייה כמקודם לכן, ושוב היא חיה. כך הם ישראל, כאותה התולעת, שאע״פ שמתים, יחזרו ויחיו בעולם, כמקודם לכן.

253. וכן כתוב, כחומר ביד היוצר, כן אתם בידי בית ישראל. זהו חומר של אותה זכוכית, אשר אע״פ שנשברת, חוזרת ומיתקנת, ויש לה תקנה כמקודם לכן. כך ישראל, אע״פ שמתים, חוזרים לתחייה.

254. ישראל, זה עה״ח, ז״א. ומשום שבני ישראל יתדבקו בעה״ח, יהיו להם חיים, ויקומו מעפר, ויתקיימו בעולם, ויהיו לעם אחד לעבוד את הקב״ה.

חצות לילה ותפילת השחר

255. רבי אלעזר ורבי יצחק היו הולכים בדרך. והגיע זמן ק״ש. וקם רבי אלעזר וקרא ק״ש והתפלל תפילתו. אח״כ אמר לו רבי יצחק, מטרם שהאדם יוצא לדרך, צריך לקבל רשות מריבונו ולהתפלל תפילתו.

256. אמר לו, כאשר יצאתי לא הגיע עדיין זמן התפילה, ולא הגיע זמן ק״ש. עתה שהאיר השמש התפללתי. אבל עוד מטרם שיצאתי לדרך, ביקשתי תחינה ממנו, ונועצתי בו, אלא תפילה זו של שחרית לא התפללתי.

257. כי עוסק אני בתורה מחצות לילה, וכשהגיע הבוקר, עד עתה עוד לא היה זמן תפילה, משום שבשעה ההיא שקדרות הבוקר נמצאת, האישה מספרת עם בעלה, והם בייחוד כאחד, והיא צריכה ללכת למשכן בין נערותיה היושבות עימה שם. ולפיכך אין אדם צריך להפסיק הדברים, שמתחברים על ידיהם כאחד, ולהכניס דבר אחר ביניהם.

258. ועתה שהאיר השמש הגיע זמן תפילה להתפלל, כמ״ש, ייִרָאוּך עם שמש. מהו עם שמש? לשמור עימנו אור השמש, כדי להאיר אליה, לנוקבא. כי היראה, הנוקבא, צריכה להיות בחיבור עם השמש, ז״א, ולא להפריד אותם. וכל עוד שלא האיר היום, אין היראה עם השמש. וע״כ כשמאיר השמש, צריכים לחבר אותם יחד.

יש ב׳ זיווגים:

א. להשלמת הכלים של הנוקבא, והוא זיווג של לילה,

ב. להשלמת המוחין שלה, והוא זיווגו של יום.

״וישלח״. ספר הזהר עם פירוש הסולם. מהד׳ 21 כר׳. כרך ו. דף עח; מהד׳ 10 כר׳. כרך ג. דף עח.

ועניינם רחוק זה מזה עד לקצה. עד כי מעשה הייחוד בזיווג של הלילה, גורם פירוד, אם ממשיך אותו בזיווג של יום. וכן להיפך, שמעשה הייחוד בזיווג של יום, גורם פירוד, אם ממשיך אותו בזיווג של לילה.

ויש ב׳ מצבים בנוקבא:

א. מבחינת היותה בשלמות מטרם מיעוט הירח, שאז הייתה קומתה שווה עם ז״א, כמ״ש, שני המאורות הגדולים,

ב. מבחינת מציאותה עתה אחר מיעוטה, שהתמעטה עד לנקודה, ואין בה אלא מה שנותן לה ז״א.

ויש מעלה במצב הא׳, להיותה נשלמת בחכמה, וקומתה שווה עם ז״א. אבל כנגד זה יש בה גירעון, שמפאת חיסרון של אור החסדים, גם החכמה שבה אינה מאירה, והיא חושך. ואת המצב הזה ממשיכים לה ע״י תפילת ערבית, ועסק התורה בחצות לילה ואילך. והוא זיווג הלילה, כמ״ש, וַתָּקָם בעוד לילה ותיתן טרף לביתה וחוק לנערותיה.

ויש מעלה במצב הב׳, שאז מקבלת חסדים מז״א, והחכמה שבה מתלבשת בחסדים, והמוחין מאירים בה בכל השלמות. אבל כנגד זה יש בה גירעון אז, כי התמעטה קומתה ונעשתה טפלה לז״א, ואין לה משהו מעצמה, אלא מה שנותן לה ז״א. ואת המצב הזה ממשיכים לה ע״י ק״ש ותפילה של שחרית, בזיווג היום.

ולכן אמר רבי אלעזר, כי עוסק אני בתורה מחצות לילה, וכשהגיע הבוקר, עד עתה עוד לא היה זמן תפילה, משום שבשעה ההיא שקדרות הבוקר נמצאת, האישה מספרת עם בעלה, שזה זיווג של לילה להשלמת הכלים, שאז ממשיכים לה מצב הא׳. והם בייחוד כאחד, ששניהם בקומה שווה.

והיא צריכה ללכת למשכן, להשתלם בהארת הכלים, במשכן וכליו. בין נערותיה היושבות עימה שם, להשפיע מאור זה אל העלמות היושבות עימה, כמ״ש, ותקם בעוד לילה ותיתן טרף לביתה וחוק לנערותיה.

ולפיכך, אסור להפסיק הדברים, הגורמים להם להתחבר כאחד בקומה שווה. כלומר, לבטל הארת החכמה, מצב הא׳, ולהכניס דבר אחר ביניהם. אסור אז לקרוא שמע ולהתפלל תפילת שחרית, שבזה ממעט קומתה מקומת ז״א, כדי להמשיך לה אור החסדים, מצב הב׳, ההפוך ממצב הא׳, והמבטל אותו.

וכשהאיר השמש, שהגיע הזמן לזיווג של יום, ולהמשיך מצב הב׳ להשלמת המוחין, אז הוא זמן תפילה. כלומר, שע״י התפילה ממשיכים לה אור ז״א, שנקרא שמש, אור החסדים, להאיר אל הנוקבא, כדי שתתלבש החכמה שבה, באור החסדים דז״א. כי היראה, הנוקבא, צריכה להיות בחיבור עם השמש, ז״א. הנוקבא צריכה אז להיות עם השמש, ז״א, שאז אין לה מעצמה שום אור, אלא צריכה לקבל מהשמש. ולא להפריד אותם, שאם מפריד אותה מז״א, היא מתבטלת לגמרי.

וכל עוד שלא האיר היום, אין היראה עם השמש. בלילה, אין היראה, הנוקבא, עם השמש, כלומר, שאינה מקבלת ממנו אור החסדים, אלא היא מקבלת אור החכמה מבינה. וכשהגיע זמן זיווג של יום, צריכים לחבר אותם יחד, כי אז נעשית טפלה לו, וצריכה לקבל ממנו הכול. וע״כ נעשית אז מחוברת וטפלה לשמש.

259. הלכו רבי אלעזר ורבי יצחק. כשהגיעו לשדה אחד, ישבו. נשאו עיניהם וראו הר, שבריות משונות היו עולות בראשו. פחד רבי יצחק. אמר לו רבי אלעזר, למה אתה מפחד? אמר לו,

רואה אני את ההר הזה שהוא עצום, ואני רואה את אלו הבריות שעליו, שהן משונות, ואני מפחד שלא יצֵרו לנו. אמר לו, כל מי שמתיירא, יש לו להתיירא מהחטאים שבידו. אין אלו מאותן הבריות החזקות, שהיו נמצאות בהרים.

260. כתוב, ואלה בני צִבעון, ואַיָה וענה, הוא ענה אשר מצא את היֵמים במדבר, ברעותו את החמורים. אבל אין אלו אותם שכתוב בהם, האֵימים לפנים ישבו בה, עם גדול ורב ורם כענקים, ובני עשיו יירשום וישמידום מפניהם.

כי נודע, שבהמשכת קו שמאל מתגלים דינים. ויש כאן הפרש בין אור הזכר אל אור הנקבה. כי בהמשכת קו שמאל בבחינת אור הזכר, מלמעלה למטה, מתגלים דינים קשים מאוד. אבל אם ממשיך הארת השמאל בבחינת אור נקבה, מלמטה למעלה, מתגלים רק דינים רפויים. הארת קו שמאל, יצחק, שם שורים דינים קשים. והארת קו שמאל בבחינת אור הנקבה, הנקראת ב"ד שלמטה, הם דינים רפויים ואינם קשים.

והלכו רבי אלעזר ורבי יצחק, לתקן את הנוקבא. כשהגיעו לשדה אחד, נוקבא, הנקראת שדה תפוחים, ישבו. כי המוחין של הנוקבא נמשכים בישיבה ולא בעמידה. כי פעולת המשכת מוחין דג"ר נרמזת בעמידה, כמו העומד הזוקף כל קומתו. ופעולת המשכת מוחין דו"ק, נרמזת בישיבה, כמו היושב שקומתו מושפלת. וכיוון שבאו להמשיך מוחין אל הנוקבא, שהארתה מלמטה למעלה, בחינת מוחין דו"ק, ע"כ נאמר, ישבו, פעולה בישיבה.

ונשאו עיניהם, שהתחילו להמשיך המוחין, המכונים עיניים וראייה. ורבי יצחק ראה הר, המשיך הארת השמאל, המכונה הר. וראה בהר שבריות משונות היו עולות בראשו, כלומר, גילוי הדינים הבאים עם המשכת הארת השמאל, מגילוי ג"ר דקו שמאל, ראש ההר. ואע"פ שהוא לא המשיך אלא ו"ק, אור הנקבה, אמנם אי אפשר להמשיך ו"ק, זולת אם ממשיך בתחילה קומה שלמה, ואח"כ מניח את הג"ר ונוטל רק ו"ק.

ולפיכך ראה רבי יצחק את הדינים, המתגלים מג"ר דשמאל בעת המשכתו את ו"ק דשמאל. ראה שההר הזה, הארת השמאל, הוא קשה, וראה אלו הבריות אשר שם, פועלי הדין, שהן משונות, כלומר, שמטילות אימה ופחד.

ואמר לו רבי אלעזר, כל מי שמתיירא, יש לו להתיירא מהחטאים שבידו. כלומר, שאין לפחד אלא אם ממשיך אור זכר, מלמעלה למטה, שהוא חטא עצה"ד. אבל אם ממשיך אור הנקבה, שאין בזה חטא, אין כאן שום פחד. ואלו הבריות שאתה רואה, אינן אותן הבריות החזקות הנמצאות בהרים. כלומר, אין אלו אותם הדינים הקשים, שדרכם להתגלות עם המשכת אור הזכר שבשמאל. כי אלו, המתגלים עם אור הנקבה, שאתה רואה, אינם קשים אלא דינים רפויים.

אבל אין אלו אותם שכתוב בהם, האֵימים לפנים ישבו בה, כי אלו פועלי הדין, המתגלים מהמשכת אור הזכר שבהארת השמאל, ע"כ נקראים אֵימים, להיותם דינים קשים, המטילים אימה גדולה. ואלו, הנקראים יֵמים, הם פועלי הדין, המתגלים עם המשכת אור הנקבה שבהארת השמאל, שאינם אלא דינים רפויים, וע"כ נקראים ימים ולא אימים.

מצא את היֵמים במדבר

261. מצא את היֵמִם במדבר. כתוב היֵמִם, חסר י׳, הרומז על מיעוט. כי אלו הן בריות משונות, מבני בניו של קין, מאחר שקין גורש מעל פני האדמה, כמ״ש, הן גרשת אותי היום מעל פני האדמה ומפניך אסָתר.

וכתוב, ויישב בארץ נוד. כי קין הוא הארת השמאל, אבל היו בו ב׳ בחינות. כי לפני שגורש מעל פני האדמה, היה בבחינת אור הזכר, שמתגלים בו דינים קשים. ולאחר שגורש, היה בו רק אור הנקבה של הארת השמאל, שמתגלים בו דינים רפויים בלבד. שאלו היֵמים שמצא ענה במדבר, הם מתולדות קין לאחר שגורש מעל פני האדמה. וע״כ הם נקראים יֵמים, ולא אימים, מפני שאין בהם דינים קשים.

262. מִבני בניו של קין, בצד רוחות, סערות ומזיקים הם נמצאים. כי כשהיה צריך להתקדש יום השבת בין השמשות, נבראו מהצד ההוא רוחות, הנמצאות מעופפות בלי גוף. ואלו אינם מיום השבת ולא מיום השישי, להיותם מבין השמשות. ונשארו אלו שני ימים בהם בספק, ומשום זה, אין להם קיום, לא מיום זה ולא מיום זה.

263. והלכו בני בניו של קין, והתפשטו והתלבשו באותו הצד שלו. ולא התלבשו בו להתקיים בקיום ממשי. כי ע״כ נקראים יֵמִם חסר י׳, מפני שאין להם קיום לא מיום ו׳, ולא מיום השבת, משום שנבראו בין השמשות. ונראים לבני אדם, אע״פ שהם רוחות, כי פעם אחת ביום הם מתלבשים בגוף.

וענה, מצא אותן הרוחות, הנקראות יֵמים, ולימדו אותו להביא ממזרים לעולם. כלומר, לחבר חמור וסוס, שייצא מהם פרד. והן הולכות בין ההרים ונמצאות מלובשות בגוף פעם אחת ביום, ואח״כ מתפשטות ממנו ונשארות בלי גוף.

אלו הרוחות נמשכות מהארת קו שמאל. ויש הפרש גדול בין הארת השמאל שבבחינת יום השישי, להארת השמאל מבחינת יום השבת. כי מבחינת יום השישי, שהוא קו אמצעי, הנכלל ממסך דחיריק, דינים דנוקבא. אבל מבחינת יום השבת, אין בו מסך כלל. ואלו הרוחות, כיוון שנבראו בין השמשות, ספק יום ו׳ ספק יום השבת, נמצאות פגומות, ואינן יכולות לקבל, לא מיום השישי ולא מיום השבת. כי הספק פוגם בהן ולא יוכלו לקבל. ועכ״ז מקבלות הארה מקו שמאל, המאיר בעת הזיווג של זו״ן, ובכל יום ויום.

ונמצאות מלובשות בגוף פעם אחת ביום, ואח״כ מתפשטות ממנו ונשארות בלי גוף. כי ג׳ הקווים, המאירים בזיווג זו״ן, מכונים ג׳ פעמים, להיותם נמשכים מג׳ הנקודות חולם שורוק וחיריק, המכונים ג׳ מקומות. ופעם אחת, הוא קו שמאל, הנמשך ממקום השורוק.

264. ענה זה, ממזר היה, שבא צבעון על אימו והוליד ממזר. והוא בא ע״כ מרוח הטומאה שהתדבק בו, ומשום זה מצא אותן הרוחות, והיו מלמדות אותו משום זה, כל מיני בחינות שבצד הטומאה.

265. וכמה אחרים, היוצאים זה מזה, כולם באים מאותו צד שמאל, והולכים

במדבר ונראים שם, משום שהמדבר הוא מקום חרב, מקום מושב שלהם. כי החורבן נמשך תמיד מצד שמאל. ועכ״ז, כל אדם ההולך בדרכיו של הקב״ה, ומתיירא מפני הקב״ה, אינו מפחד מהם. הלכו ונכנסו בהר. כלומר שהמשיכו הארת השמאל בנוקבא, ולא יָראו.

266. כעין זה, כל אלו ההרים החרבים הם מקום בית מושב שלהם. וכל אלו העוסקים בתורה, עליהם כתוב, ה׳ ישמורךָ מכל רע.

אודה ה׳ בכל לבב

267. אודה ה׳ בכל לבב בסוד ישרים ועֵדָה. דוד המלך כל ימיו היה עוסק בעבודת הקב״ה. והיה קם בחצות לילה, ומשבח ומודה בשירות ובתשבחות, כדי לתקן מקומו במלכות שלמעלה.

268. וכאשר התעורר רוח צפוני בחצות לילה, היה יודע, שהקב״ה מתעורר באותה שעה בגן עדן להשתעשע עם הצדיקים. וע״כ היה קם בשעה ההיא, והתגבר בשירות ובתשבחות עד עלות הבוקר.

269. כשהקב״ה נמצא בגן עדן, כל הצדיקים שבגן מקשיבים לקולו. ולא עוד, אלא חוט של חסד נמשך עליו ביום. כמ״ש, יומם יצווה ה׳ חסדו, ובלילה שירֹו עימי. ולא עוד, אלא אלו דברי תורה שאמר בלילה, כולם עולים ומתעטרים לפני הקב״ה. ומשום זה, דוד המלך היה עוסק בלילה בעבודת ריבונו.

270. בכל השירות והתשבחות, שאמר דוד, העליון מכולם הוא הללויה, משום שכולל השם והשבח ביחד. מהו השם והשבח? השם הוא י״ה. השבח הוא כנ״י, הנוקבא, שנקראת הלל, משום שהיא מסדרת תמיד שבח להקב״ה ואינה שוככת, כמ״ש, אלקים, אל דוֹמי לָךְ, אל תחרַש ואל תשקוט אֵל. כי סדרי שבח היא מסדרת, ומשבחת לו תמיד.

ומשום זה מרומז במילה הללויה, השם והשבח ביחד, שהשם הוא י״ה, ושבח הוא הללו, השכינה, שמשבחת תמיד אליו.

271. אודה ה׳ בכל לבב, ביצה״ט וביצה״ר. שהם נמצאים תמיד אצל האדם, כמ״ש, בכל לבבך, כי יצה״ט שורה בחלל הימני של הלב, ויצה״ר בחלל השמאלי שבו.

272. בסוד ישרים, אלו הם ישראל, משום שכל המדרגות מתעטרות בהם, כוהנים, לוויים, צדיקים וחסידים. שהם ישרים. ועדה, שהקב״ה מתעטר בהם.

טיב הזיווג שבחצות לילה, הוא להמשכת החכמה בעיקר. וטיב הזיווג של היום, הוא בעיקר להמשכת החסדים, שבלעדיהם אין החכמה שבנוקבא מאירה, והיא חושך ולא אור. וכן ז״א אינו מתעטר בהארת החכמה, זולת ע״י הנוקבא, בזיווג שבלילה. כתוב, אודה ה׳ בכל לבב, שבו מבוארים ב׳ מיני ההארות הללו והשלמתם של זו״ן זה מזה.

ונאמר, דוד המלך כל ימיו היה עוסק בעבודת הקב״ה, כי כמ״ש בקוהלת, יש

י״ד (14) עיתים לטובה, ויש י״ד עיתים לרעה. ואי אפשר לעבוד את הקב״ה, כי אם באותם הימים, שי״ד עיתים לטובה שולטים בהם, ולא בימים שי״ד עיתים לרעה שולטים בהם. אבל הזוכה בהארת החכמה, הוא מתקן עימהם גם את י״ד העיתים לרעה, שנעשות לו טובות גדולות, ואז יכול לעבוד ה׳ בכל ימיו, אף אחד מהם לא יחסר.

ודוד המלך כל ימיו היה עוסק בעבודת הקב״ה, ואפילו בימים שי״ד העיתים לרעה היו שולטים, היה קם בחצות הלילה, שאז הזמן לקבל המוחין הללו דהארת החכמה, ומשבח ומודה בשירות ובתשבחות. כי הארת המוחין הללו נמשכת בשירות ובתשבחות, בהארת השמאל.

ובכל השירות והתשבחות, שאמר דוד, העליון מכולם הוא הללויה, משום שכולל השם והשבח ביחד. כלומר, י״ה, מוחין דז״א, אור החסדים. והלל, הנוקבא, במוחין דהארת חכמה. שנקראת הלל משום שהיא מסדרת תמיד שבח להקב״ה. כלומר, בין בי״ד עיתים לטובה, ובין בי״ד עיתים לרעה.

אמנם במוחין דאור החסדים אי אפשר לשבח לו תמיד, כי בי״ד עיתים לרעה, אין שבח זולת ע״י הארת חכמה. ולפיכך, אודה ה׳ בכל לבב, ביצה״ט וביצה״ר, בקו ימין, יצה״ט, שממנו י״ד עיתים לטובה, ובקו שמאל, יצה״ר, שממנו י״ד עיתים לרעה. בסוד ישרים, אלו הם ישראל, הקו האמצעי, הכולל בתוכו ב׳ הקווים, ע״כ כולל כל המדרגות.

ישרים ועדה. עדה, הנוקבא. ישרים ועדה, זו״ן. ישרים, ישראל, ז״א. ומשמיענו הכתוב, שהקב״ה, ז״א, מתעטר בהארת החכמה מהנוקבא, שנקראת עדה, כי אינו מקבל חכמה אלא בעת הזיווג עם הנוקבא. וע״כ כתוב, ישרים ועדה.

273. ומשום זה צריך האדם לשבח תמיד את הקב״ה, משום שהוא רוצה שירות ותשבחות, שרוצה להתעטר בחכמה. ומי שיודע לשבח את הקב״ה תמיד, ע״י המוחין דהארת חכמה, הקב״ה מקבל תפילתו ומציל אותו. שבתחילה צריכים לזיווג של לילה, ואח״כ לזיווג של יום, להמשכת חסדיח כתפילת שחרית.

אתה סֵתֶר לי

274. אתה סֵתֶר לי מִצַר תיצרֵני, רוני פלֵט תסובבני. אתה סתר לי, זה הקב״ה, שהוא סתר ומגן לאדם, ההולך בדרך התורה, קו אמצעי. והוא מסתתר בצל כנפיו, שלא יוכלו להרע לו. א״כ למה כתוב, מצר תיצרני, הרי הוא אותו הדבר כמו, אתה סתר לי?

מלמעלה יש לאדם שונאים. ועל זה כתוב, אתה סתר לי. ומלמטה ג״כ, היצה״ר. ועל זה כתוב, מצר תיצרני, והוא צר למעלה וצר למטה, כמו שלומדים, יורד ומסית עולה ומשטין. ואלמלא היצה״ר, לא היה נמצא לאדם שונא בעולם. משום זה כתוב, מצר תיצרני, על היצה״ר.

275. בעת שקו שמאל האיר מלמעלה למטה, מטרם שנכלל בימין, היה היצה״ר נאחז באדם מלמעלה ומלמטה. כי

מלמעלה קטרג עליו, והביא עליו שנאה. ומלמטה הסית אותו לחטוא ולהמשיך השמאל מלמעלה למטה, שזה היה חטא עצה״ד. וכשבא קו אמצעי, נכללו השמאל והימין זה בזה, והאירו ביחד, באופן, שאור הימין האיר מלמעלה למטה, והשמאל מלמטה למעלה. ואז התבטלה השנאה שמלמעלה על האדם, ונפרד ממנו היצה״ר מלמטה.

ויש בו ב׳ דברים:

א. סתר, כי בגללו התמעטו ג״ר של הקו השמאל, ואינו יכול להאיר אלא רק מלמטה למעלה, ו״ק דחכמה.

ב. מגן, כי על ידו נכללו השמאל והימין זה בזה, והעביר הקטרוג והשנאה מהאדם.

ונאמר, והוא מסתתר בצל כנפיו, שלא יוכלו להרע לו. כי ההתמעטות, שהביא לקו השמאלי בכוח המסך דחיריק, נבחנת לצל, והמסך לכנפיים. ונאמר, מלמעלה יש לאדם שונאים. שהקטרוג והשנאה נמשכים לאדם מלמעלה בעת הארת השמאל מלמעלה למטה. ומלמטה ג״כ, היצה״ר המסית אותו לחטוא ולהמשיך הארת השמאל מלמעלה למטה.

והוא צר למעלה וצר למטה, כמו שלומדים, יורד ומסית ועולה ומשׂטין. ואלמלא היצה״ר, לא היה נמצא לאדם שונא בעולם. כלומר, אם לא היה היצה״ר עלול להסית אותו לחטוא למטה, בעת הארת השמאל מלמעלה למטה, אז לא הייתה נמשכת שנאה על האדם מלמעלה.

החכמה המלובשת בחסדים, אחר שהתמעטה לו״ק דג״ר ע״י קו אמצעי, נמשכת ומתגלה ע״י שירים, וע״כ מכונה שירים. וכיוון שמקודם שהתמעטה החכמה ע״י הקו האמצעי, היה להיפך, שהביאה עליו דינים, ע״כ אמר להקב״ה, שהוא קו אמצעי, רוני פלֵט תסובבני.

רוני פלט, שירים, שנפלטו ונשארו אחר התמעטותם ע״י הקו האמצעי. תסובבני, להצילני בהם מכל המזיקים שהם בדרך. תסובבני, אלו הם השירים, שיש בהם מדרגות, המספיקות להצלה, אחר שהתמעטו ע״י קו אמצעי לו״ק דג״ר נעשו מוכשרים להצלה. כי פעולה זו היא ע״י קו אמצעי, הקב״ה. וע״כ אמר לו, תסובבני, לשון נוכח, ולא יסובבני.

הקריאה כסדרו, מורה על קו ימין, הארת החסדים, המאירה מלמעלה למטה. והקריאה למפרע, מורה על קו שמאל, הארת החכמה, המאירה מלמטה למעלה. וכיוון שפסוק זה מדבר על ב׳ מיני הארות הללו, ע״כ אפשר לקרוא אותו כסדרו, ואפשר לקרוא אותו למפרע. כי יש בו מצד ימין ומצד שמאל.

276. בשירות ובתשבחות שאמר דוד, יש בהם סודות, ודברים עליונים בסודות החכמה. משום שכולם נאמרו ברוח הקודש, שהיה שורה על דוד, ואמר שירה. וע״כ כולם ברוח הקודש נאמרו.

277. דַחֹה דחיתני לנפול. הלוא, דחֹה דחוּני, היה צריך לכתוב? שהרי הקב״ה לא דחה אותו, אלא השונאים. אלא זה הס״א, דוחה האדם תמיד, ורוצה לדחות ולהסית אותו מהקב״ה. וזהו היצה״ר, הנמצא עם האדם תמיד. ואליו חזר דוד ואמר, דחה דחיתני לנפול. משום שהוא היה מסית אותו בכל אלו הצרות שבאו עליו, להסית אותו מהקב״ה. ועליו אמר דוד, דחה דחיתני לנפול בגיהינום, וה׳ עֲזָרָני שלא נמסרתי בידך.

278. וע״כ יש לו לאדם להיזהר ממנו, כדי שלא ישלוט בו. ואז הקב״ה שומר אותו בכל דרכיו. שכתוב, אז תלך לבֶטח דרכֶּך ורגלך לא תיגוף, וכתוב, בלכתך לא יֵיצַר צעדך. וכתוב, ואוֹרַח צדיקים כאור נוגַה. אשריהם ישראל, שהקב״ה שומר אותם בעוה״ז ובעוה״ב. שכתוב, ועַמך כולם צדיקים, לעולם יירשו אָרֶץ.

פרשת וישב

וישב יעקב

1. וישב יעקב בארץ מגורי אביו. כמה מקטרגים יש לאדם מיום שנתן לו הקב"ה נשמה בעוה"ז. מכיוון שיצא האדם לאוויר העולם, מיד הזדמן יצה"ר להשתתף עימו, כמ"ש, לַפֶּתח חטאת רובץ, כי אז השתתף עימו היצה"ר.

2. כי הבהמות, מיום שנולדו, כולן שומרות את עצמן ובורחות מאש, מכל המקומות הרעים. והאדם, כשנולד, מיד בא להשליך עצמו לתוך האש, משום שיצה"ר שורה בתוכו, ומיד מסית אותו לדרך רע.

3. כתוב, טוב ילד מסכן וחכם ממלך זקן וכסיל, אשר לא ידע להיזהר עוד. טוב ילד, זהו יצה"ט, שהוא ילד מימים מועטים עם האדם, כי מ-13 שנים ואילך הוא עם האדם.

4. ממלך, זהו יצה"ר, הנקרא מלך ושליט בעולם על בני אדם. זקן וכסיל, שמיום שהאדם נולד ויצא לאוויר העולם, הוא נמצא עם האדם.

5. אשר לא ידע להיזהר עוד. לא כתוב להזהיר אלא להיזהר, משום שהוא כסיל, ועליו אמר שלמה, והכסיל בחושך הולך. כי מפסולת החושך הוא בא, ואין לו אור לעולם. אבל מי שאינו יודע להזהיר לאחרים, אינו נחשב עוד לכסיל מחמת זה.

6. טוב ילד מסכן וחכם, הוא יצה"ט. טוב ילד, כמ"ש, נער הייתי גם זָקנתי. וזהו נער, ילד מסכן, שאין לו מעצמו כלום. ונקרא נער, משום שיש לו חידוש הלבנה, שמתחדשת תמיד, והוא תמיד ילד מסכן. וחכם, משום שחכמה שורה בו.

ב' מצבים יש לנוקבא:

א. זמן שליטתה עצמה, שאז גדולה כמו ז"א. וזהו מצב הארת החכמה שבה, אלא שאינה מאירה, מטעם חוסר אור החסדים.

ב. זמן הארתה ע"י זיווגה עם ז"א, שאז מוכרחה להתמעט עד לנקודה, ואין לה אז מעצמה כלום, ומקבלת הכול מז"א. והמצב הזה הוא מצב הארת החסדים שבה.

הנוקבא מתלרשת ומאירה במלאך מט"ט מב' מצבים אלו. וכשהוא מקבל מצב ב' של הנוקבא, הארת החסדים, אומר מט"ט, נער הייתי. וכן נקרא ילד, כי הארת החסדים זה ו"ק, המכונה נער או ילד. וכן נקרא מסכן, מפני שבמצב הזה מתמעטת הנוקבא עד לנקודה, ואין לה מעצמה כלום.

וכשהוא מקבל ממצב הא' של הנוקבא, שהוא זמן שליטתה עצמה, והיא גדולה כמו ז"א, שהוא מצב הארת החכמה שבה, אז אומר מט"ט, גם זקנתי, כי זקן, הוא מי שקנה חכמה. וגם נקרא חכם.

ולמה נקרא המלאך מט"ט תמיד בשם

"וישב". ספר הזהר עם פירוש הסולם. מהד' 21 כר'. כרך ו. דף א; מהד' 10 כר'. כרך ג. דף א.

נער ולא זקן? הרי כתוב, גם זקנתי, והיה לו להיקרא זקן? משום שיש לו התחדשות הלבנה, הנוקבא, שזה זיווגה עם ז"א, מצב הב', מצב הארת החסדים שבה, הנבחן לו"ק, ונקרא נער. ומצב ההתחדשות נוהג בה תמיד, בקביעות. וע"כ נקרא נער ולא זקן, כי הזִקנה שמקבל ממצב הא', מצב שליטתה עצמה, אין זה בו תמיד.

7. מלך זקן, זהו היצה"ר, הנמשך מן הלעומת של מט"ט, הנקרא אדם בלייעל, שלא יצא מטומאתו לעולם. והוא כסיל, שכל דרכיו הם לדרך הרע, והולך ומדיח בני אדם, ואינו יודע להיזהר. והוא בא בעלילה עם בני אדם, כדי להדיח אותם מדרך הטוב אל דרך הרע.

8. ע"כ הקדים עצמו היצה"ר להתחבר עם האדם מיום שנולד בו, כדי שיאמין לו. וכשיבוא אח"כ היצה"ט, אין האדם יכול להאמין לו, ודבריו דומים עליו למשׂא. כעין זה רשע ערום, הוא מי שמקדים עצמו לטעון דבריו לפני הדיין, מטרם שיבוא חברו, בעל הדין. כמ"ש, צדיק הראשון בריבו, ובא רעהו וחקרו.

9. רשע ערום זה היצה"ר, כמ"ש, והנחש היה ערום. גם הוא מקדים ושורה באדם מטרם שיבוא יצה"ט לשרות בו. ומשום שהקדים וכבר טען טענותיו לפניו, כשיבוא אח"כ יצה"ט, רע לאדם להיות עימו, ואינו יכול להרים ראשו, כאילו הטעין על כתפו כל המשאות שבעולם. משום שהרשע ערום, הקדים עצמו. ועל זה אמר שלמה, וחכמת המסכן בזויה, ודבריו אינם נשמעים, משום שהקדים אותו האחר.

10. וע"כ, כל דיין, המקבל דבריו של בעל דין, מטרם שיבוא חברו, דומה כאילו מקבל עליו אל אחר להאמין בו. אלא, כמ"ש, ובא רעהו וחקרו, כלומר, אחר שיבוא רעהו, אז ישמע טענותיו.

וזהו דרכו של אדם צדיק. כי צדיק הוא מי שלא האמין לאותו רשע ערום, יצה"ר, משום שהקדים טענותיו מטרם שיבוא חברו, יצה"ט. שמקיים הכתוב, ובא רעהו וחקרו. ובדבר זה אנשים נכשלים מלזכות לעוה"ב.

11. אבל צדיק, שיָרֵא את ריבונו, כמה רעות הוא סובל בעוה"ז, כדי שלא יאמין ולא ישתתף עם היצה"ר. והקב"ה מציל אותו מכולם. כמ"ש, רבות רעות צדיק ומכולם יצילנו ה'. לא כתוב, רבות רעות לצדיק, אלא, רבות רעות צדיק. שהסובל רבות רעות הוא צדיק, משום שהקב"ה חפץ בו. כי הרעות שסובל, מרחיקות אותו מיצה"ר. ומשום זה הקב"ה חפץ באדם ההוא, ומציל אותו מכולם, בעוה"ז ובעוה"ב. אשרי חלקו.

12. כמה רעות עברו על יעקב, כדי שלא יתדבק ביצה"ר, ויתרחק מחלקו. ומשום זה סבל כמה עונשים, כמה רעות, ולא שקט. כמה רעות סובלים הצדיקים בעוה"ז, רעות על רעות מכאובים על מכאובים, כדי לזַכות אותם לעוה"ב.

13. יעקב, כמה סבל תמיד רעות על רעות, כמ"ש, לא שלַוותי ולא שקטתי ולא נחתי, ויבוא רוגז. לא שלוותי, בבית לבן, ולא יכולתי להינצל ממנו. ולא שקטתי, מעֵשיו, מאותו הצער שציער אותי הממונה שלו. ואח"כ, הפחד מעשיו עצמו. ולא נחתי, מן דינה ומן שכם.

14. ויבוא רוגז. זהו הרוגז והמבוכה של יוסף, שהיא קשה מכולם, כי מתוך

אהבתו של יעקב אל יוסף, הברית, נכנס יעקב למצרים. וע״כ אהב אותו כל כך, משום שאח״כ כתוב, ואזכור את בריתי, שכל הגאולה הייתה בשבילו, היות שהשכינה נמצאת שם עימו, עם הברית, יוסף, וע״כ הייתה המבוכה של יוסף, קשה עליו יותר מכל הצרות שבאו עליו.

15. וישב יעקב בארץ מגורי אביו. וכתוב, הצדיק אבד ואין איש שׂם על לב, ואנשי חסד נאספים באין מבין, כי מפני הרעה נאסף הצדיק. הצדיק אבד, בזמן שהקב״ה מסתכל בעולם, והעולם אינו כראוי להיות, והדין הזדמן לשרות על העולם. אז לוקח את הצדיק, הנמצא ביניהם, כדי שהדין ישרה על כל האחרים, ולא יהיה מי שיגן עליהם.

16. כי כל זמן שהצדיק שורה בעולם, אין הדין יכול לשלוט על העולם. ומשום זה הקב״ה לוקח את הצדיק מביניהם, ומעלה אותו מן העולם, ואז נפרע ומקבל את שלו. סוף הכתוב, כי מפני הרעה נאסף הצדיק. פירושו, מטרם שיבוא הרע לשלוט בעולם, נאסף הצדיק. פירוש אחר, כי מפני הרעה, זהו היצה״ר, שהסית והדיח את העולם.

17. יעקב בחיר שבאבות היה. והוא היה עומד להימצא בגלות. אבל מתוך שהוא צדיק, נעצר הדין, ולא שלט בעולם. כי כל ימיו של יעקב לא שרה הדין על העולם, והרעב התבטל.

18. וכמו כן בימיו של יוסף, שהוא צורתו של אביו, לא הייתה נמצאת הגלות, משום שהוא הגן עליהם כל ימיו. כיוון שהוא מת, מיד שרתה עליהם הגלות, כמ״ש, וימת יוסף וכל אחיו וכל הדור ההוא. ונסמך לו, הבה נתחכמה לו. וכתוב, וימררו את חייהם.

19. כעין זה, בכל מקום שנמצא צדיק בעולם, הקב״ה מגן על העולם בשבילו. וכל זמן שהוא חי, אין הדין שורה על העולם.

20. וישב יעקב בארץ מגורי אביו בארץ כנען. וישב יעקב, שהתקשר וישב במקום ההוא, שהתאחד בחושך. מהו מגורי אביו? כי כל ימיו היה מתיירא והיה בפחד. בארץ מגורי אביו דווקא, שהמגור והפחד הזה הוא של אביו יצחק, קו שמאל. בארץ כנען, נקשר המקום במקומו. נוקבא נקראת ארץ. ובעת שנקשרת בקו שמאל, אביו של יעקב, היא נקראת ארץ כנען. מגורי אביו, זה דין קשה, קו שמאל דז״א. ארץ, היא דין רפה, ובה התיישב יעקב ונאחז בה.

אור ז״א הוא מלמעלה למטה. ולפיכך, אם קו השמאל מאיר בו, נמשך ממנו דין קשה מאוד. כי הוא החטא של עצה״ד. אמנם הנוקבא, הארתה בבחינת אור נקבה, המאירה רק מלמטה למעלה, ואינו נמשך למטה. ע״כ, אפילו מטרם שנכללה בימין, אין בה דין קשה, אלא דין רפה. וכמ״ש, בארץ מגורי אביו, שזה דין רפה. ובה התיישב יעקב. שהתיישב בארץ, הנוקבא, והיא רק דין רפה. ולא דין קשה, כמגורי אביו.

אלה תולדות יעקב

21. אלה תולדות יעקב יוסף בן שבע עשרה שנה. אחר שהתיישב יוסף ביעקב, והשמש, ז"א, הזדווג עם הלבנה, הנוקבא, אז התחיל יוסף להוליד תולדות. כי אותו הנהר, שנמשך ויוצא מעדן, יסוד, יוסף, הוא העושה תולדות, משום שמימיו אינם נפסקים לעולם.

נשמות ישראל נולדות מזיווג זו"ן. אבל אין ז"א מוליד נשמות מטרם שעולה ומלביש לאו"א, שזיווגם אינו נפסק לעולמים, שאז משיג יסוד דגדלות, המכונה יוסף. שאז מתיישב יוסף, יסוד דגדלות, ביעקב, ז"א. אז מתחיל יוסף להוליד תולדות, ולא מקודם לכן.

22. השמש, ז"א, אע"פ שהתחבר בלבנה, בנוקבא, לעשות פירות ולהוציא תולדות לעולם, עושה פירות רק מדרגת צדיק, יסוד, יוסף, שהוא גם המדרגה של יעקב. ומשום זה כתוב, אלה תולדות יעקב יוסף.

המדרגה האחרונה של ז"א, המכונה צדיק או יסוד, היא הנושאת את המסך, שעליו מכה אור העליון, וז"א עולה ומלביש אותו. שבדרך זה נאצלות כל הקומות והמדרגות.

23. אלה תולדות יעקב יוסף. כל מי שהיה מסתכל בצורת יוסף, היה אומר שזוהי צורתו של יעקב. בכל בני יעקב לא כתוב, אלה תולדות יעקב ראובן, או שמעון. רק ביוסף, כתוב, אלה תולדות יעקב יוסף, משום שצורתו הייתה דומה לצורת אביו.

כמו שיעקב, שהוא ת"ת, קו אמצעי, המכריע בין ב' הקווים שמחזה ולמעלה, שהם חו"ג, כן יוסף, שהוא יסוד, קו אמצעי, ומכריע בין שני הקווים שמחזה ולמטה, בין נו"ה. הרי צורתם שווה, ששניהם צורת קו אמצעי ומכריע בין הקצוות.

24. בן שבע עשרה שנה. הקב"ה רמז לו, שבעת שנאבד יוסף, היה בן 17 שנה. וכל אלו הימים שנשארו, אחר שהיה בן 17 שנה, שלא ראה את יוסף, היה בוכה על אלו 17 שנה. וכמו שהיה בוכה עליהן, נתן לו הקב"ה 17 שנה אחרות, שחי בארץ מצרים, בשמחה, בכבוד ובכל השלמות. בנו יוסף היה מלך, וכל בניו היו לפניו. אלו 17 שנה היו נחשבות לו חיים. וע"כ משמיענו הכתוב, כי בן 17 היה יוסף כאשר נאבד ממנו.

היסוד, יוסף, מכונה 17 שנה. מטעם שיש בו לחם משנה, אור החכמה ואור החסדים, שהוא תכלית השלמות. והנה אור החכמה שבו מרומז במספר שבע, להיותו מאיר רק מלמטה למעלה באור הנוקבא, הנקראת שביעי, וחסרה ג"ר דג"ר. ואור החסדים שבו מרומז במספר עשרה, להיותו מאיר מלמעלה למטה, וע"כ המספר שלם.

וזה שהקב"ה רמז לו, שבעת שנאבד יוסף, היה בן 17 שנה, ששיעור שלמות מדרגתו של יוסף, 17 שנה, הכולל כל השלמות, הן חכמה והן חסדים. וכל אלו הימים שנשארו, אחר שהיה בן 17 שנה, שלא ראה את יוסף, היה בוכה על אלו 17 שנה, על מדרגתו הגדולה של יוסף, שנאבדה ממנו.

וכמו שהיה בוכה עליהן, נתן לו

הקב״ה 17 שנה אחרות, אחר שמצא שוב את יוסף במצרים. אלו 17 שנה היו נחשבות לו חיים, כי אור החכמה נבחן לאור חיה. וכיוון ש-17 שנים כולל גם חכמה, ע״כ ייחשבו לו חיים. משא״כ בשעה שנאבד יוסף, שהיה לו אז אור חסדים בלי חכמה, לא נחשבו לו לחיים, וכן בטרם שנולד יוסף.

כי פועַל אדם ישלם לו

25. כאשר ברא הקב״ה את העולם, עשה אותו על דין. וכל מעשי העולם מתקיימים על דין. מלבד שכדי לקיים העולם שלא ייאבד, הקב״ה פורשׂ עליו רחמים. והרחמים האלו מעכבים את הדין, שלא יְכַלֶה את העולם. והעולם מתנהג ברחמים ומתקיים על ידו.

26. הייתכן שהקב״ה עושה דין באדם בלי משפט? אלא למדנו, שכאשר הדין שורה על אדם צדיק, הוא משום אהבת הקב״ה אליו. כאשר הקב״ה מרחם על האדם באהבה, לקרב אותו אליו, שובר הגוף בשביל להשליט את הנשמה, ואז מתקרב האדם אליו באהבה, והנשמה שולטת באדם, והגוף נחלש.

27. וצריך האדם לגוף חלש ולנפש חזקה, שתתגבר בגבורה. ואז הוא אוהבו של הקב״ה. הקב״ה נותן צער אל הצדיק בעוה״ז, בשביל לזַכות אותו לעוה״ב.

28. וכשהנשמה היא חלשה והגוף חזק, הוא שונאו של הקב״ה, שאינו חפץ בו, ואינו נותן לו צער בעוה״ז, אלא דרכיו ישרות, והוא בכל השלמות. משום, שאם עושה צדקה או מע״ט, הקב״ה משלם שכרו בעוה״ז, ולא יהיה לו חלק לעוה״ב. ומשום זה, צדיק השבור תמיד, הוא אוהבו של הקב״ה. והדברים אמורים, רק אם בדק ולא מצא בידו שום חטא שייענש על ידו.

29. השכינה אינה שורה במקום עצבות, אלא במקום שיש בו שמחה. ואם אין בו שמחה, לא תשרה השכינה במקום ההוא. מאין לנו זה? מיעקב, שמשום שהיה מתאבל על יוסף, הסתלקה השכינה ממנו. כיוון שבאה לו השמחה של בשורת יוסף, מיד, ותְחי רוח יעקב אביהם. ולפי זה שואל הזוהר, כאן באותו צדיק השבור מצרותיו, כיוון שהוא חלש ונשבר במכאובים, איפה השמחה?

30. ועוד אנו רואים, כמה אהובים וצדיקים היו לפני הקב״ה, ולא נשברו במחלות ולא במכאובים ולא נחלש גופם לעולם. מה השתנו אלו מאלו, שאלו נשברו, ואלו עומדים בגופם כראוי?

31. האם אלו הנמצאים בקיומם כראוי, הוא משום שהם צדיקים בני צדיקים, ואלו האחרים, שגופם נשבר, הם צדיקים ולא בני צדיקים? הרי אנו רואים, צדיקים בני צדיקים, ואשר אפילו אביו היה צדיק בן צדיק, והוא צדיק, ומ״מ גופו נשבר במכאובים. ולמה נשבר גופו במכאובים, וכל ימיו הוא בצער?

32. אלא כל מעשיו של הקב״ה הם

״וישב״. ספר הזהר עם פירוש הסולם. מהד׳ 21 כר׳. כרך ו. דף ח; מהד׳ 10 כר׳. כרך ג. דף ח.

באמת ובצדק. כי יש זמנים שהלבנה, הנוקבא, היא בגירעון, ונמצאת בדין. והשמש, ז"א, אינו נמצא אצלה. ובכל שעה יש לה להוציא נשמות לבני אדם, כמו שליקטה אותן מתחילה מז"א, בכל זמן ובכל שעה. וע"כ היא מוציאה עתה הנשמות גם בשעת הגירעון, שנמצאת בדין.

וכל מי שמקבל אותה בזמן ההוא, יהיה תמיד בגירעון. ועניות נמשכת לו, ונשבר תמיד בדין בכל ימיו של האדם, בין צדיק ובין רשע. מלבד התפילה, המבטלת לכל גזרות הדינים, ויכול להעביר אותם בתפילה.

33. ובזמן שאותה המדרגה, הנוקבא, נמצאת בשלמות, ונהר נמשך ויוצא מעדן, יסוד משתמש בה, אז, אותה הנשמה היוצאת מהנוקבא, ומתדבקת באדם, הנה האדם ההוא נשלם בכל, בעושר, בבנים, בשלמות הגוף.

34. וכל זה בגלל מזל, יסוד, הנמשך ויוצא ומתחבר במדרגה, בנוקבא, להשתלם בו, ולהתברך ממנו. וע"כ הכול תלוי במזל. וע"כ בנים חיים ומזונות, אין הדבר תלוי בזכות, אלא במזל. כי אין הוא בזכות, אלא עד שהנוקבא מתמלאת ומאירה מן המזל, שהוא יסוד.

35. ומשום זה, כל אלו שנשברו בעוה"ז והם צדיקי אמת, כולם נשברו בעוה"ז, ונידונים בדין, מטעם שהנפש ההיא, שקיבלו מהנוקבא בהיותה בגירעון, גרמה להם. וע"כ חס עליהם הקב"ה לעוה"ב.

אנו רואים, שדינים שורים גם על אדם צדיק, אע"פ שלא חטא כלום, שהייסורים מקרבים אותו לאהבת ה'. ועל זה שואל ב' שאלות:

א. הלוא כשגופו של הצדיק בייסורים, הוא בעצבות, ואין השכינה שורה אלא רק כשאדם הוא בשמחה?

ב. הרי אנו רואים צדיקים, שזכו לאהבת ה', אע"פ שלא היו להם ייסורים כלל. ומה השתנו אלו מאלו? ואין לתרץ, שאלו שזכו לאהבת ה' בלי ייסורים, הוא מחמת היותם צדיקים בני צדיקים. כי אנו מוצאים אפילו בנו של צדיק בן צדיק, שהיה כל ימיו בייסורים.

ומבאר למה נמצאים צדיקים, שהם בייסורים, וצדיקים שהם בכל השלמות. ומובן גם עניין אחר, שבו מתיישב מה ששאל, שאין השכינה שורה על האדם מתוך עצבות.

כי יש זמנים שהלבנה, הנוקבא, היא בגירעון, ונמצאת בדין. כלומר, בזמן שהנוקבא דבוקה בקו שמאל, שאז שורים בה דינים. ובכל שעה יש לה להוציא נשמות לבני אדם. שמוציאה נשמות לבני אדם מכל קו שבג' הקווים ימין שמאל ואמצע, הכוללים כל הזמנים והעיתים שבעולם, שהם כ"ח (28) עיתים. כמו שליקטה את הנשמות מתחילה מג' קווים, כן היא משפיעה אותן לבני אדם.

וע"כ היא מוציאה עתה הנשמות גם בשעת הגירעון, שנמצאת בדין, קו שמאל. וכל מי שמקבל נשמה בזמן שליטת קו שמאל בנוקבא, הוא נמצא בהכרח בגירעון ובדינים הנמשכים מקו שמאל, בין אם האדם המקבל אותה הוא רשע, בין אם הוא צדיק.

אכן יש ביניהם הפרש גדול. כי אדם רשע, שיש לו נפש מקו שמאל, הוא מתדבק בו ואינו יוצא ממנו לעולם. אבל אדם צדיק, שיש לו נפש מקו שמאל, הנה מכוח הדינים והייסורים, המגיעים לו מקו שמאל, הוא מזדכך ויוצא ממנו, ומתקשר בקו ימין, וזוכה לאהבת ה', הנמשכת מקו ימין, ולעוה"ב.

ובזמן שאותה המדרגה, הנוקבא,

נמצאת בשלמות, ונהר נמשך ויוצא מעדן, יסוד, משתמש בה, בעת שליטת קו אמצעי, והיא בזיווג עם ז"א, הנה האדם ההוא נשלם בכל, כי הוא מושלם מכל הבחינות, הן מימין והן משמאל.

ומיושבת היטב השאלה למה יש צדיקים, שהם בייסורים, ויש שהם בשלמות. כי אלו שהם בשלמות, הוא משום שקיבלו נשמתם מהנוקבא, בעת שהיא בזיווג עם היסוד. ואלו שהם בייסורים, הוא משום שקיבלו נשמתם מהנוקבא, בעת שהיא בשליטת קו שמאל. שצריכים ייסורים, כדי להפריש אותם משמאל, ולקרב אותם לקו ימין, לזכות באהבת ה'.

כמ"ש, פועַל אדם ישלם לו וכאורַח איש יַמְצִיאֶנּוּ. כי אע"פ שאין להם חטא, מ"מ כיוון שיש להם נפש רק משמאל, והם מחוסרי השלמות, ע"כ הקב"ה האוהב אותם, מוציא אותם משם ע"י הייסורים, ומביא אותם לימין, ולעוה"ב, הארת הבינה, וזוכים על ידיהם לכל השלמות.

ובזה מבואר, למה הקב"ה שולח עליהם ייסורים. כיוון שצדיקים הם, וראויים להשראת השכינה, ואין השכינה שורה אם אינם בשמחה. ועתה מובן היטב, שהייסורים מוכרחים להם, כדי להבדיל אותם משמאל. וכל זמן שלא נבדלו משמאל, מוכרחים להיות בעצבות. והשכינה אינה שורה עליהם.

36. כל מה שעושה הקב"ה הוא בדין. ואם מביא ייסורים על איש צדיק, הוא כדי לטהר את הנפש ההיא, להביא אותה לעוה"ב, כי כל מעשיו של הקב"ה הם בדין ובאמת. וכדי להעביר ממנו אותה הזוהמה שקיבל בעוה"ז, ע"כ נשבר אותו הגוף והנפש מיטהרת. וע"כ עושה הקב"ה לאותו צדיק, שיסבול ייסורים ומכאובים בעוה"ז, ויהיה נקי מכל, ויזכה לחיי העוה"ב.

אך אל הפרוכת לא יבוא

37. אך אל הפרוכת לא יבוא ואל המזבח לא ייגש, כי מום בו. באותה שעה שהנהר ההוא, הנמשך ויוצא מעדן, יסוד, מוציא כל אלו הנשמות אל הנוקבא, והנוקבא מתעבֶּרת מהן, נמצאות כולן בפנימיות שלה, בחדר שלפנים מחדר, שקירותיו מצופים בנייר או בשטיחים.

כל ספירה של הנוקבא כלולה משלושה כלים: חיצון, תיכון, פנימי. כלי חיצוני הוא מבחינתה עצמה. כלי תיכון הוא בחינת ז"א שבה. כלי פנימי הוא בחינת בינה שבה. וכל אור מתקבל בכלי המיוחס לאור ההוא. וכיוון שהנשמות הן אורות מבינה, ע"כ הנוקבא מקבלת אותן בכלי הפנימי שבה, בחינת בינה.

כלי תיכון, לְבוש של שטיחים או של נייר על קירות החדר, ואינו מכונה חדר, שהוא בית, כי השם בית מיוחס רק לנוקבא. וע"כ כלי חיצון, הנמשך מנוקבא עצמה, וכלי פנימי, הנמשך מבינה, שהן שתיהן נקבות, מכונות בית. אבל כלי התיכון, הנמשך מז"א, הוא לבוש ולא בית.

38. וכשהלבנה נפגמת מאותה הבחינה של הנחש הרע, אז כל אלו הנשמות

שיוצאות בעת ההיא, אע"פ שכולן טהורות וכולן קדושות, כיוון שיצאו בשעת הפגם, הרי בכל המקומות, הגופים, שהנשמות מגיעות אליהם, כולם נשברים ונפגמים בהרבה צער ובהרבה מכאובים. ואלו הם, שהקב"ה רוצה ואוהב אותם אחר שנשברים, ואע"פ שהנשמות הן בעצבות ולא בשמחה.

יש ב' מיני פגם בלבנה, בנוקבא:

א. בעת שהיא בשליטת השמאל, שהיא בחינת חושך דאמא,

ב. מבחינת הנחש הרע, הנגרם בחטא עצה"ד, בעניין שלא זכה הרי רע, שנגלה מדה"ד שבנוקבא מצ"א, שאינה ראויה לקבל האור. הפגם מבחינת הנוקבא עצמה, מכוח שנגלה, שאינה ראויה לקבל אור ע"י הנחש הרע בחטא דעצה"ד.

והפגם הזה אינו נוגע לנשמות שבתוכה כלל. כי הנשמות נמשכות מבינה, שעליה לא היה שום צמצום. ועכ"ז גם הן נפגמו עם הנוקבא. כי הפגם הזה נוגע רק לנוקבא לבדה, ולא לנשמות, הבאות אליה מן הבינה. עכ"ז להיותן בתוך הנוקבא, נפגמו הנשמות ביחד עם הנוקבא, ודומות כמו שהיו חלק מהנוקבא. וע"כ כשהן באות אח"כ ומתלבשות בתוך גוף האדם, אע"פ שהאדם הוא צדיק, נפגם גופו מפאת אותה הנשמה שהתלבשה בו.

אמנם איך אפשר לומר שהנשמה פוגמת את הגוף? והעניין הוא, שהוא תיקון מיוחד בשביל הצדיק, שע"י תיקון זה נעשה גופו של הצדיק מוכשר לקבל אורה הגדול של הנשמה. ותיקון זה מתחיל מבינה, אמא המשאילה בגדיה לבתה. כי הבינה ראתה שאין הנוקבא ראויה לקבל המוחין, אז העלתה אליה את הנוקבא, והתמעטה בסיבתה לו"ק חסר ראש, שנשארה במ"י, ואותיות אל"ה, הורידה אל הנוקבא. ומתוך שהנוקבא קיבלה הקטנות של הבינה, הוכשרה אח"כ לקבל גם הגדלות שלה.

כמ"ש, ונהר יוצא מעדן להשקות את הגן. כי עדן הוא חכמה, ונהר הוא בינה, וגן הוא מלכות. וע"כ יצא הנהר, בינה, מעדן, חכמה, והתמעט לו"ק חסר ראש, כדי להשקות את הגן, לתת מוחין לנוקבא. כי ע"י יציאה זו, השפיעה הבינה הקטנות אל הנוקבא. ואחר שקיבלה הקטנות שלה, כבר ראויה לקבל גם הגדלות שלה.

והמכשיר לנוקבא, לקבל הקטנות דאמא, הוא העיבור. וע"י זה יכולה לקבל גם הגדלות. ועד"ז, אחר שנשלמה הנוקבא, והיא רוצה להשפיע נשמות לבני אדם, אשר גופם נמשך מנוקבא מטרם תיקונה, ואינם ראויים לקבל אור הנשמה, היא חוזרת ומתמעטת לו"ק בלי ראש, שהוא הפגם של הנחש הרע, שע"י זה נפגמות גם הנשמות שבה. ומשפיעה את הנשמות הפגומות לבני אדם, כדי שגופם יקבל את הפגם והקטנות של הנשמות.

ואז נעשו הגופים מוכשרים לקבל גם את אור גדלות הנשמות. הרי שעניין הפגם הזה, אשר הנשמות פוגמות את הגופים, הוא לתיקון הגוף להכשיר אותו לקבל אור הגדלות.

כי אחר שהגוף נשבר ע"י הפגם והקטנות של הנשמה, שנעשה בזה כלי לקבל גם את הגדלות של הנשמה, אז רוצה בהם הקב"ה. משא"כ בטרם שהגוף נשבר מחמת פגם הנשמה, אינו רוצה בהם הקב"ה, כי אינו ראוי לקבל אור הנשמה, להיותו נמשך מהנוקבא מטרם תיקונה, שצ"א רוכב עליהם.

39. העניין הוא, שכמו ששורים למעלה, בנוקבא, שהגוף נפגם ובפנימיותו הנשמה, אשר בנוקבא הפגומה שורה הנשמה, כן כאן שורה הנשמה בגוף הפגום. ומשום זה הם צריכים להתחדש

בהתחדשות הלבנה. כמ״ש, והיה מדי חודש בחודשו ומדי שבת בשַׁבַּתּוֹ יבוא כל בשר. כי אלו יתחדשו לגמרי וצריכים להתחדש בהתחדשות הלבנה.

כי לאחר שגופים שלהם קיבלו הפגם והקטנות של הנשמה, כבר הם ראויים לקבל אורות דגדלות, המושפעים בר״ח ובשבת, שהוא אור החיה. ונודע שחמישה כלים יש בפרצוף, המכונים מוחא, עצמות, גידים, בשר, עור, שהם כח״ב תו״מ.

ומטרם שיהיה בפרצוף כלי דבשר, אינו ראוי לאור החיה. כי כלי דבשר כולו מיוחד להמשכת אור החיה. הנמשך בר״ח ובשבת. משא״כ הכלים מוחא עצמות וגידים מקבלים רק חלק מהאור הזה, כי הם מיוחדים בעיקר לג׳ אורות נר״נ.

40. ואלו הצדיקים הם בשותפות תמיד עם הלבנה, הנוקבא, ופגומים באותו פגם שלה, פגם מקטנות הבינה, שע״כ היא ראויה לאור גדלות הבינה. ומשום זה היא שורה תמיד בתוכם ואינה עוזבת אותם.

וכתוב, קרוב ה׳ לנשברי לב, לאלו שסבלו עם הלבנה אותו הפגם, מקטנות הבינה, הם קרובים אליה תמיד, כי זוכים מחמת זה לקבל גם מגדלות הבינה.

וע״כ כתוב, להחיות לב נדכאים, באלו החיים, אור החיה, הבאים אל הנוקבא להתחדש. כי אלו שסבלו עימה, יתחדשו עימה. כי מחמת שקיבלו הקטנות, מקבלים ג״כ הגדלות.

41. ואלו הפגמים, שהצדיקים סובלים מחמת קטנות הבינה, נקראים ייסורים של אהבה, כי של אהבה הם ולא מחמת האדם עצמו. של אהבה, מחמת שנפגם האור של האהבה הקטנה, הנוקבא, בעת קבלתה מקטנות הבינה, שנדחתה מאהבה רבה, הבינה בגדלותה.

משום זה, אלו הצדיקים הם חברים ושותפים עימה, בפגם שלה. אשרי חלקם בעוה״ז ובעוה״ב, כי הם זכו להיות חברים עימה. ועליהם כתוב, למען אחיי ורעיי אדבְּרה נא שלום בך.

הנה ישכיל עבדי

42. אשרי חלקם של הצדיקים, שהקב״ה גילה להם דרכי התורה ללכת בהם. כשברא הקב״ה את העולם, את זו״ן, עשה את הלבנה, שהאציל את הנוקבא בקומה שווה עם ז״א. ואח״כ מיעט אורותיה, באופן שאין לה מעצמה כלום, רק מה שמקבלת מז״א. ומשום שמיעטה את עצמה, היא מאירה מהשמש, ז״א, בכוח אורות עליונים שבו.

43. ובזמן שביהמ״ק היה קיים, היו ישראל משתדלים בקורבנות ובעולות ובעבודות, שהיו עובדים הכוהנים הלוויים והישראלים, כדי לייחד ייחודים, ולהאיר האורות בנוקבא.

44. ולאחר שנחרב ביהמ״ק, חשך האור, והלבנה, הנוקבא, אינה מאירה מהשמש, ז״א, והשמש הסתלק ממנה ואינו מאיר. ואין יום שאינם שולטים בו קללות וצער ומכאובים.

45. כשיגיע זמן הלבנה, להאיר מכוחה עצמה, בגמה״ת, כתוב, הנה

ישכיל עבדי, שנאמר על הלבנה, האמונה, הנוקבא. ישכיל, שתתעורר אז התעוררות של מעלה, בדומה למי שמריח ריח, ובא להעיר ולהסתכל.

כי המילה, הנה, מורה על פתאומיות. משום שמושפעת אז על הנוקבא התעוררות של מעלה, בלי הקדם של התעוררות של מטה. וכיוון שהריחה בזה, באה להעיר ולהסתכל ולהשכיל. וע"כ כתוב, הנה ישכיל.

46. וכתוב, יָרוּם ונישא וגָבה מאוד. ירום, שהנוקבא תתמלא מאור העליון על כל האורות, כתר. כמ"ש, יָרוּם לְרַחֶמְכֶם, הכוונה לאור הכתר. ונישא, הוא מצד אברהם, חסד. וגָבה, הוא מצד יצחק, גבורה. מאוד, מצד יעקב, ת"ת. שהנוקבא תתמלא מכל המדרגות האלו.

47. ובעת ההיא יעורר הקב"ה התעוררות של מעלה להאיר אל הלבנה, הנוקבא, כמ"ש, והיה אור הלבנה כאור החמה, ואור החמה יהיה שבעתיים כאור שבעת הימים. ומשום זה יתווסף בה אור העליון. וע"כ יתעוררו אז לתחייה כל המתים, שהם נקברים תוך העפר.

48. אע"פ שמדובר בנוקבא, כתוב, עבדי, כי מפתחות ריבונו בידו, וע"כ מתגלה על ידו שלמות הנוקבא, והוא השליח שלה. כמ"ש, ויאמר אברהם אל עבדו זְקַן ביתו המושל בכל אשר לו, שים נא ידך תחת ירכי. עבדו, הלבנה, הנוקבא, המתגלה ע"י מט"ט, עבד שליח של ריבונו.

49. זקן ביתו, שר העולם שהוא מט"ט, כמ"ש, נער הייתי גם זקנתי. המושל בכל אשר לו, שהם ירוק לבן ואדום, ג' גווני הקשת, שהם ג' מלאכים, מיכאל גבריאל רפאל, שאין השכינה נראית אלא עימהם. ומט"ט כולל אותם.

50. שים נא ידך תחת ירכי. זהו צדיק, יסוד, מפני שהוא קיומו וחיותו של העולם. כי אז, כשנאחז ביסוד, נעשה עבד הזה ממונה להחיות את שוכני עפר. ונעשה שלם ברוח העליון, להשיב רוחות ונשמות למקומם, אל אלו הגופים שנבלו ונרקבו תחת העפר.

51. וכתוב, ואשביעך בה' אלקי השמיים ואלקי הארץ, אשר לא תיקח אישה לבני מבנות הכנעני. ואשביעך, הוא מלשון שְׁבעה. שיתלבש בשבעה האורות העליונים, חג"ת נהי"מ, שהם שלמות העליון.

אשר לא תיקח אישה, זהו הגוף שמתחת העפר, בקבר, שיש לו עתה תחייה לקום מעפר. שכל אלו שזכו להיקבר בארץ ישראל, הם יתעוררו תחילה לתחייה, כמ"ש מתחילה, יחיו מֵתיך, שהם המתים שבארץ ישראל.

ואח"כ כתוב, נְבֵלָתִי יקוּמון, הם המתים שבחוץ לארץ. ועם זה רק הגופות של ישראל שנקברו בארץ ישראל, תקומנה, ולא הגופות של עמים האחרים, שהארץ נטמאה מהן.

52. וע"כ, אשר לא תיקח אישה לבני מבנות הכנעני. שכל נשמות העולם היוצאות מאותו הנהר הנמשך ויוצא מעדן, יסוד, הן בנים אל הקב"ה. וע"כ, אשר לא תיקח אישה, זהו הגוף. לבני, זוהי הנשמה. מבנות הכנעני, אלו הן גופות עמים עובדי עבודה זרה, שעתיד הקב"ה לנער אותן מארץ הקדושה, כמ"ש, וינערו רשעים ממנה.

53. כי אל ארצי ואל מולדתי תלך.

ארצי, זוהי ארץ הקדושה, הקודמת לכל ארצות אחרות. ואל מולדתי, אלו הם ישראל.

54. כתוב, ויקח העבד עשרה גמלים מגמלי אדוניו וילך, וכל טוב אדוניו בידו. ויקח העבד, מט"ט. עשרה גמלים, עשר מדרגות שהעבד ההוא שולט עליהן, שהן כמו מדרגות האצילות. מגמלי אדוניו, מדרגות הנוקבא דאצילות, שהיא אדונו. ואותו העבד שולט עליהן ומיתקן בהן.

55. וכל טוב אדוניו בידו, כל אותו הטוב וריחות העליונים, היוצאים מתוך אלו האורות והנרות העליונים.

וכל טוב אדוניו, שימוש של השמש, ז"א, הנמשך בלבנה, הנוקבא. כלומר, שעל ידו נעשה זיווג זו"ן.

56. וַיָּקָם וילך אל ארם נהריים אל עיר נחור וַיַּבְרֵךְ הגמלים מחוץ לעיר אל באר המים, לעת ערב לעת צאת השואבות. ויקם וילך אל ארם נהריים, זהו מקום בארץ הקדושה, שבכתה שם רחל, כשנחרב ביהמ"ק.

ויברך הגמלים מחוץ לעיר אל באר המים, כדי לחזק את כוחותיה ע"י גבורותיה כראוי, מטרם שבא להקים ולהחיות הגופים. גמלים, הם מדרגותיו של העבד, שע"כ סידר אותם מחוץ לעיר, ששם מקום הדינים, כדי לתקן קו השמאל של הנוקבא.

57. לעת ערב, זהו ערב שבת, יסוד, שהוא הזמן של האלף השישי. כי ששת ימי המעשה הם 6000 שנה, ויום השישי, ערב שבת, הוא כנגד האלף השישי, שאז תהיה תחיית המתים. לעת ערב, הם הדינים המתגלים בערב, ביסוד, אשר העבד תיקן אותם.

58. לעת צאת השואבות, השואבות מימי התורה. כי בזמן ההוא הם עתידים לקום לתחייה, לפני כל שאר בני אדם, משום שעסקו לשאוב מימי התורה והתחזקו בעה"ח. והם יצאו תחילה לתחיית המתים, כי עה"ח גרם להם שיקומו מתחילה.

קו אמצעי מכונה תורה. וגם נקרא עה"ח. ומימי התורה, השפע שלו. ואלו הדבקים ומקבלים השפע מקו אמצעי, שנקראים שואבות, אלו יחיו לפני כל השאר, הנמשכים מב' הקווים האחרים.

59. ובנות אנשי העיר יוצאות לשאוב מים. עתידה הארץ לפלוט ממנה כל הגופות שבתוכה. וע"כ כתוב, יוצאות, שסובב על אלו הגופות שהארץ תפלוט מתוכה בעת התחייה.

לשאוב מים, לקחת נשמה, ולקבל אותה כראוי, שתהיה מתוקנת ממקומה כראוי.

60. והיה הנערה אשר אומר אליה, הַטִי נא כַדך ואשתה. שכל נשמה מנשמות שבעולם, שהתקיימו רצוה"ז, והשתדלו לדעת את ריבונם בחכמה העליונה, היא עולה ומתקיימת במדרגה עליונה למעלה מכל אלו הנשמות, שלא השיגו ולא ידעו. והן עומדות תחילה לתחייה. וזו השאלה, שאותו העבד עומד לשאול ולדעת, במה עסקה הנשמה ההיא בעוה"ז? כדי לברר, אם היא ראויה לתחייה תחילה.

61. ואמרה אליי, גם אתה שתה. אתה צריך לשתות ולהיות מושקה מתחילה. ואחריך, גם לגמליך אשקה, משום שכל אלו שאר המרכבות, אע"פ שמושקים ממדרגה זו, כולן מושקים בעיקר מעבודת הצדיקים, היודעים עבודת ריבונם כראוי. כי הצדיקים יודעים לכלכל לכל מדרגה כראוי. וע"כ אם אמרה, וגם לגמליך

אשקה, ודאי, היא האישה, אשר הוכיח ה׳ לְבן אדוני, ודאי שהוא הגוף המזומן לנשמה העליונה ההיא.

חייו של אדם שבעים שנה, כנגד שבע מידות חג״ת נהי״מ, שהולך ומתקן אותם מלמעלה למטה, מחסד עד מלכות. וכשמגיע למלכות ואינו יכול לתקן אותה מחמת חטא עצה״ד, אז הוא מת. כי ב׳ נקודות במלכות:

א. אחת מעצמה, שהיא גנוזה,

ב. אחת מבינה, שהיא מגולה.

כי מבחינת עצמה אינה ראויה לאור. וע״כ נקודתה עצמה צריכה להיות גנוזה. ואם נקודתה מתגלה, תכף מסתלקים ממנה האורות, שזה עניין, זכה הרי טוב, לא זכה הרי רע. ולפיכך, כשמגיע האדם לשבעים שנה, מתגלה אז נקודת המלכות עצמה, וע״כ אורות החיים מסתלקים מהאדם, והוא מת.

ולפיכך לעת״ל, כשיהיה הזיווג הגדול מראש דעתיק, והמלכות תקבל גמר תיקונה, באופן שתהיה ראויה לקבל אור העליון גם מבחינתה עצמה, תקומנה אז כל הגופות לתחייה, כי לא מתו אלא מחמת פגם המלכות. וכשהיא מתוקנת לקבל אור החיים, תקומנה לתחייה.

ויש כאן חילוק בין מֵתי ארץ ישראל למתי חוץ לארץ:

א. אותם הצדיקים הדבוקים בקו אמצעי, נקראים ישראל, וארצם ארץ ישראל, והם יקומו לתחייה תכף, ויקבלו נשמתם כראוי.

ב. אבל אותם שאינם דבוקים בקו אמצעי, שהם מתי חוץ לארץ, אע״פ שהמלכות כבר נתקנה, צריכים עוד תיקונים רבים, עד שיקומו לתחייה ויקבלו את נשמתם. שתיקונים הללו נקראים, גלגול מחילות. וע״י תיקונים הללו באים לארץ ישראל. ומקבלים את נשמתם.

וזהו כמ״ש, ויאמר אברהם אל עבדו זקן ביתו. ויאמר אברהם, חכמה, אל עבדו, מט״ט. כי הארת החכמה, הנמשכת מזיווג זו״ן דאצילות לבי״ע, נכללת במלאך מט״ט, שר הפָּנים. כי פנים הם חכמה, כמ״ש, חכמת אדם תאיר פניו. וע״כ נקרא, זקן ביתו. כי מיהו זקן? מי שקנה חכמה.

המושל בכל אשר לו. בחכמה ובחסדים יחדיו, המתוקנים בג׳ קווים ימין שמאל אמצע.

שים נא ידך תחת ירכי. שיכלול את עצמו ביסוד, ויקבל הארת הזיווג הגדול לגמר תיקונה של המלכות. ואז יהיה מוכשר להחיות המתים.

ואשביעך בה׳ אלקי השמיים ואלקי הארץ. שיקבל שבעת האורות השלמים, המתקנים את הנוקבא, הנקראת שבעה, כמ״ש, והיה אור הלבנה כאור החמה, ואור החמה יהיה שבעתיים כאור שבעת הימים.

וכתוב, אשר לא תיקח אישה לבנִי מבנות הכנעני אשר אנוכי יושב בקרבו. כי אל ארצי ואל מולדתי תלך ולקחתָ אישה לבני ליצחק. אשר לא תיקח אישה, גוף. לבני, נשמה. מבנות הכנעני, הדבקים בקו שמאל והם טמאים, שאינם ראויים להלביש נשמה קדושה. כי אל ארצי, ארץ ישראל. ומולדתי, ישראל, אותם שבחייהם היו דבקים בקו אמצעי נקראים ישראל. וארצם ארץ ישראל, שהם יעמדו תחילה לתחיית המתים.

וייקח העבד עשרה גמלים מגמלי אדוניו וילך, וכל טוב אדוניו בידו. עשרה גמלים, הארת החסדים. וכל טוב אדוניו בידו, הארת החכמה.

וזהו ניחושו של העבד, שאמר, והיה הנערה אשר אומר אליה הטי נא כדך ואשתה, ואמרה, שְׁתֵה וגם גמליך אשקה, אותה הוֹכַחת לעבדך ליצחק. כי בדק אם הגוף בחייו בעוה״ז, היה דבוק בקו

אמצעי, שאז הוא בבחינת ארץ ישראל וראוי לקום תחילה. כי, שְׁתֵה, היא הארת חכמה, שזהו בחינת העבד עצמו. וגם גמליך אשקה, בחינת חסדים.

ואם בחייו היה ממשיך ב׳ האורות הללו, סימן הוא שהיה דבוק בקו אמצעי, הכולל ב׳ אורות הללו. וע״כ, אותה הוכחת לעבדך ליצחק, כי הוא ראוי לקום לתחייה ולקבל את נשמתו, יצחק.

ולכן נאמר, שכל נשמה מנשמות שבעולם, שהתקיימו בעוה״ז, והשתדלו לדעת את ריבונם בחכמה העליונה, כלומר, שהמשיכו הארת החכמה ע״י הדעת, שאז יש לו ב׳ האורות חכמה וחסדים, כי הדעת הוא חסדים. היא עולה ומתקיימת במדרגה עליונה למעלה מכל אלו הנשמות, שלא השיגו ולא ידעו.

והן עומדות תחילה לתחייה. כי הן בבחינת מתי ארץ ישראל, שעומדים לתחייה תחילה. וזו השאלה, שאותו העבד עומד לשאול ולדעת, במה עסקה הנשמה ההיא בעוה״ז? כי היה צריך לדעת, אם אותו הגוף ראוי לתחיית המתים תחילה.

ואמרה, אתה צריך לשתות ולהיות מושקה מתחילה. ואחריך, גם לגמליך אשקה. כי תחילה צריכים להמשיך הארת חכמה, ואח״כ הארת החסדים. כי מטרם שממשיך הארת חכמה, נבחנים החסדים לו״ק בלי ראש. וע״כ צריכים להמשיך תחילה הארת החכמה ואח״כ החסדים.

ואז נבחנים החסדים לג״ר גמורים, אוירא דכיא. שהם יודעים להידבק בקו אמצעי, ולהמשיך מתחילה חכמה ואח״כ חסדים, שיודעים לכלכל לכל מדרגה ומדרגה ולתקן אותה כראוי. ואז גם החסדים נעשו בחינת ג״ר.

62. השתוקקות הזכר אל הנוקבא, שנמשך ע״י זה הארת החכמה מהנוקבא, עושה נשמה. והשתוקקות הנוקבא אל הזכר, שנמשך ע״י זה חסדים מהזכר, עולה ומתערב עם הנשמה למעלה. ונכללת החכמה דנוקבא עם החסדים דזכר, ועושה את הנשמה, כלומר, שגומר אותה.

ומשום זה, ניחש העבד, שאם היא תאמר, גם אתה שתה, המשכת החכמה, וגם גמליך אשקה, המשכת החסדים, היא האישה, זהו ודאי הגוף המוכן לרצונה של הנשמה, היוצאת מהזכר, ז״א, הכלול מחכמה ומחסדים יחד.

63. ואלו הגופים עתידים להתעורר תחילה לתחייה. ואחר שיקומו אלו, יקומו כל האחרים שבחוץ לארץ. ויתקיימו בקיום שלם, ויתחדשו בהתחדשות הלבנה, שאז יהיה אור הלבנה כאור החכמה. ויתחדש העולם כבתחילה. וכתוב על העת ההיא, ישמח ה׳ במעשיו.

64. הנה ישכיל עבדי. העבד מט״ט ישכיל להחזיר את הנשמות, כל אחת למקומה, אל הגוף הראוי לה. ירום ונישא וגבה מאוד, מצד כל אלו מדרגות העליונות.

65. כתוב, כאשר שָׁממו עליך רבים, כן מִשְׁחַת מאיש מראהו ותוארו מבני אדם. כשנחרב ביהמ״ק, וגלתה השכינה בארצות זרות ביניהם, כתוב, הן אֶרְאֶלָּם צעקו חוצה, מלאכי שלום מר יבכָּיון. כולם בכו על זה, וקשרו בכייה ואבלות. וכל זה על השכינה שגלתה ממקומה.

וכמו שהיא השתנתה בגלות ממה שהייתה, כן בעלה, ז״א, אינו מאיר אורו, כי אין לו אז למי להאיר, והשתנה ממה שהיה, כמ״ש, חשך השמש בצאתו.

כן משחת מאיש מראהו, מאותו העבד, מט״ט, שבעת הגלות השתנה צורתו וצבעיו, שהם ירוק לבן ואדום, ממה שהיה.

66. מיום שנחרב ביהמ״ק לא עמדו שמיים, ז״א, באור שלהם. הברכות אינן שורות, אלא במקום שנמצא זכר ונוקבא, כמ״ש, זכר ונקבה בְּרָאָם ויברך אותם. ובגלות, שאין זיווג זו״ן, כתוב משום זה, משחת מאיש מראהו.

כלומר, שהחיסרון הוא, מטעם היעדר הזיווג שבזמן הגלות, ונמצא החיסרון גם בז״א, שאין הברכה שורה אלא בזיווג זו״ן. ועוד, שחשך אורו של ז״א משום הנוקבא, שחשכה בגלות, ואינה מקבלת ממנו. ונמצא שאין החיסרון בו עצמו, אלא מטעם שאין לו למי להשפיע, וע״כ אינו מקבל אורות.

67. כמ״ש, הצדיק אבד. איבד את הברכות, כי ברכות אינן שורות אלא במקום שנמצאים זכר ונוקבא יחד.

68. משום זה, באותו זמן שאינו נמצא עימה זכר, אז כל הנשמות היוצאות ממנה, יש להן שינוי ממה שהיו בזמן שהשמש, ז״א, התחבר עם הלבנה, הנוקבא. כי כמו שזו״ן השתנו בזמן הגלות ממה שהיו, כן תולדותיהם, הנשמות, משתנות אז ממה שהיו. ועל זה כתוב, אלה תולדות יעקב יוסף. כלומר, אחר שהתיישב יוסף ביעקב והשמש הזדווג בלבנה. וע״כ גדלה אז מעלתם של הנשמות. ובגלות משתנות.

69. והוא נער. משום שזיווגם אינו נפרד לעולם, צדיק, יסוד, וצדק, נוקבא, ביחד. כי י״ב השבטים הם חלקי השכינה. שמונה מהם בני לאה ורחל, הפָּנים של השכינה, וארבעה מהם בני השפחות, האחוריים של השכינה.

יוסף היה דבוק ומתקן גם את האחוריים של השכינה. כי הזיווג של זו״ן היה אז מבחינת או״א, שזיווגם אינו נפרד לעולם, וע״כ יסוד ומלכות הם ביחד בכל חלקי נוקבא, ואפילו באחוריים שלה.

הנוקבא נקראת בשם הזכר, חכם וחכמה, גיבור וגבורה, מלך ומלכות. כן נקרא הזכר בשם הנוקבא, נער, כי הנוקבא נקראת נערה. היסוד נקרא על שמה בשם נער.

70. בכל י״ב השבטים ואפילו בבני השפחות, שהם אחוריים של השכינה, הוא נמצא לחדש אותם כראוי, ולשעשע אותם בשמחתו. שכל הענפים וכל העלים של השכינה, כולם מתברכים בשמחתו. כלומר, אפילו חלקי האחוריים של השכינה, הנקראים עלים, מיתקנים עימו.

71. אלה תולדות יעקב יוסף. כל צורתו של יעקב הייתה ביוסף, וכל מה שקרה ליעקב קרה ליוסף, ושניהם הולכים ביחד. וזהו אות ו״ו. אשר ו׳ ראשונה, יעקב, ת״ת, והמילוי ו׳ הנשמעת עימה במבטא, יוסף, יסוד, שהולכות שתיהן ביחד. שנשמעות כאחד בביטוי ו׳, משום שהם נושא אחד וצורה אחת.

כמו שיעקב הוא קו אמצעי שמחזה ולמעלה, ת״ת, המכריע בין חו״ג, כן יוסף הוא קו אמצעי שמחזה ולמטה, יסוד, המכריע בין נו״ה. וע״כ הם דומים זה לזה, והם בצורה אחת.

72. ויבֵא יוסף את דיבָּתם רעה אל אביהם. שהיה אומר עליהם לאביו, שהיו אוכלים איבר מן החי בעוד שהוא חי.

ויבא יוסף את דיבתם רעה. והרי במניין י״ב השבטים היו אלו בני השפחות. וא״כ איך היו בני לאה מזלזלים בהם? ואיך היו אוכלים איבר מן החי, ועברו על מצוות ריבונם, שהרי עוד לבני נוח ציווה על מצווה זו, כמ״ש,

אך בשר בנפשו דמו לא תאכלו? ואיך אפשר שהם אכלו ועברו על מצוות ריבונם? אלא יוסף היה אומר כך מדעתו, וע״כ נענש.

וישראל אהב את יוסף

74. לך עמי בוא בחדריך וסגור דְלתְך בעדך, חֲבִי כמעט רגע עד יעבור זעם. כמה אוהב הקב״ה את ישראל, ובשביל האהבה שאוהב אותם מכל העמים עובדי עבודה זרה, הזהיר אותם ורצה לשמור אותם בכל מה שעושים.

75. ג׳ פעמים ביום הדין שורה בעולם, וכשמגיע הזמן ההוא, צריך האדם להיזהר ולהישמר, שלא יפגע בו אותו הדין. והם בזמנים ידועים.

76. משום, כשהבוקר עולה, מתעורר אברהם בעולם, ונאחז בדין לקשר אותו עימו. ובתחילת שלוש שעות הראשונות נוסע הדין ממקומו להתעורר ביעקב. עד שמגיעה תפילת המנחה, שחוזר הדין למקומו. ומתעורר הדין של מטה להתקשר בדין של מעלה. כי אז מתקשר דין בדין וצריכים להיזהר.

ז״א נקרא יום. ג׳ פעמים הם ג׳ קווים שבז״א, שבכל אחד מהם דין מיוחד. ואלו ג׳ בחינות דין שבג׳ קווים דז״א, נמשכות מג׳ זריעות, חולם שורוק חיריק, שהן שורשיהם של ג׳ קווים דז״א:

א. בעת עליית המלכות לבינה, נופלות ממנה אותיות אל״ה דאלקים, ונשארה במ״י דאלקים, ו״ק בחוסר ג״ר. והיא בחינת הדין שבנקודת החולם, שבקו ימין דז״א, הנקרא אברהם.

ב. בעת גדלות, שמלכות יוצאת מבינה, וג׳ אותיות אל״ה חוזרות לבינה, שאז חוזרת לראש א״א, ומשיגה ג״ר מחכמה בלי חסדים, שאז אפילו החכמה אינה מאירה, והיא נסתמה. וזהו בחינת הדין שבנקודת השורוק, ושבקו שמאל דז״א, הנקרא יצחק. ונקרא דין של מעלה.

ג. עליית זו״ן שם ע״י המסך דחיריק, המכריע בין ב׳ הקווים, ו״ק, ששורשו בא ממנעולא, ואח״כ נתקן במפתחא, ונעשה כמסך שבנקודת החולם. והיא בחינת הדין שבנקודת החיריק, ושבקו אמצעי דז״א, הנקרא יעקב. ונקרא דין של מטה.

בעלות הבוקר שולט קו ימין דז״א, אברהם. ונאחז בדין של נקודת החולם, מסך דו״ק חסר ראש, מסיבת התכללות המלכות בבינה. כי בסיבת גילוי הדין הזה של נקודת החולם, יוצאים כל המוחין דזו״ן. ובתחילת שלוש שעות הראשונות, שאז זמן הזיווג, ויעקב, קו אמצעי, עולה ומכריע בין ב׳ הקווים, אברהם ויצחק, ע״י מסך דחיריק שבו, נוסע הדין ממקומו להתעורר ביעקב.

אחר שנכללים ב׳ הקווים ימין ושמאל זה בזה, יורד הדין מנקודת החולם, אברהם, כי חזר והשיג הג״ר ע״י התכללותו בשמאל, והדין שהיה בו יורד ובא ביעקב, בקו אמצעי, ע״י המסך דחיריק שבו, בחינת ו״ק. עד שמגיעה תפילת המנחה, שליטתו של יצחק, קו שמאל, שחוזר הדין למקומו.

״וישב״. ספר הזהר עם פירוש הסולם. מהד׳ 21 כר׳. כרך ו. דף כד; מהד׳ 10 כר׳. כרך ג. דף כד.

בזיווג של בוקר התבטל הדין של יצחק, שליטת קו שמאל, שהוא הסתימה שבנקודת השורוק, בסיבת הכרעתו של יעקב בכוח המסך דחיריק. ועתה שחזרה שליטתו של יצחק ואינו נכלל באברהם, חזר ג"כ הדין שבנקודת השורוק למקומו, שחזרו ונסתמו בו האורות מחמת חוסר החסדים.

ומתעורר הדין של מטה להתקשר בדין של מעלה. דין של מטה, ו"ק חסר ראש, במסך דחיריק, שבקו האמצעי, התבטל עתה מפאת שהתקשר בדין של מעלה, שבנקודת השורוק, וחזר הג"ר גם לקו אמצעי, מכוח שליטת השמאל, וע"כ התבטלה הכרעתו, והדין שולט בעולם מסתימת האורות. וע"כ צריכים להיזהר אז.

77. ועוד, כשמתעורר הדין בעולם, והמוות נמצא בעיר, אין אדם צריך ללכת יחידי בשוק. אלא צריך לסגור עצמו, שלא ייצא לחוץ, כמו נוח, שסגר את עצמו בתיבה, שלא יימצא לפני המשחית.

ג' דינים ראשונים, שהם בג' קווים דז"א, צריכים רק להיזהר שלא ימשיך הארת השמאל מלמעלה למטה. ואם הוא נזהר בזה, כבר הוא ניצל מהם. אבל בדין הרביעי, שיש מוות בעיר, הדין של הנוקבא המתעורר בעניין, אם לא זכה הרי רע, שהם הדינים שבמסך דצ"א, שממנו המוות. הנה כאן אינן מועילות זהירות ושמירה.

כי הדין הזה אחר שנגלה, כבר שולט גם על בחינת מלמטה למעלה. ואין לו עצה, אלא לסגור את עצמו, שלא ייראה לפני המשחית. שלא ייגע בשום מוחין אלא רק בבחינת ו"ק, אור החסדים, שאין לס"א שום אחיזה בהם. ונמצא שאינו נראה לפני המשחית, כי אין לו אחיזה בו. וזה נבחן, כמו מתחבא וסוגר את עצמו בחדרו, שלא יראו אותו. גם נוח הסתיר את עצמו בבחינת הו"ק שמלמטה למעלה, באור החסדים אשר שם. ואז ניצל. כי אין שום אחיזה לס"א באור החסדים.

78. לך עמי בוא בחדריך, הַסגר את עצמך בחדריך. וסגור דלתך בעדך, שלא ייראה בפני המשחית, שלא ימשיך אלא אור ו"ק דחסדים, שאין למשחית אחיזה בו. כי אחר שעבר הדין, אין עוד רשות למשחית להזיק לו.

79. האהבה שאהב הקב"ה את ישראל, וקירב אותם אליו, גרמה שכל שאר העמים עכו"ם שונאים את ישראל, משום שהם מתרחקים מהקב"ה, וישראל קרובים.

80. וישראל אהב את יוסף מכל בניו. בגלל האהבה שאהב יעקב את יוסף יותר מאחיו, אע"פ שהיו כולם אחים, כתוב, ויתנכלו אותו להמיתו. כש"כ העמים עכו"ם לישראל, שגם הם שונאים את ישראל בגלל האהבה, שאהב הקב"ה את ישראל יותר מכל העמים עכו"ם.

האהבה, שאהב יעקב את יוסף יותר מכל אחיו, גרמה לגילוי הדין הרביעי, המוות, ששום זהירות ושמירה אינן מועילות בו.

81. האהבה ההיא שאהב אותו יותר מכל אחיו, גרמה ליוסף שיוגלה מאביו, ואביו הוגלה עימו, וגרם גלות אל השבטים, וגרמה אל השכינה שהוגלתה ביניהם. ואע"פ שנגזרה גזרה בברית בין הבתרים, מ"מ הסיבה לזה הייתה האהבה שאהב אותו מכל אחיו. שבגלל כותונת פסים, שעשה לו, יותר מלאחיו, נגרם כל מה שכתוב, ויראו אחיו כי אותו אהב אביהם מכל אחיו, וישנאו אותו ולא יכלו דַּבְּרוֹ לשלום.

ויחלום יוסף חלום

82. ויחלום יוסף חלום. כמה מדרגות עשה הקב"ה, וכולן עומדות מדרגה על מדרגה, וכולן יונקות אלו מאלו, כראוי להם. אלו מימין ואלו משמאל, וכולן התמנו אלו על אלו, הכול כראוי להיות.

83. כל נביאי העולם ינקו מבחינה אחת, מתוך שתי מדרגות ידועות, נו"ה. ואלו המדרגות היו נראות בתוך מראה שאינה מאירה, הנוקבא. שכתוב, במַרְאָה אליו אתוודע בחלום אדבר בו. מראה, שכל הצבעים נראים בתוכה, ג' הצבעים, לבן אדום ירוק, ג' קווים דז"א.

בחלום אדבר בו. המדרגה השישית למטה ממדרגת הנבואה, מדרגת גבריאל, הממונה על החלום.

84. כל חלום, שהוא כראוי, בא מהמדרגה ההיא, ממלאך גבריאל. ומשום שבא ממלאך, אין חלום שלא יתערבו בו דברי שקר. ומשום זה, יש מהם שהם אמת, ויש מהם שהם שקר. ואין חלום, שאין בו מצד זה ומצד זה.

85. ומשום שיש בחלום הן אמת והן שקר, לכן כל החלומות שבעולם הולכים אחר פתרון הפה. כמ"ש, ויהי כאשר פתר לנו כן היה. שמתקיים לפי הפתרון, משום שיש בחלום שקר ואמת. לכן המילה של הפתרון שולטת על הכול, שמכריעה אותו, אם לפי אמתיותו או לפי השקר שבו. ולפיכך צריך החלום לפתרון טוב.

משום שכל חלום הוא ממדרגה שלמטה, ממלאך גבריאל, והדיבור, הנוקבא, שולטת על המלאך. ע"כ כל חלום הולך אחר הפתרון, דיבור, הבא מהנוקבא, השולטת על מלאך גבריאל.

86. כשאדם עולה למיטתו, צריך להמליך על עצמו תחילה מלכות שמיים. ואח"כ יאמר פסוק אחד של רחמים. משום כי כשאדם ישן על מיטתו, הרי נשמתו יצאה ממנו, והולכת ומשוטטת למעלה. כך כל אחת, לפי דרכה, היא עולה.

87. כשבני אדם שוכבים על מיטתם ומנמנמים, והנשמה יצאה ממנו, אז הקב"ה מודיע אל הנשמה, באותה המדרגה הממונה על החלום, גבריאל, את הדברים העתידים לבוא בעולם, או הדברים הבאים מהרהורי הלב, שהם אמת או שקר, או שניהם יחד. כדי שיקבל האדם דרך תוכחה מדברי העולם, ע"כ מגלים לו העת"ל בעולם.

88. כי אין מודיעים לאדם, בעוד שהוא עומד בכוחו של הגוף. אלא המלאך מודיע אל הנשמה, והנשמה אל האדם, שהחלום בא אל הנשמות מלמעלה, כשהנשמות יוצאות מגופות, וכל אחת עולה כפי מעלתה.

89. וכמה מדרגות הן בחלום, כולן הן בחכמה. חלום מדרגה אחת. מראָה מדרגה אחת. נבואה מדרגה אחת. וכולן הן מדרגות למדרגות, אלו על אלו. כי מדרגת החלום מתחת מדרגת המראה, ומדרגת המראה מתחת מדרגת הנבואה.

90. ויחלום יוסף חלום ויַגֵד לאחיו, ויוסיפו עוד שנוֹא אותו. מכאן, שאין

לאדם לומר חלומו, אלא רק לאדם שאוהב אותו. ואם לא אוהב אותו, הוא גורם לו רעה. שאם החלום מתהפך לדבר אחר, הוא שגרם להסתלק הוראת החלום האמיתית ע"י פתרונו.

91. יוסף אמר את החלום לאחיו, שלא אהבו אותו. וע"כ גרמו לו, שיסתלק חלומו ויתעכב 22 שנה.

92. ויאמר אליהם, שִׁמעו נא החלום הזה אשר חלמתי. שביקש מהם שישמעו לו, והוא הודיע להם את החלום. ואלמלא הם, שהפכו את החלום לדבר אחר, היה החלום מתקיים.

אבל הם השיבו ואמרו, המָלוך תמלוך עלינו אם מָשול תמשול בנו. מיד אמרו לו בזה את פתרון החלום, שהוציאו אותו ממשמעות המלוכה והממשלה, ודחו אותו לדבר אחר. וגזרו גזרה, שלא ימלוך עליהם. ויוסיפו עוד שְׂנוֹא אותו, שגרמו לו קטרוגים.

93. חלום שלא נפתר דומה לאיגרת שלא נקראה. האם פירושו, שהחלום מתקיים והוא אינו יודע, או שאינו מתקיים כלל? מתקיים ואינו יודע, כי בחלום תלוי כוח ומוכרח שיתקיים, אלא שלא נודע לו ואינו יודע, אם מתקיים החלום או לא מתקיים. זהו הדמיון לאיגרת שלא נקראה.

94. אין דבר בעולם, שאינו תלוי בחלום או בידי כרוז, עוד מטרם שבא לעולם. כי כל דבר מטרם שבא לעולם, מכריזים עליו ברקיע, ומשם מתפשט בעולם. והוא ניתן ע"י כרוז.

והכול כמ"ש, כי לא יעשה ה' אלקים דבר, כי אם גָלה סודו אל עבדיו הנביאים, בזמן שהנביאים נמצאו בעולם. ואם לא, אע"פ שנבואה אינה שורה, הרי חכמים חשובים מנביאים. ואם אין חכמים, ניתן הדבר בחלום. ואם לא ניתן בחלום, נמצא הדבר בציפורי השמיים.

וילכו אחיו לרעות

95. וילכו אחיו, לרעות את צאן אביהם בשכם. למה כתוב, אֶת? המילה, אֶת, מנוקדת מלמעלה, לרבות עימהם השכינה, כי השכינה נקראת את, שהייתה שורה עימהם. משום שהיו עשרה, ובכל מקום שיש עשרה שורה בהם השכינה, כי יוסף לא היה עימהם, ובנימין הקטן בבית, ע"כ מנוקד מלמעלה על המילה, את.

96. ומשום זה שמכרו את יוסף השתתפו כולם עם השכינה, ושיתפו אותה עימהם בעת שעשו את השבועה והחרם, שלא לגלות המעשה ממכירת יוסף. וע"כ עד שהתגלה הדבר של מכירת יוסף, לא שרתה השכינה על יעקב.

97. השכינה הייתה עם השבטים. כי כתוב, ששם עלו שבטים, שבטי יה עדות לישראל להודות לשם ה'. הרי שכולם היו צדיקים וחסידים, וקיומם של כל בני העולם. שהעולם כולו היה מתקיים בזכותם, קיום של מעלה ושל מטה, של העולמות העליונים ושל העולם התחתון.

ירושלים הבנויה

98. שָׂמחתי באומרים לי, בית ה' נלך. דוד היה עם לבבו לבנות הבית, כמ"ש, ויהי עם לבב דוד אבי לבנות בית, לשם ה' אלקי ישראל. ואח"כ כתוב, רק אתה לא תבנה הבית כי אם בנך היוצא מחלציך, הוא יבנה הבית לשמי. וכל ישראל היו יודעים את זה, והיו אומרים, מתי ימות דוד, ויקום שלמה בנו, ויבנה הבית, ואז, כמ"ש, עומדות היו רגלינו בשערייך ירושלים, כי אז נעלה ונקריב קורבנות.

99. ואע"פ שהיו אומרים, מתי ימות הזקן הזה, שָׂמחתי וחדווה הייתה לי, משום בנִי, שהיו אומרים, שבני יקום תחתיי, לגמור המצווה ולבנות הבית. אז התחיל דוד ושיבח את השכינה. ואמר, ירושלים הבנויה כעיר שחוברה לה יחדיו.

100. עשה הקב"ה את ירושלים של מטה, הנוקבא, כעין ירושלים של מעלה, בינה. וזו מיתקנת לנגד זו. שהנוקבא מיתקנת בכל התיקונים שבבינה, כמ"ש, מכון לשבתך פעלת ה'.

ירושלים הבנויה. שעתיד הקב"ה להוריד את ירושלים מלמעלה בנויה כראוי. שחוברה לה יחדיו. שחוברו, היה צריך לכתוב, בלשון רבים. אלא שהתחברה אמא, בינה, בבתה, נוקבא, והיו כאחת. ע"כ כתוב, שחוברה, בלשון יחיד.

101. ששם עלו שבטים. אלו הם קיומו של העולם והתיקון של עולם התחתון. ולא תיקון עולם התחתון בלבד, אלא אפילו של עולם העליון, כמ"ש, שבטי יה עדות לישראל. לישראל, משום שהם קיומו של העולם למטה, הם עדות למעלה, בעולם העליון. והכול הוא להודות לשם ה'.

וימצאֵהו איש

102. וימצאֵהו איש והנה תועה בשדה. וישאלהו האיש לאמור, מה תבקש. הרי יעקב השלם, שאהב את יוסף מכל בניו, והיה יודע שכל אחיו שונאים אותו, למה שלח אותו אליהם? אלא הוא לא חשד בהם, שהיה יודע שכולם הם צדיקים. אלא הקב"ה סיבב כל זה, כדי לקיים הגזרה, שגזר לאברהם אבינו בין הבתרים.

103. נמצא, שצריכים היו בני יעקב למשול על יוסף טרם שירד למצרים. שאילו ירד למצרים, והם לא היו שולטים עליו מתחילה, יכלו המצרים לשלוט לעולם על ישראל, ולא יכלו לצאת משם.

ע"כ, התקיים ביוסף, שנמכר להיות עבד ע"י אחיו, והם שלטו עליו למכור אותו לעבד. לכן, אע"פ שיוסף היה אח"כ מלך, שהמצרים המליכו אותו, נמצאים ישראל שכבר שלטו על כולם. כי מאחר שכבר שלטו על מלכם יוסף למכור אותו

"וישב". ספר הזהר עם פירוש הסולם. מהד' 21 כר'. כרך ו. דף לא; מהד' 10 כר'. כרך ג. דף לא.
"וישב". ספר הזהר עם פירוש הסולם. מהד' 21 כר'. כרך ו. דף לב; מהד' 10 כר'. כרך ג. דף לב.

לעבד, מכ״ש ששלטו אז על המצרים עצמם. ובזה נחלש כוחם של המצרים, ויכלו להשתחרר מהם.

104. יוסף שהיה ברית עליון, יסוד דז״א, כל זמן שהברית היה קיים, השכינה התקיימה בישראל בשלום כראוי. כיוון שהסתלק יוסף, ברית העליון, מהעולם, כי נמכר לעבד, אז הברית והשכינה וישראל יצאו כולם בגלות.

וכמ״ש, וַיָּקָם מלך חדש על מצרים, אשר לא ידע את יוסף, שזה מורה שהתבטל מעלתו ויצא לגלות. והכול היה מהקב״ה, כמו שהיה ראוי להיות.

105. וימצאהו איש, זהו גבריאל. והנה תועה, בכל היה תועה, שבָּטח על אחיו, והיה מבקש האחווה מהם ולא מצא. גם ביקש אותם עצמם ולא מצא. וע״כ, וישאלהו האיש לאמור, מה תבקש.

את אחיי אנוכי מבקש

106. ויאמר, את אחיי אנוכי מבקש. כמ״ש, מי ייתנך כאח לי יונק שדי אימי, אמצאך בחוץ אֶשָּׁקְךָ, גם לא יבוזו לי. כנ״י, הנוקבא, אמרה פסוק זה אל המלך שהשלום שלו, ז״א. כמו שיוסף אמר על אחיו, ועתה אל תירָאו אנוכי אכלכל אתכם ואת טפכם. שנתן להם מזונות וזן אותם בימי רעב. משום זה אמרה כנ״י לז״א, מי ייתנך כאח לי, כמו יוסף לאחיו.

107. מי ייתנך כאח לי. זה אמר יוסף, יסוד, אל השכינה, שהתאחד עימה והתדבק בה. יונק שדי אימי. כי אז, כשמקבלת מוחין דאמא, יש אחווה ושלמות ביניהם. אמצאך בחוץ, בתוך הגלות, בארץ אחרת. אשקך, כדי להתדבק רוח שלה ברוח שלו. גם לא יבוזו לי, אע״פ שאני בארץ אחרת.

108. יוסף, אע״פ שאחיו לא היו לו כאחים כשנפל בידיהם, הוא היה להם כאח כשנפלו בידו, כמ״ש, וינחם אותם וידבר על ליבם, עד שהאמינו לו.

יש כעס ויש כעס

[אית רוגזא ואית רוגזא]

109. ויאמרו איש אל אחיו, הנה בעל החלומות. זהו שמעון ולוי, שהם היו אחים, משום שבאו מצד הדין הקשה. ומשום זה הכעס שלהם הוא כעס של רציחה בעולם.

110. יש כעס, שמבורך מלמעלה ומלמטה, ונקרא ברוך, כמ״ש, ברוך אברם לאל עליון קונה שמיים וארץ. כי אע״פ שאברהם עשה מלחמה והרג אנשים, מ״מ כתוב עליו במעשה זה,

„וישב״. ספר הזהר עם פירוש הסולם. מהד׳ 21 כר׳. כרך ו. דף לג; מהד׳ 10 כר׳. כרך ג. דף לג.
„וישב״. ספר הזהר עם פירוש הסולם. מהד׳ 21 כר׳. כרך ו. דף לד; מהד׳ 10 כר׳. כרך ג. דף לד.

ברוך אברם, משום שקידש שם שמיים בזה. ויש כעס שהוא מקולל למעלה ולמטה, ונקרא ארור, כמ״ש, ארור אתה מכל הבהמה ומכל חיית השדה.

111. על זה יש שני הרים, כמ״ש, ונתת את הברכה על הר גריזים ואת הקללה על הר עיבל. שהם כנגד אלו שתי המדרגות, ברוך וארור. וע״כ גם שני ההרים נקראים ארור וברוך. ושמעון ולוי הם מצד דין הקשה. ומצד דין הקשה והחזק יוצא הכעס שקולל, הנקרא ארור.

112. מצד דין הקשה יוצא הכעס לשני צדדים, אחד שהתברך ואחד שקולל, אחד ברוך ואחד ארור. כעין זה מצד יצחק יצאו שני בנים. אחד מבורך, ואחד שקולל, למעלה ולמטה. זה נפרד לצד שלו, וזה נפרד לצד שלו. זה דירתו בארץ הקודש, וזה דירתו בהר שעיר, כמ״ש, איש יודע ציד איש שדה. זה מקומו במקום מדבר וחורבן ושממה, וזה יושב אוהלים.

113. ומשום זה שתי מדרגות הן, ברוך וארור. מזו יוצאות כל הברכות שבעולם שלמעלה ושלמטה, וכל טוב, וכל הארה, וכל גאולה, וכל הצלה. ומזו יוצאות כל הקללות, וכל החורבה, וכל הדם, וכל השממה, וכל הרע, וכל הטומאות שבעולם.

114. אין אדם בעולם שלא יטעם בלילה טעם המוות, ורוח הטומאה שורה על גוף. משום שהנשמה הקדושה הסתלקה ויצאה מהאדם, שורה רוח הטומאה על הגוף ההוא, והוא נטמא.

115. וכשהנשמה חוזרת אל הגוף, מסתלקת הזוהמה. וידיו של האדם, זוהמת הטומאה נשארת עליהם. וע״כ לא יעביר ידיו על עיניו, כי רוח הטומאה שורה עליהם. עד שרוחץ אותם. וכשנוטל ידיו כראוי, אז מתקדש ונקרא קדוש.

116. איך צריכים להתקדש בנטילת ידיים? צריכים שיהיה כלי אחד מלמטה, וכלי אחד מלמעלה, כדי שיתקדש מהכלי שלמעלה. וכלי שלמטה יושב בזוהמה, שטומאה בו. וזהו כלי לקבל הטומאה, מי הרחיצה. וזהו שלמעלה, הוא כלי להתקדש ממנו, שממנו שופכים המים על הידיים.

זהו שלמעלה ברוך, וזהו שלמטה ארור. ולא צריכים לשפוך אלו המים של הזוהמה בבית, כדי שלא יתקרב אליהם אדם, כי בהם מתאספים הרוחות המזיקים, והאדם יכול לקבל נזק מאלו מים הטמאים.

117. האדם, טרם שקידש ידיו בבוקר, נקרא טמא. כיוון שקידש ידיו, נקרא טהור. ומשום זה, לא ייטול ידיו אלא מיד שנטהר מקודם. שכבר נטל ידיו, נקרא טהור. וזה שעוד לא נטל ידיו, נקרא טמא.

118. משום זה כלי אחד למעלה וכלי אחד למטה, זה קדוש וזה טמא. ומאלו המים אסור לעשות בהם דבר, אלא צריכים לשפוך אותם במקום שבני אדם לא יעברו עליהם. ולא ילין אותם בבית. כי כיוון שנשפכו על הארץ, רוח הטומאה נמצא שם, ויכול להזיק. ואם חפר להם מוֹרָד מתחת הארץ שלא ייראו, טוב הוא.

119. ולא ייתן אותם לנשים מכשפות, שיכולות להזיק עימהם בני אדם, משום שהם המים הַמְאָרְרִים. והקב״ה רצה לטהר את ישראל, ושיהיו קדושים, כמ״ש, וזרקתי עליכם מים טהורים

וטִהרתם, מכל טומאותיכם ומכל גילוליכם אטהר אתכם.

יש ב' בחינות דין:

א. הנעשה מכוח עליית המלכות לבינה, שאז נופלות ממנה אותיות אל"ה דאלקים, ונשארת משום זה בו"ק בלי ראש.

ב. הדינים הנמשכים מקו שמאל, כל עוד שלא נכלל בקו ימין, שהם הדינים של נקודת השורוק.

ונאמר, שיש כעס, שמבורך מלמעלה ומלמטה. כעס, דין. והם הדינים דבחינה א', הבאים מכוח עליית המלכות לבינה. ודינים הללו הם מבורכים למעלה בבינה ולמטה בזו"ן, כי לולא הדינים הללו לא היו מוחין לזו"ן ולתחתונים.

ונקרא ברוך, כי הוא מקור כל הברכות שבעולם, המוחין וכל מיני הארות, ובבינה עצמה. כמ"ש, ברוך אברם לאל עליון קונה שמיים וארץ. כי ב' הקווים ימין ושמאל הם מבינה, ע"כ נקראים ברוך אצל אברהם, קו ימין. שבדינים הללו היכה המלכים. אבל כשהדינים ההם נמשכים לזו"ן, אינם נקראים ברוך, אלא מבורך.

ויש כעס שהוא מקולל למעלה ולמטה. הדינים שבבחינה ב' נמשכים משליטת קו השמאל, שאינו נכלל בימין, והוא קולל במיתה, הנמשך מנחש הקדמוני, בעניין, לא זכה הרי רע. שאם אינו זוכה, שממשיך מקו שמאל מלמעלה למטה, שזה היה החטא דעצה"ד, אז מתגלה הנקודה דמנעולא, מלכות דצ"א במסך דבחינה ד', שאינה ראויה לקבל אורות החיים. וע"כ האדם מת עם התגלותה, כמ"ש, ביום אֲכולך ממנו, כשתמשיך הארת השמאל מלמעלה למטה, מות תמות.

כי תתגלה נקודת המלכות של מדה"ד שבצ"א, וכל אורות החיים יסתלקו. הרי שכעס זה, הדינים של הארת השמאל, קוללו בקללת נחש הקדמוני, שכתוב עליו, ארור אתה מכל הבהמה ומכל חיית השדה, שסופו מיתה.

ועל בחינה זו, שהייתה ג"כ בשמעון ובלוי, כתוב, ארור אפם כי עָז. ע"כ יש בכעס שלהם רציחה, הריגת אנשי שכם, כי הוא הכעס שקולל, המביא מיתה.

מצד דין הקשה יוצא הכעס לשני צדדים, אחד שהתברך ואחד שקולל, אחד ברוך ואחד ארור. כעין זה מצד יצחק יצאו שני בנים. אחד מבורך, ואחד שקולל, למעלה ולמטה. יצחק, קו שמאל דז"א, ששליטתו בפני עצמו בלי ימין, הוא דין קשה. וממנו יצאו שני בנים, ב' בחינות דינים:

א. בחינה א', יעקב, אבל מתוך שאינו בחינת בינה, כמו אברהם, אינו נקרא ברוך, אלא מבורך. כי הוא קו אמצעי דז"א.

ב. בחינה ב', עשיו.

והנה בלילה, כשהאדם ישן, יש בו ג"כ הדין דבחינה ב', הכעס שקולל. כי הלילה הוא שליטת קו שמאל. שע"כ מסתלקים אז האורות. וע"כ מסתלקת נשמתו של אדם. אמנם הסתלקות האורות הללו אינה מיתה ממש, כמו בגילוי נקודת המלכות דצ"א, אלא נבחן לשינה.

ועכ"ז יש בו ג"כ בחינת התכללות ממיתה. והוא מכוח הקללה דעצה"ד, אשר שליטת השמאל תגלה אותה נקודה הממיתה לאדם. וע"כ יש בה ג"כ אחד משישים ממיתה.

לכן אין אדם בעולם שלא יטעם בלילה טעם המוות, ורוח הטומאה שורה על גוף. משום שהנשמה הקדושה הסתלקה ויצאה מהאדם, מכוח שליטת השמאל בלי ימין. שורה רוח הטומאה על הגוף ההוא, טומאת נחש הקדמוני שסופו מיתה, והוא נטמא. וכשהנשמה חוזרת אל הגוף, מסתלקת הזוהמה. וידיו של האדם, זוהמת הטומאה נשארת עליהם.

ידיים של אדם, כלים של הג"ר. חג"ת הנעשים בעת גדלות לחב"ד. ועם ביאת

הנשמה בבוקר, מתקבל רק ו"ק אל הגוף, ולא ג"ר. וע"כ נבחן שהידיים עוד לא נטהרו מזוהמתם שקיבלו בלילה. וכשנוטל ידיו, שהמשיך הג"ר, מתקדש ונקרא קדוש. כי מוחין דג"ר נמשכים מאו"א, הנקראים קדושים. וע"כ נקרא גם האדם קדוש, כמ"ש, שאו ידיכם קודש וּבָרכו את ה'.

טהרה. שלמות הכלים, שמקודם כשהייתה המלכות כלולה בבינה, היה כוח הצמצום שבמלכות מעורב בכל הכלים של הבינה, ולא הייתה ראויה משום זה לג"ר. ואח"כ, כשע"י הארה עליונה שלמה, מורידה הבינה את כוח הצמצום הזה למקומו, ואותיות אל"ה חוזרות אליה, נבחן שהכלים שלה נטהרו מכוח הצמצום וראויים לג"ר.

קדושה. המוחין שמקבלת מאו"א עילאין שנקרא קודש.

והורדת המלכות מהבינה למקומה, ע"י הארה עליונה מן ע"ב ס"ג דא"ק, שצ"ב לא נוהג שם, וע"כ הארתו בכל מקום שבאה, מורידה משם כוח המלכות והצמצום מהבינה למלכות. כן אחר שנשלמו ונטהרו הכלים דבינה, הנה השפע שלה שלם. ובכל מקום שהשפע שלה בא, מוריד כוח הצמצום מהכלים דבינה אשר שם, והם נעשים ג"ר.

הכלי העליון. בינה, אשר הכלים שלה כבר נטהרו מכוח הצמצום של המלכות, שהתערבה בה.

המים. השפע השלם שבבינה זו הטהורה.

הידיים. כלים דחג"ת, שצריכים להיטהר מכוח הצמצום וזוהמת הנחש, שקיבלו בלילה בעת שינה.

כלי התחתון. המלכות הבלתי נמתקת בבינה, השבויה בקליפות דבי"ע.

ע"י המים מהכלי העליון, שהם שפע מהכלים הטהורים של בינה, הנשפכים על הידיים, כלים דחג"ת, יורד משם כוח הצמצום של המלכות שהתערב בהם, אל המלכות הבלתי נמתקת, הכלי התחתון.

ונמצא כל כוח הצמצום והדינים יורדים לכלי התחתון והכלים דחג"ת של האדם, הידיים, מטוהרים עתה מכל כוח הצמצום ומהדין ומהטומאה, ומקבלים מוחין שלמים דג"ר, הנקראים קדושה. והכלים דחג"ת נעשים לחב"ד.

לכן נאמר, וזהו כלי לקבל הטומאה, מי הרחיצה. וזהו שלמעלה, הוא כלי להתקדש ממנו, שממנו שופכים המים על הידיים. כי כוח הורדת המלכות מבינה בא מכלי עליון, שע"י זה מקבלים החג"ת מוחין, הנקראים קדושה. ומקום ירידת המלכות וכוחות הצמצום והדין והטומאה, הוא הכלי התחתון.

כמ"ש, וזרקתי עליכם מים טהורים, השפע השלם, הבא מכלים טהורים, שכוח הצמצום כבר הורד מהם. שבכל מקום בואו, מוריד כוח הצמצום מכלים דבינה אשר שם, והם נטהרים. כמ"ש, וטהרתם מכל טומאותיכם ומכל גילוליכם, אטהר אתכם.

והבור ריק אין בו מים

120. תורת ה' תמימה מְשִׁיבת נפש. כמה יש להם לבני אדם, להשתדל בתורה, כי כל מי שמשתדל בתורה יהיה לו חיים בעוה"ז ובעוה"ב, והוא זוכה

בשני עולמות. ואפילו מי שמשתדל בתורה ואינו משתדל בה כראוי, הוא זוכה לשכר טוב בעוה"ז, ואין דנים אותו בעולם האמת.

121. כתוב, אורך ימים בימינה, בשמאלה עושר וכבוד. אורך ימים הוא לאותו המשתדל בתורה לשמה, שיש לו אורך ימים באותו העולם שבו אריכות ימים, בעולם הנצחי. ואלו הימים שבו הם ימים בוודאי. כלומר, שהם טובים וראויים לשמם.

שם הוא ביטחון הקדושה של מעלה, כלומר שכר המקווה. שהאדם בוטח בו בעוה"ז להשתדל בתורה, כדי להיות מאושר בעולם ההוא, הנצחי. ובשמאלה עושר וכבוד, שיש לו שכר טוב ושלווה בעוה"ז.

122. וכל מי שעוסק בתורה לשמה, בעת שנפטר מעוה"ז, התורה הולכת לפניו, ומכריזה לפניו, ומגנה עליו, שלא יתקרבו אליו בעלי הדין. כשהגוף שוכב בקבר, היא שומרת אותו.

כשהנשמה הולכת להסתלק ולשוב למקומה, התורה הולכת לפני הנשמה, והרבה שערים סתומים נשברים מלפני התורה, עד שמביאה את הנשמה למקומה. והתורה עומדת על האדם בשעה שיתעורר לתחיית המתים, בזמן שיקומו המתים של העולם. והיא מלמדת זכות עליו.

123. בְּהִתְהַלֶּכְךָ תנחה אותך, בשוכבך תשמור עליך והקיצותָ היא תְשִׂיחֶךָ. בהתהלכך תנחה אותך, שהתורה הולכת לפניו בעת הפטירה. בשוכבך תשמור עליך, בשעה שהגוף שוכב בקבר. כי אז בזמן ההוא נידון הגוף בקבר, והתורה מגנה עליו. והקיצות היא תשיחך, בזמן שיקיצו מתֵי העולם לתחייה מהעפר. היא תשיחך, ללמד זכות עליך.

124. היא תשיחך. אע"פ שעתה קמו מעפר, התורה שלמדו מטרם שמתו, לא נשכחה מהם. כי ידעו אז כל התורה שהניחו בעת שהסתלקו מעוה"ז. תורה זו שמורה להם מאותו הזמן, ונכנסת במעיהם כמקודם לכן, והיא תדבר במעיהם. שלא תחזור להם לאט כטבע הבא במחשבה, אלא תבוא כולה בבת אחת בדרך התלבשות, כטבע הבא במעיים.

125. וכל הדברים ברורים יותר ממה שהיה בתחילה, מטרם שמת. כי כל אלו הדברים שהוא לא יכול להשיג אותם כראוי, והשתדל בהם אז, ולא השיג אותם, כולם באים עתה במעיו ברורים, והתורה תדבר בו. וכמ"ש, והקיצות היא תשיחך. כל מי שהשתדל בתורה בעוה"ז, זוכה לעסוק בה לעוה"ב.

126. האדם שלא זכה לעסוק בתורה בעוה"ז, הולך בחושך. כשנפטר מעוה"ז, לוקחים אותו ומכניסים אותו לגיהינום. במקום תחתון, שלא יהיה מרחם עליו, שנקרא, בור שָׁאוֹן טִיט הַיָּוֵן.

127. ומשום זה אותו שאינו משתדל בתורה בעוה"ז, ונִטְנַף בטינופי עוה"ז, כתוב עליו, וייקחוהו וישליכו אותו הבורה. זהו גיהינום, המקום שדנים שם אותם שאינם עוסקים בתורה. והבור ריק, משום שלא היה שם מים, תורה.

128. כמה העונש של ביטול תורה. כי לא גלו ישראל מארץ הקדושה, אלא משום שהסתלקו מתורה ונעזבו ממנה. כמ"ש, על מה אבדה הארץ, ויאמר ה', על עוזבם את תורתי. וכתוב, לכן גלה עמי מבלי דעת, בלי תורה.

129. משום זה הכול עומד על קיום התורה. והעולם אינו עומד על קיומו, אלא בתורה, שהיא קיום העולמות למעלה ולמטה, כמ"ש, אם לא בריתי יומם ולילה, חוקות שמיים וארץ לא שמתי.

130. וייקחוהו וישליכו אותו הבורה. רמז שהשליכו אותו אח"כ למצרים, שלא נמצא בהם כלל האמונה. מים הם אמונה. ומה שכתוב, והבור ריק אין בו מים, כלומר, שאין שם אמונה.

אם היה בבור נחשים ועקרבים, למה כתוב בראובן, למען הציל אותו מידם להשיבו אל אביו? האם לא פחד ראובן לזה, אשר הנחשים והעקרבים יזיקו אותו? ואיך אמר, להשיבו אל אביו למען הציל אותו?

131. אלא ראובן ראה, שהנזק הוא ודאי, כשהוא בידיהם של אחיו. כי ידע כמה הם שונאים אותו, ורצונם להרוג אותו. אמר ראובן, מוטב להפילו לתוך הבור, שיש בו נחשים ועקרבים, ולא יהיה נמסר ביד שונאיו, שאינם מרחמים עליו. מכאן לומדים, יפיל אדם את עצמו לאש או לבור של נחשים ועקרבים, ולא ימסור את עצמו ביד שונאיו.

132. מפני שבמקום נחשים ועקרבים, אם הוא צדיק, הקב"ה עושה לו נס. ולפעמים זכות אבותיו עומדת לאדם, ויינצל מהם. אבל כיוון שנמסר ביד שונאיו, מועטים הם היכולים להינצל.

133. ומשום זה אמר, למען הציל אותו מידם. מידם, אמר ראובן, כלומר, שיינצל מהם. ואם ימות, מוטב שימות בבור. ומשום זה כתוב, וישמע ראובן ויצילהו מידם, שהציל אותו שלא ימות תחת ידם, אלא אם ימות יהיה זה בבור.

134. כמה חסידותו של ראובן. כי משום שידע ששמעון ולוי שותפותם, ועורמתם, והתחברותם, הן קשות, כי כשהתחברו בשכם, הרגו כל זכר, ולא היה זה די להם. אלא שלקחו נשים וטף, וכסף וזהב, וכל בהמה, וכל כלי יקר, וכל מה שנמצא בעיר. ולא די להם כל זה, אלא שאפילו כל מה שבשדה לקחו. כמ"ש, ואת אשר בעיר ואת אשר בשדה לקחו.

135. וכמו שעיר גדולה כזו לא ניצלה מהם, אם ילד הזה ייפול בידיהם, לא ישאירו ממנו חתיכת בשר בעולם. וע"כ אמר, טוב להציל אותו מהם, כי לא ישאירו ממנו שום שיור בעולם, ואבי לא יראה ממנו כלום בעולם.

136. וכאן, בבור, אם ימות, לא יוכלו לו אחיו, ויישאר כל גופו שלם, והשיבותי אותו שלם לאבי. וע"כ כתוב, למען הציל אותו מידם להשיבו אל אביו. אע"פ שימות שם, אוכל להשיבו לאביו. ומשום זה אמר, הילד איננו. ולא אמר, איננו חי. אלא אמר, איננו, אפילו מת.

137. בחכמה היה משתף עצמו עימהם. לא היה שם בעת שנמכר יוסף. כי כולם היו משמשים לאביהם, כל אחד מהם יום אחד. ואותו יום של ראובן היה וע"כ רצה, שביום השימוש שלו לא יאבד יוסף. וע"כ כתוב, וַיָשָב ראובן אל הבור והנה אין יוסף, שאינו אפילו מת. מיד, וישב אל אחיו ויאמר, הילד איננו.

138. ואפילו ראובן, לא ידע ממכירה זו של יוסף. והשתתפה עימהם השכינה, בחרם שעשו שלא לגלות מכירת יוסף. ולא התגלה לו, עד אותו זמן שהתגלה יוסף לאחיו.

139. מה נגרם לראובן, מזה שהשתדל להציל חיי יוסף? כתוב, יחי ראובן ואל

ימות, אע״פ שידע שניטלה הבכורה ממנו וניתנה ליוסף, מ״מ השתדל להציל את חייו. וע״כ התפלל משה, ואמר, יחי ראובן ואל ימות. והתקיים בעוה״ז ובעוה״ב, משום שהציל חייו של יוסף, ומשום שעשה תשובה על אותו מעשה של חילול יצוּעֵי אביו. שכל מי שעושה תשובה, הקב״ה מחייה אותו בעוה״ז ובעוה״ב.

140. וייקחו את כְּתונת יוסף. משום שדם שׂעיר דומה לדם אדם. אע״פ שאין בו עבירה, הקב״ה מדקדק עם הצדיקים, אפילו כחוט השערה.

141. יעקב עשה מעשה כראוי, במה שהקריב לאביו שעיר, שהוא צד דין הקשה. ועכ״ז, משום שהקריב שעיר, והחליש את אביו, כדין קשה שלו, משום שהוא הצד שלו, כי גם יצחק דין קשה, וע״כ נאחז בו הדין שבשעיר, ע״כ נענש יעקב בשעיר אחר שבניו הקריבו אליו הדם שלו.

142. ביעקב כתוב, ואת עורות גדיי העיזים הלבישה על ידיו ועל חלקת צוואריו. משום זה כתוב בבניו, ויטבלו את הכותונת בדם, הקריבו לו הכותונת להחליש אותו. והכול היה זה כנגד זה. הוא גרם שכתוב, ויֶּחרד יצחק חרדה גדולה עד מאוד. משום זה גרמו לו בניו, שחרד חרדה, באותו הזמן שכתוב, הַכֶּר נא הכְּתונת בנך הוא אם לא.

143. כתוב, האתה זה בני עשיו אם לא. ועליו כתוב, שאמרו לו, הכתונת בנך הוא אם לא. והוא משום שהקב״ה מדקדק עם הצדיקים בכל מה שהם עושים.

144. כיוון שראו כל השבטים אותו הצער של אביהם, התחרטו ודאי על מכירת יוסף, ונתנו נפשם על יוסף לפדותו, אם ימצאו אותו, כיוון שראו שאינם יכולים לפדות אותו, חזרו אל יהודה, שנתן להם עצה למכור אותו, והעבירו אותו מעליהם. כי הוא היה מלך עליהם. וכיוון שהעבירו אותו מעליהם, כתוב, ויהי בעת ההיא ויירד יהודה מאת אחיו.

ציון וירושלים

145. כשברא הקב״ה את העולם, כשהאציל את הנוקבא, הנקראת עולם, התקין לו שבעה עמודים, שהאיר לה משבע ספירות חג״ת נהי״מ דז״א. וכל העמודים עומדים על עמוד אחד יחידי, יסוד דז״א, ואלו כולם עומדים על מדרגה אחת, שנקראת צדיק יסוד עולם, יסוד דז״א.

146. והעולם נברא מאותו מקום, שהוא שכלול העולם ותיקוניו, נקודה אחת של העולם, אמצעית הכול. והיא ציון, יסוד הפנימי דנוקבא, כמ״ש, מזמור לאסף אל אלקים הוי״ה דיבר ויקרא ארץ ממזרח שמש עד מְבוֹאו. ומאיזה מקום דיבר? מציון, כמ״ש, מציון מִכְלל יופי אלקים הופיע. מאותו מקום שהיא השכלול של אמונה השלמה כראוי.

וציון היא החוזק, הארת החכמה, והנקודה, הארת החסדים, של כל

העולם. ומאותו מקום השתכלל ונעשה כל העולם, בחכמה שבה. ומתוכה כל העולם ניזון, בחסדים שבה.

147. ציון היא השכלול והיופי של העולם, והעולם ממנה ניזון. שיש בה ב' בחינות, חכמה וחסדים. משום ששתי מדרגות הן, והן אחת, ציון וירושלים, זו דין וזו רחמים, ושתיהן הן אחת, מכאן דין ומכאן רחמים.

ציון וירושלים שתיהן יסוד הנוקבא. ציון פנימיות היסוד, מלכות דוד, שנמשכת ממנה החכמה, רחמים כלפי ירושלים. וירושלים חיצוניות היסוד דנוקבא, ששם המסך, וע"כ היא דין.

ושתיהן יסוד דנוקבא, מכאן הדין, מירושלים, ומכאן הרחמים, מציון. ולפיכך, ציון היא השכלול והיופי של העולם. רק אחר שהחכמה שבה מתלבשת בחסדים של ירושלים, והעולם ממנה ניזון, מירושלים שבה החסדים יוצאים על המסך.

148. מלמעלה למעלה, מבינה, יוצא קול הנשמע, עמוד האמצעי, המכריע בבינה. ואחר שהקול ההוא יוצא ונשמע, שמכריע גם בנוקבא. ואורות הימין והשמאל נשמעים, כלומר, מאירים. יוצאים הדינים מנוקבא, ודרכי דין ורחמים יוצאים ונפרדים משם. הדינים מסתלקים בסיבת הכרעת קו אמצעי. והמוחין מאירים בדרכים של דין ושל רחמים שביסוד דנוקבא. בדרכי הרחמים שבציון מאירה החכמה, ובדרכי הדין שבירושלים מאירים החסדים.

כתוב, וירעֵם בשמיים ה', ועליון ייתן קולו. זהו ב"ד ברחמים, הדינים שבציון, דינים דשמאל, שכלפי דינים שבירושלים הם רחמים. ועליון, בינה, אע"פ שאינו נמצא ואינו נודע, מטרם ביאת קו אמצעי, מחמת הדינים שבשמאל, כיוון שאותו הקול יוצא ומכריע בין ימין ושמאל, אז נמצא הכול בדין וברחמים. שמקיים הארת ב' הקווים ימין ושמאל. כמ"ש, ועליון ייתן קולו, ברד וגחלי אש.

כיוון שהעליון, בינה, נותן קולו אל הנוקבא, ומכריע בב' קווים שלה, אז, ברד וגחלי אש, שהם מים ואש. עם ביאת הקול, קו אמצעי, מבינה אל הנוקבא, מסתלקים הדינים ומתגלים המוחין על דרכי הדין ורחמים שבה. שדרכי הרחמים, שהם בציון, מכונים ברד. ושם מתגלה החכמה. ודרכי הדין, שהם בירושלים, מכונים גחלי אש. ששם מתגלים החסדים.

149. בשעה שנולד יהודה, כתוב, ותעמוד מִלדת. משום שזהו היסוד הרביעי מארבעת היסודות, חו"ג תו"מ, שהם מרכבה עליונה, אל הבינה, והוא רגל אחת מאלו ארבע רגליים של הכיסא, המלכות. וע"כ כתוב בו, ותעמוד מלדת, להיותו ספירה אחרונה, מלכות. כמ"ש, ויהי בעת ההיא ויירד יהודה מאת אחיו. כי היה מלך עליהם, להיותו ספירת המלכות. ואחר מכירת יוסף ירד מגדולתו. משום שהורידו את יוסף למצרים.

כי יוסף הוא קו אמצעי, המאיר אל המלכות, יהודה. וכשהוא מאיר בה, מסתלקים הדינים מיסוד שלה, הנקרא ציון וירושלים, והמוחין מאירים על דרכי הדין והרחמים שלה. שבציון מאירה החכמה, ובירושלים החסדים. אבל כשנמכר יוסף למצרים, ואינו מאיר לה, אז חזרה המלכות לבחינת שמאל. והדינים שבציון, הברד, שולטים בה. וע"כ כתוב, ויירד יהודה. כי ירד מגדולתו ונפל לבחינת הדינים של הברד.

ויקרא את שמו עֵר

150. וַיַּרְא שם יהודה בת איש כנעני. כנעני, פירושו סוחר. ותהר ותלד בן ויקרא את שמו עֵר.

שלושה בנים ליהודה, ונשאר מהם אחד, וזהו שֵׁלָה. כי כמ״ש, ויירד יהודה, כי הוליד בנים וקבר אותם, שזו ירידה גדולה ועונש.

151. בראשון מבניו של יהודה כתוב, ויקרא את שמו ער, בלשון זכר, ובשני הבנים האחרים כתוב, ותקרא את שמו אוֹנָן, ותקרא את שמו שֵׁלָה, בלשון נקבה.

152. ויירד יהודה מאת אחיו. כי הלבנה, הנוקבא, התכסתה וירדה ממדרגה הישרה לתוך מדרגה אחרת, שהנחש התחבר בה. כמ״ש, וַיֵּט עד איש עֲדוּלָמִי ושמו חִירָה, שהפריד עצמו מאחיו בית ישראל, שהם הקדושה, והתחבר באיש נוכרי, שלא מבית ישראל, שהנחש דבוק בו, שלא פסקה הזוהמה שלו מהנוכרים.

153. ותהר ותלד בן, ויקרא את שמו ער. והוא רע, אשר ער ורע אותיותיהם שוות. כי בא מצד היצה״ר.

ומשום זה כתוב, ויקרא את שמו, ולא כתוב ויקרא שמו. ביעקב כתוב, ויקרא שמו, כי הקב״ה קרא לו יעקב. וכאן כתוב, את שמו, לרבות מדרגה אחרת של זוהמת הטומאה שנולד.

154. ואח״כ גם בבן השני לא נמתק המקום לחזור לקדושה. עד שבא שֵׁלָה, שהיה עיקר כולם. וכתוב, ויהי ער בכור יהודה רע בעיני ה׳. כמ״ש, כי יצר לב האדם רע מנעוריו, שפירושו, השחתת זרע. אף כאן פירושו, ששפך דמים, ששפך זרע על הארץ. ומשום זה כתוב, וימיתהו ה׳. וכתוב, ויאמר יהודה לאוֹנָן, בוא אל אשת אחיך וְיַבֵּם אותה.

בוא אל אשת אחיך ויבֵּם אותה

155. כמה הם כסילים בני אדם, שאינם יודעים ואינם מסתכלים לדעת דרכיו של הקב״ה, כי כולם ישנים. שלא תמוש שינה מחורי עיניהם.

156. הקב״ה עשה את האדם כעין של מעלה, הכול בחכמה. כי אין איבר בבן אדם, שאינו עומד בחכמה העליונה, שכל איבר רומז על מדרגה מיוחדת. כי אחר שנתקן כל הגוף באיבריו כראוי, הקב״ה משתתף עימו, ומכניס בו נשמה קדושה, כדי ללמד האדם ללכת בדרכי התורה, ולשמור מצוותיו, כדי שיתוקן האדם כראוי, לפי הכלל, נשמת האדם תלמדנו.

157. ומשום שיש בו נשמה קדושה, הוא ראוי להוליד בנים בצלמו ובדמותו של מלך העליון בעולם, וע״כ צריך האדם

להרבות את דמותו. וזה עניין, כי היות שאותו הנהר הנמשך ויוצא, יסוד העליון, מימיו אינם נפסקים לעולם, ע״כ צריך גם האדם שלא יפסיק הנהר והמקור שלו, בעוה״ז, אלא שיוליד בנים.

ותמיד בזמן שהאדם אינו מצליח בעוה״ז להוליד בנים, הקב״ה עוקר אותו מעוה״ז, ונוטע אותו שנית כבתחילה הרבה פעמים. כלומר, שמת ומתגלגל שנית לבוא בעולם הרבה פעמים, עד שמצליח להוליד בנים.

158. כתוב, העירותי מצפון וַיַאת, ממזרח שמש יקרא בשמי ויבוא סגנים כמו חומר. העירותי, זהו התעוררות הזיווג של האדם בעוה״ז, התעוררות מצד צפון, משמאל. ויאת, זוהי נשמה הקדושה הבאה מלמעלה, שהקב״ה שולח אותה מלמעלה ובאה בעוה״ז, ונכנסת בבני אדם.

159. ממזרח שמש, זהו מקומו של אותו הנהר הנמשך ויוצא, ת״ת, שהוא מקומו של היסוד, שמשם יוצאת ונולדת הנשמה ומאירה. כי הנשמות באות מזיווג תו״מ.

ויבוא סגנים, אלו הם צבאות העולם. הנוקבא נקראת עולם. וצבאותיה הם המלאכים, הבאים עם התעוררות הנשמות. כלומר, הנולדים עימהם יחד. כמו חומר, כמו שהתעורר האדם בגוף שלו, המכונה חומר.

160. כי משום זה, עושה הקב״ה זיווגים ומטיל נשמות בעולם, והזיווג נמצא למעלה ולמטה, ומקור הכול הוא ברוך. וע״כ עשה הקב״ה את האדם, כדי שישתדל בדרכיו, ולא יפסיק מקורו ומעיינו לעולם, אלא שיוליד בנים.

161. וכל מי שפסק מקורו, שלא הוליד בנים, כשנפטר מעוה״ז, לא ייכנס במחיצתו של הקב״ה, ואינו נוטל חלק באותו העולם.

כתוב, ויוסף אברהם וייקח אישה ושמה קטורה. שהנשמה באה תחילה בגוף, כדי להיתקן. אברהם, הנשמה. אישה, גוף. שאחר שהנשמה יצאה מגוף, הוסיפה לבוא בגוף. והוא כדי להיתקן, מה שלא נתקנה בהיותה בגוף הראשון.

162. הגוף ההוא, כתוב בו, וה׳ חפץ דַכאו הֶחֱלי, אם תשים אשם נפשו, יראה זרע יאריך ימים וחפץ ה׳ בידו יִצלח. וה׳ חפץ דכאו, חפץ ה׳ כך, כדי שייטהר. אם תשים אשם, אם הנשמה רוצה להיתקן כראוי, יראה זרע, משום שהנשמה הולכת ומשוטטת, שאין לה מקום מנוחה, והיא עתידה להיכנס באותו זרע, שהאדם עסק בה, במצוות פרייה ורבייה. ואז, יאריך ימים. וחפץ ה׳, זה התורה. בידו יִצלח, אבל אם לא זכה לבנים, אין התורה מסייעת אותו.

163. אע״פ שאדם עסק בתורה יום ולילה, ומקורו ומעיינו עומד בו בחינם, שאינו מוליד בנים, אין לו מקוח להיכנס למחיצתו של הקב״ה. אם המקור והמעיין לא נכנס בבאר המים, אינה באר. כי הבאר והמקור אחד הם. ומי שאין לו בנים דומה שהמקור שבו לא נכנס בו, שאינו פועל בו.

164. כמה חביבים הם דברי תורה, שכל מילה שבתורה, יש בה סודות עליונים קדושים. כאשר נתן הקב״ה את התורה לישראל, כל סודות עליונים קדושים כולם נתן להם בתורה, וכולם ניתנו לישראל בשעה שקיבלו התורה בסיני.

165. כתוב, שָׁווא לכם משכימי קום מְאַחֲרֵי שֶׁבת אוכלי לחם העצבים, כן

ייתן לידידו שינה. יחידים שאין להם אישה, שאין הם זכר ונקבה כמו שצריכים, והם משכימים בבוקר למלאכתם. מאחרי שֶׁבֶת, מאחרים המנוחה, שמאחרים לשאת אישה, כי שבת היא מנוחה, כי האישה אל האיש נחשבת אליו למנוחה.

166. אוכלי לחם העצבים. כי כאשר יש לאדם בנים, הלחם שאוכל, אוכל אותו בשמחה בחפץ לב. ואותו שאין לו בנים, הלחם שאוכל הוא לחם העצבים.

167. כן ייתן לידידו שינה, זהו שמקורו מבורך, שיש לו בנים, שהקב"ה נותן לו שינה בעוה"ז. והוא משום שיש לו חלק בעוה"ב. לכן אותו האדם שוכב בקבר, ונהנה בעוה"ב כראוי.

168. כתוב, יש אחד ואין שני גם בן ואח אין לו. יש אחד, זהו אדם שהוא יחיד בעולם. ולא שהוא יחיד בחכמה כראוי, אלא שהוא בלי אישה. ואין שני, אין עימו עזר, אישה. גם בן, שיקיים שמו בישראל לא הניח. ואח אין לו, שיביא אותו לתיקון, בייבום.

169. ואין קץ לכל עמלו שהוא עומל תמיד, גם עינו לא תשבע עושר, ולמי אני עמֵל ומְחַסֵר נפשי מטובה. שמקדים עצמו ביום ובלילה, ואין לו לב להסתכל ולומר, למי אני עמל ומחסר את נפשי מטובה. הוא אינו עמל, כדי שיאכל וישתה ביותר, ויעשה משתה בכל יום תמיד, שהרי הנפש אינה נהנית מזה.

אלא ודאי, שמחסר את נפשו מטובה של אור העוה"ב. משום שהיא נפש בעלת חיסרון, שלא נשלמה כראוי. כמה מרחם הקב"ה על מעשיו, שמביא אותו לגלגול להיתקן, משום שרוצה שייתקן ולא יאבד מאותו עוה"ב.

170. מי שהוא צדיק גמור, ועסק בתורה ימים ולילות, וכל מעשיו לשמו של הקב"ה, ולא זכה לבנים בעוה"ז, או שהשתדל ולא זכה, או שהיה לו בנים ומתו, מה הם לעוה"ב? מעשיו והתורה מגנים עליו שיזכה לעוה"ב.

171. עליהם ועל אלו צדיקי אמת כתוב, כה אמר ה', לסריסים אשר ישמרו את שַׁבְּתותיי ובחרו באשר חפצתי ומחזיקים בבריתי. מה כתוב אחריו? ונתתי להם בביתי ובחומותיי יד ושם טוב מבנים ומבנות, שֵׁם עולם אתן לו אשר לא ייכרת. כי אלו יש להם חלק לעוה"ב.

172. צדיק גמור, שכל אלו המעלות היו בו, ונשלם כראוי, ומת בלי בנים, והרי הוא יורש מקומו בעוה"ב. אשתו צריכה ייבום או לא? ואם צריכה ייבום, הרי לריק הוא. כי אינו צריך שאחיו ישלים אותו, כי כבר ירש מקומו בעוה"ב.

173. אלא ודאי שצריך לייבם את אשתו, משום שאין אנו יודעים אם היה שלם במעשיו אם לא. ואשתו אם התייבְּמה, אינה לריק, אפילו אם היה שלם, משום שיש מקום אל הקב"ה בשביל אותם שמתו בלי בנים, וגם אח לייבם אשתו אין להם. כי אדם, שהיה בעולם ומת בלי בנים, וגואל אין לו בעולם.

כיוון שמת צדיק גמור זה, ואשתו מתייבמת, והוא כבר ירש מקומו, ואינו צריך לתיקון הייבום, בא אותו האדם שלא הניח גואל, ונשלם בייבום הזה של אשת הצדיק. ובינתיים הקב"ה מכין מקום, לאיש שאין לו גואל, שיהיה שם, עד שימות צדיק גמור זה וישתלם הוא

בעולם. כמ״ש, כי בעיר מקלטו יישב עד מות הכוהן הגדול.

כי מי שאין לו בנים, הוא ממעט הדמות. ודומה להורג אנשים בשוגג. והמקום שהקב״ה מכין לאותו שאין לו בנים ואין לו אח, הוא עיר מקלט. שיושב שם עד שמת אותו צדיק גמור, כוהן גדול. ואז יורד ומיתקן ע״י אשתו.

174. עתידים להיות לצדיקים, בנים במיתתם. אלה הבנים של הייבום, המתקנים את מי שמת בלי בנים ואין לו אח. שבחייהם לא זכו, ובמיתתם זכו. וע״כ כל מעשיו של הקב״ה כולם אמת וצדק, ומרחם על כל, גם על מי שאין לו אח.

ואין לשאול, הרי לכל המתים בלי בנים, יש להם בנים לאחר מיתתם ע״י הייבום. אמנם עיקר החידוש הוא כאן, במה שאומר, לצדיקים. כי המתים בלי בנים, הם בעלי חיסרון. ולא צדיקים. ולפיכך הוצרך לתירוץ הזה.

175. כתוב, טובים השניים מן האחד אשר יש להם שכר טוב בעמלם. אלו הם המשתדלים בעוה״ז להוליד בנים. כי אלו הבנים שהניחו, בשבילם, יש להם שכר טוב בעוה״ז. ובשבילם יורשים אבותיהם חלק לעוה״ב.

176. הקב״ה נוטע אילנות בעוה״ז. אם מצליחים, טוב, אם לא הצליחו, עוקר אותם ושותל אותם במקום אחר, אפילו הרבה פעמים. וע״כ כל דרכיו של הקב״ה כולם הם לטוב ולתקן העולם.

אם אדם אינו זוכה להשתלם בפעם הראשונה בחייו, אז הוא בא בגלגול בעוה״ז פעם שנייה, וכן הרבה פעמים עד שמשתלם.

177. בוא אל אשת אחיך וייבם אותה, והקם זרע לאחיך. לא היה צריך לומר לו את זה, כי יהודה וכל השבטים היו יודעים את זה. אלא עיקר הדבר שאמר לו, והקם זרע, משום שהזרע ההוא נצרך, כדי שהדבר ייתקן. ולהכין גולם, שיקבל תיקון כראוי, שלא ייפרד הגזע משורשו. וכמ״ש, ואדם על עפר ישוב.

אע״פ שנגזר מיתה על האדם, המפרידה אותו משורש הנצחי, מ״מ לא נפרד לגמרי, כי ע״י הבנים, שכל אחד מוליד, נשאר כל אחד דבוק בשורשו הנצחי, כי כל בן הוא חלק מגוף האב. ובזה נמצא כל אדם כמו טבעת אחת בשרשרת החיים, המתחילה מאדה״ר ונמשכת עד לתחיית המתים, לנצחיות, בלי הפסק. וכל עוד שלא נפסק לאדם שלשלת החיים, כי מניח אחריו בן, אין המיתה פועלת עליו שום פירוד מהנצחיות. וכעודו חי דומה.

מת בלי בנים, צריך תיקון, שלא ייפרד משורשו הנצחי מחמת המיתה, כי נפסק לו שלשלת החיים. ועל זה צריכים ב׳ תיקונים:

א. לתקן הפירוד, השורה עליו מחמת המיתה בלי בנים,

ב. לעשות גולם, גוף שיתלבש בו נפש המת, ויחזור ויתחבר בשלשלת החיים.

178. וכאשר ייתקן אח״כ כראוי ע״י הגלגול הנזכר, הם משובחים בעוה״ב, כי הקב״ה חפץ בהם. וע״כ כתוב, ושַׁבֵּחַ אני את המתים שכבר מתו, מן החיים אשר הֵמה חיים עֲדֶנָה, ע״י מה שמתגלגלים בחיים וחזרו לימי עידון, שחזר להם בסיבת הגלגול.

179. וטוב משניהם את אשר עֲדֶן לא היה. שלא שב לימי עלומיו, שלא התגלגל, כי הוא צדיק גמור, שאינו צריך להיתקן בגלגול, ואינו סובל מעוונות הראשונים, כי המתגלגל סובל

מעוונות שעשה בגלגול הקודם. כי הקב״ה נתן לו מקום מתוקן בעוה״ב כראוי.

180. וכתוב, ובכן ראיתי רשעים קבורים, שבאו בגלגול להיתקן. משום שהקב״ה עושה חסד, ואינו רוצה לכלות העולם. אלא הרשעים מיתקנים ע״י גלגול. וכל דרכיו אמת וחסד להטיב להם בעוה״ז ובעוה״ב.

ויירע בעיני ה׳

181. ויירע בעיני ה׳ אשר עשה, וימֶת גם אותו. כמה צריך האדם להיזהר מחטאיו ולהיזהר במעשיו לפני הקב״ה, משום שכמה שליחים וכמה ממונים הם בעולם, ההולכים ומשוטטים ורואים מעשי בני אדם, ומעידים עליו.

182. בכל החטאים שאדם נטמא בהם בעוה״ז, חטא זה, הוא החטא שאדם נטמא בו ביותר בעוה״ז ובעוה״ב. מי ששופך זרעו לבטלה, ומוציא זרעו בחינם ביד או ברגל, ונטמא בו. כמ״ש, כי לא אל חפץ רֶשע אתה לא יְגורך רע.

183. משום זה, אינו נכנס למחיצתו של הקב״ה. ואינו רואה פני עתיק יומין. שאינו רואה פני ה׳. וע״כ כתוב, ידיכם דמים מָלֵאו, על המוציא זרעו לבטלה ביד, שהוא כשופך דמים. אשרי חלקו של אדם הירא את ה׳, והוא נשמר מדרך הרע, ומטהר עצמו לעסוק ביראת ריבונו.

184. כתוב, בבוקר זְרַע את זרעך. בבוקר, זהו בזמן שאדם עומד בכוחו, והוא בימי עלומיו, ישתדל אז להוליד בנים באישה הראויה לו.

185. כי אז הזמן להוליד בנים, משום שיכול אז ללמד אותם דרכי הקב״ה, ויהיה לו שכר טוב לעוה״ב. כמ״ש, אשרי הגבר אשר מילא את אשפתו מהם, לא יֵבושו, כי ידברו את אויבים בשער. לא יבושו, בעולם האמת, בזמן שבעלי הדין יבואו לקטרג עליו. כי אין לך שכר טוב בעולם ההוא, כשכרו של המלמד לבנו יראת ה׳ בדרכי התורה.

186. אמר באברהם, כי ידעתיו למען אשר יצווה את בניו ואת ביתו אחריו, ושמרו דרך ה׳ לעשות צדקה ומשפט. וע״כ הזכות ההיא עמדה לו בעולם ההוא כנגד כל בעלי הדין.

187. וע״כ כתוב, בבוקר זרע את זרעך ולערב אל תנח ידיך. אפילו בימי הזקנה, המכונים ערב, שהאדם זקן, אל תנח ידיך, לא ינוח מלהוליד בעוה״ז, משום, כי אינך יודע איזה יִכשר, זה או זה, לפני האלקים, שיגנו עליו בעולם האמת.

188. וע״כ כתוב, הנה נחלת ה׳ בנים, זהו צרור החיים של הנשמה, כמ״ש, והייתה נפש אדוני צרורה בצרור החיים, בחינת עוה״ב. ולזה קורא הכתוב נחלה. מי מזכה להביא את האדם בנחלת ה׳ הזו? בנים. הבנים מזכים אותו לנחלת ה׳. וע״כ, אשרי האדם שזכה לבנים, שילמד אותם דרכי התורה.

"וישב". ספר הזהר עם פירוש הסולם. מהד׳ 21 כר׳. כרך ו. דף נה; מהד׳ 10 כר׳. כרך ג. דף נה.

ותסר בגדי אלמנותה

189. תמר, בת כוהן הייתה. האם ייתכן שהלכה לזנות עם חָמִיהָ, הרי צניעות הייתה בה תמיד? אלא היא צדקת הייתה, ובחכמה עשתה זאת. כי לא הייתה מפקירה עצמה אליו. אלא משום שידעה ידיעה והסתכלה בחכמה, וראתה מה שעתיד לצאת מזה, וע״כ באה אצלו לעשות חסד ואמת. וע״כ באה והשתדלה בעסק הזה.

190. משום שהיא ידעה ידיעה, מה שעתיד לצאת מזה, והשתדלה בעסק הזה, הקב״ה נתן עזרה שם בפעולה ההיא, והתעברה מיד, והכול היה מהקב״ה. למה לא הביא הקב״ה בנים האלו מאישה אחרת, למה הביא אותם מתמר? אלא היא נצרכה למעשה הזה ולא אישה אחרת.

191. שתי נשים היו, שמהן נבנה זרע יהודה, ומהן באו דוד המלך, ושלמה המלך, ומלך המשיח. ואלו שתי נשים היו שוות זו לזו. והן תמר ורות, שבעליהן מתו מתחילה, והן השתדלו למעשה זה.

192. תמר השתדלה בחמיה, שהוא הקרוב ביותר לבניו שמתו, הראוי לייבם אותה. מה הטעם שהשתדלה בו? כתוב, כי ראתה כי גדל שֵׁלָה והיא לא ניתנה לו לאישה, וע״כ השתדלה במעשה הזה אצל חמיה.

193. רות השתדלה במעשה הזה אצל בועז. ואח״כ הולידה את עובד. ומשתי אלה נבנה והשתכלל זרע יהודה. ושתיהן עשו בכשרות, כדי לעשות טובה עם המתים, להיתקן אח״כ בעולם.

194. ושַׁבֵּח אני את המתים שכבר מתו, כי כשהיו חיים בתחילה, בעליהן של תמר ורות, לא היה בהם שבח, ואח״כ שמתו, והתייבמו נשיהם, התגלגל מהם מלכות דוד ושלמה ומלך המשיח. ושתיהן, תמר ורות, השתדלו לעשות חסד ואמת עם המתים. והקב״ה עזר להם באותו מעשה.

ויוסף הוּרד מצריימה

195. ויוסף הוּרד מצריימה, ויקנהו פוטיפר. הקב״ה הסכים באותו מעשה של מכירת יוסף למצרים, כדי לקיים הגזרה שלו, שגזר בין הבתרים, כמ״ש, ידוֹע תדע כי גר יהיה זרעך בארץ לא להם. וע״כ כתוב, הורד, כלומר הורד מן השמיים. ויקנהו פוטיפר, כדי לחטוא עימו קנה אותו, למשכב זכר.

196. שבעה כוכבים עשה הקב״ה ברקיע, כנגד שבע ספירות חג״ת נהי״מ. וכל רקיע יש בו כמה משמשים ממונים לשמש את הקב״ה.

״וישב״. ספר הזהר עם פירוש הסולם. מהד׳ 21 כר׳. כרך ו. דף נז; מהד׳ 10 כר׳. כרך ג. דף נז.

״וישב״. ספר הזהר עם פירוש הסולם. מהד׳ 21 כר׳. כרך ו. דף נט; מהד׳ 10 כר׳. כרך ג. דף נט.

197. אין משמש או ממונה, שאין לו עבודה ושימוש מיוחד לריבונו. וכל אחד עומד על השימוש שלו, שהתמנה עליו, וכל אחד יודע את עבודתו לשמש.

198. מֵהם משמשים בשליחות ריבונם, ומתמנים בעולם על כל מעשי בני אדם. ומהם שמשבחים לו שירות ותשבחות, והם שהתמנו על השירה. ואע"פ שהם התמנו על השירה, אין כל כוח בשמיים, והכוכבים והמזלות, שלא ישבחו כולם אל הקב"ה.

199. בשעה שבא לילה, מתחלקים אז ג' מחנות לג' צדדי העולם, ובכל צד אלף אלפים וריבוא רבבות מלאכים, וכולם ממונים על השירה.

200. ג' מחנות מלאכים הם. וחיה אחת, הנוקבא, ממונה עליהם ועומדת עליהם. וכולם משבחים אל הקב"ה עד שבא הבוקר. כשבא הבוקר, כל אלו שבצד דרום, וכל הכוכבים, המלאכים, המאירים, כולם משבחים ואומרים שירה להקב"ה, כמ"ש, בְּרון יחד כוכבי בוקר ויריעו כל בני אלקים. ברון יחד כוכבי בוקר, הכוכבים שבצד דרום, צד ימין, חסד. ויריעו כל בני אלקים, אלו הם הכוכבים שבצד שמאל שנכללו בימין.

201. ואז הבוקר מאיר, וישראל לוקחים השירה, ומשבחים אל הקב"ה ג"פ ביום, כנגד ג' אשמורות שבלילה. ועומדים אלו מול אלו, עד שמתעלה כבוד הקב"ה ביום ובלילה כראוי. והקב"ה מתעלה בשישה אלו, ג' של יום וג' של לילה.

202. אותה החיה העומדת עליהם למעלה, הנוקבא, עומדת גם על ישראל למטה, כדי לתקן הכול כראוי. כמ"ש, וַתָּקָם בעוד לילה ותיתן טֶרף לביתה וחוק לנערותיה. לביתה, אלו הם המחנות של מעלה. וחוק לנערותיה, אלו מחנות ישראל שלמטה. וע"כ כבוד הקב"ה מתעלה מכל הצדדים, מלמעלה ומלמטה. וע"כ הכול ברשותו עומד, והכול הוא ברצונו.

203. כתוב, האומר לַחֶרֶס ולא יזרח. זהו יוסף, בשעה שמכרוהו למצרים. וכתוב, ובעד כוכבים יחתום. אלו הם אחיו, שכתוב בהם, ואחד עשר כוכבים משתחווים לי.

לחרס, זהו יעקב, בשעה שאמרו לו, הַכר נא הַכְּתונת בנך היא אם לא? ולא יזרח, בשעה שהסתלקה ממנו השכינה. ובעד כוכבים יחתום, בעד בניו נחתם ונסתם ממנו האור שלו. השמש נחשך, והכוכבים לא האירו, משום שיוסף נפרד מאביו. ומיום שהיה אותו מעשה של יוסף, נפרד יעקב מתשמיש המיטה, ונשאר אָבֵל, עד היום שהתבשר בבשורת יוסף.

ויהי ה' את יוסף

204. ויהי ה' את יוסף ויהי איש מצליח ויהי בבית אדוניו המצרי. כמ"ש, כי ה' אוהב משפט ולא יעזוב את חסידיו לעולם נשמָרו. פסוק זה ביארו אותו באברהם.

"וישב". ספר הזהר עם פירוש הסולם. מהד' 21 כר'. כרך ו. דף סא; מהד' 10 כר'. כרך ג. דף סא.

205. בכל מקום שצדיקים הולכים, שומר אותם הקב"ה ואינו עוזב אותם. דוד אמר, גם כי אלך בגיא צַלמות לא אירא רע כי אתה עימדי, שִׁבטך ומשענתך הֵמה ינחמוני. כי בכל מקום שצדיקים הולכים, השכינה הולכת עימהם ואינה עוזבת אותם.

206. יוסף הלך בגיא צלמוות והורידו אותו למצרים. השכינה הייתה עימו, כמ"ש, ויהי ה' את יוסף. ומשום שהייתה עימו השכינה, כל מה שהיה עושה היה מצליח בידו. ואפילו אם כבר היה בידו, וריבונו דרש ממנו באופן אחר, ממה שהיה, היה הדבר מתהפך בידו, לאותו אופן שריבונו היה רוצה בו.

207. וידע אדוניו כי ה' איתו, ללמד, שהיה רואה בעיניו בכל יום מעשה ניסים, שהקב"ה עשה בידו. וע"כ, ויברך ה' את בית המצרי בגלל יוסף. הקב"ה שומר את הצדיקים, ובשבילם שומר גם את הרשעים, כי הרשעים מתברכים בזכותם של הצדיקים. כמ"ש, ויברך ה' את בית עובד אֱדום, בעבור ארון האלקים.

208. הצדיקים, אחרים מתברכים בזכותם, והם עצמם אינם יכולים להינצל בזכותם. יוסף, התברך ריבונו בזכותו. והוא עצמו לא יכול להינצל ממנו בזכותו, ולצאת לחירות.

209. ואח"כ הכניס אותו לבית הסוהר, כמ"ש, עִינּוּ בַכֶּבֶל רגלו, בַּרזל באה נפשו. עד שאח"כ הוציא אותו הקב"ה לחירות והשליט אותו על כל ארץ מצרים. וע"כ כתוב, ולא יעזוב את חסידיו לעולם נשמרו. והקב"ה מגן על הצדיקים בעוה"ז ובעוה"ב.

ותישא אשת אדוניו את עיניה

210. ויהי אחר הדברים האלה, ותישא אשת אדוניו את עיניה אל יוסף. כמה צריך האדם להישמר מחטאיו וללכת בדרך מתוקנת, כדי שלא יַשׂטה אותו היצה"ר, שהוא מקטרג עליו כל יום ויום.

211. ומשום שהוא מקטרג עליו תמיד, צריך האדם להתגבר עליו, ולעלות עליו במקום מוצק, שהיצה"ר לא יוכל להזיז אותו ממקומו, כי צריך להיות גיבור ממנו, ולהתחבר במקום הגבורה. משום שכאשר האדם מתגבר עליו, הוא אז בצד הגבורה, ומתדבק בצד ההוא, כדי להתחזק. ומשום שהיצה"ר גיבור, צריך האדם להיות גיבור ממנו.

212. ואלו האנשים המתגברים עליו, נקראים גיבורי כוח, להיותם נמצאים מין עם מינו, שמשום שהתגברו על גיבור, נעשו לבחינת גבורה כמוהו. ואלו הם מלאכיו של הקב"ה, הצדיקים, הבאים מצד הגבורה הקשה, כדי להתגבר על היצה"ר, ונקראים גיבורי כוח עושי דברו. ברכו ה' מלאכיו, הצדיקים, כמו יוסף, שנקרא צדיק וגיבור, ושמר ברית קודש שנרשם בו.

213. ויהי אחר הדברים האלה. מהו?

מקום זה שהיצה"ר מקטרג שם, היא המדרגה שנקראת, אחר הדברים. מלכות נקראת דברים, מדרגה אחרונה שבקדושה. ואחריה היצה"ר והקליפות. ע"כ, אחר הדברים, הוא היצה"ר.

משום שיוסף נתן לו מקום שיקטרג עליו. כי אמר היצה"ר, ומה אביו מתאבל עליו, ויוסף מפאר את עצמו ומסלסל בשערו? אז התגרה בו הדוב, אשת פוטיפר, וקטרג עליו.

214. ויהי אחר הדברים האלה. בזמן שהקב"ה משגיח על העולם לדון אותו, ומוצא רשעים בעולם. כי משום עוונות בני אדם נעצרים שמיים וארץ, וחוקיהם אינם נוהגים כראוי.

215. אלו שאינם שומרים ברית קודש, גורמים פירוד בין ישראל לאביהם שבשמיים. כמ"ש, וסרתם ועבדתם אלוהים אחרים והשתחוויתם להם. וכתוב, ועצר את השמיים ולא יהיה מטר. שזה, שאינו שומר ברית, הוא כמשתחווה לאל אחר, שמשקר באות ברית קודש.

216. כשברית קודש נשמר בעולם כראוי, אז הקב"ה נותן ברכות למעלה, שתהיינה מושפעות בעולם, כמ"ש, גשם נדבות תניף אלקים, נחלתך ונִלְאָה אתה כוננתָהּ. גשם נדבות, זהו גשמי רצון, בעת שחפץ הקב"ה בכנ"י, וחפץ להשפיע לה ברכות. אז, נחלתך ונלאה אתה כוננתה. נחלתך הוא ישראל, נחלת הקב"ה, כמ"ש, יעקב חבל נחלתו. ונלאה, זוהי כנ"י, שהיא נלאה בארץ נוכרייה, צמאה לשתות ואין לה. ואז היא נלאה. וכאשר ניתנו גשמי רצון, אז, אתה כוננתה.

218. וע"כ שמיים וארץ וכל צבאם, כולם עומדים על הברית הזה, כמ"ש, אם לא בריתי יומם ולילה חוקות שמיים וארץ לא שמתי. ומשום זה צריכים להיזהר בזה. וע"כ כתוב, ויהי יוסף יפה תואר ויפה מראה. ואח"כ כתוב, ותישא אשת אדוניו את עיניה אל יוסף. כלומר, כיוון שלא נשמר, והיה מפאר את עצמו, שהיה מסלסל בשערו, והיה יפה תואר ויפה מראה, ע"כ, ותישא אשת אדוניו את עיניה אל יוסף.

ויהי כדַבּרה אל יוסף יום יום

219. כתוב, לשמורך מאשת רע. אשריהם הצדיקים, היודעים דרכיו של הקב"ה, ללכת בהם, משום שהם עוסקים בתורה יום ולילה, שכל מי שמשתדל בתורה ימים ולילות, נוחל שני עולמות: עולם העליון ועולם התחתון. נוחל עוה"ז, אע"פ שלא עסק בתורה לשמה, ונוחל עולם העליון, בעת שעסק בה לשמה.

220. אורך ימים בימינה, בשמאלה עושר וכבוד. אורך ימים בימינה. מי שהולך בימין התורה, שעוסק בה לשמה, יש לו אריכות ימים לעוה"ב, שהוא זוכה שם לכבוד התורה, כבוד וכתר להתעטר על כל. כי כתר התורה רק בעוה"ב.

בשמאלה עושר וכבוד. בעוה"ז, שאע"פ שלא עסק בה לשמה, זוכה בעוה"ז בעושר וכבוד.

"ויישב". ספר הזהר עם פירוש הסולם. מהד' 21 כר'. כרך ו. דף סד; מהד' 10 כר'. כרך ג. דף סד.

221. רבי חייא, כשבא מבבל לארץ ישראל, קרא בתורה, עד שפניו היו מאירים כשמש. וכשהיו עומדים לפניו כל אלו שלמדו תורה, היה אומר, זה עסק בתורה לשמה, וזה לא עסק בה לשמה. והיה מתפלל על אותו שעסק בה לשמה, שיהיה כן תמיד, ויזכה לעוה״ב. והתפלל על אותו שלא עסק בה לשמה, שיבוא לעסוק בה לשמה, ויזכה לחיי עולם.

222. יום אחד, ראה תלמיד אחד, שהיה לומד תורה ופניו מוריקים. אמר, ודאי מהרהר בחטא הוא. החזיק אותו לפניו, והמשיך עליו בדברי תורה, עד שהתיישב רוחו בו. מהיום ההוא והלאה, שם על רוחו, שלא ירדוף עוד אחר הרהורים רעים, ויעסוק בתורה לשמה.

223. כשאדם רואה, שהרהורים רעים באים אליו, יעסוק בתורה, ואז יעברו ממנו. כשאותו צד הרע בא לפתות את האדם, ימשיך אותו אל התורה, וייפרד ממנו.

224. וכאשר צד הרע הזה עומד לפני הקב״ה להשׂטין על העולם, על מעשים רעים שעשו, הקב״ה מרחם על העולם, ונותן עצה לבני אדם להינצל ממנו, שלא יוכל לשלוט עליהם, ולא על מעשיהם.

ומהי העצה? להשתדל בתורה, ויינצלו ממנו, כמ״ש, כי נר מצווה ותורה אור, ודרך חיים תוכחות מוסר. לשמורך מאשת רע מֶחֶלקת לשון נוכרייה. הרי שהתורה שומרת מפני יצה״ר.

225. וזהו צד הטומאה, צד האחר, שהוא עומד תמיד לפני הקב״ה להשׂטין על עוונותיהם של בני אדם. ועומד תמיד להסית למטה את בני אדם. הוא עומד למעלה, כדי להזכיר עוונות בני אדם ולהשׂטין עליהם על מעשיהם, משום שניתנו ברשותו. כמו שעשה לאיוב, שאמר הקב״ה אל השטן, הינו בידיך.

226. וכך עומד עליהם, להשׂטין ולהזכיר עוונותיהם בכל מה שעשו. באלו הזמנים שהקב״ה נמצא עליהם בדין, ברה״ש וביוה״כ, אז הוא עומד להשׂטין עליהם ולהזכיר עוונותיהם. והקב״ה מרחם על ישראל, ונותן להם עצה להינצל ממנו, בשופר ביום רה״ש, וביוה״כ, בשׂעיר המשתלֵח שנותנים לו, כדי שייפרד מהם ויעסוק באותו חלק שנתנו לו.

227. רגליה יורדות מוות, שאוֹל צעדיה יתמוכו. ובאמונה כתוב, דרכיה דרכי נועם וכל נתיבותיה שלום. ואלו הם דרכים ושבילים של התורה. וכולם אחד. כלומר, כל הדרכים, הן של הטומאה והן של הקדושה, הם אחד: זה שלום, וזה מוות. ולגמרי הם בהופכיות זה מזה, שכל דרך של הטומאה היא בהופכיות מהדרך שכנגדו בקדושה.

228. אשרי חלקם של ישראל, שהם מתדבקים בהקב״ה כראוי, ונותן להם עצה להינצל מכל הצדדים האחרים שבעולם, משום שהם עם קדוש לנחלתו ולחלקו. וע״כ נותן להם עצה בכל דבר. אשריהם בעוה״ז ובעוה״ב.

229. כשצד הרע הזה יורד ומשוטט בעולם, ורואה מעשי בני אדם, שכולם היטו דרכיהם בעולם, עולה למעלה ומשׂטין עליהם. ואלמלא שהקב״ה מרחם על מעשי ידיו, לא היו נשארים בעולם.

230. ויהי כְּדַבְּרָהּ אל יוסף יום יום. כדברה, צד הרע, שעולה ומשׂטין בכל יום ויום, ואומר לפני הקב״ה. כי יוסף רומז על הקב״ה, כמה רעות, כמה רכילות, כדי לְכַלּוֹת בני העולם.

231. ולא שמע אליה, לשכב אצלה, להיות עימה. ולא שמע אליה, משום שהקב״ה מרחם על העולם. לשכב אצלה, כדי שתקבל ממשלה למשול על העולם, וממשלה אינה מושלת, עד שניתן לה רשות.

לשכב אצלה, פירושו, זיווג. הייתכן שהקדושה תזדווג עם הטומאה? כי שפע קבלת הכוח מהקב״ה, שצד הרע מקבל כדי להעניש, נבחן כמו זיווג. כי שפע נמשך רק ע״י זיווג. וע״כ כתוב, לשכב אצלה, להשפיע לה שפע הממשלה.

232. פירוש אחר. לשכב אצלה, הוא כמ״ש, ולאיש אשר ישכב עם טמאה. להיות עימה, לתת לה ממשלה וברכות ועזרה, כי אלמלא העזרה, שהייתה לה מלמעלה, לא נשאר בעולם אפילו אדם אחד. אבל משום שהקב״ה מרחם על העולם, ונותן עזרה לעולם ע״י הס״א, בשעה שהס״א מושלת בעולם, נשאר העולם על קיומו.

קודם נאמר, לשכב אצלה, הוא השפעת שפע הממשלה, ונתינת רשות לס״א להעניש. ובזה נאמר, שלשכב אצלה, סובב על שפע הנהגת העולם, שניתנה לס״א בזמן שהיא מושלת בעולם, כדי שהעולם יתקיים.

233. עניין אחד הוא שני הפירושים האלה. אבל היצה״ר הוא שהולך ומפתה בני אדם, כדי להטות דרכם ולהתדבק בהם, ובכל יום ויום ובכל עת ועת, מטה בני אדם מדרך האמת, כדי לדחות אותם מדרך החיים, ולהמשיך אותם לגיהינום.

234. אשרי מי שעושה מע״ט, ושומר דרכיו ושביליו, כדי שלא יתדבק ביצה״ר, כמ״ש, ויהי כדברה אל יוסף יום יום ולא שמע אליה. שלא שמע מה שהיא אמרה לו בכל יום ויום, כי רוח הטומאה, יצה״ר, מפתה את האדם בכל יום ויום. לשכב אצלה, תוך הגיהינום, ולהיות נידון שם להיות עימה.

235. כשאדם מתדבק בצד ההוא, נמשך אחריה ונטמא עימה בעוה״ז, ונטמא עימה בעולם האחר. צד הטומאה הוא מנוול, טינופת, צואה ממש. ובצואה זו נידון מי שמטה דרכיו מהתורה. ובו נידונו אלו רשעי עולם, שאין להם אמונה בהקב״ה.

236. ויהי כהיום הזה, ויבוא הביתה לעשות מלאכתו ואין איש מאנשי הבית, שם בבית. ויהי כהיום הזה. היום שיצה״ר שולט בעולם, ויורד להסית בני אדם. זהו היום שאדם בא לשוב בתשובה על עוונותיו, או שבא לעסוק בתורה ולעשות מצוות התורה, ואז באותו זמן יורד היצה״ר כדי להסית בני העולם. ולמנוע אותם מתשובה, מעסק התורה, ומעשיית המצוות.

237. ויבוא הביתה לעשות מלאכתו. כדי לעסוק בתורה ולעשות מצוות התורה, שהיא מלאכתו של האדם בעוה״ז. וכיוון שמלאכתו של האדם בעוה״ז, העסק בתורה ובמצוות, היא מלאכתו של הקב״ה, צריך האדם להיות גיבור כארי בכל צדדיו, כדי שלא ישלוט עליו הס״א, ולא יוכל לפתות אותו. ואין איש, שיקום לפני היצה״ר, ויעשה עימו מלחמה כראוי.

238. דרכו של היצה״ר, כיוון שרואה שאין איש עומד לנגדו, ולערוך עימו מלחמה, מיד, ותתפשהו בבגדו לאמור, שִׁכבה עימי. ותתפשהו בבגדו. כי כאשר היצה״ר שולט על האדם, ראשית מעשיו, הוא מתקן ומפאר את בגדיו, מסלסל בשערו. כמ״ש, ותתפשהו בבגדו לאמור, שכבה עימי, התדבק עימי.

239. מי שהוא צדיק, מתגבר כנגדו ועושה עימו מלחמה. כמ״ש, ויעזוב בגדו בידה, וינס וייצא החוצה. יעזוב אותו ויתגבר לנגדו, וינוס מפניו, כדי להינצל ממנו, שלא ישלוט עליו.

240. לעת״ל עתידים הצדיקים, לראות את יצה״ר כהר גבוה. ויתמהו ויאמרו, איך יכולנו לכבוש ההר הגבוה העליון הזה. ולעת״ל עתידים הרשעים, לראות את היצה״ר, דק כחוט השערה. ויתמהו ויאמרו, איך לא יכולנו לכבוש את חוט השערה הדק כזה. הללו בוכים והללו בוכים.

והקב״ה יבעֵר אותו מן העולם, וישחט אותו לעיניהם, ולא ישלוט עוד בעולם, ויראו צדיקים וישמחו. כמ״ש, אך צדיקים יודו לשמֶךָ יֵשבו ישרים את פניך.

חטאו משקה מלך מצרים והאופה לאדוניהם

241. ויהי אחר הדברים האלה, חטאו משקה מלך מצרים, והאופה לאדוניהם למלך מצרים. כמה יש לבני אדם להשגיח בעבודת הקב״ה, כי כל מי שמשתדל בתורה ובעבודת הקב״ה, פחדו ואֵימתו מוטל על כל.

242. כי כשברא הקב״ה את העולם, עשה כל בריות העולם, כל אחד בצורתו כראוי לו. ואח״כ ברא את האדם בצורה עליונה. והִמשיל אותו בכוח צורה זו על כל הבריות.

וכל זמן שהאדם עומד בעולם, כל הבריות, כשנושאים ראשם ומסתכלים בצורה העליונה של האדם, כולם מפחדים אז ורועדים מפניו, כמ״ש, ומוֹרַאכם וחִיתכם יהיה על כל חיית הארץ ועל כל עוף השמיים. והדברים נאמרים רק כשמסתכלים ורואים בו הצורה הזו, והנשמה נמצאת בו.

243. ואע״פ שאין בו הנשמה, הצדיקים, אין צורתם משתנה ממה שהיו בתחילה. וכשהאדם אינו הולך בדרכי התורה, נחלפת לו הצורה הקדושה הזו, ואז חיות השדה ועוף השמיים יכולים לשלוט עליו. כי משום שנחלפה צורתו הקדושה, נחלפה והלכה ממנו צורת אדם, וקיבל צורת שאר בעלי החי. וע״כ אין הבריות מפחדים עוד ממנו, ויכולים למשול עליו.

244. הקב״ה מחליף המעשים למעלה ולמטה, שמחליף הצורה הקדושה שלמעלה ודמות אדם שלמטה, כדי להחזיר הדברים לשורשם, כמו שהיו מטרם החטא דעצה״ד. וכדי שיימצא רצונו בכל מעשי העולם, שע״י העונשים, מיתקנים כל מעשי העולם, ואפילו הרחוקים ביותר.

דניאל, לא השתנה צורתו כשהפילו אותו בבור האריות, ומשום זה ניצל. הרי כתוב בדניאל, אלקיי שָׁלח מלאכו וסגר את פי האריות ולא חיבלוני. נשמע, שמשום שהמלאך סגר את פיהם לא נחבל, ולא משום צורתו הקדושה.

245. משום זה לא נחבל, כי אותה הצורה הקדושה של אדם צדיק, הוא מלאך ממש, שסגר פה האריות, וקשר אותם, לשמור אותו שלא יחבלו בו. ומשום זה

אמר דניאל, אלקיי שלח מלאכו. אותו המלאך, שכל צורות העולם נחקקות בו, והוא הגביר את צורתו בי, ולא יכלו האריות למשול בי, וסגר את פיהם. וע״כ ודאי, ששלח מלאכו.

246. והמלאך הזה הוא אותו, שכל הצורות נחקקות בו, הנוקבא, שממנה כל הצורות שבעולם, כמ״ש, יָדִין בגויים מָלא גוויות, שצורותיהם של כל הגוויות לפניו. כי כל הצורות שבעולם אינן משתנות לפניו. וע״כ צריך האדם לשמור דרכיו ושביליו, כדי שלא יחטא לפני ריבונו ויתקיים בצורת אדם.

247. יחזקאל שמר את פיו ממאכלים אסורים, כמ״ש, ולא בא בפי בשר פיגול, זכה ונקרא משום זה בן אדם. ובדניאל כתוב, ויישם דניאל על ליבו, אשר לא יתגָאַל בפַּת בַּג המלך ובְיֵין מִשְׁתָיו. ע״כ זכה והתקיים בצורת אדם. כי כל דברי העולם, כולם מפחדים מפני צורת אדם, שהוא מושל על כולם, והוא מלך על כולם.

248. משום זה צריך האדם להישמר מעוונותיו, ולא יסטה ימין ושמאל. ועכ״ז, אע״פ ששומר את עצמו, צריך האדם לבדוק את עצמו מעוונותיו בכל יום ויום. כי כשהאדם קם ממיטתו, שני עדים עומדים לפניו, והולכים עימו כל היום.

249. רוצה האדם לקום, אלו העדים אומרים לו, בשעה שפתח עיניו, עיניך לנוכח יביטו ועפעפיך יַיְשירוּ נגדך. קם והכין את רגליו ללכת, אלו העדים אומרים לו, פַּלֵס מעגל רגלֶך וכל דרכיך ייכּוֹנו. וע״כ כשהאדם הולך, צריך בכל היום להישמר מעוונותיו.

250. בכל יום ויום כשבא הלילה, צריך להסתכל ולבדוק בכל מה שעשה כל אותו היום, כדי שישוב בתשובה עליהם, ויסתכל בהם תמיד, כדי שישוב לפני ריבונו, כמ״ש, וחטאתי נגדי תמיד, כדי שישוב עליהם.

251. בזמן שהיו ישראל בארץ הקודש, לא היה נמצא בידיהם עוון, משום שאלו הקורבנות שהיו מקריבים בכל יום, היו מכפרים עליהם. עתה שנגלו ישראל מהארץ, ואין מי שיכפר עליהם, התורה היא מכפרת עליהם, והמע״ט. משום שהשכינה עימהם בגלות. ומי שאינו מסתכל בדרכיו של הקב״ה, גורם לשכינה להשתוחח עד עפר, כמ״ש, ישפילנה ישפילה עד ארץ.

252. ומי שמשתדל בתורה ובמע״ט, גורם לכנ״י, השכינה, להרים ראשה בתוך הגלות. אשרי חלקם של המשתדלים בתורה יום ולילה.

253. גִלגל הקב״ה גלגולים בעולם, כדי להרים ראשם של הצדיקים. כי כדי שיָרים יוסף ראשו בעולם על שהיה צדיק לפניו, הרגיז את האדון על עבדיו, כמ״ש, חטאו משקה מלך מצרים והאופה לאדוניהם למלך מצרים. והכול היה כדי להרים ראש של יוסף הצדיק. ע״י החלום נשפל מאחיו, וע״י החלום התגדל על אחיו, והתגדל על כל העולם ע״י חלום פרעה.

254. ויחלמו חלום שניהם. כל החלומות הולכים אחר הפה. למה יוסף לא פתר לשניהם פתרון טוב? אלא אלו החלומות על יוסף היו. ומשום שידע הדבר בעיקרו ובשורשו, משום זה פתר להם החלום כמו שצריך, לכל אחד פתרון, כדי להחזיר דבר למקומו ולשורשו.

255. ויאמר אליהם יוסף, הלוא לאלקים פתרונים ספרו נא לי. אמר כן, כי כן צריכים לפתור החלום, לתלות הפתרון בהקב״ה. כי שם הוא קיום הכול ובו נמצא הפתרון.

256. מדרגת החלום היא למטה, והיא המדרגה השישית לנבואה, משום, שממקום שהנבואה שורה, עד מדרגת החלום, הן שש מדרגות. והפתרון עולה ממדרגת החלום למדרגה אחרת. החלום הוא מדרגה שלמטה, בגבריאל, והפתרון עומד עליו, כי הפתרון תלוי בדיבור, הנוקבא. וע״כ בדיבור תלוי הדבר, כמ״ש, הלוא לאלקים פתרונים, הנוקבא הנקראת אלקים.

ויהי נא פי שניים ברוחךָ אליי

257. ויהי כעוברם ואליהו אמר אל אלישע, שאל מה אעשה לך בטרם אילקח מעימך. ויאמר אלישע, ויהי נא פי שניים ברוחךָ אליי. אלישע היה יודע, שבקשה זו אינה ברשותו אלא ברשות הקב״ה, מהו הטעם, שאמר, ויהי נא פי שניים ברוחך אליי?

258. הקב״ה עושה רצונם של הצדיקים תמיד. וכש״כ, רוח הקדוש שעל אליהו, שיורש הצדיק אלישע, כי אלישע היה המשמש שלו וראוי ליורשו.

259. ויאמר אלישע, ויהי נא פי שניים ברוחך אליי. האם ייתכן, שאלישע שאל על שיגדל רוחו פי שניים מרוחו של אליהו? איך שאל מאליהו, מה שלא היה ברשותו, הרי אין לך נותן מה שאין לו? הוא לא שאל על שיגדל רוחו פי שניים, אלא כך שאל ממנו, על אותו רוח אחד, שהיה לו, שיעשה באותו הרוח, שני ניסים בעולם, ממה שעשה עימו אליהו.

260. ויאמר, הִקְשִׁיתָ לשאול, אם תראה אותי לוקח מאיתך יהי לך כן. אם תראה אותי, למה תלה לו בקשתו בזה? אלא אמר לו, אם תוכל לעמוד על עיקרו של הרוח, שהנחתי לך בשעה שנלקחתי ממך, יהי לך כן. כי כל עיקרו של הרוח ההוא, הוא בעת שיסתכל ברוח, כשרואה את אליהו, שתהיה הדבקות בו כראוי.

והיות שאליהו הוא שורשו של הרוח, אין הרוח בכל שלמותו, אלא כשהוא מחובר עם שורשו, אליהו. לפיכך, כשמסתכל ברוח, צריך לראות עימו את שורשו, צורת אליהו. ודווקא, שיראה צורתו בו, בעת שהניח לו את הרוח, בעת שנלקח ממנו. וזהו שאמר לו אליהו, אם תראה אותי לוקח מאיתך, יהי לך כן. כי אז יפעל הרוח בכל שלמותו.

אבל ביקש, שיוכל לפעול ברוח שלו פי שניים משפעל עימו אליהו. הלוא ביקש ממנו מה שאין לו? כי כיוון שאליהו לא פעל, הרי לא היה לו כוח הפעולה. ואיך ייתן הכוח הזה לאלישע? האם כל אחד יכול לפעול עם הרוח כמה שרוצה, ואינו צריך לתוספת כוח עליון? א״כ לא היה צריך כלל לבקש זה מאליהו, כיוון שמעצמו היה יכול לפעול כמה שרוצה?

והעניין הוא, שבשבירת הכלים נפלו

ש״ך (320) ניצוצין לקליפות, שמכל ספירה שבע״ס דנקודים, נפלו שמונה מלכים: דעת חג״ת נהי״מ, שבכל אחד ד׳ בחינות חו״ב תו״מ, ל״ב (32) בחינות מכל ספירה, ועשר פעמים ל״ב הן ש״ך בחינות.

ורק רפ״ח (288) ניצוצין מהם ניתנו לבירור ולתיקון במשך 6000 שנה, שהם רק ט״ר שבע״ס דנקודים, שתשע פעמים ל״ב הם רפ״ח. אבל ל״ב ניצוצין שבמלכות שלהם, לא ניתנו לבירור, ואסור לנגוע בהם, ונשארו מוטלים בקליפות, במשך כל 6000 שנה שהעולם קיים, עד לגמה״ת.

ולפי שכל גוף מעורב בו מל״ב העשירי הזה, שאין לו תקנה, לכן מוכרח כל אדם למות. ובגמה״ת, כשיתברר ל״ב העשירי, אז כתוב, ובילע המוות לנצח, כי כל הקליפות יתבטלו, וכל המאורות יתגלו.

ואין לשאול, כיוון שאסור לברר ולגעת בל״ב העשירי הזה, המוטל בקליפות מזמן שבירת הכלים, א״כ איך אפשר שיתוקן לעתיד? והאמת היא, שאין צורך כלל לברר אותו ולתקן אותו. כי עם גמר בירורם ותיקונם של כל רפ״ח ניצוצין, מיתקן ל״ב העשירי מאליו, ואינו צריך לשום בירור מיוחד.

והנה בחינת אליהו, הוא להביא הסיום והגמר של בירור ותיקון רפ״ח הניצוצין, שעימו מיתקן תכף ל״ב האבן. שאליהו בגי׳ ב״ן (52), שכל עניינו היה לתקן את שם ב״ן, מידת המלכות, ולהוציא ל״ב העשירי מהקליפות.

וכל צדיק יש לו תפקידו. וכשגומר תפקידו, תכף מסתלק למעלה. ולפיכך, אע״פ שאליהו הוא המגלה את תיקון של ל״ב האבן, מ״מ אינו פועל מאומה באורות השלמים המתגלים על ידו, כי תכף מסתלק לשמיים, כי נגמר תפקידו.

וזהו שמתרץ הזוהר, שיהיה לו שני רוחות: אחד מרפ״ח ניצוצין, ואחד מל״ב האבן. כי אין לך נותן מה שאין לו. וביקש ממנו, שאותו הרוח מרפ״ח ניצוצין, שהיה לאליהו, יעשה פי שניים. שיגלה לו גם האורות והפעולות של ל״ב העשירי. כי אין כלל רוח מיוחד לל״ב העשירי, אלא הוא מתגלה עם סיום וגמר בירור של רפ״ח ניצוצין.

ואע״פ שאליהו עצמו לא גילה האורות והפעולות של ל״ב העשירי, אין זה נבחן שאינו ברשותו. אלא הוא משום שתפקידו היה רק לגלות הבירור והתיקון של ל״ב העשירי בכללו. ואלישע ביקש ממנו, שמלבד הרוח דרפ״ח שלו, יזכה להשיג ממנו גם את תיקון ל״ב העשירי בכללו.

וממילא יוכל הוא לגלות מעצמו הפעולות והאורות פי שניים, הן הארות הרפ״ח, והן הארות ל״ב האבן. ולמה תלה אליהו ההשגה של פי שניים, באם יראה אותו נלקח ממנו?

כי זמן הגילוי של תיקון הרוח דל״ב העשירי, הוא ברגע האחרון של היותו בעוה״ז, כי תכף אחר שגילה אותו, עלה לשמיים, כי נגמר תפקידו. וע״כ אמר לו, אם תוכל לעמוד על עיקר הרוח דל״ב האבן, שהנחתי לך בעת שאהיה לוקח ממך, בדיוק ברגע האחרון של היותי עימך בעוה״ז, אז יהי לך כן, פי שניים.

אבל אם תפסיד הרגע הזה מלראות אותי, לא תשיג פי שניים, כי הרוח דל״ב העשירי אינו מתגלה מקודם לכן. כי כל עיקרו של הרוח ההוא, הרוח דל״ב העשירי, הוא בשעה שאלישע יסתכל בו, להשיג אותו, בעת שראה את אליהו נלקח ממנו, יתדבק וישיג אותו כראוי. כי רק ברגע הזה, שראה אותו נלקח ממנו, אז שעת התגלותו, ולא מקודם לכן.

261. מי שמסתכל במה שלמד מרבו, ורואה אותו באותה החכמה, שלמד ממנו, יכול להתווסף יותר באותו הרוח. כי

יוסף, בכל מה שהיה עושה, היה רואה ברוח החכמה את צורתו של אביו, וע״כ הצליח בדבר, והתווסף לו רוח אחר בהארה עליונה יותר.

כי יעקב האיר רק חסדים מכוסים, בהיותו מבחינת מחזה ולמעלה דז״א. אבל יוסף האיר בחסדים מגולים בהארת חכמה, להיותו קו האמצעי, שמחזה ולמטה דז״א. הרי שהאיר יותר מיעקב אביו.

262. ויספר שר המשקים את חלומו ליוסף, ויאמר לו, בחלומי והנה גפן לפניי. בשעה שאמר לו אותו רשע, והנה גפן לפניי, הזדעזע יוסף, כי לא ידע על מה סובב הדבר, שהיה חושש שהמדובר הוא בגפן דס״א, הנמשך משמאל, שאינו מיוחד בימין ע״י קו אמצעי. כיוון שאמר, ובגפן שלושה שריגים, שהשמאל מיוחד בימין ע״י קו אמצעי, מיד התעורר רוחו, והתווסף בהארה, והסתכל בצורתו של אביו, שהוא קו אמצעי, אז האיר רוחו וידע הדבר.

263. אמר יוסף, זה ודאי בשורה משמחת בשלמות, משום שגפן זה כנ״י, הנוקבא. והתבשר יוסף בזה, שהגיע זמנה לשליטה. ובגפן שלושה שריגים, שלוש מדרגות עליונות היוצאות מהגפן הזו, כוהנים לוויים ישראלים, חג״ת דז״א, המאירים בנוקבא בעת שלמותה.

264. והיא כפורחת עלתה ניצָה. כי בזכותם עולה כנ״י לז״א, ומתברכת ממלך העליון, מז״א. כמ״ש, הבשילו אשכולותיה ענבים, אלו הם צדיקי העולם, שהם כענבים בשלים כראוי.

הבשילו אשכולותיה ענבים, זהו יין השמור בענביו משׁשת ימי בראשית, המוחין השלמים שמקבלת מו״ק הגדולים דז״א, ששימשו בימי בראשית לפני החטא דעצה״ד, שהם שמורים מכל אחיזה לקליפות, מטעם שעוד לא נסחט היין. כלומר, שמוחין הללו עוד לא נגלו לחוץ, ועוד הוא בתוך ענביו, ע״כ לא יוכלו הקליפות להיאחז בו.

מוחין דהארת השמאל דבינה, מכונה יין. והמשכתו מלמעלה למטה, שזה החטא דעצה״ד, מכונה סחיטה. שהוא עניין של עצה״ד, שחוה סחטה ענבים ונתנה לו.

265. עד כאן התבשר יוסף, בחלומו של שר המשקים. מכאן והלאה החלום לשר המשקים עצמו. כי יש חלומות, שהם לו ולאחרים, שמקצתם מורים לעתידות של החולם, ומקצתם לעתידות של אחרים. ואקח את הענבים, לו לעצמו ולא בשביל יוסף.

266. מי שראה ענבים לבנים בחלום, סימן יפה לו. ענבים שחורים, אינם סימן יפה. משום שהם שתי מדרגות שחור ולבן, טוב ואינו טוב. כי לבן מורה שהוא רחמים, ושחור על דין.

וכל הענבים, בין לבן ובין שחור, תלויים באמונה, הנוקבא, שמלכוּת דמדה״ד, שחור, ומלכות הממותקת בבינה, לבן. וע״כ מתבארים בחכמה, הן לטוב והן לרע. השחורים מורים, שהם צריכים רחמים, שהם צריכים להתמתק במדה״ר, בינה. והלבנים מורים, שהם השגחה של רחמים, כי כבר התמתקה המלכות בבינה, ונעשתה רחמים.

267. אדה״ר, אשתו סחטה לו ענבים וגרמה לו מוות, ולכל ישראל, ולכל העולם. נוח, בא לענבים האלו ולא נשמר כראוי. כתוב, ויֵּשְׁתְּ מן היין וַיִּשְׁכָּר ויתגַּל בתוך אוהלֹה. שכתוב אוהלֹה באות ה׳, ולא אוהלו בו׳.

בני אהרון, שתו יין והקריבו קורבן עם היין ההוא, ומתו. וע״כ כתוב, עֲנָבֵמוֹ

עִנְּבי רוֹשׁ אַשְׁכְּלוֹת מְרוֹרֹת לָמוֹ. משום שהענבים גרמו לכל זה.

268. שר המשקים ראה בחלומו ענבים שהם טובים, ענבים לבנים. באותו הכרם, שהם מעלים שם נחת וריח במדרגות שלמות כראוי.

ענבים הם מדרגות הנוקבא. כרם היא הנוקבא עצמה. ובעת שהיא ממותקת בבינה, הענבים שלה לבנים, ומעלים נחת וריח.

יוסף ידע הדבר, והסתכל בשורש הדברים, ופתר החלום על בוריו, משום שהתבשר בחלום הזה, וע״כ פתר פתרון לטוב, והתקיים כן.

269. וַיַּרְא שר האופים כי טוב פתר ויאמר אל יוסף, אף אני בחלומי והנה שלושה סַלֵּי חֹרִי על ראשי. ארורים הם הרשעים, שכל מעשיהם כולם לרע, וכל הדיבורים שהם אומרים כולם לרע ולהרע.

270. כיוון שפתח פיו באף, כמ״ש, אף אני בחלומי, מיד פחד יוסף, וידע שכל דבריו הם להרע, ובשורה רעה בפיו, והנה שלושה סלי חורי על ראשי. בזה ידע יוסף, שהתבשר על חורבן ביהמ״ק וגלות ישראל מארץ הקדושה.

271. ובסל העליון מכל מאכל פרעה מעשה אופה, והעוף אוכל אותם מן הסל מעל ראשי. אלו הם שאר העמים, שמתאספים על ישראל, והורגים אותם, ומחריבים ביתם, ומפזרים אותם לארבע רוחות העולם. והכול הסתכל יוסף, וידע שהחלום ההוא מורה על ישראל, כשידונו לחוב לפני המלך. מיד פתר לו פתרון לרע, והתקיים בו.

272. שתי מדרגות ראו. שר המשקים ראה, כשעולה ושולטת מדרגה עליונה, ז״א, והאירה הלבנה, נוקבא. שר האופים ראה, שנחשך ושולט נחש הרע על הנוקבא. וע״כ הסתכל יוסף בחלום ההוא ופתר לו פתרון לרע. ע״כ הכול תלוי בפתרון. וזה וזה ראו באלו שתי המדרגות, השולטות על הנוקבא, שזה שולט, ז״א, וזה שולט, הנחש הרע.

לב טהור בְּרא לי אלקים

273. לב טהור בְּרא לי אלקים ורוח נכון חַדֵּשׁ בקרבי. לב טהור, כמ״ש, ונתת לעבדך לב שומע לשפוט את עמך, להבין בין טוב לרע. וכתוב, וטוב לב מִשְׁתֶּה תמיד. ומשום זה הוא ודאי לב טהור.

274. ורוח נכון חדש בקרבי. כמ״ש, ורוח אלקים מרחפת על פני המים, רוחו של משיח. שעל הרוח הזה כתוב, ורוח חדשה אתן בקרבכם. והתפלל דוד, אותו רוח נכון, רוחו של משיח, חדש בקרבי.

275. משום שיש מצד האחר, לב טמא ורוח עִוְעִים, המסית בני העולם לחטוא. וזהו רוח הטומאה, הנקרא רוח עיוועים, כמ״ש, ה׳ מָסַךְ בְּקִרְבָּהּ רוח עִוְעִים. וע״כ ביקש דוד, ורוח נכון חדש בקרבי. חדש, זהו התחדשות הלבנה, התחדשות הזיווג של הנוקבא עם ז״א. שבשעה שהלבנה מתחדשת, דוד הוא מלך ישראל, הנוקבא,

חי וקיים, שמשיגה מוחין דחיה. ועל זה אמר, חדש, שיחדש הזיווג עם ז״א.

276. והייתי רוח שקר בפי כל נביאיו. זהו הרוח של נבות היזרעאלי. הייתכן שהנשמות, אחר שעלו ועומדות למעלה, תוכלנה לשוב לעוה״ז? ודבר פלא הוא, שאמר, אצא והייתי רוח שקר בפי כל נביאיו.

277. ומהו הטעם שאחאב נענש עליו? הרי דין התורה, ששָם שמואל לפני ישראל, היה כך כמ״ש, את שדותיכם ואת כרמיכם וזיתיכם הטובים ייקח. ואם אחאב לקח הכרם מנבות, מן הדין היה. ועוד, שאחאב היה נותן לו כרם אחר או זהב, ולא רצה לקחת. ולמה נענש?

278. זה שנאמר, שרוח ההוא הוא רוח של נבות. האם רוחו של נבות היה יכול לעלות ולעמוד לפני הקב״ה, לבקש ממנו שקר? שכתוב, וייצא הרוח ויעמוד לפני ה׳ ויאמר, אני אֲפַתֶּנּוּ. ויאמר ה׳ אליו, במה, ויאמר, והייתי רוח שקר. ואם צדיק היה, איך יבקש שקר בעולם האמת? ואם לא היה צדיק, איך היה יכול לעמוד לפני הקב״ה?

279. אלא ודאי נבות לא היה צדיק כל כך, שיעמוד לפני הקב״ה. אלא רוח אחר היה השולט בעולם, שזהו הרוח העולה, והעומד תמיד לפני הקב״ה. השטן. וזהו שמסית לבני העולם עם שקר, שמשקר בשם הקדוש. ומי שרגיל בשקר, עוסק תמיד בשקר. וע״כ אמר, אצא והייתי רוח שקר. אמר לו הקב״ה, צא ועשה כן, כמ״ש, דובר שקרים לא ייכון לנגד עיניי. וע״כ הוא רוח שקר ודאי.

280. ועוד יש לתרץ, שע״כ נענש, משום שהרג את נבות, וגם לקח הכרם שלו. משום שהרג אותו בלי דין, ולקח את כרמו. וע״כ כתוב, הרצחת וגם ירשת. כמה הם בני אדם בעולם, שרוח השקר הזה הסית אותם בשקר, והוא שולט על העולם בכמה אופנים ובכמה מעשים.

281. וע״כ דוד המלך רצה להישמר מרוח שקר, ורצה להתרחק מהטומאה, שאמר, לב טהור ברא לי אלקים ורוח נכון חדש בקרבי. זהו רוח נכון, והאחר הוא רוח שקר. וע״כ שתי מדרגות הן, אחת קדושה, רוח נכון, ואחת טמאה, רוח שקר.

282. והוי״ה נתן קולו לפני חֵילו. והוי״ה, בכל מקום מורה הוא, ז״א, ובית דינו, הנוקבא. נתן קולו, זהו הקול, כמ״ש, קול דברים. וכתוב, לא איש דברים. מהו איש דברים? הוא איש האלקים. לפני חילו, אלו הם ישראל.

והוי״ה, מורה על זו״ן, שהם בזיווג בהארת השמאל, ששם בית דינו דז״א. נתן קולו, הארת ז״א, קו אמצעי ובחינת חסדים מכוסים, הנקרא קול. הנוקבא נקראת דברים, שהם חסדים מגולים בהארח חכמה, בזמן שז״א שנקרא קול, מתחבר עימה, ואז שניהם נקראים קול דברים.

וכתוב, לא איש דברים. איש הוא ז״א. אף קול הנאמר בקול דברים, הוא ג״כ ז״א. מהו איש דברים? כלומר מאין לנו שאיש הוא ז״א? כמ״ש, איש האלקים, שנאמר על משה, ז״א, בעלה של המטרוניתא, הנקראת אלקים. אף איש דברים, בעלה של דברים, ז״א.

283. היש מספר לגדודיו. כמה ממונים ושליחים יש להקב״ה. וכולם עומדים להשׂטין על ישראל. וע״כ הזדמן הקב״ה לפני ישראל, כמ״ש, והוי״ה נתן קולו לפני חילו, כדי לשמור אותם ולא יוכלו לקטרג עליהם.

284. כי עצום עושה דברו. עצום זה אותו הצדיק, שעוסק בתורה ימים ולילות. פירוש אחר, כי עצום, זהו המקטרג, הנמצא לפני הקב"ה, והוא חזק כברזל, וחזק כאבן. עושה דברו, שמקבל רשות מלמעלה, מהקב"ה, ומוציא הנשמה למטה.

285. כי גדול יום ה' ונורא מאוד ומי יְכִילֶנּוּ. שהוא שולט על כל, ועליון וחזק על כל, והכול נמצאים תחת ממשלתו. אשריהם הצדיקים, שהקב"ה חפץ בהם תמיד, לזכות אותם לעוה"ב, ולשמח אותם בשמחת הצדיקים העתידים לשמוח בהקב"ה, כמ"ש, וישמחו כל חוסיי בָךְ.

פרשת מקץ

קץ שׂם לחושך

1. ויהי מקץ שנתיים ימים. כמ״ש, קץ שׂם לחושך ולכל תכלית הוא חוקר, אבן אופֶל וצַלמוות. קץ שם לחושך, זהו קץ של השמאל שאינו כלול מימין, שהוא השטן והוא מלאך המוות, שהוא משוטט בעולם ומסית בני אדם לחטוא. ומשוטט למעלה ועומד לפני הקב״ה ומשׂטין ומקטרג על העולם. ולכל תכלית הוא חוקר, כי כל מעשיו אינם לטוב אלא לכלות תמיד ולעשות כליה בעולם, שנוטל נשמות בני אדם וממית אותם.

2. אבן אופל וצלמוות. אבן נגף, השטן, משום שבה נכשלים הרשעים. והיא עומדת בארץ עֵפָתָה כמו אופל. יש ארץ החיים למעלה, וזהו ארץ ישראל, הנוקבא דז״א. ויש ארץ למטה, הנקראת אופל וצלמוות, אפלה היוצאת מארץ עפתה, הנוקבא דקליפה. אבן אופל וצלמוות זהו קץ מצד החושך, השטן, פסולת הזהב.

3. כמה יש לבני אדם להסתכל בעבודת הקב״ה, ולהשתדל בתורה ימים ולילות, כדי שיידעו ויסתכלו בעבודתו. כי התורה מכריזה בכל יום לפני האדם, ואומרת, מי פתי יסור הנה.

4. וכשאדם עוסק בתורה ומתדבק בה, זוכה להתחזק בעה״ח, ז״א. כשבן אדם מתחזק בעה״ח בעוה״ז, הוא מתחזק בה לעוה״ב, וכאשר הנשמות ייצאו מעוה״ז, ייתוקנו להן מדרגות לעוה״ב.

5. בכמה מדרגות עה״ח מתחלק. וכולם אחד. כי בעה״ח יש מדרגות אלו על אלו, ענפים, עלים, קליפות, גוף האילן, שורשים. והכול הוא אילן. כעין זה כל מי שמשתדל בתורה, הוא מיתקן ומתחזק בעה״ח, בגוף האילן.

6. וכל בני ישראל מתחזקים בעה״ח, כולם נאחזים באילן ממש. אלא, מהם נאחזים בגוף שבו, מהם בענפים, מהם בעלים, מהם בשורשים. ונמצא, שכולם נאחזים בעה״ח. ואלו העוסקים בתורה, כולם נאחזים בגוף האילן. ומשום זה מי שעוסק בתורה, הוא נאחז בכל האילן, כי גוף האילן כולל את כולו.

7. ויהי מקץ שנתיים ימים, ופרעה חולם. מקץ הוא מקום שאין בו זכירה, קץ של השמאל. כמ״ש, כי אם זְכַרתני איתךָ כאשר ייטב לָךְ. האם ראוי זה ליוסף הצדיק, שיאמר, כי אם זכרתני איתך? אלא כיוון שהסתכל יוסף בחלומו, אמר, ודאי שהוא חלום של זכירה. והוא טעה בזה, כי בהקב״ה היה הכול.

אין המוחין נשלמים אלא עם ביאת קו אמצעי, שמקודם לכן יש מחלוקת בין ב׳ הקווים, שכל אחד רוצה לקיים

״מקץ״. ספר הזהר עם פירוש הסולם. מהד׳ 21 כר׳. כרך ו. דף א; מהד׳ 10 כר׳. כרך ג. דף א.

שליטתו ולבטל הארת חברו. שהימין רוצה רק בהארת החסדים, ומבטל הארת החכמה שבשמאל. והשמאל רוצה רק בהארת החכמה, ומבטל הארת החסדים. עד שבא קו האמצעי ומכריע ביניהם, וכולל אותם זה בזה, ומקיים הארת שניהם, כל אחד לפי דרכו.

אמנם יש בזה ב׳ מיני התכללות:

א. שהארת השמאל נכללת בימין, והימין שולט, שמאיר רק בחסדים מכוסים מחכמה. והוא מדרגת ז״א, שאע״פ שיש לו חכמה משמאל, מ״מ אינו משתמש בה, כי חפץ חסד הוא.

ב. ששניהם נכללים זה בזה, ושניהם שולטים בהתכללות אחת. שהימין מאיר בהארת החכמה, הנקרא חסדים מגולים. והשמאל מאיר בהארת החסדים. והוא מדרגת יסוד דז״א, קו אמצעי, המאיר מחזה דז״א ולמטה. והיא מדרגת המוחין שבשליטת יוסף. ונקרא מוחין דזכירה.

כיוון שהסתכל יוסף בחלומו, אמר, ודאי שהוא חלום של זכירה. כיוון שהסתכל שכבר נמשך קו האמצעי במוחין העליונים, חשב, שכבר יש כאן התכללות הב׳, מוחין דזכירה, המוחין השלמים, המגלים שליטת יוסף. וע״כ אמר בדרך ביטחון וידיעת העתידות, כי אם זכרתני איתך, כאשר ייטב לך. כלומר, שהמוחין דזכירה יתגלו בשווה עם קיום החלום של שר המשקים, כמ״ש, כי אם זכרתני איתך, ביחד עימו.

אבל הוא טעה בזה, כי עוד לא היה כאן אלא התכללות הא׳. וכל דברי החלום היו בהקב״ה, בז״א, חסדים מכוסים, ועוד לא הייתה התכללות הב׳, מוחין דזכירה, בחינת שליטתו של יוסף.

8. וע״כ המקום שהיה בו שִׁכחה, עמד כנגדו. כמ״ש, לא זכר שר המשקים את יוסף, וישכחהו. וישכחהו, מורה על המקום שיש בו שכחה. וזה נקרא, קץ של צד החושך.

שנתיים ימים, פירושו, שמדרגת השכחה חזרה למדרגת זכירה. כי כל עוד שלא נעשתה התכללות הב׳ למוחין דזכירה, עומדת קליפת השכחה בקו שמאל, הנקראת קץ הימים. כי בכוח התכללות הב׳ חוזר מקום השכחה ונעשה למקום הזכירה.

וכל דברי החלום היו בהקב״ה, בהתכללות הא׳, ע״כ עמד לפניו המקום של שכחה, שבמקום זה מתגלה אח״כ המוחין דזכירה. וישכחהו, מורה על המקום שיש בו שכחה. כי ניתנה השליטה אל קליפת השכחה, והיא נקראת קץ שבצד החושך, שבצד שמאל, שמטרם ההתכללות הוא חושך.

ויהי מקץ שנתיים ימים. מהם שנתיים? צירוף שלם של תיקון נקרא שנה. וכדי שתחזור מדרגת השכחה ותיעשה למדרגת הזכירה, צריכים לב׳ התכללויות, ב׳ שנים, כמ״ש אח״ז, ופרעה חולם, אשר החלום של פרעה כבר היה בבחינת התכללות הב׳.

9. ופרעה חולם, והנה עומד על היאור. זהו חלום של יוסף היה. כלומר, חלום של זכירה, המגלה שליטתו של יוסף, משום שכל נהר הוא יוסף הצדיק. שכל מי שרואה נהר בחלום, הוא רואה שלום, מדרגת יסוד, יוסף, כמ״ש, הנני נוטה אליה כנהר שלום. הרי שנהר רומז על יוסף.

ויהי מקץ

10. כשברא הקב"ה את העולם העליון, בינה, התקין הכול כראוי, והוציא אורות עליונים המאירים מכל הצדדים, שהם ג' הקווים, והכול הוא אחד. וברא שמיים של מעלה, ז"א, וארץ של מעלה, הנוקבא, שיתוקנו כולם כאחד, הבינה וזו"ן, לתועלת התחתונים.

11. כמ"ש, מלך במשפט יעמיד ארץ. מלך, הקב"ה, בינה. במשפט, זהו יעקב, ז"א, קיום של הארץ. וע"כ ו' דהוי"ה, ז"א, ניזון מן ה"ר דהוי"ה, בינה. ה"ת דהוי"ה, הנוקבא, ניזונה מן ו', ז"א, כי קיומה של הארץ במשפט, בז"א, כי המשפט יעמיד ארץ בכל תיקוניה ומֵזין אותה.

12. מלך, הקב"ה. במשפט, יוסף. יעמיד ארץ, כמ"ש, וכל הארץ באו מצריימה לשבור אל יוסף. ומשום שהקב"ה חפץ ביעקב, עשה את יוסף מושל על הארץ.

13. מלך, יוסף. במשפט יעמיד ארץ, זה יעקב. כי כל עוד שלא בא יעקב למצרים, לא היה קיום לארץ מחמת הרעב. כיוון שבא יעקב למצרים, בזכותו הסתלק הרעב והתקיימה הארץ.

14. מלך במשפט יעמיד ארץ. זהו דוד המלך, כמ"ש, ויהי דוד עושה משפט וצדקה לכל עמו. והוא קיים הארץ בחייו, ובזכותו היא עומדת לאחר פטירתו מן העולם. ואיש תרומות יֶהרסנה. זהו רחבעם. איש תרומות פירושו איש גאה. ורחבעם התגאה, שאמר, אבי ייסר אתכם בשוטים ואני בעקרבים. ע"כ נקרעה ממלכתו.

15. אע"פ שהעונש כבר נגזר על העולם, הקב"ה מתעכב בשביל הצדיקים, ואינו שולט על העולם. כל ימיו של דוד המלך התקיימה הארץ בגללו. לאחר שמת התקיימה בזכותו, כמ"ש, וגַנותי על העיר הזאת להושיעה, למעני ולמען דוד עבדי. כעין זה, כל ימיו של יעקב וכל ימיו של יוסף, לא שלטו עונשים בעולם, כי פסק הרעב בגללם והתעכב שִׁעבוד מצרים.

16. מלך במשפט יעמיד ארץ, זה יוסף. ואיש תרומות יהרסנה, זה פרעה. כי משום שהקשה את ליבו כנגד הקב"ה, נחרבה ארץ מצרים. ומקודם לכן, ע"י יוסף התקיימה הארץ באותו החלום שחלם פרעה, כמ"ש, ויהי מקץ שנתיים ימים ופרעה חולם.

17. חי ה' וברוך צורי, ויָרוּם אלוקי יִשעי. אלוקי, כתוב עם ו'. חי, זהו צדיק יסוד עולם, יסוד דז"א, הנקרא חי העולמים. וברוך צורי, זהו כמ"ש, ברוך ה' צורי, שהוא העולם, הנוקבא, המתקיים על צדיק, יסוד דז"א, שהוא משפיע לה, והיא מתקיימת. וירום, זהו עולם העליון, בינה. אלוקי עם ו', זהו שמיים, ז"א, כמ"ש, השמיים שמיים לה'.

בפסוק זה מבוארת שלמות השפעת היסוד, חי העולמים, אל הנוקבא, הנקראת עולם, ונקראת צור. שהיא בזמן שמתחברות ביסוד שתי המדרגות העליונות, בינה וז"א. שהבינה מתלבשת

"מקץ". ספר הזהר עם פירוש הסולם. מהד' 21 כר'. כרך ו. דף ד; מהד' 10 כר'. כרך ג. דף ד.

בז״א עם מוחותיה, ואז הם משפיעים אל היסוד, והוא משפיע אל הנוקבא, שממנה מקבלים כל התחתונים.

ופירוש הכתוב, חי ה׳ וברוך צורי: חי העולמים, יסוד משפיע. והצור, הנוקבא, מתברך ממנו, בעת, וירום אלוקי ישעי. שז״א, הנקרא אלוקי עם ו׳, מתרומם עם התלבשות הבינה בו. כי, וירום, רומז על בינה. כי כאשר היסוד מקבל מב׳ מדרגות הללו, יש לו היכולת להשפיע אל הנוקבא.

18. ברוך אדנ״י יום יום, יעמוס לנו האל ישועתנו. ברוך אדנ״י, השם כתוב באותיות א-ד-נ-י, הרומז על הנוקבא. ופסוק זה סוד החכמה. יום יום, הם שנתיים ימים, ב׳ המדרגות, בינה וז״א, שאין הנוקבא מתברכת זולתם. כמ״ש, ויהי מקץ שנתיים ימים, ופרעה חולם, והנה עומד על היאור. שזהו יוסף, כי נהר הוא יוסף הצדיק.

מביא כאן ראָיָה שנייה, שאין הנוקבא מתברכת מהיסוד, זולת בשעה שמתחברות בו ב׳ מדרגות עליונות, בינה וז״א. כי הכתוב, ברוך אדנ״י, הוא מכוח, יום יום. שמתחברים בה ע״י היסוד, בינה וז״א, שהם שנתיים ימים. ואז, יעמוס לנו האל, הנוקבא, ישועתנו סלה.

ובזה מבואר הכתוב, ויהי מקץ שנתיים ימים. אחר שנתקנו שנתיים הימים, ב׳ המדרגות בינה וז״א. ופרעה חולם, והנה עומד על היאור, אז נשלם היאור, יוסף, יסוד, והוא משפיע אל הנוקבא, שהיא שבע פרות. כמ״ש, והנה מן היאור עולות שבע פרות.

19. והנה מן היאור עולות שבע פרות יפות מראה ובריאות בשר, ותִרְעֶינָה באָחוּ. כי מנהר זה, יסוד, מתברכות כל המדרגות שלמטה. משום שאותו הנהר, הנמשך ויוצא מעדן, מבינה, משקה ומזין לכל. ויוסף, יסוד, המקבל מבינה ע״י ז״א, הוא נהר, שכל ארץ מצרים מתברכת בזכותו.

20. הנהר ההוא, היסוד, שבע מדרגות של הנוקבא, מחג״ת נהי״מ שבה, המתפשטות ממנה ועומדות בעולם הבריאה, מושקות ומתברכות ממנו. ואלו הן שבע הפרות, יפות מראה ובריאות בשר. ותרעינה באחו, בחיבור באחווה, שלא נמצא בהן פירוד, וכולן לשבח הן עומדות, שאין יניקה מהן לס״א.

כי כל אלו שבע המדרגות, הן כמ״ש, שבע הנערות הראויות לתת לה מבית המלך, שהן שבעה היכלות דבריאה, שכולן לשבח. וכן הן שבע פרות יפות מראה, כולן לשבח. ולעומת זה כתוב, שִׁבעת הסריסים המשרתים את פני המלך, ששבעה הללו אינם כולם לשבח, אלא שיש בהם חלק לכוחות הטומאה, שבע פרות הרעות.

21. שבע פרות טובות, הן מדרגות עליונות על מדרגות אחרות. ושבע פרות רעות, הן מדרגות אחרות שלמטה. העליונות הן מצד הקדושה, והתחתונות הן מצד הטומאה.

22. והנה שבע שיבולים עולות בקנה אחד בריאות וטובות. שבע שיבולים ראשונות הן טובות, משום שהן מצד ימין, שכתוב בו, כי טוב. ושבע שיבולים רעות הן למטה מהן. שבע השיבולים הטובות הן מצד הטהרה, והרעות הן מצד הטומאה. וכולן הן מדרגות העומדות אלו על אלו, ואלו לעומת אלו. וכולן ראה פרעה בחלומו.

23. הייתכן שלאותו רשע, לפרעה, הראו כל אלו המדרגות? כדמיון שלהם ראה ולא עצמוּת המדרגות. כי כמה

מדרגות על מדרגות, אלו לעומת אלו, ואלו על אלו, ופרעה ראה באלו המדרגות שלמטה.

24. כי כפי מה שהוא האדם, כן מראים לו בחלומו, וכך רואה. וכן עולה הנשמה להשיג, כל אחד כפי מדרגתו כראוי לו. וע"כ פרעה ראה כראוי לו ולא יותר.

25. ויהי מקץ. כמ"ש, לכל זמן ועת לכל חפץ תחת השמיים. כל מה שעשה הקב"ה למטה, שׂם לכל זמן, וזמן קצוב. זמן שׂם לאור ולחושך. זמן שם לאור שאר העמים. חוץ מישראל, שהם שולטים עתה על העולם. וזמן שם לחושך, שהוא גלות ישראל תחת שליטתם. זמן שם הקב"ה לכל. וע"כ לכל זמן, ועת לכל חפץ.

מהו, ועת לכל חפץ? זמן ועת לכל חפץ שנמצא למטה, לכל הטוב שנמצא למטה יש עת וזמן קבוע.

26. מהו עת? הוא כמ"ש, עת לעשות לה' הֵפֵרו תורתך. וכתוב, ואַל יבוא בכל עת אל הקודש. והיא המדרגה הממונה על הנהגת העולם, הנוקבא. וע"כ עת, הנוקבא, ממונה לכל חפץ תחת השמיים.

ויהי מקץ שנתיים ימים, מצד אותו קץ החושך, כי שׂם זמן קצוב לאור ולחושך, ראה פרעה בחלומו, ומשם ידע ונגלה לו החלום.

ותיפָּעם רוחו

27. ויהי בבוקר ותיפָּעם רוחו וישלח ויקרא את כל חרטומי מצרים ואת כל חכמיה, ויספר פרעה להם את חלומו ואין פותר אותם לפרעה. בפרעה כתוב, ותיפעם, ובנבוכדנצר כתוב, ותתפעם. בפרעה, ותיפעם, משום שהיה יודע החלום ורק הפתרון לא היה יודע. אבל נבוכדנצר ראה החלום וראה הפתרון, והכול נשכח ממנו. ע"כ כתוב, ותתפעם.

28. ותיפעם רוחו. כמ"ש, ותחֶל רוח ה' לפַעמוֹ, שהרוח היה בא והולך, בא והולך, ועוד לא היה מתיישב בו כראוי. וע"כ כתוב, ותחל רוח ה' לפעמו, כי אז עוד היה בהתחלה של השראת הרוח. אף כאן, הרוח העיר בו והלך, ושוב העיר, ולא היה מתיישב בו להבין ולדעת.

כתוב בנבוכדנצר, ותתפעם רוחו, כי התעוררות הרוח הייתה כפולה, משום שלא ידע לא החלום ולא הפתרון, והרוחות הולכים ושבים. כמ"ש, כפעם בפעם, פעם בזה ופעם בזה, ולא התיישבו דעתו ורוחו.

29. וישלח ויקרא את כל חרטומי מצרים. אלו הם המכשפים. ואת כל חכמיה, אלו הם החכמים במזלות. וכולם היו מסתכלים לדעת ולא יכלו להשיג.

30. אין מראים לאדם, אלא לפי המדרגה שלו, אבל למלכים אינו כן, כי מראים להם דברים עליונים ושונים מאשר מראים לאנשים אחרים. כמו שהמלך, מדרגתו עליונה על כל שאר בני אדם, כך מראים לו במדרגה עליונה על כל שאר האחרים, כמ"ש, את אשר אלקים עושה, הראה את פרעה. אבל לשאר בני אדם אין הקב"ה מגלה מה

שהוא עושה, חוץ מלנביאים או לחסידים, או לחכמי הדור.

31. כתוב, אותי השיב על כַּני ואותו תלה. מכאן נשמע, שהחלום הולך אחר הפתרון. השיב על כני, השיב אותו יוסף. ואותו תלה, הוא יוסף. בכוח הפתרון ההוא שפתר לו, שהיה מוכרח להתקיים כך. וכתוב, ויהי כאשר פתר לנו כן היה.

ויריצוהו מן הבור

32. רוצה ה' את יראיו, את המייחלים לחסדו. כמה חפץ הקב"ה בצדיקים, משום שהצדיקים עושים שלום למעלה, באו"א, ועושים שלום למטה, בזו"ן, ומביאים את הכלה לבעלה. ומשום זה חפץ הקב"ה באלו המתייראים אותו ועושים רצונו.

כי ע"י המ"ן שהם מעלים לזו"ן, מעלים גם זו"ן מ"ן לאו"א, ונעשה זיווג למעלה באו"א ולמטה בזו"ן. והכלה, הנוקבא, הם מביאים לבעלה, ז"א, להזדווג. ומשום זה הקב"ה, ז"א, חפץ בהם. כי זולתם לא היה שלום, זיווג, לא למעלה באו"א, ולא למטה בזו"ן.

33. המייחלים לחסדו הם העוסקים בתורה בלילה ומשתתפים עם השכינה, וכשהגיע הבוקר הם מייחלים לחסדו.

בזמן שהאדם עוסק בתורה בלילה, חוט של חסד נמשך עליו ביום, כמ"ש, יומם יצווה ה' חסדו ובלילה שירוֹ עימי. יומם יצווה ה' חסדו, משום שבלילה שירו עימי.

ע"כ כתוב, רוצה ה' את יראיו, ולא כתוב, ביראיו. שלא לבד שחפץ בהם עצמם, אלא, כמי שמְפַנה את רצונו לאחר, וחפץ להתפייס עימו. כי, רוצה, הוא גם לשון ריצוי ופיוס. וע"כ כתוב, רוצה ה' את יראיו, כלומר, שמְרצה ומפייס אותם. ולא כתוב, ביראיו, שהיה משמע שחפץ בהם עצמם, ולא היה משמע, שגם מרצה ומפייס אותם.

34. וישלח פרעה ויקרא את יוסף ויריצוהו מן הבור. יוסף היה עצוב, בעצב רוח ובעצב לב, מחמת שהיה אסור שם. כיוון ששלח פרעה אחריו, כתוב, ויריצוהו, שפייס אותו והשיב לו דברי שמחה, דברים המשמחים את הלב, משום שהיה עצוב מישיבתו בבור. בתחילה נפל בבור, ומן הבור עלה אח"כ לגדולה.

35. מטרם שקרה ליוסף אותו מעשה, לא נקרא צדיק. כיוון ששמר ברית קודש, שלא נכשל באשת פוטיפר, נקרא צדיק. ואותה מדרגת ברית קודש, יסוד, התעטר עימו. ומה שהיה בתחילה נתון בבור, שהוא קליפה, התעלה עימו, שזכה ע"י מעשה זה להיקרא צדיק.

א"כ למה שָׂמו אותו בבור בבית האסורים? משום שהיה בתחילה בבור, ע"י זה התעלה למלכות. וכתוב, ויריצוהו מן הבור, שהסתלק מן הקליפה והתעטר בבאר מים חיים, השכינה.

36. וישלח פרעה ויקרא את יוסף. היה צריך לומר, לקרוא ליוסף. אלא, ויקרא את יוסף, זהו הקב"ה, שקרא לו להוציא

"מקץ". ספר הזהר עם פירוש הסולם. מהד' 21 כר'. כרך ו. דף ט; מהד' 10 כר'. כרך ג. דף ט.

אותו מן הבור, כמ״ש, עד עת בוא דברו, שהקב״ה קרא לו.

ויגַלַח ויחַלף שִׂמלותיו, משום כבוד המלך. כי היה צריך להתייצב לפני פרעה.

37. ויבוא ישראל מצרים, ויעקב גר בארץ חם. הקב״ה מגלגל גלגולים בעולם ומקיים אֱסרים [נדרים] ושְׁבועות, כדי לקיים השבועה והגזרה שגזר.

38. לולא החביבות והאהבה שאהב הקב״ה את האבות, ראוי היה יעקב לרדת למצרים בשלשלאות של ברזל. ובאהבתו אותם, המשיל את יוסף בנו ועשה אותו מלך המושל על כל הארץ. וירדו אז כל השבטים בכבוד, ויעקב היה כמלך.

39. ויבוא ישראל מצרים, ויעקב גר בארץ חם. כיוון שכתוב, ויבוא ישראל מצרים, האם לא ידוע שיעקב גר בארץ חם? אלא, ויבוא ישראל מצרים, זהו הקב״ה, ז״א, המכונה ישראל. ויעקב גר בארץ חם, זהו יעקב. כי בזכות יעקב ובניו באה השכינה למצרים, והקב״ה גלגל גלגולים, והוריד את יוסף מתחילה, שבזכותו התקיים עימו הברית והמשיל אותו על כל הארץ.

40. כתוב, ה׳ מתיר אסורים. וכתוב, שָׁלח מלך וַיַתירֵהו, מושל עמים ויפַתחהו. שלח מלך, זהו הקב״ה. מושל עמים, זהו הקב״ה. שלח מלך, זהו מלך העליון, ז״א. שלח ויתירהו, שלח את מלאך הגואל, הנוקבא, שהוא מושל עמים, המושל למטה בעולם התחתון, והכול מהקב״ה.

41. ויריצֻהו, כתוב חסר ו׳, מורה לשון יחיד, שהיה צריך לומר, ויריצוהו, בלשון רבים. ומיהו שהריץ אותו מן הבור? זהו הקב״ה, משום שאין מי שיאסור ויתיר מבית האסורים, חוץ מהקב״ה, כמ״ש, יסגור על איש ולא ייפָּתֵחַ. וכתוב, והוא ישקיט ומי ירשיע. כי הכול תלוי בו. וכתוב, וכרצונו עושה בצבא השמיים. וע״כ כתוב, ויריצֻהו מן הבור, שהקב״ה הריץ אותו מן הבור.

42. מה פירושו של ויריצֻהו? הוא כמ״ש, יֶעְתַר אל אלוה וַיִרְצֵהו, בלשון ריצוי. כעין זה הוא, ויריצֻהו מן הבור, שהקב״ה התרצה לו, ואח״כ, ויבוא אל פרעה.

ויריצוהו, מלשון רצון וחן, שהמשיך עליו חוט של חסד, לתת לו חן לפני פרעה. כדי להקדים לו שלום, ולהתחיל דבריו עם המילה שלום, אמר לו, אלקים יענה את שלום פרעה.

43. אותו רשע פרעה אמר, לא ידעתי את הוי״ה. והוא היה חכם יותר מכל חרטומיו, ואיך לא ידע את הוי״ה? אלא ודאי, שאת השם אלקים היה יודע. שהרי פרעה אמר, הנמצא כזה איש אשר רוח אלקים בו. ומשום שמשה לא בא אליו זולת בשם הוי״ה, ולא בשם אלקים, היה קשה לפניו להבין דבר זה יותר מהכול, שהוא היה יודע שהשם אלקים הוא השולט בארץ, ובשם הוי״ה לא היה יודע, וע״כ היה קשה לפניו השם הזה.

44. וכמ״ש, ויחזק הוי״ה את לב פרעה. כי מילה זו, הוי״ה, הייתה מחזקת את ליבו ומקשה אותו. וע״כ לא הודיע לו משה מילה משם אחר, אלא את השם הוי״ה בלבד.

45. כתוב, מי כה׳ אלקינו המַגביהִי לשָׁבֶת. שהתעלה מעל כיסא כבודו, ולא נגלה למטה. כי בשעה שצדיקים אינם נמצאים בעולם, הרי הוא מסתלק מהם ואינו נגלה להם. וכתוב, המשפילי

לראות. בשעה שצדיקים נמצאים בעולם, הקב"ה יורד במדרגותיו אל התחתונים להשגיח על העולם להטיב להם.

46. כי כשצדיקים אינם נמצאים בעולם, הוא מסתלק ומסתיר פנים מהם, ואינו משגיח עליהם, משום שהצדיקים הם יסוד וקיום העולם, כמ"ש, וצדיק יסוד עולם.

47. וע"כ הקב"ה לא גילה שמו הקדוש אלא רק לישראל בלבד, שהם חלק גורלו ונחלתו. ואת העולם חילק הקב"ה לממונים גיבורים, לשבעים שרים. כמ"ש, בְּהַנְחֵל עליון גויים בהפרידו בני אדם, יַצֵּב גבולות עמים למספר בני ישראל. וכתוב, כי חֵלק ה' עַמו יעקב חֶבל נחלתו.

48. למה אמר שלמה, שכל דבריו סתומים ואינם נודעים, וקוהלת סותם הדברים ודבריו סתומים?

49. אמר שלמה, כל הדברים יְגֵעִים, לא יוכל איש לְדַבֵּר, לא תִשְׂבַּע עין לראות, ולא תִימָּלא אוזן משמוע. האם כל הדברים יגעים לדבר, הלוא יש גם דברים קלים? ועוד שאומר שלמה, לא יוכל איש לדבר, ולא תשבע עין לראות, ולא תימלא אוזן משמוע. מהו הטעם שמחשיב אלו דווקא?

אלא משום ששניים מהם, עיניים ואוזניים, אינם נמצאים ברשותו של אדם, והפה הוא ברשותו, ע"כ הם כוללים כל כוחות האדם. ומשמיענו שכל אלו השלושה ודוגמתם, אינם יכולים להשלים הכול ולהשיג הכול, שאינם יכולים להשיג כל הדברים. ומיושבת ג"כ השאלה, האם כל הדברים יגעים. פירושו, שהעין והאוזן והפה, לא יוכלו להשיג כל הדברים.

50. הדיבור של אדם לא יוכל לדבר, והעיניים לראות, והאוזניים לשמוע, ואין כל חדש תחת השמש. שאין לחשוב שישתנו פעם מצמצומם הזה. וע"כ אומר, מה שהיה הוא שיהיה, ומה שנעשָׂה הוא שייעשה, ואין כל חדש תחת השמש. אפילו שֵׁדים ורוחות שעשה הקב"ה תחת השמש, לא יוכלו לדבר כל דברי העולם. והעין לא תוכל למשול ולראות, והאוזן לשמוע. וע"כ שלמה, שהיה יודע כל דבר, אמר זה.

51. כל מעשי העולם בכמה ממונים תלויים, שאין לך כל עשב למטה, שאין לו ממונה למעלה, שמכה אותו ואומר לו גְדל. וכל בני העולם אינם יודעים ואינם משגיחים על שורשם, למה הם נמצאים בעולם. ואפילו שלמה המלך שהיה חכם מכל האדם, לא יכול לעמוד עליהם.

52. אשריהם שעוסקים בתורה ויודעים להסתכל ברוח החכמה. כתוב, את הכול עשה יפה בעיתו. שכל המעשים שעשה הקב"ה בעולם, בכל מעשה, יש מדרגה הממונה על המעשה ההוא בעולם, הן לטוב והן לרע, שהם כ"ח (28) עיתים שמחשב קוהלת: י"ד (14) עיתים לטובה הן בימין, והיא השכינה. י"ד עיתים לרעה הן בשמאל, והן בס"א, להעניש בני אדם.

מֵהם מדרגות לימין ומהם מדרגות לשמאל. הולך האדם לימין, אותו המעשה שעושה, המדרגה הממונה לצד ימין, עושה לו עזרה, ויש הרבה שעוזרים לו. הלך האדם לצד שמאל ועושה מעשיו, הנה אותו המעשה שעשה, הממונה, שהוא לצד שמאל, מקטרג עליו, ומוליך אותו לצד ההוא ומסית אותו.

וע"כ אותו המעשה שעושה האדם כראוי, הממונה ההוא שלצד ימין עוזר לו. וזהו בעיתו, כמ"ש, יפה בעיתו. כי המעשה ההוא מתקשר בעיתו כראוי,

בנוקבא. שהן י״ד עיתים לטובה, שהן בימין. וע״י העונשים שבי״ד עיתים לרעה, הוא בוחר בי״ד עיתים שבימין ומתקשר בשכינה. ונמצא, את הכול עשה יפה בעיתו.

53. את הכול עשה יפה בעיתו, גם את העולם נתן בליבם. שכל העולם וכל מעשי העולם, אינם נקשרים בקדושה, אלא ברצון הלב, כשעולה ברצון האדם. כמ״ש, וידעת היום והשֵבותָ אל לבבך. אשריהם הצדיקים, שממשיכים ברצון ליבם מע״ט, להטיב לעצמם ולכל העולם. והם יודעים להתדבק בעת שלום, בעת שיש זיווג העליון, שנקרא שלום. ובכוח הצדקה שעושים למטה, הם מעלים מ״ן, והם ממשיכים לאותה המדרגה שנקראת כל, יסוד, להאיר בעיתו, בנוקבא.

54. אוי להם לרשעים שאינם יודעים עת שלום של המעשה, ואינם משגיחים לעשות מעשיהם בעולם על תיקון הנצרך לעולם, ולתקן המעשה במדרגה הראויה לו, שאינם מעלים מ״ן ע״י מעשיהם לזיווג עליון, שהוא עת שלום.

55. וע״כ ניתן הכול ברצונם של בני אדם, כמ״ש, מבלי אשר לא ימצא האדם את המעשה אשר עשה האלקים מראש ועד סוף. ומשום זה שאֵלו המעשים לא נעשו להיתקן במדרגתם כראוי, שיתכלל מעשה זה במדרגה זו שכנגדו, כולו בתיקון, אלא שנעשו כפי רצונו של האדם, לפי שרירות ליבו. כתוב אחריו, ידעתי כי אין טוב בם, כי אם לשמוח ולעשות טוב בחייו.

ידעתי כי אין טוב בם, באלו המעשים שלא נעשו לכוונת התיקון כראוי. כי אם לשמוח, בכל מה שיבוא עליו, הן טובות והן רעות, ולתת הודאה להקב״ה, ולעשות טוב בחייו.

למה ישמח על הרעות? כי אם המעשה שעשה גרם לו רע, מחמת המדרגה הממונה עליו, מצד שמאל, יש לו לשמוח ולהודות על הרע הזה שהגיע לו, כי הוא גרם לעצמו את זה, משום שהלך בלא ידיעה, כציפור זו שנפלה בפח. ועתה, כיוון שכבר השיג ידיעה מחמת העונש, כבר יידע לעשות טוב בחייו. ע״כ יש לו לשמוח ולהודות על העונש.

56. מאין לנו שהאדם בלי ידיעה? כי כתוב, כי גם לא יידע האדם את עיתו, כדגים שנאחזים במצודה רעה וכציפורים האחוזות בפח, כָּהֵם יוּקָשים בני האדם לעת רעה כשתיפול עליהם פתאום. מהו עיתו? עיתו של אותו מעשה שעשה, כמ״ש, את הכול עשה יפה בעיתו. וע״כ הם כציפורים האחוזות בפח. וע״כ אשריהם העוסקים בתורה, ויודעים אורחות ושבילים של תורת מלך עליון, ללכת בה בדרך האמת.

וכמ״ש, את הכול עשה יפה בעיתו, שכל כ״ח עיתים שמחשב קוהלת, כולם טובות, כל אחת בעיתה. כי אפילו י״ד עיתים שבשמאל הן טובות, להיותן מקרבות את האדם להתקשר בי״ד עיתים שבימין, בשכינה.

גם את העולם נתן בליבם. שע״י העונשים הקשים שבי״ד עיתים שבשמאל, נקבעים בליבם י״ד עיתים המתוקות שבימין. שמחמת העונש המר שמקבל בשמאל, הוא בורח משמאל ובא לימין.

והוצרך לעצה זו, כי כמ״ש, מבלי אשר לא ימצא האדם את המעשה אשר עשה האלקים מראש ועד סוף. כיוון שאין האדם מסוגל להשיג הכול, שאומר שלמה, כל הדברים יגעים, לא יוכל איש לדבר, ע״כ ניתן לו הבירור בלב, הבורח מעונש המר, ומתקשר בטוב ובחסד שבימין. כמ״ש, ידעתי כי אין

טוב בם. בי״ד עיתים שבשמאל. אבל הן סיבה בטוחה, כי אם לשמוח ולעשות טוב בחייו.

57. לעולם אל יפתח אדם פיו לרע, כי הוא אינו יודע מי מקבל הדבר, וכשאדם אינו יודע, הוא נכשל בה. והצדיקים כשפותחים פיהם, כולם שלום. ע״כ כאשר יוסף התחיל לדבר לפרעה, כתוב, אלקים יענה את שלום פרעה. הקב״ה חס על שלום המלכות, כמ״ש, ויְצַוֵּם אל בני ישראל ואל פרעה מלך מצרים.

אחרֵי הודיע אלקים אותך את כל זאת

58. פרעה רצה לנסות את יוסף, החליף לו דברי החלום. ויוסף, משום שהיה מכיר במדרגות המרומזות בחלומו, הסתכל בכל דבר, ואמר, כך ראית, וסידר כל דבר כראוי.

59. ויאמר פרעה אל יוסף, אחרֵי הודיע אלקים אותך את כל זאת, פירושו, אחריי היית באותה שעה שחלמתי החלום, היית נמצא שם. ומשום זה אמר, את כל זאת. ידעת איך היה החלום, וידעת פתרונו.

60. אם כך, הרי אמר יוסף הכול, החלום והפתרון, כמו דניאל, שאמר החלום ופתרונו? אין זה כמו זה. יוסף הסתכל מתוך דברי פרעה, שהיה אומר דברי החלום במדרגות ידועות, וראה שהוא טעה, כי דבריו לא היו באותו הסדר שנוהג באותן המדרגות של החלום. ואמר לו, לא כך ראית אלא כך, כי המדרגות באות כסדרן. אבל דניאל, לא הסתכל מתוך דברי נבוכדנצר כלום, והכול אמר לו, את החלום ופתרונו.

61. אז נִגלה הסוד לדניאל בחזיון הלילה. חזיון הלילה זהו גבריאל, שהוא מרְאֶה מן מרְאָה.

הנוקבא נקראת לילה, והיא מרְאָה, שפירושו הארת חכמה. ולפי שאין הארת חכמה בשום פרצוף זולתה, ע״כ נקראת הנוקבא מראה. ולפי זה השם לילה הוא מראה. וחזיון הלילה, הוא מרְאֶה מן מרְאָה, המלאך גבריאל, שבחינת המרְאֶה שבו נמשך ממרְאָה, שהיא הנוקבא.

62. וכמרְאֵה המרְאֶה אשר ראיתי, כמרְאֶה אשר ראיתי בבואי לשַׁחֵת את העיר, ומראות כמרְאֶה אשר ראיתי אל נהר כְּבָר ואפול אֶל פניי. כל אלו המראות שבפסוק הזה הם שש מדרגות. וכמרְאֵה המרְאֶה הן שתיים, ומראות בלשון רבים, הן ג״כ שתיים, והן ארבע. כמרְאֶה ראיתי, הן שתיים, והן שש מראות. ו״ס חג״ת נה״י של הנוקבא.

גבריאל, יש לו מרְאֶה, שנראים בה הגוונים של מעלה, שהם שש מראות שבנוקבא. והן נראות במרְאֶה הזו, שהוא גבריאל, הנקרא מרְאֶה מן מרְאָה. ויש מרְאֶה למרְאָה, ומרְאֵה למרְאֶה, זה על זה. כלומר, שיש במרְאֶה למרְאָה, שהוא גבריאל, הרבה מדרגות הנבחנות כל אחת למרְאֵה ממרְאֶה. שפירושו, מרְאֶה ממרְאָה העליונה, הנוקבא. שהן שש בחינות מרְאֵה ממרְאֶה, זה על זה, הנמשכות משש מראות שבנוקבא.

וכולן נמצאות במדרגות חג"ת נה"י, ושולטות, ונקראות חזיון הלילה, ובהן נפתרים כל החלומות שבעולם. ואלו הן כעין שלמעלה מהן, כעין שש מראות שבנוקבא.

63. ומשום זה כתוב, נִגלה הסוד לדניאל בחזיון הלילה, כי אחת מאלו המדרגות של חזיון הלילה, גילה לו החלום ופתרונו. אבל יוסף, מתוך דבריו של פרעה, הסתכל במדרגות העליונות, שהחלום הראה עליהן, ואמר פתרונו לפרעה.

64. והפקיד אותו על כל ארץ מצרים, משום שהקב"ה מְשָׁלו, מְשל יוסף, נתן לו, הפה, שלא נשק לעבירה, כמ"ש, ועל פיך יישק כל עמי. היד, שלא קרב לעבירה, כמ"ש, וייתן אותה על יד יוסף. צוואר, שלא קרב לעבירה, כמ"ש, ויישם רביד הזהב על צווארו. הגוף, שלא קרב לעבירה, כמ"ש, וילבש אותו בגדי שש. רגל שלא רכב על עבירה, כמ"ש, ויַרכב אותו במרכבת המשנֶה. המחשבה, שלא חשב בעבירה, נקרא נבון וחכם. הלב, שלא הרהר בעבירה, כמ"ש, ויקראו לפניו אַברֵך. והכול קיבל משלו.

65. וייצא יוסף מלפני פרעה ויעבור בכל ארץ מצרים. מה הטעם, ויעבור בכל ארץ מצרים? כדי למשול עליהם, שהיו מכריזים לפניו כך, כי קראו לפניו אברך. ועוד, כדי לקבץ תבואה בכל מקום, כי כמ"ש, אוֹכל שְׂדה העיר אשר סביבותיה נתן בתוכה, ולא נתן תבואת מקום זה במקום אחר, כדי שלא תירקב. כי מְטבע כל מקום, ששומר על הפירות שגדלו בו.

66. כל מה שעשה הקב"ה, הכול הוא לגלגל גלגולים. לגלגל ולהקדים סיבות לטובת ישראל, משום שרצה לקיים הבטחתו. כשברא הקב"ה את העולם, הביא מתחילה כל מה שצריך העולם, ואח"כ הביא את האדם לעולם, ומצא לו מזונות.

67. הקב"ה אמר לאברהם, ידוע תדע כי גר יהיה זרעך בארץ לא להם, ואחרי כן ייצאו ברכוש גדול. כשבא יוסף למצרים לא נמצא בה רכוש גדול. גלגל הקב"ה גלגולים, והביא רעב על העולם, וכל העולם הביאו כסף וזהב למצרים, והתמלא כל ארץ מצרים כסף וזהב. ואחר שנתקן רכוש גדול בכל השיעור, הביא את יעקב למצרים.

68. כי כך דרכיו של הקב"ה, בתחילה בורא הרפואה, ואח"כ מכֶּה. בתחילה התקין רכוש גדול במצרים, ואח"כ הביא אותם לגלות. ועל זה גלגל גלגולים והביא רעב על כל העולם, כדי שיהיו מביאים כסף וזהב של כל העולם למצרים.

69. בזכות יוסף, שהיה צדיק, גרם שישראל יקבלו עושר, כסף וזהב, כמ"ש, ויוציאם בכסף וזהב. ומיָדו של הצדיק בא זה לישראל. והכול לזַכות אותם לעוה"ב.

70. כתוב, רְאֵה חיים עם אישה אשר אהבת כל ימי חיי הֶבְלֶךָ, אשר נתן לך תחת השמש. פסוק זה בסוד עליון הוא. ראה חיים, חיים של עוה"ב, כי אשרי הוא האדם הזוכה בו כראוי להיות.

71. עם אישה אשר אהבת. זוהי כנ"י, הנוקבא, משום שבה כתוב אהבה, כמ"ש, ואהבַת עולם אהבתיך. מתי? הוא בעת שצד הימין אוחז בה, כמ"ש, על כן מְשַׁכתיך חסד. וחסד, הוא צד ימין.

72. כל ימי חיי הבלך. משום שנוקבא בגדלותה הנקראת כנ"י, נקשרה בחיים,

בבינה, עולם ששורים בו חיים. כי עוה"ז, הנוקבא, אין חיים שורים בו מבחינת עצמותה, וע"כ נקרא חיי הבל, משום שהוא תחת השמש, ז"א, וצריך לקבל ממנו.

ואין אורותיו של השמש מגיעים כאן לעוה"ז. והסתלקו מן העולם ביום שנחרב ביהמ"ק, כמ"ש, חשך השמש בצאתו, שאורו עלה למעלה, ואינו מאיר למטה, כמ"ש, הצדיק אבד, היסוד דז"א, המשפיע לעוה"ז, הנוקבא. ולפיכך צריכים להמשיך לה חיים מבינה, כמ"ש, ראה חיים.

73. כי הוא חלקךָ בחיים. זהו זיווג השמש, ז"א, עם הלבנה, הנוקבא. כי הנוקבא נקראת חלק, ואור השמש, חיים. וצריכים לבוא השמש בלבנה והלבנה בשמש, שלא להפריד ביניהם. וזהו חלקו של האדם, שיגרום במעשיו את זיווג העליון, לבוא בהם לעוה"ב.

74. וכתוב אחריו, כל אשר תמצא ידך לעשות, בכוחך עשֵה, כי אין מעשה וחשבון ודעת וחכמה, בשאוֹל אשר אתה הולך שָמה. האם הותרה הרצועה, שאין עוד פחד מרצועה המענישה, שיוכל האדם לעשות כל מה שיכול? לעשות בכוחך, כתוב. בכוחך, זהו נשמתו של האדם, כוחו של האדם, לזכות לעוה"ז ולעוה"ב. כל אשר תמצא ידך בכוח נשמתך לעשות מע"ט, תעשה ואל תתעצל, כי אז תזכה לשני העולמות.

75. ועוד, בכוחך, זוהי האישה, כנ"י, שהיא הכוח להתגבר בה, בעוה"ז ובעוה"ב. וצריך האדם לזכות בעוה"ז באותו הכוח, כדי שיתגבר בה בעוה"ב. וכמ"ש, כל אשר תמצא ידך בכוחך, הנוקבא, לעשות מע"ט בעוה"ז, עשה, ותזכה לעוה"ב.

76. וצריכים להתגבר במע"ט בעוה"ז, משום שלאחר שהאדם יוצא מעוה"ז, אין בו כוח לעשות משהו, שיאמר, עתה, מכאן והלאה, אעשה מע"ט, כי ודאי, אין מעשה וחשבון ודעת וחכמה, בשאול אשר אתה הולך שמה.

ואם לא זכה האדם בעוה"ז, לא יזכה אח"כ בעוה"ב. ומי שלא הכין צֵידה לדרך ללכת מעוה"ז, לא יאכל בעוה"ב. ויש מע"ט, שעושה האדם בעוה"ז, שאוכל מהם כאן בעוה"ז, וכל השכר נשאר לעוה"ב, להיזון מהם.

77. יוסף זכה בעוה"ז וזכה בעוה"ב, משום שרצה להתייחד באישה יראת ה', הנוקבא, עוה"ז, כמ"ש, וחטאתי לאלקים, הנוקבא, הנקראת אלקים. ומשום זה זכה למשול בעוה"ז, וזיכה את ישראל.

78. וילקט יוסף את כל הכסף. כי אותו הנהר, הנמשך ויוצא מעדן, יסוד, הנקרא יוסף, מלקט הכול, שהוא כלול ומקבל מכל הספירות, וכל העשירוּת נמצא בו. כמ"ש, וייתן אותם אלקים ברקיע השמיים להאיר על הארץ, כי היסוד נקרא רקיע, המאיר לארץ, הנוקבא. והכול הוא כמו שראוי להיות, כי ודאי שיוסף, יסוד, היה צריך למשול על המלכות, הנוקבא, ולהשפיע לה.

79. ויַרכֵּב אותו במרכבת המשנֶה. מהו מרכבת המשנה? הקב"ה עשה את הצדיק, מושל, משום שממנו ניזון העולם, הנוקבא, וממנו הוא צריך להיות ניזון. להקב"ה יש מרכבה עליונה, חגת"מ שמחזה ולמעלה דז"א, ויש לו מרכבה תחתונה, הנוקבא. והמרכבה התחתונה נקראת מרכבת המשנה. ויוסף נקרא צדיק, יסוד, וראוי לו להיות רוכב על מרכבת המשנה.

80. ויקראו לפניו אַבְרֵךְ, ונָתוֹן אותו על כל ארץ מצרים. אברך, הוא ההתקשרות שנקשר השמש בלבנה, יסוד, המייחד זו״ן. והכול כורעים כנגד מקום זה, כי כוונת הכריעות שבתפילה הן בעניין היסוד, שנקרא ברוך. וע״ש הכריעות קראו לפניו אברך, מלשון, ויַבְרֵךְ את הגמלים. ונָתוֹן אותו, על כל העולם, הנוקבא. וכל בני העולם מודים לו על השפע שמשפיע להם. וע״כ, הכול הוא בסוד העליון.

81. הקב״ה עשה מלכות הארץ כעין מלכות הרקיע, והכול עשה זה כנגד זה, שכל מה שיש בארץ, יש לו כנגדו שורש ברקיע. וכל מה שנעשה בארץ, היה לפני הקב״ה בתחילה, למעלה ברקיע. מלכות הקדושה לא קיבלה מלכות שלמה, עד שהתחברה באבות, כי הקב״ה עשה את המלכות העליונה שתאיר מסוד האבות.

82. וכאשר ירד יוסף הצדיק למצרים תחילה, המשיך עימו אח״כ את השכינה, כי השכינה אינה הולכת אלא אחר הצדיק. וע״כ נמשך יוסף תחילה למצרים, וקיבל כל העשירות שבעולם כראוי. ואח״כ ירדה השכינה למצרים, וכל השבטים עימה.

83. ומשום זה יוסף, ששמר את ברית הקודש, זכה להתעטר במקומו, שנעשה מרכבה ליסוד דז״א. וזכה למלכות של מעלה, ולמלכות של מטה. וע״כ כל מי ששומר ברית קודש, הוא כאילו קיים תורה הקדושה כולה. כי הברית שקולה כנגד כל התורה.

וַיַּרְא יעקב כי יש שבר במצרים

84. וירְא יעקב כי יש שבר במצרים. כיוון שהסתלקה ממנו שכינה במכירת יוסף, איך ראה שיש שבר במצרים? כמ״ש, משׂא דבַר ה׳ על ישראל, נאום ה׳ נוטה שמיים ויוסֵד ארץ ויוצר רוח אדם בקרבו. משא דבר ה׳, למה אומר משא? בכל מקום של דין על שאר העמים, ואומר משא, הוא לטוב. בכל מקום שהוא על ישראל, ואומר משא, הוא לרע.

85. בכל מקום שהוא על דין של שאר העמים, לטוב הוא. משום שמשא פירושו מעמסה, שהיא על הקב״ה שלום העמים עכו״ם, וכשנגזר עליהם הדין, מעביר מעל עצמו אותה המעמסה, שהיה סובל בשבילם. וע״כ, כשנאמר בהם משא, הוא לטוב.

בכל מקום שהדין נגזר על ישראל, ואומר משא, כביכול הוא מעמסה על הקב״ה להעניש את ישראל. והוא משא, מצד זה ומצד זה. הן אם יעניש אותם, והן אם לא יעניש אותם הוא משא עליו כביכול. כי אם לא יעניש אותם יישארו בזוהמת החטא, ואם יעניש אותם הוא מֵצר כביכול בצרת ישראל. וע״כ כשנאמר בהם משא הוא לרע.

86. כיוון שאמר, נוטה שמיים ויוסד ארץ, למה נצרך עוד לומר, ויוצר רוח האדם בקרבו? האם לא היינו יודעים שהוא יוצר רוח האדם, אם לא היה נאמר?

אלא להורות בזה מדרגה, שכל הרוחות והנשמות שבעולם עומדים בה, הנוקבא, שבה עומדים כל הרוחות והנשמות בעיבור, וממנה מקבלים התחתונים.

87. אם אמר, ויוצר רוח האדם, ולא יותר, היה טוב, אבל, בקרבו, מה פירושו? אלא הוא בשני צדדים, ביסוד ובנוקבא. כי מאותו הנהר הנמשך ויוצא מעדן, יסוד, משם יוצאות ופורחות כל הנשמות, ומתקבצות למקום אחד, בנוקבא, ויסוד יוצר רוח האדם, בקרבו, שהיא הנוקבא, הדומה כאישה שהתעברה מהזכר, שהוולד מֵצר לה במעיה, עד שמצטייר כולו בציור השלם במעיה.

כך, ויוצר רוח האדם בקרבו. בקרבו, בנוקבא, עומד הרוח ומצטייר שם, עד שנברא האדם בעולם, והיא נותנת לו הרוח. ויוצר, מלשון ציור, שמצייר בה רוח האדם. ולפי שמטרם שנגמר ציור הוולד הוא מצר לאימו, ע"כ אומר כאן משא, שאצל ישראל הוא לרע.

88. ויוצר רוח אדם בקרבו. בקרבו של אדם ממש, ולא בנוקבא העליונה. כי כשנברא האדם, והקב"ה נתן לו נשמתו, ויצא לאוויר העולם, אותו הרוח שבתוכו אינו מוצא הגוף מספיק שיתפשט בתוכו ועומד בו בצד אחד, בימין, ולא יתפשט לימין ולשמאל.

89. וכשגוף האדם מתפשט, מתפשט גם הרוח, ונותן בו כוח. וכן כפי שהגוף גדל, כך נותן הרוח כוח אל האדם שיתחזק על ידו. ומשום זה, יוצר רוח אדם בקרבו, ממש.

90. ויוצר רוח אדם, מה פירושו? משום שהרוח צריך לתוספת כוח מלמעלה להיעזר על ידו. וע"כ הקב"ה יוצר רוח האדם בקרבו, שנותן לו עזרה, שיוכל להתפשט בתוך האדם.

91. כאשר הרוח ההוא צריך עזרה, כפי מה שאותו האדם, וכפי מה שאותו הגוף הוא מתוקן, כך מתקנים לו מלמעלה אותו הרוח, ומוסיפים לו רוח להיתקן. כי כפי מה שבא להיטהר כך מסייעים אותו. וזהו, יוצר רוח אדם בקרבו, שנותן לו תוספת רוח, שיוכל להתפשט בגוף האדם.

כי בעת שהאדם נולד ויוצא לאוויר העולם, לא יוכל הרוח להתפשט בו, ועומד בו בצד אחד, שאינו כלול משמאל, וע"כ הוא בחוסר ג"ר. וכשגדל ומטיב מעשיו, נותנים לו תוספת רוח, ג"ר, כי ו"ק נבחנים לעיקר הרוח, והג"ר לתוספת רוח. ואז יש לו התפשטות בגוף האדם בכל הצדדים.

92. כיוון שנאבד יוסף מאביו יעקב, איבד יעקב את תוספת הרוח שהייתה בו, הג"ר, והסתלקה ממנו השכינה. אח"כ כתוב, ותחי רוח יעקב אביהם, האם עד עתה היה מת? אלא תוספת הרוח הזה הסתלקה ממנו ולא הייתה בתוכו, כי העצבות שהייתה בו, גרמה שרוחו לא היה בקיומו, שהסתלקו ממנו ג"ר, שהן קיומו של הרוח. ומשום זה כתוב, ותחי רוח יעקב אביהם, כי הג"ר חזרו לתחייה.

93. וכאן כתוב, וירא יעקב כי יש שבר במצרים, שפירושו, שראה ברוח הקודש. הלוא עד עתה עוד לא התבשר שיוסף חי, ועוד היה בהסתלקות השכינה, ומאין היה יודע שיש שבר במצרים? אלא, וירא יעקב, שראה, שכל יושבי הארץ הולכים למצרים ומביאים תבואה, ולא שראה ברוח הקודש.

96. כתוב, דרכיה דרכי נועם וכל נתיבותיה שלום. דרכיה דרכי נועם. אלו

דרכי התורה. כי מי שהולך בדרכי התורה, הקב"ה משרה עליו נעימוּת השכינה, שלא תסור ממנו לעולמים. וכל נתיבותיה שלום. כי כל נתיבות התורה כולם שלום. שלום לו למעלה, שלום לו למטה, שלום לו בעוה"ז, שלום לו בעוה"ב.

97. כמטבע בכיס נמצא בפסוק הזה, שטמון כאן בפנימיות הפסוק סוד יקר. פסוק זה הוא בשני אופנים, דרכים ונתיבות. ובשתי בחינות, נועם ושלום. קוראים בו דרכים, וקוראים בו נתיבות. קוראים בו נועם, וקוראים בו שלום.

98. דרכיה דרכי נועם. כמ"ש, הנותן בים דרך. כי בכל מקום שכתוב בתורה דרך, היא דרך פתוחה לכל, כדרך זו הגשמית, שפתוחה לכל אדם. כך דרכיה דרכי נועם. הן דרכים שפתוחות מהאבות, חג"ת, אברהם יצחק יעקב, אשר כָּרו בים הגדול ובאו בתוכו. ומאלו הדרכים נפתחים האורות, להאיר לכל צד ולכל רוחות העולם.

ב' מלכויות שבהן מתוקן המסך להזדווג עם אור העליון, מכונות מפתחא ומנעולא, או עטרת יסוד ומלכות עצמה. ואין הארת החכמה אלא במקום שיש שם המפתחא. אבל במקומות שיש שם המנעולא, נשארו בחסדים מכוסים מחכמה. ובג"ר דפרצופים, כגון, עתיק, או"א עילאין וזו"ן הגדולים, משמשת המנעולא, ע"כ הם בחסדים מכוסים. ובו"ק דפרצופים, כגון א"א וישסו"ת וזו"ן הקטנים, משמשת המפתחא, וע"כ מתגלה בהם הארת החכמה.

והנה המפתחא נקראת דרך או אוֹרַח, מטעם היותו דרך להשפעת המוחין דחכמה, המאירים לכל הצדדים בחינת ג"ר. והמנעולא מכונה שביל או נתיב, דרך צרה, שאינה פתוחה לכל, כי רק הנשמות מחזה ולמעלה דזו"ן יכולות לקבל מהם ג"ר, משום שאינן צריכות חכמה, להיותן ח"ח. אבל הנשמות שהן מחזה ולמטה דזו"ן, שהן צריכות חכמה, אינן יכולות לקבל משם אלא רק ו"ק חסר ראש.

ונמצא, שאינו פתוח לנשמות שהן מחזה ולמטה, שהן רוב הנשמות, וע"כ מכונה בשם שביל ונתיב, שאינו פתוח אלא ליחידים. ובאו"א עילאין משמשת המנעולא, הנקראת נתיב, ולפיכך הם תמיד בחסדים מכוסים מחכמה. ובישסו"ת משמשת המפתחא, הנקראת דרך, וע"כ הם בהארת החכמה.

ולכן נאמר, שבכל מקום שכתוב בתורה דרך, היא דרך פתוחה לכל. כי דרך, מורה על המלכות של המפתחא, שעל זיווגה מתגלה הארת החכמה, שהארה זו משלימה לכל הנשמות, גם לאותן שנמשכות מחזה ולמטה דזו"ן שהן רוב הנשמות שבעולם. ונאמר, שהם דרכים שפתוחות מהאבות, חג"ת, אברהם יצחק יעקב, אשר כרו בים הגדול ובאו בתוכו. כי אחר שז"א מקבל ג' קווים דישסו"ת, במה שנאמר, שלושה יוצאים מאווו, אחד זוכה בשלושתם, הוא משפיע אותם אל הנוקבא, ונעשית רביעית לאבות, מלכות דוד.

וכשמשפיע לה מקו ימין דבינה, נקודת החולם, אז נמשכים לה אותיות אל"ה דבינה, שבהם המפתחא. ונבחן אז שחג"ת דז"א כרו בה, ועשו בה בית קיבול, המפתחא, שנאמר, אמא משאילה בגדיה לבִתה. כמ"ש, באר חפרוּהָ שׂרים, ישסו"ת, כָּרוּהָ נדיבי העם, חג"ת דז"א.

חג"ת דז"א משפיעים לנוקבא הכלי של המפתחא מהבינה, ואח"כ משפיעים לה גם ב' הנקודות שורוק חיריק, מב' קווים, שמאל ואמצע דבינה, ואז יש לה כל ג' הקווים שבחג"ת דז"א שקיבלו מג' הקווים שבבינה, ואז ג' קווים דז"א, חג"ת, נכנסים בנוקבא.

מהמפתחא, המכונה דרך או אורח, מושפעת הארת החכמה המאירה ומשלימה לכל הצדדים ולכל רוחות העולם, ואפילו לאותם הנמשכים מחזה ולמטה דזו״ן. משא״כ הנתיבות שהם מהמנעולא, אינם משפיעים אלא ליחידים, לנמשכים מחזה ולמעלה דז״א, ואינם פתוחים לכל.

99. ונועם זה הוא נעימות היוצאת מעוה״ב, ישסו״ת. ומעוה״ב מאירים כל המאורות ומתחלקים לכל צד, לג׳ קווים. ואותו הטוב והאור של עוה״ב, שיורשים האבות, חג״ת דז״א, שיורשים מוחין הללו מישסו״ת, מעוה״ב, נקראים נועם.

ועוד, עוה״ב עצמו, ישסו״ת, נקרא נועם, כי כשמתעורר עוה״ב להאיר, מתעוררים כל השמחה, כל הטוב, כל האורות, וכל החירות שבעולם, ומשום זה נקרא נועם.

100. וע״כ, הרשעים שבגיהינום, בשעה שנכנס השבת, נחים כולם, ויש להם חירות ומנוחה. בשעה שיצאה השבת, יש לנו לעורר עלינו את השמחה העליונה, שנינצל מאותו העונש של הרשעים הנידונים משעה ההיא והלאה. ויש לנו להתעורר ולומר, ויהי נועם ה׳ אלקינו עלינו. זהו נועם העליון, שמחת כל, המוחין דישסו״ת. כמ״ש, דרכיה דרכי נועם.

ביום השבת מאירים המוחין דאו״א עילאין, אורא דכיא. והם מכונים לעת״ל, ואז כל הדינים יוצאים מן העולם, ואפילו הרשעים שבגיהינום נחים. וביציאת השבת, שוב מתעוררים הדינים והקליפות, ואין להם ביטול אלא ע״י מוחין דהארת חכמה, הנמשכים מישסו״ת, שנקראים נועם. ולפיכך בצאת השבת מחויבים אנו לומר הפסוק, ויהי נועם, כדי לעורר עלינו המוחין דהארת חכמה המבטלים כל הדינים.

101. וכל נתיבותיה שלום. נתיבותיה, אלו הם השבילים היוצאים מלמעלה, מאו״א, המנעולא, שמשמשת באו״א, שעליה כתוב, ושבילך במים רבים. ונקראים כך משום שאינם פתוחים לכל אדם, אלא ליחידים בלבד. וכולם, אוחז אותם הברית לבדו, יסוד, שנקרא שלום, שלום בית, ומכניס אותם לים הגדול, בעת שהוא בגבורתו, שאז נותן לו שלום. כמ״ש, וכל נתיבותיה שלום.

יוסף היה ברית שלום, שזכה לנתיבות אלו, והיה מלך במצרים, ומושל על הארץ. ויעקב, משום שהסתלקה ממנו השכינה, לא היה יודע. כי המפתחא, מסך הנמשך מבינה, הנקרא דרך, הממשיך את המוחין דנועם, כמ״ש, דרכיה דרכי נועם. אך המנעולא, אינו ממשיך המוחין, וכל תיקונו הוא לעשות שלום. כי כל כוחו של קו אמצעי לייחד ב׳ הקווים ימין ושמאל זה בזה, הוא ע״י התכללות בתחילה באותו המסך דמנעולא.

וכולם, שני המסכים ביחד, הדרך והנתיב, אוחז אותם רק הברית לבדו, יסוד דגדלות, הנקרא יוסף. כלומר, אע״פ שעיקר קו אמצעי הוא ת״ת, אמנם הוא אינו נושא את שני המסכים ביחד, כי להיותו למעלה מחזה דז״א, אין הדינים דמנעולא ניכרים בו, כי אינם ניכרים לבחינת דין, אלא רק מחזה ולמטה. וע״כ רק יסוד שהוא מחזה ולמטה, אוחז שניהם יחד.

היסוד מכניס אותם לים הגדול, בעת שהוא בגבורתו, שאז נותן לו שלום. כשהנוקבא בגבורות שליטת השמאל, שאינו רוצה להיכלל בימין, שאז קופאים כל האורות שבו, אז נותן היסוד שלום, שע״י המסך דמנעולא, המסך דחיריק, מכניע את השמאל ומחבר אותו עם הימין. ואז נעשה שלום בין ימין ושמאל, והאורות נפתחים. כמ״ש, וכל

נתיבותיה שלום. כי הנתיבות, המנעולא, אינם עומדים להמשיך מוחין כמו המפתחא, הנקרא דרך, אלא לעשות שלום בין קו ימין לקו שמאל הוא עומד.

102. ועכ״ז יעקב היה לו שבר כדי לקנות תבואה במצרים. וראה שהוא שבר על שבר, שיירדו בניו למצרים. וע״כ, ויאמר יעקב לבניו, למה תתראו, אלא שתראו את עצמכם כרעבים, כאנשים שאין להם שובע.

אע״פ שהסתלקה השכינה מיעקב, עכ״ז היה לו שבר, המסך דמפתחא מבחינת הדינים שבו, כדי לקנות תבואה במצרים. להמשיך עליו הארת החכמה דישסו״ת, המכונה חכמת מצרים. אמנם המסך דמנעולא לא היה ניכר בו לבחינת דין, להיותו ת״ת, שהוא מחזה ולמעלה. אבל בניו, שהם מבחינת מחזה ולמטה, יהיה ניכר בהם גם המנעולא, אם יירדו למצרים.

וזהו שראה שהוא שבר על שבר, שיירדו בניו למצרים. כי יתגלה בהם גם השבר השוי, המסך דמנעולא. ע״כ, ויאמר לבניו, למה תתראו, אלא שתראו את עצמכם כרעבים, מכוח המסך דמפתחא, הרעב אחר המוחין. כאנשים שאין להם שובע, מכוח מסך דמנעולא, שאין לו שובע בשלמות לפני גמה״ת.

103. בכל זמן שיש צער בעולם, אין האדם צריך להראות עצמו בשוק, שלא ייתפס בעוונותיו, שבעלי הדין יראו אותו, ויקטרגו עליו ויגלו עוונותיו, כדי להעניש אותו. וע״כ אמר להם יעקב, למה תתראו, כי יש להם לפחד מפני המקטרגים.

104. וירא יעקב כי יש שבר במצרים, פירושו תבואה ממש, ולא שבירה, כמו שפירש מקודם, כי ע״כ שלח הקב״ה רעב בעולם, כדי להוריד יעקב ובניו שם. וע״כ ראה בני הארץ שהיו מביאים משם תבואה.

105. וירא יעקב כי יש שבר במצרים. בשעה שמת יצחק, באו יעקב ועשיו לחלוק בירושה. ועשיו יצא מחלקו בארץ ומהכול, שיצא ונפטר, גם מהגלות. ויעקב, שיסבול הגלות, ייקח הכול, כלומר, שהתפשרו כך.

וע״כ ראה יעקב השבירה ההיא במצרים, שיהיה לו ולבניו לסבול הגלות. וע״כ, ויאמר יעקב לבניו למה תתראו, לפני הדין של'מעלה, ואינכם מפחדים, שלא יימצא עליכם מקטרג. ויאמר, הנה שמעתי כי יש שבר במצרים, רדו שם, אשר רד״ו בגי׳ ר״י (210), חשבון זה היו ישראל במצרים.

ויוסף הוא השליט

106. ויוסף הוא השליט על הארץ. כשהקב״ה חפץ באדם, מנַשֵֹא אותו על כל בני העולם, ועושה אותו ראש על כל, וכל שונאיו נכנעים תחתיו.

107. דוד המלך, שנאו אותו אחיו, ודחו אותו מהם. הקב״ה הרים אותו על כל בני העולם. בא חמיו שאול, וברח מפניו. הרים אותו הקב״ה על כל

הממלכות, וכולם היו כורעים ומשתחווים לפניו. ויוסף, דחו אותו אחיו, אח״כ כולם כרעו והשתחוו לפניו, כמ״ש, ויבואו אחי יוסף וישתחוו לו אפיים ארצה.

108. ועתה ירוּם ראשי על אויביי סביבותיי, ואֶזבְּחה באוהלו זבחי תרועה, אשירה ואזמרה לה׳. ועתה פירושו, ואתה, שֵם השכינה, שהתפלל שהשכינה תרום ראשו. עת, היא מדרגה עליונה, אות ה׳ דהוי״ה, השכינה, ונקראת עתה. ועתה, עם ו׳, זהו ז״א, ובית דינו, הנוקבא, כי ו׳ מן ועתה, רומזת על ז״א.

109. ירום ראשי, להרים ראש בכבוד ובמלכות. על אויביי סביבותיי, אלו שאר מלכי הארץ. ואזבחה באוהלו, זהו ירושלים. באוהלו, עם ו׳, רומז על אוהל מועד. זבחי תרועה, להשמיע לכל העולם. אשירה ואזמרה, מצד התרועה, כי מצד התרועה בא שיר ושִבחה.

110. ועתה ירום ראשי, זוהי כנ״י, הנוקבא, הנקראת עתה. על אויביי סביבותיי, זהו עשיו וכל השרים שלו. ואזבחה באוהלו, בתוך ישראל, זבחי תרועה. כמ״ש, זבחי אלקים רוח נשבָּרה. כדי להעביר הדין מן העולם. אשירה ואזמרה, להודות ולשבח להקב״ה, בלי הפסק, לעולם.

111. ועתה ירום ראשי. ראשי, זה יצה״ט, שהתפלל בכל דבר. ירום יצה״ט על יצה״ר. על אויביי סביבותיי, יצה״ר, שסביב האדם ושונא אותו בכל. ואזבחה באוהלו, זבחי תרועה, זה לימוד התורה, שניתנה מצד האש, כמ״ש, מימינו אש דת לָמו. כי בשביל התורה, ירום ראשו, וכל שונאיו יישברו לפניו, כמ״ש, תכריע קָמיי תחתיי.

112. ועתה ירום ראשי, להיכלל באבות, חג״ת דז״א. כי לדוד המלך יש להידבק באבות, שמתחבר עימהם בעניין רגל רביעי, ואז יתרומם ויעלה למעלה, מחזה ולמעלה דז״א, והוא בקשר אחד עימהם. על אויביי סביבותיי, בעלי הדין שבצד שמאל, המתכוונים להשחית. וכשמתרומם עליהם, מתחבר אז השמש, ז״א, בלבנה, הנוקבא. ונעשה הכול אחד.

113. ויוסף הוא השליט על הארץ, הוא המשביר לכל עם הארץ. יוסף, זהו השמש, ז״א, כי יוסף הוא יסוד דז״א, השולט בלבנה, הנוקבא, ומאיר אליה, ומזין אותה. הוא המשביר לכל עם הארץ. כי אותו הנהר הנמשך ויוצא מעדן, הוא יסוד, יוסף, ממנו ניזונים כולם, ומשם פורחות נשמות לכל אדם. ומשום זה כולם משתחווים למקום ההוא, כי אין דבר בעולם שלא יהיה תלוי במזל, ביסוד.

ויַכֵּר יוסף את אחיו

114. ויַכֵּר יוסף את אחיו והם לא הכירוהו. כמ״ש, למה אירא בימי רע, עוון עקֵביי יְסוּבֵּני. שלושה הם שמפחדים, ואינם יודעים ממה הם מפחדים. אבל נוסף על אלו השלושה, יש מפחד ואינו יודע ממה מפחד, בגלל חטאים שחטא, ואינו יודע שהם חטאים, ולא השגיח בהם, והוא מתיירא מימי רע.

115. ימי רע, אלו ימים שנועדו להיות באותו הרע. זהו יצה״ר, שנקרא רע. ויש לו ימים ידועים, שניתן לו רשות בעולם להסית את כל אלו המטמאים דרכם, בשִׁכבת זרע לבטלה, כי מי שבא להיטמא, מטמאים אותו. ואלו הם שנקראים ימי רע, והם ממונים להעניש בהם על אלו עבירות, שאדם דש בעקביו.

116. כל אלו המטמאים דרכם, כמה חבילות מזיקים נועדות להם, ומטמאים אותם. בדרך שאדם רוצה ללכת, באותה הדרך ממש מוליכים אותו. אדם הבא להיטהר, כמה הם המסייעים אותו.

117. כשהאדם קם בבוקר, צריך ליטול ידיו מנַטְלה של מים, שהוא כלי ליטול מים ממנו, וייטול ממי שכבר נטל ידיו. וצריכים נטלה דווקא לנטילת ידיים בבוקר.

118. האדם צריך ליטול יד ימין ביד שמאל, שהשמאל ישמש את הימין, כדי להשליט הימין על השמאל, ויתרחץ הימין מהשמאל. ומשום זה הוא הנטילה, שבאה להשליט הימין על השמאל. ועוד כ מי שנוטל ידיו, ייטול הימין בשמאל, להשליט הימין על השמאל, כדי שלא לתת מקום ליצה״ר לשלוט כלל. כי אין אחיזה לס״א בקו ימין, אלא בקו שמאל. ואם משליט הימין על השמאל, פסקה אחיזת הס״א גם מהשמאל.

119. בשעה שדין הרע שולט, אינו משיב ידיו מלהרע. ואפילו צדיקים ניזוקים על ידו, כי מכיוון שניתן רשות למשחית, אינו מבחין בין טוב לרע. ובשעה שהימין שולט על עמים עכו״ם לשבור אותם, מרחם הקב״ה עליהם ואינו מכלה אותם. ויש הפרש גדול בין רחמי הימין, לדינים של שמאל.

120. ומשום זה, כל מי שחוטא באלו החטאים שאדם דש ברגליו, אינו יודע שחטא בהם, והוא מפחד תמיד. דוד המלך היה נשמר תמיד מאלו העבירות. וכשיצא למלחמה, היה מפשפש בהן, כדי לעשות עליהן תשובה, וע״כ לא היה מתיירא לערוך עימהן מלחמה.

121. ארבעה מלכים היו, מה ששאל זה, לא שאל זה. דוד אמר, ארדוף אויביי ואשיגם ולא אשוב עד כַּלּוֹתָם, משום שהיה נשמר מאלו העבירות שאדם דש ברגליו, ולא נתן מקום לשונאיו לשלוט. וע״כ רצה לרדוף אחריהם תמיד, והם לא ירדפו אחריו, לקטרג על עוונותיו, וייפול בידיהם.

122. אסא היה מתיירא יותר, אע״פ שהיה מפשפש בחטאים, ולא כל כך כמו דוד המלך, הוא רצה רק לרדוף אחר אויביו, ולא להילחם עימהם, והקב״ה יהרוג אותם. ובדוד כתוב, ויכֵּם דוד מהנֶשף ועד הערב למחרתם. אבל אסא, הוא רדף והקב״ה היכה.

123. יהושפט מלך יהודה ג״כ היה מבקש, ואמר, אני איני יכול לרדוף ולא להרוג אותם, אלא אני אזמר ואתה תהרוג אותם, משום שלא היה מפשפש בחטאיו כל כך כמו אסא. והקב״ה עשה לו כן.

124. חזקיה מלך יהודה ג״כ אמר, איני יכול לא לזמר, ולא לרדוף, ולא לערוך מלחמה, משום שהיה מתיירא מאלו העבירות שאדם דש ברגליו. כמ״ש, ויהי בלילה ההוא וייצא מלאך ה׳ ויַּךְ במחנה אשור. וחזקיה יושב בביתו, והקב״ה הרג אותם.

125. ומה צדיקים האלו היו יראים מאלו העבירות, שאר בני העולם על

אחת כמה וכמה, משום זה יש לאדם להישמר מאלו העבירות ולפשפש בהן, כדי שלא ישלטו עליו ימי רע, שאינם מרחמים עליו.

126. ויכר יוסף את אחיו. בשעה שאחיו נפלו בידו, הוא היה מרחם עליהם, משום שהוא שלם. והם לא הכירוהו, שהם, שמעון ולוי, באים מדין קשה. וע"כ לא ריחמו עליו, כי בעלי דין הקשה אינם מרחמים על אנשים בשעה שנופלים בידיהם, שהם מבחינת אלו ימי רע, שאינם מרחמים על האדם.

127. ומשום זה אמר דוד, למה אירא בימי רע. יראתי, לא נאמר, אלא אירא, בלשון הווה, שעדיין הוא מתיירא. כי אמר, שיש לי לירוא תמיד מאלו ימי רע.

עוון עקביי יסוּבֵּני. מיהם עקביי? אלו הם באמונה, בקדושה, כמ"ש, וידו אוחזת בעקב עשיו. הרי שהעקב של עשיו היה באמונה, בקדושה, כי יעקב אוחז בו. וזהו עקב, שעליו כתוב, עוון עקביי יסובני. והם עקבות המסתכלים תמיד באותה העבירה, שהאדם דש בעקביו תמיד.

עוון עקביי יסובני, הן הקליפות הנקראות עקב, המעורבות בקדושה, כמ"ש, וידו אוחזת בעקב עשיו. והן ממונות להסתכל ולהעניש את האדם על אלו העבירות שדש בעקביו. שאמר דוד, עוון עקביי יסובני, שסובבים אותו ומסתכלים בו, אם יש בו עוון, מאלו העבירות שאדם דש בעקביו. וע"כ היה מתיירא תמיד.

128. הוי מושכי העוון בחבלי השווא וכַעֲבות העֲגָלה חַטָאה. בחבלי השווא, העוון, שדש בו בעקב, ואינו מחשיב אותו. ואח"ז מתחזק ונעשה כעבות העגלה. ומתגבר אותו העוון, ומסית אותו בעוה"ז ובעוה"ב.

129. אשריהם הצדיקים, שיודעים להישמר מעוונותיהם. והם מפשפשים תמיד במעשיהם, כדי שלא יימצא עליהם מקטרג בעוה"ז, ולא ישטין עליהם לעוה"ב. כי התורה מתקנת להם דרכים ושבילים ללכת בהם, כמ"ש, דרכיה דרכי נועם וכל נתיבותיה שלום.

ויזכור יוסף את החלומות

130. הקב"ה עשה את האדם, שיזכה לכבודו, ולשרת לפניו תמיד, ולעסוק בתורה יום ולילה, משום שהקב"ה חפץ תמיד בתורה.

131. וכיוון שהקב"ה ברא את האדם, נתן לפניו התורה, ולימד אותו לדעת דרכיה. כיוון שהסתכל בה ולא שמר אותה, ועבר על מצוות ריבונו, נתפס בעוונו.

132. וכל אלו שעוברים על דבר אחד שבתורה, נתפסים בה. שלמה המלך, שהתחכם על כל בני העולם, עבר על דבר אחד שבתורה, שהִרבה לו נשים, וגרם לעצמו, שעברה ממנו מלכותו, שנעשה הדיוט ע"י אשמדאי.

133. ויוסף, שהיה יודע שכתוב בתורה, לא תיקום ולא תיטור, ואחיו

נפלו בידיו, ולמה גלגל עליהם כל הגלגול הזה, הרי הוא ידע התורה שלימד אותו אביו? אלא אין לחשוב שיוסף גלגל עליהם גלגולים לנקום מהם. לא עשה כל זה, אלא רק להביא בנימין אחיו אליו, שתשוקתו הייתה אליו. והוא לא עזב את אחיו ליפול. שהרי כתוב, ויְצו יוסף וימלאו את כליהם בר. וכל זה כדי שלא ייפלו.

134. כאשר ברא הקב"ה את הלבנה, הנוקבא, היה מסתכל בה תמיד, כמ"ש, תמיד עיני ה' אלקיך בה. שהשגחתו בה היא תמיד. וכתוב, אז ראהּ ויְסַפרהּ, הֱכינהּ וגם חֲקָרהּ.

אז ראהּ, כי השמש, ז"א, עם השגחתו בנוקבא, הואר. כי אינו מקבל ראייה, חכמה, אלא בעת זיווג עם הנוקבא. ויספרהּ, כמ"ש, מקום ספיר אבניה, מלשון סַפִּירות והארה.

135. הכינהּ, שהכין אותה עם תיקונים, שהיא יושבת בתיקון י"ב (12) גבולים ומתחלקת לשבעים מלאכים. כלומר, שי"ב גבולים מתחלקים ונעשים לשבעים מלאכים. ותיקן אותה בשבעה עמודים עליונים, חג"ת נהי"מ דבינה, שנאמר, אמא משאילה בגדיה לבִתה, לקבל בהם האורות ולהימצא בשלמות. כי כל שלמות הנוקבא היא מחמת שנתקנה בשבעה עמודים עליונים, שהם הכלים חג"ת נהי"מ דבינה. שלולא זה לא הייתה ראויה לקבל האורות.

וגם חקרהּ, שחקר אותה, להשגיח עליה תמיד זמן אחַר זמן, בלי הפסק לעולם, שלא תהיה יניקה לס"א ממנה.

136. ואח"ז הזהיר את האדם ואמר, ויאמר לאדם, הן יִראת ה' היא חכמה, וסור מרע בינה. כי יראת ה', הנוקבא, מתעטרת על התחתונים, כדי לירוא ולדעת את ה', בכוחה. וע"כ היא חכמה. וסור מרע, בינה, הבירור מפסולת, שלא להתקרב עימה אל הקדושה. סור מרע, הוא מציאות הבינה, לדעת ולהסתכל בכבוד מלך העליון.

137. כתוב, לא יועילו אוצרות רֶשע, וצדקה תציל ממוות. אלו שאינם עוסקים בתורה והולכים אחר קנייני העולם, ולאסוף אוצרות רשע, כתוב בהם, לא יועילו אוצרות רשע. כמ"ש, ואבד העושר ההוא בעניין רע, משום שהם אוצרות רשע.

138. וצדקה תציל ממוות, אלו הם העוסקים בתורה ויודעים דרכיה להשתדל בה. כי התורה נקראת עה"ח, ונקראת צדקה, כמ"ש, וצדקה תהיה לנו, כי נשמור את דברי התורה.

וצדקה תציל ממוות. צדקה ממש, שנותן לעני. צדקה ותורה הכול אחד. תורה, תציל ממוות, ע"ש שהתורה היא עה"ח. ואם היא צדקה ממש, תציל ממוות, ע"ש המצווה, שהחייה את העני. וב' בחינות, תורה וצדקה, הן ממש ב' אופנים. וטעמי הצלתן ממוות, הן ב' בחינות.

139. המילה צדקה, נקראת שלום. כתוב, עובד אדמתו ישבע לחם, ומְרַדף ריקים ישׂבע רִיש. שלמה המלך, החכם מכל העולם, איך אמר, שהאדם ישתדל לעבוד אדמה, וישתדל אחריה ויניח חיי עולם?

140. וייקח ה' אלקים את האדם, ויניחהו בגן עדן לעוֹבדהּ ולשומרהּ, שהיא עבודת הקורבנות. לעובדה, זהו מלך העליון, להמשיך שפע ברכות ממלך העליון, ז"א. ולשומרה, זהו מלך התחתון, לשמור השפע שקיבל מלך התחתון,

הנוקבא. שהכתוב מדבר כנגד עולם העליון, ז"א, ועולם התחתון, הנוקבא.

לעובדה, בזָכור, ז"א. ולשומרה, בשָמור, הנוקבא. מטעם זה בלוחות הראשונות, שהיו בבחינת ז"א, כתוב, זָכור את יום השבת לקדשו. ובלוחות האחרונות, שהן בחינת הנוקבא, כתוב, שָמור את יום השבת לקדשו.

141. עובד אדמתו, זהו גן עדן, הנוקבא, שהאדם צריך לעשות ולעבוד ולהמשיך לה ברכות מלמעלה, מז"א. וכאשר מתברכת ונמשכות לה הברכות מלמעלה, גם האדם מתברך עימה. ומשום זה, עובד אדמתו, שעובד בשביל להמשיך שפע לנוקבא, ישבע לחם, מזונות שלמעלה, שמקבל חֵלף עבודתו, כי המברך, מתברך. ומְרַדף ריקים, מי שמתדבק בס"א, הוא ישבע ריש.

142. עובד אדמתו, כמ"ש, איש אמונות, רב ברכות, זהו אדם שיש בו אמונת הקב"ה. כגון רבי ייסא הזקן, שאע"פ שהייתה לו סעודת אותו היום לאכול, לא היה עורך השולחן עד שביקש על מזונותיו לפני מלך הקדוש. לאחר שהתפלל תפילתו, וביקש על מזונותיו לפני המלך, אז היה עורך השולחן. והיה אומר תמיד, לא נערוך השולחן עד שיינתנו המזונות מבית המלך.

143. וכתוב, ואָץ להעשיר לא יינָקֶה, משום שלא רצה לעסוק בתורה, שהיא חיי עוה"ז וחיי עוה"ב.

144. ויזכור יוסף את החלומות אשר חלם להם. למה זכר אלו החלומות? ומה היה יוצא לו אילו לא זכר אותם?

145. אבל כיוון שראה יוסף, שהם באים ומשתחווים לו אפיים ארצה, אז נזכר ממה שחלם להם, כשהיה עימהם, כמ"ש, והנה קמה אלומתי וגם ניצָבה, והנה תסוּבֶּינה אלומותיכם ותשתחווינה לאלומתי. כי בשעה שראה אחיו כורעים לפניו, כמ"ש, ויבואו אחי יוסף וישתחוו לו אפיים ארצה, אז, ויזכור יוסף את החלומות אשר חלם, שראה שהם התקיימו. כלומר, ויזכור יוסף את החלומות, פירושו, שראה שהתקיימו החלומות.

146. ויזכור יוסף את החלומות אשר חלם. זכר אותם, משום שאז אין שִכחה לפני הקב"ה, כי חלום שהוא טוב, צריך האדם לזכור אותו שלא יישָכח. ואז הוא מתקיים. כי כמו שנשכח אצל האדם, כן נשכח עליו מלמעלה, ואינו מתקיים.

147. חלום שלא נפתר, הוא כאיגרת שלא נקראה, שאינו פועל כלום במקבלו. משום שלא נזכר בחלום, הוא כמי שלא ידע את פתרונו. וע"כ מי שהחלום נשכח ממנו, ואינו יודע אותו, אינו עומד עליו להתקיים. ומשום זה היה יוסף זוכר את חלומו, כדי שיתקיים, כדי שלא יישכח ממנו לעולם, והיה מחכה לו תמיד.

ויאמר להם, מרגלים אתם. הוא זכר החלום, אבל להם לא אמר דבר. אלא שאמר להם, מרגלים אתם.

148. כתוב, כי בא החלום ברוב עניין וקול כסיל ברוב דברים. כי בא החלום ברוב עניין, כמה הם העוזרים בחלום שיתקיים, וממונים מדרגות על מדרגות, עד שהחלומות, מֵהם שכולם אמת, ומֵהם, שיש בהם אמת ושקר, שמקצתו מתקיים ומקצתו אינו מתקיים. אבל לאלו צדיקי אמת לא נִגלה להם בחלום דברי שקר כלל, אלא כולם אמת.

149. דניאל חלם. ואם היה בחלום דברי שקר, למה נכתב ספר דניאל בין

כתובים? אלא, אלו צדיקי אמת, בשעה שנשמתם עולה בעת שנתם, מתחברים בהם דברים קדושים, שמודיעים להם דברי אמת, דברי קיום, שאינם משקרים לעולם.

150. דוד המלך לא ראה חלום טוב, הרי נשמע, שהיה רואה דברים שאינם אמיתיים. שהרי האמת הייתה, שהיה מלא טוב וחסד מה'. אלא ודאי, כל ימיו היה עוסק בשפיכת דמים וערך מלחמות, וכל חלומותיו לא היו אלא חלומות רעים, חורבן, שממה, דם ושפיכת דמים, ולא חלום של שלום.

151. הייתכן שלאדם טוב יראו לו חלום רע? ודאי כן הוא, כי כל אלו הרעות העתידות להתדבק באלו שעברו על דברי התורה, ואלו העונשים, שהם עתידים להיענש בעולם האמת, כולם ראה דוד המלך, כדי שבכל שעה תהיה יראת ריבונו עליו.

ומיושבת בזה השאלה, איך ראה דברים שאינם אמיתיים. כי ראה אותם בעוברי עבירה, שבהם היו אמיתיים. והראו לו אותם, כדי לעורר אותו ביראת שמיים. והנה העירו, שכתוב, והאלקים עשה שֶיִראו מלפניו. זהו חלום רע, שמטיל יראה על האדם. וע"כ מראים לצדיק חלום רע.

152. כי האדם שראה חלום, צריך לפתוח פיו בו, לבקש פתרון לפני בני אדם שאוהבים אותו, כדי שהרצון שלהם יעלה אליו לטובה, ויפתחו פיהם לטובה, ויימצא הרצון והמילה שלהם, הכול לטובה.

הרצון, המחשבה, החכמה, היא ראשית הכול, ראשית כל הספירות. והמילה, מלכות, היא סוף הכול, סוף כל הספירות. וע"כ נמצא שהוא בשלמות בסוד העליון, היות שכאן ראש וסוף הספירות. וע"כ הוא מתקיים כולו. ועוד, שמבקשים רחמים על האדם, שיתקיים אותו פתרון הטוב שפתרו.

153. ומשום זה הקב"ה מודיע אל האדם בחלומו, לכל אחד לפי מדרגתו, כמו שהוא. ובאותו אופן כמו שכל אחד יאמר שיהיה החלום. כי כל החלומות הולכים אחר הפה. ודאי שהחלום אינו אלא לאיש צדיק, שהוא רואה חלום כראוי.

154. כאשר האדם ישן על מיטתו, נשמתו יוצאת ומשוטטת בעולם למעלה, ונכנסת במקום שנכנסת, וכמה מחנות רוחות נמצאים והולכים בעולם ופוגעים באותה הנשמה. אם צדיק הוא, עולה הנשמה למעלה, ורואה מה שרואה. ואם אינו צדיק, הנשמה נאחזת באותו הצד, ומודיעים לה דברי שקר, או דברים העתידים לבוא בזמן קרוב.

155. וע"כ לאדם שאינו צדיק, מודיעים לו חלום טוב, שאינו כולו אמת, כדי להטות אותו מדרך האמת, כיוון שנטה מדרך האמת, מטמאים אותו. כי כל מי שבא להיטהר, מטהרים אותו, ומי שבא להיטמא, מטמאים אותו.

156. ודאי לא נזכר שמו של יוסף באלו הדגלים, שכתוב, דגל מחנה אפריים, ולא כתוב, דגל מחנה יוסף, והוא משום, שהתגאה על אחיו.

157. יוסף הוא בעולם הזכר, יסוד דז"א, וכל השבטים הם בחינת עולם הנקבה, השכינה. וע"כ לא נכלל יוסף עימהם בדגלים, להיותו בעולם הזכר.

158. כתוב, כולנו בני איש אחד נָחְנו. כתוב, נחנו, אנחנו היה צריך לכתוב. למה חסר א'? אלא משום שהברית, יוסף,

לא נמצא עימהם, הסתלק משם הא׳, ונאמר נחנו, כי א׳ הוא זכר. ב׳ היא נקבה. ומשום זה הסתלק א׳ משם, שהוא יוסף, ונשארו אלו הנקבות, האותיות נחנו, אצל השכינה, שבה עניין השבטים.

159. ואח״כ אמרו, כֻּנים אנחנו, הא׳ התווספה. אמרו, ולא ידעו מה שאמרו. כי משום שיוסף נמצא שם, השלימו המילה ואמרו אנחנו, כמ״ש, ויאמרו, שנים עשר עבדיך אחים אנחנו, ויוסף היה בחשבון. הרי כשיוסף נכנס בחשבון, אמרו, אנחנו, וכשלא נכנס בחשבון אמרו, נחנו.

160. כל אלו הדברים שנאמרו כאן, הקב״ה רצה בהם, כי השכינה לא סרה מכאן, כמ״ש, אז נִדברו יִראי ה׳ איש אל רעהו, ויקשב ה׳ וישמע וייכתב ספר זיכרון לפניו.

ויאסוף אותם אל משמר

161. ויאסוף אותם אל משמר שלושת ימים. אלו שלושת ימים הם כנגד שלושת ימים של שְכם, כמ״ש, ויהי ביום השלישי בהיותם כואבים.

162. ויאמר אליהם יוסף ביום השלישי, זאת עשו וִחיו. להורות, שהוא לא עשה כמו שהם עשו בשכם, שגרמו לאנשי שכם לקבל עליהם את זאת, הנוקבא, שהיא סוד הברית, שהברית, שהוא יסוד, דבוק בה. ואחר שעשו הברית הזה, הרגו אותם ולא נשאר מהם עד אחד.

ומה כתוב בו? זאת עשו וחיו, שיְחיה אותם. מה הטעם? משום, כי, את האלקים אני יָרֵא, שהוא שומר הברית. וכל הגלגול הזה שגלגל עימהם, לא היה אלא בשביל בנימין, כדי שיביאו את בנימין.

163. ויאמרו איש אל אחיו, אבל אשמים אנחנו על אחינו. זהו שמעון ולוי, כמו שהיה מקודם לכן, שכתוב, ויאמרו איש אל אחיו, הנה בעל החלומות הַלָזֶה בא.

164. מי הוא איש? איש זה שמעון. כי כתוב כאן, איש, וכתוב שם, והנה איש מבני ישראל בא. כמו ששם שמעון, אף כאן שמעון. ומשום שחזר בתשובה, בכה וניחם על זה, ואמר ללוי, אבל אשמים אנחנו.

ע״כ שחזר בתשובה, נבנה מזלו של שמעון שור, כי י״ב מזלות הם כנגד י״ב שבטים, אשר טלה כנגד ראובן, ושור כנגד שמעון. כמו שמזלו של יוסף הוא שור. כמ״ש, בכור שורו הדר לו. כן מזל של שמעון הוא שור.

וייקח מאיתם את שמעון

165. וייקח מאיתם את שמעון. כדי שלא יקטרג עליו עם לוי. כי שמעון ולוי, כשמתחברים שניהם, הם יכולים לקטרג. ויאסור אותו לעיניהם. ורק לעיניהם

אסר אותו, ואחר שיצאו, היה מאכיל ומשקה אותו.

166. והאם רצונו של יוסף היה, כמ"ש, אם רעב שונאך האכילהו לחם ואם צמא השקהו מים, שע"כ האכיל והשקה את שמעון, שהיה שונאו? א"כ, יוסף שהיה צדיק, איך עשה כזאת, שהרי כתוב בסיום, כי גחלים אתה חותֶה על ראשו וה' ישלם לך? ואין זה דרכו של צדיק לנקום באחיו.

167. אלא יוסף לא היה מתכוון לכך. אלא כאיש לאחיו, כן היה עושה ומתנהג עימו באחווה, ולא באופן אחר. ולא רק עימו לבדו, אלא כן עשה עם כל אחיו, כמ"ש, ויְצַו יוסף וימלאו את כליהם בר, ולהשיב כספיהם איש אל שקו ולתת להם צידה לדרך. כדי להתנהג עימהם באחווה.

168. כה אמר ה', אם שלֵמים וכן רבּים וכן נגוזו ועבר ועיניתִךְ לא אֲעַנֵּךְ עוד. כאשר העם כולו, יש בו שלום ואין בהם בעלי מחלוקת, הקב"ה מרחם עליהם והדין אינו שולט בהם. ואע"פ שכולם עובדים עבודה זרה, אם הם בשלום, אין הדין שולט עליהם. כמ"ש, חֲבוּר עֲצַבִּים אפריים, הַנַּח לו. שפירושו, אפילו אם עובדים עצבים, עבודה זרה, מ"מ אם הם בחיבור, הנח לו.

169. צדקה היא שלום, ומי שמרבה בצדקה, מרבה שלום למעלה ומרבה שלום למטה. ומשום זה כתוב, וכן נגוזו ועבר, שנגוזו פירושו כמו גזזו, שגוזזים כספיהם בצדקה. וכתוב, וכן, להורות שכמו שבתחילתו מדבר בשלום, אף כאן מדבר בשלום, בצדקה. למה כתוב, ועבר? אלא זה סובב על הדין של הרוגז, כמ"ש, עד יעבור זעם. אף כאן, ועבר, פירושו, עבר הדין מעליהם.

170. כה אמר ה', אם שלמים, ישראל, שהקב"ה נתן להם ברית עולם, ברית מילה, לשמור אותו תמיד, ושיהיה בו האדם שלם בכל הצדדים, שהם חו"ג תו"מ, למעלה ולמטה, נו"ה. ואם האדם אינו שומר אותו תמיד, הרי הוא פגום בכל דבר, כי כתוב, התהלך לפניי והְיֵה תמים. תמים, שלם. משמע שכל עוד שלא התקיים בו הברית, מטרם שנימול, היה פגום.

171. אם שלמים, פירושו, ששומרים מצוות ברית מילה, להיות שלמים, ולא להיות פגומים. וכן רבּים, פירושו, שיִפְרוּ וירְבּוּ בו. כי הנשמות אינן יוצאות לעולם אלא בברית הזה. וכן נגוזו, מי שנימול, וקיבל עליו הברית הזה. ונגוזו, מלשון גיזה וכריתה. ועבר ממנו אותה הזוהמה של העורלה, שהייתה בו מקודם לכן.

172. אם שלמים, אלו הם בני יעקב, שכל זמן שהיו אצל יוסף, היו שלמים, כי היו נמצאים יחד עם הברית, יוסף. וכן נגוזו, פירושו, שהלכו ועזבו את יוסף ושמעון. ונגוזו, לשון חלוף ועבור. ועבר, אז שרה הדין בגללם, כמ"ש, ועבר ה' לנגוף את מצרים. ועבר, הוא על הדין.

173. יש דין קשה ויש דין רפה. דין קשה הוא חזק, דין רפה הוא חלש. וכאשר דין הרפה יונק מדין הקשה, אז מתחזק והוא חזק.

174. בשעה שנעשה דין על ישראל, נעשה בדין רפה, שאינו מתחזק בדין הקשה. וכשנעשה הדין על העמים עכו"ם, מתחזק דין הרפה בדין הקשה של מעלה, כדי להתחזק. כמ"ש, ועבר ה' לנגוף את מצרים. ועבר, פירושו, שהתמלא עֶבְרָה וזעם, כי התחזק בדין הקשה. אף כאן,

ועבר, פירושו שהתמלא עברה, אלא שהיא דין רפה, שאינו מתחזק בדין הקשה, מפני שהדין נעשה על ישראל.

בשעה שמתאספים עשרה בבית הכנסת ואחד מהם משתמט, אז הקב"ה כועס עליו. שכן אחי יוסף, שהיו עשרה, ואחר שפרשו מיוסף ושמעון, ונשארו תשעה, היה הקב"ה כועס, כמ"ש, ועבר, שהתמלא עֶברה.

175. בזמן שהנשמה יוצאת מעוה"ז, נידונה בכמה דינים מטרם שתבוא למקומה. אח"כ, כל אלו הנשמות, יש להם לעבור בנהר דינור הזה, הנמשך ויוצא, ולרחוץ שם. ומיהו שיקום שם ויעבור את נהר דינור בלי פחד, כמ"ש, מי יעלה בהר ה' ומי יקום במקום קודשו. ונשמת הצדיק עובר בלי פחד, ויקום במקום קודשו.

176. ומי שעוסק בצדקה בעוה"ז ונותן מכספו לצדקה, אז הוא עובר בנהר דינור ואינו מפחד. והכרוז קורא על אותה הנשמה, ועיניתיך לא אענך עוד. כי מי שזכה לעבור בנהר דינור, אין לו יותר דין כלל.

177. כל זה של יוסף עם אחיו, למה נצרך להיכתב בתורה? אלא תורת אמת וכל דרכיה קדושים, ואין מילה בתורה, שאין בה סודות עליונים וקדושים, ודרכים לבני אדם להתחזק בהם.

178. הקב"ה עשה לאדם, שיתחזק בתורה, וללכת בדרך האמת ולצד ימין, ולא ילך לצד שמאל. ומשום שהאנשים צריכים ללכת לצד ימין, יש להם להרבות אהבה זה עם זה, כי אהבה היא בחינת ימין, ולא יהיה שנאה זה עם זה, בחינת שמאל, כדי שלא להחליש הימין, המקום שישראל מתדבקים בו.

179. בשביל זה, יש יצה"ט ויצה"ר. וישראל צריכים להגביר את יצה"ט על יצה"ר, ע"י מע"ט. ואם האדם נוטה לשמאל, אז מתגבר יצה"ר על יצה"ט. ומי שהיה פגום, יצה"ר השלים אותו בחטאו. כי המנוול הזה אינו נשלם, אלא ע"י החטאים של בני אדם.

180. ובשביל זה, צריך האדם להיזהר, שלא יושלם היצה"ר בחטאיו. ויישמר תמיד, כי יצה"ט צריכים להשלים אותו בשלמות תמיד, ולא את יצה"ר. ומשום זה כתוב, אל תאמר אֲשַׁלְּמָה רע, כי ע"י השנאה תגביר השמאל ותשלים את יצה"ר. אלא כמ"ש, קווה אל ה' ויושע לך.

181. אל תאמר אשלמה רע. כמ"ש, ומשלֵם רעה תחת טובה, כי למי שעשה לו טובה, לא ישלם לו רעה, כמ"ש, משיב רעה תחת טובה, לא תמוּש רעה מביתו. ואפילו למי שעשה לו רעות, אין לשלם לו רעה תחת רעה שעשה לו, אלא קווה אל ה' ויושע לך.

182. והפסוק הזה ביארו אותו ביוסף הצדיק, שלא ביקש לשלם רעה לאחיו, בשעה שנפלו בידיו, כמ"ש, אל תאמר אשלמה רע, אלא קווה לה' ויושע לך. כי הוא היה ירא את הקב"ה, כמ"ש, זאת עשו וחיו, את האלקים אני ירא. והוא היה תמיד מחכה אל הקב"ה.

183. כתוב, מים עמוקים עצה בלב איש. זהו הקב"ה, כי הוא עשה עצות, שהביא סיבות לגלגל גלגולים על העולם ע"י יוסף, כדי לקיים אותה גזרה, שגזר רעב על העולם. וכתוב, ואיש תבונה יִדלֶנה. זהו יוסף, שגילה אלו העמוקים, שגזר הקב"ה על העולם בפתרון החלום.

184. יוסף, לא די לו שלא השיב רעה לאחיו, אלא עוד, שעשה עימהם חסד ואמת. וכך דרכיהם של הצדיקים תמיד. משום זה הקב"ה מרחם עליהם תמיד, בעוה"ז ובעוה"ב.

185. מים עמוקים עצה בלב איש. זהו יהודה, בשעה שניגש אל יוסף על אודות בנימין. ואיש תבונה יִדְלֶנָה. זהו יוסף, שהתוודע אז אל אחיו.

186. רבי אבא היה יושב בפתח שער העיר לוד. ראה אדם אחד שהיה בא ויושב על בליטה שהייתה בולטת מצד ההר, והיה עייף מהדרך, וישב וישן שם. בתוך כך ראה נחש אחד, שהיה בא אצלו, ויצא שֶרץ והרג את הנחש. כשהקיץ האדם, ראה את הנחש למולו, שהיה מת. קם האדם ונפלה הבליטה שהיה יושב עליה, אל העמק שמתחתיה, כי נקרעה מההר, והאדם ניצל, כי אם היה מאחר רגע מלקום, היה נופל ביחד עם הבליטה אל העמק, והיה נהרג.

187. בא אליו רבי אבא ואמר לו, אמור לי, מה מעשיך? כי הקב"ה עשה אליךָ שני ניסים אלו, שהציל אותו מהנחש, ומהבליטה שנפלה, לא היו בחינם.

188. אמר לו, כל ימיי לא עשה לי אדם רעה, שלא התרציתי עימו ומחלתי לו. ועוד, אם לא יכולתי להתרצות עימו, לא עליתי על מיטתי מטרם שמחלתי לו ולכל אלו שציערו לי, ולא נטרתי לו שנאה כל היום על אותו רע שעשה לי. ולא די לי זה, אלא עוד, שמאותו יום והלאה השתדלתי לעשות להם טובות.

189. גדולים מעשיו של זה מיוסף. כי ביוסף, עושי רעה היו אחיו, ודאי שהיה לו לרחם עליהם מחמת האחווה, אבל מה שעשה זה, שעשה כך עם כל בני אדם, הוא גדול מיוסף, ראוי הוא שהקב"ה יעשה לו נס על נס.

190. הולך בתום ילך בֶּטַח. זהו אדם שהולך בדרכי התורה. ילך בטח, שמזיקי העולם לא יוכלו להזיק לו. ומְעַקֵש דרכיו ייוודֵעַ. מיהו ייוודע? מי שנטה מדרך האמת, ומבקש לגבות מחברו, שרוצה לשלם לו רעה תחת רעה, ועובר על הכתוב, לא תיקום ולא תיטור. ייוודע, שיהיה ניכר בעיני כל בעלי הדין, שלא תאבד מהם צורת אותו אדם, כדי להביא אותו למקום שיהיו נוקמים ממנו. מידה כנגד מידה, וע"כ כתוב, ייוודע.

191. אותו ההולך בדרך האמת, הקב"ה מחפה עליו, כדי שלא ייוודע ולא יהיה ניכר לבעלי הדין. אבל מעקש דרכיו ייוודע, ויהיה ניכר להם. אשריהם האנשים, ההולכים בדרך אמת, והולכים בטח בעולם, שאינם מפחדים לא בעוה"ז ולא בעוה"ב.

ויִיראו האנשים כי הובאו בית יוסף

192. אוי להם לבני אדם, שאינם יודעים ואינם מסתכלים בדרכי התורה. אוי להם, בשעה שהקב"ה יבוא לבקש מהם דין על מעשיהם, ויקומו הגוף

והנפש לתת חשבון מכל מעשיהם, שמטרם תיפרד הנפש מן הגוף.

193. והיום ההוא הוא יום הדין. יום שהספרים פתוחים, שבהם כתובים כל מעשי בני אדם, ובעלי הדין נמצאים. כי בעת ההיא עומד הנחש בקיומו לנשוך אותו, וכל האיברים מתרגשים מפניו, והנשמה נפרדת מן הגוף, והולכת ומשוטטת ואינה יודעת לאיזה דרך תלך, ולאיזה מקום יעלו אותה.

194. אוי לאותו יום, יום של כעס ושל קצף הוא אותו היום. וע"כ צריך האדם להרגיז את יצרו בכל יום, ולהזכיר לפניו אותו יום שיקום לדין המלך. ושיביאו אותו תחת הארץ להירקב, והנשמה תיפרד ממנו.

195. לעולם ירגיז אדם יצה"ט על יצה"ר, וישתדל אחריו. אם הלך ממנו, טוב. ואם לא, יעסוק בתורה. כי אין דבר לשבור את היצה"ר, אלא התורה. אם הלך, טוב. ואם לא, יזכיר לו יום המיתה, כדי לשבור אותו.

196. כאן יש להסתכל, הרי זהו יצה"ר וזהו מלאך המוות. הייתכן שמלאך המוות יישבר לפני יום המיתה? והרי הוא ההורג את בני האדם. ומשמע שהשמחה שלו היא להמית אנשים. שמשום זה הוא מסית אותם תמיד, כדי להמשיך אותם למיתה?

197. אלא ודאי, שהאדם יזכיר לו יום המיתה, כדי לשבור הלב של האדם, כי יצה"ר אינו שורה אלא במקום שנמצא שמחת היין וגאוות רוח. וכשנמצא רוח שבור באדם, אז נפרד ממנו, ואינו שורה עליו. וע"כ צריך להזכיר לו יום המיתה, ויישבר גופו והוא הולך לו.

198. יצה"ט צריך חדווה של תורה. ויצה"ר צריך חדווה של יין וניאוף וגאוות רוח. ומשום זה צריך האדם להרגיז אותו תמיד מאותו יום הגדול, יום הדין, יום החשבון, שאין מה להגן על האדם, אלא מע"ט, שהוא עושה בעוה"ז, כדי שיגנו עליו בשעה ההיא.

199. כתוב, ויִּירְאוּ האנשים כי הובאו בית יוסף. וכמו שכולם היו גיבורים, כולם חזקים, ועלם אחד שהביא אותם לבית יוסף, גרם להם שהיו מתייראים, כך בעת שיבוא הקב"ה לבקש את האדם לדין, על אחת כמה וכמה שיש לירוא ולפחד.

200. משום זה צריך האדם להיזהר בעוה"ז להתחזק בהקב"ה, וישים מבטחו בו. אשר אע"פ שהוא חטא, אם יחזור בתשובה שלמה, הרי הקב"ה חזק, לעבור על מידותיו, ולסלוח לו, ויוכל להתחזק בהקב"ה, כאילו לא חטא כלל.

201. השבטים, משום שחטאו בגניבת יוסף, היו יראים. ואם לא חטאו, לא היו יראים כלל. כי עוונותיו של האדם שוברים את ליבו ואין לו כוח כלל. מה הטעם? כי יצה"ט נשבר עימו ואין לו כוח להתגבר על יצה"ר. וע"כ כתוב, מי האיש הירא ורך הלבב. הירא מן העוונות שבידיו, שהם שוברים ליבו של אדם.

202. לכמה דורות נפרע הקב"ה מן העוונות של השבטים במכירת יוסף. כי לא נאבד מלפני הקב"ה כלום, ונפרע מדור לדור, והדין עומד לפניו תמיד עד שנפרע. והדין שורה במקום שצריך להיות.

203. מאין לנו זה? מחזקיהו. חזקיהו חטא החטא ההוא, שגילה סתריו של

הקב"ה לאומות אחרות, עמים עכו"ם, שלא היה צריך לגלות אותם. והקב"ה שלח את ישעיהו, ואמר לו, הנה ימים באים ונישא כל אשר בביתך ואשר אצרו אבותיך עד היום הזה, בָּבֶלָה.

204. כמה גרם אותו עוון, שגילה מה שהיה סתום. כי כיוון שנגלה, ניתן מקום שליטה למקום אחר, לס"א, שלא היה צריך לשלוט עליו. משום זה אין הברכה שורה אלא במקום סתר. כל מה שהוא בסתר, שורה עליו ברכה. כיוון שנגלה, ניתן מקום שליטה למקום אחר, לשלוט עליו.

205. אבל, כמ"ש, חטא חטאה ירושלים על כן לנידה הייתה, כל מכבדיה הזילוה כי ראו ערוותה. זהו מלכות בבל, כי משם נשלחה מנחה לירושלים. כמ"ש, בעת ההיא שלח מְרֹדַךְ בלאדן בן בלאדן מלך בבל, ספרים ומנחה אל חזקיהו.

206. וכתוב בהם, שלום לחזקיה מלך יהודה, ושלום לאלוה גדול, ושלום לירושלים. כיוון שיצא המכתב ממנו, השיב אל ליבו, ואמר, לא יפה עשיתי, להקדים שלום העבד לשלום ריבונו. קם מכיסאו, וצעד ג' צעידות, והשיב מכתבו, וכתב אחר תחתיו. וכתב כך: שלום לאלוה גדול, ושלום לירושלים, ושלום לחזקיה. וזהו מכבדיה.

207. ואח"כ הזילוה, כי ראו ערוותה, שהראה להם חזקיה. ולולא זה לא הזילוה אח"כ. ומתוך שחזקיהו היה צדיק, נעכב הדבר ביותר מלבוא, ולא בא בימיו. שכתוב, כי יהיה שלום ואמת בימיי. ואח"כ פקד הקב"ה אותו עוון לבניו אחריו.

208. כעין זה, אותו עוון של השבטים עומד עד לאחר זמן. משום שהדין של מעלה, אינו יכול לשלוט עליהם, עד שמגיעה השעה להיפרע, ונפרע מהם. ומשום זה כל מי שיש בידו חטאים מפחד תמיד, כמ"ש, ופחדת לילה ויומם. וע"כ, וייראו האנשים כי הובאו בית יוסף.

וַיַּרְא את בנימין

209. תוחלת ממושכה מַחֲלָה לב ועץ חיים תאווה באה. אין לאדם להסתכל בתפילתו להקב"ה, אם ישועתו באה או לא באה, כי כאשר מסתכל בה, כמה בעלי הדין באים להסתכל במעשיו.

210. כי אותה הסתכלות, שהוא מסתכל בתפילה, גורמת לו, מחלת לב. מחלת לב זהו השטן, מי שעומד תמיד על האדם, להשׂטין עליו למעלה ולמטה.

211. ועץ חיים תאווה באה. מי שרוצה שהקב"ה יקבל תפילתו, יעסוק בתורה, שהיא עה"ח. ואז תאווה באה. מהי תאווה? זוהי מדרגה, שכל תפילות העולם הן בידיה, הנוקבא, והיא מביאה אותן לפני מלך העליון, ז"א. תאווה באה, כי באה לפני מלך העליון לזיווג, כדי להשלים רצונו של האדם המתפלל, למלא בקשתו.

212. תוחלת ממושכה מחלה לב. זהו

מקום, שניתנה אותה התפילה, במקום אחר שאינו צריך, שאותו מקום נקרא מחלת לב. ונמשכת מהלב, עד שניתנה מיד ליד. ולפעמים לא תבוא הישועה לגמרי, משום שמתפשטת ונמשכת מיד ליד בכל אלו הממונים, שיורידו אותה אל העולם.

213. ועץ חיים תאווה באה. זהו תוחלת שאינה נמשכת בין אלו הממונים והמרכבות מיד ליד. אלא שהקב״ה נותן אותה מיד, משום כי כשנמשכת בין אלו הממונים והמרכבות, כמה הם בעלי הדין שניתן להם רשות לעיין ולהסתכל בדינו, מטרם שנותנים לו ישועתו. אבל מה שיוצא מבית המלך וניתן אל האדם, בין שהוא ראוי או אינו ראוי, ניתן לו מיד. וזהו, עץ חיים תאווה באה, שפירושו, שניתן לו מיד.

214. תוחלת ממושכה, זהו יעקב, שנמשכה לו התוחלת ליוסף עד זמן ארוך. ועץ חיים תאווה באה, זהו בנימין, כי מזמן שדרש אותו יוסף עד הזמן שבא אליו, לא היה אלא זמן קצר, שהזמן לא נמשך. כמ״ש, ויישא עיניו וַיַּרְא את בנימין בן אימו. מהו שכתוב, בן אימו? משום שצורת אימו הייתה בו, שהייתה דומה צורתו לצורת רחל.

215. כתוב, וירא יוסף איתם את בנימין. וכתוב, ויישא עיניו וירא את בנימין אחיו. אלא שראה ברוח הקודש את בנימין, שחלקו היה עימהם בארץ, ובחלקם של בנימין ויהודה תִּשרה השכינה. כי ראה יהודה ובנימין שבחלקם היה ביהמ״ק. וזהו, וירא יוסף איתם את בנימין, שראה אותו עימהם. ויוסף, שהיה אחיו, לא ראה את עצמו עימהם באותו החלק, שהיה בו ביהמ״ק.

216. אף כאן, ויישא עיניו וירא את בנימין אחיו בן אימו, שראה בניין ביהמ״ק שבחלקו. כתוב אחריו, וימהר יוסף כי נִכְמְרוּ רחמיו אל אחיו, ויבקש לבכות ויבוא החַדְרה וַיֵּבְךְּ שמה, משום שראה חורבנו של ביהמ״ק.

217. בזמן שנחרב ביהמ״ק, והיו שורפים אותו באש, עלו כל הכוהנים על הגגות של ביהמ״ק, וכל מפתחות ביהמ״ק בידיהם. ואמרו, עד כאן היינו גזברים שלך, מכאן ואילך קח את שלך. כמ״ש, משא גֵיא חיזיון, מה לָךְ אפוא כי עלית כולךְ לגגות.

218. גיא חיזיון, זוהי השכינה, שהייתה בביהמ״ק, וכל בני העולם היו יונקים ממנה יניקה של נבואה. ואע״פ שכל הנביאים היו מתנבאים ממקום אחר, מנו״ה דז״א, מ״מ, מתוכה, מהנוקבא, היו יונקים נבואתם. כי נו״ה דז״א היו משפיעים בשכינה, והשכינה הייתה נותנת הארת נו״ה אל הנביאים. וע״כ ע״ש הנבואה היא נקראת, גיא חיזיון. חיזיון, משום שהיא מראָה של כל הגוונים העליונים, כי ד׳ גוונים דז״א, חו״ב תו״מ, אינם נראים אלא בה, וע״כ נקראת חיזיון.

219. מה לך אפוא, כי עלית כולך לגגות. כי כשנחרב ביהמ״ק, באה השכינה ועלתה בכל המקומות, שהייתה דירתה בהם מקודם לכן, והייתה בוכה על בית מושבה, ועל ישראל שהלכו בגלות, ועל כל הצדיקים והחסידים שהיו שם ונאבדו. כמ״ש, כה אמר ה׳, קול ברמה נשמע נהי בכי תמרורים, רחל מבכה על בניה. ורחל היא שֵׁם השכינה. אז הקב״ה שאל את השכינה, מה לך אפוא, כי עלית כולך לגגות?

220. מהו, כולך? לכלול עימה כל הצבאות והמרכבות האחרים, שכולם בכו עימה על חורבן ביהמ״ק.

221. שאל אותה, מה לך אפוא? אמרה לפניו, וכי בניי בגלות וביהמ״ק נשרף, ואתה אינך יודע, ואני, מה לי כאן? פתחה ואמרה, תשואות מְלֵאָה, אמרר בבכי אל תאיצו לנחמני, על שוד בת עַמִי. והקב״ה אמר לה, כה אמר ה׳ מנעי קולך מבכי ועינייך מדמעה כי יש שכר לפעולתך.

222. מיום שנחרב ביהמ״ק, לא היה יום שלא נמצא בו קללות, משום, כי כשביהמ״ק היה עומד, היו ישראל עובדים עבודות ומקריבים עולות וקורבנות, והשכינה שרתה עליהם בביהמ״ק, כאם הרובצת על הבנים. ופני כל היו מאירים, עד שנמצאו ברכות למעלה ולמטה. ולא היה יום, שלא נמצא בו ברכות וחדוות. והיו ישראל יושבים לבטח בארץ, וכל העולם היה ניזון בגללם.

223. עתה שנחרב ביהמ״ק, והשכינה הלכה עימהם בגלות, אין יום שלא נמצא בו קללות וקולל העולם, ושמחות אינן נמצאות למעלה ולמטה.

224. ועתיד הקב״ה להקים כנ״י, השכינה, מעפר, ולשמח את העולם בכל, כמ״ש, והביאותים אל הר קודשי ושִׂימַחתים בבית תפילתי. וכתוב, בִּבכי יבואו ובתחנונים אובילם. כמו שבתחילה, שכתוב, בכֹה תבכה בלילה ודמעתה על לחייה, כן אח״כ, בבכי ישובו מן הגלות, כמ״ש, בבכי יבואו.

הבוקר אור

225. הבוקר אור, והאנשים שוּלחוּ הֵמה וחמוריהם. אם הם היו הולכים ונשלחים, למה לנו לכתוב בתורה, המה וחמוריהם? אלא משום שכתוב, ולקחת אותנו לעבדים ואת חמורינו. משום זה כתוב, והאנשים שולחו המה וחמוריהם. להשמיענו, שלא נשארו שם הם וחמוריהם.

226. כתוב, וישכם אברהם בבוקר ויחבוש את חמורו. אותו בוקר של אברהם, חסד, היה מאיר להימצא על השבטים בזכותו. כי זכותו של אברהם עמד להם, והלכו בשלום, וניצלו מן הדין. כי בשעה ההיא עמד הדין עליהם להיפרע מהם. רק הזכות של׳ אותו בוקר של אברהם, הגנה עליהם ונשלחו מן מקום הדין, כי לא שלט עליהם באותו הזמן.

227. וכאור בוקר יזרח שמש, בוקר לא עָבות, מִנוגה מִמָטָר דשא מארץ. זהו האור של אותו בוקר של אברהם, אור החסד. יזרח שמש, זהו השמש של יעקב, אור הת״ת, כמ״ש, ויזרח לו השמש. בוקר לא עבות, כי הבוקר ההוא, אור החסד, אינו עבות כל כך, שאין לדינים אחיזה בו. אלא, מנוגה ממטר, שפירושו נוגה הבא ממטר, מצד יצחק, אור הגבורה. ואותו מטר מוציא דשא מארץ.

228. וכאור בוקר, באותו האור של בוקר של אברהם, אור החסד, יזרח שמש, יעקב, שהאור שלו הוא כאור של אותו בוקר של אברהם, כי הוא ת"ת, המאיר בחסדים מכוסים, הנמשכים מאור החסד.

בוקר לא עבות, כי אותו בוקר אינו חשוך אלא מאיר. כי בשעה שבא הבוקר, שהוא אור החסד, אינו שולט דין כלל, אלא הכול מאיר בצד אברהם, צד ימין. מנוגה ממטר, זהו צד יוסף הצדיק, שהוא ממטיר על הארץ, כלומר, היסוד, שמשפיע אל הנוקבא, להוציא דשא וכל טוב העולם.

229. בשעה שהלילה בא ופורש כנפיו על העולם, כמה רוחות, הממונות להיפרע מעוברי הדת והנימוסים, עתידות לצאת ולשלוט בעולם. וכמה בעלי הדין מתעוררים בכמה צדדים למיניהם, ושולטים על העולם. כיוון שבא הבוקר, ומאיר, כולם מסתלקים ואינם שולטים, וכל אחד בא לעמדתו הקבועה, ושב למקומו.

230. הבוקר אור, זהו בוקר של אברהם, שליטת הימין. והאנשים שולחו, אלו הם בעלי הדין, שהיו שולטים בלילה. המה וחמוריהם, הרוחות הממונות להיפרע מעוברי הדת והנימוס, שהם אתונות הבאות מצד הטומאה, שאינן קדושות ואינן שולטות ואינן נראות עם ביאת הבוקר. ואלו האתונות הממונות על עוברי דת הן מבחינת חמורים.

231. אין מדרגות עליונות, שאין בהן ימין ושמאל, רחמים ודין, מדרגות על מדרגות, קדושים מצד הקדושה, וטמאים מצד הטומאה. וכולם הם מדרגות על מדרגות אלו על אלו.

נמצא, שאתונות צחורות הן מצד הקדושה, כמ"ש, רוכבי אתונות צחורות יושבֵי על מידין. ואיך נאמר כאן, שהן מצד שמאל ואינן קדושות? אלא שיש אתונות צחורות מצד הקדושה והימין, ויש אתונות צחורות מצד הטומאה והשמאל.

232. ובכל מקום שבוקר של אברהם מתעורר בעולם, כל כוחות השמאל מסתלקים ואינם שולטים, משום שאין להם קיום בצד ימין אלא בצד שמאל. וע"כ בבוקר שמגיעה שליטת הימין מוכרחים להסתלק. והקב"ה עשה יום ולילה, להנהיג לכל אחד לבחינתו הראויה לו, כי ביום הנהגת הימין, ובלילה הנהגת השמאל.

233. עתיד הקב"ה להאיר לישראל אותו השמש, שגנז מיום שנברא העולם, מפני רשעי העולם. כמ"ש, ויימנע מרשעים אורם.

234. ואותו האור גנז הקב"ה. כי כשיצא בתחילה, היה מאיר מסוף העולם עד סופו. כיוון שהסתכל בדור אנוש, ובדור המבול, ובדור הפְּלָגָה, ובכל הרשעים, גנז אותו האור.

235. כיוון שבא יעקב, והתדבק באותו ממונה, השר של עשיו, והכיש אותו בירך שלו, והיה צולע, אז כתוב, ויזרח לו השמש. הוא השמש שגנז. כי יש בשמש הזה רפואה, לרפא את ירכו. ואח"כ התרפא באותו השמש, כמ"ש, ויבוא יעקב שלם, שפירושו, שלם בגופו, כי התרפא.

236. ע"כ עתיד הקב"ה לגלות אותו השמש ולהאיר לישראל, כמ"ש, וזרחה לכם יראי שמי שמש צדקה. זהו השמש של יעקב, שהתרפא בו. כי באותו הזמן יתרפאו כולם, כי בזמן שיקומו ישראל

מעפר, כמה חיגְרים וכמה סוּמים יהיו בהם. ואז הקב"ה מאיר להם אותו השמש, להתרפא בו.

237. ואז יאיר אותו השמש מסוף העולם עד סופו. ולישראל יהיה רפואה. ועמים עכו"ם יישרפו בו.

וליוסף יוּלַד שני בנים בטרם תבוא שנת הרעב

238. בכל יום, כשעולה האור, מתעוררת ציפור אחת באילן שבגן עדן, וקוראת שלוש פעמים, והשרביט מזדקף, והכרוז קורא בכוח. חוקי הבחירה אומרים לכם.

מי בכם שרואה ואינו רואה. הנמצאים בעולם, ואינם יודעים על מה הם נמצאים. אינם מסתכלים בכבוד ריבונם. התורה עומדת לפניהם ואינם משתדלים בה. טוב להם שלא נבראו משנבראו, למה יקומו בלי תבונה. אוי להם כשיתעוררו עליהם ימי הרע, ויגרשו אותם מן העולם. וכמ"ש, ראה נתתי לפניך היום, את החיים ואת הטוב ואת המוות ואת הרע, ובחרת בחיים.

נודע שבשחרית הבוקר, בסיום הלילה, בעת שהחושך מתחזק, ונעשה זיווג זו"ן, שמזיווגם יוצא אור היום, באשמורת שלישית, שהיא אישה מספרת עם בעלה. והארת הזיווג נמשך מז"א אל הנוקבא, בג' קווים, שנמשכים בשלוש פעמים, ובשלושה מקומות, חולם, שורוק, חיריק. ולפיכך מכונים אלו ג' קווים בשם שלושה מקומות או שלוש שעות. וכאן מכונים שלוש פעמים.

ונאמר, בכל יום, כשעולה האור, מתעוררת ציפור אחת. ציפור, נוקבא, שהתעוררה לזיווג כדי להוציא אור היום. באילן שבגן עדן, כלומר עם ז"א, שנקרא עה"ח שבגן עדן. וקוראת שלוש פעמים, שמקבלת ממנו ג' קווים, המכונים שלוש פעמים. והשרביט מזדקף, הוא שבט הדין, שבתחילת הזיווג הוא מזדקף ומושל בשליטת קו שמאל המתעורר אז.

והכרוז קורא בכוח. חוקי הבחירה אומרים לכם, כמ"ש, ובחרת בחיים. כי אז עם הארת הזיווג, מתגלה האור והנועם הנובע מקו אמצעי, עה"ח, חיים וטוב. וגודל מידת העונשים המרים המגיעים לרשעים, שאינם רוצים להידבק בקו אמצעי, אלא בקו שמאל, המוות והרע. ואז, ובחרת בחיים. ונמצא, שע"י שני מיני האורות הללו, מתגלה לצדיקים הבחירה בחיים. ולפיכך, הם מכונים חוקי הבחירה.

והכרוז אומר, מי בכם שרואה ואינו רואה. ראייה היא החכמה. והדבקים בקו שמאל ולא בימין, הם רואים ואינם רואים. כי החכמה שבשמאל לא תאיר בלי התלבשות באור החסדים שבימין. וע"כ אע"פ שיש שם חכמה, שהם רואים, מ"מ אינם מקבלים חכמה, מחמת חיסרון של לבוש החסדים. וע"כ אינם רואים.

הנמצאים בעולם, ואינם יודעים על מה הם נמצאים. וזה נאמר לדבקים בימין ולא בשמאל, שיש להם קיום בעולם, ע"י אור החסדים. אבל אינם יודעים על מה הם נמצאים. כלומר, שחסר להם בחינת ג"ר. כי הארת ימין בלי שמאל, היא ו"ק בלי ראש. ואינם יודעים על מה הם נמצאים. ונמצאים, אלו ואלו, הן הדבקים בשמאל, והן הדבקים בימין, בלי שמאל,

שאינם מסתכלים בכבוד ריבונם, שלאלו יחסר חסדים, ולאלו יחסר חכמה.

וכל זה עלה להם משום שהתורה עומדת לפניהם ואינם משתדלים בה. תורה, קו אמצעי, ז"א, המייחד ב' הקווים זה בזה. ומשום שהם בקצוות, או בימין או בשמאל, ובקו האמצעי העומד לפניהם, אינם משתדלים להידבק בו.

ולפיכך, טוב להם שלא נבראו משנבראו, למה יקומו בלי תבונה, כי לא יזכו למוחין, הנמשכים מישסו"ת. אוי להם כשיתעוררו עליהם ימי הרע, שבְּעֵת שיהיה זיווג זו"ן, שבתחילת הזיווג שולט השמאל, הנבחן לימי רע, ואז יתגלו העונשים המרים שבשמאל, וייכרתו מן העולם.

239. מהם ימי רע? האם ייתכן שהם ימי זקנה? אינו כן. כי ימי זקנה, אם זכה בבנים ובני בנים, הם ימי טוב.

240. אלא הם כמ"ש, וזכור את בוראך בימי בְּחוּרותיך עד אשר לא יבואו ימי הרעה. הם אינם ימי זקנה, אלא כאשר ברא הקב"ה את העולם, ברא אותו באותיות התורה, וכל אות נכנסה לפניו. עד שהתקיימו כל האותיות באות ב', להיותה הברכה, וע"כ ממנה נברא העולם. והתגלגלו האותיות על רל"א (231) מיני פנים ועל רל"א אחור. כולם עומדים לברוא בהם העולם, אחר שקיבלו הברכה מאות ב'.

241. כיוון שהתגלגלו האותיות ובאו בא"ב, ששם מתחברות שתי אותיות ט' ר' ביחד, עלתה הט' ולא התיישבה עם הר'. עד שגער בה הקב"ה ואמר לה, ט', על מה את עולה ואינך מתיישבת במקומך? אמרה לפניו, הרי עשית אותי להיות אות בראש המילה, טוב, והתורה פתח בי, כי טוב. כמ"ש, וירא אלקים את האור, כי טוב. איך אתחבר להתיישב באות ר', שהיא ראש המילה רע?

צריכים לזכור כאן סדר יציאת ג' הקווים דז"א בשורשם בבינה, בעניין חולם שורוק חיריק. שמתחילה עלתה המלכות לבינה, וע"י זה נפלו ממנה אל"ה דאלקים, ונשאר בה רק מ"י דאלקים, שפירושו ו"ק בחוסר ג"ר. והַשְׁאָרה זו היא חולם, וקו ימין המאיר בחסדים.

ואח"כ לעת גדלות, חזרו ועלו אל"ה והתחברו עם מ"י, וחזרו הג"ר לבינה, הארת החכמה. אמנם בסתימה גדולה, כי הסתלקו משם החסדים, ואין החכמה יכולה להאיר בלי חסדים. ואל"ה שחזרו, הם נקודת השורוק, ונבחנים לקו שמאל, מפאת הדינים הקשים שנמשכים מהם.

ונמשכים אלו הדינים, עד שנעשה זיווג על מסך דזו"ן שעלו שם, ויוצא עליו קו אמצעי. שאחר שממעט הג"ר דחכמה מקו שמאל, הוא כולל אותם זה בזה: הימין נכלל משמאל וקונה ג"ר דחכמה, והשמאל נכלל מימין וקונה לבוש החסדים.

ובזה נשלמו ג' קווים בבינה ע"י מסך דז"א, שהם נקודת החיריק. וכיוון שז"א גרם שלושה הללו בבינה, לכן גם ז"א משיג ג' הקווים הללו, ונשלמים המוחין שלו. וב' הקווים ימין ושמאל מכונים כאן ט' ר', שט' קו ימין, חולם, ור' קו שמאל, שורוק.

לכן נאמר, כאשר ברא הקב"ה, שהוא בינה, את העולם, שהוא זו"ן, כלומר, בעת שבינה המשיכה המוחין דזו"ן בשלושה היוצאים מאחד, ואחד זוכה בשלושתם, ברא אותו באותיות, בג' קווים. כיוון שהתגלגלו והתחברו שתי אותיות ט' ר' ביחד, בעת שאותיות אל"ה, קו שמאל ואות ר', חזרו לבינה והתחברו עם אותיות מ"י, קו ימין ואות ט'. הנה אז עולה ט' ולא מתיישבת, שט',

קו ימין וחסדים, מסתלקת מקו השמאל, אות ר׳, ולא מתיישבת עימה.

כלומר, שהייתה מחלוקת ביניהם. עד שגער בה הקב״ה, ז״א, קו אמצעי, ובכוח המסך דקו אמצעי, התמעטו הג״ר דקו שמאל, ומכ״ש הג״ר דקו ימין.

242. אמר לה, שובי למקומך, כי את צריכה לאות רע. כי האדם, שאני רוצה לברוא בכן, תתכללו בו שתיכן יחד. ואז יהיה נברא. אבל את לימין והיא לשמאל. ואז חזרו האותיות ט׳ ר׳, והתיישבו זו בזו ביחד.

אחר שהתמעטו ג״ר בכוח המסך דזו״ן בעניין המנעולא, נעשה שם פעולת המיתוק דמלכות בבינה, ונמשכה המפתחא, שע״י זה חוזרת החכמה להאיר בשמאל, אלא בבחינת ו״ק דג״ר. ואז גם הימין, אות ט׳, מקבל הארת החכמה מהשמאל. הרי שהט׳ צריכה להתחבר ולקבל הארת החכמה מן הר׳, שלולא זה הייתה נשארת בו״ק חסר ג״ר, מחמת המסך דז״א. ואז נברא האדם ברוח התכללות זו.

ואמר, אבל את לימין והיא לשמאל. שהט׳ תהיה לימין, והר׳ לשמאל. כלומר, ששמאל נבחן שדינים נמשכים ממנו. וקבע בזה, שמן הר׳ יימשכו דינים.

יש בזה עניין נשגב מאוד ונחוץ להאריך בביאורו. ותחילה יש להבין מה בין הקב״ה ואות ט׳, שאות ט׳ לא רצתה להתחבר בר׳ והקב״ה כפה אותה. והעניין הוא, כי מטבע הרוחניים שהשורש שולט על הענף, והענף מתבטל אליו. ולפיכך לא רצתה הט׳ להתחבר עם הר׳, לקבל ממנה חכמה, כי אז תהיה הר׳ לשורש והט׳ לענף, ותהיה מתבטלת אל הר׳, וע״כ הסתלקה ממנה ולא רצתה לקבל חכמה.

אבל הקב״ה רצה שתקבל חכמה מן הר׳, כדי שבדרך התכללות זו האדם יקבל ממנה מוחין דג״ר. לכן תיקן, שבהמשך הארתה של הר׳, בעליית אותיות אל״ה בחזרה לבינה, יתפשטו ממנה דינים קשים ומרים, ומסיבה זו תמהר הר׳ ותתחבר עם הט׳, להמשיך ממנה חסדים, שתתלבש החכמה שלה בחסדים של הט׳, ותוכל להאיר. ובזה נמצא, שהט׳ חזרה ונעשתה לשורש אל הר׳, כי לולא אור חסדים שלה, לא הייתה הר׳ יכולה להאיר, מחמת רוב הדינים המרים, הנמשכים בכוח הארתה.

אבל את לימין והיא לשמאל, שאת תהיי לימין ולשורש, והיא תהיה לשמאל ולענף. כי ע״י זה שבזמן הארת הר׳ נמשכים דינים קשים ומרים, תחזור הר׳ להתחבר בך, לקבל ממך חסדים להתלבשות. ובזה, אע״פ שתקבל ממנה חכמה, תישאר לה לשורש, כי הר׳ מוכרחה תכף להיכלל בה ולקבל ממנה אור החסדים.

ועם זה תבין, שעניין הזיווג בתחילתו הוא בגזרת דין. אשר הימין לא יוכל להיכלל ולקבל חכמה מהשמאל, מטרם שהשמאל מגלה את גזר הדין שלו, כי מפחד שלא יתבטל אליו. אלא בעת שהשמאל מגלה גזר הדין שלו, אז יוכל לקבל חכמה. מפני שהשמאל מוכרח אז להיכלל בחסדים שלו והוא חוזר ונעשה לשורש אל השמאל. הרי שהארת החכמה המושפע משמאל, הוא בדיוק מגזרת דין שלו. כי בדרך אחר לא יוכל הימין לקבל ממנו החכמה.

243. בשעה ההיא הפריד הקב״ה הארתם זו מזו, שזו מאירה בתכלית הטוב, וזו בתכלית הרע. וברא להם לכל אחד ימים ושנים, כ״ח (28) עיתים. אלו לימין ואלו לשמאל, י״ד (14) עיתים לטובה וי״ד עיתים לרעה. אלו שבימין נקראים ימי הטוב, ואלו שבשמאל נקראים ימי הרעה. ועל זה אמר שלמה,

עד אשר לא יבואו ימי הרעה, שהם סובבים האדם, מחמת החטאים שחטא.

כיוון שנבראו ימי הטוב וימי הרעה, אז חזרו הט' והר' והתיישבו יחד כדי להתכלל באדם. כי אחר שנבראו ימי הרעה בשליטת הר', הארת השמאל, כבר יכולה הט' להתיישב עם הר', ולקבל ממנה חכמה, ולהשפיע מוחין דג"ר אל האדם.

244. ומשום זה אמר דוד, למה אירא בימי רע, עוון עקביי יְסוּבֵּני. ימי רע, הנמשכים בשעת הארת השמאל, ונקראים ימי רעב, שנת רעב, הארת השמאל. והללו נקראים ימי שובע, שנת שובע, הארת הימין.

245. והעניין הוא, שלא להוציא המַעיין של ברית קודש, שלא לשמש מיטתו בימי רעב, בשנת הרעב. ומשום זה יוסף, הברית, סָתם מעיינו בשנת הרעב, ולא נתן לו מקום להתרבות בעולם, כמ"ש, וליוסף יוּלַד שני בנים בטרם תבוא שנת הרעב. ולכן צריך האדם, בעת ששולטת שנת הרעב, לסתום המעיין של ברית קודש שלו, כדי שלא לתת מקום לשמאל להתרבות בעולם.

כמו שנעשה תיקון למעלה, שבעת הארת השמאל ייסתמו מעיינות השפע ויתפשטו דינים בעולם, כדי שע"י זה יכלול השמאל בימין, ויתבטל אליו, כדי לקבל ממנו חסדים. כך האדם למטה, בעת שניכר התפשטות הדינים משמאל, בימי רעב, הוא צריך להידמות לעליון, ולסתום מעיינו ולא להרבות תולדות.

כי אם ירבה תולדות בעת שליטת השמאל, נמצא בכוח מעשה זו למטה, שמגדיל ומרבה את כוח השמאל למעלה, ולא יכלול בימין. ולכן צריך האדם, בעת ששולטת שנת הרעב, לסתום המעיין של ברית קודש שלו, כדי שלא לתת מקום לשמאל להתרבות בעולם.

246. עניין זה הוא סוד עליון. בשנת הרעב, שהוא הארת השמאל, כיוון שהיא שולטת, צריך האדם לסתום מעיינו, שלא להוליד. משום ב' טעמים:

א. כי אם לא יסתום מעיינו, גורם להמשיך רוח אל הוולד מצד שמאל,

ב. כי נותן מקום לאותו הצד, שיתגדל בעולם צד הטומאה על צד הקדושה, שגורם, שצד השמאל לא יתבטל לימין, ואז אם הימין יקבל ממנו חכמה, יהיה השמאל לשורש והימין לענף. ויתגדל צד הטומאה היונק משמאל על הקדושה שבימין.

ועוד כמ"ש, תחת שלוש רגזה ארץ, ותחת ארבע לא תוכל שׂאת. תחת עבד כי ימלוך, ונבל כי ישבע לחם. שגורם במעשה זה למובא בכתוב הזה, שהעבד ימלוך, והנבל ישבע לחם, והשנואה תיבָּעֵל, הקליפה תקבל שפע מהקדושה, ושפחה תירש גבירתה. שהקליפה תירש את השכינה, מטעם, שהשמאל נעשה לשורש והימין לענף.

247. ומשום זה יוסף הצדיק, הברית, עלה וסתם מעיינו בשנת הרעב, כדי שלא להתערב כלל עם השמאל, ולא לתת לה מקום לשלוט על הימין. ומי שפותח מעיינו באותו זמן, עליו כתוב, בה' בגדו, כי בנים זרים ילדו.

כי אלו הבנים שמוליד בשנת רעב, הם בנים זרים, שממשיך רוח מאותו הצד אל הוולד. בה' בגדו ודאי, מטעם שנותן מקום לשמאל שיתגדל על הימין, שבוגד בשם הוי"ה. וע"כ אשרי חלקם של ישראל הקדושים, שלא החליפו מקום קודש במקום טומאה.

248. וע"כ כתוב, וליוסף יוּלַד שני

בנים בטרם תבוא שנת הרעב. כי מאותו זמן ששלטה שנת הרעב, השמאל בלי ימין, סתם מעיינו והעלה מקורו, שלא לתת בנים לצד הטומאה, ולא להחליף מקום קדוש במקום טומאה, להגדיל הטומאה על הקדושה. וצריך האדם לחכות לריבונו, שיבוא וישלוט בעולם, כמ״ש, וחיכיתי לה׳ המסתיר פניו.

249. אשריהם הצדיקים, שיודעים דרכיו של הקב״ה, ושומרים מצוות התורה ללכת בהם, כמ״ש, כי ישרים דרכי ה׳, וצדיקים ילכו בם ופושעים ייכשלו בם, וכתוב, ואתם הדבקים בה׳ אלקיכם חיים כולכם היום.

250. ומשום זה הזהיר הקב״ה לישראל להתקדש, כמ״ש, והייתם קדושים כי קדוש אני. אני, זהו הקב״ה, מלכות שמיים הקדושה, הנוקבא. מלכות האחרת של עמי עכו״ם, נקראת אחֵר, כמ״ש, כי לא תשתחווה לאל אחר.

251. אני, היא ממשלת עוה״ז ועוה״ב, והכול תלוי בה, בנוקבא. ומי שמתדבק באני הזו, יש לו חלק בעוה״ז ובעוה״ב.

252. ומי שמתדבק באחר הזה, בנוקבא של עכו״ם, נאבד מעולם האמת, ואין לו חלק לעוה״ב, ויש לו חלק בטומאה בעוה״ז, כי אותה מלכות האחרת של עכו״ם, כמה חֵילות ובעלי דין ממונים בה, לשלוט בעוה״ז.

253. ומשום זה אלישע אחֵר, שירד והתדבק באותה מדרגה, במלכות דעכו״ם, הנקראת אחר, גורש מעוה״ב, ולא ניתן לו רשות לחזור בתשובה, ונסגר מעולם האמת, וע״כ נקרא אחר.

254. וע״כ צריך האדם להפריד את עצמו מכל הצדדים, שלא להיטמא באותו הצד, כדי לזכות בעוה״ז ובעוה״ב. וע״כ הנוקבא הקדושה, ברכה, והנוקבא דעכו״ם, קללה.

255. וע״כ בזמן של שנת הרעב, בזמן שליטת הנוקבא דעכו״ם, אין לאדם להראות עצמו בשוק, ולא לפתוח מעיינו להוליד, לתת בנים לאל אחר.

256. אשרי האדם, הנשמר ללכת בדרך האמת, ולהתדבק בריבונו תמיד, כמ״ש, ובו תִדְבק, ובשמו תִשָּׁבֵעַ. בנוקבא הנקראת שֵׁם. ובשמו תישבע, פירושו, להיות דבוק באמונה, הנוקבא, שנקראת שבע, ע״ש שבע ספירות חג״ת נהי״מ, שמקבלת מבינה.

257. שבע מדרגות הן למעלה, בבינה, עליונות על כל, שהן השלמות של האמונה, שתכלית השלמות של הנוקבא היא לעלות ולהלביש את שבע מדרגות הללו חג״ת נהי״מ דבינה. ושבע מדרגות יש למטה מהם, הנוקבא עצמה, שהן חיבור אחד וקשר אחד. אלו ז״ת באלו ז׳ עליונות להיות כולן אחת.

וע״כ כתוב, שבעת ימים ושבעת ימים, ארבעה עשר יום. והכול אחד וקשר אחד. כי שבע דנוקבא, כשהן בשלמות, עולות ומלבישות שבע דבינה, ומתקשרות כאחת. וע״כ כתוב, ובשמו תישבע, מלשון שביעיות, מלמעלה ומלמטה, להתדבק בשתי השביעיות, שבע דבינה ושבע דנוקבא, לייחד אותן כאחת.

258. ומי שמייחד אלו באלו, ז״ת בז׳ העליונות, עליו כתוב, יפתח ה׳ לך את אוצרו הטוב, את השמיים. אלו הן אוצרות של מעלה, שבע דבינה, ושל מטה, שבע דנוקבא. כי שבעת ימים דבינה ושבעת ימים דנוקבא כולם אחד,

כמ״ש, את אוצרו הטוב, את השמיים. אוצרו אחד, והוא, את השמיים. כלומר, כאשר שבע דנוקבא עולות ומלבישות שבע דבינה, נקראות ביחד אֶת השמיים, כי אז הן אחת, אוצר אחד. וכמ״ש, שבעה ושבעה מוצקות, והן אחד.

259. רבי חייא ורבי יוסי היו הולכים בדרך. בתוך כך, ראו אדם אחד בא, ומתעטף בעיטוף מצווה, בציצית, וכלי זין קשורים תחתיו. אמרו, אדם זה, אחד משניים יש בו, או שהוא צדיק גמור, שגם בדרך מתעטף בטלית מצויצת, או שהוא לרמות בני העולם, כי חגור כלי זין, משמע שהוא ליסטים, ומתעטף בטלית מצויצת, כדי לרמות בני העולם, ללכוד אותם ברשת שלו.

260. והרי החסידים העליונים אמרו, הווי דן את כל האדם לכף זכות. והרי למדנו, אשר אדם היוצא לדרך ומתייָרא מליסטים, יכוון לשלושה דברים: למתנה, ולמלחמה, ולתפילה. מאין לנו זה? מיעקב, שהתכוון לשלושה אלו, וחגר את עצמו, למתנה ולמלחמה ולתפילה. ששלח לעשיו מתנה, וחצה לשני מחנות, פן יבוא עשיו והיכהו, שהוא למלחמה. והתפלל לה׳, הצילני נא מיד אחי, שזה תפילה.

והאדם הזה ההולך בדרך, הנה יש בו עיטוף של מצווה לתפילה, והנה בו כלי זין למלחמה. וכיוון ששניים הללו יש בו, אין צורך עוד לרדוף אחרי השלישית, לדעת אם יש בו המתנה, כי כיוון שיש בו שניים, בוודאי יש בו גם השלישי.

261. כשקרב אליהם, נתנו לו שלום ולא השיב להם. אמרו, הרי אחד מאלו שלושה הדברים הראויים להיות בו, אין בו. כי לא התקין עצמו למתנה, שבמתנה כלול שלום, והוא אינו משיב שלום. אולי הוא עוסק בתפילתו, או לוחש תלמודו שלא ישכח אותו.

262. הלכו ביחד, ואותו אדם לא דיבר עימהם. אח״כ התחמקו רבי חייא ורבי יוסי ועסקו בתורה. כיוון שראה אותו אדם, שהיו משתדלים בתורה, קרב אליהם ונתן להם שלום.

263. אמר להם, רבותיי, במה חשדתם אותי כשנתתם לי שלום ולא השבתי לכם? אמרו לו, חשבנו, אולי אמרת תפילה, או לוחש בתלמודך. אמר להם, הקב״ה ידון אתכם לכף זכות.

264. אבל אומר לכם, יום אחד הייתי הולך בדרך, מצאתי אדם אחד והקדמתי לו שלום, ואותו אדם היה שודד, וקם עליי וציער אותי, ולולא שהתגברתי עליו, הייתי מצטער. מיום ההוא ואילך, נדרתי שלא להקדים שלום, אלא רק לאדם צדיק, ורק אם אני מכיר אותו בתחילה שהוא צדיק, מפחד שהוא יכול לצער אותי, ויתגבר עליי בכוח. ומשום שאסור להקדים שלום לאדם רשע, כמ״ש, אין שלום, אמר ה׳ לרשעים.

265. ואותה שעה שראיתי אתכם, ונתתם לי שלום ולא השבתי לכם, חשדתי בכם, שאינכם צדיקים, משום שלא ראיתי בכם מצווה הנראית מבחוץ, ע״כ לא השבתי לכם שלום. וכמו כן הייתי חוזר על תלמודי ולא יכולתי להשיב לכם שלום. אבל עתה, שאני רואה בכם שאתם צדיקים, הרי הדרך מתוקנת לפניי.

266. מזמור לאסף, אך טוב לישראל, אלקים לבָרֵי לבב. הקב״ה עשה ימין ועשה שמאל, להנהיג העולם. אחד נקרא טוב, הימין, ואחד נקרא רע, השמאל, ובשניים אלו נכלל האדם ומתקרב בכל

דבר לה׳, כמו שלמדנו, בשני יצריך, ביצה״ט וביצה״ר.

267. והרע, השמאל, נכללו בו העמים עכו״ם, וניתן בצד שלהם להתחלל בו, משום שהם ערלי לב וערלי בשר. אבל בישראל כתוב, אך טוב לישראל.

268. והאם לכולם הוא טוב? לא, אלא לאלו שלא התחללו עם הרע, כמ״ש, לברי לבב. משום שהטוב הזה והרע הזה, הטוב הוא לישראל בלבד, והרע הוא לעמים עכו״ם בלבד. אך טוב לישראל, כדי להידבק בהקב״ה. ובזה התדבקו ישראל בעליון, ז״א, באמונה, הנוקבא, שיהיה הכול אחד. שע״י השגת הטוב הם זוכים לייחד זו״ן כאחד ולהידבק בהם.

269. אמר רבי יוסי, אשרינו שלא טעינו בך, והרי הקב״ה שלח אותך אלינו, משום שהטוב הוא לישראל. יש לישראל חלק בעוה״ז ובעוה״ב, ולראות עין בעין מראֶה הכבוד, כמ״ש, כי עין בעין יראו בשוב ה׳ ציון. ברוך ה׳ לעולם, אמן ואמן.

פרשת ויגש

ויגש אליו יהודה

1. ויגש אליו יהודה ויאמר, בי אדוני, ידבר נא עבדך ואל ייחַר אפך בעבדך. כמ״ש, כי אתה אבינו, כי אברהם לא יְדָעָנוּ וישראל לא יכירנו, אתה ה׳ אבינו גואלנו מעולם שמֶךָ. כשברא הקב״ה את העולם, כל יום עשה את מלאכתו כראוי. בכל יום עשה כמו שצריך. כיוון שבא יום השישי, והוצרך לברוא את האדם, באה לפניו התורה, אמרה, אדם זה שאתה רוצה לברוא, עתיד הוא להכעיס אותך, אם לא תאריך אפך, מוטב לו שלא ייברא. אמר לה הקב״ה, האם בחינם אני נקרא אֶרֶךְ אפיים?

2. אלא הכול נברא בתורה, והכול השתכלל בתורה. וכמו שהתורה מתחילה באות ב׳, כך נברא העולם באות ב׳. כי מטרם שברא הקב״ה את העולם, הנוקבא, באו כל האותיות לפניו, ונכנסו כל אחת למפרע, בסדר תשר״ק ולא בסדר אבג״ד.

3. נכנסה הת׳ ואמרה לפניו, רצונך לברוא עימי את העולם? אמר לה הקב״ה, לא. כי בך עתידים הרבה צדיקים למות, כמ״ש, והתווית תָו על מצחות האנשים. וכתוב, וממקדָשי תָחֵלוּ. אל תקרא, וממקדשי, אלא, וממקודשיי, שהם הצדיקים. ומשום זה העולם לא ייברא בך.

4. באו ג׳ האותיות, ש׳, ק׳, ר׳, כל אחת בפני עצמה. אמר להן הקב״ה, אינכן ראויות שייברא בכן העולם, כי אתן האותיות, שנקרא בכן שקר, ושקר אינו שווה לקום לפניי.

5. באו האותיות פ׳ וצ׳, וכן כולן, עד שהגיעו האותיות לאות כ׳. כיוון שירדה הכ׳ מעל הכתר, הזדעזעו העליונים והתחתונים, עד שהתקיים הכול באות ב׳, שהיא סימן ברכה, ובו השתכלל העולם ונברא.

6. והרי הא׳ היא ראש כל האותיות, הלוא היה צריך לברוא בה העולם? כך הוא, אלא משום שנקרא בה ארור, לא נברא בה העולם. משום זה, אע״פ שהא׳ היא אות מסוד עליון, כדי שלא לתת כוח וחיזוק לס״א, הנקראת ארור, לכן לא נברא בה העולם, והשתכלל העולם בב׳ ובו נברא.

7. כי אתה אבינו. משום שהעוה״ז, הנוקבא דז״א, הנקראת אתה, השתכלל ונברא במדרגה זו, בסימן ברכה, בב׳. וגם האדם נברא בה ויצא לעולם. לפיכך נחשבת הנוקבא לשורש אל האדם, ואנו אומרים אליה, כי אתה אבינו, כי אתה שורשנו.

8. כי אברהם לא יְדָעָנוּ. אע״פ שבו קיום העולם, החסד, כמ״ש, עולם חסד ייבנה, לא השתדל עלינו כמו שהשתדל על ישמעאל, שאמר, לוּ ישמעאל יחיה לפניך.

״ויגש״. ספר הזהר עם פירוש הסולם. מהד׳ 21 כר׳. כרך ו. דף א; מהד׳ 10 כר׳. כרך ג. דף א.

וישראל לא יכירנו. כי כל הברכות, שהיה צריך לברך את בניו, הניח למדרגה הזאת, הנוקבא, לברך את כולם. כמ״ש, וזאת אשר דיבר להם אביהם. נוקבא נקראת, זאת. דיבר להם, בשבילם, אביהם, שתברך אותם. וכן בברכת אפריים ומנשה, אמר, המלאך הגואל אותי מכל רע, הנוקבא, יברך את הנערים.

9. אתה ה׳ אבינו, הנוקבא. כי את עומדת עלינו תמיד, לברך ולהשגיח עלינו, כמו אב המשגיח על הבנים בכל מה שנצרך להם.

גואלנו מעולם שמך. כי את, הנוקבא, גואל. כי כך היא נקראת, המלאך הגואל. וזהו, גואלנו מעולם שמך. שמך ודאי, כי הנוקבא נקרא שם הוי״ה. ואין מפסיקים בין גאולה לתפילה, בין ברכת גָּאַל ישראל, לתפילת שמונה עשרה, כמו שאין מפסיקים בין ברכת תפילה של יד, לברכת תפילה של ראש.

כתוב, ווייגש אליו יהודה ויאמר בי אדוני, שלכאורה היה מספיק לומר, ויאמר אליו יהודה. אלא, כמ״ש, כי אתה אבינו, שתחילה האדם והנוקבא דז״א שניהם במדרגה אחת, בחסדים המגולים בהארת החכמה. שהאדם נברא עם השם ארך אפיים, שמורה, שמאריך אפו ואינו מגלהו, כדי שהאדם יוכל לקבל ג״ר דהארת החכמה. וכן העולם, הנוקבא דז״א, נבראה עם ב׳, שהיא נקודה בהיכלו, סימן ברכה, התחלה לגילוי המוחין דג״ר של הארת החכמה. כמו שמבואר, שאות א׳ היא חיוֹת נסתרות, חסדים מכוסים מחכמה. וב׳ היא חיוֹת נגלות, חסדים המתגלים בהארת החכמה.

אמרו ישראל אל הנוקבא דז״א, שנקראת אתה, כי אתה אבינו, מטעם היותה עולם המגולה. כי הנוקבא שמחזה ולמעלה דז״א נקראת הוא, נסתר, ולא אתה. ומתוך שהיא עולם המגולה עם הארת החכמה, ע״כ אמרו לה, כי אתה אבינו. כי גם בני ישראל הם ממדרגת עולם המגולה, שע״כ נברא עם השם ארך אפיים.

כי אברהם לא ידענו, שלא השתדל עלינו כמו שהשתדל על ישמעאל, כמ״ש, לוּ ישמעאל יחיה לפניך. כי ישמעאל הוא מל, ולא פרע י״ה, שאינו ממשיך הג״ר דחכמה, שנקרא י״ה. ומילה שלו היא בריקנות, בו״ק, בלי מוחין דהארת חכמה. ולהיותו צריך לחכמה, כי הוא מחזה ולמטה, ואין לו, ע״כ נחשב לפסולת הימין. אמנם אברהם הוא חסדים דימין הבינה, שאינו צריך לחכמה, וע״כ הוא מכוסה מחכמה, כמ״ש, כי חפץ חסד הוא. וע״כ התפלל ביותר על חסדים הנעלמים מחכמה, כי אליהם כל חפצו ותשוקתו. וע״כ כתוב, לוּ ישמעאל יחיה לפניך, ולא אמר כלשון הזה על יצחק.

ונמצא משום זה, אברהם לא ידענו, שאין הדעת שלו מגולה לנו. וישראל לא יכירנו, מטעם שישראל הוא קו אמצעי, שמחזה ולמעלה דז״א, ששם עולם המכוסה מהארת חכמה. וע״כ הברכות, שהיה צריך לברך את בניו, הניח למדרגה הזאת, הנוקבא, לברך את כולם, כי בניו הם מבחינת מחזה ולמטה, שהוא עולם הנגלה בהארת חכמה. וכיוון שהוא רק בחינת חסדים מכוסים, לא היה יכול לברך אותם, וע״כ הניח הברכה שלהם ביד הנוקבא, שהיא עולם הנגלה, שהיא תברך אותם.

הרי שישראל לא יכיר את צרכינו למלא לנו. לפיכך אמרו אל הנוקבא, אתה ה׳ אבינו, הנוקבא. כי את עומדת עלינו תמיד, לברך ולהשגיח עלינו, כמו אב המשגיח על הבנים בכל מה שנצרך להם, הן חסדים והן חכמה. גואלנו מעולם שמך, כי את, הנוקבא, גואל. כי

אין גאולה אלא במוחין של הארת החכמה. וע"כ נקראת הנוקבא, המלאך הגואל, כלפי בני ישראל. וכן יסוד דז"א, הנקרא יוסף, נקרא גואל כלפי הנוקבא, משום שמשפיע לה המוחין הללו של הארת חכמה.

וע"כ, אין מפסיקים בין גאולה לתפילה, בין יסוד לנוקבא, כי לייחד אותם אנו צריכים. וע"כ גם אין מפסיקים בין תפילה של יד, הנוקבא, לבין תפילה של ראש, ז"א.

ובזה התבאר הכתוב, ויגש אליו יהודה. כי יהודה הוא הנוקבא, תפילה. ויוסף הוא גאולה. ומשמיענו הכתוב, שניגשו זה לזה לזיווג, עד ולא יכול יוסף להתאפק. וגילה להם המוחין הללו.

נר"ן

10. כאשר ברא הקב"ה את העולם, עשה את העולם התחתון כעין עולם העליון, ועשה הכול זה כנגד זה, שכל פרט ופרט שבעולם התחתון יש לו שורש כנגדו בעולם העליון, והוא כבודו למעלה ולמטה.

11. וברא אדם על הכול, שהוא כולל ומשלים כל פרטי הבריאה, כמ"ש, אנוכי עשיתי ארץ ואדם עליה בראתי. אנוכי עשיתי ארץ, זה ודאי ואינו צריך להשמיענו. אלא מהו הטעם שעשיתי ארץ? משום, שאדם עליה בראתי, שהוא קיום העולם, ושיהיה הכול שלמות אחד, שתכלית כל העולם ושלמותו, הוא האדם.

12. כה אמר האל, ה' בורא השמיים ונוֹטֵיהֶם, זהו הקב"ה למעלה למעלה, בינה, בורא השמיים, ז"א. הבינה מתקנת את ז"א תמיד, שהיא מאצילה אותו ומשפיעה לו המוחין.

רוקַע הארץ וצאציה, זהו ארץ הקדושה, צרור החיים, הנוקבא.

נותן נשמה לעם עליה, הארץ, הנוקבא, נותנת נשמה.

13. הכול הוא למעלה, בבינה, כי משם, מבינה, יוצאת נשמת חיים לארץ הזו, הנוקבא. והארץ הזו מקבלת הנשמה, לתת לכל, כי נהר, ז"א, נמשך ויוצא. הוא מקבל מבינה, ונותן ומכניס הנשמות לארץ הזו, לנוקבא. והיא מקבלת אותן ונותנת לכל בני אדם הזוכים בה.

14. כאשר ברא הקב"ה את האדם, אסף עפרו מארבע רוחות העולם, ועשה אותו במקום ביהמ"ק שלמטה, הנוקבא, והמשיך עליו נשמת חיים, מביהמ"ק שלמעלה, מבינה.

15. והנשמה כלולה משלוש מדרגות. וע"כ שלושה שמות יש לנשמה: נפש, רוח, נשמה.

נפש, היא תחתונה מכולם, נמשכת מנוקבא התחתונה מע"ס.

רוח, הוא קיום השולט על הנפש, מדרגה שלמעלה ממנה, נמשך מז"א לקיים אותה בכל, הן בחכמה, הן בחסדים.

נשמה, היא קיום עליון על הכול, אור הבינה, העליון על אור ז"א ואור הנוקבא, שהם רוח נפש. ושולטת על הכול, מדרגה קדושה עליונה על כולם, על רוח נפש.

16. ואלו שלוש מדרגות, נר"ן, כלולות באלו שזכו לעבודת ריבונם. כי מתחילה יש לו נפש, והיא תיקון קדוש, שייתקנו בה בני אדם. כיוון שהאדם בא להיטהר במדרגה זו, הוא מיתקן להתעטר עם רוח. והיא מדרגה קדושה השורה על הנפש, שיתעטר בה האדם ההוא שזכה.

17. כיוון שהתעלה בנפש וברוח, ובא ונתקן בעבודת ריבונו כראוי, אז שורה עליו הנשמה, מדרגה עליונה קדושה השולטת על הכול, כדי שיתעטר במדרגה עליונה קדושה, ויהיה אז שלם בכל. שלם מכל הצדדים, לזכות לעוה"ב, והוא אוהבו של הקב"ה, כמ"ש, להנחיל אוהביי יש. אוהביי, אלו שנשמה קדושה בהם.

18. הרי כתוב, כל אשר נשמת רוח חיים באַפָּיו מכל אשר בֶּחָרָבָה מתו. ואם הזוכים לנשמה, הם אוהביו של הקב"ה, למה מתו במבול? ודאי שהם אוהביו של הקב"ה, ולא נשאר מכל אלו שהיה בהם נשמה קדושה, שהם חנוך, יֶרֶד, וכל הצדיקים, שהיו יכולים להגן על הארץ, שלא תישחת בזכותם. ע"כ כתוב, כל אשר נשמת רוח חיים באפיו מכל אשר בֶּחָרָבָה מתו. שכבר מתו והסתלקו מהעולם, ולא נשאר מהם מי שיגן על העולם בזמן ההוא.

19. הכול הם מדרגות על מדרגות, ונפש רוח ונשמה זו למעלה מזו. נפש בתחילה, והיא מדרגה התחתונה. ואח"כ רוח, השורה על הנפש ועומד עליה. נשמה היא המדרגה העולה על הכול.

20. נפש, זוהי נפש דוד, הנוקבא. והיא עומדת לקבל הנפש מהנהר ההוא, הנמשך ויוצא, שהוא ז"א, רוח. זהו רוח העומד על הנפש, ואין קיום לנפש אלא ברוח. רוח השורה בין אש ומים, ת"ת, קו אמצעי, בין גבורה, אש, לבין חסד, מים. ומכאן ניזונה הנפש הזאת.

21. הרוח עומד ומקבל קיום ממדרגה אחרת עליונה, הנקראת נשמה, אשר משם יוצאים רוח ונפש. הנשמה היא אור הבינה, שממנה יוצאים אור ז"א, רוח, ואור הנוקבא, נפש. משם ניזון הרוח. וכשהרוח נוסע, נוסעת אז גם הנפש, והכול אחד. ומתקרבים זה לזה, הנפש מתקרבת אל הרוח, והרוח מתקרב לנשמה, וכולם אחד.

22. וייגש אליו, הוא התקרבות עולם בעולם. התקרבות של עולם התחתון, הנוקבא, נפש, יהודה, לעולם העליון, יסוד דז"א, רוח, יוסף. כדי שיהיה הכול אחד. משום שיהודה היה מלך ויוסף היה מלך, התקרבו זה לזה, והתאחדו זה בזה.

כי הנה המלכים נועדו

23. כי הנה המלכים נועדו, אלו יהודה ויוסף. כי שניהם היו מלכים, וניגשו זה לזה להתווכח, שניהם יחד, משום שיהודה עָרַב את בנימין. וערב אל אביו, בעוה"ז ובעוה"ב. וע"כ ניגש אל יוסף להתווכח עימו על אודות בנימין, שלא להיות בנידוי בעוה"ז ובעוה"ב. כמ"ש, אנוכי אֶעֶרְבֶנּוּ, וחטאתי לאבי כל הימים, בעוה"ז ובעוה"ב.

"ויגש". ספר הזהר עם פירוש הסולם. מהד' 21 כר'. כרך ו. דף ז; מהד' 10 כר'. כרך ג. דף ז.

24. ועל זה כתוב, כי הנה המלכים נועדו, עברו יחדיו. עברו יחדיו, שהתרגזו יחדיו, שהתרגזו זה לזה בשביל בנימין. וכמ״ש, הֵמָּה ראו כן תָּמָהוּ, נבהלו נחפָּזו רעדה אֲחָזָתם שָׁם, לכל אלו שהיו שם.

25. חִיל כַּיּוֹלֵדָה, משום שהיו יראים להרוג או להיהרג. והכול היה בשביל בנימין. והנה יוסף נמכר בעצת יהודה ואבד מאביו, ועתה עָרַב את בנימין, והיה מתיירא שלא יֹאבד. ומשום זה, וייגש אליו יהודה.

27. כי הנה המלכים נועדו, עניין האמונה כאן, שהיא הנוקבא. כי כשנגלה הרצון, והייחוד התעטר בזו״ן כאחד, אז שני העולמות זו״ן, מתקשרים יחד, ונועדים יחד. ז״א, לפתוח האוצר ולהשפיע. הנוקבא, ללקוט ולאסוף לתוכה את השפע. ואז, כי הנה המלכים נועדו, שהם שני עולמות, עולם העליון, ז״א, ועולם התחתון, הנוקבא.

28. עברו יחדיו. משום שכל העוונות שבעולם אינם נעברים להתכפר, עד שזו״ן מתחברים יחד. כמ״ש, ועובר על פשע. ועד״ז, עברו יחדיו, עברו העוונות. התכפרו, משום שבהארת הזיווג מאירים פני כל, וכל העוונות מתכפרים.

29. בתיקון הקורבנות, כשנקרב הקורבן, והכול מקבלים הספקתם, כל אחד כראוי לו, אז מתקשר הכול כאחד, ומאירים כל הפנים, וקשר אחד נמצא, שהוא זיווג אחד. ואז, המלכים נועדו, שנועדו יחד לכַפר על העוונות להעביר אותם. המלכים נועדו, הם זו״ן, שהתקשרו יחד. עברו יחדיו, לכפר העוונות, כדי להאיר כל הפנים, ושיהיה הכול רצון אחד.

30. הֵמָּה ראו, כן תָּמָהוּ. האם המלכים ראו ותָמָהוּ? לא, אלא הם בעלי הדין, ששמחתם היא לעשות הדין שהצטוו עליו. ואז, כשהמלכים נועדו שניהם ברצון אחד, אז כמ״ש, הֵמָּה ראו, אותו הרצון של שני העולמות, זו״ן. כן תמהו נבהלו נחפזו, כי כל בעלי הדין שקטו ועברו מהעולם, ואינם יכולים לשלוט. ואז עבר קיומם ועברה שליטתם.

31. וייגש אליו יהודה. מה הטעם, שניגש יהודה? כי הוא עָרֵב. כמ״ש, כי עבדך עָרַב את הנער. יהודה ויוסף היו צריכים להתקרב יחד, משום שיוסף הוא צדיק, יסוד דז״א, יהודה הוא מלך, מלכות, נוקבא דז״א. וע״כ, וייגש אליו יהודה, משום שהקירבה שלהם שקרבו יחד, גרמה הרבה טובות לעולם, גרמה שלום לכל השבטים. גרמה שלום ביניהם עצמם, בין יהודה ליוסף. גרמה ליעקב, שהרוח שלו חזר לתחייה, כמ״ש, ותחי רוח יעקב אביהם. וע״כ קִרבת זה בזה הייתה נצרכת בכל הצדדים, למעלה ולמטה.

יפה נוף

32. יפה נוף משׂושׂ כל הארץ הר ציון יַרְכְּתֵי צפון קריית מלך רב. זהו עניין האמונה. יפה נוף, זהו יוסף הצדיק, כמ״ש, ויהי יוסף יפה תואר ויפה מראה. משוש

"ויגש". ספר הזהר עם פירוש הסולם. מהד' 21 כר'. כרך ו. דף ט; מהד' 10 כר'. כרך ג. דף ט.

כל הארץ, הוא ששון ושמחה למעלה ולמטה. הר ציון ירכתי צפון, משום שבחלקו של יוסף עומד משכן שילה.

הר ציון זהו ירושלים, הנוקבא. ירכתי צפון, כן הוא ודאי למעלה ולמטה, אשר הן ביהמ״ק של מעלה, הנוקבא, והן ביהמ״ק של מטה, הם בבחינת צפון, בהארת השמאל דבינה, שהיא הארת החכמה.

33. קריית מלך רב, מקום מתוקן לפני מלך רב. זהו מלך העליון על כל קודש הקודשים. כי משם באים כל האורה וכל הברכות וכל חדוות כל, שמשם מאירים כל הפנים, וביהמ״ק מתברך משם. וכשהיא מתברכת, יוצאות משם הברכות לכל העולם. כי כל העולם מתברך משם.

שישים נשימות

[שתין נשמין]

34. דוד המלך היה נם כסוס ושנתו מועטת. וא״כ, איך היה קם בחצות לילה, הרי שיעור של שישים נשימות של שנת הסוס מעט הוא, ולא היה מקיץ אפילו בשליש לילה?

35. אלא בשעה שבא לילה, היה יושב עם כל גדולי ביתו ודן דינים, ועסק בדברי תורה. כלומר, שלא הלך לישון בתחילת הלילה, אלא סמוך לחצות לילה. ואח״כ היה ישן את שנתו עד חצות לילה, וקם בחצות לילה, והתעורר ועסק בעבודת ריבונו בשירות ובתשבחות.

36. כי דוד המלך חי וקיים לעולם ולעולמי עולמים, ודוד המלך היה שומר עצמו כל ימיו שלא יטעם טעם מיתה, משום ששינה הוא אחד משישים במיתה. ודוד, משום מקומו, שהוא חי, לא ישן אלא שישים נשימות. כי עד שישים נשימות חסר אחת, הוא חי. משם והלאה טועם האדם טעם המוות, ושולט עליו הצד של רוח הטומאה.

37. וזה שהיה דוד המלך שומר את עצמו, שלא יטעם טעם המוות, ולא ישלוט עליו הצד של הרוח האחר, משום ששישים נשימות חסר אחת, הן של החיים שלמעלה, עד שישים נשימות הן שישים נשימות עליונות, והחיים תלויים בהן, ומכאן ולמטה הוא המוות.

38. ועי״כ היה דוד המלך משער השיעור של הלילה עד חצות, כדי שיתקיים בחיים ולא ישלוט עליו טעם המוות. וכשנחצה הלילה, היה דוד מתקיים במקומו, במדרגתו, שהוא חי וקיים, כי הקיץ משנתו ואמר שירות ותשבחות. כי כשמתעורר חצות לילה, וכתר הקדוש, הנוקבא, מתעורר, צריך שלא ימצא את דוד מתקשר במקום אחר, במקום המוות.

39. משום שכאשר נחצה הלילה והקדושה העליונה מתעוררת, ואדם הישן במיטתו אינו מתעורר, שאינו מקיץ משנתו להשגיח בכבוד ריבונו, הרי הוא מתקשר במוות, ומתדבק במקום אחר, בס״א. וע״כ היה קם תמיד דוד המלך בחצות לילה, להשגיח בכבוד

ריבונו, חי אצל חי, ולא נם בשנתו עד לטעום טעם המות, ומשום זה היה נם כסוס, שישים נשימות ולא בשלמות, שהיו חסרות אחת.

שינה, סתימת העיניים, המוחין, כמו הישֵׁן השוכב בעצימת העיניים בלי דעת. ושורשו נמשך משליטת הארת קו השמאל, חכמה, בעת שהיא במחלוקת עם קו הימין, חסדים, שמטעם שאין החכמה יכולה להאיר בלי חסדים, המוחין נסתמים.

והיקיצה משינה נמשכת מהקו האמצעי. כי מצב השינה נמשך עד עליית הקו האמצעי עם המסך דחיריק שבו, שהוא נקודת מנעולא, הממעט את קו השמאל ומכלילו בימין, שהחכמה שבשמאל נכללת בחסדים שבימין. ואז נפתחים המוחין, והחכמה יכולה להאיר.

ומכאן ההפרש הגדול בין חג"ת דז"א שמחזה שלו ולמעלה, לבין נה"י שמחזה שלו ולמטה. כי ג' קווים דז"א נקראים חג"ת. שבעת שהחסד במחלוקת עם הגבורה, נמשך לו השינה. וכשהת"ת שלו, קו אמצעי, מכריע ועושה שלום ביניהם, עם כוח המסך דמנעולא שבו, הוא ממשיך היקיצה, כלומר המוחין נפתחים.

כי אז החכמה שבשמאל נכללת עתה בחסדים שבימין, ויכולה להאיר. הרי שהמסך דמנעולא נמצא בת"ת, בקו אמצעי. והיא נקודת החזה שבת"ת, ששם משכן מסך דמנעולא, העושה שלום בין הקווים.

ונודע שהמוות נמשך ממנעולא, בעניין לא זכה הרי רע, שהוא גילוי הצמצום שבמלכות, שאינה ראויה לקבל אור החכמה, אור החיים. וע"כ בגילויה מת האדם, שאור החיים פורח ממנו. אבל בתיקון היקיצה, ההיפך, היא נעשית לגורם כל החיים, כי לולא המנעולא שבקו האמצעי שבנקודת החזה, לא היה יכול ז"א להקיץ משנתו, והעיניים, החכמה, היו סתומים לעולם, מחמת שאינה מאירה בלי חסדים. הרי שכל גילוי המוחין במסך דמנעולא תלויים.

ומכאן ההפרש בין חג"ת שמחזה ולמעלה לנה"י שמחזה ולמטה. כי אין המסך והדין שבו יכול לפעול משהו למעלה ממקום מציאותו. ולפיכך חג"ת שלמעלה מנקודת החזה, אין בו כלום מהדין של המנעולא, שהוא המוות. אבל נה"י דז"א שלמטה מנקודת החזה, כבר המוות שבמנעולא פועל עליהם.

אלא יש כאן לנקודת המנעולא שבחזה פעולה הפוכה, שהיא תיקון היקיצה. כי נעשתה כאן לגורם החיים, מכוח ההכרעה, שהיא בלתי אפשרית בלעדיה. ולפיכך גם הנה"י בחיים ובקדושה. ואין כוח המוות שולט בהם אף משהו.

והנה הנוקבא, שנקראת לילה, מקבלת בניין ספירותיה מז"א. וע"כ נחלקת גם היא על נקודת החזה כמוהו. שמנקודת חצות לילה, מחזה ולמעלה, שש שעות הראשונות עד חצות לילה, אין שם כוח הדין והמוות מנקודת המנעולא כלל. אלא מנקודת החזה ולמטה, שש שעות השניות, אם יש בהם תיקון היקיצה, נעשו גם הם חיים וקדושה, כמו החג"ת שלמעלה.

אבל אם אין בהם תיקון היקיצה, ההכרעה שבקו אמצעי, אלא שנמשכת שליטת השמאל בלי ימין, השינה, הנה אז מתעורר כוח המוות שבמנעולא שבנקודת החזה, ונמצאים הנה"י שמחזה ולמטה, שש שעות השניות אחר חצות לילה, שהם בשליטת המוות והס"א.

אמנם מלכות דוד, היא מחזה ולמעלה של הנוקבא, שש שעות ראשונות לפני חצות לילה, רביעי לאבות, שהם חג"ת. כמ"ש, דוד המלך חי וקיים לעולם ולעולמי עולמים. כי מקומו מחזה ולמעלה של הנוקבא, שש שעות

ראשונות שלפני חצות, ששם כולו חיים, ואין כוח הדין והמוות שבנקודת המנעולא שבחזה יכול להגיע שם אפילו משהו. הרי שהוא חי וקיים.

ודוד המלך היה שומר עצמו שלא יטעם טעם מיתה, שלא ימשיך בשינה לאחר חצות לילה, ששם כבר שולט המוות. משום ששינה היא אחד משישים במיתה, כי מכוח התכללות הספירות זה בזה, יש ו"ס חג"ת נה"י, שכל אחת כלולה מעשר, שישים נשימות מחזה ולמעלה. וכן ו"ס חג"ת נה"י, שישים נשימות מחזה ולמטה.

וכיוון שנקודת המנעולא, שהיא גורם המוות, עומדת בנקודת החזה, במלכות דיסוד שמחזה ולמעלה, נמצא שהיָשֵן בשש שעות ראשונות שבלילה, יש לו שם גורם המוות בספירה אחת האחרונה משישים הספירות. הרי שהשינה אחת משישים ממיתה, כלומר, שבספירה אחת משישים שבה, יש מיתה, נקודת החזה, העשירית של ספירת היסוד.

עד שישים נשימות חסר אחת, הוא חי, שש שעות, שכל אחת כלולה מעשר, והן שישים נשימות, שמלפני נקודת חצות לילה, נקודת החזה שבנוקבא, ששם החיים בלי שום כוח דין כלל. אבל חסר אחת, העשירית שביסוד, נקודת חצות לילה עצמה, ששם שוכנת המנעולא, שהיא גורם המיתה. הרי שהחיים הם רק בשישים חסר אחת.

משם והלאה טועם האדם טעם המוות, משש השעות השניות, כי כוח המוות שבנקודת החצות, המנעולא, שולט על שש השעות שלאחריה, וע"כ הישן בהן, טועם בהכרח טעם המוות. החיים שלמעלה אינם נמשכים יותר משישים נשימות, עד נקודת החזה, נקודת חצות לילה, שהן שישים הנשימות העליונות, למעלה מחזה, שאין כוח הדין פועל כלום למעלה ממקום מציאותו.

וע"כ היה דוד המלך משער השיעור של הלילה עד חצות והיה ישן שישים נשימות חסר אחת, עד נקודת חצות לילה, שהקיץ בה ולא ישן, שהיה ממשיך אליה את תיקון היקיצה, ההופך את נקודת המנעולא שבחצות לילה. ומה שהייתה גורם המוות, נעשתה לגורם החיים.

כי כאשר נחצה הלילה והקדושה העליונה מתעוררת, כלומר, שנעשה למעלה תיקון היקיצה, ע"י קו אמצעי, ההופך את נקודת החזה שבנוקבא ממוות לגורם החיים, מטומאה לקדושה. ואדם הישן במיטתו אינו מתעורר משנתו להשגיח בכבוד ריבונו, הרי הוא מתקשר במוות.

כי אותו אדם הישן אז, נמצא ממשיך ע"י זה את שליטת השמאל, שורש השינה. ונקודת המנעולא שבנקודת החצות, נשארת בעדו לגורם המיתה, כי לא נכלל בתיקון היקיצה ההופכת אותה ממוות לחיים. הרי שמתקשר במוות, שליטת הס"א והטומאה.

וע"כ היה קם תמיד דוד המלך בחצות לילה, להשגיח בכבוד ריבונו חי אצל חי, כי מדרגתו הוא חי, שהיה מרכבה למחזה ולמעלה, רביעי לאבות, שאין כוח הדין והמוות שבנקודת החזה פועל כלום למעלה ממקום מציאותו.

וכשקם ועשה תיקון היקיצה, נעשה מרכבה לתיקון זה שבנקודת החזה שבנוקבא, המתעורר באותו זמן שהוא חי, שהנקודה מוחזרת ממוות לחיים. ומשום זה היה נם כסוס, שישים נשימות, שש שעות שמלפני נקודת החצות, ולא בשלמות. כי בנקודת החצות לא ישן, שהיא אחד משישים במיתה, אלא שהחזיר אותה ממוות לחיים ע"י היקיצה.

41. הוי"ה בחכמה יָסד אָרֶץ. כשברא הקב"ה את העולם, ראה שאינו יכול

להתקיים. כי העולם נברא בשליטת קו שמאל, חכמה בלי חסדים, ואין החכמה מאירה בלי חסדים, וע"כ לא יכול להתקיים. עד שברא את התורה, קו האמצעי. ז"א, הנקרא תורה, שהכליל ב' הקווים ימין ושמאל זה בזה. ונכללה החכמה בחסדים, ואז האירה החכמה. אשר ממנה, מקו אמצעי, יוצאים כל ההנהגות העליונים והתחתונים, ובה מתקיימים העליונים והתחתונים. וזהו שכתוב, הוי"ה, ז"א, קו אמצעי, בחכמה יסד ארץ.

יסד הארץ בחכמה, כי הלביש החכמה בחסדים, והתקיימה הארת החכמה בעולם. ובחכמה מתקיימים כל קיומי העולם והכול יוצאים ממנה. כמ"ש, כולם בחכמה עשית.

42. ה' בחכמה יסד ארץ, כונֵן שמיים בתבונה. העולם העליון, תבונה, לא נברא אלא ע"י חכמה. ועולם התחתון, הנוקבא, לא נברא אלא מתוך חכמה תחתונה, החכמה המתלבשת בנוקבא. נמצא, שכולם יצאו מחכמה עליונה.

כונן שמיים בתבונה, כונן הוא תבונה, המכוננת את ז"א, שמיים. ולא נתקן בפעם אחת, אלא בכל יום ויום מתקן אותו.

43. כמ"ש, ושמיים לא זַכּוּ בעיניו. האם ייתכן שהוא חיסרון לשמיים? אלא יתרון הוא לשמיים, משום האהבה והתשוקה הגדולה, שהקב"ה, תבונה, חָפֵץ בשמיים, ז"א, ואהבתו אליו. ואע"פ שהוא מתקן אותם בכל יום ויום, אינם נראים בעיניו כמתוקנים כראוי, מפני שאהבתו אליו, וחפצו להאיר להם תמיד בלי הפסק.

כי עוה"ב, תבונה, מוציא אורות מתנוצצים בכל יום ויום תמיד בלי הפסק, כדי להאיר אליהם תמיד. וע"כ לא זכו בעיניו. כתוב, בעיניו, להורות שבאמת הם זכים, אלא מתוך התשוקה להשפיע להם, נראים לו כאינם זכים. ומשום זה כתוב, כונן שמיים בתבונה.

44. כונן שמיים בתבונה. מי הוא שמיים? האבות, חג"ת. האבות הוא יעקב, קו אמצעי, ת"ת, הכולל שלהם, כי קו אמצעי כולל בתוכו הימין והשמאל, אברהם ויצחק. כי יעקב, תפארת האבות הוא, והוא עומד להאיר על העולם, הנוקבא.

45. ומשום שהוא מתעלה בתוך עוה"ב, שעולה ומלביש לישראל סבא, שנקרא עוה"ב, חסדים מכוסים, וע"כ אין בו מקום לגילוי הארת חכמה. וע"כ יוצא ממנו ענף אחד יפה מראה, באור החכמה, הנקרא ראייה ומראֶה. וכל האורות, חכמה וחסדים, יוצאים ממנו. וכל שׂובע ושמֶן המשחה להאיר לארץ, לנוקבא. והענף הזה הוא יוסף הצדיק, שנותן שׂובע, הארת חכמה, לכל העולם. והעולם ממנו ניזון, שהוא הארת החסדים. ומפני זה, כל מה שעושה הקב"ה, הכול הוא בסוד עליון, והכול הוא כראוי להיות.

46. מתוך כך ודאי הוא שאלו שישים נשימות, שש השעות שמקודם חצות לילה, הם של חיים, בין למעלה בעולמות העליונים, מחזה ולמעלה של הנוקבא, ובין למטה בעוה"ז. ואחר נקודת החצות יש שישים נשימות אחרות, חג"ת נה"י שמחזה ולמטה, שהן כולן מצד המוות, ומדרגת המוות עליהם, נקודת המנעולא שבנקודת החזה, שהוא גורם כל מוות שבעולם. ואלו שישים נשימות שמחזה ולמטה, נקראות תרדמה. וכולן הן טעם המוות.

47. ומשום זה דוד המלך היה מתדבק באלו שישים נשימות של חיים, בשש

השעות שמקודם חצות לילה, שלמעלה מחזה. שאין כוח הדין והמוות שבנקודת החזה יכול להגיע אליהם. ומשם והלאה לא היה ישן כלל. כמ״ש, אם אֶתן שְׁנַת לעיניי.

48. דוד המלך אמר, ה׳ אלקי ישועתי, יום צעקְתי, בלילה נגדך. דוד המלך היה קם בחצות לילה ועסק בתורה בשירות ובתשבחות לשמחת המלך והגבירה. וזהו שמחת האמונה בארץ, משום שזהו שבח של האמונה, השכינה, הנראית בארץ.

49. כי למעלה פותחים בשמחה, שירה, כמה מלאכים עליונים בכמה אופנים, שהם משבחים בלילה בכל הצדדים, אפילו בהארת צד שמאל. כי אז שליטת הנוקבא, כמ״ש, וַתָּקָם בעוד לילה. כעין זה למטה בארץ, מי שמשבח בארץ אל הקב״ה בלילה, חפץ בו הקב״ה. וכל המלאכים הקדושים המשבחים אל הקב״ה, כולם מקשיבים לאותו המשבח אל הקב״ה בלילה בארץ. כי שירה זו היא בשלמות, להגדיל כבוד הקב״ה מלמטה, ולזמר בשמחת הייחוד.

50. דוד המלך אמר, ה׳ אלקי ישועתי. מתי ה׳ אלקי ישועתי? הוא ישועתי ביום ההוא שהקדמתי שירה בלילה אליך, כי אז הוא ישועתי ביום.

51. כי בלילה מי שמשבח לריבונו ברינה של תורה, מתחזק אז בגבורה ביום בצד ימין, חסד. שהחכמה, שקיבל בלילה מצד שמאל, מתלבש ביום בחסד מצד ימין. כי חוט אחד של חסד יוצא מצד ימין. ואז הוא נמשך עליו ומתחזק בו. וע״כ אמר דוד, ה׳ אלקי ישועתי, יום צעקְתי.

52. ומשום זה אמר, לא המתים יהללו יה. לא המתים, משום שחי לחי צריך לשבחַ. ומת לחי אינו כן, שכתוב, לא המתים יהללו יה. ואנחנו נברך יה, כי אנחנו חיים, ואין לנו חלק בצד המוות כלום. דוד המלך הוא חי, וקרב לחֵי העולמים, ומי שקרב אליו, לחי העולמים, הוא חי, כמ״ש, ואתם הדבקים בה׳ אלקיכם חיים כולכם היום. וכתוב, ובְנָיָהוּ בן יְהוֹיָדָע בן איש חי רב פעלים מִקַּבְצְאֵל.

ואכלת ושׂבעת ובירכת

53. ואכלת ושׂבעת ובירכת את ה׳ אלקיך. והאם אין אנו מברכים את הקב״ה מטרם שאנו אוכלים, כי אסור לאכול מטרם שמברך לריבונו? וכתוב, ואכלת ושבעת ובירכת, משמע שאין לברך אלא אחר האכילה.

54. אלא זה שאנו מברכים קודם האכילה, הוא ברכת התפילה לייחוד זו״ן. וזה שלאחר האכילה, הוא ברכת המזון. וצריכים לב׳ דברים:

א. להראות שׂובע למדרגת האמונה, הנוקבא, כראוי,

ב. לברך אותה כראוי, כדי שאותה מדרגת האמונה תרווה ותתברך ותתמלא שמחה מחיים העליונים כפי שצריך, כדי שתיתן לנו מזונות.

55. כי קשים מזונותיו של אדם לפני הקב"ה כקריעת ים סוף. משום שמזונות העולם מלמעלה הם, מז"א, מהמסך דחיריק שבקו אמצעי. כי בנים חיים ומזונות, אין הדבר תלוי בזכות, אלא הדבר תלוי במזל. ומשום זה, קשים לפניו מזונות העולם, משום שהדבר תלוי במזל, שממנו יוצאים בנים חיים ומזונות. וע"כ קשה לפניו מזונות העולם, כי אינם ברשותו, מטרם שהוא מתברך מהמזל.

בתחילה הייתה הנוקבא גדולה וזכה כמו ז"א, והייתה דבוקה בו מאחוריו. אלא שהמוחין לא היו מאירים אז בנוקבא, מחמת חיסרון של לְבוש דחסדים, ולא הייתה משפיעה כלום לתחתונים. וע"כ מיעטה הנוקבא את עצמה, לנקודה תחת יסוד דז"א, שנכללה במסך דחיריק שבקו האמצעי שמחזה ולמטה דז"א, ונוסרה לפרצוף נפרד ממנו. שמחמת המיעוט הזה אין לה עוד מעצמה שום אור, וצריכה לקבל הכול מלמעלה, מז"א.

וע"כ נאמר, בנים חיים ומזונות, אין הדבר תלוי בזכות. שהרי בזמן שהייתה הנוקבא גדולה וזכה, כמו ז"א, לא יכלה להשפיע בנים חיים ומזונות לתחתונים. אלא, הדבר תלוי במזל, בז"א, שיסוד שלו נקרא, מזל. שנוקבא צריכה להיכלל במסך דחיריק שביסוד דז"א. ואז מתלבש החכמה שלה בחסדים, ויכולה להשפיע בנים חיים ומזונות לתחתונים.

וקשים מזונותיו של אדם לפני הקב"ה, הנוקבא, כקריעת ים סוף, הוא משום שמזונות העולם מלמעלה הם, מז"א. וכאשר הנוקבא צריכה לקבל מלמעלה, מז"א, אשר אז היא מחויבת להתמעט, ע"כ קשים לפניה מזונותיו של אדם. כי כדי להשפיע מזונות לעולם, היא מתמעטת ואין לה מעצמה ולא כלום.

ומשום זה צריכים לב' דברים:

א. לברך אותה כראוי, כדי שאותה מדרגת האמונה תרווה ותתברך ותתמלא שמחה מהחיים העליונים כפי שצריך, כדי שתיתן לנו מזונות. ולהמשיך לה עתה, אחר שהתמעטה, כל החיים והטוב של מעלה, מז"א, כדי שתיתן לנו מזונות.

ב. להראות שׂובע למדרגת האמונה, הנוקבא, כראוי, כי בזה שאנו מראים את עצמנו בשׂובע, היא מתנחמת על מיעוטה שהתמעטה בשבילנו.

56. וגם קשים לפניו הזיווגים שבעולם. והכול, הן בנים והן חיים והן מזונות, הוא משום שהרקיע, וילון, אינו משמש כלום, וכש"כ, בנים חיים ומזונות, הנמצאים למעלה במקום אחר, וע"כ נצרכה להתברך, שתקבל משם.

הרקיע, וילון, הנוקבא, אחר שהתמעטה, אין לה מעצמה ולא כלום. והכול, הן בנים והן חיים והן מזונות, הוא משום שהרקיע, וילון, אינו משמש כלום, כי התמעטה ואין לה מעצמה ולא כלום, ע"כ צריכים להראות עצמו שׂבע, וע"כ צריכים לברך אותה שתקבל מעליון.

57. כל הזיווגים שבעולם קשים לפני הנוקבא, משום שכאשר נעשה הזיווג להוליד נשמות, יוצאות כל הנשמות מהמזל הזה שלמעלה, מנהר הנמשך ויוצא מעדן, יסוד דז"א. וכשההשתוקקות נמצאת להמשיך מלמטה למעלה, להמשיך הארת החכמה, שנמשכת רק מלמטה למעלה, אז פורחות הנשמות אל הנוקבא, ונעשות כולן באותה המדרגה כלולות זכר ונקבה יחד. ואח"כ הוא מפריד אותם, כל אחד למקומו כראוי לו. ואח"כ קשה לפנֵי המדרגה הזו, לחזור ולחבר אותם זכר ונקבה כבתחילה. משום שאינם מתחברים, רק כאֵלו האורחות של בני אדם, והכול תלוי למעלה.

הנוקבא בתחילה נאצלה גדולה כמו ז"א ודבוקה באחוריו. ואח"כ ע"י

שנכללה במסך דחיריק דז״א, נוסרה לפרצוף נפרד ממנו. כן הוא בנשמות בני אדם הנולדות מהנוקבא. שבתחילה, כשמקבלים מהארת השמאל שבנוקבא, שהיא הארת חכמה, נמצאים כל זכר ונקבה של הנשמות דבוקים זה בזה מאחוריהם. ואח״כ הנוקבא מאירה להם המסך דחיריק, ואז הם נפרדים זה מזה.

וכאשר ההשתוקקות נמצאת להמשיך מלמטה למעלה, כשנמשך הארת החכמה שבשמאל מלמטה למעלה, אז פורחות הנשמות אל הנוקבא ונעשות כולן באותה המדרגה כלולות זכר ונקבה יחד, שדבוקים זה בזה מאחוריהם, כמו הנוקבא שדבוקה באחורי ז״א בעת שהיא בהארת השמאל. ואח״כ הוא מפריד אותם, ע״י שמאירה אליהם המסך דחיריק, הם נפרדים זה מזה.

ונודע שתחילת הארת המסך דחיריק היא בכוח המנעולא. ואינה ראויה לקבל מוחין, עד שנמתקת בבינה ונתקנה במפתחא. ונאמר, שאח״כ קשה לפני המדרגה הזו, לחזור ולחבר אותם זכר ונקבה כבתחילה, כי מחמת התכללותם במסך דמנעולא, אינם ראויים לזיווג. משום שאין הם מתחברים לזיווג, אלא רק אחר שנתקנו באורחות, אחר שקיבלו המסך דמפתחא, המכונה אורַח. כי אז, אמא משאילה בגדיה לבתה, וכן זכר ונקבה דנשמות בני אדם.

58. וע״כ קשים מזונותיו של האדם לפניו כקריעת ים סוף. כי קריעת ים סוף הייתה, כדי לפתוח בו שבילים למעלה, וכמו שנפתחים שבילים ואורחות בו, כן התבקע ונפתח.

הארות המנעולא נקראות שבילים, כמ״ש, ושבילךָ במים רבים. והארות המפתחא נקראות אורחות, כמ״ש, ואורַח צדיקים כאור נוגַה. והנה כל הקושי שבקריעת ים סוף היה, שב׳ פעולות הפוכות היו בה:

א. שהיה צריך להטביע את המצרים, הנמשכים מג״ר דחכמה שבשמאל, שאין זה אלא בכוח גילוי המנעולא, שביל.

ב. והיה צריך להמשיך חיים והצלה לישראל, הנמשכים מו״ק דחכמה שבשמאל, שאין זה אלא בהסתר המנעולא ובגילוי המפתחא, כי אין מוחין נמשכים אלא במפתחא, אורַח.

וע״כ נאמר, קשים מזונותיו של אדם לפני הקב״ה כקריעת ים סוף, שקריעת ים סוף הייתה לפתוח שבילים למעלה, לגלות המנעולא, כדי להטביע את המצרים. ונמצא שהיו נפתחים שבילים במנעולא להטביע את המצרים, ואורחות במפתחא בְשביל ישראל. וכמו שנפתחים שבילים ואורחות בו, כן התבקע ונפתח, כי כלולים ב׳ פעולות הפוכות זו מזו בקריעת ים סוף. כי כמו שהיו נפתחים שבילים בכוח המנעולא, ואורחות בכוח המפתחא, כן נבקע הים ונפתח להטביע המצרים ולהציל את ישראל.

וזה הקושי שבקריעת ים סוף. ואלו ב׳ פעולות הפוכות הן ג״כ במיעוט של הנוקבא, כדי להשפיע מזונות לתחתונים. וע״כ קשים מזונותיו של אדם כקריעת ים סוף.

59. וע״כ הכול תלוי למעלה, כי אחר שהתמעטה, אין לנוקבא מעצמה ולא כלום. וצריכים לברך אותה, ולתת לה חוזק מלמעלה, כדי שתתברך ותקבל מלמעלה, מז״א, ותתחזק כראוי. וע״כ כתוב, ובירכת את ה׳. המילה אֶת, רומזת על הנוקבא.

60. ואל המקום הזה, הנוקבא, צריכים להראות לפניה שובע והארת הפנים. כלומר, שצריכים ב׳ דברים.

ובזמן שהס״א שולטת בעולם, צריכים להראות לפניה רָעָב, כי המדרגה ההיא

דס״א היא רעב, וראוי להראות לפניה רעב ולא שובע, כי השובע אינו שולט בעולם בסיבתה.

וע״כ כתוב, ואכלת ושׂבעת ובירכת את ה׳ אלקיך. כי בזמן שליטת הקדושה יש שובע בעולם. שהשובע יתגלה עם שליטת הקדושה, והרעב עם שליטת הס״א.

61. אשריהם הצדיקים שקִרבתם זה לזה מביאה שלום בעולם, משום שיודעים לייחד הייחוד ולעשות קירבה להרבות שלום בעולם. כי יוסף ויהודה, כל עוד שלא התקרבו זה לזה, לא היה שלום. כיוון שהתקרבו ביחד יוסף ויהודה, אז התרבה השלום בעולם. והתווספה שמחה למעלה ולמטה בעת שהתקרבו יהודה ויוסף. וכל השבטים היו נמצאים יחד עם יוסף. והקירבה ההיא הרבתה שלום בעולם. כמ״ש, וייגש אליו יהודה.

ולא יכול יוסף להתאפק

62. הקב״ה ברא העולם, והמשיל את האדם עליו, שיהיה מלך על הכול.

63. ומהאדם הזה נפרדים בעולם כמה מינים. מהם צדיקים, מהם רשעים, מהם טיפשים, מהם חכמים. וכל ד׳ מינים הללו מתקיימים בעולם, עשירים ועניים, כדי שיזַכו וייטיבו אלו עם אלו. שייטיבו הצדיקים עם הרשעים להחזירם בתשובה. וייטיבו החכמים עם הטיפשים ללמדם שכל. וייטיבו העשירים עם העניים למלא מחסורם.

כי ע״י זה זוכה האדם לחיי עולם, ומתקשר בעה״ח. כמ״ש, פיזַר נתן לאביונים. וצדקה שעושה עומדת לעד, שנוקבא נבנית ממנה, שהיא נקראת עַד, כמ״ש, וצִדקתו עומדת לעד.

64. כאשר ברא הקב״ה את העולם, העמיד אותו על עמוד אחד. וצדיק שמו, היסוד. וצדיק זה הוא קיום העולם. שמקיים את הנוקבא, הנקראת עולם. וזהו שמשקה, בהארת חכמה, וזן, בהארת חסדים, לכל. כמ״ש, ונהר, היסוד, יוצא מעדן להשקות את הגן, ומשם ייפרד והיה לארבעה ראשים.

65. ומשם ייפרד, אותו מזון ומשקה של נהר, שמקבל הגן, הנוקבא. ואח״כ מתפזר המשקה לד׳ רוחות העולם, שבאי עולם כולם מושקים ממנו. וכמה הם המצפים לשתות ולהיזוֹן משם, כמ״ש, עיני כל אליך ישַׂבֵּרו ואתה נותן להם את אוכלם בעיתו.

וע״כ, פיזַר נתן לאביונים, זהו הצדיק, יסוד, המפזר ונותן שִׁפעו השלם מחכמה ומחסדים, המַשלים לכל האביונים שבעולם.

צִדקתו עומדת לעד, זוהי כנ״י, הנוקבא, צדקה. שמשום שמקבלת השפע השלם מהיסוד, היא עומדת בשלום, בקיום שלם, עומדת לעד.

רָשע יראֶה וכָעָס, מלכות עכו״ם, מלכות דס״א, המקנאת אז את המלכות דקדושה.

66. מלכות שמיים, הנוקבא דז״א, ביהמ״ק, המקיימת כל העניים בצל

משכנה של השכינה. וצדיק, יסוד דז"א, נקרא גבאי צדקה, לחונן ולזון את כל העניים שבצילה של השכינה. משום זה גבאי צדקה מקבלים שכר, נגד כולם שנתנו להם הצדקה, להיותם מרכבה ליסוד דז"א, הנקרא גבאי צדקה, ושהוא כולל לכל הספירות שממעלה ממנו.

67. כתוב, ולא יכול יוסף להתאפק לכל הניצבים עליו, הם כל העומדים להיזון ולשתות ממנו, שהיסוד, הנקרא יוסף, לא יכול להתאפק, שלא לתת להם השפע שלהם.

ולא עמד איש איתו, בהתוודע יוסף אל אחיו. איתו, זוהי כנ"י, הנוקבא. שלא עמד איש איתה בהתוודע בעת הזיווג, כי זיווג מכונה ידיעה. אחיו, אלו הם שאר המרכבות והצבאות, כמ"ש, למען אחיי ורעיי, שבשבילם הזדווג עם הנוקבא, לתת להם שִׁפעם. ופירוש הכתוב הוא, בהתוודע יוסף, שהזדווג יוסף עם השכינה בשביל אחיו. כי, אֶל, הוא בשביל.

וכן בזמן שהקב"ה בא להזדווג עם כנ"י, כמ"ש, בהתוודע יוסף אל אחיו, כשהקב"ה היה מתחבר בישראל, לא עמד איש מהאומות איתו בעת זיווגו עם הנוקבא. משום שהם לבדם מקבלים אז מהארת הזיווג, ואין חיבור מהעמים עכו"ם עימהם. משום זה כתוב, ביום השמיני עצרת תהיה לכם. כי בזמן ההוא הקב"ה בחיבור אחד עם ישראל בלבד, כמ"ש בהם, אחיי ורעיי.

68. בזמן הגאולה, שהקב"ה יקים את כנ"י מעפר, וירצה לנקום נקמתו מעמים עכו"ם, אז כתוב, ומעמים אין איש איתי. כמ"ש כאן, ולא עמד איש איתו בהתוודע יוסף אל אחיו. וכמ"ש, וינטלֵם וינשאֵם כל ימי עולם.

כתוב בזמן הגאולה, ומעמים אין איש איתי, שאין שום כוח מס"א שיוכל להפריע לו מזה, כן הוא פירוש הכתוב, ולא עמד איש איתו, ששום כוח מס"א לא עמד איתו להפריע לו מלהתוודע אל אחיו. וכן, וינטלֵם וינשאֵם כל ימי עולם, שהגביה את ישראל למעלה, באופן שכל כוח שבעולם לא יזיק להם.

69. ולא יכול יוסף להתאפק, כמ"ש, שיר המעלות אליך נשאתי את עיניי היושבִי בשמיים. וכתוב, אשא עיניי אל ההרים. אשא עיניי אל ההרים, הוא למעלה, לז"א, כדי להמשיך ברכות מלמעלה למטה, אל הנוקבא, מהרים עליונים, שאין הרים אלא אבות, שהם חג"ת דז"א, להמשיך מהם ברכות לכנ"י, המתברכת מהם.

אליך נשאתי את עיניי, הוא למטה לנוקבא, לצפות ולחכות לאלו הברכות היורדים משם, מז"א, למטה, לנוקבא.

70. היושבִי בשמיים. כיוון שמדובר בנוקבא, למה אומר בשמיים, שהוא ז"א? אומר, היושבי בשמיים, משום שכל גבורותיה וכוחותיה וקיומיה של הנוקבא הם בשמיים, שמקבלת אותם מז"א. כי כאשר היובֵל, בינה, פותח המעיינות של כל אלו השערים, השפע של נ' (50) שערי הבינה, כולם נמצאים בשמיים, בז"א. ואחר שהשמיים מקבל כל אלו האורות היוצאים מיובל, אז הוא זן ומשקה את כנ"י, הנוקבא, ע"י צדיק אחד, יסוד.

71. וכיוון שהיסוד התעורר אליה, כמה הם העומדים בכל הצדדים, להיות מושקים ולהתברך משם, לקבל מהארת הזיווג, כמ"ש, הכפירים שואגים לטרף. ואז היא עולה לזיווג בסודי סודות כראוי, ומקבלת עידונים מבעלה כראוי לה.

וכל אלו העומדים בכל הצדדים,

המצפים לקבל ממנה, עומדים לבדם, ואינם עולים עם הנוקבא. כמ"ש ביוסף, ויקרא, הוציאו כל איש מעליי, ולא עמד איש איתו. אלא אחר שקיבלה עידונים מבעלה, שהוא אחר הזיווג, כולם מושקים אז וניזונים, כמ"ש, יַשקו כל חַיְתו שדיי.

למה הרֵעוֹתָ

72. כתוב באליהו, ויקרא אל ה', ויאמר, ה' אלקיי הגם על האלמנה אשר אני מתגורר עימה הרֵעוֹתָ, להמית את בנה. שניים היו שהטיחו דברים כנגד הקב"ה, משה ואליהו. משה אמר, למה הרֵעוֹתָ לעם הזה. ואליהו אמר, הרעות להמית את בנה. ושניהם אמרו דבר אחד.

73. משה אמר, למה הרעות, משום שניתן רשות לס"א לשלוט על ישראל. הרעות, שנתת רשות לצד האחר של הרע לשלוט עליהם.

אליהו אמר, הרעות, שנתת רשות לס"א ליטול נשמתו של זה. והכול הוא אחד, שהרעות, הוא נתינת רשות לס"א, שנקרא רע.

74. אליהו אמר, הגם על האלמנה אשר אני מתגורר עימה הרעות, להמית את בנה. משום שהקב"ה אמר לאליהו, הנה ציוויתי שָם אישה אלמנה לְכלכלךָ. וכל מי שזן ומפרנס למי שנצרך לו, וכש"כ בימי רעב, הוא מתאחד ונאחז בעה"ח, וגורם חיים לעצמו ולבניו. ואמר אליהו, כל מי שמקיים נפש בעולם, זוכה חיים לעצמו, וזוכה להתאחד בעה"ח. ועתה שולט עץ המוות, צד הרע, על האלמנה, אשר ציווית אותה לכלכלני. משום זה אמר, הרעות.

75. והרי לא נעשה רע לאדם מהקב"ה? אלא בזמן שאדם הולך לימין, שמירתו של הקב"ה נמצא לו תמיד, והס"א אינו יכול לשלוט עליו, והרע הזה נכנע לפניו ואינו יכול לשלוט. ומתוך ששמירתו של הקב"ה הוסרה ממנו, אם הוא מתדבק ברע, אז הרע ההוא, כיוון שרואה שאין עימו שמירה, שולט עליו אז, ובא להשמידו, ואז ניתן לו רשות, ונוטל נשמתו.

76. משה אמר, למה הרעות לעם הזה. משום שניתן רשות לצד הרע לשלוט על ישראל, להיות תחת השעבוד שלו. וכי ראה כמה מישראל שמתים ונמסרו בצד הרע.

77. בשעה שהטוב התעורר, שהוא ימין, כל השמחה וכל הטוב וכל הברכות נמצאות. והכול הוא בחשאי, כמו שאמרו בני יעקב: ברוך שם כבוד מלכותו לעולם ועד. בחשאי. וזהו משום, שאז הוא ייחוד כראוי. ובזה מתבאר למה אמר יוסף בעת הייחוד, הוציאו כל איש מעליי, משום שהייחוד צריך להיות בחשאי.

78. ואליהו, כיוון שהוא גוזר והקב"ה מקיים, והוא גזר על השמיים שלא להוריד טל ומטר, איך היה מפחד מאִיזֶבֶל, ששלחה אליו, כמ"ש, כי כעת מחר אשים את נפשך כנפש אחד מהם. ומיד פחד וברח על נפשו.

79. הצדיקים אינם רוצים להטריח לאדונם במקום שהנזק מצוי לעין. כמו שמואל, שאמר, איך אלך ושמע שאול והרגָני. אמר לו, עגלת בקר תיקח בידך. משום שהצדיקים אינם רוצים להטריח את אדונם במקום שהנזק מצוי. וג"כ אליהו, כיוון שראה שהנזק מצוי, לא רצה להטריח את אדונו.

80. באליהו לא כתוב, ויִירא, וילך אל נפשו. אלא, ויַרְא, שראה ראייה. שראה, שמכמה שנים הלך אחריו מלאך המוות, ולא נמסר בידו. ועתה, וילך אל נפשו, שהלך לקיום של הנפש, הוא עה"ח, כדי להתדבק שם. ומלאך המוות לא ילך אחריו יותר.

81. בכל מקום כתוב, את נפשו. וכאן כתוב, אל נפשו. כל הנשמות שבעולם יוצאות כולן מאותו הנהר, יסוד דז"א, הנמשך ויוצא. וכולן לוקח אותן אותו צרור החיים, הנוקבא. וכאשר הנוקבא מתעבֶּרת מהזכר, כולן הן בהשתוקקות מב' הצדדים, מהשתוקקות הנקבה אל הזכר, ומהשתוקקות הזכר אל הנקבה.

וכשהשתוקקות הזכר יוצאת בחשק גדול, אז הנשמות הן יותר בקיום, משום שהכול תלוי בהשתוקקות ובחשק של עה"ח, ז"א. ואליהו, מתוך שהיה מאותו החשק של הזכר, יותר מאנשים אחרים, הוא התקיים ולא מת.

82. ומשום זה כתוב, אל נפשו, ולא כתוב, את נפשו. כי את נפשו, היא נקבה, שהנוקבא נקראת אֶת. אבל אל, הוא זכר. אל נפשו, מורה זכר בלבד. וכשכתוב, ואל האישה, הנקבה, הוא כלל של זכר ונקבה, כי כאשר הנוקבא כלולה בזכר, נאמר אז, ואל האישה אמר. את האישה, את נפשו, מורה נקבה בלבד, בלי התכללות עם הזכר.

ומשום שאליהו מצד הזכר יותר מכל בני העולם, התקיים בקיומו יותר מכל בני העולם. ולא מת כשאר בני העולם, משום שכולו הוא מעה"ח, ולא מעפר, כשאר אנשים. ומשום זה הסתלק למעלה ולא מת כדרך כל בני העולם, כמ"ש, ויעל אליהו בסערה השמיים.

83. כתוב, והנה רכב אש וסוסי אש ויפרידו בין שניהם ויעל אליהו בסערה השמיים. כי אז התפשט הגוף מהרוח, והסתלק שלא כדרך שאר בני אדם, ונשאר מלאך קדוש כשאר קדושים עליונים, ועושה שליחות בעולם כמו מלאך, שהניסים, שעושה הקב"ה בעולם, על ידו נעשים.

84. כתוב, וישאל את נפשו למות. מקודם לכן כתוב, וילך אל נפשו, שהוא בקיום. וכאן כתוב, את נפשו למות. מורה על העץ, שבו שורה המוות, הנוקבא, כמ"ש, ורגליה יורדות מוות. ושָׁם נגלה עליו הקב"ה, כמ"ש, ויאמר, צא ועמַדתָּ בהר לפני ה'. וכמ"ש אח"כ, ואחר הרעש אש, ואחר האש קול דממה דקה. זהו המקום הפנימי מכולם, שממנו כל האורות יוצאים.

85. ויהי כִּשְׁמוע אליהו, ויאמר, קנוא קינאתי לה'. אמר לו הקב"ה, עד מתי אתה מקנא לי. סגרת הדלת, שהמוות לא ישלוט עליך לעולם, והעולם אינו יכול לסובלך שתימצא עם בניי, שאתה מקטרג עליהם. אמר לו, כי עזבו בריתך בני ישראל. אמר לו, חייך, שבכל מקום שבני אדם יקיימו ברית הקדוש, שיעשו ברית מילה, אתה תהיה מצוי שם.

86. מה גרם הדבר ההוא של אליהו, שכתוב, והשארתי בישראל שבעת אלפים כל הברכיים אשר לא כרעו לבעל וכל

הפה אשר לא נשק לו? אמר לו הקב"ה, מכאן והלאה, שלא יכול העולם לסובלך עם בניי, כי תקטרג עליהם. כמ"ש, ואת אלישע תמשַח לנביא תחתיך, שיהיה נביא אחר לבניי, ואתה תסתלק למקומך.

87. כל אדם המקנא להקב"ה, אין מלאך המוות יכול לשלוט עליו, כמו על שאר בני אדם, ויהיה לו שלום, כמ"ש בפינחס, הנני נותן לו את בריתי שלום.

ווייפול על צווארֵי בנימין אָחיו ויֵבְךְ

88. ווייפול על צווארֵי בנימין אָחיו ויֵבְךְ. בכה על מקדש ראשון ועל מקדש שני, שייבנו בחלקו של בנימין, וייחרבו.

89. כמגדל דוד צווארךְ בנוי לתלפיות, אֶלֶף המגן תלוי עליו כל שִלטי הגיבורים. מגדל דוד נמצא בירושלים. ודאי שבנה אותו דוד ועומד בתוך ירושלים. אלא כתוב כמגדל דוד, שאינו מגדל דוד הזה, אלא זהו ירושלים של מעלה, הנוקבא, שכתוב בו, מגדל עוז שם ה', בו ירוץ צדיק ונשגב. נשגב, סובב על הצדיק או על המגדל? המגדל נשגב, משום שבו ירוץ צדיק, יסוד.

90. צווארךְ, ביהמ"ק של מטה, דומה למגדל דוד, הנוקבא. נמצא בתיקון היופי. כמו הצוואר, שהוא היופי של הגוף, כן ביהמ"ק הוא היופי של כל העולם.

91. בנוי לתלפיות, הוא תל, שכל בני העולם מסתכלים בו, לשַבח ולהתפלל. תלפיות, אותיות תל פיות. תל, שכל פיות העולם משבחים ומתפללים אליו.

92. אלף המגן תלוי עליו, הוא אלף תיקונים המתוקנים בו, הארת החכמה המרומזת במספר אלף.

כל שלטי הגיבורים, הוא שכולם באים מצד הדין הקשה, ע"כ נקראים גיבורים. הארת חכמה נמשכת מבינה שחוזרה להיות חכמה, ומקו שמאל שלה, שנקרא יצחק, דין קשה.

93. כמו שכל תיקוני האישה תלויים בצוואר, כך ביהמ"ק, כל תיקוני העולם תלויים ושורים בו. על ביהמ"ק, הצוואר והיופי של כל העולם, כתוב, על צווארינו נרדפנו, יגענו ולא הונח לנו. יָגענו לבנות אותו פעמיים, ביהמ"ק הראשון והשני. ולא הונח לנו, כי לא הניחו אותנו, ונחרבו, ולא נבנו אח"כ.

94. כמו צוואר כיוון שנשחת, נשחת עימו כל הגוף. כך ביהמ"ק, כיוון שהוא נשחת וחשך, חשך ג"כ כל העולם, והשמש אינו מאיר, ולא השמיים והארץ והכוכבים.

95. משום כך בכה יוסף, על ב' מקדשים שנחרבו. ואחר שבכה על זה, בכה על השבטים שגלו. כשנחרב ביהמ"ק, גלו מיד כל השבטים והתפזרו בין העמים. וכמ"ש, וינשק לכל אחיו ויבך עליהם, על שגלו.

96. על כולם בכה. על ביהמ"ק שנחרב פעמיים. ועל אחיו, שהם עשרת השבטים

שיצאו בגלות והתפזרו בין העמים.

ואחרי כן דיברו אחיו איתו. ולא כתוב בהם, ויבכו. כי הוא בכה משום שהופיעה עליו רוח הקודש, וראה את כל זה. והם לא בכו, כי לא שׂרה עליהם רוח הקודש, ולא ראו את זה.

והקול נשמע בית פרעה

97. כל אדם, המתפלל תפילתו לפני אדונו, צריך להקדים לו ברכות בכל יום, ולהתפלל תפילתו בזמן שצריך.

98. בבוקר יתאחד בימינו של הקב"ה, בחסד. במִנחה יתאחד בשמאלו של הקב"ה. ונצרך לאדם תפילה ובקשה בכל יום, כדי שיתאחד בהקב"ה. מי שמתפלל תפילתו לפני אדונו, צריך שלא ישמיע קולו בתפילתו. ומי שמשמיע קולו בתפילתו, תפילתו אינה מתקבלת.

99. משום שהתפילה אינה אותו קול הנשמע, כי קול הנשמע אינו תפילה. ומה היא תפילה? היא קול אחר התלוי בקול הנשמע. ומה הוא קול הנשמע? זהו אותו הקול שהוא עם ו'. וקול, התלוי בקול הנשמע, הוא קֹל בלא ו'.

קול שאינו נשמע, חסדים מכוסים מהארת חכמה, קול בינה. וקול הנשמע, חסדים מגולים בהארת חכמה, ז"א, שמחזה ולמטה מתגלה בו החכמה.

אמנם יש עוד בחינת קול שאינו נשמע. היא הנוקבא, בעת שהיא חכמה בלי חסדים, שאין החכמה יכולה להאיר בלי לבוש החסדים. ונקראת תפילה בלחש. וכן נקראת קֹל חסר ו', שהו', ז"א, משפיע לה חסדים, שאז היא נשמעת. וכשחסרה ו', ז"א, היא נמצאת בלי חסדים ואינה נשמעת. שאינה משפיעה לחוץ ממנה.

וע"כ נאמר, התפילה אינה אותו קול הנשמע, כי היא חכמה בלי חסדים שאינה נשמעת. ומה היא תפילה? היא קול אחר התלוי בקול הנשמע, שצריכה לקבל חסדים מז"א, שהוא קול הנשמע. ואז החכמה שבה מתלבשת בחסדים, והיא נשמעת. ומה הוא קול הנשמע? זהו אותו הקול, שהוא עם ו', ז"א. וקול התלוי בקול הנשמע, שתלוי בזיווג שלו, הוא קֹל בלא ו', הנוקבא שמחוסרת חסדים.

100. ומשום זה אין אדם צריך להשמיע קולו בתפילתו, אלא להתפלל בלחש, בקול שאינו נשמע, כבחינת הנוקבא, שהיא תפילה. וע"י תפילתנו מייחדים הקול שאינו נשמע, עם ז"א, קול הנשמע. וזוהי תפילה המתקבלת תמיד, להיותה משתוקקת אז ביותר להזדווג עם ז"א, כמ"ש, והקֹל נשמע. קֹל בלא ו', נשמע, כלומר, שמתקבלת התפילה שהיא בלחש, כמ"ש, וחנה היא מדברת על ליבה וקולה לא יישמע. זו התפילה שהקב"ה מקבל, כשנעשית ברצון ובכוונה ובתיקון כראוי, וכשמייחד ייחוד ריבונו בכל יום כראוי להיות.

101. קול בחשאי זהו קול העליון, קול שבבינה, שכל הקולות יוצאים משם, בחינה א' של הקול שאינו נשמע. אבל קֹל בלא ו' זו התפילה שלמטה, הנוקבא, בחינה ב' של הקול שאינו נשמע, שהיא

הולכת להתעלות אל הו׳, ז״א. ולהתחבר עימו, כדי לקבל ממנו חסדים.

102. קֹל בלי ו׳, הנוקבא כשהיא נפרדת מז״א, זהו קול שבוכה על בית ראשון ועל בית שני, כמ״ש, קול ברמה נשמע. ברמה, עולם העליון, עוה״ב, בינה. וכתוב, מן הרמה ועד בית אל, מהעולם ועד העולם, מהבינה שנקראת רמה, והוא עולם העליון, עד הנוקבא שנקראת בית אל, והיא עולם התחתון. אף כאן ברמה, זהו עולם העליון, בינה. כי באותה שעה שנשמע ברמה, אז כתוב, ויקרא ה׳ אלקים צבאות ביום ההוא לבכי ולמספד.

בתחילת זיווג זו״ן נוהג הפיוס, שז״א ממשיך לה הארת חכמה מקו שמאל דבינה, שע״י זה הנוקבא מתפייסת להזדווג עימו. והמשכה זו היא ע״י עלייתם לבינה, שז״א מלביש קו ימין שלה, חסדים, והנוקבא מלבישה קו שמאל שלה, הארת החכמה.

ויש בזה הרבה תיקונים:

א. שמתפייסת עימו, משום שהמשיך לה הארת השמאל מבינה, שהיא בחינתה עצמה, חכמה.

ב. כי עם הלבשתה את קו השמאל דבינה, מתעוררים שם הדינים הנוראים שבקו השמאל הזה, הסותמים לכל האורות שלה, ונעשתה כמו אש שורפת, שע״י זה מתעוררת בה השתוקקות גדולה להזדווג עם ז״א, ולקבל ממנו חסדים, להלביש את הארת השמאל שלה.

ג. שמחמת הדינים הקשים, היא מניחה את הג״ר דהארת השמאל, ומקבלת רק הו״ק דהארת השמאל.

והקֹל נשמע, זהו קֹל בלי ו׳, בעת עליית הנוקבא לקו שמאל דבינה, שאז נפרדת מז״א, שנקרא ו׳. כי ז״א כולו ימין דבינה, והנוקבא כולה שמאל דבינה, ורחוקים זה מזה מקצה אל הקצה.

זהו קול שבוכה על בית ראשון ועל בית שני, כי עם הלבשתה את קו השמאל דבינה, מתעוררים שם כל הדינים, עד שכל אורותיה נסתמים בתיקון הב׳ להתעוררות הזיווג. ואז כתוב, ונהר יֶחרב ויָבֵש. יחרב, בית ראשון, בינה מבחינת ז״ת שלה. ויבש, בית שני, הנוקבא. והיא בוכה על ב׳ חורבנות הללו.

כמ״ש, קול ברמה נשמע. שהקול, הנוקבא, עלתה ונשמעת בבינה, שנקראת רמה, עולם העליון. ברמה, הוא שהנוקבא מלבישה את קו שמאל דבינה, כמ״ש, ויקרא ה׳ אלקים צבאות ביום ההוא לבכי ולמספד. שזהו מחמת התעוררות הדינים הגדולים אשר שם, שסותמים כל אורותיה, שהוא התיקון השני. ואז, ונהר יחרב ויבש, שב׳ המקדשים נחרבים.

103. והקול נשמע, הוא שנשמע למעלה, שהנוקבא עלתה למעלה לקו שמאל דבינה, שאז נחרבים ב׳ המקדשים, משום שהו׳, ז״א, התרחק והסתלק מהנוקבא. שהוא מלביש לימין דבינה, והנוקבא לשמאל דבינה, והתרחקו זה מזה מקצה אל הקצה. ואז, רחל מבכה על בניה, כי איננו. כי נסתמו כל אורותיה ואין לה מה להשפיע אל הבנים. וע״כ הלכו בגלות.

כתוב, כי איננו. האם לא היה צריך לומר, כי אינם, מלשון רבים? אלא, כי איננו, שבעלה אינו עימה. שאם בעלה, ז״א, היה נמצא עימה, הייתה מתנחמת על הבנים. כי אז היו נפתחים אורותיה, ובניה לא היו בגלות. ומשום שאיננו, אינה מתנחמת על הבנים שלה, כי הבנים התרחקו ממנה, משום שבעלה איננו עימה.

104. בית פרעה, מרמז על הבינה, בית, שממנו מתפרעים ומתגלים כל

האורות וכל הנרות. ספירות הנוקבא המכונות נרות, וכל מה שהיה סתום נגלה משם. ע״כ נקראת הבינה, בית פרעה.

והקֹל נשמע בית פרעה, שנוקבא עלתה לקו שמאל דבינה, שאז כל הדינים מתעוררים שם עליה, שהוא תיקון ב׳ להתעוררות הזיווג. ומשום כך, הקב״ה מוציא כל האורות וכל הנרות להאיר לקֹל הזה, שנקרא קֹל בלא ו׳, הנוקבא. משום זה שהתעוררו עליה הדינים דשמאל, התגברה בה ההשתוקקות אל הזיווג, והזדווגה עם ז״א, והשפיע לה כל האורות וכל הנרות.

105. כשהקב״ה יקים הקול הזה, הנוקבא, מעפר, ותתחבר עם הו׳, ז״א, אז כל מה שאבד מישראל בזמן הגלות, יחזור וישוב להם. ויתעדנו באורות עליונים, הנוספים להם מעולם העליון, כמ״ש, והיה ביום ההוא ייתקע בשופר גדול ובאו האובדים.

קחו לכם מארץ מצרים עֲגָלות

106. כשנחרב ביהמ״ק, והחטאים גרמו שהוגלו ישראל מן הארץ, הסתלק הקב״ה למעלה למעלה. ולא השגיח על החורבן של ביהמ״ק ועל עמו שהוגלו. ואז השכינה הוגלתה עימהם.

107. כאשר ירד, השגיח על ביתו, והוה ושרף. הסתכל על עמו, והנה הוגלו. שאל על הגבירה, השכינה, והיא הוגלתה. אז, ויקרא ה׳ אלקים צבאות ביום ההוא לבכי ולמספד ולקורחָה ולחגור שַׂק. ועל השכינה כתוב, אֱלִי כבתולה חגורת שַׂק על בעל נעוריה. כמ״ש, כי איננו. כך בעלה איננו, משום שהסתלק ממנה ונעשה פירוד.

108. ואפילו שמיים וארץ התאבלו כולם, כמ״ש, אלביש שמיים קדרות ושק אשים כְּסוּתָם. המלאכים העליונים כולם התאבלו עָליה, כמ״ש, הן אֶרְאֶלָּם צעקו חוּצה, מלאכי שלום מר יִבְכָּיוּן. השמש והלבנה התאבלו וחשכו אורותיהם, כמ״ש, חָשך השמש בצאתו. וכל העליונים והתחתונים בכו עליה, והתאבלו, משום שהס״א שלטה עליה, ששלטה על הארץ הקדושה.

109. ואתה בן אדם, כה אמר ה׳ אלקים, לאדמת ישראל קץ, בא הקץ על ארבע כַּנְפוֹת הארץ. קץ לימין, קץ לשמאל. לשמאל, כמ״ש, קץ שָׂם לחושך ולכל תכלית הוא חוקר. וזהו, קץ כל בשר.

110. קץ הימין, כמ״ש, ולאדמת ישראל קץ. בא הקץ על ארבע כנפות הארץ, זהו קץ השמאל. קץ הימין, זהו קץ יצה״ט. קץ השמאל, זהו קץ היצה״ר. וזהו, כאשר החטאים גרמו והתגברו, נגזר וניתן ממשלה למלכות הרשעה, לשלוט ולהחריב ביתו ומקדשו. וכתוב, כה אמר ה׳ אלקים רעה אחר רעה הנה באה. והכול אחד.

השמאל הוא רעה, ששם דינים ועונשים. וקץ השמאל הוא רעה שנייה, היצה״ר, השטן ומלאך המוות. וב׳ רעות אלו נעשו אחד, כי התחברו זה בזה.

111. ומשום זה התאבלו העליונים והתחתונים על שניתן הממשלה לקץ הזה של השמאל. ומשום זה, כיוון שהמלכות הקדושה, מלכות שמיים, הושפלה, והמלכות הרשעה התגברה, יש לכל אדם להתאבל עם המלכות הקדושה, ולהיות מושפל עימה. ובשביל זה, כאשר תקום המלכות הקדושה והעולם יהיה שמח, ישמח גם הוא עימה, כמ״ש, שִׂישׂוּ איתה מָשׂוֹשׂ כל המתאבלים עליה.

112. כתוב במצרים, עֶגְלָה יפיפייה מצרים. ועגלה זו, היו ישראל תחת ממשלתה 210 שנים, שהיו במצרים. ומשום שאח״כ עתידים ישראל למשול עליה, נרמז להם זה עתה, בכתוב, קחו לכם מארץ מצרים עֲגָלוֹת.

קליפת מצרים היא המשכת החכמה מלמעלה למטה מקו השמאל, כמו החטא דעצה״ד. כי הכלים והניצוצין, שפגם אותם אדם בחטאו בעצה״ד, נפלו לחלקם של המצרים. וכתוב, קחו לכם מארץ מצרים עגלות, שיקבלו מרכבות מארץ מצרים להמשכת המוחין. והייתכן שישמשו השבטים ויעקב בעגלות ארץ מצרים, שהן מרכבות הטומאה?

הדינים הקשים שולטים בשעת הארת השמאל, שהם חורבן ביהמ״ק, וגלות ישראל, וגלות השכינה. כמ״ש, ויקרא ה׳ צבאות ביום ההוא לבכי ולמספד ולקורחָה, שהוא נוהג בכל זיווג. וכן הוא בזיווגים הכוללים, שהם גלות וגאולה. שבזמן שליטת השמאל, ניתן כוח לס״א לשלוט על ישראל, ולהחריב ביתו ומקדשו, ובזה הוכן זיווג השלם לשעת הגאולה, בשלמות ג׳ התיקונים.

כי הזיווגים הפרטיים והזיווגים הכוללים שווים זה לזה בכל סדריהם. ויש לכל אדם להתאבל עם המלכות הקדושה, ולהיות מושפל עימה. שאין אדם יכול לקבל מאור שלמות הזיווג של זו״ן, אם אינו נכלל עם הנוקבא בעת שמתעוררים עליה הדינים הקשים של השמאל, שאז מתאבל עימה ומושפל עימה. כי ע״י זה מקבל גם הוא אותם ג׳ התיקונים, המכשירים אותו להיכלל בהארת הזיווג.

ועיקרם הוא התיקון השלישי, שיעזוב את הג״ר דשמאל, שלא ימשיך אור החכמה מלמעלה למטה, אלא מלמטה למעלה, שהוא בחינת ו״ק בלבד. ובשביל זה, כאשר תקום המלכות הקדושה, והעולם יהיה שמח, ישמח גם הוא עימה, שיוכל להיכלל ולקבל משלמות הזיווג, כמ״ש, שישו איתה משוש כל המתאבלים עליה. שכל מי שנכלל עם הנוקבא בעת שהתעוררו עליה הדינים דקו שמאל, והתאבל עליה והושפל עימה, הוא יָשִׂישׂ עימה בעת שתהיה בזיווג השלם.

אמנם אם לא התאבל עליה, כי לא נכלל עימה בעת התעוררות הדינים הקשים, לא יוכל לָשׂוּשׂ עימה ולקבל מהארת זיווגה השלם, משום שאינו מובטח להישמר שלא להמשיך הג״ר דשמאל, שאז תחזור ותתחזק שליטת הס״א על הקדושה. לפיכך, שישו איתה משוש כל המתאבלים עליה. כי המתאבל עימה, בטוח שימשיך השיעור ו״ק דג״ר כראוי.

ובזה נפתח הבנת הכתוב, ואתה צוּוֵיתָה, קחו לכם מארץ מצרים עֲגָלוֹת. כמ״ש במצרים, עֶגְלָה יפיפייה מצרים. כי מצרים היא החכמה דקליפה. ויש בה ד׳ מדרגות חו״ב תו״מ, המכונות שור, פרה, עגל, עגלה. ולא הוברר ממנה לקדושה אלא רק בחינת ו״ק שלהם בלבד, שהיא מלמטה למעלה, אור המלכות, המכונה עגלה. כמ״ש, שישו איתה משוש כל המתאבלים עליה. ולפיכך אין הכתוב אומר שור או פרה יפיפייה, רק עגלה יפיפייה, מטעם שנברר מהם רק בחינת עגלה בלבד.

והעגלה הזו, היו ישראל תחת ממשלתה 210 שנים, שרק כדי לברר העגלה הזו, שהיא ו"ק דשמאל, היו ישראל תחת קליפת מצרים כמה זמנים וכמה שנים. כי יותר משיעור זה, המכונה עגלה, אסור לקחת ממצרים. ומשום שאח"כ עתידים ישראל למשול עליה, שבשעת הארת הזיווג עתידים ישראל לשלוט על עגלה זו, כלומר שיקבלו ו"ק דחכמה, נרמז להם בדברי פרעה, קחו לכם מארץ מצרים עגלות, כי שיעור זה מותר להם לקחת ממצרים.

113. רֶמז רָמז יוסף ליעקב על עֶגלה ערופה, כי כשעסקו בפרק הזה של עגלה ערופה, נפרד ממנו. עגלה ערופה באה על שנמצא הרוג כמ"ש, ולא נודע מי הִכָּהוּ, וכדי שלא תשלוטנה על הארץ רוחות רעות, שאין בהם חפץ, נותנים את העגלה הזו לתיקון, שלא יכירו בו ולא ישלטו על הארץ.

114. כל בני אדם נפטרים ע"י מלאך המוות, חוץ מזה שהקדימו אותו בני אדם והרגו אותו, מטרם שהגיע זמנו של מלאך המוות לשלוט עליו, ולקבל רשות לקחת נשמתו. כי אינו שולט על האדם עד שמקבל רשות מלמעלה.

115. ומשום זה יש לו למלאך המוות לשלוט עליו מן הדין, כמ"ש, ולא נודע מי היכהו. ויש לו ג"כ דין, שלא נודע מי היכהו, כדי לקטרג על המקום הזה, הנוקבא. וע"כ, ולקחו זקני העיר ההיא עגלת בקר. כדי להעביר הדין מאותו המקום, ולהיתקן, שלא ישלוט עליו המקטרג ויינצל ממנו.

ב' מיני דין נכללים בכתוב, לא נודע מי היכהו:

א. שכוח הצמצום עלה למלכות והסתלקו האורות דג"ר מהנוקבא, שהם אור החיים,

ב. שאפילו אם יתקנו אותה והג"ר תחזורנה אל הנוקבא, יש עוד כוח לס"א לקטרג עליה ולסתום אורותיה ע"י אחיזתו בג"ר הללו.

ומשום זה יש לו למלאך המוות לשלוט מן הדין על הנוקבא, מחמת שהסתלקו ממנה אורות דג"ר, שהוא בחינת הדין הראשון. ויש לו ג"כ דין, שלא נודע מי היכהו, כדי לקטרג על המקום הזה, הנוקבא, בחינת הדין השני, שאם יתקנו אותה והג"ר תחזורנה אליה, יוכל לסתום אורותיה. וע"כ היא צריכה לב' תיקונים:

א. להעביר דין הצמצום ממנה ולתקנה, שהג"ר תחזורנה אליה. וזהו תיקון לדין הראשון, שנעשה ע"י הבאת העגלה.

ב. ולהיתקן שלא ישלוט עליה המקטרג, למעט אותה מג"ר דג"ר, שבזה מתבטל אחיזת ס"א, לסתום אורותיה. וזהו תיקון לדין השני, הנעשה ע"י עריפת העגלה.

116. יוסף כשנפרד מאביו, נשלח בלי לוויה ובלי אכילה, והיה מה שהיה. וכשאמר יעקב, טָרוֹף טוֹרַף יוסף, אמר, כי ארד אל בני אָבֵל שְׁאוֹלָה, כי אני גרמתי לו שנהרג, משום ששלחתי אותו בלי לוויה. ואיני יכול לומר, ידינו לא שפכה את הדם הזה, כבעגלה ערופה, שפירושו, לא פְּטַרְנוּהוּ בלי לוויה. ועוד, שידעתי שאֶחיו שונאים אותו ושלחתי אותו אליהם. ורֶמז רָמז לו יוסף על כל זה בשליחת העגָלות.

117. אלו העגלות על פי פרעה שלח אותם, כמ"ש, וייתן להם יוסף עגלות על פי פרעה. ולמה נאמר, שרמז רמז לו יוסף בשליחת העגלות? כי כתוב, ואתה צֻוֵּיתָה. שלא היה צריך לומר, ואתה צוויתה, כי כבר כתוב, ויאמר פרעה אל יוסף, אמור אל אחיך. אלא, ואתה צוויתה, שאומר כאן, הוא בדיוק.

וע״כ כתוב, צוויתה, עם האות ה׳ לבסוף, להורות שהוא בדיוק, שבא ללמדנו, שיוסף דרש ממנו, שייתן לו עגלות. וע״כ, וייתן להם יוסף על פי פרעה, כי יוסף היה הנותן, והוא ביקש מפרעה. ולמה דרש מפרעה עגלות? הוא מטעם שרצה לרמוז לאביו, על עגלה ערופה. וע״כ יעקב לא האמין הדבר, עד שראה את העגלות, והבין הרמז שרמז לו, כמ״ש, וַיַּרְא את העֲגָלוֹת אשר שלח יוסף.

118. בתחילה כתוב, ותחי רוח יעקב, ואח״כ, ויאמר ישראל, רב עוד יוסף בני חי. למה מתחיל ביעקב וגומר בישראל? אלא בתחילה קראה לו התורה יעקב, בשביל השותפות שהשתתפה השכינה בחרם, שעשו השבטים כשנמכר יוסף, שלא לגלות הדבר. שמשום זה הסתלקה השכינה מיעקב כל אותו הזמן. ועתה, שחזרה אליו השכינה, כתוב, ותחי רוח יעקב אביהם, שזה השכינה, הנקראת רוח יעקב.

ואחר שהשכינה התקיימה בו, אז המדרגה של מעלה עברה ממדרגת יעקב אל מדרגת ישראל, ממוחין דו״ק, שנקרא יעקב, למוחין דג״ר, שנקרא ישראל. מכאן נשמע, שהמדרגה שלמעלה אינה מתעוררת למעלה, מטרם שהתעורר למטה. כי כאן כתוב, ותחי רוח יעקב, התעוררות שלמטה. ואח״כ כתוב, ויאמר ישראל, התעוררות שלמעלה.

119. ויאמר אלקים לישראל במראֹת הלילה. במראֹת כתוב בלי ו׳, מלשון יחיד, הרומז למדרגת הנוקבא, הנקראת מַרְאָה, ונקראת לילה.

ויזבח זבחים לאלקי אביו יצחק, כתוב בתחילה, כדי לעורר השמאל, שנקרא יצחק, באהבה אל הנוקבא, אהבת דודים, הנמשכת משמאל. ואז, ויאמר אלקים לישראל במראֹת הלילה, שהתגלה עליו. באותה מדרגת נוקבא, הנקראת מראֹת הלילה.

120. ויאמר, אנוכי האל אלקי אביך. מהו הטעם שהזכיר לו את שמו? משום שהצד הקדוש שלמעלה נוהג כן. כי צד הטומאה אינו מזכיר שמו של הקב״ה, וכל צד הקדושה נזכר בשמו. וכתוב, אנוכי ארד עימך מצריימה, שהשכינה ירדה עימו בגלות. ובכל מקום שגלו ישראל, גלתה עימהם השכינה.

121. כמה עגלות היו? היו שש עגלות, כמ״ש, שש עגלות צָב. שהיו שישים. והכול אחד. כי שש רומזות לו״ס חג״ת נה״י, ושישים רומזות שכל אחת כלולה מעשר.

בתחילה כתוב, עגלות אשר שלח יוסף. ולבסוף, אשר שלח פרעה. כל העגלות ששלח יוסף היו בחשבון כראוי. ואלו ששלח פרעה, יוֹתר עליהם, לא היו בחשבון.

העגלות הן צורת המוחין דהארת חכמה. חשבון הוא המלכות, הנקראת חשבון. כל העגלות ששלח יוסף היו בחשבון כראוי, כי היו רק בשיעור אור המלכות, ו״ק דג״ר, שרק שיעור זה מותר לקחת ממצרים, ולא יותר, שהוא עגלה. אבל אלו ששלח פרעה, לא היו בחשבון, אלא למעלה משיעור עגלה, מבחינת שור פרה עגל. שזו הייתה מִנחה מצד פרעה, שהיה אסור ליוסף.

122. ואלו ואלו באו ליעקב, הן מבחינת עגלה ששלח יוסף, והן מבחינות שלמעלה מעגלה, ששלח פרעה. וע״כ כתוב, אשר שלח יוסף, וכתוב, אשר שלח פרעה. וכאשר יצאו ישראל מהגלות, כתוב, והֵביאו את כל אחיכם מכל הגויים מִנחה לה׳. כי אז יביאו כל האומות מנחה לה׳ כמו פרעה.

ויאסור יוסף מרכבתו

123. כתוב, ודמות על ראשֵי החיה, רקיע כעין הקרח הנורא. יש חיה למעלה מחַיה, החיה מבחינת קו ימין, פני אריה, חסד, היא למעלה וחשובה יותר מהחיה שבקו שמאל, פני שור. כי ד' חיות הן במרכבה. אריה שור ונשר הן כנגד ג' קווים ימין שמאל ואמצע. והחיה הרביעית היא פני אדם, הכוללת את השלושה.

ויש חיה קדושה, העומדת על ראשי החיות. היא החיה מקו שמאל, פני שור, גבורה. אחר התכללותה בימין, נמשכת ממנה המוחין דראש לכל החיות. כי מקו שמאל נמשך הארת החכמה.

124. ויש חיה עליונה למעלה על כל שאר החיות, החיה שמבחינת קו אמצעי, פני נשר, ת"ת. ומתוך שהיא מכריעה על ב' החיות שבימין ובשמאל, וכוללת אותן יחד זו בזו, ע"כ היא נבחנת למעלה מהן, חשובה מהן.

וחיה זו שולטת על כולן, משום שכאשר החיה הזו נותנת כוחה ומאירה לכולן, שהוא כוח המסך דחיריק והארת החסדים, שהם ב' עניינים הפועלים בקו אמצעי, אז כולן נוסעות למסעיהן, שנכללות זו מזו, ונותנת זו לזו מכוחה, ושולטות זו על זו, שניתן שליטה לכל אחת על כולן. כי בשלוש שבקו ימין שולטת פני האריה, ובשלוש שבשמאל שולטת פני השור, ובשלוש שבאמצעי שולטת פני נשר.

125. ויש חיה שהיא למעלה על התחתונים, על שאר החיות, שהן למטה מעולם אצילות, שהיא פני אדם, הנוקבא. וכולן ניזונות ממנה. וארבע רוחות העולם רשומות בה, חו"ב תו"מ. פנים ידועות מאירות לכל רוח, שהן שלוש פנים, אריה שור נשר, המאירים בכל רוח מד' הרוחות. שב' הרוחות, דרומית וצפונית, הם ימין ושמאל. ומזרחית, קו אמצעי. ומערבית, הנוקבא, המקבלת את כולן וכוללת כולן.

והיא, הנוקבא, שולטת על ד' הרוחות. והן שלוש לרוח זו, ושלוש לרוח זו, וכך לד' רוחות העולם. כלומר, אחר שכולן נכללות זו מזו, אינן ארבע בכל רוח, שהן ט"ז (16), אלא שלוש לכל רוח, שהן י"ב (12) פנים.

126. ויש רקיע למעלה מרקיע, והרקיע הזה השולט עליהם. כלומר, ג' רקיעים, שהימני והשמאלי הם זה למעלה מזה. ורקיע האמצעי הוא השולט על שניהם, שמכריע אותם וכולל אותם זה בזה. אותו דבר אצל החיות. כולן מסתכלות אליו, שמקבלות ממנו ההכרעה וההתכללות. כמ"ש, ותחת הרקיע כנפיהן ישרות אישה אל אחותה, משום שכולן שולטות על מה שהתמנו.

כי הקו האמצעי מקיים הארת שניהם יחד, שהימני יאיר מלמעלה למטה, והשמאלי מלמטה למעלה. וע"כ הכנף הימנית שווה עם הכנף השמאלית. והתפשטות מידת החבל בהם, כלומר כוח המסך שבקו האמצעי, שקושר הימין והשמאל ביחד, כמו התפשטות והשקאה של שדה שמשקים אותו מים, והמים מתפשטים בו.

127. ג' הרקיעים נמצאים בכל רוח,

שנכללים זה מזה. ובכל אחד מג' יש ג'. והם תשעה, תשעה לכל הצדדים. יש תשעה ברוח מזרחית, ותשעה ברוח מערבית, ד"פ תשעה, ל"ו (36) רקיעים. וכשמתחברים, כולם נעשו לרושם אחד, לרקיע אחד, בשם אחד, הנוקבא, הנקראת שֵׁם, בייחוד השלם כראוי.

128. כשהרקיעים והחיות מיתקנים לבחינת כיסא, כתוב, וממעל לרקיע אשר על ראשם, כמראֶה אבן ספיר דמות כיסא, ועל דמות הכיסא כמראה אדם עליו מלמעלה. אותה אבן טובה, הנוקבא, מיתקנת בכיסא, העומדת על ד' עמודים. ועל כיסא ההיא דמות אדם, ז"א, להתחבר עימו יחד. שהכיסא, הנוקבא, תתחבר עם האדם שעליו, ז"א.

הרקיע והחיות לפעמים מיתקנים בבחינת כיסא, ולפעמים בבחינת מרכבה. ושניהם תיקון הנוקבא לזיווג עם ז"א. אלא כשמיתקנים בשליטת הימין, מכונים כיסא. וכשמיתקנים בשליטת השמאל, מכונים מרכבה.

129. הרקיעים והחיות הם הנוקבא. וכשהיא מיתקנת להיות הכול מרכבה אחת לאדם הזה, ז"א. אז כתוב, ויאסור יוסף מרכבתו, ויַעַל לקראת ישראל אביו גושְׁנָה. זהו צדיק, יסוד דז"א, הנקרא יוסף הצדיק, שקָשר ואיחד את מרכבתו, הנוקבא, הרקיעים והחיות.

לקראת ישראל, זהו אדם. האדם שממעל לכיסא, שהוא ז"א. גושנה, הוא גישה אחת להתקרב יחד בהתקרבות אחת ובייחוד אחד. גושנה, מלשון, גשוּ אליי, שהוא התקרבות והזיווג ז"א ונוּקבא, המרומזים כאן במרכבתו של יוסף וישראל אביו.

והוציא הכתוב לרמוז הזיווג בלשון גישה, להיותו בבחינת שליטת השמאל, הנוהג בתחילת כל זיווג, כמ"ש, שמאלו תחת לראשי, שהיא רק גישה אחת, ותכף נפרד וחוזר לימין, מטעם הדינים, המתעוררים עם שליטה זאת. ומטעם שנסתמים אז כל האורות.

130. ואז, ויֵּרָא אליו, נראה אליו והסתלק. כאשר השמש נראה אל הלבנה, אז מאירה הלבנה לכל אלו שהם למטה בעולם. כעין זה, כל זמן שהקדושה העליונה, אור ז"א, שורה על ביהמ"ק למטה, הנוקבא, מאיר ביהמ"ק ועומד בשלמותו. אבל כאן נאמר, ויירא אליו, שנראה לה האור והסתלק.

ולאחר שהסתלק ממנה אור העליון של ז"א, אז כתוב, ויֵּבְךְּ על צווארֶיו עוד, שכולם בכו על ביהמ"ק שנחרב, על הפסק האור מהנוקבא, בסיבת הזיווג הזה שבשליטת השמאל, שמסיבה זו תכף חוזר לימין.

כתוב, ויבך על צוואריו עוד. מהו, עוד? זו הגלות האחרונה, רוב הדינים הנמשכים על ישראל בגלות האחרונה מסיבת שליטת השמאל. שמשום זה נפרד תכף מזה, וחזר לימין.

131. וכיוון שראה יעקב והסתכל, שהתיקון שלמטה בזו"ן הוא כעין שלמעלה באו"א, שהזדווג בשליטת הימין והאורות חזרו ונפתחו כמו למעלה, אז אמר, אָמוּתָה הפעם אחרי רְאותי את פניך כי עודך חי. שאתה מתקיים בברית הקדוש, שנקרא חי העולמים. ומשום זה, כי עודך חי. וע"כ אמר יעקב בתחילה, רב עוד יוסף בני חי, כי הוא צריך להיות חי.

כי הסתלקות האורות, שנעשה אחר הזיווג שבשליטת השמאל, נבחן כמו מיתה, שהיא הסתלקות אורות החיים. וכמ"ש, אמותה הפעם אחרי ראותי את פניך. כי ע"כ הסתלקו האורות אחר התחלת הזיווג, המרומז בכתוב, ויירא

אליו, שהוא מיתה. מטעם, כי עודך חי, עודך ברית קדוש, חי העולמים, ימין. שאז אור החכמה, שנקרא חי, מתלבש בחסדים ומתקיים. וע״כ הוכרחתי להחזיר הזיווג בשליטת הימין.

132. כתוב, ויברך יעקב את פרעה. אע״פ שהתבאר, שפרעה אינו קליפה רעה, אלא הוא בחינת אמא דאצילות. אמנם לפי הפשט הוא קליפה רעה.

133. וכתוב, לססתי ברכבֵי פרעה דימיתיך רעייתי. יש מרכבות לשמאל, הס״א. ויש מרכבות לימין, שלמעלה בקדושה. ואלו לעומת אלו. אלו של הקדושה הן של רחמים. ואלו של הס״א הן של דין.

134. כאשר עשה הקב״ה דין במצרים, כל דין שעשה היה ממש באותה הדרך של אלו המרכבות של הס״א, ובאותו אופן של אותו הצד ממש. כמו שהצד ההוא הורג ומוציא נשמות, אף הקב״ה עשה באותו אופן ממש, כמ״ש, ויהרוג ה׳ כל בכור, אע״פ שדרכו היא רחמים. וכן הכול מה שעשה במצרים, היה באותו אופן ממש.

ומשום זה כתוב, דימיתיך רעייתי. כי דמתה כּרְכְבֵי פרעה להרוג ולהוציא נשמות בני אדם, כדרך של מרכבות פרעה, שהוא הס״א. להרוג, כמ״ש, כי אני ה׳, אני הוא ולא אחר. ולעת״ל כתוב, מי זה בא מֵאֱדום חמוץ בגדים מִבּוֹצְרָה, שגם אז יהרוג אותם ה׳, ולא שליח.

135. כתוב, ויֵישב ישראל בארץ מצרים בארץ גושן. ויֵיאחזו בה, אחוזת עולם, כי להם ראוי לאחוז בה, ולא למצרים. ויפרו וירבו מאוד, כי לא היה להם צער ונמצאו בתפנוקי מלכים, כל עוד שהשבטים היו בחיים. ומשום זה כתוב, ויפרו וירבו מאוד.

פרשת ויחי

ויחי יעקב בארץ מצרים

1. ויחי יעקב בארץ מצרים. ליבו של יעקב ראה בנבואה במצרים, שבניו יהיו בכל הגלויות שעד עתה, ועד הקץ וזמן ביאת המשיח.

2. ולא הגיע יעקב אל הנבואה של ויחי, אלא במצרים. והיא נבואה חשובה, שלא התנבאו כמותה. ולא הגיעה לשום איש מבני הנביאים, אלא לו ולמשה בלבד. במשה כתוב, כי לא יִרְאַנִי האדם וָחָי. וביעקב כתוב, ויחי יעקב. ויחי, פירושו, נבואה היורדת ממראה המאירה, ת״ת.

כי הארת החכמה הוא חיים, כמ״ש, החכמה תחַיֶה בעלֶיה. והיא הנבואה של ויחי. ויש הפרש גדול בין נבואת יעקב ומשה לשאר הנביאים. כי שאר הנביאים קיבלו נבואתם מנו״ה דז״א, שהם מטבורו ולמטה, ששם בחינת הנוקבא, הנקראת מראה שאינה מאירה. וע״כ התנבאו במילת כה, שהיא שם הנוקבא.

אבל יעקב ומשה קיבלו מת״ת, שנקרא מראה המאירה, שהוא מטבור ולמעלה דז״א, אלא מבחינת אחוריים אשר שם. לכן נאמר למשה, וראית את אחוריי ופניי לא ייראו. וכן, לא תוכל לראות את פניי כי לא יראני האדם וחי. אבל כשקיבל מבחינת אחוריים, היה חי. וכן ביעקב לא נאמר, ויחי, אלא במצרים, בחינת אחוריים.

ולא הגיע יעקב אל הנבואה של ויחי אלא במצרים, כי היה מקבל הנבואה מטבור ולמעלה דז״א, ושם כתוב, וראית את אחוריי ופניי לא ייראו. ע״כ לא הגיעה לו הנבואה אלא במצרים, שהוא אחוריים.

ונאמר, והיא נבואה חשובה, שלא התנבאו כמותה. ולא הגיעה לשום איש מבני הנביאים, אלא לו ולמשה בלבד. כי כל הנביאים מקבלים מחזה ולמטה דז״א, מנו״ה. ובמשה כתוב, כי לא יראני האדם וחי. משמע, כיוון שלא קיבל מבחינת הפָּנים אלא מאחוריים, הוא חי, כלומר, בהמשכת החכמה. וכן ביעקב כתוב, ויחי יעקב, שהוא המשכת החכמה מבחינת אחוריים, במצרים. כמ״ש, ויחי, נבואה היורדת מן המראה המאירה, מטבור ולמעלה דז״א, מן ת״ת, שנקרא מראה המאירה.

אמנם יש הפרש גם בין יעקב ומשה, כי יעקב הוא מת״ת, ומשה מפנימיות הת״ת, הדעת.

3. רצה יעקב לומר נבואות על הגלויות, שֶׁיִקרו לבניו בארץ כנען ובכל ארץ אשר גרו בה, שהן מארץ מצרים, שכל הגלויות נכללות בארץ מצרים. היה ליבו נשבר, כמ״ש, כי יש שבר במצרים.

4. וע״כ הגיע, ויחי יעקב, במצרים. ולא היה שמח, כי בארץ ההיא הקשר של העמים, שכל זוהמת העמים כלולה שם, וגם הספירים של כיסא הכבוד, שהם הניצוצים של החכמה, השבויים ביניהם,

”ויחי“. ספר הזהר עם פירוש הסולם. מהד׳ 21 כר׳. כרך ז. דף א; מהד׳ 10 כר׳. כרך ד. דף א.

שמכונים ספירים. והוא כמ״ש, וממעל לרקיע אשר על ראשם כמראֵה אבן ספיר דמות כיסא. ולא הגיע אליהם לבררם שום איש, לא מהעליונים ולא מהתחתונים. אלא ח״י. כמ״ש, כי לא יראני האדם וחי.

מפאת חטאו של אדה״ר נפלו הכלים והניצוצים של מדרגת החכמה לקליפת מצרים. ולכן נאמר, שלא היה שמח, כי בארץ ההיא הקשר של העמים, כי ארץ מצרים היא קליפה קשה, שזוהמת כל העמים קשורה בה. ומשום זה לא היה שם בשמחה.

אבל גם הספירים של כיסא הכבוד, שהם הכלים והניצוצים של מדרגת החכמה, נפלו שם. ונודע, שאין מדרגת החכמה יכולה להאיר, אלא רק בהתכללות עם אור החסדים. שאז נקראת אור החכמה בשם אור החיה, כמ״ש, החכמה תחַיֶה בעלֶיה.

ונאמר, שלא הגיע אליהם לבררם שום איש, לא מהעליונים ולא מהתחתונים. אלא ח״י. ששום אדם לא יוכל לזכות לחכמה, אלא המקבלים בהתכללות החסדים, שהמקבל נקרא אז ח״י, מדרגת יסוד דגדלות, שנקרא יוסף. כמ״ש, ויוסף ישית ידו על עיניך, על אור עיניים, אור החיה. כי אור החיה אינו מאיר בפרצוף, מטרם שיש שם בחינת יוסף, יסוד דכלים, מטעם ערך ההופכי. וע״כ נקרא היסוד, חי העולמים.

וכמ״ש, כי לא יראני האדם וחי, שבבחינת הפנים אין שם מדרגת חי, וע״כ כתוב, לא יראני האדם, כי ראייה היא חכמה, שאינה מאירה חוץ מבמדרגת אור החיה, כלומר בהתכללותה עם חסדים. ובחינת הפנים נמשך מא״א, שהוא חכמה בלי חסדים.

5. כמה הם סודות העליונים שבפסוק הזה, ואנו החברים תמהים עליהם. על ויחי, שנזכר עימו יעקב, היה צריך לומר, ישראל, ויחי ישראל. כי השם יעקב מורה על קטנות, והשם ישראל מורה שכבר יש לו מוחין דגדלות. והמילה, ויחי, רומזת על אור החיה, מוחין דגדלות, שהיה צריך לכתוב, ויחי ישראל.

ומאין לנו, שישראל מורה על מוחין דגדלות? כי כתוב, קודש ישראל לה׳. וקודש רומז על גדלות. וכן כתוב, בני בכורי ישראל. ובכור רומז על גדלות. הרי שבגדלות נזכר השם ישראל, ולא יעקב, שהוא שם הקטנות, כמ״ש, מי יקום יעקב כי קטון הוא. והרי כתוב, וימכור את בכורתו ליעקב? שבכורה, שהיא גדלות, נזכרת ג״כ בשם יעקב.

6. בזמן שהיו ישראל אנשי אמת וצדיקים ועושים צדקה, לא היו מפחדים ישראל, אלא יעקב בלבד. שהיה מפחד כמ״ש, כי יָרֵא אנוכי אותו. כי ישראל הוא שם הגדלות, ואין בו פחד. כי משום המעשים הטובים שעושים ישראל, היו עושים הרבה חסד זה עם זה, וע״כ לא היה בהם פחד.

7. משחטאו והוגלו, מחמת עוונותיהם ומעשיהם הרעים, לא יכלו לסבול מפחד, שלא יישארו באמת בגלות לעולם על עוונותיהם. ועל זה באו מדה״ר ומדה״ד ביחד, שהוא הוראת השם ישראל. ונתנו אותם בארץ גלותם.

כלומר, שהשכינה גלתה עימהם, שעליה מורה השם ישראל. וע״כ היו בטוחים, שייגאלו יחד עם השכינה. וע״י זה סבלו הגלות ולא פחדו. וע״כ בגלות השם ישראל, כמ״ש, ויִיגֶל ישראל מעל אדמתו.

8. וימכור את בכורתו ליעקב. היה לו לומר, לישראל, כי בכורה היא מוחין דגדלות. אבל האיש המסתכל יודע אותו,

שיעקב המחובר עם ויחי הוא קודש, כמו השם ישראל. כלומר, זה הכלל, שיעקב הוא שם הקטנות, אינו בהכרח במקום שמפורש אצלו הגדלות שהשיג.

וע"כ כתוב כאן, ויחי יעקב, ואינו צריך לומר, ישראל. וכן, וימכור את בכורתו ליעקב, אינו צריך לומר, ישראל. כי יעקב זה המחובר עם הגדלות, קודש הוא בהכרח, כמו ישראל. ועל זה כתוב יעקב, שבחר בו הקב"ה, להיות ספיר בכיסא הכבוד. ולא כתוב, ישראל, משום שמפורש הגדלות.

9. כתוב, ואת דַכָּא ושְׁפַל רוח, לְהַחֲיוֹת רוח שְׁפָלִים, ולהחיות לב נדכאים. לב נדכאים, זהו יעקב, כי מתחת המדרגה, מאחוריים, ירדו עליו נבואות וברכות במצרים, שמצרים בחינת אחוריים, וע"כ היה ליבו נִדְכֶּה.

10. יעקב שהיה במצרים, לא הייתה נבואתו נעלה, כי הארץ הייתה שנואה.

11. לא זכה לברך אף אחד מבניו, ולא היה בידו רוח לברך, אלא במצרים, כאשר בירך אותם לכל אחד ואחד ע"פ סוד. והסוד הוא, כמ"ש, וַיַּרְא יעקב, כי יש שבר במצרים, ויאמר לבניו, לָמה תתראו. שלא ניתנה נבואה אלא לנשברי לב, כמ"ש, רְדו שמה ושִׁבְרו.

ולא הגיע יעקב אל הנבואה של ויחי, אלא במצרים, מטעם שכתוב, ופניי לא ייראו. לכן לא היה לו רוח לברך את בניו, אלא במצרים, ששם בחינת אחוריים. שמשום זה היה לו ליעקב לב נדכאים. וע"כ מביא על זה רְאָיה מהכתוב, וירא יעקב, כי יש שבר במצרים, הרומז על שבירת הלב, שיהיה לו במצרים. ותכף התעורר לשלוח בניו שם, מטעם שידע, שלא ניתנה נבואה זו אלא לנשברי לב. וכן הוא אומר, רדו שמה ושִׁברו, הרומז ג"כ על שבירת הלב.

12. תחת כיסא הכבוד הקדוש יש יעקב ספיר, שהספיר הוא מדה"ד של בחינתו. בא הכתוב ואמר, לא יעקב ייאמר עוד שמך, כי אם ישראל, כי שָׂרִית עם אלקים ועם אנשים וַתּוּכָל. ויעקב ראה לבחינתו מדה"ד, כמ"ש, ויזרח לו השמש כאשר עבר את פְּנוּאֵל. וכתוב, אוי לנו כי פנה היום.

כיסא הכבוד הקדוש, בינה, עומד על ד' רגליים, ג' קווים והנוקבא, המקבלת ג' הקווים. והמסך דבחינה א' שעליו יוצא קו האמצעי, שנקרא יעקב, מכונה בשם ספיר. ולכן נאמר, שיעקב ספיר, נמצא תחת הכיסא, והיא מדה"ד של בחינתו. כי מסך זה ממעט אותו לבחינת ו"ק.

ומביא ראיה לזה מהכתוב, ויזרח לו השמש כאשר עבר את פנואל, והוא צולע על ירכו. כי הוא אור המאיר לרפואה, לרפא אותו מִפְּנות ערב שבשמאל. והיות שהאור הזה אינו יוצא אלא על מסך דבחינה א', מסך דנקודת חיריק, ע"כ נעשה צולע על ירכו.

נשמע מהכתוב, שיעקב ראה לבחינתו מדה"ד, שהוא המסך דבחינה א', כדי לרפא אותו מפנות ערב שבשמאל. וכתוב, אוי לנו כי פנה היום. כי מכוח התכללות השמאל ביעקב פנה היום, שהסתלקו האורות, וע"כ היה צריך למדה"ד, שזה המסך דבחינה א', כדי לחזור ולהמשיך אור השמש. ואע"פ שנעשה ע"י כך צולע על ירכו. ולפיכך אמר הכתוב, לא יעקב ייאמר עוד שמך, שיש שם מדה"ד, כי אם ישראל, שיש שם גם מדה"ר, ג"ר מאו"א עילאין, אוירא דכיא.

13. כשגלו מירושלים והוסר התמיד, והאויב טימא את ההיכל, בעת ההיא לא

יכלה המלכות, הנוקבא דז״א, לסבול את בני ישראל על עוונותיהם, אלא מדרגת השם ישראל, סבלה אותם, משום שהיא בשני צדדים: רחמים ודין. והדין הוא סיבה לגילוי הרחמים, וע״כ גם הדין נחשב לרחמים.

14. כאשר מתבאר בהבנה הכתוב, לא יעקב ייאמר עוד שמך כי אם ישראל, נמצא ישראל יעקב, עליון זה מזה. שישראל חשוב יותר מיעקב, שע״כ בירך אותו המלאך בשם, ישראל. ובגללם היה מטֶה משה חקוק משני צדדיו בשמו הקדוש, אחד רחמים בדין, מדרגת ישראל, ואחד דין בדין, מדרגת יעקב.

15. וזה כמ״ש, לא הביט אוון ביעקב ולא ראה עמל בישראל, שמשמע, שביעקב לא ראה אוון. אבל עמל ראה. משא״כ בישראל אפילו עמל לא ראה, משום שהדין נחשב בו ג״כ לרחמים. מתוך שאנו נדחקים בגלות בין האויבים, והשכינה הסתלקה מהמלך, ז״א. והתרחקה ממנו, נעשה זה לסיבה, שלבסוף הוא ישרה השכינה בינינו ויגאל אותנו. כי הדוחק מביאנו לתשובה, והתשובה לגאולה.

לפיכך, גם הדין שבמדרגת ישראל הפך לרחמים. וע״כ כתוב, כי לא ראה עמל בישראל. אלא כולו רחמים. אבל במדרגת יעקב אינו כן. וע״כ נמצא בו עמל. ולפיכך בירך אותו המלאך, לא יעקב ייאמר עוד שמך כי אם ישראל, שיש בו דין ורחמים, גלות וגאולה, וכולו רחמים.

וע״כ כתוב, כה אמר ה׳ מלך ישראל וגואלו ה׳ צבאות, ויחי, חי. כי, מלך, הוא הדין שבשם ישראל. גואלו, הוא הרחמים שבשם ישראל. ושניהם נכללים בצבאות, נו״ה. נצח הרחמים שבו והוד הדין שבו. ומכונים, ויחי, חי. כי הנצח, רגל ימין, מאיר רק מלמטה למעלה, ע״כ מכונה ויחי, לשון עבר. וההוד רגל שמאל, מאיר גם מלמעלה למטה, וע״כ מכונה חי, לשון הווה. וכל זה הוא במדרגה העליונה ישראל.

אבל למטה ממדרגת ישראל כתוב, כה אמר ה׳ השמיים כיסאי והארץ הֲדוֹם רגליי, משום שלמעלה במדרגת ישראל, שתי הרגליים חי, שרגל ימין, נצח, ויחי, ורגל שמאל, הוד, חי. אבל כאן הם נקראים הדום רגליי, מלשון דממה, ההיפך מהחיים.

16. במדרגה העליונה, ישראל, שתי הרגליים, נו״ה, הם חי. הנצח ויחי והוד חי, ושניהם נכללים במילה ויחי. לי׳ הגדולה, הפשוטה, יש במילואה י׳ קטנה, ו״ד, שהוא בגי׳ י׳. לח׳ יש במילואה ת׳. ו״י יש במילוי הו׳. ו״ד יש במילוי הי׳.

כי ב׳ הבחנות יש באותיות: פשוט ומילוי. למשל כשמבטאים א׳, נשמעות עימה האותיות ל״ף, כלומר אל״ף. וכשמבטאים ב׳, נשמעות עימה האותיות י״ת, כלומר בי״ת. האותיות א׳ ב׳ נקראות פשוטות, והאותיות ל״ף, י״ת הנשמעות עימהן, הן המילואים של הפשוטות. ולפי זה כאשר ד׳ אותיות ויחי נמצאות במילואן, הן: וי״ו, יו״ד, ח״ת, יו״ד. ונבחן בהן שתי חלוקות:

א. ד׳ אותיות הפשוטות ויחי,

ב. ז׳ אותיות המילואים י״ו, ו״ד, ת׳, ו״ד, שהן בגי׳ גָּלֻת (433) עם ג׳ כוללים כנגד ג׳ האותיות וי״ח.

והם ב׳ רגליים נו״ה, שחלוקה א׳, ויחי, נצח. וחלוקה ב׳, שבגי׳ גָּלֻת, הוד. ושתיהן חי, שכלולות במילה ויחי. כי היות שהגלות היא סיבת הגאולה והתחייה, נחשבת גם הגלות לתחייה.

17. אלו ב׳ החלוקות כלולות באבן הטוב ספיר, שמתחת כיסא הכבוד,

שבארץ מצרים. כמ״ש, ונגף ה׳ את מצרים, שזו חלוקה ב׳, אותיות המילוי, המרמזות על הגלות. והכתוב, כי טל אורות טַלֶּךָ, שפירושו טל תחייה, זו חלוקה א׳, אותיות הפשוט, המרמזות לתחייה.

18. ע״כ מתחברות יחד חלוקה ב׳, הרומזת על הגלות, עם חלוקה א׳ הראשונה, הרומזת על התחייה והגאולה. כמ״ש, בית יעקב לכו ונֵלְכה באור ה׳. שפירושו, האותיות הרומזות על הגלות שנגזר עליהם, על עוונותיהם, באמת ובדין, יש להם תקנה בתורה, שבקיומה, תצאו מהטיט והרפֶש, שהיא הגלות, ותלכו לאור ה׳.

ולכן כתוב, בית יעקב לכו, בגלות, וע״י זה שתתחזקו שם בתורה, תזכו, כמ״ש, ונלכה באור ה׳, שהוא התחייה והגאולה. ונמצא שהגלות היא סיבה לגאולה. הרי שב׳ החלוקות באות כאחד.

19. אותיות א׳ ר״ץ הן בארץ הנעצבת ובאה בגלות, בגזרת ספר התורה, ב-400 שנה שבגזרת בין הבתרים, והן מתחלקות בארץ לאותיות א׳ ר״ץ. בגזרת ספר התורה ר״ץ מתחברים בגלות, שגלות מצרים הייתה ר״ץ (290) שנה. והמילוי ל״ף מאות האל״ף של ארץ הוא בגי׳ 110. 110 ו-290, הם 400 שנה.

מהי גלות מצרים? הלוא 400 שנה נאמר לאברהם שיהיו בניו בגלות, ואם סופרים אותם היו רק 290 שנה?

הזוהר מחשב התחלת ימי הגלות בפועל מזמן מכירת יוסף למצרים, והוא היה אז בן 17, ועד שנעשה למלך היה בן 13 שנה, כי בשעה שעמד לפני פרעה היה בן 30 שנה. ועד שבאו יעקב ובניו למצרים כבר היה יוסף בן 39 שנים, כי כשבא יעקב למצרים כבר עברו 7 שנות השובע ושנתיים ימי הרעב. ויוסף חי אחר שבא יעקב למצרים, עוד 71 שנה, כי יוסף חי 110 שנים. וכל זמן שיוסף היה חי, לא התחיל השעבוד.

קְהָת היה מיורדי מצרים, וימי חייו היו 133 שנה. ועמרם בנו חי 137 שנה. וימי משה בעת גאולתם ממצרים היו 80 שנה. ואם נאמר, שעמרם נולד בסוף ימי קהת, וכן משה נולד בסוף ימי עמרם, הרי הם ביחד 350 שנה. ומזמן מכירת יוסף עד שנעשה למלך היו 13 שנה, שזה נכנס בחשבון הגלות, הרי הם 363. הוצא מהם 71 שנים, שמָלך אחַר ביאת יעקב למצרים, שבזמן מלוכתו לא השתעבדו, נמצא 292 שנים. והזוהר מחשב רק 290 שנים, כי שנתיים מחשב למובלעות, כי לא נולד עמרם בסוף ימי קהת ממש, או משה לא נולד בסוף ימי עמרם ממש.

20. כתוב, וַיָּמָת יוסף בן מאה ועשר שנים. וכתוב, הנה העלמה הרה ויולדת בן, וקראת שמו עימנו אל. ונמצא בפסוק הזה, הריון ולידה שהתמלאו לגלויות ולצרות רבות ולזמנים רעים, כמ״ש, כי בטרם ידע הנער מאוֹס ברע ובחוֹר בטוב, תיעזב האדמה, יביא ה׳ עליך ימים אשר לא באו.

ואע״פ שהקב״ה יהיה עימנו באלו השנים, כי כן מורה שֵם הילד עימנו אל, שם השכינה, אמנם השכינה הזדעזעה והתרחקה מבעלה, ז״א, ונמצאת עימנו בגלות. אע״פ שהשכינה נמצאת עימנו, היא בצער בגלות ובלי זיווג.

התבאר מהכתוב, שיש הריון מוקדם ללידת הגלות, ובן מאה ועשר היא החקיקה הנוספת, הנבחנת להריון אל מציאות הגלות. והכתוב ירצה לומר שכבר עבר מגלות מצרים 110 שנים לבחינת הריון, אשר עם 290, שהיו בגלות ממש, הן 400 שנים. שאמר הקב״ה לאברהם בברית בין הבתרים, ולא נמנית הגלות של יעקב אלא כשמת

יוסף, ועל 110 שנים אלו של הריון הגלות, מרמז המילוי ל״ף של האל״ף שבארץ, שהוא בגי׳ 110. ועל 290, שהיו בגלות ממש, מרמזות ר״ץ שבארץ.

וכל זה כמ״ש, ומעת הוסר התמיד ולתת שיקוץ שומֵם ימים אלף מאתיים ותשעים. אשר הכתוב אומר אלף על גבי מאתיים ותשעים. והוא כמבואר, שהגלות מתחלקת להריון ולגלות ממש. ואלף הוא הריון, שבגי׳ של ל״ף הוא 110, ומאתיים ותשעים הם גלות ממש. והם אותיות אר״ץ, אל״ף ר״ץ.

21. ויהיה ימי יעקב שנֵי חייו שבע שנים וארבעים ומְאַת שנה. כאן ב-147 שנה של חיי יעקב, המספר לתיקוני הגלות, שיהיו לבנים שגלו במדה״ד, בשלוש גלויות. התיקון הראשון הוא למצרים, שנמשל בשבע שנים. כמ״ש, השבעתי אתכם בנות ירושלים, אם תעירו ואם תעוררו את האהבה עד שתֶחְפָץ. אף כאן מספר שבע של חיי יעקב לשון שבועה, שלא לעורר את האהבה, הגאולה, עד שתחפץ.

22. מכאן נשמע ביאורו של מספר שבע. שכתוב, מרחוק ה׳ נראה לי, ואהבת עולם אהבתיךְ. מרחוק, בגלות, והיה זה מפני האהבה הגדולה, שאינה מתגלה אלא רק ע״י הגלות. הגלות היא התיקון, שיהיו בני ישראל משתחררים מהגלות, ויתגלה אהבת ה׳ אלינו. וירצה הכתוב לומר במספר שבע שבחיי יעקב, שהבנים הקדושים, שגלו על עוונותיהם, יהיו בדין שנים רבות, עד שיהיו כמ״ש, שֶׁבַע כחַטאותיכם.

וכן כתוב, כל הורג קין שבעתיים יוּקָם, שהמספר הזה מתקן הקלקולים, שעשו ומגלה את אור הגאולה. וזהו בגלות ראשונה של מצרים, שהיא הקטנה שבשלוש גלויות.

23. הגלות השנייה היא גלות בבל, שנמשל לארבעים שנה שבחיי יעקב, ביחס השבע של מצרים, שהם גדולים מהם. כי לגלות מצרים באו כהדיוטות ולא היה צערם רב, אבל לגלות בבל באו, כמו בני מלכים שנשבו, כי כבר היה להם התורה והארץ וביהמ״ק. ע״כ היה צערם גדול, ונבחן לארבעים שנה בערך השבע של מצרים.

24. הגלות השלישית היא הגלות הארוכה, שאנו בה, שנמשל למאה שנים שבחיי יעקב, ביחס אל הארבעים שבגלות בבל.

ויקרבו ימי ישראל למות ויקרא לבנו ליוסף

25. ויקרבו ימי ישראל למות. רָאה הצרה הזו של הגלות, שתִקרֶה לבניו, וקרבה לנפשו, ותקצר נפשו למות. והוא לא נשאר חי, כשירד ממדרגותיו בגלל חטאיהם של ישראל. ולא ירד ישראל, ז״א, עימהם בגלות, כמו השכינה שירדה עימהם בגלות. אשרי חלקם של ישראל, כי אם לא ירד עימהם ז״א בגלות, היו נשארים בין העמים, ולא יכלו לצאת מהם.

וכתוב, מדוע באתי ואין איש קראתי ואין עונה, הקָצוֹר קָצרה ידי

״ויחי״. <u>ספר הזהר עם פירוש הסולם</u>. מהד׳ 21 כר׳. כרך ז. דף ט; מהד׳ 10 כר׳. כרך ד. דף ט.

מִפְּדוּת. ואין עונה, זה ישראל, ז״א. באתי ואין איש, זה השכינה, הקצור קצרה ידי מפדות. הרי שגם ז״א ירד עימהם בגלות.

אלא הקב״ה נתן חלק לישראל, שלא ישלוט שר אחר בהם, וע״כ נמצא עימהם בגלות. וכן כשירדו לגלות, השכינה עימהם. אבל ז״א רחוק מהשכינה. שבאמת נמצא גם ז״א עם ישראל בגלות. וכן השכינה. אבל הוא רחוק מהשכינה ואין ביניהם זיווג. וע״כ אמר מקודם, שז״א לא ירד לגלות.

ויקרא לבנו ליוסף

26. ויקרא לבנו ליוסף. חקר יעקב את בניו ואמר להם, צרות רבות ורעות גדולות אני רואה שעתידות לבוא לבניכם. וצריכים למצוא רחמים עליונים.

27. ואם אתם רוצים לצאת מכל הצרות, הישבעו לי, וניתן בינינו לעֵד את ריבון העולם, שתעשו אמת ודין ותהיו כאבותיכם. ותצוו זה בכל דור ודור, שיבוא אחריכם, ואם אתם רוצים לעשות כן, תצאו מכל הצרות שיבואו עליכם.

28. וקרא רק לבנו יוסף לבדו, ולא לכל השבטים. כמ״ש, והציגו בשער משפט, אולי יֶחנן ה׳ את שארית יוסף. שכל בני ישראל כולם נקראים יוסף. אף כאן, השם יוסף כולל לכל השבטים כולם.

29. יעקב אמר, ואם תעשו כן, לא תקברו אף אחד מבניי במצרים, אלא תשובו איתי לארצכם בשלום.

30. ויקרא לבנו ליוסף ויאמר לו, אם נא מצאתי חן בעיניך, שים נא ידך תחת יְרֵכִי. מהו ידך? כמ״ש, חגור חרבךָ על יָרֵךְ, גיבור הודךָ והדרךָ. וגם, ידך תחת ירכי, פירושו חרב. חרב, שיש בה חסד ואמת, יסוד, שיש בו אור החסדים ואור החכמה, שנקרא אמת, ונקרא אור הפנים. ועל זה כתוב, חסד ואמת יקדמו פניך. פני ה׳ חילקם.

ואם היו בניו טובים, ועשו מה שקיבלו עליהם, לא היה מת אף אחד מבניהם במצרים, כי כל טוב שה׳ גוזר על אנשים, אינו אלא בתנאי שיהיו טובים. כמו שאמר דוד, למען יקים ה׳ את דברו, אשר דיבר עליי לאמור, אם ישמרו בניך את דרכם ללכת לפניי באמת, ואם לא, לא.

31. כמה יפה הוא רוח האב מרוח הבן, כי רוח האב הוא רוח הבן, רוח מרוח נמשך. ונמצא מעלת רוח האב עליו, כערך השורש על הענף שלו. ואם יש עזרת אוויר אחר, מס״א, ברוח הבן, אינו נולד שלם, כי נעשה בעל חיסרון באותו אוויר דס״א.

33. ויאמר, הישבעה לי, ויישבע לו. כמ״ש, נשבע ה׳ בימינוֹ ובזרוע עוזו. נשבע ה׳, שיוציא את ישראל מהגלות שלהם. וזהו שנשבע להם. ויישבע לו, סובב ג״כ על הקב״ה, שנשבע, שלא יעזוב אותם בארץ אויביהם.

34. ויאמר, שַׁלְּחֵנִי כי עלה השחר, ויאמר לא אֲשַׁלֵּחך כי אם בירכתני. מהו, בירכתני? הברכה שבירך אותו המלאך. שנתן להם גלות, ונשבע להם שיוציאם ממנו. כמ״ש, לא יעקב ייאמר עוד שמך, כי אם ישראל. אשר השם ישראל כולל דין ורחמים, גלות וגאולה, והגלות הוא סיבה ישירה לגאולה.

35. עתיד הקב״ה לעשות בשביל בניו של ישראל, שיהיה כל אחד תחת כיסאו, ויהיו חשובים מכל המלאכים העליונים.

משום זה תמצא ו׳ ארוכה בתורה, כגון ו׳ מהכתוב, וכל הולך על גחון, הרומזת, שהקב״ה נשבע על השלמות של ו׳ דורות, אברהם יצחק יעקב משה אהרון יוסף, ו״ס חג״ת נה״י.

ומשום ו׳ הללו, כתוב, וַיִּשְׁתַּחוּ ישראל על ראש המיטה, כי ישראל, ז״א, הכולל חג״ת נה״י. השתחווה ישראל רומז, שיבוא המשיח בסוף 6000 שנה, הרומזות על ו״ס השלמים חג״ת נה״י, מצד הלבשתו לאו״א עילאין, אשר ספירותיהם הן כל אחת אלף שנה, והשכינה תִּשרה עימהם.

הנה אביך חולה

36. ויהי אחר הדברים האלה, ויאמר ליוסף, הנה אביך חולה. לא בא הכתוב להשמיענו מה שעשה יוסף, אלא מה שיהיה בסוף הגלות, שכל אלו יהיו לסוף המניין שנמנה, לסוף 6000 שנה. והכתוב, ויאמר ליוסף, הנה אביך חולה, רוצה לומר, שיבוא משיח, יוסף, ויאמר לו, אביך שבשמיים נחפז לקבל פניך, הצופים על הקץ של המשיח.

אביך חולה, פירושו, דואג ונחפז, רוצה לומר, יהי רצון מן האלקים שבשמיים, שיקבל את בניו, שֶׁפָּרוּ וְרָבּוּ בגלות, שנקראים אפריים, ושנשכחו עוונותיהם מכוח הגלות, שנקראים מנשה, שפירושו שִׁכחה, כי שכח הקב״ה את עוונותיהם באמת.

37. כמו שהכתוב, יוסף ה׳ לי בן אחר, מפרש ביוסף את השם הקדוש, השם בן שלוש אותיות יה״ו. עד״ז כתוב, ויאמר ליוסף, הנה אביך, בעל עוה״ב, ז״א במוחין דבינה עילאה, שנקראת עוה״ב, שרוצה לעשות טוב לבניו, שייצאו מהגלות שלהם.

ואם אתה לא תרצה באמיתותך, שלא תמצא אותם זכאים לזה, הנה השם בן ארבע, הוי״ה אחד, יתקן אותך, ויימצא שתשוב השכינה למקומה. שאם הבנים אינם ראויים לגאולה מצד עצמם, יתקן אותם ז״א מצד העלאתם לעוה״ב, בינה, שע״י זה ייתקן הייחוד הוי״ה אחד.

38. האבות הם המרכבה של מעלה של השם הקדוש, כמ״ש, ויעל אלקים מעל אברהם, שהיה רוכב עליו. וכתוב, תיתן אמת ליעקב, חסד לאברהם. שיעקב מרכבה לת״ת, שנקרא אמת, ואברהם מרכבה לחסד. וע״כ ביארנו הכתוב, הנה אביך חולה, על ז״א. ושע״י הייחוד הוי״ה אחד, יבוא המשיח.

והיה לעת ערב יהיה אור

39. והיה יום אחד, הוא ייוודע לה׳, לא יום ולא לילה, והיה לעת ערב, יהיה אור. שני מקרים רעים יבואו לבניו של יעקב:

א. שיהיו בגלות בארץ אויביהם,

ב. שלא יסתכל בהם שנים רבות על עוונותיהם באמת, וכה ישכח אותם בארץ אויביהם.

שזוהי בחינת אפריים ומנשה. ולבסוף, וייקח את בניהם, שקרו להם שתי רעות אלו, ויוליך אותם לארץ טובה, כפירוש הזוהר על הפסוק, וייקח עימו את מנשה ואת אפריים, שקרו להם שני המקרים האלה, ויוליכם לארצם הטובה.

40. והיו שני שרים גדולים וחשובים, שהיו דופקים תחת כיסא הכבוד של המשגיח על ישראל, המידה החמישית, בעבור, שיהיו בגלות כל הזמן שצריכים, שהיא בחינת אפריים. וגרוע מזה, שישכח אותם בארץ אויביהם, שהיא בחינת מנשה.

שר אחד הוא מבחינת אפריים, וע״כ מידתו להחזיק את ישראל בגלות, ושיִפְרוּ ויִרְבּוּ שם. והשר השני הוא מבחינת מנשה, וע״כ מידתו להשכיח אותם בגלות.

41. ב׳ שרים אלו הם שתי מידות שבכל אחת ב׳ לשונות. יצאה מידה אחת ודיברה בפני ריבון העולם. וניתנה לה רשות, שתדבר כל מה שתרצה. וראתה בישראל מצד אחד, שיש לגזור על ישראל, שייצאו מהגלות בזכות אבותיהם. ומצד אחר ראתה, שיש לגזור עליהם להישאר בגלות, בעבור עוונותיהם, שאמרו המקטרגים עליהם רעות גדולות. הרי הם ארבע מידות.

כי כל אחד מהשרים, שהם ב׳ מידות, היו לו ב׳ לשונות, פעם לזכות ופעם לחובה. ולא הייתה בהם המידה החמישית, המשגיח של ישראל, ודיברו כל מה שרצו. שפעם דיברו ב׳ השרים לזכות, ופעם דיברו לחובה. ולא הייתה בהם המידה החמישית, המחזירה הכול לזכות.

המלכות מצד עצמה נבחנת למדה״ד, ואינה ראויה לקבל אור העליון, מחמת הצמצום והמסך שעליה. וכל תיקונה לקבל אור הוא ע״י עלייתה והתכללותה עם הבינה, מדה״ר. והן ב׳ מידות שבב׳ השרים, מדה״ד ומדה״ר, הכלולות זו בזו, בינה ומלכות. והן נעשות לארבע מלכויות, כי הבינה נכללה מבינה ומלכות, וכן המלכות נכללה מבינה ומלכות, וע״כ הן מתהפכות מרחמים לדין ומדין לרחמים. לעיתים זכרים ולעיתים נקבות. כי חלקי הבינה שבהן הם זכרים ורחמים, וחלקי המלכות שבהן הן נקבות ודין.

והם שתי מידות, מדה״ר בינה, ומדה״ד מלכות, אחר שנכללו זו בזו:

שר הא׳, שמידתו להחזיק את ישראל בגלות ולהפרותם ולהרבותם, זהו ממידת המלכות, שהיא מדה״ד. כמ״ש, וכאשר יענו אותו, כן ירבה וכן יפרוץ.

שר הב׳, המשכיח אותם בארץ אויביהם, שלא יסתכל בהם שנים רבות על עוונותיהם באמת, שאינו דן אותם על עוונותיהם, שמחמת זה באה השִכחה, מבינה, מדה״ר. וע״כ אינו מסתכל על עוונותיהם.

וב׳ שרים אלו הם שתי מידות שבכל אחת ב׳ לשונות, הרי הם ארבע מידות, כי אחר שנכללו זו מזו נעשו ד׳ מלכויות,

״ויחי״. ספר הזהר עם פירוש הסולם. מהד׳ 21 כר׳. כרך ז. דף יג; מהד׳ 10 כר׳. כרך ד. דף יג.

שנעשה בבינה רחמים ודין, ובמלכות רחמים ודין, זכות וחובה שבכל אחת מהמלכויות, ומתהפכות פעם לזכות, שייצאו מהגלות בזכות אבותיהם, ופעם לחובה, שיישארו בגלות בעבור עוונותיהם.

ונאמר, שניתנה לה רשות, שתדבר כל מה שתרצה, מפני שהמלכות בפני עצמה מדה"ד גמור. לכן אפילו אחר שהשתתפה במדה"ר, גורמת דין וחוב בכל מקום שנראתה שם.

אמנם בגמה"ת, כשהמלכות תקבל תיקונה השלם, ויתבטל הדין שבה, ותהיה ראויה לקבלת האורות כמו הבינה, תתבטל גם התהפכות מרחמים לדין גם במלכות משותפת עם הבינה. ומלכות זו נקראת המידה החמישית. שלא תהיה עוד משותפת עם הבינה, כמו ד' המלכויות, אלא שתהיה מתוקנת בפני עצמה.

ולכן נאמר, שלא הייתה בהם המידה החמישית, שהמלכות עוד לא הייתה מתוקנת בפני עצמה, וע"כ דיברו כל מה שרצו. שפעם דיברו ב' השרים לזכות, ופעם דיברו לחובה.

42. עד שהגיעה להם המידה החמישית, שתתגלה בגמה"ת, שהמלכות בפני עצמה בלי שיתוף הבינה, תיתקן לכיסא הכבוד כמו הבינה, ותאמר על ישראל טוב, כי יתבטלו ממנה כל הדינים.

ולא היו מפחדים עוד ב' המידות הראשונות, שהן בינה דבינה ובינה דמלכות, לדבר לפניו זכות על ישראל, כמו שהיו מפחדים מקודם לכן, שב' המידות האחרות, מלכות דבינה ומלכות דמלכות, תהפוכנה אותן לחובה. משום שהמידה החמישית, שעד כאן הייתה נמשלת ללילה, מחמת הדינים שבה, יצאה עתה להאיר להם, שהפכה לאור ולרחמים, והתבטלו כל הדינים שבב' מידות, שהיו מלמדים חובה על ישראל.

כמ"ש, והיה יום אחד, הוא ייוודע לה', לא יום ולא לילה, והיה לעת ערב, יהיה אור. כי כל עוד שהמלכות אינה מתוקנת בפני עצמה, אלא ע"י שיתוף עם הבינה, נקראת בחינת הבינה יום ובחינת המלכות לילה, שלילה מאירה ע"י הלבנה והכוכבים, המקבלים מהשמש אור יום.

אבל בגמה"ת, והיה יום אחד לא יום ולא לילה, שלא תצטרך המלכות החשוכה לתיקון יום ולילה, אלא, והיה לעת ערב, בזמן שתתגלה עצמות המלכות, הנקראת ערב, יהיה אור, כי החושך עצמו של המלכות ייהפך לאור, ולא תצטרך עוד ללבנה ולכוכבים, המקבלים מאור יום, שהיא המידה החמישית.

וע"כ כתוב, וייקח עימו את מנשה ואת אפריים, ב' מידות, בינה ומלכות, שזהו רומז על זמן הגאולה, שתתגלה המידה החמישית, שאז, תהיינה ב' מידות הללו כולן רחמים ולא תתהפכנה לחובה עוד.

43. ויקרא אלקים לאור יום ולחושך קרא לילה. נוקבא דז"א, חושך ולילה, מקבלת מהיום, ז"א. והרי כתוב, וחושך על פני תהום, משמע, שחושך קליפה ולא קדושה?

אלא, מבראשית עד ו' דורות, חג"ת נה"י דז"א, ברא הוי"ה אחד, בינה. שזהו עניין ו' דהוי"ה, ז"א, שהבינה נתנה בו רוח חכמה, ע"כ עד כאן לא היה נודע מהו חושך. כי המוחין דחכמה מבטלים כל הקליפות. ואחר שז"א קיבל חכמה מבינה, והשפיע חג"ת נה"י אל הנוקבא, התבטל מהם החושך. ע"כ עד כאן לא היה נודע מהו חושך. כמ"ש, ולחושך קרא לילה.

אבל מתחת ו' דורות חג"ת נה"י דז"א, למטה מעולם אצילות, שם יש חושך, קליפה, ועל זה כתוב, וחושך על פני תהום.

44. קם רבי אבא ושאל, מהו חושך? עמלו ולא השיגו החברים להשיבו על מה ששאל. עשו מעשה, כלומר איזה ייחוד, והגיע קול מלפני ריבון העולם בפסוק הזה, אֶרץ עֵפָתָה כמו אופל צלמוות ולא סדרים ותוֹפַע כמו אופל, שעוד מקודם שנברא העולם נגנז לרשעים. ומכאן, שחושך הוא גיהינום.

אוי להם לרשעים, שיהיו בחושך הזה. אשרי חלקם של ישראל, שהקב"ה לא ברא בעדם זה החושך, אשרי העם שככה לו, אשרי העם שה' אלקיו.

ויגד ליעקב

45. ויגד ליעקב, ויאמר, הנה בנך יוסף בא אליך. מלאך הוא המגיד ליעקב, שעתיד לומר טוב על ישראל. בעת שישובו אל הקב"ה בכל צרתם, כשיגיע הקץ של המשיח, וייגאלו מכל הצרות שבאו עליהם. ויאמר אל המידה, יעקב, ת"ת, בניך באים אליך וייגאלו הטובים, ישראל.

46. אשריהם חלקם של ישראל, שנקראים בניו של הקב"ה, שהם כמלאכים, שכתוב עליהם, ויריעו כל בני אלקים. וכן ישראל נקראים, בני ה', שנאמר, בנים אתם לה' אלקיכם.

47. הקב"ה קרא ליעקב אֵל, שאמר לו, אתה תהיה בתחתונים ואני אהיה אלקים בעליונים. כמ"ש, ויעל אלקים מעל אברהם. הרי שהאבות הם מרכבה של הקב"ה. וכתוב, תיתן אמת ליעקב, חסד לאברהם. הרי שתי ספירות, חסד ואמת, שהוא ת"ת, בשתי מרכבות גדולות עליונות, אברהם ויעקב.

48. השלישי הוא יצחק, שנעשה מרכבה לספירת הגבורה, כמ"ש, ויישבע יעקב בפחד אביו יצחק. משום פחד יצחק, ספירה של הקב"ה, הגבורה, הנקראת פחד, הוא נעשה כיסא הכבוד מרכבה עליונה אליה. והספירה של יצחק, גבורה, חשובה ומפורשת יותר מכל ספירות האבות חסד ות"ת, כמ"ש, ויישבע יעקב בפחד אביו יצחק, בספירת הגבורה, שנקראת פחד. מפני שהארת החכמה באה רק מספירת הגבורה, מקו שמאל, והארת החכמה מבטלת כל הקליפות.

49. אלקי אברהם ואלוהי נחור ישפטו בינינו, אלקי אביהם, ויישבע יעקב בפחד אביו יצחק. ספירת יצחק חשובה מכולן, שהרי לא נשבע באלקי אברהם, אלא בפחד יצחק.

ויתחזק ישראל ויישב על המיטה

50. ויתחזק ישראל ויישב על המיטה. כמ"ש, בעת ההיא יעמוד מיכאל, והייתה עת צרה. זהו גבורת יד של מיכאל הגדול, שיעמוד לישראל בעת הגאולה, שיהיה אז

"ויחי". ספר הזהר עם פירוש הסולם. מהד' 21 כר'. כרך ז. דף טו; מהד' 10 כר'. כרך ד. דף טו.
"ויחי". ספר הזהר עם פירוש הסולם. מהד' 21 כר'. כרך ז. דף יז; מהד' 10 כר'. כרך ד. דף יז.

עת צרה, כמ"ש, אשר לא נהייתה מהיות גוי עד עת ההיא. ועל העת ההיא כתוב כאן, ויתחזק ישראל.

ויישב על המיטה. כמו שהיה משתחווה לה מקודם לכן, שכתוב, וישתַחוּ ישראל על ראש המיטה, כן עתה ישב עליה. מיטה, המלכות, המקבלת מיעקב, ז"א. ויישב על המיטה, כלומר, שהשפיע אליה.

למי היה משתחווה יעקב? אם השתחווה אל המיטה, המלכות, הרי המיטה הייתה פתוחה לקבל ממנו, ואין המשפיע משתחווה אל המקבל ממנו. אלא, אל המילה, היסוד, היה משתחווה, כי היה חביב לו. המיטה היא מלכות. ראש המיטה, יסוד, ראש של המלכות. השתחווה אל מידת היסוד, החביבה מכל הספירות.

51. כי חילל יהודה קודש ה' אשר אָהֵב ובעל בת אל נכר. כשהסתלק האור מז"א, מחמת עוונותיהם של ישראל, לא היה לשכינה לעמוד לפני ז"א, והוגלתה השכינה מן המלך, שיצאה יחד עִם ישראל בגלות בין העמים, משום שלא יכלה לעזוב את בניה בין העמים, שיהרגו אותם. והיה ז"א בארץ הקדושה. ובזֶה שיהיה עמים נוכריים עימו, כתוב, ובעל בת אל נכר.

רוצה לומר, שהשכינה נכנסה בין העמים בגלות. ובעת שלא הייתה בארץ, והייתה בארץ העמים, נמצא שבאור של ישראל נשמרו העמים שבסביבותיהם. וע"כ נאמר על זה, ובעל בת אל נכר.

52. שני שרים, מלאכים, היו תחת כיסא הכבוד. שמו של אחד מיטה, שהיא שורה באוצר ההיכל. ובגלות לא נשאר בינינו אלא זה, שהוא מטבע של הקב"ה, וחתום משמו של הקב"ה, המלאך מט"ט, ששמו כשם רבו. כמ"ש, כי שמי בקרבו.

53. ושכתוב, הנה אנוכי שולח מלאך לפניך לשמורך בדרך. עוה"ב, בינה, היא השמירה בדרך, שמבינה נמשך כוח השמירה. וע"כ הבינה אמרה לישראל, הנה אנוכי שולח מלאך, השכינה, לשמור אותך בדרך. ולא מדרגה אחרת, כי ממנה השמירה. ואמרה, מַשְׁרָה אני השכינה ביניכם, לשמור אתכם בגלות, והיא תשמור אתכם עד שתביא אתכם לארצכם, כמו שהייתם מקודם לכן. כמ"ש, להביאך אל המקום אשר הכינותי, שהארץ כבר הייתה מושב שלהם מקודם לכן.

54. המלאך שבכתוב, זוהי השכינה, המתלבשת ופועלת ע"י מט"ט. כי בגלות, המכונה דרך, הוגלתה השכינה מן המלך, מז"א, ופועלת ע"י מט"ט עד ימי הגאולה, שתשוב למקומה, לז"א. כי כמ"ש, רק עוג מלך הבשן נשאר מִיֶּתֶר הרְפָאים, הנה עַרְשׂוֹ עֶרֶשׂ ברזל, הלוא הוא ברבת בני עמון. כי עוג מלך הבשן הקליפה שלעומת מט"ט. ע"כ רמוז גם הוא בשם מיטה, כמו מט"ט.

55. הדרך היא משל על הגלות. תשמור אתכם השכינה בגלות, מכל הצרות שתבואנה עליכם, עד שיבוא ויכניס אתכם לארץ, אשר נשבע לאבותיכם, שנשמרה לכם.

56. השר השני שתחת כיסא הקדוש, השורה באוצר ההיכל, הוא נוריאל. השר של ישראל, שהתמנה עליהם, הוא השר הראשון שמתחת כיסא הקדוש, מט"ט. ובכל עת שהייתה השכינה עם המלך, היה יוצא ונכנס לפניהם מט"ט. והשר השני נוריאל מקבל עבודתם של ישראל להקב"ה כאש. וכאשר התבטל האש, כי הוגלו ישראל ואינם מעלים מ"ן בעבודתם, הסתלק אורה של השכינה, והסתלקה השכינה מן המלך.

57. כתוב על רות, ליני הלילה והיה בבוקר, אם יגאלךָ טוב יגאָל. הרחמים שולטים על הדין. כי רות, המלכות, דין, וטוב הוא רחמים, כמ״ש, וירא אלקים את האור כי טוב. הרי טוב ואור שווים, שהוא המקור של הנחלים, שהים והנחלים שבעולם באים מהם. ולפיכך מה שכתוב על רות, אם יגאלך טוב, שהרחמים, שנקראים טוב, יגאל וישלוט על רות, שהיא דין.

58. אמר רבי שמעון, פעם אחת עליתי וירדתי להאיר במקור הנחלים, שהעלה מ״ן והוריד מ״ד אל המלכות, ממקור הנחלים, בינה. כמ״ש, כל הנחלים הולכים אל הים והים אינו מלא. מאורו של בינה נבראו כל השרים שבעולם, ומאורו נובעים כל הנחלים, שכל הנחלים הולכים אל הים והים אינו מלא.

הים, המלכות, אינו מלא בגלות הזו, כי החושך והאפלה שבגלות, אהבת אמא, בינה, עשתה אותם. ואם לא היה החושך, לא היה נעשה הנחל, המאיר אל הבת, המלכות. והים לא יהיה מלא ושלם עד שיבוא צד האחר, שלא היה בגלות, צד הימין, ששום קליפה אינה שולטת עליו. ואז יתמלא הים, המלכות.

השמות הנקראים יד

[שמהן דאתקריאו יד]

59. והשמות הנקראים יד, כלומר, יד הוי״ה, יד הגדולה, יד החזקה, הם מקור האור לכל. ולא נזכר יד אלא בשם הוי״ה, שהוא רחמים, כמ״ש, הן לא קָצרה יד הוי״ה.

60. כי יד על כֵס יה מלחמה להוי״ה בעמלק. יד כס, בגלל הוי״ה, רחמים, כי שולט הרחמים על הדין. הכתוב רוצה לומר, יהי רצון שיהיה לעולם, במקום גבורה, יד הגדולה, שהייתה במצרים, הרחמים, ואם לא הייתה יד הגדולה, הייתה המלחמה בדין בלי רחמים.

61. וכשיבוא המשיח, יבוא בהתחדשות ביד הגדולה, ויערוך מלחמה בעמלק, ויתגברו הרחמים על הדין, כמו ביציאת מצרים. וכתוב, בחוזק יד הוציאךָ ה׳ ממצרים. וכשיבוא השם יד בחוזק, יד לבד ולא יד הוי״ה ולא יד הגדולה, הוא בדין, כלומר, שיערוך מלחמה בדין בעמלק, ויבוא המשיח, שיעשה עם עמלק ב׳ מלחמות, בהתגברות הרחמים על הדין, ובדין לבד. ואז תבוא הגאולה.

והראיה כמ״ש, ויָצא ה׳ ונלחם בגויים ההם, כיום הילחמוֹ ביום קרב. כי מחצית הכתוב הראשונה היא בסיוע הרחמים, שכתוב, ויצא הוי״ה ונלחם, שהוי״ה הוא רחמים. ומחציתו האחרונה היא בדין לבד בלי רחמים, שכתוב, כיום הילחמו ביום קרב. ולא נזכר בו הוי״ה. הרי שיהיו ב׳ מיני מלחמות.

62. כמה כוחה של יד הגדולה, יד ימין, שהגיעה ליד העליונה הזו, יד שמאל, יד חזקה, ונקראת גם עליונה, משום שמאירה רק מלמטה למעלה. ביד הזו יצאו ממצרים, כמ״ש, בחוזק יד הוציאך ה׳ ממצרים.

ומתחברות יחד, משום שמספרן שווה. נחשב י׳ לי׳, ד׳ לד׳, שווים זה לזה: השם יד הגדולה והשם יד העליונה, שיוצאים יחד, הם שווים באותיותיהם ומספרם כמספרם, שהייחוד קיבל שתי י״ד, שתיים ביחד, שהימין והשמאל התחברו יחד.

63. כיצד לא נמנע חיבורם זה מזה, והם אינם שווים, זו נקראת גדולה וזו נקראת חזקה? התבאר החיבור של שניים אלו, מטעם שבאותיותיהם י״ד הם שווים בעניין, אע״פ שהשניים אינם מתבארים לגמרי בעינם. כיוון שבשם יד הם שווים זה לזה, כבר ייתכן שיתחברו יחדיו, אע״פ שזו נקראת גדולה וזו חזקה. מאלו ב׳ ידיים, נבראו שמיים וארץ וכל שעימהם.

אחר שהזוהר ביאר גודל חשיבות הייחוד של ב׳ הידיים, יד הגדולה ויד החזקה, שמהייחוד הזה נבראו שמיים וארץ ומלואם, ואע״פ שהן רחוקות זו מזו, כי יד הגדולה ימין ויד החזקה שמאל, מ״מ כיוון ששתיהן נקראות יד, יש במילה יד עניין משותף, וע״כ הן מתייחדות. ועתה בא הזוהר לבאר, איך הן מתחברות במשקל המילה יד ע״פ ע״ס שבכל אחת מהן.

ג״ר של כל מדרגה נבחנות באותיות הפשוטות של שם המדרגה לספירת הכתר שבה, והמילואים של האותיות הפשוטות הם חכמה שבה, ומילויי המילואים הם בינה שבה.

השם י״ד: האותיות י׳ ד׳ הפשוטות, ספירת הכתר שבה. אותיות המילוי של י׳ ד׳, יו״ד דל״ת, ספירת החכמה שבה. אותיות מילוי המילוי, המילואים של האותיות י׳ ו׳ ד׳, ד׳ ל׳ ת׳, יו״ד ו״ו דל״ת, דל״ת למ״ד ת״ו, הן ספירת הבינה שבה.

ע״פ זה מצייר הזוהר ג׳ עיגולים זה בתוך זה: לג״ר שבעליון מתייחדות האותיות הפשוטות י״ד מיד הגדולה, עם האותיות הפשוטות י״ד מיד החזקה. י׳ לי׳, ד׳ לד׳, כתר של יד הגדולה עם הכתר של יד החזקה. כי האותיות הפשוטות של השם מרמזות על כתר.

בעיגול ב׳ שבתוך העליון מתייחדות אותיות המילוי של י״ד מי״ד הגדולה, שהן י׳ ו׳ ד׳ ד׳ ל׳ ת׳, עם אותיות המילוי של י״ד מי״ד החזקה, שהן י׳ ו׳ ד׳ ד׳ ל׳ ת׳. בימין העיגול, י׳ לי׳, ו׳ לו׳, לד׳ ד׳. שי׳ של היד הגדולה מתחברת עם י׳ של היד החזקה. וכן ו׳ לו׳. וכן לד׳ של היד הגדולה הד׳ של היד החזקה. ואלו כתובים בימין העיגול.

ובשמאל העיגול כתובים המילואים של הד׳, ד׳ ל׳ ת׳. לד׳ ד׳, לל׳ ל׳, לת׳ ת׳. שהד׳ של היד הגדולה מתחברת עם הד׳ של היד החזקה. וכן לל׳ של היד הגדולה מתחברת הל׳ של היד החזקה. וכן הת׳ של היד הגדולה מתחברת עם הת׳ של היד החזקה.

והטעם שמילויי הי׳ כתובים לימין העיגול ומילויי הד׳ כתובים בשמאל העיגול, הוא משום שעצם הי׳ רומזת על חכמה, שהיא ימין. ועצם הד׳ רומזת על הבינה שהיא לשמאל החכמה, אמנם בדרך כלל עיגול ב׳ הוא חכמה, להיותו בחינת המילוי.

ובעיגול ג׳ שבתוך השני מתייחדות אותיות מילוי המילוי של השם י״ד מיד הגדולה עם אותיות מילוי המילוי משם י״ד מיד החזקה. שהיא ספירת הבינה שבה. שהן יו״ד ו״ו דל״ת, דל״ת למ״ד ת״ו של היד הגדולה, עם יו״ד ו״ו דל״ת, דל״ת למ״ד ת״ו, של יד החזקה. בימין העיגול ד׳ לד׳, ל׳ לל׳, לת׳ ת׳. ובשמאלו, לל׳ ל׳, למ׳ מ׳, לד׳ ד׳, לת׳ ת׳, לו׳ ו׳.

אמנם הזוהר אינו מחשב כאן את מילוי המילוי של הי׳ אלא של הד׳ בלבד. והטעם הוא, מפני שעיגול זה הוא ספירת הבינה, והי׳ היא בעצמותה בחינת חכמה. ע״כ אינו מחושב בעיגול זה, אלא רק

מילוי המילוי של הד' בלבד, שהיא בעצמותה ספירת הבינה. הד' ממילוי המילוי של היד הגדולה, מתחברת עם הד' דמילוי המילוי של היד החזקה. וכן ל' לל'. וכן ת' לת'.

והן בימין העיגול, מטעם שהן אותיות העיקריות של מילוי המילוי. ובשמאל העיגול, ל' של מילוי המילוי מיד הגדולה, מתחברת עם הל' של מילוי המילוי מיד החזקה. וכן למ' מ'. וכן לד' ד'. וכן לת' ת'. וכן לו' ו'.

במרכז אלו העיגולים כתוב ו' למעלה. והיא רומזת על חג"ת שלהם. ומתחתיה י"ה י"ה והן רומזות על נו"ה שלהם.

ומתחתיהן שד"י, הרומז על יסוד שלהם. ומתחתיו מרכבה, שאביה ישראל, הרומז על ספירת המלכות שלהם.

הספירה הראשונה, העיגול העליון, כתר עליון, היות שבו אותיות הפשוטות, כתר.

עיגול ב' הוא, כמ"ש, בכל מקום עיני ה' צופות רעים וטובים, ספירת החכמה, כי עיניים חכמה. ע"כ יש בו אותיות המילוי חכמה.

עיגול ג' ספירת הבינה, היות שבו אותיות מילוי המילוי, העוזרים ומשפיעים אל הו' של שם הוי"ה, ז"א, שעשה הרבה ניסים בארץ מצרים.

נראה אליי בלוז

64. ויאמר יעקב אל יוסף, אל שד"י נראה אליי בלוז בארץ כנען. לוז, זה ירושלים העליונה, בינה, המשרה השכינה בינינו. אמר יעקב העליון, ז"א, ליעקב שלמטה, הבינה נתנה לי ברכה, שרוצה להרבות אתכם ולתת את הארץ לבניכם. לוז, ירושלים העליונה, בינה, הקב"ה, נתן ברכה, שברכה זו תהיה על ידו בארץ הקדושה, אבל לארץ אחרת לא תהיה הברכה.

65. מברך רעהו בקול גדול בבוקר השכם, קללה תיחשב לו. הקב"ה קרא לישראל, אחים ורעים. מברך רעהו, שהקב"ה מברך את ישראל. הברכה שנתן, שהעם הזה יהיה טהור תחת ידיו, ושיהיה שומר עליהם. שמחמת ברכה זו, מסבב על ישראל סיבות, הנראות כמו עונשים. וע"כ מסיים הכתוב, קללה תיחשב לו. כי אינם מבינים שהן לטובתם, כדי שתתקיים הברכה.

66. אשרי חלקם של העם הטהור, שהוא שומר עליהם, שנקראים בנים, חביבים יותר מעליונים, כמ"ש, בנים אתם לה'. והכול משום שנשלם השם שד"י בחותם שלהם, שהם נימולים.

67. בפניו של אדם יש השם של הקב"ה, ש', וחסר ממנו י', ולא נשלם. בא אברהם וחיבב את הקב"ה, ואמר לו הקב"ה, בך ישתלם השם. ונימול, ונשלם השם בי' של המילה. כי בפניו של האדם ש' דשד"י, ב' עיניים וחוטם באמצע. ובזרועו יש ד'. וחסר י'. ונשלם בי' של המילה. ואז נקראים, בנים לה', בנים קדושים.

68. וכאשר מטמאים לברית קודש,

ומכניס אותו לרשות אחר, שעובר בו עבירה, מסתלק ממנו קדושת החותם, והוא כמו שמחריב העולם, כי טימא החותם שנשלם בו השם של הקב״ה ומחריב העולם. כי מפסיק השפעת הקב״ה אל העולם.

הנני מַפְרְךָ והרביתיךָ

70. לא עתה יֵבוש יעקב ולא עתה פניו יֶחוורו. אדם, המבטיח טוב לאדם כמוהו, ואם לא יקיים מה שאמר, הרי פניו מתביישים. על אחת כמה וכמה, הבטחה הבאה מעליונים לבן אדם, אם אינו מביא כל הטוב שאמר על בניו, הרי פניו מתביישים.

71. אמר הקב״ה ליעקב, אני ישראל העליון, הנני מַפְרְךָ והרביתיךָ, ונתתי את הארץ הזאת לזרעךָ, בברכה הזו שנתן לי הבינה, ואתן את הארץ הזאת לבניכם. ובניו אינם בארץ, והקב״ה אינו עימהם. שזאת בושה שמבטיח ואינו מקיים.

וכאשר יבוא הקץ של המשיח ותתקיים הבטחתו, אמר הקב״ה, לא עתה יבוש יעקב. עתה, פניו של יעקב של מעלה, לא יתביישו מחמת שאמר להם, ונתתי את הארץ הזאת לזרעך. כי עד עתה לא היה בידו לתת להם, והיו פניו מתביישים. ועתה הבטחה שלו התקיימה מלפני אדון השמיים והארץ.

72. לכן מלחמת עמלק, כשיושלם הקץ, לא תהיה אלא בחוזק יד, כמו ביום קרב, כמ״ש, ויָצא ה׳ ונלחם בגויים ההם, כיום הילחמוֹ ביום קרב. הוא עצמו יצא ולא אחר.

ועתה שני בניךָ הנולדים

73. ועתה שני בניךָ הנולדים לך בארץ מצרים, עד בואי אליך מצריימה לי הם, אפריים ומנשה. זהו ישראל למטה בגלות. והם בניו של הקב״ה, הנולדים בין העמים.

הכתוב סובב על ישראל, שהם בגלות העמים, כי ארץ מצרים כולל לכל הגלויות. ישראל שיהיו בארץ ישראל הקדושה, יושבים בארץ בעת שיבוא המשיח, יהיו עם אחיהם במקומם. כי לא נקרא גלות, אלא למי שהוא יושב בארץ נוכרייה, והם נקראים גולים. אבל אלו שיושבים בארץ ישראל, אינם נקראים גולים, ואינם בגלות אפילו בטרם שיבוא המשיח. ולפיכך מדייק הכתוב, הנולדים לך בארץ מצרים, שהם נבחנים כגולים, ולא הנולדים בארץ ישראל.

74. וזכרתי את בריתי יעקוב. הו׳ של יעקב יתרה היא. וזה מורה, שתבוא הו׳ שהסתלקה כשנחרב הבית, ותהיה עזרה ליעקב בעת שתהיה הגאולה. ותהיה לְבֵן הקדוש יעקב ארץ אחוזת עולם. ויהיו בניו בארצם, שגרו בה מקודם לכן, אשרי חלקם.

״ויחי״. ספר הזהר עם פירוש הסולם. מהד׳ 21 כר׳. כרך ז. דף כד; מהד׳ 10 כר׳. כרך ד. דף כד.
״ויחי״. ספר הזהר עם פירוש הסולם. מהד׳ 21 כר׳. כרך ז. דף כה; מהד׳ 10 כר׳. כרך ד. דף כה.

75. עתה בנים, שהוגלו לחוץ לארץ ונשכחו, בחינת מנשה, ופְּרו ורַבּוּ, בחינת אפריים. ויאמר יעקב העליון, ז"א, לזה שלמטה, הבנים שלך, שבחוץ לארץ, שנולדו בגלות בכל ארץ וארץ, מטרם שבאתי למצרים ועשיתי בהם דין על עוונותיהם, אין אני מחשיב לבניך כל אותם הנבראים בגלות בחוץ לארץ בארץ נוכרייה. ואע"פ שהם רבים, בחינת אפריים, ונשכחו, בחינת מנשה, בנים שלי הם.

וכשראיתי הגלות הזו שלהם, ריפאתי את מכאוביהם ושמעתי תפילתם. כמ"ש, עד בואי אליך מצריימה לי הם, אפריים ומנשה כראובן ושמעון יהיו לי. ראובן, כי ראה ה' את עוניי. שמעון, כי שמע ה' כי שׂנואה אנוכי.

אפריים ומנשה, שפָּרוּ בגלות ונשכחו בגלות. כראובן ושמעון יהיו לי, שיראה את עונָיִם, וישמע את תפילתם, ויגאלם, כהוראת השמות ראובן ושמעון. וחשוב בליבך כאילו הם לפניי. וכשנחזור ממצרים, הכוללת כל הגלויות, אחר שייעשה בהם הדין, נוציא אותם מארץ גלותם.

76. מכאן נשמע, שאחר שייעשה דין במצרים, הכוללת כל הגויים, ייגאלו ישראל מגלות. כמ"ש, והביאו את כל אחיכם מכל הגויים מנחה לה'. רוצה לומר, כשיהיה הקב"ה בדין במצרים, בכל האומות, יביאו כל העמים מנחה, כאשר שמעו שמועה של הקב"ה, כמ"ש, ונהרו אליו כל הגויים.

77. עתיד הקב"ה לעשות לכל צדיק חופה בירושלים, כמ"ש, קול ששון וקול שמחה קול חתן וקול כלה. כאשר תשוב השכינה אל המלך, ויעשה לה אירוסין. ביום חתונתו וביום שמחת ליבו. ביום חתונתו, מתן תורה. וביום שמחת ליבו, זה בניין ביהמ"ק, שייבנה במהרה בימינו.

78. ומולדתךָ אשר הולדתָ אחריהם לך יהיו. זה ישראל למטה, שייוולדו לאחר הגאולה אל האבות, שהם מרכבות. יהיו שמותיהם, שנולדו לאחר הגאולה כמ"ש, על שם אחיהם ייקראו בנחלתם.

79. ומולדתך, זהו ירושלים של מטה. המולדת שלך. האנשים אשר ייוולדו בירושלים הזו, לאחר שיָשׁוּבו העולם לאדון השמיים, כי יתגיירו לאחר הגאולה. ייקראו על שמות בני ישראל, ולא ייקראו על שמות אבותיהם, כגון גֵר מקַפּוֹטקִיָא, אלא בשם ישראל.

80. לך יהיו, פירושו, על שמותם של ישראל ייקראו כמ"ש, על שם אחיהם ייקראו בנחלתם. וכאשר ישובו, ינחלו עִם ישראל בארץ, וייקח כל שבט את שלו. וגם בשביל אנשים משלהם מהגֵרים, וכל אחד ינחל מן הארץ לפי מניינו.

מתה עליי רחל בדרך

81. קול ברמה נשמע, רחל מבכּה על בניה. כה אמר ה', מִנעי קולך מבֶּכי, כי יש שכר לפעולתך, ושבו בנים לגבולם. הלוא היה לו לומר, וישובו בנים לגבולם?

82. אלא בשעה שיהיה הדין על ההר, והשכינה תתעטר על ההר, שתקבל שם מוחין, עטרה, וחושבת אז שבניה יאבדו בדין, ואינו כן. כי כמ״ש, רוני עקרה לא יָלָדָה פִּצחי רינה וצהלי לא חָלָה, כי רבים בני שומֵמה מבני בְעולה. רבים יהיו בני הכיסא מבניה עצמה. ואז תשוב השכינה לבעלה, ביום ההוא יהיה ה׳ אחד ושמו אחד.

שני מצבים לשכינה:

א. שהיא רביעי לאבות, שקומתה שווה לז״א, חג״ת, הרים, כי שניהם הם כיסא אל הבינה, ואז הם שלושת רגלי הכיסא חג״ת, הרים, והשכינה רגל רביעי אל הכיסא. ונחשבת גם הר כמו חג״ת. ובמצב הזה היא אחוריים ודינים.

ב. שחוזרת ונבנית בפָּנים וברחמים, אבל אז מתמעטת קומתה ואינה ראויה עוד להיות כיסא אל הבינה, אלא שנעשית מקבלת מז״א, שיורדת לנה״י, אבל הם מזדווגים פב״פ, וברחמים.

המוחין ולידת נשמות ישראל באים ממצב ב׳, כי במצב א׳ היא מלאה דינים, וכל המקבלים ממנה אז, נאבדים.

בשעה שיהיה הדין על ההר, כשהשכינה במצב א׳, שעלתה לחג״ת, הרים, שאז שולטים הדינים על ההר, והשכינה מתעטרת על ההר, שמקבלת מוחין גדולים כמו ז״א, ונעשית כיסא אל הבינה כמוהו, רגל רביעי. וחושבת המקבלים ממנה לנאבדים, מרוב הדינים המושפעים ממנה במצב א׳ הזה. וע״כ השכינה מכונה במצב הזה בשם עקרה, כי אין לה בנים, המקבלים, כי כל המקבל ממנה נאבד.

ובגמה״ת, כאשר תתוקן עצם המלכות לגמרי, ולא תצטרך עוד לקבל מיתוקים מהבינה, אז נאמר, רוני עקרה, כי רבים יהיו בני הכיסא מבניה עצמה. כי כל אלו שקיבלו ממנו במצב הא׳ במדרגת כיסא אל הבינה, שנאבדו מהעולם מרוב הדינים שבה, חזרו כולם לתחייה.

והשכינה תראה עתה שהבנים ממצב הכיסא מרובים מבנים שלה עצמה, מבנים ממצב הב׳. שמטרם התיקון רק היא הייתה בעלת בנים. כמ״ש, כי רבים הם בני שומֵמה, בני הכיסא הם רבים, מבני בְּעולה, מבני מצב הב׳, שרק היא הייתה בעולה ובת בנים.

ואז תשוב השכינה לבעלה, כמ״ש, ביום ההוא יהיה ה׳ אחד ושמו אחד. כי מטרם גמה״ת, נאמר רק הוי״ה אחד, כי השכינה נכללת בז״א, הוי״ה. אבל בגמה״ת, נאמר גם ושמו אחד, כי תהיה מתוקנת בפני עצמה.

83. לכן מקודם תאמר השכינה לבעלה, הבנים שלי, ממצב הא׳, היכן הם? ויאמר לה, שהם בדין, והיא חושבת שנאבדו בדין, ומבכה עליהם, כמ״ש, קול ברמה נשמע רחל מבכה על בניה. והוא יאמר לה, מנעי קולך מבכי. כי יש שכר לפעולתך, משום שהיית עימהם, וכבר שבו הבנים מהארץ השנואה, כי כבר נגאלו. לכן, ושבו בנים לגבולם, לשון עבר, כי בעת שהקב״ה השיב לה, כי יש שכר לפעולתך, כבר היה גמה״ת, וכבר שבו הבנים לגבולם.

84. ואני בבואי מפַּדן מתה עליי רחל. והאם לא ידע יוסף שאימו מתה, הלוא היה עימה שם כשמתה, ולמה היה צריך יעקב לספר לו את זה? אלא יאמר ישראל העליון, כשנבוא מגאולת ישראל, תתעורר השכינה, ותתעורר כנ״י ותערוך מלחמה עם העמים, וימותו מישראל במלחמה זו. ויתקרבו לאט לאט לבוא אל הארץ. יאמר לה הקב״ה, כשהיא בוכה על בניה שמתו, אל תפחדי, שכר יש לבנים שמתו במלחמה על שמי. אחרים, שלא מתו, כבר שבו. ושמתו, ישובו ויחיו בתחיית המתים.

85. מתה עליי רחל. מתה על ייחוד שמו של הקב"ה, כלומר, בניה שנהרגו על קידוש השם. ועל זה אמר, בעוד כִּבְרַת ארץ לבוא אפרתה, שמתו על ייחוד שמו של הקב"ה בחוץ לארץ, במלחמה לביאת הארץ. כי בארץ ישראל לא ימות אף אחד מהם, אלא רק לבוא לארץ ישראל. כי אחר שבאים לארץ ישראל, אינם מתים עוד.

86. עתידים ישראל לערוך מלחמה בדרך לאפרת, וימותו עַם רב מהם. ואח"כ יקומו לתחיית המתים, וממשלה יתרה תהיה לאותם שמתו בדרך הזו לאפרת, מכל אלו שיהיו כבר לפניהם בירושלים, יותר מכל אלו שלא מתו במלחמה.

87. ולמה נקרא שם המקום הקדוש של המקום הזה לחם, כמ"ש, אפרת היא בית לחם? משום שהוא משמו של הקב"ה, כי ימותו שם במלחמה על שמו. כמ"ש, י"ד על כֵּס יה מלחמה לה' בעמלק, שפירושו, שימותו שם, כדי להשלים את השם י"ה, כי אין השם שלם בהוי"ה, עד שימחה זכר עמלק. וע"כ המלחמה היא להשלים את השם י"ה עם ו"ה. וע"כ נקרא המקום לחם, מלשון מלחמה, כי לָחם בגלות, משום שהוא בא להשלים את שמו של הקב"ה.

וַיַּרְא ישראל את בני יוסף

88. וַיַּרְא ישראל את בני יוסף ויאמר, מי אלה. מי ילד לי את אלה? ישראל למטה ראה שיבואו בני ישראל לפניו, בעת שיבואו מעֵילם ומשִׁנְעָר ומחֲמָת ומאיי הים, ויתקבצו כולם, ויהיו עם רב. תאמר השכינה, מי הם כולם, אם אין בהם פסול מבנים נוכריים? ויאמרו לו, אנחנו כולנו מבניך ואין בן נוכרי עימנו, כי ייפרדו זה מזה, שהערב רב ייפרדו מישראל, ויִמּוֹלוּ יחד ויתגיירו, וישובו הגרים עִם ישראל ויהיו ביחד.

89. כי ירחם ה' את יעקב ובחר עוד בישראל. כשישובו הבנים לארצם, ותהיה בהם אהבה, יהיה ה' אחד ושמו אחד. ואז יתחברו גרים עם ישראל, ויהיו להם כסַפַּחַת בבשרם.

90. למה הם כספחת? אמר רבי שמעון, על גבולי הארץ, הוא המדובר, כי כל אחד יהיה חפצו לדור בארץ ישראל, וייראו הדיירים מחוץ לגבול. כמ"ש, ויתדותייך חֲזֵקִי. שהיתדות, שהיו עימך מקודם לכן, מעת הגלות, חזק אותם ותקן אותם, יותר מכל שאר העמים, כביכול כמו שראית לחזק אותם, כשהיית בכל העמים האחרים, בגלות בין העמים, והגרים יהיו רבים.

כי כל ההבדל בין ישראל לעמים הוא באחיזת ישראל בקו אמצעי, המגביל קומת השמאל ומייחד אותו עם קו הימין, שזה גבול ישראל. אבל שאר העמים אחוזים בקו שמאל, ואינם רוצים בגבול הקו האמצעי.

ובגמה"ת יתרחב גבול המסך הזה מקומת מ"ה (45) לקומת ע"ב (72). ואז כתוב, הרחיבי מקום אוהלך, האריכי מיתרייך. כי יתרחב גבול ארץ ישראל מקומת מ"ה לקומת ע"ב. ועכ"ז מסיים הכתוב, ויתדותייך חזקי, הגבולות,

מטעם שכתוב, כי ימין ושמאל תפרוצי וזרעך גויים יירש.

הגויים שיתגיירו וידורו בארץ ישראל, משום ששורשם לא מזרע ישראל, יש לחשוש מהם, שלא יפרצו את הגבול לגמרי, שלא ירצו לקבל עליהם גם המסך דע"ב הגדול. ולפיכך צריכים לחזק את היתדות, הגבולות. כי יתד האוהל עושה גבול לרוחב האוהל, כמ"ש, ויתדותייך חזקי, כי ימין ושמאל תפרוצי וזרעך גויים יירש.

ולכן אמרו על גבולות הארץ, שע"כ נחשבים הגרים כספחת מחמת הגבולות של הארץ. שכל אחד יהיה חפצו אז לדור בארץ ישראל, שכל הגרים מכל הגויים יבואו ויתיישבו בארץ ישראל, כמ"ש, כי ימין ושמאל תפרוצי וזרעך גויים יירש.

וע"כ שהגרים יפרצו הגבול של הארץ וייראו מחוץ לגבול, מכוח שורש אבותיהם, שאינם חפצים בשום גבול. ולכן כתוב, ויתדותייך חזקי. רוצה לומר שהיתדות, שהיו עימך מקודם לכן, מעת הגלות, חזק אותם ותקן אותם, יותר מכל שאר העמים, שיחזקו הגבול שיהיה חזק, ששאר העמים לא יפרצו אותו.

ומה שנאמר שהיתדות, שהיו עימך מקודם לכן, הוא משום שבעת גמה"ת, לא יהיה להם אז עוביות, שיוכלו להעלות מ"ן למסך ולגבול, וע"כ צריכים אז להשתמש בעוביות שהייתה להם מקודם לכן, כדי להעלות מ"ן למסך ולגבול. שכביכול צריכים כל כך לחזק את היתדות, המסכים, כבעת שהיו בגלות בעמים אחרים, כי אחר גמה"ת לא יהיה די עוביות למסך וצריכים להשתמש בעוביות שהיה להם בזמן הגלות.

אשר נתן לי אלקים בזה

91. ויאמר יוסף אל אביו, בניי הם אשר נתן לי אלקים בזה. יאמר ישראל למטה, המכונה יוסף, כאשר ישראל העליון עליהם מלמעלה, בניי הם, שנתן לי הקב"ה את התורה, שנקראת ז"ה, וע"כ כתוב, בָּזה.

כמה הם, ישראל, וחוקיהם אמיתיים בחוקי התורה שניתנה להם. כשיהיו ישראל תחת כנפי השכינה, נקראת התורה ז"ה, כמ"ש, זה אֵלי ואנוֵהו. אשר נתן לי אלקים בזה, שהיא התורה. ובכל זמן שלא היה מדבר דוד תחת כנפי השכינה, אלא שניבא מה שיהיה, נקראת התורה זא"ת, כמ"ש, וזאת התורה, אשר שָׂם משה לפני בני ישראל.

התורה נקראת לפעמים ז"ה ולפעמים זא"ת. וההפרש ביניהם, כי ז"ה הוא זכר, שפירושו, פועל ומשפיע. וזא"ת היא נקבה, שפירושה, מקבלת הפעולה, ועצמה אינה פועלת כלום. כמו שלמדנו, שאסתר קרקע עולם הייתה.

מתי נקראת ז"ה ומתי נקראת זא"ת? כשיהיו ישראל תחת כנפי השכינה, בגלות, שהם חוסים תחת כנפי השכינה, שנקראים אז שומרי התורה, שפועלים ועושים את התורה, אז נבחנת התורה שלהם בבחינת זכר, הפועל, וע"כ נקראת ז"ה.

ובכל זמן שלא היה מדבר דוד תחת כנפי השכינה, אלא שניבא מה שיהיה, נקראת התורה זא"ת, שבזמן התגלות

התורה, וגילוי כל הסודות שבה, נבחנת התורה אז בבחינת נקבה, כי אז מגולה רק השכר שבה, ואין בה שום פעולה, והיא כקרקע עולם. וע״כ נקראת אז זא״ת. כמ״ש, וזאת התורה.

92. מכאן נשמע ההפרש בין ז״ה אל זא״ת. שכתוב, אם תחנֶה עליי מחנה, לא יִירא ליבי, אם תקום עליי מלחמה, בזאת אני בוטח. זא״ת, היא התורה שתהיה כשיבוא המשיח, שתתגלה התורה. וע״כ כתוב, וקול התור נשמע בארצנו. תור, לשון זכר, ולא כתוב תורה, כרגיל.

ותור הוא שם היונה, כמ״ש, תורים או בני יונה. ונמשלה התורה ליונה, כי יונה קולה עָרֵב. כך דברי תורה קולם ערב. והקול הזה יהיה לכשיבוא המשיח ביום הדין, מטרם הגאולה, שאז המשיח עושה דינים ומלחמות בעמים, המשעבדים את ישראל. ועוד לא הגיע הזמן לגילוי התורה. ע״כ נקראת תור, לשון זכר, ונקראת ז״ה.

93. הניצנים נראו בארץ, עת הזמיר הגיע, וקול התור נשמע בארצנו. הניצנים, האבות מן המרכבה, אברהם יצחק יעקב, שיקומו בעולם וייראו בארץ.

94. עת הזמיר הגיע, השירה שישוררו הלוויים, כשישובו לעבודתם כבתחילה. וקול התור, התורה בבחינת זכר, שנקראת ז״ה, שעליו סובב הכתוב, אשר נתן לי אלקים בזה. דברי תורה שערֵבים כקול התור, שהוא ז״ה.

95. בזמן שישראל לא יחסו תחת כנפי השכינה, האות א׳ של זא״ת יורדת מתחת כל המדרגות, ומסתלקת האות ה׳ של ז״ה, בכתוב, זה אלי ואנווהו. כי משנחרב הבית, שהה׳ לא יכלה להיות בין העמים עכו״ם, הה׳ הקדושה נפרדה מן השם. כאשר ישובו ישראל לארצם, הה׳ הקדושה תשוב אל ז״ה, ותצא מיום הדין והא׳ תקבל תיקונה ותשוב אל זא״ת.

ה׳ וא׳, איזו מהן חשובה יותר? ה׳ חשובה יותר מבחינת קדושה. וא׳ חשובה יותר מבחינת האותיות.

96. שמות, ז״ה תו״ר, שווים, שמתחברים יחד. ז׳ של ז״ה מתחברת לר׳ של תו״ר. והר׳ של תו״ר מתחברת לת׳ של תו״ר, ויוצא מהם צירוף זר״ת. כמ״ש, ושמיים בַּזֶּרֶת תיכֵּן. ו׳ של תו״ר מתחברת לה׳ של ז״ה, ו״ה דהוי״ה, שהם ז״א ונוקבא שלו. זרת של הקב״ה הוא ב-670 שנה, משמיים, ז״א, עד ארץ, הנוקבא. כיצד?

ז״ה תו״ר, יש להם ב׳ צירופים:

א. זר״ת ו״ה,

ב. ה״ו תר״ז, כלומר, שהתקדמה ה׳ של ז״ה לו׳ של תו״ר, שהתקדמות הה׳ רומזת על בינה, המשפיעה לז״א, ו׳. ו׳ מתקדמת לת׳ של תו״ר, ת׳ לר׳ של תו״ר, ר׳ של תור לז׳ של ז״ה.

כלומר הצירוף השני ה״ו תר״ז, 670 שנה שמשמיים לארץ, קומת האור המושפע משמיים, ז״א, לארץ, הנוקבא. ומורה שהיא חסרה שלושים למאה השביעית, שהיא ג״ר החסרה בקומה זו. ואע״פ שאין כאן אלא תר״ז (607), נכפלת בז׳ בעשרה, והם תר״ע (670).

משמיענו בזה, שבשמות ז״ה תו״ר השווים כאחד, יוצאים ב׳ מיני צירופים:

א. ו״ה זר״ת, ז״א, השמיים, כשהוא לעצמו,

ב. ה״ו תר״ז, ז״א, קומת ההשפעה אל הנוקבא.

וכמ״ש, רָבוּעַ יהיה כפול, זרת אורכו וזרת רוחבו. זר״ת אורכו הוא קומת השפעה דז״א, 670, שבגי׳ זרת. וזר״ת רוחבו הוא בחינת ז״א כשהוא לעצמו.

97. ויאמר קָחֶם נא אליי ואברכם. כיוון שהבנים עוסקים בדברי תורה, כמו שאמר יוסף, אשר נתן לי אלקים בזה, שהיא התורה, ויש מידה של ז״ה ביניהם, ואברכם.

98. כתוב, ויאמר אליו מה שמך, ויאמר יעקב. שהשם יעקב, פירושו, קטנות ומסתפק להיות בלי מוחין. ואח״כ כתוב, וישאל יעקב ויאמר, הגידה נא שמך. ויאמר, למה זה תשאל לשמי. כלומר, מה העניין הזה, שתשאל לשמי, אשר שֵׁם פירושו השגה, לעניין הזה הקודם, שאמרת ששמך יעקב, שפירושו שאתה מסתפק בקטנות ואינך מבקש השגה וידיעת השם. ויאמר למה זה תשאל לשמי, ויברך אותו שָׁם. שאמר לו, שאינו עתיד לברך אותם, אלא בזכות של ז״ה.

99. התורה נקראת ז״ה. וכתוב, זה סיני, מפני ה׳ אלקי ישראל. וסיני הוא התורה שניתנה בסיני. וכן כשניתנה התורה ע״י משה, נאמר עליו, כי זה משה האיש. וכן כתוב, זה אלי ואנוהו, שפירושו, שהתורה, הנקראת ז״ה, הייתה יורדת מלפני אלקי ישראל. ואז אמרו, זה אלי.

ועיני ישראל כבדו מזוקֶן

100. ועיני ישראל כבדו מזוקֶן, לא יוכל לראות. זהו ישראל למטה. ומשום זה אין מוצאים כלשון הזה בכל התורה. כי כשישראל יהיו בגלות, כל ימי החורבן הזה, יזדקנו, לא יוכלו לראות פני השכינה, עד שיבוא רוח אחר בהם.

101. מקודם לכן נטמאו בארץ העמים, בגלותם, ולא היו הולכים בחוקי התורה, כמו שהיו צריכים ללכת. וישבו זמן רב בין הנוכרים, דור אחר דור. ולמדו מדרכיהם, כמ״ש, ויתערבו בגויים וילמדו מעשיהם. כאשר ישובו לארצם, בתחילה, לא יוכלו לראות פני השכינה, עד שייתן להם הקב״ה רוחו בהם.

102. כתוב, ואת רוחי אתן בקִרְבכם. וכתוב, ועשיתי את אשר בחוקיי תלֵכו ומשפטיי תשמרו ועשיתם. כי לאחר שאתן בכם את רוחי ואת הקדושה, תלכו בחוקיי ותתהלכו בהם.

103. באור פני מלך חיים, ורצונו כְּעָב מלקוֹש. כי כאשר יקבלו פני שכינת הקב״ה, ויעסקו באלו המרכבות, שמהן חיות העולם, כמ״ש עליהן ביחזקאל, שהן נושאי המרכבה, אז כתוב עליהם, באור פני מלך חיים.

104. לא תמצא בפסוקים הללו, שבפרשת ויחי עד כאן, שידברו בהקב״ה. שאע״פ שהם עוסקים בגאולה, וכשכתוב יעקב, פירושו יעקב העליון או ישראל העליון, הקב״ה, למה מדבר הכתוב בלשון ובשמות בני אדם?

משום שכאשר ישובו לארצם, וייתן להם הקב״ה רוח חכמה, אז תהיה הלשון שלהם תמיד בהקב״ה. כמ״ש, גם לשוני כל היום תֶהגֶה צדקתך. כי הפסוקים עד

כאן מדברים בביאת הארץ, בטרם שהקב״ה נתן בהם רוח חכמה. וע״כ מדברים בשמות בני אדם, ולא נזכר בפירוש שמו של הקב״ה.

ויחי יעקב

105. ועמֵּךְ כולם צדיקים, לעולם יירשו אָרֶץ. אשריהם ישראל מכל העמים עכו״ם, שהקב״ה קרא להם צדיקים, להוריש להם ירושת עולם בעוה״ב, ולהתענג בעולם ההוא, כמ״ש, אז תתענַּג על ה׳. משום שישראל מתדבקים בגוף המלך, בקו האמצעי, כמ״ש, ואתם הדבקים בה׳ אלקיכם חיים כולכם היום.

106. ועמך כולם צדיקים, לעולם יירשו ארץ. פסוק זה סוד עליון הוא בין קוצרי השדה, שהם אותם שזכו לקבל פירות מעבודתם בשדה העליון, הנוקבא. נחלת ירושה עליונה של הארץ ההיא, הנוקבא. אין מי שיירש אותה, חוץ מאותו שנקרא צדיק, כי הנוקבא מתדבקת בו להתמתק מדינים המרים שבה, וע״כ הצדיק יורש את השכינה.

107. ובאהבת הקב״ה את ישראל, כתוב, ועמך כולם צדיקים. ומשום זה, לעולם יירשו ארץ. כי ראויים לרשת את השכינה. כי צדיק יורש את השכינה.

ישראל נקראים צדיקים ויורשים את השכינה, משום שנימולו. כי כל מי שנימול ונכנס בנחלה הזו, השכינה, ושומר את הברית הזה, נכנס ומתדבק בגוף המלך, שנעשה מרכבה לז״א, ונכנס בצדיק הזה, שנעשה מרכבה אל היסוד. ומשום זה נקראים ישראל צדיקים. וע״כ, לעולם יירשו ארץ, ארץ החיים, השכינה.

108. נצר מַטעיי מעשה ידיי להתפאר. נצר מטעיי, ענף מאלו הענפים, שנטע הקב״ה כשברא העולם. שכתוב, וייטע ה׳ אלקים גן בעדן מקֶדם, והארץ הזו היא אחת מאלו הנטיעות, הנוקבא. לכן כתוב, נצר מטעיי מעשה ידיי להתפאר.

109. ועמך כולם צדיקים. זהו יעקב ובניו, שירדו למצרים בין עם קְשה עורף, ונמצאו כולם צדיקים. ומשום זה כתוב עליהם, לעולם יירשו ארץ, כי משם, ממצרים, עלו לרשת את ארץ הקדושה.

110. ויחי יעקב בארץ מצרים. למה פרשה זו סתומה, שאין רווח כלל בספר התורה בין סיום פרשת ויגש להתחלת פרשת ויחי? בשעה שמת יעקב, נסתמו עיניהם של ישראל. אחר מיתת יעקב, ירדו לגלות והמצרים העבידו אותם.

111. ויישב ישראל בארץ מצרים, בארץ גושן, וייאחזו בה, ויִפרו ויִרבו מאוד. שהיו שם במעדני מלכים. ואח״ז כתוב, ויחי יעקב, בהמשך אחד בלי רווח ביניהם, להורות, שהיו נמצאים במעדני מלכים וקיבלו תענוגים ומחמדים לעצמם.

112. ובמצרים נקרא, ויחי, שנחשב לו חיים, שהרי כל ימיו לא נקרא ויחי, משום שכל ימיו היו בצער, ובצער היו נמצאים. כמ״ש, לא שָלַוְתי, בביתו של לבן. ולא שקטתי, מן עשיו. ולא נָחתי,

״ויחי״. ספר הזהר עם פירוש הסולם. מהד׳ 21 כר׳. כרך ז. דף לו; מהד׳ 10 כר׳. כרך ד. דף לו.

מן דינה ושכם. ויבוא רוגז, הרוגז של מכירת יוסף.

ואחר שירד למצרים, נקרא, ויחי: ראה את בנו מלך, ראה את כל בניו טהורים וצדיקים, כולם בתענוגים ובמעדני עולם, והוא יושב ביניהם, כיין טוב השוקט על שְׁמָרָיו. ואז נקרא, ויחי יעקב. וע"כ אינו מפריד, שלא משאיר רווח בין הכתוב, ויפרו וירבו מאוד, לבין הכתוב, ויחי יעקב, כי כן ראוי להיות, להיותם המשך אחד.

113. מה הטעם שכתוב, ויחי יעקב בארץ מצרים שבע עשרה שנה? כל ימיו של יעקב היו בצער. כיוון שראה את יוסף, והיה עומד לפניו. כשיעקב הסתכל ביוסף, הייתה נפשו נשלמת, כאילו ראה את אימו של יוסף. כי יופיו של יוסף היה דומה ליופייה של רחל. ונדמה לו, כמו שלא עבר עליו צער מימיו.

114. וכאשר יוסף נפרד ממנו, אז התקיים הכתוב, לא שָׁלַוְתי ולא שקטתי ולא נחתי ויבוא רוגז. כי צרה זו הייתה קשה ליעקב, מכל מה שעבר עליו. ובשעה, שנפרד ממנו יוסף, כתוב, יוסף בן שבע עשרה שנה. וכל ימיו של יעקב, לא היה לו צער כזה, והיה בוכה בכל יום לאלו שבע עשרה שנה של יוסף.

115. וענו לו מהשמיים, ויוסף ישית ידו על עיניך. הנה לך שבע עשרה שנה אחרות בתענוגים ובמעדנים ובהנאות ובמחמדים. כמ"ש, ויחי יעקב בארץ מצרים שבע עשרה שנה. כל אלו השנים, שכינת כבודו של הקב"ה הייתה נמצאת עימו, ומשום זה אותם השנים שבמצרים נקראים חיים.

116. ותחי רוח יעקב אביהם. משמע שמתחילה היה מת הרוח שלו. גם לא היה מתכוון להמשיך ולקבל רוח אחר. כי רוח העליון אינו שורה במקום ריק. השכינה אינה שורה, אלא במקום שלם, ולא במקום חסר, ולא במקום פגום, ולא במקום עצב, אלא במקום נכון, במקום שמחה. ומשום זה כל אלו השנים, שיוסף היה נפרד מאביו, ויעקב היה עצוב, לא שרתה עליו השכינה.

117. כתוב, עִבדו את ה׳ בשמחה, בואו לפניו ברננה. אין עבודת הקב"ה, אלא מתוך שמחה. אין השכינה שורה מתוך עצבות, כמ"ש, ועתה קחו לי מנגן והיה כנגן המנגן. ג"פ כתוב, מנגן, כדי לעורר הרוח ממקור השלמות, ז"א, הכולל ג׳ קווים, שהוא רוח השלם. וג"פ מנגן כנגד ג׳ קווים שלו.

118. מד׳ רוחות נמצא הכול, שהם ג׳ קווים שבז"א, דרום צפון מזרח, והשכינה, המקבלת ג׳ הקווים, רוח מערב, שמהם יוצאים ג׳ העולמות בי"ע וכל מלואם. וכל השורשים שבעולמות העליונים ותחתונים נאחזים בהם.

קו ימין, דרום, נכנס ומאיר. קו שמאל, צפון, יוצא ואינו מאיר, שאינו מאיר בלי קו ימין. קו אמצעי, מזרח, סותם, שמאיר רק בחסדים מכוסים, מטרם הזיווג שלו עם הנוקבא. רוח מערב, נוקבא, המאירה בחסדים מגולים בעת הזיווג עם ז"א. מתייחדות הרוחות כל אחת בחברתה, נכללות זו מזו, ואז הן אבות הכול, שכל המציאות, בי"ע, נמשכים ונולדים מהם.

119. רק באבותיך חשק ה׳. באבותיך, שלושה ממש, אברהם יצחק יעקב. כתוב רק, רק ממש, שאין יותר משלושה הללו, ומהם מסתעפים ונאחזים כל שאר האחרים, כל המדרגות שבבי"ע, שעולים למ"ן לזו"ן, לעטר את השם, להמשיך מוחין חדשים לנוקבא, הנקראת שֵׁם.

שני גמלים

[תרי גמלי]

120. מיום שיצא רבי שמעון מן המערה, לא התכסה שום דבר מהחברים. והיו מסתכלים בסודות העליונים והתגלו בהם, כאילו ניתנו באותה שעה בהר סיני. אחר שמת רבי שמעון כתוב, ויִיסָכרו מעיינות תהום וארובות השמיים. שנסתמו מעיינות החכמה. והיו החברים הוגים דברים, ולא עמדו בהם לדעת סודם.

121. כי יום אחד ישב רבי יהודה על פתחה של טבריה. וראה שני גמלים, שהיו מסלקים מעל כתפיהם חבילה של בגדי צמר יקרים. נפל המשא של בגדי הצמר, ובאו ציפורים על המקום, שהמשא היה צריך ליפול, ומטרם שהבגדים הגיעו אליהם נבקעו הציפורים.

122. אח"ז באו כמה ציפורים, והיו הולכים על הציפורים שנבקעו, ושכנו על הסלע ולא נבקעו. והיו צווחים אל הציפורים, כדי להרחיקם מהציפורים הנבקעות, ולא היו נפרדים מהם. שמעו קול אחד, העטרה שעל העטרות שורה בחושך, ואדונה בחוץ.

123. סדר התפשטות המוחין בג' הנקודות חולם שורוק חיריק:

חולם, האורות דו"ק בלי ראש, הנשארים אחר בקיעת המדרגה מכוח עליית המלכות לבינה, אורות חסדים, קו ימין.

שורוק, חזרת חצי המדרגה למקומה, ששוב יוצאים בה אורות דג"ר, אלא שנבחנים לג"ר דאחור, להיותם חכמה בלי חסדים, שאינה יכולה להאיר, ולפיכך בהופעת ג"ר הללו קופאים כל האורות שבמדרגה ונעשתה חושך, וזה קו שמאל.

חיריק בא לתקן את קו השמאל, שיתכלל ויתאחד עם קו הימין, וע"כ מעלה המסך דבחינה א', הממשיך שוב ו"ק בלי ראש, ואז נכנע קו השמאל ומתייחד עם הימין, והחכמה מתלבשת בחסדים שבימין, ויוצאים בזה ג"ר דפָּנים.

נקודת החיריק, קו אמצעי, יוצאת ג"כ בג' סדרים חולם שורוק חיריק. קודם מתגלה השורש דמסך דחיריק, מסך דמנעולא, מצ"א, שאין קו שמאל נכנע זולתו. ואז נאבדים תכף הג"ר דאחור מקו שמאל.

אמנם בגילוי המסך הזה, אינו ראוי עוד לקבל ג"ר לעולם. וע"כ צריכים למתק אותו שוב ע"י עליית המלכות לבינה. ואז מתגלה נקודת החולם דקו אמצעי, מלכות ממותקת. ואע"פ שגם היא ו"ק בלי ג"ר, אמנם ו"ק הללו כבר ראויים לקבל ג"ר, להיותם במסך דמפתחא.

ואח"ז מתגלה נקודת השורוק, ג"ר דאחור וקיפאון האורות, להיותן חכמה בלי חסדים. ולבסוף נעשה שוב הזיווג על מסך דחיריק בבחינה א', ע"י עליית מ"ן. ואז מתייחדים הקווים של ימין ושמאל זה בזה, ומתלבשת החכמה בחסדים, ויוצאות ג"ר דפנים. הרי שנקודת החיריק, קו האמצעי, מחויב ג"כ לצאת על ג' הנקודות: חולם, שורוק, חיריק.

ואותם שני גמלים שראה רבי יהודה, הן נשמות, שהיו משוקעות בשליטת קו השמאל, נקודת השורוק, וקיבלו צורת גמלים, שנקרא גמל נושא משא כבד, כי כל המדרגות הנעלות, שהיו לנשמות האלו, קפאו וחשכו, ולא יכלו ליהנות מהן, עד שהיו עליהן למשא כבד, שכל מגמתן הייתה רק איך להיפטר מהן. ולפיכך נדמו לגמלים. כי הגמל, אפילו יישא על גבו כל אוצרות הון, ימאס בהם ויהיו עליו למשא, מטעם, שאין לו עניין ליהנות מהם.

ונאמר, שרבי יהודה ראה שני גמלים, שהיו מסלקים מעל כתפיהם חבילה של בגדי צמר יקרים. כי הוא ראה אותן הנשמות, שנגלה עליהן המסך דחיריק, כדי להצילן משליטת השמאל, ולייחדן בימין. שראה הנשמות, בעת שמסלקות ומשליכות מעצמן את בגדי הצמר היקרים, את המדרגות שקפאו עליהן והיו עליהן למשא, וע״י הופעת המסך דחיריק בבחינת השורש, מסך דצ״א, המחזיר את קו השמאל לו״ק, נפלו מהן בגדי הצמר היקרים, המדרגות דג״ר, שהיו למשא.

ובאו ציפורים על המקום, מדרגות ג״ר, הנמשכות מכלים דאמא, בינה, שאין הפגם של נפילת המשא מגיע אליהן. ומטרם שהבגדים הגיעו אליהן נבקעו הציפורים. אע״פ שאין הפגם של נפילת המשא מגיע אליהן, מ״מ נבקעו, שנגלה עליהן המיתוק של עלייה לבינה, שעלייה זו מבקיעה המדרגות לשני חצאים, שכו״ח עם אורות דנ״ר נשארים במדרגה, ובינה ת״ת מלכות נופלים למטה ממדרגה, שזה גילוי נקודת החולם מחדש בקו אמצעי. שע״י זה נעשות שוב ראויות לקבל ג״ר.

לאחר שקיבלו הקטנות דחולם, נעשו ראויים לקבל ג״כ את ג״ר דאחור, נקודת השורוק דקו אמצעי. ע״כ נאמר, אח״ז באו כמה ציפורים, חדשים, והיו הולכים על גבי הציפורים הראשונים, שנבקעו, שג״ר של הציפורים החדשים נסמכו על בחינת הבקיעה, שהייתה בציפורים הקודמים, כי לולא בקיעתם, לא הייתה מציאות לגילוי ג״ר הללו דנקודת השורוק. ושָׁכנו על הסלע, כי שוב קפאו אורותיהם ונעשו כמו סלע, כטבע נקודת השורוק.

והיו צווחים אל הציפורים, כדי להרחיקם מהציפורים הנבקעות, להפריח את המוחין דשורוק מן הנשמות, אבל המוחין לא רצו לפרוש מן הנשמות. שמעו קול אחד, העטרה שעל העטרות, הנוקבא, שורה בחושך, ואדונה, ז״א, הוא מבחוץ. מצב זה של הנשמות גרם לז״א ולנוקבא שלו להיות באחוריים, אשר הנוקבא שרתה בחושך, וז״א שורה בחיצוניות המדרגה.

כדי להחזיר את זו״ן מבחינת אחוריים, צריכים לנקודת החיריק דקו אמצעי, המחזיר ג״ר דפנים אל הנשמות. גם הוא תיקון, המחזיר לז״א חסדים בפָּנים ובאחור. וע״כ מסתלקים ממנו אז כל השערות, מפנים ומאחור.

שערות הם דינים, מלשון סערות. שצריכים להעביר את הסערות והדינים מראש ז״א מפנים ומאחור, כי צריכים להעביר את כל הדינים מז״א ולתת אותן אל הנוקבא. ואח״כ מזדווגים ז״א ונוקבא יחד, ואז מסתלקים השערות גם מהנוקבא. אבל רק מג״ר דפנים, ששם הזיווג עם ז״א דפנים. אבל בג״ר שלה דאחור נשארים כל הדינים, כדי להעניש את הרשעים, שרוצים לינוק מג״ר דאחור הללו.

לי הכסף ולי הזהב

129. כתוב, והם ייקחו את הזהב, ואת התכלת, ואת הארגמן, ואת תולעת השָני, ואת השש. ואילו כסף לא כתוב. והרי בנְדָבַת המשכן כתוב, זהב וכסף. וג"כ נחושת לא כתוב. אע"פ שכסף ונחושת היו בחשבון נדבת המשכן, וכאן בבגדי כוהן גדול אינם נזכרים.

130. יש זהב שקודֵם מכסף, בינה, כמ"ש, מצפון זהב יֶאֱתֶה. בנדבת המשכן כתוב זהב וכסף, שהזהב חשוב במעלה מכסף, חסד דז"א. ויש זהב שהוא למטה מכסף, גבורה דז"א. שנקרא ג"כ זהב, כמ"ש, לי הכסף ולי הזהב נאום הוי"ה. שהבינה, שנקרא הוי"ה, אומרת, לי הכסף, חסד דז"א, ולי הזהב, גבורה דז"א. כמ"ש, השמיים שמיים להוי"ה. השמיים, ז"א. שמיים להוי"ה, הם מבינה, הנקראים הוי"ה. לי הכסף ולי הזהב נאום הוי"ה, ג"כ בינה, שאומרת, לי חו"ג דז"א, הנקראים כסף וזהב, שממני הם נמשכים.

131. כלי הקודש, בגדי כוהן גדול, כמ"ש, בגדי קודש הם. שהם כעין או"א, הנקראים קדושים, כי כוהן גדול הוא בחינת אבא עילאה, וע"כ הבגדים שלו נקראים בגדי קודש.

132. כוהן גדול למעלה, אבא, כוהן גדול למטה, כנגדו. וע"כ, לבושי כבוד של מעלה של אבא, כנגד לבושי כבוד של הכוהן הגדול למטה. ולפיכך כמו שאבא הוא קודש, כן הכוהן הגדול הוא קודש. וכמו שבגדי כבוד של אבא הם בגדי קודש, כן בגדי כבוד של הכוהן הגדול הם בגדי קודש.

אין בבגדי הכוהן הגדול כסף ונחושת, משום שהם מיוחסים למקום אחר, ואינם כנגד או"א עילאין. כמ"ש, כל עמודי החצר סביב מחושקים כסף. וכתוב, ואדְניהם נחושת, שהם כלי שימוש בשביל המשכן, הנוקבא דז"א, להשתמש בהם.

133. אבל בלבושי כבוד של הכוהן הגדול אין להשתמש לשום אדם, ששמן משחת קודש על ראשו, כי בלבושים האלו דומה לכעין של מעלה, לאבא עילאה. ע"כ כתוב בהם רק זהב, בינה עילאה שממנה בגדי אבא עילאה, ולא כסף ונחושת, שהם מזו"ן, שאינם כלל בחינת כוהן גדול, אלא לבחינת עמודי החצר.

ויקרבו ימי ישראל למות

134. ויקרבו ימי ישראל למות. אוי לעולם, אשר בני אדם, אינם רואים, ואינם שומעים, ואינם יודעים, שבכל יום נשמע קול הכרוז ב-250 עולמות.

הארת הזיווג דלילה בשליטת השמאל, הארת החכמה הבלתי מושלמת, נקרא כרוז או קול הכרוז, כי זיווג השלם של יום נקרא קול ודיבור.

"ויחי". ספר הזהר עם פירוש הסולם. מהד' 21 כר'. כרך ז. דף מד; מהד' 10 כר'. כרך ד. דף מד.
"ויחי". ספר הזהר עם פירוש הסולם. מהד' 21 כר'. כרך ז. דף מו; מהד' 10 כר'. כרך ד. דף מו.

בבינה יש חמש ספירות כח"ב תו"מ או חג"ת נ"ה, והן חמישה עולמות, ומשום שספירות הבינה הן במספר מאות, הן 500 עולמות, ומכוח עליית המלכות לבינה, נבקעה לב' חצאים, ר"נ (250) עולמות נשארו בבינה, ר"נ עולמות התחתונים נפלו ממנו לחוץ מהמדרגה. ואע"פ שבגדלות חוזרים ר"נ עולמות הללו אל הבינה, מ"מ הם נבחנות לאחוריים של הבינה. ור"נ עולמות העליונים נבחנים לפנים של הבינה.

כשנעשה זיווג דחצות לילה, שהארתו נקראת כרוז, בר"נ עולמות שנפלו מבינה, נשמע בהם קול הכרוז, שמחזיר אותם למדרגתם לבינה. וכן בכל המדרגות שלמטה מבינה, שכל אחת נשלמת מכוח קול הכרוז הזה, שכל מחציות המדרגות שנפלו מהן, חוזרות למדרגתן ונשלמות.

135. עולם אחד נודע למעלה, הנוקבא. וכשהכרוז יוצא ומשלים אותו, מזדעזע העולם ההוא ומתחלחל, מטעם שהזיווג הזה בא בשליטת השמאל, המעורר את הדינים. שתי ציפורים יוצאות, שעלו מהעולם ההוא, שהמעון שלהן מתחת האילן, שמראה החיים והמוות בו.

שתי ציפורים הן ב' ניצוצים מחו"ב דנוקבא, שנפלו לקליפות, בעת החטא דעצה"ד עם הכלים דאחוריים של הנוקבא, שירדו אז לקליפות. ובזיווג דחצות לילה, המחזיר כלים דאחוריים, שנפלו מן הנוקבא, ומחברם בנוקבא. גם שתי הציפורים חוזרות עם כלים דאחוריים הללו אל גוף הנוקבא.

וכאשר יוצא הכרוז, הארת הזיווג שבחצות לילה, יוצאות אותן שתי הציפורים שהסתלקו מהנוקבא ונפלו לקליפות, והתחברו שוב אל הנוקבא, שהמעון שלהן תחת האילן, כלומר, באחוריים דנוקבא, המכונה מתחת האילן, שמראה החיים והמוות בו. כי מתחת, פירושו, כלים דאחוריים, והנוקבא מכונה אילן טו"ר. ושם המעון של אלו הציפורים, כי עימהם יורדים לקליפות ועימהם עולים משם.

136. יוצאת ציפור אחת לצד דרום, אותה שבאה מניצוץ החכמה, ימין. וציפור אחת יוצאת לצד צפון, אותה שבאה מניצוץ הבינה, שמאל. ואחת יוצאת בעת שהאיר היום, מחכמה. ואחת כשחשך היום, לעת ערב, אחר חצות היום, מבינה. כל אחת קוראת ומכריזה מה ששמעה מאותו הכרוז, שמאירים באותו השיעור שקיבלו מהארת הזיווג דחצות לילה, הנקרא כרוז.

137. אח"כ, כשהחשיך הלילה, רוצות לעלות למקומן לאחוריים דגוף הנוקבא, ששם המעון שלהן, ונכשלו רגליהן בנקב תהום הגדול. כי בתחילת הלילה מתרבים הדינים, ושוב נופלים כלים דאחוריים דנוקבא אל הקליפות דבריאה, המכונות נקב תהום הגדול, ועימהם נפלו ונלכדו שם הציפורים.

ומלוכדים בתוכו עד שנחצה הלילה. וכשנחצה הלילה, שנעשה הזיווג דחצות לילה, כרוז קורא, כמ"ש, וכציפורים האחוזות בפח. כי ע"י הארת הזיווג, הנקרא כרוז, הן ניצולות ויוצאות מן הפח, וחוזרות ומתחברות באצילות במעון שלהן כבתחילה. וכך בכל יום.

138. בשעה שנלכדו רגליו של האדם, וימיו מתקרבים, היום ההוא נקרא יום ה' להשיב אליו הרוח. בשעה ההיא פוקד הכתר הקדוש על רוחו של האדם, הכתר השביעי לכל, הנוקבא, הספירה השביעית ומסיימת כל הספירות, כמ"ש, ימי שנותינו בהם שבעים שנה.

139. ואם מצד הגבורה באה הנוקבא אל האדם, בינה שלמעלה משבע ספירות חג"ת נהי"מ, כתוב, ואם בגבורות שמונים שנה. כי כתר הגבורה הוא השמיני. מכאן והלאה, אין עוד מקום להתמשכות החיים, כמ"ש, ורוהְבָּם עמל ואוון, כי במקום שאין יסוד לא יתקיים הבניין.

נשמת אדם נולדה מזו"ן, שהם שבע ספירות חג"ת נהי"מ, שכל אחת כלולה מעשרה והן שבעים. וע"כ מספר אלו שבעים ספירות הוא ימי שנות חייו. ומבחינת הכלים הם מתחילים מלמעלה למטה.

נמצא, שעשר שנות חייו הראשונות הם מחסד, והשניות מגבורה, עד עשר שנים האחרונות, שהן מהמלכות. ואז אין לו עוד ממי לקבל וע"כ הוא מת, כי אין לו עוד יסוד מספירות העליונות דזו"ן שיקבל חיות ממנו.

ואם שורש נשמתו מבינה, שהיא גבורה, כמ"ש, אני בינה לי גבורה, אז שנות חייו שמונים שנה. ואם יחיה ימים רבים יותר מזה, הן עמל ואוון, כי אין לו ממי לינוק.

140. אשריהם הצדיקים, כשרוצה הקב"ה להשיב רוחם אליו, ולשאוב אותו הרוח שבתוכם. בשעה שהקב"ה רוצה להשיב אליו הרוח, אם צדיק אותו הרוח, כתוב, והרוח תשוב אל האלקים אשר נְתָנָהּ.

141. ואם אינו נמצא צדיק, אוי לאותו הרוח, שצריך להתרחץ באש שורף, ולהיתקן, כדי להישאב בגוף המלך, בהקב"ה. ואם אינו מיתקן, אוי לאותו הרוח, שמתגלגל כאבן בכף הקלע, כמ"ש, ואת נפש אויביך יְקַלְּעֶנָּה בתוך כף הקלע. ואם הרוח ההוא זוכה, כמה טוב צפון לו בעולם כמ"ש, עין לא ראתה אלקים זולתך, יעשה לִמְחכה לו.

142. כשקרבו ימיו של אדם למות, מכריזים עליו בעולם שלושים יום, שהגיע זמנו למות, ואפילו עוף השמיים מכריזים עליו. ואם צדיק הוא, מכריזים עליו שלושים יום בין הצדיקים בגן עדן.

143. כל אלו שלושים יום, יוצאת הנשמה ממנו בכל לילה, ועולה ורואה מקומה בעולם ההוא. ואותו אדם אינו יודע מזה, ואינו משגיח, ואינו שולט בנשמתו כל אלו שלושים יום כמו בתחילה, כמ"ש, אין אדם שליט ברוח לכלוא את הרוח. כשמתחילים אלו שלושים יום, צלמו של אדם נחשך, והצורה של הצלם, הנראית בארץ, נמנעת מלהיראות.

ר' יצחק יושב ועצוב

[ר' יצחק יתיב ועציב]

144. רבי יצחק היה יושב יום אחד בפתחו של רבי יהודה והיה עצוב. יצא רבי יהודה ומצא אותו בפתחו, שהיה יושב ועצוב. אמר לו, מה יום מיומיים?

145. אמר לו, באתי אליך לבקש ממך

שלושה דברים. אחד, כאשר תאמר דברי תורה ותזכיר מאלו הדברים שאמרתי אני, תאמר אותם בשמי, כדי להזכיר את שמי. ואחד, שתזַכה את בני יוסף בתורה. ואחד, שתלך לקברי כל שבעה הימים של אבלות, ותתפלל תפילתך עליי.

146. אמר לו, מאין תדע שתמות? אמר לו רבי יצחק, הנה נשמתי מסתלקת ממני בכל לילה ואינה מאירה לי בחלום כמו מתחילה. ועוד, כשאני מתפלל ומגיע למילים, שומע תפילה, אני מסתכל בצֶלם שלי שעל הכותל, ואיני רואה אותו.

ואומר אני, שאמות, הואיל שעבר ממני הצלם ואינו נראה, כי כרוז יוצא ומכריז, כמ"ש, אך בצלם יתהלך איש. כל זמן שצלמו של אדם לא עבר ממנו, יתהלך איש. ורוחו מתקיים בתוכו. יצא צלמו של האדם ואינו נראה, הוא יוצא מעוה"ז.

147. אמר לו רבי יהודה, גם מכאן נשמע זה, כמ"ש, כי צל ימינו עלֵי ארץ. כל אלו הדברים שביקשת ממני, אעשה. אבל אני מבקש ממך, שבעולם ההוא תבחר מקומי אצלך, כמו שהייתי אצלך בעוה"ז. בכה רבי יצחק ואמר, בבקשה ממך, שלא תיפרד ממני כל אלו הימים.

148. הלכו אל רבי שמעון, מצאו אותו שהיה עוסק בתורה. נשא עיניו רבי שמעון, וראה את רבי יצחק, וראה שמלאך המוות רץ לפניו ורוקד לפניו. קם רבי שמעון, אחז בידו של רבי יהודה ואמר, גוזר אני, מי שרגיל לבוא אצלי, יבוא, ומי שלא רגיל לבוא אליי, לא יבוא. נכנסו רבי יצחק ורבי יהודה. קשר בזה את מלאך המוות לחוץ, ולא יכול להיכנס.

149. הסתכל רבי שמעון וראה, שעד עתה עוד לא הגיע זמנו למות, אלא עד שמונה שעות של היום הוא זמנו. הושיבו ועסק עימו בתורה. אמר לרבי אלעזר בנו, שב בפתח, ומי שתראה, לא תדבר עימו. ואם ירצה להיכנס כאן, תישבע שבועה שלא ייכנס.

150. אמר רבי שמעון לרבי יצחק, האם ראית צורת אביך ביום הזה, או לא? כי בשעה שהאדם מסתלק מן העולם, אביו וקרוביו נמצאים שם עימו, ורואה אותם ומכירם. וכל אלו שיהיה מִשְׁכָּנו עימהם בעולם ההוא במדרגה אחת, כולם מתקבצים ונמצאים עימו, והולכים עם נשמתו, עד המקום שישכון שם. אמר רבי יצחק, עד עתה עוד לא ראיתי את צורת אבי.

151. קם רבי שמעון ואמר, ריבונו של עולם, נודע רבי יצחק אצלנו, ומאלו שבע עיניים הוא כאן, כלומר משבעת התלמידים שנשארו בחיים ביציאתם מאידרא רבא, הנה אני אוחז בו, ותן אותו לי. יצא קול ואמר, הכיסא של אדונו, הנוקבא, קרבה לזיווג ע"י כנפיו של רבי שמעון, כלומר ע"י עבודתו והעלאת מ"ן. הנה שלך רבי יצחק, ותבוא עימו בזמן שתבוא לשבת בכיסאך, בשעה שייפטר רבי שמעון מן העולם. אמר רבי שמעון, כן אעשה, שאביא אותו עימי בשעת פטירתי מעולם.

152. בתוך כך ראה רבי אלעזר שמלאך המוות הסתלק, ואמר, אין גזר דין קיים במקום של רבי שמעון.

אמר רבי שמעון לרבי אלעזר, בוא הנה ואחוז ברבי יצחק, כי אני רואה שהוא מפחד. נכנס רבי אלעזר ואחז בו, ורבי שמעון החזיר פניו ועסק בתורה.

153. ישן רבי יצחק וראה את אביו. אמר לו אביו, בני, אשרי חלקך בעוה"ז ובעוה"ב. כי בין העלים של עה"ח מגן עדן אתה יושב, אילן גדול וחזק בשני העולמות הוא רבי שמעון, אשר הוא אוחז אותך בענפיו. אשרי חלקך, בני.

154. אמר לו, אבי, ומה אני שם, בעולם האמת? אמר לו, שלושה ימים היו מכינים בחיפזון את חדר משכבך, ותיקנו לך חלונות פתוחים, להאיר לך מד' רוחות העולם, ואני ראיתי מקומך, ושמחתי, שאמרתי, אשרי חלקך, בני.

155. והרי עתה, היו עתידים לבוא אליך 12 צדיקים מן החברים, ובעוד שהיו יוצאים, התעורר קול בכל העולמות. מי הם החברים העומדים כאן? התעטרו בשביל רבי שמעון, שביקש מהקב"ה, שלא ימות רבי יצחק, וניתנה לו.

156. ולא זה בלבד, כי שבעים מקומות מתעטרים כאן בשבילו, וכל מקום פתחים פתוחים לשבעים עולמות, וכל עולם נפתח לשבעים רצים, וכל רץ נפתח לשבעים כתרים עליונים, ומשם נפתחים דרכים לעתיקא, הסתום מכל, לראות בנועם העליון, המאיר ומענג לכל. כמ"ש, לחזות בנועם ה' ולבקר בהיכלו, וכתוב, בכל ביתי נאמן הוא.

אין לנו השגה בג"ר, אלא בז"ת, אפילו בג"ר דע"ס דעולם העשיה. ובז"ת אפשר ליחידי סגולה להשיג אפילו בז"ת דג"ר דעולם האצילות. והשמיענו אביו של רבי יצחק, שרבי שמעון נאחז בז"ת מכל פרצופי האצילות, ואפילו בז"ת דג"ר דאצילות.

מקום, הוא הנוקבא דז"א, כמ"ש, הנה מקום איתי. ונאמר, כי שבעים מקומות מתעטרים כאן בשבילו, כלומר, ז"ת דנוקבא שכל אחת כלולה מעשר, שהן שבעים.

ז"א מכונה עולם, כמ"ש, עולם חסד ייבנה. וכתוב, וכל מקום פתחים פתוחים לשבעים עולמות, שהן ז"ת דז"א, שכל אחת כלולה מעשר.

אורות הבינה מכונים רצים, כמ"ש, כי בחיפזון יצאת מארץ מצרים, בינה. ונאמר, שכל עולם נפתח לשבעים רצים, שהם ז"ת דישסו"ת, שכל אחת כלולה מעשרה.

ספירות החכמה, פרצוף או"א עילאין, נקראים כתרים עליונים. וכל רץ נפתח לשבעים כתרים עליונים, ומהם לז"ת דעתיקא. שמשם נפתחים דרכים לעתיקא, הסתום מכל.

ונאמר, שנפתחים זה מזה, משום שחמישה פרצופים מלבישים זה על זה, וההתחלה היא מנוקבא, ונבחן שממנה נפתחים הפתחים לז"א, כי מלבישה אותו. וכן מז"א לישסו"ת, ומישסו"ת לאו"א עילאין, ומאו"א עילאין לז"ת דא"א, שנקרא עתיקא, להיותם מלבישים זה על זה.

כאשר מגיע זמנו להסתלק מן העולם

[כד מטי זמניה לאסתלקא מעלמא]

157. אין רשות להודיע לאדם כמה זמן נותר לו לחיות עוד בעוה"ז, ואין מודיעים זה לאדם. אבל בשמחה הגדולה היה רבי שמעון ביום פטירתו, ושמחה

גדולה הייתה בכל העולמות, מחמת רוב הסודות שגילה אז.

160. ביום הקשה והנורא, כשהגיע זמנו של האדם להסתלק מן העולם, ד' רוחות העולם חו"ג תו"מ נמצאים בדין הקשה, לשפוט העולם. ומתעוררים דינים מד' רוחות העולם. וארבע יסודות של האדם, אש רוח מים ועפר, הקשורים זה בזה, ניצים, ומריבה נמצאת בהם, ורוצים להיפרד כל אחד לצידו: יסוד האש שבאדם אל יסוד האש הכללי של העולם, ויסוד המים שבאדם אל יסוד המים של העולם, ויסוד העפר שבאדם אל יסוד העפר שבעולם. כי כך נפרדים ד' יסודות של האדם עם מיתתו.

161. הכרוז, הארת החכמה מזיווג השמאל, יוצא ומכריז בעולם העליון, תבונה, ונשמע ב-270 עולמות מחזה ולמטה, ששם ב"ס נו"ה, שהם 200, וב' שלישי ת"ת, שהם 70. אם צדיק הוא, כל העולמות שמחים לקראתו, כי אם זכה הרי טוב. ואם אינו צדיק, אוי לו לאדם ההוא ולחלקו. כי אם לא זכה, הרי רע.

162. באותו זמן שהכרוז מכריז, יוצאת אז שלהבת אחת מצד צפון, והולכת ונשרפת בנהר של אש, נהר דינור, ונפרדת לד' רוחות העולם, ושורפת נשמות הרשעים.

163. ויוצאת אותה השלהבת, דין המלכות, שמתגלה כשלא זכה הרי רע, ועולה לבינה, ויורדת בעולם, וחוזרת אל המלכות. והשלהבת הזו מגיעה תחת כנפיו של תרנגול שחור, ומכה בכנפיו, והוא קורא בפתח בין השערים.

הזוהר מבאר, איך דין המלכות המתגלה כשלא זכה הרי רע, יוכל לפגום בכלים דבינה. ואומר, שיוצאת אותה השלהבת, ועולה לבינה ופוגמת אותה, ואח"כ יורדת למלכות, שנקרא עולם, ותוכל לפגום בכלים שבה. והשלהבת הזו מגיעה תחת כנפיו של תרנגול שחור, שנמשך מגבורה דבינה, והוא קורא בפתח שבאמצעם של ב' השערים, שערי בינה ושערי המלכות. כיוון שעומד באמצע, ע"י התכללות המלכות בבינה, ע"כ פוגם את שתיהן. וכן בזיווג דחצות לילה מיתקנים משום זה שתיהן.

164. בפעם הראשונה קורא ואומר, הנה יום ה' בא בוער כתנור. בפעם השנייה קורא ואומר, כי הנה יוצר הרים ובורא רוח ומגיד לאדם מה שֵּׂחו. ובאותה שעה, יושב האדם ושומע מעשיו, שמעידים לפניו העדים, והוא מודה עליהם. בפעם השלישית, כשרוצים להוציא נשמתו ממנו, קורא התרנגול ואומר, מי לא ייראך מלך הגויים כי לך יָאתה.

165. תרנגול שחור למה בא? כל מה שעשה הקב"ה בארץ, הכול רומז על חכמה, רק בני אדם אינם יודעים. כמ"ש, מה רבו מעשיך ה' כולם בחכמה עשית, מָלְאה הארץ קניינך. ומשום שנעשו בחכמה, כולם רומזים בחכמה.

166. אין דין שורה אלא במקום שהוא מינו. תרנגול שחור. שחור בא מצד הדין, כי שחור רומז אל המלכות, שהיא מדה"ד. ומשום זה בחצות לילה, כשרוח הצפון, קו שמאל, מתעורר, יוצאת שלהבת אחת, ומכה תחת כנפי התרנגול וקורא. וכש"כ תרנגול שחור, הבא ממדה"ד, מכוון יותר ברמז הזה מתרנגול בצבע אחר.

167. בשעה שמתעורר דין על האדם,

התרנגול השחור מתחיל וקורא. ואין מי שיודע זה, חוץ מאדם ההוא ההולך למות. כי בשעה שהאדם הולך למות, והדין לצאת מן העולם שורה עליו, מתווסף עליו הרוח העליון, בשיעור, שלא היה לו מימיו.

וכיוון ששורה עליו והתדבק בו, הוא רואה מה שלא זכה לראות מימיו, משום שהרוח התווסף בו. ומשהתווסף בו הרוח והוא רואה, אז יוצא מעוה״ז. כמ״ש, תוסֵף רוחם יגוָעוּן ואל עפרם ישובון. אז כתוב, כי לא יִראַני האדם וָחָי. בחייהם אינם זוכים לראות, אבל במיתתם זוכים לראות.

168. בשעה שהאדם מת, ניתנת לו הרשות לראות, ורואה אצלו את קרוביו וחבריו מעולם האמת, ומכיר בהם, וכולם חקוקים בצורתם כמו שהיו בעוה״ז. ואם אדם צדיק, כולם שמחים לפניו ומקדימים לו שלום.

169. ואם אינו צדיק, אינם נודעים אליו, אלא רק אלו הרשעים, שמכים אותם בכל יום בגיהינום, וכולם עצובים, ופותחים באוי ומסיימים באוי. והאדם נושא עיניו ורואה אותם, כדבר שרוף העולה מהאש. ואף הוא פותח ואומר עליהם, אוי.

170. בשעה שיצאה נשמתו של האדם, כל קרוביו וחבריו שבעולם האמת הולכים עם נשמתו ומראים לה מקום העדן, ומקום העונש. אם הוא צדיק, הוא רואה מקומו, ועולה ויושב ומתעדן בעדן העליון שבעולם ההוא. ואם אינו צדיק, נשארת הנשמה ההיא בעוה״ז, עד שנקבר הגוף בארץ. כיוון שנקבר, כמה בעלי הדין אוחזים בה, עד שמגיעה לדומה, ומכניסים אותה במדורי גיהינום.

171. כל שבעת ימי אבלות, הנשמה הולכת מבית לקבר ומקבר בחזרה לבית, ומתאבלת על הגוף, כמ״ש, אך בשרו עליו יכאב ונפשו עליו תֶאֱבל. הולכת ויושבת בבית, ורואה כולם עצובים, ומתאבלת גם היא.

172. אחר שבעה הימים, הגוף נעשה מה שנעשה, והנשמה נכנסת למקומה, ונכנסת למערת המכפלה, ורואה מה שרואה, ונכנסת למקום שנכנסת, עד שמגיעה לגן עדן, ופוגשת בכרובים ובלהט החרב אשר בגן עדן. אם ראויה היא להיכנס, נכנסת.

173. ארבעה עמודים, שהם ארבעה מלאכים, הנמשכים מד׳ יסודות הרוחניים חו״ב תו״מ, מזומנים לנשמה. וצורה אחת של הגוף שלה בידיהם, הלבוש, הנקרא חלוק חכמים, והיא מתלבשת בו בשמחה, ויושבת במדור גן עדן התחתון, עד הזמן שנגזר עליה לשבת שם.

174. ועמוד בשלושה צבעים מזומן בגן עדן התחתון, ג׳ גווני הקשת, והעמוד הזה נקרא מְכון הר ציון, כמ״ש, וברא ה׳ על כל מְכון הר ציון ועל מקרָאֶיהָ ענן יומם ועשן. והנשמה עולה בעמוד אל הפתח של צדק, שבו ציון וירושלים, יסוד ומלכות של הנוקבא דז״א, הנקראת צדק.

175. אם זכתה לעלות יותר מזה, הנה יפה חֶלקה וגורלה להתדבק בגוף המלך, בז״א, כי כיוון שכבר זכתה לעלות לציון ולירושלים, לנוקבא, הרי המדרגה הבאה אחריה היא גוף המלך, ז״א.

ואם אינה זוכה לעלות יותר, כתוב עליה, והיה הנשאר בציון והנותר בירושלים, הנוקבא, קדוש ייאמר לו.

ואם זוכה לעלות יותר, אשריו שזכה לכבוד המלך, לז"א, ולהתעדן בעדן העליון של מעלה, שמיים, ז"א. כמ"ש, אז תתענג על ה'. על ה', ז"א, הנקרא הוי"ה. אשרי חלקו מי שזכה לחסד הזה, כמ"ש, כי גדול מעל שמיים חסדך.

176. והאם החסד מעל השמיים הוא? הלוא כתוב, כי גדול עד שמיים חסדך, משמע, שהחסד מתחת השמיים? יש חסד ויש חסד, חסד עליון וחסד תחתון. חסד עליון, חסד דז"א עצמו, מעל השמיים, כי השמיים ת"ת, וחסד קודם לת"ת. ועל זה כתוב, מעל השמיים חסדך. חסד התחתון, חסד דז"א, המתלבש בנוקבא דרך נו"ה דז"א, כמ"ש, חסדי דוד הנאמנים, הנקראים ע"ש הנוקבא, הנקראת דוד. ובאלו כתוב, עד שמיים חסדך, כי הם למטה מן השמיים, ת"ת דז"א.

אֵם הבנים שמֵחה

177. אֵם הבנים שמֵחה הללויה. אֵם, בינה. שני בנים להקב"ה, בינה: זכר ונקבה. הזכר נתן ליעקב, כמ"ש, בני בכורי ישראל, וכתוב, ישראל אשר בךָ אתפאָר. הבת נתן לאברהם, כמ"ש, וה' בירך את אברהם בכל. בת הייתה לאברהם ובכל שְמה.

לבינה ב' בנים, ת"ת ומלכות, הנמשכים ממנה. הזכר, ת"ת, נתן ליעקב, כי יעקב מרכבה לספירת ת"ת. הבת, מלכות, נתן לאברהם, כי אברהם מרכבה לחסד דז"א, ואין הנוקבא מתוקנת אלא בחסד.

178. אמא, בינה, רובצת על זו"ן, שמניקה אותם. על זה כתוב, כי ייקרא קן ציפור לפניך בדרך, והאם רובצת על האפרוחים או על הביצים, לא תיקח האם על הבנים. שלא ירבה אדם עוונות למטה, בעוה"ז, כי ע"י זה תסתלק האם, בינה, מעל הבנים, זו"ן. וכתוב, אימְךָ היא, לא תגלה ערוותה, שלא ייגרם לה הסתלקות מעל הבנים.

179. וכשבני העולם עושים תשובה, ומרבים במע"ט לפני הקב"ה, ואמא, בינה, חוזרת ומכסה על הבנים, זו"ן. אז נקראת הבינה תשובה, כי שבה אל קיומה, שבה לכסות את הבנים, זו"ן, ומניקה אותם כבתחילה. ואז כתוב, אם הבנים שמחה. וע"כ לא נפטר האדם מפרייה ורבייה, עד שמוליד בן ובת, שהם כנגד זו"ן, בני הבינה.

180. כתוב, לחזות בנועם ה'. משמע, שהשתוקקותו של הצדיק הוא לראות נועם ה', המוחין הנעימים דז"א. מהכתוב משמע, שכל השתוקקות הצדיקים היא לחזות בנועם הוי"ה, ז"א, ולא למעלה מזה. ואיך כתוב, אז תתענג על הוי"ה, שמשמע, למעלה מדרגת ז"א? אלא הכול אחד.

כי, נועם ה', שבא מעתיקא הקדוש אל השמיים, המוחין שז"א מקבל מלמעלה, והשתוקקות הצדיקים רק להשיג אלו המוחין דז"א, ולא למעלה מז"א, שאין שום השגה בג"ר.

"ויחי". ספר הזהר עם פירוש הסולם. מהד' 21 כר'. כרך ז. דף נח; מהד' 10 כר'. כרך ד. דף נח.

וכתוב, מעל שמיים חסדך. מעל, משום שבאים מלמעלה מז"א. וכן כתוב משום זה, אז תתענג על הוי"ה. אמנם כבר הם מלובשים בז"א, וע"כ נקראים נועם ה'. אבל מטרם שהנועם הזה מתלבש בז"א, אין בו השגה כלל. אשרי חלקו של מי שזכה לזה. ודאי מועטים הם.

בנֵי אימי ניחַרו בי

181. בנֵי אימי ניחַרו בי. בני אימי, כמ"ש, השליך משמיים אֶרץ, נוקבא. כי כשרצה הקב"ה להחריב את ביתו התחתון, ביהמ"ק, ולהגלות את ישראל בין העמים, הסיר מלפניו ארץ, הנוקבא, והתרחק ממנה, כמ"ש, ותיתַצַב אחותו מרחוק.

וכשארץ התרחקה משמיים של מעלה, ז"א, ארץ של מטה, ביהמ"ק, נחרבה, וישראל התפזרו בין האומות. אמרה כנ"י, מי גרם לי זאת? בנֵי אימי, ז"א ונוקבא שלו, שניחַרו בי והתרחקו ממני. כי ז"א ונוקבא הם בני בינה.

182. רבי יוסי היה הולך בדרך עם רבי חייא. אמר רבי יוסי, רואה אני איש בנהר, ציפור על ראשו, ואוכלת ורומסת ברגליה, ואותו האיש צועק.

183. נתקרב אל האיש ונשמע. אמר רבי חייא, מפחד אני להתקרב. אמר לו, והאם בן אדם הוא במקום הזה? אלא רמז של חכמה רמז לנו הקב"ה. קָרבו אצלו. שָמעו שאומר, עטרה עטרה, ז"א ונוקבא, שנקראים עטרות. שני בנים, בני בינה, שורים מבחוץ למקומם. ז"א אינו נח ואין מנוחה לנוקבא, עד שהציפור תושלך שסועה לגזרים.

ציפור רומזת לאומות המשעבדות והמענות את ישראל בגלות. ואיש בנהר רומז לישראל, שהציפור עומדת על ראש ישראל ואוכלת ורומסת אותו ברגליה. אומר, עטרה עטרה שני בנים, ז"א ונוקבא, בני בינה, שורים מבחוץ למקומם, שזה גורם שיהיו ישראל בגלות, כמ"ש, בני אימי ניחרו בי. ז"א אינו נח ואין מנוחה לנוקבא, עד שהציפור תושלך שסועה לגזרים, עד שינקום נקמתו מהאומה ההיא.

184. בני אימי ניחרו בי, סובב על זו"ן. והטעם הוא כמ"ש, כרמי שלי לא נטרתי.

185. הגלות נמשכת. וע"כ ציפורי השמיים, שרי האומות, אינם עוברים מממשלתם, עד שממשלת עמים עכו"ם עוברים מן העולם. ויהיה זאת שיגיע יום הקב"ה, ודיניו יתעוררו בעולם, כמ"ש, והיה יום אחד, הוא ייוודע לה', לא יום ולא לילה.

186. בעוד שהיו הולכים, שמעו קול אחד, שאמר, שלהבת הכפתור, השלהבת של המלכות, הגיעה בדיניו. יצאה שלהבת אחת ושרפה את הציפור. כמ"ש בדניאל, רואה הייתי עד אשר הומתה החיה ואֻבד גופהּ וניתנה ליקוד אש. מדובר בחיה הרביעית מארבע חיות, הרומזים על האומות ששעבדו את ישראל בארבע גלויות, והחיה הרביעית היא הגלות האחרונה. ונראה, שציפור היא ג"כ החיה הרביעית.

וכוּפַּר בריתכם את מוות

187. לא הגלה הקב"ה את ישראל, אלא בזמן שלא הייתה נמצאת ביניהם אמונה, שהיא השכינה. כי פגמו בריתם והסתלקה מהם השכינה. כי כשנמנעה מהם האמונה, גם למעלה נפרדה השכינה מז"א, כמ"ש, וכוּפַּר בריתכם את מוות. הרי ששמירת הברית מכפרת על מוות. ומכ"ש, שהיה מכפר עליהם שלא ייגלו. אלא שפגמו בריתם והסתלקה מהם השכינה.

188. כשהקב"ה יעורר את הימין שלו, יבולע המוות מן העולם, כמ"ש, בילע המוות לנצח. וימין הזה לא יתעורר, אלא כשישראל יתעוררו להידבק בימינו של הקב"ה. והוא תורה, כמ"ש, מימינו אש דת לָמו. בזמן ההוא כתוב, ימין ה' עושה חיִל, לא אמות כי אחיה. הרי שהימין מבטל את המיתה.

189. הצדיק ההוא, שהקב"ה רוצה בו, כרוז קורא עליו שלושים יום בין הצדיקים שבגן עדן. כל הצדיקים שמחים, כל הצדיקים באים ומעטרים את מקומו של אותו צדיק, עד שיבוא להתיישב ביניהם.

190. ואם הוא רשע, קורא עליו כרוז בגיהינום שלושים יום. וכל הרשעים, כולם עצובים, כולם פותחים ואומרים, אוי, כי דין חדש התעורר עתה בגלל פלוני. כמה בעלי הדין מזדמנים לקראתו, להקדים לו לומר, אוי, אוי לרשע ואוי לְשְׁכנו.

אוי לרשע רע

191. וכולם פותחים ואומרים, אוי לרשע רע, כי גמול ידיו ייעשה לו. גמול ידיו, הוא לכלול את מי שזוֹנה בידיו, להוציא ולהשחית זרעו לבטלה.

192. כל מי שמוציא זרעו לבטלה, נקרא רע, ואינו רואה פני השכינה, שכתוב, כי לא אל חפץ רֶשע אתה, לא יגוּרך רע. וכתוב, ויהי ער בכוֹר יהודה רע. אף כאן, אוי לרשע רע, סובב על המוציא זרעו לבטלה. אוי לאותו רשע, שהוא רע, שעשה עצמו רע, כי גמול ידיו ייעשה לו. מי שזוֹנה בידיו להוציא ולהשחית זרעו לבטלה, ואותו מענישים בעולם האמת יותר מעל כל העבירות.

193. כתוב, אוי לרשע רע. כיוון שכתוב אוי לרשע, למה לו לומר עוד, רע, שהרי רשע פירושו רע? אלא העושה עצמו רע, שמוציא זרעו לבטלה. כולם עולים מגיהינום, וזה אינו עולה. ושאר הרשעים, שהרגו בני אדם, יהיו טובים ממנו, שהם יעלו והוא לא יעלה? כולם עולים והוא אינו עולה, כי הם הרגו אנשים אחרים, וזה הרג את בניו ממש, ושפך דם הרבה.

בשאר רשעי עולם אינו כתוב, ויירע

"ויחי". ספר הזהר עם פירוש הסולם. מהד' 21 כר'. כרך ז. דף סא; מהד' 10 כר'. כרך ד. דף סא.
"ויחי". ספר הזהר עם פירוש הסולם. מהד' 21 כר'. כרך ז. דף סא; מהד' 10 כר'. כרך ד. דף סא.

בעיני ה׳. וכאן כתוב, ויהי ער בכור יהודה רע, ויירע בעיני ה׳ אשר עשה, משום שכתוב, ושיחֵת ארצה.

194. ואין עבירה בעולם, שלא תהיה עליה תשובה, חוץ מהמוציא זרעו לבטלה, ואין רשעים שלא יִראו פני השכינה, במיתתם, חוץ מזה. שעליו כתוב, לא יגורך רע, כלל.

אשריהם הצדיקים בעוה״ז ובעוה״ב. עליהם כתוב, ועמֵךְ כולם צדיקים לעולם יירשו אָרץ. לעולם יירשו ארץ, כמ״ש, אתהלך לפני ה׳ בארצות החיים. בשכינה, שנקראת ארץ.

הצלם

196. מה בין ישראל לעכו״ם? ישראל, כשנמצא אדם מת, הוא מטמא לכל גוף והבית נטמא. וגוף של עכו״ם אינו מטמא לאחר, וגופו אינו טמא כשהוא מת.

197. ישראל שמת, כל הקדושות של אדונו יוצאות ממנו, יוצא ממנו צלם הקדוש, ויוצא ממנו רוח הקדוש. ונשאר גופו טמא.

198. אבל עכו״ם, נוכרי, עובד עבודה זרה, שבחייו טמא מכל הצדדים, הצלם שלו טמא, והרוח שלו טמא. משום שטומאות אלו שורות בתוכו, אסור להתקרב אצלו. כיוון שמת, יוצאות כל אלו הטומאות ממנו, ונשאר הגוף בלי טומאה לטמא.

199. ואע״פ שהגוף שלהם טמא בין בחייהם ובין במיתתם, אבל בחייהם, שכל הטומאות נמצאות בהם, יש להם כוח לטמא אחרים. במיתתם, שיצאו כל הטומאות מהם, אינם יכולים לטמא. וגוף של ישראל לאחר מותו יכול לטמא אחרים, משום שכל הקדושות יצאו ממנו, ושורה עליו צד האחר.

200. צלם קדוש זה, כשאדם הולך וגדל, ונעשית ונגמרת צורתו בפרצוף הזה, נעשה צלם אחר ומתחבר ביחד עם הראשון, וזה מקבל את זה. בשעה שנמצאים לאדם שני צלמים, נשמר האדם, והגוף, והרוח שורה בתוכו.

201. בשעה שקרבו ימיו למות, יוצאים ממנו הצלמים. ואחד מוציא את השני, כי מחוברים יחדיו, ונשאר האדם בלי שמירה. וזהו כמ״ש, עד שיפוּחַ היום ונסו הצללים. ואינו אומר, ונס הצלם. אלא, ונסו הצללים, כלומר שניים.

הצלמים הם לבושי המוחין, שהתחתון מקבל מהעליון. כי זו״ן מצד עצמם אינם ראויים לקבל מוחין, מפני שהכלים שלהם הם ממלכות, שעליה היה צ״א, שלא לקבל את אור העליון. אלא משום שבינה ותו״מ דאו״א ירדו לתוך הכלים דזו״ן, בעת הקטנות דאו״א, עולים זו״ן לאו״א עם אותם הכלים בעת גדולתם, בעת שמחזירים הבינה ותו״מ שלהם למדרגתם, ומקבלים אז זו״ן את המוחין דאו״א.

וכמו שמקבלים מוחין מאו״א, מוכרחים לקבל ג״כ כלים שלהם להלביש המוחין,

כי כלים שלהם עצמם אינם ראויים לקבל אור. לפיכך מאותם בינה ותו"מ דאו"א שירדו בהם, הם מקבלים כלים, הנקראים צלמים, המלבישים את המוחין. והם שניים: מבינה ותו"מ דאבא, ומבינה ותו"מ דאמא.

וכמו שבב' צלמים דזו"ן שמקבלים מאו"א, עד"ז נוהג בנשמות בני אדם, הנולדות מזו"ן להתלבש בבני אדם. כי אין זו"ן מולידים נשמות, מטרם שעולים ומלבישים את או"א עילאין, והתחתון העולה לעליון נעשה כמוהו. ואז נחשבים לגמרי כמו או"א עצמם, והנשמות זכרים ונקבות הנולדות מזו"ן, יש להן אותו היחס כמו זו"ן לאו"א. וגם הנשמות מקבלות לבושי מוחין מזו"ן, מבינה ותו"מ שלהם, הנקראים צלמים, אחד מנוקבא ואחד מז"א. בתחילה מקבל את הצלם מנוקבא, ואח"כ מז"א.

ונאמר, צלם קדוש זה, כשאדם הולך וגדל, ונעשית ונגמרת צורתו בפרצוף הזה, נעשה צלם אחר. כי תחילה מקבל צלם מנוקבא, ואחר שגדל הצלם הזה ונגמרת צורתו, אז מקבל אח הצלם האחר מז"א.

ונעשה צלם אחר מז"א, ומתחבר ביחד עם הראשון, וזה מקבל את זה. כי הם צריכים זה לזה, מתוך שצלם דנוקבא ממשיך חכמה, שאינו יכול להאיר בלי חסדים, וצלם דז"א ממשיך החסדים להלבשת החכמה. ואז מתחברים כאחד ומאירים יחד. וזה מקבל את זה, כי זה בלי זה אינו יכול להאיר.

ונאמר, בשעה שקרבו ימיו למות, יוצאים ממנו הצלמים. כי הסתלקות הצלמים היא סיבת מיתתו, כי הם הכלים והלבושים של המוחין, אור החיים. וכיוון שמסתלקים הכלים, מסתלק אור החיים, כי אין אור בלי כלי. וע"כ הוא מת.

ואחד מוציא את השני, כי הם צריכים זה לזה, שאין חכמה, אור החיים, יכול להאיר בלי חסדים. ונשאר האדם בלי שמירה, בלא כלים לשמירת המוחין, וע"כ מסתלקים המוחין, אור החיים.

202. כשמתעורר הדין בעולם, והקב"ה יושב על כיסא הדין לדון העולם, ברה"ש, צריך האדם להתעורר בתשובה, לשוב על עוונותיו. כי ביום ההוא כותבים איגרות, ונמצאות כולן בתיק. ואם זכה האדם לשוב בתשובה לפני אדונו, קורעים את האיגרות אשר עליו.

203. אח"כ הכין הקב"ה לפני האדם את יוה"כ, יום התשובה. אם שב מחטאיו טוב, ואם לא, מְצַווה המלך לחתום האיגרות. אוי לו, כי התשובה רוצה להסתלק ממנו.

204. אם זכה לעשות תשובה, אבל עוד אינה בשלמות, תולים לו עד היום האחרון, עצרת, יום השמיני לחג הסוכות. ואם עשה תשובה שלמה לפני אדונו, נקרעות האיגרות. ואם לא זכה, האיגרות יוצאות מבית המלך, ונמסרות בידיו של מלאך המעניש, והדין נעשה. האיגרות אחר שהוצאו, אינן חוזרות עוד לבית המלך, אלא הדין הכתוב בהן מוכרח להיעשות.

205. אז מסתלקים ממנו הצלמים ואינם נמצאים עימו. וכיוון שהסתלקו ממנו, ודאי שעונש המלך יעבור עליו, ויטעם כוס המוות. ובלילה האחרון של חג, ליל שמיני עצרת, המענישים מוכנים, מקבלים האיגרות, ומסתלקים הצלמים מהם. ואם נמצאים בהם הצלמים, לא נמצא עליו דין או מחלות רעות, הבאות בפגם של הצלמים.

206. כשנחסר הראש מן הצל ונשאר הגוף, מורה שבנו או אשתו יישארו בחיים

והוא יסתלק. והדברים אמורים, אם בכל הזמן ההוא אינו חוזר בתשובה. אבל אם חזר בתשובה, רק טעם המוות יטעם ויתרפא מחוליו.

207. ואם הגוף מהצל שלו לא ייראה ויימצא בו רק הראש, בני ביתו יסתלקו והוא יישאר בחיים. והדברים אמורים רק אם בנו הקטן עוד ברשותו.

208. ואם ידיו מהצל פגומות, מורה, שמעשי ידיו יתקלקלו. ואם רגליו פגומות, מורה, שמחלות רודפות אחריו. ואם הצל בורח ממנו וחוזר, בורח וחוזר, עליו כתוב, בבוקר תאמר מי ייתן ערב. וזה כך, רק כשהלבנה מאירה, והלילה מתוקן באורה, בעת שהוא בודק את הצל שלו.

209. אבל צדיקים וחסידים, בכל יום ויום רואים בליבם, כאילו באותו יום נפטרים מן העולם, ועושים תשובה שלמה לפני אדונם. ואינם צריכים לבדוק בצל. אשרי חלקם בעוה"ז ובעוה"ב.

ד' מינים

210. כמה חשובים מעשי המלך הקדוש, כי במעשים שעושים למטה, קושרים אותם בדברים העליונים למעלה, בשורשם, כי כל דבר למטה בעוה"ז יש לו שורש למעלה בעולמות העליונים. וכשלוקחים אותם למטה ועושים מעשה בהם, מתעורר כנגדם מעשה שלמעלה, בשורשם שבעולמות העליונים. כגון אזוב, עץ ארז, שציוותה התורה לקחת למטהר.

211. יש מהם שאחוזים בשם הקדוש למעלה, כגון לולב ואתרוג הדס וערבה. ועל זה צריכים לייחד אותם, לקשור אותם יחד, ולעשות בהם מעשה, לנענע אותם, כדי לעורר שמחה בשורש, שאחוז בו למעלה. בברכת המצוות ובמעשה המצווה צריכים להראות בדבר שלמטה, כדי לעורר בזה את הדבר שלמעלה, שורשו העליון.

212. כמ"ש, כל הנקרא בשמי ולכבודי בראתיו, כדי שיעשה לי כבוד. בראתיו, כדי לייחד אותי. יצרתיו, לעשות לי מעשים טובים. אף עשיתיו, שיתעורר על ידו כוח העליון.

213. וכתוב, ולקחתם לכם ביום הראשון, פרי עץ הדר כפות תמרים, וענף עץ עבות וערבי נחל. כל הנקרא בשמי, פרי עץ הדר. ולכבודי בראתיו, כפות תמרים. יצרתיו, ענף עץ עבות. אף עשיתיו, ערבי נחל.

שורשי ד' מינים, הם ד' העולמות אבי"ע: האתרוג כנגד עולם האצילות, ועליו כתוב, כל הנקרא בשמי, כי הנוקבא דאצילות נקראת שֵם. כפות תמרים כנגד עולם הבריאה, ועליו כתוב, ולכבודי בראתיו. וענף עץ עבות כנגד עולם היצירה, ועליו כתוב יצרתיו. וערבי נחל כנגד עולם העשיה, ועליהם כתוב, אף עשיתיו.

214. והתיקון שלהם, כמ"ש, ולקחתם

"ויחי". ספר הזהר עם פירוש הסולם. מהד' 21 כר'. כרך ז. דף סז; מהד' 10 כר'. כרך ד. דף סז.

לכם ביום הראשון, בדיוק חמישה על עשר. כי 15 לחודש מורה, שהנוקבא, ספירה עשירית, ומרומזת במספר עשר, עלתה ונכללת באמא, הנבחנת במספר חמש, להיותה כוללת בתוכה חמש ספירות חג״ת נ״ה, שכל אחת כלולה מעשר. וכשאלו חמש ספירות של הבינה מאירות בנוקבא, נקראת הנוקבא במספר 15 לחודש, אשר אז הלבנה, הנוקבא, בתכלית המילוי שלה.

215. ביום הראשון, הוא יום, שיצא הראשון למסע במקורות מים חיים, קו הראשון של ג׳ קווים, הנוסעים בג׳ מקומות. שמנסיעתם יוצאים חסדים מגולים בחכמה, הנקראים מים חיים. קו הימין, חסד, הנוסע ראשונה. ואנחנו צריכים להמשיך אותו בעולם, כי בסוכות הוא זמן המשכת החסדים, כמ״ש, וימינו תחבקני.

216. משל למלך, שאסר אנשים בבית האסורים שלו. באה אימו הגבירה, והוציאה אותם לחירות. והמלך שהשגיח על כבודה, נתן אותם לרשותה. והיא מצאה אותם רעבים וצמאים, אמרה אל בנה המלך, הרי הוצאתי אותם לחירות, תן להם אכילה ושתייה.

217. הנה יוה״כ, אמא, בינה, הוציא כולם לחירות, ואנחנו נמצאים רעבים למזון וצמאים לשתות. כי מבחינת בינה אינן נמשכות אכילה ושתייה גשמיות, כי ע״כ אנו צמים ומתענים ביוה״כ. ע״כ היא מעטרת את המלך, ז״א, בן הבינה, בעטרות שלו, במוחין דחסדים.

ביום הזה, בראשון לחג, אנו יודעים שמים חיים שורים עימה. ואנו שואלים לשתות למי שהוציאנו לחירות, שתשפיע חסדים אל ז״א בשבילנו, אחר שזכינו למוחין דחכמה ממנה ביוה״כ, שהוא חירות. ולפיכך אנו קוראים לאותו יום, יום ראשון.

218. ביום ההוא, הרומז על אברהם, ספירת החסד, הוא התחלת הכול. אם ההתחלה היא בענני כבוד, אורות מקיפים, שאו״מ הראשון הוא חסד. ואם ההתחלה היא במים, או״פ, שאו״פ הראשון הוא חסד. ולכן אברהם התחיל לחפור בארות מים.

219. פרי עץ הדר, זהו בארו של יצחק. הנוקבא נקראת באר, בעת שמקבלת חכמה מקו שמאל דז״א, שנקרא יצחק. כי יצחק הידר את הקב״ה, וקרא לו עץ הדר. והנוקבא פרי של עץ הדר זה.

כפות תמרים, כמ״ש, צדיק כתמר יפרח, יסוד צדיק. ולא נמצא פירוד בין יסוד לנוקבא. ע״כ לא כתוב, וכפות, אלא כפֹּת, מלשון קשור ואגוד, משום שאינם נמצאים זה בלי זה, וכפותים תמיד יחד. ובזה מתמלא באר, הנוקבא, מבאר מים חיים עליונים, מבינה, כי היסוד, מתמלא תחילה מת״ת, ות״ת מבינה. וממנו מתמלאת הבאר, עד שהיא נעשית מעיין נובע לכל.

220. וענף עץ עבות. ענף של אילן הגדול, ת״ת, שהתגבר והשתרש בשורשיו ונעשה אילן עליון על כל, שאחוז מכל צדדיו, כלומר, ת״ת הכולל כל ו״ס חג״ת נה״י, ואחוזים בו מכל צדדיו.

ענף הוא עץ עבות, עץ שאוחז את האבות, כי הוא קו אמצעי, הכולל בתוכו ימין ושמאל, חו״ג, אברהם ויצחק. עבות כמו אבות, כי ע׳ וא׳ מתחלפים זה בזה. כי מת״ת מקבל יסוד העולם ומתמלא להשפיע אל הבאר, הנוקבא, ארץ שכולה משקה. כי בעת שהנוקבא מקבלת מיסוד, היא נקראת ארץ שכולה משקה.

221. וערבי נחל, הם שניים, שרומזים על שני נחלי מים, נו"ה, שהמים מתכנסים בהם להשפיע אל הצדיק, יסוד, המקבל מנו"ה.

וערבי נחל הם הגבורות, הנאחזים ביצחק, קו שמאל, הבאים מצד נחל העליון, אמא, ולא מצד אבא, קו ימין. ומשום זה הערבות יפות כולן, אבל אינן מתוקות, כמו פירות, ואינן עושות פירות, כי השמאל דיניו מרובים ואינו עושה פירות, אע"פ שהוא יפה, שיש בו חכמה, כי היופי רומז על חכמה. וע"כ הוא מרומז בערבי נחל, שהינם יפים ואינם עושים פירות.

222. וערבי נחל, הם ב' עמודים, שהגוף עומד עליהם, נו"ה. וערבי נחל, הם הגבורות הנמשכות מקו שמאל, שאלו הגבורות נמשכות בנו"ה הללו. ואלו כולם, הם להשפיע מים אל הבאר, להשפיע אל הנוקבא.

223. ולקחתם לכם, פרי עץ הדר, זהו אברהם, חסד. כפות תמרים, זהו יצחק, גבורה. וענף עץ עבות, זהו יעקב, ת"ת. וערבי נחל, אלו הם שתי המדרגות, נו"ה.

224. לומדים שפרי עץ הדר אברהם, וכפות תמרים יצחק, משום שעץ עבות הוא יעקב, שאוחז לכל החלקים, שכל ו"ק חג"ת נה"י נכללות בו. וע"כ נקרא עץ עבות.

ודאי הוא יעקב, אבל פרי עץ הדר זהו בארו של יצחק, גבורה תחתונה, הנוקבא. כתוב, כפֹּת תמרים, כפֹּת חסר ו', קשר שנקשר בבאר, שנאמר על היסוד והנוקבא, שהם קשורים בקשריהם, ואינם עולים זה בלי זו.

וענף עץ עבות, הוא ענף העליון שנעשה עץ עבות, שאוחז לכל צד, כל חג"ת נה"י. שת"ת הוא הגוף, אשר חו"ג זרועותיו, נו"ה רגליו, יסוד ברית קודש.

ערבי נחל, יצחק בכל הצדדים, שנאחזים בצד הנחל, האמא, ולא מצד אבא. אע"פ שבנחל, בינה, לא נמצאים דינים, עכ"ז הדינים מתעוררים משם.

225. וערבי נחל, שני עמודים, נו"ה. המים יוצאים מהם. והרי שתי מדרגות נו"ה, העומדות על מדרגת צדיק, יסוד, פירות וקיבוץ הברכות יוצאים מהם? אבל ערבי נחל, הרומזים ג"כ על נו"ה, אין פירות יוצאים מהם, ולא טעם, ולא ריח.

אלא ערבי נחל רומזים על נו"ה רק שמקבלים גבורות דיצחק מצד שמאל. וע"כ אינם עושים פירות, כי דינים רובצים עליהם. אבל בעת שמקבלים גם חסדים, כל הברכות שבעולם מהם באים.

226. וע"כ אתרוג אוחזים בשמאל כנגד הלב. לולב בימין מאוגד עם כל המינים. וקשור בכולם. כי צדיק, יסוד, מאוגד עם כל הספירות, וקשור עם כולן. וזהו קשר האמונה, להאיר אל הנוקבא, הנקראת אמונה.

227. כל אלו ד' המינים הם האורחים, שבע ספירות חג"ת נהי"מ, שהעם הקדוש הזמינו אותם ביום הזה, על דרך שמתפללים בימי הסוכות קודם הסעודה, ואומרים, עוּלוּ אוּשְׁפִּיזִין עִילָאִין, בואו אורחים עליונים. שצריכים למצוא אותם, מאחר שהזמין אותם, ובהם מתפלל האדם תפילתו אל המלך. וע"י ד' המינים, שרומזים לאלו הספירות, הוא משיג אותם.

אשריהם ישראל, שיודעים דרכיו של המלך הקדוש, ויודעים דרכי התורה, ללכת בדרך אמת, לזכות על ידם בעוה"ז ובעוה"ב.

228. ביום הזה יוצאים ישראל בסימנים הרשומים מן המלך, ד' המינים,

משום שניצחו בדין. הם סימני האמונה, השכינה, חותם של המלך העליון, ז״א. בדומה לשני אנשים, שבאו לפני המלך לדין. ולא ידעו בני העולם מי מהם ניצח. יצא שר אחד מבית המלך, שאלו אותו. אמר להם, מי שיצא מבית המלך וסימנים של המלך בידיו, הוא המנצח.

229. כך כל בני העולם באים לדין לפני המלך העליון, ודן אותם ביום רה״ש ויוה״כ עד 15 יום לחודש. ובתוך כך, נמצאו ישראל שזכו כולם לעשות תשובה, ומתייגעים בעשיית סוכה ובלולב ובאתרוג. ולא ידוע מי ניצח בדין, ומלאכים עליונים שואלים, מי ניצח בדין? הקב״ה אומר להם, אלו שמחזיקים הסימנים שלי בידיהם, ד׳ מינים, הם ניצחו בדין.

230. ביום הזה יוצאים ישראל ברושם המלך בשיר תהילה, נכנסים לסוכה, אתרוג בשמאל, לולב בימין, הכול רואים שישראל רשומים ברשימות המלך הקדוש, פותחים ואומרים, אשרי העם שככה לו.

231. ואפילו אוה״ע שמחים בשמחה הזו ומתברכים ממנה. וע״כ מקריבים קורבנות עליהם בכל יום, לשים עליהם שלום, ויתברכו ממנו. מכאן והלאה, יום אחד של המלך העליון, ששמח בו עִם ישראל, כמ״ש, ביום השמיני עצרת תהיה לכם. שיום זה מן המלך לבדו, ששמחתו היא בישראל.

בדומה למלך שהזמין אושפיזין, אורחים, והשתדלו בהם כל בני היכלו. לבסוף, אמר המלך לבני היכלו, עד עתה אני ואתם השתדלנו כולנו באורחים והקרבתם קורבנות על כל שאר העמים בכל יום, שבעים פרים. מכאן והלאה, אני ואתם נשמח יום אחד, כמ״ש, ביום השמיני עצרת תהיה לכם. לכם, להקריב קורבנו עליכם.

חבצלת ושושנה

232. אני חבצלת השרון שושנת העמקים. כמה חביבה כנ״י לפני הקב״ה, שהקב״ה משבח לה והיא משבחת להקב״ה תמיד. וכמה משוררים ומזמרים היא מזמנת לו תמיד להקב״ה. אשרי חלקם של ישראל, שאחוזים בגורל החלק הקדוש, כמ״ש, כי חֵלֶק ה׳ עַמו.

233. אני חבצלת השרון, כנ״י, הנוקבא, העומדת בפאר היופי בגן עדן. ונקראת השרון, משום שמשוררת ומשבחת למלך העליון.

234. אני חבצלת השרון, שצריכה להיות מושקית משיקוי של הנחל העמוק, מקור הנחלים, בינה. כמ״ש, והיה השָרב לאגם. וע״כ נקראת הנוקבא השרון, מלשון שרב, שהיא צמאה לשתות מֵי הבינה. ונקראת שושנת העמקים, משום שנמצאת בתכלית העומק. עמקים, כמ״ש, ממעמקים קְרָאתיךָ ה׳. חבצלת השרון, חבצלת ממקום ששיקוי הנחלים יוצאים ואינם פוסקים לעולם. שושנת העמקים, שושנה ממקום עמוק וסתום מכל הצדדים.

ב׳ מצבים בנוקבא:

א. רביעי לאבות, כשעולה למעלה מחזה דז״א, ונעשתה לרגל רביעי לכיסא עליון, בינה. ואז הם ב׳ מאורות הגדולים במדרגה אחת, כי שניהם מקבלים מבינה: חג״ת דז״א מקבל מקו ימין דבינה, והנוקבא מקבלת מקו שמאל דבינה חכמה בלי חסדים. ואז היא צמאה ומשתוקקת מאוד לקבל החסדים, כי חכמה בלי חסדים אינה מאירה. ובמצב הזה נקראת חבצלת השרון. שרון מלשון, יָשׁוֹר עַל אנשים, שפירושו ראייה, קבלת חכמה. חבצלת, מורה חבוי מצל, שאין לה צל, הממשיך חסדים.

ב. שביעי לבנים, לאחר שמתמעטת ויורדת מחזה ולמטה דז״א, ומקבלת מנה״י דז״א. כלומר, לאחר שנתקנה בב׳ נקודות הכלולות במסך דחיריק, הנקראות מנעולא ומפתחא, כי אז נכללת מחכמה וחסדים יחדיו. החכמה מעת שהייתה רביעי לאבות, בחג״ת דז״א, והחסדים ממה שעתה שביעי לבנים, בנה״י דז״א.

ע״כ נאמר, אני חבצלת השרון, שצריכה להיות מושקית משיקוי של הנחל העמוק, כי צריכה לקבל חכמה וחסדים יחדיו ממסך דחיריק אחר שנכלל בבינה, שאז נקראת הבינה נחל עמוק. נחל בינה, מקור כל ההשפעות והמוחין. עמוק, ע״ש התכללותה במסך דחיריק מקו אמצעי. ואז כתוב על הנוקבא, והיה השרב לאגם. כי כשהייתה חבצלת, הייתה יבשה בלי מים, בחוסר חסדים. אבל אחר שקיבלה חסדים מנחל עמוק, נעשתה לאגם.

ונקראת שושנת העמקים, משום שנמצאת בתכלית העומק, זהו מצב ב׳, שנמצאת כלולה במנעולא, הנבחנת לעמוק מכל עמוק, שאין מי שישיג אותה. אבל אם הייתה כנקודה דמנעולא בלבד, לא הייתה ראויה לקבל מוחין. אלא שצריכה להימתק בבינה, ולקבל נקודה דמפתחא, שבזה נמתקת וראויה למוחין. ואז נבחנת שיש בה ב׳ נקודות, הנבחנות לב׳ עמקים, שאז נאמר עליה, ממעמקים קראתיך ה׳.

ונאמר, חבצלת השרון, חבצלת ממקום ששיקוי הנחלים יוצאים ואינם פוסקים לעולם. חבצלת, שהיא חבויה מצל, צל הבינה, שמשם יוצאים חסדים בזיווג שאינו נפסק. וע״כ אין לה אלא חכמה בלי חסדים. וכתוב, שושנת העמקים, שושנה ממקום עמוק וסתום מכל הצדדים, שהשם עמקים נמשך לה ממנעולא הכלולה בה במצב ב׳, שהיא עמוקה מכל וסתומה מכל הצדדים.

235. בתחילה היא ירוקה כחבצלת, שהעלים שלה ירוקים. במצב א׳, שנקראת חבצלת, היא במדרגה אחת עם ז״א, שהגוון שלו ירוק, וע״כ גם היא ירוקה.

ואח״כ, במצב ב׳, היא שושנה אדומה בגוונים לבנים. כי במצב ב׳ יש לה ב׳ נקודות, מנעולא ומפתחא, דין ורחמים, טו״ר, כי זכה הרי טוב, לא זכה הרי רע.

שושנה בשישה עלים, להיותה שביעי, המקבלת מחג״ת נה״י. שושנה מלשון שינוי, כי היא משתנה מגוון לגוון, משנה את הגוונים שלה, משתנה מדין לרחמים, מאדום ללבן, וכן מרחמים לדין, וע״כ נקראת שושנה מלשון שינוי.

236. נקראת שושנה, משום שבתחילה היא חבצלת. בעת שמבקשת להזדווג עם המלך, נקראת חבצלת. כי במצב א׳ אין לה זיווג עם ז״א, אלא הכנה לזיווג. ואחר שהזדווגה עם המלך באלו הנשיקות, במצב ב׳, נקראת שושנה, משום שכתוב, שפתותיו שושנים.

שושנת העמקים נקראת, משום שמשנה את צבעיה, פעם לטוב ופעם

לרע, פעם לרחמים ופעם לדין. כי זכה הרי טוב, לא זכה הרי רע.

237. ותרא האישה כי טוב העץ למאכל וכי תאווה הוא לעיניים. בני אדם אינם מסתכלים ואינם יודעים ואינם משגיחים, שבשעה שהקב"ה ברא את האדם והיה מכבד אותו בכבוד גדול, במוחין עליונים, ביקש ממנו שיתדבק בו, כדי שיהיה יחיד, ויהיה לו לב אחד, ויהיה דבוק במקום דבקות יחיד, שאינו משתנה, בז"א, שכתוב בו, אני הוי"ה לא שָניתי, ואינו מתהפך לעולם, בקשר ייחוד הכול נקשר בו, כמ"ש, ועץ החיים, ז"א, בתוך הגן.

238. אח"כ סרו מדרך האמונה, ועזבו את האילן היחיד העליון לכל האילנות, ז"א, ובאו להתדבק במקום המשתנה ומתהפך מצבע לצבע, ומטוב לרע, ומרע לטוב, כלומר בנוקבא בעת שאינה בזיווג עם ז"א ויונקת משמאל לבד, וירדו מלמעלה למטה בשינויים מרובים. כמ"ש, אשר עשה האלקים את האדם ישר, והֵמָּה ביקשו חשבונות רבים.

239. אז ודאי נהפך ליבם בצד ההוא ממש, כי קיבלו שינויים רבים, פעם לטוב פעם לרע, פעם לרחמים פעם לדין. כשהתדבקו בשמאל ודאי ביקשו חשבונות רבים, שינויים רבים, והתדבקו בהם.

240. אמר לו הקב"ה, אדם, עזבת את החיים והתדבקת במוות. חיים, כמ"ש, ועץ החיים בתוך הגן, ז"א, שנקרא חיים, כי מי שאחוז בו, אינו טועם מוות לעולם. והתדבקת באילן אחר, בנוקבא, בשעה שאינה בזיווג עם ז"א, הנה ודאי המוות הוא כנגדך. כמ"ש, רגליה יורדות מוות, כלומר, לא זכה הרי רע. וכתוב, ומוצא אני מר ממוות את האישה, הנוקבא כשאינה בזיווג עם ז"א. ודאי שהתדבק במקום המוות, ועזב מקום החיים, וע"כ המוות נגזר עליו ועל כל העולם.

241. אם הוא חטא, כל העולם מה חטאו, ולמה נגזר המוות על כל העולם? האם כל העולם אכלו מהעץ הזה, וע"כ הוטל המוות על כולם? אלא בשעה שנברא האדם וקם על רגליו, ראו אותו כל הבריות, וייראו מלפניו, והיו נמשכים אחריו כעבדים אחר המלך. והוא אמר להם, אני ואתם, בואו נשתחווה ונכרָעָה. כיוון שראו את האדם, שמשתחווה לצד שמאל, והתדבק בו, כולם נמשכו אחריו, וע"כ גרם מוות לכל העולם.

242. אז השתנה האדם פעם דין ופעם רחמים, פעם מוות ופעם חיים. ולא עמד קבוע באחד מהם, כי אותו מקום גרם לו. וע"כ נקרא אותו המקום, להט החרב המתהפכת. כי מתהפכת מצד זה לצד זה, מטוב לרע, מרחמים לדין, משלום למלחמה. מתהפכת בדרך כלל מטוב לרע, כמ"ש, ועץ הדעת טוב ורע.

243. המלך העליון לאהבתו על מעשיו, הוכיח אותו, ואמר לו, ומעץ הדעת טוב ורע לא תאכל ממנו. והוא לא קיבל ממנו, ונמשך אחר אשתו, וגורש מגן עדן לעולמים, כי האישה עולה למקום התהפכות החיים והמוות, ולא יותר. וע"כ האישה גרמה מוות לכל.

244. לעוה"ב כתוב, כי כימי העץ ימי עמי. כימי העץ, עה"ח. בו בעת כתוב, בילע המוות לנצח, כי בעה"ח אין שינויים ואין בו מוות.

ויקרבו ימי ישראל למות

245. ויחי יעקב בארץ מצרים. בחייו כתוב יעקב, ובמיתתו כתוב ישראל, כמ״ש, ויקרבו ימי ישראל למות. הלוא השם ישראל חשוב יותר מהשם יעקב? צריך לומר כאן ישראל, כי לא כתוב, ויקרב יום ישראל למות, אלא ימי. ובכמה ימים מת האדם, הלוא בשעה אחת, ברגע אחת, מת ונפטר מן העולם?

246. אלא כשהקב״ה רוצה להשיב אליו רוח האדם, כל אלו הימים שהאדם חי בעוה״ז, נפקדים לפניו ונכנסים בחשבון. וכשקרבו הימים לבוא לפניו בחשבון, מת האדם, והקב״ה משיב את רוח האדם אליו. אותו ההבל, שהאדם נושב ונושם בו, משיב אליו.

247. אשרי חלקו של אדם, שימיו קרבו לפני המלך בלי בושה, ואף יום אחד מהם אינו נדחה לחוץ, מחמת שיימצא שעשה עבירה ביום ההוא. משום זה כתוב בצדיקים התקרבות, משום שהימים קרבו לפני המלך בלי בושה.

248. אוי לרשעים, שלא כתוב בהם התקרבות. כי איך יקרבו ימיהם לפני המלך, בשעה שכל ימיהם בפשעי העולם נמצאים? ומשום זה אינם קרבים לפני המלך, ולא יתפקדו לפניו, ולא ייזכרו למעלה, אלא הם כָּלים מאליהם. עליהם כתוב, דרך רשעים כאפֵלה.

249. וכאן כתוב, ויקרבו ימי ישראל. ודאי שקרבו בלי בושה, בשלמות, בשמחה שלמה. ומשום זה כתוב, ימי ישראל ולא ימי יעקב, כי השם ישראל שלם יותר מיעקב. הרי כתוב, ויעקב איש תם? הרי השם יעקב ג״כ שלם? אלא גם השם יעקב שלם, אבל אינו שלם במדרגה העליונה, כמו ישראל.

250. בשעה שימיו של אדם נפקדים לפני המלך, יש צדיק שנפקדים ימיו והם רחוקים מלפני המלך. ויש צדיק, כשנפקדים ימיו, הם קרובים וסמוכים למלך, ואינם מתרחקים, ובלי בושה הם נכנסים וקרבים למלך. אשרי חלקם. כמ״ש, ויקרבו ימי ישראל למות.

ויקרא לבנו ליוסף

251. ויקרא לבנו ליוסף. למה קרא רק ליוסף, והאם שאר השבטים אינם בניו? אלא יוסף היה בנו יותר מכולם. בשעה שאשת פוטיפר הפצירה ביוסף, כתוב, ויבוא הביתה לעשות מלאכתו, ואין איש מאנשי הבית. היה צריך לומר, ואין איש בבית. מהו מאנשי הבית? לכלול דמותו של יעקב, שהייתה שם. כיוון שנשא יוסף את עיניו וראה דמות אביו, התיישב בדעתו וחזר לאחוריו.

252. כמ״ש, וימאן ויאמר אל אשת

״ויחי״. ספר הזהר עם פירוש הסולם. מהד׳ 21 כר׳. כרך ז. דף עז; מהד׳ 10 כר׳. כרך ד. דף עז.
״ויחי״. ספר הזהר עם פירוש הסולם. מהד׳ 21 כר׳. כרך ז. דף עט; מהד׳ 10 כר׳. כרך ד. דף עט.

אדוניו. אמר לו הקב"ה, אתה אומר, וימאן ויאמר, חייך, אחר יבוא לברך לבניך, ויתברכו בו. וזהו כמ"ש, וימאן אביו ויאמר, ידעתי בני ידעתי, גם הוא יהיה לעם, וגם הוא יגדל.

253. למה אמר יעקב, ידעתי בני ידעתי? ידעתי בני, שקיימת בגופך שאתה בני, בעת שראית דמותי, ושבת אל הברית שלך, ולא חיללת אותו, ומשום זה כתוב ידעתי בני. ופעם שנייה, ידעתי, כשאמר יוסף, שמנשה הוא הבכור. ועל זה השיבו, גם הוא יהיה לעם, וגם הוא יגדל. ומשום זה כתוב, ויקרא לבנו ליוסף, שקיים בגופו שהוא בנו.

254. ויקרא לבנו ליוסף. שבצורה אחת היו נראים, שכל מי שראה ליוסף, היה מעיד שבנו של יעקב הוא. שקרא לו בנו, משום שהייתה להם צורה אחת. כי יוסף זן לו ולבניו בזקנתו. ומשום זה הוא בנו יותר מכולם. ויקרא לבנו ליוסף. ולא לאחר. משום שרשות הייתה בידו להעלותו משם למערת המכפלה, כי מלך היה, אבל אחר לא הייתה רשות בידו.

255. כיוון שיעקב היה יודע, שבניו ישתעבדו שם במצרים, למה לא נקבר שם, כדי שיגן זכותו על בניו, ולמה רצה להעלות משם, והרי כתוב, כְּרַחֵם אב על בנים? איפה היא הרחמנות?

256. אלא בשעה שיעקב היה יורד למצרים, היה מתיירא. אמר, אולי יִכְלוּ בניי בין העמים? ואולי יסלק הקב"ה שכינתו ממני כבתחילה? וכמ"ש, ויֵּרא אלקים אֶל יעקב, ויאמר לו, אל תירא מֵרְדָה מצריימה, כי לגוי גדול אשימך שם. ומה שאמרת, פן אסלק שכינתי ממך, אנוכי ארד עימך מצריימה.

257. עוד אמר, מתיירא אני פן אקבר שם ולא אזכה להיקבר עם אבותיי. אמר לו, ואנוכי אַעַלְךָ גם עָלֹה. אעלך, ממצרים. גם עָלֹה, להיקבר בקבר אבותיך.

258. ומשום זה רצה שיעלה אותו ממצרים. טעם אחד, שלא יעשו אותו אלוה, כי ראה שעתיד הקב"ה להיפרע מאלוהיהם של המצרים. ואחד, שראה שהשכינה תשים דירתה בין בניו בגלות, ואינו צריך להיקבר במצרים להגן עליהם. ורצה שגופו ידור בין גופיהם של אבותיו, להיכלל ביניהם, ולא יהיה עם הרשעים שבמצרים.

259. גופו של יעקב נמשך מיופיו של אדה"ר. והייתה צורתו של יעקב, צורה עליונה קדושה, צורת כיסא הקדוש. ולא רצה להיקבר בין הרשעים. שאין פירוד באבות, ותמיד הם מחוברים. וע"כ כתוב, ושכבתי עם אבותיי.

260. ויקרא לבנו ליוסף. בנו, משום שהיו בצורת פנים אחת, משום שבחפץ רוח ולב הוליד אותו יותר מכל השבטים. כי כל חפצו של יעקב ברחל היה. משום זה כתוב, ויקרא לבנו ליוסף.

261. הנסתרות לה' אלקינו. כמה יש לאדם להיזהר מחטאיו, ולהסתכל שלא יעבור על רצון אדונו. כי כל מה שאדם עושה בעוה"ז, כתובים אלו המעשים בספר, ובאים בחשבון לפני המלך הקדוש, והכול גלוי לפניו, כמ"ש, אם ייסתר איש במסתרים ואני לא אֶרְאֶנּוּ. וא"כ, איך לא ישמור האדם את עצמו מלחטוא לפני אדונו? אפילו מה שאדם חושב ועולה ברצונו לעשות, הכול נמצא לפני הקב"ה, ואינו נאבד ממנו.

262. בלילה שבאה לאה ליעקב, ונתנה לו אלו הסימנים, שנתן יעקב לרחל, מחשש שלא יחליפנה אביה באחרת, וכשראתה רחל שאביה מכניס את לאה במקומה, והיא אינה יודעת הסימנים, ותתבייש. מיד מסרה לה את הסימנים. ועלה ברצונו, שהיא רחל, ושימש בה שימוש, וטיפה של יעקב הייתה הראשונה, כמ״ש, כוחי וראשית אוני. והוא חשב שהיא רחל.

הקב״ה, שמגלה עמוקות ומסתרים, ויודע מה בחושך, העלה אותו הרצון למקומו, והבכורה הסתלקה מראובן וניתנה ליוסף. משום שהטיפה הראשונה שיצאה מיעקב, הייתה שייכת לרחל. ומשום שבכורה של ראובן הייתה שלה, ירש אותה יוסף, ורחל ירשה את שלה.

263. משום זה לא עלה ראובן בשם, כשאר השבטים, אלא ראובן, ראו בן, בן שלא נודע שמו. וע״כ לא קראה לו לאה בני, ולא נקרא ראו בני, כי לאה ידעה המעשה, שמחשבתו של יעקב ברחל הייתה ולא בה.

264. גלוי לפני הקב״ה, שיעקב לא היה ברצונו לחטוא לפניו, בזה שבא על לאה וחשב ברחל. ולא הסתכל מדעתו באישה אחרת בשעה ההיא, כשאר רשעי עולם. ועל כך כתוב, ויהיו בני יעקב שנים עשר, כי בניהם של שאר רשעי עולם, שעושים המעשה ההוא, נקראים בשם אחר, כלומר בני תמורה. משום זה, ויקרא לבנו ליוסף, לבנו ממש מתחילה, מבעת לידת ראובן. ולבסוף בנו היה.

265. במה השביע יעקב את יוסף, שכתוב, שים נא ידך תחת יְרֵכִי? באות ברית, שהיה רשום בבשרו, שזהו חשיבותם של האבות יותר מכל. וברית זהו יוסף, מידת היסוד, צדיק, שהוא מרכבה לו.

266. באברהם וביעקב כתוב, שים נא ידך תחת ירכי, כלומר, במקום ההוא הרמוז בשם הקדוש, להוציא זרע קדוש, זרע אמונה לעולם. ביצחק לא כתוב, שים נא ידך, משום שיצא ממנו עשיו.

267. מהו הטעם כאן, שכתוב, שים נא ידך תחת ירכי, אל נא תקברני במצרים? אמר יעקב ליוסף, ברושם הקדוש הזה הישבע לי, שהוציא זרע קדוש ונאמן לעולם, ונשמר, ולא נטמא מעולם, שלא ייקבר בין אלו הטמאים, שלא שמרו אותו מעולם. שכתוב בהם, אשר בשר חמורים בשרם וזִרמת סוסים זִרמתם.

268. הרי יוסף, ששמר בריתו יותר מכל, למה נקבר ביניהם במצרים? אלא כתוב, היֹה היה דבר ה׳ אל יחזקאל בן בוּזי הכוהן, בארץ כשדים על נהר כְּבָר, ותהי עליו שָׁם יד ה׳. הרי השכינה אינה שורה אלא בארץ ישראל, ולמה נגלתה כאן השכינה?

אלא על נהר כתוב, שהמים אינם מקבלים טומאה ואינם כארץ העמים. וכתוב, ותהי עליו שם יד ה׳, שהיא השכינה. אף כאן יוסף, הארון שלו נשלך אל המים. אמר הקב״ה, אם יוסף יסתלק מכאן, לא יתקיים הגלות, שישראל לא יכלו לסבול. אלא שתהיה קבורתו במקום שלא ייטמא, ויסבלו בני ישראל הגלות.

269. ראה יעקב, שבכל דבר מיתקן כיסא הקדוש באבות, אברהם ויצחק בימין ובשמאל, והוא באמצע. אמר יעקב, אם ייקבר כאן במצרים, איך יהיה הגוף הזה מחובר עם האבות? אפילו המערה, שנקבר שם, נקראת

מכפלה, משום שכל דבר שהוא במכפלה לימין ולשמאל, הוא שניים ואחד. כלומר, שצריכים לשלישי, שיכריע ביניהם. אף המערה היא שניים ואחד, אברהם ויצחק לימין ולשמאל, ויעקב מכריע ביניהם.

270. האבות זכו להיקבר במערת המכפלה, הם ובת זוגם. יעקב נקבר הוא ולאה. מהו הטעם שלא נקברה עימו רחל? והרי כתוב, ורחל עקרה, שמורה, שהיא עקרת הבית? אלא לאה זכתה בו יותר, להוציא שישה שבטים בעולם מהגזע הקדוש, ומשום זה ניתנה עימו לבת זוג במערה.

271. לאה כל יום הייתה עומדת בפרשת דרכים, ובכתה בשביל יעקב, שיישא אותה לאישה, כי שמעה שהוא צדיק, והקדימה לו בתפילה. כמ״ש, ועיני לאה רכות, שהקדימה וישבה בפרשת דרכים, להתפלל.

272. רחל לא יצאה לדרכים מעולם, להתפלל להינשא ליעקב, כמו לאה. משום זה זכתה לאה להיקבר עימו. ורחל נמצאת בפרשת דרכים, ונקברה שם. כמ״ש, ואני בבואי מפַּדן, מתה עליי רחל. עליי, בשבילי. בארץ כנען בדרך, בשבילי מתה בדרך, משום שלא יצאה מעולם בשבילי, להתפלל כמו אחותה.

273. משום זה, לאה שיצאה ובכתה בפרשת דרכים בשביל יעקב, זכתה להיקבר עימו. רחל, שלא רצתה לצאת ולהתפלל בשבילו, משום זה קבורתה בפרשת דרכים. רחל עולם המגולה, מחזה ולמטה דז״א, שהחסדים מתגלים שם, וע״כ קבורתה בדרך במקום מגולה לעין. ולאה עולם המכוסה, חסדים מכוסים שמחזה ולמעלה דז״א, וע״כ נקברה במערת המכפלה, במקום מכוסה מן העין.

274. דמעות רבות הזילה אותה הצַּדֶּקת לאה, בשביל שתהיה בחלקו של יעקב, ולא לאותו רשע עשיו. כל אדם, המוריד דמעות לפני הקב״ה, אע״פ שכבר נגזר עליו העונש, יקרעו את גזר הדין, ולא יוכל העונש לשלוט עליו. מאין לנו זה? מלאה, כי נגזר על לאה להיות בחלקו של עשיו, והיא בתפילתה הקדימה להינשא ליעקב. ולא ניתנה לעשיו.

ותֶרֶב חכמת שלמה

275. מה יתרון לאדם בכל עמלו, שיעמול תחת השמש? לומדים בדברי שלמה, ודבריו נראים סתומים. אבל כל דבריו של שלמה, כולם נקראים בחכמה.

276. בימיו של שלמה המלך, עמדה הלבנה, הנוקבא, במילואה. הנוקבא הייתה מלבישה לאמא עילאה, שזה תכלית המילוי שלה. כמ״ש, ותֶרֶב חכמת שלמה מחכמת כל בני קדם. חכמת בני קדם היא חכמה שירשו מאברהם.

277. כתוב, וייתן אברהם את כל אשר לו ליצחק. זוהי חכמה עילאה,

שהיה יודע בשמו הקדוש של הקב"ה. וזהו נשמע ממה שכתוב, את כל אשר לו, שהיא שלו, החכמה העילאה.

כתוב, וה' בירך את אברהם בכל, באותה הבת, שהייתה לאברהם ובכל שְמה. בכל היא הנוקבא, חכמה תתאה, הנבחנת לבתו, כי אבא יסד בת. אבל בחינת אברהם עצמו, היא חכמה עילאה, כי אברהם חסד שעלה לחכמה. וזה מה שנתן ליצחק.

278. ולבני הפילגשים אשר לאברהם, נתן אברהם מתנות. נתן להם דברים ידועים בכתרים התחתונים, והשרה אותם אל ארץ קדם. ומשם ירשו בני קדם חכמה, מכתרים תחתונים, כמ"ש, מחכמת כל בני קדם.

280. החכמה אינה מתיישבת, אלא כשאדם יושב ואינו הולך, אלא נמצא על בוריו, כמ"ש, ואשב בהר ארבעים יום.

281. ותרב חכמת שלמה מחכמת כל בני קדם ומכל חכמת מצרים. מהו חכמת שלמה, ומהו חכמת מצרים, ומהו חכמת כל בני קדם? ותרב, כתוב על הלבנה, הנוקבא, כשהיא מתברכת מכל הספירות, שזה נאמר בימיו של שלמה, שהנוקבא התגדלה והתברכה ועמדה במילואה.

282. אלף הרים מגדילים חציר לפניה, וכולם הם בליעה אחת לפניה, אלף נהרות גדולים לה, ובגמיעה אחת גומעת אותם. הזוהר מביא כאן סדר גדלות המוחין של הנוקבא שבימי שלמה.

בגדלות הנוקבא נמשכים ממוחין דחכמה רק ו"ק דע"ב ולא ג"ר דע"ב. אמנם אי אפשר להמשיך חצי מדרגה, ובתחילה צריכים להמשיך מדרגה שלמה, ג"ר וו"ק דע"ב. ואח"כ מניחים ג"ר במקומן בנוקבא, וממשיכים רק ו"ק. שזה כמ"ש, מצמיח חציר לבהמה, ג"ר דע"ב, שחצי האור הזה נשאר למאכל הנוקבא עצמה, המכונה בהמה, וחצי האור הנשאר, ו"ק דע"ב, נמשך לבני אדם, שזה כמ"ש, ועשב לעבודת האדם.

ג"ר דע"ב יש בהן אכילה, חלק החסדים שבהם. ויש בהם שתייה, חלק החכמה שבהם. וכלולים זה מזה. אלף הרים, אכילה. אלף נהרות, שתייה. מספר אלף מורה על חכמה. ולפי שגם האכילה כלולה מחכמה, ע"כ נאמר גם בהם מספר אלף.

ונאמר, שכולם הם בליעה אחת לפניה ובגמיעה אחת גומעת אותם, משום שהמוחין האלו הם מן האורַח שמתחת חוטם א"א, שנתקן לאורַח לעבור בה ולא לעצור בה, ע"כ המוחין הללו מתקבלים תמיד בחיפזון, שלא לתת יניקה לדינים, וע"כ גם הנוקבא מקבלת אותם בחיפזון.

283. ציפורניה מחברות אלף ושבעים צדדים. ידיה אחוזות ב-24,000 צדדים, ואין יוצא ממנה לימין ולשמאל, אלא באמצע, וכמה אלפי מָגִנים נאחזים בשערותיה.

האצבעות הם חכמה. ויש בהם ע"ס: ג"ר, ז"ת ופרסא באמצע. ג"ר הבשר שבהם, פָּנים. עליהם כתוב, לא תוכל לראות את פניי. הציפורניים, הפרסא שבין ג"ר וז"ת, האחוריים. ז"ת נכללים בפרסא, הציפורניים. ועליהן כתוב, וראית את אחוריי.

בגדלות יורדת הפרסא ומעלה ומחברת את הכלים דאחוריים למדרגתם יחד עם הכלים דפנים. כלים דפנים, בשר האצבעות, אלף, כי אלף רומז על חכמה. כלים דאחוריים, ז"ת, כל אחת כלולה מעשרה, מספר שבעים. ושנאמר, ציפורניה מחברות אלף ושבעים צדדים, שהציפורניים, הפרסא, מחברות אלף, הפנים דאצבעות, ושבעים, אחוריים

דאצבעות. ומתחברים שניהם ע״י הציפורניים למדרגה אחת, הפנים.

ונאמר, ידיה אחוזות ב-24,000 צדדים, כי מספר י״ב (12) רומז על חכמה. יש י״ב דז״א, 12 שעות של יום. יש י״ב דנוקבא, 12 שעות של לילה. כשהנוקבא בגדלות בזיווג פב״פ עם ז״א, כוללת בעצמה גם י״ב דז״א, ואז י״ב דז״א הם ביד ימין שלה, וי״ב שלה עצמה ביד שמאל שלה. וכשהלבנה במילואה הם אלפים, כלומר 24,000 צדדים, 12,000 ביד ימין, ו-12,000 ביד שמאל.

וכמה אלפי מגנים אוחזים בשערותיה. מגנים הם מלאכים, שאינם עולים לקבל ג״ר, אלא נשארים תמיד למטה במקום ג״ר דו״ק, ושומרים על המוחין, שלא יגיע מהם אל החיצוניים. והם אוחזים בשערות הנוקבא, דינים.

284. נער אחד, שאורכו מראש העולם עד סופו, מט״ט, שקומתו כוללת מראש הבריאה עד סוף העשיה. יוצא בין רגליים, מנה״י דנוקבא, בשישים הראות של אש הוא מתלבש, שמבריח על ידיהם את החיצוניים, שלא ייאחזו ברגלי הנוקבא. באופן זה הוא מתמנה על התחתונים, מארבע הצדדים. זהו נער, שאוחז תרי״ג (613) מפתחות עליונים מצד אמא. וכל מפתחות העליונים, בלהט החרב החגור במותניו תלויים.

הזוהר מבאר ג׳ עולמות בי״ע, שמקבלים מהנוקבא דאצילות שבימי שלמה, ע״י המלאך מט״ט. כי הפרסא שמתחת אצילות מעכבת את אור החכמה שלא יירד לבי״ע. ועכ״ז מאיר הארת חכמה בבי״ע ע״י התלבשות האחוריים דנוקבא דאצילות. כי מתוך שהאחוריים היא דינים קשים, אין המסך מעכב עליהם שלא יתפשטו לבי״ע. וכיון שהם מהנוקבא דאצילות, ע״כ מעבירים עימהם גם הארת חכמה שבהם, לג׳ העולמות בי״ע.

והממונה על כל ההארות שבבי״ע הוא מט״ט. ובשישים הכאות של אש הוא מתלבש, כי כוחות הדין מאחוריים דנוקבא שבחג״ת נה״י שלה, שכל אחת כלול מעשר, הם שישים. באופן זה הוא מתמנה על התחתונים, מארבע הצדדים, שמשפיע לתחתונים המוחין מד׳ רוחות הנוקבא, חו״ג תו״מ.

ונאמר, שזהו נער, שאוחז תרי״ג מפתחות עליונים מצד אמא. נער מט״ט. ויש לו ו״ק מצד אמא, שספירותיה מאות, והן 600. ומבחינת המוחין יש לו 13, י״ב (12) בָּקָר שבבריאה, ואחד כולל, ביחד הן תרי״ג. כלומר רק מוחין מאמא, כי אי אפשר שיאירו מוחין דאבא בבריאה, מפני המסך שמתחת האצילות, המעכב על אור אבא.

וכל מפתחות העליונים, לפתוח הארת החכמה, בלהט החרב החגור במותניו תלויים. ואיך אוחזים אלו תרי״ג מפתחות בבי״ע, שהם המשכות מחכמה, הרי אין הארת החכמה יכולה לעבור מפרסא דאצילות ולמטה? אלא כל המפתחות הללו תלויים בלהט החרב, באחוריים דנוקבא דאצילות, דינים קשים, והפרסא אינה מעכבת עליהם, ויכולים להתפשט לבי״ע, והם ממשיכים עימהם הארת החכמה מהנוקבא.

285. הנער ההוא קוראים לו בברייתא חנוך בן יֶרֶד. כמ״ש, חנוך לנער על פי דרכו. משנה וברייתא הן פנימיות וחיצוניות, כי ברייתא חיצוניות המשנה. מבחינת החיצוניות, ו״ק, נקרא מט״ט חנוך בן ירד, כי ירד, מלשון ירידה וחיצוניות. הלוא גם מבחינת פנימיות, נקרא מט״ט חנוך בן ירד? בפנימיות בן ירד נאמר לשִׁבחו, כי הירידה גרמה לו למוחין פנימיים.

הן המשנה והן הברייתא מסתכלות בירידה שלו, אלא בברייתא הירידה עוד לא גורמת למוחין, אלא לירידה ממש. אבל במשנה, כבר נתקנה הירידה ונעשתה גורם למוחין.

מתחתיו, כלומר בצילו, תחסינה כל חיות השדה, מלאכים שביצירה. כמו שישראל הקדוש העליון, ז״א, נקרא בן לאימו, בינה, כמ״ש, כי בן הייתי לאבי רך ויחיד לפני אימי. וכתוב, בני בכורי ישראל, שזה סובב על ז״א. כך גם למטה מאצילות, מט״ט נקרא נער לאימו, הנוקבא, כמ״ש, כי נער ישראל ואוהבהו, שזה סובב על מט״ט.

ובכמה אופנים נקרא בן ירד, פעם לגנאי פעם לשבח, בהפרש בין פנימיות מט״ט לחיצוניות מט״ט. אבל כאן המדובר בבן ירד ממש, בחיצוניות מט״ט, שירידתו לגנאי, שעוד אינו גורם למוחין, כי עשר ירידות ירדה שכינה לארץ וכולן ביארו החברים. ומתחת חיצוניות מט״ט עומדים מלאכים שביצירה, הנקראים חיות השדה.

286. מתחת אלו החיות נאחזות שערות הלבנה, הנוקבא, הנקראים כוכבי שבט, שהם שבט ממש, לדון בהם את העולם. ומתחלקים לבעלי דין, לבעלי משקל, לבעלי דין קשה, ולבעלי חוצפה. וכולם נקראים בעלי שיער. ידיה ורגליה אוחזות בזה, כאריה גיבור אוחז בטרפו. ועל זה כתוב, וטָרַף ואין מציל.

כוכבי שבט הם מסך דמלכות דמדה״ד, המכונה מנעולא, השער הסתום, שאינו נפתח עד לגמה״ת. ושנאמר, מתחת אלו החיות נאחזות שערות הלבנה, הנוקבא, הנקראים כוכבי שבט. אלו לא סתם שערות הנוקבא, שהם ממותקים בבינה, במפתחא, שעליהם נאמר, כמה אלפי מגנים אוחזים בשערותיה. אלא אותן השערות, כוכבי שבט, המלכות דמדה״ד, שנמצאים רק בבי״ע מתחת חיות השדה. והזוהר מדייק שהם שבט ממש, שבהם עצם צורת המלכות דמדה״ד, המכונה שבט.

ויש בהם ב׳ בחינות, בעלי הדין ובעלי המשקל:

א. כשהמסך במקום המלכות, השערות נקראים בעלי הדין.

ב. כשהמסך עולה בצורתו ומתיישב בבינה, וחוצה שם את המדרגה לב׳ חצאים: לכו״ח, ולבינה ותו״מ, שבזה הם מיתקנים להיות מאזניים. וע״כ בבחינה זו השערות מכונות בעלי משקל.

ומהם נמשכים שניים אחרים:

א. בעלי דין הקשה, הנמשכים מבעלי הדין,

ב. בעלי חוצפה, הנמשכים מבעלי משקל. והם עולים במקום בינה, שאין להם שום צדק להיאחז שם, והוא נבחן לחוצפה.

ב׳ הקווים ימין ושמאל הם במחלוקת, וכל אחד רוצה לבטל הארת חברו, ע״כ אינם יכולים להאיר, עד שיוצא קו אמצעי על מסך דחיריק, המכריע ועושה שלום ביניהם. ומסך זה מחויב להיות תחילה ממדה״ד, מנעולא, שאז מתמעט קו השמאל מג״ר, ונכנע אל הימין, ומתייחד עימו.

ושנאמר, ידיה ורגליה אוחזות בזה, כאריה גיבור אוחז בטרפו. ב׳ הקווים שמחזה ולמעלה מכונים ידיים, וב׳ הקווים שמחזה ולמטה מכונים רגליים. והם נאחזים להאיר בשלמות רק ע״י מסך דחיריק, המקובל ממדה״ד שבאלו השערות, המנעולא.

ומשום שע״י מסך מדין הקשה הזה, מתמעט קו השמאל מג״ר שלו, ע״כ מכונה זה בשם טרף, כי המסך דחיריק טורף הג״ר דקו שמאל. וע״כ מדמה אותו כאריה גיבור אוחז בטרפו, כמ״ש, וטָרַף ואין מציל. כי בעת שמסך מדין הקשה עולה למ״ן לקו אמצעי, וטורף את קו השמאל מג״ר שלו, ואין מציל, וע״כ מתייחדים

תכף ב׳ הקווים זה בזה המכונים ידיים, וכן מתייחדים ב׳ הקווים המכונים רגליים, ואז מאירים בכל השלמות האפשרי, שבתוך 6000 שנה.

287. ציפורניה, המזכירים עוונות בני אדם וכותבים ורושמים עוונותיהם בתוקף דין הקשה. ועל זה כתוב, חטאת יהודה כתובה בעט ברזל בציפורן שמיר. שמיר הוא שרושם ונוקב האבן וחוצב אותה מכל הצדדים.

ציפורניים, הפרסא שנעשתה באמצע המדרגה, מחמת עליית המלכות לבינה של אותה מדרגה. ונמצא ב׳ כוחות כלולים בפרסא: המלכות שעלתה, שהיא מידת דין הקשה, ובינה שקיבלה צורת המלכות, מחמת עלייתה אליה. ואלו ב׳ כוחות הם מנעולא ומפתחא, ב׳ נקודות שנתקנו בנוקבא. שעליהם נאמר, אם זכה הרי טוב, שמדה״ד נגנזה, המנעולא, ושולטת רק מדה״ר, מפתחא. ואם לא זכה, שממשיך אורות מלמעלה למטה, הרי רע, אז מתגלה עליו מדה״ד הגנוזה, מנעולא, ואורותיו מסתלקים.

וציפורניה, המזכירים עוונות בני אדם וכותבים ורושמים עוונותיהם בתוקף דין הקשה. שאם לא זכה, מתגלה כוח מדה״ד, אשר נגנזה בציפורניים. וכיוון שנגלתה מדה״ד הזו, אז נענשים קשה. ועל זה כתוב, חטאת יהודה כתובה בעט ברזל בציפורן שמיר. כי הנקודה דמנעולא הכלולה וגנוזה בציפורן, נקראת עט ברזל. ונקודה דמפתחא, הגלויה בציפורן ושולטת בעת שישראל זכאים, נקראת ציפורן שמיר.

וחטאת יהודה, אם חוטאים, נגלו עליהם ב׳ הנקודות. ונמצאים החטאים כתובים בעט ברזל ובציפורן שמיר. ואז, כיוון שנגלתה גם נקודת המנעולא עליהם, תכף נענשים. אמנם בעושים רצונו, כתוב, כל כלי ברזל לא נשמע בבית בהיבנותו. כי השמיר חתך את הכול, וכלי ברזל, מנעולא, לא נשמע, כי נגנזה. ושמיר הוא שרושם ונוקב האבן, את יציאת הקטנות של המדרגות, המכונות אבנים. וחוצב אותה מכל הצדדים, שנותן צורתה מכל צד בעת יציאתה של גדלות המדרגות.

288. זוהמת הציפורניים פירושה, כל אלו שאינם דבקים בגוף המלך, בקו האמצעי, אלא דבקים בשמאל, ויונקים מצד הטומאה בעת שהלבנה במיעוטה, ששפע שממשיכים אז מציפורניים עובר לצד הטומאה ונבחן לזוהמת הציפורניים.

289. ומשום ששלמה המלך ירש את הלבנה במילואה, הנוקבא בגדלותה, הוא צריך לרשת אותה בעת מיעוטה. וע״כ השתדל לדעת, בדעת הרוחות והשדים, כדי לרשת את הלבנה, הנוקבא, בכל הבחינות.

כי מוחין דקטנות גורמים למוחין דגדלות. בעת עליית המלכות לבינה דאמא, ואמא חזרה למוחין דו״ק בלי ראש, מחמת נפילת בינה ותו״מ ממנה לזו״ן, הנה אז מקבלת זו״ן מוחין דקטנות מאמא, ע״י התלבשות בינה ותו״מ דאמא בהם. וכן בינה ותו״מ דזו״ן יורדים לנשמות בני אדם, והנשמות מקבלים מוחין דקטנות מזו״ן. וזה נעשה גורם, שיקבלו ג״כ מוחין דגדלות.

כי אח״כ, לעת גדלות דאמא, בעת שאמא מחזירה למדרגתה את בינה ותו״מ שנפלו ממנה לזו״ן, הרי גם זו״ן עולים עם בינה ותו״מ הללו לאמא, ומקבלים ממנה את המוחין דגדלות. ואח״כ מחזירים גם זו״ן את הבינה ותו״מ שלהם, שנפלו לנשמות בני אדם. וגם הנשמות עולים עימהם ומקבלים מוחין דגדלות מזו״ן. ולכן, אם לא היה התחתון מקבל את הקטנות דעליון, הבינה ותו״מ דעליון, לא הייתה מציאות שיוכל לקבל את המוחין דגדלות מעליון.

290. בימיו של שלמה המלך, האירה הלבנה מכל המדרגות, כמ״ש, ותרב חכמת שלמה. ותרב, מורה שהתרבתה חכמתו מחכמת כל בני קדם, שנכללה אז בנוקבא, וכן מחכמת מצרים שנכללה בה. וחכמת בני קדם הוא סוד עליון, כמ״ש, ואלה המלכים אשר מלכו בארץ אדום. הם נקראים בני קדם, שכולם לא התקיימו, חוץ מזה שהיה כלול זכר ונוקבא, שנקרא הדר, כמ״ש, וימלוך תחתיו הדר, ושֵׁם אשתו מְהֵיטַבְאֵל. אבל במלכים הקודמים לא נזכרה נקבה.

291. ואע״פ שהנוקבא התקיימה ע״י מלך הדר, מ״מ לא האירה בשלמות עד שבא שלמה, שהיה ראוי לה, שמשום זה הייתה אימו בת שבע. שהנוקבא, הנקראת בגדלותה בת שבע, ע״ש שכְּלולה מכל חג״ת נהי״מ דז״א, הייתה האם שלו. וע״כ הוא ראוי לרשת אותה בימי מילואה.

292. חכמת מצרים, חכמה תתאה, הנקראת שפחה שלאחר הרחיים. ומהכול נכללה חכמה זו של שלמה, מחכמת בני קדם ומחכמת מצרים.

ג׳ חכמות באצילות:

א. חו״ס דא״א, חכמה דע״ס דאו״י. שאחר שבירת הכלים בעולם התיקון, נסתמה חכמה זו לגמרי, ואינה מאירה עוד באצילות. וממה שנפלה מחכמה זו בעת שבירת הכלים, היא חכמת בני קדם. וחכמת בני קדם היא סוד עליון, כמ״ש, ואלה המלכים אשר מלכו בארץ אדום. כי מלוכתם ומיתתם של אלו ז׳ המלכים הם שבירת הכלים.

ב. חכמה עילאה. בינה, שיצאה מראש דא״א, וחזרה אליו, ונעשתה לחכמה. ואע״פ שכל החכמה שבעולמות ממנה באה, מ״מ היא עצמה מאירה רק חסדים, כמ״ש, כי חפץ חסד הוא. ומה שנפל מחכמה זו לקליפות היא חכמת מצרים, חכמה תתאה, שנפלה מחכמה עילאה לקליפות לכתרים תחתונים. ונקראת שפחה שלאחר הרחיים.

ג. חכמת שלמה, חכמה תתאה, חכמה המאירה בנוקבא פב״פ בעת גדלותה, שכל ג׳ החכמות מאירות בה אז ביחד, ואז היא מוציאה חכמת בני קדם וחכמת מצרים מהקליפות, ומתרבה מהן מאוד. ועל זה כתוב, ותרב חכמת שלמה מחכמת כל בני קדם ומכל חכמת מצרים. שהתרבתה חכמתו מהם.

293. כתוב, מה יתרון לאדם בכל עמלו, שיעמול תחת השמש. האם גם עמלה של תורה כך? אלא כתוב, שיעמול תחת השמש, ושונה עמלה של תורה שהיא למעלה מן השמש, שהיא מעליונים.

אלא אף עמלה של תורה כך, כמ״ש, מה יתרון לאדם בכל עמלו שיעמול תחת השמש, אם הוא עמל בתורה בשביל בני אדם, או בשביל כבוד עצמו. כי על זה כתוב, תחת השמש. כי תורה זו אינה עולה למעלה. אפילו אם אדם יחיה אלף שנים, ביום שהסתלק מן העולם, יידמה לו כאילו חי רק יום אחד.

ושכבתי עם אבותיי

294. ושכבתי עם אבותיי. אשרי חלקם של האבות, שהקב״ה עשה אותם מרכבה קדושה, וחפץ בהם להתעטר עימהם, כמ״ש, רק באבותיך חשק ה׳. יעקב היה

יודע, כי העיטור שלו באבותיו, כי עיטורם של האבות עימו, והוא עימהם.

ועל זה לומדים באותיות חקוקות, שיש באות ש' שלושה קשרים, שני קשרים מימין ומשמאל, וקשר אחד שכולל אותם, האמצעי. כמ"ש, והַבריח התיכון בתוך הקרשים, מבריח מן הקצה אל הקצה, כי קשר שבאמצע אוחז הימין והשמאל. ועל זה כתוב, ושכבתי עם אבותיי.

כי קו ימין אברהם. וקו שמאל יצחק. וקו אמצעי יעקב. ג' ראשים שבאות ש'. ב' הקווים ימין ושמאל אינם יכולים להאיר, אלא בכוח קו אמצעי, המכריע ביניהם ומייחד אותם. וכן קו אמצעי, ז"א, אין לו מוחין מעצמו, אלא בשיעור שמכריע וגורם הארה שלמה לימין ולשמאל, ששלושה יוצאים מאחד, אחד זוכה בשלושתם.

ולכן נאמר, שיעקב היה יודע, כי העיטור שלו באבותיו, שהמוחין של יעקב הם באבות. משום שהוא מכריע ביניהם, הוא מקבל מהם מוחין. והוא עימהם. שלולא היה עימהם, לא היו האבות מאירים, כי אינם יכולים להאיר אלא ע"י קו אמצעי. וזהו, ושכבתי עם אבותיי, כי הם צריכים לו והוא צריך להם.

295. וכמ"ש, החֵרשים שְׁמָעוּ והעיוורים הַביטו לראות. החרשים שמעו, אלו הם בני אדם שאינם מקשיבים לדברי תורה, ואינם פותחים אוזניהם לשמוע למצוות אדונם. והעיוורים, שאינם מסתכלים לדעת על מה הם חיים, כי בכל יום ויום יוצא כרוז וקורא, ואין מי שישגיח עליו.

296. אלו הימים של האדם משעה שנברא, הנה באותו יום שיצא לעולם, נמצאים כבר כולם בקיומם, שהם הארות ממשיות, שמהן נמשכים ימיו של האדם, והולכים ומשוטטים בעולם, יורדים ומזהירים את האדם, כל יום ויום בפני עצמו. וכאשר היום בא ומזהיר את האדם, והאדם עושה ביום ההוא עבירה לפני אדונו, היום ההוא עולה בבושה ומעיד עדות עליו, ועומד בחוץ לבדו.

297. ואחר שעומד לבדו בחוץ, יושב ומחכה עד שהאדם יעשה תשובה על החטא. זכה ועשה תשובה, שב היום למקומו. לא זכה, שלא עשה תשובה, אותו יום אחד יורד ומשתתף עם הרוח שבחוץ וחוזר לביתו, ומיתקן בצורת אותו אדם ממש, כדי להרע לו. והיום יושב עימו בביתו. ואם הוא זוכה ועושה תשובה, מגורו עימו לטוב. ואם לא זכה, מגורו עימו לרע.

298. בין כך ובין כך נמנו הימים של אותו אדם, והם חסרים. ואלו שנשארו מחמת חטאים, אינם נכנסים במניין, אוי לאותו אדם שגרע ימיו לפני המלך הקדוש, ואין לו למעלה ימים להתעטר בהם בעולם ההוא, ולהתקרב עימהם לפני המלך הקדוש.

299. כשהימים האלו קרבים לפני המלך הקדוש, אם אדם שנפטר צדיק, עולה ונכנס בימים האלו, והם לבושי כבוד, שנשמתו מתלבשת בו. ואלו הימים היו, משום שזכה בהם ולא חטא בהם.

300. אוי לאדם שגרע ימיו למעלה, וכשרוצים להלביש אותו בימיו, אלו הימים שקלקל אותם בחטאיו חסרים המלבוש ההוא, והוא מתלבש בכלי חסר. וכש"כ אם רבים הם הימים שהתקלקלו, ולא יהיה אל האדם במה להתלבש בעולם ההוא. אוי לו, אוי לנפשו, שדנים אותו בגיהינום על אלו הימים, ימים על ימים, ימים כפולים, על יום אחד מענישים אותו פי שניים.

וכשיוצא מן העולם, אינו מוצא ימים להתלבש בהם, ואין לו לבוש במה להתכסות. אשריהם הצדיקים, שימיהם כולם גנוזים אצל המלך הקדוש, ונעשה מהם לבושי כבוד, להתלבש בהם בעוה״ב.

301. ושכתוב, ויידעו כי ערומים הם, ידיעה ידעו ממש, שאותו לבוש כבוד, שנעשה מהימים, חסר מהם, ולא נשאר להם אף יום מהם להתלבש בו. כמ״ש, גולמי ראו עיניך ועל ספרך כולם ייכתבו, ימים יוּצָרו ולא אחד בהם, שסובב על אדה״ר.

ימים יוּצָרו ודאי, שנוצרו להיות לבוש. ולא נשאר לו אחד מהם להתלבש בו. עד שהשתדל אדם ועשה תשובה, והקב״ה קיבל תשובתו ועשה לו כלי ולבוש אחר. ולא מהימים שלו, כי לא תיקן בתשובתו את החטא דעצה״ד בשלמות. כמ״ש, ויעש ה׳ אלקים לאדם ולאשתו כותנות עור וילבישֵׁם.

302. באברהם שזכה, כתוב, בא בימים. לכן כשהסתלק מהעוה״ז, באלו הימים שלו ממש נכנס והתלבש בהם. ולא גרע כלום מאותו לבוש הכבוד, כי כתוב, בא בימים. באיוב כתוב, ויאמר, ערום יצאתי מבטן אימי וערום אשוב שמה, כי לא נשאר לו לבוש להתלבש בו.

303. אשרי הצדיקים, שימיהם נקיים מחטא, ונשארים לעוה״ב. וכשיוצאים מן העולם, מתחברים כולם, ונעשים להם לבוש כבוד להתלבש בהם. ובלבוש ההוא זוכים להתענג בעונג עוה״ב. ובלבוש ההוא עתידים לקום בעולם ולחיות בתחיית המתים. וכל אלו שיש להם לבוש, יקומו. אוי לרשעי העולם, שימיהם נחסרו בעוונותיהם, ולא נשאר מהם במה להתכסות כשייצאו מן העולם.

304. כל אלו הצדיקים, שזכו להתלבש בלבוש כבוד מהימים שלהם, הם מתעטרים בעולם ההוא מעטָרות שהתעטרו בהן האבות, מאותו הנהר, הנמשך ויוצא לגן עדן. כמ״ש, ונָחֲךָ ה׳ תמיד והשׂביע בצחצחות נפשך.

305. אשרי חלקו של יעקב, שביטחון גדול היה לו, כמ״ש, ושכבתי עם אבותיי. שזכה בהם, ולא באחר. זכה בהם, להתלבש בימים של עצמו ובימים שלהם.

306. כתוב, וַיָרַח את ריח בגדיו ויברכהו. בגדי עשיו היה צריך לומר ולא בגדיו. הרי בגדי עשיו היו אלו הבגדים, כמ״ש, ותיקח רבקה את בגדי עשיו בנה. וכאן אומר, ריח בגדיו, שמשמע, של יעקב.

307. אלא, וירח, שהסתכל הלאה, והִריח ריח בגדיו שבעולם האמת, ואז בירך אותו. ועל זה כתוב, רְאֵה ריח בני כריח שדה אשר בירכוֹ ה׳. זהו שדה תפוחים קדושים, הנוקבא דז״א. אמר, הואיל וזכית בלבושי כבוד אלו. ע״כ, וייתן לך האלקים מטל השמיים. משמע, שטל השמיים תלוי בלבושי כבוד. משום ששדה תפוחים זה, שלבושי כבוד נדמו לו בריח, מקבל כל היום טל ממקום שנקרא שמיים, ז״א.

308. בכל בירך אותו, כמ״ש, מטל השמיים ומשמַני הארץ. גם מהשפע של הנוקבא, ארץ. כי כמ״ש, וירח את ריח בגדיו, ובגדים אלו מקבלים גם מנוקבא. 1,500 ריחות עולים בכל יום מגן עדן, הנוקבא, שמתבשמים בהם. אלו לבושי כבוד המתעטרים מהימים של האדם בעולם ההוא. הרי שהבגדים מקבלים גם מהנוקבא.

מספר 1,500, הריח, אינו מדרגת הג״ר בשלמות, אלא רק חצי המדרגה, כי אינו מקובל מלמעלה למטה, אלא מלמטה

למעלה בלבד. ומדרגת ג״ר בשלמות 3,000. וחציה הוא, 1,500.

309. כמה לבושים יש לאדם מהימים שלו? שלושה הם:

אחד, שמתלבש בלבוש הרוח שבגן העדן הארץ.

ואחד, היקר מכולם, שמתלבשת בו הנשמה, שמדוֹרהּ בתוך צרור החיים, הנוקבא, בין הלבוש שלה הנקרא בגד מלכות.

ואחד, הוא הלבוש החיצוני, הנמצא ואינו נמצא, הנראה ואינו נראה, כי להיותו מחיצוניות אין לו קיום תמידי, אלא פעם נמצא ופעם אינו נמצא, פעם נראה ופעם אינו נראה. בלבוש זה מתלבשת הנפש, והולכת ומשוטטת בעולם.

310. ובכל ר״ח ושבת, הולכת הנפש ומתקשרת ברוח שבגן עדן הארץ, העומד בין פרוכת היקרה. וממנו לומדת הנפש ויודעת מה שיודעת, ומשוטטת ומודיעה בעולם.

311. בשני קשרים נקשרת הנפש בכל ר״ח ושבת:

א. בקשר הרוח שבין ריחות הבשמים שבגן עדן הארץ,

ב. משם הולכת הנפש ומשוטטת ומתקשרת עם הרוח שבנשמה, הצרור בצרור החיים, ומתרווה וניזונה מאלו האורות היקרים שמימין ומשמאל. כמ״ש, ונָחֲךָ ה׳ תמיד, להורות שמקבלת מכל הצדדים ואין לה הפסק.

312. והשׂביע בצחצחות נפשך. צח אחד היא מקבלת כשמתקשרת עם הרוח שבגן עדן התחתון. צח שלפנים מִצח היא מקבלת כשמתקשרת בנשמה של מעלה שבצרור החיים. כמ״ש, בצח-צחות. צח אחד, צחות שניים. שהם עצמם למעלה, בכבודה של הנשמה. אלא בצחצחות נאמר על מי שירש אותם. שזהו נפשך, שיורשת אותם מהנשמה. אשרי חלקם של הצדיקים.

313. אמר רבי שמעון, כשאני בין החברים מבבל, הם מתאספים אליי ולומדים הדברים בגילוי, והם מכניסים אותם בתיבה חתומה מברזל קשה, הסתום מכל הצדדים, שמעלימים אותם שלא ייוודעו לאיש.

314. כמה פעמים לימדתי אותם דרכי הגן של המלך, הנוקבא, ודרכי המלך, ז״א. כמה פעמים לימדתי אותם כל אלו המדרגות של הצדיקים שבעולם ההוא. וכולם יראים לומר דברים אלו. אלא לומדים בגמגום. משום זה נקראים כבדי לשון, שמגמגם בפיו.

315. אבל אני דן אותם לזכות, משום שיראים, כי אוויר הקדוש ורוח הקדוש סר מהם, להיותם בחוץ לארץ, והם יונקים מאוויר ומרוח של רשות אחרת מהקדושה. ולא עוד, אלא הקשת נראה עליהם, סימן שהם בדין, וצריכים לרחמים. ואינם ראויים לקבל פני אליהו. ומכ״ש, לקבל פנים אחרות.

316. אבל זה מועיל להם, שאני נמצא בעולם, ואני סומך את העולם, כי בחיי לא יהיה העולם בצער, ולא יהיה נידון בדין של מעלה. אחריי, לא יקום דור כדור הזה. ועתיד להיות בעולם, שלא יימצא מי שיגן עליהם, וכל פנים חצופות תימצאנה בין למעלה ובין למטה. כי גם למעלה תימצאנה פנים חצופות, שהן קטרוג הקליפות, מחמת העוונות שלמטה, והחוצפה שלהם.

317. ועתידים בני העולם שיצעקו, ולא יהיה מי שישגיח עליהם. יחפשו

ראשיהם בכל רוחות העולם, למצוא איזו הצלה, ולא ישובו עם איזו רפואה לצרתם. אבל רפואה אחת מצאתי להם בעולם: במקום שיימצאו עוסקים בתורה, ונמצא ביניהם ספר תורה, שאין בו פסול, כשיוציאו אותו, יתעוררו העליונים והתחתונים. וכש״כ, אם כתוב בו השם הקדוש כראוי להיות.

318. אוי לדור, שנגלה ביניהם ספר תורה, שטלטלו אותו לרחובה של עיר, כדי להתפלל, ולא התעוררו עליו למעלה ולמטה. שלא התקבלה תפילתם למעלה, משום שתפילתם הייתה בלי תענית ובלי תשובה למטה. מי יתעורר עליו להתפלל, בשעה שהעולם בצער רב, והעולם צריך לגשמים, וצריכים להגלות ביותר את ספר התורה, מחמת הדוחק שבעולם?

319. כאשר העולם בצער, ואנשים מבקשים רחמים על הקברים, כל המתים מתעוררים, לבקש בעד העולם. כי הנפש מַקדימה ומודיעה אל הרוח, שספר התורה נמצא בגלות, שהוגלה מחמת דוחק העולם, והחיים באו על הקברים, ומבקשים רחמים.

320. אז הרוח מודיע אל הנשמה, והנשמה להקב״ה. ואז מתעורר הקב״ה, ומרחם על העולם. וכל זה הוא על גלות ספר התורה ממקומו, ומשום שהחיים באו לבקש רחמים על קברי המתים. אוי לדור, אם צריכים להגלות ספר תורה ממקום למקום. ואפילו מבית הכנסת לבית הכנסת כדי להתפלל, משום שלא נמצא ביניהם מי שישגיח עליהם ויתפלל עליהם. כי אין צדיק ביניהם.

321. כי השכינה כשנגלתה בגלות האחרונה, עד שלא תעלה למעלה, אמרה, כמ״ש, מי יתנני במדבר מלון אורחים, ולא לעלות למעלה. כי חפצה ללכת בגלות עִם ישראל. אח״כ, כשכבר הייתה בגלות עם ישראל, בזמן שדוחַק רב נמצא בעולם, היא נמצאת בעולם במדבר, במקום הקליפות. וכן בגלות ספר תורה במדבר. והכול מתעוררים ומצטערים עליו, העליונים והתחתונים.

322. אם אלו הבבלים הטיפשים היו יודעים דברי סודות החכמה, כגון על מה עומד העולם, ולמה מתרגשים עמודיו כשהעולם נמצא בדוחק, היו יודעים שִׁבחו של שלמה המלך בסוד העליון של החכמה. והם לא ידעו שבחו.

323. ועתה הם מחפשים אחר דברי חכמה, ואין מי שיעמוד על סודם, ואין מי שילמֵד. ועכ״ז יש ביניהם חכמים בעיבור השנה ובקביעת החודש, אע״פ שלא ניתן להם ולא נמסר בידם לעבֵּר השנה ולקדש החודש. כי אין מעברים השנה וקובעים החודש אלא בארץ ישראל.

324. 12 חודשים הנפש מתקשרת בגוף בתוך הקבר, ונידונים יחד בדין, חוץ מנפש הצדיק. והיא נמצאת בקבר ומרגישה בצער שלה של העונשים, ובצער החיים. ואינה משתדלת להתפלל עליהם.

325. ואחר 12 חודש, מתלבשת הנפש בלבוש אחד, והולכת ומשוטטת בעולם, ויודעת מהרוח מה שיודעת, ומשתדלת על הצער שבעולם לבקש רחמים, ולהרגיש צער של החיים.

326. ומי מעורר לכל זה, שיתפללו נפשות המתים על החיים? יש צדיק בעולם, שמודיע להם כראוי. ואותו צדיק הוכר ביניהם. כי כאשר נשאר צדיק בעולם, הוא מוכר בין החיים ובין המתים, כי כל יום מכריזים עליו ביניהם. וכשיש

צער רב בעולם, והוא אינו יכול להגן על הדור, הוא מודיע להם את הצער שבעולם. והם מבקשים רחמים על החיים.

327. וכאשר לא נמצא צדיק, שמכריזים עליו ביניהם, ואינו נמצא מי שיעורר את הנפשות, בצער שבעולם, אלא ספר תורה, אז העליונים והתחתונים מתעוררים עליו, להתפלל על העולם. אבל הכול צריכים להימצא בזמן ההוא בתשובה.

ואם אינם נמצאים בתשובה, בעלי הדין מתעוררים עליהם, להעניש על טלטול ספר התורה. ולא רק הנפשות. ואפילו הרוח שבגן עדן מתעורר עליהם בשביל ספר תורה, לבקש רחמים.

328. ושכבתי עם אבותיי, שהם בגוף, בנפש, ברוח, בנשמה, כלולים במרכבה אחת במדרגה עליונה. ושכבתי עם אבותיי, סובב על הגוף וכל בחינות הנשמה, שיהיו יחד עם אבותיו.

כמה הם בני העולם אטומים מכל החושים, שאינם יודעים ואינם משגיחים ואינם שומעים ואינם מסתכלים בדברי העולם, ואיך הקב״ה מתמלא על העולם רחמים בכל זמן ועת, ואין מי שישגיח.

329. ג״פ ביום בא רוח אחד במערת המכפלה, ומנשב בקברי האבות, ומתרפאים כל עצמותיהם, ועומדים בקיומם. והרוח ההוא מושך טל מלמעלה מראש המלך, חב״ד דז״א, ממקום שנמצאים אבות העליונים, מחג״ת שנעשו לחב״ד. וכשמגיע הטל מהם, מתעוררים אבות התחתונים במערה המכפלה.

330. יורד טל במדרגות ומגיע לגן עדן התחתון. מהטל ההוא מתרחצים הבשׂמים שבגן עדן. ואז מתעורר רוח אחד, הכלול בשני אחרים. רוח מקו אמצעי, יעקב, הכלול בב׳ קווים, אברהם ויצחק. ועולה ומשוטט בין הבשמים ונכנס בפתח המערה. ואז מתעוררים האבות, הם ונשותיהם, ומבקשים רחמים על הבנים.

331. וכשהעולם נמצא בצער, ואינם נענים, משום שהאבות ישֵׁנים מחמת עוונות העולם, ואותו הטל, אינו מקיץ אותם, כי אינו נמשך ואינו נמצא, עד שמתעורר ספר תורה בעולם כראוי. ואז הנפש מודיעה לרוח, והרוח לנשמה, והנשמה להקב״ה.

אז יושב המלך על כיסא רחמים, ומושך מעתיקא הקדוש, שהוא א״א, המשכה מטל הבדולח, מו״ס דא״א, ומגיע לראש המלך, לחב״ד דז״א, ומתברכים האבות, חג״ת דז״א, ונמשך אותו הטל לאלו הישנים, לאבות שבמערת המכפלה. ואז מתחברים כולם להתפלל על העולם, ומרחם הקב״ה על העולם. ואין הקב״ה מרחם על העולם, עד שמודיע אל האבות, ובזכותם מתברך העולם.

332. ורחל עשתה יותר מכל האבות, שעומדת בפרשת דרכים בכל עת שהעולם צריך לרחמים.

וַיִשְׁתַּחוּ ישראל על ראש המיטה

333. וַיִשְׁתַּחוּ ישראל על ראש המיטה. ראש המיטה, השכינה, מפני שהשכינה למעלה מראשותיו של חולה. אלא אין לומר שהיה משתחווה אל השכינה, כי היה

מרכבה לספירת ת"ת, שהיא למעלה מהשכינה. אלא היה כורע ומשתחווה למידת עצמו, ת"ת. מיטה היא השכינה, כמ"ש, הנה מיטתו שלִשלֹמה. ראש המיטה, יסוד העולם, ראש השכינה. על ראש, זהו ישראל, ת"ת, העומד על ראש המיטה, יסוד, כי ת"ת ממעל היסוד. משום זה נמצא, שישראל לעצמו היה משתחווה, לת"ת.

334. ואין לומר שהשתחווה אל השכינה, שהיא למעלה מראשותיו של חולה, משום שבאותו זמן עוד לא היה חולה, כי אח"כ כתוב, ויהי אחרי הדברים האלה, ויאמר ליוסף, הנה אביך חולה.

ובשעה שהשתחווה לא היה חולה, אלא בהכרח שע"כ השתחווה, משום שידע, שבזמן ההוא עלה במדרגה עליונה קדושה, בכיסא השלם, ת"ת. משום זה השתחווה למרכבה, כיסא העליון, כי חג"ת הוא כיסא עליון, אל הבינה, ות"ת כולל כולם. והוא שלמות אילן הגדול והחזק, הנקרא על שמו, ת"ת, שנקרא בשמו ישראל. וע"כ, וישתחוּ ישראל על ראש המיטה, כי התעלה למדרגתו והתעטר בעטרות, במוחין של המלך הקדוש, ת"ת.

335. שלמה המלך אמר, כל זאת ניסיתי בחכמה. שירש הלבנה, הנוקבא, מכל בחינותיה, ובימיו עמדה לבנה במילואה, כי התברכה מכל המדרגות. וכשרצה לעמוד על חוקי התורה, אמר, אמרתי אֶחְכָּמָה והיא רחוקה ממני.

336. יעקב אמר, ושכבתי עם אבותיי, ונְשָׂאתַני ממצרים, וקברתני בקבורתם. מי שיצא נשמתו ברשות אחר, בחוץ לארץ, וגוף שלו נקבר בארץ הקדושה, עליו כתוב, ותבואו ותטמאו את ארצי. ויעקב אמר, וקברתני בקבורתם, ונשמתו יצאה ברשות אחר, במצרים.

337. שונה יעקב משאר בני אדם, כי השכינה הייתה אוחזת בו ומידבקת בו. כמ"ש, אנוכי ארד עימך מצריימה, לדור עימך בגלות. ואנוכי אעלך גם עָלֹה, שנשמתך תזדווג בי, וגופך ייקבר בקברי אבותיך. אע"פ שיצאה נשמתו ברשות אחר, עם זה, ואנוכי אעלך גם עלֹה, שייקבר בקבר אבותיו.

338. ויוסף ישית ידו על עיניך. כי הוא הבכור, והבכור משית ידו על עיני אביו, שמבחינת הרהור הלב בכור מטיפה ראשונה היה. ומשום שהקב"ה ידע סתר זה, שדעתו ברחל הייתה, בישׂר אותו ביוסף, שיָשית ידו על עיניו, שכל אהבתו תלויה בו.

339. מהו, ויוסף ישית ידו על עיניך? זהו כבודו של יעקב, אשר בנו, שהוא מלך, ישית ידו על עיניו. ולבשׂר לו שיוסף חי, ויהיה נמצא במיתתו.

340. אדם שזכה בבן בעוה"ז, הבן צריך לשים עפר על עיניו כשייקבר. וזהו כבודו, להורות שהעולם נסתם מאביו, והבן יורש תחתיו את העולם.

341. עיניו של האדם, מראֵה העולם נראה בהן. וכן, כל הצבעים מסובבים בהן. והצבע הלבן שבהן הוא כמו ים אוקיינוס הגדול, הסובב את העולם מכל הצדדים. הצבע האחר שבהן, הוא כמו היבשה שהוציאו המים. וכמו שהיבשה עומדת בין המים, כך הצבע הזה עומד בין מים, בתוך הצבע הלבן, הרומזת על מי אוקיינוס.

342. הצבע האחר השלישי הוא באמצע העין. זהו ירושלים, שהיא אמצע העולם. צבע רביעי שבעין, שם כוח הראייה שבכל העין, השחור שבעין.

ונקרא בת עין, שבבת העין ההיא נראה הפרצוף. ומראֶה היקר מכל, הציון, הנקודה האמצעית מכל, המראֶה של כל העולם נראה שם. ושם השכינה שורה, שהיא היופי של כל ומראֶה של כל. ועין זו היא ירושת העולם. ולכן זה שמת עוזב אותה ובנו לוקח אותה ויורש אותה.

343. זהו דבר סתום, ובני העולם אינם יודעים ואינם מסתכלים. כי בשעה שהאדם יוצא מן העולם, הנפש שלו חבויה עימו. ומטרם שיוצאת מהגוף, עיניו של האדם רואות מה שרואות, כמ״ש, כי לא יִרְאַנִי האדם וָחָי. בחייהם אינם רואים, אבל במיתתם רואים.

344. ועיניו פקוחות מאותה המראֶה שראה, ואלו העומדים עליו, צריכים לשים יד על עיניו ולסתום עיניו. בשעה שנשארו עיניו פקוחות מאותה המראֶה היקרה, אם זכה לְבֵן, הבן קודם לשים ידו על עיניו ולסתום אותן, כמ״ש, ויוסף ישית ידו על עיניך. משום שמראֶה אחרת שאינה קדושה מזדמנת לנגדו. והעין שרואה עתה מראֶה קדושה עליונה, לא יסתכל במראֶה האחרת.

345. הנפש קרובה לנגדו בבית. ואם תישאר העין פתוחה, והמראֶה האחרת של הס״א תשרה על עיניו, הנה בכל מה שיסתכל, יקולל. וכיוון שהנפש שלו לנגדו, נמצא שיסתכל בנפש ותקולל. ואין זה כבוד לעין. וכש״כ לקרובי המת. וכש״כ למת עצמו. שאין כבודו להסתכל, במה שאינו צריך להסתכל. ולהשרות על עיניו הס״א. לזה התכסה בעפר. וכבר העירו החברים על הדין, שדנים את המת בקבר. וכבוד הוא שתסתום העין מכל, ע״י בנו שעזב בעולם.

346. כל שבעה הימים אחר מיתתו, הנפש הולכת מבית לקבר, ומהקבר לבית ומתאבלת עליו. וג״פ ביום נידונים כאחד הנפש עם הגוף, ואין מי שיודע זה בעולם, ויסתכל בו לעורר את הלב.

347. אח״כ הגוף נסגר בקבר, והנפש הולכת ומתרחצת בגיהינום, ויוצאת ומשוטטת בעולם, ומבקרת את הגוף בקבר, עד שמתלבשת במה שמתלבשת.

348. אחר 12 חודש נחים כולם, הגוף שָכֵך בעפר, והנפש נצררת ומאירה ברוח, ובמלבוש שהתלבש הרוח. הרוח מתענגת בגן עדן. והנשמה עולה לצרור החיים, הנוקבא, התענוג הגדול מכל התענוגים. וכולם התקשרו זה בזה. הנפש ברוח ורוח בנשמה, בשבתות וביו״ט ובר״ח.

349. אוי לבני אדם, שאינם מסתכלים, ואינם יודעים, ואינם מכירים על מה שעומדים, ונשכח מהם לעשות מצוות התורה.

יש מצוות התורה שעושים לבוש כבוד למעלה, בגן עדן העליון, ויש מצוות התורה שעושים לבוש כבוד למטה, בגן עדן התחתון, ויש מצוות התורה שעושים לבוש כבוד בעוה״ז. וכולם נצרכים אל האדם, ומִיָמָיו ממש כולם מיתקנים.

350. רבי יהודה הזקן התרגש בדעתו יום אחד, שהיה חפץ לדעת, מה יהיה לו בעולם האמת. והראו לו בחלום צורה אחת שלו מהאור החזק, המאיר לד׳ רוחות. אמרו לו, הוא הלבוש שלך לישיבתך כאן. ומיום ההוא והלאה, היה שמח.

351. כל יום רוחות הצדיקים יושבים בלבושיהם שורות שורות בגן עדן ומשבחים אל הקב״ה בכבוד העליון.

בתחילה כתוב, וישתחו ישראל על ראש המיטה. מיטה, כנ״י, הנוקבא. ראש

המיטה, צדיק. על ראש המיטה, המלך הקדוש, שכל השלום שלו, ת"ת, כמ"ש, הנה מיטתו שלִשלֹמה. כי לעצמו היה משתחווה, שהוא מרכבה לת"ת, לאותו שעומד על ראש המיטה, ששמו ישראל. כי ת"ת נקרא ישראל. משום זה, וישתחו ישראל על ראש המיטה.

352. ואח"כ, כיוון שידע יעקב, שנשלם במדרגה עליונה, ומדרגתו ת"ת למעלה עם האבות, שהם חו"ג, והוא לבדו תיקון שלם, כי ת"ת הוא קו האמצעי הכולל בתוכו חו"ג, והוא שקול כנגד כל חג"ת, החזיק ליבו ושמח והתחזק ברצון העליון של הקב"ה החפץ בו. כמ"ש בו, ויתחזק ישראל וישב על המיטה, על המיטה ממש, המלכות, כי הוא נשלם במדרגה יותר עליונה, במידת ת"ת, שמעל המלכות. אשרי חלקו.

בד' זמנים בשנה העולם נידון

353. בד' זמנים בשנה העולם נידון. בפסח על התבואה, בעצרת על פירות האילן, ברה"ש כל באי עולם עוברים לפניו כבני מְרון, ובחג נידונים על המים.

בד' זמנים בשנה העולם נידון, כנגד מרכבה עליונה, האבות, חג"ת, ודוד המלך, המלכות. שד' הזמנים כנגד האבות ודוד המלך.

מצה באה בפסח, כי מצה היא דין של המלכות. שהתחילו ישראל להיכנס לחלק הקדוש של הקב"ה, ולבער חמץ, עבודה זרה, הממונים על עמים עכו"ם, הנקראים אלוהים אחרים, אלוהי נכר, ונקראים חמץ, יצה"ר. ולהיכנס במצה, המלכות, חלק הקדוש של הקב"ה. משום זה בפסח נידונים על התבואה, שהעולם נידון על דין של ה', המלכות, ותבואה אותיות תבוא ה'.

354. בעצרת על פירות האילן. הלוא פירות האילנות, היה צריך לומר? אלא זה אילן גדול וחזק למעלה, ז"א. פירות האילן נשמות הצדיקים, פירותיו של ז"א. והם נידונים בעצרת, ת"ת.

355. ברה"ש עוברים לפניו כבני מרון. רה"ש זה הראש של השנה של המלך. רה"ש, זהו יצחק, שנקרא ראש, ראש אחד של המלך, ז"א, ראש הגבורה שלו, מקום שנקרא שנה. משום זה כל באי עולם יעברו לפניו כבני מרון. כי ברה"ש שורה יצחק, הראש דשמאל, שבו שורה דינים. וע"כ נאמר ברה"ש, שמאלו תחת לראשי.

356. ובחג נידונים על המים. זוהי התחלה להארת הימין של המלך, חסדים, מים. כי בחג נאמר, וימינו תחבקני. וע"כ שמחת המים נמצאת בכל, בשעה שמנסכים מים ושואבים אותם, כי מים הם חסדים.

בד' זמנים אלו הכול נמצא. בפסח הדין במלכות, שנקראת תבואה. בעצרת הדין בת"ת, שנקרא אילן. ברה"ש בגבורה. בחג בחסד.

357. הכול נמצא באלו ד' זמנים: אברהם, יצחק, יעקב, שהם חג"ת, ודוד המלך, מלכות. ובאלו חו"ג תו"מ העולם נידון, ובד' זמנים בני אדם נידונים, שהם הימים, שחו"ג תו"מ נמצאים בעולם.

ובכל יום ויום הספרים פתוחים, והמעשים של בני אדם כתובים, ואין מי שישגיח, ואין מי שיטֶה אוזניו. והתורה מעידה בכל יום, כמ״ש, מי פתי יסור הנה חסר לב אמרה לו. ואין מי שישמע לקולה.

358. בשעה שהאדם קם בבוקר, עדים עומדים לנגדו ומעידים עליו, והוא אינו משגיח, והנשמה מעידה עליו בכל עת ובכל שעה. אם שומע, טוב. ואם אינו שומע, הרי הספרים פתוחים והמעשים נכתבים. אשריהם הצדיקים, שאינם מתייראים מפני הדין לא בעוה״ז, ולא בעוה״ב. כמ״ש, וצדיקים כִּכְפִיר יִבְטָח. וכתוב, צדיקים יירשו אָרֶץ.

ויהי השמש לבוא

359. ויהי השמש לבוא ותרדמה נפלה על אברם. זה יום הדין הקשה, המוציא את האדם מעוה״ז. כשהגיע הזמן שהאדם יוצא מעוה״ז, הוא יום הדין הגדול, שחשך השמש מלהאיר אל הלבנה. כמ״ש, עד אשר לא תחשך השמש, זו הנשמה הקדושה, שנמנעת מהאדם שלושים יום מטרם שייצא מן העולם, ורואה שהצלם נמנע ממנו ואינו נראה.

360. הצלם חלף ממנו, משום שהנשמה הקדושה הסתלקה ויצאה ממנו ואינה נראית. ואין לומר, כשהאדם מת ונחלש, יוצאת ממנו הנשמה, אלא כשהוא בחייו, בכל כוחו, יוצאת ממנו הנשמה, ואינה מאירה אל הרוח, והרוח אינו מאיר אל הנפש, אז יוצא ממנו הצלם, ואינו מאיר לו.

מיום ההוא והלאה, הכול מכריזים עליו שימות, ואפילו עוף השמיים. משום שהנשמה הסתלקה ממנו, והרוח אינו מאיר אל הנפש. אז הנפש נחלשת, ואכילה וכל תאוות הגוף מסתלקות ועוברות ממנו.

361. ואפילו כל זמן שאדם נופל למשכב ואינו יכול להתפלל, הנשמה יוצאת ומסתלקת ממנו. ואז אין הרוח מאיר לנפש, עד שדנים דינו של האדם. ואם דנים אותו לטוב, אז חוזרת הנשמה למקומה ומאירה לרוח ולנפש. וזהו בזמן שהדבר תלוי בדין. ובזמן שאין הדבר תלוי בדין, כי כבר נחרץ דינו למות, הנה שלושים יום מקדימה הנשמה לכולם ומסתלקת, והצלם יוצא ממנו.

362. בזמן שדנים את האדם למעלה, מעלים את נשמתו לב״ד, ודנים ע״פ דיבורה, והיא מעידה על הכול, ומעידה בכל מחשבות רעות שהרהר האדם. אבל במעשים רעים אינה מעידה, משום שכולם כתובים בספר. ועל כל דבר דנים את האדם בשעה שדנים האדם למעלה. הן על מחשבות והן על מעשים. ואז הגוף נמצא בצרה יותר מאשר בשאר זמנים.

363. אם דנים אותו לטוב, אז מניחים אותו, וזיעה יוצאת על הגוף, והנשמה חוזרת אח״כ ומאירה לרוח ולנפש. ולעולם אין אדם מתרפא מחוליו עד שדנים דינו למעלה.

והרי כמה חייבי עולם וכמה רשעי עולם עומדים על קיומם, שמתרפאים

ממחלתם? אלא הקב״ה משגיח בדינו של אדם, ואע״פ שעתה לא זכה, אם רואה הקב״ה שאח״כ יזכה, דן אותו לטוב. או לפעמים שיוליד בן שיהיה צדיק בעולם, וע״כ דן אותו הקב״ה לטוב.

364. וכל מעשיו ודיניו של הקב״ה לטוב, ובכולם הוא משגיח, כמ״ש, חי אני נאום ה׳, אם אחפוץ במות הרשע, כי אם בשוב רשע מדרכו. ומשום זה, כל אלו רשעי עולם שחוזרים לבריאותם, הקב״ה דן אותם לטוב.

365. ולפעמים שהמחלות כבר השלימו זמנן, שהוטל עליהן לייסר את האדם, כמ״ש, מכות גדולות ונאמנות וחולָיִים רבים ונאמנים, שעושים בנאמנות. ששורים על האדם ומסתלקים לאחר שמילאו את זמנם, הן לצדיקים והן לרשעים, והכול נעשה בדין כמו שאמרנו.

וַיַּרְא ישראל את בני יוסף

366. וירא ישראל את בני יוסף, ויאמר, מי אלה. כתוב, ועיני ישראל כבדו מזוקֶן לא יוכל לראות. אם לא יוכל לראות, מהו, וירא ישראל? ראה ברוח הקודש בני יוסף, שהם ירבעם וחבריו, שירבעם עשה שני עגלי זהב, ואמר, אלה אלוהיך ישראל. משום זה שאל יעקב, מי אלה? מי הוא העתיד לומר, אלה אלוהיך, לעבודה זרה? ועל זה כתוב, וירא ישראל את בני יוסף.

367. צדיקים רואים דברים מטרם שבאו לעולם, כי הקב״ה מעטר אותם, בעטרה שלו. הקב״ה רואה למרחוק, כמ״ש, וירא אלקים את כל אשר עשה, כי הקב״ה רואה את כל המעשים מטרם שנעשו, וכולם עוברים לפניו.

368. כל דורות העולם, מסוף העולם עד סוף העולם, כולם ניצבים ועומדים לפניו, מטרם שבאו לעולם. כל הנשמות היורדות לעולם, מטרם שיורדות, כולן עומדות לפני הקב״ה בצורה שנמצאות בעוה״ז, ונקראות בשמותיהן, כמ״ש, לכולם בשם יקרא.

369. הקב״ה מראה לצדיקים כל דורות העולם, מטרם שבאים ונמצאים בעולם. הקב״ה הראה לאדה״ר כל הדורות מטרם שבאו, כמ״ש, זה ספר תולדות אדם. שהראה לו כל הדורות העתידים לבוא לעולם. וכן למשה, כמ״ש, וַיַּרְאֵהו ה׳ את כל הארץ. שהקב״ה הראה לו כל דורות העולם, וכל מנהיגי העולם, וכל הנביאים, מטרם שבאו לעולם.

370. אף כאן, וירא ישראל את בני יוסף, שראה למרחוק, איך שעתידים לעבוד עבודה זרה. והזדעזע, ואמר, מי אלה? זה משלים גם על ירבעם, שאמר אלה אלוהיך ישראל, וגם על כך ששאל על מנשה ואפריים. ועל כך השיב יוסף ואמר, בניי הם, אשר נתן לי אלקים בזה. שהם כשרים, אבל לא ענה לו על ירבעם ועל חבריו. והקב״ה הראה על ירבעם ועל חבריו, כמ״ש, והנה הראה אותי אלקים גם את זרעך. המילה, גם, באה להרבות את אלו הדורות שיצאו ממנו.

ויברך את יוסף

371. ויברך את יוסף. ולא מצאנו כאן ברכה, שיעקב יברך את יוסף, אלא לבניו. ואם לבניו, הלוא היה לו לומר, ויברכם?

372. את יוסף, רומז על המלכות, ברכת בניו, כי בניו מנשה ואפריים, הם מלכות, הנקראת אֶת. וכשמתברכים בניו, הוא מתברך תחילה, ע"כ כתוב ג"כ יוסף, כי ברכת בניו של אדם ברכתו היא.

373. ויברך את יוסף. את, רומז על מלכות, שבירך לאות הברית, ששמר יוסף, שהיא המלכות. ובגלל זה הצדיק, שהוא יוסף, נקרא את, כמ"ש, את יוסף, משום שיוסף כולל הברית, מלכות, הנמצאת עם יוסף.

374. ויאמר יעקב, האלקים, אשר התהלכו אבותיי לפניו, אברהם ויצחק. האלקים, זה ברית קודש, מלכות הנקראת ברית קודש. אבותיי לפניו, משום שאבותיי הם ראשונים ועליונים מלפני המלכות. כי אבותיי, אברהם ויצחק, חו"ג דז"א, לפני המלכות ועליונים אליה, כי מהם ניזונה ויונקת המקום, המלכות.

375. האלקים הרועה אותי. אמר אלקים פעם שנייה, כי בירך כאן למקום, למלכות, אלקים חיים, בינה, מקור החיים, שממנו נמשכות הברכות. ומשום זה הזכיר את עצמו במקום זה, שאמר, האלקים הרועה אותי.

כל הברכות, הנמשכות ממקור החיים, בינה, מקבל אותם יעקב, קו אמצעי, שזולתו אין ב' הקווים דבינה יכולים להאיר. וכיוון שמקבל אותם, מקבל מקום זה, המלכות, הברכות ממנו, והכול תלוי בזכר, יעקב. וע"כ כתוב, ויברך את יוסף, אשר אֶת היא המלכות, שקיבלה הברכות מיעקב, ז"א.

376. בכל מקום שצריכים לברך ברכות, צריך הקב"ה, המלכות, להתברך מתחילה. ואם הקב"ה אינו מתברך תחילה, הברכות אינן מתקיימות.

377. בשעה שבירך יצחק ליעקב, בירך את הקב"ה מתחילה. כמ"ש, ויאמר, רְאֵה ריח בני כריח שדה אשר בירכוֹ ה'. כאן נמצא הברכה להקב"ה, שכתוב, אשר בירכו ה', שהתברך בקיום הברכות. ואח"כ כתוב, וייתן לך האלקים מטל השמיים ומשמני הארץ, כיוון שהשָׂדה, המלכות, כבר התקיימה בקיום הברכות. כי הברכות יוצאות ממנה רק אחר שכבר התקיימה בברכות.

כעין זה בירך יעקב תחילה את הקב"ה, ואח"כ בירך את בניו. כמ"ש, בבוקר יאכל עַד. בבוקר, צריך האדם להקדים ברכות להקב"ה, ואח"כ לשאר בני העולם.

378. כשרצה יעקב לברך לבני יוסף, ראה ברוח הקודש, שעתיד לצאת מאפריים ירבעם בן נבט. שאל, מי אלה, שאמר, אלה אלוהיך ישראל.

אלה אלוהיך ישראל, אמר עבודה זו מצד עבודה זרה. בכל הצדדים שבנחש הרע, נבחן שמצד רוח הטומאה הוא.

ורוכב עליו ס"מ. והם זכר ונקבה. וכשמזדווגים נקראים אלה, בלשון רבים, להורות שאינם בייחוד, כמו זכר ונקבה דקדושה, אלא בפירוד. והם מזדמנים בעולם בכל הצדדים שלהם, כלומר, כל הבחינות הנמשכות מנחש, הם מזיווג זכר ונקבה, הנקראים אלה.

379. ורוח של הקדושה, הנוקבא דז"א, נקראת זא"ת, הברית, רושם המילה שנמצא תמיד באדם. וכן, זה אלי ואַנְוֵהוּ, זה ה', ז"א, בלשון יחיד. אבל זו"ן דס"א, ס"מ ונחש, נקראים אלה, בלשון רבים. ע"כ כתוב, אלה אלוהיך ישראל.

380. משום זה כתוב, גם אלה תִשְכַּחנה, שהם זו"ן דס"א. ואנוכי לא אשכחֵך. אנוכי, זא"ת, הנוקבא דז"א, לא אשכחך. וכתוב, על אלה אני בוכייה, כי חטא העגל, שנקרא אלה, גרם להם בכיות, כי משום זה נחרב ביהמ"ק. על אלה אני בוכייה, משום שניתן רשות לנחש ולס"מ למשול על ישראל, ולהחריב ביהמ"ק. אני, נקרא רוח הקודש, הנוקבא.

381. הרי כתוב, אלה דברי הברית. ואיך ייתכן, שאֵלה, הוא שם זו"ן דס"א? אלא כל אלו הקללות מתקיימות מתוך אלה, הס"א, כי שם כל הקללות שורות. הנחש הוא ארור. שקולל, ארור אתה מכל חיית השדה. ומשום זה הקדימה התורה ואמרה, אלה, שעומד למי שעבר על דברי הברית.

382. ולמה אפילו בקדושה כתוב, אלה המצוות אשר ציווה ה'? משום שכל מצוות התורה הן לטהר את האדם, שלא יסור מדרך הזו, ויישמר מס"א, וייפרד מהם. ולמה כתוב, אלה תולדות נוח? גם שם הוא הס"א, כי יצא חם, אבי כנען, וכתוב ארור כנען, והוא של אלה, כי ארור הנחש.

383. ויאמרו, אלה אלוהיך ישראל. וכל זה הוא היתוך של פסולת הזהב. אהרון הקריב זהב, הצד שלו, שמאל, הכלול באש. צד זה נבחן לזהב ולאש. פסולת הזהב היא הקליפות והטומאה. רוח הטומאה, הנמצא תמיד במדבר, מצא מקום באותו זמן להתחזק בו, ולהיאחז בישראל.

384. ומה שהיו ישראל טהורים מהזוהמה הראשונה של הנחש, שהטיל בעולם וגרם מוות לעולם בחטא של עצה"ד, שנטהרו ממנה, כשעמדו על הר סיני, חזרה שוב, וגרם להם הנחש כבתחילה, לטמא אותם ולהתגבר עליהם, וגרם להם מוות, ולכל העולם לדורות שאחריהם. כמ"ש, אני אמרתי אלקים אתם, אכן כאדם תמותון. כי מחמת העגל, חזרה עליהם גזרת המוות, כמו באדה"ר.

385. וע"כ, כשראה יעקב ברוח הקודש את ירבעם בן נבט, שעבד עבודה זרה, ואמר, אלה אלוהיך ישראל, הזדעזע ואמר, מי אלה. כשרצה אח"כ לברך אותם, בירך את השכינה תחילה, ואח"כ בירך את בניו.

כיוון שבירך את הקב"ה בתחילה, אח"כ ממקום זה שבירך בתחילה, בירך אותם, כמ"ש, המלאך הגואל אותי מכל רע יברך את הנערים. כלומר שהשכינה, הנקראת מלאך, תברך אותם, שעם זה היה בטוח שברכתו לא תגיע לירבעם וחבריו.

ויסֵב חזקיהו פניו אל הקיר

386. ויסֵב חזקיהו פניו אל הקיר ויתפלל אל ה'. שלא יתפלל אדם אלא סמוך לקיר, ולא יהיה דבר חוצץ בינו לבין הקיר.

בכולם, שהתפללו תפילה, לא כתוב בהם, ויסב פניו אל הקיר, אלא שהיה די שיאמר, ויתפלל אל ה'. ומי שמתפלל תפילה, מכוון דעתו כראוי, אפילו כשאינו מסב פניו אל הקיר, כמ"ש במשה, ויתפלל אל ה'. וכתוב, ויצעק משה אל ה', ולא כתוב, ויסב פניו. וכאן בחזקיהו, מה הטעם שכתוב, ויסב פניו אל הקיר, ואח"כ ויתפלל אל ה'?

387. אלא שחזקיהו באותו זמן לא היה נשוי, ולא הייתה לו אישה ולא הוליד בנים. כתוב, ויבוא אליו ישעיהו בן אמוץ הנביא, ויאמר אליו, כי מת אתה ולא תחיה. כי מת אתה, בעוה"ז, ולא תחיה, בעוה"ב, משום שלא הוליד בנים.

388. כל מי שאינו משתדל להוליד בנים בעוה"ז, אינו מתקיים בעוה"ב, אין לו חלק בעולם ההוא, ומגורשת נשמתו בעולם, ואינה מוצאת מנוחה בשום מקום שבעולם. וזהו העונש שכתוב בתורה, ערירים ימותו, בלא וולד. משום שמי שהוא בלי וולד, כשהולך בעולם ההוא, הוא מת שם, ונמצא מת בעוה"ז ובעוה"ב. וע"כ כתוב, כי מת אתה ולא תחיה.

389. ולא עוד, אלא השכינה אינה שורה עליו כלל. אז כתוב, ויסב חזקיהו פניו אל הקיר, ששם מחשבותיו וכיוון פניו, לקחת אישה, כדי שתשרה עליו השכינה, המכונה קיר.

390. משום זה כתוב, ויתפלל אל ה'. מי שיש בידו עבירה, ורוצה לבקש רחמים על עצמו, יכוון פניו ומחשבותיו לתקן את עצמו מאותה עבירה, ואח"כ יבקש תפילתו, כמ"ש, נַחְפְּשָׂה דרכינו ונחקורה, מְתחילה. ואח"כ, ונשובה. אף כאן, כיוון שידע חזקיהו את עוונו, כתוב, ויסב חזקיהו פניו אל הקיר, שָׂם פניו לתקן אצל השכינה, קיר, כי אצל המקום הזה חטא.

391. משום שכל הנקבות שבעולם נמצאות בשכינה. למי שיש לו נוקבא, השכינה שורה עליו. ומי שאין לו, אינה שורה עליו. וע"כ תיקן חזקיהו את עצמו להיתקן אצלה, וקיבל עליו לשאת אישה, ואח"כ, ויתפלל אל ה'.

392. קיר, אדון כל הארץ, השכינה, כמ"ש, הנה ארון הברית אדון כל הארץ. הרי שארון הברית, השכינה, אדון כל הארץ, קיר. ומשום זה כתוב, ויסב חזקיהו פניו אל הקיר.

393. בתפילה כתוב, אנא ה' זכור נא אשר התהלכתי לפניך. ששמר ברית קודש ולא טימא אותו. באמת ובלב שלם, שהתכוון בכל סודות האמונה הכלולים באמת.

394. והטוב בעיניך עשיתי. שסמך גאולה לתפילה. היסוד נקרא גאולה, הנוקבא נקראת תפילה. שהתכוון לייחד הייחוד כראוי. משום זה כתוב, ויֵבְךְ חזקיהו בכי גדול. שאין שער, שיעמוד

לפני דמעות ולא ייפתח. גאולה, כשנסמכת לתפילה, נקראת הנוקבא, המלאך הגואל, כי זהו שנמצא בכל גאולות העולם.

המלאך הגואל

395. המלאך הגואל אותי מכל רע יברך את הנערים. אחר שבירך יעקב והתכוון לייחד מלמטה למעלה, שאמר, האלקים, המלכות, אשר התהלכו אבותיי לפניו, חו״ג, אז המשיך מלמעלה למטה, שאמר, האלקים, הבינה, הרועה אותי, ת״ת, והמשיך מבינה עד ת״ת. כיוון שקיבל ברכות, נתן אח״כ ברכות לנוקבא, ואחר שהגיעו הברכות למקום, אז פתח ואמר, המלאך הגואל, שממנה תימשכנה הברכות לתחתונים.

396. כי הכרובים בָּאות ובנס היו עומדים, ושלוש פעמים ביום היו פורשים כנפיהם, וסוככים על הארון למטה. שכתוב, הכרובים פורשי כנפיים. פרושי כנפיים, לא כתוב, שמשמע שנמצאים תמיד פרושי כנפיים. אלא כתוב, פורשי כנפיים, משמע, שעושים מעשה ופורשים כנפיים, שלוש פעמים ביום.

397. הקב״ה עשה למטה כעין של מעלה, שהכרובים שבמשכן הם ככרובים של מעלה. הכרובים שלמעלה, צורתם כצורת נערים ועומדים תחת הנוקבא דאצילות מימין ומשמאל. והם עומדים בקודשי קודשים דבריאה, שהם מט״ט וסנדלפון. ומתברכים תחילה, מהברכות הנמשכות מלמעלה, ומכאן נמשכות הברכות למטה.

398. המלאך הגואל אותי. אותי, ת״ת, שמקבל ברכות מלמעלה. וכיוון שקיבל, יברך את הנערים, הכרובים, שהם מט״ט וסנדלפון, שמהם נמשכות הברכות מעליונים לתחתונים.

399. כתוב, בית והון נחלת אבות ומה׳ אישה מַשְׂכָּלֶת. הרי הקב״ה נותן הכול לבן אדם? כיוון שהקב״ה מזכה את האדם בבית ובהון, לפעמים שיוריש הכול לבנו, ותהיה אצלו נחלת אבות. ומה׳ אישה משכלת. שהאדם זוכה באישה מהקב״ה, כי אין הקב״ה מזכה בה את האדם, אלא אחר שמכריזים עליו ברקיע.

400. כי הקב״ה מזווג זיווגים מטרם שבא לעולם. וכשזכו בהם בני אדם, לפי מעשיהם, נותנים להם אישה, וכל מעשיהם של בני אדם גלויים לפני הקב״ה. ולפי מעשיהם של הצדיקים, כך מזווג זיווגים, מקודם שבא לעולם.

401. ולפעמים עולים בחיבור, שהוכרז עליהם בת פלוני לפלוני מטרם שבאו לעולם, וכשנולד קלקל האדם את דרכו, אז ניתן זיווגו לאחר, עד שְׁיְיַשֵּׁר את מעשיו.

ואם הטיב את מעשיו, והגיע זמנו לשאת את בת זוגו, נדחה גבר מפני גבר, ובא זה ונוטל את שלו. ואותו שנשא את בת זוגו, מטרם שהטיב זה את מעשיו, נדחה עתה מפניו ומת, והוא מקבל את בת זוגו ממנו. וקשה להקב״ה לדחות

אדם מפני אדם אחר. ומשום זה הקב״ה הוא הנותן אישה לאדם, וממנו באים הזיווגים. וע״כ כתוב, ומה׳ אישה משכלת.

402. האמת, שהקב״ה נותן הכול לאדם. ולא רק אישה משכלת. אע״פ שהקב״ה מזמין טוב לתת לאדם, אם האדם היטה דרכיו מהקב״ה לס״א, מאותו ס״א שהתדבק בו, בכל הקטרוגים ובכל הרעות, יבוא לו מה שיבוא, ואינם באים לו מהקב״ה, אלא מאותו צד הרע שהתדבק בו, מחמת המעשים שעשה.

403. וע״כ אישה שאינה משכלת, קורא עליה שלמה, ומוצא אני מר ממוות את האישה, משום שהוא משך אותה עליו, ע״י עוונותיו והמעשים שעשה, ולא ע״י הקב״ה. וע״כ כשהקב״ה חפץ באדם, משום מעשיו הטובים, הוא מזמין לו אישה משכלת, וגואל אותו מתוך הס״א.

404. ע״כ אמר יעקב, המלאך הגואל אותי מכל רע. שלא הזדמנה לי אישה מס״א, ולא קרה פסול בזרעי, שכולם צדיקים ושלמים בשלמות, משום שנגאל מכל רע, מס״א, ויעקב לא התדבק בס״א ההוא כלל.

405. וע״כ, המלאך הגואל אותי מכל רע יברך את הנערים. שראויים להתברך, משום ששמר יוסף אות ברית קודש. ועל זה אמר יוסף, בניי הם אשר נתן לי אלקים בזה, שהברית שמר אותו, וראויים בניו להתברך והוא ראוי לרוב ברכות. משום זה, לכל אחד נתן יעקב ברכה אחת, וליוסף נתן ברכות רבות, כמ״ש, בִּרכות אביך גָברו על ברכות הוריי, תהיינה לראש יוסף.

406. וכתוב, אליך נשאתי את עיניי היושבִי בשמיים. תפילתו של אדם המתכוון בה, היא למעלה בעומק העליון, בינה, שמשם נמשכות כל הברכות, מקו ימין, וכל חירות, מקו שמאל, ומשם הן יוצאות לקיים הכול, מקו אמצעי שלה.

407. ע״כ יש כאן י׳ יתרה, שכתוב, היושבִי בשמיים, ולא, היושב בשמיים, משום שלא נפסק י׳, חכמה, מאותו מקום לעולם. כי לעולם לא נפסק זיווג חו״ב.

ומשום זה כתוב, היושבִי בשמיים, עם י׳ יתרה, כי הבינה אחוזה למעלה בחכמה עילאה, שנקראת י׳, ואחוזה למטה, שיושבת על כיסא האבות, חג״ת, כיסא שנקרא שמיים, ז״א, הכולל חג״ת. כי חג״ת דז״א הם ג׳ רגלי הכיסא העליון, שהיא בינה. ומשום זה כתוב, היושבִי בשמיים.

408. מכאן נשמע, כשהברכות נמשכות מלמעלה מהעומק הזה, מבינה, מקבל אותן כולן שמיים, ז״א, וממנו נמשכות למטה עד שמגיעות לצדיקים, צדיק וצדק, ברית העולם, הנוקבא. וממנה מתברכים כל הצבאות וכל המחנות למיניהם, שהם התחתונים שבבי״ע.

409. הנוקבא, עולם, מקבלת משמיים, שהם חג״ת דז״א. ע״י ע״ב (72) אורות, שהם ע״ב שמות שבחג״ת דז״א, מתעלה העטרה של כל הצבאות, הנוקבא, שכל הצבאות שבבי״ע מקבלים ממנה, ונתקנה להיות עיגול העולם בע׳ (70) מקומות. שע״ב שמות דז״א מאירים בנוקבא בע׳ מקומות בבחינת עיגול, שפירושו, שמאיר רק ממקום מרכזו ולמעלה, ואינו מתפשט מלמעלה למטה.

ועיגול אחד הם כולם, כל ע׳ המקומות. בתוך העיגול ההוא יש נקודה אחת העומדת באמצע, הוא המסך שעליו נעשה הזיווג, והאור מתקבל משם ולמעלה לכל הצדדים.

וע"כ, מהנקודה ההיא ניזון כל העיגול. ונקראת בית קודש הקודשים. היא מקום לרוח של כל הרוחות, ששם מזדווג ז"א, אור הרוח, שממנו נמשכים כל הרוחות שבעולמות. כאן הסוד שבכל הסודות, נקודת המנעולא, גנוז בתוכה, ורק נקודת המפתחא גלויה ושולטת. הוא נסתר בין הצבאות, המתפשטים מנוקבא, ונסתר בה עצמה. כאשר הנוקבא עולה ע"י ע"ב האורות, כל העולמות עולים אחריה.

אל תזכור לנו עוונות ראשונים

410. רק הקב"ה באהבת ישראל, שהם גורלו ונחלתו, מסתכל בדיניהם, ולא אחר. וכיוון שהוא מסתכל בדיניהם, מתמלא עליהם רחמים, כאָב המרחם על בנים. כמ"ש, כרַחם אב על בנים ריחם ה'. ואם נמצאו להם עוונות, מעביר אותם כולם, עד שלא נשאר עליהם עוונות, לתת ממשלה לס"א, שידונו אותם בשבילם.

411. באו לחטוא לפניו כבתחילה, אלו עוונות ראשונים שכבר העביר אותם מלפניו, חוזר וחושב עליהם. ע"כ כתוב, אל תזכור לנו עוונות ראשונים, מַהֵר יקדמוּנוּ רחמיךָ. כי אם לא יקדימו רחמיך על ישראל, לא יוכלו להתקיים בעולם. משום שכמה בעלי הדין הקשה ומקטרגים עומדים על ישראל מלמעלה, ואם לא הקדים הקב"ה רחמים על ישראל, מטרם שישגיח בדין שלהם, לא יכלו להתקיים בעולם. וע"כ כתוב, מהר יקדמונו רחמיך כי דַלונוּ מאוד. דלות של מע"ט, דלות של מעשים ישרים.

412. אילו אצרו ישראל מע"ט לפני הקב"ה, לא היו עומדים עליהם עמים עכו"ם בעולם. אבל ישראל גורמים לשאר העמים להרים את ראשם בעולם, כי אם ישראל לא היו חוטאים לפני הקב"ה, היו שאר עמים עכו"ם נכנעים לפניהם.

413. אם לא היו ממשיכים ישראל במעשים רעים לצד האחר בארץ ישראל, לא היו שולטים שאר עמים עכו"ם בארץ ישראל, ולא הוגלו מן הארץ. ועל זה כתוב, כי דלוֹנוּ מאוד, שאין לנו מע"ט כראוי.

עְבדו את ה' ביראה

414. כתוב, עִבדו את ה' ביראה, וגילו ברעדה. וכתוב, עִבדו את ה' בשמחה, בואו לפניו ברננה. כל אדם הבא לעבוד את הקב"ה, בבוקר ובערב צריך לעבוד את הקב"ה.

415. בבוקר, כשעולה האור, והתעוררה בעולם התעוררות צד הימין, החסד, אז צריך האדם להתקשר בימינו של הקב"ה, ולעבוד לפניו בעבודת תפילה, משום שהתפילה מביאה כוח ועוצמה

"ויחי". ספר הזהר עם פירוש הסולם. מהד' 21 כר'. כרך ז. דף קכז; מהד' 10 כר'. כרך ד. דף קכז.
"ויחי". ספר הזהר עם פירוש הסולם. מהד' 21 כר'. כרך ז. דף קכט; מהד' 10 כר'. כרך ד. דף קכט.

למעלה, וממשיכה ברכות מעומק העליון, בינה, לכל העולמות העליונים. ומשם ממשיך ברכות לתחתונים. ונמצאים העליונים והתחתונים מתברכים בעבודת התפילה.

416. עבודת התפילה, שצריך האדם לעבוד לפני הקב״ה בשמחה וברננה, בחסד ובגבורה, כדי לכלול את כנ״י, הנוקבא, ביניהם. ואח״כ לייחד הייחוד בז״א, כמ״ש, דעו כי ה׳ הוא אלקים. זה הייחוד בעבודה.

417. ועכ״ז צריך האדם לעבוד לפני הקב״ה בשמחה, ולהראות שמחה בעבודתו. ואלו השתיים, שמחה ורננה, כנגד שתי תפילות, שני קורבנות ליום, שמחה בבוקר, ורננה בערב. ועל זה כתוב, את הכבש האחד תעשה בבוקר, ואת הכבש השני תעשה בין הערביים.

418. ועּ״כ תפילת ערבית היא רשות, כי בשעה ההיא מחלקת טרף לכל הצבאות, ואין השעה אז להתברך, אלא לתת מזונות. ביום היא מתברכת משני צדדים, חו״ג, בבוקר ובערב מתוך שמחה ורננה, ובלילה מחלקת הברכות לכל כראוי. כמ״ש, וַתָּקָם בעוד לילה ותיתן טרף לביתה.

תיכּון תפילתי קטורת

419. תיכּון תפילתי קטורת לפניך, מַשְׂאַת כפיי מנחת ערב. קטורת באה על שמחה, כמ״ש, שמן וקטורת יְשַׂמַּח לֵב. ועּ״כ הכוהן, כשהדליק הנרות, היה מקטיר קטורת, כמ״ש, בהטיבו את הנרות יקטירֶנה, ובהעלות אהרון את הנרות בין הערביים, יקטירנה.

בבוקר מקטיר קטורת על שמחה, כי השעה גרמה, כי בבוקר זמן שמחה. בערב מקטיר קטורת לשמח צד השמאל. וכן ראוי לעשות. לעולם לא בא הקטורת אלא על שמחה.

420. קטורת מקשרת קשרים, קשרי הספירות זה בזה, ואחוזה למעלה ולמטה, ומעבירה מוות וקטרוג וכעס, שלא יוכלו לשלוט בעולם, כמ״ש, ויאמר משה אל אהרון, קח את המחתה ותן עליה אש מעל המזבח ושים קטורת, ותיעצר המגפה. כי כל הבחינות הרעות וכל המקטרגים אינם יכולים לעמוד לפני הקטורת. ועּ״כ היא שמחת הכול וקשר הכול.

421. בשעת המנחה, שהדין שורה בעולם, התכוון דוד בתפילה של קטורת, כמ״ש, תיכּון תפילתי קטורת לפניך. ותפילה זו שהעלה, תעביר הרוגז של דין הקשה, השולט בערב, בכוח הקטורת, הדוחה ומעבירה כל רוגז וכל קטרוג שבעולם. מנחת ערב, מנחה שהדין שולט בעולם.

422. בעת שנשרף ביהמ״ק, זמן מנחה היה. ע״כ כתוב, אוי לנו כי פנה היום, כי יינָטו צִלְלֵי ערב. צללי ערב, הם מקטרגי העולם ורוגז הדינים, המוכנים

בעת ההיא. וע״כ צריך האדם לכוון דעתו בתפילת המנחה. בכל התפילות צריך האדם לכוון דעתו, ובתפילה זו יותר מכולן, משום שהדין שורה בעולם, וע״כ זמן תפילת המנחה יצחק תיקן אותה.

ההר הנורא

[טורא דחילא]

423. אמר רבי יוסי, הר זה נורא הוא, נלך ולא נתעכב כאן, משום שההר הזה נורא הוא. אלא מי שהולך יחידי בדרך, מתחייב בנפשו. אבל שלושה לא. וכל אחד מהשלושה ראוי להגן, שלא תסתלק ממנו השכינה.

424. שלא יסמוך אדם על הנס. מאין לנו? משמואל, שכתוב, איך אלך ושמע שאול והרָגָני. והרי ראוי היה שמואל לנס יותר משלושה? אלא ששמואל היה אחד, וודאי שישמע שאול ויהרוג אותו. אבל לשלושה ההיזק אינו ודאי, משום שמזיקים, שדים, לשלושה אינם נראים ואינם מזיקים.

425. וכתוב, המלאך הגואל אותי מכל רע. הלוא, אשר גאל, היה צריך לומר? הגואל, משום שנמצא תמיד עם האדם ואינו סר מאדם צדיק לעולם.

המלאך הגואל זהו השכינה, שהולכת עם האדם תמיד, ואינה סרה ממנו כל עוד שהאדם שומר מצוות התורה. וע״כ יהיה האדם נזהר, שלא יצא יחידי בדרך. מהו יחידי? שצריך האדם להיזהר לשמור מצוות התורה, כדי שלא תסתלק השכינה ממנו, ויוכרח ללכת יחידי, בלי זיווג עם השכינה.

426. כשהאדם יוצא לדרך, יסדר תפילתו לפני אדונו, כדי להמשיך עליו את השכינה. ואח״כ יצא לדרך. ונמצא זיווג השכינה, לגאול אותו בדרך, ולהצילו בכל מה שצריך.

427. כתוב ביעקב, אם יהיה אלקים עימדי, זהו זיווג השכינה. וּשְׁמָרַנִי בדרך הזה, לגאול אותו מכל רע. ויעקב יחיד היה בעת ההיא, והשכינה הלכה לפניו. כש״כ החברים, שיש ביניהם דברי תורה.

ג׳ אשמורות

432. משכיל לאיתן האזרחי. שירה זו אברהם אבינו אמר, בשעה שהשתדל בעבודת הקב״ה, ועשה חסד עם בני העולם, שיכירו כולם את הקב״ה, שהקב״ה שולט על הארץ. ונקרא איתן, משום שהתחזק בכוח בהקב״ה.

433. חסדי ה׳ עולם אשירה. והאם

״ויחי״. ספר הזהר עם פירוש הסולם. מהד׳ 21 כר׳. כרך ז. דף קלב; מהד׳ 10 כר׳. כרך ד. דף קלב.
״ויחי״. ספר הזהר עם פירוש הסולם. מהד׳ 21 כר׳. כרך ז. דף קלד; מהד׳ 10 כר׳. כרך ד. דף קלד.

מצד החסידים, קו ימין, באים לשיר, הלוא השירה באה מקו שמאל? אלא כאן נכלל צד השמאל בימין, וע״כ הקב״ה ניסה את אברהם ובחן אותו.

ויצחק היה בן 37 שנים בזמן של העקידה. ומהו שכתוב, ניסה את אברהם? הלוא, ניסה את יצחק, צריך לומר? אלא ע״כ כתוב, ניסה את אברהם, כדי שיימצא בדין, ושיתכלל בדין כראוי, אחר שמידתו הייתה כולה חסד, כדי שיימצא בשלמות כראוי. וע״כ, חסדי ה׳ עולם אשירה, כי כבר היה כלול מקו שמאל שמשם באה השירה.

ואין לומר, ניסה את יצחק, הגם שכבר היה בן 37 שנה, והיה בכוחו למחות. כי ניסה מלשון התנשאות והשלמה, ובעקידה, שהיא מעשה דין וגבורה, נכלל אברהם בקו שמאל, ונשלמה מידתו בכל השלמות.

434. חסדי ה׳ עולם אשירה. אלו החסדים שהקב״ה עושה עם העולם. כמ״ש, לדור ודור אודיע אמונתך בפי, חסד ואמת שעושה עם הכול. לדור ודור אודיע אמונתך בפי, זוהי אמונת הקב״ה, שאברהם הודיע בעולם, והזכיר אותו בפה כל הבריות. וע״כ, אודיע אמונתך בפי.

435. והקב״ה הודיע לאברהם את עניין האמונה, הנוקבא. וכשידע את עניין האמונה, ידע שהוא, אברהם, עיקרו וקיומו של העולם, שבזכותו נברא העולם והתקיים, משום שהוא החסד, כמ״ש, כי אמרתי עולם חסד ייבנה.

כי כשברא הקב״ה את העולם, הנוקבא, ראה שאין העולם יכול לעמוד, עד שהושיט הימין שלו, החסד, והתקיים. ואם לא היה מושיט ימינו עליו, לא היה מתקיים, משום שעוה״ז, הנוקבא, נברא בדין, וע״כ אין לו קיום בלי חסד.

436. לומדים על בראשית, שב׳ אופנים בכלל אחד כאן. בראשית, התחלה מלמטה למעלה, המלכות. ראשית, התחלה מלמעלה למטה, חכמה, הבינה שחזרה להיות חכמה. בראשית, ב׳ ראשית, כמו בית קודש הקודשים, הנוקבא, בית לראשית, חכמה. והמילה בראשית כוללת הנוקבא והחכמה כאחד.

437. בבית הזה נברא עוה״ז, הנוקבא, שהיא נבנית בית לחכמה, שמקבלת אותו מקו שמאל. וע״כ חסרה מחסדים, ולא התקיימה אלא בימין, חסד, כי חכמה בלי חסד אין לה קיום. כמ״ש, אלה תולדות השמיים והארץ בהִבָּראם, אותיות באברהם, החסד. וע״כ כתוב, אמרתי עולם חסד ייבנה.

והבניין הראשון של העולם, הנוקבא, אותו האור של יום ראשון היה בו הקיום, חסד, ואח״כ ביום שני נכלל בשמאל, גבורה, ובאלו נתקנו השמיים, ז״א. וכמ״ש, שמיים תכין אמונתך בהם. משום שנתקנו השמיים בב׳ הקווים חו״ג, נעשתה הכנה אל האמונה, הנוקבא, שתתוקן בב׳ הקווים חו״ג.

438. שמיים תכין אמונתך בהם. שמיים ז״א, נתקן בחסדים. והאמונה הנוקבא, נתקנה בהם, כמ״ש, עולם חסד ייבנה. ונמצא שהשמיים השפיע החסד אל הנוקבא, שנקראת עולם. וע״כ כתוב, שמיים תכין אמונתך בהם. כי אין תיקון לנוקבא אלא משמיים, ז״א.

439. כָּרַתִּי ברית לִבְחִירִי, נשבעתי לדוד עבדי. ברית, האמונה, שניתנה לדוד. ברית, צדיק, יסוד, שממנו יוצאות ברכות לכל התחתונים, וכל החיות הקדושות, המלאכים, מתברכות כולן מאותו השפע השופע לתחתונים.

440. נשבעתי לדוד עבדי. שבועה זו האמונה, הנוקבא, העומדת תמיד בצדיק, יסוד. שבועת העולם, שלא ייפרדו לעולם. לבד בזמן הגלות, שאז נפרדים, ונמנע שפע הברכות, והאמונה לא נשלמת, וכל חדווה נמנעת. וכן כשנכנס הלילה מזמן ההוא, שמחות אינן נכנסות לפני המלך.

441. ואע״פ ששמחות אינן מתעוררות בלילה, אבל בחוץ מהיכל המלך עומדים מלאכים ומזמרים שירה. וכשנחצה הלילה, והתעוררות עולה מלמטה למעלה, אז מעורר הקב״ה כל צבאות השמיים לבכייה, ובועט ברקיע ומזדעזעים עליונים ותחתונים.

442. ואין נחת לפניו, אלא בשעה שמתעוררים למטה בתורה. אז הקב״ה וכל נשמות הצדיקים, כולם מקשיבים ושמחים אל הקול ההוא, ואז נמצא נחת לפניו.

משום שמיום שנחרב ביהמ״ק למטה, נשבע הקב״ה, שלא ייכנס בירושלים של מעלה, עד שייכנסו ישראל לירושלים של מטה. כמ״ש, בקִרבך קדוש ולא אבוא בעיר. שאע״פ שבקרבך קדוש, מ״מ לא אבוא בעיר, ירושלים של מעלה, עד שייכנסו ישראל בירושלים של מטה.

כי לילה, הנוקבא, ויום ז״א. והם בזיווג, כמ״ש, ויהי ערב ויהי בוקר יום אחד. וכל הסדרים הנוהגים ביום, נוהגים ג״כ בלילה. אלא ההפרש בשליטה, שהלילה בשליטת הנוקבא, משמאל, שאז נמשכים מוחין דאחוריים. והיום בשליטת ז״א, שאז נמשכים מוחין דפנים.

ולפיכך, כמו שיש בזיווגו של יום סדר ג׳ קווים, הנמשכים מג׳ נקודות חולם שורוק חיריק, כן יש בזיווגו של לילה ג׳ אשמורות שבלילה, שהמלאכים מזמרים בהן. כי המוחין מתגלים בשירה. אמנם הם רק מוחין דאחוריים, חיצוניות וקטנות, ומבחינת פנים ופנימיות חושך ולא אור.

לכן נאמר, וכשנכנס הלילה מזמן ההוא, שמחות אינן נכנסות לפני המלך. כי אז מבחינת אורות הפנים חושך ואין שמחה. אבל מוחין דאחוריים מאירים, כי אז נמשכים מוחין דאחוריים, ג״ר דחיצוניות. וע״כ עומדים המלאכים בחיצוניות ההיכל, ומזמרים שירה מהמוחין ההם.

וג׳ אשמורות הן ג׳ קווים מג׳ נקודות חולם שורוק חיריק. ב׳ אשמורות ראשונות ב׳ קווים ימין ושמאל, הנמשכים מחולם שורוק, ובאמצע האשמורת השנייה, נקודת חצות לילה, נמשך המסך דחיריק, שעליו יוצא קו האמצעי, שיש לו ב׳ פעולות:

א. ממעט הע״ס דשמאל, המאירים באחוריים, מג״ר לו״ק,

ב. מחבר השמאל עם הימין.

וכשנחצה הלילה, והתעוררות עולה מלמטה למעלה, שמעלים מ״ן לגילוי מסך דחיריק ליציאת קו אמצעי, אז מעורר הקב״ה כל צבאות השמיים לבכייה. בכייה פירושה מיעוט ג״ר, כי ע״י גילוי המסך דחיריק מתמעטות ג״ר דשמאל, וכל המלאכים בוכים, אפילו המלאכים שבחיצוניות אין להם עוד ג״ר.

וכשהקב״ה בועט ברקיע, מגלה המסך דחיריק, ומזדעזעים עליונים ותחתונים, כי מתבטלים המוחין כולם, תכף יש פעולה ב׳, להמשיך קומת חסדים על המסך דחיריק, שעל ידו מחבר ב׳ הקווים ימין ושמאל וממשיך בחזרה את הג״ר, אלא בו״ק דג״ר. ואין נחת לפניו, אלא בשעה שמתעוררים למטה בתורה. כשמעלים מ״ן להמשכת קומת החסדים, אז מתייחדים ימין ושמאל בזה, והג״ר חוזרות, וחוזרים ג״כ המלאכים לומר שירה.

לכן נאמר, שמיום שנחרב ביהמ"ק למטה, נשבע הקב"ה, שלא ייכנס בירושלים של מעלה, עד שייכנסו ישראל לירושלים של מטה. נוקבא, המקדש, נחרבה בהארת השמאל, אז העלה הקב"ה את המסך דחיריק והמשיך קו אמצעי לייחד השמאל עם הימין, שמסיבה זו התמעטו ג"ר דג"ר לו"ק דג"ר. והמיעוט הזה נבחן לשבועה, כי מתיקון זה אין הג"ר דג"ר מאירים עוד עד גמה"ת.

ובגמה"ת, שתתוקן המלכות כולה, אז חוזר הזיווג של ג"ר דג"ר, שייכנס לירושלים של מעלה. ובזה מבואר הכתוב, נשבעתי לדוד עבדי, השבועה שלא ייכנס לירושלים של מעלה עד שייכנסו ישראל לירושלים של מטה.

443. כל המזמרים עומדים מחוץ להיכל, ואומרים שירה בג' אשמורות הלילה, כנגד ג' הקווים. וכל צבאות השמיים מתעוררים בלילה, להיותם מהחיצוניות, ובלילה מאירים המוחין דחיצוניות. וישראל ביום, משום שהם מהפנימיות ואין מוחין דפנימיות מאירים אלא ביום.

ואין אומרים קדושה למעלה, עד שמקדשים ישראל למטה, כי אין קיום למוחין דחיצוניות של המלאכים, זולת ע"י קו אמצעי המאיר ביום לישראל. ואז כל צבאות השמיים מקדשים את השם הקדוש ביחד. וע"כ ישראל הקדושים מתקדשים מעליונים ומתחתונים ביחד. כמ"ש, קדושים תהיו כי קדוש אני ה' אלקיכם.

444. כשברא הקב"ה העולם, הנוקבא, ברא אותו על עמודים, שהם שבעה עמודי עולם חג"ת נהי"מ. ואלו העמודים לא נודע על מה הם עומדים. כמ"ש, על מה אֲדָנֶיהָ הוטבעו, או מי ירה אבן פינתה.

עולם, הנוקבא, עומדת על שבעה עמודים, שבע ספירות חג"ת נהי"מ, שמקבלת מבינה ומז"א. נוקבא מבחינתה עצמה אינה ראויה לקבל אור עליון, כי היא המלכות שהצטמצמה בעת בריאת העולם, שלא לקבל מאור העליון. ואלו העמודים, שבעה אורות, חג"ת נהי"מ שבה, לא נודע על מה הם עומדים, כי הנוקבא לא תוכל לקבלם מחמת הצמצום שעליה.

445. העולם, הנוקבא, לא נברא עד שהקב"ה לקח אבן אחת, הנקראת אבן שתייה, וזרק אותה לתוך התהום, ונתקעה מלמעלה למטה. וממנה נשתל העולם, הנוקבא, והיא נקודה האמצעית של יישוב העולם, ובנקודה זו עומד קודש הקודשים, ג"ר דנוקבא. כמ"ש, או מי ירה אבן פינתה. וכמ"ש, אבן בוחן פינת יִקְרַת. וכתוב, אבן מָאסו הבונים הייתה לראש פינה. שכל אלו אבן שתייה.

אבן שתייה, מלכות, המכונה אבן, עלתה לבינה, והשתתפה בה. וע"י עלייה זו קיבלה הכלים דאמא, י"ה דהוי"ה, וע"כ יכלה לקבל שבע ספירות חג"ת נהי"מ מאמא. וע"כ נקראת שתייה, כלומר שָׁת י"ה, כי אמא שהיא י"ה תיקנה אותה.

ומטרם שעלתה המלכות לבינה והשיגה הכלים מבינה, שנקראת אז אבן שתייה, לא יכלה לקבל שום אור מחמת הצמצום שעליה, ולא יכלה להתקיים. והקב"ה זרק אבן שתייה, המלכות הממותקת, למקום מלכות שלה עצמה, הנקראת תהום. ונתקעה מלמעלה למטה, כי ירדה ממקום בינה ונתקעה בתהום, המלכות שלמטה, של הנוקבא, שעל ידה היא מקבלת ג"ר, שנקרא קודש הקודשים.

446. אבן זו נבראה מאש רוח ומים,

שמקבלת מג' קווים דז"א, והתקשתה מכולם, ונעשתה אבן אחת, ועומדת על התהום. ולפעמים מים נובעים ממנה ומתמלאים התהומות. והאבן הזו עומדת לאות באמצע העולם. וזו היא האבן שהעמיד והשתיל יעקב להתפשטות ולקיום העולם. כמ"ש, וייקח יעקב אבן וירימֶהָ מצֵבה.

447. והאבן הזאת אשר שמתי מצבה יהיה בית אלקים. והאם אבן זו שם אותה יעקב, הרי היא נבראה מתחילה, כשברא הקב"ה את העולם? אלא ששׂם אותה לקיום למעלה ולמטה. וע"כ, אשר שמתי מצבה, כתוב. ומהו, אשר שמתי? הוא שכתוב, יהיה בית אלקים, ששׂם כאן המדור שלמעלה. כלומר, שהמשיך בה המוחין העליונים.

448. האבן הזו יש עליה שבעה עיניים כמ"ש, על אבן אחת שבעה עיניים. עיניים חכמה. וכשמתגלה החכמה מחג"ת נהי"מ דנוקבא, נקראת שבעה עיניים. נקראת שתייה, משום שממנה נשתל העולם. שתייה אותיות שת י"ה. ששׂם אותה הקב"ה, בינה, י"ה, שיתברך ממנה העולם.

449. בשעה שבא השמש, באשמורת ראשונה של הלילה, אלו כרובים העומדים בקודש הקודשים, העומד בנקודה האמצעית, באבן שתייה, והיו יושבים בנס ע"י אורות דבינה, שאינם שייכים לה ונבחנים לה לנס, היו מכים בכנפיהם ופורשים אותם. ונשמע קול שירת כנפיהם למעלה.

ואז מתחילים לשיר המלאכים, האומרים שירה בתחילת הלילה, כדי שיתעלה כבוד הקב"ה מלמטה למעלה. שירה שהיו אומרים כנפיהם של הכרובים, היא כמ"ש, הנה בָּרכו את ה' כל עבדי ה', שאו ידיכם קודש, ואז מגיעה השירה למלאכים העליונים לזמר.

450. באשמורת שנייה, הכרובים מכים בכנפיהם למעלה, ונשמע קול שירה שלהם. ואז מתחילים לשיר מלאכים העומדים באשמורת השנייה, שירת כנפיהם של הכרובים, כמ"ש, הבוטחים בה' כהר ציון לא יימוט. ואז מגיעה השירה למלאכים העומדים באשמורת השנייה, לזמר.

451. באשמורת השלישית הכרובים מכים בכנפיהם ואומרים שירה, כמ"ש, הללויה הללו, עבדי ה' את שם ה', יהי שם ה' מבורך, ממזרח שמש ועד מְבוֹאוֹ. אז המלאכים, העומדים באשמורת השלישית, כולם אומרים שירה.

כרובים, פנים קטנות, ג"ר דקטנות. כי ג"ר, הנמשכים בלילה, ג"ר דאחוריים, חיצוניות וקטנות. והם עומדים בקודש הקודשים, ג"ר דנוקבא. ולפי שהם מוחין דאחוריים, לכן נאמר בגילוי שלהם, שהיו מכים בכנפיהם, כי האחוריים מכונים כנפיים, וכן הימשכותם באה בהכאה.

גם במוחין דלילה נוהג ג' קווים, ג' אשמורות, הנמשכים ממוחין, המכונים כרובים. לפיכך גם שירתם נחלק לג' קווים. וע"כ באשמורת ראשונה, קו ימין, הנמשך מחולם, גילוי ו"ק בלי ראש שבהם, אומרים, הנה ברכו את ה', ואשא כפיי, כי כפיים מורה על ו"ק חסר ראש. וכן נאמר, שפורשים כנפיהם, שמגלים דין שבהם.

ובאשמורת שנייה אומרים, הבוטחים בה' כהר ציון לא יימוט. מורה על קו שמאל, הנמשך מנקודת השורוק, שבו מגולה עצם הג"ר הללו של האחוריים. ועל ג"ר נאמר, לא יימוט.

ובאשמורת השלישית, קו אמצעי, הנמשך מנקודת החיריק, אומרים,

הללויה, יהי שם ה׳ מבורך, ממזרח שמש עד מבואו. כי בקו השלישי תלויים כל השלמות וכל הקיום של המוחין האלו.

452. כל הכוכבים והמזלות שברקיע פותחים בשירה באשמורת שלישית, כמ״ש, ברון יחד כוכבי בוקר ויריעו כל בני אלקים. וכתוב, הללוהו כל כוכבי אור. כי אלו כוכבי אור מנגנים על האור, שע״י שירה נמשך האור.

453. כשהאיר הבוקר, אומרים אחריהם שירה ישראל למטה, שמקבלים ג״ר דפנימיות, ג״ר דגדלות, ועולה כבודו של הקב״ה מלמטה ולמעלה. ישראל אומרים שירה למטה ביום, והמלאכים העליונים בלילה. ואז נשלם השם הקדוש בכל הצדדים, הן ממוחין דאחוריים והן ממוחין דפנים.

454. כל המלאכים העליונים וישראל למטה, כולם התחזקו באבן ההיא, המלכות, שקיבלו ממנה מוחותיהם, והיא עולה למעלה להתעטר, לקבל מוחין, מתוך האבות, מחג״ת דז״א, ביום. ובלילה, הקב״ה, ז״א, בא להשתעשע עם הצדיקים בגן עדן, המלכות, שמקבל ממנה מוחין דאחוריים שלה.

455. אשריהם הנמצאים בקיומם ועוסקים בתורה בלילה, משום שהקב״ה וכל הצדיקים שבגן עדן שומעים קולותיהם של בני אדם, העוסקים בתורה. כמ״ש, היושבת בגנים חברים מקשיבים לקולך השמיעיני.

456. אבן זו היא אבן טובה, שנמתקה בבינה, טובה וראויה לקבל מוחין. כמ״ש, ומילאתָ בו מילוּאַת אבן ארבעה טורים אבן. ואלו הם הסדרים של אבן טובה, המילואים של אבן יקרה, שהם המוחין דהארת חכמה, המקובלים במלכות ג״פ ארבע, שהם י״ב (12).

ויש אבן אחרת, שאינה ראויה למוחין, מלכות שלא נמתקה בבינה, שעליה כתוב, והסירותי את לב האבן. וכתוב, ואת רוחי אתן בקרבכם, שמשמע, שכל זמן שלא הוסר לב האבן, אין רוח ה׳ שורה בנו, מטעם שלא נמתקה בבינה. והיא נקראת ג״כ, אבן בוחן פינת יְקרת.

457. ועל זה כתוב, וייתן אל משה כְּכַלּותוֹ לדבר איתו בהר סיני שני לוחות העדות לוחות אבן. כי אלו הלוחות נחצבו מכאן, מאבן טובה. וע״כ הן נקראות על שמה של האבן הזו. כמ״ש, משם רועה אבן ישראל, שהוא ג״כ אבן טובה.

458. והאבנים תִהיינה על שמות בני ישראל שתים עשרה. אלו הן אבנים יקרות עליונים, הנקראות אבני המקום, כמ״ש, וייקח מאבני המקום, ספירות הנוקבא, כי הנוקבא נקראת מקום.

והאבנים על שמות בני ישראל שתים עשרה. כי רמז שיש י״ב שבטים למטה, כן יש למעלה בנוקבא י״ב שבטים, והם י״ב אבנים יקרות. ארבעה טורי אבן, חו״ב תו״מ שבה, שכל אחת מהן כלולה מג׳ קווים, הן י״ב.

וכמ״ש, ששָׁם עלו שבטים שבטי יה עדות לישראל. זהו ישראל שלמעלה, ז״א, המשפיע י״ב הללו לנוקבא. וכולם, להודות לשם ה׳, לנוקבא. ע״כ נאמר, והאבנים על שמות בני ישראל תהיינה.

459. וכמו שיש 12 שעות ביום, שהם י״ב דז״א, כן יש 12 שעות בלילה, שהם י״ב של הנוקבא. ביום למעלה, בלילה למטה. י״ב דז״א הם למעלה, וי״ב דנוקבא הם למטה, שמקבלים מי״ב דז״א. וכולם זה כנגד זה.

אלו 12 שעות שבלילה מתחלקות

לשלושה חלקים, שהם ג׳ אשמורות. וכמה חֵילות ממונים עומדים תחתיהם, מדרגות אחר מדרגות, שכולם ממונים בלילה, ומקבלים טרף מתחילה, ואח״כ אומרים שירה. כמ״ש, וַתָּקָם בעוד לילה ותיתן טרף לביתה.

460. ואז, כאשר נחלק הלילה, נמצאים ב׳ סדרים מצד זה, וב׳ סדרים מצד האחר. ורוח העליון יוצא ביניהם. ואז כל האילנות שבגן עדן פותחים בשירה, והקב״ה נכנס בגן עדן. כמ״ש, אז ירננו. וכמ״ש, ושפט בצדק דלים. משום שמשפט, ז״א, נכנס ביניהם, והתמלא ממנו גן העדן.

לילה הוא פרצוף הנוקבא, ששולטת בה קו שמאל, חכמה בלי חסדים, ע״כ היא חושך. ונקודת חצות נקודת החזה שבה, מסך דחיריק, שעליו נגלה קו האמצעי, המייחד ב׳ הקווים, ימין ושמאל, זה בזה. וכאשר נחלק הלילה, נמצאים ב׳ סדרים מצד זה, וב׳ סדרים מצד האחר.

יש ב׳ קווים מנקודת החזה ולמעלה, שהם מתחילת הלילה עד חצות, וב׳ קווים מנקודת החזה ולמטה, מחצות לילה עד הבוקר. וקו אמצעי, הנקרא רוח עליון, ז״א, יוצא על המסך דחיריק, נקודת החצות. ואז כל האילנות שבגן עדן פותחים בשירה, כיוון שהקו האמצעי, ז״א, מחבר ימין ושמאל שבגן עדן, הנוקבא, התמלאו כולם באור.

והקב״ה, קו אמצעי, נכנס בגן העדן, הנוקבא. ז״א, קו האמצעי, נקרא משפט. והתמלא ממנו גן העדן, כי התחברו הצדדים שמחזה ולמעלה ושמחזה ולמטה זה בזה.

461. ורוח צפון מתעורר בעולם, ושמחה נמצאת. כי אחר הכרעת קו אמצעי, מתלבש הצפון בדרום, והחכמה מתלבשת בחסדים. ואז יש שמחה בהארת הצפון, קו שמאל. כי אותו הרוח, קו אמצעי, מנשב באלו הבשׂמים, הארת החכמה, שע״י זה מתלבשת הארת חכמה שבבשׂמים בחסדים שברוח. והבשמים מעלים ריח מלמטה למעלה, ולא מלמעלה למטה, והצדיקים מתעטרים בעטרותיהם, מקבלים מוחין, ונהנים מזיו מראה המאירה, ז״א.

462. אשרי הצדיקים, הזוכים לאותו אור העליון, מראה המאירה, המאיר לכל הצדדים, לימין ולשמאל. וכל אחד מאלו הצדיקים מקבל לחלקו כראוי לו, מקבל כפי מעשיו שעשה בעוה״ז. ויש שמתביישים מאותו האור, שחֲברם קיבל ביותר להאיר.

463. אשמורות הלילה. באשמורת ראשונה, משעה שהלילה מתחיל לבוא, כמה שלוחי הדין מתעוררים ומשוטטים בעולם, והפתחים של האורות נסתמים. ואח״כ, באשמורת השנייה, מתעוררים כמה מינים של כוחות הדין למיניהם, שאשמורת שנייה היא קו שמאל, רוח צפון, שכל עוד שאינו מתחבר עם רוח דרום, ימין, דינים רבים מתעוררים ממנו.

ואז, כשמתחלק הלילה באמצע אשמורת השנייה, נקודת החזה, יורד רוח צפון מלמעלה מחזה, למטה מחזה, ואוחז בלילה, הנוקבא, עד סיום ב׳ אשמורות הלילה. כי אשמורת ראשונה קו ימין, ואשמורת שנייה קו שמאל. ואע״פ שהמסך דחיריק מתעורר בחצות לילה באמצע אשמורת שנייה, הוא רק להמשיך רוח צפון למטה מחזה. ועיקר כוחו לחבר השמאל עם הימין, נגלה לאחר סיום אשמורת שנייה.

464. ובאשמורת השלישית צד הדרום, חסד, מתעורר להתחבר עם הצפון, בכוח קו האמצעי, עד שבא הבוקר. וכשבא

הבוקר, כבר דרום וצפון אחוזים בנוקבא. ואז באים ישראל למטה בתפילתם ובבקשתם, ומעלים אותה למעלה לז״א, עד שעולה ונגנזת ביניהם באורות דז״א, שממעטת עצמה ומתבטלת למדרגת ז״א. ולוקחת ברכות מראש המלך, שמקבלת ג״ר דפנים מז״א, שהוא ראש שלו.

465. ומתברכת מאותו הטל, הנמשך לז״א מלמעלה מגלגלתא דא״א. ומאותו הטל מתחלק להאיר לכמה צדדים, לימין ולשמאל, אע״פ שהטל עצמו רק אור החסד. וכמה רבבות מדרגות ניזונות מאותו הטל. וממנו עתידים להחיות המתים. כמ״ש, הקיצו ורננו שוכני עפר, כי טל אורות טַלֶּךָ. טל, מאלו אורות עליונים, המאירים למעלה.

466. כאשר רוח הצפון מתעורר והלילה מתחלק, הקב״ה חושק לקולם של הצדיקים בעוה״ז, העוסקים בתורה, הקב״ה מקשיב להם עתה.

המלאך הגואל

467. הנה אנוכי שולח מלאך לפניך לשמורךָ בדרך. זהו מלאך שגואל את העולם, שנקרא המלאך הגואל. והוא שמירה לבני אדם, כמ״ש, לשמורך בדרך. וזהו המזמין ברכות לכל העולם, משום שמקבל אותם מתחילה. ואח״כ הוא, המלאך מט״ט, מזמין אותם בעולם. משום זה כתוב, הנה אנוכי שולח מלאך לפניך. וכתוב, ושלחתי לפניך מלאך.

468. וזהו מלאך, שפעם הוא זכר ופעם נקבה. בזמן שמזמין ברכות לעולם, נקרא זכר. כזכר המזמין ברכות לנוקבא, כך הוא מזמין ברכות לעולם. ובזמן שנמצא בדין על העולם, אז נקרא נקבה. כנקבה שמעוברת, כך הוא מתמלא מהדינים. וע״כ פעם נקרא זכר ופעם נקרא נקבה, והכול אחד.

שלושה צבעים

[תלת גוונין]

469. וישכֵּן מקדם לגן עדן את הכרובים ואת להט החרב המתהפכת, המלאכים, השליחים בעולם, שמתהפכים לכמה אופנים, פעם לנקבה ופעם לזכר, פעם לדין ופעם לרחמים. והכול הוא בעניין אחד. אותו מלאך באופנים רבים. וכל צבעי העולם, הנוקבא, לבן אדום ירוק, הם במקום זה, כמ״ש, כמראה הקשת אשר יהיה בענן. ששלושה גוונים הם מראה הקשת, הנוקבא. וכמו שיש במלאך כל אלו הצבעים, כן הוא מנהיג לכל העולם.

470. האהובים העליונים בעלי התבונה,

אותם הנשמות השייכים לקו ימין, הסתכלו. בעלי דין ידועים במקל חובלים, השייכים לקו שמאל, שמשם כל הדינים, קִרבו לדעת. מי מכם, בעלי העיניים בתבונה, השייכים לקו האמצעי, שזכו לחכמה המקובלת ע״י תבונה, ויודעים, שכאשר עלה ברצונו להוציא שלושה צבעים הכלולים יחדיו, לבן אדום וירוק, ג׳ קווים: ימין לבן, שמאל אדום, אמצעי ירוק, שלושה צבעים משולבים יחד ומתחברים, אז מניפה תחתונה, הנוקבא, נצבעה ויצאה מתוך הצבעים האלה.

471. והצבעים הללו, לבן אדום ירוק, נראים בנוקבא, היא המראָה להסתכל, שבה בלבד נוהגת ראייה, כשנראית כעין הבדולח. כפי שהיכה בתוכה ז״א, לפי הזיווג דהכאה דז״א, שהזדווג בה בשלושה צבעים שלו, כן נראה בנוקבא מבחוץ, שאֵלו שלושה צבעים סובבים אותה, לימין שלה ולשמאל שלה ולאמצע שלה.

וצבע הולך, עולה ויורד. שהצבע הלבן, ימין, הולך להיכלל בשמאל. והצבע האדום, שמאל, עולה, מאיר מלמטה למעלה. והצבע הירוק, אמצע, יורד, המאיר מלמעלה למטה. ממונים, פועלי הדין קבועים בתוכה. להעניש את הממשיכים הארת השמאל מלמעלה למטה.

472. הצבעים, שסובבים את הנוקבא, הכלולים יחד, מעלים אותה לזיווג פב״פ עם ז״א ביום, ויורדת לבחינתה עצמה בלילה, והיא כמו הנר הדולק, שהארתו נראית בלילה, וביום, הארתו נסתרת ואינו נראה. האור נסתר ברמ״ח (248) עולמות, כולם הולכים ומאירים בתוכה מלמעלה למטה, בתוך שס״ה (365) חלקים, שהם גנוזים ומכוסים למטה.

כי ב׳ זיווגים יש בנוקבא, של יום ושל חצות לילה. ויש מעלה בלילה, שאז מאירה בבחינתה עצמה, הארת חכמה. ויש חיסרון, זיווג דאחוריים, המחוסר חסדים ואינה מאירה משום זה. ויש מעלה בזיווג של יום, שאז מקבלת מזיווג פב״פ עם ז״א. אבל יש חיסרון, שאז מתבטלת בחינתה עצמה כולה לז״א.

הן ביום והן בלילה הנוקבא מקבלת הארותיה מז״א, שנקרא תורה, שכולה ימין ושמאל. תורה (611) עם ב׳ כוללים של ימין ושמאל בגי׳ תרי״ג (613), אשר רמ״ח בימין, נתונים לנוקבא ביום. שס״ה בשמאל שלו, נתונים לנוקבא בלילה. רמ״ח מאירים בה מלמעלה למטה. שס״ה רק מלמטה למעלה.

473. מי שמחזר להשיג אותה, ישבור כנפיים המסתירים אותה, והקליפות הנסתרות, ואז יפתח השערים. מי שזוכה לראות, יראה בדעת ובתבונה, כמו הרואה דרך הכותל. מלבד משה, הנביא הנאמן העליון, שהיה רואה אותו עין בעין למעלה, במקום שלא נודע, מחזה ולמעלה דז״א, ששם חסדים מכוסים בלתי נודעים. כל הנביאים קיבלו מנוקבא, מהכותל, ומשה קיבל מז״א, המראָה המאירה.

474. מי שלא זכה, דוחים אותו לחוץ. כמה גדודי מלאכים מוכנים בשבילו, מעותָדים יוצאים אליו ומוציאים אותו לחוץ, שלא יסתכל בעונג המלך. אוי להם לרשעי עולם, שאינם זוכים להסתכל. כמ״ש, ולא יבואו לראות כְּבַלַּע את הקודש.

475. כאשר מתדבקים במקום זה, בנוקבא, אז מתוך אורות האלו, שהם שלושה גוונים, מסתכלים נשמות הצדיקים. אלו הצבעים, לבן אדום ירוק,

עולים ונכללים יחד. אשרי מי שיודע לכלול ולייחד כולם כאחד, ולתקן הכול במקום שצריך, למעלה למעלה. ואז נשמר האדם בעוה״ז ובעוה״ב.

ועוז מלך משפט אָהֵב

476. ועוז מלך משפט אָהֵב. זהו הקב״ה, הנוקבא, שאוהבת משפט, המוחין הכלולים מימין ומשמאל ביחד. ועוז מלך, הכוח, שהתחזק בו הקב״ה, הנוקבא, אינו אלא במשפט, כמ״ש, מלך במשפט יעמיד ארץ. להיותו כלול מחכמה ומחסדים יחדיו, חסדים מימין וחכמה משמאל.

477. ומשום זה כתוב, ועוז מלך משפט אהב. שלא נתקנה כנ״י, הנוקבא, אלא במשפט, מוחין כלולים מחכמה ומחסדים יחדיו. משום שמשם ניזונה, שזה חסדים. וכל הברכות שמקבלת, משם מקבלת, שזה חכמה. ומשום זה כתוב, ועוז מלך משפט אהב. כל חשקה וכל אהבתה לקבל משפט. כמ״ש, אתה כוננת מישָרים. שני הכרובים למטה, שנקראים מישָרים, שהם תיקון העולם ויישובו.

הללו עבדי ה׳

478. הללו יה, הללו עבדי ה׳, הללו את שם ה׳. כיוון שאמר, הללו יה, למה אומר עוד, הללו עבדי ה׳, ואח״כ עוד, הללו את שם ה׳? אלא מי שמשבח לאחֵר, צריך לשבח אותו לפי כבודו. ומי שמשבח לאחר בשבח שאין בו, מסבב שיגולֶה גנותו. ע״כ, מי שעושה הספד על אדם, צריך שיהיה כפי כבודו ולא יותר.

479. הללו יה, שבח עליון של אדון כל מקום, שאין העין שולטת בו לדעת ולהסתכל, שהוא נסתר מכל הנסתרות, הוא השם י״ה, העליון על כל. השם י״ה ג״ר, כי קוצו של י׳ כתר, י׳ חכמה, ה׳ בינה. ואין השגה בג״ר.

480. משום זה, הללו יה, הוא שבח ושם ביחד, כלולים כאחד. וכאן סותם הדבר, שאומר, הללו יה, ואינו אומר, מי הוא האומר הללו יה, ולמי יאמרו הלְלו. אלא כמו שהשם י״ה סתום, כך השבח שמשבחים סתום, ואלו המשבחים איני יודע מי הם. וכך צריך להיות סתום הכול. ואח״כ גילה ואמר, הללו עבדֵי ה׳, הללו את שם ה׳. גילה מי הם המהללים ולמי הם מהללים, משום שזה אינו סתום כאותו העליון הנסתר, י״ה, כי נקרא שם, הנוקבא, כמ״ש, אשר נקרא שֵם שֵם ה׳, הנוקבא שנקראת שם.

481. הראשון, י״ה סתום ואינו מגולה.

״ויחי״. ספר הזהר עם פירוש הסולם. מהד׳ 21 כר׳. כרך ז. דף קמט; מהד׳ 10 כר׳. כרך ד. דף קמט.
״ויחי״. ספר הזהר עם פירוש הסולם. מהד׳ 21 כר׳. כרך ז. דף קנ; מהד׳ 10 כר׳. כרך ד. דף קנ.

השני, שם ה׳, סתום ומגולה, עומד בהתגלות, ע״כ הם משבחים שם ה׳. ומי הם המשבחים? הם עבדי ה׳.

482. יהי שם ה׳ מבורך. מהו השינוי שאומר יהי? יהי זה המשכה מאותו מקום עליון הסתום, י״ה, עד הברית, י׳ תחתונה כעין י׳ עליונה, ההתחלה כסוף.

ז״א נקרא הוי״ה, והנוקבא נקראת אדנ״י. ע״כ כתוב, יהי שם ה׳. כי שם היא הנוקבא, ה׳ ז״א. ובייחודם משתלבים ב׳ שמות הללו זה בזה, ומצטרף מהם יאהדונה״י. ויש כאן שתי אותיות י׳. י׳ הראשונה חכמה, י׳ דהוי״ה, וי׳ האחרונה, י׳ של אדנ״י, חכמה תתאה.

י׳ ראשונה של יאהדונה״י, נמשך ממנה שפע החכמה, עד הברית, הנוקבא, י׳ תחתונה, י׳ אחרונה של יאהדונה״י. כמו שי׳ עליונה של יאהדונה״י חכמה, כן י׳ תחתונה של יאהדונה״י מקבלת ממנה, ונעשתה לחכמה תתאה. י׳ הראשונה וי׳ האחרונה נעשות שוות זו לזו ושתיהן חכמה.

483. משום זה, יה״י, הוא ההמשכה מנסתר מכל הנסתרות, י׳ ראשונה של יאהדונה״י, עד המדרגה התחתונה, י׳ אחרונה של יאהדונה״י. והן שתי אותיות י׳ של יה״י. בדבר זה התקיים כל מעשה בראשית, כמ״ש, יהי רקיע, יהי מאורות, יהי אור.

484. בכל המעשים של מעלה, הרקיע והאור והמאורות, כתוב יהי. בכל המעשים של מטה, הארץ והימים ואשר בהם, לא כתוב, יה״י, משום שזה המשכה מסתום מכל סתום, י׳ ראשונה של יאהדונה״י, אינו מתקיים אלא רק בדברים עליונים של מעלה, ולא באלו הדברים של מטה.

485. ובזה מתברך השם הקדוש בכל. ע״כ כתוב, יהי שם ה׳ מבורך, ממזרח שמש ועד מְבוֹאוֹ. זהו מקום עליון, שהשמש, ז״א, מאיר ממנו, מקום של ראש העליון הסתום, ראש א״א.

486. ועד מבואו, זהו מקום קשר, שהתקשרה בו האמונה, הנוקבא, כראוי, ששם ייחוד ז״א ונוקבא, ומשם יוצאות הברכות לכל. והעולם, הנוקבא, ניזון מכאן. ומשום זה עומד מקום זה, הנוקבא, להיות ניזון מלמעלה ולהתברך משם. והכול תלוי בהתעוררות שלמטה, שאלו עבדי ה׳ מתעוררים כשמברכים את השם הקדוש, הנוקבא, שמשום שהיא בהתגלות, כתוב, הללו עבדי ה׳, הללו את שם ה׳.

ויברכֵם ביום ההוא

488. ויברכֵם ביום ההוא לאמור, בךָ יברך ישראל. מהו ביום ההוא, הרי היה מספיק שיאמר, ויברכם? בכל מקום כתוב לאמֹר חסר ו׳, למה כאן לאמור כתוב עם ו׳?

489. ביום ההוא, זו המדרגה שהתמנתה על הברכות של מעלה, בינה. יום ההוא, זהו ז״א ממקום עליון, הנקרא הוא, בינה, מורה שאין פירוד בין יום ובין הוא. ובכל מקום שנאמר, יום ההוא,

״ויחי״. ספר הזהר עם פירוש הסולם. מהד׳ 21 כר׳. כרך ז. דף קנג; מהד׳ 10 כר׳. כרך ד. דף קנג.

מדרגה עליונה בינה ותחתונה ז״א ביחד, ז״א שעלה לבינה ונעשה כמוה.

490. ומשום זה, כאשר רצה יעקב לברך את בני יוסף, בירך אותם בייחוד של מעלה ושל מטה כולם כאחד, בשביל שתתקיים ברכתם. ואח״כ כלל כולם יחד. ואמר, בךָ יברך ישראל.

בך הוא הייחוד. בתחילה בירך מלמטה למעלה, ויברכם ביום ההוא, שז״א ובינה ביחד. ואח״כ ירד לאמצע, לז״א, ולמטה, לנוקבא. לאמור עם ו׳ הוא אמצע, כי ו׳ ז״א. ואח״כ ירד למטה, ואמר, בךָ, שמורה על הנוקבא. וכך הברכה היא כראוי מלמטה למעלה ומלמעלה למטה.

491. ישראל הוא ישראל סָבָא, ז״א דבינה. יבורך ישראל, לא כתוב, אלא יברך ישראל, שיברך לאחרים, כי ישראל סבא מקבל הברכות מלמעלה ומברך לכל ע״י המדרגה התחתונה, הנוקבא, כמ״ש, בךָ יברך ישראל. שע״י בך, שהיא הנוקבא, יברך ישראל סבא לכל.

492. ישִׂימך אלקים כאפריים וכמנשה, וַיָּשֶׂם את אפריים לפני מנשה. הקדים את אפריים בתחילה, משום שאפריים נקרא ע״ש של ישראל. כי כשיצא שבט אפריים מטרם שנשלם זמן שעבוד מצרים, שדחקו את השעה ויצאו מן הגלות, קמו עליהם שונאיהם והרגו אותם. וכתוב, בן אדם העצמות האלה כל בית ישראל הֵמָּה. משמע, שאפריים נקרא ישראל, משום שכתוב, כל בית ישראל המה. וע״כ הקדים את אפריים לפני מנשה.

משום זה נסיעתו של אפריים לצד מערב, ומסעו היה. כי השכינה במערב, שכל ישראל כלולים בה. וע״כ אפריים, שנקרא בשם ישראל, היה בצד השכינה.

493. הברכה, שבירך את בני יוסף, למה הקדים ברכתם, מטרם שבירך את בניו עצמו? נשמע שאהבת בני בנים חביב על האדם יותר מבניו. ומשום שאהבת בני בניו קודמת לבניו, הקדים לברך אותם בתחילה.

494. ויברכם ביום ההוא לאמור, בךָ יברך ישראל, הוא כמ״ש, ה׳ זְכָרָנו יברך, יברך את בית ישראל. למה כתוב פעמיים, יברך? ה׳ זכרנו יברך, אלו הם הגברים. יברך את בית ישראל, אלו הן הנשים. כי הזכרים צריכים להתברך מתחילה ואח״כ הנשים, שנשים אינן מתברכות אלא מברכתם של זכרים. וכשהזכרים מתברכים, אז מתברכות הנשים. כמ״ש, וכיפר בעדו ובעד ביתו. שצריך לכפר על עצמו תחילה, ואח״כ על ביתו, שהזכר קודם לנקבה, כדי שתתברך ממנו.

495. הנשים אינן מתברכות אלא מזכרים, כשהם מתברכים תחילה, ומברכה זו של הזכרים, מתברכות, ואינן צריכות לברכה מיוחדת להן. אז למה כתוב, יברך את בית ישראל, מאחר שהנשים אינן צריכות לברכה מיוחדת? אלא הקב״ה נותן תוספת ברכה לזכר שנשוי לאישה, כדי שתתברך ממנו אשתו. וכן בכל מקום נותן הקב״ה תוספת ברכה לזכר שנשא אישה, כדי שתתברך מתוספת זו.

וכיוון שאדם נושא אישה, נותן לו ב׳ חלקים, אחד לו ואחד לאשתו. והוא מקבל הכול, חלקו וחלק אשתו. וע״כ כתוב ברכה מיוחדת לנשים, יברך את בית ישראל, כי זהו חלקן. אמנם הזכרים מקבלים גם חלקן, והם נותנים להן אח״כ.

496. ויברכם ביום ההוא לאמור. לאמור עם ו׳, רומז על הבן הבכור, כי

הו' רומזת על בכורה, כמ"ש, בני בכורי ישראל. וכמ"ש, ואפריים בכורי הוא. ועל זה באה תוספת ו' ע"ש אפריים, הנכלל באותה הברכה.

גולמי ראו עיניך

497. גולמי ראו עיניך ועל ספרךָ כולם ייכָּתֵבו. כל אלו הנשמות שהיו מיום שנברא העולם, כולן עומדות לפני הקב"ה מטרם שיורדות לעולם, באותה הצורה ממש שנראות אח"כ בעולם, ובאותו המראֶה של גוף האדם העומד בעוה"ז, כן הוא עומד למעלה.

498. בשעה שהנשמה מוכנה לרדת בעולם, באותה צורה ממש שעומדת בעוה"ז, כן עומדת לפני הקב"ה, והקב"ה משביע אותה, שתשמור מצוות התורה, ולא תעבור על חוקי התורה.

499. ומאין לנו שהנשמות עומדות לפניו? שכתוב, חי ה', אשר עמדתי לפניו, שעמד לפניו מטרם שנברא. ומשום זה כתוב, גולמי ראו עיניך, מטרם שנראה בעולם.

כמ"ש, ועל ספרך כולם ייכתבו, כי כל הנשמות, באותה צורה שלהן, כולן בספר כתובות.

וכתוב, ימים יוּצָרוּ ולא אחד בהם. ימים יוצרו, שנעשה מהם לבוש להתלבש בו. ולא אחד בהם, שאין יום אחד בהם בעוה"ז, שיוכל לעמוד בקיום לפני אדונו כראוי.

ומידת ימיי מה היא

500. כשזוכה האדם בעוה"ז במע"ט, הימים שלו מתברכים למעלה ממקום שנקרא מידת ימיו, בינה. ואמר דוד, הודיעני ה' קיצי ומידת ימיי מה היא. קיצי, זהו קץ הימין, שמתקשר בדוד. ומידת ימיי, שהתמנה ממש על ימיו, שהיא בינה.

501. פסוק זה נאמר על הימים שנגזרו מאדה"ר, שהם שבעים שנה. שלא היה לדוד חיים כלל, אלא שנתן לו אדה"ר מימיו שבעים שנים.

502. וזה עניין הרקיע, הווילון, כנגד המלכות, שאינו משמש כלום, כי הלבנה, מלכות, אינה מאירה מעצמה כלום. דוד שהוא כנגד המלכות, אין לו חיים. ושבעים שנה מאירות למלכות מכל צדדיה, שבע ספירות חג"ת נהי"מ מז"א, שכל אחת כלולה מעשר, והן שבעים. והן חיי דוד סתם. וע"כ ביקש דוד מהקב"ה, לדעת למה אין חיים אל הלבנה מעצמה, ורצה לדעת השורש שלה.

503. ומידת ימיי, זוהי מדרגה עליונה סתומה, בינה, שנקראת מידת ימיי, משום שהיא עומדת על כל אלו הימים,

"ויחי". ספר הזהר עם פירוש הסולם. מהד' 21 כר'. כרך ז. דף קנו; מהד' 10 כר'. כרך ד. דף קנו.
"ויחי". ספר הזהר עם פירוש הסולם. מהד' 21 כר'. כרך ז. דף קנו; מהד' 10 כר'. כרך ד. דף קנו.

שהם חיים של המלכות. כי חג״ת נהי״ם דז״א נמשכים מבינה. היא מקום המאיר לכל.

אֵדְעָה מֶה חָדֵל אָני, אמר דוד. אדע על מה חדל אני אור מעצמי, ונמנע ממנו להיות, כשאר כל אורות העליונים, שיש להם חיים לכולם מעצמם, ואני, על מה אני חדל מאור, ועל מה נמנע ממני? וזהו שבא דוד לדעת, ולא ניתן לו רשות לדעת.

כל הברכות למדרגה הזו

[כל ברכאן להאי דרגא]

504. כל הברכות העליונות נמסרו למדרגה הזו, למלכות, לברך לכל. ואע״פ שאין לה אור מעצמה, כל הברכות וכל החדווה וכל טוב, כולם נמצאים בה, וממנה הם יוצאים. וע״כ נקראת כוס של ברכה. ונקראת ברכה ממש, כמ״ש, ברכת ה׳ היא תעשיר, שברכת ה׳ היא המלכות. וע״כ כתוב, ומָלֵא ברכת ה׳ ים ודרום יְרָשָׁה.

505. משום זה יש למלכות שריד בכל הספירות, שכולן נכללות ממנה, והתמלאה מכולן, ומכולן יש בה, שכולן נכללות בה, והתברכה מכל הברכות העליונות, ונמסרו הברכות בידה לברך.

יעקב בירך לבניו של יוסף, ממקום שכל הברכות נמסרו בידו לברך, כמ״ש, והיֵה ברכה, שיזכה למלכות, שהיא ברכה. ואז מכאן והלאה נמסרו הברכות בידו. כי כל הברכות בידי המלכות הן.

כשנאמר למלכות, לכי ומעטי את עצמך, והתמעטה, ויצאה מאצילות לבריאה, מאז אין לה חיים משלה. ומה שהייתה נכללת מקודם בספירות דאצילות, יצאה מהן, ולא נשאר ממנה כלום בכל הספירות. וע״כ כתוב, שדוד אין לו חיים. אמנם אח״כ נתקנה ע״י ז״א, שבנה אותה משבע ספירות חג״ת נהי״מ שלו, שזה שבעים שנה שנתן אדה״ר לדוד.

ונמצא עתה, אע״פ שאין לה מעצמה כלום, מ״מ שוב השיגה בניין פרצופה בשלמות, אלא ע״י ז״א. ומשום זה חזרה ונכללה בכל הספירות דאצילות, וכל הספירות חזרו ונכללו בה, משום זה יש למלכות שריד בכל הספירות, כי חזרה ונכללה בהן. ומכולן יש בה, שכל הספירות חזרו ונכללו בה כמקודם המיעוט.

506. כעין שנבנתה בשבע ספירות דז״א, אנו מברכים ומשבחים לשם הזה למלכות, וע״כ באלו הימים אומרים הלל.

בהלל ג׳ מדרגות: חסידים מצד ימין, צדיקים מצד שמאל, וישראל מכל אלו הצדדים. כי ישראל כלולים מכולם, כי הוא קו אמצעי, הכולל ב׳ הקווים ימין ושמאל. שהם כנגד ג׳ הקווים שהמלכות מקבלת מז״א, אע״פ שאין לה מעצמה כלום. וע״כ התעלה שבחו של הקב״ה, המלכות, מכל הספירות. וכן בכל מקום שישראל משבחים אל הקב״ה מלמטה, שמעלים מ״ן, מתעלה כבודו בכל הספירות.

"ויחי". ספר הזהר עם פירוש הסולם. מהד׳ 21 כר׳. כרך ז. דף קנח; מהד׳ 10 כר׳. כרך ד. דף קנח.

קול גלגל המתגלגל

[קל גלגלא מתגלגלא]

507. קול גלגל המתגלגל מלמטה למעלה. מרכבות סתומות הולכות ומתגלגלות. קול נעימות עולה ויורד, הולך ומשוטט בעולם. קול שופר נמשך בעומקי המדרגות, ומסובב הגלגל סביב.

המוחין יוצאים בג' מקומות בזה אחר זה, המכונים ג' נקודות חולם שורוק חיריק, שהם ג' קווים ימין שמאל אמצע, וכן מאירים ע"י גלגול בג' מקומות, שהולכים ומתגלגלים בהם, בזה אחר זה. ולפיכך מכונה דרך הארתם בשם גלגול.

ג' הנקודות הללו כלולות זו מזו. ע"כ יש ג' נקודות בחולם, קו ימין. ג' נקודות בשורוק, קו שמאל. ג' נקודות בחיריק, קו אמצעי. נמצא שיש גלגול בכל אחד מג' הקווים. וכאן הזוהר מדבר מג' הקווים שבחיריק, קו אמצעי, שהוא ז"א, הנקרא קול. ע"כ מכנה אותם ג' קולות.

קול גלגל המתגלגל מלמטה למעלה, הגלגול מקו ימין לקו שמאל. והרי הארת השמאל אינו מאיר אלא רק מלמטה למעלה, וע"כ נאמר, מתגלגל מלמטה למעלה. אלא שמטרם שקו השמאל מתחבר עם הימין נמצאים הארותיו סגורות, שאינו יכול להאיר בלי חסדים.

ואח"כ מתגלגל קו השמאל לקו הימין, שאז קול נעימות עולה ויורד, שהוא שפע הנעימות והחסדים המתגלים מקו ימין, והוא מאיר גם מלמעלה למטה, ע"כ נאמר, הולך ומשוטט בעולם.

ואח"כ מתגלגל מקו ימין לקו אמצעי. ז"א, קו אמצעי, הנקרא קול שופר, נמשך ויוצא על מסך דחיריק, שהוא דינים, בעומק הדינים, והוא עיקר המשלים ומגלה את הארת ג' הקווים, ועיקר המסובב את הגלגל סביב, ומייחד ג' הקווים זה בזה.

508. יושבים ב' מניפות, כוחות הממונים להעניש ולתת שכר, הנמשכים מימין ומשמאל, בשני צבעים נכללים זה בזה, לבן ואדום, שניהם מסובבים גלגל למעלה, כשמסובב לימין הלבן עולה, וכשמסובב לשמאל האדום יורד. והגלגל מתגלגל תמיד ואינו שוקט.

הם מסובבים הגלגל, ג' הקווים, לפי מעשה התחתונים. אם הם צדיקים, אז מסובב הכוח שבימין את הגלגל, ואז עולה הלבן, החסדים, לתת שכר לצדיקים. אם הם רשעים, כוח שמשמאל מסובב את הגלגל, והאדום, הדין, יורד ומעניש את הרשעים.

509. שתי ציפורים, חו"ב דנוקבא, עולות כשמצפצפות, אחת לצד דרום, חכמה, ואחת לצד צפון, בינה, ופורחות באוויר, שמאירות בו"ק דחו"ב, שו"ק מכונים אוויר.

הצפצוף של הציפורים, הנוקבא, וקול נעימות של הגלגל, ז"א, מתחברים יחד, ואז, מזמור שיר ליום השבת. שאז בעת זיווגם מאירים האורות, המפורטים במזמור שיר ליום השבת. וכל הברכות, החכמה, נמשכות בלחש ומתלבשות בנעימות של הגלגל, קו ימין דז"א, חסדים. מתוך האהבה של קול שופר, קו האמצעי דז"א.

הקו האמצעי, קול שופר, מייחד ב' הקווים. ומטרם שהחכמה מתלבשת בחסדים אינה מאירה. ונבחן שנמשכת

בלחש, ואינה נשמעת. ואח״כ כשמתלבשות בנעימות הגלגל, הן נשמעות.

510. כדי לקבל אלו הברכות, כדי שהחכמה תתלבש בחסדים, יורדות הברכות, החכמה, מלמעלה למטה, ונגנזו יחד בתוך עומק הבאר, הנוקבא, שאינה יכולה להאיר בלי חסדים.

מעיין הבאר אינו פוסק מלהיות בלחש, שאינו מאיר, עד שמתמלא אותו הגלגל המסובב, קו אמצעי, עיקר המסובב את הגלגל. וכשהקו האמצעי, הגלגל המסובב, ממשיך ומתמלא בחסד, אז מתלבשת החכמה בחסדים דקו אמצעי ומאירה בשלמות, ואינה עוד בלחש.

511. אלו ב׳ מניפות מגלגלים. האחד שמימין, שמגלגל ג׳ הקווים תחת שליטת ימין, קרא בכוח ואמר, הארת האורות שעולים ויורדים, כי להיותו ימין, הארתו יורדת מלמעלה למטה. אלפיים עולמות, חו״ב המכונים אלפים, הנמשכים מב׳ הקווים ימין ושמאל, האירו. העולם האמצעי שבתוכם, דעת הנמשך מקו האמצעי, האר מאור של אדונך. כל אלו בעלי העיניים, הראויים להשיג חכמה, הסתכלו ופִתחו עיניכם ותזכו לאור הזה, לעידון הזה.

אלו הן הברכות הנמשכות מלמעלה. מי שזכה, עולה הגלגל ומתגלגל לימין, שמביא הארות ג׳ הקווים בשליטת הימין, ומוריד וממשיך לאותו שזכה, ומתעדן מאלו ברכות העליונות המאירות. אשריהם אלו שזכו בהן.

512. וכשאינו זוכה, הגלגל מתגלגל, ומניפה שבצד שמאל מגלגל אותו, מביא הארת הקווים בשליטת השמאל, ומוריד האור למטה, ממשיך הארת השמאל מלמעלה למטה, וממשיך בזה דין על אותו שלא זכה, וקול יוצא. אוי לרשעים שלא זכו, משמאל יוצא אש שלהבת, שדולק ושורה על ראש הרשעים. אשריהם ההולכים בדרך אמת בעוה״ז, לזכות באותו אור העליון, הברכות של הצחצחות, כמ״ש, והשׂביע בצחצחות נפשך.

היאספו ואגידה לכם

513. כתוב, פָּנה אל תפילת הערער ולא בָזה את תפילתם. היה צריך לומר, הקשיב, או שמע. מהו פנה?

514. אלא כל תפילות העולם, תפילות רבים, הן תפילות. אבל תפילת יחיד, אינה נכנסת לפני המלך הקדוש, אלא בכוח חזק. כי מטרם שהתפילה נכנסת להתעטר במקומה, משגיח בה הקב״ה, ומסתכל בה, ומסתכל בעוונותיו ובזכותו של אותו אדם, מה שאינו עושה כן בתפילת רבים, שכמה הן התפילות שאינן מהצדיקים, ונכנסות כולן לפני הקב״ה, ואינו משגיח בעוונותיהם.

515. פנה אל תפילת הערער. שהופך התפילה ומסתכל בה מכל צד, ומסתכל באיזה רצון נעשתה התפילה, ומי הוא האדם שהתפלל התפילה הזו, ומה הם מעשיו. לפיכך צריך האדם, שיתפלל

תפילתו בציבור, משום שלא בזה את תפילתם, אע"פ שאינם כולם בכוונה וברצון הלב. וכמ"ש, פנה אל תפילת הערער, שרק לתפילת יחיד פונה להסתכל בה, אבל את תפילת רבים לא בזה, אע"פ שאינם רצויים.

516. פנה אל תפילת הערער. שמקבל תפילתו, אלא שזה יחיד שנכלל ברבים. ע"כ תפילתו כתפילת רבים. ומי הוא יחיד שנכלל ברבים? יעקב, שכלול בב' צדדים, ימין ושמאל, אברהם ויצחק, וקרא אל בניו, והתפלל תפילתו עליהם.

ומי היא התפילה, המתקבלת בשלמות למעלה? היא התפילה, שלא יכלו בני ישראל בגלות. שכל תפילה, שהיא בעד השכינה, היא מתקבלת בשלמות. וכשישראל בגלות, שכינה עימהם, ע"כ נחשב התפילה כמו בעד השכינה, ומתקבלת בשלמות.

517. ויקרא יעקב אל בניו. באותה שעה שיעקב קרא אל בניו, הסתלקה ממנו השכינה. כי כשיעקב קרא לבניו, הזדמנו שם אברהם ויצחק, והשכינה עליהם. והשכינה שמחה ביעקב, להתחבר עם האבות, להתקשר עם נפשם יחד להיות מרכבה.

518. ואמר יעקב, היאספו ואגידה לכם את אשר יקְרָא אתכם באחרית הימים. באחרית זו השכינה, שהיא סוף הספירות. וכשאמר, אשר יקרא אתכם באחרית הימים, שהזכיר את הגלות, נתן עצבות בשכינה, והסתלקה. ואח"כ החזירו אותה בניו ע"י הייחוד שעשו בדיבורם, שפתחו ואמרו, שמע ישראל. באותה שעה העמיד אותה יעקב, ואמר, בשכמל"ו. והתיישבה השכינה במקומה.

519. ויקרא יעקב אל בניו, כדי לקיים את המלכות, המקום, שעם הקריאה שקרא להם, קשר אותם בשורשם, לקיים אותם למעלה בשורשם, ולמטה בעוה"ז. כמ"ש, ויקרא שמו יעקב, קריאה, היא כדי לקיים המקום, המלכות, במקום שצריך, ולקשור אותו בה. וכן כתוב, ויקרא לו אל אלקי ישראל, שקיים המקום הזה, בשם הזה שקרא לו, כי קריאה היא לקיום ולחיזוק.

520. ויקראו אל אלקים. איזה קיום יש כאן? גם הקריאה שכאן, לקשור ולקיים קיום למעלה, סידור השבח לאדונו וכל הדברים שמתפללים לפני אדונו, נותנים קיום וכוח לאדונו, שמראה בזה, שהכול תלוי בו, ולא במקום אחר. הרי שגם הקריאה שכאן מקיימת קיום. כעין זה, ויקרא יעקב אל בניו, שקיים אותם בקיום שלם. כעין זה, ויקרא אל משה, שהתקיים ע"י זה בקיומו.

521. אם, ויקרא אל משה, מורה קיום וחיזוק, למה א' שבמילה ויקרא, קטנה? כי משה התקיים בשלמות, מחמת הקריאה, ולא בכולו, כי פרש מחמת זה מאשתו, ומשום זה כתוב א' קטנה. פרישתו מאשתו היא שבח ולא גירעון. אבל מה שהסתלק מאשתו והתדבק למעלה, צריך שיתקשר למעלה ולמטה, גם באשתו, ואז הוא שלם. והפרישה מאשתו היא גירעון לו. ועל זה רומזת א' קטנה.

א' קטנה רומזת שהקריאה ממקום קטן, מלכות, קטן שהוא גדול בהתחברותו למעלה, בז"א, משה. וע"כ, ויקרא אל משה, כדי שתהיה גדולה.

522. ויאמר, היאספו, משמע שעוד לא היו שם אצלו. א"כ למי אמר? אם אמר לשליחים, שיאספו את בניו, היה לו לומר, אִספו, ולא היאספו. אלא, היאספו, מלמעלה. אמר, היאספו, אל שורשיהם

העליונים שבמלכות, שיתאספו בקשר שלם בייחוד אחד. ואגידה לכם, הוא החכמה, ומורה שימשיך להם החכמה.

523. כל מקום שנאמר, הגדה, הוא החכמה, משום שמילה הבאה באותיות ג׳ ד׳ בלי פירוד ביניהן, רומזת על ייחוד השלם, כי ג׳ יסוד, ד׳ מלכות, שזה החכמה. כי המילה הבאה בשלמות באותיות ג׳ ד׳ היא של החכמה.

אבל ד׳ בלי ג׳ אין שלמות, וכן ג׳ בלי ד׳. כי ג׳ ד׳ התקשרו זה בזה בלי פירוד, ומי שמפריד אותם, גורם לעצמו מיתה. וזה החטא של אדם, שהמשיך אור המלכות מלמעלה למטה, והפריד אותה מיסוד ז״א, והפריד הד׳ מן הג׳.

524. משום זה, הגדה, היא מילה של החכמה. ואע״פ שיש פעם י׳ בין ג׳ לד׳, כגון ואגידה, אינו פירוד, והכול קשר אחד. כי י׳ רומזת ג״כ ליסוד. אף כאן, ואגידה לכם, הוא החכמה, רצה לגלות את סוף כל מעשיהם של ישראל, את עניין הקץ.

525. לא גילה מה שרצה לגלות, א״כ למה כתוב בתורה הדבר של יעקב השלם, בעת שהתקלקל אח״כ ולא נשלם הדבר?

אלא ודאי שנשלם, וכל מה שצריך לגלות, גילה וסָתם. אמר דבר, וגילה לחוץ, וסָתם בפנים. ודבר שבתורה אינו מתקלקל לעולם.

526. הכול סתום בתורה, משום שהתורה היא שלמות הכול, שלמות של מעלה ושל מטה, ואין מילה או אות בתורה שתהיה פגומה. ויעקב, כל מה שהיה צריך לומר, אמר. אבל גילה וסתם. ולא פָּגם מכל מה שרצה לגלות, אפילו אות אחת.

527. יעקב בירך את בניו, כמ״ש, ויברך אותם. אבל איפה הן הברכות שלהם? הכול הן ברכות שבירך אותם, כמ״ש, יהודה, אתה יוֹדוּךָ אַחֶיךָ. דן, ידין עמו. מאשר שְׁמֵנה לחמו. וכן כולן.

528. אבל מה שרצה לגלות, לא גילה. כי רצה לגלות להם את הקץ. ויש קץ לימין ויש קץ לשמאל, והוא רצה לגלות להם את קץ הימין, כדי להישמר ולהיטהר מעורלה, שבקץ השמאל. ומה שגילה להם, נודע ונגלה עד שבאו לארץ הקדושה. אבל דברים אחרים לא גילה בגילוי, והם סתומים בתורה, באלו הברכות.

ראובן בכורי אתה

529. ראובן בכורי אתה. מה ראה יעקב להתחיל הברכות בראובן, ולא התחיל ביהודה, שבנסיעת הדגלים נוסע ראשון לכל המחנות, והוא מלך? והלוא לא בירך את ראובן, והסתלקו ממנו הברכות, עד שבא משה והתפלל עליו, כמ״ש, יחי ראובן ואל ימות. ולפי זה מוטב היה שיתחיל ביהודה, והיה מתחיל בברכה.

530. אבל ודאי בירך את ראובן, ועלתה הברכה למקומה. משל לאדם שהיה לו בן, כשהגיע זמנו להסתלק מן

העולם, בא אליו המלך, אמר, כל כספי יהיה ביד המלך שמור לבני. כשראה המלך שהבן ראוי לקבלו, נתן לו. כך יעקב אמר, ראובן, בכורי אתה, אהוב ליבי, אבל הברכות שלך יהיו בידי המלך הקדוש, עד שראה אותך ראוי להן.

531. כמה אטומים הם בני אדם, שאינם יודעים ואינם משגיחים בכבוד המלך, והרי התורה מכריז עליהם בכל יום, ואין מי שׁיַטה אוזנו אליה.

532. סוד החכמה לומדים משני ציוויים, האחד להעיר מלמטה למעלה, כמ״ש, הינבא אל הרוח. כי אם אינם מתעוררים מקודם מלמטה, אינם מתעוררים למעלה. ובהתעוררות שלמטה, מתעורר למעלה. וציווי השני הוא להעיר מלמעלה למטה, כמ״ש, הינבא בן אדם ואמרת אל הרוח.

533. כי אפילו למעלה, בהתעוררות של מטה בהעלאת מ״ן, מקבל העליון מעליון ממנו. אפילו במדרגות העליונות, אין התחתונה מקבלת מעליונה ממנה, אלא רק ע״י התעוררות של מטה. כמ״ש, כה אמר ה׳, מארבע רוחות בואי הרוח, וּפְחִי בהרוגים האלה, ויחיו. ארבע רוחות, דרום מזרח צפון ומערב, חסד ת״ת גבורה ומלכות.

הרוח בא ממערב, המלכות, בהתחברות של אלו האחרים, דרום מזרח צפון, שהם חג״ת. שהמלכות מעלה מ״ן אליהם, והם מתחברים בה. הרי שגם בעליונים נוהג התעוררות של מטה, העלאת מ״ן.

534. מהמלכות יוצאים רוחות ונשמות לבני העולם להצטייר בהם, לקבל מהם צורת ג״ר. וּפְחִי בהרוגים האלה, כמ״ש, וייפח באפיו נשמת חיים. מלכות מקבלת מצד זה, ונותנת בצד אחר, וע״כ, כמ״ש, כל הנחלים הולכים אל הים והים איננו מלא. איננו מלא, משום שמקבל ונותן, מכניס ומוציא.

כי אע״פ שהמלכות מקבלת מג׳ צדדים דז״א, מדרום צפון ומזרח, מ״מ בתחילה מקבלת מקו שמאל, צפון, שאז יש לה ג״ר דחכמה. אמנם בלי חסדים. וע״כ קופאים אורותיה בתוכה ואינה יכולה להאיר.

ואח״כ כשמקבלת מקו אמצעי, מזרח, מתייחד צפון עם דרום, והאורות נפתחים, ומאירה לתחתונים. אבל אז מתמעטת מג״ר דג״ר מכוח קו אמצעי, ונשארת בו״ק דג״ר.

535. כיוון שגלוי לפני הקב״ה שבני אדם ימותו, למה הוריד נשמות בעולם? ולמה צריך להן? הקב״ה נותן נשמות היורדות לעוה״ז, להודיע כבודו, ולוקח אותן אח״כ, א״כ למה ירדו?

536. אלא כמ״ש, שתה מים מבורֶך ונוזלים מתוך בארֶך. בור מקום שאינו נובע מעצמו. באר נובע מעצמו. מים נובעים מעצמם, הנשמה שנשלמה בעוה״ז, ועולה למ״ן, למקום שנקשרה בו, למלכות, אז היא שלמה מכל הצדדים, מלמטה ומלמעלה.

537. כשהנשמה עולה למ״ן למלכות, אז מתעוררת השתוקקות הנוקבא אל הזכר, ואז נובעים מים במלכות מלמטה למעלה. ומה שהייתה בור, נעשית באר מים נובעים. ואז נמצא התחברות ייחוד השתוקקות ורצון, כי בנשמות הצדיקים נשלמה המלכות, והתעוררו חביבות ורצון למעלה, וז״א והמלכות התחברו כאחד.

538. ראובן בכורי אתה. הוא טיפה ראשונה של יעקב, כי לא ראה קרי מימיו, ורצונו במקום אחר היה, ברחל. ראובן וכל י״ב השבטים התאחדו בשכינה,

וכשראה יעקב את השכינה עליו, קרא לי"ב בניו שיתחברו בה.

539. מיטה שלמה לא נמצאה מיום שנברא העולם, כבשעה שרצה יעקב להסתלק מן העולם. אברהם מימינו, יצחק משמאלו, יעקב היה שוכב ביניהם, השכינה לפניו. כיוון שראה יעקב כך, קרא את בניו, ואחז אותם סביב השכינה, וסידר אותם בסדר שלם.

540. סידר אותם סביב השכינה, כי כתוב, היאספו, שייאספו למעלה מסביב השכינה. ואז נמצאה שם כל השלמות, וכמה מרכבות עליונות מסביב להם פתחו ואמרו, לך ה' הגדולה והגבורה.

אז נאסף השמש, יעקב, ז"א, אל הלבנה, הנוקבא, והתקרב המזרח, ז"א, למערב, הנוקבא. וכמ"ש, ויאסוף את רגליו אל המיטה, שמוֹרה על הזיווג. והאירה ממנו הלבנה, ונמצאה בשלמות. יעקב לא מת, אלא הזדווג עם השכינה, כיוון שראה סדר שלם, שלא נמצא לאדם אחר, שמח ושיבח אל הקב"ה, ובירך את בניו.

מאשר שמֵנה לַחמו

541. כל בניו של יעקב נתקנו בסדר שלם, שנעשו מרכבה לסדר ספירות עליונות. והתברכו כל אחד כראוי לו. מה נאמר בפסוק הזה, שכתוב, מאשר שמֵנה לַחמו?

542. אשר ישב לחוף ימים. מי שיושב בשפת הים, ביסוד המלכות, משתמש במעדני עולם, מוחין הנמשכים מעדן. אשר, הוא פתח העליון של צדיק, יסוד, כשמתברך להשפיע ברכות בעולם. והפתח הזה נודע תמיד לברכות העולם, ונקרא אשר. וזהו עמוד, מאלו שהעולם עומד עליהם.

ד' בני השפחות הם ד' אחוריים שבד"ס חו"ג ונו"ה. אשר, האחוריים דהוד, שם נמצאים הדינים דמסך דחיריק, שעליו יוצא קו אמצעי, המייחד ב' הקווים, ומחזיר האחוריים להיות פנימיות, כמ"ש, וכל אחוריהם ביתה. ונאמר, שאשר, הוא פתח העליון של צדיק, כי צדיק, יסוד וקו אמצעי, מקבל כוח המסך דחיריק מאחוריים דהוד, שהוא אשר.

וע"כ נחשב אשר לפתח עליון בשביל היסוד. כי לולא המסך דחיריק, שמקבל מאשר, לא היה לו ברכות להשפיע לעולם. ואע"פ שהוא דינים, מ"מ העולם, הנוקבא, עומד עליו. שזולתו לא היה יכול קו אמצעי לייחד הקווים זה בזה. והעולם היה נחרב ויבש.

543. מקום שנקרא לחם עוני, הנוקבא שמקבלת מקו שמאל לבד, נתקן מהמקום ההוא, מאשר, שממנו נעשה המסך לקו אמצעי. וכמ"ש, מאשר שמנה לחמו, שמה שהיה מקודם לכן לחם עוני חזר עתה, אחר שהתייחדו ב' הקווים זה בזה, להיות לחם פַּנַג [לחם עונג]. משום שהשפיע ונתן בו ברכות.

וסוף הפסוק מוכיח, כמ"ש, והוא ייתן

מעדני מלך. מלך זה כנ"י, המלכות, שממנה ניזון העולם, במעדני עולם, והוא, אשר, ייתן למלך הזה, למלכות, כל הברכות, כל השמחה, וכל טוב. הוא נותן לה למלכות, וממנה יוצא לתחתונים.

פחז כמים אל תוֹתַר

544. ראובן היה בכור יעקב. לו היה ראוי הכול, מלכות בכורה וכהונה, ונעבר ממנו הכול, וניתן המלכות ליהודה, הבכורה ליוסף, הכהונה ללוי. כמ"ש, פחז כמים אל תוֹתַר, שלא תישאר בהם. ומה שאמר יעקב, ראובן בכורי אתה, כוחי וראשית אוני, יתר שְׂאת ויתר עָז, כאן בירכוֹ והזכירוֹ לפני הקב"ה.

545. זה דומה לאהובו של המלך, שיום אחד עבר בנו בשוק. אמר אל המלך, זהו בני, אהוב נפשי. שמע המלך, והבין שהוא ביקש על בנו, שייטיב עימו. כך יעקב אמר, ראובן בכורי אתה, כוחי וראשית אוני. הזכירו כאן למלך, שייטיב עימו.

546. פחז כמים אל תותר. כאן אמר מה שיקרה לו, שלא יישאר בארץ ויִשרה מחוץ לארץ, בעבר הירדן מזרחה. כנגד זה, ממונה אחד מצד המשכן, הנוקבא, למעלה, ממונה תחת יד מיכאל, נדחה ג"כ לחוץ ממשכן. כי יש לי"ב שבטים י"ב שורשים במשכן העליון, הנוקבא. וכיוון שראובן נדחה מארץ ישראל לעבר הירדן, כן שורשו למעלה נדחה לחוץ ממשכן.

ויש אומרים, שממונה הנדחה ממשכן למעלה, היה תחת יד גבריאל, ואע"פ שראובן חסד, ומיכאל ראש המלאכים שמצד חסד, וגבריאל ראש מצד השמאל, גבורה, עכ"ז יש בראובן גם גבורה.

ומביא ראיה מהכתוב, ויהודה עוד רָד עִם אל, שירידה זו מורה, שהוא צד הגבורה, ונקרא ב"ד, וסמוך לנחלתו בארץ הוא ראובן, כי נחלת יהודה נמשך עד הירדן ממערב, ונחלת ראובן נמשך עד הירדן ממזרח. וסמיכות זו מורה, שיש גם בראובן גבורה.

ואע"פ שמלכות, גבורה תתאה, נלקחה מראובן והיא של יהודה, מ"מ עוד לא נקי לגמרי מגבורה, שהרי ראובן סמוך כנגדו היה נחלתו, ומורה שיש בו גבורה.

547. עתידים בני ראובן לערוך שתי מלחמות בארץ. כתוב, כוחי, בגלות מצרים. וראשית אוני, שהיו הראשונים מאחיהם למלחמה. יתר שְׂאת, גלות אשור. שלשם הוגלו בני גד ובני ראובן ראשונים לכולם, וסבלו הרבה רעות, והרבה עינויים סבלו, ולא שבו משם עד עתה.

548. ויתר עָז. בזמן שהמלך המשיח יתעורר בעולם, הם ייצאו ויערכו מלחמה בעולם וינצחו, ויתגברו על העמים, ובני העולם יפחדו מהם, ויתחלחלו לפניהם.

ויחשבו בני ראובן להתגבר במלכות, ולא יישארו בה. כמ"ש, פחז כמים אל תותר, שלא יישארו במלכות, אפילו בצד אחד בעולם, משום שכתוב, כי עלית משכבֵי אביך, שעתידים לבוא ולערוך מלחמה בתוך ארץ הקדושה. משכבי אביך, ירושלים. שירצו לקחת אותה ממלך המשיח.

549. בד׳ רוחות העולם התפזרו בני ראובן בגלות, כנגד כל ישראל, שהוגלו ארבע פעמים בגלות בד׳ רוחות העולם. כמ״ש, כוחי, גלות אחד. וראשית אוני, שתיים. יתר שאת, שלוש. ויתר עָז, ארבע. כעין זה עתידים הם לערוך מלחמה בד׳ רוחות העולם, ולמשול במלחמתם על כולם. וינצחו עמים רבים וימשלו עליהם.

550. פחז כמים אל תותר. נרמז על ההרהור הראשון, שהיה ליעקב בטיפה הראשונה, ברחל. כי אילו היה הרהור של הטיפה ההיא במקומה בלאה, היה נשאר ראובן בכל, במלוכה ובכהונה ובבכורה. אבל, פחז כמים אל תותר, כי עלית משכבי אביך, שעלית בהרהור אחר, אז חיללת.

551. פחז כמים אל תותר. כשבני ראובן יערכו מלחמה בעולם, וינצחו עמים רבים, לא יישארו בני ראובן במלכות. מה הטעם? מפני שעתידים לערוך מלחמה בארץ הקדושה.

כי בדיוק כתוב, כי עלית משכבי אביך, שזה ירושלים. הלוא משכב, היה צריך לומר? אלא אביך ישראל סבא, ז״א, ע״כ אומר משכבֵי אביך ולא משכב, משום שפעמיים נחרב ירושלים, ובשלישית תיבנה בזמן מלך המשיח.

וכאן התגלתה ברכה בכתוב, בכורי אתה, כוחי וראשית אוני. ומה שהיה, שנלקחה ממנו הברכה והמלכות והכהונה, כמ״ש, פחז כמים אל תותר. ומה שיהיה כשיבואו ישראל לארץ, שלא יהיה לו חלק בארץ, אלא בעבר הירדן. ומה שיהיה בזמן מלך המשיח במעשה ראובן, שיעשה מלחמות בעמים רבים וגם בירושלים.

שמעון ולוי אחים

552. שמעון ולוי אחים, כלי חמס מְכֵרותיהם, בסודם אַל תבוא נפשי. כאן אחז אותם בצד שמאל של השכינה. כי ראה בהם מעשים של דין הקשה, שאין העולם יכול לסבול.

שמעון לא היה ראוי לברכה, כי ראה בו כמה מעשים רעים. ולוי בא מצד דין הקשה, שהברכה אינה תלויה בו. ואפילו כשבא משה, לא תלה ברכתו בו, כמ״ש, בָרך ה׳ חֵילוֹ, שבהקב״ה תלויה ברכתו.

553. כתוב, זה הים גדול ורחב ידיים, שָׁם רמשׂ ואין מספר, חיות קטנות עם גדולות. זה הים גדול, השכינה שעמדה על יעקב, כשרצה להסתלק מן העולם. ורחב ידיים, כי כל העולם מתמלא, ונשלם, ומצטמצם בשכינה. שמתמלאת ונשלמת מכוח הדרום, ומצטמצמת מכוח הצפון. שם רמש ואין מספר, כי הרבה מלאכים עליונים וקדושים נמצאים שם.

חיות קטנות עם גדולות, אלה י״ב שבטים, בניו של יעקב, שנמצאים שם בשלמות. איילה נפתלי, זאב בנימין עִם גדי גד, ארי יהודה, טלה יוסף. וכן כולם, להימצא חיות קטנות עם גדולות.

554. כולם, בכל השבטים, נמצאים חיות קטנות עם גדולות, אבל יהודה אריה, שמעון שור, כי שמעון גבורה

וגבורה היא פני שור. והיו מסתכלים זה מול זה, יהודה מימין, שמעון משמאל.

בדומה לשור, שמעשיו רעים, ויסתכל בצורת אריה, המצויר ברפת שלו, ויפחד ממנו. כך שמעון שור, יהודה אריה. שמעון, שהוא שור, גבורה, נכנע מכוח הסתכלותו ביהודה, שהוא אריה, חסד.

555. שמעון לא זכה לברכות מיעקב, אלא משה חיבר אותו ביהודה, כמ״ש, שְׁמַע ה׳ קול יהודה. וכתוב, כי שָׁמַע ה׳ כי שנואה אנוכי. שע״כ לאה קראה לו שמעון. וכמו ששָׁמע ה׳ הוא בשמעון, אף שְׁמַע ה׳ שביהודה, כולל את שמעון.

יעקב לא בירך את שמעון ולוי, משום שהעלה אותם למשה, שיברך אותם. מהו הטעם שאביהם לא בירך אותם?

557. יעקב, היה לו ארבע נשים, והוליד בנים מכולן, ונשלם ע״י נשיו. כשביקש יעקב להסתלק מן העולם, השכינה עמדה עליו. רצה לברך את שמעון ולוי, ולא יכול, שפחד מפני השכינה. אמר, איך אעשה זאת? הרי שניהם באים מצד דין הקשה, וברכתם תפגום בשכינה, ולהתקיף את השכינה איני יכול.

כי ארבע נשים היו לי, שנמשכו לי מד׳ בחינות חו״ג תו״מ שבשכינה, ונשלמתי בהן, כי הולידו לי י״ב שבטים, שהם כל השלמות. וכיוון שקיבלתי שלמותי מן השכינה, איך אברך את שמעון ולוי כנגד רצונה? אלא אמסור אותם לאדון הבית, משה, בעלה של מטרוניתא, שהבית ברצונו נמצא, ומה שירצה יעשה.

558. וכך אמר יעקב, חלקי בנשים ובבנים, הרי קיבלתי בעוה״ז מן השכינה, ונשלמתי, ואיך אתחזק עוד במטרוניתא, השכינה? אלא אמסור הדברים לאדון המטרוניתא, משה, והוא יעשה מה שירצה, ולא יירא.

559. כתוב, וזאת הברכה אשר בירך משה איש האלקים את בני ישראל. איש האלקים אדון הבית, אדון המטרוניתא. כי איש פירושו אדון. כמ״ש, אישהּ יקימֶנו ואישהּ יְפֵרֶנו. שהשכינה נקראת כלת משה. שמשה מרכבה למעלה מחזה דז״א, ומשום זה הוא בעלה של המטרוניתא, כמו ז״א, והיה המשפיע אל השכינה, שהמשפיע הוא אדון למקבל, וע״כ נקרא איש האלקים.

וע״כ בירך משה את מי שרצה, ולא ירא מפני פגם השכינה, כי היה יכול לתקן אותה כפי שרצה. ומשום זה אמר יעקב, אני רואה שבניי אלו הם בצד דין הקשה, יבוא אדון הבית ויברך אותם.

560. משה היה ודאי איש האלקים, וכרצונו עשה בביתו. כמ״ש, אישהּ יקימנו, שישפיע לה מוחין דחכמה, המכונים קימה. כמ״ש, ויאמר משה, קוּמה ה׳ ויפוצו אויביך. כי בדרך יש אחיזה לקליפות, ומוחין דחכמה מבריחים הקליפות.

ואישהּ יפרנו, כמ״ש, ובנוּחו יאמר, שובה ה׳, כי בהיות השכינה במקום מנוחה, אין אחיזה בה לקליפות, ואין פחד. וע״כ אישהּ יפרנו, שבכוח הקו האמצעי הוא מפר הג״ר דחכמה, כדי להלבישה בחסדים, כמ״ש, ובנוחו יאמר, שובה ה׳.

ודאי שאדון הבית עושה כרצונו, ואין מי שימחֶה בידו. כאדם הגוזר על אשתו והיא עושה רצונו. וע״כ יעקב, אע״פ שהיה אחוז בעה״ח, ז״א, לא היה אדון הבית כמו משה, כי הוא היה אחוז למטה, למטה מחזה דז״א, ששם כבר שייך לנוקבא דז״א. אבל משה למעלה, אחוז למעלה מחזה דז״א, בעולם הזכר. וע״כ היה אדון הבית, כמו ז״א. וע״כ מסר אותם יעקב לאדון הבית, שיברכם.

561. בסודם אַל תבוא נפשי. כמ״ש, סוד ה׳ ליראיו, הוא סוד עליון שבתורה, שאין הקב״ה נותן אותו, אלא ליראי חטא. מי שהוא ירא חטא, נגלה לו סוד עליון שבתורה, זהו אות ברית קודש, שנקרא סוד ה׳.

562. שמעון ולוי הטריחו את עצמם על הסוד הזה של אות ברית קודש באנשי שכם, שיָמולו את עצמם ויקבלו על עצמם הסוד הזה, לשמור אות ברית קודש. אבל היה במרמה.

וכן זִמרי, שהיה נשיא בית אב לשבט שמעון, פסל את הסוד הזה, בִּדְבַר כוזבי בת צור. על זה אמר יעקב, בסודם אל תבוא נפשי. נפשי, זו הנפש, העולה ומתייחדת בברית העליון למעלה, מלכות המתייחדת עם הברית העליון, יסוד דז״א, ונקראת נפש צרור החיים.

563. בִּקְהָלָם אל תֵחַד כבודי. כמ״ש, ויקהל עליהם קורח, שלא נזכר שם, אלא קורח בן יצהר בן לוי, ולא בן יעקב. אל תחד כבודי, כבוד ישראל, סתם. וע״כ, משום מעשים הללו, לא בירך יעקב את שמעון ולוי, אלא שמסר אותם למשה. משמע, שלא התאחדו זה בזה, אלא שהם מפוזרים, כמ״ש, אחלקם ביעקב ואפיצם בישראל.

וכך צריך להיות, שמשום שהם דין קשה, צריכים פיזור. וע״כ כל ישראל ישנם בדין קשה שלהם. כי עם פיזורם בישראל, קלטו ישראל מדין קשה שבהם. ואין דור בעולם, שלא ירד הדין שלהם לקטרג בעולם, ומתרבים מחמת זה מחזרים על הפתחים של בני אדם. וע״כ כל ישראל נפגעו מן הדין שלהם.

אוה״ע עושים חשבון לשמש, וישראל ללבנה

[האומות לשמשא, וישראל לסיהרא]

564. עשה ירח למועדים, שֶמש ידע מְבוֹאוֹ. עשה ירח, בשביל לקדש בו ראשי חודשים וראשי שנים. ולעולם אין הלבנה מאירה אלא משמש.

וכשהשמש שולט, הלבנה אינה שולטת. כשנאסף השמש, אז שולטת הלבנה. ואין חשבון ללבנה, אלא כשנאסף השמש.

565. שניהם עשה הקב״ה להאיר. כמ״ש, וייתן אותם אלקים ברקיע השמיים, להאיר על הארץ. והיו לאותות, השבתות. ולמועדים, הימים הטובים. ולימים, ראשי חודשים. ולשנים, ראשי שנים. ושיהיו אוה״ע עושים חשבון לשמש, וישראל ללבנה.

566. הִרְבִּית הגוי, לו הִגדלת השִמחה. הרבית הגוי, אלו הם ישראל, שכתוב בהם, כי מי גוי גדול. וכתוב, גוי אחד בארץ. לו, בשבילו. הגדלת השמחה, הלבנה, שהתגדל אורה בשביל ישראל. אוה״ע מחשבים הזמנים לפי מהלך השמש, וישראל לפי מהלך הלבנה.

איזה מהם חשוב יותר, אם חשבון השמש או חשבון הלבנה? הלבנה למעלה, והשמש של אוה״ע מתחת לבנה, ואותו השמש מקבל אור מלבנה ומאיר.

ישראל אחוזים בלבנה והשתלשלו בשמש העליון, והתאחדו במקום המאיר משמש העליון, והתדבקו בו, כמ״ש, ואתם הדבקים בה׳ אלקיכם. השמש רומז לז״א, והלבנה לנוקבא שלו.

יש זמן שהנוקבא במדרגת השמש, אלא בשמאל ובאחוריים. שאז ז״א מלביש ומקבל אורו מצד ימין דאמא, והנוקבא מלבישה ומקבלת אורה מצד שמאל דאמא. ולפיכך גם הנוקבא היא אז בבחינת שמש כמו ז״א, להיותה מקבלת מאותו המקום שמקבל ז״א. ואז היא במוחין דאחוריים, שאינם מאירים.

ואח״ז יורדת משם למטה מחזה דז״א ונעשית מקבלת מז״א, ואז נקראת לבנה. כמו לבנה המקבלת משמש, ובזה משיגה מוחין דג״ר.

ובין אוה״ע, ובין ישראל, מקבלים מנוקבא דז״א. אלא אוה״ע, שמאל, מונים לשמש של הנוקבא, למוחין דאחוריים שלה, שאז הנוקבא כולה שמאל, כראוי להם. וישראל מונים ללבנה, בעת שיורדת למחזה ולמטה דז״א, ומקבלת מהשמש, ז״א, שאז נקראת לבנה.

השמש של אוה״ע מתחת הלבנה, באחוריים של הלבנה, הנוקבא, כי מתחת פירושו אחוריים. כלומר, בזמן שמקבלת משמאל דאמא, שאז היא בבחינת שמש. ואותה השמש מקבלת אור מלבנה ומאירה, כי בזמן שהיא באחוריים אינה מאירה.

וא״כ איך הם יכולים להתקיים? אלא ע״י חטאים של ישראל, הם נאחזים ויונקים חלק ישראל מהלבנה, כי לא נבנתה צור אלא מחורבנה של ירושלים. ונמצא שאותה השמש, שאוה״ע יונקים ממנה, מקבלת אור מלבנה, כדי לקיים האומות. כי השמש שלהם שורפת ואין לה אור, אלא ממה שמקבלת מלבנה, מחלקם של ישראל.

ישראל אחוזים בלבנה, בנוקבא, בעת שהיא למטה מחזה דז״א, ומקבלת ממנו, והשתלשלו וירדו למטה מחזה דז״א, שהוא שמש העליון, ששם הלבנה, והתאחדו במקום המאיר משמש העליון, והתדבקו בו. ולא כאוה״ע, שהתאחדו בנוקבא, בעת שמאירה מצד שמאל דאמא. אלא ישראל מתדבקים בה בעת שמאירה משמש העליון, שהוא ז״א. כמ״ש, ואתם הדבקים בה׳ אלקיכם.

יהודה, אתה יוֹדוּךָ אַחֶיךָ

567. המלכות התקיימה ליהודה, כמ״ש, הפעם אודה את ה׳, משום שהוא הרביעי. ע״כ, אודה את ה׳, כי הוא רגל רביעי אל הכיסא. חג״ת הם ג׳ רגלי הכיסא, ויהודה, מלכות, רגל רביעי. ע״כ ניתנה לו המלכות על ישראל.

יה״ו דהוי״ה חג״ת, הרשימה של שם העליון, ז״א, שנשלם בה׳, המלכות, ה״ת של השם הקדוש, שעימה השם הקדוש שלם באותיותיו, והיא הקשר המייחד את האותיות של השם הקדוש. ע״כ כתוב, יוֹדוּךָ אַחֶיךָ, כי לך המלכות ראויה להתקיים, בהיותך מרכבה למלכות.

כתוב, ויהודה עוד רָד עִם אל ועִם קדושים נאמן. הקדושים הללו, הם קדושים עליונים, הספירות הקדושות חג״ת, שכולם מודים לו, ועשו אותו לנאמן, שמשפיעים לו כל מה שבהם. ומשום זה הוא הראשון לכל, והוא מלך על כל.

568. כמ״ש, כל כבוּדה בת מלך פנימה. כל כבוּדה, זו היא כנ״י, הנוקבא. ונקראת

כבוּדה, משום שז"א נקרא כבוד, ושניהם הם אחד. נקראת כבוּדה בתוספות ה', כראוי לנקבה.

בת מלך, בת שבע, הנוקבא, היא בת קול. כי ז"א נקרא קול גדול, מלך העליון, והנוקבא נקראת בת קול.

פנימה. כי יש מלך, מלכות, שאינו בפנימיות כמוהו, כי לפעמים המלכות מתלבשת בבריאה. וזו היא כבוּדה בת מלך, פנימה, באצילות.

569. ממשבצות זהב לבושה. שהיא מתלבשת ומתייחדת בגבורה עליונה, בצד שמאל דאמא, ואמא מכונה זהב, כמ"ש, מצפון זהב יֶאֱתֶה. ואמא נקראת ג"כ מלך, ובשבילה מתקיימת הארץ, המלכות.

המלכות מתקיימת כאשר מתייחדת במשפט, ז"א. כי כשמקבלת משמאל דאמא, מקבלת חכמה בלי חסדים. וע"כ עוד אין לה קיום, אלא רק כשמתייחדת במשפט, ז"א, ומקבלת ממנו חסדים, אז יש לה קיום. כמ"ש, מלך במשפט יעמיד ארץ, המלכות. ולזו קוראים מלכות שמיים. ויהודה התייחד בה. וע"כ ירש המלכות שבארץ.

570. כתוב, ויגרש את האדם. ויגרש, הקב"ה גירש את הנוקבא, כאדם המגרש את אשתו. את האדם הוא מדויק, כי הנוקבא נקראת אֶת.

571. אדם נתפש במה שחטא, וסיבב מוות לעצמו ולכל העולם, וסיבב גירושים לאותו האילן שחטא בו, לנוקבא, להתגרש בסיבתו, ולהתגרש מחמת חטאי בניו תמיד. כמ"ש, ויגרש את האדם. אֶת, כמ"ש, ואראה את ה', שפירושו הנוקבא. אף כאן, את האדם, פירושו הנוקבא.

572. וישכֵּן מקדם לגן עדן את הכרובים ואת להט החרב המתהפכת, לשמור את דרך עץ החיים. זהו למטה, למטה מאצילות, וכמו שיש כרובים למעלה, באצילות, זו"ן, כן יש כרובים למטה מאצילות, המלאכים מט"ט וסנדלפון. ואילן הזה, הנוקבא, הנקראת עצה"ד, שורה עליהם.

ואת להט החרב המתהפכת, הם צורות של שלהבת אש, הנמשכות מאותו להט החרב, והן שומרות דרך עה"ח, ואין הכוונה על להט החרב עצמו. מתהפכת החרב, שיונקת מימין ומשמאל, ומתהפכת מצד לצד. מתהפכת הלהט של אלו צורות של שלהבת אש. והן מתהפכות מצורה לצורה, לפעמים לגברים ולפעמים לנשים, ומתהפכות ממקומן לכל הצורות. לשמור את דרך עץ החיים, כמ"ש, הנותן בים דרך, יסוד דנוקבא.

573. אדם גרם לאותו אילן, שחטא בו, לנוקבא, להתגרש. ואפילו שאר בני עולם, אם חוטאים, גורמים לה גירושים, כמ"ש, ובפשעיכם שוּלחה אימכם. משמע, כמ"ש, ויגרש את האדם, אשר אֶת, הנוקבא, שלמותו של אדם. ועם גירושיה, הפסיד כל שלמותו.

574. מיום שגורשה, נפגמה הלבנה, הנוקבא. עד שבא נוח ונכנס בתיבה. באו הרשעים, ושוב נפגמה. עד שבא אברהם ותיקן אותה, ועמדה בשלמות ע"י יעקב ובניו. ובא יהודה ונאחז בה והתחזק במלכות, וירש אותה ירושת עולמים, הוא וכל בניו אחריו. כמ"ש, יהודה, אתה יוֹדוּךָ אַחֶיךָ, בשעה שעמדו ישראל על הים, ששבט יהודה ירדו תחילה אל הים, שכולם הודו לו, וירדו אחריו לתוך הים.

575. ידך בעורף אויבך, כמ"ש, יהודה יעלה, למלחמה. ישתחוו לך בני אביך, שהוא כולל לכל השבטים, וע"כ כתוב, בני אביך, ולא בני אימך, כי בני אביך

הם כל שאר השבטים. ואע״פ שנחלקו ישראל לב׳ מלוכות, מ״מ, כשעלו לירושלים, היו כורעים ומשתחווים אל המלך שבירושלים, משום שהמלכות שבירושלים, שהייתה נמשכת ממלכות הקדושה, הנוקבא, הייתה מיהודה.

576. ישתחוו לך. אם היה כתוב, וישתחוו, היה בא לרבות שאר העמים, שכל אוה״ע ישתחוו לו. אלא כשיבוא מלך המשיח, כתוב, שׂרים וישתחוו. ישתחוו לך, בא להראות, שכל ישראל בלבד ישתעבדו לראש הגולה שבבבל, ולא עמים אחרים.

577. גור אריה יהודה. מתחילה היה גור, ואח״כ אריה. וע״כ כָּפל ואמר, גור אריה. כשז״א במוחין דקטנות נקרא נער, במוחין דגדלות נקרא איש, כמ״ש, ה׳ איש מלחמה. ואף יהודה במוחין דקטנות נקרא גור, ובמוחין דגדלות נקרא אריה.

מִטֶּרֶף בני עלִיתָ. מטרף, כולל את מלאך המוות, שעומד על טרף לכלות את בני העולם, ואין מציל. כמ״ש, וטָרַף ואין מציל. ומטֶרף ההוא הסתלקה השכינה. ועליו נאמר, מטרף בני עלית, שיהודה ניצל ממלאך המוות, השטן, יצה״ר. ולא נכשל בו.

578. כָּרַע, רָבַץ כאריה וכלביא, מי יקימנו. כרע, נאמר על גלות בבל. רבץ, בגלות אדום. כאריה, שהוא גיבור. וכלביא, שהוא יותר חזק מאריה. כך ישראל גיבורים הם, שבני העולם, עכו״ם, מפתים ולוחצים אותם, והם עומדים בדתם ובמנהגיהם כאריה וכלביא.

579. אף השכינה כך, אע״פ שכתוב, נפלה לא תוסיף קום בתולת ישראל. היא חזקה כאריה וכלביא בנפילה זה. כמו שאריה ולביא אינם נופלים, אלא בשביל לטרוף טרף ולמשול, כי מרחוק מריח טרפו. ומשעה שמריח נופל, שרובץ לארץ כדי לדלג בכוח על טרפו, ואינו קם עד שמדלג על טרפו ואוכלו. כך השכינה אינה נופלת אלא כאריה וכלביא, כדי לנקום מעמים עכו״ם, ולדלג עליהם, כמ״ש, צוֹעֶה ברוב כוחו.

580. מי יקימנו. הוא לא יקום לנקום מהם נקמה קטנה, אלא מי יקימנו. מ״י, פירושו, כמ״ש, מי ירפָּא לָך, עולם העליון, בינה, הנקראת מ״י, שבו הממשלה להתקיף את הכול. וכתוב, מבטן מי יצא הקרח, שע״י דין הזה, שנקרא קרח, הוא מכניע לכל הקליפות.

581. לא יסור שבט מיהודה, עד כי יבוא שילֹה. שילֹה כתוב, עם ה׳, ובשאר מקומות כתוב, שילו עם ו׳, להורות שם הקדוש י״ה. כי במקום אחר כתוב שילו, בלא ה׳, ובמקום אחר, שִׁלֹה, בלי י׳. וכאן כתוב, שילֹה, בי׳ וה׳, שהוא שם הקדוש העליון, ושהשכינה תקום מנפילתה בגלות, בשם הזה י״ה, שהוא מ״י. כי י״ה שם הבינה, הנקראת גם מ״י.

אוסרי לגפן עירה

582. ה׳ ישמורך מכל רע, ישמור את נפשך. כיוון שאמר, ה׳ ישמורך מכל רע, למה נאמר עוד, ישמור את נפשך? אלא, ה׳ ישמורך מכל רע, בעוה״ז,

ישמור את נפשך, בעולם האמת.

583. השמירה שבעוה"ז, שהאדם יהיה נשמר מכמה מינים רעים מקטרגים, ההולכים לקטרג בני אדם בעולם ולהידבק בהם. השמירה בעולם האמת, כשהאדם נפטר מעוה"ז, אם זוכה, עולה הנשמה שלו ומתעטרת במקומה. ואם לא זוכה, כמה מחנות מחבלים מזדמנים לו למושכו לגיהינום, ולמסור אותו ביד דומה, ונמסר על ידו לממונה על הגיהינום. וי"ג אלף ריבוא (130,000,000) ממונים עימו, וכולם מזדמנים על נפשות הרשעים.

584. שבעה חדרים ושבעה פתחים יש בגיהינום. הנשמה של הרשעים נכנסת, וכמה מלאכי חבלה, רוחות, שומרים השערים, ועליהם ממונה אחד בכל שער, ונשמות הרשעים נמסרים לאלו הממונים, ע"י דומה. כיוון שנמסרו בידיהם, הם סוגרים השערים של האש הלוהט.

585. כ' הם שערים אחר שערים, כפולים, והשערים פתוחים וסגורים כולם, אותם שמבחוץ פתוחים ושמבפנים סגורים. בכל שבת פתוחים, ויוצאים הרשעים עד הפתחים שמבחוץ, ופוגשים שם נשמות אחרות, שמתעכבות בפתחים שמבחוץ, ואינן נכנסות אל הגיהינום. ובצאת השבת, הכרוז יוצא בכל פתח, ואומר, ישובו רשעים לשאולה. נשמות הצדיקים הקב"ה שומר, שלא יהיו נמסרות ביד דומה הממונה, כמ"ש, ה' ישמור צאתך ובואך. וכתוב, ישמור את נפשך.

586. אוסרי לגפן עירה. גפן, זהו כנ"י, הנוקבא, כמ"ש, אֶשתך כגפן פורייה. אשתך כגפן הזה הקדוש, הנוקבא העליונה. גפן, שאנו מברכים עליה, בורא פרי הגפן. בורא, כמ"ש, עץ פרי עושה פרי. הגפן, עץ פרי. עושה פרי, זכר, ז"א. עץ פרי, נוקבא, נוקבא דז"א. משום זה, בורא פרי הגפן זכר ונקבה ביחד, זו"ן.

587. גפן, זהו מלך המשיח, שעתיד למשול על כל צבאות העמים, ועל הצבאות הממונים על עמים עכו"ם, שהם מעוזם להתחזק, ועתיד מלך המשיח להתגבר עליהם.

588. משום שגפן, הנוקבא, שולט על כל הכתרים התחתונים, ששולטים בהם כל העמים עכו"ם, והוא נצח למעלה. ישראל, הנקראים שׂוֹרֵקה, כמ"ש, ולשׂוֹרֵקה בנִי אתונו, ישמידו וינצחו צבאות אחרים למטה. ועל כולם יתגבר מלך המשיח. כמ"ש, הנה מלכֵּך יבוא לָך, עני ורוכב על חמור ועל עַיִר. עיר וחמור, הם שני כתרים, שהעמים עכו"ם שולטים בהם. והם מצד שמאל, חול. ומלך המשיח מתגבר עליהם.

589. מלך המשיח ייקרא עני, משום שאין לו מעצמו כלום, כי היא הנוקבא דז"א, וקוראים לה מלך המשיח. אבל זו הלבנה הקדושה למעלה, הנוקבא דז"א, שאין לה אור מעצמה, אלא מה שמקבלת מהשמש, ז"א. וע"כ נקראת עני.

590. מלך המשיח, הנוקבא, ישלוט בשליטתו, יתייחד במקומו למעלה. ואז כמ"ש, הנה מלכך יבוא לך. מלכך סתם, להיותו כולל את הנוקבא למעלה ומלך המשיח למטה. אם למטה, עני הוא, בחינת הלבנה, הנוקבא העליונה, כי מלך המשיח למטה נמשך מן הנוקבא, וע"כ נקרא עני כמוה. ואם למעלה, הנוקבא עצמה, היא עני, כי היא מראָה שאינה מאירה מעצמה, אלא מז"א, ונקראת משום זה לחם עוני.

ועכ"ז, המשיח רוכב על חמור ועל עַיִר, מעוזם של עמים עכו"ם, להכניעם תחתיו. ויתחזק הקב"ה, הנוקבא, במקומו למעלה, כמ"ש, הנה מלכך יבוא לך, כולל את שניהם.

591. כיבס ביין לבושו ובדם ענבים סוּתוֹ. כמ"ש, מי זה בא מֵאֱדום חמוץ בגדים מִבּוֹצְרָה. וכתוב, פּוּרָה דָרכתי לבדי.

כיבס ביין, זה צד גבורה דז"א, דין הקשה, להיות על העמים עובדי עכו"ם. ובדם ענבים סוּתוֹ, זהו אילן התחתון, הנוקבא, ב"ד הנקרא ענבים. והיין נמסר בדם ענבים, כדי להתלבש בשניהם, בדין הקשה דז"א ובדין דנוקבא, לשבור תחתיו כל שאר העמים עכו"ם והמלכים שבעולם.

הארת השמאל מכונה יין. ואם ממשיך בשיעור הקדושה, כלומר, רק מלמטה למעלה, אז הוא יין המשמח אלקים ואנשים. ואם ממשיך יותר מכשיעור, גם מלמעלה למטה, אז נעשה ליין המשכר, ומתגלה בו דין קשה, המכלה ומשמיד את הממשיכים אותו. ויש בו ב' בחינות, אם מצד שמאל דז"א הוא דין קשה, ואם מצד שמאל דנוקבא הוא דין רפה.

וכשהצדיקים רואים את הדין הקשה מצד ז"א ומצד הנוקבא, הנעשה ברשעים, הממשיכים אותו בבחינת יין המשכר, אז מתחזקים בעבודתם. ונבחן זה כמו שמכבסים את לבושיהם ומנקים אותם מכל שמץ חטא. כמ"ש, כיבס ביין, שמכבס לבושו ע"י דין הקשה, הנעשה בעמים עכו"ם. ויין זהו צד גבורה דז"א, דין קשה, להיותו זכר.

ובדם ענבים סוּתוֹ, זהו אילן התחתון, הנוקבא, ב"ד הנקרא ענבים, צד השמאל דנוקבא, שהוא דין רפה. היין דז"א ניתן בדם ענבים דנוקבא, כדי שיתחברו ב' מיני דינים שלהם, ואז נשברים כל העמים עכו"ם ומלכי עולם, הממשיכים את היין המשכר הזה.

592. כמה אטומים הם בני אדם, שאינם יודעים ואינם משגיחים בכבוד ריבונם, ואינם מסתכלים בדברי תורה, ואינם יודעים דרכיהם, במה שהם נתפסים. כמ"ש, דרך רשעים כאפילה, לא יָדעו במה ייכשלו.

593. בזמן קדמון הייתה הנבואה שורה על בני אדם, והיו יודעים ומסתכלים לדעת בכבוד העליון. כיוון שנפסקה מהם הנבואה, היו משתמשים בבת קול. עתה נפסקה הנבואה ונפסקה בת קול, ואנשים אינם משתמשים, אלא בחלום.

594. והחלום מדרגה תחתונה מבחוץ, כי החלום הוא אחד משישים לנבואה, משום שבאה מהמדרגה השישית למטה. כי בא מהוד דנוקבא, מדרגה שישית לנו"ה דז"א, שמשם הנבואה. החלום נראה לכל, משום שהחלום מצד שמאל, מהוד דנוקבא, ויורד הרבה מדרגות, עד המלאך גבריאל, שממנו מקבלים החלום. ונראה החלום אפילו לרשעים, ואפילו לעכו"ם.

595. משום שלפעמים אלו מיני המלאכים הרעים מקבלים החלום, ושומעים ומודיעים לבני אדם, ומהם יש שמצחקים בבני אדם, ומודיעים להם דברי שקר, ולפעמים דברי אמת ששומעים. ולפעמים הם שלוחים לרשעים, ומודיעים להם דברים עליונים.

596. כמ"ש, ויספר שר המשקים את חלומו ליוסף ויאמר, והנה גפן לפניי ובגפן שלושה שׂריגים. הרשע הזה ראה חלום אמת, כמ"ש, ובגפן שלושה שריגים. גפן,

כנ״י, הנוקבא, כמ״ש, הבט משמיים וּרְאֵה, וּפְקוד גפן זאת. משמיים, כי ממקום זה נשלכה, כמ״ש, השליך משמיים ארץ. ופקוד גפן זאת. גפן, זא״ת, הנוקבא. וע״כ גפן שם הנוקבא, כמו זא״ת.

597. ובגפן שלושה שריגים והיא כפורחת עלתה ניצה. שלושה שריגים, כמ״ש, שלושה עדרי צאן רובצים עליה, ג׳ קווים. והיא כפורחת, כמ״ש, וַתֵּרֶב חכמת שלמה, שהאירה הלבנה, הנוקבא.

עלתה ניצה, ירושלים שלמטה, הנוקבא. עלתה ניצה, למעלה אותה המדרגה העומדת על הנוקבא ומניקה אותה, יסוד, כמ״ש, עץ עושה פרי אשר זַרְעוֹ בו על הארץ. יסוד, המשפיע לנוקבא, ארץ.

הבשילו אשכלותיה ענבים, לשמור בהם יין המשומר, שלא יהיה בו אחיזה לשום קליפה שבעולם.

598. כמה ראה הרשע הזה? כתוב, וכוס פרעה בידי, ואקח את הענבים, וָאֶשְׂחַט אותם אל כוס פרעה. כאן ראה את כוס התרעלה, יניקת הב״ד, שיוצא מענבים האלו, שניתן לפרעה ושתה אותו, כמו שהייתה ביציאת מצרים בשביל ישראל.

כיוון ששמע יוסף זה, שמח וידע דבר האמת שבחלום הזה. ומשום זה פתר לו החלום לטוב, בשביל שבישׂר את יוסף בזה.

599. אוסרי לגפן עירה. כי נכנעו תחת הגפן הזו כל החזקים של עמים עובדי עבודה זרה, משום שמכוח הגפן הזו, הנוקבא, נקשר ונכנע הכוח שלהם.

600. יש גפן ויש גפן. יש גפן עליון הקדוש, הנוקבא. ויש גפן סדום, קליפה רעה. וכן יש גפן נוכרייה בת אל נכר. משום זה כתוב, גפן זאת, לרמוז שהיא הנוקבא, הנקראת זא״ת, אותה שנקראת כולו זרע אמת, כמ״ש, ואנוכי נטעתיךָ שׂוֹרֵק, כולו זרע אמת. שורק, אלו הם ישראל, שיוצאים מהגפן הזו. כשחטאו ישראל ועזבו את הגפן הזו, כתוב, כי מגפן סדום גַּפְנָם.

601. כתוב, לא תירא לבֵיתה משלג, כי כל בֵּיתה לבוש שָׁנים. דין הרשעים בגיהינום 12 חודשים. מחצית מהם בחום של אש שורף, ומחצית מהם בשלג.

602. בשעה שנכנסים באש, הם אומרים, זהו ודאי גיהינום. וכשנכנסים לשלג, אומרים, זו קרירות חזקה של החורף של הקב״ה. ומתחילים ואומרים הֶאָח, כי שמחים על שנפטרו מהגיהינום. ואח״כ, כשמכירים שהוא גיהינום של שלג, אומרים, אוי.

ודוד אמר, ויעלני מבור שאון מטיט הַיָּוֵן וַיָּקֶם על סלע רגליי, ממקום שאומרים תחילה, האח, ואח״כ, אוי. כי היוון אותיות וה וי. וה, פירושם האח. וי, פירושם אוי.

603. ונשלמים נפשותיהם בגיהינום של שלג, כמ״ש, בְּפָרֵשׂ שדי״ מלכים בה תַּשְׁלֵג בְּצַלְמוֹן. יכולים לחשוב שגם ישראל נידונים בשלג. לזה כתוב, לא תירא לביתה משלג. משום, שכל ביתה לבוש שנים. אל תקרא שָׁנים, בשין קמוצה, אלא שְׁנַיִם, בשין שוואית, ובנון פתוחה, וביוד חרוקה. כלומר, מילה ופריעה, ציצית ותפילין, מזוזה ונר חנוכה. כלומר, שזריזים במצוות ויש להם מצוות כפולות.

כי במילה, יש להם מילה ופריעה. בתפילה, יש להם ציצית ותפילין. בַּדְלָתֵי ביתם, יש להם מצוות מזוזה ונר חנוכה. ומשום זה אינם יראים מגיהינום של שלג, הבא על עצלות ורפיון מהמצוות.

604. לא תירא לביתה משלג. כנ״י, כל ביתה לבוש שנים, לבוש של דין קשה, להיפרע מעמים עובדי עבודה זרה. כמ״ש, מי זה בא מאֱדום חמוץ בגדים מִבּוצרה. ועתיד הקב״ה ללבוש לבוש אדום, וחרב אדומה, ולהיפרע מהאדום, עשיו. לבוש אדום, כמ״ש, חמוץ בגדים. חרב אדום, כמ״ש, חרב לה׳ מָלאה דם. ולהיפרע מהאדום, כמ״ש, כי זֶבח לה׳ בבוצרה.

ועוד יש לפרש, כי כל ביתה לבוש שנים, משום שהנוקבא באה מדין קשה, וע״כ לא תירא משלג. כי שלג הוא דינים דזכר, ודינים דנוקבא הם הפוכים לדינים דזכר ומבטלים אותם.

605. כל ביתה לבוש שנים. שנים, הן שנים קדמוניות, שבע ספירות חג״ת נהי״מ, כי היא נכללת מכולן, ויונקת מכל הצדדים, כמ״ש, כל הנחלים הולכים אל הים. וע״כ, לא תירא מפני הדינים, שהם שלג.

606. בעוד שרבי יהודה ורבי יצחק היו הולכים פגעו בילד, שהיה הולך לקַפּוטקִיא באחורי חמור, וזקן אחד היה רוכב עליו. אמר הזקן לילד, בני, הגד לי פסוקיך. אמר לו הילד, מקראות הרבה לי, ולא אחד, אלא רד למטה, או ארכב עימך לפניך ואומר לך. אמר לו הזקן, אני זקן ואתה ילד, איני רוצה להשוות עצמי עימך. אמר לו הילד, א״כ, למה שאלת ממני מקראות. אמר לו, כדי שנלך יחד בדרך.

אמר הילד, תיפח רוחו של אותו זקן, שהוא רוכב ואינו יודע דבר, ואומר, שאינו רוצה להשתוות עימי. נפרד מאותו זקן והלך לו בדרך.

607. קרב הילד אליהם, שאלו לו, וסיפר להם המעשה. יפה עשית, לך עימנו ונשב פה, ונשמע דבר ממך. אמר להם עייף אנוכי שלא אכלתי היום, הוציאו לחם ונתנו לו. קרה להם נס, ומצאו מעיין אחד קטן תחת אילן. שתה ממנו, והם שתו, וישבו.

אל תתחַר במרֵעים

608. פתח אותו הילד ואמר, לדוד אל תתחַר במרֵעים. כתוב לדוד, אם שירה הוא, למה אינו אומר לדוד מזמור שיר? ואם תפילה, למה אינו אומר תפילה לדוד? אלא בכל מקום שכתוב דוד סתם, רוח הקודש אמר אותו.

609. אל תתחר במרעים. הלוא היה צריך לומר, אל תתחבר במרעים? אלא, אל תעשה מדָנים במרעים, משום שאינך יודע היסוד של עצמך, בחינת גלגול נשמתך, ויכול להיות שלא תוכל לו, אם הוא אילן שאינו נעקר לעולם, כלומר, נשמה בלתי מגולגלת לעולם, שהיא חזקה מאוד, אז תידחה לפניה.

610. ואל תקַנא בעושי עוולה. לא תסתכל במעשיהם, ולא תבוא לקנא אותם. כי כל מי שרואה מעשיהם ואינו מקנא לכבוד הקב״ה, עובר על שלושה לאווים, כמ״ש, לא יהיה לך אלקים אחרים על פניי. לא תעשה לך פסל וכל תמונה. לא תשתחווה להם ולא תעבדם, כי אנוכי ה׳ אלקיך, אל קנא.

"ויחי". ספר הזהר עם פירוש הסולם. מהד׳ 21 כר׳. כרך ז. דף קצג; מהד׳ 10 כר׳. כרך ד. דף קצג.

611. משום זה, צריך האדם להיפרד מהם, ולהטות דרכו מהם. ע״כ נפרדתי והטיתי דרכי ממנו. מכאן והלאה שמצאתי אתכם, אומַר מקראות אלו לפניכם.

ואמר, ויקרא אל משה. במילה ויקרא, א׳ קטנה, להורות, שקריאה זו לא הייתה בשלמות, משום שלא הייתה אלא במשכן, שאינו מקום קבוע, ובארץ אחרת, כי לא נמצא שלמות אלא בארץ ישראל.

א׳ קטנה

[א׳ זעירא]

612. עוד אמר, כי בקריאה אל משה, א׳ קטנה היא השכינה, ובכתוב, אדם שֵׁת אֱנוש, אדם עם א׳ גדולה, רומזת על השלמות של זכר ונוקבא יחד. ושכתוב א׳ קטנה, רומזת על הנוקבא לבדה, השכינה.

עוד, ויקרא אל משה, וידבר ה׳ אליו מאוהל מועד לאמור. ואוהל מועד הוא הנוקבא, הרי שהדיבור היה מנוקבא לבדה, וע״כ כתוב א׳ קטנה. כי אותיות קטנות רומזות על הנוקבא, ורגילות על ז״א, גדולות על אמא, או על שלמות זכר ונוקבא ביחד, שהוא רק ע״י אמ׳א.

613. עוד, משל למלך שהיה יושב בכיסאו, וכתר מלכות עליו, הוא נקרא מלך עליון. וכשיורד והולך לבית עבדו, מלך קטן נקרא. כך הקב״ה, כל זמן שהוא למעלה על כל, מלך עליון נקרא, כיוון שהוריד בית דירתו למטה, למשכן, הוא מלך אבל אינו עוד עליון כבתחילה. משום זה כתוב א׳ קטנה.

614. ויקרא, פירושו, שקרא והזמינו להיכלו, מאוהל מועד. אוהל שבו תלויים לְמנות מועד וחג ושבת, כמ״ש, והיו לאותות ולמועדים, בו שורה החשבון לְמנות. והיא הלבנה, הנוקבא, שכל השינויים של חול ומועד וחג ושבת, באים משינויים בשיעור קומה של מוחותיה. הנוקבא נקראת אוהל.

615. וידבר ה׳ אל משה לאמור. לאמור, פירושו, לגלות מה שהיה סתום בפנים. בכל מקום שכתוב, לאמור, פירושו שניתן רשות לגלות. אבל הגילוי נמסר ללבנה, הנוקבא, ממקום שמשה עומד, מז״א.

616. וידבר ה׳, למעלה, בינה. אל משה, באמצע, ז״א, שמביזה מושפע אל ז״א. לאמור, האחרונה, הנוקבא, המקבלת מז״א, המקום שיש שם רשות לגלות, עולם הנגלה, ע״ש החכמה שמתגלה בה לבדה ולא בשום ספירה שלמעלה ממנה. וע״כ המילה, לאמור, סובב עליה. פירושו, לגלות מה שהיה סתום בפנים, שמגלה מה שסתום למעלה ממנה, הנבחן לפנימיות כלפי הנוקבא.

וכתוב, ויביאו את המשכן אל משה. אל משה, משום שמשה ראה אותו בהר, שהקב״ה הראה לו למראה העין, כמ״ש, כאשר הָרְאָה אותך בהר. וכתוב, כמראה אשר הֶרְאָה ה׳ את משה. לכן עתה הביאו לו את המשכן, כדי שיראה, אם הוא כמשכן ההוא, שראה.

617. אבל למה, ויביאו את המשכן אל משה, ולמה לא הלך משה אל המשכן? אלא בדומה למלך, שרצה לבנות ארמון למטרוניתא, ציווה אל האומנים, היכל זה במקום פלוני, והיכל זה במקום פלוני, מקום אל המיטה, ומקום למנוחה. כיוון שעשו האומנים אותו, הראו אותו אל המלך. כך, ויביאו את המשכן אל משה, אדון הבית איש האלקים. וע״כ לא הלך משה אל המשכן, אלא הביאו את המשכן אליו.

כיוון שנגמר ההיכל, הזמינה המטרוניתא את המלך אל ההיכל, שהזמינה את בעלה המלך להיות עימה. משום זה, ויקרא אל משה, עם א׳ קטנה, הנוקבא, קראה אל משה, ז״א בעלה, להיות עימה.

618. ומשום שמשה אדון הבית, ז״א, בעלה דמטרוניתא, כתוב, ומשה ייקח את האוהל, הנוקבא, ונטה לו מחוץ למחנה, מה שאין רשות לאדם אחר לעשות כן.

619. וידבר ה׳ אליו, מדרגה אחרת עליונה, בינה. כי, ויקרא, הנוקבא. אל משה, ת״ת. וידבר ה׳, בינה. ואז, כאשר הזדמן משה להיכנס אל הנוקבא, פָּתח הבינה ואמר, אדם כי יקריב מכם קורבן. כי בינה המְדַבר. מהו אדם כאן? היה די שיאמר, כי יקריב מכם קורבן, או איש כי יקריב?

אלא כשהתחברו השמש והלבנה, תו״מ, פתח הבינה ואמר להם, אדם. ונקראו אז שניהם אדם, בלשון יחיד, כמ״ש, שמש ירח עמד, ואינו אומר עמדו, בלשון רבים, מפני שהכתוב מדבר בשעה שהם בזיווג.

620. כי יקריב מכם קורבן לה׳. כל מי שיעשה עבודה להקריב קורבן תמים, יהיה נמצא זכר ונקבה, שיהיה נשוי אישה. זה משמע שכתוב, מכם, שיהיה נמצא במראה שלכם. כלומר, בינה אמרה לתו״מ, משה, שנקרא אדם, כי יקריב מכם, מי קורבן יהיה מכם, זכר ונקבה, כמותכם. שיקריב להתייחד כאחד למעלה ולמטה. וע״כ אומר תחילה, קורבן לה׳, להתייחד מלמטה למעלה. ואח״כ אומר, את קורבנכם, להתייחד מלמעלה למטה.

621. מן הבהמה, מן הבקר ומן הצאן, תקריבו את קורבנכם. מן הבהמה, להראות הייחוד של אדם ובהמה. קורבן לה׳ הוא אדם, הייחוד מלמטה למעלה. וממנו נמשך למטה, שהוא קורבנכם מן הבהמה. וב׳ ייחודים אלו מאירים ביחד.

מן הבקר ומן הצאן, אלו המרכבות הטהורות. שאומר, מן הבהמה, יכולים לחשוב שמכל הבהמות, טהורות וטמאות. ע״כ חזר ואמר, מן הבקר ומן הצאן.

622. תקריבו את קורבנכם. הלוא את קורבנו היה צריך לומר? אלא בתחילה צריך להיות קורבן לה׳, ועתה קורבנכם. קורבן לה׳, הייחוד שנקרא אדם, שצריכים להעלות הנוקבא לזיווג שמחזה דז״א ולמעלה, הנקרא אדם. קורבנכם מן הבהמה, מן הבקר ומן הצאן, להמשיך הארת הזיווג שמחזה ולמעלה, אל התחתונים שמחזה ולמטה, כדי להראות הייחוד מלמטה למעלה, ומלמעלה למטה. מלמטה למעלה קורבן לה׳, ומלמעלה למטה קורבנכם.

623. בדומה למלך, שיושב בהר גבוה עליון למעלה למעלה, והכיסא נתקן על אותו ההר. והמלך היושב על הכיסא, עליון על כל. אדם המקריב מתנה אל המלך, צריך להעלותה ממדרגה למדרגה, עד שמעלה אותה מלמטה למעלה, אל המקום שהמלך יושב למעלה על כל. ואז

יודעים שמעלים מתנה אל המלך, ואותה מתנה היא של המלך. וכאשר יורדת מתנה מלמעלה למטה, יודעים שאותה מתנה של המלך יורדת מלמעלה לאוהבו של המלך למטה.

624. כך בתחילה, אדם עולה במדרגותיו מלמטה למעלה, ואז נקרא, קורבן לה׳. מן הבהמה, מן הבקר ומן הצאן, יורד במדרגותיו מלמעלה למטה, ואז נקרא קורבנכם. ובשביל זה כתוב, אכלתי יערי עם דִבשי, שתיתי ייני עם חֲלָבִי.

כלומר, אדם וקורבן לה׳, כי הקב״ה אומר, אכלתי יערי עם דִבשי, שתיתי ייני עם חלבי. אִכלו רֵעים, מן הבהמה, מן הבקר ומן הצאן. ואז, תקריבו את קורבנכם.

אוסרי לגפן עירֹה

626. פתח אותו הילד ואמר, אוסרי לגפן עירֹה ולשׂוֹרֵקה בנִי אתונו. כתוב, אוסרי עירֹה, הלוא אסר עַיר צריך לומר? אלא שיש לתינוקות של בית רבן להישמר מהחץ של הקליפה עיר, והשם הקדוש י״ה נכלל שם, כדי להכניעו, כלומר, האות י׳ של אוסרי והאות ה׳ של עירֹה.

627. וכמו שכאן נרמז השם הקדוש, נרמז בכתוב, ולשורקה בנִי אתונו. ולשורק בן צריך לומר. שורק, כמ״ש, ואנוכי נטעתיך שורק, בלי ה׳. בן, כמ״ש, בן אתונות, בלי י׳. למה אומר כאן, שורקה, ולמה, בנִי?

628. אלא כמו שיש שֵם הקדוש להכניע לקליפה עיר, יש ג״כ שם הקדוש להכניע כוח קליפה חמור, אתון, שהוא האות י׳ של בני והאות ה׳ של ולשורקה. כי לולא השם הקדוש שנרמז כאן, היו ב׳ הקליפות האלו מחריבות העולם. וע״כ ניתן י״ה בכוח זה וי״ה בכוח זה, לשמור את העולם מהן, ולשמור את האדם, שלא ישלטו עליו בעולם.

629. גפן, זה כנ״י. ונקראת גפן, כמו שגפן אינה מקבלת עליה נטיעה אחרת, כן כנ״י אינה מקבלת עליה אלא את הקב״ה, ובגלל כנ״י נכנעים לפניה כל כוחות אחרים, עיר וחמור, ואינם יכולים להרע ולשלוט בעולם. וע״כ הטיל הכתוב את השם הקדוש י״ה ביניהם, בעיר, ובחמור.

בעיר כתוב י״ה, אוסרי לגפן עירֹה, ובחמור כתוב י״ה, ולשורקה בני אתונו. בני אתונו, שנעקר בגלל שורק הזה, כנ״י. כי אינו אומר כאן, ולשורקה אוסרי בני אתונו, כמ״ש, אוסרי לגפן עירֹה. שבני אתונו נעקר לגמרי מכוח שורקה. ולא רק נאסר, כמו גפן. כי נאסר הוא רק להכנעה, אבל כאן נעקרה הקליפה לגמרי.

630. כיבס ביין לבושו ובדם ענבים סוּתֹו. כובֵס צריך לומר, כי כיבס לשון עבר. אלא כיבס, מיום שנברא העולם, זהו מלך המשיח, הנוקבא, שע״י הדין, הנעשה ברשעים, הממשיכים הארת השמאל מלמעלה למטה, הייתה מכבסת את הלבוש שלה, שהם הצדיקים המלבישים את הנוקבא, שרואים הדינים ומטיבים מעשיהם. וזהו מיום

שנברא העולם. ע״כ אומר, כיבס, לשון עבר.

ביין, שמאל, גבורה דז״א. ובדם ענבים, שמאל למטה, השמאל דנוקבא. שע״י ב׳ גבורות הללו, של ז״א ושל הנוקבא, היא מכבסת לבושה. ועתיד מלך המשיח, הנוקבא, לשלוט למעלה על כל כוחות אחרים של העמים עובדי עבודה זרה. ולשבור מעוזם מלמעלה ומלמטה.

631. כיבס ביין לבושו. כמו יין המורה שמחה, כמ״ש, יין המשמח אלקים ואנשים, וכולו דין. כן מלך המשיח, הנוקבא, המראה שמחה לישראל, שממשיכים אותו בשיעור הקדושה, וכולו דין לעמים עכו״ם, הממשיכים יותר מכשיעור. כמ״ש, ורוח אלקים מרחפת על פני המים, זהו רוחו של מלך המשיח, שמרחפת הנה והנה, לדין ולרחמים. ומיום שנברא העולם מכבס לבושו ביין העליון.

632. כתוב אח״ז, חַכְלִילִי עֵינַיִם מִיַּיִן וּלְבֶן שִׁנַּיִם מֵחָלָב. חכלילי עיניים מיין, היין העליון, הארת השמאל מבינה, אשר התורה, הנוקבא, כשהיא משכרת, כלומר, משפיעה דינים לאותם הממשיכים אותו מלמעלה למטה, היא שותה ממנו, שמטעם זה נבחנת הבינה שדינים מתעוררים ממנה.

ולבן שיניים מחלב, תושב״כ, ז״א, שמקבל חסדים, חלב. כי התורה נקרא יין וחלב. תושב״כ, ז״א, חלב, ותשבע״פ, הנוקבא, יין. יין מקובל מבינה, חלב מקובל מאבא.

633. כתוב, וְיַיִן יְשַׂמַּח לְבַב אֱנוֹשׁ לְהַצְהִיל פָּנִים מִשָּׁמֶן. ממקום שנקרא שמן, אבא. ההתחלה של היין הוא שמחה, מקום שכל השמחות יוצאות משם, הבינה. וסופו, כשהוא מתפשט אל הנוקבא, דין, משום שהסוף שלו מקום הקיבוץ של כל הספירות, הנוקבא, שמשום זה היא נקראת כנ״י, מקום כינוס דז״א, דין, ובו נידון העולם. כי הדין שבנוקבא הוא סיבה שיתקבצו בה כל הספירות דז״א, כי מתוך כך היא צמאה לחסדים.

וכיוון שההתחלה של היין הוא שמחה, וסופו דין, משום זה כתוב, להצהיל פנים משמן, ממקום שכל השמחות יוצאות משם. כי כדי להמשיך השמחה ביין, כמו שהיה בבינה, היא ממשיכה חסדים מאבא, הנקרא שמן. וע״י זה מתבטלים כל הדינים שבה, ומשיגה ג״ר, הנקראות פנים. כמ״ש, להצהיל פנים משמן.

634. ולחם לבב אנוש יסעד. לחם שאומר כאן, לחם מסעיד את העולם, החסדים הנמשכים מחג״ת דז״א. ואין לומר, שבו לבדו תלוי סעד העולם, אלא צריכים גם ליין, הארת חכמה, כי לילה בלי יום אינו נמצא, אלא יום, ז״א, ולילה, נוקבא, צריכים להיות מחוברים יחד. וע״כ צריכים ללחם, מז״א, ולייין, מנוקבא, ששניהם יחד מסעידים את העולם.

ואינו צריך להפריד אותם, ולהמשיך לחם לבד מז״א בלי הנוקבא. ומי שמפריד אותם, ייפרד מחיים. כמ״ש, למען הודיעך, כי לא על הלחם לבדו יחיה האדם, משום שאין צריכים להפריד ביניהם.

635. אבל דוד אומר, ולחם לבב אנוש יסעד. ולחם, ו׳ נוסף בו, כמו והוי״ה, שתוספות ו׳ מרבה את הנוקבא, כי כל מקום שכתוב, והוי״ה, פירושו, הוא ובית דינו, הנוקבא. אף כאן, הו׳ שבמילה, ולחם, מרבה את הנוקבא. וע״כ הכול נמצא ביחד בזיווג.

636. מי שמברך על המזון, לא יברך על שולחן ריק. וצריך הלחם, שפע ז״א, ימין, להימצא על השולחן, הנוקבא,

שמאל. וכוס יין, שפע הנוקבא בימין, הרומז על ז״א, כדי לקשר שמאל בימין, שייכללו יחד, והלחם, ימין, יתברך מהם מזיווג עם שמאל, ויתקשר בהם, ויהיה הכול קשר אחד, לברך את השם הקדוש כראוי.

כי לחם, ימין, מז״א, נקשר ביין, משמאל, מנוקבא, ויין, משמאל, יתקשר בימין, ביד ימין הרומז אל ז״א, שבזה נכללה החכמה בחסדים והחסדים בחכמה. ואז הברכות שורות בעולם, והשולחן, הנוקבא, נשלם כראוי.

מהאוכֶל יצא מאכל

640. מהאוכֶל יצא מאכל ומעַז יצא מתוק. מהאוכל, מצדיק, כמ״ש, צדיק אוכל לשובע נפשו. צדיק, יסוד, אוכל, השפע מכל ספירות דז״א. לשובע נפשו, לתת שובע לאותו מקום שנקרא נפשו של דוד, הנוקבא. מהאוכל יצא מאכל, כי לולא אותו צדיק, לא היה יוצא מזונות לעולם. והעולם, הנוקבא, לא היה יכול להתקיים. ומעז יצא מתוק, יצחק שבירך את יעקב, כמ״ש, מטל השמיים ומשמני הארץ.

641. אע״פ שכל הספירות חן אחד, לולא דין הקשה שבשמאל דז״א, לא היה יוצא דבש, שפע הארת השמאל שבנוקבא, המקובל משמאל דז״א. דבש זה תשבע״פ, הנוקבא, שכתוב עליה, ומתוקים מדבש ונופת צופים. לפי זה, מעַז, זהו תושב״כ, כמ״ש, ה׳ עוז לעמו ייתן, ז״א. יצא מתוק, זהו תשבע״פ, הנוקבא, שבה הדבש.

642. הקב״ה הוא עם ההולכים אחר התורה. יורשים אותה, הם ובניהם לעולם, כמ״ש, ואני זאת בריתי.

643. זבולון לחוף ימים ישכון והוא לחוף אוניות ויַרְכָתו על צידון. כמ״ש, חגוֹר חרבךָ על יָרֵך, גיבור הוֹדך והדָרך. האם זהו הוד והדר לחגור כלי זין ולהתאזר בזה? הלוא מי שעוסק בתורה, ועורך מלחמתה של תורה, ומתאזר בה, זהו שבח?

644. אלא עיקר אות ברית קודש נתן הקב״ה ורשם אותו בבני אדם, כדי שישמרו אותו, ולא יפגמו את הרושם של המלך. ומי שפוגם אותו, עומדת לנגדו חרב נקמת נקם ברית, לנקום נקמת ברית קודש, שנרשם בו, והוא פגם אותו.

645. ומי שרוצה לשמור ברית קודש, יתאזר ויתקן עצמו ויָשֵׂם כנגדו, שהיצה״ר יתקיף אותו, את החרב הזו הנמצאת על ירך, להיפרע ממי שפוגם מקום המכונה ירך. וזהו, חגור חרבך על ירך גיבור. גיבור, שמנצח את יצה״ר, הודך והדרך.

646. חגור חרבך על ירך גיבור. מי שיוצא לדרך יתקן את עצמו בתפילה לאדונו, ויתאזר בצדק, מלכות, חרב עליונה, בתפילות ובבקשות, מטרם שיוצא לדרך, ככתוב, צדק לפניו יהלך וישֵׂם לדרך פעמיו.

647. זבולון יצא תמיד לשבילים, למנעולא, ולאורחות, מפתחא. וערך מלחמות, והתאזר בחרב העליונה, הנוקבא מבחינת הדינים שבהארת השמאל שלה. בתפילות ובבקשות, מטרם שיצא לדרך. ואז ניצח העמים והתגבר עליהם. הרי יהודה נתקן בחרב הזו, לערוך מלחמות ותיקונים, כי הוא מלכות, ולמה זבולון? י״ב שבטים כולם תיקון מלכות, שגם זבולון בחינת מלכות.

שני תיקונים של הנוקבאות

[תרין תקונין דנוקבי]

648. שני תיקונים של הנוקבאות, אמר שלמה בשה״ש, אחד לרועה העליונה, יובֵל, בינה. ואחד לכלה, שנת השמיטה, הנוקבא. תיקון למעלה, בבינה, ותיקון למטה, בנוקבא.

מעשה בראשית ג״כ באלו ב׳ מקומות, שבכל דבר הייתה עשיה אחת למעלה בבינה, ועשיה אחת למטה בנוקבא. וע״כ מתחילה התורה באות ב׳, שרומזת על ב׳ נוקבאות הללו. והעשיה שלמטה דומה בשלמותה לעשיה של מעלה. אבא עשה עולם העליון, בינה, וז״א עשה עולם התחתון, הנוקבא.

שני תיקונים של הנוקבאות שאמר שלמה, למעלה ולמטה, בתיקון העליון של השם הקדוש, בינה, ולמטה בתיקון התחתונה, הנוקבא, כעין התיקון של מעלה, שבבינה. כלומר, שכל התיקונים שעשה בנוקבא העליונה, המשיך אותם אל הנוקבא התחתונה, שבזה נשלמה ונעשתה נוקבא תחתונה, מלכות, כמו הנוקבא העליונה, בינה.

649. אשרי חלקו של יעקב הקדוש שזכה לזה. כי מיום שנברא העולם, לא הייתה נמצאת מיטה שלמה, כמו מיטתו של יעקב. הנוקבא, מיטה, שכל שלמותה לקבל כל התיקונים שבנוקבא העליונה, וזה נשלם בי״ב שבטים של יעקב, כי בתיקון י״ב נעשתה הנוקבא התחתונה בכל השלמות, כמו נוקבא העליונה.

ובשעה שרצה להסתלק מן העולם, היה שלם בכל צדדיו. אברהם, חסד, מימינו. יצחק, גבורה, משמאלו. הוא, ת״ת, באמצע. השכינה הייתה לפניו, השלמות של ד׳ רגלי הכיסא העליון, שכל אחד מחו״ג תו״מ הללו כלול מג׳, והם י״ב. והבינה עליהם מלמעלה.

כיוון שראה יעקב את זה, קרא לבניו ואמר להם, היאספו, כדי שיימצא התיקון למעלה ולמטה, כי י״ב בניו היו התיקון של נוקבא תתאה, כמו הי״ב של יעקב לנוקבא עילאה. ונמצא עתה, שנשלמו ב׳ הכיסאות, העליון והתחתון.

650. שני תיקונים נמצאים שם, עליון ותחתון, כדי שיהיה הכול שלם, כדי שהנוקבא תהיה שלמה כבינה. תיקון העליון סתום ומגולה, כי הוא תיקון של יובֵל, בינה, שאמר שלמה בשה״ש. הראש, ג״ר דז״א, סתום ואינו מתגלה, ואינו צריך להתגלות, כי ראש דז״א בחב״ד נתקנו. הזרועות והגוף, חג״ת, הם התגלו. השוקיים, נו״ה, סתומים ואינם מגולים, משום שהנבואה, השפע של נו״ה, אינה שורה אלא בארץ ישראל,

״ויחי״. ספר הזהר עם פירוש הסולם. מהד׳ 21 כר׳. כרך ז. דף רד; מהד׳ 10 כר׳. כרך ד. דף רד.

הנוקבא. כלומר, שהשפע שלהם מתגלה בנוקבא, הארת חכמה, השייכת לה ולא לז״א. ותיקון זה הוא סתום ומגולה.

תיקון העליון דבינה, הוא ע״י התיקון של ד׳ רגלי הכיסא, חו״ג תו״מ דז״א שמחזה ולמעלה, שכל אחד נחלק על ג׳ קווים והם י״ב.

למה מחשבים רק ד׳ הספירות חו״ג תו״מ שמחזה ולמעלה דז״א? כי ג״ר, חב״ד דז״א, סתומות, ונו״ה שמחזה ולמטה, ג״כ סתומות, מטעם שכל הארתם חכמה, ואינה בז״א, כי בז״א מאירים רק חסדים. ולפיכך אנו מחשבים בז״א רק חג״ת, עם המלכות המחוברת בהם. ותיקון זה סתום, שאין בו חכמה, מ״מ הוא מגולה, שהחסדים נמשכים מאוירא דכיא שבאו״א עילאין, שהם חשובים מחכמה.

651. תיקון אחֵר תחתון של הכלה, הנוקבא, שאמר שלמה בשה״ש, התגלה יותר, כי כאן מאירה הארת החכמה. והוא התיקון בי״ב שבטים שתחתיה ותיקון הגוף שלה, ד׳ הספירות חו״ג ונו״ה, שבכל אחת ג׳ קשרים והם י״ב, והנוקבא, הת״ת שבהם, עליהם מלמעלה.

מיתקן בי״ב בשני עולמות

[מתקנא בי״ב בתרין עלמין]

652. ויעש את הים, עומד על שני עשר בָּקָר. הים הזה מיתקן בי״ב בשני עולמות, בעולם העליון, בינה, ובעולם התחתון, הנוקבא. בי״ב למעלה, המרכבות הממונים למעלה, חו״ג תו״מ שלמעלה מחזה דז״א, שכל אחד כלול משלושה והם י״ב. והבינה רוכבת עליהם מלמעלה. וע״כ נקראים חו״ג תו״מ מרכבות.

בי״ב למטה, י״ב השבטים, חו״ג נו״ה דנוקבא, שכל אחד כלול משלושה והם י״ב. והנוקבא, הת״ת שבה, רוכבת עליהם. כיוון שראה יעקב תיקון העליון, חג״ת, וראה השכינה עומדת לנגדו, המלכות, ד׳ רגלי הכיסא העליון, רצה להשלים התיקון, קרא אל י״ב בניו ואמר להם, היאספו, התקינו עצמכם להשלים האמונה, הנוקבא, שיתקנו את עצמם בתיקון של י״ב של הנוקבא, ותהיה הנוקבא בכל השלמות, כמו הנוקבא של מעלה, בינה, ויושלם התיקון.

653. שלושה פונים צפונה ושלושה פונים ימה ושלושה פונים נגבה ושלושה פונים מזרחה והים עליהם. י״ב שבטים בד׳ דגלים בד׳ רוחות, ג׳ שבטים לכל צד לד׳ רוחות העולם. ג׳ שבטים לזרוע הימנית, חסד. ג׳ שבטים לזרוע השמאלית, גבורה. וג׳ שבטים לירך הימנית, נצח. ג׳ שבטים לירך השמאלית, הוד. גוף השכינה, הת״ת שלה, עליהם, כמ״ש, והים עליהם.

654. מהו הטעם, שיש ג׳ שבטים לזרוע וכן ג׳ שבטים לכולם? יש ג׳ קשרים בזרוע הימנית שבגוף תחתון, ג׳ בשמאלית, ג׳ בירך הימנית, ג׳ בירך השמאלית, ונמצאים י״ב ומחוברים עם הגוף, כעין שלמעלה.

י״ב שבטים, חו״ג נו״ה של הנוקבא, שבכל אחת ג׳ קשרים, והם י״ב. וגוף הנוקבא, ת״ת שלה, מחובר עימהם

מלמעלה. כמ"ש, כל אלה שבטי ישראל שנים עשר, וזאת אשר דיבר להם אביהם. הנוקבא נקראת זא"ת, משום שבה נשלם החשבון. כמ"ש, והים עליהם מלמעלה, שהוא הנוקבא. הרי שי"ב השבטים מחוברים עם גוף הנוקבא, אשר עליהם.

655. חג"ת נהי"מ דראש הנוקבא, הם שבעה עיני העדה, כמ"ש, שבעה עיני ה'. ולהיותם מוחין דחכמה מכונים עיניים. והם שבעים סנהדרין, שכל אחד מחג"ת נהי"מ האלו כלול מע"ס, והם שבעים. השערות הנמשכות מן הראש הזה, הם כמ"ש, כל הפקודים למחנה יהודה מְאַת אלף ושמונים אלף וששת אלפים וארבע מאות לצבאותם. וכמ"ש, כל הפקודים למחנה ראובן, וכן לכולם, שכל המספרים האלו הם בחינות שערות של הנוקבא.

656. במצרים, בשעת הסתלקותו של יעקב מן העולם, שהשלמות הייתה נמצאת באותה שעה, איפה היו כל אלו הפקודים של המחנות, בחינות שערותיה של הנוקבא? אם לא היו שם, הרי הנוקבא הייתה מחוסרת אז משלמותה, שהם השערות?

ודאי שבעים נפש היו, בבואם למצרים, כנגד המוחין דשבעים סנהדרין. וכל אלו שהולידו ב-17 שנים, שיעקב חי בארץ מצרים, לא היה להם חשבון מחמת ריבוים, כמ"ש, ובני ישראל פרו וישרצו ויעצמו במאוד מאוד. והם היו בחינות שערות של הנוקבא. והם היו בשעת הסתלקות יעקב מן העולם. וע"כ לא היה חסר כלום מהשלמות, אשרי חלקו של יעקב השלם, שנשלם למעלה ולמטה.

658. תיקון העליון שבבינה כולו אחד, לא היה בו פירוד, כמו בתיקון התחתון, שבנוקבא. כמ"ש בנוקבא, ומשם ייפרד והיה לארבעה ראשים. כי בנוקבא יש פירוד. ואע"פ שיש בה פירוד, כשמסתכלים בדברים, הכול עולה לאחד, כי גם הפירוד שבה חוזר ומיתקן ע"י התיקון של י"ב, ואז גם היא כולה אחד. משא"כ הבינה, שלא היה בה פירוד מעולם, אינה צריכה לתיקון י"ב, שיתקן אותה.

659. אבל התיקון של העליון, של היובל, בינה, עומד ג"כ על י"ב, כמו התחתון, הנוקבא. ואע"פ שהוא אחד, שלא היה בו פירוד מעולם, הנה האחד הזה משלים לכל צד, שהאחד שבספירות של צד ימין משלים לצד שמאל, והאחד שבספירות שבצד שמאל משלים לצד ימין.

ונמצא, שאֵלו ו"ק עליונות חג"ת נה"י שבבינה, הם י"ב. כי כל אחד מחג"ת נה"י מַלווה לחברו מאורותיו, ונכלל מאורות חברו, ונמצאו שהם י"ב, וגוף של הבינה עליהם.

ועניין הלוואה פירושו, כי אחר שהימין, חסדים, נשלם מהתכללות החכמה שבשמאל, מחזיר לו הארתו, ונשאר באור חסדים. וכן השמאל מחזיר החסדים לימין אחר שנשלם על ידיהם, ונשאר בחכמה. ונמצא מה שנתנו זה לזה, אינו אלא הלוואה ע"מ להחזיר.

וע"כ כל עומד על י"ב, ואפילו הבינה. כי ו"ס חג"ת נה"י שבה נכללים זה מזה, ויש חג"ת נה"י בצד ימין, וחג"ת נה"י מצד שמאל. ולא משום תיקון הפירוד כמו בנוקבא.

הגוף הוא יעקב, ת"ת, ולא בינה, שהוא ראש ולא גוף. ואיך ייתכן שהבינה, שהוא מעל י"ב, הוא גוף? אלא ראש וגוף עומדים ביחד, שנכללים זה מזה, וע"כ יש בחינת ת"ת גם בראש בבינה.

660. יש ג' קשרים שבזרוע הימנית, חסד חסדים, שכל הג' הם חסד. וג' קשרים

שבזרוע השמאלית, גבורה גבורות, ג׳ גבורות. וג׳ קשרים בירך הימנית, נצח נצחים, ג׳ נצחים. וג׳ קשרים בירך השמאלית, הוד הודות. הרי ביחד י״ב, והגוף, ת״ת, עומד עליהם, הרי י״ג (13).

כי בי״ג מידות מתבאר התורה, י״ג מידות של רחמים, הנמשכים מי״ג תיקוני דיקנא דא״א. והכול אחד, שאין שם פירוד. ונמשכים מלמעלה למטה בייחוד, מי״ג תיקוני דיקנא דא״א, ומשם לי״ג דבינה, ומשם לי״ג דז״א, עד אותו מקום העומד על פירוד, הנוקבא.

661. שבע עיניים עליונות, שבע ספירות חג״ת נהי״ם דמוחין דחכמה. כמ״ש, עיני ה׳ הֵמָה משוטטים. הם זכרים, כלומר, מז״א. כי מקום הזכר הוא. ושכתוב, ה׳ עיניו משוטטות, הם בתיקוני השכינה למטה, מקום הנוקבא.

שבע העיניים העליונות, בין של הזכר ובין של הנוקבא, הן כנגד הכתוב, לך ה׳ הגדולה, חסד, והגבורה, והתפארת, והנצח, וההוד, כי כל, יסוד, בשמיים ובארץ. וכמ״ש, לך ה׳ הממלכה, מלכות, משלים לכל קצה מו״ק חג״ת נה״י.

662. השערות שבזו״ן הן גבורות, כמ״ש, מי ימלל גבורות ה׳. אע״פ שהשערות גבורות, מ״מ נמשכים על ידיהם החסדים, שאין להם מספר, שעליהם כתוב, חסדֵי ה׳ כי לא תָמְנוּ. ותיקונים אלו עולים למקום אחר, למוחין שאין להם חשבון.

ואע״פ שבמוחין דחשבון, שהם שבעה עיני ה׳, נאמר בו יותר, ועלה במשקל, כלומר, בקו אמצעי, המכריע בין ב׳ כפות המאזניים, ימנית ושמאלית, בעליונה, בינה, ובתחתונה, הנוקבא. ושלמה המלך ביאר אותן ב׳ הנוקבאות בשה״ש. משא״כ במוחין דשערות, שאין צריכים לפרש אותן, כי אין מספר. עכ״ז שניהם צריכים, שע״י ב׳ מיני מוחין האלו באה השלמות.

אשרי חלקם של הצדיקים, שיודעים דרכי הקב״ה, ובמוחין דמספר מתגלה הכול ליודעי דין ומשפט.

זבולון לחוף ימים ישכון

663. זבולון ויששכר עשו ביניהם תנאי, יששכר ישב ויהגה בתורה, זבולון ייצא ויעסוק במסחר, ויתמוך ביששכר. כמ״ש, ותומכיה מאושר. והיה יורד בימים לעשות מסחר. וחלקו היה כן, כי הים היה נחלתו.

664. משום זה קורא לו ירך, כמ״ש, וַיַרְכָתוֹ על צידון, כי דרכו של ירך לצאת ולבוא, כמ״ש, שמַח זבולון בצאתך ויששכר באוהליך.

זבולון לחוף ימים ישכון, באלו יורדי הים, לעשות מסחר. אע״פ שרק ים הגדול היה בנחלתו, מ״מ כתוב, ימים, משום שבין שני ימים היה שורה, בין ים הגדול לים כנרת. אלא שנחלתו לא הייתה מתפשטת עד כנרת.

665. כל סוחרי שאר הימים, היו מחַזרים אחר סחורות בים שלו. ע״כ כתוב, לחוף ימים, לשון רבים. וירכתו על צידון, הלוא גבול צידון היה רחוק מגבול זבולון? הירך שלו מגיעה על

גבול צידון, רצועה צרה של קרקע, כעין ירך, הייתה נמשכת מחלקו של זבולון, ומגיעה עד הגבול של צידון, ובדרך זו הגבול של זבולון נמשך לגבול צידון. ומקום מסחר היה שם, כי כל הסוחרים הולכים ושבים עם סחורותיהם למקום ההוא.

666. וכתוב, ולא תשבית מלח ברית אלקיך מעל מנחתך, על כל קורבנך תקריב מלח. למה מלח חשוב כל כך? משום שהוא ממרֵק ומבשם את המר להטעים אותו. כי מלח דינים, אשר במסך דחיריק, שעליו יוצא קו אמצעי, המייחד ימין ושמאל, והוא ממרק ומבשם וממתיק הדינים דשמאל, שהם מרים, עם החסדים שבקו ימין. ואם לא היה מלח, לא היה נמשך קו אמצעי, ולא היה יכול העולם לסבול את המרירות. כמ״ש, כי כאשר משפטיך לארץ צדק למדו יושבי תבל.

משפט, ת״ת, קו אמצעי שמחזה ולמעלה, שהדינים שבמסך שבו נקראים מלח. צדק, דינים המרים שבמלכות. כשהמשפט, מלח, הוא לארץ, הנוקבא, אז צדק למדו, שיוכלו לקבל המרירות שבצדק. וכמ״ש, צדק ומשפט מכון כיסאך, שהצדק נשלם ע״י המשפט, המלח.

667. ומלח הוא ברית, יסוד, קו אמצעי, שמחזה ולמטה, שהעולם, הנוקבא, מתקיים עליו. כמ״ש, אם לא בריתי יומם ולילה, חוקות שמיים וארץ לא שמתי. ומשום שעליו יוצא הקו האמצעי, יסוד, נקרא המלח ברית אלקיך, כי היסוד ברית, וקוראים אנו ים המלח, שהים, הנוקבא, נקראת ע״ש המלח הממתק אותו.

668. כמ״ש, כי צדיק ה׳ צדקות אָהֵב. זהו מלח, יסוד, בים, במלכות. כי צדיק הוא יסוד, צדקות הוא מלכות. ומי שמפריד אותם, גורם לעצמו מיתה. וע״כ כתוב, לא תשבית מלח ברית אלקיך מעל מנחתך. שלא תפריד את היסוד, מלח, מעל המנחה, הנוקבא. וזה בלא זה אינם הולכים.

669. הים אחד ונקרא ימים בכתוב, זבולון לחוף ימים ישכון, משום שמקום יש בים, שהוא מים זכים, ומקום שיש בו מים מתוקים, ומקום שיש בו מים מרים. ומשום שיש מקומות שונים, נקרא ימים. וע״כ כתוב, לחוף ימים.

כל שבט, כל אחד הוא קשר אחד מאלו הקשרים שמתחברים בגוף הנוקבא. משום זה יש מקומות שונים בנוקבא, שנקראת ים, לפי השבט המיוחס שם. וע״כ נקראת הנוקבא ימים, לשון רבים.

672. כתוב ברחָב, ונתתם לי אות אמת, והַחֲיִיתם את אבי ואת אימי. היא רצתה סימן החיים, כמ״ש, והַחֲיִיתם את אבי ואת אימי. ואמרה, שסימן החיים אינו שורה אלא באות אמת, שזהו אות ו׳ של הוי״ה, ת״ת, משום שבו שורים חיים.

סימן של משה רצתה, ת״ת, ולמה נתנו לה תקוות חוט השָני, כמ״ש, את תקוות חוט השני הזה תקשרי, שהוא סימן של יהושע, מלכות?

673. אלא הם אמרו, משה הרי נפטר מן העולם, כי נאסף השמש, ת״ת, משה. והרי הגיע זמנה של הלבנה למשול. ע״כ סימן הלבנה, מלכות, הוא תקוות חוט השני, סימן של יהושע, מלכות, יהיה אצלך, משום שממשלת הלבנה עתה.

674. כל בניו של יעקב י״ב שבטים היו, והסתדרו למטה כעין של מעלה, כי״ב קשרים שבחו״ג נו״ה דנוקבא. ולמה הקדים תמיד בברכות את זבולון לפני

ישׂשכר, והרי יששכר עסק בתורה, והתורה מקדימים בכל מקום, לכל דבר, ולמה בברכות הקדים את זבולון?

675. זבולון זכה שיקדימו אותו ליששכר בברכות, משום שהוציא לחם מפיו ונתן לפיו של יששכר. מכאן, מי שמפרנס לבעל תורה, מקבל ברכות מלמעלה ומלמטה. ולא עוד אלא שזוכה לשני שולחנות, מה שאינו זוכה אדם אחר. זוכה לעושר שיתברך בעוה״ז, וזוכה שיהיה לו חלק בעוה״ב. כמ״ש, זבולון לחוף ימים ישכון, והוא לחוף אוניות.

כיוון שכתוב לחוף ימים, למה כתוב עוד, לחוף אוניות? אלא לחוף ימים, בעוה״ז, לחוף אוניות בעוה״ב. כמ״ש, שם אוניות יהלכון, שנאמר על ים גדול ורחב ידיים, הבינה, עוה״ב, כי שם השפע של עוה״ב.

השבעתי אתכם בנות ירושלים

676. השבעתי אתכם בנות ירושלים, אם תמצאו את דודי, מה תגידו לו, שחולת אהבה אני. מי הוא קרוב יותר אל המלך מכנ״י, הנוקבא? והיא אומרת להם, אם תמצאו את דודי, מה תגידו לו? אלא, בנות ירושלים, הן נשמות הצדיקים, שהן קרובות אל המלך תמיד, ומודיעות אל המלך בכל יום שלומה של המטרוניתא, הנוקבא.

677. בשעה שהנשמה יורדת לעולם, כנ״י, הנוקבא, באה עליה בשבועה, שתגיד למלך ותודיע לו את אהבתה אליו, בשביל להתרצות עימו.

כי ז״א קו ימין, הנוקבא קו שמאל. וב׳ הקווים ימין ושמאל במחלוקת. וכמו שזו״ן עולים למ״ן לב׳ קווי הבינה, ישסו״ת, ועושים שלום ביניהם בקו אמצעי, היוצא על מסך דחיריק, כן נשמות הצדיקים עולים למ״ן לזו״ן, ונעשות להם קו אמצעי, ועושות שלום ביניהם.

וע״כ נאמר, שהנוקבא משביעה את הנשמות להגיד ולהודיע למלך, ז״א, את אהבתה, בשביל להתרצות עימו, שיעלו למ״ן ויהיו לקו אמצעי, העושה שלום בין ב׳ קווים ימין ושמאל, ז״א ונוקבא.

678. ובמה מודיעות הנשמות אהבת הנוקבא אל המלך? החיוב הוא על האדם, לייחד את השם הקדוש, הנוקבא, בז״א, בפה בלב ובנפש. ולהתקשר כולו בזו״ן, שיעלה למ״ן אליהם, כשלהבת הקשורה בגחלת. ובאותו הייחוד שעושה גורם, שיתרצה המלך עם המלכה, ומודיע אל המלך את אהבתה אותו. שעם עליית הנשמה למ״ן לז״א, נעשית קו אמצעי ביניהם, ועושה שלום ומייחדת אותם זה עם זה.

679. בנות ירושלים הן י״ב השבטים, י״ב הקשרים בחו״ג ונו״ה, שגוף הנוקבא עומדת עליהם.

ירושלים, הנוקבא, עומדת על י״ב הרים. ומי שאומר על שבעה, אינו אומר על צד השלמות. ואע״פ שהכול אחד, יש בה שבע בחינות חג״ת נהי״מ. ויש

בה ד' בחינות חו"ג תו"מ. ויש בה י"ב בחינות, י"ב הקשרים. והכול אחד. אלא שהם מדרגות מיוחדות בה, וי"ב היא השלמות.

680. ירושלים עומדת על י"ב הרים, ג' לצד זה, וג' לצד זה, וכך לארבע זוויות. ג' קשרים בחסד, ג' קשרים בגבורה, ג' קשרים בנצח, ג' קשרים בהוד. וגוף הנוקבא עליהם. ואז נקראים חיה, כמ"ש, היא החיה אשר ראיתי תחת אלקֵי ישראל.

ונקראים בנות ירושלים, משום שירושלים, הנוקבא, עומדת עליהם. והם מעידים עדות למלך על אהבתה של כנ"י. כי אומרת להם, אם תמצאו את דודי, מה תגידו לו, שחולת אהבה אני. וכמ"ש, שבטי יה עדות לישראל. שאומרים עדות לישראל, לז"א, על אהבתה של הנוקבא. אשרי חלקם של ישראל, שיודעים דרכיו של הקב"ה.

ישׂשכר חמור גָרֶם

681. ישׂשכר חמור גָרֶם, רובץ בין המִשְפְתָיים. ואם נקרא חמור, מפני שעסק בתורה, למה לא ייקרא לו סוס, או אריה, או נמר? משום שהחמור מקבל עליו משא, ואינו בועט באדונו כשאר בהמות, ואין בו גבהות הרוח, ואינו דואג לשכב במקום מתוקן. אף ישׂשכר, שעָסקו בתורה, מקבל עליו המשא של התורה, ואינו בועט בהקב"ה, ואין בו גבהות הרוח, כחמור שאינו דואג לכבודו, אלא לכבוד אדונו. ע"כ רובץ בין המשפתיים, כמ"ש, ועל הארץ תישן, וחיי צער תחיה ובתורה אתה עמל.

682. כמ"ש, לדוד, ה' אוֹרי וישעי מִמי אירא. כמה חביבים הם דברי תורה, כמה חביבים הם אותם שעוסקים בתורה לפני הקב"ה. כי כל מי שעוסק בתורה, אינו מפחד ממזיקי העולם, נשמר הוא למעלה, נשמר למטה. ולא עוד, אלא שמכניע כל המזיקים שבעולם ומורידם לעומקי תהום רבה.

683. כשבא הלילה, הפתחים של מעלה נסתמים, וכלבים וחמורים שורים ומשוטטים בעולם, וניתן רשות למזיקים להשחית, וכל בני העולם ישנים במיטותיהם, ונשמות הצדיקים עולות ומתענגות למעלה. כשמתעורר רוח צפון, מתחלק הלילה, התעוררות קדושה מתעוררת בעולם.

684. אשרי חלקו של אותו אדם, שקם ממיטתו באותה שעה, ועוסק בתורה. כיוון שהוא פותח בתורה, כל אלו מיני מזיקים הרעים, מכניס אותם בנקבי תהום הגדול, ומכניע קליפת החמור, ומוריד אותו בבקיעים שמתחת העפר, בזוהם הפסולת והזבל המקובץ שם.

685. משום זה, ישׂשכר, שהיה עסקו בתורה, הכניע את קליפת החמור, והוריד אותו. ומה שהיה החמור, גָרֶם המעלות, כמ"ש, חמור גָרֶם. שהיה עולה להזיק העולם, והנה עתה, שׂם מדורו, בין המשפתיים, בין האשפות, בין הזוהמות

"ויחי". ספר הזהר עם פירוש הסולם. מהד' 21 כר'. כרך ז. דף רטו; מהד' 10 כר'. כרך ד. דף רטו.

של בקיעי העפר. יששכר, ע״י עסק תורתו, השפיל קליפת חמור גרם, ועשה אותו, רובץ בין המשפתיים, שהוריד אותו לבקיעים שבאדמה, בין האשפות אשר שם.

686. וַיַרְא מנוחה כי טוב, זו היא תושב״כ. ואת הארץ כי נָעֵמָה, זו היא תשבע״פ.

ויֵט שִׁכמו לסבול, לסבול עול תורה, ולהידבק בה ימים ולילות.

ויהי למס עובד, להיות עובד אל הקב״ה, ולהידבק בו, ולהחליש את עצמו מרוב עסקו בתורה.

687. כי כל מי שיודע לעסוק בתורה, ואינו עוסק, מתחייב בנפשו. ולא עוד, אלא שנותנים עליו עול דרך ארץ ושעבוד רע, שעבוד מלכות, כמ״ש ביששכר, ויט שִׁכמו לסבול. ויט, נטה, כמ״ש, ויטו אחרי הבצע, שסר מדרך הישר. כי מי שמטה עצמו ודרכו, שלא לסבול עול תורה, מיד, ויהי למס עובד, שנופל תחת עול דרך ארץ ושעבוד מלכות.

וירא מנוחה כי טוב, שראה כי טוב לקבל עליו עול תורה. ולא עוד, אלא גם, ויט שכמו לסבול, שמטה עצמו שלא לסבול. מיד, ויהי למס עובד, שהטילו עליו עול דרך ארץ ושעבוד מלכות.

688. אשריהם בני העולם העוסקים בתורה, כי כל מי שעוסק בתורה, אהוב הוא למעלה ואהוב למטה, ונוחל בכל יום נחלת עוה״ב. כמ״ש, להנחיל אוהביי יש. יש, זה עוה״ב, בינה, שמימיו, השפע שלו, אינו נפסק לעולם. כי העוסק בתורה מקבל שכר טוב עליון, שאדם אחר לא זכה בו, והוא יש, בינה.

ומשום זה מרמז השם יששכר, שעסק בתורה, יש שכר, שהשכר של העוסקים בתורה הוא, יש, בינה.

689. כתוב, רואה הייתי עד אשר הכיסאות נפלו. כשנחרב ביהמ״ק, נפלו ב׳ כיסאות. ב׳ כיסאות למעלה וב׳ כיסאות למטה. ב׳ כיסאות למעלה, כיסא של יעקב, ז״א, וכיסא של דוד, מלכות. וכיוון שהתרחק כיסא התחתון מכיסא העליון, שכיסא יעקב התרחק מכיסא דוד, נפל כיסא דוד. כמ״ש, השליך משמיים ארץ.

וב׳ כיסאות שלמטה: ירושלים ובעלי תורה. והכיסאות שלמטה כעין הכיסאות של מעלה. כי בעלי התורה, כיסא של יעקב, ז״א. ירושלים, כיסא של דוד, מלכות. ונמצא, שנפלו ב׳ כיסאות, כיסא דוד של מעלה, הנוקבא, וכיסא ירושלים של מטה. וע״כ כתוב, עד אשר הכיסאות נפלו, בלשון רבים. כי כיסאות רבים נפלו, ונפלו מעלבונה של תורה.

זו״ן נחלקים על החזה, למעלה מחזה, ב׳ כיסאות שלמעלה, ולמטה מחזה, ב׳ כיסאות שלמטה. וב׳ כיסאות שנפלו, הם הנוקבא שלמעלה מחזה והנוקבא שלמטה מחזה.

690. כאשר צדיקי אמת עוסקים בתורה, כל הכוחות של שאר העמים, ושאר הצבאות, וכל הכוחות והצבאות שלהם, נכנעים ואינם שולטים בעולם. וישראל נועדים לעמי העולם, שעמי העולם מזמינים את ישראל, להעלות אותם לראש על כל העמים. שזהו עניין יששכר, יש שכר.

ואם לא, קליפת חמור גורם לישראל ללכת בגלות, וליפול בין העמים, שישלטו עליהם, משום, וירא מנוחה כי טוב, שראה התורה, שהיא טובה ומתוקנת לפניו, ויכול להשתכר על ידה, כמה טובות וכמה חמודות, והוא היטה דרכו, שלא לסבול עול תורה, בשביל זה, ויהי למס עובד, בגלות.

691. כתוב, הדודאים נתנו ריח. אלו הדודאים שמצא ראובן, כמ"ש, וילך ראובן וימצא דודאים בשדה. ודברי תורה אינם מתחדשים בישראל, אלא על ידיו. כמ"ש, ומבני יששכר יודעי בינה לעיתים, לדעת מה יעשה ישראל.

י"ב השבטים, י"ב קשרים שבב' זרועות חו"ג, ובב' ירכיים נו"ה, בהארת ג' קווים בכל אחת מד' בחינות חו"ב תו"מ, שהם בנוקבא חו"ג ונו"ה. וע"כ נבחן שיש ג' קשרים בכל אחד מחו"ג נו"ה, והם י"ב.

ומבחינת ד' הדגלים, יהודה וראובן ב' זרועות חו"ג. ואפריים ודן ב' ירכיים נו"ה. וג' קשרים שבזרוע שמאל, יהודה, הם יהודה יששכר זבולון, הארת ג' קווים שבזרוע שמאל. אשר יהודה קשר א', מקו ימין. יששכר קשר ב' מקו שמאל. זבולון קשר ג' מקו האמצעי.

יששכר, מקו שמאל, שבו הארת חכמה. וכיוון שהחכמה אינה מאירה בלי חסדים, נבחן שאין לו מזונות להתקיים. זבולון, מקו אמצעי, היוצא על מסך דחיריק, וממשיך חסדים ומלביש את החכמה דקו שמאל, כמו שיוצא למרחק לסחור, כדי להמשיך מזונות שיששכר יוכל להתקיים.

הדודאים נתנו ריח, זו הארת החכמה שבקו שמאל, בחינת יששכר, קשר ב' שבזרוע השמאלית. וע"כ דברי תורה אינם מתחדשים בישראל, אלא על ידיו. כי חידושי תורה, הארת חכמה, אינם אלא בקו שמאל, בחינת יששכר. כמ"ש, ומבני יששכר יודעי בינה לעיתים.

כתוב, יודעי בינה, ולא יודעי חכמה, כי חכמה שבקו שמאל אינה חכמה ממש, אלא בינה שחזרה להיות חכמה. כי חכמה ממש אינה אלא בקו ימין. אבל חכמה זו נסתמה, ורק החכמה שבקו שמאל מאירה, שממקורה הוא רק בינה.

692. ועל פתחינו כל מְגָדים חדשים גם ישנים. בני יששכר גרמו, שיהיה על פתחינו, פתחי בתי כנסיות ובתי מדרשות, כל מגדים חדשים גם ישנים. כמה דברי תורה חדשים וישנים שמתגלים על ידיהם של בני יששכר, לקרב את ישראל לאביהם שלמעלה. כמ"ש, לדעת מה יעשה ישראל.

693. דודי צפנתי לך. כל מי שעוסק בתורה כראוי, ויודע לשמח הדברים ולחדש הדברים כראוי, אלו הדברים עולים עד הכיסא של המלך, הנוקבא, שהיא הכיסא לז"א. וכנ"י, הנוקבא, פותחת להם שערים וגונזת אותם.

ובשעה שהקב"ה נכנס לגן עדן להשתעשע עם הצדיקים, בחצות לילה, מוציאה אותם חידושי תורה לפניו. והקב"ה מסתכל בהם ושמח. אז הקב"ה מתעטר בעטרות העליונות, ושמח במטרוניתא, הנוקבא. כמ"ש, חדשים גם ישנים.

דודי צפנתי לָך, שאומרת זאת בחצות לילה, בשעה שמוציאה חידושי תורה לפני הקב"ה. ומאותה שעה והלאה, דבריו של המחדש והמשמח דברי תורה, כתובים בספר העליון. כמ"ש, וייכתב ספר זיכרון לפניו.

694. אשרי חלקו של העוסק בתורה כראוי, אשרי הוא בעוה"ז ואשרי הוא בעוה"ב. עד כאן ממשלת יהודה, זרוע שנכלל בכל. ג' הקווים בכוח של כל הצדדים, דרום צפון מזרח, ג' קשרים שבזרוע, יהודה יששכר זבולון, ביחד, כמו בדגלים, שיהודה הארת קו ימין, ויששכר קו שמאל, וזבולון קו אמצעי, כדי שיהודה יתגבר על כל הס"א.

דן ידין עמו

696. דן ידין עמו כאַחד שבטי ישראל. דן, הוא כמ״ש, מאסף לכל המחנות, ירך השמאלית, הוד, והולך לאחרונה. כיוון שיהודה וראובן נוסעים, הלוויים והארון פורשׂים דגלים, ונסע דגל אפריים למערב, ירך הימנית נוסעת ע״פ הסדר, שירך ימנית קודמת לירך שמאלית, דן. וע״כ נוסע דן לאחרונה.

הרי זבולון הוא שנכנס ויוצא, כמ״ש, שׂמַח זבולון בצאתך, זבולון ירך ולא אפריים. אלא ודאי יהודה נכלל מכולם. כיוון שזבולון כלול בדגל יהודה, אין לו מידה בפני עצמו, אלא שנכלל ביהודה, ראש הדגל. ורק אפריים, ראש הדגל, יש לו מידה בפני עצמו, ירך הימנית, נצח.

697. סדר ד׳ הדגלים. המלכות של מעלה, הנוקבא דז״א, נכללת מכל י״ב הקשרים. ויהודה מלכות התחתונה. וכמו שהמלכות העליונה נכללת מהכול, כן מלכות התחתונה, יהודה, נכללת מהכול, מגוף ומירך, כלומר, מת״ת ומי״ב הקשרים שבזרועות ובירכיים, כדי שיתגבר בכוחו.

698. כמ״ש, מימינו אש דת לָמו. התורה ניתנה מצד הגבורה, אש. אבל הגבורה נכללה בימין, חסד, ובגוף, ת״ת, ובירך, נו״ה, ובכל הספירות. כן הסדר הראשון של נסיעת הדגלים, הוא יהודה, מלכות הבאה מצד הגבורה, אבל נכללה בימין בגוף ובירך, ובכל הספירות נכללה, כמו שהמלכות של מעלה, הנוקבא דז״א, נכללה מכל הספירות.

699. הסדר השני של הדגלים, ראובן, שהוא לצד דרום, ימין, חסד, אבל כל כוח הימין של ראובן לקח יהודה, משום שמראובן הועברה המלכות, יהודה התגבר בעוצמת הימין, שהיה מראובן.

וכן אמר דוד, שהוא מיהודה, נאום ה׳ לאדוני שֵׁב לימיני. משום שהשמאל נכלל בימין ומתעצם בכוחו, כמ״ש, ימין ה׳ עושָׂה חָיִל. ומשום זה שיהודה לקח כל כוח הימין של ראובן, ע״כ נסע ראשונה. יהודה וראובן שתי זרועות. ראובן זרוע ימין, ויהודה זרוע שמאל.

700. הסדר השלישי לדגלים הוא אפריים, ירך הימין, נצח, ונוסע תמיד לפני ירך השמאל. ודן, ירך השמאל, הוד, נוסע לאחרונה. וע״כ הוא המאסף לכל המחנות לצבאותם, והולך לאחרונה.

701. יהודה לקח חלק בב׳ הזרועות, חו״ג, משום שראובן, זרוע ימין, נאבד ממנו בכורה כהונה ומלכות. ע״כ כתוב ביהודה, ידיו רב לו, ב׳ הידיים, חו״ג.

702. כתוב, ויעש המלך שלמה כיסא שן גדול. כיסא שלמה עשה כעין של מעלה, בכל הצורות של מעלה, אריה, שור, נשר ואדם, עשה כאן. הרי שהמלכות שלמטה, שלמה, הבא מיהודה, כלול מכל הספירות, כמו המלכות העליונה. כמ״ש, ויישב שלמה על כיסא ה׳ למלך. מלך, מילה סתומה, ואין הכרח שסובב על שלמה, אלא שסובב על מלכות העליונה.

ע״כ כתוב, ויישב שלמה על כיסא ה׳, בדומה למלך, מלכות העליונה, שנכלל מכל הספירות כמוה. וכמ״ש, ושלמה ישב

על כיסא דוד אביו, ותיכּוֹן מלכותו מאוד. כמו שהמילה, מלכותו, סובב על המלכות העליונה, שהלבנה, המלכות העליונה, עמדה במילואה. אף כאן, למלך, סובב על המלכות העליונה.

703. בתחילה כתוב, דן ידין עמו, ואח״כ כתוב, כאַחד שבטי ישראל. כאחד, פירושו, כייחודו של עולם, שדן ביחידות, כמו ייחודו של עולם, כמו שהיה בשמשון, שביחידות עשה דין בעולם, ודן והרג ביחד, ולא הוצרך לעזרה.

704. דן, נחש האורב על אורחות ושבילים. למעלה זהו הנחש הקטן, המאסף לכל המחנות, שבסיום כל המדרגות דקדושה, ואורב על אורחות ושבילים. ואח״כ, צבאות ומחנות מחבלים יוצאים מכאן, הם האורבים לבני אדם, להענישם על העבירות, שמשליכים אותם לאחור אחר כתפיהם. כלומר, שאינם מרגישים בהם, ואומרים שלא חטאו. הוא נחש הקדמוני למעלה, מטרם שנמתק ביין המשמח.

יש ב׳ מיני דינים מב׳ נקודות מנעולא ומפתחא. שורש הדינים שבבינה מכונה מפתחא, ושורש הדינים שבמלכות מכונה מנעולא. ונמשכים מהם ב׳ נחשים, ממפתחא נחש הגדול, ממנעולא נחש הקטן. דן, חלק מהמלכות מי״ב קשרים שבה, בסיומה, בירך השמאלית, הוד, ניתן בו כוח נחש קטן, כדי להכניע את הס״א, כמ״ש, הנושך עיקבי סוס וייפול רוכבו אחור.

ויש אורחות ושבילים. הנמשכים ממפתחא, מכונים אורחות. והנמשכים ממנעולא מכונים שבילים. דן, נחש האורב על אורחות ושבילים, שבהיותו מבחינת נחש קטן, יש לו כוח באורחות, שממפתחא, והן בשבילים, שממנעולא.

כי גם למעלה בבינה יש נחש קטן, שגם הוא אורב על אורחות ושבילים, משום שהמלכות עלתה לבינה, והעלתה כוח הדינים שבה אל הבינה. וע״כ יש גם שם הנחש הקטן, הנמשך ממנעולא.

ויש נחש הקדמוני למעלה, בבינה, מטרם שהבינה נמתקה ביין המשמח, מזמן קטנות הבינה, שקיבלה מכוח עליית המלכות אליה. אבל אח״כ, שקיבלה הגדלות, יין המשמח, הורידה ממנה אלו הדינים, ואין בה עוד נחש הקטן.

705. יהי דן נחש עלֵי דרך. כמו שיש דרך למעלה בבינה, מפתחא, כן יש דרך למטה במלכות, מנעולא, ומתחלק הים מכוח ב׳ דרכים לכמה דרכים בכל צד, שכל דרך כלול משניהם.

ויש אורַח אחד, ממפתחא לבד, ואין בו חלק ממנעולא, הבא ומגדיל במוחין דג״ר את הים, המלכות. כי המוחין דג״ר נמשכים רק ע״י המפתחא. ומגַדל דגים רעים למיניהם, כי הקליפות מתקרבות לינוק משם השפע וגדלות מזה. כמו המים שלמטה מוציאים דגים טובים, דגים רעים, דגים ממין צפרדעים. כעין זה, יוצאים בים העליון דגים רעים למיניהם.

706. וכאשר הקליפות משתמשות מהאורח הזה שבים, שיונקות משם שפע, הן נראות רוכבות על סוסיהן. ולולא נחש שמאסף לכל המחנות, דן, הנחש הקטן, אורב בסוף האורחות, ומפזר אותם לאחור, היו מחריבים את העולם. כמ״ש, הנושך עיקבי סוס וייפול רוכבו אחור. המזיקים הרוכבים על סוסים.

מצד אלו הקליפות יוצאים מכשפים לעולם. כמ״ש בבלעם, ולא הלך כפעם בפעם לקראת נחשים, משום שהם עומדים ללחש בכשפי העולם.

707. יהי דן נחש עלֵי דרך. מהו עלי דרך? מי שנמשך אחרי הנחש, מכחיש

פמליה של מעלה, שגורם רזון בצבאות הקדושה שבעולמות העליונים.

כי אותו הדרך העליון היוצא מלמעלה, מפתחא היוצא מבינה, כמ״ש, הנותן בים דרך, מי שנמשך אחרי הנחש, כאילו הולך על אותו דרך העליון להרזות אותו, כלומר, למַעט השפע, כי מהדרך ההוא ניזונים עולמות עליונים. והוא מקלקל את המזונות שלהם, וגורם רזון בהם. כי הנמשך אחר הנחש, שממשיך שפע השמאל מלמעלה למטה, גורם להפסיק את הזיווג העליון, שמשם ניזונים העולמות.

708. האם דן במדרגה זו, כיוון שהוא בחינת קליפה רעה? אלא כמ״ש, ואת להט החרב המתהפכת, לשמור את דרך עץ החיים, כן כאן כתוב, הנושך עיקבי סוס, כדי לשמור את כל המחנות. כלומר, מה שדן אחז ממדרגת הקליפה, הוא תיקון של הכיסא, הנוקבא, לשומרה מיניקת המזיקים הרוכבים על סוסים. כי הכיסא של שלמה המלך, היה נחש אחד מתנדנד בקשרי השרביט שלמעלה מן האריות שבכיסא. הרי שיש נחש בתיקון הכיסא.

709. כתוב, ותלד האישה בן ותקרא את שמו שמשון, ותחל רוח ה׳ לפעמו במחנה דן. שמשון, נזיר עולם היה, פָּרוש מן העולם היה, והתגבר בו כוח חזק, והוא היה נחש בעוה״ז כנגד העמים עכו״ם, כי נחלת חלק הברכות של דן אביו, ירש. כמ״ש, יהי דן נחש עלי דרך, שפיפון עלי אורח.

710. עניין תיקון הכשפים הוא, שהנחש הוא שפיפון, שאע״פ שהם ב׳ מינים, עושים אותם מלהטיהם כמו שהיו מין אחד. כך אותו רשע בלעם, היה יודע הכול, כמ״ש, וילך שפי, רומז על שפיפון. ומקודם כתוב, ולא הלך כפעם בפעם לקראת נחשים. הרי שפעם השתמש בזה ופעם בזה, פעם בנחש פעם בשפיפון, כי ידע לשמש בשניהם.

711. הלוא דן, אין מדרגתו לשמש בנחש ובשפיפון? ודאי, אלא שהתמנה על מדרגה זו, לשלוט עליה לצורכי הקדושה, להיותו בחינה אחרונה. והוא לשִבחו, כי יש ממוני המלך על זה, ויש ממונים על זה. וכבוד הוא לכל הממונים, להיות ממוני המלך, מבלי להתחשב על מה הוא ממונה. שכיסא המלך מיתקן בכל הממונים יחד.

ומתחת לכל אלו הממונים מתחלקים דרכים ומדרגות, הן לטוב והן לרע. וכולם ביחד מתאחדים בתיקוני הכיסא, הנוקבא. משום זה דן לצד צפון, בירך שמאל הנוקבא, הוד. ובנקב של תהום הגדול, הנמצא בסיום ירך שמאל, בינה דקליפה, כמה גדודי מלאכי חבלה נמצאים שם, שכולם שׂרים ממונים להרע לעולם.

712. משום זה התפלל יעקב ואמר, לישועתך קיוויתי ה׳. בכל השבטים אינו אומר, לישועתך, למה בזה כן? משום שראה לו כוח עוצמת הנחש בהתעוררות הדין, להתגבר על הקדושה, לכן התפלל, לישועתך.

713. לעולם יסדר אדם שבחו של אדונו, ואח״כ יתפלל תפילתו. מי שליבו טרוד ורוצה להתפלל תפילתו, או שהוא בצרה, ואינו יכול לסדר שבחו של אדונו, מה הוא?

714. אע״פ שאינו יכול לכוון את הלב והרצון, למה ייגרע סדר שבחו של ריבונו? אלא יסדר שבחו של ריבונו, אע״פ שאינו יכול לכוון, ואח״כ יתפלל

תפילתו. כמ״ש, תפילה לדוד, שִׁמעה ה׳ צדק, הקשיבה רינתי האזינה תפילתי. בתחילה אמר, שִׁמעה ה׳ צדק, משום שסידר שבח של ריבונו. ואח״כ, הקשיבה רינתי האזינה תפילתי. מי שיכול לסדר שבח של אדונו ואינו עושה, עליו כתוב, גם כי תרבו תפילה אינני שומע.

715. כתוב, את הכבש האחד תעשה בבוקר ואת הכבש השני תעשה בין הערביים. תפילות כנגד התמידים תיקנו. תפילת שחרית נגד תמיד של שחר. ומנחה נגד תמיד של בין הערביים. בהתעוררות של מטה ע״י הקרבת הקורבן, מתעורר ג״כ למעלה. וכן גם בהתעוררות של מעלה אל העליון ממנו, מתעורר העליון ממנו. עד שההתעוררות מגיע למקום שצריכים שם להדליק את הנר, והוא נדלק.

ונמצא שבהתעוררות העשן, העולה מקורבן שלמטה, נדלק הנר למעלה, הנוקבא. וכשנר הזה נדלק, כל הנרות האחרים נדלקים, וכל העולמות מתברכים ממנו. נמצא, שהתעוררות הקורבן הוא תיקון העולם, וברכות העולמות כולם.

כי התחתונים, שבעולם עשיה, אינם יכולים להעלות מ״ן ישר לזו״ן דאצילות, אלא רק למדרגה עליונה הסמוכה לה. ואותה מדרגה מעלה ג״כ לעליונה הסמוכה לה. וכן עולה המ״ן ממדרגה למדרגה, עד שהמ״ן מגיעים לזו״ן דאצילות.

ע״כ נאמר, שבהתעוררות של מטה ע״י הקורבן שהתחתונים מקריבים בעולם עשיה, מתעורר ג״כ למעלה, שמתעוררים המדרגות שבעולם היצירה, להעלות המ״ן שקיבלו מעשיה אל עולם הבריאה. ובהתעוררות של מעלה של מדרגות הבריאה, אל העליון ממנו, אל עולם אצילות, מתעורר העליון ממנו, עד שמגיע המ״ן אל הנוקבא, ומעלה המ״ן לז״א. והיא מאירה ממנו. להדליק את הנר, פירושו לייחד הנוקבא, שנקראת נר, בז״א, כדי שתקבל ממנו אור, שנבחן שנדלקת ממנו.

716. איך נעשה זה? התחיל עשן הקורבן לעלות, אלו צורות הקדושות הממונים על עולם העשיה, מיתקנות להתעורר להעלות מ״ן, ומתעוררות למדרגות שמעליהן בעולם היצירה, בתשוקה עליונה, כמ״ש, הכפירים שואגים לטרף. ואלו שבעולם היצירה, מתעוררות למדרגות עליונות שעליהן בעולם הבריאה, עד שמגיע ההתעוררות למקום שצריכים להדליק את הנר, כלומר, עד שרוצה המלך, ז״א, להתחבר במטרוניתא, הנוקבא.

717. מה הם מ״ן? שבהשתוקקות שלמטה, עולים מים תחתונים, מ״ן, לקבל מים עליונים, מ״ד, מהמדרגה שעליהם. כי מים תחתונים, מ״ן, אינם נובעים, זולת ע״י התעוררות ההשתוקקות של התחתונה. ואז ההשתוקקות של התחתונה והעליונה מתדבקות, ונובעים מים תחתונים נגד מים עליונים היורדים, ונגמר הזיווג, והעולמות מתברכים, וכל הנרות דולקים, והעליונים ותחתונים נמצאים בברכות.

כל מדרגה תחתונה נחשבת לנקבה כלפי מדרגה העליונה ממנה. כגון עשיה נחשבת לנקבה כלפי עולם היצירה, והיצירה נחשבת לנקבה כלפי עולם הבריאה. וכן מדרגה העליונה נחשבת לזכר כלפי התחתונה ממנה, כגון יצירה נחשב כזכר לעולם עשיה, וכן בריאה נחשב לזכר לעולם היצירה. כי זה הכלל, המשפיע הוא זכר, והמקבל הוא נקבה.

וכיוון שאין מדרגה יכולה לקבל משהו ממדרגה גבוהה ממנה יותר ממדרגה

אחת, ומקבלת רק מהמדרגה העליונה הסמוכה לה, נמצא שכל מדרגה עליונה המשפיעה, הוא זכר, וכל תחתונה המקבלת ממנה, היא נקבה.

וע״י ההשתוקקות, שכל תחתונה משתוקקת לקבל שפע מעליונה ממנה, היא מעלה אליה מ״ן, באופן, שכל תחתונה מעלה מ״ן לעליונה ממנה, הסמוכה לה, עד שמגיע לא״ס. ואז א״ס מוריד שפע, מ״ד. וכל מדרגה עליונה משפיעה השפע שקיבלה, למדרגה תחתונה הסמוכה לה, שכן משתלשלת המ״ד ממדרגה למדרגה, עד התחתונים שבעולם העשיה.

718. הכוהנים, קו ימין, והלוויים, קו שמאל, מתעוררים בהקרבת הקורבן, כדי להתחבר הימין עם השמאל. הכוהנים והלוויים, בעת הקרבת הקורבן, זה מעורר השמאל, הלוויים, וזה מעורר הימין, הכוהנים. משום שחיבור הזכר אל הנוקבא, אינו אלא בשמאל ובימין, כמ״ש, שמאלו תחת לראשי וימינו תחבקני. ואז, אחר החיבוק של ימין ושמאל, מתחבר הזכר עם הנוקבא, והתשוקה נמצאת, והעולמות מתברכים, והעליונים והתחתונים הם בשמחה.

הנוקבא אין לה מעצמה לא כלום, והכול נותן לה ז״א. ומתחילה משפיע לה מקו השמאל הארת חכמה, ואח״כ משפיע לה מקו ימין אור החסדים. וזה אינו נבחן לזיווג, אלא מכונה חיבוק, שמחבק אותה בשמאלו ובימינו.

כי אע״פ שיש עתה ימין ושמאל לנוקבא, כמו שיש לז״א, עם זה אינם שווים, כי הימין והשמאל שבז״א עומדים בשליטת הימין, והשמאל אינו מאיר בו, והימין והשמאל דנוקבא עומדים בשליטת השמאל, והימין אינו מאיר בה. זיווג הוא השוואת הצורה, וע״כ אינו נבחן כאן לזיווג, אלא לחיבוק.

ואחר שהנוקבא נשלמה בימין ובשמאל, הוא מתחבר עימה ע״י קו אמצעי, הכולל לימין ולשמאל במידה שווה. ואז נמצאים זו״ן שווים זה לזה במידתו של הקו האמצעי, המאיר בשניהם יחד. ואז נבחן לזיווג, שנמצאים בהשוואת הצורה. באופן, שעיקר השפע הוא ההארות שבימין ובשמאל, ולא יותר, אלא שאינם מקובלים אל הנוקבא, זולת דרך קו אמצעי, הזיווג, בהשוואת הצורה. ואז מקבלת השפע מז״א לעולמות.

719. וע״כ הכוהנים והלוויים מעוררים דבר למטה, את הקורבן, לעורר השתוקקות ואהבה למעלה. השתוקקות שמאל ואהבה ימין. כי הכול תלוי בימין ושמאל. כי קו האמצעי אינו אלא המייחד אותם. נמצא, שהקורבן הוא יסוד העולם, תיקון העולם, חדוות העליונים והתחתונים. והכול עולה באחד, בקו אמצעי, המייחד את הימין ושמאל ומשלימם.

720. עתה, התפילה רמקוח קורבן, וצריך האדם לסדר תחילה שבחו של הקב״ה כראוי. ואם אינו מסדר שבחו, תפילתו אינה תפילה. סדר השלם של שבח הקב״ה הוא, מי שיודע לייחד את השם הקדוש כראוי, כלומר, להעלות מ״ן לייחוד זו״ן, שבזה מתעוררים העליונים והתחתונים ומושכים ברכות לכל העולמות.

בהיות התפילה במקום קורבן, ע״כ צריכים לסדר שבחו של הקב״ה תחילה, להמשיך ב׳ ההארות מימין ומשמאל מקודם, כמו בקורבן, שהוא החיבוק. ואח״כ יתפלל התפילה, שבה הזיווג הוא בקו האמצעי, המייחד את שניהם.

ואם אינו ממשיך מקודם הימין והשמאל, אין תפילתו תפילה. כי הזיווג אינו אלא הייחוד של ימין ושמאל, וכיוון

שעוד לא המשיך אותם אל הנוקבא, לא ייתכן שום זיווג, שאין שם מה לייחד.

721. לא השרה הקב״ה את ישראל בגלות בין העמים, אלא כדי שיתברכו שאר העמים בזכות ישראל, כי הם מושכים ברכות מלמעלה למטה בכל יום.

723. יהי דן נחש עלי דרך. דן היה נחש בימיו של ירבעם, כי נחש הוא עבודה זרה. עלי דרך, שיימנעו מלעלות עליו לירושלים. ודן זה היה נחש לישראל עלי דרך, למנוע עליית הרגל, לחוג חגיהם ולהקריב קורבנות ועולות ולעבוד שם.

724. בשעה שהגיעו הברכות ליד משה, לברך את כל השבטים, ראה את דן, שהיה קשור בנחש, חזר וקשר אותו באריה, חסד. כמ״ש, ולדן אמר, דן גור אריה יזנק מן הבשן. כדי שיהיה ההתחלה והסוף של ד׳ הדגלים קשורים ביהודה, שהוא מלך, כמ״ש, גור אריה יהודה, התחלה של הדגלים, ובסוף הדגלים, שהוא דן, כמ״ש, דן גור אריה. כדי שיהיה ההתחלה והסוף קשורים במקום אחד, באריה, חסד.

725. לישועתך קיוויתי ה׳. כמ״ש, והוא יחל להושיע את ישראל מיד פלישתים. לישועה זו של שמשון אמר יעקב, לישועתך. למה אמר קיוויתי, הרי כבר היה יעקב נפטר מן העולם, ולמה אמר שמחכה לאותה ישועה? אלא, כמ״ש, והיה כאשר ירים משה את ידו, וגבר ישראל. ישראל סתם, ז״א. אף כאן, והוא יחל להושיע את ישראל. ישראל סתם, ז״א, מידתו של יעקב. ונמצא, שישועה זו של שמשון נגע ליעקב, אע״פ שכבר היה נפטר מן העולם. משום זה אמר, לישועתך קיוויתי ה׳.

גד גדוד יגוּדֶנו

726. מהשם גד נשמע, שצבאות יצאו ממנו לערוך מלחמה. גד אותיות ג׳ ד׳, יסוד ומלכות, שצבאות ומחנות יוצאים מזיווגם. כי ג׳ נותנת, שהוא יסוד, וד׳ לוקטת, שהיא מלכות. מכאן נשמע שכמה צבאות ומחנות תלויים בהם.

727. נהר הנמשך ויוצא מעדן, בינה, אין מימיו נפסקים לעולם, והוא משלים את העניים, כי משפיע אור החסדים ע״י ג׳, יסוד, אל המלכות, ד׳, שהיא דלה ועניייה. וע״כ עומדים כמה צבאות וכמה מחנות שניזונים מבינה, הנהר. וע״כ נקרא הזיווג הזה בשם גד, ג׳ מוציא מן הבינה ונותן, וד׳ לוקטת ומקבלת ממנו, וניזון הבית, הנוקבא, וכל אנשי הבית, צבאות ומחנות המלאכים, המתפשטים ממנה.

728. לולא שהיה גד מבני השפחות, אחוריים, הייתה השעה עומדת לו להשתלם יותר מכל השבטים, משום המקור הגבוה והשלם, שהשם גד רומז עליו. משום שהשעה עמדה לו תחילה בשלמות, ואח״כ הסתלקה השלמות ממנו, משום שאותו הנהר הנמשך, בינה הנקראת נחל, הסתלק באותה שעה, כי גד היה מבחינת אחוריים, והנחל,

בינה, אינו משפיע באחוריים. ולא היה לג׳ מה להשפיע לד׳. וע״כ לא זכה בארץ הקדושה, אלא בעבר הירדן הייתה נחלתו.

729. ראובן היה ג״כ כמו גד, שתחילה היה במדרגה גדולה ואח״כ הסתלקה ממנו. שהסתלקו המים, אורות הבינה, ולא נמשכו. ונפגם, משום שיעקב חשב ברחל, וע״כ נלקחה ממנו הבכורה וניתנה ליוסף. ושניהם, ראובן וגד, לא זכו בארץ הקדושה, אלא בעבר הירדן, והוציאו מהם חֲילות ומחנות, שילכו חלוצים לפני בני ישראל, להנחיל לישראל את הארץ.

מה שנפגם בגד, נשלם באשר. כי אשר הוא האחוריים של הוד, ששם נמצאים הדינים דמסך דחיריק, שעליו יוצא הקו האמצעי, המייחד ימין ושמאל זה בזה, ומחזיר האחוריים להיות פנימיות, וכיוון שחזרו האחוריים לפנימיות, שוב מאיר להם הבינה. והג׳ משפיע חסדי הבינה לד׳, והיא נשלמת. ונמצא, מה שחסר בגד, אור הבינה, נשלם באשר.

שִׁימֵנִי כַחוֹתָם עַל לִיבֶּךָ

730. שִׂימֵנִי כַחוֹתָם על ליבך, רְשָׁפֶיהָ רִשְׁפֵּי אש. אין לכנ״י, הנוקבא, שלמות ורצון ותשוקה אל הקב״ה, אלא ע״י נשמות הצדיקים, שהם מעוררים נביעת המים התחתונים בנוקבא, נגד המים העליונים דז״א, שמעלים מ״ן לנוקבא, שבשעה ההיא שלמות הרצון ותתשוקה הן בדבקות אחד לעשות פירות.

731. אחר שהתדבקו זו״ן זה בזה, והיא קיבלה תשוקה לז״א, היא אומרת, שימני כחותם על ליבך. דרכו של חותם, כיוון שהתדבק במקום אחד, אע״פ שהוסר משם, הרי נשאר רשימתו באותו מקום, ואינה סרה ממנו, וכל הרשימה וכל הצורה שלו נשארו שם.

כך אמרה כנ״י, הנוקבא, הנה התדבקתי בך. אע״פ שאסור ממך ואלך בגלות, שימני כחותם על ליבך, כדי שתישאר כל צורתי בך, כאותו חותם המשאיר כל צורתו באותו מקום שהתדבק בו.

732. כי עזה כמוות אהבה. עזה היא כהיפרד הרוח מן הגוף. כשהגיעה שעתו של אדם להסתלק מן העולם, וראה מה שראה, הרוח הולך בכל איברי הגוף, ומעלה גליו, כמו שנוסע בספינה בים בלי משוטים, עולה ויורד ואינו מועיל לו, בא ושואל להיפרד מכל איברי הגוף. ואין דבר קשה ביותר כהיום שהרוח נפרד מהגוף. כך כוח אהבת כנ״י אל הקב״ה, ככוח המוות בשעה שהרוח רוצה להיפרד מהגוף.

733. קָשָׁה כשאוֹל קנאה. כל האוהב, ואין הקנאה קשורה עימו, אהבתו אינה אהבה, אלא כיוון שקינא נשלמה האהבה. מכאן, שצריך האדם לקנא את אשתו, כדי שיתקשר עימה באהבה שלמה, כי מתוך כך אינו נותן עיניו באישה אחרת.

קשה כשאול קנאה, כמו ששאול קשה בעיניהם של רשעים לרדת בו, כך קנאה קשה בעיניו של האוהב המקנא, להיפרד מהאהבה.

734. שאול, בשעה שמורידים את הרשעים בו, מודיעים להם חטאיהם על מה מורידים אותם, וקשה להם. כך מי שמקנא תובע על חטאים, וחושב כמה מעשים חשודים שעשתה, ואז מתקשר בו קשר האהבה.

735. רשָׁפֶיהָ רשפי אש שלהבת יה. שלהבת יה, זהו שלהבת השורף ויוצא מתוך השופר, יסוד אמא, הנקראת י״ה, שהתעורר ושורף. קו שמאל דאמא, כמ״ש, שמאלו תחת לראשי. זהו שורף שלהבת האהבה של כנ״י, השכינה, אל הקב״ה.

736. משום זה כתוב, מים רבים לא יוכלו לכבות את האהבה. כי כשבא הימין, מים, חסד, עוד מוסיף שריפת האהבה, ואינו מכבה שלהבת השמאל. כמ״ש, וימינו תחבקני.

כי בעת הארת החכמה שבקו שמאל דאמא אל הנוקבא, הוא אש שורף, להיותו בלי חסדים. וכשבא קו הימין בחסדים שלו, המכונים מים, להשקיט את השריפה, אינו מכבה בזה את הארת החכמה, אלא אדרבה, הוא מוסיף ומשלים את הארתה, כי מלביש החכמה בחסדים, והחכמה מאירה בכל השלמות.

739. בכל מקום הזכר רודף אחר הנוקבא, ומעורר אליה האהבה. וכאן יוצא, שהיא מעוררת האהבה ורודפת אחריו, כמ״ש, שימני כחותם על ליבך. ודרך העולם, שאין זה שבח אל הנוקבא לרדוף אחר הזכר. אלא בהכרח דבר סתום הוא, ודבר עליון צפון באוצרות המלך.

שלוש נשמות

[תלת נשמתין]

740. שלוש נשמות הן. והן עולות במדרגות עליונות. ועל שהן שלוש, הן ארבע. נשמה ראשונה, היא הנשמה העליונה שאינה נתפסת, ולא העיר בה הגזבר העליון ומכש״כ התחתון. וזוהי נשמה לכל הנשמות, והיא סתומה ואינה נגלית לעולם, ואינה נודעת, וכולם תלויים בה.

741. וזו התעטפה במלבוש מזוהר הכרמל, בתוך הזוהר הנוטף טיפות מרגליות. ונקשרות כולן כאחת, כקשרי איברים מגוף אחד. והנשמה העליונה נכנסת בהן, ומגלה על ידיהן את מעשיה, כמו גוף המגלה מעשי הנשמה. היא והן אחת, ואין ביניהם פירוד. זוהי נשמה עליונה, הנסתרת מכל.

נשמה, פירושה, אור הבינה. ט״ס דא״א הן שורשים לכל הספירות שבעולמות. ונמצא ששורש כל הנשמות הוא אור ספירת הבינה דא״א. וע״כ היא נקראת נשמה עליונה.

והנה מחמת עליית המלכות לראש דא״א, יצאה בינה דא״א מראש דא״א, ונעשתה לו״ק בלי ראש, שפירושו אור חסדים בלי חכמה. ונשארו בראש דא״א ב״ס כו״ח, כי המלכות שעלתה, נעשה בה מקום הזיווג, המכונה יסוד, לראש דא״א, והסתיימה בה ספירת הראש.

ומסיבת יציאת הבינה מראש דא״א,

נחלקה הבינה לב׳ בחינות נבדלות. ג״ר שלה או״א עילאין. ו״ק שלה ישסו״ת. מטעם, כי הפגם של יציאת הבינה מראש, אינו נוגע כלום בג״ר דבינה, להיותה בעצם רק אור חסדים, כמ״ש, כי חפץ חסד הוא, ואינה מקבלת חכמה לעולם.

וע״כ אין שום שינוי באור הזה, מעת היותו בראש א״א לעת יציאתו מראש א״א. וע״כ נבחנות ג״ר דבינה, כמו שלא יצאו מראש דא״א. ואפילו אחר יציאת הבינה לחוץ, עוד מאירה חו״ס דא״א בהן, אלא בהעלם גדול, מטעם שאינם מקבלים חכמה אלא אור חסדים בלבד.

וג״ר דבינה הללו נתקנו לפרצוף או״א עילאין, שהם בזיווג שלא נפסק לעולם, כי הם תמיד ג״ר ואין בהם מיעוט לעולם.

אבל ז״ת דבינה הוא התכללות זו״ן בבינה, ע״כ צריכים לחכמה. וכיוון שאחר יציאת הבינה מראש, נשארו חסדים בלי חכמה, נבחן שנפגמו, מחמת עליית המלכות לראש א״א, ונשארו חסרי ראש. ולעת גדלות המלכות יורדת מראש דא״א למקומה, והבינה דא״א חוזרת לראש, ומשיגה שוב הג״ר שלה מחכמה דראש א״א. וסדר יציאת הג״ר הוא בג׳ נקודות חולם שורוק חיריק. וז״ת דבינה הללו נתקנו לפרצוף ישסו״ת.

נשמה עליונה, ג״ר דבינה דא״א, או״א עילאין, שחכמה דא״א מאירה בהם בהעלם גדול, משום שאינם מקבלים חכמה. וע״כ אינה נתפסת ולא העיר בה הגזבר העליון, היסוד, מקום הזיווג, שכל האורות מתקבצים שם. המלכות שעלתה לראש דא״א, ונעשתה למקום זיווג בראש, מכונה הגזבר העליון, שמטעם זה נעשתה לסיום ראש דא״א, והבינה יצאה לחוץ.

גזבר העליון לא העיר כלום בנשמה זו, שלא פגם אותה, מחמת הוצאת הבינה לחוץ, מטעם שאפילו בהיותה בראש אינה מקבלת חכמה. וכש״כ הגזבר התחתון, בעת גדלות, שיוצא קו אמצעי על מסך דחיריק, ששוב ממעט הקומה מג״ר דג״ר לו״ק דג״ר. כלומר, שגם הגזבר התחתון אינו נוגע במשהו לג״ר דבינה אלו, או״א, מטעם שאינה מקבלת חכמה לעולם, וע״כ אינה גדלה מהארתה, ואינה מתמעטת מצמצומה.

ונאמר, וזוהי נשמה לכל הנשמות, כי בינה דא״א היא שורש לכל הבינות שבעולמות. וע״כ האור שבה הוא שורש לכל הנשמות. והיא סתומה ואינה נגלית לעולם, שהחכמה דא״א, המאירה בה, היא סתומה ונעלמת בה, ואינה מתגלה לעולם. ולא נודעת, כי י׳ אינה יוצאת מאויר שלה. וכל הנשמות תלויים בה, להיותה שורש כל הנשמות.

וזו התעטפה במלבוש מזוהר הכרמל, בתוך הזוהר הנוטף טיפות מרגליות. ג״ר דבינה, או״א, מתלבשים במלבוש של זוהר הכרמל, ז״ת דבינה, ישסו״ת. ומכונים זוהר הכרמל, כמ״ש, ראשךְ עליך כַּכרמל. כי ישסו״ת ראש של הנוקבא, ומכונה כרמל מלשון כר מלא, מכל טוב.

בגדלות ישסו״ת, המוחין שלו ג׳ טיפות, חולם שורוק חיריק. ובתוך הזוהר הזה של ג׳ טיפות, מתלבשים או״א עילאין, ונקשרות כולן כאחת, כקשרי איברים מגוף אחד, שג׳ טיפות מתקשרות זו בזו, שכל אחת אינה יכולה להאיר בלי חברתה. והנשמה העליונה נכנסת בהן, ומגלה על ידיהן את מעשיה, כמו גוף המגלה מעשי הנשמה.

או״א עילאין מתלבשים בישסו״ת, ופועלים ע״י ישסו״ת המלבישם. או״א וישסו״ת הם אחד ואין בהם פירוד. אע״פ שאו״א באור חסדים וישסו״ת באור חכמה, מ״מ הם אחד ואין בהם פירוד.

כי אפילו ישסו״ת אינם מקבלים החכמה לצורכם עצמם, אלא רק כדי להשפיע לנוקבא דז״א, ועצמם מאירים בחסדים מכוסים, כמו או״א עילאין. וע״כ

הנשמה העליונה נסתרת מכל, שג"ר דבינה, או"א, והז"ת דבינה, ישסו"ת, שניהם נסתרים מכל, כי אפילו ישסו"ת מאיר לצורך עצמו רק בחסדים מכוסים.

742. נשמה שנייה היא הנוקבא, המסתתרת בתוך צבאותיה, והיא נשמה אליהם, ומהם מקבלת גוף, שמתלבשת בהם כמו נשמה בגוף, לגלות מעשיה על ידיהם לכל העולם. כמו גוף שהוא כלי לנשמה, שעושה על ידו כל פעולותיה. והם קשורים ומיוחדים זה בזה, כמו שקשורים הנסתרים של מעלה או"א וישסו"ת.

743. נשמה שלישית היא נשמותיהם של הצדיקים למטה. נשמות הצדיקים באות מאלו הנשמות העליונות, מנשמת הנוקבא, ומנשמת הזכר ז"א. ומשום זה נשמות הצדיקים הן עליונות על כל אלו צבאות ומחנות המלאכים של מעלה, כי המלאכים באים מחיצוניות הנוקבא, אבל הנשמות באות מפנימיות הנוקבא ומפנימיות ז"א, כלומר, מנשמות שלהם.

והנה התבארו שלוש הנשמות:

א. בינה דא"א, או"א וישסו"ת,

ב. נוקבא דז"א,

ג. נשמות הצדיקים.

אמנם הן ארבע נשמות, כי בינה דא"א נחלקת על ב' נשמות, שיש ביניהם הפרש, כי או"א מקור החסדים וישסו"ת מקור החכמה, וא"כ הן ארבע: או"א, ישסו"ת, נוקבא, נשמות הצדיקים. אלא משום שגם ישסו"ת לצורך עצמם הם בחסדים מכוסים כמו או"א, ע"כ נחשבים לנשמה אחת. והזוהר אינו מחשיב נשמות ז"א, להיותו חסדים מכוסים, כמו או"א עילאין, וע"כ אין בו חידוש.

744. הרי עליונות הן הנשמות מב' צדדים, מז"א ומנוקבא, ובאים מפנימיותם, וא"כ למה יורדות לעוה"ז, ולמה מסתלקות ממנו? זה דומה למלך שנולד לו בן, ושלח אותו לכפר אחד לגדלו. ולגדל אותו עד שיגדל, וילמדו אותו דרכי היכל המלך. שמע המלך שבנו גדל, מתוך אהבתו אל בנו שלח את אימו, והביאה אותו להיכלו, ושמח עם בנו.

745. כך הקב"ה הוליד בן עם אימו, שהיא הנשמה העליונה הקדושה, שהן תולדות זו"ן, שלח אותו לכפר, לעוה"ז, שיתגדל בו וילמדו אותו דרכי היכל המלך. כיוון שהמלך ידע שבנו גדל בכפר הזה, והגיעה העת להביאו להיכלו, מתוך אהבתו, שולח אימו, ומביאה אותו להיכלו. הנשמה אינה מסתלקת מעוה"ז, עד שבאה אימו בשבילה, ומביאה אותו בהיכל המלך, ויושבת שם לעולם.

746. ועכ"ז, דרך העולם היא, שבני הכפר בוכים על פרידת בן המלך מהם. חכם אחד היה שם, אמר להם, על מה אתם בוכים, האם אינו בן המלך, שאינו ראוי שידור ביניכם יותר, אלא בהיכל אביו? כך משה, שהיה חכם, ראה בני הכפר, שהם בוכים, ע"כ אמר, בנים אתם לה' אלקיכם, לא תתגודדו ולא תשימו קורְחָה בין עיניכם למת.

747. אילו היו יודעים זה כל הצדיקים, היו שמחים בהגיע להם היום להסתלק מעוה"ז. האם אין זה כבוד עליון, שהמטרוניתא באה בשבילם להוליכם להיכל המלך, שישמח בהם המלך בכל יום. כי הקב"ה אינו משתעשע אלא בנשמות הצדיקים.

748. התעוררות האהבה של כנ"י, הנוקבא, אל הקב"ה, ז"א, נשמות הצדיקים למטה מעוררים אותה, משום שהם באים מצד המלך, ז"א, מצד הזכר.

הרי התעוררות זו מגיעה לנוקבא מצד הזכר, ומתעוררת האהבה.

נמצא, שהזכר מעורר החביבות והאהבה לנוקבא. ואז הנוקבא מתקשרת באהבה אל הזכר. ומיושבת השאלה, שאין זה שבח אל הנוקבא לרדוף אחר הזכר. ועתה מבואר, שנשמות הצדיקים, דכורין, מעוררים בה אהבה הזאת לז״א.

749. כעין זה תשוקת הנוקבא, לירות מים תחתונים נגד מים עליונים, אינה אלא בנשמות הצדיקים. אשריהם הצדיקים בעוה״ז ובעוה״ב, שעליהם עומדים עליונים ותחתונים. וע״כ, צדיק יסוד עולם, שאפשר לפרשו על צדיק העליון, יסוד דז״א, ואפשר לפרשו על נשמות הצדיקים. ושניהם אמת.

750. והסוד של כל זה הוא, צדיק. הוא יסוד שלמעלה, יסוד דז״א, והוא יסוד למטה בנוקבא ובנשמות הצדיקים. וכנ״י, הנוקבא, נכללת מהצדיק של מעלה ומלמטה.

צדיק מצד זה שהוא יסוד דז״א, וצדיק מצד זה שהוא נשמת הצדיק שלמטה, יורשים את הנוקבא. כמ״ש, צדיקים יירשו אָרץ, הנוקבא. הצדיק, יסוד דז״א, יורש הארץ הזו, הנוקבא, ומשפיע לה ברכות בכל יום, ונותן לה תענוגים ומעדנים בהמשכה עליונה מבינה, שמושך אליה.

מאשר שמֵנה לַחמו

751. מאשר שמֵנה לַחמו והוא ייתן מעדני מלך. אשר צדיק, יסוד דז״א, המשפיע מעדנים לנוקבא. עכ״ז הוא בחינת הנוקבא ולא יסוד דז״א. מעוה״ב, בינה, נמשך ויוצא לצדיק הזה, יסוד דז״א, לתת תענוגים ומעדנים לארץ הזו, שהייתה לחם עוני ונעשית לחם פַּנַג [לחם עונג]. כמ״ש, מאשר שמנה לחמו והוא ייתן מעדני מלך. אשר הוא בינה, נותנת מעדני מלך אל היסוד, והיסוד לנוקבא.

752. שמנה לחמו, המקום שהכול מאשרים אותו, הוא עוה״ב, בינה, שעליונים ותחתונים מאשרים אותו ומשתוקקים לו. יש לחם ויש לחם, כמו שיש אילן ויש אילן. שיש אילן החיים, ז״א, ויש אילן שהמוות תלוי בו, הנוקבא. כן יש לחם עוני, הנוקבא, ויש לחם פַּנַג, הוא ו׳ דהוי״ה, ז״א. וזהו, לחמו, אותיות לחם ו׳, לחם ז״א. ע״כ כתוב, הנני ממטיר לכם לחם מן השמיים, מז״א.

753. לחמו, אותיות לחם ו׳, לחם ז״א, המכונה ו׳, כי מבינה, הנקרא אש״ר, ניזון האילן הזה, ז״א, ובינה מעטרת אותו בג״ר, כמ״ש, בעטרה שעיטרה לו אימו.

וכאשר ז״א מקבל, ודאי הוא ייתן מעדני מלך. מלך, זהו כנ״י, הנוקבא, כי ממנו, מז״א, היא ניזונה. והוא נותן לה ע״י הצדיק, המדרגה הקדושה, אות ברית, יסוד דז״א. ומהנוקבא לשאר המדרגות שלמטה בבי״ע, וכל התיקונים שבבי״ע הם כתיקונים שבאצילות.

754. מאשר שמנה לחמו. זהו לחם של שבת המעונג פי שניים, כמ״ש, לָקטו לחם מִשְׁנֶה, שני העומר לאחד. לחם משנה הוא שני לחם: לחם מן השמיים,

מז"א, ולחם מן הארץ, מנוקבא. זהו שנקרא לחם פנג. אבל לחם מן הארץ בלי החיבור עם לחם מן השמיים, זהו לחם עוני. ובשבת נכלל הלחם התחתון, דנוקבא, בלחם העליון, דז"א, ומתברך זה התחתון בשביל העליון. והוא לחם משנה.

שפע הנוקבא בהיותה שמאל בלי ימין, חכמה בלי חסדים, נבחן לחם עוני, כי החכמה אינה מאירה בלי חסדים. ושפע ז"א, חסדים הנמשכים מבינה עילאה, לחם פנג, שמאירים תמיד. ובשבת מתייחדות ב' השפעות, של ז"א ושל נוקבא, זו בזו, ומתלבשת החכמה דנוקבא בחסדים של לחם דז"א, ונעשה גם לחמה בחינת לחם פנג, כמו לחם דז"א, שזהו לחם משנה.

755. לחם משנה של שבת, לחם דנוקבא מקבל משבת העליון, בינה, הנמשך ומאיר לכל, ומתחבר לחם דנוקבא בלחם דבינה, והוא משנה. ולא לחם דנוקבא בלחם דז"א, אלא בלחם דבינה, משום שבכל מקום לחם הוא נוקבא, או נוקבא דז"א, או בינה, שהיא ג"כ נוקבא, אבל שפע ז"א אינו נקרא לחם, שהוא זכר. משום זה כתוב שְׁמֵנָה, לשון נקבה, ולא שמן, לשון זכר. ולחם היא בחינת נוקבא.

756. כתוב, הלחם אזל מכלינו, אזל לשון זכר, ולא כתוב אזלה לשון נקבה, משום ששאר מזון, חוץ מלחם, אנו קוראים ג"כ לחם. וניכרים הדברים, איזה לחם הוא שאר מזונות, ואיזו היא לחם ממש. כי לחם של מעלה, של ז"א, הוא בכל מקום זכר, והוא שאר מזון. לחם של מטה, של נוקבא, הוא בכל מקום נקבה. והוא לחם ממש.

ונמצא, שפעם כתוב בלשון זכר ופעם בלשון נקבה, והכול דבר אחד, אלא זה בז"א וזה בנוקבא.

757. אשר מצוין למעלה, בבינה, ומצוין למטה בתיקוני כלה, הנוקבא, כי כל י"ב השבטים, הם י"ב בָּקָר, שהים, הנוקבא, עומד עליהם ונתקן בהם. וכמ"ש, והים עליהם מלמעלה.

הרי שאשר הוא בתיקוני הנוקבא, שנתקן למעלה בבינה, ונתקן למטה בארץ, הנוקבא. נתקן למעלה בתיקוני עולם העליון, בינה, ונתקן למטה בי"ב השבטים, תיקוני הנוקבא, כעין של מעלה, כבינה המתוקנת על י"ב תיקונים דז"א.

וע"כ יש שכינה למעלה, בינה, השוכנת על י"ב תיקונים דז"א, ג' קווים, שבכל אחד ארבע פנים. ויש שכינה למטה, הנוקבא, בשביל ישראל, שבי"ב השבטים נכללה ונתקנה, שאשר עומד בתיקונים שלה, כשאר השבטים.

758. ואם לא גילה משה, שאשר הוא בבינה, לא היה נודע, כמ"ש, וטובל בשמן רגלו, להורות איפה הוא הקשר שלו במקומו, שהוא משפיע שמן המשחה ממקומו למעלה, מבינה. משום זה כתוב, ברוך מִבָּנִים אשר.

נפתלי איילה שלוחה

759. נפתלי איילה שלוחה, הנותן אִמְרֵי שָׁפֶר. כיוון שאומר איילה שלוחה, היה לו לסיים, הנותנת אמרי שפר, ולא הנותן, לשון זכר. אלא עולם העליון,

בינה, עולם הזכר, כיוון שהדבר עלה מכנ״י, הנוקבא, ולמעלה, כבר הכול הוא זכר. כי קורבן עוֹלָה, נקרא עוֹלָה, משום שעוֹלָה למעלה מנוקבא. משום זה כתוב, אם עוֹלָה קורבנו מן הבקר, זכר תמים יקריבנו. הרי שלמעלה מנוקבא זכר. ולפיכך נבחן עולם העליון, בינה, לעולם הזכר.

760. זכר תמים. כמ״ש, התהלך לפניי והיֵה תמים. תמים, שנימול. כי זכר ניכר במקום שנקרא תמים, באות הברית, שבו ניכר הזכר מנקבה. כמ״ש, איש צדיק תמים היה. שצדיק יסוד. זכר תמים, שלא יסרסו אותו.

761. הרי כתוב, נקבה תמימה. משום שמקבלת ממנו הכול, וע״כ נקראת תמימה כמוהו. אמנם עיקר השם תמים הוא בזכר. משום זה, קורבן עוֹלָה, העוֹלָה מהנוקבא לזכר, הוא זכר. שמנוקבא ולמעלה הכול הוא זכר, ומנוקבא ולמטה הכול הוא נקבה.

762. הרי יש ג״כ נוקבא למעלה, בינה. אלא, סיום הגוף מראה על כל הגוף, שהוא זכר. הראש והגוף של הבינה, חב״ד חג״ת, נקבה, עד שיורדת לסיום, נה״י, המתלבשים בראש ז״א, ונעשו לבחינת זכר כמוהו. וכאשר הסיום נראה בבחינת זכר, נעשה הכול זכר. ואפילו חב״ד חג״ת שלה, שאינם מלובשים בז״א, נחשבים אז ג״כ לזכר. אבל בנוקבא דז״א, הראש והסוף הם בחינת נקבה, כי כל תיקון גופה הוא בבחינת נקבה, שאין בחינת זכרות בנה״י שלה.

763. יעקב בירך את יוסף בין אֶחיו, כיוון שציווה הקב״ה ד' דגלים בשכינה, בי״ב שבטים, שהשכינה תיתקן בהם, החסיר מהם את יוסף, ושׂם את אפריים תחתיו. מהו הטעם, שיוסף חסר מהם?

764. יוסף רושם הזכר, כמ״ש, בן פורת יוסף. יסוד מכונה בן פורת. ומשום שיוסף רושם הזכר, נקרא יוסף הצדיק, יסוד, ע״כ כתוב, משם רועה אבן ישראל, שמשפיע לנוקבא. אבן זהו כנ״י, הנוקבא. עליה אמר דוד, אבן מאסו הבונים. ע״כ מתחיל בנקבה, איילה שלוּחה, ומסיים, הנותן אמרי שפר, בלשון זכר.

765. ומשום שכל תיקוני השכינה נקבות, כי מהנוקבא ולמטה הכול נקבה, הסתלק יוסף משם, זכר, והתמנה תחתיו אפריים, בחינת נוקבא, אל י״ב התיקונים. ומשום שהוא בחינת הנוקבא, התמנה לצד מערב, מקום שהנוקבא שורה בו. כי השכינה במערב, ורושם הזכר, יוסף, הסתלק מהתיקונים, משום שהם מעולם הנקבה, ולא מעולם הזכר, וכל התיקונים צריכים להיות בחינת נקבות.

766. ומשום זה, יוסף, צדיק, יסוד, זכר, הסתלק מתיקונים, והתמנה אפריים תחתיו. ע״כ כל י״ב השבטים, שהם בחינת נקבה, הם תיקוני השכינה, וכולם צריכים להיות בבחינת נקבה כמו השכינה. חוץ ממדרגת הצדיק שבשבטים, יסוד, העושה כל איברי הגוף לזכר, אינו צריך להיות בין י״ב תיקונים, שלא צריכים לגרוע אותו.

767. נפתלי איילה שלוחה, הנותן אמרי שפר. כלומר כמ״ש, וּמִדְבָּרֵך נאווה. משום שהקול, ז״א, מנהיג את הדיבור, הנוקבא, ואין קול בלי דיבור. והקול הזה נשלח ממקום עמוק שלמעלה, מבינה, להנהיג את הדיבור. כי אין קול בלי דיבור, ואין דיבור בלי קול.

אין פעולה לז״א בלי הנוקבא, ואין

פעולה לנוקבא בלי ז"א. כי הדיבור, הנוקבא מבחינת קו שמאל, חכמה בלי חסדים, שאינה יכולה להאיר בלי חסדים. ועי"כ צריכה לקול, אור החסד, ואז יכולה להאיר. והקול, ז"א, הוא ו"ק בלי הדיבור. והדיבור משלימו לג"ר. ועי"כ צריך לה.

וזהו, כלל הצריך לפרט, ופרט הצריך לכלל. כלל ז"א, פרט הנוקבא. וצריכים זה לזה, שאינם יכולים להאיר, אלא ביחד. וקול זה, ז"א, יוצא מדרום, קו ימין, אור חסדים, ומנהיג את המערב, הנוקבא, והיא יורשת ב' הצדדים, אור החסדים מדרום ואור החכמה ממערב.

וכמ"ש, ולנפתלי אמר, ים ודרום יְרָשָׁה. ומשום זה כתוב, נפתלי איילה שלוחה, הנוקבא למטה. וכעין זה מאיר עימה יחד הזכר של מעלה, שאינם מאירים זה בלי זה. ע"כ כתוב, הנותן אמרי שפר. הנותן, כתוב לשון זכר, ז"א.

מחשבה קול דיבור

768. מחשבה, חו"ס דא"א, ראשית הכול, נסתמה בראש א"א ואינה מאירה למטה. כשהתפשטה ע"י בינה דא"א, שיצאה מראש דא"א וחזרה לראש, שע"י זה מתפשטת הארת החכמה מראש א"א אל הבינה שלו, היא באה למקום שהרוח שורה, שקו אמצעי, רוח, ז"א, עולה ומכריע בין ב' קווים דבינה, הדעת המכריע בין חכמה ובינה. ונקראת בינה, ולא חו"ס כבתחילה, כי עתה מאירה ע"י בינה שחזרה לראש ונעשתה לחכמה.

ואע"פ שחכמה עוד סתומה בבינה, הרוח, הדעת, המכריע בין ימין ושמאל דבינה, התפשט מבינה למקומו עצמו, והוציא קול, הכלול מאש מים רוח, ג' קווים, צפון דרום מזרח.

כי אחר שז"א עלה והכריע בין ב' קווים ימין ושמאל דבינה, ומתפשט בעצמו ג"כ לג' קווים. והקול הזה כולל כל הכוחות, כל המוחין שבבינה. וקול זה מנהיג את הדיבור, והוא נותן המילה, הנוקבא, בתיקון שלה, שמלביש חכמה שלה בחסדים. ונתקנה החכמה שבה ויכולה להאיר, משום שהקול נשלח ממקום הרוח שבבינה, החסדים שבדעת. ובא להנהיג המילה, להוציא מילים ישרות, ע"י הלבשת חכמתה בחסדים. ואז מתגלה בה החכמה, הנעלמת בראש א"א.

769. וכאשר תסתכל במדרגות הללו, תמצא, שמחשבה היא בינה קול דיבור, הכול אחד. והמחשבה בראשית הכול, ולא היה פירוד, אלא הכול אחד וקשר אחד. והמחשבה נקשרה באין, בכתר, ולא פרשה לעולם. וזהו כמ"ש, ה' אחד ושמו אחד.

ועל זה כתוב, הנותן אמרי שפר, הגוף, ז"א, שמלביש חכמה דנוקבא בחסדים, ומוציא מילים יפות וישרות.

כל המדרגות עד הנוקבא באו לגלות החכמה שבראשית הכול, החכמה שבראש א"א, שאינה יכולה להאיר לתחתונים מחמת שנסתמה שם. ולפיכך, כולם הם מדרגה אחת, חכמה לבדה.

מחשבה היא בינה, כי המחשבה, חכמה דא"א, מתגלה בתחילה בבינה. מחשבה היא קול, כי החכמה נסתמה בקו שמאל דבינה, והקול, ז"א, קו אמצעי, הכריע

בין ב׳ קווים שבבינה, ופתח החכמה שבה. מחשבה היא דיבור, ובז״א עצמו שקיבל ג׳ הקווים מבינה, עוד אין החכמה מאירה, להיותו קו ימין, אלא בנוקבא, קו שמאל, מתגלה אור החכמה.

והכול אחד, והמחשבה בראשית הכול, שכל המדרגות הן מדרגה אחת, רק הארת המחשבה שבראשית הכול, שכולם ממשיכים אותה עד שבאה בגילוי בנוקבא.

וזהו כמ״ש, ה׳ אחד ושמו אחד. שהנוקבא, שנקראת שמו, מדרגה אחת עם הוי״ה, ז״א, שהוא אחד עם המחשבה ראשונה, שהיא אחת עם כתר א״א. ועל זה כתוב, הנותן אמרי שפר, כי בהיותה אחת עם כל המדרגות עד חכמה דא״א, הקשורה בכתר דא״א, המכונה אין, אז ז״א נותן ומתקן ומוציא בנוקבא, אמרי שפר, בייחוד קול ודיבור.

בן פורת יוסף

770. סיום הגוף, יסוד, הוא כמ״ש, בן פורת יוסף, בן פורת עלֵי עָיִן. כתוב בן פורת פעמיים, בן פורת למעלה, יסוד שלמעלה מחזה, ובן פורת למטה, יסוד שלמטה מחזה. ולמה אין בן פורת למטה בתיקוני המטרוניתא, בין י״ב השבטים, י״ב בָּקר, שהמטרוניתא מיתקנת עליהם מלמעלה? כי כמ״ש, בָּנות צָעֲדָה עלֵי שׁוּר, צריכים בנות לתיקונים שלה, נקבות, שהם י״ב השבטים, ולא בנים. ויוסף, יסוד, בן, זכר. כמ״ש, רבות בנות עשו חיִל. הן י״ב השבטים, המתוקנים לכיסא תחת הנוקבא, כמ״ש, ואת עלית על כּוּלָנָה.

771. מלכות לא קיבלה מלכות קדושה ושלמה, עד שהתחברה באבות, חג״ת שמחזה ולמעלה דז״א. וכשהתחברה באבות, נבנתה בבניין שלם מעולם העליון, עולם הזכר, בינה, כי אז מקבלים חג״ת דז״א מצד ימין של הבינה. והמלכות מקבלת מצד שמאל של הבינה. ועולם העליון נקרא שבע שנים, משום שכל שבע שנים בו, כי הבינה כוללת בתוכה כל שבע ספירות חג״ת נהי״מ, המכונים שבע שנים.

772. עולם העליון, בינה, כולל שבע שנים. וע״כ כתוב, וַיִּבְנֵהוּ שבע שנים, ולא כתוב, בשבע שנים. כמ״ש, כי ששת ימים עשה ה׳, ולא כתוב בששת, משום ששׁשת הימים חג״ת נה״י דז״א עשו את השמיים והארץ. אף כאן, ששבע השנים בנו אותו, בינה.

וכתוב, אלה תולדות השמיים והארץ בהִבָּראם, שפירושו, באברהם, כי אברהם, חסד, נקרא שבעת ימים. ובו נבנה עולם העליון, בינה. והם נקראים עולם הזכר. כי חסד כולל כל שבע ספירות ומקומו מחזה ולמעלה דז״א, ששם ד׳ רגלי הכיסא: חגת״מ, אל הבינה, שעליהם מלמעלה. וע״כ נחשב כאילו הם בונים את הבינה, כי הבינה נסמכת עליהם.

773. כעין זה למטה יש שבע שנים, חג״ת נהי״מ, המחולקות לי״ב שבטים, שהם עולם התחתון, הנוקבא. וכמ״ש, שבעת ימים ושבעת ימים ארבעה עשר יום. מאחר שאמר שבעת ימים ושבעת ימים, הרי הם ארבעה עשר, ולמה אומר ארבעה עשר יום? להראות את עולם

העליון ועולם התחתון, שבעת ימים ושבעת ימים, ע״כ מרמז עליהם ארבעה עשר יום.

אלו שבעולם העליון הם זכרים, ואלו שבעולם התחתון הן נקבות. אלו הנקבות, חג״ת נה״י, המחולקים לי״ב, עוה״ז, הנוקבא, הוא עליהם. ע״כ כתוב, רבות בנות עשו חיל, י״ב השבטים עשו חיל, כמ״ש, כל הפקודים למחנה יהודה. וכן כולם התרבו מאוד. וסוף הכתוב, ואת עלית על כולנה, שהנוקבא היא למעלה מכולם.

774. כתוב, רבות בנות עשו חיל. והרי אינם אלא י״ב ולא יותר, חוץ מהחָיִל הזה שעבדו, שכל אחד מהם התרבה, שזה כבר מרומז במילים, עשו חיל. ולמה אומר רבות בנות? אלא כמ״ש, זעקת סדום ועמורה כי רבה, שפירושו, כמו גָדלה. וכן רבות, פירושו גדולות, עליונות וגדולות על כל, ואלו נקראות חיות גדולות.

עשו חיל, שכל שבט התרבה מאוד. והחונים עליהם, הם יששכר זבולון על דגל יהודה, שמעון וגד על דגל ראובן, מנשה ובנימין על דגל אפריים, אשר ונפתלי על דגל דן. ונקראים חיות קטנות, המתחברים כאחד עם חיות גדולות, יהודה ראובן אפריים ודן, שתיתקן בהם המטרוניתא, הנוקבא, לשמח בהם עליונים ותחתונים, כמ״ש, לווייתן זה יצרת לשחק בו. לווייתן, מלשון חיבור, חיבור חיות קטנות עם גדולות. משום זה כתוב, רבות בנות עשו חיל.

775. בן פורת עלי עין, בנות צעדה עלי שור. הלוא צועדות, היה צריך לומר, לשון רבות, כמו בנות? אלא, בן פורת עלי עין, עין הוא עין משפט, הנוקבא, המקבלת ממשפט, ת״ת. ויוסף, יסוד, עומד ומשפיע, עלי עין, הנוקבא, והיא העין, הצועדת ופוסעת לקחת בנות לתיקונה. בנות צעדה, שהנוקבא צועדת עם בנות. ולא בנים. עם בנות צעדה, הנוקבא, שהן ראויות לתיקונה, ולא בנים, שאינם ראויים לתיקונה.

וימררוהו ורוֹבּוּ וישׂטמוהו בעלי חיצים. ע״י הסתכלות של אהבה אליו. כמ״ש, הָסֵבִּי עינייך מנגדי שהם הרהיבוני, שהן שורפות אותי בשלהבת האהבה שלך. אף כאן לא היה יכול לסבול חיצי האהבה של הנוקבא. וע״כ נאמר על זה, וימררוהו ורוֹבּוּ. וע״כ אומר, וישׂטמוהו בעלי חיצים. שלא היה יכול לסבול.

כי הנוקבא, בניינה משמאל, וע״כ עיניה מטות את הז״א לדינים דשמאל. ולהיותו מקו אמצעי, אינו יכול לסבול. וגם יוסף, יסוד, קו אמצעי, שאינו נוטה לא לימין ולא לשמאל. ע״כ גם הוא אינו יכול לסבול חיצי האהבה של הנוקבא, שהם התעוררות השמאל.

776. ותֵשֶׁב באיתן קשתו. קשת, הנוקבא. למה כתוב קשתו, ולא קשת? זהו בת זוגו של יוסף, ע״כ אומר קשתו. באיתן, שהלבישה אותו כוח וגבורה, שלא נחלש כוחו מחמת זיווגו עימה, כי ידעה, שיוסף לא יטה דרכו במדרגה ההיא, שלא יטה מחמת הזיווג למדרגת השמאל, למקום הדינים, כי אות ברית שלו הוא לימין ולשמאל ביחד.

777. ויפוֹזו זרוֹעֵי ידיו. מה פירושו של ויפוזו? כתוב, הנחמדים מזהב ומפז רב. וכתוב, ותמורתה כלי פז. ויפוזו, לשון פז וכבוד, כי התכבדו זרועי ידיו במרגלית העליונה, הנוקבא העליונה שמחזה ולמעלה, מתוך שקיבל השפע מזיווג שלה. וקיבל זה, כמ״ש, מידי אביר יעקב, מאלו ב׳ הצדדים, קו ימין

וקו שמאל, שיעקב התחזק בהם. משם ניזונה אותה אבן יקרה, הנוקבא, כמ״ש, משָם רועה אבן ישראל.

אותה אבן יקרה ניזונה מאלו י״ב צדדים, צפון ודרום, ידי יעקב, כי יש חג״ת נה״י בצפון וחג״ת נה״י בדרום, שהם י״ב. ונוקבא ניתנת ביניהם ומתברכת מהם, וניזונה מהם ע״י צדיק, יוסף.

778. התווספה ליוסף ברכה אחרת. כמ״ש, מֵאֵל אביך וְיַעְזְרֶךָּ ואת שד״י וִיבָרְכֶךָּ. היה צריך לומר, אל אביך יעזרך ואל שד״י יברכך.

779. אלא שיָרַש למעלה, בז״א, ולמטה, בנוקבא. ירש למעלה, כמ״ש, מאל אביך, הנחלה העליונה, המקום שנקרא שמיים, ז״א, שיעקב היה מרכבה לו. ויעזרך, שלא יחליף מקום זה במקום אחר, ועזרתו תהיה ממקום זה ולא מאחר.

780. ואת שד״י, היא מדרגה אחרת, תחתונה. בכל מקום, את ה׳, זוהי השכינה. כמו, ואראה את ה׳. אֶת, לרבות השכינה. ואת עם ו׳ רומזת לז״א, לכלול, יום, ז״א, בלילה, הנוקבא, ולילה ביום, כמ״ש, ואת שד״י, עם ו׳, כי משם יוצאות ברכות לעולם.

781. למה אינו אומר, ואל שד״י, שהרי אל שד״י, סובב על הנוקבא? הנוקבא נקראת ג״כ אל שד״י, כמ״ש, ואל שד״י ייתן לכם רחמים. והכול מקום אחד, שאל שד״י סובב ג״כ על הנוקבא, כמו, ואת שד״י. וא״כ, למה עזב אות ל׳ ולא כתב, ואל שד״י, אלא כתב במקומה אות ת׳, כלומר, ואת שד״י?

אלא כשיוצאים מלמעלה השבילים הללו, כ״ב (22) האותיות, שכל השלמות באה על ידיהם, שהם כלל התורה, שהוא כל השפע שבז״א, יורש אותם שמיים, ז״א, כמ״ש, את השמיים, אשר א״ת הוא כלל כל כ״ב האותיות, מא׳ עד ת׳. ומכאן יוצאות לתשבע״פ, שנקראת ארץ, הנוקבא, כמ״ש, ואת הארץ, אשר וא״ת, הוא כלל כ״ב אותיות, שלוקחת אותם הנוקבא.

ובתחילה, שמיים, ז״א, כולל אותן הכול כאחד. ואז מתעטרת הלבנה, הנוקבא, בכולן, שמקבלת אותן מז״א, ויושבת בכל השלמות, והברכות נמשכות אז משם. ועל זה אומר הכתוב, וא״ת שד״י, להורות על השלמות הגדולה של כללות כ״ב אותיות שבנוקבא, שמשם כל הברכות.

782. כתוב, ויברכך, עם ו׳, כדי שיהיה קיום יותר לברכות, ולתמיד. כי בכל מקום שיש בו ו׳, רומזת, שיש בו תוספת וקיום. עד כאן כלל. ואח״כ מפרט, כמ״ש, ברכות שמיים מעל, ברכות תהום רובצת תחת.

כי עד כאן הברכות מז״א ומנוקבא מרומזות בדרך כלל. מאל אביך, רומז על ז״א. ואת שד״י, רומז על הנוקבא. ואח״כ מפרט אותם, כמ״ש, ברכות שמיים מעל, לז״א, וברכות תהום רובצת תחת, לנוקבא.

783. ברכות אביך גברו על ברכות הוריי. ברכות אביך, יעקב, קו אמצעי, גברו על ברכות הוריי, אברהם ויצחק, כי יעקב ירש שבח כולם יותר מהאבות, כי הוא היה שלם בכל.

כי אין שלמות לב׳ הקווים ימין ושמאל, אברהם ויצחק, עד שבא קו אמצעי, יעקב, ומכריע ביניהם. ובגלל זה יורש כל המוחין שבב׳ קווים ימין ושמאל. ומבחינה זו נמצא שברכות קו אמצעי גברו על ברכות ב׳ הקווים

ימין ושמאל. כי משלימם וגם יורש אותם.

והכול נתן ליוסף, משום שכך ראוי להיות, כי הצדיק, יסוד, יוסף, לוקח הכול ויורש הכול יחד, שמקבל מכל הספירות דז"א ביחד. וכל הברכות שורות בו, הוא ממשיך הברכות מן הראש, מג"ר דז"א למעלה, וכל איברי הגוף דז"א, חג"ת נה"י, כולם מיתקנים להשפיע הברכות בו, ביסוד. ואז נעשה היסוד נהר יוצא מעדן.

784. מעדן, פירושו, שכל האיברים הם בקשר אחד, ובתענוג התשוקה משפע הראש למעלה ולמטה. וכולם משפיעים ביסוד, מהעונג והתשוקה שלהם, הוא נעשה נהר הנמשך ויוצא מעדן. כי עדן פירושו עידון ועונג. עוד יש לפרש, מעדן, מחכמה עליונה הנקראת עדן, נוזל הכול להימשך ולהיעשות נהר. ונמשך, עד שמגיע ליסוד, ואז כל הספירות דז"א בברכות, והכול אחד.

785. עד תאוות גְבעות עולם. התשוקה לאלו גְבעות עולם, לב' נוקבאות, אחת למעלה, בינה, ואחת למטה, נוקבא דז"א, שכל אחת עולם נקראת. ותשוקת כל איברי הגוף, כל הספירות ז"א, באלו שתי אימהות. שיש להם תשוקה לינוק מאמא העליונה, בינה. ותשוקה להתקשר באמא תחתונה, הנוקבא.

ותשוקת כולן אחת היא, משום זה כולן תהיינה לראש יוסף, יסוד, שתתברך מדרגה דצדיק, יסוד, שייקח הכול כראוי.

786. אשריהם הנקראים צדיקים. כי לא נקרא צדיק, אלא מי ששומר אותה מדרגה של אות ברית קודש הזה. אשריהם בעוה"ז ובעוה"ב.

בנימין זאב יטרָף

787. בנימין זאב יטרָף. למה נקרא זאב? משום שנרשם בכיסא, הנוקבא, בצורת זאב. כי כל החיות הקטנות והגדולות נרשמות בכיסא, כמ"ש, חיות קטנות עם גדולות. והכיסא שעשה שלמה, נרשם ג"כ כעין הכיסא של מעלה.

788. זאב יטרף, כי המזבח בחלקו של בנימין היה, והמזבח הוא זאב. בנימין אינו זאב, אלא המזבח שהיה בחלקו הוא זאב, משום שהיה אוכל בשר כל יום, הקורבנות שהיו מקריבים עליו. ובנימין היה מְזין אותו בקורבנות. משום שהיה בחלקו, היה נחשב שהוא מפרנס וזן לזאב הזה. ויטרף פירושו יזון. וכתוב, בנימין זאב יטרף, שבנימין יזון הזאב, המזבח.

הזאב הם המלאכים, בעלי השנאה, העומדים למעלה לקטרג על ישראל, וכולם נהנים ומיתקנים מהקורבנות ומתעוררים התעוררות של מעלה. נמצא שבנימין שברשותו המזבח, הוא מזין למקטרגים הללו, המכונים זאב, כדי שלא יקטרגו על ישראל.

789. בבוקר יאכל עַד ולערב יחלק שלל. בבוקר, שאברהם, חסד, מתעורר בעולם, ושעת רצון נמצאת, הקורבן

עושה התעוררות ונחת, ועולה עד עַד, לאותו מקום, כמ״ש, ושבתָ עַד ה׳ אלקיך, ז״א מחזה שלו ולמעלה.

790. בוקר, אברהם, חסד, כמ״ש, וישכם אברהם בבוקר, בזמן שרצון נמצא. בשעה ההיא המקום, שנקרא עַד, כיסא העליון, חג״ת, מחזה ולמעלה דז״א, כיסא אל הבינה, היה אוכל את הקורבן. ואכילה, פירושו, זיווג.

791. וזמן אכילה הוא בבוקר של עד, זמן שליטת החסד דז״א. ועַד הזה הוא למעלה מחזה דז״א, ששם כולו חסדים, כמ״ש, בטחו בה׳ עֲדֵי עַד. משמע שעד, הוא מקום גבוה למעלה. ובבוקר, שהוא זמן שליטת החסד דז״א, הוא קורבן לה׳. הנוקבא, הנקראת קורבן, מתייחדת אז עם ה׳. וע״כ יאכל עד, ז״א, ימין, חסד, ולא מדרגה אחרת.

792. סדר הזיווג הנעשה ע״י הקורבן. עשן הקורבן עולֶה, שהוא ההתעוררות מלמטה, והתעוררות האהבה נקשרת ומתעוררת למעלה, בין ז״א ונוקבא שלו, ועומדים זה כנגד זה, פב״פ. והנר, הנוקבא, דולק ומאיר ע״י ההתעוררות של מטה הזו, שמקבלת השפע מז״א.

והכוהן מתעורר, והלוויים משבחים ומראים שמחה. ואז מתנסך היין, שמצד שמאל וגבורה, להתקשר במים, ימין וחסד, והיין מאיר ומראה שמחה. כי כשהגבורות מתלבשות בחסדים, נקראות הגבורות יין המשמח. משום זה צריכים להביא יין טוב למטה, כדי להראות שמחה ליין אחר שלמעלה, והכול מתעוררים לקשור השמאל בימין.

793. והלחם שהיא סולת, היא המלכות, הנוקבא, שההתעוררות של מטה העירה אותה, כי הנוקבא מכונה לחם. לוקחים אותה שמאל בימין, ומקשרים אותה בגוף, בז״א. ואז נמשך שמן העליון, מז״א, ומקבלת אותו ע״י הצדיק, יסוד דז״א. וע״כ צריכים לעשות התעוררות של מטה עם סולת בשמן. ונקשר הכול יחד.

ואז נמצא עידון ונחת של ייחוד האחד, והעידון והנחת של הייחוד מקבלים כל אלו הכתרים, הספירות של הנוקבא, ונקשרים זה בזה, ז״א בנוקבא. והלבנה, הנוקבא, מאירה, ונקשרת בשמש, והכול יושבים בעידון.

794. ואז הוא קורבן לה׳, שהנוקבא מתקרבת לה׳, ולא לאחר. וע״כ כתוב, בבוקר יאכל עד, ז״א, הנקרא עד. ולא לאחר. וכתוב, יאכל עד, ויתעדן בחיבורו בתחילה, בבוקר, שאז שולטים החסדים, שהשם הקדוש צריך להתברך מתחילה. ואח״כ יתברכו אחרים, כמ״ש, ולערב יחלק שלל.

795. וע״כ אסור לברך לחברו בבוקר, מטרם שיברך להקב״ה, כי צריך להתברך מתחילה. כמ״ש, בבוקר יאכל עד, ז״א. ואח״כ יתברכו אחרים. כמ״ש, ולערב יחלק שלל. כי הקורבנות שהיו בתחילה, הכול נקרב אל הקב״ה, וההתעוררות שלמלמטה עלתה שם. ומשום שהוא התברך, היה מקשר קשרים לכל שאר הצבאות העליונים, ומחלק להם ברכות לכל אחד ואחד כראוי לו, ונמתקים העולמות, ומתברכים העליונים והתחתונים.

796. כמ״ש מתחילה, אכלתי יַעְרִי עם דִבשִׁי. ואח״כ מחלק לכולם ואמר, אִכלו רֵעִים שְׁתו ושִׁכרו דודים. שהשפיע ברכות לכולם, ומחלק להם לכל אחד כראוי לו. וע״כ כתוב, ולערב יחלק שלל. כי השם הקדוש התברך

תחילה. ועתה מחלק ברכות לכל העולמות.

ואין לומר, שהקורבן נקרב להם או לכוח אחר, אלא הכול נקרב להקב"ה, והוא משפיע ברכות ומחלק ברכות לכל העולמות. ומשום זה, קורבן לה' ולא למדרגה אחרת.

797. יש התעוררות אחרת של הקורבן, שכולו להמשיך ברכות ולעורר ברכות, שיתברכו כל העולמות. אלא מתחילה כתוב, קורבן לה', לקָרֵב הנוקבא למדרגת ז"א, ולא לאחר. ועתה, אחר שנעשה הייחוד בז"א, כתוב, תקריבו את קורבנכם, שיתקשרו כל העולמות יחד, ויתחברו ויתברכו עליונים ותחתונים.

כי הנוקבא שמאל, שהחכמה שלה בלי חסדים. ואז נמשכים ממנה דינים, כי אין החכמה יכולה להאיר בלי חסדים. והתחתונים שבג' עולמות בי"ע, מקבלים מהנוקבא. כמ"ש, בבוקר יאכל עַד, שבתחילה צריכים לזיווג הנוקבא בז"א. ואז נכללת הנוקבא בימין, חסדים. והיא קורבן לה', לימין, ולא לאחר, לשמאל. אלא אחר שנכללה הנוקבא בימין, יכולה להאיר לתחתונים מהארתה. ע"כ כתוב, ולערב יחלק שלל, שמשפיעה לכל העולמות.

וזאת אשר דיבר להם אביהם

798. כל אלה שבטי ישראל שנים עשר. כל אלה, כתוב, כדי לחבר את השבטים, במקום שכל הברכות יוצאות משם, בנוקבא. שנים עשר, הם שנים עשר קשרים של תיקוני הנוקבא. והיא עצמה התחברה עימהם. ע"כ כתוב, כל אלה שבטי ישראל שנים עשר. וזאת אשר דיבר להם אביהם ויברך אותם. כי הנוקבא מכונה זא"ת, והתחברה עם שנים עשר השבטים, כי במקום הזה, בנוקבא, שורה הדיבור. כי ז"א נקרא קול, והנוקבא דיבור.

799. וזאת אשר דיבר. כאן קשר אחד, לחבר מלמטה למעלה ומלמעלה למטה. מלמטה למעלה בי"ב השבטים. ומלמעלה למטה, וזא"ת, הנוקבא, שהתחברה עימהם מלמעלה. אשר דיבר, שאין דיבור בלי קול, ז"א, הרי החיבור של זכר ונוקבא קשור לשני צדדים: מלמטה, י"ב, ומלמעלה, וזא"ת.

ולסוף קשר אותם במקום העליון, בזו"ן שמחזה ולמעלה, ששם זכר ונוקבא יחד, שהנוקבא כלולה בז"א, בחסדים שבו. כמ"ש, איש אשר כברכתו. כברכתו, הוא בת זוגו, הנוקבא, הנקראת ברכה. איש אשר כברכתו, שניהם כאחד. שז"א ונוקבא כלולים יחד.

800. כמ"ש, יברכךָ ה' מציון וּרְאֵה בטוב ירושלים. יברכך ה' מציון, כי ממנו יוצאות ברכות להשקות את הגן, והוא כולל כל הברכות ונותן לה. ואח"כ, וראה בטוב ירושלים, שכל הברכות באות מזו"ן.

כעין זה כתוב, יברכךָ ה' וישְׁמְרֶךָ. אשר, יברכך ה', מהזכר, וישמרך, מהנוקבא, כי השמירה נמשכת מנוקבא.

יברכך ה׳, מִזָכוֹר, ז״א. וישמרך, מִשָמוֹר, הנוקבא. והכול דבר אחד הוא, כי משניהם הברכות יוצאות לעולם. וע״כ כתוב, איש אשר בברכתו בירך אותם.

ב׳ בחינות בנוקבא: החיצוניות, בחינתה עצמה, והפנימיות, מה שמקבלת מז״א. וע״כ יש לה ב׳ בחינות יסוד:

א. יסוד הפנימי ציון, זכר שביסודה.

ב. יסוד החיצוני ירושלים, נוקבא שביסודה.

יברכך ה׳ מציון, כי כל הברכות מפנימיות היסוד באות, מז״א. ואחר שהפנימי השפיע ליסוד החיצוני, ירושלים, כתוב, וראה בטוב ירושלים. ויש מהשבטים, שנמשכים מפנימיות הנוקבא, ויש שנמשכים מחיצוניות הנוקבא. ובירך לכל אחד כראוי לו.

ויכַל יעקב לצוות את בניו

801. ויכַל יעקב לצוות את בניו. למה כתוב לצוות את בניו, הלוא לברך היה צריך לומר? אלא שציווה אותם על השכינה, שיתקשרו עימה. עוד, שציווה אותם על דבר המערה, שקרובה לגן עדן, ושם אדה״ר קבור.

802. מקום זה נקרא קריית ארבע, משום ששם נקברו ארבעה זוגות: אדם וחוה, אברהם ושרה, יצחק ורבקה, יעקב ולאה. אלא לומדים, שהאבות הם מרכבה קדושה. ומרכבה אינה פחותה מארבע. הקב״ה חיבר את המלך דוד עם האבות, ונעשו מרכבה שלמה במספר ארבע.

כמ״ש, אבן מאסו הבונים הייתה לראש פינה. כי דוד המלך התחבר להיות מרכבה שלמה עימהם. וא״כ, דוד היה צריך להיקבר עם האבות, ויהיה עימו, קריית ארבע. מהו הטעם שלא נקבר עימהם?

803. אלא דוד המלך, מקום מתוקן היה לו, והוא ציון, יסוד דז״א, שיתחבר בו כאחד. ואדם שנקבר עם האבות, הם נקברו עימו, משום שהיה המלך הראשון, שהועברה ממנו המלכות וניתנה לדוד המלך, שמימיו של אדם התקיים דוד המלך.

כי אדה״ר נגזר עליו שיחיה אלף שנים. והועברו ממנו שבעים שנים לימיו של דוד המלך. ע״כ נחשב אדה״ר למלכות, והוא השלים המרכבה דאבות למספר ארבעה. שאם לא כן, איך יקומו האבות במרכבה שלמה במספר ארבעה, מטרם שיבוא דוד המלך? אלא בהכרח שאדה״ר השלים אותם. ודוד לא נקבר עימהם, אלא זכה למקומו כראוי לו, ציון, וע״כ לא נקבר עם האבות.

804. עוד יש לתרץ, כי האבות שורים במקום זכר, חג״ת דז״א, זכרים. ודוד, מרכבה למלכות, במקום נוקבא. וע״כ הנקבות של האבות נקברו עימהם, ודוד נקבר והתחבר במקום זכר, ציון, כל אחד כראוי לו.

ויגווע וייאסף אל עמיו

805. ויאסוף רגליו אל המיטה. משום שישב במקום החיים, שהיה מרכבה לז״א, עה״ח. וע״כ כשרצה יעקב להסתלק מן העולם, הוריד רגליו אל המיטה, הנוקבא. ונאסף והסתלק מן העולם, שעלה למ״ן ונכלל בזיווג דזו״ן. כמ״ש, ויגווע וייאסף אל עמיו. ולא כתוב בו מיתה. כי עלה ונכלל בחיים העליונים.

806. אמר דוד, נכספה וגם כלתה נפשי לחצרות ה׳. למה לא נכסף לבית ה׳, אלא לחצרות ה׳? יש מדורים תחתונים בבי״ע, ויש מדורים עליונים באצילות. בעליונים, אין הנשמות שורות. כי הנשמות שורות בבי״ע. המדורים אלו הם הבתים הפנימיים שבאצילות, ובתים חיצוניים שבבי״ע. החיצוניים שבבי״ע נקראים חצרות ה׳, משום שנמצאים באהבה ובתשוקה אל הנוקבא.

ולפיכך אמר דוד, נכספה לחצרות ה׳. כי אין אחיזה לנשמות יותר מבבי״ע, הנקראים חצרות ה׳. אלא בשעה שבי״ע עולים לאצילות, עולים עימהם גם נשמות הצדיקים. כשהנשמה עולה, מתעוררים כל צבאות בי״ע ועולים אל הנוקבא, כי הנוקבא מתאחדת ע״י עלייתם אליה, בתשוקה שלמה לז״א, ונקשרת בו.

807. יעקב לא מת. וע״כ לא נאמר בו מוות, אלא, ויגווע וייאסף אל עמיו. ויאסוף רגליו אל המיטה, הנוקבא, כמו שנאסף השמש, שהוא יעקב, אל הלבנה, הנוקבא, שהשמש לא מת אלא נאסף מן העולם והולך אל הלבנה. כמו בערב אין אור השמש מסתלק מן העולם, אלא נותן אורו אח״כ בלבנה, כך יעקב כשהסתלק, עלה למ״ן לזו״ן, והאיר בנוקבא דז״א, ואורו לא מתבטל, וע״כ נבחן שלא מת.

808. בשעה שנאסף יעקב, האירה הלבנה, ותשוקת שמש העליון, ז״א, התעוררה אליה. משום שכאשר עולה השמש, יעקב, התעורר שמש אחר, ז״א, ומתדבקים ז״א בנוקבא, והלבנה, הנוקבא, האירה מז״א.

809. העליון, עולם הזכר, בינה, נקשר בתחתון, עולם הנקבה, הנוקבא דז״א. והתחתון נקשר בעליון. ע״י עליית יעקב למ״ן בעת פטירתו, התקשרו הבינה ונוקבא, שזו״ן עלו לאו״א, ואז נעשה זיווג הגדול להוליד נשמות.

810. ב׳ עולמות הם, כמ״ש, מן העולם ועד העולם, בינה ונוקבא. ואע״פ שהן ב׳ נקבות, אחת, בינה, מיתקנת בזכר, הנחשבת בגדלותה כזכר. ואחת בנוקבא, הנוקבא דז״א. זו נקראת שבע, בינה. וזו נקראת בת שבע, הנוקבא. זו אם וזו אם.

אֵם הבנים, בינה. כמ״ש, צְאֶנָה וּרְאֶינָה בנות ציון במלך שלֹמה, בעטרה שעיטרה לו אימו. במלך שלמה, במלך שכל השלום שלו, ז״א, שאימו, בינה, אם הבנים.

אֵם שלֹמה, הנוקבא. כמ״ש, בת שבע אם שלמה, הנוקבא, כי כאן לא כתוב המלך שלמה.

811. וכתוב, ותֵרֶב חכמת שלמה. חכמת שלמה היא אם שלמה, הנוקבא,

כמ״ש, דִברי למואל מלך משׂא, אשר ייסְרַתּוּ אימו. דברי למואל מלך, הם דברים שנאמרו אֶל אֵל, מלך, שכתוב בו, ואל זועם בכל יום. וכן, ואל שד״י, הנוקבא.

812. למואל, פירושו, אֶל אֵל. למואל מלך, בת שבע, הנוקבא. משׂא, אשר ייסרתו אימו, כשהתגלה עליו בגבעון בחלום הלילה.

813. יעקב נאסף אל הלבנה, הנוקבא, שעלה למ״ן לזו״ן בעת פטירתו. ועשה בה פירות, שגרם זיווג זו״ן בגדלות להולדת נשמות, הנקראות פירות דזו״ן. ואין לך דור בעולם, שאין בו הפירות של יעקב, כלומר, הנשמות הגדולות, הנולדות מזיווג זו״ן דגדלות, שגרם יעקב בעלותו למ״ן, משום שהוא עורר התעוררות עליון לזיווג זו״ן, כמ״ש, ויאסוף רגליו אל המיטה, שהוא ודאי מיטתו של יעקב, הנוקבא.

814. אשרי חלקו של יעקב, שנשלם למעלה ולמטה, כמ״ש, ואתה אל תירא עבדי יעקב, כי איתך אני. כי איתי אתה, לא נאמר, אלא, כי איתך אני. שנשלם גם למטה להשראת השכינה.

אָבֵל מצרים

815. ויבואו עד גורן האטד, ויעש לאביו אֵבֶל שבעת ימים. מה נוגע לנו, שהם באו עד גורן האטד? ומהו הטעם, שמכונה אבלות זו למצרים, כמ״ש, האֵבֶל בגורן האטד, אֵבֶל כבד זה למצרים? הרי אבל ישראל, היה צריך לומר, ומהו הטעם למצרים?

816. כל אותו זמן שהיה יעקב במצרים, התברכה הארץ בשבילו, ונהר הנילוס היה יוצא ומשקה הארץ, ונפסק הרעב בשביל יעקב. ע״כ עשו המצרים אבלות, ומכונה על שמם.

817. מי ימלל גבורות ה׳, ישמיע כל תהילתו. מי ימלל, כמ״ש, וקטפת מְלִילוֹת, לשון הפרדה וניתוק. גבורות ה׳, משום שהן רבות, כי כל גזרי דין באים מגבורות ה׳, קו שמאל. וע״כ אומר, מי ימלל גבורות ה׳, מי הוא שיבטל ויעביר גזרה אחת, מאלו הגבורות שעשה הקב״ה.

818. מי ימלל ומי ידבר, הכול אחד. ימלל, פירושו ידבר. כי כמה גבורות שאין להן חשבון. כמה בעלי הדין, כמה בעלי מגן, כמה מענישים לְמְפירֵי חוקים, והדיבור לא יוכל לפרט אותם. וע״כ כתוב, מי ימלל גבורות ה׳.

819. ובמה ידועות כל גבורות ה׳? בהגדה, שיש בה חכמה, ובחכמה הן ידועות. כי במלל ובדיבור אין מי שיכול לדבר אותן, ולדעת אותן. אבל בהגדה ידועות, כמ״ש, דור לדור יְשַׁבַּח מעשיךָ וגבורותיךָ יגידו. שבהגדה, בחכמה, ידועות. אבל גבורתך, גבורה תתאה, גבורה שבנוקבא, יְדַבֵּרו, אפשר לדבר אותן. כמ״ש, וגבורתך ידברו.

820. ישמיע כל תהילתו. כי רבים הם הדינים, הניכרים והמתחברים בתהילה. וכמה מחנות מתחברים בה. וע״כ, מי יכול להשמיע כל תהילתו.

821. המצרים, כולם חכמים היו. ומצד הגבורה, קו שמאל, יוצאים כמה צבאות וכמה מחנות, וכמה מדרגות, עד שמגיעות אל המדרגות התחתונות. והמצרים היו מכשפים, והיו חכמים בהם, וידעו הדברים הסתומים שבעולם. והסתכלו, שבזמן שיעקב היה חי בעולם, אין עם שימשול על בניו. וידעו, שהם ישעבדו את ישראל ימים רבים.

822. כיוון שמת יעקב, שמחו, כי עתה יוכלו לשעבד את ישראל. הסתכלו מה שיהיה בסוף, עד שהגיעו לגורן האטד, גזר דין השולט, ראו הגבורות שייצאו עליהם, המכות וקריעת ים סוף. כמו הקוצים שיוצאים לצד זה ולצד זה מהאטד. שהוא כמו היד, שיוצאות ממנה אצבעות לצד זה ולצד זה, וכל אצבע עולה בכמה גבורות, בכמה דינים, בכמה חוקים. אז כמ״ש, ויספדו שם מספד גדול וכבד מאוד, על כן קרא שמה אָבֵל מצרים. אֵבֶל כבד זה למצרים, ולא לאחר.

823. רבי שמעון, כשפירש את הפסוקים של הפרשה, יצאו אז מן המערה, שהיו יושבים בתוכה. אמר, רואה אני שהיום הזה ייפול בית בעיר, וימותו שם שני רומאים מקטרגים על ישראל. אם אני אהיה בעיר, לא ייפול הבית. כי זכותי תגן עליהם. חזרו לתוך המערה, ולא רצה ללכת לעירו, כדי שלא תגן זכותו עליהם, וייפול הבית וייהרגו המקטרגים שם.

צהלי קולך בת גלים

824. צהלי קולך בת גלים. צהלי קולך, נאמר לכנ״י, הנוקבא, שמשבחת אל הקב״ה בקול זמרה. וע״כ נאמר לה, צהלי קולך. כל מי שרוצה לשבח להקב״ה בקול, צריך להיות לו קול נעימות, שייערב לאחרים השומעים לו. ואם לא, לא יקום להרים קולו.

825. ללוויים, שבאים מצד השירה והזמרה, נאמר, ומִבן חמישים שנה ישוב מצבא העבודה. משום שבזקנתו קולו נמוך, ואינו ערב לאוזניים, כמו קול שאר חבריו. לכן מעבירים אותו מצבא העבודה הזו של מעלה, העומדים לנגן אצל העבודה הזו, ולכבד השם הקדוש כראוי.

826. צבאות למעלה וצבאות ומחנות למטה, המשבחים להשם הקדוש ומזמרים לו. ומשום זה, שהמזמרים של מטה הם דוגמה למזמרים של מעלה, ישוב מצבא העבודה. ומשום שכנ״י משבחת להקב״ה, כתוב, צהלי קולך בת גלים, בת האבות. כי הנוקבא רביעי לאבות, לחג״ת, וע״כ היא בת האבות.

827. עוה״ב, בינה, נקרא גלים, משום שהכול נמצא בו ונכלל בו תִלֵי תִלים, כמו גלי הים. וממנו יוצא לכל הפרצופים והעולמות. בת גלים, ככתוב, גל נעול, שהמוחין של הנוקבא נקראים גל, מלשון גילוי. וכל אלו הגלים והמעיינות, כולם

יוצאים מעוה״ב, בינה, וכנ״י, הנוקבא, המקבלת מבינה, נקראת בת גלים.

828. למה בתחילה כתוב, צהלי קולך, אם אח״כ כתוב, הקשיבי, הרי בעת שמקשיבים, אין צריכים להרמת קול? אומר, צהלי, כדי לשבח ולזמר. הרמת קול לשם יופי השירה, ולא בשביל להשמיע. אם ישראל מתחילים לשבח ולזמר להקב״ה, אומר, הקשיבי, משום שישראל משבחים ומזמרים בשביל הנוקבא, אל הקב״ה. ע״כ כתוב, צהלי קולך, וכתוב, הקשיבי. כי צהלי קולך סובב על ישראל, והקשיבי על הנוקבא, שבשבילה משבחים ומזמרים.

829. כתוב, הקשיבי לַיְשָׁה, משום שהנוקבא באה מצד הגבורה. ע״כ נקראת, לישה, כמ״ש, לַיִשׁ גיבור בבהמה, ולישה גיבורה, כדי לשבור הכוחות והגבורות דס״א.

וכתוב, ענייה ענתות, משום מראָה שאינה מאירה, ענייה, שאין אור אל הלבנה, הנוקבא, הנקראת ענייה ענתות, אלא מה שנותן לה השמש.

830. ענתות, היא כפר אחד ששורים בו כוהנים עניים המחזרים על הפתחים, ואין מי שישגיח בהם, משום שכל אלו בני הכפר לקלֶס היו בעיני העם, ובתיהם היו ריקים יותר מבתי כל העם, ולא היה להם, חוץ ממה שנותנים להם, כעניים בזויי העם. ומשום זה נקרא הלבנה ענתות, שגם לה אין אור מעצמה, אלא בשעה שמתחבר עימה השמש, היא מאירה.

831. כמ״ש, ולאביתר הכוהן אמר המלך, ענתות לֵך על שָׂדֶךָ כי איש מוות אתה. האם על שקרא לו אדוניהו אל סעודתו, נקרא איש מוות? אלא, משום שהיה ממקום עניות, שהתדבקה בו הלבנה, הנוקבא, ענייה ענתות. אביתר היה דבוק בנוקבא, בעת שהייתה בקו שמאל, שכל האורות קופאים בה ואינם מאירים, שהיא ענייה ענתות. וע״כ נקרא גם הוא ענתות כמוה. ונקרא איש מוות, כי אין לו אור החיים.

832. הרי כתוב, וכי הִתְעַנִּיתָ בכל אשר התענה אבי, שבגלל העניות שלו, זכה אביתר שלא הרג אותו שלמה. ואיך ייתכן, שנקרא משום זה, איש מוות? אלא אביתר, משום שהיה ממקום עוני, זכה בו דוד מטרם שעלה למלוכה, כאשר ארב לו שאול, שהיו דרכיו כעני, ואביתר היה ג״כ כעין זה. וגם כשעלה למלוכה, עוד לא הייתה המלכות בכל השלמות, ולזמן ששלט שלמה עמדה הלבנה, הנוקבא, בכל השלמות, והיה בשמחה, שהכול היה לו.

וע״כ לא זכה בו אביתר להתחבר עימו. כי מה שאמר לו, וכי הִתְעַנִּיתָ בכל אשר התענה דוד אבי, פירושו, עימו היית ראוי להתחבר, מטעם שמדרגתך שווה אליו, ולא עימי. אבל העניות עצמה שלו, לא הייתה בה שום מעלה, אלא שנקרא משום העניות שלו, איש מוות.

833. שְׂדֵה ענתות, הנוקבא בשליטת השמאל. וירמיהו שקנה את שדה ענתות, היה זה כדי לנחול את סוד העליון. כי אח״כ העלה מ״ן לזיווגה עם ז״א, שהחכמה שבשמאלה מתלבשת אז בחסדים דז״א, ונשלמת בכל השלמות.

כשהלבנה, הנוקבא, שולטת, מאירה בשלמות, נקראת, שדה תפוחים. וכשהיא בעניות, נקראת, שדה ענתות. משום זה, השירה של מטה עושה לה עשירות ושלמות. מהשירה מעוררת זיווג זו״ן. וכשמקבלת החסדים מז״א, יש לה כל השלמות.

834. כמו דוד, שבכל ימיו היה משתדל לעשות לה שלמות, שינגנו מזמורים לזמר ולשבח. שע״י זה קונה הנוקבא השלמות. וכשדוד הסתלק מן העולם, הניח אותה בשלמות. ושלמה קיבל אותה בעשירות ובשלמות. כי הלבנה יצאה מעוני ובאה לעושר, שבעושר הזה שלט על כל מלכי ארץ.

אין כסף נחשב בימי שלמה למאומה

835. ע״כ כתוב, אין כסף נחשב בימי שלמה למאומה, אלא הכול היה זהב, שגדל זהב. ובזמן ההוא כתוב, וְעַפְרֹת זהב לו. כי העפר של מעלה, הנוקבא, היה מסתכל בה השמש, ז״א, ובהסתכלות השמש וגבורתו, עושה ומגדיל את העפר לזהב.

836. מההרים, ששם כוח אור השמש, מעפר הארץ שבין ההרים, כולם עושים זהב. ולולא חיות רעות הגדלים שם, האנשים לא היו עניים, כי גבורת השמש מגדיל זהב.

זהב, הארת החכמה שבקו שמאל דבינה. הרים, חג״ת, שאין הרים אלא אבות. העפר שבין ההרים, הנוקבא המחוברת עם החג״ת, רביעי לאבות. וכל עוד שאינה מקבלת החסדים מהשמש, ז״א, אין החכמה שבה מאירה, כי אינה יכולה להאיר בלי לבוש החסדים, וע״כ נקראת אז עפר.

אבל כשהשמש מסתכל בה, שמשפיע לה אור החסדים, אז החכמה מתלבשת בחסדים, ומאירה כמו הארת השמאל דבינה, ונעשית הארתה זהב כמוה. בשליטת השמאל יש שמירה מרובה, להט החרב המתהפכת, ולא כל אדם יכול לקבל משם, זולת הראויים לה.

837. ע״כ בימיו של שלמה, אין כסף נחשב למאומה, כי כוחו של השמש הסתכל בעפר, ועשה אותו זהב. ועוד, כי העפר ההיא דין, שמאל בלי ימין, ואינה מאירה. וכשמסתכל בה השמש, ז״א, שמשפיע לה חסדים, לוקח כוח הדין ממנה, וגדל זהב, כי עתה החכמה שבה מאירה בכוח התלבשות החסדים, כמו קו שמאל דאמא, שנקראת זהב. כיוון שהסתכל בה שלמה, שיבח והכריז: הכול היה מן העפר והכול שב אל העפר.

838. וע״כ שלמה לא היה צריך לנגן כמו דוד, כי הנוקבא כבר הייתה מתוקנת בשלמות. אלא אמר שירה, שה״ש, שהוא אהבה ועושר, שהיא אור ואהבה, שכל השירה שבעולם הייתה בשירתו של שלמה, שאמר שירת המטרוניתא, הנוקבא, בעת שיושבת בכיסא מול המלך.

839. וכתוב, וייתן המלך את הכסף בירושלים כאבנים. משום שהכול היה זהב. והעפר, הנוקבא, נקשר בשמאל בצד האהבה, אהבת דודים הנוהגת בשמאל, כמ״ש, שמאלו תחת לראשי וימינו תחבקני. והשמש, ז״א, התדבק אליה ולא פרש ממנה.

840. שלמה טעה בזה. כי ראה שהתקרבה הלבנה אל השמש. שהימין דז״א מחבק אותה בחסדים, והשמאל

דז״א תחת ראשה בהארת חכמה. והשמאל נעשה הראש שלה, כיוון שהתקרבו ימין ושמאל זה בזה. והחכמה שבשמאל כבר התלבשה בימין. אמר שלמה, הרי כבר התקרבו יחד, מה עוד כאן הימין?

כי הימין, חסדים, אינו אלא כדי לקרב ז״א ונוקבא יחד, כדי שהחכמה שבנוקבא תתלבש בחסדים דז״א, וכיוון שכבר התקרבו זה בזה, לָמה נצרך עוד הימין, החסדים? מיד כתוב, אין כסף נחשב בימי שלמה, כי דחה את הכסף, ימין.

841. אמר לו הקב״ה, אתה דחית את הימין, חסד, בחייך. אתה תצטרך עוד לחסד בני אדם ולא תמצא. מיד פנה השמש, ז״א, ממול הלבנה, הנוקבא, והלבנה התחילה להחשיך. והיה שלמה מחזר על הפתחים, ואומר, אני קוהלת. ולא היה מי שיעשה עימו חסד, משום שדחה את הימין, חסד, ולא החשיב אותו, כמ״ש, אין כסף נחשב בימי שלמה למאומה.

842. וע״כ, כל המרבה תשבחות אל הקב״ה, ימין, מרבה שלום למעלה. משום זה כתוב, הקשיבי לַיְשה, הנוקבא, בזמן שמרוחקת מהקב״ה, ימין. כמ״ש, לַיִש אובד מבלי טָרֶף. ליש, לישה, כמו חוק, חוקה, יש להם משמעות אחת. אובד, כמ״ש, ובאו האובדים, שהמשמעות נאבדים. אובד, משמעותו נאבד. מבלי טָרֶף, משום שהנוקבא, תובעת מז״א, שייתן, כמ״ש, וַתָּקָם בעוד לילה ותיתן טֶרֶף לבֵיתה.

843. ובני לביא יתפָּרָדו. משום שכל הצבאות, המלאכים המתפשטים ממנה, כשהיא נותנת להם טרף, מתחברים כולם כאחד ויונקים יחד. וכשמחמת הגלות היא יושבת מבלי טרף, ודאי בני לביא יתפרדו, שהצבאות שלה נפרדות לכמה צדדים ואורחות, כדי למצוא מקום לעשות דין. וע״כ בעת שהקורבן נקרב, מיתקנים כולם ומתקרבים יחד. ובעת הגלות, שקורבן לא נקרב, בני לביא יתפרדו. ומשום זה אין יום שלא יימצא בו דין, משום שאין העליונים והתחתונים מתעוררים בשלמות העליון.

844. עתה בזמן הגלות, תפילתו של אדם מעוררת שלמות למעלה ולמטה, ובברכה שמברך להקב״ה, מתברכים עליונים ותחתונים. וע״כ בתפילתם של ישראל מתברכים העולמות. מי שמברך להקב״ה, יתברך. מי שאינו מברך להקב״ה, אינו מתברך.

כוס של ברכה

[כסא דברכתא]

845. צריכים לקבל הכוס של ברכה בשתי ידיים, בימין ובשמאל, ולברך. בכוס של ברכה צריכים כוס, כמ״ש, כוס ישועות אשא, הנוקבא. כי בכוס הזה נמשכות הברכות מהישועות של מעלה, והכוס, הנוקבא, מקבלת אותן ומאספת אותן אליה. ושם נשמר יין העליון, הארת השמאל שבבינה, ונאסף

בכוס. ע״כ צריכים לברך אותו בימין ובשמאל. והיין שנאסף בכוס והכוס, יתברכו יחד.

היין, הארת שמאל מבינה, והכוס, הנוקבא. וצריכים לברך את השולחן, הנוקבא, שלא יהיה ריק מלחם ויין. והכול כאחד, כי היין, הארת החכמה שבשמאל, והלחם, חסדים מימין, והם צריכים להתחבר כאחד.

846. כנ״י, הנוקבא, כוס של ברכה. כיוון שהיא כוס של ברכה, צריכים יד ימין ויד שמאל, שיקבלו אותו, כי כוס ניתן ביד ימין וביד שמאל, חסדים וחכמה, וצריכים שיתמלא ביין, מיינה של תורה, הארת חכמה שבשמאל, היוצא מעוה״ב, בינה.

847. בכוס של ברכה מתגלים דברים עליונים, מתגלה סוד המרכבה הקדושה, חו״ג תו״מ. כי כוס של ברכה צריך לקבל אותו בימין ובשמאל, צפון ודרום, חו״ג, וכוס של ברכה המקבל ברכה מהם.

כוס של ברכה הוא, מיטתו שלְשלֹמה, מלכות, שצריכים, שתינתן בין צפון לדרום, חו״ג. וצריכים לתת אותה שתהיה יותר קרובה לימין. והגוף של המברך, ת״ת, צריך להיתקן עימהם. ויסתכל בכוס, לברך אותו בארבע ברכות, משום שכתוב, תמיד עיני ה׳ אלקיך בה.

נמצא, שבכוס של ברכה, שהיא האמונה, צפון דרום מזרח מערב, חו״ג תו״מ, הרי לך המרכבה הקדושה.

848. והשולחן בלחם. כדי שיתברך לחם של מטה, הנוקבא. ולחם עוני, הנוקבא, בעת שחסרת חסדים, יתברך ויהיה לחם פַּנַג [לחם עונג], בעת שהחכמה שלה מתלבשת בחסדים, שאז נקראת לחם פנג.

נמצא, שכנ״י, הנוקבא, מתברכת למעלה, בד׳ רוחות העולם, חו״ג תו״מ, ולמעלה ולמטה, שהם נו״ה. וכוס של ברכה גורם שיתחבר דוד המלך, הנוקבא שלמעלה מחזה, באבות, חג״ת. שמכאן נוטלת חכמה. ויתברך ג״כ למטה, מנה״י ויש לו ג״כ חסדים. שיתברך השולחן של האדם, שיימצא בו תמיד לחם.

גורן האטד

850. ויבואו עד גורן האטד. גורן האטד, כאן נרמזה ממשלת מצרים, שהוסרה מפני ממשלת ישראל. כי ראו גורן, שרומז על ממשלת ישראל, כמ״ש, מלובשים בגדים בגורן. וע״כ כתוב, ויספדו שם מספד גדול וכבד מאוד.

851. על כן קרא שמה אָבֵל מצרים. שבוודאי ממצרים היה האבל, כי הוסרה ממשלתם. אף כאן אלו הבכיות אינם על יהודים, אע״פ שיהודים מתים שם. כי אלו היהודים, אם היו יהודים, לא היו נהרגים. וכיוון שמתו, הקב״ה מכפר עוונותיהם.

852. יעקב, אע״פ שיצאה נשמתו במצרים, לא יצאה ברשות האחר, דס״א, מטעם, שמיום שנברא העולם, לא היה מיטה שלמה כמיטתו של יעקב, שכל בניו כשרים היו, בשעה שהיה נפטר מן העולם, התקשרה נשמתו מיד במקומה.

חניטתו של יעקב

[חניטא דיעקב]

853. כשנכנס יעקב במערה, כל הריחות שבגן עדן נמצאו במערה, ובמערה היה אור, שנר אחד היה דולק שם. וכשבאו האבות אל יעקב למצרים, להימצא עימו, הסתלק אור הנר מן המערה. כיוון שבא יעקב במערה, חזר הנר למקומו. אז נשלמה המערה בכל מה שצריכה.

854. ובכל ימות עולם לא קיבלה המערה אדם אחר, ולא תקבל. ונשמות הצדיקים עוברים לאחר פטירתם לפני האבות בתוך המערה, כדי שיקיצו ויראו הזרע שעזבו בעולם, וישמחו לפני הקב״ה.

855. חניטתו של יעקב, מה הייתה? כתוב, ויצו יוסף את עבדיו את הרופאים לחנוט את אביו, ויחנטו הרופאים את ישראל. האם ייתכן, שחניטה זו הייתה כחניטת שאר בני אדם? האם מחמת הדרך, שהיו צריכים להשהותו, עשו זה? הרי כתוב, וימת יוסף, ויחנטו אותו, וַיִּישֶׂם בארון במצרים? אע״פ שלא הלכו עימו בדרך, כי נקבר שם, כתוב, ויחנטו אותו.

856. אלא דרך המלכים, כדי לקיים את הגוף, שלא יירקב, חונטים אותם בשמן המשחה, העליון על כל השמנים, מעורב בבשמים. והשמן הטוב ההוא נבלע בגוף, יום אחר יום, ארבעים יום. אחר שנשלם זה, הגוף מתקיים ימים רבים.

857. משום שכל ארץ כנען זו וכל ארץ מצרים, מכלות את הגוף ומרקיבות אותו, בזמן קצר מכל שאר הארצות, וכדי לקיים את הגוף עושים זאת. ועושים חניטה זו בפנימיות הגוף ובחיצוניות, כי שמים את השמן הזה על הטבור, והוא נכנס בפנימיות הגוף דרך הטבור, ונבלע במעיו, ומקיים את הגוף לימים רבים.

858. וכן היה יעקב בקיום הגוף, וכן צריך להיות, כי הגוף של האבות הוא, שהאבות הם חו״ג, ב׳ ידיים, ות״ת הגוף. והיה בקיום הנפש והגוף. יוסף, כמו הגוף, כי יוסף ברית, וברית והגוף אחד בקיום הגוף והנפש. בקיום הגוף כתוב, ויחנטו אותו. בקיום הנפש כתוב, וַיִּישֶׂם בארון במצרים, שהמשמעות על ארון העליון, הנוקבא, שנקשר שם נפשו.

וַיִּישֶׂם בארון במצרים

859. כתוב, וַיִּישֶׂם, עם ב׳ אותיות י׳. יוסף שמר לו הברית למטה ולמעלה, שהיה מרכבה ליסוד ז״א. וע״כ, כשהסתלק מעולם הושם בב׳ ארונות, בארון שלמטה ובארון שלמעלה.

ארון שלמעלה, כמ״ש, הנה ארון

״ויחי״. ספר הזהר עם פירוש הסולם. מהד׳ 21 כר׳. כרך ז. דף רעא; מהד׳ 10 כר׳. כרך ד. דף רעא.

״ויחי״. ספר הזהר עם פירוש הסולם. מהד׳ 21 כר׳. כרך ז. דף רעג; מהד׳ 10 כר׳. כרך ד. דף רעג.

הברית אדון כל הארץ. כי ארון שלמעלה, השכינה, ברית נקרא, כי לא יירש אותו אלא מי ששומר הברית. ומשום שיוסף שמר את הברית, הושם בב׳ ארונות.

860. וַיִּישֶׂם בארון במצרים. מהכתוב משמע, שאע״פ שיצאה נשמתו ברשות אחרת, דס״א, נקשרה בשכינה, כמ״ש, ויישם בארון, בארון של מעלה ובארון של מטה. משום שהיה צדיק, וכל צדיק יורש את הארץ הקדושה, העליונה, השכינה, כמ״ש, ועמֵך כולם צדיקים לעולם יירשו אָרץ.

טבלת שינויי גרסאות

זוהר לעם				ספר הזהר עם פירוש הסולם (מהד' 21 כר')		ספר הזהר עם פירוש הסולם (מהד' 10 כר')	
פרשה	כרך	עמ'	שם המאמר	כרך	עמ'	כרך	עמ'
וירא	ג	19	ויירא אליו ה'	ד	א	ב	א
וירא	ג	22	הנשמה של האדם, עולה מהארץ לרקיע [נשמתא דסלקא מארעא לרקיעא]	ד	ז	ב	ז
וירא	ג	24	הנשמה בשעת הפטירה	ד	יא	ב	יא
וירא	ג	25	כשחלה רבי אליעזר	ד	יא	ב	יא
וירא	ג	27	והנה שלושה אנשים [חושבן קץ משיחא]	ד	יד	ב	יד
וירא	ג	36	מי יעלה בהר ה' [חושבן קץ משיחא]	ד	כח	ב	כח
וירא	ג	37	והנה שלושה אנשים [חושבן קץ משיחא]	ד	לב	ב	לב
וירא	ג	45	ויאמר, שוב אשוב [חושבן קץ משיחא]	ד	מד	ב	מד
וירא	ג	45	והנה בן לשרה [חושבן קץ משיחא]	ד	מה	ב	מה
וירא	ג	46	נודע בשערים בעלה [חושבן קץ משיחא]	ד	מח	ב	מח
וירא	ג	47	ויאמר, שוב אשוב [חושבן קץ משיחא]	ד	נ	ב	נ
וירא	ג	48	ויקומו משם האנשים [חושבן קץ משיחא]	ד	נב	ב	נב
וירא	ג	50	המכסה אני מאברהם [חושבן קץ משיחא]	ד	נה	ב	נה
וירא	ג	52	ארדה נא ואראה [חושבן קץ משיחא]	ד	ס	ב	ס
וירא	ג	53	ואברהם היו יהיה לגוי גדול [חושבן קץ משיחא]	ד	סא	ב	סא
וירא	ג	54	הכצעקתה עשו [חושבן קץ משיחא]	ד	סב	ב	סב
וירא	ג	55	האף תספה צדיק עם רשע [חושבן קץ משיחא]	ד	סה	ב	סה
וירא	ג	56	ויבואו שני המלאכים סדומה [חושבן קץ משיחא]	ד	סז	ב	סז
וירא	ג	58	גן עדן וגיהינום [חושבן קץ משיחא]	ד	ע	ב	ע
וירא	ג	59	וה' המטיר על סדום [חושבן קץ משיחא]	ד	עב	ב	עב
וירא	ג	65	ותבט אשתו מאחריו	ד	פד	ב	פד
וירא	ג	65	ארץ אשר לא במסכנות	ד	פד	ב	פד
וירא	ג	66	ויעל לוט מצוער	ד	פו	ב	פו
וירא	ג	73	עמון ומואב	ד	צז	ב	צז
וירא	ג	75	ויאמר, אחותי היא	ד	קא	ב	קא
וירא	ג	78	עומד על ימינו לשטנו	ד	קז	ב	קז
וירא	ג	79	וערפו שם את העגלה בנחל	ד	קי	ב	קי
וירא	ג	81	רה"ש ויוה"כ	ד	קיב	ב	קיב

זוהר לעם				ספר הזהר עם פירוש הסולם (מהד' 21 כר')		ספר הזהר עם פירוש הסולם (מהד' 10 כר')	
פרשה	כרך	עמ'	שם המאמר	כרך	עמ'	כרך	עמ'
וירא	ג	83	וה' פקד את שרה	ד	קיט	ב	קיט
וירא	ג	88	ויעש ה' לשרה	ד	קכה	ב	קכה
וירא	ג	89	אשתך כגפן פורייה	ד	קכז	ב	קכז
וירא	ג	90	חשבון קץ המשיח [חושבן קץ משיחא]	ד	קל	ב	קל
וירא	ג	94	בן הגר המצרית	ד	קלז	ב	קלז
וירא	ג	96	אותות המשיח	ד	קמא	ב	קמא
וירא	ג	99	והאלקים ניסה את אברהם	ד	קמה	ב	קמה
וירא	ג	101	וירא את המקום מרחוק	ד	קמט	ב	קמט
וירא	ג	102	אברהם אברהם	ד	קנב	ב	קנב
וירא	ג	103	בכל צרתם לא צר	ד	קנג	ב	קנג
חיי שרה	ג	105	ויישאו את יונה ויטילוהו אל הים	ה	א	ג	א
חיי שרה	ג	106	ודומה קם ומקבל בחשבון [ודומה קאים ונטיל בחושבנא]	ה	ג	ג	ג
חיי שרה	ג	108	מלך לשדה נעבד	ה	ו	ג	ו
חיי שרה	ג	109	מי שממעט את עצמו הוא גדול [מאן דאיהו זעיר איהו רב]	ה	ח	ג	ח
חיי שרה	ג	110	ויהיו חיי שרה	ה	ט	ג	ט
חיי שרה	ג	111	ויישרנה הפרות	ה	י	ג	י
חיי שרה	ג	111	ואיבה אשית בינך ובין האישה	ה	יב	ג	יב
חיי שרה	ג	112	גולמי ראו עיניך	ה	יג	ג	יג
חיי שרה	ג	114	לספוד לשרה ולבכותה	ה	טז	ג	טז
חיי שרה	ג	115	דומה נטלם בחשבון ומוציאם בחשבון	ה	יט	ג	יט
חיי שרה	ג	116	ותמת שרה בקריית ארבע	ה	כ	ג	כ
חיי שרה	ג	118	נחש הרקיע [חויא דרקיעא]	ה	כג	ג	כג
חיי שרה	ג	119	מיני כשפים בנשים [זייני חרשין בנשייא]	ה	כה	ג	כה
חיי שרה	ג	120	מערת המכפלה	ה	כח	ג	כח
חיי שרה	ג	121	ארבע מאות שקל	ה	כט	ג	כט
חיי שרה	ג	122	מערת המכפלה	ה	לב	ג	לב
חיי שרה	ג	125	ואברהם זקן בא בימים	ה	לז	ג	לז
חיי שרה	ג	126	כמה מקומות יש לצדיקים [כמה אתרין לצדיקים]	ה	לח	ג	לח
חיי שרה	ג	128	עדן מנטף על הגן	ה	מב	ג	מב
חיי שרה	ג	129	ענייני תחיית המתים	ה	מה	ג	מה
חיי שרה	ג	141	לא תיקח אישה מבנות הכנעני	ה	סו	ג	סו
חיי שרה	ג	142	בתורה כל החיים [באורייתא כל חיין]	ה	סז	ג	סז
חיי שרה	ג	143	והנה רבקה יוצאת	ה	סט	ג	סט
חיי שרה	ג	144	תפילה, שוועה, דמעה	ה	עא	ג	עא
חיי שרה	ג	149	ויביאה יצחק האוהֱלה	ה	עט	ג	עט
חיי שרה	ג	151	ויוסף אברהם וייקח אישה	ה	פא	ג	פא
חיי שרה	ג	152	ולבני הפילגשים נתן אברהם מתנות	ה	פג	ג	פג
חיי שרה	ג	152	מי נתן למשיסה יעקב	ה	פד	ג	פד
תולדות	ג	154	ואלה תולדות יצחק	ה	א	ג	א

זוהר לעם				ספר הזהר עם פירוש הסולם (מהד׳ 21 כר׳)		ספר הזהר עם פירוש הסולם (מהד׳ 10 כר׳)	
פרשה	כרך	עמ׳	שם המאמר	כרך	עמ׳	כרך	עמ׳
תולדות	ג	157	ויהי יצחק בן ארבעים שנה	ה	ח	ג	ח
תולדות	ג	159	ויעתר יצחק	ה	יא	ג	יא
תולדות	ג	160	ויתרוצצו הבנים	ה	יג	ג	יג
תולדות	ג	161	סעודת הצדיקים לעת״ל	ה	יח	ג	יח
תולדות	ג	163	שיתוף מדה״ר בדין	ה	כא	ג	כא
תולדות	ג	167	ויתרוצצו הבנים בקרבה	ה	כז	ג	כז
תולדות	ג	168	קיבוץ גלויות ותחיית המתים	ה	כט	ג	כט
תולדות	ג	169	ויגדלו הנערים	ה	לב	ג	לב
תולדות	ג	169	כי ציד בפיו	ה	לג	ג	לג
תולדות	ג	170	ויזד יעקב נזיד	ה	לד	ג	לד
תולדות	ג	172	ויהי רעב בארץ	ה	לז	ג	לז
תולדות	ג	173	אחותי היא	ה	מא	ג	מא
תולדות	ג	174	ויצו אבימלך	ה	מב	ג	מב
תולדות	ג	174	ויקרא שמה רחובות	ה	מד	ג	מד
תולדות	ג	179	ותכהינה עיניו מראות [ותכהין עיניו מראות]	ה	נא	ג	נא
תולדות	ג	180	ויקרא את עשיו ויאמר, לא ידעתי יום מותי	ה	נג	ג	נג
תולדות	ג	182	בגדי עשיו החמודות	ה	נו	ג	נו
תולדות	ג	183	בצרתה לי, קראתי ויענני	ה	נט	ג	נט
תולדות	ג	184	הברכות	ה	ס	ג	ס
וייצא	ג	199	וייצא יעקב מבאר שבע	ה	א	ג	א
וייצא	ג	202	ז׳ הבלים	ה	ו	ג	ו
וייצא	ג	204	זוהר המראה המאירה [זהר אספקלריאה דנהרא]	ה	ט	ג	ט
וייצא	ג	206	ס״מ ואשת זנונים	ה	יג	ג	יג
וייצא	ג	210	וייצא יעקב מבאר שבע	ה	יח	ג	יח
וייצא	ג	213	קומה ה׳	ה	כא	ג	כא
וייצא	ג	215	וייצא יעקב מבאר שבע	ה	כד	ג	כד
וייצא	ג	215	נבואה, מראה וחלום	ה	כו	ג	כו
וייצא	ג	218	והנה ה׳ ניצב עליו	ה	לב	ג	לב
וייצא	ג	220	וייקץ יעקב, ויאמר, מה נורא המקום הזה	ה	לג	ג	לג
וייצא	ג	220	והנה סולם מוצב ארצה	ה	לה	ג	לה
וייצא	ג	222	וידר יעקב נדר	ה	לח	ג	לח
וייצא	ג	224	אמר רבי חייא לאליהו [ר״ח חמא ליה לאליהו]	ה	מב	ג	מב
וייצא	ג	225	וירא והנה באר בשדה	ה	מד	ג	מד
וייצא	ג	229	וייצא יעקב מבאר שבע	ה	נב	ג	נב
וייצא	ג	232	אֶעֱבודך שבע שנים	ה	נז	ג	נז
וייצא	ג	232	צדיק עליון צדיק תחתון	ה	נט	ג	נט
וייצא	ג	235	ארבעה קשרים [ארבע קשרין]	ה	סג	ג	סג
וייצא	ג	237	וירא ה׳ כי שנואה לאה	ה	סה	ג	סה
וייצא	ג	237	השבטים	ה	סז	ג	סז
וייצא	ג	242	הפעם אודה את ה׳, ותקרא שמו, יהודה	ה	עג	ג	עג
וייצא	ג	243	ההרהור שלו היה ברחל [הרהורא דיליה ברחל הות]	ה	עו	ג	עו

זוהר לעם				ספר הזהר עם פירוש הסולם (מהד' 21 כר')		ספר הזהר עם פירוש הסולם (מהד' 10 כר')	
פרשה	כרך	עמ'	שם המאמר	כרך	עמ'	כרך	עמ'
וייצא	ג	247	וימצא דודאים בשדה	ה	פא	ג	פא
וייצא	ג	255	ויהי כאשר ילדה רחל את יוסף	ה	צז	ג	צז
וייצא	ג	258	עלמות שיר	ה	קב	ג	קב
וייצא	ג	259	כל מערכת אינה אלא בשלוש [כל סדרא לאו איהו אלא בתלת]	ה	קד	ג	קד
וייצא	ג	264	זכירה ופקידה	ה	קי	ג	קי
וייצא	ג	267	מוות וצלמוות	ה	קטז	ג	קטז
וייצא	ג	267	ויזכור אלקים את רחל	ה	קיז	ג	קיז
וייצא	ג	268	נוקבה שכרך	ה	קיח	ג	קיח
וייצא	ג	269	המקלות	ה	קכא	ג	קכא
וייצא	ג	270	וייקח לו יעקב מקל לבנה	ה	קכב	ג	קכב
וייצא	ג	275	ברכות לראש צדיק	ה	קכט	ג	קכט
וייצא	ג	275	ולא ראיתי צדיק נעזב	ה	קל	ג	קל
וייצא	ג	276	וייתן אותם אלקים ברקיע השמיים	ה	קלב	ג	קלב
וייצא	ג	277	ב' רקיעים, התחלה וסיום [תרין רקיעין, שירותא וסיומא]	ה	קלב	ג	קלב
וייצא	ג	278	ישבעו עצי ה'	ה	קלד	ג	קלד
וייצא	ג	279	המקלות	ה	קלו	ג	קלו
וייצא	ג	282	חי ה' וברוך צורי	ה	קמא	ג	קמא
וייצא	ג	282	לא יגרע מצדיק עיניו	ה	קמב	ג	קמב
וייצא	ג	283	את קורבני לחמי	ה	קמג	ג	קמג
וייצא	ג	284	התרפים	ה	קמה	ג	קמה
וייצא	ג	285	ויפגעו בו מלאכי אלקים	ה	קמח	ג	קמח
וישלח	ג	289	וישלח יעקב מלאכים	ו	א	ג	א
וישלח	ג	291	עם לבן גרתי	ו	ו	ג	ו
וישלח	ג	294	תפילותיהם של הצדיקים [צלותהון דצדיקייא]	ו	יג	ג	יג
וישלח	ג	298	וייוותר יעקב לבדו	ו	כב	ג	כב
וישלח	ג	300	וייאבק איש עימו	ו	כה	ג	כה
וישלח	ג	300	שלחני כי עלה השחר	ו	כו	ג	כו
וישלח	ג	301	גיד הנשה	ו	כט	ג	כט
וישלח	ג	305	וישתחו ארצה	ו	לה	ג	לה
וישלח	ג	305	ויחבקהו וייפול על צוואריו	ו	לו	ג	לו
וישלח	ג	306	יעבור נא אדוני לפני עבדו	ו	לח	ג	לח
וישלח	ג	307	וייבן לו בית	ו	לט	ג	לט
וישלח	ג	312	לא תחרוש בשור ובחמור	ו	מה	ג	מה
וישלח	ג	314	הסירו את אלוהי הנכר	ו	מח	ג	מח
וישלח	ג	315	וייבן שם מזבח	ו	נ	ג	נ
וישלח	ג	315	ויעל מעליו אלקים	ו	נא	ג	נא
וישלח	ג	316	יעקב ישראל	ו	נא	ג	נא
וישלח	ג	317	כל התחלה קשה [כל שירותא תקיף]	ו	נג	ג	נג
וישלח	ג	318	התרפית, ביום צרה	ו	נה	ג	נה
וישלח	ג	320	ויהי בצאת נפשה	ו	נט	ג	נט
וישלח	ג	320	ויצב יעקב מצבה	ו	ס	ג	ס

פרשה	כרך	עמ'	שם המאמר	עמ'	כרך	עמ'	כרך
	זוהר לעם			ספר הזהר עם פירוש הסולם (מהד' 21 כר')		ספר הזהר עם פירוש הסולם (מהד' 10 כר')	
וישלח	ג	320	וילך ראובן וישכב את בלהה, ויהיו בני יעקב שנים עשר	ס	ו	ס	ג
וישלח	ג	323	מי זאת עולה מן המדבר	סז	ו	סז	ג
וישלח	ג	325	ואלה תולדות עשיו	סט	ו	סט	ג
וישלח	ג	325	ואלה המלכים	ע	ו	ע	ג
וישלח	ג	328	יעקב ישראל וישורון	עד	ו	עד	ג
וישלח	ג	329	אל תיראי תולעת יעקב	עו	ו	עו	ג
וישלח	ג	330	חצות לילה ותפילת השחר	עח	ו	עח	ג
וישלח	ג	333	מצא את הימים במדבר	פא	ו	פא	ג
וישלח	ג	334	אודה ה' בכל לבב	פב	ו	פב	ג
וישלח	ג	335	אתה סתר לי	פה	ו	פה	ג
ויישב	ג	337	וישב יעקב	א	ו	א	ג
ויישב	ג	340	אלה תולדות יעקב	ו	ו	ו	ג
ויישב	ג	341	כי פועל אדם ישלם לו	ח	ו	ח	ג
ויישב	ג	343	אך אל הפרוכת לא יבוא	יב	ו	יב	ג
ויישב	ג	345	הנה ישכיל עבדי	טו	ו	טו	ג
ויישב	ג	351	וישראל אהב את יוסף	כד	ו	כד	ג
ויישב	ג	353	ויחלום יוסף חלום	כז	ו	כז	ג
ויישב	ג	354	וילכו אחיו לרעות	ל	ו	ל	ג
ויישב	ג	355	ירושלים הבנויה	לא	ו	לא	ג
ויישב	ג	355	וימצאהו איש	לב	ו	לב	ג
ויישב	ג	356	את אחיי אנוכי מבקש	לג	ו	לג	ג
ויישב	ג	356	יש כעס ויש כעס [אית רוגזא ואית רוגזא]	לד	ו	לד	ג
ויישב	ג	359	והבור ריק אין בו מים	לח	ו	לח	ג
ויישב	ג	362	ציון וירושלים	מד	ו	מד	ג
ויישב	ג	364	ויקרא את שמו ער	מו	ו	מו	ג
ויישב	ג	364	בוא אל אשת אחיך ויבם אותה	מז	ו	מז	ג
ויישב	ג	368	וירע בעיני ה'	נה	ו	נה	ג
ויישב	ג	369	ותסר בגדי אלמנותה	נז	ו	נז	ג
ויישב	ג	369	ויוסף הורד מצריימה	נט	ו	נט	ג
ויישב	ג	370	ויהי ה' את יוסף	סא	ו	סא	ג
ויישב	ג	371	ותישא אשת אדוניו את עיניה	סב	ו	סב	ג
ויישב	ג	372	ויהי כדברה אל יוסף יום יום	סד	ו	סד	ג
ויישב	ג	375	חטאו משקה מלך מצרים והאופה לאדוניהם	ע	ו	ע	ג
ויישב	ג	377	ויהי נא פי שניים ברוחך אליי	עד	ו	עד	ג
ויישב	ג	380	לב טהור ברא לי אלקים	פ	ו	פ	ג
מקץ	ג	383	קץ שם לחושך	א	ו	א	ג
מקץ	ג	385	ויהי מקץ	ד	ו	ד	ג
מקץ	ג	387	ותיפעם רוחו	ח	ו	ח	ג
מקץ	ג	388	ויריצוהו מן הבור	ט	ו	ט	ג
מקץ	ג	392	אחרי הודיע אלקים אותך את כל זאת	יז	ו	יז	ג
מקץ	ג	395	וירא יעקב כי יש שבר במצרים	כד	ו	כד	ג
מקץ	ג	399	ויוסף הוא השליט	לב	ו	לב	ג
מקץ	ג	400	ויכר יוסף את אחיו	לד	ו	לד	ג

ספר הזהר עם פירוש הסולם (מהד' 10 כר')		ספר הזהר עם פירוש הסולם (מהד' 21 כר')		שם המאמר		זוהר לעם		
עמ'	כרך	עמ'	כרך		עמ'	כרך	פרשה	
לז	ג	לז	ו	ויזכור יוסף את החלומות	402	ג	מקץ	
מה	ג	מה	ו	ויאסוף אותם אל משמר	406	ג	מקץ	
מו	ג	מו	ו	וייקח מאיתם את שמעון	406	ג	מקץ	
נג	ג	נג	ו	וייראו האנשים כי הובאו בית יוסף	409	ג	מקץ	
נז	ג	נז	ו	וירא את בנימין	411	ג	מקץ	
סא	ג	סא	ו	הבוקר אור	413	ג	מקץ	
סד	ג	סד	ו	וליוסף יולד שני בנים בטרם תבוא שנת הרעב	415	ג	מקץ	
א	ג	א	ו	וייגש אליו יהודה	422	ג	**וייגש**	
ד	ג	ד	ו	נר"ן	424	ג	וייגש	
ז	ג	ז	ו	כי הנה המלכים נועדו	425	ג	וייגש	
ט	ג	ט	ו	יפה נוף	426	ג	וייגש	
י	ג	י	ו	שישים נשימות [שתין נשמין]	427	ג	וייגש	
יז	ג	יז	ו	ואכלת ושבעת ובירכת [שמהן דאתקריאו יד]	431	ג	וייגש	
כ	ג	כ	ו	ולא יכול יוסף להתאפק [שמהן דאתקריאו יד]	434	ג	וייגש	
כד	ג	כד	ו	למה הרעות [שמהן דאתקריאו יד]	436	ג	וייגש	
כח	ג	כח	ו	וייפול על צווארי בנימין אחיו ויבך [שמהן דאתקריאו יד]	438	ג	וייגש	
ל	ג	ל	ו	והקול נשמע בית פרעה [שמהן דאתקריאו יד]	439	ג	וייגש	
לג	ג	לג	ו	קחו לכם מארץ מצרים עגלות [שמהן דאתקריאו יד]	441	ג	וייגש	
מ	ג	מ	ו	ויאסור יוסף מרכבתו	445	ג	וייגש	
א	ד	א	ז	ויחי יעקב בארץ מצרים	448	ג	**ויחי**	
ט	ד	ט	ז	ויקרבו ימי ישראל למות ויקרא לבנו ליוסף	453	ג	ויחי	
ט	ד	ט	ז	ויקרא לבנו ליוסף	454	ג	ויחי	
יב	ד	יב	ז	הנה אביך חולה	455	ג	ויחי	
יג	ד	יג	ז	והיה לעת ערב יהיה אור	456	ג	ויחי	
טו	ד	טו	ז	ויגד ליעקב	458	ג	ויחי	
יז	ד	יז	ז	ויתחזק ישראל וישב על המיטה	458	ג	ויחי	
כ	ד	כ	ז	השמות הנקראים יד [שמהן דאתקריאו יד]	460	ג	ויחי	
כג	ד	כג	ז	נראה אליי בלוז	462	ג	ויחי	
כד	ד	כד	ז	הנני מפרך והרביתיך	463	ג	ויחי	
כה	ד	כה	ז	ועתה שני בניך הנולדים	463	ג	ויחי	
כז	ד	כז	ז	מתה עליי רחל בדרך	464	ג	ויחי	
ל	ד	ל	ז	וירא ישראל את בני יוסף	466	ג	ויחי	
לא	ד	לא	ז	אשר נתן לי אלקים בזה	467	ג	ויחי	
לה	ד	לה	ז	ועיני ישראל כבדו מזוקן	469	ג	ויחי	
לו	ד	לו	ז	ויחי יעקב	470	ג	ויחי	
מ	ד	מ	ז	שני גמלים [תרי גמלי]	472	ג	ויחי	
מד	ד	מד	ז	לי הכסף ולי הזהב	474	ג	ויחי	

זוהר לעם				ספר הזהר עם פירוש הסולם (מהד' 21 כר')		ספר הזהר עם פירוש הסולם (מהד' 10 כר')	
פרשה	כרך	עמ'	שם המאמר	כרך	עמ'	כרך	עמ'
ויחי	ג	474	ויקרבו ימי ישראל למות	ז	מו	ד	מו
ויחי	ג	476	ר' יצחק יושב ועצוב [ר' יצחק יתיב ועציב]	ז	מט	ד	מט
ויחי	ג	478	כאשר מגיע זמנו להסתלק מן העולם [כד מטי זמניה לאסתלקא מעלמא]	ז	נג	ד	נג
ויחי	ג	481	אם הבנים שמחה	ז	נח	ד	נח
ויחי	ג	482	בני אימי ניחרו בי	ז	נט	ד	נט
ויחי	ג	483	וכופר בריתכם את מוות	ז	סא	ד	סא
ויחי	ג	483	אוי לרשע רע	ז	סא	ד	סא
ויחי	ג	484	הצלם	ז	סג	ד	סג
ויחי	ג	486	ד' מינים	ז	סז	ד	סז
ויחי	ג	489	חבצלת ושושנה	ז	עג	ד	עג
ויחי	ג	492	ויקרבו ימי ישראל למות	ז	עז	ד	עז
ויחי	ג	492	ויקרא לבנו ליוסף	ז	עט	ד	עט
ויחי	ג	495	ותרב חכמת שלמה	ז	פה	ד	פה
ויחי	ג	500	ושכבתי עם אבותיי	ז	צג	ד	צג
ויחי	ג	505	וישתחו ישראל על ראש המיטה	ז	קה	ד	קה
ויחי	ג	508	בד' זמנים בשנה העולם נידון	ז	קי	ד	קי
ויחי	ג	509	ויהי השמש לבוא	ז	קיב	ד	קיב
ויחי	ג	510	וירא ישראל את בני יוסף	ז	קיד	ד	קיד
ויחי	ג	511	ויברך את יוסף	ז	קטז	ד	קטז
ויחי	ג	513	ויסב חזקיהו פניו אל הקיר	ז	קכ	ד	קכ
ויחי	ג	514	המלאך הגואל	ז	קכג	ד	קכג
ויחי	ג	516	אל תזכור לנו עוונות ראשונים	ז	קכז	ד	קכז
ויחי	ג	516	עבדו את ה' ביראה	ז	קכט	ד	קכט
ויחי	ג	517	תיכון ונפילתי קטורת	ז	קל	ד	קל
ויחי	ג	518	ההר הנורא [טורא דחילא]	ז	קלב	ד	קלב
ויחי	ג	518	ג' אשמורות	ז	קלד	ד	קלד
ויחי	ג	525	המלאך הגואל	ז	קמו	ד	קמו
ויחי	ג	525	שלושה צבעים [תלת גוונין]	ז	קמז	ד	קמז
ויחי	ג	527	ועוז מלך משפט אהב	ז	קמט	ד	קמט
ויחי	ג	527	הללו עבדי ה'	ז	קנ	ד	קנ
ויחי	ג	528	ויברכם ביום ההוא	ז	קנג	ד	קנג
ויחי	ג	530	גולמי ראו עיניך	ז	קנו	ד	קנו
ויחי	ג	530	ומידת ימיי מה היא	ז	קנו	ד	קנו
ויחי	ג	531	כל הברכות למדרגה הזו [כל ברכאן להאי דרגא]	ז	קנח	ד	קנח
ויחי	ג	532	קול גלגל המתגלגל [קל גלגלא מתגלגלא]	ז	קנט	ד	קנט
ויחי	ג	533	היאספו ואגידה לכם	ז	קסא	ד	קסא
ויחי	ג	535	ראובן בכורי אתה	ז	קסו	ד	קסו
ויחי	ג	537	מאשר שמנה לחמו	ז	קע	ד	קע
ויחי	ג	538	פחז כמים אל תותר	ז	קעב	ד	קעב
ויחי	ג	539	שמעון ולוי אחים	ז	קעד	ד	קעד

זוהר לעם				ספר הזהר עם פירוש הסולם (מהד' 21 כר')		ספר הזהר עם פירוש הסולם (מהד' 10 כר')	
פרשה	כרך	עמ'	שם המאמר	כרך	עמ'	כרך	עמ'
ויחי	ג	541	אוה"ע עושים חשבון לשמש, וישראל ללבנה [האומות לשמשא, וישראל לסיהרא]	ז	קעט	ד	קעט
ויחי	ג	542	יהודה, אתה יודוך אחיך	ז	קפ	ד	קפ
ויחי	ג	544	אוסרי לגפן עירה	ז	קפה	ד	קפה
ויחי	ג	548	אל תתחר במרעים	ז	קצג	ד	קצג
ויחי	ג	549	א' קטנה [א' זעירא]	ז	קצד	ד	קצד
ויחי	ג	551	אוסרי לגפן עירה	ז	קצח	ד	קצח
ויחי	ג	553	מהאוכל יצא מאכל	ז	רב	ד	רב
ויחי	ג	554	שני תיקונים של הנוקבאות [תרין תקונין דנוקבי]	ז	רד	ד	רד
ויחי	ג	555	מיתקן בי"ב בשני עולמות [מתקנא בי"ב בתרין עלמין]	ז	רו	ד	רו
ויחי	ג	557	זבולון לחוף ימים ישכון	ז	רי	ד	רי
ויחי	ג	559	השבעתי אתכם בנות ירושלים	ז	ריג	ד	ריג
ויחי	ג	560	יששכר חמור גרם	ז	רטו	ד	רטו
ויחי	ג	563	דן ידין עמו	ז	רכ	ד	רכ
ויחי	ג	568	גד גדוד יגודנו	ז	רל	ד	רל
ויחי	ג	569	שימני כחותם על ליבך	ז	רלב	ד	רלב
ויחי	ג	570	שלוש נשמות [תלת נשמתין]	ז	רלה	ד	רלה
ויחי	ג	573	מאשר שמנה לחמו	ז	רלט	ד	רלט
ויחי	ג	574	נפתלי איילה שלוחה	ז	רמב	ד	רמב
ויחי	ג	576	מחשבה קול דיבור	ז	רמה	ד	רמה
ויחי	ג	577	בן פורת יוסף	ז	רמו	ד	רמו
ויחי	ג	580	בנימין זאב יטרף	ז	רנא	ד	רנא
ויחי	ג	582	וזאת אשר דיבר להם אביהם	ז	רנה	ד	רנה
ויחי	ג	583	ויכל יעקב לצוות את בניו	ז	רנז	ד	רנז
ויחי	ג	584	ויגווע וייאסף אל עמיו	ז	רנח	ד	רנח
ויחי	ג	585	אבל מצרים	ז	רס	ד	רס
ויחי	ג	586	צהלי קולך בת גלים	ז	רסג	ד	רסג
ויחי	ג	588	אין כסף נחשב בימי שלמה למאומה	ז	רסו	ד	רסו
ויחי	ג	589	כוס של ברכה [כסא דברכתא]	ז	רסט	ד	רסט
ויחי	ג	590	גורן האטד	ז	רעא	ד	רעא
ויחי	ג	591	חניטתו של יעקב [חניטא דיעקב]	ז	רעא	ד	רעא
ויחי	ג	591	ויישם בארון במצרים	ז	רעג	ד	רעג

48278439R00357

Printed in Great Britain
by Amazon